Kurt Wuchterl

Bausteine zu einer Geschichte der Philosophie des 20. Jahrhunderts

Von Husserl zu Heidegger: Eine Auswahl

Verlag Paul Haupt Bern · Stuttgart · Wien

Kurt Wuchterl (1931) lehrt als außerplanmäßiger Professor für Philosophie an der Universität Stuttgart. Studium der Mathematik, Philosophie und Physik in Heidelberg und Göttingen. Promotion bei H.-G. Gadamer und D. Henrich. Habilitation über Logik und Sprachphilosophie. Der Autor veröffentlichte Werke zur analytischen Philosophie («Religion und Philosophie» (UTB 1199), «Analyse und Kritik der religiösen Vernunft» (UTB 1543), «Struktur und Sprachspiel bei Wittgenstein», «Wittgenstein in Selbstzeugnissen und Bilddokumenten») und verfaßte erfolgreiche Lehrbücher zur Philosophie («Lehrbuch der Philosophie» (UTB 1320, 4. Auflage), «Grundkurs: Geschichte der Philosophie» (UTB 1390, 2. Auflage), «Methoden der Gegenwartsphilosophie» (UTB 646, 2. Auflage)).

Verantwortlich für den Fachbereich «Geisteswissenschaften» im Rahmen des UTB-Programmes des Verlages Paul Haupt: Prof. Dr. Monika A. Vernooij

Die Deutsche Bibliothek – CIP-Einheitsaufnahme

Wuchterl, Kurt:
Bausteine zu einer Geschichte der Philosophie des 20. Jahrhunderts :
von Husserl zu Heidegger; eine Auswahl / von Kurt Wuchterl. –
Bern ; Stuttgart ; Wien : Haupt, 1995
(UTB für Wissenschaft : Uni-Taschenbücher ; 8095 : Grosse Reihe)
ISBN 3-8252-8095-0 (UTB)
ISBN 3-258-05135-6 (Haupt)
NE: UTB für Wissenschaft / Uni-Taschenbücher

Alle Rechte vorbehalten
Copyright © 1995 by Paul Haupt Berne
Jede Art der Vervielfältigung ohne Genehmigung des Verlages ist unzulässig
Printed in Germany

ISBN 3-8252-8095-0 (UTB-Bestellnummer)

Inhalt

Einleitung 13

A. Die philosophische Situation um die Jahrhundertwende 17

1. Das Erbe des 19. Jahrhunderts 17
   - 1.1 Positivismus – Psychologismus – Historismus 17
   - 1.2 Die Gegenwehr im Neukantianismus und in der Lebensphilosophie 18
   - 1.3 Der folgenlose Bruch mit den bürgerlichen Traditionen 20
2. Die Grundlagenkrise der Wissenschaften als Ausgangspunkt
   der Analytischen Philosophie 23
   - 2.1 Die Neuorientierung in der Physik 23
   - 2.2 Die Grundlagenkrise in der Mathematik 25
3. Die Vorherrschaft der Psychologie 27
   - 3.1 Die Thesen des Psychologismus 27
   - 3.2 Neue Ansätze bei Franz Brentano und Carl Stumpf 28
4. Die Entstehung der Phänomenologie 32
   - 4.1 Husserls Idee einer Phänomenologie 32
   - 4.2 Die Entwicklungsstadien der Phänomenologie 33

B. Die Grundlegung der Phänomenologie durch Edmund Husserl 37

5. Die Frühphänomenologie 37
   - 5.1 Biographie und Bibliographie 37
   - 5.2 Die Logischen Untersuchungen (LU) 40
     - 5.21 Husserl auf dem Weg zur Philosophie 40
     - 5.22 LU Band I: Prolegomena zur reinen Logik 40
     - 5.23 LU Band II: Untersuchungen zur Phänomenologie und Theorie der Erkenntnis 42
6. Transzendentale Phänomenologie 48
   - 6.1 Hauptwerke der transzendentalen Wende 48
     - 6.11 Die Umdeutung der Phänomenologie zur Transzendentalphilosophie 48
     - 6.12 Die erste Gesamtdarstellung in den IDEEN 48
     - 6.13 Die zweite Gesamtdarstellung in den «Cartesianischen Meditationen» 54
   - 6.2 Die Spätphase 58
     - 6.21 Die Tieferlegung der Fundamente in der transzendentalen Phänomenologie 58
     - 6.22 Die Krisis der europäischen Wissenschaften und die transzendentale Phänomenologie 59

C. Von der Lebensphilosophie zu den Geistes- und Sozialwissenschaften 65

7. **Wilhelm Dilthey** und die Philosophie des 20. Jahrhunderts 66
   - 7.1 Biographie und Bibliographie 67
   - 7.2 Diltheys Weg von der Romantik über den Positivismus zur Hermeneutik 70
   - 7.3 Schriften zur Spätphilosophie Diltheys 75
     - 7.31 Der Aufbau der geschichtlichen Welt in den Geisteswissenschaften (VII) 76

| | | 7.32 | Entwürfe zur Kritik der historischen Vernunft | 79 |

8. Philosophie als Gesellschaftstheorie:
   Max Weber, Ernst Troeltsch und Georg Simmel 81
   - 8.1 Gesellschaft als explizites und zentrales Thema der Philosophie 81
   - 8.2 **Max Weber** und die verstehende Soziologie 82
       - 8.21 Biographie und Bibliographie 82
       - 8.22 Max Weber als Philosoph 85
       - 8.23 Philosophische Elemente in Webers soziologischen Arbeiten . . . 87
           - a. «Über einige Kategorien der verstehenden Soziologie» und «Soziologische Grundbegriffe» (GAW)
           - b. «Die ‹Objektivität› sozialwissenschaftlicher und sozialpolitischer Erkenntnis» und «Der Sinn der ‹Wertfreiheit› der sozialen und ökonomischen Wissenschaften»
   - 8.3 Die Religionssoziologie von **Ernst Troeltsch** 93
       - 8.31 Biographie und Bibliographie 94
       - 8.32 Der Historismus als Lebensform und Kulturprogramm 95
       - 8.33 Die Soziallehren der christlichen Kirchen und Gruppen 97
   - 8.4 Soziologie in lebensphilosophischer Absicht: **Georg Simmel** 100
       - 8.41 Biographie und Bibliographie 100
       - 8.42 Die Dynamik des Lebens und die starren Formen einer entfremdeten Kultur 102
       - 8.43 «Grundfragen der Soziologie» 104

D. Der Neukantianismus 107

9. Die Stellung des Neukantianismus in einer Philosophie des 20. Jahrhunderts 107
   - 9.1 Der Neukantianismus als Vermittlung der neuzeitlichen Philosophie-Tradition . 107
   - 9.2 Einflüsse des Neukantianismus 109
10. Die Marburger Schule 112
    - 10.1 **Hermann Cohen** 112
        - 10.11 Biographie und Bibliographie 112
        - 10.12 Wirklichkeit als System und als idealistischer Entwurf 114
        - 10.13 Der Begriff der Religion im System der Philosophie 116
    - 10.2 **Paul Natorp** 119
        - 10.21 Biographie und Bibliographie 119
        - 10.22 Pädagogik zwischen Logik und Logos 120
        - 10.23 «Philosophie. Ihr Problem und ihre Probleme» 123
11. Die Südwestdeutsche Schule 126
    - 11.1 **Wilhelm Windelband** 126
        - 11.11 Biographie und Bibliographie 126
        - 11.12 Die Begründung der transzendentalen Wertethik 127
        - 11.13 «Geschichte und Naturwissenschaft» 128
    - 11.2 **Heinrich Rickert** 130
        - 11.21 Biographie und Bibliographie 130
        - 11.22 Der Gegenstand der Erkenntnis und die Wertwelt 131
        - 11.23 «Das System der Philosophie: Allgemeine Grundlegung der Philosophie» 133
    - 11.3 Ergänzungen zum Neukantianismus 136
        - 11.31 **Emil Lask** und die Logosimmanenz 137

11.32 **Bruno Bauch** und das System der Transzendentalphilosophie 139
11.33 **Jonas Cohn**: Wertphilosophie und Dialektik 141
11.34 **Richard Hönigswalds**: Theorie der Gegenständlichkeit 143

E. Phänomenologische Wesensanalysen 147

12. Die Münchner Schule 147
   12.1 Anhänger Husserls in München und Göttingen 147
   12.2 Repräsentanten einer Phänomenologie der Wesensanalyse 150
      12.21 **Alexander Pfänders** phänomenologische Psychologie 150
      12.22 Die phänomenologische Ontologie von **Hedwig Conrad-Martius** . . . 153
      12.23 Die Idee einer materialen Wertästhetik bei **Moritz Geiger** 157
      12.24 **Adolf Reinachs** Phänomenologie des Rechts 162
   12.3 Die Wertethik als Wesensanalytik des Ethischen 166
      12.31 **Dietrich von Hildebrands** Verteidigung der philosophia perennis . . . 167
          a. Die phänomenologische Neubegründung des Objektivismus
          b. Die Objektivität des Ethischen in der Wertethik
          c. Von der Kritik der Situationsethik zur christlichen Ethik
      12.32 **Hans Reiners** Wertethik 172
          a. Biographie und Bibliographie
          b. Reiners Wertethik als Lehre von den sittlichen
             Gegebenheiten der Lebenswelt
13. Religionsphilosophie im weiteren Umkreis der Phänomenologie 178
   13.1 **Rudolf Ottos** Phänomenologie des Heiligen 179
      13.11 Biographie und Bibliographie 179
      13.12 Das religionsphilosophische Programm 181
      13.13 «Das Heilige» 182
   13.2 **Leopold Zieglers** Kulturreligion ohne Gott 183
      13.21 Biographie und Bibliographie 184
      13.22 Philosophie als Dialektik der Kulturgeschichte 185
      13.23 «Gestaltwandel der Götter» 187
14. **Max Schelers** Weg von der angewandten Phänomenologie
    zur Lehre des Menschen 192
   14.1 Biographie und Bibliographie 192
   14.2 Schelers Phänomenologie des Emotionalen 195
      14.21 Phänomenologie der Sympathiegefühle und der Liebe 196
          a. Zur Phänomenologie des Mitgefühls
          b. Zur Phänomenologie von Liebe und Haß
          c. Zur Phänomenologie des fremden Ich
      14.22 Phänomenologie der Werte und des ethischen Wollens 200
      14.23 Zur Phänomenologie der soziologischen Wissensformen
          und die anthropologischen Konstanten 202
   14.3 «Vom Ewigen im Menschen» und das Phänomen der Religion 204
15. Die Transformation der Wesensanalyse in Ontologie 209
   15.1 **Nicolai Hartmanns** kritischer Realismus 210
      15.11 Biographie und Bibliographie 210
      15.12 Der Entwurf des philosophischen Systems aus der Idee
          einer neuen Ontologie 212
          a. Erkenntnismetaphysik
          b. Phänomenologie der Erkenntnis

        c. Die Aporien der Erkenntnis
        d. Ontologie
        e. Die Erkenntnis des realen Seins
        f. Die Erkenntnis des idealen Seins
        g. Wert-Erkenntnis und Wert-Sein
        h. Das geistige Sein
    15.13 «Neue Wege der Ontologie» 220
  15.2 Die Verselbständigung der Ontologie 223
    15.21 **Paul Häberlin**: Ontologie als Begründung der philosophia perennis . . 224
        a. Biographie und Bibliographie
        b. Apriorischer Seinsmonismus als Theorie des Kosmos
           von Individuen
    15.22 **Günther Jacobys** Transzendenzontologie 229
        a. Biographie und Bibliographie
        b. Jacobys Konstruktion einer aporetischen Immanenzontologie
        c. Die Antwort der Transzendenzontologie

F. Lebensweltanalysen 235
16. **Eduard Sprangers** Philosophie der Lebensformen
    als Element einer pädagogischen Geistphilosophie 236
  16.1 Biographie und Bibliographie 236
  16.2 Von Diltheys Hermeneutik zur Geistphilosophie 238
  16.3 Die Werturteilsdiskussion 240
  16.4 Zur Theorie der Lebensformen 244
17. Die Dilthey-Schule 246
  17.1 **Herman Nohl**: Die Lebenswelt als Fundament einer autonomen Erziehung . . 246
    17.11 Biographie und Bibliographie 246
    17.12 Die philosophischen Grundlagen der Reformpädagogik 247
  17.2 **Georg Mischs** Synthese aus Lebensphilosophie und Phänomenologie 249
    17.21 Biographie und Bibliographie 249
    17.22 Die Phänomenologie-Interpretation
        aus dem Geist der «Diltheyschen Richtung» 250
18. **Theodor Litts** Einbeziehung der Dialektik Hegels 253
  18.1 Biographie und Bibliographie 253
  18.2 Vom Wesen und Wert der Geschichte 255
19. **Erich Rothackers** Weg von Dilthey zur Kulturanthropologie 258
  19.1 Biographie und Bibliographie 258
  19.2 Rothackers Dilthey-Interpretation
    aus dem Geist der deutschen historischen Schule 259
  19.3 Die Entstehung der Kultur aus dem menschlichen Bewußtsein 260
20. Lebensweltanalysen im Umfeld der Spätphänomenologie Husserls 266
  20.1 Die Freiburger Phänomenologen und Heidegger 266
  20.2 **Ludwig Landgrebe** und die phänomenologische Metaphysik 267
    20.21 Biographie und Bibliographie 267
    20.22 «Phänomenologie und Metaphysik» 268
  20.3 **Eugen Fink** und die endgültige Verabschiedung der Phänomenologie 270
    20.31 Biographie und Bibliographie 270
    20.32 Die Zurückweisung der neukantianischen Kritik an der
        Phänomenologie 272

G. Von der Kulturkritik zur Kulturphilosophie und philosophischen Anthropologie . . . 275

21. Kulturkritik . . . 277
- 21.1 **Oswald Spengler** oder «Der Untergang des Abendlandes» . . . 277
  - 21.11 Biographie und Bibliographie . . . 277
  - 21.12 Spenglers Morphologie der Weltgeschichte . . . 280
    - a. Die Methode
    - b. Ein Beispiel
    - c. Die Verallgemeinerung
    - d. Die Vision vom Untergang des Abendlandes
- 21.2 **Ludwig Klages** oder «Der Geist als Widersacher der Seele» . . . 284
  - 21.21 Biographie und Bibliographie . . . 285
  - 21.22 Der Antagonismus von Geist und Seele . . . 286
    - a. Die fundamentalen Gegensätze
    - b. Theorie des Willens
    - c. Theorie der bildlichen Wirklichkeit

22. **Ernst Cassirers** Vollendung der neukantianischen Kulturphilosophie . . . 293
- 22.1 Biographie und Bibliographie . . . 293
- 22.2 Von den exakten Wissenschaften zum animal symbolicum . . . 296
  - 22.21 Die symbolvermittelte Transformation des transzendentalen Ansatzes . . . 296
  - 22.22 Cassirers Kulturphilosophie der symbolischen Formen und die Lebensweltphilosophie . . . 298
    - a. Die Erweiterung der Philosophie der symbolischen Formen zur Kulturphilosophie
    - b. Kritische Phänomenologie
    - c. Phänomenologie des Geistes
  - 22.23 Der Mensch als symbolisches Wesen . . . 303
- 22.3 Das mythische Denken . . . 304

23. Philosophische Anthropologie . . . 309
- 23.1 **Helmuth Plessner**: Kulturphilosophie als Lehre von der Conditio humana . . . 310
  - 23.11 Biographie und Bibliographie . . . 310
  - 23.12 Der Mensch als homo absconditus und seine geschichtliche Leiblichkeit . . . 313
  - 23.13 «Die Stufen des Organischen und der Mensch» . . . 318
- 23.2 **Arnold Gehlen**: Anthropologe und Philosoph der Institutionen . . . 323
  - 23.21 Biographie und Bibliographie . . . 323
  - 23.22 Von der Frühphilosophie zur Institutionenlehre . . . 324
  - 23.23 Die Institutionenlehre in «Urmensch und Spätkultur» . . . 329
    - a. Institutionen
    - b. Kategorien
    - c. Ausblick

H. Mensch und Transzendenz . . . 337

24. Konfessionelle christliche Philosophie . . . 339
- 24.1 Zur Problematik einer christlichen Philosophie . . . 339
- 24.2 Die neuscholastische Philosophie in der Auseinandersetzung mit der Moderne . . . 340
  - 24.21 **Erich Przywaras** Deutung der Metaphysik als Lehre von der Analogia entis . . . 341

                a. Biographie und Bibliographie
                b. Die Analogie-Lehre
        24.22 **Karl Rahners** Umdeutung der Transzendentalphilosophie 346
                a. Biographie und Bibliographie
                b. Die Öffnung zur Moderne
        24.23 **Edith Steins** Weg von der Frühphänomenologie zur Fülle
              des thomistischen Seins 350
                a. Biographie und Bibliographie
                b. Die Phänomenologin
                c. Die Thomistin
    24.3 **Peter Wusts** christliche Anthropologie 356
        24.31 Biographie und Bibliographie 356
        24.32 Die insecuritas humana als Wesenszug einer christlichen Metaphysik . . 357
        24.33 «Die Auferstehung der Metaphysik» 359
25. Dialogische Philosophie 363
    25.1 **Ferdinand Ebner** und die Entdeckung des Dialogischen 364
        25.11 Biographie und Bibliographie 364
        25.12 Pneumatologische Fragmente 365
                a. Die Entdeckung des Du im Wortgeschehen
                b. Das göttliche Du
                c. Abgrenzungen vom «Traum des Geistes»
    25.2 **Franz Rosenzweig**: Der jüdische Denker religiöser Existenz 369
        25.21 Biographie und Bibliographie 369
        25.22 Die philosophische Explikation jüdischer Existenz 371
        25.23 «Der Stern der Erlösung» 371
        25.24 Rosenzweig zwischen Husserl und Heidegger 376
    25.3 **Martin Buber** und die Vollendung der dialogischen Philosophie 379
        25.31 Biographie und Bibliographie 379
        25.32 Bubers Synthese von Judentum und Humanität 381
        25.33 «Ich und Du» 383
26. Christliche Philosophie und Neuzeit 387
    26.1 **Paul Tillich**: Religionsphilosophie am Abgrund der Sinnlosigkeit 387
        26.11 Biographie und Bibliographie 387
        26.12 Der Denker «auf der Grenze» 389
        26.13 Religionsphilosophie als Lehre der Theonomie 392
    26.2 **Romano Guardini**: Christlicher Glaube am Ende der Neuzeit 396
        26.21 Biographie und Bibliographie 396
        26.22 Christliche Philosophie als Weltanschauungslehre 397
        26.23 «Das Ende der Neuzeit» 400
27. **Karl Jaspers** und die Philosophie der Transzendenz 404
    27.1 Jaspers und die Existenzphilosophie 404
        27.11 Die Existenzphilosophie im allgemeinen 404
        27.12 Biographie und Bibliographie 406
    27.2 Das philosophische Werk von Karl Jaspers 410
        27.21 Von der wissenschaftlichen Methodenreflexion zur Wahrheit
              als Chiffre der Transzendenz 410
        27.22 Das Hauptwerk «Philosophie» 416
                a. Philosophische Weltorientierung
                b. Existenzerhellung
                c. Die «Metaphysik»

I. Die Transformation der Phänomenologie durch Martin Heidegger 423

28. Heidegger und die Phänomenologie 425
    28.1   Biographie und Bibliographie 425
    28.2   Von den «Sachen selbst» zur «Sache des Denkens» 429
    28.3   Heidegger und Husserl 433
29. «Sein und Zeit» 437
    29.1   Einleitung 437
         29.11 Thematik 437
         29.12 Gesamtkonzeption 438
         29.13 Methode 439
    29.2   Das In-der-Welt-sein als Grundverfassung des Daseins 440
         29.21 Vorbetrachtungen 440
         29.22 Die Idee der Weltlichkeit und die Zeug-Analyse 441
         29.23 Mitsein und Selbstsein 443
         29.24 Das In-sein als solches 444
               a. Dasein als Befindlichkeit
               b. Dasein als Verstehen
               c. Dasein als Rede
         29.25 Die Sorge als Sein des Daseins 446
    29.3   Das Zeitproblem 447
         29.31 Das Sein zum Tode 447
         29.32 Das Gewissen als Ruf der Sorge 448
         29.33 Die Zeitlichkeit als Sinn des Daseins 448
30. Heidegger in der Diskussion 448
    30.1   «Sein und Zeit» im zeitgenössischen Urteil 450
         30.11 Georg Misch und Heidegger 452
         30.12 Hedwig Conrad-Martius und Heidegger 453
         30.13 Edith Stein und Heidegger 453
         30.14 Ernst Cassirer und Heidegger 455
         30.15 Hans Reiner und Heidegger 455
         30.16 Karl Jaspers und Heidegger 456
    30.2   Das Problem der Kehre 457
         30.21 Die Fortführung der SuZ-Problematik 458
               a. «Die Grundprobleme der Phänomenologie»
               b. Heideggers Kant-Interpretation
         30.22 Die Charakterisierung der Kehre 460
               a. Die Anknüpfung an das Wahrheitsproblem
               b. Löwiths Beschreibung der Kehre als Bruch
               c. Spätere Deutungen
    30.3   Ausblick 464

Sekundärliteratur zu den einzelnen Philosophen 467

Namenregister 493

Sachregister 500

Einleitung

Die erste Hälfte des zwanzigsten Jahrhunderts gehört heute der Geschichte an. Der hinreichende Zeitenabstand ermöglicht die notwendige Distanzierung des Betrachters von biographischen und interessebezogenen Verwicklungen. Dadurch wird es einfacher, bedeutsame philosophische Aussagen von weniger wirkungsvollen Gedankengebilden zu unterscheiden. Es ist vorauszusehen, daß in den nächsten Jahren die weitere Erforschung dieser Zeit dazu führen wird, die genaueren Konturen einer *Geschichte der Philosophie des zwanzigsten Jahrhunderts* zu zeichnen. Die vorliegenden Ausführungen stellen nur einige «*Bausteine*» für ein solches Unternehmen bereit. Der Buchtitel verweist darauf, daß die Beiträge weder irgendeinen Anspruch auf Vollständigkeit erheben, noch daß mit der getroffenen Auswahl normative Absichten verbunden sind. Die groben Umrisse des ersten Versuchs können und sollen natürlich anderweitig verfeinert werden. Nur stellt sich die Frage, ob die Darstellung von zu vielen Details, die nur den hochspezialisierten Forscher interessieren, heute noch in der Form eines eine ganze Epoche umfassenden Buches realisiert werden kann. Dazu bieten sich effektivere Medien an, die Texte auf maschinenlesbaren Datenträgern und auf Mikrofiches zur Verfügung stellen. Um die hier angestrebte Lesbarkeit in Buchform zu garantieren, ist daher eine gewisse Ausführlichkeit notwendig, die deutlich über bloßes Lexikon-Wissen hinausführt. Das wiederum zwingt zur rigorosen Auswahl, die unsere *Beschränkung auf deutschsprachige Philosophie* erklärt. Aber Lesbarkeit, die zugleich wissenschaftlich informiert und kulturgeschichtlich orientiert, verlangt darüber hinaus ein methodisch-didaktisches Konzept.

Die vorliegende, vorwiegend personenbezogene Konzeption orientiert sich an einer Reihe von Denkern, die auffällige Spuren in der philosophischen Landschaft der ersten Jahrhunderthälfte hinterlassen haben. Dabei ist nicht nur die Rede von denen, die – wie Max Weber, Georg Simmel, Ernst Cassirer, Karl Rahner oder Martin Heidegger – auch heute noch gelesen und für aktuelle Fragestellungen herangezogen werden. Zugleich sollen auch einige vergessene und viele nur Fachleuten geläufige Namen in Erinnerung gerufen werden, die in ihrer Zeit Gehör gefunden haben und verdeutlichen, wie einseitig und voreingenommen unser gegenwärtiges Denken geworden ist, das ausschließlich die zufälligen Augenblicksinteressen zum Maßstab des Zuwendungswürdigen macht. In der Denkgeschichte sind Schätze verborgen, die unsere Zeit bereichern können, und ein Bezug auf vergessene Denker zeugt nicht notwendig von der Antiquiertheit des Gedachten.

Die einzelnen Darstellungen beginnen in den meisten Fällen mit einem biographisch-bibliographischen Teil, setzen sich in einer Gesamtwürdigung des jeweiligen Philosophen fort und enden mit der Skizze eines herausragenden Werkes. Doch um eine gewisse Grundorientierung zu erreichen, ist außerdem die Einordnung der einzelnen Denker in gewisse Problemfelder und geschichtliche Entwicklungszusammenhänge unerläßlich. Zur Abgrenzung von Entwürfen der analytischen sowie der gesellschaftskritischen Philosophie ziehen wir einen Rahmen «*Von Husserl zu Heidegger*», der einer ausführlichen Erläuterung bedarf.

Der Versuch, den ersten Teil des 20. Jahrhunderts als philosophischen Epochenabschnitt darzustellen, hat seine sachliche Berechtigung. Der Jahrhundertbeginn fällt mit dem Aufkommen neuer Denkweisen zusammen, welche die folgende Zeit entscheidend geprägt haben. Kulturpolitisch ist zwar erst das Ereignis des Ersten Weltkrieges die wesentliche Zäsur, die dann auch den Gang der philosophischen Gedanken beeinflußt und umgestaltet; die Ursprünge der neuen Konzeptionen aber liegen früher.

Aus der Perspektive des ausgehenden 20. Jahrhunderts erscheinen die philosophischen Bemühungen zu Beginn dieses Jahrhunderts wie ein groß angelegter Versuch, sich den Zugriffen der Naturwissenschaften und deren Auswirkungen in Technik, Wirtschaft, Gesellschaft und Politik zu entziehen. Die Wissenschaften sind durch ihre eindrucksvollen Erfolge im 19. Jahrhundert zur geistigen Macht erster Ordnung geworden. Zwar bieten die Grundlagenkrisen in Physik und Mathematik bald Angriffspunkte einer Kritik, um die Selbstgefälligkeit des aufgeklärt-positivistischen Denkens zu untergraben; doch setzt gerade diese Notsituation Kräfte frei, die zu einer Neuorientierung des Positivismus führen und so die Kontinuität des naturwissenschaftlichen Denkens in der Form der sogenannten Analytischen Philosophie bewahren.

Einen bedeutenden Gegenentwurf stellt die *Phänomenologie* dar, die zu Beginn dieses Jahrhunderts entsteht und den *Neukantianismus* sowie die *Lebensphilosophie* in der Gegenwehr gegen den Positivismus unterstützt, zwei Strömungen, von denen die eine in ihrer Wirkung weitgehend auf den universitären Bereich beschränkt geblieben ist und die andere durch Nietzsches Einfluß starke kulturkritische Akzente allgemeinster Art erhalten hat. Die Phänomenologie dient uns daher als erster Leitfaden, um in dem Gewirr von neuen Lehren, Einflüssen, Wirkungen und Gegenwirkungen Übersicht zu gewinnen, und die es ermöglicht, in jene Gedankenwelt einzuführen, die sich gegen das naturwissenschaftliche Denken stellte. Aber auch dieses verdient in seiner Neuorientierung größte Aufmerksamkeit einer Philosophiegeschichtsschreibung. So kristallisieren sich zwei Strömungen heraus, die im deutschsprachigen Raum die erste Jahrhunderthälfte philosophisch entscheidend mitgestaltet haben: eine phänomenologische Grundkonzeption, die *von Edmund Husserl zu Martin Heidegger* führt und ein nicht-analytisches (oder hermeneutisches) Paradigma[1] repräsentiert, und die Grundposition der Analytischen Philosophie, die ihre Anstöße von *Gottlob Frege* erhielt und ihre reifste Ausgestaltung der Philosophie *Ludwig Wittgensteins* verdankt.

Es gab im Laufe der Geschichte Sternstunden der Philosophie, wie im Griechenland zur Zeit Platons und des Aristoteles, im Europa zur Zeit Descartes' und im Deutschland des Idealismus. Zu diesen absoluten Höhepunkten der Philosophie kann man die genannten Erneuerungen zu Beginn unseres Jahrhunderts wohl kaum zählen. Aber trotzdem heben sich die neuen philosophischen Ansätze deutlich von der philosophischen Landschaft des mittleren und späten 19. Jahrhunderts ab, in welcher der Positivismus und der Historismus das Sagen hatten.

Die Spuren «Von Husserl zu Heidegger» und «Von Frege zu Wittgenstein» durchziehen die erste Jahrhunderthälfte wie geographische Meridiane, von denen aus sich die Breitenkreise nach links und rechts anschließen. Verfolgen wir auch die Nebenspuren, so gelingt uns innerhalb dieses Koordinatensystems wenigstens eine grobe Orientierung auf dem Globus der philosophischen Gedankenwelt mit seiner verwirrenden Vielfalt.

Wenn wir mit dem Weg «Von Husserl zu Heidegger» beginnen, so darf dieser Gang nicht verabsolutiert werden. Zwar hat Gadamer mit Recht gesagt, daß die phänomenologische Bewegung eine Strömung ist, «die in Deutschland die ersten Jahrzehnte unseres Jahrhunderts siegreich beherrscht hat»[2]. Trotzdem stellt dieser Pfad nur *eine* der Möglichkeiten dar, das Gedachte zu ordnen. Auf dem zweiten Weg sollte Ähnliches gelingen; nur liegen dessen Regionen zunächst abseits. In den Vorblicken aus der Ferne fehlen ihnen die scharfen Konturen, die sie erst bei der Annäherung auf den anderen Pfaden erlangen.

Die *zweite* Jahrhunderthälfte ist weniger von solch eindeutigen Spuren als von *Umstürzen* geprägt. Es ist die *Zeit der Wenden*. Von der revolutionären Kritischen Theorie wird die «*gesellschaftliche* Wende» als reale Utopie propagiert; in der «*sprachlichen* Wende» erhebt die Analytische Philosophie den Anspruch einer Revolutionierung des Denkens durch den Rückgang auf die sprachlichen Bedingungen und schließlich «begnügt» sich eine Vielzahl von Philosophen in

---

1 Zur Charakterisierung werden heute häufig *drei* maßgebliche Paradigmen unterschieden. H. Schnädelbach beispielsweise spricht (in «Philosophie. Ein Grundkurs», Band 1. Hamburg. 2. Aufl. 1991) vom ontologischen (3.1.2), mentalistischen (3.1.3) und linguistischen Paradigma (3.1.4). Unser Weg «von Husserl zu Heidegger» betrifft Ausprägungen der ersten beiden Paradigmen, die aber weder in der Phänomenologie noch im Neukantianismus streng geschieden werden können. Diesem nicht-analytischen (oder hermeneutischen) Paradigma stellen wir das *analytische* gegenüber, das nicht nur «linguistisch», sondern auch logisch und z.T. empirisch orientiert ist.
2 Die phänomenologische Bewegung. In: Philosophische Rundschau 11/1963. S. 1.

der «*pragmatischen* Wende» damit, humane Antworten auf die neuen globalen Herausforderungen im ethischen und ökologischen Bereich zu finden.

Am Ende unseres Jahrhunderts stehen fundamentale Grundkonzeptionen und deren revolutionäre Transformationen in einem *diffusen Pluralismus* unvermittelt nebeneinander. Das bedeutet eine neue Herausforderung für die philosophische Vernunft, die sich mit dem Aufweis ihrer Widersprüchlichkeit im Sinne der Postmoderne nicht zufrieden geben kann.

Die Orientierung an der Phänomenologie ist nach diesen Überlegungen vorwiegend *systematisch* begründet. In der Phänomenologie werden die zentralen Themen angesprochen und entfaltet, die in den ersten Dezennien unseres Jahrhunderts im Mittelpunkt stehen. Ein direktes Abhängigkeitsverhältnis der einzelnen Denker von der Phänomenologie wird damit nicht unterstellt, obwohl wir auf zahlreiche Verflechtungen und Parallelentwicklungen stoßen werden.

Nach einer Skizze der *philosophischen Situation um die Jahrhundertwende (A)* beginnen wir mit der ausführlichen Darstellung von drei Strömungen, die für die Methodik des nicht-analytischen Denkens zu Beginn des 20. Jahrhunderts von entscheidender Bedeutung sind:

Phänomenologie (B) – Lebensphilosophie (C) – Neukantianismus (D).
Die Auswirkungen dieser wirkungsmächtigen Konzeptionen sind vielfältig:
– Die *phänomenologischen Wesensanalysen (E)* führen die Ansätze Husserls explizit fort.
– Die *Lebensweltanalysen (F)* demonstrieren die Reichhaltigkeit der in Diltheys Entwürfen verborgenen Implikationen.
– Die *von der Kulturkritik zur Kulturphilosophie und philosophischen Anthropologie (G)* entfalteten Konzeptionen führen zum kritischen Endpunkt des menschlichen Selbstverständnisses in seiner kulturgeschichtlichen Immanenz.
– Die längst vollzogene Verabschiedung vom methodischen Ausgangsrahmen hin zu einer Auseinandersetzung mit dem inhaltlichen Sinn von Sein wird nochmals deutlich im Verhältnis von *Mensch und Transzendenz (H)* und schließlich in *Heideggers Transformation der Phänomenologie (I)* in die Fundamentalontologie.

Der Weg der Philosophie von Husserl bis Heidegger erscheint so als eine Entwicklung, die mit der methodischen Auffassung einer Philosophie als strenger Wissenschaft beginnt, dann durch den nie gebrochenen Einfluß der Lebensphilosophie zur vollen Entfaltung ihrer Möglichkeiten kommt, um schließlich durch die relativierende Vergeschichtlichung und Verendlichung in eine Situation zu führen, in der sich der Mensch nach der Abwendung von der Transzendenz in ausweisloser Position erlebt. Dies ist die Stunde der neuen philosophischen Anthropologie, die sich in der nachfolgenden Existenzphilosophie noch weiter radikalisiert. Heidegger, der sich bewußt gegen eine Vereinnahmung durch die philosophische Anthropologie oder durch die Existenzphilosophie stellt, versteht seine Fundamentalontologie nicht als Vollendung dieser Entwicklung, sondern als die Instanz, in der solche Bewegungen innerhalb der philosophischen Tradition auf ihren Sinn hin befragt werden, der nur als Sinn von Sein tief genug fundiert werden kann und dann in der Spätphilosophie Heideggers im Sein als Ereignis diese Fundierung gefunden zu haben vorgibt. So stehen die Namen Husserl und Heidegger für die beiden Pole einer *Philosophie als strenge Methode* und der *Philosophie als Verkündigung der Fülle des sich selbst offenbarenden Seins*, zwischen denen sich vieles entfaltet hat, von dem einiges hier zu Wort kommen wird.

Die vorliegende Arbeit soll all denen eine Hilfe sein, die mehr als nur einen groben Überblick über die deutschsprachige Philosophie des 20. Jahrhunderts gewinnen wollen und die tiefer in die philosophischen Gedankengänge dieser Denker einzudringen versuchen, um damit in selbstkritischer Zustimmung wie in distanzierter Kritik dem eigenen Denken neue Impulse zu geben. Daß dabei nicht die *Geschichte der Philosophie* mit der *Philosophie* verwechselt werden darf und die Beschäftigung mit den Originalschriften allemal oberstes Ziel bleiben muß, ist selbstverständlich; trotzdem dürfte ein Leitfaden, der durch die übersichtliche Entfaltung der Vielzahl von Entwürfen zu den gewünschten Schriften hinführt, für viele hilfreich sein, besonders in einer Zeit, in der die Quellen unserer eigenen geistigen Existenz als «große Erzählungen», das heißt als unverbindliche Geschichten, die uns nicht mehr beträfen und allenfalls zu geistigem Zeitvertreib geeignet seien, abqualifiziert werden. Die Entdeckung von Elementen unserer Überzeugungen im argumentativen Kontext früherer Philosophen sollte zugleich die Selbstverständlichkeiten des eigenen Denkens infragestellen und uns der Fülle des bereits Gedachten öffnen.

Daß die komplexe Thematik zu einem Ende geführt werden konnte, verdanke ich vor allem meiner verständnisvollen Ehefrau Gisela, die in jahrelanger Mithilfe alle schriftlichen Endformen erstellte und bei den Korrekturen große Hilfe leistete. Ihr sei hier mein herzlichster Dank ausgesprochen.

Bemerkungen zur Literatur

Die *Primärliteratur* ist innerhalb der einzelnen Kapitel zeitlich angeordnet; die häufig zitierten Werke sind mit Abkürzungen (mit maximal drei Buchstaben) versehen. Als Nachweise werden diese zusammen mit der Seitenzahl angegeben. Wenn keine Mißverständnisse möglich sind, bleiben diese bei Wiederholungen weg. Fehlt bei einem Zitat die Angabe, so gilt der darauf folgende Verweis.

Die *Sekundärliteratur* folgt am Ende des Bandes. Die Anordnung erfolgt alphabetisch nach den Bezugsautoren und bei diesen wieder alphabetisch nach den Verfassern der Beiträge. Zitiert wird mit Name und Jahreszahl der Veröffentlichung.

Die mit * versehenen Titel sind als Einführung geeignet. Werke mit ** verdienen besondere Aufmerksamkeit.

Abkürzungen für häufig genannte Zeitschriften und Serien:

GGPH   Grundprobleme der großen Philosophen. Hg. von J. Speck. Mehrere Bände. Göttingen ab 1972.
JPPF   Jahrbuch für Philosophie und phänomenologische Forschung. Halle ab 1913.
KSTU   Kant – Studien. Hamburg ab 1897, später Berlin.
PHJB   Philosophisches Jahrbuch der Görres – Gesellschaft. Fulda ab 1888, später Freiburg/München.
PHRS   Philosophische Rundschau. Tübingen ab 1953.
ZPHF   Zeitschrift für philophische Forschung. Meisenheim ab 1946.

A. Die philosophische Situation um die Jahrhundertwende

1. Das Erbe des 19. Jahrhunderts

1.1 Positivismus – Psychologismus – Historismus

Bis zur Mitte des vergangenen Jahrhunderts war die deutschsprachige Philosophie weitgehend vom *Idealismus* geprägt. Denker wie Fichte, Schelling und vor allem Hegel hatten die Grenzziehungen der Vernunft kühn hinter sich gelassen und die philosophischen Spekulationen, gegen deren Grenzenlosigkeit Kant angetreten war, zu einer nie wieder erreichten Höhe geführt. Die Gegenreaktionen blieben nicht aus. Durch den in den letzten Jahrhunderten ungebrochenen Fortschritt einer aufgeklärten Rationalität und durch die folgenreichen Entdeckungen der Naturwissenschaften breitete sich eine neue Weltauffassung aus, die ihre Maßstäbe aus eben dieser *Rationalität* und *Wissenschaftlichkeit* entlieh. Die widerspruchsfreie Klarheit ihrer Begriffe, die Sicherheit ihrer Gesetze und ihre alle Praxis beherrschende Nützlichkeit boten eine verführerische Alternative zu den verworrenen philosophischen Spekulationen, die sich oft selbst widersprachen und deren Nutzen alles andere als plausibel war.

Nicht nur die Natur als Objekt der Naturwissenschaften, sondern auch die Natur im Sinne des menschlichen Individuums und der darauf aufbauenden kulturellen Umwelt wurden naturwissenschaftlich interpretiert. Die Forscher übertrugen ihre mechanistischen und später ihre evolutionstheoretischen Denkmodelle auf die traditionelle Philosophie. Nur das Gegebene, «Positive», durch Naturgesetze Bestimmte und damit Zweifelsfreie konnte Grundlage für eine zusammenfassende Weltsicht und sinnvolle Lebenspraxis sein. Dieser «*Positivismus*» beherrschte das Denken, seine Weltanschauungsphilosophie feierte Triumphe. Ob bei Ludwig Büchner in «Kraft und Stoff», der Bibel des Materialismus, oder in Ernst Haeckels «Welträtsel», dem Grundbuch des Evolutionismus, ob in Frankreich bei Auguste Comte im System des Positivismus oder in England bei John Stuart Mill im klassischen Empirismus, in allen Lehren dominierten materialistische Prinzipien, die in ihrer mechanistischen Determination keinen Platz ließen für Metaphysik oder Transzendenz, für freien Willen oder Geist. Die Übermacht dieses positivistischen Denkens verdrängte die klassische Philosophie bis heute aus dem Bildungskanon des modernen Wissenschaftlers und aufgeklärten Laien.

Von besonderer Brisanz waren die Herausforderungen des Positivismus für die Aufklärung des menschlichen Seelenlebens, das heißt für den Aufgabenbereich der *Psychologie*. Seit Jahrhunderten hatten die Philosophen die Sonderstellung des Menschen gelehrt; das innere Selbsterlebnis garantierte ihnen Bewußtsein, Freiheit und Personalität. Mit der Unglaubwürdigkeit ihrer spekulativen und metaphysischen Begründungen verloren diese Begriffe ihre zentrale Stelle in der philosophischen Reflexion. Die Psychologie reduzierte alles Seelische und Geistige entweder auf die bloße Materie («materialistische Psychologie») oder sie respektierte zwar die Eigenständigkeit des geistigen Lebens als Untersuchungsobjekt neben der materiellen Welt, erklärte dessen Inhalte aber durch rein mechanistische Prozesse innerhalb der Vorstellungen und Triebe. Dadurch wurden sie zu Epiphänomenen degradiert. Der Bewußtseinsstrom bestand danach aus seelischen Prozessen sui generis, die nach Naturgesetzen auftauchen, gegenwärtig sind und vergehen, sich gemäß gewisser Verknüpfungsregeln verbinden und gegenseitig fördern oder hemmen («Assoziationspsychologie»).So konnte sich die Psychologie in keiner ihrer Ausformungen dem Positivismus entziehen. Sie verstand sich in beiden Fällen als naturwissenschaftliche Disziplin, welche die Gesetze des Seelenlebens direkt oder indirekt erforscht. Weil sie damit auch die zentralen Phänomene des gesellschaftlichen und kulturellen Lebens thematisierte, glaubte sie, *alle* philosophischen Fragen der Vergangenheit allein aus psychologischen Prozessen und deren analogen Gehirnfunktionen erklären und beantworten zu können. Als sogenannter *Psychologismus* gab diese Auffassung in den philosophischen und weltanschaulichen Diskussionen des ausgehenden 19. Jahrhunderts den Ton an und wirkte bis tief in das 20. Jahrhundert hinein.

Das geistige Vakuum, das der Niedergang der philosophischen Spekulation hinterließ, wurde von den Naturwissenschaften eher ignoriert als ausgefüllt. Denn im Psychologismus herrschten die Reduktionen vor; Antworten auf uralte Menschheitsfragen lösten sich in psychische Prozesse und Selbsttäuschungen auf. Der eigentliche Antagonist der traditionellen Philosophie war vielmehr die *Wissenschaft von der Geschichte*. Sie beanspruchte, die eigentliche Bildung des Menschen zu vermitteln. Nach dieser Wissenschaft offenbart sich alle Erkenntnis in den einzelnen Geschichtsepochen; «Geschichte ist das Wissen der Menschheit von sich» (Johann Gustav Droysen[1]). Die Philosophie wird verdrängt von der Geschichte als strenger Wissenschaft, die aufzeigt, wie es gewesen ist.

Während die Philosophie so im öffentlichen Bewußtsein nur noch eine geringe Rolle spielte, hielt sie im *universitären Bereich* institutionell weiterhin ihre Stellung. Doch *inhaltlich* machten sich die Einflüsse des Positivismus und der neuen Geschichtsdeutung auch hier bemerkbar und bewirkten einen grundsätzlichen Wandel. Nicht mehr die intellektuelle und sittliche Selbstverwirklichung des Individuums im Sinne des Deutschen Idealismus und des Humboldtschen Bildungsideals standen im Vordergrund, sondern die empirische Aufdeckung psychischer Mechanismen und die Erklärung des historischen Zusammenhangs aller Kulturphänomene. Insbesondere das gesellschaftliche Leben wurde zum Thema der neuen, vorwiegend naturwissenschaftlich und historisch orientierten Disziplin der Soziologie oder Gesellschaftswissenschaft. Als *Historismus im engeren Sinne* verbreitete sich eine rein positivistische Betrachtungsweise, die Geschichte und Gesellschaft durch reine Faktensammlung im Sinne eines wertfreien Objektivismus und eines historischen Relativismus zu erfassen suchte. Wo einst die Philosophie des Geistes ihre konstruktiven Aussagen formulierte, degenerierte die Philosophie als historische Weltanschauung zu einer Geschichte der Philosophie selbst. Doch gerade im universitären Bereich formierte sich auch der Widerstand gegen den Positivismus.

1.2 Die Gegenwehr im Neukantianismus und in der Lebensphilosophie

Der Zusammenbruch der philosophischen Spekulation im 19. Jahrhundert bedingte nicht nur eine prinzipielle Abkehr von der eigentlichen Philosophie und eine Hinwendung zur erfolgreicheren Naturwissenschaft, sondern bewirkte zugleich eine Rückbesinnung auf den vorhegelianischen Standpunkt Kants, dessen Kritik der Vernunft in den spekulativen Systemen nicht ernst genug genommen worden war.

Mit Hegels Tod verlor der spekulative deutsche Idealismus an Einfluß. In der Auseinandersetzung mit den vorherrschenden Naturwissenschaften erinnerte man sich des Beitrags Kants zur philosophischen Deutung der Grundlagen der Wissenschaften. Klaus Christian Köhnke schreibt besonders Friedrich Adolf Trendelenburg, einem Philosophen der Romantik, eine Vermittlerrolle zwischen idealistischen und wissenschaftstheoretischen Überlegungen zu. Nach Köhnkes Periodisierung[2] kann man daher bereits in der Zeit von 1830 bis 1848 von der Entstehung eines *Kantianismus* sprechen. Durch die Forderung nach einer Aktualisierung der Fragestellungen, in

---

1 Grundriß der Historik. 1957; in: Historik. Stuttgart/ Bad Cannstatt 1977. § 86
2 In: Entstehung und Aufstieg des Neukantianismus. Frankfurt 1986. S. 14 ff.

denen die Zeitprobleme mit Hilfe der Philosophie Kants gelöst werden sollten, entstand dann anschließend die eigentliche *neukantianische Programmatik*. Hier gab Hermann von Helmholtz Anregungen; Kuno Fischer veröffentlichte 1860 eine eindrucksvolle Darstellung der kritischen Philosophie und Otto Liebmann prägte die Losung «Zurück zu Kant!» Mit dem Erscheinungsjahr von Friedrich Albert Langes «Geschichte des Materialismus», des am meisten gelesenen Buches des Neukantianismus, erfolgte dann von 1865 bis 1881 die eigentliche *Ausbreitung des Neukantianismus*. Um die Jahrhundertwende verfestigte sich die neukantianische Strömung zu zwei berühmten Schulen, die in einer Philosophie des 20. Jahrhunderts eigens gewürdigt werden müssen.[3]

Allen Bestrebungen gemeinsam war die Absicht, den kritischen Kern des Idealismus zu retten. Doch die neue Thematisierung der von Kant herausgearbeiteten transzendentalen Frage nach dem synthetischen Apriori in Erkennen, Wollen und Werten konnte anfangs nur schwer den Einflüssen des Positivismus und des Evolutionismus entzogen werden. Die positivistischen Umdeutungen des Apriori in physiologische Dispositionen bei Helmholtz oder in psychologische Formen einer evolutionstheoretisch verstandenen Natur bei Hans Cornelius verkannten die Idee der Transzendentalität, die nach den Bedingungen eben jener Physiologie und Psychologie zurückfragt. Doch allmählich setzten sich auch genuin kantianische Interpretationen durch. Zunächst finden wir zögernde Ansätze bei den «Ahnherren des Neukantianismus» (S. Marck[4]), nämlich bei Rudolf Hermann Lotze, Friedrich Albert Lange und Otto Liebmann, ferner bei Johannes Volkelt; später erfolgten bei den «älteren Neukantianern» Gesamtinterpretationen, die den Geist Kants repräsentierten und die Lehre zugleich auf die damalige Situation anzuwenden suchten. Das eigentliche Verdienst des Neukantianismus war zunächst die Entlarvung des unkritischen Wirklichkeitsverständnisses des populären, von den Naturwissenschaften geprägten Materialismus. Der Neukantianismus legte im Sinne Kants dar, daß das Bewußtsein nicht Funktion der Materie, sondern umgekehrt die Materie «Erscheinung» für ein Bewußtsein ist. Die Auswirkungen dieser Lehre beschränkten sich vor allem auf die Philosophie selbst, weil der Neukantianismus weitgehend eine Universitätsphilosophie blieb und nie die allgemeine Breitenwirkung erlangte, wie wir sie bei der Lebensphilosophie und der Phänomenologie beobachten können.

Die erfolgreichste Gegenwehr gegen die positivistischen und historischen Übergriffe erfolgte durch das Erstarken der *Lebensphilosophie*. Mit diesem Begriff faßt man alle philosophischen Strömungen zusammen, die sich gegen strenge Wissenschaft und starre Methoden, gegen universale Rationalität und einschränkende Vernunft zur Wehr setzen. Seitdem sich die Aufklärung und die modernen Wissenschaften mit ihren weitreichenden Auswirkungen in Wirtschaft und Technik unaufhaltsam ausgebreitet hatten, gab es Stimmen von Philosophen, Künstlern und Kulturkritikern, die eben diesen Tendenzen ihren Kampf ansagten. Im Bereich der *Dichtkunst* war es schon ein Jahrhundert früher der «Sturm und Drang», später die Romantik, die um ein neues Lebensgefühl rangen. *Philosophen* brachten diese Tendenzen auf den Begriff: Jean Jacques Rousseau, Johann Georg Hamann, Johann Gottfried Herder und vor allem die deutschen Idealisten Fichte, Schelling und Hegel. «Leben» stand *für* Dynamik, Werden, Prozeß, für Unmittelbarkeit und Kreativität, für das Dionysische, für Spontaneität, Frische und Jugend; der Begriff «Leben» stand *gegen* Statik, Erstarrung und Verdinglichung, gegen Abstraktheit und die das Subjektive vergessende Wissenschaftlichkeit, gegen Spießigkeit und Verlogenheit, gegen Klischees und eingefahrenes Denken.

Leben in diesem Sinne repräsentierte den eigentlichen Geist und die authentische Kultur. Lebensphilosophie verwies in Tiefen, die der Ratio und dem logischen Denken nicht zugänglich waren. Philosophen wie Schopenhauer und Nietzsche erklärten den Willen zum Leben bzw. den Willen zur Macht zu letzten Weltprinzipien und prägten in ihren Entwürfen die Lebensphiloso-

---

3 Einzelheiten im Abschnitt D.
4 In: Am Ausgang des jüngeren Neukantianismus. Archiv für Philosophie 3/1949. S. 144.

phie der Jahrhundertwende. So sammelten sich im Bereich der Lebensphilosophie alle Kräfte der Opposition gegen das strenge und starre Wissenschaftsdenken.

Mit *Wilhelm Dilthey* gab die Lebensphilosophie ihre ausschließlich oppositionelle Rolle auf und suchte die Synthese mit der Wissenschaft, der seit Aristoteles zwei Jahrtausende lang die Philosophie ihren Rang gegeben hatte. Bei Dilthey ist das Leben keine bloße Metapher und kein kulturkritisches Schlagwort, sondern ein innerlich erlebbares und äußerlich beschreibbares Phänomen. Das kulturelle Geschehen wird als geistiger Geschichtszusammenhang erlebt, strukturell und typologisch analysiert und als Selbstinterpretation des in der Geschichte Lebenden verstanden. Aus der Art und Weise, wie sich der Philosoph den inneren Zusammenhängen des niemals fixierbaren Geschehens nähert, entwickelte Dilthey das Verstehen als methodologische Kategorie, die zur Grundlegung der philosophischen Hermeneutik wurde[5]. In dieser wird eben jene «geisteswissenschaftliche Methode» kritisch reflektiert und zum Instrument philosophischer Erkenntnis erklärt. Das letzte Fundament für Wissenschaft, Weltanschauung und Verstehen bildet die *Geschichte*. Ihre Dynamik muß bewahrt bleiben und darf keiner Stückwerk-Analyse des positivistischen Denkens ausgeliefert werden. Wahrheit und Vernunft können sich daher nur in ihrer historischen Bedingtheit und im jeweiligen Traditionszusammenhang konstituieren. Dieser *Historismus im weiteren Sinne* versteht Geschichte als Selbstinterpretation des Menschen und hat mit dem Historismus des Fakten ansammelnden historischen Positivismus («Historismus im engeren Sinne») nur den Namen gemein.

Eine Stellung zwischen Positivismus und Diltheyscher Verstehenslehre nimmt *Max Webers verstehende Soziologie* ein, die das soziale Handeln in den Vordergrund rückt. Was Dilthey für die Geisteswissenschaften versuchte, strebte Weber für die Sozialwissenschaften an: die Erhebung der Disziplin in den Rang einer strengen Wissenschaft. Die scharfe Trennung zwischen Beschreibung und Wertung, Tatsache und Wesen, partikuläres Erkennen und Verstehen von Totalitäten wurde zur Grundlage einer Beschreibung der zugehörigen Zweck-Mittel-Relationen, die nach Weber erst ein echtes Verstehen ermöglichen. Obwohl Weber seine Verwandtschaft mit den südwestdeutschen Neukantianern erwähnt, werden wir seine Philosophie im Anschluß an Dilthey behandeln, weil auch Weber von der Geschichte ausgeht und sowohl die inhaltlichen Probleme des sozialen Handelns als auch die methodologischen Fragen einer Sozialwissenschaft aus dem Kontext eines Historismus im weiteren Sinne zu lösen versucht.

Der Historismus Diltheys und seine philosophische Hermeneutik, aber auch die neuen soziologischen Impulse bilden den Anfang einer folgenreichen Entwicklung innerhalb der Philosophie des 20. Jahrhunderts, die wir im Anschluß an die Darstellung der Phänomenologie weiterverfolgen werden.

1.3 Der folgenlose Bruch mit den bürgerlichen Traditionen

Unbemerkt sowohl vom etablierten evolutionären Positivismus der Naturforscher und Psychologen als auch von deren philosophischen Gegnern vollzog sich außerhalb des akademischen Bereichs[6] ein folgenschwerer Bruch mit der neuzeitlichen Denktradition, der erst im 20. Jahrhundert wirksam wurde: *Sören Kierkegaard, Karl Marx* und *Friedrich Nietzsche* stellten auf je verschiedene Weise Strukturen und Wertordnungen der Vergangenheit infrage. Die epochalen Folgen der Revolutionen jener drei Denker konnten erst aus der Perspektive des späten 20. Jahrhunderts als solche erkannt werden. Für das 19. Jahrhundert blieben sie nicht zuletzt wegen

---

5 Siehe Abschnitt C.
6 Natürlich erhielten auch diese Philosophen Impulse aus der akademischen Tradition. So spielt vor allem die Spätphilosophie Schellings eine Rolle. Diese wiederum greift auf Gedanken Pascals, Jacobis, Hamanns und auf theosophische Anregungen zurück. Vgl. dazu P. Tillich: Existenzphilosophie. In: GW IV. S. 146f.

der direkten Anknüpfung Kierkegaards und Marxens an den deutschen Idealismus weitgehend unzeitgemäß und daher zunächst unbeachtet.

Kierkegaards Philosophie entstand aus der Rebellion gegen das Systemdenken Hegels, in dem das Allgemeine und Abstrakte des Gedankens den Einzelmenschen in seinen existentiellen Nöten erdrückte. Kierkegaard forderte den «*existierenden* Denker», der im Gegensatz zum «*abstrakten* Denker» den Bezug auf das eigene Selbst berücksichtigt und so aus Leidenschaft und Interesse denkt. Das abstrakte Denken spricht vom allgemeinen Geist, vom interesselosen Sein und vom objektiven System. Der existierende Denker dagegen artikuliert die Gegenbewegung zur selbstherrlichen Vernunft, gegen die weltliche Wissenschaft und gegen den Traum von der Erlösung durch objektiven wissenschaftlichen Fortschritt. Aber der Einzelne steht bei Kierkegaard nicht in der Geborgenheit einer mittelalterlichen göttlichen Ordnung. Sein Leben ist vielmehr von Verzweiflung geprägt. Der vordergründige Impuls für das Denken dieser extremen Situation in Angst und Verzweiflung, die dem damaligen optimistischen Zeitgeist völlig widersprach, läßt sich weitgehend auf biographische und psychologische Besonderheiten Kierkegaards zurückführen.

Der Christ Kierkegaard lebte in der Überzeugung, durch die Sünden seines Vaters, der als Kind Gott verflucht hatte, von aller Lebensfreude und Glückserfahrung abgeschnitten zu sein. Dadurch war er in seiner Verzweiflung eigentlich nicht er selbst, er lebte verzweifelt in der Uneigentlichkeit. Sein ganzes Bemühen war die Aussöhnung mit Gott, das heißt, wieder er selbst zu werden. Diese eigentliche Möglichkeit des Christseins sah Kierkegaard in der institutionellen Kirche nicht gegeben. So wurde er zum religiösen Revolutionär, zum Kritiker des christlichen Bürgertums und Konfessionalismus. Es gibt im christlichen Glauben nichts zu verstehen oder zu rechtfertigen; nur wer das Leiden erlebt, kann echtes Christsein vollziehen. Alles ist restlose Hingabe und absurder Sprung in den Glauben aus tiefster Verzweiflung.

In Analogie zur Selbstentfremdung in der Gesellschaft bei Marx kann man hier von einer Selbstentfremdung des Menschen im etablierten Christentum sprechen. Das Paradoxon einer Existenz, die in ihrer absoluten Freiheit und bedrängenden Endlichkeit eine sinnlose Welt in Angst und Verzweiflung bis zum Martyrium aushalten muß, sprengt alle Kategorien des bürgerlichen Lebens. Indem zugleich das offizielle Christentum zum schärfsten Gegner eines «wahren Christentums» wurde, brach Kierkegaard auch mit den religiösen Traditionen und blieb als existierender Denker ein einsamer Rufer in der Wüste. Erst Generationen später wirkten seine Aufrufe. Seine metaphysische Verlorenheit und existentielle Verzweiflung nahmen das Lebensgefühl des modernen Menschen vorweg; er wurde zum Vorbild und Vorläufer der Existenzphilosophie und gab der dialektischen Theologie um Karl Barth entscheidende Impulse.

Auch *Marx* muß aus der Opposition zu Hegel verstanden werden. Während Kierkegaard sich dem *Einzelnen* zuwandte, konzentrierte sich bei Marx das Interesse auf die allgemeine *gesellschaftliche* und *soziale Wirklichkeit*. In revolutionärem Pathos verlangte er, daß die Welt von den Philosophen nicht nur interpretiert, sondern verändert werden müsse. An die Stelle der objektiven Wahrheit trat die wirkungsvolle Praxis der gesellschaftlich Organisierten. Sein humanes Grundanliegen, die Selbstentfremdung des Menschen zu überwinden und ihm damit sein eigentliches menschliches Wesen wiederzugeben, wird bald durch sozialpolitische und gesellschaftliche Programme und Agitationen verdrängt. Daß sich aus diesen sozialistischen Prophetien und Utopien einmal eine geistige Macht entwickeln sollte, welche die halbe Erdkugel sozial und ökonomisch in noch nie dagewesener Weise verändern und dabei auch deformieren würde, hat sicher kaum ein Anhänger des Propheten zu glauben gewagt.

Auch bei *Nietzsche* dauerte es eine ganze Generation, bis seine Verkündigung von der Heraufkunft des Zeitalters des Nihilismus ernst genommen und nicht mehr nur als Beitrag einer allgemeinen Lebensphilosophie verstanden wurde. Für die akademische Philosophie der Jahrhundertwende war er noch nicht der große Philosoph, wie er uns heute erscheint. In Windelbands Standardwerk «Lehrbuch der Geschichte der Philosophie» (1892) wird von Nietzsche als von einem Dichter gesprochen, der auf die allgemeine Lebensanschauung und ihren literarischen Ausdruck Einfluß gewonnen habe. In der «Zarathustra-Dichtung» finde man «dämmeriges Schwelgen im Unbestimmten ... » und eine aphoristische «Darstellung, die vom Leser niemals ein zusammenhängendes begriffliches Denken verlangt, vielmehr ihm selber die Dosis geistreichster Anregung zu bestimmen überläßt, worin er jedesmal die überraschenden Einfälle, die glänzenden Formulierungen, die glücklichen Vergleiche, die paradoxen Kombinationen zu genießen sich zumuten will» (577).

In Nietzsches prophetischer Philosophie erreichten die destruktiven Tendenzen ihren Höhepunkt. Die Kritik richtete sich nicht nur gegen die metaphysische Spekulation und gegen die überkommene Religion, sondern betraf auch alle theoretischen, sittlichen und ästhetischen Wertvorstellungen. In einer leidenschaftlichen Entlarvungspsychologie voller Haß und Spott erklärte er alles Menschliche samt seiner «Zeitgötzen» Sozialismus und Demokratie zu egoistischen Wunschvorstellungen. Die Wahrheit war ihm nichts anderes als ein Produkt einer triebhaften Täuschung. Unter der Metapher vom «Tode Gottes» faßte er die Unglaubwürdigkeit aller Wertvorstellungen zweier Jahrtausende zusammen und malte die drohende Gottesfinsternis der kommenden Zeit aus. Doch dahinter sah Nietzsche eine «Morgenröte», die Heraufkunft einer neuen Zeit, der Zeit des «Übermenschen». Dieser von allen transzendenten Bürden und sozialen Zwängen befreite Mensch sei im «Willen zur Macht» zum großen «Ja» zur Endlichkeit fähig, in dem er das lebendige Werden in einer ewigen «Wiederkunft des Gleichen» erkennen und in fröhlicher Gleichgültigkeit ertragen wird.

Die Stimmung des 20. Jahrhunderts ist von Nietzsches Gedankenwelt geprägt. Nicht nur in der Philosophie, sondern vor allem auch in Dichtung, Religion, Psychologie und Kulturkritik haben seine Umwertungen Spuren hinterlassen und neue Wege gewiesen. Die Idee vom Übermenschen ist dabei allerdings verblaßt. Doch seine Vorstellungen von der Befreiung des Menschen leben in den gegenwärtigen Emanzipationsbestrebungen fort. Die Postmoderne beruft sich als Nietzsche-Nachfolge vor allem auf seinen perspektivischen Wahrheitsbegriff, auf seine Hinwendung zur Endlichkeit und auf die Interpretation der Werte als Erhaltungs- und Steigerungsbedingungen eines vergänglichen Lebens. Seine Umwertungen und Entlarvungen liefern den Gegendenkern aller Zeiten bis in die Gegenwart Zündstoff für neue Konfrontationen mit dem Alten und Verkrusteten.

2. Die Grundlagenkrise der Wissenschaften als Ausgangspunkt der Analytischen Philosophie

2.1 Die Neuorientierung in der Physik

Nachdem die Wissenschaften seit der Blüte des deutschen Idealismus in der ersten Hälfte des 19. Jahrhunderts einen so großen Einfluß auf die Philosophie und das allgemeine Geistesleben ausgeübt hatten, konnten auch die Umstürze innerhalb dieser Wissenschaften um die Jahrhundertwende nicht ohne Einfluß auf die philosophischen Reflexionen bleiben. Die philosophischen Spekulationen über die Physik bei Hegel oder Schelling hatten gegenüber den wissenschaftlichen Präzisierungen der damaligen Fachwelt keinerlei Chancen. Es kam gar nicht erst zu einer kritischen Auseinandersetzung, sondern man würdigte sie wegen ihres fehlenden Einflusses auf die wissenschaftliche Praxis kaum eines Gedankens. Doch gerade diese selbstbewußte Physik geriet zur Jahrhundertwende in eine Krise. Die naturwissenschaftlichen Argumente positivistischer Provenienz, die vorher als Waffen gegen die Philosophie eingesetzt worden waren, stumpften ab und gehören seitdem zum veralteten Arsenal eines überholten Wissenschaftsverständnisses.

Das Fundament der älteren Physik bildete die *Newtonsche Lehre*. Diese hatte ihre eigene Vergangenheit. Es war *Kant*, der das Faktum einer methodisch einheitlichen und selbstsicheren Physik in seiner Transzendentalphilosophie zu rechtfertigen versucht hatte. Er beschrieb die reinen Anschauungsformen Raum und Zeit sowie die Kategorien, insbesondere Substanz und Kausalität, als die ordnenden Prinzipien der menschlichen Wirklichkeitsauffassung. Damit waren die Stichworte der Newtonschen Mechanik genannt, die bis 1900 ohne Einschränkung anerkannt wurde. Ihr entnahmen die Konstrukteure der philosophischen Weltbilder ihre Bausteine: einfach identifizierbare, kleinste unteilbare stoffliche Elemente, die Atome, wirken aufeinander ein, gesteuert durch unveränderliche Gesetze in einem System absoluter Raum-Zeit-Ordnung; aus den Kombinationen der Atome bauen sich alle Stoffe auf. Kants tiefe Gedanken über Freiheit und praktische Vernunft waren längst vergessen. Das mechanische Konzept reichte den Theoretikern zur Erklärung auch des Lebens, der seelischen und geistigen Vorgänge und aller Kulturerscheinungen. Die Naturgesetze bestimmten aus dem faktischen Zustand der Welt in einem Zeitpunkt alle vorausgegangenen und alle zukünftigen Systemzustände («Laplacescher Determinismus»). Die Aussagen der Physik ließen keinen Zweifel irgendeiner Art zu; sie waren unabhängig von individuellen, gesellschaftlichen oder zeitbedingten Faktoren und damit absolut und ohne geschichtliche Dimension. Offene Fragen betrafen ausschließlich Zusammenhänge, deren Einzelmechanismen noch nicht restlos geklärt waren, ließen aber keinesfalls andersartige Erklärungsprinzipien zu. Seelensubstanz, Entelechie, élan vital, Geist oder gar Gott betrafen überholte Mythen, die nach und nach der entzaubernden Funktion wissenschaftlicher Erklärungen zum Opfer fielen und den Blick frei machten für alle Zusammenhänge des Seins.[1]

Um die Jahrhundertwende verlor der Glaube an einen bis ins Letzte durchschaubaren Kosmos der Naturwissenschaften seine Glaubwürdigkeit. Die für unteilbar gehaltenen Atome enthüllten eine komplizierte Struktur, so daß das Billardkugel-Modell durch ein Planetensystem-Analogon und dieses durch ein Wahrscheinlichkeitswolken-Modell ersetzt werden mußte. Das Kügelchen-Verhalten der Materie erwies sich als völlig falsche Hypothese. Im Mikrobereich verhalten sich die neu entdeckten Elementarteilchen völlig anders als makroskopische Objekte unserer Umwelt. Nach der Unschärfe-Relation der *Quantenphysik* von Werner Heisenberg ist es prinzipiell unmöglich, eine absolut exakte Ortsangabe gleichzeitig mit einer genauen Impulsangabe zu

---

[1] Ein solches entmythologisiertes wissenschaftliches Weltbild findet man z.B. in Ernst Haeckels Buch «Welträtsel», Bonn 1899.

machen, die beide den Bewegungsablauf bestimmen. Damit wurde die weitverbreitete Annahme einer universellen Determination des gesamten Geschehens problematisch; denn die Voraussetzungen zu deren Beschreibung waren nicht realisierbar. Mechanistische Erklärungen mikroskopischer Bereiche, der naive Materiebegriff und die Idee einer universellen Berechenbarkeit gehörten plötzlich in die Rumpelkammer spekulativer Weltdeutungen.

Aber auch die Vorstellungen über die letzten objektiven Ordnungsprinzipien von Raum und Zeit mußten revidiert werden. Für Newton war die intuitiv überzeugende Vorstellung von der Absolutheit der Zeit und des Raumes eine entscheidende physikalische Voraussetzung. Daß auf allen noch so schnell bewegten Gestirnen in noch so großer Entfernung etwas zur gleichen Zeit geschieht und beschrieben werden kann, erschien selbstverständlich. Deshalb konnte die Gegenthese der *Relativitätstheorie* Albert Einsteins, daß zu jedem bestimmten System eine bestimmte Eigenzeit gehört, nur schwer überzeugen. Ähnliche Vorstellungsschwierigkeiten bereitete die Relativität des Raumes. Die Abhängigkeit der Beschreibung der Naturvorgänge von einem Bezugssystem ließ auch keinen absoluten Raum zu. Danach ist es physikalisch sinnlos, einen umfassenden immer gleichen Raum zu denken, der wie ein großer Kasten alles andere als Teilräume enthält. Raum muß nach der Allgemeinen Relativitätstheorie genauer als Funktion vorhandener Materieansammlungen gedacht werden; die Art der Materie bestimmt die Struktur des Raumes. So ging die Anschaulichkeit unserer Umwelt auf Kosten der formalen Beschreibbarkeit der Vorgänge innerhalb eines komplizierten mathematisch-physikalischen Begriffs- und Theoriesystems verloren.[2]

Die *ontologischen Konsequenzen* dieser Neuerungen waren tiefgreifend. Probleme der Repräsentation, Intuition, Evidenz und Anschauung mußten neu reflektiert werden. Die Idee des raum- zeitlich identifizierbaren Objekts in einer kausal-deterministischen Verwebung mit anderen Objekten war in bestimmten Regionen nicht mehr haltbar. Die notwendige Beschränkung auf Wahrscheinlichkeiten statistischer Vorgänge hat den Gesetzesbegriff im klassischen Sinne empfindlich getroffen. Die naheliegende Umdeutung der ewigen Naturgesetze in bewährte Hypothesen mit hoher Wahrscheinlichkeit enthält einen skeptischen Kern, der sich gegen die uralten Letztbegründungsversuche der philosophischen Tradition richtet. Die philosophische Vernunft als Quelle letzter Sicherheiten mußte neue Argumente ins Feld führen, um sich gegen einen pragmatischen Empirismus durchsetzen zu können.

Präzisierungen der Grundbegriffe, Perfektionierung des formalen Apparats, Umdeutung der isolierten Anschauungsformen von Raum und Zeit zu einem vierdimensionalen Raum-Zeit-Kontinuum bildeten die Inhalte neuer wissenschaftstheoretischer Entwürfe. Immunisierungsversuche, die den Zusammenhang zwischen dem unanschaulichen Wissenschaftsfundament und der in evidenten Anschauungen erlebten makroskopischen Umwelt als spezifische Modellentwürfe ganz an den Rand des philosophisch Interessanten zu drängen suchten, erhielten Unterstützung durch soziologische Interpretationen. Diese erklärten die Tätigkeiten der Naturwissenschaftler als einseitig interessegeleitete Verhaltensweisen zum Zwecke der Naturbeherrschung. Damit war der Weg wieder frei für die philosophische Spekulation. Nicht nur der dialektische Materialismus, auch neue Evolutionstheorien und Ontologien kümmerten sich wenig um die neuen Einsichten und bildeten eine ständige Herausforderung für die Analytische Philosophie, welche die Ergebnisse der physikalischen Revolution mit verständlichen Weltdeutungen zu versöhnen suchte.

---

2 Als Beispiel einer neueren Darstellung: P. Mittelstaedt: Philosophische Probleme der modernen Physik. Mannheim/Wien/Zürich 1981. 6. Auflage.

2.2   Die Grundlagenkrise in der Mathematik

Viel weniger Aufmerksamkeit als die physikalische Revolution fanden die neuen logischen und mathematischen Entwicklungen, die als Folge der sogenannten Grundlagenkrise der Mathematik um die Jahrhundertwende einsetzten und ähnlich schwerwiegende Konsequenzen für die Philosophie hatten. Die *Entdeckung nicht-euklidischer Geometrien* stand am Anfang; sie bedeutete einen Schlag gegen Kant und Newton, für welche die Prinzipien der euklidischen Geometrie und der klassischen Mechanik nicht nur Objekte einer mathematischen bzw. physikalischen Wissenschaft waren, sondern zugleich die Konstitutionsgrundlage für die gesamte Erfahrungswelt bildeten. Ihre Inhalte erhielten bei Kant den Status letzter anschaulicher Wahrheiten und apriorischer Sicherheiten. In der neuen Geometrie dagegen waren die Axiome nicht länger Ausdruck der für alle Menschen notwendigerweise gültigen evidenten letzten Wahrheiten. Die Grundbegriffe «Punkt», «Gerade» und «Ebene» wurden nicht mehr als inhaltlich bestimmte Objekte gedeutet, die für alle Menschen gleich einsichtig waren, sondern sie wurden durch Variablen ersetzt, die dann beliebig interpretiert werden konnten (Standpunkt des *Formalismus*). Bei dieser Auffassung stieß man bald auch auf andere Axiome, als sie in der euklidischen Geometrie vorlagen. Die Rechtfertigung der Axiomauswahl bestand einzig und allein in der *Widerspruchsfreiheit* des durch die Axiome gegebenen systematisch Denkbaren. Die widerspruchsfreien Alternativen zur euklidischen Geometrie heißen nicht-euklidische Geometrien. Die Mathematiker entwarfen so Systeme widerspruchsfreier Denkstrukturen als Modelle möglicher Anwendungen in Wissenschaft und Alltag. Nach der Revision der Sonderrolle der klassischen Vorstellungen stellte sich nun der Philosophie die Aufgabe, das Verhältnis der alternativen Geometrien zur Wirklichkeit zu klären. Dies geschah in der Neubesinnung auf das Wesen des Mathematischen innerhalb der Grundlagendiskussion, die als «Grundlagenkrise» in die Wissenschaftsgeschichte eingegangen ist.

Diese Krise entstand aus den *Letztbegründungsversuchen* innerhalb der Mathematik. Einige Logiker und Mathematiker, allen voran *Gottlob Frege*, versuchten, die letzte Sicherheit des Mathematischen auf die Logik zurückzuführen, die in ihrer Geltung von niemandem bezweifelt wurde. Nach der exakten Analyse und Systematisierung der verwendeten Begriffe und nach einer substantiellen Erweiterung der Logik stand Frege kurz vor dem Abschluß seines groß angelegten Unternehmens, als *Bertrand Russell* im Fregeschen System gewisse Widersprüche entdeckte, die als sogenannte Antinomien Aufmerksamkeit erweckten. Die Widersprüche betrafen Mengendefinitionen, die nach den Prämissen des Systems zwar zulässig, aber in ihren Folgen widerspruchsvoll waren. Weil ein streng logisches System sich selbst aufhebt, sobald in ihm ein einziger Widerspruch auftritt, bedeutete die Entdeckung der Antinomien die Infragestellung der gesamten Mathematik, die ja in ihrer Gesamtheit auf jenes System zum Zwecke der Letztbegründung zurückgeführt worden war. Genau dieses Dilemma eines Scheiterns der letzten Absicherung wird als Krise empfunden. Russell selbst und viele andere Wissenschaftler (wie D. Hilbert, L.E.I. Brouwer oder H. Weyl) versuchten, die Schwierigkeiten zu lösen. Dabei entstanden neue Logiksysteme, diffizile Beweistheorien und völlig neuartige formale Forschungsbereiche, welche das Spektrum der Wissenschaften wesentlich erweiterten. Durch Typeneinführungen beziehungsweise durch die Beschränkung auf konstruktive Methoden konnte im Laufe der Jahrzehnte nach einer Reihe pragmatischer Konzessionen ein gewisser Konsens über die Rolle und Reichweite des formalen Denkens gewonnen werden.[3]

Ein zweites einschneidendes Ereignis, das von der Philosophie viel zu wenig beachtet wurde, betraf die Entdeckung der *Gödel-Sätze* im Jahre 1931. Diese besagen, daß in jedem einigermaßen reichhaltigen formalen System Sätze konstruiert werden können, die mit den Mitteln dieses Systems nicht als wahr oder falsch identifiziert werden können. Damit hängt zusammen, daß in

---

3 Vgl. z. B. H. Meschkowski (Hg.): Grundlagen der Mathematik. Darmstadt 1972.

solchen Systemen auch die überaus wichtige Widerspruchsfreiheit nicht bewiesen werden kann, die doch das einzige Existenzkriterium für die neuen axiomatischen Systeme und damit für die Mathematik überhaupt darstellte. Durch die Gödel-Sätze erhielt die Idee der universellen Formalisierung des Denkens einen empfindlichen Schlag. Die alte Leibniz'sche Idee einer mathesis universalis, alle Denkbereiche innerhalb eines umfassenden Systems zu formalisieren, ist in dieser Radikalität nicht realisierbar. Das Formale genügt sich nicht selbst. Die Beherrschung von Inhalten durch Formalisierung ist nur möglich, wenn in die Formalismen selbst Inhalte eingehen. Diese Tatsache berücksichtigen die konstruktivistischen Systeme, die menschliche Handlungsschemata in ihre Grundlegung einbeziehen.[4]

Die Diskussion um die Grundlagen der Mathematik führte zu einer Ausgestaltung der formalen Logik von ungeahnter Reichweite. War die Logik seit Aristoteles zwei Jahrtausende lang ohne wesentliche Verbesserungen geblieben, setzten sich im 19. Jahrhundert wichtige Erweiterungen durch, so die Boolesche Algebra, die Mengenlogik und die Fregesche Quantorenlogik, die auch Relationen zu analysieren gestattete. Im 20. Jahrhundert folgten dann eine Reihe von Speziallogiken, die intensionale, modale, erkenntnistheoretische und sogar ethische Phänomene erfassen. Diese logischen Entdeckungen wurden außerhalb der Analytischen Philosophie kaum beachtet; sie bildeten aber eine wesentliche Voraussetzung zum Verständnis verschiedener wissenschaftstheoretischer und erkenntniskritischer Lehren innerhalb der Analytischen Philosophie.

Die philosophische Bewertung von Mathematik und Naturwissenschaft blieb seit der Zeit der Grundlagenkrise ambivalent. Auf der einen Seite versuchte die Analytische Philosophie, die genannten Umwälzungen in die Weltdeutung einzubeziehen und ein neues Wissenschaftsverständnis zu wecken, das die adäquate Beachtung der Wissenschaften durch die Philosophie voraussetzt; sie distanzierte sich dabei später bewußt von den philosophiefeindlichen Ideologien des 19. Jahrhunderts und ließ wieder Platz für alte ontologische Fragestellungen, zum Beispiel für das Universalienproblem. Auf der anderen Seite entstand im Allgemeinbewußtsein nach einer Periode der Überbewertung von Wissenschaft und Fortschritt ein tiefes Mißtrauen gegen die wissenschaftstheoretischen Neuerungen, das oft in eine verantwortungslose Wissenschaftsfeindlichkeit umgeschlagen ist. Der Streit zwischen Philosophie und Wissenschaft setzte sich so durch das ganze 20. Jahrhundert fort. Er verdient daher eine ausführliche Würdigung im Zusammenhang einer Darstellung der Analytischen Philosophie.[5] Auf unserem Weg «von Husserl zu Heidegger» begegnen wir der Thematik vor allem in Husserls Spätwerk, während wir auf Heideggers Technik-Kritik nicht mehr eingehen können. Der Titel von Husserls letztem Buch «Die Krisis der europäischen Wissenschaften und die transzendentale Phänomenologie» verweist auf eine kritische Auseinandersetzung innerhalb der neueren philosophischen Tradition der Phänomenologie.

Durch die Grundlagenkrise der Mathematik und die Neuorientierung der relativistischen und quantentheoretischen Physik ging die Selbstverständlichkeit verloren, mit welcher Philosophen der damaligen Zeit mit Hilfe dieser Wissenschaften alle weltanschaulichen Fragen zu beantworten und in den Dienst eines unendlichen Fortschritts zu stellen suchten. Eine analoge Wende in der Betrachtung der Möglichkeiten stand damals für die Naturwissenschaft des Seelischen, also für die *Psychologie*, noch aus. Erst durch die Entstehung der Phänomenologie hat sich auch hier ein Standpunktswechsel durchgesetzt.

---

4 Vgl. P. Lorenzen: Metamathematik. Mannheim 1962.
5 Verdienstvoll sind hier die verschiedenen Veröffentlichungen von W. Stegmüller. Z.B. Hauptströmungen der Gegenwartsphilosophie. Stuttgart ab 1952.

3. Die Vorherrschaft der Psychologie

3.1 Die Thesen des Psychologismus

Physik, Chemie und andere Naturwissenschaften untersuchen die materielle Welt und *erklären* diese mit Hilfe von Naturgesetzen. Ähnlich verstand sich die *empirische Psychologie*, wie sie sich vor allem im 19. Jahrhundert entwickelt hat, als eine Wissenschaft, welche die psychische Welt analysiert und erklärt. Sie bemühte sich, die psychischen Prozesse mit Hilfe von Denkgesetzen zu erklären. Die Natur- bzw. Denkgesetze stellten so für die Naturforscher die Struktur der Erfahrungsinhalte dar, die nicht etwa aus dem reinen Denken (also a priori) abgeleitet, sondern durch aufwendige Forschungsarbeit am Erfahrbaren entdeckt worden sind. Diese Auffassung geriet mit einer alten einflußreichen Tradition in Konflikt, sobald man sie auch auf die Grundlagendisziplinen *Logik* und *Mathematik* zu übertragen suchte. Denn logische und mathematische Gesetze müßten dann ein von den zufälligen Denkregeln unseres menschlichen Bewußtseins abhängiges Sein besitzen. Dies widersprach aber der seit Platon geltenden und selbst von Skeptikern wie David Hume nicht infrage gestellten Lehre von der Sonderrolle und der absoluten Geltung jener beiden Wissenschaften. Trotz dieser langen Tradition verbreitete sich im 19. Jahrhundert die Auffassung, daß auch Logik und Mathematik aus den psychologischen Fakten abgeleitet werden müssen.

Die These, daß alles gedachte Sein aus den Prozessen des Denkens herzuleiten und zu begründen ist, stellt den Kernpunkt des *Psychologismus* dar. Denken und Erkennen, also auch das Denken der logischen Gesetze, kommen nach Auffassung der Psychologisten nur im psychologischen Prozeß vor; deshalb gehört jedes derartige Phänomen in eine psychologische Spezialdisziplin. Logische Wahrheit und mathematische Strukturen hängen von der psychischen Konstitution der urteilenden kontingenten Subjekte ab. Logik sei Physik des Denkens, behauptete einer der bekanntesten Vertreter des Psychologismus, der Philosoph und Psychologe J. St. Mill. Logische und mathematische Gesetze drücken danach Ergebnisse unserer Denkgewohnheiten aus, die durch die Art des psychologischen Apparats bestimmt sind. Ihre Notwendigkeit besteht also nicht *an sich*, sondern liegt nur *in unserem Bewußtsein*, das seinerseits durch zufällige Naturgesetze diese oder jene Struktur aufweist. Das bedeutete die Abhängigkeit und Relativität auch der Disziplinen, die seit jeher als Vorbild der Sicherheit und Letztbegründung gegolten haben.

Natürlich blieben diese mechanistischen und psychologistischen Lehren nicht unwidersprochen. Aber die idealistischen Gegenpositionen, die sich vorwiegend auf Kant bezogen, standen als akademische Lehrmeinungen unvermittelt im Raum. Es fehlte eine durchsichtige Grundlegung, die verständliche Antworten auch für die Naturwissenschaftler bereitgestellt hätte. Erst die schon erläuterte Grundlagendiskussion der Mathematik rückte den Widerspruch zwischen der allgemein vorausgesetzten Universalität des Logischen und ihrer psychologistischen Relativierung in das allgemeine Blickfeld. Es ist daher kein Zufall, daß gerade *Frege* auf die ideale und damit zeitlos uneingeschränkte Geltung logischer und mathematischer Gesetze bestand, die mit einem induktiven Ursprung im Sinne empirischer Naturwissenschaften unvereinbar sei. Philosophisch wirkungsmächtig wurde die Gegenthese jedoch erst außerhalb der eigentlichen Grundlagendiskussion, nämlich in der *Phänomenologie*, die um die Jahrhundertwende durch *Husserl* begründet wurde und danach als *phänomenologische Bewegung* großen Einfluß auf die Weiterentwicklung nicht nur der speziellen Frage der Seinsweise von Logik und Mathematik, sondern der Philosophie im allgemeinen hatte. Husserls Philosophie erhielt entscheidende Impulse von den Lehren *Brentanos* und sogar Heideggers Denkweg beginnt bei Brentanos Dissertation. Brentanos Psychologie enthält eine Reihe von Gedanken, die weit über den gängigen Empirismus hinausweisen und für die Weiterentwicklung der Philosophie im beginnenden 20. Jahrhundert von großer Bedeutung wurden.

3.2 Neue Ansätze bei Franz Brentano und Carl Stumpf

Brentanos Psychologie geht vom Empirismus aus. Sein Hauptwerk trägt den eindeutigen Titel «Psychologie vom empirischen Standpunkt»[1]; im Vorwort heißt es ausdrücklich «Die Erfahrung allein gilt mir als Lehrmeisterin ... » Doch seine Absichten gehen über eine streng empirische Praxis hinaus: er versucht, die Psychologie in den Rang einer echten Wissenschaft zu erheben. Seine Arbeiten lassen sich als «philosophische Prolegomena für eine empirische Psychologie» (H. Spiegelberg[2]) auffassen, die als Grundlage für eine wissenschaftliche, an Aristoteles orientierte Metaphysik dienen sollte. Das ganze Unternehmen zielte auf eine Reform der Philosophie. Brentano sprach von einer universellen Revolution und fundamentalen Reform der Philosophie im Dienste der Menschheit. Als ehemaliger Priester sah er auch in einer empirischen Philosophie die Möglichkeit einer Weisheit, die den göttlichen Ursprung aller Lebewesen beweist. Trotzdem betonte Brentano eine strenge Trennung von Philosophie und Theologie; sein Ideal war die voraussetzungslose Forschung, die keiner dogmatischen Autorität bedarf.

Sollte Psychologie zur exakten Wissenschaft werden, dann brauchte sie eine *strenge Begrifflichkeit*. Schon ihr Gegenstand, das Seelische, Psychische oder Bewußte, mußte geklärt werden. Hier stieß Brentano auf einen scholastischen Begriff, der ihm zur Charakteristik des Psychischen geeignet schien, nämlich auf die *Intentionalität*. Der lateinische Begriff intentio heißt *Anspannung*, *Absicht* und *Gerichtetsein*. Der Aspekt der Anspannung hat für die philosophische Terminologie keine besondere Bedeutung. Die Absicht dagegen kommt im Begriff der handlungstheoretischen Intention zum Ausdruck. In Handlungen werden immer Absichten verfolgt. Man kann die Intention im Sinne von Absicht geradezu zur Definition des Handlungsbegriffs verwenden. Der wichtigste Aspekt im Begriff der Intention aber ist das Gerichtetsein. Seit Brentano bezieht man den Begriff nur noch auf *bewußte Ausrichtungen*.

Diese Verwendung des Intentionsbegriffs wirft die Frage auf, *worauf* das Bewußtsein ausgerichtet ist; genauer: worauf *alles* Bewußtsein gerichtet ist; denn Brentano verwendet den Begriff als charakteristisches Merkmal, um Psychisches vom Nicht-Psychischen oder Physischen zu unterscheiden. Alle seelischen Akte sind nach Brentano Erlebnisse, die sich auf einen Gegenstand richten: «Jedes psychische Phänomen ist durch das charakterisiert, was die Scholastiker des Mittelalters die intentionale (auch wohl mentale) Inexistenz eines Gegenstandes genannt haben, und was wir die Beziehung auf einen Inhalt, die Richtung auf ein Objekt oder die immanente Gegenständlichkeit nennen würden. Jedes enthält etwas als Objekt in sich, obwohl nicht jedes in gleicher Weise. In der Vorstellung ist etwas vorgestellt, in dem Urteile ist etwas anerkannt oder verworfen, in der Liebe geliebt, in dem Hasse gehaßt, in dem Begehren begehrt usw.»[3] Statt intentionale Inexistenz hat sich der Begriff der *Intentionalität* eingebürgert. Man sagt, die Erlebnisse sind intentional auf einen Gegenstand bezogen, kurz: es sind «intentionale Erlebnisse». Das Bewußtsein ist der reine Bezugspunkt der Intentionalität. Diesem Bewußtsein ist für Brentano der Gegenstand immanent gegeben. Damit ist die im Erlebnis mitgegebene Gegenständlichkeit das eigentlich Wirkliche.

Die Intentionalität unterscheidet die psychischen Phänomene von den physischen. Letztere sind entgegen der alltäglichen Vorstellung nur Erscheinungen; denn die psychischen Phänomene sind Gegenstand einer inneren Wahrnehmung; «sie allein werden darum mit unmittelbarer Evidenz wahrgenommen». Ihnen allein kommt auch eine «wirkliche Existenz» zu.[4] Weil jeder psychische Akt nicht nur auf einen inexistenten Gegenstand zielt, sondern auch selbst bewußt ist, spricht Brentano von einem doppelten Objekt, einem primären und einem sekundären. Um auch

---

1 Drei Bücher. Leipzig 1924, 1925 und 1928.
2 The Phenomenological Movement. Band 1. Den Haag 1960. S. 35.
3 A.a.O. Band 2. S. 124/25.
4 A.a.O. S. 137.

Stimmungen, Schmerzen und andere Phänomene ohne inexistenten Gegenstand als psychische Phänomene erfassen zu können, deutet er diese nur als sekundäre Objekte. In der Weiterentwicklung des Intentionalitätsbegriffs wurden die zuletzt genannten Phänomene aus den eigentlichen intentionalen Akten ausgeschieden, so daß die Brentanosche Identifizierung von Intentionalität und Bewußtsein im ganzen korrigiert werden mußte.

Das Neue an der Brentanoschen Psychologie der Intentionalität wird deutlich, wenn man seine Gedanken der damals herrschenden Assoziationspsychologie gegenüberstellt. Für diese waren die psychischen Inhalte etwas Blindes, den physischen Dingen vergleichbar. Wie die Steine der Gravitation unterworfen sind, so gehorchen nach der Gegentheorie die psychischen Phänomene gewissen Assoziationsgesetzen, die mechanisch ablaufen, indem sie die Gegenstände auftauchen, sich assoziieren, dissoziieren und schließlich wieder verschwinden lassen. So sind die psychischen Inhalte den physischen angeglichen; sie sind den gleichen Naturgesetzen unterworfen. Eine Unterscheidung wird damit äußerst schwierig. Brentano dagegen hatte in der Intentionalität ein Merkmal entdeckt, das es ermöglichte, die Einzigartigkeit des Seelischen zu beschreiben. Die Folgen dieser Entdeckung werden in der Phänomenologie bedeutsam, die es unternimmt, alle Konsequenzen aus dieser Entdeckung zu ziehen. Die skizzierten grundlegenden Unterscheidungen erfolgen nach Brentano in einer *deskriptiven* Psychologie. Dieser stellt er eine sekundäre *genetische* Psychologie gegenüber, die – auf erstere aufbauend – die Gesetzmäßigkeiten zu erklären hat, nach denen psychische Phänomene im Bewußtsein erscheinen, sich strukturieren und wieder verschwinden. In der grundlegenden deskriptiven Psychologie führt Brentano eine *neue Einteilung der psychischen Phänomene* durch. Die traditionelle Unterteilung in Denken, Wollen und Fühlen wird in zweierlei Hinsicht verbessert: im Denken wird Vorstellen und Urteilen unterschieden, wogegen Wollen und Fühlen zu den emotionalen Phänomenen zusammengefaßt werden, weil sie durch verwandte Akte des Gefallens und Mißfallens beziehungsweise des Liebens und Hassens beschrieben werden können. Die Betonung der Urteile als eigenständige Klasse von psychischen Phänomenen ermöglicht eine Aufwertung des Evidenzbegriffs, der in der Brentanoschen Philosophie eine zentrale Stellung einnimmt.

Der tiefere Grund für die Heraushebung der Urteilsfunktion liegt darin, daß die Intentionalität zunächst so mißverstanden werden kann, daß im Bewußtsein allein Vorstellungen als Gegenständlichkeiten auftauchen und aneinandergereiht werden. Aber auch das Bewußtsein von der *Existenz* von Sachverhalten, also von Tatsachen, muß aus der Intentionalität des Bewußtseins heraus erklärt werden können. Die Tatsache, daß im Urteil damit auch ein transzendenter Gegenstand mitgemeint ist, stellt eine folgenschwere Herausforderung für die Psychologie dar; sie wird zu einem Zentralthema der gesamten Folgediskussion bis hin zu Heidegger und Lévinas. Auch Brentano hat diese Schwierigkeit bemerkt und ist später von seinem ursprünglichen Standpunkt einer rein immanenten Intentionalität abgekommen. In seiner Spätphilosophie behauptet er, daß die Gegenständlichkeit sowohl in der Vorstellung als auch im Urteil stets bewußtseinstranszendent im geläufigen Sinne sei. Es wurde ein unreflektierter Realismus angenommen, der sich allerdings mit der ursprünglichen Intentionalitäts-Idee nur schwer vertrug.

Eine weitere bedeutsame Neuerung erwähnt Brentano schon im Vorwort zu seinem Hauptwerk. Er spricht von einer gewissen «idealen Anschauung», die mit seinem empirischen Standpunkt vereinbar sei. Nach Brentano besitzt die Selbstwahrnehmung im psychologischen Akt ein charakteristisches Merkmal: sie ist nicht wegdenkbar und in diesem Sinne evident. Es gibt also Urteile, die in sich überzeugen und deren Wahrheit dadurch für alle Menschen in gleicher Weise feststeht. Diese innere Wahrnehmung darf nicht mit der Introspektion von Vorstellungen im üblichen Sinne verwechselt werden, die als einfache Selbstbeobachtung fehlerhaft und irreführend sein kann. Die durch Selbstwahrnehmung unmittelbar einsichtigen und damit allgemeingültigen Urteile sind auch nicht synthetisch-apriorisch im Sinne Kants. Für Brentano stammen alle Begriffe aus der Erfahrung, so daß kein Platz für Kategorien als synthetisch-apriorische Prinzipien bleibt. Ebenso lehnt er eine Berufung auf ideale Gegenständlichkeiten ab, wie sie später bei Husserl zur Lösung des Evidenzproblems angenommen werden. Brentano kämpfte vehement und konsequent gegen «fiktive Elemente». Axiome und innere Wahrnehmungen seien – im Gegensatz zu äußeren Wahrnehmungen und Erinnerungsurteilen – in sich einleuchtend und damit evident. Es gibt demnach zwei unbezweifelbare Erkenntnisquellen: die apodiktischen oder apriorischen Urteile der Axiome, deren Evidenz aus den in ihnen auftretenden Begriffen stammt, und die innere Wahrnehmung mit ihrer schlichten Evidenz. Diese Evidenz ist nicht weiter erklärbar. Sie ist aber auch keiner weiteren Absicherung bedürftig. Denn wenn ein Urteil mit Evidenz gefällt wird, dann ist es auch wahr und allgemeingültig und damit über allen Zweifel erhaben.

Bei Brentano findet man noch eine Reihe weiterer Gedanken, die später aufgegriffen wurden und zu einflußreichen Lehren führten[5]. So ein «Fundamentalgesetz» für psychische Phänomene, die Thematisierung der Begriffe von Zeit und Sein, die Evidenz im ethischen Bereich und die Berücksichtigung der Sprache in philosophischen Untersuchungen:

– Das *Fundamentalgesetz* für psychische Phänomene besagt, daß die Vorstellungen unter den psychischen Akten eine Sonderrolle spielen, weil sie als Fundament für Urteile und emotionale Phänomene dienen. Urteile bedürfen Elemente, über die geurteilt wird, Gefühle knüpfen an etwas an, das gefühlt wird, und auch Willensäußerungen haben ihre vorstellungsmäßigen Gegenstände. Diese Aufwertung des Objektivierbaren erklärt sich daraus, daß alle psychischen Phänomene ihren Ursprung aus der Intentionalität haben, die stets Gegenständliches meint, das vorgestellt werden muß.

– Brentanos Beschäftigung mit dem *Zeitbewußtsein* wird zum Ausgangspunkt der Husserlschen Zeitanalysen, die wiederum als Anregung für Heideggers Zeituntersuchungen anzusehen sind. Bei Brentano steht das Zeitproblem in engem Zusammenhang mit dem Gottesproblem. In seinen *Seinsanalysen* geht er zwar von den Überlegungen des Aristoteles aus, kritisiert aber dessen Ablehnung eines obersten und allgemeinsten Begriffs. Für Brentano benennen die Ausdrücke Seiendes, Reales, Gegenstand, Ding, Etwas eben diesen allgemeinsten Begriff. Die Frage nach dem Sinn von Sein, die später Heideggers Denken bestimmt, wird dabei in unspektakulärer, logisch-analytischer Weise aufgeworfen und beurteilt.

– Überraschend ist Brentanos Übertragung des theoretischen *Evidenzbegriffs* auf die praktische Philosophie. In Analogie zur Selbstevidenz im Urteil nimmt er ein unmittelbares natürliches Wissen eines ethisch Wahren bzw. Falschen an. So werden die Akte des Liebens und Hassens, die das Wissen von Gut und Böse ermöglichen, über die individuelle Sphäre hinausgehoben. Sie bestimmen die Grundorientierungen des Handelns, wie die logischen Prinzipien die Grundorientierungen des Denkens festlegen. Max Scheler greift später diese Idee auf und verwendet sie zur Grundlegung einer materialen Wertethik.

– Brentano knüpft seine philosophischen Gedanken immer wieder an *sprachlogische Überlegungen* an. Deutlich wird dieses Vorgehen in der Behandlung des Universalienproblems, wo er die allgemeinen Wesensbegriffe als sprachliche Fiktionen zu entlarven sucht und einen eigenwilligen Nominalismus vertritt. In seiner Hinwendung zur Sprache wird er zum unmittelbaren Vorläufer der Analytischen Philosophie, die dieses Vorgehen des Rekurses auf Sprache später zu ihrem Grundprinzip erhebt.

Brentanos Lehre repräsentiert so einerseits den weit verbreiteten psychologischen Empirismus des ausgehenden 19. Jahrhunderts; andererseits enthält sein Werk Elemente, die insbesondere im Umfeld der Phänomenologie Bedeutung erlangten und zu zentralen Fragestellungen der Philosophie des 20. Jahrhunderts führten.

---

5 Zur Brentano-Bewertung der Gegenwart siehe v.a. «Brentano-Studien.- Internationales Jahrbuch der Franz Brentano-Forschung». Hg. von W. Baumgartner, F.-P. Burkard, F. Wiedmann. Dettelbach ab 1988.

Auch bei *Carl Stumpf* finden wir Gedanken, die den Psychologismus der damaligen Zeit transzendierten und damit den Weg für die Phänomenologie bereiteten. Stumpf gilt als Begründer der *experimentellen Psychologie*, deren deskriptive und genetische Tendenzen samt den imaginativen Experimenten die klassische phänomenologische Betrachtungsweise vorbereiteten. Aufgabe dieser Psychologie ist die reine Deskription unmittelbar gegebener Phänomene. Phänomene sind für Stumpf die objektiven Korrelate unserer unmittelbaren, von Sinnen vermittelten Erfahrung («primäre Phänomene») und die in der Erinnerung gegebenen Vorstellungen derselben («sekundäre Phänomene»). Im Gegensatz zum Psychologismus, der nur den seelischen Prozessen Realität zuschreibt, sind die genannten Phänomene selbst für Stumpf reelle Gegebenheiten und damit nicht-dinghafte Gegenständlichkeiten, die als Elemente einer Phänomenologie die Grundlagen für die Natur- und Geisteswissenschaften bereitstellen. Aufgabe einer Phänomenologie ist die Beschreibung und Analyse der primären und sekundären Phänomene, das Studium ihrer Beziehungen und strukturellen Gesetzlichkeiten. Stumpf entdeckte die ontologische Sonderstellung der Tatsache, die bei Brentano und im strengen Empirismus nur einen imaginativen Status innehatte. In seinem Empirismus können Strukturgesetze und Kausalzusammenhänge direkt erfahren und nicht nur aus induktiven Verallgemeinerungen hypothetisch erschlossen werden.

Stumpf lehrte ein allen Menschen zugängliches intuitives Wissen, das weit über die Wahrscheinlichkeiten der Induktion hinausreicht. In diesem Wissen werde das Allgemeine im Einzelnen erfaßt, – ein Gedanke, der geradezu als platonisch bezeichnet werden muß. Daraus folgerte er dann auch ein intuitives Erfassen von Notwendigkeiten im Faktischen, – ein für den Empirismus gleichermaßen absurder Gedanke. Es war ja geradezu eine Zentralthese des Empirismus seit Hume und Mill, daß Notwendigkeiten nicht aus der Erfahrung stammen können. Für Stumpf ergaben sich bei solch weitreichenden Intuitionen keine Schwierigkeiten, auch das Logische als nicht-psychische Gegebenheit zu erklären und damit den Psychologismus zu überwinden. Was Stumpf hier in der Anschauung des Allgemeinen und Notwendigen lehrte, ist letztlich eine Vorstufe der später in der Phänomenologie Husserls entwickelten Wesensschau, die sich nur schwer mit dem ursprünglichen Empirismus von Mill und Brentano in Einklang bringen läßt. Eine Lösung der Widersprüche war erst nach der Ausarbeitung einer *expliziten phänomenologischen Philosophie* zu erwarten.

4. Die Entstehung der Phänomenologie

4.1 Husserls Idee einer Phänomenologie

Seit den Anfängen der Philosophie führten Krisenzeiten zur Herausbildung von *Letztbegründungen*. Als durch die erste Aufklärung im fünften vorchristlichen Jahrhundert die geistige Ordnung archaischer Strukturen ins Wanken geraten war, bekämpfte Platon die Sophistik durch die Konzeption einer Ideenwelt, welche die absolute Sicherheit, Universalität und Ewigkeit des eigentlichen Seins garantieren sollte. Sieben Jahrhunderte später versuchte Augustinus in den Wirren des untergehenden Römischen Imperiums, durch die Verinnerlichung des christlichen Glaubensbewußtseins ein neues Lebensfundament an die Stelle antiker Ordnungen zu setzen; in dem «si enim fallor, sum» («Wenn ich nämlich getäuscht werde, so bin ich»[1]) entdeckte er nicht nur die Gewißheit des Denkens, sondern auch die des Wollens und Liebens. Zur typisch neuzeitlichen Engführung dieses Augustinischen Ansatzes gelangte im 17. Jahrhundert Descartes; er stand vor den Trümmern der Scholastik und glaubte, das Bewußtsein und die Welt der Extensionen durch eine neue analytische Methode zur Basis allen Seins systematisieren zu können.

In dieser Reihe von Letztbegründungen als Antworten auf globale Krisensituationen kann man Edmund Husserls philosophisches Unternehmen sehen. Seine Phänomenologie ist der letzte groß angelegte Versuch der Neuzeit, in der Philosophie durch eine neue Methode zu unumstößlichen und ewigen Wahrheiten zu gelangen. Sie repräsentiert die Bemühungen um eine Antwort auf die durch empirische Wissenschaften, radikale Aufklärung und historischen Positivismus geförderte Skepsis und Orientierungslosigkeit unserer Tage. Phänomenologie versteht sich als «erste Philosophie», als neue Wissenschaft von den Ursprüngen, als Grundwissenschaft, die allen anderen Wissenschaften, auch der Logik, zugrundeliegt; sie sei «die geheime Sehnsucht der ganzen neuzeitlichen Philosophie.»[2]

Husserl erlangte bei weitem nicht die Ausstrahlungskraft eines Platon, Augustinus oder Descartes. Seine Lehre blieb bis heute außerhalb der Fachwelt weitgehend unbekannt. Trotzdem gehört Husserl zu den Schlüsselfiguren der Philosophie des 20. Jahrhunderts. Von ihm gingen die Impulse aus, die zum Beispiel in den Konzeptionen Schelers oder Heideggers das Denken unseres Jahrhunderts mitprägten.

Husserls ursprüngliches Anliegen richtete sich auf die Rettung von Logik und Mathematik als apriorische Wissenschaften und damit als unantastbare Wissensformen, die aller Kontingenz und Relativität zum Trotz ihre unangefochtene Geltung bewahren. Deshalb mußten zuerst die Überlegungen des Psychologismus zur empirischen Abhängigkeit jener Lehren widerlegt werden. Dabei kristallisierte sich in der Darstellung der positiven Aussagen über das Wesen der Wissenschaften bald eine bestimmte Denkmethode heraus, die Husserl «phänomenologisch» nannte und die er später zur allgemeinen Methode für jegliche philosophische Untersuchung erklärte. So wurde die Idee der *Phänomenologie als universelle philosophische Methode* geboren.

Wie der Name «Phänomenologie» schon sagt, ging es Husserl um «Phänomene». Darunter verstand er «die Sache selbst», das unmittelbar Gegebene. Der Begriff der Gegebenheit war dabei äußerst radikal gemeint und vorwiegend auf das die Gegebenheit erfassende *Bewußtsein* bezogen. Auch der Positivismus glaubte, allein vom «Gegebenen», dem Positiven, auszugehen. Aber gerade diese mittels Naturgesetze beschreibbaren Gegebenheiten entlarvte Husserl als ein Konglomerat von theoretischen Konstrukten, von problematischen Setzungen und Vormeinungen, die das eigentlich Gegebene überdecken. Unsere Bewußtseinsinhalte bedürfen also einer umfangreichen *Reduktion*, in der zunächst von wissenschaftlichen Konstruktionen, überkomme-

---

1 De Civitate Dei XI / 26.
2 Husserls IDEEN S. 118.

nen Autoritäten, historischen Vermutungen und voreiligen Setzungen abgesehen wird. Erst wenn die Zusammenhänge durchleuchtet sind, in denen die Korrelation von gemeintem Gegenstand und zugehörigem Erlebnis offenliegt, kann das sich Zeigende, das «Phänomen», adäquat erfaßt und verstanden werden. «Die Sache selbst» betrifft also nicht nur das im Bewußtsein Gemeinte, sondern zugleich die Bewußtseins*leistungen*, die solches Meinen ermöglichen und den Sinn des Gemeinten konstituieren. Hatten früher ontologische Lehren, insbesondere im Bereich der Naturwissenschaften, das Bewußtsein vergessen, so vernachlässigte der Psychologismus jener Tage die *Objektivität* des Bewußten. Die Phänomenologie wollte beiden Seiten gerecht werden: der Gegenständlichkeit als objektiv Gemeintem und dem individuellen Erleben als Leistung des Bewußtseins.

Die Phänomenologie bezog sich in ihren Ansprüchen aber nicht nur auf die Fundamente von Logik und Mathematik. Indem sie das Wesen aller Bewußtseinsinhalte entfaltete, wurde sie zu einer universellen Wesenslehre. Sie klärte damit die Konstitution von Gegenständlichkeiten jeglicher Art auf; sie wurde zur Kritik nicht nur der theoretischen und erkennenden, sondern auch der praktischen und wertenden Vernunft.

Die Durchführung dieses Programmes bedingte eine stetige Weiterentwicklung der Grundauffassungen Husserls. Stand zu Beginn die Deskription der Wesenszusammenhänge im Vordergrund, so konzentrierte sich später das Interesse auf die Frage, wie diese Wesensverhältnisse aus der Leistung des Bewußtseins erklärt werden können. Dabei berücksichtigte er in seiner Spätphilosophie zunehmend die geschichtliche Komponente im Bewußtseinsstrom des Einzelnen und entwickelte so eine genetische Phänomenologie.

4.2 Die Entwicklungsstadien der Phänomenologie

Die Phänomenologie Husserls läßt sich in drei Perioden einteilen: in eine Frühphase der «*eidetischen* Phänomenologie», in eine mittlere Phase der «*transzendentalen* Phänomenologie» und in eine Spätphase der «*genetischen* Phänomenologie». Husserl selbst verwendete nur den Begriff «transzendentale Phänomenologie», mit dem er später seine gesamte Philosophie zu bezeichnen pflegte.

a. Die *Frühphase* ist durch die Auseinandersetzung mit dem Psychologismus bestimmt. Der einseitigen Ableitung des Logischen und Mathematischen aus dem Faktischen der Empirie stellt Husserl eine «reine Logik» als Grundwissenschaft gegenüber, welche die Notwendigkeit und Allgemeingültigkeit von Wissenschaft überhaupt garantiert. Die Charakterisierung der reinen Logik als Wissenschaft von idealen Wesenheiten und deren Zusammenhänge führt zur *eidetischen* Phänomenologie. Es geht darum, die logischen und mathematischen Objekte als eigenständige und als vom psychologischen Erzeugungsprozeß unabhängige Gegenständlichkeiten des Bewußtseins zu charakterisieren. Die Untersuchung von Logik und Mathematik ist für Husserl aber kein Selbstzweck. Hinter dieser für die Philosophie scheinbar sekundären Fragestellung verbirgt sich vielmehr eine tiefgreifende Kontroverse zwischen dem relativistischen Empirismus, der alle Philosophie als überflüssig erscheinen läßt, und der Möglichkeit einer philosophischen Vernunft. Letztere entdeckt in der Wesenheit und deren Relationen eine Welt idealer Gegebenheiten, die unserer erlebten und wissenschaftlich beschriebenen Welt erst ihren Sinn verleiht. Die dabei zur Klärung verwendete phänomenologische Methode reinigt zunächst alles vermeintliche Wissen von Vorurteilen und Vormeinungen, die nicht als Bewußtseinsinhalte auszuweisen sind. Eine spezifische Anschauung der Bewußtseinsphänomene vermittelt ein originäres Wissen, das zwar idealen Charakter hat, aber stets vom konkreten Bewußtsein des Menschen abhängt und nur in dieser Abhängigkeit zum Konstituens von Wirklichkeit wird.

Wir erinnern uns an Brentanos intuitives allgemeines Wissen, das sich aus der empirischen Erfahrung ergibt. Genau in diesem Sinne spricht Husserl von der Ideation oder *Wesensschau*. Es ist dies eine Erkenntnisweise, die allen Menschen zukommt, sobald sie phänomenologisch geschult sind, das heißt, sofern sie die Reduktionen der Phänomenologie durchführen. In dieser Wesensschau erscheint uns Apriorisches. Auch bei Kant finden wir die These, daß es ein für alle Menschen Verbindliches, ein Apriori, gibt. Aber bei Kant bezieht sich diese Aussage nur auf die Kategorien und Anschauungsformen, also zum Beispiel auf Substanz und Kausalität, und damit auf das *Formale* unserer Erkenntnis. In der Phänomenologie wird dagegen das Apriori ausgeweitet: es betrifft auch das *Material* der Verknüpfung. Die Anschauung kann auch kategorial sein. Die Ideation ist *kategoriale Anschauung*. Es gibt also ein *materiales Apriori*, wie zum Beispiel im Farbsatz: «Alle Farben sind ausgedehnt». Damit sind inhaltliche Elemente gemeint, die alle Menschen in gleicher Weise als notwendig und unabänderlich erkennen können.

Die eidetische Phänomenologie versteht sich nicht nur als Grundlage aller Erfahrungsinhalte in unserer *natürlichen Welt,* sondern auch als Fundament aller *Wissenschaften*. Deshalb knüpfen zahlreiche Schüler Husserls an diese Phänomenologie an und sehen die eidetischen Grundlagen nicht nur in der Logik (A. Pfänder) und in der Grundlagenmathematik, sondern auch in anderen Disziplinen wie Ontologie (H. Conrad-Martius), Ethik (M. Scheler), Psychologie (M. Geiger, E. Stein), Erkenntnistheorie (T. Celms, R. Ingarden), Sprachphilosophie (T. Conrad), Ästhetik (M. Geiger) und Religion (R. Otto)[3]. So umschließt die Phänomenologie als allgemeinste Wesenswissenschaft alles Seiende und stellt die Mittel zur adäquaten Deskription aller inhaltlichen Bestimmungen bereit.

b. Die *transzendentale Phänomenologie* ist aus dem Bedürfnis entstanden, das Erschauen von Wesenheiten und Wesenszusammenhängen nicht einfach hinzunehmen, sondern selbst noch verstehend zu rechtfertigen. Wir haben Bewußtseinserlebnisse und vermeinen in diesen etwas Objektives, Gegenständliches. Husserl stellt nun die Frage, wie das objektiv Gemeinte aus den Bewußtseinsakten heraus konstituiert werden kann. *Sein wird als Korrelat des Bewußtseins aufgefaßt.* Ziel ist die Einsicht in die Korrelation von Bewußtseinserlebnis und Gegenständlichkeit. Jeder Seinssinn eines Gegenständlichen muß auf Bewußtseinsakte zurückführbar sein, die deren Sinn ermöglichen. Weil Seinssinn und Seinsgeltung als Bewußtseinsleistungen verstanden werden, heißt diese Phänomenologie in Analogie zu Kants Lehre *transzendental*.

Die Transzendentalphänomenologie analysiert die Korrelation in allen Bereichen. Ihr Thema ist die Konstitution der Wahrnehmungsgegenstände, der Wissenschaften, der Wertwelten, der Handlungsbereiche, der Zeit und zuletzt der Intersubjektivität und Kulturwelt. Während das Problem der Intersubjektivität die notwendige Krönung der Transzendentalphänomenologie darstellt, enthält die Analyse des Zeitbegriffs Elemente, die den ursprünglichen Ansatz der Phänomenologie zu sprengen drohen. Es ist dies genau die Stelle, an die Heidegger und andere anknüpfen und damit über die Phänomenologie hinausgehen werden. Für Husserl eröffnet die Entdeckung der Zeit als Grundform des Erlebnisstroms eine neue Dimension der Phänomenologie, nämlich die Einbeziehung der Geschichtlichkeit in die philosophischen Reflexionen. Die explizite Thematisierung der geschichtlichen Entwicklung des europäischen Denkens im Zusammenhang mit der Aufgabe einer universalen Phänomenologie erfolgt in der letzten Phase des Husserlschen Denkens.

c. *Spätphänomenologie.* War die Intentionalität ursprünglich ein Wesenszug des Bewußtseins, später der Leistungsbegriff des transzendentalen Bewußtseins, insbesondere der sich selbst zeitigenden Subjektivität, wird sie in der Spätphilosophie zum «Leben», das den Ichpol und den Gegenstandspol übergreift. Dabei erfolgt zugleich eine Übertragung des Begriffs auf den kon-

---

3 Einzelheiten im Abschnitt E.

kreten Menschen in seiner Beziehung zur Welt. Das Bewußtsein ist kein zeitloses, immer gleiches Absolutum, sondern selbst Genesis, Leben, Stiftung einer geschichtlichen Intentionalität. Die Zeit des intentionalen Lebens ist die Geschichte. Das gegenwärtige Bewußtseinserlebnis erhält seinen Sinn aus einem Universalhorizont, den Husserl *Lebenswelt* nennt. Sie ist der geschichtliche Boden jeder Erfahrung, ein in fragloser Selbstverständlichkeit Gegebenes. Die Phänomenologie stellt sich die Aufgabe, dieses selbstverständliche, geschichtlich bestimmte Leben aus seiner Anonymität zu befreien und ihre Voraussetzungen ins Bewußtsein zu erheben. Die Vernachlässigung der Bedeutsamkeit der Lebenswelt verleitet zum gedankenlosen Objektivismus insbesondere in den Wissenschaften; dieser Objektivismus führt in den Augen Husserls zur Sinnkrise der modernen Wissenschaften und der Gegenwartskultur im allgemeinen.

Der Begriff der Lebenswelt ist der wirkungsgeschichtlich wichtigste in der Philosophie Husserls. Die Lebensweltproblematik wurde zu einem der bedeutsamsten Themen der Gegenwartsphilosophie und erscheint in Heideggers In-der-Welt-sein, in den sozialen Kategorien von Alfred Schütz, in Jean Paul Sartres Beziehung zwischen dem Selbst und dem Anderen, in Maurice Merleau-Pontys Relation von Leib und Bewußtsein in ähnlicher Weise wie in Hans-Georg Gadamers Horizontverschmelzung, Ludwig Wittgensteins Lebensformen und in Michel Foucaults Diskurs des «schon Gesagten».

Mit der Wende zur genetischen Phänomenologie thematisierte Husserl Problembereiche, welche der Philosophie des 20. Jahrhunderts ihr Gesicht gegeben haben und die über den ursprünglichen phänomenologischen Ansatz im Sinne einer exakten Methodologie weit hinausweisen. So sind zahlreiche Namen, die als Vertreter der «*phänomenologischen Bewegung*» eine enge Beziehung zur Phänomenologie suggerieren, nur noch durch diese über den ursprünglich methodischen Ansatz hinausführende Thematik der Spätphänomenologie mit der Phänomenologie in Zusammenhang zu bringen. Gemeint sind vor allem Heidegger und die in dessen Umgebung philosophierenden Phänomenologen wie E. Fink. L. Landgrebe, H. Lipps; ferner die französischen Philosophen J.P. Sartre, M. Merleau-Ponty, P. Ricoeur, E. Lévinas, J. Lacan und schließlich Denker wie H.-G. Gadamer, F.J. Brecht, N. Elias, A. Koyré, W. Schapp oder A. Gurwitsch. Die Liste läßt sich beliebig verlängern[4]. Denn die Fragen nach dem Sinn von Sein, die enge Verknüpfung von Sein und Zeit, die Rolle der Geschichtlichkeit für unser Bewußtsein und für die Gemeinschaft beherrschen die philosophische Diskussion des Jahrhunderts. Doch sie vollziehen sich jenseits der strengen «phänomenologischen Methode», durch die Husserl in die Geschichte eingegangen ist. Selbst in der Postmoderne, die zum Jahrhundertende weite Gebiete der Philosophie vor allem in Frankreich beherrscht, sind Bezüge zur Phänomenologie feststellbar. Die Namen Lévinas und Lacan wurden schon genannt. Dabei überwiegen in der allgemeinen Diskussion allerdings die kritischen Stimmen, die im «Logozentrismus» der Phänomenologie den Prototyp der gewaltfördernden «großen Erzählungen» sehen (Lyotard), an ihr die Dekonstruktion demonstrieren und in den Aussagen der Phänomenologen eher Widersprüche als Denkanstöße suchen (Derrida).

So entstanden neben den phänomenologischen Schulen im engeren Sinne (Münchner und Göttinger Schule) neue Varianten der ursprünglichen Phänomenologie, die zwar zum Teil zunächst noch den Namen «Phänomenologie» in Anspruch nahmen, sich aber immer weiter von dem phänomenologischen Ansatz entfernten. Internationale Zeitschriften und die Veröffentlichungen der Archive für Phänomenologie trugen das Ihre zur Etablierung einer Phänomenologie in einem sehr weiten Sinne bei, die auch in der Gegenwart zumindest im akademischen Bereich noch eine wichtige Rolle spielt.

---

4 Ein vollständiges Verzeichnis der Personen, die der phänomenologischen Bewegung in diesem weiteren Sinne nahestanden, findet man in: H. R. Sepp: E. Husserl und die phänomenologische Bewegung. Den Haag. 2. Aufl. 1988. S. 423ff.

B. Die Grundlegung der Phänomenologie durch Edmund Husserl

Husserl gehört zu den Philosophen, die auf dem Umweg über Mathematik und Naturwissenschaften zur Philosophie gelangten. Dieser Umstand bedeutet Kompetenz auf der einen, aber zugleich Begrenzung auf der anderen Seite. Der Konflikt zwischen Wissenschaft und Lebenswelt, der unser modernes Leben prägt, kann nur dann sinnvoll analysiert werden, wenn genügend Sachwissen berücksichtigt wird; insofern war Husserl prädestiniert, Wichtiges zu diesem Thema sagen zu können. Andererseits prägt eine solche Ausbildung; sie baut Schranken auf, die trotz größter Anstrengungen nicht zu überwinden sind. Die Entfremdung zwischen Heidegger und dem späten Husserl demonstriert die Unmöglichkeit, das exakte Logos-Denken Husserls mit dem An-Denken des Nichtfestgestellten bei Heidegger zu verbinden.

5. Die Frühphänomenologie

5.1 Biographie und Bibliographie

a. Lebenslauf

Geboren am 8.4.1859 in Proßnitz/Mähren. Studium der Mathematik, Astronomie, Physik und Philosophie in Leipzig, Berlin, Wien und Halle. 1882 mathematische Promotion. 1887 philosophische Habilitation in Halle; dort Privatdozent. 1901 außerplanmäßiger Professor für Philosophie in Göttingen. 1913 Mitbegründer des «Jahrbuchs für Philosophie und phänomenologische Forschung». 1916 Ordinarius in Freiburg. 1928 Emeritierung. Ab 1933 Diskriminierungen durch den Nationalsozialismus. Husserl stirbt am 27.4.1938 in Freiburg.

Husserl stammt aus einer angesehenen jüdischen Tuchhändlerfamilie. Er erhielt eine relativ liberale Erziehung, absolvierte nur mit Mühen das Gymnasium und wandte sich dann mit großem Eifer dem Studium zu. Nach der Promotion über «Beiträge zur Theorie der Variationsrechnung» diente er 1883 beim Militär, hörte anschließend in Wien bei Franz Brentano und habilitierte sich bei Carl Stumpf an der philosophischen Fakultät in Halle mit der Arbeit «Über den Begriff der Zahl». Seine Interessenverschiebung von der reinen Mathematik hin zur Philosophie verdankte er vor allem Einflüssen seines Freundes Thomas G. Masaryk, des späteren ersten Präsidenten der CSR, der ihm auch religiöse Impulse gab. Husserl wollte nun – nach eigenen Worten – «mittelst einer strengen philosophischen Wissenschaft den Weg zu Gott und zu einem wahrhaften Leben ... finden».[1]

Husserl lehrte fünfzehn Jahre als Privatdozent in Halle. Neben seiner «Philosophie der Arithmetik» (1891) veröffentlichte er die zweibändigen «Logischen Untersuchungen» (1900/1901), welche die Phänomenologie begründeten und ihm eine außerplanmäßige Professur in Göttingen einbrachten. Sein Leben war für die Universitätslehrer seiner Zeit typisch: Lehr- und For-

---

[1] Nach Sepp (1988) S. 131. Die Religion wurde von Husserl weder in dem publizierten Werk noch in den nachgelassenen Notizen thematisiert; doch seine «eigene Lebenshaltung, sein Freundeskreis und so manche mündliche und schriftliche Äußerung bezeugen, daß er sich als evangelischer Christ verstand», so L. Landgrebe (Husserls phänomenologischer Zugangsweg zu den Problemen der Religion. In: Religion im Denken unserer Zeit; hg. von W. Härle und E. Wölfel. Marburg 1986. S. 35). Diese Offenheit für die christliche Religiosität blieb offensichtlich auch in späteren Jahren erhalten. E. Przywara schreibt im Zusammenhang mit der Konversion E. Steins zum Katholizismus, daß Husserl «in der katholischen Philosophie Edith Steins so etwas sah wie die reinste Verkörperung seiner Ideen, und von diesem Eindruck her eigentlich die letzte Lieblingsidee seines Lebens formte: daß die katholische Kirche das Erbe seiner Philosophie antreten möchte». (Die Frage Edith Stein, in: Herbstrith (1983) S. 180).

schungstätigkeit, intensive Studien, die am Ende seines Lebens 40 000 meist in Stenographie geschriebene Manuskriptseiten umfaßten; er empfing geistige Anregungen von Denkern seiner Zeit (L. Kronecker, K. Weierstraß; G. Frege; A. Meinong, E. Mach; später D. Hilbert und K. Caratheodory) und wirkte selbst richtungweisend auf Schüler ein.

Doch die akademische Kollegenschaft blieb unbeeindruckt. Seine neuartigen und an den strengen Wissenschaften orientierten Bemühungen um ein sicheres Fundament der Philosophie waren zu wenig spektakulär, um Aufmerksamkeit zu erzeugen. Aber trotz Selbstzweifel und trotz Demütigungen durch Kollegen, die u. a. eine Ernennung zum ordentlichen Professor ablehnten, setzte sich sein Denken in der Göttinger Zeit mehr und mehr durch. Die Begeisterung des Münchner Philosophiestudenten J. Daubert für die «Logischen Untersuchungen» bewirkte in München eine Verbreitung der Husserlschen Ideen, die zur Entstehung der «Münchner Phänomenologie» führte. Zusammen mit dem anwachsenden Göttinger Kreis legten beide Schulen den Grundstein für die «phänomenologische Bewegung», die in den folgenden Jahrzehnten über die beiden Universitätsorte und über ganz Deutschland hinaus die gesamte Philosophie beeinflußte.

Im Gedankenaustausch mit den Münchner Phänomenologen wurde um 1904 offenbar, daß sich bei Husserl in der Göttinger Zeit inzwischen eine Weiterbildung zu einer transzendentalen Phänomenologie angebahnt hatte, welche die Münchner in dieser Form nicht akzeptierten; auch bei vielen Göttingern stieß diese Schwerpunktverlagerung auf Widerstand. Aber Husserls Schritt in Richtung Transzendentalismus war unumkehrbar. 1907 führte er in Vorlesungen die Reduktionsproblematik ein, 1913 schließlich stellte er in den «Ideen zu einer reinen Phänomenologie und phänomenologischen Philosophie» seine ausgearbeitete transzendentale Version der Phänomenologie dem Leserpublikum vor. Der Ausbruch des Ersten Weltkrieges verhinderte eine Klärung der Differenzen und die Fortführung eines universellen Gedankenaustausches. Die Kriegswirren bedeuteten auch für das Privatleben einen schwerwiegenden Einschnitt. Husserl hielt sich zwar politisch sehr zurück, mußte aber infolge einer Kriegsanleihe sein Göttinger Haus aufgeben; er verlor einen Sohn, der andere wurde schwer verwundet. Seit 1916 lebte er in Freiburg, seinem letzten Wirkungsort.

Nach dem Ruf an die Universität Freiburg folgte eine Zeit zurückgezogener, intensiver Forschungstätigkeit. Erst nach dreizehn Jahren erscheint 1929 die «Formale und transzendentale Logik», in welcher er die Früchte seiner Studien in Buchform vorgelegt hat. Zu gleicher Zeit entstanden die «Méditations Cartésiennes», die 1931 in Paris und in deutscher Fassung erst 1950 im ersten Band der gesammelten Werke «Husserliana» erscheinen konnten. Die Wirkung Husserls ging im allgemeinen nicht von diesen Büchern aus. Sein Einfluß war zum Teil indirekt, weil er bedeutenden Denkern seiner Zeit entscheidende Impulse vermittelte, zum Teil wirkten Gastvorlesungen, so in London (1922) und Amsterdam (1928), nach seiner Emeritierung 1928 in Paris (1929), in Frankfurt, Berlin und Halle (1931), in Wien und zuletzt in Prag (1935). Ferner bereiteten zahlreiche Promotionen und Habilitationen den Weg für phänomenologisch beeinflußte Laufbahnen: Adolf Reinach (1909), Dietrich von Hildebrand (1912) und andere. Für die weitere Ausbreitung phänomenologischer Ideen waren die Privat-Assistenten Husserls und die Assistenten der philosophischen Fakultät von Bedeutung: Edith Stein (1918), Martin Heidegger (1919–1922), Arnold Metzger (1920), Oskar Becker (1923), Ludwig Landgrebe (1923–1930) und Eugen Fink (1928–1938).

Die letzten Jahre, in denen Husserl vor allem an seinem einflußreichsten, aber unvollendeten Werk «Die Krisis der europäischen Wissenschaften und die transzendentale Phänomenologie» arbeitete, waren von den politischen Verfolgungen durch das nationalsozialistische Regime überschattet. Während sich die ausländischen Ehrungen häuften, wurde Husserl in seinem Heimatland als Jude verfolgt: Beurlaubung, Entzug der Lehrbefugnis, Verbot der Teilnahme an Kongressen im Ausland und des Betretens seiner Universität, Ausschluß aus philosophischen Organisationen und Vertreibung aus seiner Wohnung. Nur wenige wagten, Kontakte zum Verfolgten aufrechtzuerhalten, allen voran Eugen Fink und Ludwig Landgrebe, die die Manuskripte ordneten, die später durch den mutigen Einsatz des Jesuitenpaters H.L.van Breda nach Belgien gebracht und so vor der Vernichtung bewahrt wurden. Die Abwendung seines Schülers Martin Heidegger, der inzwischen Parteimitglied und Rektor der Universität geworden war, gehört zu den trübsten Kapiteln der deutschen Philosophiegeschichte[2].

b. Auswahl aus der Primärliteratur Husserls

1891 Philosophie der Arithmetik. Psychologische und logische Untersuchungen. Halle.
1900 Logische Untersuchungen. Band I: Prolegomena zur reinen Logik. Halle. In HUA XVIII.
1901 Logische Untersuchungen. Band II: Untersuchungen zur Phänomenologie und Theorie der Erkenntnis. Halle. In HUA XIX. 2. Auflage in drei Bänden. Halle 1913. Davon mehrere unveränderte Nachdrucke, z. B. Tübingen 1993. Zitiert nach der 5. Aufl.1968. **LU**
1910 Philosophie als strenge Wissenschaft. In: Logos 1 (1910/11) S.289ff. Neu herausgeg. von W. Szilasi. Frankfurt 1965. 6.–10 Ts. 1971.
1913 Ideen zu einer reinen Phänomenologie und phänomenologischen Philosophie. Erstes Buch. In JPPF Bd.1. Halle. Sonderdruck Halle 1913. In HUA III. Zitiert nach 4. Aufl. Tübingen 1980. **IDEEN**
1929 Formale und transzendentale Logik. In Bd.10. Halle. Nachdruck Tübingen 1981. In HUA XVII. **FTL**
1931 Méditations Cartésiennes. Paris. Deutsch in HUA I. **CM**
1936 Die Krisis der europäischen Wissenschaften und die transzendentale Phänomenologie. Eine Einleitung in die phänomenologische Philosophie. In: Philosophia. Belgrad. Neu herausgegeben von E. Ströker. Hamburg 1977. 2. Aufl. 1882. In HUA VI. **KR**

Die gesammelten Werke: Husserliana (**HUA**). Hg. von H.L.van Breda u.a. Den Haag ab 1950. Aus dem Nachlaß veröffentlicht im Auftrag der Husserl-Archive in Löwen und Köln. Auswahl:
Band I: Cartesianische Meditationen und Pariser Vorträge. Hg. von S. Strasser 1950. 2. Aufl.1973.
Band II: Die Idee der Phänomenologie. Fünf Vorlesungen. Hg. von W. Biemel 1950. 2. Aufl. 1958.
Band IV: Ideen zu einer reinen Phänomenologie und phänomenologischen Philosophie. Zweites Buch: Phänomenologische Untersuchungen zur Konstitution. Hg. von M. Biemel 1952.
Band V: Drittes Buch: Die Phänomenologie und die Fundamente der Wissenschaften. Hg. von M. Biemel 1952.
Band VI: Die Krisis der europäischen Wissenschaften und die transzendentale Phänomenologie. Eine Einleitung in die phänomenologische Philosophie. Hg. von W. Biemel 1954. 2. Aufl. 1962.
Band XIII–XV: Zur Phänomenologie der Intersubjektivität. Texte aus dem Nachlaß. Erster Teil: 1905–1920. Zweiter Teil: 1905–1928. Dritter Teil: 1929–1935. Hg. von I. Kern 1973.
Band XVII: Formale und transzendentale Logik. Versuch einer Kritik der logischen Vernunft. Hg. von P. Janssen 1974.
Band XXVI: Vorlesungen über Bedeutungslehre SS 1908. Hg. von U. Panzer 1987.
Band XXVIII: Vorlesungen über Ethik und Wertlehre 1908–1914. Hg. von U. Melle 1988.

Weitere Ausgaben Husserlscher Schriften
Husserl – Gesammelte Schriften in acht Bänden und einem Zusatzband. Hg. von E. Ströker. Hamburg 1992.
Nachdruck der 1. Auflage der V. Logischen Untersuchung. Nach dem Text der 1. Aufl. von 1901. Hg. von E. Ströker. Hamburg 1975.
Vorlesungen zur Phänomenologie des inneren Zeitbewußtseins. Hg. von M. Heidegger. In JPPF Bd.IX. Halle 1928. Nachdruck Tübingen 1980. In HUA X.
Erfahrung und Urteil. Untersuchungen zur Genealogie der Logik. Redigiert und herausgegeben von L.Landgrebe. 1938. 6. Aufl. Hamburg 1985. **EU**
Cartesianische Meditationen. Hg. von E. Ströker. Hamburg 1977. 2. Aufl. 1987. In HUA I.
Die phänomenologische Methode. Ausgewählte Texte I. Herausgegeben von K. Held. Stuttgart 1985.
Phänomenologie der Lebenswelt. Ausgewählte Texte II. Herausgegeben von K. Held. Stuttgart 1986.
Ding und Raum. Vorlesungen 1907. Hg. von K.-H. Hahnengress und S. Rapic. Hamburg 1991. In HUA XVI.
Briefwechsel. 10 Bände. Hg. von K. und E. Schuhmann. Dordrecht 1994. 2. Die Münchner Phänomenologen; 3. Die Göttinger Schule; 4. Die Freiburger Schule; 5. Die Neukantianer.

c. Bibliographien und Forschungsberichte

Brand, G.: Husserl-Literatur und Husserl. In PHRS 8/1960. S.261–289.
Breda, H.L.van: Schriften Husserls bis Juni 1959. In: Derselbe und J.Taminiaux: Edmund Husserl. 1859–1959. Den Haag 1959.
Lapointe, F.: Edmund Husserl and his critics. An international Bibliography (1894–1979). Bowling Green 1980.
Maschke, G. / Kern,I.: Husserl-Bibliographie. In: Revue Internationale de Philosophie 71,72/1965.

---

2 Siehe unten 28.1 und 30.22 c.

Müller, S.: Aspekte neuerer Husserl-Forschung. In PHJB 84/1977. S. 394 –419.
Tiffencau, J.: Husserl-Bibliographie. HUA Dokumente. Band 2.
Totok, W.: Handbuch der Geschichte der Philosophie. Frankfurt 1990. S. 162 ff. VI.

5.2 Die Logischen Untersuchungen (LU)

5.21 Husserl auf dem Weg zur Philosophie

Am Anfang der Phänomenologie stehen die «*Logischen Untersuchungen*». Sie begründen die Phänomenologie und werden von vielen als die bedeutendste Leistung Husserls angesehen. Bochenski spricht von einer «der großen Bereicherungen der Philosophie des 20. Jahrhunderts»[3]. Doch diese Arbeit ist nicht das Erstlingswerk. Husserl hatte bereits 1891 eine «*Philosophie der Arithmetik*» veröffentlicht. Diese entstand aus der Habilitationsschrift «Über den Begriff der Zahl». Das Werk ist noch stark psychologistisch geprägt und insofern vor-phänomenologisch. Dies betrifft vor allem den ersten Teil, wo die psychologische Aufklärung der Arithmetik und der Ursprung des Zahlbegriffs im Vordergrund stehen. Die Zahl wird aus der Reflexion auf den psychologischen Akt der kollektiven Verbindung von Einheiten abgeleitet. Kollektive kommen also durch Reflexionen auf das Kolligieren zustande; sie werden nicht als ideelle Gegenständlichkeiten identifiziert, wie es später innerhalb der «reinen Logik» geschieht. Doch im zweiten Teil, in der Analyse der symbolischen Zahlbegriffe, lassen sich durchaus schon Gedanken entdecken, die auf die Phänomenologie der Zukunft verweisen. Die Anschauung, die für das Zählen konstitutiv ist, erhält einen Status, der über das rein psychologische Verständnis hinausweist und die Idee einer kategorialen Anschauung vorbereitet. Die Lektüre der «Philosophie der Arithmetik» vermittelt so einen Einblick in das Arbeitsfeld, aus dem heraus sich Husserl in die eigentliche Philosophie und speziell in die Phänomenologie vorgetastet hat.

Die LU zerfallen in zwei Bände, wobei der zweite Band wiederum in zwei Teile aufgegliedert ist. Es ist ein «Werk des Durchbruchs und somit nicht ein Ende, sondern ein Anfang»[4]. *Band 1* ging aus zwei Hallenser Vorlesungsreihen von 1896 hervor, enthält eine Abrechnung mit der damals verbreiteten psychologistischen Strömung und entwickelt im Gegenzug dazu die Idee einer reinen Logik als autonome Wissenschaft. Der *zweite Band* umfaßt sechs nur locker verbundene Einzelanalysen, in denen erstmals die phänomenologische Methode in ihrer ursprünglichen Ausprägung angewandt wird. Der authentische Text liegt in der zweiten Auflage von 1913 vor. Während der erste Band damals im wesentlichen unverändert blieb, hat Husserl Teile des zweiten Bandes überarbeitet, die Einleitung und insbesondere die fünfte und sechste Untersuchung sogar radikal umgearbeitet. Dabei nimmt er die irreführende Bezeichnung der Phänomenologie als «deskriptive Psychologie» zurück (18)[5], formuliert ein neues Korrelationsprinzip, gibt aber zugleich die Unmöglichkeit zu, «das alte Werk ganz auf das Niveau der IDEEN zu erheben» (S. X), die den neuesten Stand seiner damaligen Forschungen enthielten.

5.22 LU Band I: Prolegomena zur reinen Logik

In einer Selbstanzeige heißt es: «Die *Prolegomena zur reinen Logik* wollen einer neuen Auffassung und Behandlung der Logik den Weg bahnen. Sie versuchen zu zeigen, daß die ausschließlich psychologische Fundierung der Logik, welcher unsere Zeit so großen Wert beimißt, auf einer Vermengung wesentlich verschiedener Problemschichten, auf prinzipiell irrigen Voraussetzun-

---

3 Europäische Philosophie der Gegenwart. 2. Aufl. 1952. S. 143.
4 LU. Vorwort.
5 Die Zahlen betreffen die Seiten des gerade behandelten Werkes. Fehlen Hinweise, so ist i.a. die nächste Seitenangabe maßgebend.

gen über den Charakter und die Ziele zweier hier beteiligter Wissenschaften – der empirischen Psychologie und der *reinen* Logik – beruhe». Dann heißt es weiter: «Die reine Logik ist das wissenschaftliche System der idealen Gesetze und Theorien, welche rein im *Sinne* der idealen Bedeutungskategorien gründen, d.h. in den fundamentalen Begriffen, welche Gemeingut *aller* Wissenschaften sind ... In diesem Sinne ist die reine Logik die Wissenschaft von den idealen 'Bedingungen der Möglichkeit', von Wissenschaft überhaupt, oder von den idealen Konstituentien der Idee Theorie ... Eine ausreichende Klärung der reinen Logik ... erfordert sehr tiefgehende phänomenologische (d.h. rein deskriptiv –, nicht genetisch-psychologische) und erkenntnistheoretische Untersuchungen»[6].

In den *Kapiteln I und II* erfolgt die Abgrenzung der reinen Logik von der Logik als Kunstlehre des richtigen Denkens. Letztere orientiert sich nach Auffassung namhafter Psychologen wie J. S. Mill oder W. Wundt an den realen zufälligen Denkgesetzen, die als psychologische Gesetzmäßigkeiten faktisch vorgegeben und im logischen Denkakt zu beachten sind. Demgegenüber zeigt Husserl in einem ersten Schritt, daß jede Kunstlehre eine *normative Basis* hat. Erst wenn Grundnormen mitgedacht werden, weiß man, was kunstfertiges Handeln ist. In einem zweiten Schritt verdeutlicht Husserl, daß jeder normativen Disziplin eine *theoretische Wissenschaft* zugrundeliegt. Für die Logik existiert daher ein System notwendiger theoretischer Sätze, die «reine Logik».

In den *Kapiteln III-X* wird auf vielfältige Weise der Anspruch zurückgewiesen, daß diese theoretischen Fundamente der Logik in der Psychologie zu suchen seien. Eben diese kritisierte Auffassung heißt *Psychologismus*.

Husserl kämpft energisch und mit zahlreichen Argumenten gegen psychologistische Lehren. Zur Begründung, daß das Fundament die reine Logik jenseits aller psychologischen Empirie sein muß, überprüft er die Konsequenzen und die Vorurteile des Psychologismus. Die verheerenden Konsequenzen betreffen die Unfähigkeit, die Apriorität logischer Gesetze zu begründen, ferner die Verwechslung des kausalen Zwanges mit dem logischen Grund und schließlich die Notwendigkeit eines Skeptizismus und Relativismus. Ferner werden drei Vorurteile analysiert. Das erste behauptet, daß Vorschriften zur Regelung psychischer Zusammenhänge selbst wieder psychologisch begründet werden müssen (§ 41/154). Das zweite besagt, daß alle logischen Inhalte nur psychische Phänomene seien. Das dritte betrifft die Evidenz: die Logik als Kunstlehre analysiert allein die psychischen Bedingungen unseres Evidenzgefühls; logische Sätze aber sind für Husserl *ideale* Bedingungen der Urteilsevidenz und nicht Ausdruck psychischer Reaktionen.

Das *letzte Kapitel* schließt mit Ausführungen über die Notwendigkeit und über die Hauptaufgabe einer Wissenschaft der reinen Logik. Dazu gehören: 1. Fixierung der reinen Bedeutungs- und Gegenstandskategorien samt deren gesetzlichen Verbindungen. 2. Die in diesen Kategorien gründenden Gesetze und Theorien. 3. Die Theorie der möglichen Theorieformen.

Als erste Antwort auf diese Programmatik einer im Entstehen begriffenen Phänomenologie sind die Einzelanalysen des 2. Bandes gedacht. Sie enthalten die frühesten phänomenologischen Ergebnisse und bedeuten den eigentlichen Anfang der weiteren phänomenologischen Entwicklung. Denn die «Philosophie der Arithmetik» auf der einen und die «Prolegomena» auf der anderen Seite stellen zwei extreme, unvermittelte Positionen dar. Hatte sich Husserl zunächst von psychologistischen Vorurteilen täuschen lassen, stellt er jetzt diesem Subjektivismus einen Objektivismus der reinen Logik gegenüber, der ähnlich einseitig wirkt. Das große Problem des Zusammenhangs von subjektiven, in der zeitlichen Wirklichkeit vollzogenen Erlebnissen und den objektiven, zeitlosen Idealgebilden ist keineswegs geklärt. Die einfache Gegenüberstellung von empirischer Psychologie und reiner Logik ist unbefriedigend; denn auch die reine Logik wird von leibhaftigen Menschen gedacht und betrifft kein transzendentes Reich im Sinne des Platonismus. Noch ist das Denken Husserls ein «verzweifeltes Ringen nach sicheren Gesichts-

---

[6] Vierteljahresschrift für wissenschaftliche Philosophie 24/1900. S. 511 f.

punkten für eine rationale Weltanschauung»[7]; selbst noch 1901 schreibt Husserl an Albrecht: «Ich versuche eine neue Erkenntniskritik, aber ich habe sie noch nicht».

Die noch ausstehende Vermittlung von Akt und Sein wird im zweiten Band in Angriff genommen; sie bleibt in den folgenden Jahren das Grundthema der Phänomenologie und baut auf einem Subjektiven auf, das nicht mehr real-psychisch gemeint ist, sondern als *intentionales Bewußtsein* erscheint.

5.23   LU Band 2: Untersuchungen zur Phänomenologie und Theorie der Erkenntnis

Teil 1 umfaßt fünf Einzeluntersuchungen; Teil 2 enthält die 6.Untersuchung «Phänomenologische Aufklärung der Erkenntnis».

In der *Einleitung* wird die Notwendigkeit und das Ziel einer phänomenologischen Untersuchung erläutert. Dabei erscheint – in der Neufassung von 1913 – als zentrales Thema eine *Korrelationsthese*, welche die philosophische Analyse des ideal Logischen durch den Rückgriff auf subjektive Erlebnisse fordert, die nicht mehr im Sinne des Psychologismus gedacht werden, sondern als allgemeine ideelle Akte (oder «intentionale Erlebnisse»). Alles Denken zielt auf Gegenstände, meint Etwas, ist «intentionales Bewußtsein»; das An-sich-Sein dieses Etwas läßt sich als identifizierbare Einheit in den konkreten Denkakten rekonstruieren. Aus den realen psychischen Erlebnissen kann man Bedeutungs*intentionen* und Bedeutungs*erfüllungen* ablösen. Phänomenologie handelt demnach von den intentionalen Erlebnissen oder Akten, vom Subjektiven ohne Realbezug, von den Denkerlebnissen jenseits animalischer Bindungen, kurz vom Wesen des Subjektiven. «Wir wollen auf die ‹Sache selbst› zurückgehen. An vollentwickelten Anschauungen wollen wir uns zur Evidenz bringen, dies hier in aktuell vollzogener Abstraktion Gegebene sei wahrhaft und wirklich das, was die Wortbedeutungen im Gesetzesausdruck meinen» (56).

Die erste und wohl bekannteste Untersuchung «*Ausdruck und Bedeutung*» versucht eine Klärung des Zusammenhangs von Ausdruck, Bedeutung, Bedeutungsintention und Bedeutungserfüllung (14). Die diesbezüglichen Einsichten Husserls wurden in gleichem Maße bedeutsam für Semantik und Sprachphilosophie wie die etwa gleichzeitigen semantischen Untersuchungen Freges, des anderen Kritikers des Psychologismus.

Husserl formuliert zuerst die *Zentralthesen*: Das Etwas im intentionalen Erleben ist im allgemeinen bedeutungsvoll; es hat *Bedeutung*. Diese wird durch *Zeichen* vermittelt. Aber nicht jedes Zeichen hat Bedeutung; es gibt gewisse Anzeichen, die nichts ausdrücken. Dem Anzeichen fehlt das Einsichtige. *Ausdrücke* dagegen sind bedeutsame Zeichen (Husserl schließt Gestik u.ä. vom «Ausdruck» aus, weil hier die Intention der Mitteilung fehlt).

Ausdrücke fungieren meist in kommunikativer Rede; dann sind sie zugleich *Anzeichen*. Weil aber Ausdrücke auch im einsamen Seelenleben eine Rolle spielen[8], kann die Bedeutung nicht mit der kundgebenden Leistung zusammenfallen. Abstrahiert man von der Kundgabe, so müssen für den sinnvollen Ausdruck folgende Unterscheidungen beachtet werden: Der sinnbelebte Ausdruck gliedert sich «einerseits in das *physische Phänomen*, in welchem sich der Ausdruck nach seiner physischen Seite konstituiert, und andererseits in die *Akte,* welche ihm die *Bedeutung* und eventuell die *anschauliche Fülle* geben, und in welche sich die Beziehung auf eine ausgedrückte Gegenständlichkeit konstituiert» (37). Husserl spricht von bedeutungsverleihenden Akten (oder Bedeutungsintentionen) und von bedeutungserfüllenden Akten (Bedeutungserfüllungen). Die Bedeutungsintention ist «das phänomenologische Chrakteristikum des Ausdrucks im Gegensatz

---

7 Brief an Natorp 1897.
8 In heutiger Terminologie heißt das, daß Husserl so etwas wie eine Privatsprache als möglich betrachtet. Diese Möglichkeit garantiert erst die allgemeine Geltung von Bedeutungen und damit von kommunikationsfähiger Sprache. Die Phänomenologie baut demnach auf die heute besonders in der Analytischen Philosophie umstrittene These von der Erzeugung der Bedeutungen im individuellen Bewußtsein auf. Siehe z.B. E.v.Savigny: Wittgensteins Philosophische Untersuchungen. Ein Kommentar in 2 Bänden. Frankfurt 1988 / 89. Band 1, Kap. 5.

zum leeren Wortlaut ... » (41). Als drittes zielt der Ausdruck auf ein Gegenständliches; denn «er hat nicht nur seine Bedeutung, sondern er bezieht sich auch auf irgendwelche Gegenstände» (46). Zum Ausdruck gehören also wesentlich *Kundgabe, Bedeutung und Gegenstand;* außerwesentlich dagegen ist die Beziehung auf aktuell gegebene erfüllende Gegenständlichkeiten. Diese müssen von den idealen Einheiten des Ausdrucks und der Bedeutung klar unterschieden werden. Im *ausgedrückten Inhalt* finden sich deshalb analog intendierter Sinn, erfüllender Sinn und Gegenstand.

In der Charakteristik der bedeutungsverleihenden Akte werden zahlreiche Mißverständnisse zurückgewiesen, so die Abhängigkeit der Bedeutung von der Anschauung, also z.B. die Meinung, das Verstehen des Ausdrucks sei von begleitenden Phantasiebildern abhängig. Um dem Schwanken der Wortbedeutungen gerecht zu werden und trotzdem allen Bedeutungen ihre Idealität zusprechen zu können, versucht Husserl nachzuweisen, daß die bedeutungsverleihenden Akte gegenüber der idealen Bedeutung außerwesentlich sind; er unterscheidet daher «zwischen den schwankenden Akten des Bedeutens und den ideal-einheitlichen Bedeutungen, zwischen denen sie schwanken» (78)[9]. Dahinter steht das Ideal der «Schrankenlosigkeit der Vernunft» (90), die alle Unklarheiten in objektive Bedeutungszusammenhänge aufzulösen imstande ist. Diese objektiven idealen Bedeutungseinheiten sind Thema der reinen Logik: Wissenschaft ist «eine ideale Komplexion von Bedeutungen» (95). In der Wissenschaft «ist also Bedeutung und nicht Bedeuten, ist Begriff und Satz, nicht Vorstellung und Urteil das ... wesentlich Maßgebende» (95). Abschließend stellt Husserl dem phänomenologischen und idealen Inhalt der Bedeutungserlebnisse den Inhalt des ausdrückenden Erlebnisses im psychologischen Sinne gegenüber. Es besteht ein wesentlicher Unterschied zwischen dem psychologischen und dem logischen Gehalt. Der letztere existiert, gleichgültig, «ob überhaupt denkende Personen und Akte sind oder nicht» (100).

Die hier behauptete Identität ist die Identität der Spezies; die Bedeutungsintentionen sind die zugehörigen einzelnen Aktmomente. «Die Bedeutung verhält sich also zu den jeweiligen Akten des Bedeutens ... wie etwa die Röte in specie zu den hier liegenden Papierstreifen ... » (100)[10]. Bedeutungen bilden eine Klasse von Begriffen im Sinne von allgemeinen Gegenständen (101), die in gleicher Weise wahrhaft seiend sind wie raum-zeitliche Gegenstände.

In der *zweiten Untersuchung* «Die ideale Einheit der Spezies und die neue Abstraktionstheorie» geht es darum, die Eigenberechtigung der spezifischen (oder idealen) Gegenstände neben den individuellen (oder realen) zu verteidigen und so das Fundament für eine reine Logik und Erkenntnislehre zu sichern (107). Dabei ist es notwendig, das Abstraktionsproblem zu lösen und falsche Theorien über das Allgemeine (vor allem von J. S. Mill, H. Spencer, J. Locke, G. Berkeley und D. Hume) zurückzuweisen. Die meisten Abstraktionstheorien vermengen die psychologische Erklärung der Erlebnisse mit der logischen Aufklärung ihres gedanklichen Inhalts.

In der *dritten Untersuchung* «Zur Lehre von dem Ganzen und Teilen» geht Husserl von dem Unterschied zwischen abstrakten und konkreten (beziehungsweise unselbständigen und selbständigen) Inhalten aus. Weil Zusammensetzung und Einfachheit bedeuten, daß etwas Teile hat oder nicht, läuft alles auf eine Lehre von den Ganzen und Teilen hinaus. In ihr werden die wichtigsten Gegenstandskategorien (neben Ganzes und Teil vor allem Subjekt und Beschaffenheit, Individuum und Spezies, Gattung und Art) erläutert. Daraus entfaltet sich eine apriorische Theorie der Gegenstände als solche. Die entdeckte objektiv-ideale Notwendigkeit ist «gleichbedeutend mit Sein auf Grund objektiver Gesetzlichkeit» (239), also mit Wesensgesetzlichkeit.

Die *vierte Untersuchung* «Der Unterschied der selbständigen und unselbständigen Bedeutungen und die Idee der reinen Grammatik» wendet die Unterscheidung zwischen selbständigen und

---

9 In FTL wird das Okkasionelle auch in die konstituierten Gegenständlichkeiten verlegt, z.B. in «verworrene Urteile». Vgl. FTL § 16.
10 Diesen Standpunkt hat Husserl bereits bei der Überarbeitung geändert, ließ den Text aber trotzdem stehen; er gibt ihn in FTL auf und greift ihn in EU sogar an.

unselbständigen Gegenständen auf die Bedeutungen an, bei denen kategorematische und synkategorematische (geschlossene und ungeschlossene) Ausdrücke unterschieden werden. So gelangt Husserl durch analoge Zurückweisungen psychologistischer Theorien über die Grammatik zu Bedeutungsgesetzen einer «Formenlehre der Bedeutungen» oder einer apriorischen Grammatik, welche die Funktion der Unterscheidung von Sinn und Unsinn hat.

Für die Weiterentwicklung der Phänomenologie Husserls haben die beiden letzten Untersuchungen größere Bedeutung gewonnen als die Spezialbetrachtungen der zweiten bis vierten Abhandlung, welche die Wesensart vor allem des Logischen und Mathematischen beschreiben. Er versucht nun erstmals eine systematische Subjektivitätstheorie beziehungsweise eine phänomenologische Erkenntnistheorie zu entwickeln, die in den nächsten Jahrzehnten modifiziert, vertieft und weiter ausgebaut wird.

Die *fünfte Untersuchung* «Über intentionale Erlebnisse und ihre ‹Inhalte›» soll eine Antwort auf die Frage nach dem Ursprung des Begriffs Bedeutung bringen. Dabei geht Husserl vom Bewußtsein aus. Er unterscheidet drei Bedeutungen des Begriffs Bewußtsein:

«1. Bewußtsein als der gesamte reelle phänomenologische Bestand des empirischen Ich, als Verwebung der psychischen Erlebnisse in der Einheit des Erlebnisstromes» (346). Solche Erlebnisse sind «Wahrnehmungen, Phantasie- und Bildvorstellungen, die Akte des begrifflichen Denkens, die Vermutungen und Zweifel, die Freuden und Schmerzen, die Hoffnungen und Befürchtungen, die Wünsche und Wollungen u. dgl.» (347).

«2. Bewußtsein als inneres Gewahrwerden von eigenen psychischen Erlebnissen» (346). Man spricht auch vom inneren Bewußtsein. Dabei ist z. B. jede Wahrnehmung «durch die Intention charakterisiert, ihren Gegenstand als in leiblicher Selbstheit gegenwärtig zu erfassen» (354/55).

«3. Bewußtsein als zusammenfassende Bezeichnung für jederlei ‹psychische Akte›» oder für intentionale Erlebnisse (346). Diese Bedeutung steht im folgenden im Vordergrund.

Der Erlebnisbegriff der ersten Definition erhält eine rein phänomenologische Fassung, indem jede Beziehung auf empirisch-reales Dasein ausgeschaltet wird. Bedeutsam ist dabei die Entdeckung, daß ein prinzipieller Unterschied besteht zwischen dem in der Wahrnehmung bewußten Inhalt und dem in ihr wahrgenommenen äußeren Gegenstand (349). «Die Dingerscheinung (das Erlebnis) ist nicht das erscheinende Ding (das uns vermeintlich in leibhafter Selbstheit ‹Gegenüberstehende›)». Es wird klar, «daß das Erlebnis nicht selbst das ist, was ‹in› ihm intentional gegenwärtig ist» (350). Dieser Unterschied wird im populären Erlebnisbegriff und in zahlreichen psychologischen Lehren völlig mißachtet.

In der Behandlung des zweiten Bewußtseinsbegriffs schlägt Husserl die terminologische Trennung zwischen innerer Wahrnehmung (als Wahrnehmung eigener Erlebnisse) und adäquater (evidenter) Wahrnehmung vor (355). Die zweite Bedeutung ist ursprünglicher als die erste. Husserl wendet sich hier gegen die Existenz eines phänomenologisch faßbaren reinen Ich (359). Er distanziert sich später ausdrücklich von dieser Ablehnung; er übersah, «daß das empirische Ich eine Transzendenz derselben Dignität ist wie das physische Ding ... Es ist gerade das in dem *Vollzug* der Evidenz *cogito* erfaßte Ich, und der reine Vollzug faßt es eo ipso ... als Subjekt eines 'reinen' Erlebnisses des Typs cogito» (Fußnote S. 357).

Zentral ist die Bedeutung des Bewußtseins als *intentionales Erlebnis*. Husserl übernimmt diesen Begriff von Brentano, der damit die psychischen Phänomene überhaupt chrakterisieren wollte, was Husserl aber ablehnt. Intentionalität besagt «Beziehung des Bewußtseins auf einen Inhalt» (Brentano; 367). Husserl *definiert* hier den Begriff des psychischen Phänomens oder des *Aktes* als intentionale Beziehung. Deshalb verwendet er statt psychische Phänomene nun immer Akte oder intentionale Erlebnisse. «Ein Gegenstand ist in ihnen ‹gemeint›, auf ihn ist ‹abgezielt› ... Es sind nicht zwei Sachen erlebnismäßig präsent, es ist nicht der Gegenstand erlebt und daneben das intentionale Erlebnis, das sich auf ihn richtet; ... sondern nur Eines ist präsent, das intentionale Erlebnis, dessen wesentlicher deskriptiver Charakter eben die bezügliche Intention ist» (372). Auch Gefühle sind im allgemeinen intentional: «Kein Begehren ... ohne Begehrtes, kein Zustimmen ohne Billigen, ohne etwas, dem die Zustimmung, Billigung, gilt usw. Sie alle ‹verdanken› ihre intentionale Beziehung gewissen ihnen unterliegenden Vorstellungen» (390). Sinnliche Gefühle und bloße Empfindungen, die dagegen nicht intentional sind, konstituieren aber immerhin intentionale Akte. Sie sind Objekte von Intentionen, aber nicht selbst Intentionen (393). Es gibt also keine eigenen Empfindungsakte.

Die wichtigen phänomenologischen Differenzierungen im Wesen der intentionalen Akte beginnen mit der Unterscheidung von *reellen* und *intentionalen* Inhalten. Erstere betreffen den Inbegriff der den Akt reell aufbauenden Teilerlebnisse, welche Inhalt der deskriptiven psychologischen Analyse sind. Die phänomenologisch ideal-wissenschaftliche Betrachtung des intentionalen Inhalts bezieht sich auf drei Themen: den intentionalen *Gegenstand* des Akts, seine intentionale *Materie* (im Gegensatz zur intentionalen Qualität) und sein intentionales *Wesen* (399). Die Qualität kennzeichnet diesen Akt als Vorstellen, Urteilen, Fühlen, Begehren usw. Die Materie betrifft den Inhalt des jeweils Vorgestellten, Beurteilten usw.; sie verleiht dem Akt die besondere Richtung auf ein Gegenständliches. Dabei kann sie Akten der verschiedensten Qualität gemeinsam sein; zum Beispiel kann ein Teil ein vorgestellter, erinnerter usw. sein. Die Einheit von Qualität und Materie ist das intentionale Wesen des Aktes; beide sind die inneren Konstituentien aller Akte. Dieses Wesen erschöpft aber den Akt phänomenologisch nicht; denn es können beispielsweise mehrere Individuen vom gleichen Gegenstand verschiedene Vorstellungen haben.

Die eingeführten Unterscheidungen ermöglichen eine Zurückweisung von Bild- und Zeichentheorien, welche das Bild- bzw. das Zeichen-sein als reales Prädikat fassen und die Notwendigkeit übersehen, daß etwas als Bild oder Zeichen vom vorstellenden Ich erst gemeint sein muß, um zu existieren. Ebensowenig hat es Sinn, zwischen intentionalen und wirklichen, äußeren Gegenständen zu unterscheiden.

Brentano hat behauptet, «daß jedes intentionale Erlebnis entweder eine Vorstellung ist, oder auf Vorstellungen als seiner Grundlage beruht» (427). In weit ausholenden und zahlreiche Einwände berücksichtigenden Überlegungen bemüht sich Husserl, dieser mehrdeutigen These einen eindeutigen Sinn zu geben. Die Differenzierungen des Vorstellungsbegriffs sind vielfältig; die wichtigste betrifft den Gegensatz zwischen einer Vorstellung als Ergebnis einer Qualitätsmodifikation (in dieser werden Wahrnehmen, Urteilen usw. nur vorgestellt, also alle Akte in nicht-setzende übergeführt) und der Vorstellung als setzenden Akt des Vorstellig-machens von Materie. Letztere ist oft zusammengesetzt; ihr liegen dann stets einfachere nominale Akte zugrunde, welche gewissermaßen einstrahlig das Gemeinte erfassen. Im Urteil zum Beispiel sind mehrere solche Vorstellungen zu einem Sachverhalt verknüpft.

Die *sechste* Untersuchung «Elemente einer phänomenologischen Aufklärung der Erkenntnis» (im Teil 2 des zweiten Bandes) befaßt sich vor allem mit dem Verhältnis von Begriff oder Gedanke und korrespondierender Anschauung, in Husserls Terminologie: mit Bedeutungsintention und Bedeutungserfüllung. Sie enthält zugleich eine Theorie der Wahrheit. Obwohl sich Husserl später zu einigen Teilen der Untersuchung (z.B. zur kategorialen Repräsentation) kritisch geäußert hat, ist die ursprüngliche Form als Grundlage für die Phänomenologie der Frühphase wirkungsgeschichtlich bedeutsam geworden.

Husserl beginnt seine Analyse mit dem Nachweis, daß zwischen Wahrnehmung und Wortlaut noch ein weiterer vermittelnder Akt eingeschoben werden muß, der sinngebende Akt oder die Bedeutungsintention. Offensichtlich kann die Bedeutung nicht in der Wahrnehmung allein liegen; denn verschiedene Personen haben nie genau dieselbe Wahrnehmung, auch wenn sie dasselbe wahrnehmen (15). Zudem versteht man Urteile auch ohne Wahrnehmung. Es fehlt zwischen Wortlaut und Wahrnehmung ein Zwischenglied. Die Wahrnehmung bestimmt Bedeutungen, enthält sie aber nicht; denn sie könnte auch durch die Phantasie bedingt sein. Dies gilt auch für die anderen Anschauungsurteile in Erinnerung, Imagination usw.

Für das *Erkennen* wichtig ist nun das Verhältnis zwischen ausdrückendem Gedanken und ausgedrückter Anschauung, das zunächst als statische Deckung gedacht wird. Aber genau genommen liegt eine dynamische Einheit vor. Findet «der Akt des puren Bedeutens ... in der Weise einer abzielenden Intention seine Erfüllung in dem veranschaulichenden Akte», so spricht Husserl von Erfüllungsbewußtsein. «Wir erleben es, wie in der Anschauung *dasselbe* Gegenständliche intuitiv vergegenwärtigt ist, welches im symbolischen Akte ‹bloß gedacht› war» (32). So ist Erkennen Erfüllen der Bedeutungsintention (33). Im Akt der Erfüllung erscheint das Objektive in seiner Identität (35). In der Einheit der Erkenntnis ist demnach viererlei zu unterscheiden: der verbale Ausdruck, der Bedeutungsakt, der Anschauungsakt und die Erfüllung (37). Der Gegensatz der Erfüllung ist die Enttäuschung. Der Übereinstimmung entspricht der Widerstreit. Der Gegenstand des enttäuschenden Aktes erscheint als anderes als der Gegenstand des intendierenden Aktes (42).

Alle objektivierten Akte können als identifizierende Erfüllungssynthesen definiert werden. Dabei ist die Einteilung der objektivierenden Akte in signitive und intuitive (die ihrerseits in perzeptive und imaginative zerfallen) von Bedeutung, weil danach auch die Erfüllungen zu klassifizieren sind. Signitive Intentionen betreffen (außer beim wortlosen Erkennen, 60) Bedeutungen von Ausdrücken, bei denen die Gegenstände der Intention und die der Erfüllung miteinander nichts zu tun haben (55). Der innige Zusammenhang bei den letzteren zeigt den phänomenologischen Unterschied in der Erfüllungssynthese. Die signitiven Intentionen sind durch Kontiguität, die imaginativen durch Analogie bestimmbar (63).

Die Beschreibung des Charakters der Erfüllung führt schließlich zu einer Phänomenologie der Erkenntnisstufen (64). «In jeder Erfüllung findet mehr oder minder eine vollkommene Veranschaulichung statt ... In der Erfüllung erleben wir gleichsam ein *das ist es selbst*» (65). Diese Fülle wird erst in Steigerungen erreicht. Am Ende derselben steht die absolute Erkenntnis als adäquate Selbstdarstellung des Erkenntnisobjekts (66).

Die letzte Erfüllung führt auf den Wahrheitsbegriff. «Das Gegenständliche ist genau als das, als welches es intendiert ist, wirklich ‹gegenwärtig› und ‹gegeben›» (118). Der intellectus ist die gedankliche Intention, die adaequatio die Gegebenheit der bedeuteten Gegenständlichkeit in der Anschauung. Das Ideal der Adäquation ist die Evidenz (121). Somit ist die Evidenz der Akt der vollkommensten Deckungssynthesis: «ihr objektives Korrelat heißt Sein im Sinne von Wahrheit» (122). Evidenz ist Erlebnis der Wahrheit.

Die Wahrheit in diesem Sinne ist *erstens* das Gegenständliche, das dem Akt der Evidenz entspricht. Andererseits kann man Wahrheit *zweitens* auch die zur Aktform gehörende Idee der absoluten Adäquation nennen (123). In einem weiteren Sinne kann *drittens* auch die ideale Fülle der Intention Wahrheit oder das Wahre genannt werden. Als letztes endlich muß *viertens* die Wahrheit als Richtigkeit der Intention (z.B. als Urteilsrichtigkeit), als ihr Adäquatsein an dem wahren Gegenstand von den genannten Formen unterschieden werden.

Husserls Wahrheitsbegriff umspannt die Gesamtsphäre der objektivierenden Akte. Da in der Definition zugleich das Sein erfaßt wird, ordnet er die Wahrheit den Akten (Fall 2., 4.), dagegen das Sein den zugehörigen gegenständlichen Korrelaten (Fall 1., 3.) zu. Werden Wahrheit und Sein auf *beziehende* Akte angewandt, so liegt Wahrheit beziehungsweise Sein im engeren Sinne vor (126).

Der zweite große Abschnitt «*Sinnlichkeit und Verstand*» wendet sich der Erfüllung der kategorialen Form zu, das heißt der Frage, wie die Erfüllung der ganzen Aussage, nicht nur ihrer nominalen Teile, zu deuten ist. Die Idee eines gewissermaßen bildartigen Ausdrückens ist gänzlich unbrauchbar (134); denn nur einige Aussagenteile stehen in bildhafter Beziehung zur Anschauung; in «S ist P» sind es «S» und «P», nicht aber das «ist».

Das Kategoriale des Anschauens und Erkennens findet seine Erfüllung in fundierenden Akten, in denen neue Objektivitäten (Sachverhalte, Kollektionen, Disjunktionen ...) konstituiert werden, indem die neuen Gegenständlichkeiten (z.B. die figuralen Momente in der «Philosophie der Arithmetik» oder die Gestaltqualitäten bei Ehrenfels; 161) in alten gründen, die in ihrer Schlichtheit, das heißt in einer bestimmten Art von Unmittelbarkeit, gegeben sind. Sinnlicher oder realer

Gegenstand ist möglicher Gegenstand einer schlichten Wahrnehmung (151). Bei der Bildung der allgemeinen Anschauung dagegen treten die Gegenstände der fundierenden Akte nicht in die Intention der fundierten ein (162); trotzdem ist die Rede von der Anschauung und der Wahrnehmung des Allgemeinen berechtigt (163).

Im kategorialen Akt der Anschauung gelten dieselben Unterschiede wie im Akt der schlichten Anschauung: Qualität, Materie (Auffassungssinn) und Repräsentant. Die Frage, ob die Repräsentanten über die fundierenden Akte hinausgehen, wird von Husserl positiv beantwortet. So ist zum Beispiel in der kollektiven Synthesis das Gemeinsame, auf das man in ihrem Vollzug achtet, jener Repräsentant. Bei allem Wechsel fundierender Akte bleibt zum Beispiel die Und-Form überall dieselbe (170). Die Gesetzmäßigkeiten bei den Fundierungen entsprechen den rein logischen grammatischen Gesetzmäßigkeiten. Die Erfüllungen vollziehen sich in einer Kette von Akten, die durch die Fundierungsverhältnisse bestimmt sind.

Welche Variation bei vorgegebenen kategorialen Formen möglich ist, bestimmen Idealgesetze, die den Charakter analytischer Gesetze haben (189), weil sie Gesetze des eigentlichen Denkens sind (191). Sie betreffen nicht nur den Menschen, sondern gehören zum Wesen von Sinnlichkeit und Verstand überhaupt.

6. Transzendentale Phänomenologie

6.1 Hauptwerke der transzendentalen Wende

6.11 Die Umdeutung der Phänomenologie in Transzendentalphilosophie

Im Zusammenhang mit der persönlichen Krise, die Husserl infolge der Ablehnung eines ordentlichen Lehrstuhles innerlich bewegt, versucht er, durch eine «Kritik der Vernunft» über seinen philosophischen Auftrag endgültig Klarheit zu gewinnen. Ab 1905 vollzieht sich allmählich die Wende zur *Transzendentalphilosophie*. Husserl erkennt die Schwächen einer reinen deskriptiven Methode, wie sie in den «LU» praktiziert worden ist. Deskription bewirkt noch kein Verstehen, warum etwas so und nicht anders gemeint ist. Verstehen ist nur möglich, wenn die Art und Weise durchschaut wird, wie das Bewußtsein seine Gegenstände aufbaut. Ziel der Phänomenologie muß es daher sein, das Bewußtsein als *konstituierendes* zu erfassen. Phänomenologie in diesem Sinne legt die Korrelation zwischen Bewußtseinsakt und vermeinte Gegenständlichkeit frei und wird so zur Transzendentalphilosophie. Transzendental heißt seit Kant das Denken, das nicht auf die Gegenstände selbst zielt, sondern die Erkenntnisart der Gegenstände und damit die Bedingungen der Möglichkeit solcher Gegenstände reflektiert. Transzendentalität betrifft den Bezug des Seins auf ein Bewußtsein. Wie sind Gegenständlichkeiten, Bedeutungen, Werte u. a. überhaupt möglich, wenn sie in einem intentionalen Bewußtsein realisiert werden?

Erste Klarheit im transzendentalen Sinn findet Husserl in den wenig beachteten fünf Vorlesungen *«Die Idee der Phänomenologie»* von 1905. Die dort eingeführte phänomenologische Reduktion ermöglicht die transzendentale Interpretation und bewirkt die «Auflösung des Seins in Bewußtsein» (VIII). In den folgenden Semestern wird der neue Gedanke in Vorlesungen weiterverfolgt. Aber erst durch das Erscheinen der IDEEN 1913 kann der Wandel zur transzendentalen Philosophie von der Fachwelt allgemein registriert werden. Die Zeit des Übergangs zu einer neuen Sichtweise zwischen 1905 und 1913 ist paradoxerweise der Abschnitt, in dem die Wesensanalysen der «Logischen Untersuchungen» und die eher deskriptive Phänomenologie endlich Beachtung und Anhängerschaft finden.

Die erste Gesamtdarstellung der transzendentalen Phänomenologie erfolgt in dem dreibändigen Werk «Ideen zu einer reinen Phänomenologie und phänomenologischen Philosophie». Das erste Buch, das als einziges von Husserl selbst veröffentlicht wurde, gilt als Standardwerk der phänomenologischen Philosophie überhaupt.

6.12 Die erste Gesamtdarstellung in den IDEEN

In der Einleitung formuliert Husserl die Idee von einer reinen Phänomenologie als Grundwissenschaft der Philosophie. Sie hat «es mit dem ‹Bewußtsein›, mit allen Erlebnisarten, Akten, Aktkorrelationen zu tun ... » und bedarf einer völlig geänderten Weise der Einstellung (3), aus der hervorgeht, daß Phänomenologie so wenig mit Psychologie zu tun hat wie Geometrie mit Naturwissenschaft. Husserl führt die *phänomenologische Reduktion* ein, durch welche die transzendental gereinigten Phänomene offengelegt werden.

Das Buch zerfällt in vier Abschnitte: Wesen und Wesenserkenntnis – Die phänomenologische Fundamentalbetrachtung – Zur Methodik und Problematik der reinen Phänomenologie – Vernunft und Wirklichkeit.

Der *erste Abschnitt* stellt die Grundlagen bereit (33). Es wird gezeigt, wie in einem voraussetzungslosen Anfang aus der Wesensschau neue «eidetische» Gegenstände, die irreal sind, hervorgehen (35). Die Untersuchung ist rein logisch. Sie betrifft die Klassifikation der Wissenschaften als Problem der Unterteilung in Regionen, deren Gegenstände aus synthetischen Prinzipien a priori bestimmbar sind (32).

Ausgangspunkt ist die natürliche Erkenntnis. Die zugehörige Wissenschaft handelt von den Tatsachen als realem Sein in der Welt; ihre originäre Erfahrung wird durch Wahrnehmung vermittelt. Das Reale ist individuelles, zufälliges raum-zeitliches Daseiendes; aber es hat zugleich seine spezifische Eigenart (9). Husserl spricht von Wesens-Notwendigkeit und -Allgemeinheit. So kann individuelle Anschauung in Wesensanschauung oder Ideation umgewandelt werden. Das Erschaute ist das reine Wesen oder Eidos, ein neuartiger Gegenstand (10). Die zugehörige Wesensschauung hat danach den Charakter eines gebenden Aktes. Der individuellen und der Wesensanschauung «korrespondieren die Wesensbeziehungen zwischen Existenz und Essenz, zwischen Tatsache und Eidos» (12). Diesen wiederum entsprechen Tatsachen- und Wesenswissenschaften. Die Tatsachenwissenschaften sind in eidetischen Ontologien fundiert (19). Diese bestimmen die materialen Regionen und betreffen das eigentliche Wesen. Jedes Wesen ist in eine Stufenreihe geordnet: die niedersten Differenzen oder eidetischen Singularitäten (wie z. B. Zwei, Drei ...) auf der einen, die obersten Gattungen (z. B. Anzahl überhaupt) auf der anderen Seite.

Husserl unterscheidet zwischen selbständigen und unselbständigen Gegenständen. Erstere nennt er konkret, letztere abstrakt. «Ein Dies-da, dessen sachhaltiges Wesen ein Konkretum ist, heißt ein Individuum» (29). Region ist die gesamte zu einem Konkretum gehörige oberste Gattungseinheit (30). Regionale Kategorien drücken in eidetischer Allgemeinheit das eigentlich Zugehörige aus und bestimmen, was den Individuen a priori und synthetisch zukommt (31). Die regionalen Axiome sind Kants synthetische Erkenntnisse a priori; seine Kategorien entsprechen den regionalen Grundbegriffen.

Husserl führt seine Überlegungen im Sinne einer «*philosophischen Epoché*» aus, das heißt einer Urteilsenthaltung in Bezug auf philosophische Vormeinungen (33). Sie ermöglichen es, die naturalistischen Mißdeutungen der empirischen Wissenschaften mit ihrer Ideenfeindlichkeit zurückzuweisen. Der Hauptfehler ist die Deutung der «Sachen selbst» als Natursachen. Das widerspricht dem *Prinzip aller Prinzipien*: «daß jede originär gebende Anschauung eine Rechtsquelle der Erkenntnis sei, daß alles, was sich uns in der ‹Intuition› originär (sozusagen in seiner leibhaften Wirklichkeit) darbietet, einfach hinzunehmen sei, als was es sich gibt ... » (43). Am Anfang steht nicht die empirische Erfahrung, sondern die Anschauung. Erstere allein genommen führt zum Skeptizismus. Im übrigen zeigt sich, daß sich Naturforscher zwar skeptisch gebärden, wenn in Bezug auf Mathematik vom Eidetischen die Rede ist, daß sie aber andererseits Eidetisches ständig voraussetzen (46). Aber auch die Idealisten unterschätzen die gebende Intuition. Die Identifizierung von Gegenstand und Reales führt notwendig zur Hypostasierung der Ideen. Weil die Phänomenologie beides unterscheidet, kann vielerlei Ideales als Gegenstand erscheinen; denn letztlich operieren alle Menschen ständig mit Ideen oder Wesenheiten.

Der *zweite Abschnitt* führt in das Zentrum der Phänomenologie und entfaltet die «*phänomenologische Fundamentalbetrachtung*». Husserl beginnt mit der Beschreibung der *Thesis der natürlichen Einstellung* (48). Darunter versteht man die Tatsache, daß sich der Mensch als Glied einer vorhandenen Welt erfährt, die aus Gegenständen im Wahrnehmungsfeld, aber genau so aus einer unbestimmten Wirklichkeit von Mitgegenwärtigem besteht. Husserl beschreibt hier das naive Weltverständnis des «Mannes auf der Straße». Raum-zeitliche Gegenstände sind in offene Horizonte eingeordnet und bilden Elemente einer Werte- und Güterwelt, die genauso wie die Tatsachen konstitutiv zum Vorhandenen zählen. Wir entdecken uns als Wahrnehmende, Vorstellende, Denkende, Fühlende, Begehrende usw. (51). Diese Bewußtseinstätigkeiten faßt Husserl zum cartesianischen Ausdruck cogito zusammen. Aber es geht auch um die anderen Menschen; denn was von mir gilt, trifft auch auf die anderen Menschen zu. Diese alle betreffende *Generalthesis* der natürlichen Einstellung, also die Hinnahme der Welt als daseiende Wirklichkeit, wie sie sich mir gibt, ist Voraussetzung der Erfahrungswissenschaften und ermöglicht deren Forschungen.

In der Phänomenologie aber gilt es, diese Generalthesis auszuschalten. Die neue philosophische Methode bedarf einer radikalen Auffassungsänderung. Diese bedeutet «nicht eine Umwandlung der Thesis in die Antithesis, der Position in die Negation; es ist auch nicht eine Umwandlung in Vermutung, ... in Unentschiedenheit, in einen Zweifel» (54), wie bei Descartes. Die Thesis wird nicht preisgegeben, sondern nur ausgeschaltet, außer Aktion gesetzt, eingeklammert. In Bezug auf die Thesis wird Urteilsenthaltung ausgeübt.

Was aber bleibt nach der Epoché übrig, was ist das *«phänomenologische Residuum»*? Nach den bisherigen Überlegungen könnte man an die Welt des Eidos denken, zu der auf diese Weise der Zugang gewonnen werden soll. In der Tat entschwindet in ihr die Faktizität der natürlichen Welt (60). Die Vermutung wird noch bestärkt, weil die Beschreibung des Wesens des Bewußtseins den Hauptteil der Fundamentalbetrachtung umfaßt. Aber Husserl betont immer wieder, daß die eidetischen Betrachtungen noch nicht die eigentliche phänomenologische Tätigkeit betreffen, wie viele seiner Schüler angenommen haben. Husserl befaßt sich mit dem Wesen des Bewußtseins, weil sich dahinter als phänomenologisches Residuum das Bewußtsein überhaupt oder das reine, auch *transzendentale Bewußtsein* verbirgt. Dieses stellt eine eigene Seinsregion und das Feld einer neuen Wissenschaft dar, eben der transzendentalen Phänomenologie. Die Epoché, die nicht nur den Blick auf das Eidos freimacht (eidetische Epoché), sondern zugleich auf jenes phänomenologische Residuum im Bewußtsein führt, nennt Husserl *phänomenologische* oder *transzendentale Reduktion*. Diese umfaßt genauer zwei Bewegungen: vom Faktischen zum Ideellen und vom naiv Gegebenem zum Transzendentalen. Die natürliche Weltbetrachtung wird zur Wesensanalytik; aber beide – Welt und Region – werden durch den Korrelationsgedanken zum Inhalt der reinen Phänomenologie des absoluten Bewußtseins.

Zur Beschreibung des Wesens des Bewußtseins folgt Husserl dem «allgemeinen Prinzip, daß jedes individuelle Vorkommnis sein Wesen hat, das in eidetischer Reinheit faßbar ist» (60). Thema ist das Bewußtseinserlebnis in der ganzen Fülle der Konkretion (61), wie es schon Descartes in seinem cogito faßte. Beschrieben werden soll dessen Wesen und die Bewußtseinseinheit, die im Erlebnisstrom alle cogitationes umfaßt, wie es durch das Prinzip aller Prinzipien ermöglicht wird[1].

Unterschieden werden muß das *Bewußtseinserlebnis* (cogitatio) von dem im Erlebnis *bewußten Gegenstand* (cogitatum). Zu beachten ist, daß die aktuellen Erlebnisse von einem Hof von inaktuellen Erlebnissen umgeben sind. Cogito und cogitatio beziehen sich auf erstere. Akt oder aktuelles cogito ist stets Bewußtsein von etwas, also intentionales Erlebnis. Erlebnisse im weitesten Sinne dagegen umfassen alles im Erlebnisstrom, also auch (nicht-intentionale) Empfindungsdaten und reelle Elemente des Erlebens.

Bedeutsam wird die Unterscheidung von transzendenter und immanenter Wahrnehmung (anstelle äußerer und innerer Wahrnehmung), die auf intentionale Erlebnisse schlechthin übertragen wird: immanent heißen intentionale Erlebnisse, wenn ihre intentionalen Gegenstände zum selben Erlebnisstrom gehören wie sie selbst; ansonsten heißen sie transzendent (68). Zu letzteren gehören alle auf Dinge oder Erlebnisse anderer Menschen gerichteten Akte. Alle diese Erlebnisse sind Elemente der natürlichen Welt der realen Vorkommnisse. Andererseits soll in der Epoché die materielle Welt aus der Eigenwesenheit der Erlebnisse ausgeschlossen sein. So stellt sich die Frage nach der Verflechtung des Bewußtseins mit der natürlichen und bewußtseinsfremden Welt. Die letzte Quelle, aus der die Generalthesis der Welt ihre Nahrung schöpft, ist die sinnliche Erfahrung. Husserl beschränkt sich auf die sinnliche *Wahrnehmung*, welche die Rolle einer Urerfahrung spielt. Jedes wahrnehmende Bewußtsein ist «Bewußtsein der leibhaftigen Selbstgegenwart eines individuellen Objekts» (70). Die Dingwahrnehmung ist dabei Repräsentant aller anderen Wahrnehmungen (71). Husserl fragt nun, wie sich das Bewußtsein als ein konkretes Sein und das in ihm bewußte Sein als ein gegenüberstehendes aussondert. Wie steht das Transzendente zum Bewußtsein? (73). Dazu muß geklärt sein, was eigentlich zum konkreten reellen Bestand der cogitatio Wahrnehmung gehört. Am Beispiel der Tischwahrnehmung verdeutlicht er den

---

1 Vgl. oben IDEEN 43.

Unterschied zwischen dem identischen wahrgenommenen Ding und der Vielfalt der «*Abschattungen*», das heißt der je andersartigen Erscheinungen des Dings im konkreten Wahrnehmungserlebnis. Zum Erfahrungsbewußtsein desselben Dings gehört «ein vielfältiges System von kontinuierlichen Erscheinungs- und Abschattungssystemen» (75). Der reale Bestand der Wahrnehmung, die Empfindungsdaten, umfaßt Abschattungen, Auffassungen und die Möglichkeit einer Auffassungseinheit, einer Synthesis der Identifikation. Das Ding ist gegenüber seiner Wahrnehmung transzendent. Die Abschattung ist Erlebnis, das Abgeschattete dagegen nicht.

So zeigt sich ein grundsätzlicher *Unterschied im Sinn von Sein*: Sein als *Erleben* und Sein als *Ding* (76). Bewußtsein und Realität, Immanenz und Transzendenz sind die beiden kardinalen Seinsweisen. Realität, Transzendenz ist grundsätzlich nur durch Abschattung wahrnehmbar (77). Das Ding ist intentionale Einheit des Bewußtseins. Deshalb ist es trotz Transzendenz vollständig Wahrgenommenes, nicht nur Erscheinung eines Dinges an sich. Die Dingwahrnehmung «erfaßt ein Selbst in seiner leibhaften Gegenwart» (79). Allerdings gehört zu ihr eine gewisse Inadäquatheit. Die Erscheinungsweisen sind umgeben von einem Horizont uneigentlicher Mitgegebenheit. Weil die Abschattungen für Dingwahrnehmungen nicht wieder Abgeschattetes sind, ist ihre immanente Gegebenheit absolut (82). Absolutes aber kann nur durch Reflexion wahrnehmbar werden. «Richtet sich das reflektierende Erfassen auf mein Erlebnis, so habe ich ein absolutes Selbst erfaßt, dessen Dasein prinzipiell nicht negierbar ist» (85). Während die dingliche Existenz zufällig ist, bleibt die Immanenz zweifelsfrei. Die Thesis der Welt ist zufällig, die Thesis eines reinen Ich notwendig (86). So macht Husserl die Kontingenz der Welt verständlich: Tatsachenwahrheiten sind nicht notwendig; die Notwendigkeit kann nur in Struktur und Beziehung des Eidos liegen.

Für Husserl ist damit die Untersuchung an einen Höhepunkt angelangt (87). Mit der Analyse dieser Wesenszusammenhänge glaubt er, die wichtigsten Prämissen für den Übergang zur phänomenologischen Betrachtung bereitgestellt zu haben. Die Fundamentalbetrachtung der Phänomenologie war unerläßlich, um zum Absoluten vorzustoßen (97). Die eidetische Betrachtung hat es ermöglicht, ‹'die wirkliche Welt' als Spezialfall mannigfaltiger möglicher Welten und Unwelten» und diese «als Korrelate wesensmöglicher Abwandlungen der Idee ‹erfahrend als Bewußtsein›» zu deuten (88).

So wird verständlich, wie sich nun in der Tat das absolute Bewußtsein als Residuum der Weltvernichtung offenbart. Denn das Sein des Bewußtseins wird durch die Epoché zwar modifiziert, aber nicht in seiner eigenen Existenz berührt (91). So kommt Husserl zu dem zentralen Satz: «*Das immanente Sein ist also zweifellos in dem Sinne absolutes Sein, daß es nulla ‹re› indiget ad existendum*» (keiner Sache zur Existenz bedarf). Andererseits sind die transzendenten Dinge auf Bewußtsein angewiesen (92). Bewußtsein und Realität müssen streng geschieden werden, ein Ergebnis, das die Psychologismuskritik und verwandte Gedankengänge in neuem Licht erscheinen läßt. Die raum-zeitliche Welt ist «ihrem Sinne nach bloßes intentionales Sein, also ein solches, das den bloßen sekundären, relativen Sinn eines Seins *für* ein Bewußtsein hat, ... darüber hinaus aber ein Nichts ist» (93).

Ist diese Betrachtung für Husserl ein Höhepunkt, so bedeutet sie für viele seiner Anhänger zugleich eine Hinwendung zu Kant, die als Verrat an der phänomenologischen Grundabsicht interpretiert wird. Die Anhänger der Münchner Schule und andere Phänomenologen beschränken die Reduktion auf den eidetischen Aspekt und begegnen transzendentalen Überlegungen mit Skepsis.

Die neue phänomenologische Einstellung eröffnet nun den Blick für die Region des reinen Bewußtseins. Vor der Bearbeitung dieses Feldes erfolgt eine konkrete Ausgestaltung der bisherigen Ausführungen zur phänomenologischen Reduktion. Die explizite Ausschaltung bezieht sich auf vielerlei: auf die Transzendenz von Gebilden der Geisteswissenschaften wie der Naturwissenschaften (die physikalische Natur ist ein intentionales Korrelat höherer Stufe; 101), auf die Transzendenz Gottes (ein mundaner Gott ist gleichermaßen evident unmöglich wie ein Gott in der Immanenz des Erlebnisses; «es wäre also ein ‹Absolutes› in einem total anderen Sinne», 111), auf die Transzendenz des Eidetischen, insbesondere innerhalb der reinen Logik als mathesis universalis und innerhalb der materialen-eidetischen Disziplinen («sekundäre Reduktion», 115). Alles orientiert sich an der «Norm» der Phänomenologie: «Nichts in Anspruch zu nehmen, als was wir im Bewußtsein selbst, in reiner Immanenz uns wesensmäßig einsichtig machen können» (113).

Eine Ausnahme besteht: das reine Ich. Dieses bleibt – entgegen der Lehre in den «Logischen Untersuchungen» – als Bezugsrahmen; es ist deshalb nicht konstituiert und damit eine Transzendenz in der Immanenz (110). Das phänomenologisch gereinigte Bewußtsein wird als einziges keiner Reduktion unterworfen (113).

Im *dritten Abschnitt* nähert sich Husserl dem Thema einer allgemeinen Strukturbeschreibung des reinen Bewußtseins unter dem Stichwort des Methodischen, das aber schnell wieder in den Hintergrund tritt. Im Vordergrund steht die Deskription wesentlicher Züge der Erlebnissphäre.

Erstes Thema sind die *Erlebnisreflexionen*. Reflexion ist das Sichrichten auf Erlebnisse. Sie macht das Erlebnis zum Objekt für das Ich, das als jetzt seiend, in der Retention (der primären Erinnerung) als noch bewußt und in der Protention (der Vormeinung) als künftig kommend (145) erfaßt wird. Diese Erlebnisreflexionen müssen genau geschieden, systematisch geordnet und vollständig analysiert werden. Nach einer kurzen Untersuchung der Beziehung der Erlebnisse auf das reine Ich wendet sich Husserl der *phänomenologischen Zeit* zu, dem zweiten großen Thema, das im Reflexionsbegriff schon vorbereitet ist. Die phänomenologische Zeit ist die «einheitliche Form aller Erlebnisse in einem Erlebnisstrom (dem eines reinen Ich)» (161). Wirkliche Erlebnisse sind notwendig dauernde und gehören einem unendlichen Erlebnisstrom an (163). Dadurch, daß mehrere Erlebnisse meine sind, zeigt sich die phänomenologische Zeit, die sich nicht messen läßt. Anders die kosmische Zeit, die als transzendente erscheinungsmäßig dargestellt und damit gemessen werden kann. Husserl verweist hier vorblickend auf die wichtige Tatsache, daß das «transzendentale Absolute» der phänomenologischen Reduktion in Wahrheit nicht das Letzte ist, sondern das «wahrhaft Absolute» (163) noch tiefer liegt und mit dem Zeitbewußtsein zu tun hat. Doch das Zeitproblem wird nicht hier, sondern erst später in speziellen Vorlesungen weiter verfolgt. Zeit ergibt sich schlicht aus dem Erlebnisstrom als Einheit im Sinne der Kantischen Idee. Die Erlebnisse werden als einheitliche zeitliche Vorgänge hingenommen (171), aber stets als intentionale bestimmt.

Die Struktur dieser Intentionalität ist das Thema des *dritten Abschnittes*. Es erfolgt die fundamentale Unterscheidung von reellen und intentionalen, sowie von noetischen und noematischen Analysen. Husserl spricht von einer *Fundamentalstruktur,* die alle weiteren Forschungen bestimmen muß (265).

Zunächst gibt er dem *Begriff des Akts* eine neue Bedeutung. War dieser früher identisch mit dem Begriff des intentionalen Erlebnisses, so bedeutet der Ausdruck jetzt den aktuellen vollzogenen Akt (170). Dann wird der Unterschied von sensueller hýle und intentionaler morphé, von Stoff und Form, eingeführt. Das Sensuelle ist für Husserl das phänomenologische Residuum des in der äußeren Wahrnehmung sinnlich Vermittelten. Was diese Stoffe zu intentionalen Erlebnissen formt, nennt Husserl im Rückgriff auf das griechische Wort nous (Vernunft) *Noesis*. Diese Sinngebungen meinen eine Konstitution der Bewußtseinsgegenständlichkeiten und bilden den zentralen Inhalt einer transzendentalen Phänomenologie (178). Die Noesis darf nicht verwechselt werden mit dem *Noema*, dem Sinn, der zum Beispiel als Vorgestelltes dem Vorstellen, als Geurteiltes dem Urteilen, als Vermeintes dem Vermeinen gegenübersteht. So hat jedes intentionale Erlebnis sein intentionales Objekt, seinen gegenständlichen Sinn oder sein Noema.

Husserl zeigt, daß die *noetisch-noematische Struktur* nicht nur den Bereich der sinnlichen Wahrnehmung strukturiert, sondern auch Urteils-, Gemüts- und Willensbereiche betrifft. Dem theoretischen Gegenstand entspricht das Urteil, der Wertgegenstand oder das Gewollte als solches. Das Noematische betrifft die gegenständliche Einheit, das Noetische den Konstitutionsvorgang (207). Dabei sind – in Anlehnung an Brentano – fühlende, begehrende und wollende Synthesen in Vorstellungen, Wahrnehmungen, Erinnerungen usw. fundiert (239). Zu Intentionen gehören wesentlich Stellungnahmen, Setzungen oder thetische Akte. Diese meinen nicht notwendig das Wirklich-Seiende (doxische Thesen), sondern auch das Vermutlich- oder Wahrscheinlich-Seiende. Doch jedes Bewußtsein ist wesentlich thetisch (242). Deshalb sind auch die Gemüts- und Willensakte objektivierend, das heißt Gegenstände konstituierend (244).

Die Frage, was in solchen Konstitutionen reelles Bestandstück des Erlebnisses ist und was zum Noema gehört, leitet zur zentralen Problematik des letzten Teils der «Ideen» über: wie verhält sich das intentionale oder immanente Objekt, das doch dem Bewußtsein «wirklich» (reell) zugehört, zu dem «wirklichen» oder transzendenten Objekt? Hier scheinen zwei Wirklichkeitsbegriffe vorzuliegen. Aber: «Das Ding, das Naturobjekt nehme ich wahr, den Baum dort im Garten; das ist nichts anderes als das wirkliche Objekt der wahrnehmenden ‹Intention›. Ein zweiter immanenter Baum oder auch ein ‹inneres Bild› des wirklichen, dort draußen vor mir stehenden Baumes ist doch in keiner Weise gegeben, und dergleichen zu supponieren, führt nur auf Widersinn» (186). Zwar verhindert die Epoché jedes Urteil über die vorliegende Wirklichkeit, aber die Analyse der Bewußtseinsakte selbst zeigt, daß diese *von* der Wirklichkeit sprechen.

Im *vierten Abschnitt*, der mit «*Vernunft und Wirklichkeit*» überschrieben ist, wendet sich Husserl dieser Frage ausführlich zu. Es geht darum, wie sich gültige von ungültigen gegenständlichen Beziehungen bezüglich Noesis und Noema unterscheiden lassen (266). Jedes Noema hat seinen Sinn oder Inhalt und bezieht sich dadurch auf seinen Gegenstand (267). Dabei geht es um den Gegenstand, so wie er vermeint ist; das zugehörige Wort steht in Anführungszeichen, weil es noch nicht den transzendenten Gegenstand meint. Diesem Inhalt des Noema liegt ein pures X in Abstraktion von allen Prädikaten als Identisches zugrunde (271). Der Sinn ist dagegen jener noetische Gegenstand in seinem Wie. Kein Sinn ohne bestimmenden Inhalt (277). Dieses X wird in den verschiedenen Akten als dasselbe bewußt. Und hier stellt Husserl nun die entscheidende Frage, ob es auch wirklich dasselbe ist und ob dieser Gegenstand selbst wirklich ist (280). Indem das Bewußtsein über die Wirklichkeit urteilt, vollzieht es Rechtsprechungen der Vernunft. Wie muß also das konstituierende Bewußtsein noetisch-noematisch beschrieben werden, wenn ein Gegenstand in seiner Wirklichkeit notwendig gedacht wird?

Eine Antwort wird im zweiten Kapitel, «Phänomenologie und Vernunft», versucht. Vernünftigkeit einer Aussage heißt Begründung, Ausweisung, direkte oder indirekte Einsichtigkeit derselben. Wirklich-sein und Vernünftig-ausweisbar-sein stehen zueinander in Korrelation (282). Wirklichkeit wiederum steht im engsten Bezug zur originären Gegebenheit oder zur Leibhaftigkeit in wahrnehmenden und sehenden Akten. Die Erinnerung an eine Landschaft ist z.B. nichtoriginär, deren unmittelbare Wahrnehmung dagegen vermittelt die Gegenständlichkeiten in ihrer Leibhaftigkeit. Der bloß intendierte Sinn oder Satz muß durch Erfüllung zum leibhaftigen Sinn oder Satz werden. Dieser erfüllende oder originär gebende Sinn ist letztlich Setzung von Sein. Ein Akt der Vernunft liegt vor, wenn eine Thesis vollzogen wird, die durch eine adäquate Gegebenheit begründet werden kann. Strikte Adäquatheit ist allerdings nur im Bereich der Wesenheiten möglich. In der sinnlichen Wahrnehmung ist die originäre Gegebenheit in ihren Abschattungen stets eine inadäquate und unvollkommene (286). Transzendenzen im Sinne von Realitäten sind prinzipiell nur inadäquat gegeben und gerade dadurch von Wesensallgemeinheiten verschieden. So weist Vernunft zurück auf einen Urglauben, auf eine originäre und vollkommene Evidenz (289). Diese Urvernunft heißt auch Wahrheit. Wahrheit ist das Korrelat der Glaubensgewißheit (290), die nicht nur als theoretische, sondern auch als axiologische (wertbetreffende) und praktische gemeint ist.

In einem letzten Schritt wird die Vernunftthesis mit dem Sein schlechthin identifiziert. Ein vernünftig gesetzter Gegenstand ist zugleich ein wahrhaft seiender Gegenstand. Das bedeutet, daß zu jedem wahrhaft seienden Gegenstand die Idee eines möglichen Bewußtseins gehört, in dem dieser originär und adäquat erfaßbar ist (296). Daß dabei die Dinggegebenheit nur durch ein System von endlosen Prozessen im Sinne einer Kantischen Idee erscheinen kann, macht deren Transzendenz aus. Wahrhaft-sein entspricht dem adäquat Gegeben-sein und evident Setzbar-sein. In der endlichen Gegebenheit finden wir das Sein als immanentes Sein, als Erlebnis oder noetisches Erlebniskorrelat; in der Gegebenheitsform der Idee dagegen erscheint transzendentes Sein in der Unendlichkeit des noematischen Korrelats (298).

Auf der Grundlage dieser phänomenologischen Analysen lassen sich nun formale Logik, formale Ontologie, aber auch formale Axiologie und formale Praktik vernunfttheoretisch aufklären. Auf die formale Ontologie baut die materiale oder regionale Ontologie auf. In ihr wird die allgemeine Konstitution der Gegenständlichkeiten vollzogen (309). Konstitution bedeutet, daß die geregelten und notwendig zusammengehörigen Erscheinungsreihen intuitiv überschaut und theoretisch gefaßt werden (315) und zugleich die Korrelation zwischen dem einheitlich Erscheinendem und den mannigfaltigen Erscheinungen offenbar wird. Damit verweist Husserl programmatisch auf die zahlreichen Einzelanalysen, die in den Vorlesungen und Vorträgen zum Teil in Ansätzen schon vorliegen, zum Teil in den folgenden Jahren weitergeführt werden sollen.

6.13   Die zweite Gesamtdarstellung in den «Cartesianischen Meditationen»

Husserl blieb für die philosophische Öffentlichkeit auch nach der Hinwendung zur transzendentalen Phänomenologie und nach der Veröffentlichung der IDEEN eher der Verfasser der LU als der der IDEEN. Er galt neben Frege als der authentische Überwinder des Psychologismus. Die Weiterentwicklung seiner ursprünglichen Ansätze in den Vorlesungen wurden kaum zur Kenntnis genommen. Dazu kam der Umstand, daß Husserl nach der Berufung nach Freiburg bis 1929 durch keine neuen Publikationen an die Öffentlichkeit getreten ist. Erst nach der Emeritierung machte er sich die Mühe, die Ergebnisse seiner differenzierten Analysen in Buchform zu bringen und zu veröffentlichen.

Die 1929 erschienene «*Formale und transzendentale Logik*» schließt thematisch an die LU an, geht aber methodisch weit über den eidetischen Standpunkt hinaus, der in seinen Augen der transzendentalen Naivität verhaftet bleibt. Die «Kritik der logischen Vernunft», wie der Untertitel des Buches lautet, enthält daher eine transzendentale Fundierung jener Bereiche, die in den LU und in den Werken der Münchner Phänomenologen nur aufgewiesen, aber nicht legitimiert worden waren.

Aus dem Nachlaß ist ersichtlich, daß die logische Thematik für Husserl nur der Spezialfall einer allgemeinen Theorie der Erfahrung ist. Nicht nur die umfangreichen Analysen zum inneren Zeitbewußtsein und der systematische Ausbau der phänomenologischen Reduktion haben ihn weit über den logischen Fragenhorizont hinausgeführt. Auch die Arbeiten am zweiten und dritten Buch der IDEEN, am Ding- und Wahrnehmungsbegriff und insbesondere die Deutung seiner transzendentalen Phänomenologie als Erste Philosophie im Sinne einer neuen Metaphysik zeugen von der Universalität seiner Ansprüche.

Eine neue Gesamtdarstellung, die zugleich im Zusammenhang mit der Intersubjektivitäts-Diskussion in neue Dimensionen vorstößt und die Spätphänomenologie vorbereitet, enthalten die «*Cartesianischen Meditationen*», die aus den Pariser Vorträgen hervorgegangen sind und als Höhepunkt der transzendentalen Phänomenologie angesehen werden können. Die Arbeit gliedert sich in fünf Meditationen. Die *Einleitung* schließt direkt an Descartes an. Seine Meditationen werden als Urbild philosophischer Selbstbesinnung (§1) gewertet. Husserl versteht seine neue Form der Transzendentalphilosophie geradezu als Neu-Cartesianismus. Das Ziel aller seiner Bemühungen bleibt nach wie vor der radikale Neubeginn und die Reform der Philosophie zu einer Wissenschaft aus absoluter Begründung (43). Eben diesen Weg hat Descartes vorgezeichnet.

Die *I. Meditation «Der Weg zum transzendentalen ego»* beginnt zwar bei Descartes, distanziert sich aber in einer phänomenologischen Epoché sogleich von dem verhängnisvollen Vorurteil, alles an das Wissenschaftsideal der Geometrie, der mathematischen Naturwissenschaften und der deduktiven Systematik anzubinden. Der Versuch der Begründung unseres Wissens führt notwendig auf die Idee der *Evidenz*, die allen mittelbaren Urteilen zugrundeliegt. In ihr ist der Sachverhalt selbst gegenwärtig. Damit ist das erste methodische Prinzip gefunden, auf das alle weiteren Erkenntnisse aufbauen. Apodiktische Evidenz liegt dann vor, wenn das Nichtsein des Gemeinten undenkbar ist. Wie Descartes entdeckt auch Husserl eine solche Evidenz nicht im Dasein der Welt, sondern im ego cogito als transzendentale Subjektivität (§ 8). Das Dasein der objektiven Welt ist bei beiden eingeklammert, bei Descartes durch den theoretischen Zweifel, bei Husserl durch die phänomenologische Epoché.

Doch bereits hier scheiden sich die Wege. Für Husserl sind Apodiktizität und Adäquatheit zweierlei. Die lebendige Selbstgegenwart bezieht sich nur auf einen Kern, der adäquat erfahren wird. Für Husserl ist im cogito aber mehr gegeben, «ein Horizont von eigentlich Nicht-Erfahrenem, aber notwendig Mitgemeintem» (62). Dazu zählt er die völlig dunkle Selbstvergangenheit, ferner alle transzendentalen Vermögen und gewisse habituelle Eigenheiten, die sich im ego niedergeschlagen haben. Damit wird die Stelle markiert, über welche die Abhandlung Klarheit schaffen muß. Sie zeigt zugleich den Unterschied zu Descartes' Vorgehen. Dieser hatte im ego cogito «ein kleines *Endchen der Welt* gerettet» (63), indem er das ego als denkende Substanz deutete, als menschliche Spezialität im Ganzen der Welt. Für Husserl ist dieser Schritt nicht nachvollziehbar, weil diese Substanz durch das Prinzip der reinen Intuition nicht ausweisbar ist. Deshalb stand Descartes kurz vor der größten aller Entdeckungen, der Transzendentalphilosophie, hat aber ihren eigentlichen Sinn nicht erfaßt (64).

In der *II. Meditation* erfolgt die «*Freilegung des transzendentalen Erfahrungsfeldes nach seinen universalen Strukturen*». Die transzendentale Epoché legt eine neuartige unendliche Seinssphäre frei, die es zu beschreiben gilt. Dabei werden wichtige Ergebnisse der IDEEN neu formuliert, so z.B. die scharfe Trennung zwischen cogito und cogitatum. In ihr offenbart sich die Urform des Bewußtseins als Synthesis. Deren Grundform ist die Identifikation, die uns in der Form des kontinuierlichen inneren Zeitbewußtseins gegenübertritt (79). Die Synthesis vereinheitlicht das gesamte Bewußtseinsleben. Jedes Erlebnis hat so «einen intentionalen Horizont der Verweisung auf ihm selbst zugehörige Potentialitäten des Bewußtseins» (82), die sich zeitlich in Retentionen und Protentionen strukturieren. Das cogitatum klärt sich erst durch die Auslegung solcher Horizonte, die in den Potentialitäten mitgemeint sind («Horizontintentionalität», 83). Einzelheiten vermitteln transzendentale Theorien der verschiedenen Typen von Anschauungen, der Signifikation, der Urteile, der Willensakte usw., die sich schließlich zu einer Theorie des *Gegenstandes überhaupt* zusammenschließen (88).

In der *III. Meditation* «*Die konstitutive Problematik. Wahrheit und Wirklichkeit*» wird der Begriff der Konstitution präzisiert. Das geschieht über die Prädikate Wahrheit und Falschheit, die zwar nicht in den vermeinenden Erlebnissen und ihren Gegenständen liegen, aber trotzdem einen phänomenologischen Ursprung haben müssen. Die Bewährung als wahr beruht letztlich in der Vernunft, die auf ein Evident-machen und Evident-haben aufbaut (92). Wirklichkeit ist so Korrelat evidenter Bewährung (§ 26). «Jede Evidenz *stiftet* für mich eine bleibende Habe. Auf die selbsterschaute Wirklichkeit kann ich *immer wieder* zurückkommen, in Ketten neuer Evidenzen als *Restitutionen* der ersten Evidenz» (95). Die Welt wird so zur Korrelatidee einer vollkommenen Erfahrungsevidenz (§ 28).

Gingen die bisherigen Aussagen nur geringfügig über die Ergebnisse der IDEEN hinaus, so enthalten die beiden letzten Meditationen wesentlich Neues. Die *IV. Meditation* «*Entfaltung der konstitutiven Probleme des transzendentalen ego selbst*» bezeichnet das Ich einerseits als Pol der Erlebnisse, andererseits als Substrat von Habitualitäten. Das ego ist nicht nur strömendes Leben, sondern auch das Identische, das dieses konstituiert. Dabei schlägt sich aus meinen theoretischen Wert- und Willensentscheidungen wie aus allen anderen Bewußtseinsakten etwas nieder, das zum bleibenden Habitus des Ich wird. Ich bin «bleibend das so und so entschiedene Ich» (100). Dieser Habitus bedeutet keine Füllung mit bestimmten Erlebnissen, sondern bedingt eine durchgehende Identität, einen *personalen Charakter* (101). Davon zu unterscheiden ist das in voller Konkretion gewonnene ego, das Husserl *Monade* nennt. Husserl überträgt hier den früher immer allgemein gemeinten Subjektbegriff auf die konkrete, in einer bestimmten biographischen und geschichtlichen Situation stehende Person. Das monadische ego umfaßt das gesamte wirkliche und potentielle Bewußtseinsleben. In diesem Zusammenhang taucht erstmals der Begriff einer *genetischen Phänomenologie* auf (103).

Ab § 37 wendet sich Husserl der formalen Gesetzmäßigkeit einer universalen Genesis zu. Das ego konstituiert sich in der *Geschichte*, – ein völlig neuer Gedanke in der bisherigen Phänomenologie. Husserl unterscheidet in der «letzten Genesis» eine aktive und passive Form. In der ersteren vollzieht das Ich durch spezifische Akte eine Konstitution. Z.B. gehören Leistungen der praktischen Vernunft hierher, in der innerhalb der Sozialität neue Gegenstände erscheinen. Als Folge entsteht eine gewisse Habitualität der Fortgeltung, die auf eine transzendentale Intersubjektivität verweist. Vor aller Aktivität aber nimmt Husserl eine vorgegebene Passivität an, auf welche die passive Genesis aufbaut. Wenn wir z.B. einen Hammer als bloßes daseiendes Ding nehmen, dann setzt das eine Synthesis passiver Erfahrung voraus, die das Ding in seiner Ursprünglichkeit als «es selbst» gibt. Die passive Synthesis liefert die Materie, auf welche die geistigen Aktivitäten aufbauen können. Diese Synthesis hat aber ihre Geschichte. Sie macht «Phänomene als Nachgestalten anderer, ihnen wesensmäßig vorangehender ... Vorgestalten kenntlich ... » (113). So gelangen wir zu den Kulturobjekten, genau so wie zu Gegenständen durch ein ursprüngliches Kennenlernen, das in einer Urstiftung der passiven Genesis wurzelt. Das Prinzip der passiven Genesis ist die Assoziation (§ 39), ein transzendental-phänomenologischer Grundbegriff, der für das Reich des *eingeborenen Apriori* steht und die intentionale Wesensgesetzlichkeit der Konstitution des reinen ego bestimmt (114).

Gerade deswegen kann die transzendentale Phänomenologie als *transzendentaler Idealismus* gedeutet werden (§ 41). Weil die Intentionalität empirische Strukturen aufweist, weil ich mich in der transzendentalen Epoché auch als natürlichen Menschen immer schon in einer Raumwelt mit dem Außer-mir auffasse, ist die Frage, wie ich aus meiner Bewußtseinsinsel herauskomme und wie die persönliche Evidenz objektive Bedeutung haben kann, vollkommen verfehlt. «Transzendent in jeder Form ist ein immanenter, innerhalb des ego sich konstituierender Seinscharakter» (117). Deshalb ist jeder Gedanke an ein Ding an sich absurd, auch als Grenzbegriff im Sinne Kants. Für Husserl ist ein wahres Sein außerhalb möglicher Evidenz unsinnig. Die Konstitution gilt, – eben weil sie eidetische Formen aufweist,- nicht nur für mein faktisches ego, sondern auch für das in mir transzendental konstituierte *alter* ego. Die Klärung, wie diese Konstitution genauer zu denken ist, erfolgt in der letzten Meditation.

V. Meditation «Enthüllung der transzendentalen Seinssphäre als monadologische Intersubjektivität». Die Reduktion auf das absolute transzendentale ego führt auf die Frage, ob Phänomenologie nicht nur Selbstauslegung eines solus ipse ist. Es geht um den «Weg von der Immanenz des ego zur Transzendenz des Anderen» (121). Denn das alter ego soll nicht nur ein Vorgestelltes in mir sein, sondern eben ein *anderes*. In der Tat ist der Andere nicht in mir, sondern nur in mir bewußt und vermeint. Die Antwort soll eine transzendentale Theorie der Fremderfahrung oder Einfühlung geben.

Husserl beginnt mit der Reduktion auf die *transzendentale Eigensphäre*. Darunter faßt er die Phänomene, die in keiner Weise den Sinn des Anderen voraussetzen. In der Umschreibung des Mir-Eigenen stößt das Ich auf ein ausgezeichnetes Phänomen, auf meinen *Leib*. Dieser ist nicht ein bloßer Körper, sondern das Objekt, dem Empfindungen zugeordnet werden, in denen ich unmittelbar handle (128). Die leibliche Handlung erfolgt in Kinästhesen, so daß ich mich als psychologische Einheit und personales Ich erfahre. «Ich, das reduzierte *Menschen-Ich*, bin also konstituiert als Glied der *Welt*, mit dem mannigfaltigen *Außer-mir*, aber ich selbst ... trage es intentional in mir» (129). Bereits in der Konstitution des ego habe ich eine verweltlichende Selbstapperzeption vollzogen, das heißt, «das Eigentliche tritt vermöge der Verweltlichung in *meine Seele* als Psychisches ein» (130); die Seele ist Teil des Menschen und damit etwas transzendental Sekundäres. So konstituiert das Ich mit den Mitteln des Eigenen die objektive Welt als Universum eines ihm fremden Seins (131). Die intentionale Unterschicht, in der das Fremde als immanente Transzendenz zum Vorschein kommt, nennt Husserl *primordinale Welt* oder *primordinale Transzendenz*. Beide, – immanente wie primordinale Transzendenz – gehören zur vollen Konkretion meiner Monade.

Husserl fragt nun, wie das ego zu diesen Intentionalitäten mit einem Seinssinn kommt, der das eigene Sein transzendiert (135). Wie kommt die objektive Transzendenz, die als höherstufige auf die primordinale Transzendenz aufbaut, als Erfahrung zustande? Der Weg führt von der primordinalen Basis zum ersten Nicht-Ich und von hier zur Monadengemeinschaft. Verfolgen wir diese Entwicklung genauer.

In der Unterschicht der primordinalen Welt entdeckt Husserl eine neue Art von Intentionalität, eine *mittelbare Intentionalität*, ein *Mitgegenwärtig-machen* oder eine *Appräsentation*, «die ein *Mit-da* vorstellig macht, das doch nicht selbst da ist, nie ein Selbst-da werden kann» (139). Dadurch wird der Körper des anderen zum Leib des anderen, es erfolgt eine appräsentative Übertragung (140). Dabei liegt bei der Appräsentation kein Analogieschluß vor, sondern eine intentionale Urstiftung (141), die jedoch das Appräsentierte nie wirklich zur Präsenz kommen läßt, also nie direkt wahrgenommen wird. Die Konstitution des alter ego geschieht dabei durch eine «*Paarung*», eine Urform derjenigen passiven Synthesis, die wir als Assoziation bezeichnen (142). Der Körper des alter ego ist meinem ähnlich und erscheint deshalb in der Paarung als Leib des anderen, wie wenn ich in diesem wäre (148). In ihm wird das Psychische appräsentierend angezeigt, aber nicht selbst gegeben, deshalb wird es zum Fremden und zur Modifikation meines Selbst. So konstituiert sich in meiner Monade eine andere (144).

Zusammenfassend läßt sich die Konstitution des Anderen in drei Einzelschritten darstellen:

– Am Anfang steht die Apperzeption des eigenen Körpers als Leib der transzendentalen Eigensphäre und damit die Erfahrung des *Anderen überhaupt*.
– Die Einfühlung ermöglicht zweitens die Erfassung des *personalen Anderen* durch assoziative Paarung. Im anderen Leib ist die andere Person mit ihrer primordinalen Welt.
– Die Identifizierung der primordinalen Welten konstituiert schließlich die objektive Welt, in der sowohl das alter ego als auch das ego wechselseitig zum Anderen, aber auch zum Gleichen, nämlich zum Wesen der gleichen Gattung Mensch, werden.

Weil dieselben Naturobjekte nun auch in der Gegebenheitsweise des anderen auftreten, können höherstufige Welten der konkreten objektiven Welt und damit die *Menschen-* und *Kulturwelt* konstituiert werden. Am Ende steht die intermonadologische Gemeinschaft. Hier vollzieht sich innerhalb der Kulturen Analoges: meine Kultur steht als primodinale der fremden Kultur gegenüber; sie kann wieder nur durch Einfühlung und Fremderfahrung erfaßt werden (161). Ausblicke auf einige Probleme der traditionellen Metaphysik und der Naturphilosophie beschließen die Arbeit.

Im Schlußwort (§ 64) heißt es: «Unsere Meditationen haben ihren Zweck erfüllt: nämlich die konkrete Möglichkeit, die Cartesianische Idee einer Philosophie als einer universalen Wissenschaft aus absoluter Begründung darzutun» (178). Dabei betont Husserl, daß in der transzendentalen Intersubjektivität auch die Probleme der Faktizität des Todes, des Schicksals, des Sinnes in der Geschichte und im Leben auftreten. So werden auch die ethisch-religiösen Probleme auf einen neuen Boden gestellt. Husserl versteht seine Phänomenologie als ein universales «Erkenne Dich selbst!», das weit über Descartes und dessen Zeitalter hinausweist.

6.2 Die Spätphase

6.21 Die Tieferlegung der Fundamente der transzendentalen Phänomenologie

Nach der transzendentalen Wende versucht Husserl, die programmatische Forderung universaler phänomenologischer Einzelanalysen in seinen Vorlesungen zu erfüllen. Zunächst konzentriert sich die Arbeit auf die Konstitution der zeitlich erstreckten Raumdinglichkeit und korrelativ dazu auf die Konstitution der zugehörigen Akte im inneren Zeitbewußtsein. Die Unzufriedenheit mit der einfachen Deskription eidetischer Sachverhalte im Bereich des Logischen, das nach wie vor ein zentrales Spezialgebiet für Husserl geblieben ist, führt zur Ausarbeitung einer die formale Logik ergänzenden transzendentalen Logik. 1929 erscheint Husserls Werk «*Formale und transzendentale Logik*» (FTL). Parallel dazu bearbeitet Ludwig Landgrebe logische Aufzeichnungen, die vor allem auf die Ausarbeitungen zur genetischen Logik aufbauen und ab dem Wintersemester 1919 in Vorlesungen mehrmals behandelt wurden. Aber erst nach Husserls Tod erscheint die Arbeit 1938 in Prag mit dem Titel «*Erfahrung und Urteil*. Untersuchungen zur Genealogie der Logik» (EU), redigiert und herausgegeben von L. Landgrebe[2]. Während die FTL wie die IDEEN wieder stark programmatischen Charakter hat, enthält EU zahlreiche Einzelanalysen, die nicht nur den transzendentalen Standpunkt explizieren, sondern dabei auf eine tiefer liegende Problemschicht stoßen, welche über den ursprünglichen transzendentalen Ansatz hinausweist.

Husserl geht es in EU um die Ursprungserklärung des prädikativen Urteils und damit zugleich um einen Beitrag zur Genealogie der Logik überhaupt. Thema ist nicht mehr die formale *Ontologie*, die *Gegenstände überhaupt* betrifft, sondern eine formale *Apophantik*, die *Urteile überhaupt* behandelt. Die Gesetze der Formbildung für Urteile dürfen nicht nur als Spielregeln gedeutet werden; in einer phänomenologischen Reflexion müssen sie zugleich Auskunft geben über die Möglichkeit der Erkenntnis durch Urteile. Der Blick muß auf die Leistungen des die Erkenntnis ermöglichenden Bewußtseins gerichtet werden.

Urteilen bedarf eines *Gegenstandes*, worüber geurteilt wird. Deshalb sind zwei Fragen zu klären: erstens wie kommt es zur Evidenz oder Selbstgegebenheit der vorgegebenen Gegenstände, zweitens wie ist die Evidenz der prädikativen Urteile über die evidenten Gegenständlichkeiten zu verstehen? Die Analyse der gegenständlichen Evidenz zeigt, daß sie auf die Evidenz von individuellen Gegenständen aufbaut. Erst mit diesem Individuellen läßt sich Erfahrung definieren. Demnach liegt den prädikativen Urteilen eine *vorprädikative* Gegebenheit voraus. Eine phänomenologische Urteilstheorie muß sich daher zuerst einer vorprädikativen Erfahrung zuwenden. So erfolgt ein Rückgang aus dem Bereich der Episteme, in dem der Logiker mit Urteilsevidenzen argumentiert, in den Bereich der Doxa, den Bereich vager Erfahrung (22), wo es sich – oberflächlich betrachtet – um eine Evidenz minderer Güte zu handeln scheint. Aber dieser Bereich muß nach Husserl positiv gedeutet werden. Denn die Erfahrung als Selbstgebung setzt einen universalen Boden des Weltglaubens voraus (25). Kein erkennendes Tun ohne diese schlichte Gewißheit von Welt. Jeder Erkenntnishandlung geht ein universaler passiver Seinsglaube voraus. Solche Erfahrung bezieht sich nicht nur auf Einzelfakten, sondern hat zugleich Horizontstruktur. Existenz eines erfahrenen Realen hat damit Inexistenz, «Sein im Universum, im offenen Horizont der Raum-zeitlichkeit» (29). Jede Erfahrung steht in einem Welthorizont, in dem die Welt schon vorgeformt ist (35).

Der Rückgang auf die Evidenz der Erfahrung wird von Husserl als Rückgang auf die «*Lebenswelt*» bezeichnet, das heißt auf «die Welt, in der wir immer schon leben und die den Boden

---

[2] Wegen der politischen Umstände durfte das Buch nicht ausgeliefert werden. Nur durch Zufall sind 200 Exemplare in London erhalten geblieben und in England und in den USA verkauft worden. Erst acht Jahre später erschien eine deutsche Neuauflage.

für alle Erkenntnisleistung abgibt und für alle wissenschaftlichen Bestimmungen» (§ 10). Diese Lebenswelt muß von allen Idealisierungen befreit werden, soll in ihr der letztursprüngliche Sinn von Erfahrung liegen. Das gelingt nicht, wenn nur die Welt unserer gegenwärtigen Erfahrung betrachtet wird, sondern es muß auch die in ihr verborgene *Geschichtlichkeit* auf ihren Ursprung zurück verfolgt werden (44). So gelingt die Rechtfertigung der Doxa, die demnach alles andere als ein Bereich minderer Evidenz, sondern eben der Bereich der letzten Ursprünglichkeit ist.

Transzendentale Logik enthält daher nicht nur Konstitutionstheorien, sondern auch eine Lebenswelt- oder Ursprungsanalyse. Genau diese Vertiefung des transzendentalen Ansatzes prägt Husserls Spätwerk. Die neue Sichtweise erscheint hier noch ganz und gar als logische Problematik der kategorischen Urteile im Wahrnehmungsbereich. Sie ermöglicht eine vertiefte Sicht des Urteilsbegriffs: Urteil als Titel für die Gesamtheit der objektivierenden oder doxischen Akte, die dabei sowohl prädikative als auch vorprädikative Modi umfassen. Durch die Betonung der Rolle des Vorprädikativen erfolgt aber auch hier bereits der entscheidende Schritt zur *genetischen* Phänomenologie, die dann im eigentlichen Spätwerk, der Krisis-Abhandlung, im Mittelpunkt steht. Wie schon der Titel dieser Arbeit zeigt, geht Husserl hier von einer ganz anderen Problematik aus, stößt aber auf das gleiche Fundament. Zentrales Thema ist die Verdrängung der universalen Philosophie durch die modernen Wissenschaften, die durch die Vernachlässigung ihres Seinsbodens das gesamte Geistesleben in eine Krise gestürzt haben. Nur die Reflexion auf diesen Seinsboden, den Husserl wieder als Lebenswelt umschreibt, kann die Gefahr abwenden.

6.22 Die Krisis der europäischen Wissenschaften und die transzendentale Phänomenologie

In Husserls letztem Werk KR begegnen wir einer neuen Konzeption von Phänomenologie. Sie ist bestimmt durch die Hinwendung zur geschichtlichen Lebenswelt als vor-logischem Geltungsbereich und Fundament aller seither betrachteten Phänomene. Husserl spricht von der Bodenlosigkeit seines ganzen bisherigen Philosophierens (134) und versucht, diese nun durch eine endgültige Absicherung zu überwinden. Während die ersten beiden Teile der Krisis-Abhandlung viel Programmatisches enthalten, ist der dritte, wichtigere Teil von Husserl nicht mehr selbst veröffentlicht worden, weil er ihn umarbeiten wollte, so daß er diesen Teil schließlich unvollendet hinterließ. Dieser Zentralteil behandelt die Begründung der Transzendentalphänomenologie einerseits aus dem Rückgang auf die Lebenswelt (Abschnitt A), andererseits durch den Rückgriff auf die Psychologie (Abschnitt B).

Die Hinwendung zur geschichtlichen, subjektiven und relativen Lebenswelt und die Zurückdrängung der logischen und eidetischen Elemente lassen indirekte Einflüsse Heideggers vermuten. Dessen Transformation der Phänomenologie erscheint als eine Möglichkeit, die bei Husserl auftretenden Spannungen zwischen Logos und Lebenswelt aufzulösen. Die vordergründige Grundthese der Abhandlung, nämlich daß die Krisis des europäischen Menschentums durch die Auslieferung an die objektiven Wissenschaften entstanden sei, in denen der lebensweltliche Grund aller Geltungen verschüttet wurde, läßt sich nur rechtfertigen, wenn die Phänomenologie umgedeutet wird zur Wissenschaft von der Lebenswelt. Ihre neue Aufgabe besteht dann in der Rekonstruktion dieser objektiven Wissenschaften aus eben dieser Lebenswelt, in der Analyse der Lebenswelt selbst und schließlich in der transzendentalen Konstitution der Lebenswelt als subjektives Korrelationssystem.

«I. Teil: Die Krisis der Wissenschaften als Ausdruck der radikalen Lebenskrisis des europäischen Menschentums.»
Husserl spricht von der Krisis der Wissenschaften. Nachdem er die Phänomenologie selbst stets als *die* Wissenschaft dargestellt hat, muß hier von zwei Wissenschaftsbegriffen die Rede sein. Die Krisis bezieht sich auf die exakten Wissenschaften wie Mathematik oder Physik, aber auch auf die «positiven Wissenschaften», zu denen er die Geisteswissenschaften zählt, die sich an den

objektivierenden exakten Wissenschaften orientieren. Husserl gesteht diesen Wissenschaften ihre Strenge und Erfolge durchaus zu; trotzdem fordert er eine radikale Kritik. Damit will er sich keineswegs von der wissenschaftsfeindlichen Stimmung der jungen Generation nach dem ersten Weltkrieg zu allgemeinen Vorurteilen verleiten lassen. Husserl geht es darum, die *positivistische Einschränkung* der Wissenschaftsidee (5), also eine bestimmte Art von Wissenschaftlichkeit, zu identifizieren und für die Krisis verantwortlich zu machen.

Die revolutionäre Wende zur Moderne erfolgt in der Renaissance. In ihr verdrängt die philosophische Daseinsform der theoretischen Philosophie die unmittelbare Denkweise, die sich auf eine universale Welt- und Menschenerkenntnis in absoluter Vorurteilslosigkeit bezog. Zugleich verblaßt das antike Ideal einer universellen Wissenschaft, die alle Probleme der Zeitlichkeit und der Ewigkeit zu lösen versuchte (6). Demgegenüber hat die neue Wissenschaft, der Positivismus, in seiner Metaphysikfeindlichkeit die letzten Fragen nach der sinnvollen Ordnung und Einheit des Seins ausgeklammert und sich auf Tatsachenprobleme zurückgezogen. Die Begeisterung für die neuen Wissenschaften und Aufklärungsideale ist inzwischen einer schmerzhaften Desillusionierung gewichen. Der Grund liegt nach Husserl im Verlust des schwunggebenden Glaubens an die universale Philosophie (8). Da aber die verfehlte Urstiftung der philosophischen Neuzeit zugleich eine Urstiftung des neuzeitlichen europäischen Menschentums war, bedeutet die Krisis der ersteren eine Krisis der gesamten Sinnhaltigkeit unseres kulturellen Lebens. Husserl spricht vom Zusammenbruch des Glaubens an die Vernunft und vom Verlust des durch die griechische Philosophie vererbten Telos, ein Menschentum aus philosophischer Vernunft zu begründen (13). Die gegenwärtige Philosophie und Wissenschaft haben die Aufgabe, diese vergessene Entelechie im Menschentum wieder bewußt zu machen und erneut zum Leitgedanken zu erheben. Zur Realisierung dieses Vorhabens ist allerdings eine eingehende historisch-kritische Rückbesinnung notwendig.

«II. Teil: Die Ursprungsklärung des neuzeitlichen Gegensatzes
zwischen physikalistischem Objektivismus und transzendentalem Subjektivismus.»
Der Wandel beginnt bei *Descartes*. Seine Ideen bestimmen die Entwicklung der gesamten Philosophie und sind die Quelle aller Spannungen. Das Neue bei ihm ist die Konzeption eines unendlichen rationalen Seinsalls, das durch eine rationale Wissenschaft vollständig beherrscht werden kann. Ihre Objekte sind in ihrem An- sich-Sein völlig zugänglich. Die Allheit des Seienden ist rational und daher restlos beherrschbar.

Die Realisierung dieser Idee im Bereich der *Naturwissenschaften* erfolgt durch *Galilei*. Der umfangreiche Paragraph 9 ist Galileis Mathematisierung der Natur gewidmet. Die Natur hat nicht nur unvollkommene Teilhabe an den Ideen Platons, sondern sie wird in ihrer Idealisierung selbst zur mathematischen Mannigfaltigkeit.

Husserl wirft in seinen Ausführungen zuerst einen Blick auf den Wandel in der *Geometrie*. Hier vollzieht sich eine Umorientierung von der realen Praxis des unmittelbaren Lebens zur idealen Praxis, in der alle erdenklichen idealen Gestalten konstruktiv eindeutig erzeugt werden. Diese neue Praxis ist zwar äußerst erfolgreich, aber die Basis ihrer Sinnbildung bleibt unreflektiert. Der operative Umgang mit den geometrischen Eigenschaften geschieht ohne Bezug zur anschaulichen Sphäre, die jenen Gestalten ihren eigentlichen Sinn geben könnte (24). Man vergißt, daß das rein geometrische Denkverfahren aus einer Idealisierung der empirischen Meßkunst hervorgegangen ist.

Eine analoge Vergessenheit der vorwissenschaftlichen Praxis und der Frage nach dem Wie ihres Ursprungs ist in der *Galileischen Physik* zu konstatieren. Zur Erklärung des Wandels vom Kosmos anschaulicher Gegenstände zum mathematischen Universum erinnert Husserl an die Tatsache, daß uns die empirischen Gestalten immer als Formen einer Materie und einer sinnlichen Fülle gegeben sind (27). Während es heute als Selbstverständlichkeit erscheint, daß die spezifischen Sinnesqualitäten oder «Füllen» (wie Farben, Töne, Wärme) physikalisch eigentlich

Licht- oder Tonschwingungen, also reine Vorkommnisse der Gestaltwelt sind, war dies Galileis Zeitgenossen alles andere als selbstverständlich. Es ist eine folgenreiche These, daß die mathematisierte Welt als idealisiert gedachte Gestaltsphäre trotzdem «*alle* Vorkommnisse auf Seiten der Fülle ex datis zu konstruieren und damit objektiv zu bestimmen» erlaubt (36). Husserl spricht von einer weitreichenden Hypothese, die Galilei gar nicht als solche erkannt hat.

Diese hypothetische Idealisierung der Welt enthält zugleich eine universale exakte Kausalität, welcher die Physiker in ihrer leidenschaftlichen Forscherpraxis nachspüren. Während die Entdeckung Galileis *für Husserl* nicht zum eigentlichen Welt- und Selbstverständnis führt, also keine strenge Philosophie darstellt, bewährt sich das Neue *für Galilei* hinreichend durch die methodische Objektivierung der anschaulichen Welt in Naturgesetzen (40). Sie ermöglichen durch Erfassung realer kausaler Zusammenhänge eine praktische Voraussicht. Die Naturforscher sehen in dem Formelsinn das wahre Sein der Natur (43).

Ein weiterer Schritt weg von der Anschauung und damit zur Entleerung ihres Sinnes war die Arithmetisierung der Geometrie («analytische Geometrie» im heutigen Sinn) und das Operieren mit dem «symbolischen Sinn» in der Analysis (44). Den Höhepunkt dieser Verfehlung bildet die Leibnizsche Idee einer mathesis universalis in der formalen Mannigfaltigkeitslehre, der universalen Wissenschaft von den definiten Mannigfaltigkeiten (45). Kalkül- und Regeldenken hat das ursprüngliche Denken ausgeschaltet (46). Auch die physikalischen Methoden werden von Technisierung und Mechanisierung geprägt.

Schon bei Galilei beginnt die Unterschiebung der mathematisch konstruierten Welt der Idealitäten an die Stelle unserer alltäglichen Lebenswelt (49). Diese *Lebenswelt* – der zentrale Begriff der gesamten Abhandlung – ist das vergessene Sinnesfundament der Naturwissenschaft (48). In der «Mathematisierung messen wir so der Lebenswelt … ein wohlpassendes *Ideenkleid* an … » (51). Das Kleid der Symbole vertritt die objektiv wirkliche und wahre Natur der Lebenswelt. Der eigentliche Sinn der Methode, der Formeln, der Theorien bleibt unverständlich (52). Es fehlt der Bezug zur Anschauung und damit die wirkliche Evidenz. Die Naturwissenschaften haben verlernt, nach dem historischen Ursprungssinn aller Sinngebilde und Methoden zurückzufragen. Jeder Versuch, die zur techné gewordene Wissenschaft wieder auf ihr Sinnesfundament zu stellen, wird von den Wissenschaftlern als Metaphysik abgelehnt.

Ziel muß es sein, den rechten Rückgang zur Naivität des *Lebens* zu finden (60). Das geschieht bei Husserl in einer «teleologischen» Geschichtsbetrachtung; sie ist «Aufklärung der Geschichte in Rückfrage auf die Urstiftung der Ziele, welche die Kette der künftigen Generationen verbinden, sofern sie in ihnen in sedimentierten Formen fortleben» (72). Die entscheidenden historischen Stationen sind nach Husserl Galilei und Descartes, Hobbes, Locke, Berkeley, Leibniz, Spinoza und schließlich Hume und Kant. Am Anfang der Betrachtung steht der cartesische Dualismus von Körper- und Geisteswelt. Dieser wird verantwortlich gemacht für die Spezialisierung der Wissenschaften, für ihre Vernunftvergessenheit und schließlich für die Entstehung einer naturalistischen Psychologie, die sich bei Hume in Skeptizismus verwandelt. Ein wichtiger Schritt erfolgt in Kants Revolution weg vom Objektivismus hin zum transzendentalen Subjektivismus, die den Seinssinn der Lebenswelt aber noch als subjektives Gebilde bestimmt und damit unterbewertet. Erst die Phänomenologie, die «Endform der Transzendentalphilosophie» (71), leistet das Gewünschte und stellt das transzendentale Korrelationssystem in letzter Klarheit dar, indem es nach der letzten Quelle aller Erkenntnisbildung zurückfragt.

So versteht sich Husserl als Vollender der *neuzeitlichen* Philosophie, nicht der vorsokratischen, wie bei Heidegger, oder der griechischen Klassik, wie bei den großen Systematikern. Denn von Descartes wurde die Subjektivität entdeckt, das Fundament jeder transzendentalen Betrachtung; Kant deutete diese Subjektivität als konstitutive Instanz, aber erst in Husserls Phänomenologie erhält die transzendentale Lebenssphäre ihre Fundierung in natürlichen Lebenswelten. Und erst dieser Rückgang verspricht eine Überwindung der neuzeitlichen Krise in Wissenschaft und Kultur.

III. Teil: Die Klärung des transzendentalen Problems und die darauf bezogene Funktion der Psychologie.

Husserl beginnt die Lebenswelt-Analysen mit einer Kritik Kants. Dessen Überzeugung von der fraglosen Geltung von Mathematik und Naturwissenschaft, der Dualismus von Anschauung und Verstand, die nicht weiter analysierten Begriffe von Anschauung und Sinnlichkeit und anderes mehr zeigen, daß Kants Vernunftkritik auf einem unbefragten Boden von Voraussetzungen aufbaut, der den gesamten Sinn ihrer Fragestellungen mitbestimmt und zu mythischen Konstruktionen geführt hat (106). Der Transzendentalphilosoph Kant setzt die alltägliche Lebenswelt seiend voraus und läßt sie in ihrer Selbstverständlichkeit stehen. Nur in der Einleitung zur 1. Auflage der «Kritik der reinen Vernunft» hat er einen Versuch unternommen, noch eine Stufe tiefer hinabzusteigen[3], diesen Versuch dann aber abgebrochen, weil er glaubte, sich damit in psychologische Irrwege zu verlieren. Aber in Wirklichkeit ging es dabei um die in der Lebenswelt nicht befragten Seinsgeltungen, die für Philosophie und Wissenschaft als Voraussetzungen fungieren. Sie gilt es, ins Bewußtsein zu heben und phänomenologisch zu beschreiben. Es ist dies ein Reich anonym gebliebener subjektiver Phänomene, das bisher von keiner Psychologie oder anderen objektiven Wissenschaften freigelegt wurde, obwohl es mit all unseren Erfahrungen unablösbar verbunden ist.

Es stellt sich somit das Problem einer neuen Wissenschaft von der Lebenswelt. Die letztbegründende Wissenschaft hat einen anderen Charakter von Wissenschaftlichkeit als die objektiv-logische Wissenschaft. Deren wirklich Erstes ist «die ‹bloß subjektive-relative› Anschauung des vorwissenschaftlichen Weltlebens» (127). Dieses «bloß» bedeutet aber nicht das negativ besetzte «bloß» der griechischen Doxa und der objektivierenden Wissenschaften. Es gehört zu einem Bereich guter Bewährung. Die objektiven Wissenschaften *benützen* die subjektiv-relativen Erfahrungen für ihre Zwecke, dagegen muß die neue Wissenschaft auf diesen *aufbauen*.

Dieses Subjektive ist nicht Gegenstand der Psychologie, die stets *objektive* Wissenschaft vom Subjektiven sein will. Aber es besteht ein Unterschied zwischen Objektivität und lebensweltlicher Subjektivität; erstere ist eine prinzipiell unanschauliche logische Substruktion, letztere dagegen ein Universum prinzipieller Anschaubarkeit, ein Reich ursprünglicher Evidenz (130). In diesem Sinne ist das Objektive nie als es selbst erfahrbar. Die objektiven Wissenschaften erweisen sich als eine besondere Praxis in der Lebenswelt und beziehen sich deshalb trotz aller Idealität auf menschliche und subjektive Gebilde. Ihr Wissen gründet in der Evidenz der Lebenswelt. Wissenschaftler sind konkrete Menschen einer konkreten Lebenswelt.

Husserl schätzt seine Entdeckung hoch ein. Er sieht sich am «Eingangstor des nie betretenen Reiches der ‹Mütter der Erkenntnis› stehen» (156). Zur Realisierung des Gangs durch dieses Reich verweist er auf eine Epoché nicht nur in den objektiven Wissenschaften, sondern auch im Bereich des natürlichen Lebens. Als Residuum erscheint die allgemeine Struktur der Lebenswelt mit ihrem vor-logischen subjektiv-relativen Apriori (143). Diesem gehört zunächst die Korrelativität von Ding und Dingbewußtsein an. Leben ist stets ein «In-Weltgewißheit-leben» (145)[4]. Dinge sind etwas aus der Welt, d.h. Objekte im Welthorizont. So sind auch Objekt in der Welt und Welthorizont zwei grundverschiedene korrelative Bewußtseinsweisen. Beiden entsprechen zwei Grundverhaltensweisen: das gerade Hinleben auf die Objekte der Welt und das Wachsein für die Welt selbst, in dem auf das Wie der subjektiven Gegebenheitsweise der Lebenswelt reflektiert wird (146). Diese Reflexion vollzieht sich im universal leistenden Leben, das die Welt als Korrelat einer Universalität synthetischer Leistungen ermöglicht.

Die neue Wissenschaft von der Lebensform als transzendentale Phänomenologie führt über

---

[3] Man beachte die fast zeitgleiche analoge Diskussion in Heideggers Kant-Werk (Kant und das Problem der Metaphysik), das auf Vorlesungen bis in die Jahre 1925 / 26 zurückgreift.
[4] Auch hier muß auf das In-der-Welt-sein Heideggers in SuZ hingewiesen werden, wo die Problematik unabhängig von der Bewußtseinsphilosophie gelöst wird.

die transzendentale Reduktion zur Korrelation von Welt und Weltbewußtsein. Die Epoché soll das Verständnis des bloß subjektiven und deshalb unfaßbar erscheinenden herakliteischen Flusses des Lebens ermöglichen. Dabei geht es nicht um Sein und Sosein, sondern um das Wie des subjektiven Geltens (160), um die offenen und implizierten Intentionalitäten (163). Husserl zählt zu den subjektiven Grundphänomenen die Kinästhesen und das Horizontbewußtsein, die Verwandlung von Sein in Schein («Geltungswandel») und die Vereinheitlichung der Erfahrung zu der einen Welt der ganzen Menschengemeinschaft. Sie alle sind Element eines Korrelationssystems, um dessen Ausarbeitung es Husserl zeit seines Lebens ging, das sich aber jetzt als *lebensweltliche* Ontologie erweist (§ 51).

Die letzte Frage, «wer wir als die Sinn- und Geltungsleistung der normalen Konstitution vollziehenden Subjekte» eigentlich sind (186), führt auf eine Paradoxie. Denn wir sind einerseits Subjekte, die ihre intentionalen Objekte konstituieren, andererseits aber sind wir auch selbst Objekte in der Welt. Als Lösung der Paradoxie beruft sich Husserl auf das dem natürlichen Einzel-Ich zugrundeliegende transzendentale Ur-Ich als dem Pol der transzendentalen Rückfrage. Dieser intersubjektive Ich-Pol ist die letzte Instanz aller Erklärung und enthält nichts Menschliches mehr, das ja in all seinen Formen wieder Phänomen dieses Pols wäre. Transzendentale Konstitution ist letztlich Leben eines absoluten Ich. Hinter das ego als transzendentalen Ich-Pol zurückfragen zu wollen, nennt Husserl einen Unsinn (192). Denn echtes Erklären bedeutet, etwas transzendental verständlich zu machen. Deshalb ist Phänomenologie kein Cartesianismus; Husserl geht über Descartes, der alles im ego cogito nur absichern und aus dem ego deduzieren wollte, weit hinaus. Er will nicht nur Objektivität sichern, sondern diese verstehen. Das letzte Verständnis glaubt er im Ur-Ich gefunden zu haben, das als intersubjektives allen Seinssinn als Korrelationsverhältnis verstehen läßt. Die Welt erscheint als Universum subjektiven Seinssinns.

Im *Abschnitt B* des dritten Teils versucht Husserl, diese Entdeckungen in psychologische Terminologie zu fassen und in einem letzten Anlauf nochmals zu begründen. Dabei stellt er den gängigen Formen von Psychologie eine eigene *intentionale Psychologie* gegenüber, in der das subjektiv Psychische des einzelnen ego der natürlichen Lebenswelt und das transzendentale Subjektive des Ich-Pols sich nur durch eine Einstellungsänderung unterscheiden lassen. So erscheint in dieser Betrachtung letztlich alle Erfahrung als innere Erfahrung, allerdings im transzendentalen Sinne. Hier bleiben viele Fragen offen, wie etwa die Frage nach dem Sinn von Transzendenz; Verschiedenes widerspricht früheren Ausführungen, in denen z. B. die äußere der inneren Erfahrung gegenübergestellt wurde.

So bleibt Husserls Absicherung der Wissenschaft im Leben, wie sie in der Krisis-Abhandlung vorliegt, ein *unabgeschlossener Versuch*. Als solcher reiht er sich in die Abfolge von immer wieder neuen Anläufen, die Phänomenologie als wissenschaftliche Philosophie zu begründen. Daß die phänomenologische Wissenschaft nicht mit der objektiven Wissenschaft verwechselt werden darf, hat Husserl überzeugend dargelegt; dagegen wurde ihre eigene Möglichkeit mehr gefordert als einleuchtend nachgewiesen.

Mit der ausführlichen Darstellung der Philosophie Husserls sind die meisten zentralen Themen einer Philosophie des 20. Jahrhunderts angesprochen und in ihrer Problematik umrissen. Es wird sich zeigen, daß diese Themen teils schon in den Gedankengängen der Philosophie des auslaufenden 19. Jahrhunderts verborgen waren, teils aber erst in den nachfolgenden Schulen ausführlich diskutiert wurden. Die *Wissenschaftsproblematik* war Zentralthema der analytischen Philosophie, die *Lebensweltproblematik* beherrschte die Lebensphilosophie und die *Idee der transzendentalen Begründung* stand im Mittelpunkt des Neukantianismus. Nachdem wir uns entschieden haben, die Behandlung der analytischen Philosophie in diesem Band zurückzustellen, liegt es nahe, nun ausführlich auf die *Lebensphilosophie* und auf den *Neukantianismus* einzugehen.

C. Von der Lebensphilosophie zu den Geistes- und Sozialwissenschaften

Der Weg von *Husserl zu Heidegger* ist eng verwoben mit den beiden einflußreichsten geistigen Strömungen, die noch weit in das 19. Jahrhundert zurückreichen, nämlich mit der *Lebensphilosophie* und dem *Neukantianismus*. Der neue Geist der Phänomenologie lebt von der Überzeugung, daß alles Sein *intentionales* Sein ist und damit eine für die Vernunft durchsichtige Struktur trägt, die es im philosophischen Logos zu entfalten gilt. Im Prozeß der Reifung des phänomenologischen Unternehmens kommt mehr und mehr die Verwobenheit dieser Struktur mit der *Geschichte* und der faktischen Verfassung der *menschlichen Gemeinschaft* zum Vorschein. In der Lebenswelt-Problematik berühren sich phänomenologische Analysen mit den Untersuchungen der Lebensphilosophie. Während die Entdeckung der Lebenswelt für die Phänomenologie eine Erschwerung und Ausweitung ihrer ursprünglich sehr eng verstandenen Intentionalanalysen bedeutet, ist die Komplexität des geschichtlichen Lebens für die Lebensphilosophie Grundthema aller Explikationen. Leben umfaßt auch den geheimnisvollen Ursprung allen phänomenalen Seins; für die Phänomenologie bleibt im Lebensbegriff ein wesentlicher Rest von Unbegreifbarkeit, der von keiner philosophischen Reflexion in das Licht der Vernunft gehoben werden kann. *Wilhelm Diltheys* «Kritik der historischen Vernunft» bestimmt dagegen das *Leben* als Grenze wissenschaftlichen Begreifens. Deshalb bleiben die Versuche einer Grundlegung der Geisteswissenschaften bei Dilthey und der Sozialwissenschaften bei *Max Weber* in einer *lebensweltlichen* Unbestimmtheit.

Die Lebensphilosophie ist neben der naturalistisch-positivistischen Strömung die einflußreichste philosophische Bewegung, die über die Universitäten hinaus auch auf das allgemeine geistige Klima eingewirkt hat. Während die Phänomenologie durch die Biographie Husserls und dessen streng wissenschaftliche Thematik mit dem Positivismus, vor allem in der Form des Psychologismus, in direkter Auseinandersetzung steht, wird die Lebensphilosophie von den phänomenologischen Untersuchungen zunächst nicht berührt. Deshalb lassen sich in der *Frühphase* der Phänomenologie kaum unmittelbare Kontakte zu lebensphilosophisch beeinflußten Denkern feststellen. Trotzdem dürfte die Husserlsche Idee einer Philosophie als Wissenschaft und die Diltheysche Grundlegung der Geisteswissenschaften gleichen Motiven entstammen, nämlich der Überzeugung von der Wichtigkeit einer wissenschaftlichen Theorie des Wissens. Aus einer ähnlichen Überzeugung entstanden die wissenschaftlichen Grundlegungen einer *verstehenden* Soziologie bei Max Weber und der *religiösen* Soziologie bei Ernst Troeltsch, wobei letzterer sogar von direkten Einflüssen durch die Phänomenologie spricht.

Anders ist die Situation im Hinblick auf die *Spätphänomenologie* zu bewerten. Die Entstehung der genetischen Phänomenologie aus dem transzendentalen Ansatz kann kaum aus innerer Folgerichtigkeit allein verstanden werden. Die Entwicklung weg vom statischen Logosbegriff hin zum geschichtlichen dynamischen Lebensweltbegriff verdankt sich zweifellos Wechselwirkungen mit der kritischen philosophischen Umwelt jener Jahre. Besonders in der Freiburger Zeit sind die Schüler Husserls hermeneutischen Einflüssen ausgesetzt, die nicht ohne Auswirkung auf das Denken des alternden Meisters bleiben. Die dabei entstehenden Spannungen steigern sich und enden schließlich in der Distanzierung Husserls von der Existenzialhermeneutik Heideggers und seiner Schüler. Aus geschichtlicher Perspektive erscheint deshalb die hermeneutische Phänomenologie Heideggers als Weiterentwicklung der Phänomenologie Husserls auf der einen und der Hermeneutik Diltheys auf der anderen Seite.

7 Wilhelm Dilthey und die Philosophie des 20. Jahrhunderts

Unser Gang durch die Philosophie des 20. Jahrhunderts führt zwangsläufig zur Darstellung der Lebensphilosophie und deren Hauptvertreter in Deutschland, *Wilhelm Dilthey*. Dieser ist zur Jahrhundertwende zwar schon 67 Jahre alt; seine Lebenszeit fällt also im großen und ganzen in das 19. Jahrhundert. Wenn seine Philosophie trotzdem in einer Philosophie des 20. Jahrhunderts behandelt wird, dann hat das zwei triftige Gründe. Einmal prägt speziell die Dilthey-Schule eine ganze Generation von Philosophen unseres Jahrhunderts, und ihre Aussagen wären ohne genauere Kenntnis der Lehren des Meisters unverständlich. Die Bedeutung seiner «Einleitung in die Geisteswissenschaften» kann nicht hoch genug eingeschätzt werden[1]. Zum anderen hat der Siebzigjährige in seiner erneuten und vertieften Hinwendung zur Hermeneutik einen wesentlichen Beitrag zur Philosophie des 20. Jahrhunderts geleistet. Otto F. Bollnow nennt die Zeit nach 1900 bis zum Tod im Jahre 1911 dessen «reifste Lebensepoche»[2]. Heideggers Fundamentalontologie und Gadamers Hermeneutik sind ohne Diltheys Spätwerk undenkbar. Deshalb werden in unserer Darstellung die Beiträge seiner Philosophie zur Grundlegung der Geisteswissenschaften und der Hermeneutik im Vordergrund stehen.

Unsere Konzeption einer Darstellung der Geschichte der Philosophie des 20. Jahrhunderts am Leitfaden der Phänomenologie veranlaßt uns zu einigen Bemerkungen über das *Verhältnis von Dilthey und Husserl*. Zwischen beiden gibt es direkte Bezugnahmen und indirekte, durch die Lehren bestimmte Abhängigkeiten. Die direkten Beziehungen waren von beiden Seiten durch Mißverständnisse geprägt. Diese lassen sich in drei Stufen verfolgen. Am Anfang steht 1905 Diltheys lobende Erwähnung der LU als epochemachende Arbeit (VII 10, 14[3]), in der ein «Genie der philosophischen Analyse» eine neue Methode und damit eine neue philosophische Disziplin begründete. Weil diese als Voraussetzung für jede Theorie des Wissens zu betrachten ist, sieht Dilthey in den phänomenologischen Analysen eine wichtige Vorbedingung für seine eigenen «Studien zur Grundlegung der Geisteswissenschaften». In diesem Stadium hält Dilthey sehr viel von dem Verfasser der LU, die er im Vorjahr in einem Seminar behandelt hat.[4]

1911 erfolgt von seiten Husserls in seinem «Logos»-Artikel «Philosophie als strenge Wissenschaft» eine kritische Stellungnahme zu Diltheys inzwischen veröffentlichte Abhandlung über Typen der Weltanschauungen. Husserl spricht aus der Perspektive des strengen Wissenschaftsanspruchs und bezeichnet die Diltheysche Vorgehensweise als unphilosophisch. Seine Philosophie als strenge Wissenschaft stehe über den Weltanschauungen, die nur die jeweiligen Zeitmeinungen ausdrücken. So existiert eine unüberbrückbare Grenze zwischen echter Philosophie, also Phänomenologie als Wissenschaft, und geschichtlich orientierter Geisteswissenschaft, in der Philosophie zur Weltanschauung degeneriert.

Daran schließt sich schließlich im Juni und Juli 1911 ein versöhnlicher Briefwechsel an. Husserl nimmt seinen Angriffen die Schärfe, indem er betont, daß sie beide nur von verschiedenen Seiten im Grunde dieselbe Philosophie vorbereiteten. Dilthey verweist auf sein wissenschaftliches Anliegen in der Grundlegung der Geisteswissenschaften. «Wir sind einig darin, daß es, ganz allgemein gesehen, eine allgemeingültige Theorie des Wissens gibt», und erklärt die

---

1 E. Fuller vergleicht das Werk mit Newtons «Principia» (Schweizer Hochschulzeitung 36/1963. S. 233).
2 Bollnow: Dilthey. 2. Aufl. Stuttgart 1955. S. 7.
3 Wir zitieren nach den Bänden der Gesammelten Schriften.
4 Dilthey soll in dieser Zeit Husserl seiner Frau mit der Bemerkung vorgestellt haben, daß dieser der größte Philosoph seit Hegel sei. Zitiert nach H. Plessner: Der Aussagewert einer philosophischen Anthropologie. In: Mit anderen Augen. Stuttgart 1982. S. 128. Man beachte die Aufgeschlossenheit, die der damals Siebzigjährige hier noch für neue Ideen zeigt.

Unmöglichkeit einer bestimmten Art von Metaphysik, die auch Husserl bekämpft.[5]

Die höflichen Formulierungen täuschen darüber hinweg, daß sich hier zwei philosophische Welten gegenüberstehen. Dilthey hatte schon die LU einseitig beurteilt und die Differenzen übersehen, vor allem erkennt er nicht die zentrale Bedeutung des statischen Eidosbegriffs bei Husserl und die später deutlich gewordene Dominanz des Intentionalitätsbegriffs. Die Vermutung, daß Diltheys Lehre von den Lebenskategorien eine späte Schöpfung und von Husserl beeinflußt sei, läßt sich aus dem Diltheyschen Nachlaß widerlegen.[6] Im übrigen erwähnt Dilthey in einem Brief, daß er nicht in der Lage sei, «in eine so ganz andere Gedankenwelt einzudringen»[7]. Es besteht also kein direkter Einfluß Husserls auf Dilthey. Das Umgekehrte ist ebenfalls unwahrscheinlich, sofern man die Schriften Diltheys im Auge hat. Husserls Interesse an Diltheys Arbeiten, die schon 1894 eine beschreibende Psychologie anstelle einer rein erklärenden oder konstruktiven Psychologie fordern, dürfte trotzdem anfangs nur gering gewesen sein, weil die Untersuchungen Diltheys den wissenschaftlichen Standards Husserls nicht entsprachen. Seine Hochachtung betrifft eher den Historiker, Weltanschauungstypologen und Begründer der Geisteswissenschaften. Das schließt aber einen *indirekten* Einfluß Diltheyscher Gedanken auf die Spätphänomenologie Husserls nicht aus. Aus einem Brief an Georg Misch wissen wir, daß Husserl durch einige Gespräche 1905 mit Dilthey in Berlin Impulse für die Weiterbildung der LU zur Phänomenologie der IDEEN erhalten hat. Seine spätere Phänomenologie sieht er sogar in «innerster Gemeinschaft mit Dilthey, bei wesentlich anders gestalteter Methode»[8]. Auch die Integration Diltheyscher Gedanken mit Heideggers «Sein und Zeit» und die Auseinandersetzung Husserls mit diesem Werk sind an Husserls Lehre nicht spurlos vorübergegangen. Das Auftauchen der historischen Elemente in der Phase der Lebenswelt-Analysen ist ohne diesen historischen Hintergrund kaum denkbar. Daß damit der ursprüngliche Ansatz der Husserlschen Phänomenologie gesprengt zu werden droht, bestätigt die These von der Unvereinbarkeit der beiden hier konfrontierten Standpunkte.

7.1 Biographie und Bibliographie

a. Lebenslauf

Geboren am 19.11.1833 in Biebrich am Rhein. Studium der Theologie, Philosophie und Geschichte in Heidelberg und Berlin. Philologische Staatsprüfung und Gymnasiallehrer in Berlin 1856–57. Privatgelehrter. Professuren in Basel (1867), Kiel (1868), Breslau (1871) und Berlin 1883–1908. Dilthey stirbt am 1.10.1911 in Seis/Südtirol.

Dilthey stammt aus einer Pfarrerfamilie. Der Beruf des Vaters, des reformierten Hofpredigers, bestimmte die theologische Laufbahn. Die Mutter, die Tochter eines Kapellmeisters und Liederkomponisten, vererbte ihm die Innerlichkeit und das Verständnis für Musik und Poesie. Nach dem Gymnasiumbesuch in Wiesbaden begann Dilthey das Studium in Heidelberg, wo er einem Initiator der Kant-Renaissance, Kuno Fischer, begegnete, den er bis ans Lebensende hochschätzte. Als dieser wegen seiner pantheistischen Gesinnung Heidelberg verlassen mußte, wechselte Dilthey 1853 nach Berlin, wo W. von Humboldt, F. K. Savigny, J. Grimm, C. Ritter, L. Ranke und F. A. Trendelenburg das geistige Leben bestimmten. Nach dem Abschluß des Theologiestudiums ging er für kurze Zeit in den Schuldienst. Die Beschäftigung mit F. Schleiermacher und seine Mitarbeit am Schleiermacher-Nachlaß ermöglichen ihm die Rückkehr in die Hochschul-

---

5 Zitiert nach G. Misch: Lebensphilosophie und Phänomenologie. 3. Aufl. Leipzig/Berlin 1964. S. 182.
6 Darauf weist Bollnow in dem Aufsatz «Dilthey und die Phänomenologie» hin. In: Orth(1985) S. 31 f. Vergleiche in der gleichen Sammlung auch M. Riedel: Diltheys Kritik der begründenden Vernunft. S. 185. Dazu Gadamer a.a.O. S. 159: Der Nachlaß zeigt, «daß viele Dinge, die man gerne auf eine Spätphase bezog, die bereits den Einfluß der Phänomenologie Husserls verrate, sich in den achziger Jahren, wenn nicht gar vorher, nachweisen lassen.»
7 Misch a.a.O. S. 183.
8 Misch a.a.O. S. 328.

laufbahn. 1864 habilitierte er sich mit den zwei Schriften «Über die Prinzipien der Schleiermacherschen Ethik» und «Versuch einer Analyse des moralischen Bewußtseins». Neben der Veröffentlichung von zwei Bänden zur Sammlung «Aus Schleiermachers Leben» arbeitete er an einer Geschichte der christlichen Weltanschauung im Abendland. In einer Tagebuchnotiz vom 14.11. 1860 liest man: «Mein Beruf ist: das Innerste des religiösen Lebens in der Historie zu erfassen und in unseren von Staat und (Natur-)Wissenschaft ausschließlich bewegten Zeiten zur bewegenden Darstellung zu bringen.»

Mit der Berufung an die Universität Basel verschob sich das Interesse Diltheys von der Romantik auf den Positivismus, in dem er nun ein adäquates Gefühl für die Realität unseres Lebens zu finden glaubte. Mathematik, Physiologie, Psychophysik, aber vor allem Psychologie und die Geschichte als Thema einer «Kritik der historischen Vernunft» absorbierten nun seine Aufmerksamkeit. Die nächsten Stationen seiner universitären Laufbahn hießen Kiel und Breslau. Sein neues Anliegen formulierte er in seiner Akademie-Rede mit den Worten: «Es bedarf feinerer psychologischer Methoden und Begriffe, die dem geschichtlichen Leben gewachsen sind; besonders aber muß in allen Leistungen des Menschen ... die Totalität des Seelenlebens, das Wirken des ganzen, wollend-vorstellenden Menschen aufgezeigt und berücksichtigt werden» (V,11). Die Ausarbeitung dieser Ziele erfolgte in der Abhandlung «Über das Studium der Geschichte der Wissenschaften vom Menschen, der Gesellschaft und dem Staat» (1875) und in seinem wichtigen Werk «Einleitung in die Geisteswissenschaften» (1883).

Bereits 1882 kehrte er als Nachfolger Lotzes nach Berlin zurück. Die versprochene Fortsetzung einer Darstellung der Geisteswissenschaften blieb aus. Es erfolgte eine erneute Verschiebung der Interessen. Reflexionen über die Dichtkunst, die Phantasie und des Sichselbstverstehens des Poeten schienen besonders geeignet, Einblicke in die geschichtlichen Produkte der Seelenvorgänge zu vermitteln. Als Frucht seiner ethisch-ästhetischen Bemühungen erschien 1887 die Untersuchung «Die Einbildungskraft des Dichters» und 1892 «Die drei Epochen der modernen Ästhetik und ihre heutige Aufgabe». Weitere Arbeiten über Psychologie und Geschichte fielen in die Neunziger Jahre. Die historischen Arbeiten bezogen sich auf die Dichtungen Shakespeares, Lessings, Goethes, Schillers und Novalis'. Auch Schleiermacher rückte wieder in den Blickpunkt. Herausragende Veröffentlichung war der Sammelband «Das Erlebnis und die Dichtung» (1905). Zugleich entdeckte er die Bedeutung Hegels und publizierte die epochemachende Untersuchung «Die Jugendgeschichte Hegels», die zu einem Ausgangspunkt der Hegel-Renaissance wurde. Noch einmal machte er einen Anlauf, das Problem einer Grundlegung der Geisteswissenschaften und damit zusammenhängend das Problem des Verstehens von Mensch und Geschichte zu lösen und zu einem Abschluß zu bringen. Der bedeutende Nachlaßband «Der Aufbau der geschichtlichen Welt in den Geisteswissenschaften» (Ges. Schriften VII) enthält die Quintessenz dieser Bemühungen und verweist auf die Rolle der Hermeneutik als Element einer Grundlegung der Geisteswissenschaften.

Dilthey starb bei einem Erholungsaufenthalt in Seis/Tirol an einer Infektion. Im Todesjahr erschien die wirkungsgeschichtlich bedeutende Arbeit «Die Typen der Weltanschauung und ihre Ausbildung in den metaphysischen Systemen». Durch die Erschließung des Nachlasses und die Veröffentlichung der «Gesammelten Schriften» ab 1922 war die Grundlage geschaffen für den Einfluß der Diltheyschen Philosophie auf die nachfolgenden Generationen.

b. Auswahl aus der Primärliteratur Diltheys

1870 Das Leben Schleiermachers. Berlin. 1. Band. 3. Aufl. 1970 (Text nach 1. Aufl.). In GS 13 ; 2. Band: 1. Aufl. 1966. In GS 14.
1880 Grundgedanke meiner Philosophie. Nachlaßveröffentlichung. In GS 8.
1883 Einleitung in die Geisteswissenschaften. Versuch einer Grundlegung für das Studium der Gesellschaft und der Geschichte. 1. Band. Leipzig. 9. Aufl. 1990. In GS 1.
1887 Das Schaffen des Dichters. In: Philosophische Aufsätze, E. Zeller zum 70. Geburtstag. Leipzig. Ab 1924 unter

	dem Titel: Die Einbildungskraft des Dichters. In GS 6.
1894	Ideen über eine beschreibende und zergliedernde Psychologie. In: Sitzungsberichte der Berliner Akademie der Wissenschaften. In GS 5.
1896	Beiträge zum Studium der Individualität. (Über vergleichende Psychologie). In: Sitzungsberichte der Preußischen Akademie der Wissenschaften. In GS 5.
1900	Die Entstehung der Hermeneutik. In: Philosophische Abhandlungen. C. Sigwart zu seinem 70. Geburtstag. Tübingen. In GS 5.
1904	Der moderne Mensch und der Streit der Weltanschauungen. Ein Gespräch. Nachlaßveröffentlichung. In GS 8.
1905	Studien zur Grundlegung der Geisteswissenschaften. In: Sitzungsbericht der Preußischen Akademie der Wissenschaften. In GS 7.
1905	Jugendgeschichte Hegels. In: Abhandlungen der Königlich Preußischen Akademie der Wissenschaften. 6. Aufl. 1990. In GS 4.
1906	Das Erlebnis und die Dichtung. Leipzig. 15. Aufl. Göttingen 1970.
1907	Das Wesen der Philosophie. In: P. Hinneberg, Band I,6: Systematische Philosophie. Leipzig. In GS 5.
1909	Über das Wesen der Geisteswissenschaften und ihr Verhältnis zu den Naturwissenschaften. Nachlaßveröffentlichung. In GS 7.
1910	Der Aufbau der geschichtlichen Welt in den Geisteswissenschaften. In: Abhandlungen der Preußischen Akademie der Wissenschaften. In GS 7.
1911	Die Typen der Weltanschauung und ihre Ausbildung in den metaphysischen Systemen. In: Weltanschauung, Philosophie und Religion. Hg. von M. Frischeisen-Köhler. Berlin. In GS 8.

Briefwechsel zwischen Wilhelm Dilthey und dem Grafen Paul Yorck von Wartenburg, 1877–1897. Hg. von S. von der Schulenburg. Halle 1923. Neuauflage New York 1974.
Der junge Dilthey. Ein Lebensbild in Briefen und Tagebüchern 1852 bis 1870. Hg. von C. Misch, geb. Dilthey, Leipzig 1933. 2. Aufl. 1960.
Die Philosophie des Lebens. Auswahl aus seinen Schriften 1867–1910. Hg. von H. Nohl. Frankfurt 1946.
Der Aufbau der geschichtlichen Welt in den Geisteswissenschaften. Einleitung von M. Riedel. Frankfurt 1970. TB 1981.
Texte zur Kritik der historischen Vernunft. Hg. von H.-U. Lessing. Göttingen 1983.
Das Wesen der Philosophie. Hg. von O. Pöggeler. Hamburg 1984. Hg. von M. Riedel. Stuttgart 1984.
Aufsätze zur Philosophie. Neuauflage. Hg. von M. Marquardt. Hanau 1986.

Gesammelte Schriften. Hg. von G. Misch u. a. Leipzig/Berlin, später Stuttgart/Göttingen/Zürich, ab 1914. **GS**
Band I: Einleitung in die Geisteswissenschaften. Versuch einer Grundlegung für das Studium der Gesellschaft und der Geschichte. Hg. von B. Groethuysen, 1922. 8. Aufl. 1979. **EG**
Band II: Weltanschauung und Analyse des Menschen seit Renaissance und Reformation. Abhandlung zur Geschichte der Philosophie und Religion. Hg. von G. Misch, 1914. 11. Aufl. 1991.
Band IV: Jugendgeschichte Hegels und andere Abhandlungen zur Geschichte des deutschen Idealismus. Hg. von H. Nohl, 1921. 5. Aufl. 1974.
Band V und VI: Die geistige Welt. Einleitung in die Philosophie des Lebens. 1. Teil: Abhandlungen zur Grundlegung der Geisteswissenschaften. Hg. von G. Misch, 1924. 7. Aufl. 1982. 2. Teil: Abhandlungen zur Poetik, Ethik und Pädagogik. Hg. von G. Misch, 1924. 6. Aufl. 1978.
Band VII: Der Aufbau der geschichtlichen Welt in den Geisteswissenschaften. Hg. von B. Groethuysen, 1927. 7. Aufl. 1979. **AG**
Band VIII: Weltanschauungslehre. Abhandlungen zur Philosophie der Philosophie. Hg. von B. Groethuysen 1931. 6. Aufl. 1991.
Band IX: Pädagogik. Geschichte und Grundlinien des Systems. Hg. von O. F. Bollnow, 1934. 4. Aufl. 1974.
Band X: System der Ethik. Hg. von H. Nohl, 1958. 4. Aufl. 1981.
Band XVIII: Die Wissenschaften vom Menschen, der Gesellschaft und der Geschichte. Vorarbeiten zur Einleitung in die Geisteswissenschaften 1865–1880. Hg. von H. Johach und F. Rodi, 1977.
Band XIX: Grundlegung der Wissenschaften vom Menschen, der Gesellschaft und der Geschichte. Ausarbeitungen und Entwürfe zum zweiten Band der Einleitung in die Geisteswissenschaften (ca. 1870–1895). Hg. von H. Johach und F. Rodi, 1982.

c. *Bibliographien*

Cerio, F. Diaz de: Bibliografia de Wilhelm Dilthey. In: Pensamiento 24/1968. 195–258.
Herrmann, U.: Bibliographie Wilhelm Dilthey. Quellen und Literatur. Weinheim u. a. 1969.
Lessing, H.-U.: Bibliographie der Dilthey-Literatur. In: Dilthey-Jahrbuch 1, 2, 3; 1983, 1984, 1985.
Matsutomo, A.: Dilthey in Japan: Bibliographie 1913–1983. In: Dilthey-Jahrbuch 2 (1984).
Totok, W.: Handbuch der Geschichte der Philosophie. Band VI. Frankfurt 1990. S. 126 ff.

7.2 Diltheys Weg von der Romantik über den Positivismus zur Hermeneutik

Das Denken in der zweiten Hälfte des vergangenen Jahrhunderts war entscheidend vom Wissenschaftsbegriff des Positivismus und des Historismus geprägt. Beide Ausformungen distanzierten sich von der Philosophie und polemisierten gegen philosophische Systeme im allgemeinen und gegen eine Geschichtsphilosophie im besonderen. In der Wissenschaftspraxis empfand man nicht nur Gleichgültigkeit gegenüber der traditionellen Philosophie, die nach wie vor im Schatten Hegelscher Spekulationen stand, sondern es herrschte eine militante Philosophiefeindlichkeit vor. Das Dilemma war für die Philosophie existenzbedrohend; sie verlor ihre Bildungs- und Vorbildfunktion. Wenn man bedenkt, daß sich die Philosophie bis Hegel als die eigentliche Wissenschaft verstand, dann wird deutlich, wie der Zweifel am Wissenschaftscharakter der Philosophie in eine Identitätskrise oder zur Neuinterpretation von Wissenschaft und Philosophie führen mußte.

In dieser Situation einer Neubewertung waren zwei naheliegende Auswege denkbar. Einer wurde von *Edmund Husserl*, der andere von *Wilhelm Dilthey* eingeschlagen. Husserl erneuerte in seiner Phänomenologie die Idee von der Philosophie als Universalwissenschaft, die an die antike Logosidee anknüpft und die europäische Kultur als Vollendung dieses Vernunftweges deutet. Er dachte Gedanken einer philosophia perennis: Philosophie als «strenge Wissenschaft», als objektives Vernunftgebilde, das allein aus den Bewußtseinsleistungen heraus erklärt und als allgemeingültig erkannt werden kann. Bei Dilthey finden wir einen Philosophiebegriff, der dem Leben und der Geschichte näher steht als dem Logos und der Vernunftwissenschaft. Philosophie ist in ihrer Verankerung im Leben und im geschichtlichen Wandel alles andere als voraussetzungslos faßbar. Diltheys Philosophie ist aus dem Geist der *hermeneutischen* Wissenschaften entworfen: als ein in jeder Epoche und in jeder Kultur, in jeder Situation, ja in jedem Individuum neu unternommenes Wagnis, das Leben, den anderen und sich selbst aus der Geschichte heraus zu verstehen. Die Voraussetzungen für solch eine neue Sicht, die Dilthey unter das Thema einer «Kritik der historischen Vernunft» gestellt hat, waren in den Methoden der Geisteswissenschaften zu suchen, weshalb Diltheys hermeneutischer Philosophie eine «Grundlegung der Geisteswissenschaften» vorausging.

Diltheys geistiger Weg beginnt bei *Friedrich Schleiermacher*, einem echten Romantiker und Vertreter einer pantheistischen Gefühlsreligion. Die Betonung der Individualität, die Distanzierung von Verstand und Vernunft, aufgeklärte Frömmigkeit gepaart mit emphatischer Sittlichkeit und die Begeisterung für neue Formen einer unmittelbaren Anschauung des Wesentlichen repräsentierten «Lebensphilosophie» in reinster Form. Diese Elemente wirken auch bei Dilthey fort. Aber Dilthey ist zugleich Zeitgenosse eines einflußreichen kompromißlosen Positivismus, wie er nicht nur in den Naturwissenschaften, sondern auch in der Psychologie und in der Geschichtsforschung die Vorherrschaft beansprucht. So prägt die Idee, jene romantische Lebensphilosophie wissenschaftlich zu domestizieren, das gesamte Denken Diltheys. Seine Lehre versucht eine Synthese aus Lebensfülle und strenger Methodik, aus Romantik und Positivismus im weiteren Sinne. Sie artikuliert sich als Grundlegung einer neuen Wissenschaft, einer Wissenschaft dessen, was in jener Philosophie als ungebändigtes und begrifflich unfaßbares Leben erfahren wurde. Dilthey spricht von den Geisteswissenschaften, und so wird die *«Grundlegung der Geisteswissenschaften»* das Generalthema der Diltheyschen Philosophie.

Die konkrete Durchführung der Grundlegung beginnt mit der Abgrenzung der Geisteswissenschaft von der Naturwissenschaft. Erstere habe sich aus den Aufgaben des Lebens entwickelt und beziehe sich direkt auf den Menschen. Sie läßt sich nicht aus der Natur ableiten; denn Mensch und menschlicher Geist müssen aus der Geschichte verstanden werden. Deshalb stoßen wir in Diltheys Lebensphilosophie immer wieder auf die zentralen Themen Erlebnis, Verstehen und Ausdruck. *Erlebnis* war zu jenen Zeiten in den Kreisen, die in ihrer Ablehnung des naturwissenschaftlichen Positivismus nach neuen Wegen suchten, geradezu ein Modewort. Bei Dilthey tritt der Begriff jedoch als Terminus auf. Er bezeichnet eine innere Tatsache. Wie die äußeren Tatsachen die Gegenstände der Naturwissenschaften darstellen, so beinhalten die inneren Tatsachen das Arbeitsfeld der Psychologie. Doch zur von Dilthey angestrebten Klärung der Innerlichkeit erweisen sich die Begriffe, Methoden und Ergebnisse der tradierten Psychologie als ungeeignet. Dilthey fordert daher eine neue Psychologie, eine Forderung wie wir sie bereits in Brentanos Idee einer deskriptiven oder in Stumpfs Konzept einer experimentellen Psychologie kennengelernt haben. Er spricht von einer *beschreibenden und zergliedernden* Psychologie, die er der naturwissenschaftlich orientierten *empirischen* Psychologie gegenüberstellt, die Kausalzusammenhänge aufspürt und Erklärungen konstruiert (*erklärende* oder *konstruierende* Psychologie). Diltheys Erlebnisbegriff hebt sich aber nicht nur von den allgemeinen Forschungsgegenständen der Naturwissenschaften ab; er muß auch von Husserls intentionalen Erlebnisbegriff unterschieden werden, wo von reinen Bewußtseinsvorgängen mit universellen Wesenszügen die Rede ist. Bei Dilthey fehlt die strenge Trennung in Akt und Gegenstand. Zwar anerkennt er, daß alle Wirklichkeit nur durch das Bewußtsein gegeben ist (Satz von der Phänomenalität, V 90), aber dieses Bewußtsein ist zugleich Element eines umgreifenden Lebens, wie wir es in Husserls Spätphänomenologie finden. Erlebnisse der beschreibenden Psychologie sind zudem auch individuelle Ereignisse, die im ständigen Wandel begriffen und als Innerlichkeit unmittelbar zugänglich sind. Daß sie trotzdem über das punktuelle konkrete Erlebnis hinaus eine Rolle spielen und allgemein beschrieben werden können, liegt daran, daß sich Inneres in einem als Organismus gedachten Gesamtzusammenhang des Lebens manifestiert. Der Ausdruck übernimmt die Funktion des Gegenstandes einer Intention. Weil sich inneres Leben *ausdrückt*, also etwas in einem Äußeren zur Erscheinung kommt, kann das Äußere wieder als Indiz für das Innere *verstanden* werden. Wenn im Erlebnis diese weiteren Möglichkeiten verborgen sind, dann heißt das, daß die zugehörige Wissenschaft nicht die Psychologie im engeren Sinne sein kann, sondern daß die Geisteswissenschaften zuständig sind, um diese Zusammenhänge zu beschreiben.

Die Grundlage der Geisteswissenschaften bildet die *deskriptive* oder *beschreibende und analysierende* Psychologie. Ihre Hauptaufgabe besteht darin, die psychischen Prozesse, die wir als Einzelerlebnisse vorfinden, zu einer Totalität zusammenzufügen. Es geht Dilthey also um den Strukturzusammenhang in der Totalität das Seelenlebens. Leben weist so über das punktuelle Erlebnis hinaus und wird zum tragenden geschichtlichen Hintergrund, vor dem diese Erlebnisse ablaufen. Denn die inhärenten Beziehungen zwischen Erlebnis und Ausdruck stellen eine Struktur dar, die in den verschiedensten Lebensbereichen vorgefunden werden kann: in sprachlichen, künstlerischen, juristischen und vor allem geschichtlichen Bereichen. Die Untersuchung dieser Strukturen leisten die erwähnten Geisteswissenschaften wie Philologie, Geschichte, Staatswissenschaften usw.

Besonders für die *Interpretation der Geschichte* ist Diltheys Ansatz wirkungsgeschichtlich von größter Bedeutung geworden. Die entscheidenden Überlegungen finden sich in EG. Er nimmt dort Windelbands Unterscheidung von Geschichte und Naturwissenschaft vorweg: Geschichte handelt vom *konkret Individuellen*, die Naturwissenschaft vom *abstrakt Allgemeinen*. Eine Antwort auf die Frage nach der Möglichkeit der *Erkenntnis* des Geschichtlichen gibt Dilthey erst in den späteren Aufsätzen[9]. Die Quellen sind danach der Anlaß, den dort investierten Geist im eigenen Geist des Forschers neu zu erleben. Je reicher und flexibler dieses Selbst ist, um so lebendiger und unmittelbarer wird die Aneignung. Der Historiker ruft seinen Gegenstand im eigenen Erlebnis gleichsam zum objektiven Leben. Weil die Erkenntnis über die unmittelbare Erfahrung des Inneseins hinausreichen muß, wendet sich Dilthey der Psychologie als Instanz der Objektivierung zu. Wie ich mich selbst als Erlebenden nur in der psychologischen Analyse objektiv erkennen kann, so auch der Historiker: die Manifestation des Fremden im eigenen

---

9 Vergleiche Band VII, AG.

Erlebnis muß durch Psychologie objektiviert werden. Der Gefahr, sich hier einer naturwissenschaftlichen Psychologie auszuliefern und damit Geschichte als erkennende Wissenschaft überhaupt aufzuheben, ist Dilthey nicht ganz entronnen. Nur die Hinwendung zur Hermeneutik, die mit dem Wirken des objektiven Geistes argumentiert, konnte die Lehre vom Verstehen als Wissenschaft retten.

Die bisherige Darstellung zeigt, wie Dilthey zwar von den lebensweltlichen Prämissen der Romantik ausgegangen ist, sich jetzt aber ganz der eher wissenschaftstheoretischen Fragestellung zuwendet, wie Wissenschaften von den Erlebnissen der Menschen möglich sind. Die Abhebung vom Positivismus, aber auch von der klassischen Metaphysik, erfolgt immer noch auf dem Boden eines analogen methodischen Anliegens. Es geht letztlich um den «wahren Positivismus». Diltheys Lehre betont, daß die inhaltliche Fülle der Wirklichkeit nur durch das Erlebnis, nur durch das Innewerden im Bewußtsein, zugänglich wird. So übermittelt das konkrete Leben mit seinen verstehbaren Äußerungen das eigentlich Gegebene, das Positivum, Husserls «Sache selbst».

Die Diltheysche Philosophie scheint in diesen Überlegungen von der Bemühung absorbiert zu sein, die *methodische Selbständigkeit* der Geisteswissenschaften nachzuweisen. Diese Absicht wird zwar in der Wirkungsgeschichte des Diltheyschen Denkens oft stark hervorgekehrt, muß aber als *ein* Aspekt unter mehreren relativiert werden. Denn für Dilthey zeigt sich in der gesuchten Methodik der Geisteswissenschaften mehr und mehr das Wesentliche der Philosophie überhaupt. Die Grundlegung der Geisteswissenschaften bleibt im methodischen Sinne unbefriedigend. Aber Dilthey ist im Bemühen um diese Grundlegung auf Fragen gestoßen, die Wesentliches zum Verstehen der Geistesobjektivationen in der Geschichte beitragen, das heißt, daß seine Methodik sich als «Kritik der historischen Vernunft» zeigt. Das bedeutet, daß die Strukturbeschreibungen innerhalb der Geisteswissenschaften mehr und mehr zum Vollzug der Philosophie selbst werden. Die Überlegungen zur Grundlegung meinen eine philosophische Selbstbesinnung. So finden wir in Diltheys Ringen um die Einsicht in die Struktur eines überindividuellen Geschichtszusammenhangs einen weiteren, mindestens gleichberechtigten Aspekt in seiner Philosophie. Denn «was der Mensch sei, sagt ihm nur seine Geschichte» (VIII 224). Wenn der Mensch kein festes Wesen hat, heißt das noch nicht, daß überhaupt nichts über ihn ausgesagt werden kann. Voraussetzung ist, daß das Leben wenigstens in den einzelnen Kulturepochen und Lebenszeitabschnitten verbindliche gemeinsame Strukturen enthält, die beschrieben werden können. Durch die Einbindung des Lebens in eine zwar wandelbare, aber doch über das Individuelle hinausgehende Ordnungsstruktur mildert er den Relativitätsverdacht, der mit der Abwendung vom zeitlosen Apriori kantianischer Provenienz immer gegeben ist.

Zu diesem Zweck muß Dilthey in seiner «Kritik der historischen Vernunft» zuerst die Formen der Beschreibungsmöglichkeit von Wirklichkeit, d.h. die Kategorien umdeuten. Besonders Kant hatte die Apriorität und Konstanz der Kategorien nicht nur als unhintergehbares Fundament gesetzt, sondern durch seine transzendentale Deduktion diese auch für unsere Erfahrungswelt als relevant erwiesen. Weil bei Kant die Kategorien immer nur in Bezug auf zufällige mögliche Erfahrung Wirklichkeit konstituieren, meinen die Erkenntnisse über die Wirklichkeit ein Allgemeines, das gerade dieses Dilthey interessierende Individuelle und Einmalige *nicht* erfaßt. Um zum konkreten Einzelnen vorzustoßen, bedarf es einer anderen Art von Kategorien, die tiefer mit dem Leben verwurzelt sind. Sie sind Artikulationen des Lebens (XIX 355, 363). Dilthey spricht von geschichtlichen Kategorien (VII 25) oder von den *Kategorien des Lebens*. Als Beispiele für diese Kategorien zählt er auf: Ganzes und Teile, qualitativ bestimmtes Einzeldasein, Wirken und Leiden, Kraft und Wechselwirkung, Kategorien des Wesens und der Entwicklung und anderes (VII 252/53). An anderer Stelle betont Dilthey die Kategorie der Selbigkeit, an der sich die Verwurzelung mit dem Leben und das Verhältnis zu den klassischen Kategorien der Metaphysik verdeutlichen läßt. Die Selbigkeit entdeckt Dilthey in der Gewißheit, daß jeder sich in allen Erlebnissen seines Lebens trotz aller Wandlungen immer derselbe bleibt. Erst aus dieser inneren

Erfahrung folgt die Möglichkeit, den logischen Begriff der Identität und den ontologischen Begriff der Substanz zu bilden. Die Erfahrung der Widerständigkeit eines Anderen und der konstruierte Substanzbegriff ermöglichen die Übertragung der Selbigkeit auf ein Du und schließlich auf die Dinge (XIX 365). Aus dem Widerstandserlebnis im Wirken und Leiden schließlich kann das Kausalitätsprinzip abstrahiert werden. Die Kategorien des Lebens betreffen also die ganze Fülle der Wirklichkeit, während die Beschränkung auf die Kausalitätsbetrachtung in den positiven Wissenschaften diese Wirklichkeit entleert.

Es ist offenkundig, daß eine solche Theorie der Kategorien des Lebens nicht mehr als Letztbegründung einer prima philosophia verstanden werden kann. Die Kategorien des Lebens sind nur im konkreten Lebensakt zugänglich. Deshalb spricht Dilthey von dem Wissen des Wirklichen im Leben. Echte Philosophie baut also schon auf ein Fertiges auf, das als *Lebenswelt* immer schon vorgefunden wird und von dem aus erst philosophische Einsichten abgeleitet werden können. Nicht der Rückgang zu den Prinzipien, auch nicht die nachträgliche Rekonstruktion und die Zusammensetzung der Elemente zum Ganzen kennzeichnen die Philosophie, sondern die Auslegung des schon längst strukturierten Lebens, das Verstehen der Lebenswelt. Hier wird deutlich, wie ähnlich die *Ziele*, aber wie verschieden die *Wege* sind, die Dilthey und Husserl in der Spätphilosophie eingeschlagen haben.

Diese Umdeutung der Lebensphilosophie mit Hilfe des Verstehens enthält eine neue *Metaphysik* oder eine «Philosophie der Philosophie», wie Dilthey diese in Manuskriptnotizen zur Spätphilosophie nennt (vgl. VIII 269). Zwar hat sich Dilthey immer wieder als Kritiker einer Metaphysik verstanden, sofern damit eine geschichtlich begrenzte Erscheinung gemeint war (I 133). Das schließt nicht aus, daß das metaphysische Bewußtsein unsterblich ist (II 498) und sich in der Philosophie des Lebens artikuliert. Der Fehler der klassischen Metaphysik liegt in der Betonung des Ewigen, Geschichtslosen und Unveränderlichen. Die Metaphysik als «Philosophie der Philosophie» dagegen ist ein Ausdruck des geschichtlichen Bewußtseins und hat ihren Sitz im Leben. Schon sehr früh hatte Dilthey erkannt, daß der Mensch vor der Undurchdringlichkeit der Geschichte und der Rätselhaftigkeit des Lebensflusses nicht bestehen kann und daher auf seine Person bezogene *Weltanschauungen* entwirft, um das Leben zu bewältigen. Dabei bezieht er sich auf geschichtlich wirksame Formen von Weltanschauungen, vor allem auf Dichtungen und auf Religionen. An die Stelle der Analyse einer theoretischen Metaphysik und einer geschichtslosen Objektivität tritt eine Analyse der Weltanschauungen und – als Folge der Unmöglichkeit allgemeinverbindlicher Systeme – wenigstens eine *Typik* von Weltanschauungen.

Die Weltanschauungslehre im Band VIII bezieht sich zum Teil auf die traditionelle Dreiteilung der Psychologie, welche die geistigen Vermögen in Denken, Fühlen und Wollen gliedert. Ihr entsprechen als Korrelate Weltbild, Lebenserfahrung und Lebensideal, die wiederum zur Ausbildung von drei Weltanschauungstypen führen, die je eine geistige Kraft überbetonen und in den Vordergrund stellen: das Denken im *Naturalismus*, das Gefühl im *objektiven Idealismus* und das Wollen im *Idealismus der Freiheit*. Dilthey gibt persönlich dem Gefühlsbereich eindeutig den Vorzug (VIII 7). Die Antinomie zwischen der Allgemeingültigkeit und dem geschichtlichen Bewußtsein glaubt er nur durch den Rückgang auf unsere Gemütsverfassung auflösen zu können. Die Struktur des Gefühls bestimmt Dilthey als *Stimmung*. Sowohl Verhalten als auch Stimmung werden in der Dilthey-Nachfolge zu wichtigen Schlüsselbegriffen, ersterer z.B. bei Plessner, letzterer in Heideggers Grundbefindlichkeit[10]. Dilthey formuliert diese gemühafte Abgrenzung als *Hauptsatz der Weltanschauungslehre*: «Die Weltanschauungen sind nicht Erzeugnisse des Denkens. Sie entstehen nicht aus dem bloßen Willen des Erkennens. Die Auffassung der Wirklichkeit ist ein wichtiges Moment in ihrer Gestaltung, aber doch nur eines. Aus dem Lebensverhalten, der Lebenserfahrung, der Struktur unserer psychischen Totalität gehen sie hervor» (VIII 86). An die Stelle des vom Positivismus und vor allem vom Neukantianismus postu-

---

10 Vergleiche unten 23.12 bzw. 29.24.

lierten Subjekt-Objekt-Verhältnisses tritt das Lebensverhältnis. Lebensverhalten und Lebenserfahrung bestimmen die innerste Einheit des jeweiligen Menschen mit der Welt. Dem einzelnen erschließt sich in Grundstimmungen die Welt als Ganze; die Auserwählten entwerfen ihre Weltanschauungen. Die Gestaltung der bloßen Stimmung zur Interpretation des Wirklichen oder zur Weltanschauung erfolgt bei den religiösen, dichterischen und philosophischen Genies. Die abstrakte Forderung nach Allgemeinheit verliert in einer im Wandel befindlichen Welt unermeßlicher Lebensfülle ihren Sinn. Diese Einsicht als philosophische Leistung wird zur «Philosophie der Philosophie», zur begrifflichen Darstellung der in Weltanschauungen erscheinenden Weltauslegung, das heißt zur neuen Metaphysik. Es ist dies die Metaphysik einer verstehenden Vernunft oder eine *philosophische Hermeneutik*.

Der für Diltheys Philosophie zentrale Begriff der *Hermeneutik* ist nicht eindeutig und hat sich bei ihm im Laufe des philosophischen Denkwegs verschoben. In dem Aufsatz «Die Entstehung der Hermeneutik» definiert er den Begriff ganz aus der Perspektive der einzelwissenschaftlichen Methodenreflexion: Die «Kunstlehren des Verstehens schriftlich fixierter Lebensäußerungen nennen wir Hermeneutik ... Verstehen ... ist das grundlegende Verfahren für alle weiteren Operationen der Geisteswissenschaften» (V 317). Die Auslegekunst sprachlicher Texte hat zunächst wenig mit Philosophie zu tun. In dieser Form hat Dilthey die Hermeneutik bereits bei Schleiermacher kennengelernt. Dieser suchte erstmals in den verschiedenen juristischen, theologischen und philosophischen Interpretationstechniken das Gemeinsame auf und stellte dies als *allgemeine Kunstlehre des Verstehens* oder als *allgemeine* Hermeneutik dar. Sie ist die Methode der Geisteswissenschaft und wird dort praktiziert. Der schriftlich fixierte Ausdruck ist das Mittel, um den geistigen Verkehr zwischen Menschen zu realisieren, die jeweils ihr Inneres offenbaren. Das Verstehen ist möglich, weil das Innere geistig strukturiert ist und deshalb in einen gleichstrukturierten Ausdruck transformiert werden kann; dieser ist seinerseits wieder in seinen geistigen Gehalt rückübersetzbar. Wenn die Struktur der interpretierenden Vernunft und die Regeln des Seelenlebens gleichartig und geschichtslos sind, ergeben sich keine prinzipiellen, sondern nur technische Probleme. Anders wird die Situation, wenn in der nach-idealistischen Zeit die Vernunft selbst geschichtlich wird. Dann muß die Hermeneutik zugleich *Prinzipienlehre* sein, die imstande ist, die veränderten Verstehensbedingungen zu erklären. Auch hierfür findet man Ansätze bei Schleiermacher. Er unterscheidet das grammatisch-psychologische Verstehen, das sich innerhalb des gegebenen Gesamtsystems der Sprache vollzieht, von dem divinatorisch-komparativen Verstehen, das mittels Einfühlung, Ahnen, Erraten und anderen experimentellen Entwürfen operiert. Wenn der tradierte Sinnzusammenhang gestört ist, muß eine Hermeneutik des ausgewogenen Verhältnisses beider Verstehensarten den Bruch überwinden. Auch für Dilthey bleibt dieses Grundproblem bestehen, doch wird bei ihm der Verstehensbegriff in zwei Richtungen transzendiert. Wegen seines lebensphilosophischen Grundanliegens ist er nicht beim Verstehen von Texten stehengeblieben; Verstehen betrifft nicht nur das Verstehen des anderen, der den Text artikuliert hat. Zunächst werden auch Konstrukte, dann sogar Geschichtsepochen und andere menschliche Verhaltensweisen einbezogen. Schließlich wird das Leben in all seinen Formen als «Text» aufgefaßt und interpretiert. Verstehen ist das allgemeine Korrelat für jeden ursprünglichen Lebensbezug. Wir verstehen etwas als Höflichkeitsformel, als feindselige Handlung, als logischen Zusammenhang oder als technisches Werkzeug. Damit liegt aber nicht mehr der Ausdruck eines Inneren vor, sondern es geht um die Wiedererkennung eines Allgemeinen in seiner geschichtlichen Konkretion. Weil aber dieses Allgemeine nicht mehr nur echtes zeitloses Wesensallgemeines umfassen soll – wie in logischen Zusammenhängen –, sondern die historischen Kategorien ausschlaggebend sind, vollzieht Dilthey einen weiteren Schritt: er spricht vom *objektiven Geist*. Was verstanden wird, sind Objektivationen des Geistes, also Inhalte eines objektiven Geistes, der zugleich – im Sinne Hegels – geschichtlich ist. «Nur was der Geist geschaffen hat, versteht er» (VII 148).

Dieser letzte Schritt impliziert eine neue Auffassung von Hermeneutik, deren tieferer Sinn sich erst in späteren Weiterentwicklungen bei Heidegger und Gadamer entfaltet hat. Verstehen und Interpretation beziehen sich in dieser Deutung nicht mehr nur auf von Individuen produzierte Texte und andere Ausdrucksmannigfaltigkeiten, auch nicht auf bloße Lebensbezüge, sondern auf «Schöpfungen des Geistes» (VII 319), die über die Intentionen von Individuen hinausreichen können und historische Existenzformen oder Lebensformen prägen. So werden selbst die eigenen Erlebnisse nicht mehr unmittelbar verstehbar, sondern nur über ihre Ausdrucksrealisierung und in ihrer Einordnung in den objektiven Geist, der außerhalb des Individuums als Wirkungszusammenhang Einfluß nimmt. Verstehen ist so ein kompliziertes Verhältnis von individuellem Vermeinen und dem Sicheinordnen in einen immer schon verstandenen Wirkungszusammenhang, der die Erfahrung vergangener Zeiten aufbewahrt. Dabei ist diese *philosophische Hermeneutik* die eigentliche Form der philosophischen Selbstbesinnung, das Verstehen der Geschichtlichkeit des gesamten Seins, aber nicht mehr in der Form einer *begründenden*, sondern einer *verstehenden Vernunft*.

Es geht in der Philosophie nicht mehr nur um die Erfassung der inneren Individualität des anderen, sondern um eine das Wesen des Menschen und seine Kulturwelt umfassende Allgemeinheit, die sich allerdings nur in der geschichtlichen Konkretion offenbart. Daß diese Idee auf verschiedene Weise interpretiert und weiterentwickelt werden kann, haben Heidegger, Gadamer und andere gezeigt. Andererseits wurde gerade in diesen Weiterentwicklungen deutlich, wie eng Diltheys Lehre mit den Grundgedanken des deutschen Idealismus und der Romantik verbunden ist. Nicht nur die Betonung der Innerlichkeit und Individualität, sondern auch die Vorstellung von der Werthaftigkeit der Individualität in ihrer Selbstverwirklichung und die hohe Einschätzung des Künstlers als Repräsentant des eigentlichen Menschseins sind charakteristisches Erbe aus dem 19. Jahrhundert. Daß das Individuum letztlich ineffabile ist und der Ausdruck des Inneren in den Abgründen der Unvernunft und des Bösen deformiert werden kann, wird in der durch innere Harmonie und pantheistische Tendenzen geprägten Lebensphilosophie Diltheys nicht zugestanden. Dazu bedurfte es erst der Erschütterungen der nächsten Jahrzehnte, die aus der hellen Lebensphilosophie den dunklen Existentialismus[11] hervorgehen ließen.

7.3 Schriften zur Spätphilosophie Diltheys

Bernhard Groethuysen betont in seinem Herausgeber-Vorwort zu Band VII, daß eigentlich die gesamte Philosophie Diltheys unter dem Titel einer «Einleitung in die Geisteswissenschaften» (EG) oder unter einer «Kritik der historischen Vernunft» zusammengefaßt werden kann. Auf die 1883 erfolgte Veröffentlichung des ersten Bandes zur EG, in dem ein zweiter Band angekündigt wird, folgten verschiedene Vorarbeiten zur Realisierung des Vorhabens; doch liegt keine endgültige Fassung des zweiten Bandes selbst vor. Trotzdem kommt dem Material, das im Band VII der GS als «Der Aufbau der geschichtlichen Welt in den Geisteswissenschaften» vorliegt, eine besondere Bedeutung zu. Inzwischen kann Dilthey auf einen langen Denkweg zurückblicken, auf dem er die Synthese aus Leben und Wissenschaft erreichen wollte. Es erfolgt nun ein erneuter Anlauf. Auch diesmal gelingt ihm die abschließende Versöhnung der Gegensätze nicht. Doch enthalten die Gedanken der beiden letzten Jahrzehnte seines Lebens eine Reihe von bedeutenden Anregungen, die von zahlreichen Philosophen des 20. Jahrhunderts aufgenommen und weiterentwickelt wurden. Dabei taucht immer wieder der Begriff der *Hermeneutik* auf. Diltheys Überlegungen betreffen dabei eine spezifische Variante, die von anderen Hermeneutik-Formen unterschieden werden muß. Die uralte *theologische* Hermeneutik transformiert göttliches Geschehen und geheimnisvolle Zeichen einer heiligen Schrift in eine dem Gläubigen zugängliche Sprachwelt. Während diese ihre Legitimation aus dem Glauben an die Heiligkeit des Ausgelegten

---

11 Vergleiche unten die Ausführungen zur Existenzphilosophie (27.11).

ableitet, beruft sich die Hermeneutik der *Aufklärung* auf das objektive natürliche Licht der Vernunft. In der *romantischen* Hermeneutik Schleiermachers schließlich erfolgt die Wende zum Individuellen. So stellt sich Dilthey die Aufgabe einer Versöhnung von Objektivität und Individualität, die er in seiner *historischen* Hermeneutik zu realisieren sucht. Die Umgestaltung dieses Ansatzes zu einer *existenzialen, «neuen»* Hermeneutik bei Gadamer und Heidegger zeigt die Problematik des Diltheyschen Hermeneutik-Begriffs, der zu versöhnen sucht, was nicht vereinbar zu sein scheint. In diesem letzten Hermeneutik-Stadium wird die ursprüngliche Aufgabe einer kunstfertigen und wissenschaftlichen Interpretation verdrängt durch ein philosophisches Vernehmen dessen, was mit uns geschieht. Verstehen verwandelt sich in ein wirkungsgeschichtliches Ereignis. Und wie die Suche nach der «Sache selbst» in der Phänomenologie durch die Einbeziehung der Geschichte ihre ursprüngliche Bedeutung verliert, so löst sich hier durch die Allmacht der Wirkungsgeschichte der Verstehensbegriff von der lebensphilosophischen Tradition, in der die letzten Klärungen versucht worden sind.

7.31 Der Aufbau der geschichtlichen Welt in den Geisteswissenschaften (VII)

Die Arbeit zerfällt in drei Teile: Abgrenzung – Geschichtliche Orientierung – Allgemeine Sätze über Geisteswissenschaften.

Der *1.* Teil *«Abgrenzung der Geisteswissenschaften»* (79) von den Naturwissenschaften legt einen von der allgemeinen Debatte abweichenden Versuch vor, den Unterschied durch sichere Merkmale zu bestimmen. Zu den Geisteswissenschaften zählt Dilthey «Geschichte, Nationalökonomie, Rechts- und Staatswissenschaften, Religionswissenschaft, das Studium von Literatur und Dichtung, von Raumkunst und Musik, von philosophischen Weltanschauungen und Systemen, endlich die Psychologie» (79). Sie haben sich aus den Aufgaben des Lebens entwickelt und sind durch die Gemeinsamkeit des Gegenstandes verbunden; sie beziehen sich auf das ganze Menschengeschlecht.

Anders verhält es sich mit der *Naturwissenschaft*. Hier sucht man in der physischen Welt nach Gesetzen, indem man in einer abstrakten Auffassung den Menschen ausschaltet, um die Natur als eine Ordnung nach Gesetzen zu konstruieren (82). *Natur kann nur konstruiert, aber nie verstanden werden*. Dabei herrscht die Tendenz, das Psychische in das naturwissenschaftliche Denkschema zu pressen und so dieses sich selbst zu entfremden. Dagegen muß sich die *Geisteswissenschaft* darauf besinnen, was nicht in die Sinne fällt, sondern sich nur im Sinnlichen manifestiert. Für letzteres ist die Rede vom *Äußeren* sinnvoll, für das, was verstanden werden soll, dagegen die Rede vom *Inneren*. Dieses Innere muß weiter bestimmt werden. Dafür ist aber keineswegs die Psychologie zuständig. Denn das Verstehen des sich beispielsweise im römischen Recht manifestierenden Geistes ist kein psychologischer Erkenntnisvorgang. Ähnliches gilt für die Dichtkunst. Es geht auch hier nicht um die inneren Prozesse in den dichtenden Personen, sondern um das Verstehen des im Dichter geschaffenen, aber von ihm ablösbaren Zusammenhangs (85). So schaffen sich beide Wissenschaften ihre Gegenstände, das geistige Objekt beziehungsweise den physischen Gegenstand (86). An dieser Stelle führt Dilthey explizit den Begriff *«Geisteswissenschaft»* ein. Er bezieht sich auf einen Geist in dem Sinne, wie Hegel vom objektiven Geist, C. Montesquieu vom Geist der Gesetze und R. von Ihering vom Geist des römischen Rechts sprechen.

Die Menschheit ist als Gegenstand der Geisteswissenschaften nur möglich, sofern sich menschliche Zustände in Lebensäußerungen ausdrücken. Das betrifft auch uns selbst: «Was wir sind, erfahren wir daraus, wie wir handelten, welche Lebenspläne wir einst faßten, wie wir in einem Beruf wirksam waren» usw. (87).

Der *2.* Teil *«Die Verschiedenheit des Aufbaus in den Naturwissenschaften und den Geisteswissenschaften»* wird als «Historische Orientierung» bezeichnet (88). In weitausholenden Beschreibungen stellt Dilthey die geistige Entwicklung seit der Aufklärungszeit dar. Aus den Ausführungen wird deutlich, was er mit dem konkreten Leben und mit der inhaltlichen Fülle des Erlebten im geschichtlichen Geschehen meint.

Dilthey entdeckt die in der Menschennatur liegenden gesetzlichen Verhältnisse eines Gemeinschaftsbewußtseins, das seine Geschichte prägt. Unmittelbar vor seiner Wirksamkeit habe sich allgemein «der Aufgang des geschichtlichen Bewußtseins vollzogen» (105). Dabei war bei den maßgeblichen Vertretern die Orientierung an naturwissenschaftlichen Methoden längst aufgegeben. Die vergleichende Methode stand im Vordergrund. Vereint mit Hegels genialer Geschichtsbetrachtung wurde der Kampf gegen die verstandesmäßige Auffassung der menschlich-geschichtlichen Wirklichkeit fortgeführt (100). Rankes Absicht, in der Geschichte zu zeigen, «wie es eigentlich gewesen», gilt als weiterer Angriff gegen kausale Erklärungen und universelle Darstellungen.

Für Dilthey sind Entwicklungsgeschichte und vergleichendes Verfahren die methodischen Stützen für die Herausarbeitung eines objektiven Wissens von der geistigen Welt. Dabei soll das geschichtliche Denken nicht ins Metaphysische und Transzendentale abgleiten, die stets einen Bezug auf Absolutes und Unbedingtes voraussetzen (106). Denn weder von den deutschen Idealisten noch von deren Nachfolgern wurde ein theoretischer Aufbau der Geisteswissenschaften erreicht. Die Vertreter der transzendental-metaphysischen Theorien standen nach wie vor unvermittelt neben den Verfechtern des Metaphysik verachtenden Positivismus. Es bedurfte einer neuen Grundlegung der Geisteswissenschaften. Dies ist die Situation, an welche Diltheys Entwurf anknüpfte.

Um sein Anliegen zu verdeutlichen, erinnert er an die Ergebnisse des ersten Bandes. Ausgangspunkt waren «das Leben und Verstehen, das im Leben enthaltene Verhältnis von Wirklichkeit, Wert und Zweck» (117), die Selbständigkeit der Geisteswissenschaften gegenüber den Naturwissenschaften und die Bedeutung des Singulären in der Geschichte. Dabei wird immer wieder auf die Bedeutung des Verstehens verwiesen. Über dessen rein methodischen Sinn soll nun hinausgegangen werden.

Der *3. Teil «Allgemeine Sätze über den Zusammenhang der Geisteswissenschaften»* liefert Einzelbeiträge zu diesen Programmen. Dilthey formuliert drei Aufgaben:

– Bestimmung der allgemeinen logischen Struktur der Geisteswissenschaften als Entstehungsbedingungen für allgemeines Wissen;
– Aufklärung des Aufbaus der geistigen Welt in den einzelnen Gebieten und der damit implizierten Methodenlehre (120);
– Angabe des Erkenntniswertes dieser Leistungen und die Möglichkeit eines objektiven geisteswissenschaftlichen Wissens.

Zunächst wird das gegenständliche Auffassen dargelegt. Es geht dabei um Wahrnehmungen und Erlebnisse, Urteile, Begriffe, Schlüsse und deren Zusammensetzungen. Diese müssen als Leistungen mit Zielsetzungen aufgefaßt werden, die erst als solche in einer Teleologie des Lebenszusammenhangs ihre Rolle spielen. Das Gegebene wird zu distinktem Bewußtsein erhoben, es wird verglichen, getrennt, abstrahiert, mit anderem in Beziehung gesetzt, zusammengefaßt und ins Abbildverhältnis gebracht. Dann geht das Auffassen in diskursives Denken über. Dieses ist an den Ausdruck gebunden und ermöglicht das Urteilen (124). In der Vertretung und Verifikation wird das Gegebene und das diskursiv Gedachte vertauschbar (125). Urteil, Begriff und Schluß sind Denkformen, die in Denkgesetzen auftreten und Naturwissenschaften wie Geisteswissenschaften gleichermaßen betreffen. Die Verbindung von Denkform und Denkleistung führt zur wissenschaftlichen Methode und ermöglicht die Repräsentation, welche die elementaren und die diskursiven Denkleistungen umfaßt. Mit diesen Leistungen sind Erlebnisse logisch verbunden. Die Auffassungserlebnisse stellen die Gegenstände in einen teleologischen Zusammenhang, der sich als Welt repräsentiert (129).

Der zweite, eigentliche Hauptabschnitt der Arbeit behandelt *«Die Struktur der Geisteswissenschaften»*, die das Verhältnis von Erlebnis, Ausdruck und Verstehen beschreibt (131). Deshalb beginnt Dilthey seine Analyse mit dem *Begriff des Lebens*, von dem her das Erleben verstanden werden kann. Das Leben ist weder im Sinn der Biologie auf die allgemeine belebte Natur bezogen (wie etwa bei Scheler), es hat auch keinen pantheistischen religiösen Nebensinn, sondern es ist der das menschliche Geschlecht umfassende Zusammenhang. Alle Leistungen enthalten einen Lebensbezug des Ich. Dilthey illustriert dies am Erlebnis des Lyrikers: «er geht von einer Situation aus und läßt nun Menschen und Dinge in einem Lebensbezug zu einem ideellen Ich erblikken, in welchem sein eigenes Dasein und innerhalb desselben sein Erlebnisverlauf in der Phantasie gesteigert ist: Dieser Lebensbezug bestimmt, was der echte Lyriker von den Menschen, von den Dingen, von sich selbst sieht und ausdrückt» (132). So bildet sich, gleichsam als eine Art lebensweltliche Induktion, aus den Verallgemeinerungen des Erlebten die *persönliche* Lebenserfahrung. Durch Korrekturen und Erweiterungen entsteht schließlich die *allgemeine* Lebenserfahrung, das heißt ein Gesamt von «Sätzen, die in irgendeinem zueinandergehörigen Kreis von Personen sich bilden und ihnen gemeinsam sind». Es entstehen Werturteile, Regeln der Lebensführung, Bestimmungen von Zwecken und Gütern, die als Sitte und öffentliche Meinung wirken (133). Die in diesen Lebensbezügen enthaltenen Bestimmungen werden schließlich sprachlich ausgedrückt. Dies führt zu Stufungen und Differenzierungen des Ausgedrückten. Es entsteht im individuellen Dasein ein unendlicher Reichtum. Aber jedes Individuum ist zugleich Kreuzungspunkt von Zusammenhängen und wird so zum geschichtlichen Wesen.

Aus diesem Leben gehen die Geisteswissenschaften hervor. Ihr Verfahren ist ein «Innewerden eines psychischen Zustandes in seiner Ganzheit und Wiederfinden desselben im Nacherleben» (136). Der Ausgang vom Leben bildet den *ersten Grundzug* in der Struktur der Geisteswissenschaften (137). Da die Wissenschaftler aber gleichzeitig beeinflussen wollen, entsteht ein Widerstreit zwischen der Forderung der Allgemeinheit der Wissenschaften und der Einflußnahme des Wissenschaftlers. Das Prinzip für die Auflösung des Widerstreits findet Dilthey in der These von der geschichtlichen Welt als eines objektiven Wirkungszusammenhangs (138). Aus der Bedeutsamkeit der einzelnen Teile entspringt wegen des Wirkungszusammenhangs der Sinn des Ganzen.

Im Anschluß daran werden die zugehörigen Verfahrensweisen behandelt (138). Auf das unmittelbare Einzelerlebnis baut das Wissen vom Lebensverlauf in der Mannigfaltigkeit seiner Bezüge auf und über den individuellen Lebensverlauf hinaus führt uns dann das Verstehen zur Gemeinsamkeit der Individuen. Dilthey setzt dabei die «Selbigkeit der Vernunft, der Sympathie im Gefühlsleben, der gegenseitigen Bindung in Pflicht und Recht ... » voraus (141).

Um den Wirkungszusammenhang zu erkennen, bedarf es allgemeiner Sätze beispielsweise über Eigenschaften des Menschen oder bestimmter Klassen, über politische und andere Rückwirkungen. Die Aussagen über Inividuelles setzen wissenschaftliche Begriffe und Sätze allgemeinster Art voraus. Das Erlebnis wird erst durch das Einfügen in das Ganze und Allgemeine zur Lebenserfahrung (143), das heißt durch ein systematisches Wissen, das umgekehrt vom lebendigen Erfassen des Einzelnen abhängt. Für Dilthey ist die gegenseitige Abhängigkeit von Verstehen und geisteswissenschaftlicher Wahrheit der *zweite Grundzug* in der Struktur der Geisteswissenschaften. In der wissenschaftlichen Arbeit vollzieht sich eine Rückbesinnung auf Erleben, Verstehen und Repräsentation der geistigen Welt in allgemeinen Begriffen (145). Deshalb ergänzen sich Universalgeschichte und das System der Geisteswissenschaften.

Die eigentliche Leistung des Verstehens ist die «*Objektivation des Lebens*». Sie ist die Grundlage der Geisteswissenschaften. Die einzelnen Lebensäußerungen sind in das Reich des objektiven Geistes eingeordnet und repräsentieren dort ein Gemeinsames. Eine Mannigfaltigkeit von gegliederter Ordnung macht die Fülle des Lebens aus. Alles, worin der Geist sich objektiviert hat, fällt in die Geisteswissenschaft. Dilthey bezeichnet die Objektivationen des Geistes auch mit Hegels Begriff des *objektiven Geistes*. Zugleich betont er den Unterschied beider Begriffe: «Hegel konstruiert metaphysisch; wir analysieren das Gegebene. Und die heutige Analyse der menschlichen Existenz erfüllt uns alle mit dem Gefühl der Gebrechlichkeit, der Macht des dunklen Triebes, des Leidens an den Dunkelheiten und den Illusionen, der Endlichkeit in allem, was

Leben ist, und wo die höchsten Gebilde des Gemeinschaftslebens aus ihm entstehen» (150). Nichts mehr von einer göttlichen Geschichte des absoluten Geistes, vom Verstehen aus der Vernunft, von der idealen Konstruktion der Gemeinschaft aus dem allgemeinen vernünftigen Willen. Das Individuum ist Träger und Repräsentant der Geschichte; es versteht die Geschichte, weil es selbst historisch ist (151).

Um die geistige Welt als *Wirkungszusammenhang* zu verdeutlichen, faßt Dilthey das Verhältnis von Erleben und Verstehen in *drei Hauptsätze* zusammen (152), welche die allgemeinsten Züge der Struktur der Geisteswissenschaften beschreiben:

– Unser Wissen im individuellen Erlebnis wird transzendiert durch die Auslegung der Objektivationen des Lebens, die nur durch die subjektive Tiefe des Erlebens möglich ist; die Objektivität gestattet es, mehr zu verstehen als der Sprechende gemeint hat, also – in der heutigen Terminologie – das hermeneutische Ideal zu verwirklichen.

– Das Verstehen des Singulären ist nur möglich durch dessen Einordnung in ein gegebenes allgemeines Wissen, und dieses wieder setzt das Verstehen des Singulären voraus. Dieses dialektische Verhältnis wird heute hermeneutischer Zirkel genannt.

– Verstehen eines Teils der Geschichte ist nur möglich durch die Beziehung des Teils zum Ganzen, und der Überblick über das Ganze setzt das Verstehen der Teile voraus.

Im Gegensatz zum Kausalzusammenhang erzeugt der Wirkungszusammenhang Werte und realisiert Zwecke. Sein immanent-teleologischer Charakter ist nicht psychologisch faßbar, weil sich Psychologisches erst ausdrücken muß. Die verschiedenen Träger des Zusammenhangs können einfachere oder verwickelte Formen aufweisen, das heißt Individuen oder Kultursysteme, Perioden usw. betreffen. Die von den Geisteswissenschaften aufgezeigten Charakteristika stellen das Gemeinsame heraus; jeder Teil hat seine Bedeutsamkeit im Verhältnis zum Ganzen. Die Verfahren zur Feststellung eines Wirkungszusammenhangs sind Induktion, Synthesis, Analysis und Vergleichung. Am Beispiel der Geschichte werden diese allgemeinen Merkmale der Geisteswissenschaften ausführlich illustriert. Sie bilden den letzten Teil der Abhandlung (160–187) und schließen die Erörterung über den allgemeinen Zusammenhang in den Geisteswissenschaften ab (188).

7.32 Entwürfe zur Kritik der historischen Vernunft[12]

Da es sich hier um eine Vielzahl von Fragmenten handelt, beschränken wir uns auf einige wirkungsgeschichtlich wichtige Ausführungen.

– Die *Aufgabe der Kritik der historischen Vernunft* sieht Dilthey in der Antwort auf die Frage, «wie der Aufbau der geistigen Welt im Subjekt ein Wissen der geistigen Wirklichkeit möglich mache» (191). Der Schlüssel ist das *Verstehen*, die Einsicht des Sichwiederfindens des Ich im Du, in der Gemeinschaft, in der Kultur und in der Universalgeschichte. Das damit zusammenhängende Erkenntnisproblem führt auf die Untersuchung der Kategorien. Zu den wichtigsten kategorialen Bestimmungen des Lebens gehört zuerst die

– *Zeitlichkeit*. Zeit steht in engster Beziehung zur Wirklichkeit. «Gegenwart ist die Erfüllung eines Zeitmoments mit Realität» (193). Diese Erfüllung mit Realität besteht beständig, während sich der Erlebnisinhalt ständig ändert (193). Vergangenheit und Zukunft sind nur in dem in der Gegenwart Lebenden. Aber Gegenwart gibt es eigentlich nicht; denn was wir als Gegenwart erleben, schließt immer Erinnertes ein (194). Die kleinste einheitliche Bedeutung im Fluß der Zeit wird *Erlebnis* genannt[13]. Aber den Fluß der Zeit können wir nicht

---

12 Plan der Fortsetzung von 7.31.
13 Beachte die parallelen Zeitanalysen bei Husserl (IDEEN 161ff) und v.a. die Weiterentwicklung der Zeit-Thematik bei Heidegger in 29.3.

erleben. Wir erleben nur Beständiges (195). Die Kategorie der Zeitlichkeit realisiert sich auch in der
- *Selbstbiographie*, der höchsten und instruktivsten Form des Verstehens von Leben. Die realen Kategorien, wie sie z. B. in den Selbstbiographien von Augustinus, Rousseau und Goethe zum Vorschein kommen, sind Wert, Zweck, Sinn, Bedeutung; in ihnen kommt die geistige Existenz im allgemeinen Lebenszusammenhang der jeweiligen Zeit zur Geltung. Dabei hat jedes Leben seinen eigenen Sinn, der im zugeordneten Bedeutungszusammenhang liegt, und repräsentiert wie eine Monade das geschichtliche Universum (199). Die in der Selbstbiographie zum Vorschein kommende Selbstbesinnung vollzieht sich – in nicht expliziter Form – in jedem Individuum.

- Das *Verstehen anderer Personen* und ihrer Lebensäußerungen ist ein Zentralthema der Diltheyschen Philosophie. Es beginnt bei den Lebensäußerungen, sei es als beabsichtigter oder unbeabsichtigter Ausdruck eines Geistigen, sei es als Darstellung eines Zwecks einer Handlung. Durch den Zweck drückt sich auch in der Handlung ein Geistiges aus, aber nicht so vollkommen wie in den großen Werken der Künstler, wo die Täuschung endet (207), die in den Handlungen möglich ist. Das Verstehen vollzieht sich im *Hineinversetzen*, «als die *Übertragung* des eigenen Selbst in einen gegebenen Inbegriff von Lebensäußerungen», ferner im *Nachbilden* oder *Nacherleben* (214). Dilthey ist überzeugt, daß das Erleben des eigenen Zustandes und die Nachbildung des fremden Zustandes letztlich ein und dasselbe sind (V 277). In einer Art Analogie-Schluß kann der eine Mensch in seiner Vorstellung gleichsam viele andere Existenzen erleben. Mit Hilfe dauernd fixierter Lebensäußerungen, vor allem in der Schrift, kann dieses Nacherleben zur Technik werden, zur Kunst der Auslegung, der Grundlage der Philologie. In der Geschichte der Hermeneutik wurden diese Regeln durch einen idealen Kanon ersetzt, so daß Schleiermacher behaupten konnte, man müsse einen Autor besser verstehen, als er sich selbst verstand (VII 217). Dilthey ist sich der Grenzen dieser Hermeneutik bewußt, weil diese Grundforderung schon in der Textkritik und im sprachlichen Verständnis eigentlich unerfüllbar ist; denn nach Dilthey bleibt das Ausgedrückte von der «Divination des Individuellen» geprägt. Die Hermeneutik ist divinatorisch und kann sich nicht auf Beweise berufen (226).

Diltheys Hermeneutik-Begriff, der sich vom diffusen Lebensbegriff über den Struktur- und Organisationsgedanken zur philosophischen Lehre vom nachvollziehenden Verstehen des Geschichtlichen läutert, ist nicht widerspruchsfrei und enthält zahlreiche Aporien. Trotzdem oder gerade deswegen hat diese Konzeption nachfolgende Generationen zur Klärung der aufgetretenen Schwierigkeiten herausgefordert. Wie Husserls Spätphänomenologie durch den Einbau hermeneutischer Elemente die wissenschaftliche Eindeutigkeit verloren hat, so scheitert umgekehrt der Versuch Diltheys, eine *wissenschaftliche* Grundlegung der Geisteswissenschaften zu realisieren, welche die Fülle des geschichtlichen Lebens vergewaltigt hätte. Dieses Scheitern wird zum Indiz, daß Hermeneutik wie Phänomenologie nicht mehr als *wissenschaftliche Methoden*, sondern als *philosophische Selbstinterpretationen* verstanden werden müssen. Um diese Wandlung von der phänomenologischen beziehungsweise hermeneutischen Methode zur Philosophie des sich und die Welt verstehenden Daseins geht es der gesamten Dilthey-Nachfolge und der späteren phänomenologischen Bewegung.

Doch zunächst fasziniert noch die Idee der Grundlegung der Geisteswissenschaft, die bei Weber und Troeltsch ihre Analoga findet und erst bei Georg Simmel relativiert und wieder in die Vieldeutigkeit der gesellschaftlich-geschichtlichen Mannigfaltigkeit zurückgenommen wird.

8. Philosophie als Gesellschaftstheorie: Max Weber, Ernst Troeltsch, Georg Simmel

Als universelle Lehre bereichert die Lebensphilosophie auch die philosophischen Reflexionen über Gesellschaftsprobleme. Die im Umfeld von Phänomenologie und Lebensphilosophie entfachte Methodendiskussion führt zum Versuch, die Soziologie als Wissenschaft zu etablieren. Sowohl die deskriptiven Ziele einer solchen Wissenschaft als auch die «verstehenden» Tendenzen zeigen die Nähe zu phänomenologischen und hermeneutischen Einsichten.

8.1 Gesellschaft als explizites und zentrales Thema der Philosophie

Nach der weltweiten Wirkung der Ideen von Karl Marx im 20. Jahrhundert bereitet es uns heute Schwierigkeiten zu verstehen, warum die Lehre von den sozialen Gebilden und Prozessen in der Philosophie jahrhundertelang nur am Rande behandelt wurde und nur im Zusammenhang mit ethischen, anthropologischen und naturrechtlichen Reflexionen in der Staats- und Weisheitslehre aufgetreten ist. Erst in Hegels Rechts- und Geschichtsphilosophie erfolgte endlich eine gebührende Würdigung dieser Thematik. Unmittelbar nach Hegel versuchte Auguste Comte erstmals, die Soziologie als Wissenschaft zu begründen. Doch wegen der engen Abhängigkeit der soziologischen Fragestellungen von den allgemeinen philosophischen Lehren gelangten diese Ansätze im ausgehenden 19. Jahrhundert unter den Einfluß des Positivismus und Historismus. Wir finden auf der einen Seite sozialbiologische, physikalische, ethnologisch-völkerkundliche und sozialpsychologische Ansätze (H. Spencer, J.S. Mill, W. Ostwald, J. A. von Gobineau); auf der Gegenseite beherrschten universalhistorische und kulturphilosophische Standpunkte die Diskussion (F. Nietzsche, Neukantianismus, W. Dilthey).

Durch den Einfluß der radikalen Kulturkritik von Nietzsche und vor allem durch die Verbreitung der marxistischen Anthropologie war die Kompetenz der Philosophie von einer neuen Seite infragegestellt. Nach Marx ist der Mensch ein handelndes, praktisches Wesen, das sich seine Welt selbst erschafft, die ihrerseits als Gesellschaftsgefüge über die Möglichkeiten des Menschseins und des Denkens entscheidet. Philosophie als menschliche Tätigkeit oder – bei Nietzsche – als Wille zur Macht konnte nicht mehr losgelöst von der Gesellschaft rational dargestellt werden. Schon Marx rechtfertigte seine Ideen nicht mehr mit der Philosophie, sondern mit Hilfe der Wissenschaft. Die enge Abhängigkeit des Wissenschaftsbegriffs von der Naturwissenschaft sowohl bei Comte wie bei Marx mußte nach den Diskussionen um eine selbständige Geisteswissenschaft bei Dilthey und um eine autonome Kulturwissenschaft bei den südwestdeutschen Neukantianern[1] als Herausforderung wirken. Es war das Verdienst von *Max Weber*, die sich etablierende Soziologie als Wissenschaft mit einer eigenständigen Methode aus den Einflüssen des positivistischen Methodenverständnisses herausgelöst und auf ein solides Fundament gestellt zu haben. In Anlehnung an Dilthey spricht Weber von einer «verstehenden» Soziologie.

Weber differenzierte die Vorstellungen von Marx über die einseitige Abhängigkeit des Menschen von der Macht des von ihm geschaffenen Milieus, indem er entgegen der Überbau-These die mögliche Wirkungsmächtigkeit von spezifischen, insbesondere religiösen Ideen von Individuen herausarbeitete. Etwas vereinfacht formuliert: Während nach Marx Weltanschauung und Ethik als Konsequenzen der spezifischen Wirtschafts- und Gesellschaftsform aufzufassen sind, verweist Weber auch auf die Möglichkeit des Primats der weltanschaulich vorgegebenen Ethik, die vorwiegend diejenige Wirtschafts- uns Gesellschaftsformen zuläßt, die eben dieser Ethik

---

1 Siehe unten v.a.11.2.

wesensmäßig entsprechen. Weber legte mit seinen Arbeiten den Grund zu einer Religionssoziologie, die er selbst durch umfangreiche Beiträge vorantrieb. Zur gleichen Zeit bereicherten *Ernst Troeltsch* und *Georg Simmel* die neue Disziplin durch umfangreiche Arbeiten aus der geisteswissenschaftlichen Tradition. Während sich Troeltsch direkt der Religionssoziologie widmete und nach einer Vermittlung von Religion und Geschichte suchte, konzentrierte Simmel seine Überlegungen auf eine wissenschaftliche Grundlegung der Soziologie, welche die allgemeinsten Beziehungsformen der Menschen zueinander beschreibt; dabei entdeckte er aber zugleich die Form des Lebens als «Tragödie der Kultur» und wurde so zum Vorläufer der modernen Soziologie.

Weber, Troeltsch und Simmel stellten sich erstmals mit vollem Engagement dem Umsturz der Werte, der sich theoretisch-akademisch bereits durch den relativierenden Historismus angekündigt hatte. Sie reagierten auf den «Polytheismus der Werte» (Weber) und versuchten in ausführlichen Wissenschaftsanalysen und vermittelnden Kultursynthesen, die Geschichte durch Geschichte zu überwinden. In ihrem Scheitern wurden sie zu Wegbereitern der Moderne, die sich durch den Wertepluralismus permanent herausgefordert sieht. Weber und Simmel stehen als die Väter der deutschen Soziologie am Anfang einer weitläufigen Entwicklung. Während Weber und später G. Lukacs, M. Horkheimer und T. W. Adorno die marxistische und utopische Kulturkritik beeinflußten, initiierte Simmel die bürgerliche und pragmatische Kulturkritik. Diese nahm ihren Weg über H. Freyer zu A. Gehlen und H. Schelsky und entschärfte allmählich den materialistischen Kulturpessimismus, der allerdings von anderer Seite neue Nahrung erhielt.[2]

Weber und Simmel, aber auch Troeltsch, sind für die Soziologie der Gegenwart von größter Bedeutung geworden. Zahlreiche Neuauflagen ihrer Werke und der Umfang der neueren Sekundärliteratur bestätigen diese Tatsache.[3] Die folgende Darstellung kann die soziologischen Spezialthemen, die den Inhalt der zahlreichen Publikationen ausmachen, nicht im einzelnen ausführen und würdigen. Uns geht es nur um den Entstehungsprozeß der wissenschaftlichen Soziologie aus der damaligen kulturphilosophischen Diskussion innerhalb der Lebensphilosophie und Phänomenologie sowie um einige Grundmotive, die zur Ausbildung der wissenschaftlichen Soziologie führten.

8.2 Max Weber und die verstehende Soziologie

8.21 Biographie und Bibliographie

a. Lebenslauf

Geboren am 21.4. 1864 in Erfurt. Studium der Rechtswissenschaften, der Geschichte, Philosophie und Theologie in Heidelberg, Straßburg, Berlin und Göttingen.1889 juristische Promotion und 1892 Habilitation in Berlin. 1893 dort a.o. Professor für Handels- und Deutsches Recht ; daneben Anwaltspraxis. 1894 Lehrstuhl für Nationalökonomie in Freiburg. 1897 Professor für Staatswissenschaften in Heidelberg. Dort seit 1903 Honorarprofessor. Privatgelehrter. 1915 Gastprofessur in Wien, 1919 Ordinarius in München. Dort stirbt Weber am 14.6. 1920.

Karl Emil Maximilian Weber wuchs in einer Umgebung auf, die seinen späteren Werdegang entscheidend geprägt hat. Der Vater war Jurist, in Berlin Stadtrat und nationalliberaler Abgeordneter. Im Hause wurde eine bürgerliche Kultur gepflegt, die den Kontakt mit der wirtschaftlichen

---

2 Die hier angedeuteten Weiterentwicklungen der Soziologie werden im vorliegenden Band nicht weiter thematisiert. Sie müßten zum Gegenstand der «Zeit der Wenden» werden. Vgl. die Einleitung.
3 Zu Weber siehe z.B. Breuer (1991), (1994), Lübbe (1991), Schluchter (1991), Wagner / Zippriant (1990) oder Zodel (1990). – Zu Simmel Dahme / Rammstedt (1984), Gassen / Landmann (1993), Helle (1988). – Zu Troeltsch Drescher (1991), Renz / Graf (1987). Die Weber-Renaissance hängt wohl nicht zuletzt mit dem politischen Zusammenbruch der marxistischen Ideologie zusammen, mit der sich Weber, der sich gelegentlich selbst als «bürgerlicher Marx» bezeichnete, intensiv auseinandergesetzt hat.

und administrativen Praxis auf der väterlichen Seite und mit einer liberalen, ethischen Religiosität auf der mütterlichen Seite bewahrte. So wurde schon der junge Weber mit den juristischen, gesellschaftlichen und politischen Problemen seiner Zeit konfrontiert, die er – und das war das oberste Ziel in seinem gesamten Leben – trotz seiner intellektuellen Leidenschaftlichkeit einer rationalen Klärung zu unterwerfen suchte. Dabei ging er methodisch stets von der persönlichen Erfahrung aus, stellte sich dieser in kritischer Distanz und schritt dann zur «verstehenden» soziologischen Einordnung des Erfahrenen fort.

Großen Einfluß übte sein Onkel Hermann Baumgarten aus, der als Professor für Geschichte und als politischer Publizist wirkte. Webers These vom mächtigen Nationalstaat der Deutschen innerhalb des europäischen Staatenbundes, die Bedeutung der Arbeitsteilung zwischen Adel und Bürgertum und die realpolitische Grundeinstellung jenseits allen gewissensethischen Fanatismus gehen weitgehend auf Auffassungen des Onkels zurück. Im Kulturkampf stritt Weber als Nationalliberaler gegen den politischen Katholizismus, ging aber in der Kritik des Staatsbürokratismus auch gegenüber Bismarck auf Distanz. Er näherte sich vorübergehend den «Kathedersozialisten» um Gustav Schmoller und sympathisierte auch sonst mit den Konservativen.

Zunächst war Weber stark von juristischen Themen absorbiert. Doch bedeutete Jurisprudenz für ihn weder reine Alltagspraxis noch abstrakte Grundlagentheorie. Es ging ihm letztlich immer um den sozialpolitischen und nationalökonomischen Kontext. Schon seine erste Untersuchung über die Lage der ostelbischen Landarbeiter zeigte die Richtung an. Später folgten Gutachten, Enqueten, Mitarbeit in Zeitschriften und Schriftenreihen zu Zeitfragen. Doch seine seit der Kindheit fragile Gesundheit hielt den Belastungen nicht stand. Mehrere physisch-psychische Zusammenbrüche zwangen ihn, 1903 die Planstelle aufzugeben; er blieb bis 1918 Honorarprofessor mit Lehrauftrag und Privatgelehrter.

Die neue Situation brachte Milderung der Krankheit und wirkte sich für Webers Produktivität positiv aus. Aus dem Juristen und Nationalökonomen wurde der analytische Denker und einflußreiche Soziologe. Sein philosophisches Rüstzeug holte sich Weber bei dem Neukantianer Heinrich Rickert. Dabei orientierte er sich an den logischen und erkenntniskritischen Elementen seiner Wissenschaftslehre, ohne dessen Wertlehre zu folgen, die seinem wissenschaftlichen Werturteilspurismus widersprach. Mit Edgar Jaffé und Werner Sombart zusammen übernahm er eine Fachzeitschrift und führte sie unter dem Titel «Archiv für Sozialwissenschaft und Sozialpolitik» fort. Bereits in der ersten Nummer erschien die programmatische Abhandlung mit dem Titel «Die ‹Objektivität› sozialwissenschaftlicher und sozialpolitischer Erkenntnis»[4], in der schon die Auffassung von der Sozialwissenschaft als eine verstehende Wissenschaft von geistigen Vorgängen auftaucht. Weber faßt hier seine Soziologie als universelle Analyse der gesamten menschlichen Kultur auf und überschreitet so seine ältere durch nationale Engführung bestimmte Sichtweise.

Eindrücke von einer Amerika-Reise 1904 und die Beschäftigung mit den Vorgängen in Rußland boten zahlreiches Material. Er eignete sich in drei Monaten die russische Sprache so weit an, daß er die Zeitungsmeldungen verfolgen konnte. Gleichzeitig erschien sein Werk «Die protestantische Ethik und der ‹Geist› des Kapitalismus», das ihn berühmt machte und eine umfangreiche Kontroverse auslöste[5].

Nach zahlreichen Auseinandersetzungen mit der konservativen und weitgehend der Staatsbeamtenpolitik verschriebenen Kollegenschaft engagierte er sich in der 1909 von Rudolf Goldscheidt gegründeten «Deutschen Gesellschaft für Soziologie». Sie sollte ein Ort wertfreier wissenschaftlicher Arbeit werden. Nachdem diese Hoffnung enttäuscht wurde, zog er sich von der Gesellschaft zurück. Aber er nahm weiter durch Vorträge, Artikel und Bücher, durch persönliche Kontakte mit bedeutenden Persönlichkeiten und Institutionen Einfluß auf wichtige Zeitereignis-

---

4 Vgl. 8.23 b.
5 Eine Bibliographie hierzu umfaßt 33 Seiten. Siehe «Die protestantische Ethik. Kritiken und Antikritiken».

se. Er übte Kritik an der deutschen historischen Schule, die mit Prinzipien wie Individualität und Volksgeist operierte. Auf dem ersten deutschen Soziologentag in Frankfurt 1910 brillierte Weber in seiner Attacke gegen die von Alfred Ploetz vorgetragene Ideologie der Rassenhygiene, einer Fehlform lebensphilosophischer Popularspekulation. Er setzte ihr pragmatische und idealtypische Modelle entgegen. Aus diesen Konfrontationen entwickelte sich ab 1909 bis 1917 eine Werturteilsdiskussion, die in den sechziger Jahren wieder aufgeflammt ist.

In der politischen Grundeinstellung läßt sich bei Weber ein Wandel von einem nationalstaatlichen Standpunkt zum demokratischen Liberalismus und Parlamentarismus erkennen. Im Frühwerk findet man zahlreiche nationale, ja chauvinistische und sogar rassistische Elemente[6]. Weber war damals Mitglied des eng national denkenden «Alldeutschen Verbandes» und setzte sich unter Verwendung sozialdarwinistischer Kategorien für das angeblich vom Osten her bedrohte Deutschtum ein. Spätere Arbeiten und Stellungnahmen, insbesondere nach der Amerika-Reise, zeigen hier einen Wandel an[7]. Sein Engagement für die Unterstützung der Weltmachtstellung des Deutschen Reiches blieb allerdings weiter selbstverständlicher Bestandteil seiner Gesinnung. Bei Kriegsausbruch verfiel er, – wie die meisten seiner Zeitgenossen, – nochmals dem patriotischen Rausch, der erst mit den Jahren verflog. Ab 1916 kämpfte er für eine Demokratie mit föderativem Charakter. In Untersuchungsausschüssen und Enqueten kritisierte er die deutsche Annexionspolitik und den uneingeschränkten U-Boot-Krieg. Am Kriegsende wurde er Mitglied im Verfassungsausschuß. Es erfolgte die Berufung in den Gutachterausschuß zur Kriegsschuldfrage und in eine Friedensdelegation nach Versailles. Er galt damals als große politische Hoffnung, konnte diese aber nicht in eine Partei-Karriere umsetzen.

Seine wissenschaftliche Arbeit konzentrierte sich bereits im Krieg auf die Veröffentlichung der beiden umfangreichen Werke «Wirtschaftsethik der Weltreligionen» und «Wirtschaft und Gesellschaft». Es ging ihm in diesen Arbeiten nicht etwa um die ethische Theorie, sondern um die psychologischen und pragmatischen Motive, die in den einzelnen Religionen das praktische Handeln bestimmen. Dabei war ihm durchaus bewußt, daß die Wirtschaftsethik des okzidentalen Kapitalismus nicht nur religiös determiniert ist, sondern daß die Religionen selbst durch geographische, politische und soziale Antriebe bestimmt werden. Das Zentralthema der Weberschen Soziologie, die Kapitalismus-Kritik, in der er zum Widersacher von Karl Marx geworden ist, verwandelte sich in seinem Spätwerk zu einer universellen Theorie der Rationalität und der daraus folgenden Entzauberung der Welt durch die modernen Wissenschaften.

Webers Leben stand auch jetzt weiter unter Spannungen. Obwohl er größtes Ansehen als politische und ökonomische Kapazität genoß, war er stark isoliert und in oft lächerliche Kontroversen und Affären verwickelt. Seine Arbeit an der Gesellschaftsgeschichte des Okzidents wurde durch seinen plötzlichen Tod infolge einer Lungenentzündung 1920 jäh abgebrochen.

b. Auswahl aus der Primärliteratur Webers

1895   Der Nationalstaat und die Volkswirtschaftspolitik. Akademische Antrittsrede. Freiburg. In GPS.
1904   Die ‹Objektivität› sozialwissenschaftlicher und sozialpolitischer Erkenntnis. In: Archiv für Sozialwissenschaft und Sozialpolitik. Jg. 19. Auch in GAW. **OE**
1904   Die protestantische Ethik und der ‹Geist› des Kapitalismus. In GAR I. Neuauflage Frankfurt 1991. **PE**
1913   Über einige Kategorien der verstehenden Soziologie. In GAW.
1913   Soziologische Grundbegriffe. In: Logos IV/1913. 6. Auflage Tübingen 1984.
1913   Gutachten zur Werturteilsdiskussion im Ausschuß des Vereins für Sozialpolitik. In: Max Weber – Werk und Person. Hg. von E. Baumgarten. Tübingen 1964. Erweiterte Fassung als «Der Sinn der ‹Wertfreiheit› der soziologischen und ökonomischen Wissenschaften». (1917).

---

6   Vergleiche vor allem GAG Band 4.
7   In der Rassenfrage bezog er später eindeutig eine klare Gegenposition. Für Rassisten wie C. Steding führte Weber einen existentiellen Kampf gegen die Blut- und Rassenmystik, «weil durch sie seine gesamte geistige Existenz ständig bedroht wurde.» (Steding (1932). S. 79).

1915 Die Wirtschaftsethik der Weltreligionen. Religionssoziologische Skizzen. Drei Bände. In GAR.
1917 Der Sinn der ‹Wertfreiheit› der soziologischen und ökonomischen Wissenschaften. In GAW. **SWF**
1919 Wissenschaft als Beruf. In GAW. Neuauflage Tübingen 1991. **WB**
1919 Politik als Beruf. In GPS. Neuauflage Frankfurt 1991.
Max Weber Gesamtausgabe (**GAG**). Hg. von H. Baier u. a. Tübingen ab 1984. Zugehörige Studienausgabe. Hg. von W. J. Mommsen und W. Schluchter. Tübingen ab 1988.
Gesammelte Aufsätze zur Religionssoziologie. 3 Bände. Tübingen 1920 und 1921. 10. Aufl. 1991. **GAR**
Gesammelte politische Schriften. München 1921. 5. Aufl. 1988. **GPS**
Gesammelte Aufsätze zur Wissenschaftslehre. Tübingen 1922. 7. Aufl. 1988. **GAW**
Gesammelte Aufsätze zur Soziologie und Sozialpolitik. 2. Aufl. Tübingen 1988.
Wirtschaft und Gesellschaft. Tübingen 1922. 6. Aufl. 1976. Nachdruck 1990.
Max Weber – Werk und Person. Dokumente herausgegeben von E. Baumgarten. Tübingen 1964.
Methodologische Schriften. Studienausgabe von J. Winckelmann. Frankfurt 1968.
Soziologie. Universalgeschichtliche Analysen. Politik. Hg. v. J. Winckelmann. 5. Aufl. Stuttgart 1973. **SUP**
Die protestantische Ethik. Eine Aufsatzsammlung. Hg. von J. Winckelmann. Hamburg / Mannheim 1965. Textkritische Ausgabe von PE.
Die protestantische Ethik. Kritiken und Antikritiken. Hg. von J. Winckelmann. Hamburg / München 1968.
Max Weber für jeden, in sieben Bänden. Tübingen 1988.
Rationalisierung und entzauberte Welt. Hg. von F. Hauer und W. Küttler. Leipzig 1989
Schriften zur Wissenschaftslehre. Hg. von M. Sukale. Stuttgart 1991.

c. Bibliographien

Fügen, H. N.: Max Weber mit Selbstzeugnissen und Bilddokumenten. Reinbek 1985. S. 140 ff.
Käsler, D.: Einführung in das Studium Max Webers. München 1979. S. 249 ff.
Riesenbrodt, M.: Bibliographie zur Max Weber-Gesamtausgabe; im Prospekt der Ausgabe. Tübingen 1981. S. 16–32.
Winckelmann, J.: Verzeichnis der Schriften Max Webers. In SUP.

8.22 Max Weber als Philosoph

Sowohl die Biographie als auch eine Reihe von Werktitel lassen Zweifel aufkommen, ob Max Webers Werk überhaupt der Philosophie zuzurechnen ist. Zweifellos hat Weber als empirischer Soziologe sich selbst nicht als Vertreter der Philosophie verstanden. Doch die enge Verbindung von Soziologie und Philosophie in der marxistischen Tradition im allgemeinen und in der Kritischen Theorie der sechziger Jahre im besonderen hat dieser Diskussion heute ein Ende bereitet. Es wurde deutlich, daß sowohl das verborgene Menschenbild als auch das Fundament von Rationalität und Vernünftigkeit bei Weber wie bei Marx zentrale philosophische Fragestellungen betreffen, zu denen die Philosophie nicht schweigen kann. So wurde durch Max Weber die Gesellschaft als explizites Thema auch in die nicht-marxistische Philosophie eingeführt.

Bereits Webers erstes großes Werk, die religionssoziologische Abhandlung «Die protestantische Ethik und der ‹Geist› des Kapitalismus», demonstriert diesen Zusammenhang. Durch den Einfluß der marxistischen Lehren verbreitete sich die Meinung, daß Wirtschaftssysteme und alle geistigen Konzepte, die menschliche Handlungen und Gesellschaftsformen bestimmen, *allein* durch ökonomische Triebkräfte geprägt sind. Marx war überzeugt, in einer wissenschaftlichen Analyse die ökonomischen Gesetze gefunden zu haben, welche den Zusammenhang zwischen Ökonomie und geistigem Überbau erklären. Gegen diese einseitige Deutung setzt Weber seine These, daß in vielen Fällen umgekehrt auch der «Geist» die Kraft hat, die materielle Basis zu formen. Am Beispiel der Entstehung des modernen Kapitalismus zeigt er, wie sich durch den Einfluß der protestantischen Ethik eine asketische Gesinnung herausgebildet hat, welche die rigorose Arbeitsdisziplin und das hohe Berufsethos der Neuzeit überhaupt erst ermöglichen. Gerade die religiösen Überzeugungen und Weltanschauungen, die oft Charakterzüge einzelner Religionsstifter und Genies tragen, können nicht hoch genug eingeschätzt werden.

Weber konzentriert seine Untersuchungen auf den aus dem Calvinismus hervorgegangenen englischen Puritanismus. Dort führt die Diskussion über die Sündhaftigkeit des Reichtums zu der Überzeugung, daß nicht der Besitz als solcher, sondern das Ausruhen auf dem Besitz und der Genuß des Reichtums mit seinen Konsequenzen von Müßiggang und Fleischeslust verwerflich sind, weil sie den Menschen vom Streben nach Gott und einem heiligen Leben ablenken. Immer wieder insistieren die Calvinisten auf harte, stetige körperliche oder geistige Arbeit. Die Arbeit wird zum von Gott vorgegebenen Selbstzweck des Lebens erklärt. Auch der Reiche muß schuften. Der Beruf ist also kein notwendiges Übel, wie bei Luther, sondern eine Berufung, zur Ehre Gottes zu wirken. Die Gotteswohlgefälligkeit zeigt sich im Erfolg.

Für Weber bedeutet die asketische Aufwertung des Berufs den Beginn einer ethischen Verklärung des modernen Fachmenschen und des erfolgreichen Geschäftsmannes. Nicht die Entwicklung der Produktionsmittel und -verhältnisse, sondern eben diese puritanische Lebensauffassung haben entscheidend den kapitalistischen Lebensstil beeinflußt und den Aufschwung des Frühkapitalismus ermöglicht. In der Einleitung zur «Wirtschaftsethik» betont Weber später, daß die religiösen Impulse natürlich nicht die einzigen, aber eben äußerst wichtige Ursachen für die Herausbildung einer Wirtschaftsethik seien.

Auch in unserer Zeit, in der durch die Fortschritte der Wissenschaften eine Entzauberung der Welt der Mythen erfolgt, sind solche Wirkungsmechanismen vorhanden. Denn kein Mensch kann auf Weltanschauungen verzichten. Der Rationalismus der Gegenwart verwandelt die Kräfte in eine «innerweltliche Askese» oder er verdeckt seinen Standpunkt durch die Betonung eines aufgeklärten Relativismus. Weil Weber sich selbst mit einbezieht, sind seine Ausführungen frei von überheblicher Religionskritik. Religiöse Überzeugungen oder säkularisierte Weltanschauungen sind ihm Reste eines konstruktiven Verstehens von Welt. Nietzsches affektive These von der Geburt des Christentums aus dem Ressentiment der Zukurzgekommenen beispielsweise wird genau so zurückgewiesen wie die positivistische Idee, durch die Entdeckung aller Gesetzmäßigkeiten eine objektive Wissenschaft vom menschlichen Handeln an die Stelle wertender Positionen von Weltanschauungen stellen zu können.

Webers kultur- und sozialwissenschaftliche Studien sind von einer intensiven methodischen Selbstbesinnung bestimmt. Im Anschluß an Kants und vor allem an Rickerts Weltauffassung reflektiert er Bedingungen und Grenzen möglicher Kulturwissenschaften, ohne dabei den neukantianischen Apriorismus einer philosophia perennis zu übernehmen. Die transzendentalen Voraussetzungen betreffen eher ein *geschichtliches* Apriori, das heißt das Faktum, daß wir Kulturmenschen sind, die jeweils in den *verschiedenen* Zeiten zur Welt *verschieden* Stellung nehmen und durch Wertbeziehungen der Geschichte ihren Sinn geben. Im Gegensatz zum Naturforscher, der reine Gesetzlichkeiten aufsucht, bleibt der Kulturwissenschaftler mit der Lebenswelt in engster Verbindung und betreibt «Wirklichkeitswissenschaft» im Sinne Diltheys. Webers Vorgehen ist dabei einerseits «empirisch», indem erfahrungswissenschaftliche Methoden angewandt werden; andererseits wird der geisteswissenschaftliche und geschichtliche Zusammenhang nicht vergessen, aus dem sich erst die Sinnhaftigkeit des Forschungsobjekts ergibt.

In Webers Lehren sind zahlreiche philosophische Annahmen verborgen, die dieser in seinen Schriften implizit mitbehandelt. Es bildet sich eine «verstehende Soziologie» heraus, eine empirische Wissenschaft, die sich auf die Beschreibung des objektiv kontrollierbaren sinnhaften sozialen Handelns beschränkt und davon psychologische oder gar werttheoretische Erschließungen streng abhebt. In der zugehörigen Methodologie stellt Weber zwei grundsätzlich verschiedene Betrachtungsweisen gegenüber: die Beschäftigung mit dem, *was ist,* und mit dem, *was sein soll.* Ersteres betrifft das *Erfahrungswissen,* das von jedem Menschen nachvollziehbar ist; auf das letztere zielt die *Wertung,* die je nach Weltanschauung oder Anerkennung von «Idealen» verschieden ausfallen muß. Weber nennt die «denkende Ordnung der Tatsachen» Sozial*wissenschaft*, «die Darlegung von Idealen» Sozial*politik* (OE 157). Die eigentliche Problematik betrifft die Beziehung beider. Auf der einen Seite muß geklärt werden, was objektiv nachvollziehbar ist, obwohl Wertungen einbezogen sind; auf der anderen Seite geht es um eine Klärung der *Werturteilsproblematik* überhaupt. Es ist zu klären, wo der denkende Forscher aufhört und der Bereich des wollenden Menschen beginnt. Von besonderer Brisanz ist dabei die Rolle des okzidentalen Rationalismus, der seit den letzten Jahrhunderten das Denken beherrscht und die Wertordnungen immer mehr in Bedrängnis bringt. Denn mit dessen Ausbreitung wird der Spielraum für subjektive Werturteile mehr und mehr eingeengt und damit die Verunsicherung und Skepsis vermehrt.

Trotz der umfassenden Analysen zu universalgeschichtlichen Kulturproblemen bemüht sich Weber, auf dem Boden einer empirischen und beschreibenden, aber zugleich *verstehenden* Wissenschaft zu bleiben. Die Soziologie wird dabei nicht zur sicheren Metatheorie, sondern sie bleibt ewige Aufgabe, «Beruf». Seine Darstellungen der okzidentalen Kultur und vor allem des abendländischen Kapitalismus sind von einer kritischen Resignation getragen, die das Neuartige der durch die modernen Wissenschaften in die Welt gekommenen Rationalität klar durchschaut und damit auch die eigenen Grenzen erkennt. So heißt es in dem Vortrag «Wissenschaft als Beruf»: «Daß Wissenschaft heute ein fachlich betriebener ‹Beruf› ist im Dienst der Selbstbesinnung und der Erkenntnis tatsächlicher Zusammenhänge, und nicht eine Heilsgüter und Offenbarungen spendende Gnadengabe von Sehern und Propheten oder ein Bestandteil des Nachdenkens von Weisen und Philosophen über den Sinn der Welt – das freilich ist eine unentrinnbare Gegebenheit unserer historischen Situation, aus der wir, wenn wir uns selbst treu bleiben, nicht herauskommen können.» (609). Die fortschreitende Rationalität bringt nicht nur «Entzauberung», sondern auch Bedrängnis. Rationale Bürokratisierungsprozesse verselbständigen sich und zwängen den Menschen in Gehäuse, die alles Individuelle ersticken. Die Entzauberung der Religion zerstört alte Sicherheiten, so daß wir immer weniger fähig werden, die großen Menschheitsfragen zu beantworten. Alles scheint berechenbar und beherrschbar zu sein; doch die letzten Sinnfragen fallen durch die Maschen wissenschaftlicher Erkenntnis.

So ist beim späten Weber ein tiefer Pessimismus zu beobachten. Er fühlt sich in einer «gottlosen und prophetenlosen Zeit»(WB 610); die alten Impulse einer fortschrittstrunkenen Wissenschaft sind versiegt, der «Polytheismus der Werte» verstellt jede Eindeutigkeit. Weber warnt vor einer Überschätzung der Wissenschaften und einer Unterschätzung der Rolle des Glaubens und persönlichen Bewertens. Die Macht der Wissenschaften reicht nicht bis zu den entscheidenden Stellungnahmen zum Leben, die der Moral, dem Lebensgefühl und der Religion zukommen. Wenn jeder eine eigene Orientierungswelt braucht, so ist es von größter Bedeutung, daß dieser Bewertungsrahmen nicht zum Tyrannen und Zerstörer der Gemeinschaft wird. Das gilt vor allem auch für die Beurteilung von Politik und Religion. Im Werturteilsstreit kämpft er gegen die weltlichen Propheten, die ihre Visionen unter dem Deckmantel der Wissenschaft vom Katheder herab verkünden.[8] Dem modernen Menschen bleibt nichts anderes als die Nüchternheit des wissenschaftlichen Unternehmens: die asketische Existenz des Wissenschaftlers wird zum Beruf. Weber repräsentiert so das Schicksal des «okzidentalen Menschen», dessen calvinistische Wertwelt entzaubert wurde und sich in die blutleere Immanenz der demokratischen, sachlichen und bürokratischen Lebensordnung verwandelt hat.

8.23 Philosophische Elemente in Webers soziologischen Arbeiten

a. «Über einige Kategorien der verstehenden Soziologie» und «Soziologische Grundbegriffe» (GAW)

In einem Logos-Aufsatz von 1913 entwickelt Weber seine Gedanken über den Sinn einer ‹verstehenden› Soziologie. *Soziologie* handelt von den Zusammenhängen und Regelmäßigkeiten des menschlichen Verhaltens. Da die einzelnen menschlichen Individuen unter Verwendung vorgestellter Mittel ihre Zwecke zu realisieren versuchen, ist es sinnvoll, solches Verhalten *«verstehen»* zu wollen, d. h. in ihrer *Zweck-Mittel-Relation* evident zu machen. Dabei wird es notwendig sein, die Kausalität zur Kontrolle heranzuziehen, um zu einer verstehenden Erklärung zu kom-

---

8 Vergleiche unten 8.23 b.

men. «Das Höchstmaß an ‹Evidenz› besitzt nun die zweckrationale Deutung. Zweckrationales Sichverhalten soll ein solches heißen, welches ausschließlich orientiert ist an (subjektiv) als adäquat vorgestellten Mitteln für (subjektiv) eindeutig erfaßte Zwecke». Natürlich kann man auch Affekte, mystische Erlebnisse und Abnormes wenigstens teilweise verstehen. Man muß nicht Caesar sein, um Caesar zu verstehen. Die nicht verstehbaren Elemente werden dann wie Gesetzlichkeiten der physischen Natur behandelt (428). In einer späteren Abhandlung[9] definiert Weber Verstehen als «deutende Erfassung: a) des im Einzelfall real gemeinten ... oder b) als durchschnittlich und annäherungsweise gemeinten ... oder c) des für den reinen Typus (Idealtypus) einer häufigen Erscheinung wissenschaftlich zu konstruierenden ('idealtypischen') Sinnes oder Sinnzusammenhangs».

Die Aufgabe der soziologischen Analyse ist die Deutung des «Idealtypus»[10], des Instruments zum Verstehen der rationalen Zusammenhänge des Handelns. Das spezifische Objekt der verstehenden Soziologie ist demnach das Handeln. *Handeln* ist das verständliche, durch einen gemeinten Sinn bestimmte Verhalten zu Objekten. Aber nicht alles Handeln kann Thema der Soziologie sein. Weber hebt drei spezifische Merkmale des Verhaltens hervor: der Sinn des Handelnden muß auf das Verhalten *anderer* bezogen sein; dadurch ist das Verhalten in seinem Verlauf bestimmt und aus diesem (subjektiv) gemeinten Sinn heraus erklärbar (429).

Dabei interessieren nicht die psychologischen Erscheinungsformen und nackte psychische Gegebenheiten, höchstens insofern sie als Bedingungen und Folgen erscheinen. Deshalb ist die verstehende Soziologie auch kein Teil einer Psychologie. Handlungserklärungen erfolgen nicht dadurch, daß man die Handlungen aus psychischen Sachverhalten ableitet, sondern umgekehrt: es geht um den Zusammenhang der *subjektiven Zweckrationalität* und der *objektiven Richtigkeitsrationalität*. Von Interesse ist, wie im idealtypischen Grenzfall absoluter Zweckrationalität gehandelt worden wäre (432). Durch diese Klärung lassen sich erst die subjektiven irrationalen von den objektiven rationalen Komponenten trennen. Subjektive Zweckrationalität und objektive Richtigkeitsrationalität unterscheiden sich radikal. Das wird z. B. beim Handeln deutlich, das sich an magischen Vorstellungen orientiert. Trotzdem muß die Soziologie immer wieder auch die Beziehungen beider Seiten reflektieren, obwohl beide oft weit auseinanderklaffen, wie beispielsweise die Psychoanalyse oder Nietzsches Theorie des Ressentiments zeigen. Zwischen dem Richtigkeits- und Zweckrationalitätstyp gibt es im Menschen gleitende Übergänge, je nachdem, ob die eine oder andere Seite mehr oder weniger bewußt in Erscheinung tritt.

Zwischen Verstehen und kausaler Erklärung bestehen trotz des Vorrangs des Verstehens enge Beziehungen, die empirisch feststellbar sind. Empirische Disziplinen arbeiten nach Weber unvermeidlich mit dem naiven Realismus. Selbst mathematische und logische Sätze sind als Objekte der soziologischen Forschung nichts als «kontrollierte Gepflogenheiten eines praktischen Sichverhaltens» (437).

Noch komplexer werden die Beziehungen, wenn nicht mehr *Einzelindividuen* und deren Handlungen betrachtet werden, sondern die *Weisen menschlichen Zusammenhandelns* in Staat, Genossenschaft und anderen Gemeinschaften. Weil das eigentliche Ziel der Betrachtung das Verstehen ist, muß die Soziologie das Einzelindividuum als unterste Einheit behandeln, also alles Handeln von Gemeinschaften auf das Handeln der beteiligten Einzelmenschen reduzieren (439). Darin unterscheidet sich die soziologische Betrachtungsweise zum Beispiel von der juristischen, die unter Umständen Rechtspersonen wie Einzelpersonen behandelt. Nach diesem Grundsatz untersucht Weber in den folgenden Abschnitten die Handlungen der verschiedenen Formen von Gemeinschaften. Es folgen zur Soziologie im engeren Sinne gehörende Präzisierungen für Gemeinschaftshandeln, für Vergesellschaftungen und Gesellschaftshandeln, Einverständnislehren in Sprachgemeinschaften und das Handeln prägender Anstalten, in die man hineingeboren wird.

---

9 Soziologische Grundbegriffe. In GAW. S. 548.
10 Siehe dazu b.

Die Problematik des Verstehens erscheint um so gewichtiger, je differenzierter die Subjekte des Handelns werden. Denn mit der Differenzierung erfolgt ein Sichentfernen von der rationalen Basis. Den Menschen, die zwar souverän mit rationalen Techniken umgehen, bleibt trotzdem der Sinn ihres Tuns verborgen, wie «dem ‹Wilden› der Sinn der magischen Prozeduren seines Zauberers» verborgen bleibt (473). Der Einzelmensch bekommt immer weniger Einsicht in die ökonomischen und sozialen Bedingungen dieser komplexen Strukturen. Dieses Verhalten beruht letztlich auf der Überzeugung, daß die Bedingungen des Alltagslebens prinzipiell rational sind und rational funktionieren, daß man also im Prinzip mit ihnen «rechnen» kann.

b. «Die ‹Objektivität› sozialwissenschaftlicher und sozialpolitischer Erkenntnis»
und «Der Sinn der ‹Wertfreiheit› der sozialen und ökonomischen Wissenschaften

Einer Wissenschaft, die sich der Rationalität verpflichtet fühlt, stellt sich die Frage, ob eine empirische Wissenschaft im kulturellen Bereich überhaupt bis zur Objektivität und Wahrheit vorstoßen kann. In den bisher erläuterten Überlegungen spielen subjektive Mittel und subjektive Zwecke eine entscheidende Rolle. Zu dieser Frage des Verhältnisses beider Gesichtspunkte zueinander hat Weber schon sehr früh Stellung bezogen. In seiner Zeitschrift «Archiv für Sozialwissenschaft und Sozialpolitik» veröffentlicht er 1904 einen Aufsatz über Objektivität, der die wesentlichen Prämissen zur Lösung der Aufgabe analysiert. Diese Voraussetzungen betreffen die scharfe Trennung von Erfahrungswissen und Werturteil, sowie die Entfaltung präziser wissenschaftlicher Begriffe innerhalb einer Theorie von Idealtypen. Beides wird in dem Wertfreiheitsaufsatz von 1917 weiterentwickelt und bleibt auch in allen anderen Arbeiten Webers von fundamentaler Bedeutung.

Im *Teil I* der zuerst genannten Arbeit wendet sich Weber gegen die gängige Meinung, Wissenschaft von Kulturvorgängen müsse Werturteile über bestimmte wirtschaftspolitische Maßnahmen des Staates *produzieren*. Ebenso argumentiert er gegen die Alternative, durch die Entdeckung unabänderlicher Naturgesetze die Entwicklung der wirtschaftlichen und politischen Vorgänge beschreiben zu wollen. Nationalökonomie ist für Weber weder eine *ethische* noch eine *nomologische* Wissenschaft, die nur Gesetzmäßigkeiten aufzeigt. Da Weber trotzdem von Empirie spricht, betont er, «daß es niemals Aufgabe einer Erfahrungswissenschaft sein kann, bindende Normen und Ideale zu ermitteln, um daraus für die Praxis Rezepte ableiten zu können» (149). Das heißt nicht, daß Werturteile der wissenschaftlichen Diskussion überhaupt entzogen wären. «Die Kritik macht vor den Werturteilen nicht Halt. Die Frage ist vielmehr: Was bedeutet und bezweckt wissenschaftliche Kritik von Idealen und Werturteilen?» (a.a.O.)

Als Antwort entwickelt Weber seine *Lehre von der Zweckrationalität*. Die Wissenschaft beantwortet zunächst die Frage der Eignung von Mitteln bei vorgegebenem Zweck. Die Aufgabe ist die Abwägung von Zweck und Folgen des Handelns. Die Wissenschaft zeigt, daß alles Handeln und auch alles Unterlassen bereits eine Wertung bedeutet. Die Entscheidung zur bestimmten Parteinahme aber gehört nicht zu den Aufgaben der Wissenschaft. Der Mensch entscheidet nach eigenem Gewissen und persönlicher Weltanschauung (150). Wissenschaft bemüht sich nur um die Kenntnis der Bedeutung des Gewollten. Die Ideen, die Weltanschauungen und Entscheidungen prägen, können in ihren Zusammenhängen logisch analysiert werden. Dies ist die Aufgabe der Sozialphilosophie. Was über das Nachverstehen der Ideale hinausgeht, kann nur die Prüfung der inneren Konsistenz des Gewollten sein (151). Die Ohnmacht der Wissenschaft vor den Wertungen darf nicht dazu führen, ihre Leistung als minderwertig zu beurteilen: «Gerade jene innersten Elemente der ‹Persönlichkeit›, die höchsten und letzten Werturteile, die unser Handeln bestimmen und unserem Leben Sinn und Bedeutung geben, werden von uns als etwas ‹objektiv› Wertvolles empfunden» (152). Von einer Würde der Persönlichkeit kann nur gesprochen werden, wenn an Werte geglaubt wird (a.a.O). Deshalb können auch Weltanschauungen niemals das Ergebnis fortschreitenden Erfahrungswissens sein (154).

Bei Weber liegt also eine hohe Schätzung der Werte vor, aber nicht als Gegenstände einer empirischen Wissenschaft. Der Wissenschaftler darf nicht *vom Katheder herab*, das heißt *im Namen der Wissenschaft,* Werte verkünden. Dies ist der *Kanzel* vorbehalten. Dort weiß man, daß nicht empirisch geforscht, sondern *verkündigt* wird.

Aus diesen Prinzipien folgt Weber zwei Pflichten sowohl für eine empirische Soziologie wie für die Publikationen in seiner Zeitschrift. Erstens «sich selbst scharf zum Bewußtsein zu bringen, welches die Maßstäbe sind, an denen die Wirklichkeit gemessen und aus denen das Werturteil abgeleitet wird» (156). «Jede sinnvolle Wertung fremden Wollens kann nur Kritik aus einer eigenen ‹Weltanschauung› heraus ... sein» (157). Als zweites Gebot wird gefordert, «jederzeit deutlich zu machen, daß und wo der denkende Forscher aufhört und der wollende Mensch anfängt zu sprechen, wo die Argumente sich an den Verstand und wo sie sich an das Gefühl wenden» (a.a.O.)

Die Scheidung in Werturteil und Erfahrungswissen setzt voraus, daß es eine objektive Erkenntnis in der Sozialwissenschaft auch wirklich gibt. Die Frage nach der objektiven Geltung der Wahrheit wird im zweiten Teil der Untersuchung beantwortet.

Teil II. Die Gegenstände der Untersuchung sind sozial-ökonomisch. Sie ergeben sich aus der Tatsache, daß unsere physische Existenz und unsere Bedürfnisse quantitativ beschränkt sind durch die Begrenztheit der Mittel. Zur Befriedigung dieser Bedürfnisse bedarf es der Vergesellschaftung, der Arbeit und des Kampfes mit der Natur. Diese Vorgänge sind keine objektiven Größen, sondern durch unser *Erkenntnisinteresse*[11] bedingt und können so zum sozialwissenschaftlichen Problem werden.

Im Kampf gegen die monokausale Betrachtungsweise unterscheidet Weber *wirtschaftliche* (das heißt ökonomisch *relevante*) Vorgänge von *ökonomisch bedingten*. Beispiele zum ersten Fall sind Vorgänge des religiösen Lebens, Beispiele des letzteren etwa das soziale Gefüge eines Kunstpublikums (162). Eine Erscheinung ist also nur dann wirtschaftlich, wenn sich unser Interesse auf etwas für den materiellen Daseinskampf Bedeutsames bezieht (163). Historische Erkenntnis folgt aus dem Aufweis des kausalen Regresses individueller Ursachen. Dabei stellt Weber der einseitigen materialistischen Geschichtsauffassung des kommunistischen Manifests seine ökonomische Geschichtsinterpretation gegenüber (167). Daß ökonomische Triebkräfte die eigentlichen und einzig wahren seien, wird als dogmatisch bezeichnet, weil übersehen wird, daß auch andere Kräfte die Weltanschauungen bedingen. Diese grenzenlose Überschätzung der Ökonomie beherrscht auch die verbreiteten Geschichtsinterpretationen. Nicht-deduzierbare Fakten werden als wissenschaftlich belanglose Zufälligkeiten abqualifiziert oder einem endlos erweiterten und damit verwässerten Ökonomiebegriff untergeordnet.

Der Grund des Versagens ist die Abhängigkeit vom Forschungsinteresse. Da es keine objektive wissenschaftliche Analyse der Kultur unabhängig von den Interessen gibt, stehen wir einer unendlichen Mannigfaltigkeit von Erscheinungen gegenüber und können als endliche Wesen nur einen endlichen Teil zum Gegenstand der Wissenschaft machen. Dabei ist es zwecklos, nur allgemeine Gesetze und ein System von Lehrsätzen finden zu wollen, die zu einer Art von «Chemie des Soziallebens» führen würden (173). Zur Gesetzesanalyse muß das historische Umfeld hinzugezogen werden. Dazu gehören die Zurückverfolgung der individuellen Eigentümlichkeiten und ihre historische Erklärung aus anderen individuellen Konstellationen sowie die Abschätzung möglicher Zukunftskonstellationen (175).

Die Bedeutung der Kulturerscheinungen ist durch deren Beziehung auf Wertideen bestimmt, weil Kultur ein Wertbegriff ist. «‹Kultur› ist ein vom Standpunkt des Menschen aus mit Sinn und Bedeutung bedachter endlicher Ausschnitt aus der sinnlosen Unendlichkeit des Weltgeschehens» (180). Deshalb gibt es keine voraussetzungslose Untersuchung der Empirie (175). Da wir die historische Erkenntnis von bedeutungsvollen Erscheinungen anstreben und nur ein endlicher Teil

---

11 Dieser Begriff bedeutet hier – im Gegensatz zur modernen Verwendungsweise bei Habermas – das Interesse des Forschers an einer konkreten Fragestellung oder möglichen Antwort.

der Phänomene relevant erscheint, ist die Erkenntnis individueller Erscheinungen überhaupt erst möglich und logisch sinnvoll (177). Natürlich gelingt das nicht ohne die Verwendung nomologischer Kenntnisse. Die Sicherheit im Urteil ist um so größer, je sicherer die generelle Erkenntnis ist; nur sind die Regelmäßigkeiten nicht Ziel, sondern Mittel der Erkenntnis.

Die Abhängigkeit der Wissenschaft vom Erkenntnisinteresse besagt nicht, daß auch die Forschungsergebnisse nur subjektiv sind. Verschieden ist nur der Grad, in dem sie den einen interessieren und den anderen nicht. Es gibt keine endgültige Gliederung der Wirklichkeit. «Denn wissenschaftliche Wahrheit ist nur, was für alle gelten will, die Wahrheit wollen» (184).

Im folgenden wendet Weber diese Erkenntnisse auf die Konfrontation der empirisch-historischen Forschung mit den abstrakt-theoretischen Methoden an, die sich an den Naturwissenschaften und den naturalistischen Monismen orientieren. Dabei versucht er, das *Verhältnis von Begriff und Wirklichkeit* zu klären. Zunächst weist er Versuche zurück, die gesellschaftliche Analyse auf die psychologische zurückzuführen; denn das Verhältnis ist umgekehrt: die psychologische Analyse ist nur eine Vertiefung der Erkenntnis ihrer historischen Kulturbedingtheit (189). An die Stelle der psychologischen Betrachtung setzt Weber die idealtypische, an die Stelle der einseitigen Gesetzesbetrachtung eine Konstruktion von idealtypischen Gedankengebilden.

Ein *Idealtypus* «wird gewonnen durch einseitige Steigerung eines oder einiger Gesichtspunkte und durch Zusammenschluß einer Fülle von diffus und diskret ... vorhandenen Einzelerscheinungen» (191), die zu einem einheitlichen Gedankengebilde zusammengefügt werden. Die Konstruktion hat utopischen Charakter und ist keine Darstellung des Wirklichen. Der Idealtypus ersetzt daher keine Hypothese, die widerlegbar wäre, aber er ermöglicht die Hypothesenfindung. Er ist als *idealer Grenzbegriff* in der Wirklichkeit nicht empirisch vorfindbar, aber für die Kulturanalyse unverzichtbar. Der Historiker muß den Abstand der Wirklichkeit von dem Idealbild feststellen. Zudem darf der Idealtypus nicht mit dem Seinsollenden und Vorbildlichen verwechselt werden. Beispiele für Idealtypen sind Begriffe wie Individualismus, Imperialismus, Feudalismus, Merkantilismus, Konventionalität, Stadtwirtschaft des Mittelalters, Handwerk oder die Idee der kapitalistischen Kultur. Die Beschreibung eines einzelnen Idealtyps kann ganz unterschiedlich ausfallen; trotzdem erhebt jede den Anspruch, eine adäquate Darstellung jener Ideen zu sein. Der Anspruch ist berechtigt, weil jede Beschreibung in ihrer Eigenart bedeutungsvolle Züge der Wirklichkeit entnimmt und zu einer Einheit zusammenfügt (192).

Soziologische oder auch historische Erkenntnis ist keine Spiegelung objektiver Tatsachen. Deshalb ist jeder Idealtypus bedeutsames *Mittel*, jedoch nicht *Ziel* der Forschung. Er gibt eine Antwort auf die Frage nach der Möglichkeit, historische und gesellschaftliche Individuen oder deren Einzelbestandteile zu erfassen. Dabei muß allerdings die Gefahr vermieden werden, diese theoretischen Begriffsbilder als *Wesen* der Geschichte oder Gesellschaft aufzufassen, zumal man praktische und theoretische Gedankenrichtungen, die von vielen Menschen faktisch und wertend vertreten werden, als Ideen einer Epoche zu bezeichnen pflegt (195). Diese können erst adäquat erfaßt werden, wenn sie als Idealtypus fungieren. So läßt sich z. B. das Christliche im Mittelalter nur dadurch aus dem Chaos undifferenzierter und widerspruchsvoller Gedanken- und Gefühlszusammenhänge herausarbeiten, daß wir Glaubenssätze, kirchenrechtliche und sittlichen Normen, Maximen der Lebensführung und viele andere Einzelphänomene zu einem Idealtypus verbinden (197).

Webers Untersuchungen bestätigen die These, daß eine verstehende Soziologie ohne Idealtypen unmöglich ist. Die verstehende Soziologie arbeitet mit Idealtypen und deren zweck-rationalen Zusammenhängen, welche die Sinnbezüge im Sozialen, Politischen und Geschichtlichen ausmachen.

Abschließend diskutiert Weber verschiedene Mißverständnisse, die den Idealtypus mit dem Begriff Gattung und dem des Gesetzes in Zusammenhang bringen (201). Gefahr besteht auch in der Totaleinordnung der Wirklichkeit in abstrakte Idealtypen, bei der vergessen wird, daß es sich um eine denkende Umbildung in Abhängigkeit von jeweiligen Interessen handelt (207). Dieses ist ein immerwährender Prozeß.Deshalb ist auch die Idee der historischen Schule abzulehnen, alles in eine abgeschlossene deduktive Wissenschaft einzuordnen. Trotzdem müssen ihre Begriffe scharf sein. Unschärfe ebnet den Weg zur Vermischung mit Werten, dem «Schmerzenskind» der Soziologie (209). Weber kommt es auf die Grenzlinie zwischen Wissenschaft und Glaube an (212). Nur unter diesen Vorbehalten kann Soziologie die historischen Zusammenhänge unserer Kultur erfassen (214).

Der Aufsatz «Der Sinn der ‹Wertfreiheit› der Sozialwissenschaften» von 1917 faßt die *Werturteilsdiskussion* in ihren wesentlichen Zügen zusammen. Die Hauptstationen dieser Diskussion sind

– die Antrittsrede an der Universität Freiburg aus dem Jahre 1895;
– die soeben skizzierte programmatische Arbeit OE in der neubegründeten Zeitschrift «Archiv für Sozialwissenschaften» von 1904;
– das «Gutachten zur Werturteilsdiskussion im Ausschuß des Vereins für Sozialpolitik» von 1913, das auf der Sitzung vom 5. 1. 1914 vorgetragen wurde und so dem Sprangerschen Gutachten mit dem Titel «Die Stellung der Werturteile in der Nationalökonomie»[12] gegenübergestellt werden konnte;
– die erweiterte Fassung des Gutachtens in dem genannten Aufsatz SWF.

Die zentrale These Webers gilt der klaren *Unterscheidung von Tatsachenbehauptungen und Werturteilen*. Auf der Grundlage dieser Unterscheidung bestreitet er den empirischen Wissenschaften, aber auch den humanwissenschaftlichen Wissenschaften im allgemeinen und der Nationalökonomie im besonderen, die Fähigkeit, Werturteile aufgrund der fachwissenschaftlichen Einzelmethoden fällen zu können. In der sogenannten *«Wertfreiheitsthese»*, die besser These von der *Wertungs*freiheit oder Wertungsenthaltung heißen sollte, betont Weber, daß die Fachwissenschaft unfähig sei, die Gültigkeit von speziellen Werturteilen zu legitimieren. Das zentrale Zitat lautet: «Eine empirische Wissenschaft vermag niemandem zu lehren, was er *soll*, sondern nur, was er *kann* und – unter Umständen – was er *will*» (OE 151). Die intellektuelle Redlichkeit fordert daher, vom Katheder herab deutlich die Trennlinie zwischen wissenschaftlicher Erörterung und wertender Stellungnahme zu ziehen. Eine versteckte Kathederwertung täuscht eine wissenschaftliche Qualifikation des Wertenden als Wertenden vor, nützt ferner die Zwangslage der Studenten und eigene Vorteile aus, so daß sich Weber zu der – ihm durchaus bewußten – persönlichen Wertung berechtigt fühlt, solches Vorgehen zu verurteilen. «Der Professor sollte nicht den Anspruch erheben, als Professor den Marschallstab des Staatsmannes (oder des Kulturreformers) im Tornister zu tragen, wie er tut, wenn er die Sturmfreiheit des Katheders für staatsmännische (oder kulturpolititsche) Sentiments benutzt» (SWF 493). Hierzu gibt es anderweitige Möglichkeiten.

Webers Wertfreiheitsstandpunkt hat schon zu seiner Zeit, aber auch in den folgenden Jahrzehnten[13] zu zahlreichen Mißverständnissen geführt. Man deutete die These als Forderung, man müsse sich vom Katheder herab jeder wertenden Stellungnahme enthalten, und mißverstand sie gar in dem Sinne, daß die Wissenschaften von jeglicher Wertung frei seien. Aber schon in der Antrittsrede sprach Weber von einer Illusion zu glauben, man könne auf die wertende Beurteilung ökonomischer Erscheinungen verzichten (16). Denn es geht hier nicht um die Leugnung der Notwendigkeit der Bewertung ökonomischer Sachverhalte, sondern allein um den Aufweis der Unmöglichkeit fachwissenschaftlicher Werturteile mit intersubjektiven Geltungsanspruch. Für unser Handeln sind Werte von größter Bedeutung, auch für das wissenschaftliche Tun; so ist etwa die wissenschaftliche Wahrheit ein Wert, und die Richtung unseres Erkenntnisinteresses wird allein durch Werte bestimmt. In SWF schränkt Weber den Begriff der Wertung auf *praktische* Bewertungen ein. Er faßt nach einer ausführlichen Eingrenzung des Themas die *Selbstverständlichkeiten* zusammen, die einen Streit um Werturteile im allgemeinen als Mißverständnis

---

12 Siehe unten 16.3. – Über die Entwicklung der Weberschen Überlegungen siehe im einzelnen bei Keuth (1989).
13 Vergleiche den Positivismusstreit in der deutschen Soziologie von 1961.

erscheinen lassen: Wissenschaft erzielt werthaltige Resultate im Sinne von logisch und sachlich richtigen und im Sinne des wissenschaftlichen Interesses wichtigen Ergebnissen und wertet in der Auswahl des Stoffes. Bedeutsam ist das Auseinanderhalten der Feststellung empirischer Tatsachen und der bewertenden Stellungnahme (500). Der Sinn der Untersuchung von Wertungen kann nicht der sein, – wie beispielsweise Gustav von Schmoller behauptet,[14] – verbreitete Fakten normativ umzudeuten. Der eigentliche Sinn einer Wertdiskussion ist vielmehr, «das, was der Gegner ... wirklich meint ... zu erfassen und so zu diesem Wert eine Stellungnahme überhaupt erst zu ermöglichen». Wertfreiheit kann also nicht bedeuten, daß empirische Untersuchungen zu Wertdiskussionen sinnlos wären. Diese setzen vielmehr das Verständnis für die Möglichkeit abweichender letzter Wertungen voraus (503).

Damit ergeben sich klare Abgrenzungen zu ethischen und sozialpolitischen Wertfragen. Weber verdeutlicht die Verhältnisse an der ethischen Grundfrage, ob der reine Wille oder die Folgen des Handelns zur Rechtfertigung ausreichen (*Gesinnungs-* versus *Verantwortungs*ethik). Diese beiden Standpunkte liegen seit je in ewigem Streit. Dem Sinn nach gibt es keine Relativierungen und Kompromisse, wohl aber dem äußeren Schein nach (507). Das größte Mißverständnis ist es, daraus einen Relativismus zu folgern, der den Graben der verschiedenen Standpunkte einebnet. Eine empirische Disziplin kann nur «1. die unvermeidlichen Mittel und 2. die unvermeidlichen Nebenfolgen, 3. die dadurch bedingte Konkurrenz mehrerer möglicher Wertungen miteinander und ihre praktischen Konsequenzen» aufzeigen (508). Die Diskussion des Sinnes von Wertungen ist der Philosophie vorbehalten. Dagegen darf der empirische Wissenschaftler nicht über die Differenzen hinwegtäuschen.

Weber faßt den Sinn der Werturteilsdiskussion in vier Forderungen zusammen[15]:

a. «Die Herausarbeitung der letzten, innerlich ‹konsequenten› Wertaxiome ... »
b. «Die Deduktion der ‹Konsequenzen› für die wertende Stellungnahme ... »
c. «Die Feststellung der faktischen Folgen ... » unter Berücksichtigung unvermeidlicher Mittel und Nebenfolgen (510).
d. Die Einführung neuer Wertaxiome, sofern sich Kollisionen mit bisher angenommenen Annahmen und Folgen ergeben.

Diese Enthaltung schließt nicht aus, daß Wertinteressen den empirischen Wissenschaften die Richtung weisen, und dies führt wieder zur Wertdiskussion (512). Weber verweist hier auf den Unterschied zwischen Wertung, Wertbeziehung und Wertinterpretation.

Nach diesen grundsätzlichen Überlegungen wendet sich Weber einigen praktisch wie methodologisch wichtigen Einzelpunkten zu, die zeigen, wie in der Forschungspraxis und in der Philosophie die Grenzen zwischen den beiden ausführlich diskutierten Bereichen immer wieder überschritten werden. Daß daraus fragwürdige Aussagen resultieren, verdeutlicht Weber am Fortschrittsbegriff und besonders an der Stellung der Rationalität innerhalb empirischer Disziplinen.

8.3 Die Religionssoziologie von Ernst Troeltsch

In Max Webers Werk fanden wir die erste ausgearbeitete wissenschaftliche Soziologie, die sich selbst als empirisch versteht, diesen Begriff aber eher im Sinne einer Idealtypen beschreibenden verstehenden Phänomenologie verwendet. Bei Ernst Troeltsch sind die soziologischen Einsich-

---

14 A.a.O. S. 426 ff.
15 Zu der umfangreichen Literatur über den Werturteilsstreit bei Weber siehe insbesondere Keuth (1989), der ein Resumé der ursprünglichen Wertdiskussion und des späteren Positivismusstreits gibt. S. 193 heißt es: «Weder in der Werturteilsdiskussion noch im Positivismusstreit wurde ein haltbarer Einwand gegen Webers ‹Werturteilsfreiheitsthese› oder seine Forderung deutlicher Unterscheidung zwischen Aussagen und Werturteilen vorgetragen.»

ten das Ergebnis einer längeren Entwicklung theologischer und kultursynthetischer Reflexionen. Die Beschreibung der historischen Phänomene konzentriert sich noch stärker auf religiöse Beweggründe, die schon bei Weber in der Analyse des idealtypischen Kapitalismus von größter Bedeutung waren. Der liberale Theologe Troeltsch liefert in seiner Kultur- und Religionsphilosophie nicht nur Beiträge zur wissenschaftstheoretischen Grundlegung der Theologie, sondern vor allem zur neu entstandenen wissenschaftlichen Religionssoziologie.

8.31 Biographie und Bibliographie

a. Lebenslauf

Geboren am 17. 2. 1865 in Haunstetten bei Augsburg. Studium von Theologie und Philosophie in Augsburg, Erlangen, Berlin und Göttingen. 1888 Vikariat in München. Lizentiat. 1891 Privatdozent in Göttingen. 1892 in Bonn Extraordinarius, ab 1894 in Heidelberg Ordinarius für systematische Theologie. Ab 1910 auch philosophische Lehraufträge. 1915 in Berlin Professur für Kultur-, Geschichts-, Gesellschafts- und Religionsphilosophie und christliche Religionsgeschichte. 1919 Abgeodneter und Unterstaatssekretär. Am 1. 2. 1923 stirbt Troeltsch in Berlin.

Obzwar aus einer Arztfamilie stammend, interessierten Troeltsch von Anfang an vor allem historische und religiöse Problemstellungen. «Mein Erkenntniswille war von früher Jugend an auf die historische Welt gerichtet, ganz ähnlich wie bei Dilthey» (GS IV 3). «Also wurde ich Theologe» (4); denn Geschichte, – vereint mit Metaphysik – war vor allem in der Theologie zu finden. Die erste Lebenshälfte bestimmte die Theologie. In Göttingen schloß er sich der liberalen Avantgarde der Religionsgeschichtlichen Schule an. Durch Gustav Claß lernte Troeltsch die Philosophie von Kant, Schleiermacher, Lotze und vor allem von Leibniz kennen, dessen Monadologie zur Begründung einer eigenen Geschichtstheorie herangezogen wurde. Troeltsch übertrug die Idee von Claß, daß Historisches als Forderung an das Individuum herangetragen wird und dieses mit verantworteter Urteilskraft antwortet, auf die Religionsphilosophie. Um die Jahrhundertwende verschob sich sein wissenschaftstheoretisches Interesse von Dilthey zu Windelband und Rikkert (GS II 227). Von Weber beeinflußt, intensivierte er seine soziologischen Studien. Beide waren eng befreundet und wohnten im selben Haus. Troeltsch gesteht: «Zugleich geriet ich in den Bannkreis einer so übermächtigen Persönlichkeit wie Max Weber, dem diese für mich aufdämmernden Wunder längst Selbstverständlichkeit waren» (11).

Troeltsch avancierte durch sein 1912 erschienenes Standardwerk «Die Soziallehren der christlichen Kirchen und Gruppen» zum eigentlichen Pionier der Geschichte christlicher Soziallehren und zum bedeutendsten Kulturhistoriker nach Jakob Burckhardt. Im Gegensatz zu Weber glaubt Troeltsch an die Leitfunktion der religiösen Werte auch in seiner bewegten Zeit. Sein Versuch galt der Neubegündung des Christentums aus den sich selbst gestaltenden Normen der Geschichte. Mit der Übernahme des Lehrstuhls für Geschichtsphilosophie in Berlin erfolgte eine allgemeine Hinwendung zur Philosophie. Neben seiner kulturphilosophischen Arbeit entwickelte er eine von Kant und James inspirierte Religionsphilosophie. Zugleich engagierte er sich auch in der Tagespolitik. Er trat der Vereinigung des Evangelisch-sozialen Kongresses bei, deren Ziel die Analyse der Sozialpolitik mit wissenschaftlichen Mitteln war. Sein Standpunkt trug aristokratisch-konservative Züge und war trotz historischer Kritik von christlichen Überzeugungen geprägt.

Während des Krieges setzte Troeltsch sich mit einer liberalen Minderheit vergeblich für einen Verständigungsfrieden ein. Nach der Niederlage kämpfte er publizistisch für eine soziale Demokratie, die sich den Arbeiterproblemen öffnen sollte und die durch den Weltkrieg entstandene allgemeine Kulturkrise zu bewältigen hatte. Obwohl Troeltsch als Abgeordneter der Deutschen Demokratischen Partei und als Unterstaatssekretär genügend Einflußmöglichkeiten hatte und großes Ansehen genoß, war er nie Politiker aus Leidenschaft und eher von Resignation gezeichnet. Seine wissenschaftliche Arbeit konzentrierte sich im letzten Lebensjahrzehnt auf eine geschichtstheoretische Aufarbeitung der in eine Grundlagenkrise geratenen europäischen Kultur.

Dabei sind die Einflüsse von Husserls Phänomenologie und von Bergsons Lebensphilosophie nicht zu übersehen. Troeltsch weist selbst darauf hin: «Heute weiß ich, daß ich damit sehr in die Nähe der phänomenologischen Schule geraten bin, und würde unter deren Einfluß manches anders fassen» (9). Troeltsch arbeitete stets schwer, setzte sich voll ein und fühlte sich oft unter Druck. Wenige Tage vor einer Vortragsreise durch England stirbt er plötzlich an einer Embolie und an Herzschwäche.

Als Theologe gilt Troeltsch als der letzte große Repräsentant der liberalen Theologie und des Kulturprotestantismus. Mit seinem Namen endet die Reihe derer, die dem Zeitalter Schleiermachers Gestalt gegeben haben: Albrecht Ritschl, Wilhelm Herrmann und Adolf von Harnack. Zwei Jahre vor Troeltschs Tod erschien Karl Barths «Römerbrief», das theologische Pendant zu Oswald Spenglers «Untergang des Abendlandes». Mit dem Gründungswerk der «dialektischen Theologie» trat an die Stelle der Ehrfurcht vor der Geschichte wieder die Ehrfurcht vor dem Wort Gottes; nicht menschliche Kultur, Religion, Glaube, Frömmigkeit und Gefühl, sondern die Offenbarung stellte die letzten Maßstäbe für die christliche Existenz bereit.

b. Auswahl aus der Primärliteratur Troeltschs

1895 Die historischen Grundlagen der Theologie unseres Jahrhunderts. Karlsruhe.
1900 Über historische und dogmatische Methode der Theologie. In: Theologische Arbeiten aus dem rheinisch wissenschaftlichen Prediger-Verein. NF. 4. S. 87. In GS II. **HDM**
1902 Die Absolutheit des Christentums und die Religionsgeschichte. Tübingen. Auch als Taschenbuchausgabe. Hg. von T.Rendtorff. München / Hamburg 1969.
1904 Politische Ethik und Christentum. Göttingen.
1905 Psychologie und Erkenntnistheorie in der Religionswissenschaft. Tübingen.
1906 Die Bedeutung des Protestantismus für die Entstehung der modernen Welt. In: Historische Zeitschrift Bd. 97. Ferner München / Berlin 1911. 6. Aufl. 1963.
1909 Zur Frage des religiösen Apriori. In: Religion und Geisteskultur 3. S. 263 f. In GS II.
1912 Die Soziallehren der christlichen Kirchen und Gruppen. Tübingen. 6. Aufl. Aalen 1977. Neudruck der 1. Aufl. Tübingen 1994. In GS I.
1913 Zur religiösen Lage, Religionsphilosophie und Ethik. Tübingen. In GS II.
1918 Die Bedeutung der Geschichte für die Weltanschauung. Berlin. In GS III.
1919 Die Dynamik der Geschichte nach der Geschichtsphilosophie des Positivismus. Berlin. In GS III.
1919 Deutsche Bildung. Darmstadt.
1921 Meine Bücher. In: Die deutsche Philosophie der Gegenwart in Selbstdarstellungen. Leipzig. 2 Bände. In GS IV.
1922 Der Historismus und seine Probleme. Tübingen. In GS III.
1922 Die Sozialphilosophie des Christentums. Zürich.
1922 Die Krisis des Historismus. In: Die neue Rundschau XXXIII.
Der Historismus und seine Überwindung. Fünf Vorträge. Hg. von F. von Hügel. Berlin 1924. 3. Aufl. 1979.
Deutscher Geist und Westeuropa. Gesammelte kulturphilosophische Aufsätze und Reden. Hg. von H. Baron. Tübingen 1925. 2. Aufl. Aalen 1966.
Gesammelte Schriften. Tübingen ab 1912. 4 Bände. **GS**
Aufsätze zur Geistesgeschichte und Religionssoziologie. Hg. v. H.Baron 1925. In GS IV.

c. Bibliographien

Graf, F.W. / Ruddies, H.: Ernst Troeltsch Bibliographie. Tübingen 1982.
Drescher, H.-G.: Ernst Troeltsch. Leben und Werk. Göttingen 1991. S. 531 ff.
Baron, H.: Ernst Troeltsch. Bibliographie bis 1924. In GS IV.

8.32 Der Historismus als Lebensform und Kulturprogramm

Troeltschs frühe Arbeiten sind von religionskritischen Fragestellungen geprägt. Er ist überzeugt, daß die zeitgenössische Theologie unfähig ist, auf die drängenden Fragen der Moderne Antworten zu geben. Die kritische Geschichtswissenschaft scheint alles Absolute und Unbedingte in Relativismus und Nihilismus aufzulösen; ist doch das Christentum in ihren Augen weder übernatürlichen Ursprungs noch die einzige wahre Religion, sondern eine geschichtliche Größe wie andere Kulturerscheinungen auch. «Es wackelt alles», soll Troeltsch in einem Diskussionsbeitrag auf einer theologischen Konferenz gesagt haben. Und gerade in dieser Situation muß in seinen Augen die richtig angewandte historische Methode eine neue Synthese aus Geschichtsbetrachtung und christlicher Glaubenserfahrung schaffen. Dabei ist sein Ziel, in einer Aufklärung durch Geschichte trotzdem christliche Normen aus eben dieser Geschichte zu begründen: Geschichte durch Geschichte überwinden. Diese neue Form der Religiosität darf weder kirchlich-supranaturalistisch, noch modern-ideologisch oder gar konfessionell sein (GS IV, 12). Die dabei verwendete historische Methode hat nach Troeltsch drei Merkmale[16]:

– die prinzipiell kritische Einstellung zum überlieferten Material durch Annahme bloßer Wahrscheinlichkeitsurteile, auch wenn es sich um religiöse Phänomene handelt;
– die Ausschöpfung der «Allmacht der Analogie», die erst das Urteil über Vergangenes ermöglicht; Analogieloses, wie z. B. die Auferstehung Christi, ist kaum historisch begreifbar;
– die Beachtung von Korrelationen, d. h. von der Verflochtenheit des historischen Phänomens mit den Begleiterscheinungen.

Die Methode muß auf die Phänomene des Positivismus und Neuhumanismus, der Technik und des Immanenzdenkens angewandt werden und mit dem christlichen Theismus sowie mit der idealistischen Lehre von Geist und Persönlichkeit versöhnt werden. Hier stellt Troeltsch die moderne Frage nach der Möglichkeit von konkreter Religiosität im Zeitalter des Pluralismus. Seine Antwort setzt eine spezifische religiös-metaphysische Wertentscheidung voraus, mit deren Hilfe die Vermittlung realisiert werden soll.

Später sieht Troeltsch diese Versöhnung von Gott und weltlicher Geschichte unter dem Aspekt einer allgemeinen *Kultursynthese*. In ihr interpretiert er den Historismus nicht mehr nur als Lebensform des Einzelmenschen, sondern als allgemeines Kulturprogramm. Mit dieser Erweiterung fällt die scharfe Trennlinie zwischen Philosophie und Theologie, die beide in der Metaphysik der geschichtlichen Individualität gründen. Damit glaubt Troeltsch, Rationalität garantieren und das Religiöse aus den Fängen der Irrationalität befreien zu können. Dieser Wunsch nach Versöhnung und Synthese steht im strikten Widerspruch zu Webers «Polytheismus der Werte» und zu Diltheys «Anarchismus der Werte», den Troeltsch ausdrücklich zu bekämpfen sucht, wie das überlieferte Diktum «Ich bin nach Berlin gekommen, um die Anarchie der Werte zu überwinden» zeigt.[17]

In einer an Kant orientierten *Theorie des religiösen Apriori* spricht Troeltsch vom Aufbau der Religion als konstitutiver Leistung menschlicher Subjektivität. Es handelt sich dabei allerdings um kein rein theoretisches Apriori, das sich nur auf die Erfahrung der wissenschaftlichen Vernunft bezieht. Es meint einfach ein Gültiges jenseits des Tatsächlichen und ein genuin Religiöses jenseits des bloß Kulturellen. Troeltsch entwickelt eine praktische Apriori-Form, in der sich die Strukturen der historischen Lebensform als notwendige Faktoren erweisen. Damit kann Wissenschaft die Religion nicht mehr ad absurdum führen. Bei Troeltsch ist Religion weder Projektion menschlicher Bedürfnisse noch primitive Vorstufe eines metaphysischen Stadiums; sie ist weder auf Moral noch auf Logik zurückführbar, sondern *autonomes Kulturphänomen*. Insofern stellt das Phänomen Religion zu allen Zeiten, – also auch in der «Krise des Historismus» und in der Moderne –, einen zentralen Faktor der Geschichtsdeutung dar. Im Gegensatz zu Weber, der überzeugt war, daß durch die Entzauberung der Welt die Mythen und Religionen ihre Kraft verloren haben, glaubt Troeltsch weiter an die Möglichkeit konstitutiver Leistungen durch Religion.

In seiner «schöpferischen Synthese» versucht Troeltsch, die zahlreichen individuellen norma-

---

16 HDM 732f. Es fällt auf, daß sich Troeltsch nicht explizit auf die Diltheysche Methode bezieht, obwohl Ähnlichkeiten vorliegen, z. B. zwischen der Analogie und der Möglichkeit des Sicheinfühlens.
17 Das Zitat stammt aus dem Beginn seiner Vorlesungstätigkeit in Berlin. Drescher (E. T. Leben und Werk. S. 421) verweist als Quelle auf L. Marcuse: Mein zwanzigstes Jahrhundert. Zürich 1975. S. 49.

tiven Standpunkte unserer Tradition zu einem intersubjektiven kulturellen Verständigungsprozeß zu vereinigen. Die Ideale, welche unsere Vergangenheit geprägt haben, sollen analysiert und auf ihre Brauchbarkeit für die Gegenwartsbewältigung hin beurteilt werden. Dabei überwiegen allerdings pessimistische Aussagen und Prognosen, die den alten Konzepten nur geringe Wirkungskraft attestieren. Troeltschs gesamte Lehre stellt ein ununterbrochenes Ringen um diese Synthese dar. Der Titel der Abhandlung «Krise des Historismus» ist symptomatisch. Dabei dürfen seine Lehren keineswegs selbst als Überwindung dieser Krise interpretiert werden, wie es die Herausgeber von fünf England-Vorträgen unter dem Titel «Der Historismus und seine Überwindung» im Jahre 1924 suggerieren. Troeltsch arbeitet vielmehr nur die Probleme heraus, die eine Überwindung erfordern[18]. Inhaltlich bleibt seine Lehre auf dem Boden eines ungeklärten Pluralismus von Kultur, der sich zudem ausdrücklich auf den europäischen Raum beschränkt.

Bei Troeltsch erfolgt ein *Transzendieren* der christlichen Dimension und deren Sonderstellung, die besonders für die bald einsetzende dialektische Theologie zum Stein des Anstoßes werden soll. Die Überschreitung wird deutlich, wenn Troeltsch in seinen Analysen vier «Grundgewalten» aufzählt, die unsere Kultur geprägt haben: das hebräische Prophetentum, das klassische Griechentum, der antike Imperialismus und das abendländische Mittelalter. Deren unmittelbare Wirkungsmacht ist zwar durch den okzidentalen Rationalismus der Aufklärung gebrochen. Trotzdem können Lösungen der Krise nur unter Berücksichtigung jener Gewalten gefunden werden. In diesem Sinne sind auch die religionssoziologischen Untersuchungen Troeltschs zu verstehen. Sie sind nie nur reine Beschreibungen von historischen Tatsachen und Zeitdiagnosen, sondern zugleich Versuche, soziologische Elemente freizulegen, die auch für die damalige Gegenwart noch Lösungspotentiale bereitstellten und in nuce eine kulturphilosophische Beurteilung auch der Moderne enthalten. Am konkretesten und ohne große Programmatik ist sein Werk über die Soziallehren, mit dem Troeltsch eine neue Disziplin geschaffen hat[19] und der wir uns nun zuwenden.

8.33 Die Soziallehren der christlichen Kirchen und Gruppen

Troeltschs religionssoziologische Arbeiten zielen in zwei Richtungen, auf die Analyse des Altprotestantismus und die der modernen Welt (S.VII). Dabei werden die Ursprünge weit zurückverlegt, so daß die soziologische Fragestellung auf die gesamte Geschichte des Christentums überhaupt übertragen wird (S.VIII). In allen Untersuchungen bleibt der Gedanke leitend, daß nicht nur die ökonomische Basis auf die Ideenwelt einwirkt (wie bei Marx), sondern vor allem der umgekehrte Einfluß gebührend berücksichtigt werden muß (wie bei Weber).

In der *Einleitung* begründet Troeltsch die Konzentration seiner Untersuchungen auf die Kirche mit ihrer großen Organisationskraft (1). Es ist daher naheliegend, gerade ihre Antworten nach Lösungsmöglichkeiten der Gegenwartsprobleme zu befragen. Deshalb untersucht Troeltsch einerseits die Einwirkungen des Religiösen auf die anderen Lebensweisen und umgekehrt die Wirkungen des Sozialen auf die religiöse Gemeinschaft (14).

«Kapitel I: Die Grundlagen in der alten Kirche» beginnt mit der Situation zur Zeit des Evangeliums. Troeltsch sieht das Christentum nicht aus der Perspektive der Sozialgeschichte, sondern aus der der Religionsgeschichte des Altertums (25). Die Verinnerlichung und Ethisierung des religiösen Denkens der damaligen Zeit, die Auflösung des Polytheismus und die Zersetzung von Volksreligionen im Hellenismus und in der Kaiserzeit verlangen eine *neue Religiosität*, die *ewige* Werte lehrt (26). Allerdings ist diese Wende auch die Folge schlimmer sozialer Krisen, die sich aus dem Scheitern der Sozialideale des Cäsarismus ergeben. Die Christen verzichten auf das innerirdische Sozialideal und wenden sich den Gütern des religiösen Seelenfriedens, der Men-

---

[18] Schließlich ist das zweite Buch zu «Historismus und seine Probleme» nie geschrieben worden. Das erste Buch stellt nur die Problematik dar und kritisiert die bestehenden Lehren.
[19] So sieht zumindest Troeltsch seine Leistung in einem Brief an P. Siebeck vom 6.11.1910.

schenliebe und der Gottesgemeinschaftschaft zu (32), die keiner weltlichen Organisation bedürfen. Die zugehörige soziologische Struktur ist der *unbedingte Individualismus*, «der sein Maß rein an sich selber hat, in dem, was er als Selbstheiligung für Gott dienend empfindet» (39). Das Urchristentum ist reiner, sich selbst heiligender Individualismus vor Gott.

Je länger die Gemeinschaft besteht, desto notwendiger ist es, dieses Programm in eine *soziale Ordnung* umzuformen (49). Es organisiert sich der *religiöse Liebeskommunismus*, der sich vom weltlichen Kommunismus radikal unterscheidet: er kennt das Eigentum als Möglichkeit von Schenkung und Opfer, ihm fehlt eine Produktionsordnung und vor allem die Gleichheitsidee in Bezug auf das Irdische. Dieser Kommunismus ist bald wieder verschwunden, weil er Folgeerscheinung und nicht Grundidee war (50). Die Weiterentwicklung ist sozialkonservativ. Doch die religiöse Idee bleibt wirksam, besonders weil sie durch den Einfluß der römischen Stoa soziologisch ähnlich motiviert ist. Aus Evangelien und Stoa geht ein neues Ideal des Menschentums hervor: die Idee der inneren Freiheit jenseits von Macht und Gewalt.

Durch den Einfluß des *Apostels Paulus* wird die freie Gemeinde der ersten Christen zu einer *selbständigen Religionsgemeinschaft*. Voraussetzung ist der theologische Glaube an den auferstandenen Christus, der Messias und Welterlöser ist. «Die Gotteskindschaft als Inbegriff des absoluten religiösen Individualismus wird zum ‹Sein in Christo›» (60). Für das soziologische und soziale Denken ausschlaggebend werden die Probleme der Prädestination und des universalen Liebeswillens Gottes. Die naturrechtlich-rationalistische Gleichheitsidee reduziert sich auf die Gleichheit in der Liebe zu Gott. «Alles übrige ist Gott anheimzustellen» (64). So begründet die Lehre des Paulus trotz aller Neuerungen den sozial-konservativen Charakter des Christentums. Für Troeltsch ist auf diese Weise für lange Zeit das konservative und revolutionäre Element im Christentum vereinigt; eines begrenzt das andere. Dagegen bleibt für die alten Christen die dritte Möglichkeit undenkbar, nämlich die sozialen Ordnungen als Vorformen der religiös-ethischen Selbstverwirklichung aufzufassen (72). Die Verknüpfung des Christentums mit der Idee einer sozialen Utopie ist also reine Projektion späterer Zeiten. Damit ist einer der wesentlichsten Züge aller christlichen Soziallehren bis zum Beginn der Moderne herausgestellt. Das Christentum hat zwar den antiken Geist und Staat zertrümmert, alte Staats- und Volksrechte zerstört und schließlich später in der Reformation der Kirche völlig neue politisch-kirchliche Formen gegeben; «aber es hat in alledem doch stets das Gegebene entweder geduldet und nur innerlich ausgehöhlt, oder in relativ konservativer Haltung gestützt und vergöttlicht» (80). Eine prinzipielle revolutionäre Tendenz sieht Troeltsch erst im modernen Rationalismus realisiert, in dem die Gesellschaft aus den Forderungen der Vernunft aufgebaut wird.

Dem Urchristentum fehlte die Kraft zur Schaffung einer Religionsgemeinschaft. Erst durch den paulinischen Glauben an den Christus entsteht eine *Kultgemeinschaft*. Aus ihr entwickelt sich die Kirche als *Heils- und Gnadenanstalt* zur soziologischen Gestaltungskraft, die sich der Welt anpaßt und so Massen aufnehmen kann. Troeltsch stellt der Kirche zwei weitere Haupttypen der christlichen Gemeinschaftsbildung an die Seite: die *Sekte* und die *Mystik*. Erstere versteht sich als Vereinigung wahrhaft Wiedergeborener, die sich in der Welt zurückhalten und das göttliche Gesetz radikal zu verwirklichen suchen. Die Vertreter der Mystik dagegen lösen Kultus, Dogma und Geschichtsbeziehung eher auf, indem sie deren Inhalte in ihr Gemüt verlagern. Christuskult und -dogma, Wahrheitsbegriff und christliches Ethos erhalten auf dem Boden der verschiedenen Gemeinschaftsbildungen jeweils verschiedene Bedeutungen. Während die Kirche im allgemeinen zum Kompromiß tendiert, vertritt die Sekte das reine Ideal. Die Mystiker pflegen fern von solchen Streitfragen ihre spiritualistische Innerlichkeit.

Troeltsch rückt in seinen weiteren Untersuchungen den *Kirchenbegriff* in den Vordergrund. Im Frühkatholizismus ist dieser von zwei Lehren geprägt, von der relativ-naturrechtlichen und der theokratisch-absolutistischen Theorie (171). Durch diese gelingt auf je verschiedene Weise eine indirekte Christianisierung des Abendlandes, stets auf Kosten der alten Ideale des Evangeliums, die wenigstens teilweise durch Mönche gepflegt werden. Die Klöster sind Träger der christlichen Kultur. Aber die eigentliche große soziologische Leistung ist die Schöpfung der Kirche (178). Allerdings greift diese in den Augen Troeltschs nicht allzu stark in das alltägliche Leben ein, wenn man von der Gestaltung der Familie absieht.

Der mittelalterliche Katholizismus bringt nach Troeltsch zwei große Typen von Soziallehren hervor (427). Der erste, der thomistische Typus[20], der eine ergänzte und relativierte christliche Gemeinschaftsidee konkretisiert, wird durch die Kirche als Gnaden- und Erlösungsanstalt repräsentiert. Sie betrachtet alles Naturgesetzliche als Vorstufe des Göttlichen. Der zweite Typus, der eine unergänzte und radikal christliche Gemeinschaftsidee ausdrückt, erscheint als Gemeinschaft im Geiste des strengen Gesetzes Christi. Er ist aus der Laienkultur hervorgegangen. Neben beiden Typen wirkt im Untergrund die rein gedankliche Gemeinschaft der individualistischen Mystik. Die Kirche schafft so in der Vollendung frühkatholischer Entwicklungen im Mittelalter eine christliche Einheitskultur. Neue Ideale einer christlichen Gesellschaftslehre können auf diesem Boden nicht entstehen.

Neubildungen sind dem Protestantismus vorbehalten, in dem sich eine Wiederbelebung der paulinischen und augustinischen Gnadenreligion vollzieht. Dabei ist zu beachten, daß der Gnadenbegriff nicht nur dem Gesetzesbegriff des Katholizismus gegenübergestellt wird, sondern selbst neu zu interpretieren ist. Gnade ist eine vom Glaubenden anzueignende Gesinnung, die zugleich sündenvergebender Liebeswille Gottes ist (437). Dabei bleibt Luther durchaus noch im Banne des tradierten Kirchenbegriffs mit allen seinen Konsequenzen (458). Das entscheidend Neue vollzieht sich erst im *Calvinismus*, der «eigentlichen Hauptmacht des Protestantismus» (605). Seine kulturhistorische Wirkung hängt eng mit der zufälligen Verbindung zur anglikanischen Lebenswelt zusammen.

Theologisch baut Calvin weitgehend auf Luthers Rechtfertigungs- und Heiligungslehre auf. Trotzdem gibt es Unterschiede, die sich hauptsächlich aus dem calvinischen Gottesgedanken ableiten lassen. Für Calvin ist die Prädestination Zentraldogma. Gott ist souveräner Wille und Herr der Welt. Sein Wille ist Grund aller Gründe und Norm aller Normen (615). Gott offenbart sich in seiner Majestät im Erwählten und Nichterwählten, in den Vernunftgaben und in den Schönheiten der Welt (617). Die Probe der Rechtfertigung ist nicht die Innigkeit des Gefühls, sondern die Konsequenz erfolgreichen, energischen und disziplinierten Handelns. Die Vernunft braucht sich nicht um eine Theodizee zu bemühen, sondern ist «zum Zweck irdischer Arbeit und zur Verherrlichung Gottes gegeben» (619). Die calvinistische Theokratie stellt das Individuum in den Dienst der Heiligung der Welt durch Arbeit, die den Glauben erst realisiert. Erfolg ist ein Kennzeichen des Gnadenstandes, Folge einer innerweltlichen Askese. So entsteht im Calvinismus ein universelles soziologisches Grundschema (667), das den Okzident prägt und von den modernen individualistischen und demokratischen Gedanken unterschieden werden muß. Dadurch wurde der Calvinismus neben dem patriarchalischen Grundschema der mittelalterlichen Gesellschaftsidee zu dem zweiten großen christlichen Sozialideal der europäischen Gesellschaft. Der Calvinismus ist in Troeltschs Augen bedeutender als die Typen der Demokratie, des Staatssozialismus, des Kommunismus und der bloßen Machttheorie (675). Er ist wahrer Sozialismus mit christlichen Maßstäben und die erste bewußte christlich-kirchliche Sozialgestaltung in der Geschichte der christlichen Ethik (676).

Die Weiterentwicklung dieses ursprünglichen Calvinismus und das Täufertum bedeuten durch die Übernahme des konstitutionellen und kritisch-naturrechtlichen Prinzips eine allmähliche Loslösung von den christlichen Ideen hin zur *modernen Demokratie* Frankreichs und Amerikas. Zugleich ebnet die christliche Ethik der modernen Wirtschaftsentwicklung den Weg; der Calvinismus wird zum Förderer von Industrialismus und Kapitalismus, von einer bestimmten Interventionspolitik und sogar von Tendenzen zum Glaubenskrieg. So stellt er einen weitreichenden rationalen Versuch dar, innerhalb der Lebenswelt die religiöse Gemeinschaft zu etablieren (973).

---

20 Man beachte den Terminus, der als Modifikation des Weberschen Idealtypus aufgefaßt werden kann.

Eine völlig neue Situation finden wir in der *modernen Lebensauffassung,* die von Utilitarismus, Optimismus, Immanenz, Naturalismus und ästhetischer Naturverherrlichung geprägt ist (974). Durch diese Phänomene ist das christliche Ethos machtlos geworden; es bedarf der Ergänzung durch neue Ideen. Denn für Troeltsch bleibt die Beziehung zwischen Idee und gesellschaftlich-wirtschaftlicher Basis stets zweiseitig. Zum Schluß fragt Troeltsch, ob die hiermit gewonnenen Einsichten nicht als Vorbilder für Gegenwart und Zukunft dienen können. Aber trotz zahlreicher positiver Elemente, die für die Grundlegung einer neuen christlichen Ethik herangezogen werden könnten, bemerkt Troeltsch resignierend: «Die Tage des reinen Kirchentyps in unserer Kultur sind gezählt. Die Selbstverständlichkeiten der modernen Lebensanschauung fallen mit dem der Kirche nicht mehr zusammen» (981). Die Funktionen der Kirche werden veräußerlicht und immer mehr von Schule, Literatur, Staat und Vereinswesen übernommen. Die zwei Haupttypen der Sozialphilosophie des mittelalterlichen Katholizismus und des asketischen Protestantismus haben sich in diesem Prozeß trotz bisheriger sozialer Leistungen in ihrer Kraft erschöpft. Das Ergebnis der Untersuchung ist neben der Einsicht in die Problematik einer absoluten christlichen Ethik und der christlich-sozialen Arbeit insgesamt die Überzeugung von der Verankerung der selbständigen Religion im Individuum . «Es bleibt dabei – ... das Reich Gottes ist inwendig in uns ... Die letzten Ziele aber alles Menschentums sind verborgen in seinen Händen» (986), – mit diesen Worten endet das Werk.

Trotz aller Resignation hält Troeltsch an der Bedeutung des christlichen Sozialethos als Orientierungswissen für die Zukunft fest. Es betrifft einen spezifischen, im Individuum verankerten Sozialismus, der sich gegen soziale Ungleichheit und Ungerechtigkeit wendet und zugleich die christliche Nächstenliebe fordert. Die Untersuchung zeigt zugleich, was auch für die Zukunft unverzichtbar bleibt. Im Zentrum steht die Bedeutsamkeit von Kultus und sozialer Organisation für den christlichen Glauben und die Überlegenheit des kirchlichen Organisationstyps, der allerdings zeitgemäßen Wandlungen unterworfen werden muß. Diese Veränderungen sind jeder Zeit neu aufgegeben, vor allem nachdem mittelalterlicher Katholizismus und asketischer Protestantismus ihre Überzeugungskraft verloren haben.

8.4 Soziologie in lebensphilosophischer Absicht: Georg Simmel

War Max Weber vor allem an der wissenschaftlichen Grundlegung der Soziologie, Ernst Troeltsch an deren Anwendung auf vorwiegend religiöse Themen interessiert, finden wir bei Georg Simmel Beiträge zu einer ganz *allgemeinen Kultursoziologie.* Im Gegensatz zu den theoretischen Arbeiten Webers umkreisen Simmels Gedanken die sinnlichen Kulturphänomene in ihrer dialektischen Verwicklung mit den verschiedensten praktischen, aber auch theoretischen Aspekten. Seine Differenzierungen im Verhältnis von Mensch und Gesellschaft, die Phänomenologie der kulturellen Eigendynamik, die allzu oft den eigentlichen Absichten der Betroffenen zuwiderläuft, haben später als bürgerliche Vorstufe der «negativen Dialektik» eine gewisse Anziehungskraft ausgeübt. So gehört Simmel wie Weber – im Gegensatz zu Troeltsch – zu den Philosophen, die auch heute noch in der Philosophie diskutiert und als aktuell angesehen werden.

8.41 Biographie und Bibliographie

a. Lebenslauf

Geboren am 1.3. 1858 in Berlin. Am gleichen Ort Studium der Geschichte, Kunstgeschichte, Philosophie und Völkerpsychologie. 1881 philosophische Promotion, 1884 Habilitation, bis 1914 Privatdozent, 1901 Extraordinarius für Philosophie mit Lehrauftrag für Soziologie. 1914 Berufung von Berlin nach Straßburg. Simmel stirbt dort am 28.9. 1918.

Auch Simmels Interessen gingen über die Philosophie im engeren Sinne weit hinaus. Er arbeitete über Ethik, Ästhetik und Metaphysik, aber auch über Geschichte, Soziologie und Psychologie. Er zog Alltägliches als Exempel heran, um seine soziologischen und lebensphilosophischen Grundthesen zu verdeutlichen, und publizierte subtile Interpretationen über Kant, Goethe, Michelangelo, Rembrandt und andere.

Seine wissenschaftliche Laufbahn verlief alles andere als reibungslos. Das Dissertationsthema mußte wegen seines peripheren Charakters abgeändert, der Habilitationsvortrag wiederholt werden. Sowohl die Ernennung zum Extraordinarius als auch Berufungen an andere Universitäten wurden verhindert beziehungsweise verzögert. Als Gründe werden die jüdische Abstammung Simmels, die unkonventionelle Form der Abhandlungen, die meist in der Form von Essays erschienen sind, und die zunehmende Bevorzugung soziologischer Themenstellungen vermutet. Die Soziologie war damals eine außeruniversitäre Disziplin und daher den Kollegen suspekt, zumal wenn sie – wie anfangs bei Simmel – enge Beziehungen zum Positivismus und naturwissenschaftlichem Evolutionismus aufwies.

Simmels Vorlesungen fanden regen Zuspruch, seine differenzierten Untersuchungen großes öffentliches Interesse. Seine Themen umfaßten ein weites Spektrum von der Philosophiegeschichte bis zur Philosophie des Geldes, von der Psychologie des Schmuckes bis zur Theorie der Ästhetik, alles anschaulich und sinnlich, aber nicht begriffslos, dargestellt mit der Lust am Detail und am Ephemeren und trotzdem Wesentliches sagend. In seinem Hause und in den Salons Berlins brillierte er vor Freunden und Gästen, die aber eher aus literarischen und Künstler-Kreisen als aus der Kollegenschaft stammten. Simmels politische Stellungnahmen waren nie direkt, sondern immer in feinsinnigen Einzelanalysen versteckt. Seine Beobachtungsgabe und sein Scharfsinn waren geschätzt, seine Rhetorik und seine universelle Bildung exzellent. Trotzdem blieb in den deutschen Akademikerkreisen die Anerkennung aus. Auch die Ansätze zu einem dialogischen Denken, die über Martin Buber später wirksam werden sollten, wurden nicht weiter beachtet. Für Simmel stand der Einzelne in der Gruppe und erlebte dort in den Erfahrungen von Treue, Dankbarkeit und Vertrauen die Du-Bezogenheit. Ganz allgemein sah er in der sozialen Formung eine Disposition zum Religiösen, die sich in der Dialogik später als fundamental erwiesen hat.

Er war in Deutschland zeitlebens nur der Anreger, nicht das schulebildende Vorbild. Im Ausland dagegen, besonders in Frankreich und in den USA, schätzte man seine Beiträge zur Soziologie hoch ein, die nicht nur auf seinen Schüler G. Lukacs, sondern auch auf dessen Geistesverwandte T.W. Adorno und E. Bloch sowie auf J. Ortega y Gasset eingewirkt haben. Seine Aktualität ist bedingt durch die Vorwegnahme zahlreicher Einsichten zur Geschlechterbeziehung, zur Mode und zum allgemeinen Großstadtleben. Von besonderer Bedeutung ist auch seine nominalistische Geldtheorie mit der gegen Marx gerichteten These, daß hochentwickelte Geldverhältnisse die gesellschaftlichen Spannungen mildern. Die Faszination seiner Gedanken ging nicht zuletzt von der pessimistischen Grundstimmung seiner Lehren aus, einer «Dialektik ohne Versöhnung», wie es Michael Landmann[21] nennt, die in einer Vorwegnahme der Gegenwartssituation die «Tragödie der Kultur» darstellte und so die Tragik seines eigenen Lebenswegs zwischen wissenschaftlicher Strenge und ästhetischer Fülle, zwischen Evolutionismus und Lebensphilosophie, zwischen Schätzung des Individuellen und Verzweiflung an der Eigendynamik des Allgemeinen spiegelten.

b. Auswahl aus der Primärliteratur Simmels

1890 Über soziale Differenzierung. Soziologische und psychologische Untersuchungen. Leipzig.
1892 Die Probleme der Geschichtsphilosophie. Leipzig. 5. Aufl. 1923. In GA 9.

---

21 Vgl. Einleitung in IG. S. 16.

1892 Einleitung in die Moralwissenschaft. Eine Kritik der ethischen Grundbegriffe. 1.Band. 2. Band 1893. Berlin. Neuaufl. Frankfurt 1990. In GA 3.
1900 Philosophie des Geldes. Leipzig. 4. Aufl. 1922. Neu aufgelegt in GA. Frankfurt 1989.
1906 Kant und Goethe. Zur Geschichte der modernen Weltanschauung. Berlin. 3. Aufl. 1916. In GA 10.
1906 Die Religion. Frankfurt. 2. Aufl. 1912. In GA 10.
1908 Soziologie. Untersuchungen über die Formen der Vergesellschaftung. Leipzig. GA 11. Frankfurt 1992.
1910 Hauptprobleme der Philosophie. Leipzig. 9. Aufl. Berlin 1989.
1911 Philosophische Kultur. Gesammelte Essays. Über das Abenteuer, die Geschlechter und die Krise der Moderne. Leipzig. Neuauflage Berlin 1986.
1913 Goethe. Leipzig.
1916 Rembrandt. Ein kunstphilosophischer Versuch. Leipzig. Neuauflage 1985.
1917 Grundfragen der Soziologie. Individuum und Gesellschaft. Berlin. 4. Aufl. 1984. **GS**
1918 Lebensanschauung. Vier metaphysische Kapitel. München/Leipzig. 3. Aufl. Berlin 1994.
Gesammelte Werke in zwei Bänden. Berlin ab 1958. **GW**
Gesamtausgabe. Frankfurt ab 1989. Hg. von O. Rammstedt, H.-J. Dahme, K.C. Köhnke u. a. **GA**
    Band 4: Einleitung in die Moralwissenschaft. Eine Kritik der ethischen Grundbegriffe. Frankfurt 1991.
    Band 10: Philosophie der Mode. Die Religion. Kant und Goethe. Schopenhauer und Nietzsche. Frankfurt 1994.
Zur Philosophie der Kunst. Philosophische und kunstphilosophische Aufsätze. Hg. von Gertrud Simmel. Potsdam 1922.
Fragmente und Aufsätze aus dem Nachlaß und Veröffentlichungen der letzten Jahre. Hg. von G. Kantorowicz. München 1923.
Brücke und Tür. Essays des Philosophen zur Geschichte, Religion, Kunst und Gesellschaft. Hg. von M. Landmann und M. Susman. Stuttgart 1957.
Das individuelle Gesetz. Philosophische Exkurse. Hg. von M. Landmann. Frankfurt 1986. Neuauflage 1987. **IG**
Schriften zur Soziologie. Eine Auswahl. Hg. von H.-J. Dahme und O. Rammstedt. Frankfurt 1983. 3. Aufl. 1989.
Das Individuum und die Freiheit. Essays. Berlin 1984.
Schriften zur Philosophie und Soziologie der Geschlechter. Hg. von H.-J. Dahme und K.C. Köhnke. Frankfurt 1985.
Gesammelte Schriften zur Religionssoziologie. Hg. von H.J. Helle. Berlin 1989.
Vom Wesen der Moderne. Essays zur Philosophie und Ästhetik. Hamburg 1990.

c. Bibliographie

Gassen, K.: Georg Simmel. Bibliographie. In: Gassen, K. / Landmann, M. (Hg.): Buch des Dankes an G. Simmel. Briefe. Erinnerungen. Bibliographie. Berlin 1958.

8.42   Die Dynamik des Lebens und die starren Formen einer entfremdeten Kultur

Lange Zeit galt Simmel als Begründer und Repräsentant der «formalen Soziologie». Doch dieses Etikett ist zu eng. Als Klassiker der Soziologie ist Simmel zugleich der Theoretiker der sozialen Differenzierung und der Analytiker der Moderne, der Wegbereiter der wissenschaftlichen Soziologie und der Experte einer «Philosophie des Geldes». Trotz psychologistischer, irrationalistischer und ästhetisierender Verdächtigungen kann sein reifes Werk auch in die Nachbarschaft lebensphilosophischer, ja phänomenologischer Traditionen gestellt werden, wenn man das lebensphilosophische Konzept und die phänomenologische Deskription in einem sehr allgemeinen Sinn versteht.

    Zur besseren Orientierung in der Vielfalt der Gedankenwelt Simmels pflegt man seine Lehren in drei Phasen einzuteilen. In der *Frühphase* dominiert die naturwissenschaftliche Tatsachenforschung. Obzwar von Kant herkommend, argumentiert Simmel unter dem Einfluß des evolutionstheoretischen Positivismus Spencers und Darwins. Psychologie, Biologie und Ethologie liefern die entscheidenden Kategorien zur Klärung erkenntnistheoretischer und ethischer Fragen, aber auch zur Ausformung einer eigenen Soziologie. Simmel faßt diese als reine Tatsachenwissenschaft, die sich auf einen eigenen Gegenstandsbereich bezieht und durch die Ausklammerung von Wert- und Sinnfragen von der Philosophie unterscheidet. Soziologie behandelt das Geflecht von lebendigen Wechselwirkungen sozialer Beziehungen, die nicht nur die klassischen Formen des Staates, der Kirche und der Wissenschaft umfassen, sondern sämtliche Prozeßformen von Vergesellschaftungen betreffen.

Bereits in den Anfängen kündigt sich das soziologische Grundthema Simmels an: die Notwendigkeit einer weitreichenden *Differenzierung* als Voraussetzung für eine wissenschaftliche Beschreibung sozialer Phänomene. Diese soziale Differenzierung steht – analog zu Webers Intentionen – im Dienste einer Analyse der neuzeitlichen Kultur und verwendet dabei zwei Zentralbegriffe, nämlich *Individualisierung* und *Funktionalisierung*. Die Neuzeit ist durch die Zunahme der individuellen Freiheit geprägt, die aber zugleich von einer wachsenden Auslieferung an anonyme Mächte und Funktionsmechanismen bedroht ist. Simmel glaubt zunächst noch, in Analogie zur Entwicklung biologischer Arten eine positive Entwicklungstendenz ausmachen zu können, welche durch die richtige Arbeitsteilung, durch die Erweiterung von Sozialgebilden und vor allem durch eine Kraftersparnis für die betroffenen Individuen charakterisiert wird. Doch arbeitet Simmel in dieser Jugendphase noch ganz mit naturwissenschaftlichen Methoden und glaubt im Sinne des Positivismus, die Soziologie durch Kausalgesetze im Verhalten von Einzelpersonen erklären zu können. Dieser Standpunkt, der die Einflüsse der Gesellschaft als Ganze völlig außer acht läßt, wird mit seinem Werk «Die Philosophie des Geldes» überwunden. In dieser *zweiten* Phase stellt er am Mechanismus der Geldwirtschaft beispielhaft die für die Neuzeit typische Wechselwirkung zwischen dem Individuum und den anonymen Mächten in unserem Leben dar. Dabei überträgt er seinen vom Neukantianismus übernommenen Kulturbegriff von der geistigen Ebene auf den gesellschaftlichen Bereich der Lebensprozesse, versucht also eine Art Synthese aus Diltheys Lebensphilosophie mit dem Neukantianismus. Die Lebensvorgänge bewirken als Funktionalismus von Familie und Staat, von Wirtschaft und Gesellschaftsform eine ähnliche Eigendynamik wie im geistigen Bereich die kulturellen Wertordnungen von Wissenschaft, Kunst und Moral. Das Individuum steht in beiden Sphären machtlos im Bann einer entfremdeten objektiven Kultur, obwohl es die wirtschaftlichen Formen als Folgen tieferer Wertungen aus metaphysischen und psychologischen Quellen durchschaut. Die Kultur der Person bleibt in jedem Fall hinter der gesteigerten Kultur der Dinge zurück.

Den Nominalismus der strengen Wissenschaften überwindend entdeckt Simmel die Bedeutsamkeit der Welt objektiver Werte. Im Sinne des Neukantianismus läßt er neben der materiellen und innerlich erlebten Welt ein «drittes Reich» zu, eine Welt ideeller Inhalte autonomer Bereiche. Wert und Wirklichkeit, Idee und Empirie sind zwei unversöhnliche Organisationsprinzipien unseres Geistes. Im Begriff der objektiven Kultur wendet er sich wie Husserl – ob beeinflußt oder selbst beeinflussend, ist schwer zu sagen – gegen psychologistische Ableitungen und gegen einen bodenlosen Relativismus. Besonders in der *letzten Phase* seines Denkens tritt die Macht der Eigendynamik der vom Menschen geschaffenen Kulturprodukte in den Vordergrund. Obwohl zu seinem Wohl bestimmt, entwickeln sich die Sinnstrukturen mehr und mehr zu Hindernissen der Selbstentfaltung. Diese Tragik sucht Simmel dadurch zu mildern, daß er ihr im Sinne der Lebensphilosophie einen tragenden Lebenszusammenhang unterstellt, der vom «individuellen Gesetz» bestimmt ist. Simmel deutet das Leben als Prozeß, in dem Individuen und insbesondere große Persönlichkeiten und geniale Künstler trotz der sozialen Verwerfungen Sinnstrukturen und Werke hervorbringen und dabei zugleich die eigene Selbstverwirklichung vollziehen. Das individuelle Gesetz gibt den einmalig Einzelnen nicht dem völligen Verfall preis und garantiert ein Gegengewicht gegen die Gefährdungen durch Nihilismus und Nivellierungsprozesse.

Die Geschichte als eigentlicher Handlungsort des einmaligen Einzelmenschen kann nicht zum Erkenntnisobjekt im üblichen Sinne werden. Der Historiker konstruiert vielmehr in seinem eigenen Geist ein Bild des Vergangenen, wie es sich aus den Quellen ergibt. Simmel bemüht sich zu zeigen, daß diese subjektive Konstruktion zugleich objektive Wahrheit enthält und die Historiker die Konstruktion in ihrer dynamischen Lebendigkeit als objektive Realitäten behandeln und beurteilen.

Die Dynamik des Lebens schafft eine «philosophische Kultur» – so der Titel einer Essay-Sammlung aus dem Jahre 1911 –, die nicht als Konglomerat von Leben und Dogmen, von statischen Produkten und isolierten Objektivationen des Geistes aufzufassen ist. Vielmehr zeigt sich in der Kraft des subjektiven Geistes, daß philosophische Kultur eine universelle Haltung bedeutet, in der sich der Schaffende in Schichten vorarbeitet, die allem Leben zugrundeliegen. Auf der einen Seite steht die Formierung des Subjekts, das Prozeßhafte und Funktionale, – auf der anderen Seite das Geformte, Begriffliche, das Objektive und das Geleistete. Philosophische Kultur ist so ein Prozeß, in dem sich das Subjekt zu seiner Form vermittelnd verhält. Dabei durchschaut Simmel das eigentliche Problem der Moderne: den Verlust der einheitlichen Weltsicht, der durch Nietzsches Kulturkritik und dem allgemeinen Zerfall religiöser und metaphysischer Legitimationssysteme unaufhaltsam voranschreitet. Aber trotz der Kritik an der christlichen Tradition, an der radikalen Pflichtethik Kants und an der griechischen Metaphysik glaubt Simmel an die Möglichkeit, individuelle Lebenswelten als eigenlogische Bereiche zu identifizieren. Religiöse Gefühle, individuelle Wertungen und künstlerische Stellungnahmen vermögen solche autonomen Bereiche des Geistes aufzubauen. Sie formen letztlich einen universellen Lebensstrom eigener Gesetzlichkeit, in dem die Menschen geistig produktiv und kreativ wirken. So wird Simmels Antwort trotz aller Betonung des Tragischen von einem lebensphilosophischen Optimismus getragen, der von der Wirkungsmacht der schöpferischen Individualität überzeugt ist, welche allen Gefahren trotzt.

Die Gesellschaft wird in der Spätphase nur noch als Teil dieses Lebensganzen gesehen. Die Soziologie erhält aber durch diese Einordnung die Aufgabe, auch Sinn- und Wertfragen zu analysieren. Gerade wegen der Allgegenwart von Relativismus und Skeptizismus wird die Notwendigkeit individueller Sinnstrukturen bewußt. Die Differenzierung der Aufgaben der allgemeinen Soziologie behandelt Simmel in seiner letzten soziologischen Schrift «Grundfragen der Soziologie», die häufig als «kleine Soziologie» bezeichnet wird und im philosophischen Anliegen über die ältere und umfassendere Arbeit «Soziologie. Untersuchungen über die Form der Vergesellschaftung», hinausgeht.

8.43 «Grundfragen der Soziologie»[22]

Simmel beginnt mit dem «Gebiet der Soziologie», aus dem er drei Typen von Soziologie ableitet. Soziologie scheint zunächst keinen eigenen Gegenstand jenseits der Einzelwesen zu haben (6); denn einerseits gehören ihre Probleme in den Untersuchungsbereich der Einzelwissenschaften, andererseits erhebt sie einen solch universellen Anspruch, daß sie zum nichtssagenden Etikett für alles Denkbare degradiert wird. Obwohl sich Soziologie auf Individuelles bezieht, betrifft sie als Wissenschaft das gesellschaftliche Allgemeine. Der Gesellschaftsbegriff in seiner weitesten Allgemeinheit bedeutet für Simmel die seelischen Wechselwirkungen zwischen Individuen. Dabei sind nicht nur die dauernden Beziehungen gemeint, die sich «zu Staat und Familie, Zünften und Kirchen, Klassen und Zweckverbänden» objektiviert haben; es geht vor allem um die «unermeßliche Zahl von kleineren ... Beziehungsformen und Wechselwirkungsarten zwischen Menschen ... » (12). In den klassischen großen Systemen und überindividuellen Organisationen verfestigt sich die Buntheit des Lebens, das die Individuen in einem ewigen Fluß verbindet. Aber Gesellschaft ist eigentlich etwas Funktionelles, etwas, was die Individuen tun und leiden (13). Gesellschaft hat daher für Simmel keine Substanz, sondern ist ein Geschehen (14).

Simmel stellt zwischen die individuelle Betrachtungsweise, die alle Kultur als Erfindung einzelner Persönlichkeiten sieht, und der transzendenten, welche religiöse Quellen fordert, eine genetische Sichtweise, welche die «Wechselwirkungen der Menschen» (16) thematisiert. Er spricht daher von der Soziologie als von einer Methode und nicht von einer Disziplin und vergleicht sie mit der Induktion, die auch keiner speziellen Wissenschaft zugehört. Simmel erläutert Beispiele aus der Psychologie, der Religion, aus der Geschichte und der Ökonomie. Aber jeder

---

22 Simmels sog. «Kleine Soziologie».

dieser Bereiche, die genetisch betrachtet werden, hat zugleich eine innere spezifische Logik der Dinge selbst, die jenseits des sozialen und individuellen Lebens steht (22).

Simmels Ausführungen zielen darauf ab, das Zusammenwirken des gesellschaftlichen Lebens mit eben diesem sachlichen Sinn der Inhalte zu erforschen. Die Charakterisierungen der Wesenszüge und Leistungen des Subjekts Gesellschaft bilden das Thema einer *allgemeinen* Soziologie (24). Als Beispiele werden erwähnt die Beziehung zwischen sozialem Zustand und geistiger Weltanschauung; die drei-Stadien-Lehre des Positivismus, welche die Erkenntnis als theologische, metaphysische und schließlich als «positive» interpretiert; die Unterschiede von Gruppenmacht und Macht von Individuen; die Beziehung von kollektiv entworfenen Werten zu den Äußerungen von Individuen und anderes. Besonderes Augenmerk schenkt er dabei der Frage nach den Niveau-Unterschieden.

Durch einen Abstraktionsvorgang eigener Art kommt Simmel zu einem zweiten Typ von Soziologie, die er *reine* Soziologie (27), an anderer Stelle auch *formale* Soziologie nennt. Diese hebt er besonders hervor. Während der erste Typ inhaltliche Themen analysiert, geht es jetzt um die «Form selbst, die aus der bloßen Summe lebender Menschen Gesellschaft und Gesellschaften» macht (27). Gesellschaft als Wechselwirkung unter Individuen kann inhaltlich und formal betrachtet werden. Simmel bezeichnet das, was in den Individuen als Trieb, Interesse, Zweck, Neigung, psychische Zuständlichkeit und Bewegung feststellbar ist und auf andere wirkt, als Materie der Vergesellschaftung (49). In der formalen Soziologie dagegen gewinnen die Formen der eigentlichen Gesellschaft in ihrem Miteinander, Füreinander und Gegeneinander ein «Eigenleben, eine von allen Wurzeln an Inhalten befreite Ausübung rein um ihrer selbst willen ... » (52). Es ist der gleiche Vorgang, wie er sich in Wissenschaft, Kunst und Jurisprudenz zeigt, wo sich die Gebilde aus der Verflechtung des praktischen Lebens lösen und eine autonome Welt bilden. In ihnen wirkt die Kraft des Spiels, welche eine «Achsendrehung» bewirkt: «von der Bestimmtheit der Lebensform durch seine Materie zu der Bestimmung seiner Materie durch die zu definitiven Werten erhobenen Formen» (51). Wir entdecken immer wieder «die gleichen formalen Verhaltensweisen der Individuen zueinander. Über- und Unterordnung, Konkurrenz, Nachahmung, Arbeitsteilung, Parteibildung, Vertretung, Gleichseitigkeit des Zusammenschlusses nach innen und des Abschlusses nach außen und unzähliges Ähnliches findet sich in einer staatlichen Gesellschaft wie in einer Religionsgemeinde, in einer Verschwörerbande wie in einer Wirtschaftsgenossenschaft, in einer Kunstschule wie in einer Familie» (28).

Der dritte Typ, die *philosophische* Soziologie, erhält die Thematik durch ihre Grenzen zu philosophischen Fragestellungen. Es kann einerseits erkenntnistheoretisch nach den Bedingungen, Grundbegriffen und Voraussetzungen der Soziologie selbst, andererseits metaphysisch nach dem Sinnganzen und den letzten Zusammenhängen einer Gesamtanschauung sozialer Phänomene gefragt werden.

Zu allen drei Typen analysiert Simmel je ein ausführliches Beispiel. Zur Illustration der allgemeinen Soziologie dient der Abschnitt 2 über das soziale und individuelle Niveau. Es geht dabei um den Niveauunterschied und die Niveauangleichung von Masse und Individuum. Simmel entdeckt hier eine soziologische Tragik (38), nämlich das Faktum, daß gerade die hochentwickelten Individuen die größten Anpassungsschwierigkeiten haben und ihr Niveau radikal senken müssen. Es werden in diesem Zusammenhang eine Reihe interessanter und differenzierter Phänomene der Massenpsychologie erläutert. – Als Beispiel zur formalen Soziologie erscheint im 3. Abschnitt das Thema Geselligkeit. Diese ist «die Spielform der Vergesellschaftung» und verhält sich zur sozialen Konkretheit wie das Kunstwerk zur Realität (53). Beobachtungen zum Taktgefühl, zur Künstlichkeit gesellschaftlicher Verhaltensformen, zur eingeschränkten Bedeutung des Gesprächs, zu Koketterie, Ritterlichkeit und anderes offenbaren eine ästhetisierende Betrachtungsweise, die gelegentlich Anstoß erregt hat, so etwa, wenn Simmel alle Geselligkeit nur als ein Symbol des Lebens betrachtet (66). – Anstelle eines Einzelbeispiels zur philosophischen Soziologie behandelt Simmel im 4. Abschnitt «Individuum und Gesellschaft in Lebenserscheinungen des 18. und 19. Jahrhunderts»; denn dieser Betrachtungsweise billigt er weniger Objektivität zu, und so würde ein Beispiel allein nicht in gleichem Maße wie bei den anderen Typen eine korrekte Veranschaulichung ermöglichen.

Von den Lehren Nietzsches beeindruckt und von der Idee der Lebensphilosophie geprägt, nimmt Simmel die universelle Bedeutung der Gesellschaft zurück und sieht in ihr nur eine der Formungen, in die die Menschen das Leben bringen (72). Die Konflikte mit der Gesellschaft haben sich in der neueren Geschichte zum *Bedürfnis nach individueller Freiheit* sublimiert (75). Auf diesen Nenner bringt Simmel die Auseinandersetzungen zwischen Individuum und Gesellschaft in den letzten beiden Jahrhunderten. Dabei sieht er durchaus den Selbstwiderspruch in der Verwirklichung dieser Idee, nämlich den Widerspruch von Freiheit und Gleichheit. Während die Synthese von persönlicher Freiheit und Gleichheit in Kant eine abstrakte Lösung gefunden hat, weil in jedem empirischen Ich die gleiche Person verborgen ist, zerfällt diese Synthese im 19. Jahrhundert wieder in Tendenzen zur Gleichheit ohne Freiheit und zur Freiheit ohne Gleichheit (85). Ebenso verharren auch die zentralen Prinzipien Konkurrenz und Arbeitsteilung im Antagonismus zur inneren Kultur der Menschen, den weder moderner Individualismus noch militanter Sozialismus bisher überwinden konnten.[23]

---

23 Simmel erfährt in der Gegenwart größte Aufmerksamkeit und Wertschätzung. Man sieht in seiner formalen Soziologie eine Vorwegnahme der modernen Systemtheorie und Strukturanalyse sowie in den inhaltsreichen Phänomenbeschreibungen und Exkursen den Prototyp der gegenwärtigen fragmentarischen Essayistik. Siehe dazu vor allem die Bielefelder Simmel-Forscher um O. Rammstedt. Vgl. z. B. GA Band 11.

D. Der Neukantianismus

9. Die Stellung des Neukantianismus in einer Philosophie des 20. Jahrhunderts

Der Neukantianismus hat Jahrzehnte vor und Jahrzehnte nach der Jahrhundertwende die deutsche *Universitätsphilosophie* beherrscht. Sie war häufig offener, gelegentlich verborgener Anlaß und Anstoß zu fruchtbaren Entwicklungen, die sich aus den Spannungen von Vernunft und Geschichte, Philosophie und Wissenschaft sowie kritischer und idealistischer Lehren ergeben haben.

Die meisten der bisher betrachteten Philosophen sind vor allem in erkenntnistheoretischen, aber auch in gewissen werttheoretischen und kulturwissenschaftlichen Auffassungen vom Neukantianismus mitgeprägt. Bei Husserl hat die Idee der Transzendentalität sogar den entscheidenden Impuls zur Umbildung der Phänomenologie geliefert. Insofern wirken auch in den modernen Varianten der phänomenologischen Bewegung noch Gedanken Kants weiter. So kann Herbert Schnädelbach mit Recht behaupten, «daß Neukantianismus und Phänomenologie bis heute unvermindert fortwirken und immer noch den Hauptstrom der deutschen akademischen Philosophietraditionen ausmachen»[1].

9.1 Der Neukantianismus als Vermittler der neuzeitlichen Philosophie-Tradition

Der Neukantianismus greift, wie der Name schon sagt, vor allem auf die Philosophie des großen Königsberger zurück. Die Gründe hierfür sind vielfältig. Unmittelbar nach Kants Wirken beherrschen die spekulativen Philosophen des Deutschen Idealismus und, als deren Kontrahenten, die positivistischen Metaphysikgegner mit ihrer engstirnigen Wissenschaftsauffassung die philosophische Landschaft. Die Vernachlässigung jeglicher philosophischer Reflexion in den sich ausbreitenden Naturwissenschaften fordert eine Neubesinnung geradezu heraus. Was ist daher naheliegender als der Rückgriff auf Kants Werk, das wie kein anderes die Grundlagen und Grenzen des wissenschaftlichen Denkens analysiert hat? Um die Jahrhundertwende breitet sich aber mit dem Einfluß Schopenhauers und Nietzsches auch die Lebensphilosophie aus. Deren diffuse und oft schwärmerische Kulturbetrachtung entspricht genau so wenig den strengen wissenschaftstheoretischen Maßstäben der Neukantianer, die daher vehement auch gegen die Vertreter der Lebensphilosophie polemisieren. Doch das gemeinsame Thema einer Kulturphilosophie und die Einbeziehung von Platonischen, Leibnizschen, ja sogar idealistischen Elementen in die Grundauffassungen Kants lassen den Graben zwischen beiden Auffassungen schmaler erscheinen, als er sich in den Kontroversen zeigt. Auch zwischen Neukantianismus und Phänomenologie können wir gelegentlich Abhängigkeiten und Annäherungen feststellen, obwohl sich die Phänomenologen oft gerade gegenüber dem Neukantianismus zu profilieren suchen.

Der Rückgriff auf Kant erfolgt zunächst sehr zögernd und in der Form einer Synthese von Idealismus und empiristischem Realismus bei F. A. Trendelenburg[2]. Später, im eigentlichen Neukantianismus, werden die brennenden Zeitprobleme mit Hilfe einer Umdeutung der Lehre Kants in Angriff genommen. Die ersten Vertreter rücken die Problematik der «Kritik der reinen Vernunft» in den Vordergrund. *Wissenschaft* und *Logos*, *Theorie* und *System* sind anfangs die großen

---
1 Philosophie in Deutschland 1831–1933. Frankfurt 1983. S. 219.
2 Vergleiche die Periodisierung des Neukantianismus bei Köhnke (1986) in 1.2.

Themen. Aber auch gegen den Historismus, dem geisteswissenschaftlichen Pendant zum naturwissenschaftlichen Positivismus, der alle kulturellen Themen in den Strudel des skeptischen Relativismus zu ziehen sucht, leistet die Lehre Kants ihre Dienste. So erfolgt zugleich eine Hinwendung zur praktischen Vernunft und zur allgemeinen *Wertlehre.* Reflexionen über die Rolle des Individuums, der Gesellschaft und der kulturellen Wertwelten führen weit über die panlogistischen und idealistischen Anfänge hinaus. Die Erfüllung des Systems liegt schließlich in der Sittlichkeit. Genau diese Weiterführungen sind es, die den Neukantianismus neben seinem Einfluß auf die Wissenschaftstheorie für das Verständnis der Philosophie des 20. Jahrhunderts fruchtbar machen.

Es hat lange Zeit gebraucht, bis man die Auswirkungen des Neukantianismus auf die Gegenwartsphilosophie überhaupt zur Kenntnis nahm. Die Beurteilung des Neukantianismus aus der Perspektive der letzten Jahrzehnte ist äußerst negativ. Ehe man die historischen Bezüge aufdeckte[3], erging man sich in Pauschalurteilen mit Ideologieverdacht. Für Karl Löwith bedeutete der gesamte Neukantianismus, – abgesehen von Cohens jüdischer Religionsphilosophie, – eine bürgerliche Verfallserscheinung[4], für Marxisten und Anhänger der Kritischen Theorie eine überholte Sozialideologie, die von nationalliberalen Parteiinteressen bestimmt sei[5]. Cassirer beklagt sich in der Davoser Heidegger-Disputation, daß der Neukantianismus der «Sündenbock der neueren Philosophie» sei[6]. Auch dem Vorwurf, ein typisches Produkt des vom Historismus geprägten ausgehenden 19.Jahrhunderts zu sein, ist die neukantianische Philosophie ausgesetzt, obwohl es in ihr zahlreiche Versuche gibt, gerade dem Historismus ein tieferes Verständnis von Geschichte gegenüberzustellen. Dazu kommen noch Vorwürfe des Positivismus, die im Neukantianismus eine unfruchtbare Universitätsphilosophie ohne Bezug zur physikalischen Forschung und zur Weiterentwicklung der modernen Wissenschaften sehen. Obwohl der Neukantianismus große Anstrengungen zur Vermittlung mit den exakten Wissenschaften unternommen hat[7], dringt der eigentliche philosophische Disput über die Grundlagentheorie der Wissenschaften, dem Hauptthema des frühen Neukantianismus, vor allem über die Phänomenologie und Diltheys Hermeneutik in die Öffentlichkeit und nicht über den Neukantianismus.

In einer Darstellung der Philosophie des 20. Jahrhunderts kann es im Falle des Neukantianismus nicht darum gehen, die Philosophie Kants selbst zu entfalten, die den Hauptgegenstand des Denkens jener Schule ausmacht. Thema kann nur das *Neue* sein, in dem sich die Neukantianer von Kant unterscheiden. Trotz zahlreicher Differenzen in der Bemühung um die Erneuerung und Weiterbildung der kritischen Philosophie Kants bei den einzelnen Vertretern lassen sich zwei Prämissen herausstellen, die zwar Themen Kants aufgreifen, in dieser Form aber weit über Kants Anliegen hinausgehen:

– einmal wird alles Erkennen als Prozeß gedeutet, in dem das Erkannte nicht *entdeckt* oder *begriffen*, sondern *erschaffen*, *konstituiert* wird;
– zum anderen läßt dieser Vernunftprozeß keinen Raum für die intellektuelle Anschauung, – ein Punkt, in dem sich Phänomenologen und Neukantianer am auffälligsten unterscheiden; der Neukantianismus kennt *kein materiales Apriori*.

Das Subjekt der Konstitution ist nicht das empirische, psychologische und geschichtliche Bewußtsein, sondern ein transzendentaler Bezugspunkt, innerhalb dessen Sphäre alles Sein ver-

---

3 Vergleiche dazu v. a. die Veröffentlichungen von Köhnke (1986) und Ollig (1974). Auch in der Darstellung des Neukantianismus durch H. Holzhey in A. Hügli / P. Lübcke: Philosophie im 20.Jahrhundert I, Reinbek 1993, wird die Bedeutung dieser Strömung klar hervorgehoben.
4 Z.B. in «Von Hegel bis Nietzsche». 1941. 5. Aufl. Stuttgart 1964. S. 136. Zu Cohen siehe den Aufsatz: Philosophie der Vernunft und Religion der Offenbarung in H. Cohens Religionsphilosophie. In Ollig (1987).
5 Siehe Köhnke (1986). S.12f.
6 Vgl. Heidegger Gesamtausgabe. Band 3. Anhang zu «Kant und das Problem der Metaphysik». S.274.
7 Hier ist vor allem auf Cassirer zu verweisen.

standen werden muß. Für das von Kant geforderte Ding an sich bleibt daher ebenfalls kein Raum. An die Stelle dieses realistischen Residuums tritt eine unendliche Aufgabe, die Tätigkeit des Logos beziehungsweise die Geltung des Wertes. Aber hier beginnen bereits die Schulunterschiede. Die Herausbildung von Schulen steht am Ende eines langen Rückbesinnungsprozesses auf Kant, der weit in das 19. Jahrhundert zurückreicht.

Die Kant-Renaissance beginnt mit einer Reihe von Denkern, bei denen nur ein lockerer Bezug zu Kant besteht. So verwendet H. Helmholtz Gedanken aus Kants Philosophie zur Begründung seiner Sinnesphysiologie; F.A. Lange, der einflußreiche Autor der «Geschichte des Materialismus», zieht Kants Ethik heran, um in der praktischen Philosophie eine anti-materialistische Opposition zu stärken, die jedoch stark agnostische Züge trägt. Nicht unwichtig ist der wachsende Einfluß Schopenhauers, der direkt an Kant anknüpft, ihn dann aber in seiner Willensmetaphysik bis zur Unkenntlichkeit umgestaltet. Die philosophiegeschichtliche Kant-Monographie von K. Fischer und die Vorlesungen E. Zellers bilden die Voraussetzungen für ein besseres Kant-Wissen[8]. Eine gewisse Sonderstellung nimmt Alois Riehl ein, der zwar zu den großen Neukantianern zählt, aber in einem kritischen Rationalismus Verbindungen zur empiristischen Tradition zu knüpfen sucht und so seinen Weg abseits von der rational-apriorischen Hauptströmung geht. Vom Neukantianismus im eigentlichen Sinne spricht man vor allem bei den beiden Schulen, die dieses Programm realisieren: Die Marburger oder logizistische Schule mit *H. Cohen* und *P. Natorp* als Hauptvertreter und die Südwestdeutsche oder Badische, auch Werttheoretische Schule, mit den Repräsentanten *W. Windelband* und *H. Rickert*. Auch die sogenannten jüngeren Neukantianer[9], die zum Teil diese Schulen weiterentwickeln, zum Teil ganz neue Wege einschlagen, verstehen sich als echte Erben der Transzendentalphilosophie Kants.

9.2 Einflüsse des Neukantianismus

Wie bedeutsam der Neukantianismus bis zum ersten Weltkrieg war, zeigt die Tatsache, daß kaum eine philosophische Neuerung ohne direkte oder indirekte Einflüsse durch Neukantianer zu finden ist. Auch die entstehende Phänomenologie und die sich weiterentwickelnde Lebensphilosophie müssen in der Auseinandersetzung mit dem Neukantianismus gesehen werden. Bei den meisten Denkern, denen wir bisher begegnet sind, können Bezüge zum Neukantianismus entdeckt werden, sei es in dem Sinne, daß analoge Fragestellungen aufgegriffen werden, sei es im Sinne einer direkten Abhängigkeit in der einen oder anderen Richtung. *Diltheys* Versuch, die Geisteswissenschaften als Wissenschaft zu begründen, *Webers* und *Simmels* analoges Unternehmen des Aufbaues einer wissenschaftlichen Soziologie können im Zusammenhang mit Rickerts Frage gesehen werden, wie Geschichte als Wissenschaft möglich ist und welche Struktur eine *«historische Logik»* aufweisen muß. Diltheys frühes Projekt einer «Kritik der historischen Vernunft» ist offensichtlich in Analogie zu Kants «Kritik der reinen Vernunft» gedacht; daß dabei gravierende Unterschiede in der Durchführung der Kritik zu erwarten sind, wurde an verschiedenen Stellen nachgewiesen[10]. Weber zählt in seinen gesammelten Aufsätzen zur Wissenschaftslehre Windelband, Rickert und Lask als Philosophen auf, bei denen er erkenntnistheoretische und logische Anleihen aufgenommen hat. Zwischen *Troeltsch* und Windelband gibt es sogar freundschaftliche Beziehungen; seine Heidelberger Zeit ist stark von kantischen Traditionen bestimmt und sein «religiöses Apriori» kann in Analogie zu Kants Lehre vom Apriori verstanden

---

8 O. Liebmann erregt mit seiner Aufforderung «Also muß auf Kant zurückgegangen werden!» Aufsehen. Diesen Satz stellt Liebmann an das Ende eines jeden Kapitels in seinem Buch: Kant und die Epigonen. Stuttgart 1865. Siehe auch die Ausführungen in 1.2.
9 Siehe unten 11.3.
10 So z.B. neuerdings durch H. Johach: W. Dilthey. Die Struktur der geschichtlichen Erfahrung. In: J. Speck (Hg.): Grundprobleme der großen Philosophen. Neuzeit IV. S. 60ff.

werden. Aus Simmels Biographie wissen wir, daß Rickert die treibende Kraft für die Verleihung der Ehrendoktorwürde der Universität Freiburg war. Simmel hatte nicht nur zu ihm, sondern auch zu Windelband und Külpe enge Beziehungen. Michael Schmid geht in Bezug auf die Wissenschafts- und Erkenntnislehre so weit zu behaupten, «daß Simmel zeitlebens eine Kantische Grundposition nicht verlassen hat»[11]; I.M. Bochenski spricht in diesem Zusammenhang von einer eigenen neukantianischen Richtung, der «relativistischen Schule»[12].

Daß zwischen *Husserl* und dem Neukantianismus nicht nur lose Analogien festzustellen sind, springt durch die Herausbildung einer «transzendentalen» Phänomenologie ins Auge. Die transzendentale Phänomenologie ist ohne Kant nicht denkbar. Aber schon die Diskussion mit P. Natorp über die «Logischen Untersuchungen» zeigt Affinitäten des ursprünglichen phänomenologischen Ansatzes mit kantianischen Grundthesen. Über die vielfältigen und umfangreichen Stellungnahmen Husserls zu Kant selbst gibt die Darstellung von Iso Kern «Husserl und Kant. Eine Untersuchung über Husserls Verhältnis zu Kant und zum Neukantianismus»[13] Auskunft. Wir beschränken uns hier auf die Beziehungen Husserls zum *Neukantianismus*. Husserl zitiert fast ausschließlich Natorp und Rickert.

Natorp wird bereits in den LU erwähnt. Husserl spricht von einer anregenden Wirkung von Natorps Abhandlung «Über objektive und subjektive Begründung der Erkenntnis» auf seine Psychologismus-Kritik. Nach Kern stammen zentrale Gedanken von Husserls Antipsychologismus von Natorp und Frege. Die Widerlegung des Psychologismus im ersten Band der LU ähnelt stark der Argumentation Natorps. Aber während Husserl die von beiden favorisierte reine Logik in seiner «deskriptiven Psychologie» zu beschreiben sucht, geht Natorp in der Entwicklung einer Psychologie des Subjektiven eigene Wege, die er aus Kants subjektiver Deduktion der ersten Auflage der «Kritik der reinen Vernunft» ableitet.

Umgekehrt sieht auch Natorp enge Beziehungen zu Husserl, wie seine Rezension der LU I[14] zeigt. Nach Natorp ist die «reine Logik» Husserls mit der Kantischen «Erkenntniskritik» identisch. Was Husserl Wesensanalysen nennt, sind bei Kant Reflexionen über die Kategorien. Wenn bei Husserl Vorwürfe formuliert werden, wonach Kant gelegentlich das reine Denken mit Psychologie vermischt, dann weist Natorp diese zurück und wirft Husserl eine Verwechslung von Psychologie und Transzendentalphilosophie vor. Die Argumentationen gegen den Psychologismus seien auch bei Kant zu finden, allerdings in anderer Terminologie. So scheint das Formale sich bei Husserl im Umfang wie auch im Inhalt mit dem Reinen und zugleich Gegenständlichen, also mit dem Transzendentalen bei Kant, zu decken. Der Hauptunterschied sei der bei Husserl unauflösbare Gegensatz von Formal-Material, Apriori-Empirie, Logisches-Psychologisches und Objekt-Subjekt, der nach der Auffassung von Natorp durch die neukantianische Umdeutung der ursprünglichen Transzendentalphilosophie aufgehoben werde. In der Tat erscheint das Reale im Stadium der LU bei Husserl als unbegriffener, unvernünftiger Rest, gleichsam als das «phänomenologische Ding an sich». Aber für den Neukantianismus ist das Ding an sich kein wirkliches Denkobjekt, sondern nur die Idee der uneingeschränkten Gegenständlichkeit.

Offensichtlich hat das gleiche Problem, das den Neukantianismus beschäftigte, Husserl in seinen Analysen weitergetrieben und schließlich zur transzendentalen Wende geführt. So wird deutlich, daß in der Phänomenologie Husserls zentrale Gedanken des Neukantianismus der damaligen Zeit in neuem terminologischen Gewande erscheinen. Die transzendentale Wende Husserls war keine persönliche Willkür und Zufälligkeit, sondern von objektiven geistigen Zwängen seiner Zeit bestimmt.

Ein Einfluß von Natorp auf Husserl läßt sich nicht nur für die Frühphänomenologie aufweisen,

---

11 In: G. Simmel. Die Dynamik des Lebens. In: Speck a.a.O. S. 225.
12 Europäische Philosophie der Gegenwart. Bern 2. Aufl. 1951. S. 101.
13 Den Haag 1964.
14 In Kant-Studien 6 / 1901.

sondern auch im Stadium der Entwicklung der *genetischen Phänomenologie*. Um 1918 studiert Husserl Natorps «Allgemeine Psychologie nach kritischer Methode» und dessen Arbeit «Philosophie und Psychologie». Danach spricht er dann explizit von einer genetischen Phänomenologie. Im zuerst genannten Werk von 1912 schreibt Natorp seinerseits der Phänomenologie eine wichtige Funktion zu, was auf eine gegenseitige Befruchtung beider Denker schließen läßt. Phänomenologie wird dort als eine «Provinz» der Psychologie bezeichnet, welcher er eine zweite Provinz, die Lehre von der Stufenfolge der Erlebniseinheiten zur Seite stellt. Die Phänomenologie repräsentiert zwar die grundlegende Provinz; sie ist aber mehr ontisch und statisch bestimmt und in ihrer Abstraktheit ein «starrer Platonismus». Deshalb ergänzt Natorp die Phänomenologie durch die zweite Provinz, welche die Erlebniswelt auf das konkrete erlebende Ich zurückbezieht, auf ein «Bewußtsein überhaupt» oder auf die «Monade der Monaden». Husserl hat in diesen Gedanken offensichtlich die Notwendigkeit einer Ergänzung seiner bisherigen Phänomenologie erkannt. Seine genetische Phänomenologie nennt er nun erklärend, regressiv und vor allem reduktiv, das heißt, die Phänomenologie führt das transzendentale Bewußtsein und seine Gegenstände auf geschichtlich frühere Stufen zurück. Das bedingt eine Umgestaltung seiner gesamten Lehre, die nach dem ersten Weltkrieg einsetzt und zu seinen letzten Ausarbeitungen führt. Natorp stellt demnach in dieser Entwicklung eine Schlüsselposition dar. Der späte Neukantianismus Natorps ist allerdings nicht der einzige Auslöser für diese bedeutungsvolle Weiterentwicklung der Husserlschen Phänomenologie.

Wesentlich kritischer ist Husserls Verhältnis zu dem zweiten genannten Repräsentanten des Neukantianismus, zu *Heinrich Rickert*. Obzwar Husserl mit ihm in einem langjährigen Briefwechsel verbunden war und die innere weltanschauliche Gemeinschaft mit Rickert pries, kritisiert er dessen Philosophie doch als unwissenschaftlich und in ihrer übertriebenen Systematik letztlich als leer. Er stellt Rickerts Transzendentalpsychologie an die Seite der von ihm kritisierten Psychologie-Konzeptionen. Zentrale Thesen, wie zum Beispiel die von Windelband übernommene Überzeugung Rickerts, daß das Erkennen als Affirmation eines Sollens aufzufassen sei, werden strikt abgelehnt. Obwohl er in einigen methodologischen Überlegungen zur Geisteswissenschaft eher mit Rickert übereinstimmt, hat Husserl offensichtlich eine ganze Reihe seiner Gedanken in Opposition zu ihm entwickelt und nicht auf Grund fruchtbarer Anregungen, wie wir dies bei Natorp feststellen konnten.

10. Die Marburger Schule

Die Marburger Schule ist vor allem mit zwei Namen verknüpft, mit *Hermann Cohen* und *Paul Natorp*. Cohen kommt 1873 durch Vermittlung F. A. Langes nach Marburg, wo er sich habilitiert und 1876 Nachfolger Langes wird. Natorp lebt seit 1880 in Marburg und wird dort 1893 Ordinarius. Die Arbeiten der beiden geistig verwandten Denker gewinnen bald großen Einfluß und bilden das Fundament der ersten neukantianischen Schule. Die Marburger Schule ist geprägt durch die Vorherrschaft der Logik und durch einen strengen Monismus, das heißt durch die Idee der Erzeugung der Wirklichkeit durch reines Denken, das sich als «System der Philosophie» vollendet. Diese Vorherrschaft des Logos wird noch verstärkt durch die Einbeziehung der Lehren Leibnizens.

10.1 Hermann Cohen

10.11 Biographie und Bibliographie

a. Lebenslauf

Geboren am 4. 7. 1842 in Coswig / Anhalt. Studium der Philosophie, Philologie und Völkerpsychologie in Breslau und Berlin. 1865 philosophische Promotion, 1873 Habilitation in Marburg; dort 1875 Extraordinarius und 1876 Ordinarius für Philosophie. Nach der Emeritierung 1912 Dozent an einer Berliner jüdischen Lehranstalt. 1919 dort Gründung der «Akademie für die Wissenschaft des Judentums». Cohen stirbt am 4. 4. 1918 in Berlin.

Cohen stammt aus einer orthodoxen jüdischen Familie. Sein Vater führte ihn in das Hebräische ein. Für einige Monate besuchte der Fünfzehnjährige die Breslauer Rabbinerschule. Nach einer kurzen Zeit der Indifferenz rückte das Judentum neben den philosophischen Studien in das Zentrum seiner Interessen. Er setzte sich publizistisch für die jüdische Sache ein und wandte sich im Alter auch explizit dem Thema in der Form einer Religionsphilosophie zu. Schwierigkeiten bei der Suche nach einer Habilitationsmöglichkeit und eine regelrechte Isolierung in seinen letzten akademischen Jahren spiegeln den weitverbreiteten Antisemitismus wieder, der damals alle Gesellschaftsschichten durchzog.

Am Anfang des philosophischen Weges stand Herbarts Psychologismus, den Cohen in Berlin durch das Studium der Völkerpsychologie der beiden jüdischen Forscher M. Lazarus und H. Steinthal kennengelernt hatte. Doch die Begegnung mit Kuno Fischers Schriften überzeugten ihn bald, daß die Psychologie nicht die Voraussetzung der Entwicklung der Philosophie sein kann und daß vor allem die Gegenstände von Wissenschaft, Kunst und Mythos aufgrund psychologischer Prozesse nie apriorische Geltung erlangen können. Damit befand sich Cohen auf den Pfaden Kants. Die Veröffentlichungen orientierten sich an den drei «Kritiken» Kants und gaben eine operative Interpretation, in der die Prozesse der Hervorbringung und Konstitution mehr und mehr das Passive in Anschauung und Ding an sich verdrängten. Cohen zog Kants Ethik auch zur Abwehr des Antisemitismus heran, indem er in ihr eine Vermittlung zwischen prophetischem Judentum und idealistischem Deutschtum suchte.

Seit den Achtzigerjahren erfolgte eine enge philosophische Zusammenarbeit mit Paul Natorp, die schließlich die neue Kant-Interpretation weit über die Grenzen der Marburger Universität hinaus bekannt machte. 1883 veröffentlichte Cohen «Das Prinzip der Infinitesimalmethode», das als Prinzip des Ursprungs den Entwurf eines *Systems der Philosophie* ermöglichte. Dieses vollendete sich in den ersten Jahren des neuen Jahrhunderts in dem dreibändigen System-Werk der *Logik* der reinen Erkenntnis, der *Ethik* des reinen Willens und der *Ästhetik* des reinen Gefühls. Die Veröffentlichungen Cohens, Natorps und Cassirers in der Epoche zwischen 1902 und 1912 waren maßgebend für die Herausbildung des Begriffs einer *Marburger Schule*. Trotz der Ausstrahlung dieser Philosophie hielt sich die Anerkennung Cohens von seiten der professionellen Institutionen in Grenzen. Sein Einfluß im universitären Bereich war gering; er wurde nie Rektor, erhielt keinen Ruf von auswärts, wurde von der Berliner Akademie bei der textkritischen Kant-Ausgabe übergangen und hatte keinen Einfluß auf die Nachfolge. Verbittert ging Cohen 1912 nach Berlin und widmete sich seinen religionsphilosophischen Studien. In seinem Alterswerk «Religion der Vernunft aus den Quellen des Judentums» wird der Mensch als Mitmensch entdeckt: «Das ist der neue Gedanke: daß die Menschen als Menschen einander gleich sind, nämlich als Kinder und Ebenbilder Gottes» (17). Damit überwand er nicht nur die idealistische Isolierung des transzendentalen Bewußtseins, sondern auch die in der religiösen Tradition gelehrte Einschränkung der Auserwählung auf das jüdische Volk. Seine religionsphilosophischen Studien sollten sich als wirkungsgeschichtlich bedeutsamster Beitrag zur Philosophie des 20. Jahrhunderts erweisen. Heute gilt Cohen als Klassiker der jüdischen Religionsphilosophie und durch den Einfluß auf seinen Schüler Franz Rosenzweig als Wegbereiter der dialogischen Philosophie. Dieser nennt ihn «einen frommen Menschen», der als vielleicht einziger seiner Generation die ewigen Grundfragen der Menschheit erfaßt hatte[1].

Cohens Lebensweg spiegelt die Tragik des deutschen jüdischen Gelehrten im 20. Jahrhundert. Cohen träumte in vorholocaustischer Zeit von der «weltgeschichtlichen Übereinstimmung des religiösen Judentums mit dem wahren Deutschtum» (Löwith[2]) und von der Affinität der Humanitätsidee der deutschen Klassiker Lessing, Herder, Goethe und Schiller mit dem jüdischen Messianismus. Er hoffte nach dem Sieg der Deutschen im ersten Weltkrieg, daß das Deutschtum zum Zentrum eines Staatenbundes wird, welcher die Friedensideen der Klassiker und der jüdischen Gemeinde verwirklicht. Die Geschichte nahm einen anderen, tragischen Gang. Der Lebensweg von Cohens Frau Martha endete 1942 im Lager Theresienstadt.

b. Auswahl aus der Primärliteratur Cohens

1871   Kants Theorie der Erfahrung. Berlin. 6. Aufl. 1925. Nachdruck der 3. Aufl. Hildesheim 1987. **KTE**
1877   Kants Begründung der Ethik. Berlin. 2. Aufl. 1910.
1879   Platos Ideenlehre und die Mathematik. Marburg.
1880   Ein Bekenntnis in der Judenfrage. Berlin.
1889   Das Prinzip der Infinitesimal-Methode und seine Geschichte. Berlin. Neuausgabe Frankfurt 1968. Hg. von W. Flach.
1889   Kants Begründung der Ästhetik. Berlin.
1902   System der Philosophie. Erster Teil: Logik der reinen Erkenntnis. Berlin. Werke Band 6. 1977. **LRE**
1904   System der Philosophie. Zweiter Teil: Ethik des reinen Willens. Berlin. Werke Band 7. 1981.
1907   Religion und Sittlichkeit. Eine Betrachtung zur Grundlegung der Religionsphilosophie. Berlin.
1907   Kommentar zu Immanuel Kants Kritik der reinen Vernunft. Leipzig. Werke Band 4. 1978.
1912   System der Philosophie. Dritter Teil: Ästhetik des reinen Gefühls. 2 Bände. Berlin. Werke Band 8/9. 1972.
1915   Der Begriff der Religion im System der Philosophie. Gießen.
Werke in 16 Bänden. Hg. von H. Holzhey. Erst zum Teil erschienen.[3] **W**
Religion der Vernunft aus den Quellen des Judentums. Leipzig 1919. Nachdruck Wien 1978. 2. Auflage 1988.
Jüdische Schriften. Drei Bände. Hg. von B. Strauß. Berlin 1924.
Vorlesungen über praktische Philosophie. Hg. von Hans Natorp. Erlangen 1925.
Schriften zur Philosophie und Zeitgeschichte. Zwei Bände. Hg. von A. Görland und E. Cassirer. Berlin 1928.
Der Nächste. Hg. von M. Buber. Berlin 1935.
Briefe. Hg. von Bertha und Bruno Strauß. Berlin 1939.

---

1   Nach Löwith: Philosophie der Vernunft und Religion der Offenbarung in Cohens Religionsphilosophie. In: Ollig (1987) S. 331. Zur Fortführung des neuen Ansatzes bei Rosenzweig siehe Löwiths Aufsatz: M. Heidegger und F. Rosenzweig. Ein Nachtrag zu «Sein und Zeit». Vergleiche unten 25.24.
2   A.a.O. S. 335.
3   Vergleiche die Ausführungen Holzheys «Das Hermann Cohen-Archiv in Zürich» in ZPHF 31 / 1977. S. 443. Neuerdings erfolgt eine Zusammenarbeit mit dem Moses Mendelssohn-Zentrum an der Potsdamer Universität. Geplant sind sechs Bände.

c. Bibliographie

Holzhey, H.: Biographie der Druckschriften Hermann Cohens. In: Cohen und Natorp. Basel / Stuttgart 1986. S. 355 ff.

10.12 Wirklichkeit als System und als idealistischer Entwurf

Cohen knüpft an Kants «Kritik der reinen Vernunft» an und betrachtet diese als eine Theorie der Erfahrung, in der es um die apriorischen Begriffe geht, die in jeder Erfahrung vorausgesetzt werden müssen. Dabei soll das Apriori wieder im Sinne Kants verstanden und von allen psychologistischen und empirisch-anthropologischen Mißverständnissen des 19. Jahrhunderts gereinigt werden. Der Schwerpunkt des Cohenschen Denkens liegt im Theoretischen. Alles wird auf logische Grundfunktionen zurückgeführt, die sich in den Grundsätzen der transzendentalen Analytik manifestieren. Diese begründen als allgemeine Naturgesetze mittels einer über Kant hinausgehenden «*Infinitesimalmethode*» die mathematischen Naturwissenschaften und erhalten durch die Urteilsfunktion, die eine Synthese von Sonderung und Vereinigung vollbringt, ihre Einheit innerhalb des philosophischen Gesamtsystems. Doch wie das wissenschaftliche Denken zur reinen Erkenntnis führt, so verfolgt die praktische Vernunft die Verwirklichung der Humanität durch den reinen Willen und die Betrachtung des objektiven Schönen findet ihren Grund in den Gesetzen des reinen Gefühls. So schließen sich für Cohen durch die Reinheit der transzendentalen Methode die einzelnen Teile des Seienden zu einem universellen System der Philosophie zusammen.

Der Philosophie des 20. Jahrhunderts ist der Begriff des philosophischen Systems fremd geworden: in der *Phänomenologie* sucht man die sich in Evidenz offenbarende «Sache selbst», die zwar in Bezüge zu anderen «Sachen» steht, aber nie als Totalität zur kategorialen Anschauung gelangt; in der *Lebensphilosophie* sprudelt das Individuelle aus einem undurchschaubaren Quellpunkt hervor und entfaltet sich in einer Fülle von Differenzen, die nur im Horizont eines diffusen Lebensstromes zusammengehalten werden; in der empirisch orientierten *Analytischen Philosophie* schließlich steht das Ganze außerhalb des direkt Erfahrbaren und bleibt regulative Idee oder Fata morgana. Auch sonst regiert nach Nietzsche die philosophische Einzelanalyse, der Essay, der Aphorismus und die auf Einzelnes zielende Kulturkritik. Wenn man das ursprüngliche Anliegen der Philosophie bedenkt, ist eine solche Selbstbescheidung eigentlich das Eingeständnis eines Unvermögens. Philosophie enthält als Kern ein rechtfertigendes Denken. Solche Rechtfertigungen bedürfen der Maßstäbe, die ihrerseits gerechtfertigt werden müssen. So erzeugt jeder Einzelgedanke eine Kette von Rechtfertigungen, die ihrerseits in einem Gesamtzusammenhang stehen. Hinzu kommt, daß es keinen Gegenstand gibt, der für die Philosophie tabu wäre. Beide Tendenzen – die Einbeziehung des ganzen Universums des Denk- und Erfahrbaren auf der einen Seite und die Fundierung des Gedachten in tiefer gelegene Schichten auf der anderen Seite – erhalten ihre Rechtfertigung nur im System als Ganzes.

So ist es selbstverständlich, wenn für Cohen der Systembegriff alle Denk-und Seinsbestimmungen enthält. Für ihn gilt:

- System-Denken ist *philosophisches Denken schlechthin*. Philosophie begründet, und sie führt auf Ursprünge zurück; deshalb enthält jede philosophische Aussage eine Tendenz zum Systemzusammenhang.
- Philosophisches Denken findet seine *Vollendung* erst im System. Nicht nur die Einzelproblematik, nicht nur die Einzeldisziplin, sondern auch die Gesamtheit der Teile steht in einem Begründungszusammenhang und deshalb ist das Ganze ein System der Philosophie. «Transzendental-Philosophie ist ihrem Begriff nach Systematik» (KTE 732).
- System ist das Ganze der *transzendentalen Methoden* und der *apriorischen Formen*. Diese garantieren Objektivität und Geltung in Wissenschaft, in sittlichen Bereichen und in der Kunst. Das System zeigt sich als Gesetz.

Im Nachwort zur 3. Auflage von KTE korrigiert und verschärft Cohen seinen Systemgedanken der ersten Auflage. Es sind vor allem *drei Korrekturen*, die in der späteren Darstellung des Systems der Philosophie durch Einzelanalysen gestützt und ausführlich erläutert werden. Dabei betreffen die Verbesserungen nicht nur die eigene Kant-Interpretation, sondern auch das Selbstverständnis Kants, so daß man gelegentlich den Eindruck erhält, Cohen stehe Platon näher als Kant. Es handelt sich um folgende Korrekturen:

(1) Die Kritik an Kants Unterscheidung von Anschauung und Denken als die zwei Grundelemente der menschlichen Erkenntnis. Cohen ersetzt beide durch *das Denken allein*. Anstelle einer Erkenntnistheorie, die ein Gegenüber des Denkens kennt, tritt die Erkenntnislogik, die sich im Denken selbst erzeugt. So schreibt Cohen im ersten Band seines «Systems der Philosophie»: «Wir fangen mit dem Denken an. Das Denken darf keinen Ursprung haben außerhalb seiner selbst, wenn anders seine Reinheit uneingeschränkt und ungetrübt sein muß» (LRE 13). Kant hätte nach Cohen sein Augenmerk auf die Reinheit von Anschauung und Denken richten müssen und nicht von der Dualität der Vermögen reden dürfen (KTE 785). Reines Denken hat seinen Ursprung allein in sich. Aber dieses reine, vom Ursprung her sich vollendende Denken ist zugleich Denktätigkeit und Denkinhalt. Die transzendentale Logik der «Kritik der reinen Vernunft» bedarf keiner vorgeschalteten transzendentalen Ästhetik.

(2) Das Denken ist Erzeugen. Nach Kant bedarf es eines sinnlich-materialen Moments, um zur Objektivität des Realen zu gelangen. Erst nach der Affektion der Sinne durch das Ding an sich erzeugen Empfindung und Denken in der Einheit der transzendentalen Apperzeption den objektiven Gegenstand. Dagegen glaubt Cohen, auf das Empfindungsmoment und auf die Instanz der Apperzeption verzichten und das Reale *allein aus dem Denken* ableiten zu können. Die Objektivität ist ihm durch die Einheit der wissenschaftlichen Erfahrungen schon gegeben. Wie das Denken der Natur ihre Gesetze vorschreibt, so ermöglicht ein Prinzip der Infinitesimalmethode auch die konkrete inhaltliche Naturforschung und damit die Setzung von Realität. Diese Infinitesimalmethode baut auf dem «Grundsatz der intensiven Größe» auf, den Cohen aus Kants «Grundsatz der Antizipation der Wahrnehmung» ableitet. Bei Kant heißt der Grundsatz: «In allen Erscheinungen hat das Reale, was ein Gegenstand der Empfindung ist, intensive Größe, d.i. einen Grad»[4]. Aber Cohen schließt Empfindungen aus und faßt den Grundsatz nicht nur als Größenzuschreibung, sondern als Setzung des Realen als intensive Größe. Cohen greift dabei auf die damals sich ausbreitende Methode der Differential- und Integralbildung zurück. Das Reale wird durch die infinitesimale Einheit erzeugt. In dem Unendlich-kleinen steckt bereits das Gesetz für die infinitesimale Größe, das dann nur noch durch Integration bestimmt werden muß. Realität im Sinne von Seiendem gründet daher in intensiven Größen. Durch Größenbestimmung wird Seiendes erschaffen; durch Mathematik wird die Natur der Wissenschaften erzeugt. Das Infinitesimalprinzip ist gleichwertig mit dem Identitätsprinzip und stellt ein Grundgesetz des Bewußtseins dar. Es garantiert das Denken in Zusammenhängen, wobei das einzelne Etwas in die Unendlichkeit des stetigen Nebeneinander eingeordnet ist. Es wird so zum Prinzip exakter Naturforschung. Denken ist tätiges Erzeugen und dies ist zugleich das inhaltliche Erzeugnis. Es ist voraussetzungslose Selbständigkeit. Weil kein Gegenüber des Denkens existiert, darf keine Trennung zwischen subjektbezogenem Tätigsein und realem Gegebensein vollzogen werden.[5]

(3) Die Philosophie Kants ist radikaler transzendentaler Idealismus. Aber Kant spricht noch vom Ding an sich, von Affektionen in der Anschauung usw. All dies muß als Mißverständnis ausge-

---

4 Kritik der reinen Vernunft. B 207.
5 Über die Haltbarkeit des Cohenschen Ansatzes aus der Sicht der mathematischen Fachwelt (Frege u.a.) siehe die Einleitung Flachs in (1968) S. 23 f. Flachs Urteil fällt bezüglich des *inhaltlichen* Ertrags mit Recht negativ aus; dagegen beurteilt er den *methodischen* Beitrag zur Legitimation von Erkenntnis im neukantianischen Kontext durchaus positiv.

schieden werden. Transzendentalphilosophie ist strikt idealistisch. Die Natur ist fundiert in der reinen Logik der mathematischen Naturwissenschaften, die Sittlichkeit ist das Produkt des reinen Willens und das Schöne das Erzeugnis des reinen Gefühls. Ethik erscheint als eine Art Logik der Geisteswissenschaften oder als Logik des Handelns. Die Form der Gesetzmäßigkeit, des transzendentalen Apriori, ist allen gemein und garantiert so ihre Geltung. Weil so faktisch Geltendes als Bewußtseinserzeugnis auftritt, sind Ethik und Ästhetik Teile des Systems der Philosophie, deren Erkenntnis nichts anderes als der Zusammenhang geltender Inhalte ist. Damit erfolgt eine radikale Ent-Ontologisierung der Inhalte der gesamten Philosophie.

«System» und «Idealismus» erhalten in Cohens Philosophie einen tieferen Sinn durch ihre Gründung in religiös-jüdischen Ursprüngen. Die Beschränkung auf den rein philosophischen Systemgedanken der frühen und mittleren Periode der Cohenschen Veröffentlichungen berechtigt zu Charakterisierungen wie «Logizismus», «logischer Idealismus» oder «Panlogismus» (Bochenski)[6]. Doch schon in der «Ethik des reinen Willens» und insbesondere in «Der Begriff der Religion im System der Philosophie» treten Aspekte auf, die über diese Einseitigkeiten hinausweisen und ahnen lassen, wieso das reine Denken Seiendes erschaffen kann. In der Spätphilosophie, insbesondere im religiösen Personalismus seines Werks «Die Religion der Vernunft aus den Quellen des Judentums», kommt es sogar zum Bruch mit früheren Vorstellungen. Die griechischen Philosophen und insbesondere Platon, die den Blick anschauend auf das Gute gerichtet haben, werden ergänzt und ersetzt durch die jüdischen Propheten und Hiob, der uns lehrt, daß Leiden zum Wesen des Menschen gehört. «Idealismus» wird zur Metapher für die Reinheit und Wirklichkeitsunabhängigkeit; «Idee» verwandelt sich in Gott, der weder inkarnierter Mensch noch transzendente Person, weder Ding noch Substanz ist; aus dem Denken des Seins wird die Liebe der Gotteserkenntnis und die im System zum Prinzip erhobene Einheit des Seins meint die Einzigkeit des mosaischen Gottes.

Innerhalb des ursprünglichen Systemdenkens erscheint die Religion in der Nachbarschaft der Sittlichkeit. Sie ist der Ethik methodisch untergeordnet, weist aber über das System hinaus, indem sie den Blick auf das Ganze der Philosophie ermöglicht.

10.13   «Der Begriff der Religion im System der Philosophie»

Die komprimierte und nur schwer verständliche Untersuchung mit dem angegebenen Titel ist ein theoretisches Spätwerk, Produkt aus der Berliner Zeit der Resignation, drei Jahre vor seinem Tod veröffentlicht, und muß im Hinblick auf die umfangreichen Studien über das Judentum gelesen werden. Cohen repräsentiert den Philosophen, dem die Trennung von Philosophie und Religion äußerlich bleibt; deshalb bedeutet der befremdliche Gedanke, die Religion in ein philosophisches Kultursystem aufgehen zu lassen, keine Reduktion oder Abwertung, sondern Aufwertung und höchste Auszeichnung.

Das Spätwerk Cohens fällt ganz offensichtlich aus dem Rahmen des neukantianischen Denkens; es ist ein «Ein- und Anbau» des Systems (Rosenzweig[7]). Cohen läßt die *konstruktive* Vernunft des Idealismus hinter sich und setzt an ihre Stelle die *gottgeschaffene* Vernunft. Zugleich nimmt er in seiner abschätzigen Einstellung zur Kultur und im Rückgang auf die nackte Existenz der endlichen Kreatur Gedanken *Heideggers* vorweg. Allerdings stehen die entdeckten Eitelkeiten des Irdischen und Endlichen durch die gleichzeitige Einbettung in das Ewige in einem völlig anderen Licht als bei Heidegger, der das Ewige in die Zeit auflöst.

---

6   Europäische Philosophie der Gegenwart. Bern / München 2. Aufl. 1947. S. 106.
7   F. Rosenzweig: Vertauschte Fronten. In: Kleinere Schriften. Berlin 1937. S. 355.

I. Abschnitt: Das Problem des Begriffs der Religion im Verhältnis zur Religionsgeschichte und zur Metaphysik
Cohen grenzt seine Begründung des Religionsbegriffs von den Bestrebungen der sich damals etablierenden Religionswissenschaft und der allgegenwärtigen Metaphysik ab. Das in der Religionswissenschaft übliche Vorgehen, den Begriff des Seelischen der Natur- und Menschenwelt so zu erweitern, daß er auch den Begriff des Göttlichen umfaßt, läßt dort den Religionsbegriff in den eines allgemeinen Seelenkults zerfließen (16). Der Metaphysik wirft Cohen die Geringschätzung der Rolle der Ethik vor (22).

Im Mittelpunkt steht die Einsicht, daß Religion und Philosophie in ihrem Wesen stets eng miteinander verbunden waren und die Religion «mußte in der Philosophie ihren Wahrheitsgrund ... erkennen ... » (9). Zum Konflikt kommt es, nachdem Mose «zum Träger der Religion und Platon zu dem der Philosophie» werden (13). Aber das Verhältnis der Philosophie zur Religion ist ihr eingeboren (14), trotz der Unterschiede in der jüdischen und christlichen Tradition.

Für die Gegenwart stellt Cohen das Kulturfaktum Religion unter die transzendentale Frage. Nachdem Kant in einer «transzendentalen Inquisition» (15) der Mathematik, der Physik, dem Recht, dem Staat und der Kunst die Frage nach dem Rechtsgrund ihres Bestehens vorgelegt hat, überträgt Cohen diese auch auf die Religion (17). Aufgrund seiner universellen Systemidee formuliert er das transzendentale Grundproblem als Frage nach der Stellung der Religion im System der Philosophie (18).

II. Abschnitt: Das Verhältnis der Religion zur Logik
Das System der Philosophie enthält keine Lücken; daher scheint für die Religion kein spezifischer Gegenstand übrigzubleiben (16). Eine Einordnung in die Ethik oder Ästhetik allein wirft Probleme auf, die noch zu behandeln sind. Eine wissenschaftliche Philosophie fordert, daß auch die Religion, die ja auf Vernunft aufbauen soll, den wissenschaftlichen Maßstäben unterworfen wird. Für Cohen sind die Verächter der Wissenschaft die schlimmsten Feinde der Religion (7). Die Eingliederung der Religion in das System erfolgt daher zuerst in der Logik, dem Anfang des Systems. Der erste Grundbegriff ist das Sein und die erste Offenbarung an Mose ist die Offenbarung Gottes als des Seienden. Der einzige Gott macht sich als Sein geltend, «Gott ist das Sein» (10). Was in der monotheistischen Religion als Einzigkeit des Seins erscheint, meint in der Logik die Einheit. Deshalb vergleicht Cohen die Einheit von Denken und Gott bei den Israeliten mit der Einheit von Denken und Sein bei den Eleaten (20). Neben der Forderung des Dienstes, der Verehrung und des Gehorsams gegen Gott steht die Aufforderung, Gott als Erkenntnis zu denken, als Symbol für die innigste Vereinigung und für die Liebe. Dieses Denken ist kein Pantheismus, weil dieser mit einem zweideutigen Begriff von Sein, – deus sive natura, – operiert (27). Mit Platons Entdeckung der Idee wird das Denken zum Setzen seiner Aufgabe, zur Hypothese (29). Für Cohen entsteht der Gottesbegriff im natürlichen Zusammenhang von Religion und Philosophie. Gott, Einzigkeit und Liebe in der Religion sind Sein, Denken und Einheit in der Philosophie.

III. Abschnitt: Das Verhältnis der Religion zur Ethik
Der Abschnitt bildet das Zentrum der Überlegungen Cohens. Das Kriterium für den Religionsbegriff ist nicht der Kultusbegriff, sondern die *Korrelation* des Menschen zu Gott, in der der Mensch «gleichsam ebenbürtig Gott zur Seite tritt» (2). Der eigentliche Bezugspunkt aber ist das Gute. Mit dem Begriff des Guten entsteht die Religion und zwar als Monotheismus (3). Nach der Entdeckung des Guten durch Sokrates brachte Platon in der Abkehr von der Wahrnehmung die Vollendung in der Idee des Guten. Indem er diese als die höchste Idee betrachtete, erhob er sie in einen Bereich jenseits des Seins. «So ist aus der Selbstrechtfertigung der Ideenlehre die Transcendenz des Guten entstanden» (10), das von den Griechen schließlich als der eine Gott erkannt wurde. Das transzendente Gut wird zum echten Ebenbild des Vaters (8).

Auch bei Kant ist die Ethik Voraussetzung für Religion. Cohen vertritt offen die viel diskutierte These, «daß die Religion in Ethik aufgehen müsse». Die Selbstauflösung in Ethik dient ihm geradezu als wichtigstes Kriterium für den Wahrheitsgehalt der Religion (18). Trotzdem ist der Begriff der Religion nicht hinfällig; er wird als neuer Inhalt, nicht als neue Bewußtseinsart innerhalb des Systems der Philosophie gefordert (20, 24). «Die Idee Gottes bedeutet die Gewähr, daß immerdar Dasein sein werde für die unendliche Fortführung der Sittlichkeit». Mit der Gottesidee erhält die Ethik ihren Abschluß (36).

Der Mensch in der Korrelation zu Gott ist das Individuum. Das religiöse Bewußtsein der Korrelation ist die Liebe. Das religiöse Gefühl ist Mitleid, es entdeckt das leidende Individuum. Die Selbsterkenntnis seiner Schwächen ist die Geburtsstätte der Religion (44) und die Entdeckung des Individuums (47). Gott ist Bürge für die Realität des Sittlichen (93); ebenso leistet er die Verwirklichung des Guten im Individuum, die persönliche Befreiung von Schuld und die Wiederherstellung seiner sittlichen Freiheit (65). So erscheint schließlich die Korrelation von Gott und Mensch als Theodizee (73). «Das Leiden ist nicht Strafe; sonst wäre Armut Strafe ... Hingegen ist vielmehr Armut das Wahrzeichen der Frömmigkeit» (83). Cohen kennt daher auch kein radikal Böses, es sei denn den Pessimismus, der das Wesen des Menschen auf Rachsucht und Selbstsucht reduziert. Für Cohen gibt es nur ein wirklich Radikales, nämlich das Gute im Menschen (51).

IV. Abschnitt: Das Verhältnis der Religion zur Ästhetik
Wie die Religion der Logik und der Ethik erst ihre Tiefe gibt, so auch der Ästhetik. Die beiden Gegenstände der Kunst sind der Mensch in der Natur und die Natur des Menschen. Deshalb muß Gott in diese beiden Problemkreise einbezogen werden (2). Die Korrelation zwischen Mensch und Gott erscheint in der Kunst nicht als religiöse Liebe, sondern als künstlerischer Eros. Dieser geht als ästhetische Liebe nicht auf das Individuum, sondern auf den Typus; er ist reines schöpferisches Gefühl (4). Die Kunst bleibt deshalb gegenüber dem Leid des Menschen indifferent. Der Eros ist Phantasie, Zauberei, Illusion und Spiel. «Die religiöse Liebe aber hat einen Ernst, der über das erhabene Spiel (der Kunst) selbst erhaben ist» (13).

Die innige Verbindung zwischen Religion und Kunst wird deutlich in der Psalmendichtung. In den Psalmen verwandelt sich Sittlichkeit in Religion (30), denn sie offenbaren das Individuum und enthüllen die Armen als die Frommen. Die Propheten vertreten nur eine Religion der Sittlichkeit. In der Ästhetik der Psalmen dagegen wird die Sittlichkeit zur Religion. Gefühle, Mitleid, Ergriffenheit, Rührung und Sehnsucht erhalten ihre sittliche und religiöse Tiefe jenseits der reinen Ästhetik.

V. Abschnitt: Das Verhältnis der Religion zur Psychologie
Cohen vollendet sein dreigliedriges System der Philosophie durch ein viertes Glied. Dieses nennt er – etwas irreführend – Psychologie und meint damit ein Systemglied, das die Einheit der drei anderen Glieder ins Bewußtsein erhebt. Dabei darf keines der Glieder ein Übergewicht erhalten, wenn die Einheit des Kulturbewußtseins garantiert sein soll. Besonderes Augenmerk verdient daher der mögliche Konflikt zwischen Religion einerseits und Wissenschaft, Ethik und Ästhetik andererseits. So muß beispielsweise die Freiheit der Wissenschaft genau so gewährleistet sein wie die Unantastbarkeit der religiösen Tradition. Ein weiteres Anliegen ist der Ausgleich der ethischen Autonomie mit der Idee Christi als Idee der Menschheit. Das Sittengesetz muß in Übereinstimmung mit den Geboten Gottes gedacht werden können. Völlig verfehlt wäre die Vorstellung, daß der Kulturwert der Religion durch reine Sittlichkeit ersetzt werden könnte (18). Auch gegenüber dem ästhetischen Gefühl muß die Religion ihre Selbständigkeit behaupten. «Das Unendliche, welches die Aufgabe der Kunst ist, wird von der Kunst aus der Kultur als Religion aufgenommen. Die Kunst stellt Gott dar ...» (31). Zum Abschluß faßt Cohen einige Ausblicke der Philosophie der Geschichte zu tragischen Bildern zusammen (45). Die Einheit des Menschen vollendet sich erst in den erhabenen Momenten des Leides. «Ebenso wie Gott, soll auch der Mensch erhalten bleiben. Das ist der letzte Sinn der Religion» (50).

10.2 Paul Natorp

10.21 Biographie und Bibliographie

a. Lebenslauf

Geboren am 24.1.1854 in Düsseldorf. Studium der Geschichte, der alten Sprachen, Musik, Philosophie, Mathematik und Naturwissenschaften in Berlin, Bonn und Straßburg. 1876 historisches Staatsexamen und Promotion. Hilfs- und Hauslehrertätigkeit. 1880 Bibliothekar in Marburg. 1881 philosophische Habilitation. 1885 Extraordinarius und 1893 Ordinarius für Philosophie und Pädagogik in Marburg. Natorp stirbt dort am 17.8.1924.

Die Interessen des Pastorensohnes waren während der Studienzeit auf Musik und Dichtung, auf Geschichte und Mythologie verteilt und fanden erst durch die Bekanntschaft mit dem Marburger Neukantianismus ihre philosophische Zielrichtung. Bereits in der Habilitationsschrift «Descartes' Erkenntnistheorie. Eine Studie zur Vorgeschichte des Kritizismus» diente Kants Lehre als Leitfaden für eine Umdeutung des gängigen Descartes-Bildes. Er entdeckte bei Descartes Keime des Kritizismus; so identifizierte er z. B. das Cartesische cogito mit der transzendentalen Apperzeption Kants und die res cogitans und res extensa wurden als bloße Substanzen der Erscheinung umgedeutet. Natorps erste Vorlesungen betreffen die neuzeitliche und klassische Philosophie. Durch gut lesbare Publikationen in den Grenzgebieten zwischen griechischer Philosophie und klassischer Philologie erwarb er sich das Ansehen eines gründlichen Gelehrten. Seine systematischen Anliegen bildeten sich erst später aus. Natorp orientierte sich eng an der Philosophie Cohens, seines Förderers und väterlichen Freundes. Dadurch verschob sich das philologische Interesse mehr und mehr auf die Erkenntnistheorie. Dieses neue Interesse wurde ergänzt durch pädagogische Verpflichtungen, die mit der Übernahme des Ordinariats verbunden waren. Die Frucht dieser Verantwortung liegt in zahlreichen sozialpädagogischen Abhandlungen vor. Er griff wiederholt in Streitfragen der praktischen Pädagogik ein und favorisierte die deutsche Jugendbewegung.

1903 erschien sein historisches Hauptwerk «Platons Ideenlehre». In ihm greift Natorp die seit Aristoteles unangefochtene Auffassung vom metaphysischen Charakter der Ideen an und stellt ihr die These von der rein methodischen Logizität entgegen. Danach sind Ideen nicht *Dinge*, sondern *Methoden*; sie betreffen die durch das allgemeine Gesetz gegebene unwandelbare Identität und damit ein von aller Sinnlichkeit Befreites. Die nach Gadamer «paradoxe» These[8], die Ideen als das wahrhaft Seiende in den Naturgesetzen Galileis und Newtons wiederzufinden, erregte Widerspruch und wurde von Natorp später selbst korrigiert. Er bemühte sich um die wissenschaftstheoretische Aufarbeitung physikalischer und grundlagenmathematischer Neuentwicklungen und schlug so eine Brücke zu Forschungsprojekten der Analytischen Philosophie. Die Beschäftigung mit der «Allgemeinen Psychologie nach kritischer Methode» leitete eine Umorientierung ein, die von der Objektkonstitution zur Aufklärung der Subjektseite führte und damit Annäherungen an Husserls Phänomenologie und Diltheys geisteswissenschaftliche Psychologie bewirkte.

Nach dem Weltkrieg, der die Auflösung der Schule beschleunigte, erfolgte bei Natorp eine geistige Wandlung, die in der dem Neukantianismus nicht sehr wohlgesonnenen Tradition meist negativ gedeutet wurde; Hermann Glockner spricht zum Beispiel von impressionistischen Improvisationen[9]. Wir haben oben gesehen, daß diese Wende wichtige Impulse für die genetische Phänomenologie enthält. Von Natorp selbst wurden die Gedanken seiner «Vorlesungen über

---

8 Gedenkrede: Die philosophische Bedeutung Paul Natorps. In: P. Natorp: Philosophische Systematik. Hamburg 1958. S. XV.
9 Die europäische Philosophie von den Anfängen bis zur Gegenwart. Stuttgart 1960. S. 991. – Eine positive Bewertung findet man bei F.J. Wetz: Die Überwindung des Marburger Neukantianismus in der Spätphilosophie Natorps (In ZPHF 47/1993). S. 92 heißt es: «Der späte Natorp ist der späte Schelling des Neukantianismus», weil er wie dieser das Problem der Faktizität und Kontingenz des menschlichen Daseins thematisiert.

praktische Philosophie» als konsequente Weiterentwicklung verstanden. Unter dem Titel einer «reinen Logik» erfolgte eine Überschreitung der transzendentalen Methode in dem Sinn, daß im Bereich des sittlichen Handelns und des künstlerischen Schaffens nicht mehr die geisteswissenschaftlichen Objektivationen als Fundament interessierten, sondern das Wollen und Schaffen selbst, also das ursprüngliche Leben in seiner letzten Sinnhaftigkeit, thematisiert wurden. Für die Marburger Schule blieb die neue Lehre Natorps, insbesondere auch wegen gewisser mystischer Tendenzen, immer ein Fremdkörper.

Andererseits läßt sich aus dieser Öffnung verstehen, daß Natorp 1922 von den revolutionären Gedanken des Privatdozenten Heidegger begeistert war und ihm zu einer Stelle an seiner Universität verhalf[10]. Er erkannte die Affinität Heideggers zur genetischen Phänomenologie Husserls, der er selbst Impulse gegeben hat[11]. Eine Diskussion zwischen Heidegger und dem Siebzigjährigen entfaltete sich in dem einen gemeinsamen Jahr bis zum Tode Natorps allerdings nicht; man berichtet, daß sich zwar beide fast wöchentlich trafen, aber nur schweigsame Spaziergänge miteinander machten[12]. Für Heidegger war die Zeit des Neukantianismus abgelaufen, und Natorp konnte das Neue nicht mehr in seine Denktradition einordnen.

b. Auswahl aus der Primärliteratur Natorps

1882 Descartes' Erkenntnistheorie. Eine Studie zur Vorgeschichte des Kritizismus. Marburg.
1884 Forschungen zur Geschichte des Erkenntnisproblems im Altertum. Berlin.
1894 Religion innerhalb der Grenzen der Humanität. Ein Kapitel zur Grundlegung der Sozialpädagogik. Freiburg. 2. Aufl. Tübingen 1908.
1899 Sozialpädagogik. Theorie der Willenserziehung auf der Grundlage der Gemeinschaft. Stuttgart. Neudruck der 6. Aufl. Paderborn 1975.
1903 Platos Ideenlehre. Eine Einführung in den Idealismus. Leipzig. Neudruck der 2. Aufl. mit Anhang. Hamburg 1994.
1907 Gesammelte Abhandlungen zur Sozialpädagogik. Stuttgart. 2. Aufl. 1922.
1909 Philosophie und Pädagogik. Eine philosophisch-pädagogische Untersuchung. Marburg. **PP**
1910 Die logischen Grundlagen der exakten Wissenschaften. Leipzig. Nachdruck der 3. Aufl. Walluf 1975.
1911 Die Philosophie, ihr Problem und ihre Probleme. Göttingen. 3. Aufl. 1921.
1912 Allgemeine Psychologie nach kritischer Methode. Tübingen. 3. Aufl. 1921.
1913 Philosophie und Psychologie. In: Logos IV. 1913.
Selbstdarstellung. In: R. Schmidt: Die Philosophie der Gegenwart in Selbstdarstellungen. Band 1. Leipzig 1921.
Vorlesungen über praktische Philosophie. Erlangen 1925.
Philosophische Systematik. Aus dem Nachlaß. Hg. von H. Natorp. Mit einer Gedenkrede zum 100. Geburtstag von H.-G. Gadamer. Hamburg 1958.

c. Bibliographie

Pippert, R.: Paul Natorps Pestalozzi-Rezeption in seiner ersten und letzten Interpretation. Marburg 1967. S. 334 ff.

10.22 Pädagogik zwischen Logik und Logos

Natorp knüpft an die von Cohen entwickelte Kant-Interpretation an, welche die Theorie der Erkenntnis unter die Herrschaft der reinen Logik stellt. Am Ende des Weges Natorps steht der metaphysisch-mystisch verklärte Logos des Ganzen. Dazwischen bereitet sich das weite Feld der Wissenschaften und der Kulturbereiche aus. Die Platon-Nähe der Marburger Kant-Deutung führt Natorp zum Problem der Erziehung der Menschheit. So wird er der einzige Neukantianer, der Neues zur Pädagogik beiträgt. Seine «Sozialpädagogik» stellt die wirkungsgeschichtlich bedeutendste Leistung dar.

---

10 Vergleiche unten 28.2.
11 Siehe oben 9.2.
12 Biemel (1973) S. 33.

Natorps Reflexionen setzen bei der transzendentalen Frage nach der Möglichkeit von Erkenntnis ein. War bei Kant die letzte Bedingung aller Erkenntnis in der transzendentalen Einheit der Apperzeption gegeben, so findet man diese bei Natorp in der faktischen Einheit der Erfahrungswissenschaften; die Kantische transzendentale Deduktion der Erkenntnisgewinnung erscheint als eine Logik, die wieder aus der Geltung der exakten Naturwissenschaften abgeleitet wird. Das Objekt der philosophischen Logik bezieht sich jedoch nicht auf bloße feststehende Tatsachen der etablierten Wissenschaften, sondern auf die gesamte Kulturarbeit. Die Gegenstände der Transzendentalphilosophie werden dabei als prozeßhafte Erkenntnis- und Kulturtätigkeiten in Wissenschaft, Ethik, Kunst und Religion verstanden.

Wenn alle diese Überlegungen unter dem Titel einer «Logik» oder des «Panlogismus», «Logizismus» und anderem stehen, so bleibt zu beachten, daß hier «Logik» in einem sehr weiten Sinne und immer zugleich als *transzendentale* Logik gemeint ist. Sie muß unterschieden werden von der *formalen* Logik der Grundlagendiskussion, in die Natorp auch eingegriffen hat, und von der Metaphysik beziehungsweise vom Psychologismus der anderen spekulativen Richtungen. Logik bedeutet Lehre von den Bedingungen der Möglichkeit, Erkenntnis zu gewinnen. Weil als Grundprinzip das Gesetz der «synthetischen Einheit» oder der «Einheit durch Korrelation» (bei Cohen das «Urprinzip») fungiert, aus dem alle Denkformen und Denkbestimmungen geschöpft sind, ist es sinnvoll, von Logik zu sprechen. In der modernen Wissenschaftstheorie steht anstelle des Einheitsgedankens umgekehrt die formale Logik am Anfang, während Natorp diese in der transzendentalen Wissenschaftslogik aus der Einheitsidee deduziert.

Die unhintergehbare synthetische Einheit als Grundgesetz des Logischen in Natorps Sinn wird als Prozeßbegriff verstanden, in dem sich der Zusammenhang des Einen mit dem Mannigfaltigen konstituiert. Erkennen vollzieht sich im Werden eines Bestimmten; es ist also mehr als nur eine Formung des schon Gegebenen. Es bedeutet die gleichzeitige Hervorbringung beider Relata in der Synthesis-Relation. Aus ihr entfaltet Natorp alle Grundfunktionen und Gesetzmäßigkeiten der Erkenntnis, vor allem in der Form des Urteils. Die Urteilsarten bilden ein System. In diesem erfolgt die Konstitution der Gegenstände, von denen die fundamentalsten die mathematischen sind, die auf Sonderung und Vereinigung, Quantität und Qualität und damit auf Kontinuität zielen. Die weitere Genese betrifft die Identitäts- und Widerspruchsgesetze und die Urteile der Realität.

Aber Natorp bleibt nicht bei der *Erkenntnislogik* der theoretischen Vernunft stehen. Weil er in allen Bewußtseinsrichtungen erkenntnismäßige, also kognitive Elemente entdeckt, leitet er zugleich eine *universelle Kulturphilosophie* ab. So erscheint in der Ethik eine «Logik des Sollens». Hier bezieht sich der offene, unendliche Erkenntnisprozeß nicht auf das *Sein*, sondern auf das *Sollen*, d.h. auf die Idee. Als letztes Wort des Systems bezeichnet Natorp seine «Allgemeine Psychologie nach kritischer Methode» (202). In ihr wird – in Analogie zu Husserls Noesis-Noema-Distinktion – das Erlebnis des Subjekts als Korrelat der konstituierten Objektseite reflektiert. Nach dem Weltkrieg erfolgt eine gewisse Entfremdung von den Zentrallehren des Neukantianismus: die transzendentale Methode wird in dem Sinne überschritten, daß nicht mehr nur die wissenschaftliche Objektivation, sondern auch und vor allem der Geist selbst und sein Ursprung reflektiert werden. So verdrängt das Problem des *Sinnes* das der *Geltung*. Indem Natorp in seiner Spätphilosophie hinter Subjekt und Objekt zugleich ein Urkonkretes, eine letzte Sinnhaftigkeit, denkt, entdeckt er in dieser Koinzidenz den Logos als Ursprung aller Seinsbestimmung. Der *Mystiker* Platon hat den *Logiker* Platon eingeholt.

Die *Pädagogik* ist dagegen nicht in das System integriert. Die Beschäftigung mit dieser Thematik ist zunächst durch Lehrstuhlverpflichtungen bestimmt, zeigt aber trotzdem eine innere Konsequenz, wenn man die Nähe von Natorp zu Platon und Kant bedenkt. In seinem Platon-Buch hat er die sokratischen Dialoge als Gespräche gedeutet, die dem Leser philosophische Rätsel aufgeben, die jeder in eigener Verantwortung zu lösen habe. Damit wird die sokratische Methode als pädagogisches Vorgehen bestimmt, welches das Terrain für eigenständige Antworten des Zöglings vorzubereiten hat. Natorp entwickelt so eine Pädagogik, die auf die Wechselbeziehungen zwischen Erziehung und Gemeinschaft aufbaut. Dabei geht es nicht bloß um gelegentliche Mitberücksichtigung, sondern um die klare Erfassung dieser Beziehung (PP 122), wie dies in der Geschichte der Pädagogik nur bei Platon geschehen sei. Die richtige Erfassung dieser Grundbeziehung erfolgt über das rechte Verständnis der Relation von «Individualität und Gemeinschaft»[13]. Nur wenn die *Gemeinschaft* – im Gegensatz zur *Gesellschaft,* die als beziehungsloses Zusammen von selbständigen Individuen definiert ist – als Fundament der Pädagogik angenommen wird, in der die Individuen durch ihre Eingebundenheit in das Ganze ihre Existenz- und Entwicklungsmöglichkeit erhalten, kann Erziehung verstanden werden; denn der Mensch braucht den Menschen, um Mensch zu werden (6). Die Analyse der Strukturen der Gemeinschaft und des Verhaltens des Einzelnen in dieser erfordert deshalb die Einbeziehung der *gesamten Philosophie* in die Pädagogik. Wenn Erziehung die harmonische Entfaltung aller Seelenkräfte verfolgt, dann kann diese nicht gelingen, wenn nur die beiden Teilgebiete *Ethik* und *Psychologie* bemüht werden. Erstere bestimmt in solchen Fehldeutungen das Ziel, letztere den Weg, die Methode und die Beseitigung der Hindernisse in der Erziehung. Aber die Welt des Geistes ist unteilbar. Das haben neben Platon vor allem Kant und *Pestalozzi* gesehen. Deshalb müssen auch die reinen Gesetzeswissenschaften, das heißt die *Logik* Natorps, und die *Ästhetik* einbezogen werden. Erziehung ist die Einführung des theoretisch Erkannten in das praktische Leben (4). Das Fundament der Pädagogik ist für Natorp daher das ausgewogene Ganze von Logik, Ethik und Ästhetik.

Die Einseitigkeiten der Kulturgeschichte entstanden durch Überbetonung eines dieser Erziehungselemente: die Renaissance stellte die *ästhetischen* Zwecke an die Spitze und opferte die sittlichen und intellektuellen; in der Reformation gewann das *sittliche* Interesse tyrannisches Übergewicht; die Aufklärung ging ganz in *intellektuellen* Zwecken auf. Echte Erziehung umfaßt sowohl die Gemeinschaftsordnungen als auch die vollkommenste Sachkenntnis. Bilden heißt, den Menschen so zu gestalten, daß er in der Gemeinschaft wird, was er sein soll. Dies gelingt nur, wenn die Wissenschaften die Inhalte für die Bildung bereitstellen. Der Primat der Ethik bleibt dabei unangefochten; denn menschliche Bildung ist Willenssache, sie betrifft das philosophische Problem des Sollens, des Zwecks oder der Idee (5). Natorp übernimmt die Elemente- und Stufenlehre Pestalozzis, dessen Pädagogik von seinen Zeitgenossen als Gegenstück zur Philosophie Kants angesehen worden ist (8). Pestalozzis Unterrichtsmethode beginnt bei den einfachen Elementen und geht dann lückenlos schrittweise zum Komplexen über und endet im Ganzen (36). Bei Herbart, dem einzigen Denker in der Nachfolge Pestalozzis, der die Pädagogik in das philosophische Gesamtsystem integriert, wird die Psychologie überbewertet. Diese behält durchaus ihre Bedeutung, bezieht sich aber auf das Erleben des Individuums, das in seiner Einzelheit nicht zum Inhalt einer objektiven Wissenschaft werden kann. Ihre Aufgabe ist vielmehr, auf die typischen Gestaltungen des seelischen Lebens aus eigener Erfahrung zu reagieren und den Zögling mit Takt zu leiten.

In der *«Sozialpädagogik»* wird nach der Grundlegung ein System individueller Tugenden beschrieben. Natorp stellt die Frage: «Was ergibt sich daraus, wenn Trieb, Wille und Vernunft der Einzelnen in der Gemeinschaft in Beziehung treten und ihre Wirkung gleichsam summieren»? (106). Soziale Tätigkeiten sind nur möglich durch die Ausbildung der den drei platonischen Seelenteilen entsprechenden Tugenden Wahrheit, Reinheit, sittliche Tatkraft und der für die Gemeinschaft bedeutsamen Tugend der Gerechtigkeit. Den Tätigkeiten sind soziale Organisationsformen zugeordnet: Haus, Schule, Erwachsenenbildung. Die soziale Entwicklung erfolgt als Befreiung der Individualitäten und als gleichzeitige Harmonisierung der Interessen. Natorp formuliert ein Grundgesetz der menschlichen Bildung: «Das menschliche Wesen in dem ganzen Reichtum seines Gehalts doch zugleich in Einheit und stetigem Zusammenhang darzustellen und

---

[13] So der Titel einer Abhandlung in PP.

im gegebenen Subjekt nach dessen Vermögen der Vollendung zu nähern» (200). An Einzelforderungen sind erwähnenswert die Gleichberechtigung von mathematisch-naturwissenschaftlicher und altphilologischer Bildung, die Abschaffung von Zugangsprivilegien für Höhere Schulen, die Wichtigkeit historischer Studien und die Pflege philosophischer und religiöser Selbsterziehung in der Gemeinschaft. Der Religion billigt Natorp eine Vorbildfunktion in der Ausbildung von Gemeinschaft zu und faßt sie nicht nur als Anhang zur Sittenlehre. Aber «nur was allgemein überzeugend gemacht werden kann, darf Gegenstand eines für alle pflichtmäßigen Unterrichts sein» (381); deshalb muß Religion im Sinne der Transzendenz Privatsache bleiben.

10.23 «Philosophie. Ihr Problem und ihre Probleme»

Diese Arbeit ist die einzige systematische Gesamtdarstellung der Philosophie Natorps. In ihr findet die Cohensche Kant-Interpretation ihre Fortführung, indem das Denken als Prozeß und das Sein als Funktion des Denkens verstanden werden. Zugleich enthält sie Tendenzen zur Überschreitung der neukantianischen Grundabsicht, die transzendentale Konstitution der Wissenschaften zu beschreiben. Diese neuen Tendenzen zeigen sich in der Bemühung um die *Erfassung des konkreten Lebens* und kommen schließlich in seiner ein Jahr später erscheinenden «Allgemeinen Psychologie nach kritischer Methode» zum Ausdruck. Die dritte, verbesserte Auflage erscheint 1921, also nach den weltpolitischen und geistigen Umwälzungen des Weltkrieges. Das existentielle Anliegen radikalisiert die Hinwendung zur Subjektseite und führt zu einer nicht immer konsistenten Lockerung der neukantianischen Vorgaben mit ihren objektivistischen Zwängen.[14]

1. Kapitel: Die Philosophie
Die allgemeine Charakterisierung der philosophischen Situation beginnt mit dem Hinweis auf eine tiefe Erschütterung: «Verlangend schaut man aus nach einer, sei es nun beseligenden, oder vielleicht bis zur Vernichtung erschütternden, auf jeden Fall aber klärenden Deutung all der neuen Rätsel». Nicht nur der rechnende Verstand und die Theorie sollen in einer adäquaten Weltanschauungslehre befriedigt werden, sondern die letzten Fragen der Seele (1). Die Philosophie soll sich ganz in Leben verwandeln (2). Die Erfüllung dieser Forderung kann nur in der Einheit von Philosophie und Wissenschaft erreicht werden, die auch die Psychologie als Lehre von der Subjektivität mitumfaßt (3). Damit wird die Erkenntnis zu einer unendlichen Aufgabe unserer Kulturtätigkeit (9), die zugleich einen sicheren Gang eines Fortschritts bedeutet (11). Kritische Philosophie ist ein ewiger Fortgang, ein Prozeß, und in diesem Sinne eine Methode, die das konkrete Sein bestimmt (13).

2. Kapitel: Logik
Entsprechend der traditionellen Kantischen Einteilung steht vor der Praxis und Kunstauffassung die Theorie und damit die Logik am Anfang jeder Systematik. Logik ist die erste philosophische Wissenschaft (28). Natorp skizziert daher zuerst Aufgabe und Methode der Logik im allgemeinen und der Logik der theoretischen Erkenntnisse im besonderen, um schließlich im zweiten Teil deren Aufgaben zu umreißen. Logik garantiert die Einheit des Gegenstands; denn Denken bedeutet Herstellung der Einheit des Mannigfaltigen. Aus der Idee des Prozesses folgt: «Das Sein des Denkens kann nur Sein der Beziehung sein». Beziehung aber besteht «in dem Verhältnis von Grundsetzung und Gegensetzung» (34); zusammen mit Fortgang und Abschluß wird in ihr der Denkprozeß vollendet. Selbst Raum und Zeit werden als Funktionen des Denkens angesehen, in ausdrücklicher Abweichung von Kant (53). Die endgültige Bestimmtheit des Gegenstands bleibt

---

14 Auf die entscheidenden Impulse für die Weiterentwicklung der Spätphänomenologie Husserls durch das genannte Werk wurde schon hingewiesen. Vgl. 9.2.

so in allen Teilen immer bedingt, aber trotzdem nicht etwa vom Tun und Erleben des Einzelsubjekts abhängig. Natorp grenzt sich so von Teleologismus und Psychologismus ab (42).

Die wissenschaftlich bestimmbaren Tatsachen bleiben immer Hypothesen. Das, «was ‹ist›, entdeckt sich als Idee, im strengen Sinn der unendlichen Aufgabe». Damit berührt sich das Sein mit dem Sollen. Es muß also noch eine weitere Logik geben, die über die Rechtfertigung der Erkenntnis hinausgeht: die *Logik des Sollens* oder die *praktische Erkenntnis* (60).

3. Kapitel: Ethik
Hier schlägt Natorp die Brücke vom rein möglichen Sein zur Welt der Tatsachen. Dabei erscheint das System als Richtungseinheit eines unendlichen Fortgangs (65). Dieser wird durch regulative Prinzipien gewährleistet, die sich von den konstitutionellen unterscheiden, die zur Feststellung von Naturtatsachen führen (64). In den regulativen Prinzipien oder Ideen liegt das Sollen. Das Gesetz des Sollens hat seinen Grund nicht in irgendeiner Subjektivität des Wollens, sondern ist objektiv begründet. Diese Objektivität ist eine unbedingte (67). Als Objektives ist das Sollen aber Sache des Urteils. Damit stehen wir an der Wurzel einer Logik des Sollens, das heißt der Ethik (68). Die Unbedingtheit meint zugleich die Idee der Freiheit. Bedingungslose Setzung ist Gesetzlichkeit überhaupt (69). Auch die Würde der sittlichen Person ist allein in ihrer Freiheit begründet und nur dem Gesetz, das sie sich selbst gibt, unterworfen (70).

Weil alle Erfahrung unter den Gesichtspunkt des Sollens gebracht wird, ist der Vorwurf der Inhaltsleere des formalen Gesetzes des Sollens hinfällig. Zugleich wird nicht das Sittliche dem Natürlichen untergeordnet, sondern die Ethik hebt das Natürliche ins Sittliche empor (72). Das ist aber nur möglich, wenn man die Erfahrung selbst als Handlung betrachtet (74). Natorp skizziert den Stufengang des Strebens in drei Phasen: vom unmittelbaren Trieb als schöpferische Arbeit und der Sinnenlust, die ganz auf schöpferische Gestaltung des Gegenstandes gerichtet ist (79) und nicht getötet, sondern gereinigt werden muß, über die mittlere Stufe des Wollens als Wahl und Entscheidung, die bereits Einsicht und praktische Objektsetzung enthält, hin zur höchsten Form der Aktivität, dem Vernunftwillen. In ihm werden die bedingten Zielsetzungen in eine übergreifende Einheit der unendlichen Zielsetzung einbezogen. Dies ist die sittliche Richtung des Willens. Sie hat als Ziel die Idee des Guten als die Idee des unbedingt Gesetzlichen (81). Trieb, Wille und Vernunft bauen so die sittliche Gemeinschaft und die gesamte menschliche Kultur mit ihren Formen des sozialen Lebens auf. In allen Tätigkeiten herrscht das Gesetz des Sollens. Damit kann Natorp in den Grundsätzen der reinen Ethik das Fundament der gesamten Kulturwissenschaften aufweisen, das zugleich das Recht der Individualität respektiert (92). Dieses Recht ist das Grundprinzip der Ästhetik, das zum vierten Kapitel führt.

4. Kapitel: Ästhetik. Religionsphilosophie
Natorp knüpft hier explizit an Kant an, der als erster die Ästhetik auf die gleiche Stufe wie Erfahrung und Sittlichkeit gestellt hat. Kunst ist seitdem nicht nur unerläßlicher Bestandteil der menschlichen Kultur, sondern beinahe schon ihr höchster Gipfel (96). Die Kunst handelt von einer «dritten Welt» (97), in der Sein und Sollen eins sind, «als ob das, was sein soll, in dem, was ist, wahr und wirklich dargestellt sei». Das Kunstobjekt soll uns «in der Fülle und Unmittelbarkeit des Erlebten» ergreifen (98); es kommt also auf den Inhalt des Erlebten, nicht auf die Subjektivität des Erlebens an. Dieser Inhalt ist der Logik des objektiven Kunstwerks unterworfen (99). Ziel ist die individuelle und konkrete Anschauung der Idee, die in unserer Vorstellung ihre Erfüllung findet (101).

Über die Kunst stößt Natorp auf die Religion, ein Thema, das bei seinem Lehrer Cohen in enger Beziehung zum Judentum behandelt, hier dagegen ganz im Sinne der Kantischen Religion innerhalb der Grenzen der Vernunft entwickelt wird. Religion hat keinen spezifischen, etwa transzendenten Gegenstand, sondern stellt sich dar in den Lehrbegriffen der Logik, in der Sittlichkeit der Ethik und in den Kunstwerken der Ästhetik. Trotzdem geht Religion nicht in diese drei Darstellungsweisen auf (107). Sie wurzelt zugleich im Erlebnis von Grenzerfahrungen, in denen das Denken an seine eigene Grenze rührt, das Streben seiner Unendlichkeit inne und die künstlerische Darstellung zum Symbol des Göttlichen wird. Die Subjektivität des Erlebens ist Wahrheitsgrund (108). Im Gefühl Schleiermachers entdeckt Natorp die Ursprünglichkeit des rein Erlebten (110), das in einer subjektiven Projektion zu einem Jenseits der Endlichkeit führt (111). Sobald dieser jenseitige Gegenstand objektiv gedacht wird, liegt eine Grenzüberschreitung vor: es gibt keine Transzendenz, keine Offenbarung aus dem Jenseits, keine Dogmen, keine Erlösung in einem jenseitigen Leben. Denn der Gegenstand der Religion ist die Grenze und betrifft allein die Unendlichkeit des Prozesses selbst (113). Der methodische Leitbegriff des Transzendentalen erklärt diese Grenze als reinen Subjektivitätsgrund und autonome Selbstsetzung. In diesem Sinne lehrt Natorp eine volle Selbst-, Welt- und Gottesbejahung innerhalb einer Religion der Immanenz. Diese Überwirklichkeiten sind kein Jenseitiges oder Absolutes, sondern «nicht mehr zu überbietende ... ideelle ... Vollendung» (118). So wird die gereinigte Religion in die Grenzen der Humanität und auf die Idee der sittlichen Vollendung zurückgeführt (120). In der Sittlichkeit erhalten die Begriffe der Offenbarung und Erlösung wieder ihren positiven Sinn.

5. Kapitel: Psychologie
Hier geht Natorp gezielt über Kant hinaus, indem er die einzig uns erreichbare gegenständliche Erkenntnis nicht als die letztgültige Darstellung des Gegenstands hinnimmt und die Frage nach dem letzten erfüllten Leben stellt (129). Dieses Leben ist der Prozeß der reinen Konkretheit, das Individuelle, die Seele, die Subjektivität selbst (130). So kommt Natorp zum Aufweis einer den Stufen der Objektivierungen analoge Stufenlehre der subjektiven Erscheinungen und damit zu einer Annäherung an den Husserlschen Gedanken der Korrelation von Gegenstand und Bewußtsein einerseits und zur Berücksichtigung des konkreten Individuellen im Sinne der Lebensphilosophie und genetischen Phänomenologie andererseits. Trotz der damit erzeugten Spannung zum kantianischen Ausgangspunkt glaubt sich Natorp weiterhin im Empirischen (155), – aber gegründet auf die Idee, die ihrerseits ihre Sicherung in der Erfahrung findet. «Die letzte Begründung der Erkenntnis kann nur in einem solchen scheinbaren Zirkel sich vollenden»; und diese letzte Wechselwirkung macht das Ganze erst zur eigentlichen Welt (156).

11 Die Südwestdeutsche Schule

Die Hauptvertreter der Südwestdeutschen, Badischen oder Werttheoretischen Schule sind *Wilhelm Windelband* und *Heinrich Rickert*. Die drei Wirkungsstätten Windelbands, nämlich Straßburg und vor allem Freiburg und Heidelberg, an denen auch Rickert wirkte, werden zugleich die Ursprungsorte der Schule. Im Gegensatz zur *logischen* Marburger Schule steht hier der *Wertgedanke* im Mittelpunkt. Philosophie ist die Lehre von den allgemeingültigen Werten in Wissenschaft, Ethik und Kunst, die sich zugleich als werttheoretische Kulturphilosophie versteht. Diese Universalisierung wird zugleich zum Ausgangspunkt einer allgemeinen Hegel-Renaissance.

11.1 Wilhelm Windelband

11.11 Biographie und Bibliographie

a. Lebenslauf

Geboren am 11.5.1848 in Potsdam. Studium der Medizin, Naturwissenschaften, Geschichte und Philosophie in Jena, Berlin und Göttingen. Dort 1870 philosophische Promotion und 1873 Habilitation. 1876 ordentlicher Professor für Philosophie in Zürich, 1877 in Freiburg, 1882 in Straßburg und 1903 in Heidelberg. Windelband stirbt dort am 22.10.1915.

Windelband stammt aus einem preußischen Beamtenhaus und verbrachte seine Studienjahre in «nördlichen» Universitäten. Auch Promotion und Habilitation erfolgten in Berlin; dazwischen lag die Teilnahme als Freiwilliger im deutsch-französischen Krieg. Daß die von ihm begründete Schule des Neukantianismus zur «südwestdeutschen» wurde, hängt mit den Orten seiner Berufungen zusammen. Die endgültige Hinwendung zur Philosophie erfolgte durch den großen Einfluß seiner Philosophielehrer *Kuno Fischer* und *Hermann Lotze*. Beide stehen für zwei Leistungen Windelbands. Die Anregungen zur Erforschung der *Philosophiegeschichte* und damit verbunden die Hochschätzung der Philosophie Kants gingen von Fischer aus; die Begründung der *transzendentalen Wertphilosophie* war dagegen entscheidend von Lotze und dessen Auseinandersetzung mit Kant, Fichte und Hegel bestimmt. Die ersten beiden Jahrzehnte seiner Forschungen standen im Zeichen der Philosophiegeschichte; die beiden Bände der «Geschichte der neueren Philosophie» von 1878–1880 erfahren schon bis 1928 zwölf Auflagen. Den Höhepunkt stellt sein «Lehrbuch der Geschichte der Philosophie» aus dem Jahre 1892 dar, das bis heute fast zwei Dutzend Auflagen aufweist und in nahezu jeder philosophischen Bibliothek steht. Windelband stellt in seinen didaktisch meisterhaften Analysen die Philosophiegeschichte in der Form einer *Problemgeschichte* dar, die im Gegensatz zu den meisten Darstellungen nicht von einzelnen Denkern und ihren Texten ausgeht. Windelband wird oft an die Seite Diltheys gestellt; beide gelten als die bedeutendsten deutschen Historiker der Philosophie der damaligen Zeit.

Nach der Berufung nach Heidelberg als Nachfolger Fischers baute Windelband seine Wertphilosophie systematisch aus, so daß sowohl die Geschichte als auch seine didaktischen Arbeiten in den Hintergrund traten. 1910 erfolgte die ehrenvolle Aufnahme in die Heidelberger Akademie der Wissenschaften. Die starke Betonung des ethischen Primats und die direkte Anknüpfung an Lotze gaben Impulse zur Entstehung eines Neo-Fichteanismus, die Systemtendenzen des letzten Lebensjahrzehntes zum Aufkommen eines Neo-Hegelianismus. Die Ausweitung des kritischen Ansatzes von Kant auf die Geltung von Werten bei Lotze und Windelband implizierte so eine versteckte Wiederholung der Entwicklung von Kant über Fichte zu Hegel.

b. Auswahl aus der Primärliteratur Windelbands

1870   Die Lehre vom Zufall. Berlin.
1873   Über die Gewißheit der Erkenntnis. Berlin.
1878   Geschichte der neueren Philosophie. 2 Bände. Leipzig 1878–1880. 12. Aufl. 1938.
1884   Präludien. Aufsätze und Reden zur Philosophie und ihrer Geschichte. 2 Bände. Freiburg / Tübingen. 9. Auflage 1924.
1892   Lehrbuch der Geschichte der Philosophie. Tübingen. Zitiert nach der 14. Aufl. 18. Aufl. 1993.
1894   Geschichte und Naturwissenschaft. Straßburg. Neudruck Frankfurt 1970 in: Gadamers Philosophisches Lesebuch III. Frankfurt 1970.
1910   Die Erneuerung des Hegelianismus. Heidelberg.
1914   Einleitung in die Philosophie. Tübingen.

11.12   Die Begründung der transzendentalen Wertphilosophie

Windelbands eigentliche Leistung innerhalb des Neukantianismus ist nur im Zusammenhang mit Lotzes Philosophie zu verstehen, die für die Philosophie des 19. Jahrhunderts eine im allgemeinen unterschätzte Schlüsselposition einnimmt. Erscheint Kants Philosophie in der Marburger Schule unter dem Leitbegriff des *Logos*, so in der Südwestdeutschen Schule unter dem des *Wertes*. Nun gilt Lotze als der eigentliche Begründer der Wertphilosophie, wie sie sich in der Idealismus-Nachfolge herausgebildet hat. In ihr wird das Seinsollende zum Wert.

Nach Kant ist der Mensch ein moralisches Wesen, das unbedingten Verpflichtungen unterworfen ist und zugleich in einer Welt lebt, welche alle Möglichkeiten einer Verwirklichung des kategorischen Imperativs enthält. Bei Fichte erscheint diese sittliche Möglichkeit als Seinsaxiom: sittlicher Endzweck und eigentlicher Seinsgrund fallen zusammen; das Sollen ist metaphysische Arché. Die theoretische Vernunft steht im Dienste der praktischen Vernunft. Kants kategorischer Imperativ wird zum Grundprinzip der absoluten Selbsttätigkeit, die alle Welt umfaßt. Der absolute Zweck oder das Seinsollende wird schließlich bei Lotze aus der moralischen Ebene in eine *werttheoretische Metaebene* gehoben. Lotze erweitert dazu den Geistbegriff über das Kognitive hinaus zum Begriff des Gemüts, welchem auch emotive und voluntative Elemente zugesprochen werden; ferner verfügt das Gemüt über die wichtige Fähigkeit, Wesentliches von Unwesentlichem und Wertvolles von Gleichgültigem zu unterscheiden. Das Gute wird zum apriorischen Wert, der nur durch die Tiefe des Gemüts erfaßt werden kann. Das Gemüt ist kein kontingentes psychologisches Vermögen, sondern garantiert als allgemeine Subjektivität die Objektivität. Deshalb sind die Werte nicht nur die Bedingungen für das Werthafte, sondern zugleich die Bedingungen für die Erkenntnis des Werthaften. Denn alles Denken, Wollen und Fühlen steht unter dem Diktat des absoluten Sollens. Dieser *Werte-Idealismus* Lotzes wirkt als stiller Wegbereiter für Gedanken in der Lebensphilosophie Diltheys und in der Spätphänomenologie Husserls in gleicher Weise wie in expliziten Wertphilosophien um Max Scheler oder Nicolai Hartmann.

Windelband gibt der Wertphilosophie eine *transzendentale Wendung* und stellt wieder einen engeren Bezug zur Lehre Kants her. Auch für Windelband ist alles theoretische Erkennen nur eine Form des praktischen Verhaltens. Werthaftigkeit betrifft keine Eigenschaft von Gegenständen, wie man es im Wertobjektivismus lehrt, sondern eine Relation zwischen bewertetem Gegenstand und wertendem Bewußtsein; denn schließlich befriedigen Werte Bedürfnisse und rufen Lustgefühle hervor, die auf Subjekte bezogen sind. Die Objektivität der Werte betrifft demnach das Werten oder Beurteilen und bedeutet die Allgemeingültigkeit von Bewertungen. Dafür prägt Windelband den Begriff des *Normalbewußtseins*, eines um Wertungen erweiterten transzendentalen Bewußtseins überhaupt. Werte sind so die Korrelate des Normalbewußtseins, wie Dinge an sich von Windelband als Korrelate des Kantischen Bewußtseins überhaupt gedeutet werden. Beide bedeuten keine absoluten Gegenständlichkeiten, sondern sie sind nur in Korrelation zum Bewußtsein gegeben. Windelbands transzendentale Wertlehre umfaßt die klassischen Disciplinen der Philosophie, also Logik, Ethik und Ästhetik, als die Lehren der Werte des Wahren, Guten und Schönen. Kritische Philosophie im Sinne der Windelbandschen Varianten des Neukantianismus ist *Wissenschaft von den allgemeingültigen Werten.*

Die Differenzen zur Marburger Schule werden deutlich, wenn man bedenkt, daß sich der Wertbegriff auf die Metaebene bezieht und die Subjekt-Objekt-Relation betrifft. Beides sind keine absoluten Gegenständlichkeiten, sondern sie sind nur in Korrelation zum Bewußtsein gegeben. Logik ist demnach nicht Fundamentaldisziplin wie bei Cohen oder Natorp, sondern nur *Ethik des Denkens*; denn auch die logischen Formen und Gesetzmäßigkeiten stehen in ihrer Allgemeingültigkeit unter der Notwendigkeit des Sollens. Sie betreffen,- ganz im Gegensatz zu Husserls Wertlehre, – keine ontologischen Wesenszusammenhänge und bedürfen keiner weiteren Fundierung. Windelbands Wertlehre ist keine Axiologie im üblichen Sinn. Von diesen metaphysischen Wertlehren hebt sie sich deutlich ab: Axiologien deuten die Geltung als Seinsmodus, in Windelbands transzendentaler Wertlehre dagegen konstituiert das Urteilen das Sein und das Beurteilen den Wert. Aus dem klassischen «*Sein und Sollen*» wird bei Windelband ein «*Sein und Gelten*» und später in verschiedenen Weltanschauungslehren ein «*Sein und Sinn*». Der universelle Aspekt erklärt, inwiefern alle Kulturgüter unter den Wertbegriff gestellt werden können. Dieser Gesichtspunkt wird in Rickerts Wertphilosophie noch klarer und differenzierter ausgearbeitet[1]. Der Südwestdeutsche Neukantianismus ist eine historische Kulturphilosophie, welche die Methoden-Reflexionen der frühen Kantianer und der Marburger Schule weit hinter sich läßt. Insofern entfernt er sich von der ursprünglichen Lehre Kants und von frühen Formen des Neukantianismus. Bekannt ist das Diktum Windelbands: «Kant verstehen, heißt über ihn hinausgehen.»[2] Windelband gilt daher auch als Wegbereiter eines Neo-Fichteanismus beziehungsweise Neo-Hegelianismus[3], in denen die Ethisierung des Kulturbegriffs beziehungsweise die Dialektik im Antinomismus von Bedeutung sind. Die Aufwertung des Kantischen Bewußtseins überhaupt zum *wertenden Normalbewußtsein* ebnet aber auch den Weg zur Lebensphilosophie und Phänomenologie, die zwar dem Leben beziehungsweise dem absoluten Bewußtsein die gleiche Fülle und Fundamentalität zubilligen wie dem Normalbewußtsein, dabei aber den Wertbegriff im metatheoretischen Sinne Windelbands wieder eliminieren. Axiologien im Bereich der Phänomenologie gründen im Bewußtseinsstrom, der selbst nicht werttheoretisch erfaßbar ist.

11.13 «Geschichte und Naturwissenschaft»

Zu Beginn dieser Schrift aus dem Jahre 1894 verweist Windelband auf den innigen Zusammenhang zwischen Philosophie und Wissenschaft (219). Dabei haben die philosophischen Disziplinen, wie beispielsweise die Logik, ihre Lehren nie nur aus rein formalen Überlegungen, sondern immer aus den Bereichen der konkreten Anwendungen entwickelt. Im Zuge einer Klassifikation der Wissenschaften und deren Systematisierung wurden im allgemeinen alle Gegenstände einer *einzigen* Methode unterworfen, obwohl sie *verschiedenen* autonomen Wissenschaften zugehörten (220). Solche Universalisierungen sind bisher von der mechanistischen, geometrischen, psychologischen, dialektischen und neuerdings entwicklungsgeschichtlichen Methode ausgegangen.

Windelband stellt in einem eigenen systematischen Versuch die Philosophie und die Mathematik als *rationale Wissenschaften* den *Erfahrungswissenschaften* gegenüber. Rationale Wissenschaften stützen ihre Behauptungen nicht auf einzelne Wahrnehmungen, dagegen berufen sich Erfahrungswissenschaften auf Tatsachen (222). Die Scheidung der Erfahrungswissenschaften in Natur- und Geisteswissenschaften hält Windelband für unglücklich, läßt sie doch zum Beispiel

---

1 Vgl. 11.22.
2 Präludien. Band 1. Im Vorwort zur ersten Auflage.
3 So Gadamer in: Philosophisches Lesebuch. III. Frankfurt 1970. S. 339.

eine Einordnung der Psychologie nicht zu. Windelband schlägt daher eine *Einteilung der Erfahrungswissenschaften* nach Erkenntniszielen vor: das wichtigste Ziel der Naturwissenschaften ist es, allgemeine Gesetze des Geschehens zu finden, das Ziel der Geisteswissenschaften dagegen, ein einzelnes einmaliges Geschehen zur Darstellung zu bringen. Ihr Erkenntniszweck ist die Reproduktion der einmaligen Gebilde des Menschenlebens (223). «Die einen suchen allgemeine Gesetze, die anderen besondere geschichtliche Tatsachen» (224); erstere zielen auf generelle, apodiktische, letztere auf singuläre, assertorische Sätze. Die einen gehen auf das Allgemeine, auf die gleichbleibende Form, die anderen auf das Besondere, den bestimmten Inhalt des Wirklichen, die individuellen Gestalten.

Die Gesetzeswissenschaften nennt Windelband *nomothetisch*, die Ereigniswissenschaften *idiographisch* (224), das heißt das Besondere, Eigene beschreibend. Die Unterscheidung bezieht sich auf die *Methode*, nicht auf den *Inhalt;* dieselben Gegenstände können Objekt beider Wissenschaftsarten sein. So können in der Astronomie Gesetze für das Verhalten der Gestirne aufgezeigt werden; daneben verwendet man aber auch Sternatlanten, in denen die Objekte in ihrer Einmaligkeit und Individualität beschrieben werden.

Für den Historiker dagegen ergibt sich die Aufgabe, «irgendein Gebilde der Vergangenheit in seiner ganzen individuellen Ausprägung zu ideeller Gegenwärtigkeit neu zu beleben.» Das bedeutet genauer, daß der Historiker Urteile fällt über den *Wert* der von ihm erforschten individuellen Ereignisse. Das Werturteil erfolgt mittels einer spezifischen *Intuition*. Darin gleicht er dem Künstler, der die Gegenstände seiner Phantasie verwirklicht (227). Beiden gemeinsam ist die Neigung zur Anschaulichkeit, während der Naturwissenschaftler die Abstraktion vorzieht. Die Naturwissenschaft präpariert aus der farbigen Welt der Sinne «ein System von Konstruktionsbegriffen heraus, in denen sie das wahre, hinter den Erscheinungen liegende Wesen der Dinge erfassen will ... - der Triumph des Denkens über die Wahrnehmung. Gleichgültig gegen das Vergängliche ... » (228). Durch die Verbindung des historischen Individuellen mit der Wertsphäre wird die Geschichte letztlich zu einem Zweig der Ethik; sie gehört eher zur Theorie des Werts als zur Theorie der reinen Erkenntnis.

Weil der Mensch ein Wesen mit Geschichte und sein Kulturleben ein historischer Zusammenhang ist, darf er das historische Wissen von Vergänglichem und Zeitlichem nicht vernachlässigen. Wer in den historischen Zusammenhängen mitwirken will, muß Verständnis für seine Entwicklung aufbringen (229).

Die Beurteilung des Einzelnen als wissenschaftliche Tatsache eines Ganzen hat ihre Probleme, weil die idiographischen Wissenschaften auch allgemeine Sätze und Werturteile verwenden müssen. Es ist nämlich einseitig, wenn die Einfügung in das Ganze nur auf die induktive Unterordnung des Besonderen unter den Gattungsbegriff beschränkt wird (230). Denn unsere Wertgefühle wurzeln in der Einmaligkeit der Gegenstände. Auch die Gesamtheit des geschichtlichen Prozesses hat nur Wert, wenn sie einmalig ist (231). Das Einmalige kann aber nur innerhalb gewisser Prämissen eines allgemeinen gesetzlichen Geschehens verstanden werden. Deshalb sind stets beide methodischen Momente von Bedeutung (232). Eine Zurückführung des einen auf das andere scheitert. «Aus keiner ‹Weltformel› kann die Besonderheit eines einzelnen Zeitpunkts unmittelbar entwickelt werden» (233), es bedarf der individuell-konkreten Randbedingungen. Deshalb bleibt im Individuellen etwas Unbegreifliches, Unaussagbares und Undefinierbares; im Wesen der Persönlichkeit drückt sich das im Gefühl der Ursachlosigkeit unseres Wesens, das heißt in der individuellen Freiheit aus. «Das Gesetz und das Ereignis bleiben als letzte, inkommensurable Größen unserer Weltvorstellung nebeneinander bestehen» (234). Als *Wesen und Dasein*, als *Essens und Existenz* wird diese von Windelband herausgearbeitete Polarität große Teile der Philosophie des 20. Jahrhunderts in ihrer phänomenologischen und existenzphilosophischen Entfaltung bestimmen.

11.2 Heinrich Rickert

11.12 Biographie und Bibliographie

a. Lebenslauf

Geboren am 25.5. 1863 in Danzig. Studium der Deutschen Literatur, Geschichte, Philosophie und Nationalökonomie in Berlin, Straßburg, Zürich und Freiburg. 1888 philosophische Dissertation in Freiburg, 1891 dort Habilitation. 1894 Extraordinarius, 1896 Ordinarius für Philosophie in Freiburg. 1916 Nachfolger Windelbands in Heidelberg. 1934 Emeritierung. Rickert stirbt am 30.7. 1936 in Heidelberg.

Rickert stammt aus einer Familie, in der er früh sowohl mit liberalen Politikern, Gelehrten und Wirtschaftsleuten, als auch mit Literaten und Künstlern in Kontakt kam. Die Absicht, Journalist zu werden, gab er infolge schlechter Erfahrungen mit positivistischen Interpretationsmethoden bald auf. Nach der Hinwendung zu geschichtlichen Themen, der kritischen Beschäftigung mit dem Positivismus von Ernst Laas, dem Empiriokritizismus von Richard Avenarius und der Nationalökonomie von Karl Marx, führte ihn die Begegnung mit dem Philosophie-Historiker Wilhelm Windelband endgültig zur Philosophie. Dieser verstand es, die europäische Philosophie in ihrer Totalität so überzeugend darzustellen, daß sie das eigene Denken zur Weiterentwicklung der Materie inspirierte. Ihm verdankte es Rickert, daß er den Relativismus überwand, dem man bei einer oberflächlichen Betrachtung der Philosophie-Geschichte zu verfallen droht. Er lernte von Windelband, daß die europäische Philosophie in ihrer Totalität ein Gebilde von tiefer innerer Einheit ist, welche trotz starker Unterbrechungen und vielfach verschlungener Pfade zu immer größerer Klarheit über den Begriff der ‹Welt› fortschreitet … « (SY S. X).

Durch das Vorbild Windelbands war die Grundrichtung seiner Philosophie als *Wertphilosophie* im Sinne des südwestdeutschen Neukantianismus bestimmt. Er relativierte wie dieser die theoretische Vernunft auf eine Wissenschaft vom theoretischen Wert. Auch das Methodenproblem wurde zum zentralen Thema der Philosophie Rickerts. Durch Windelbands Unterscheidung von nomothetischen und idiographischen Wissenschaften inspiriert, analysierte er die Grenzen der naturwissenschaftlichen Begriffsbildung und untersuchte die Struktur der Geschichtswissenschaft. Seine Veröffentlichungen prägten die Schule weiter und wirkten zum Teil über den akademischen Bereich hinaus. So lassen sich z.B. Wirkungen der Abhandlung «Grenzen der naturwissenschaftlichen Begriffsbildung» auf Max Webers sozialwissenschaftliche Methodenlehre nachweisen. Im Spätwerk trat die Auseinandersetzung mit der Phänomenologie und der sich damals ausbreitenden Existenzphilosophie in den Vordergrund. In Freiburg hatte bei ihm Heidegger die Grundlagen des Neukantianismus kennengelernt[4]. In dem Büchlein «Die Philosophie des Lebens» erfolgte die Auseinandersetzung mit den damals am weitesten verbreiteten Gedankenströmungen (IX). Es wurden zugleich Tendenzen einer Überwindung des Neukantianismus in Richtung einer allgemeinen Ontologie stärker. Am Ende seines Lebens konnte er den deutschnationalen Verführungen nicht ganz widerstehen. Doch einer Auseinandersetzung mit dem Nationalsozialismus war er durch seinen Tod im Jahre 1936 enthoben.

Rickerts Name taucht in der Biographie zahlreicher Philosophen auf. Seine Lehre beeinflußte Weber, Simmel und vor allen die Jüngeren wie Emil Lask, Bruno Bauch und Jonas Cohn[5]; er gilt als akademischer Lehrer Heideggers, obwohl sich dieser von Rickert distanzierte; zwischen Husserl und Rickert[6] bestand ein gespanntes Verhältnis und in Heidelberg galt er als scharfer Antipode Jaspers'[7].

---

4 Siehe unten 28.1.
5 Vergleiche unten 11.3.
6 Siehe oben 9.2.
7 Vergleiche unten 27.12.

b. Auswahl aus der Primärliteratur Rickerts

1888   Zur Lehre der Definition. Freiburg. 3. Aufl. Tübingen 1929.
1892   Der Gegenstand der Erkenntnis. Ein Beitrag zum Problem der philosophischen Transzendenz. Freiburg. 6. Aufl. Tübingen 1928. **GE**
1896   Die Grenzen der naturwissenschaftlichen Begriffsbildung. Eine logische Einleitung in die historischen Wissenschaften. Freiburg. 5. Aufl. Tübingen 1928.
1899   Kulturwissenschaft und Naturwissenschaft. Freiburg. 7. Aufl. Tübingen 1926.
1905   Probleme der Geschichtsphilosophie. Heidelberg. 3. Aufl. 1924.
1920   Die Philosophie des Lebens. Tübingen. 2. Aufl. 1922.
1921   System der Philosophie. Band I: Allgemeine Grundlegung der Philosophie. Tübingen. **SY**
1924   Kant als Philosoph der modernen Kultur. Tübingen.
1924   Das Eine, die Einheit und die Eins. Tübingen. 2. erweiterte Aufl.
1930   Die Logik des Prädikats und das Problem der Ontologie. Heidelberg.
1934   Grundprobleme der Philosophie. Methodologie, Ontologie, Anthropologie. Tübingen.
Unmittelbarkeit und Sinndeutung. Aufsätze zur Ausgestaltung des Systems der Philosophie. Hg. v. A. Faust. Tübingen 1939.

c. Bibliographien

Faust, A.: Heinrich Rickert und seine Stellung innerhalb der deutschen Philosophie der Gegenwart. Tübingen 1927.
Ramming, G.: Karl Jaspers und Heinrich Rickert. Existentialismus und Wertphilosophie. Bern 1948.

11.22   Der Gegenstand der Erkenntnis und die Wertwelt

Rickerts Gedankengang setzt bei der für die Kant-Nachfolge typischen Fragestellung nach dem Wesen der Erkenntnis ein. Der transzendentale Idealismus Kants hatte gerade durch die im Ding an sich mitgedachte Transzendenz das Grundproblem der Vermittlung des an sich Fremden mit dem Bewußtsein nicht endgültig gelöst. Wenn Gegenstand nichts anderes ist als «das, was dem Subjekt als etwas von ihm Unabhängiges *entgegensteht,* und zwar in dem Sinne, daß das Erkennen sich danach zu *richten* hat» (GE 1), dann kann Rickerts Anliegen als ein Ringen um die *Objektivität* dieser Erkenntnis verstanden werden. Als Idealist identifiziert Rickert die Wirklichkeit mit den Bewußtseinsinhalten. Aber dieser Standpunkt der Immanenz kann nicht das letzte Wort sein, wenn Erkennen ein *Anderes* voraussetzt. Unabhängig von der Realität muß ein Transzendentes als Grundlage mitgedacht werden. Es muß noch eine andere Welt als die immanent wirkliche geben; diese liegt im Bereich des Wertes und tritt uns als Sollen gegenüber. So kommt Rickert zu zwei Welten, einer *seienden* und einer *geltenden* (GE S. IX). Zwischen beiden Welten steht das leere theoretische Subjekt, das aber durch seine Beziehung zur Wertwelt dem Primat der praktischen Vernunft unterstellt ist.

In der dritten Auflage von GE, welche 1915 die beiden ersten Auflagen außer Geltung setzt, hinterläßt die uns von der Phänomenologie her bekannte Psychologismus-Diskussion ihre Spuren. Rickert spricht von anderen Denkern, die nach einem unwirklichen Logischen außer der empirischen Realität suchen. Aber im Gegensatz zu Husserl, der eine Ontologie des Idealen entwickelt, subsumiert Rickert das Logische und analog das Werthafte nicht unter das Sein. Im Sinne einer Überwindung des Platonismus heißt es: «Das Logische existiert nicht, sondern es *gilt*» (a.a.O.). Obwohl in der Grundtendenz der Abgrenzung vom Psychologischen mit der Phänomenologie einig, ist die Wertwissenschaft für Rickert auf dieser Stufe ontologisch nicht faßbar und in strikter Opposition zur Husserlschen Konzeption einer Fundierung der Werte im Sein gedacht.

Rickert nennt die Beleuchtung der Wertwelt als Gegenüber des Bewußtseins den *subjektiven* Weg, der mit der Untersuchung des Subjekts beginnt und aus dessen Struktur Schlüsse auf den Werte voraussetzenden Erkenntnisgegenstand zieht. In seinem Spätwerk SY geht Rickert den *objektiven* Weg, der sich durch seine Anknüpfung an die Transzendenz noch weiter von Kant entfernt[8].

Der erste Weg beginnt mit dem scheinbar allein gegebenen Subjekt, das sich den verlorengegangenen Gegenstand wieder zu erobern sucht (5). Dabei muß jedem Theoretiker nach den Einsichten Windelbands klar werden, daß auch das Erkennen ein dem sittlichen Prozeß verwandtes *Stellungnehmen* zu Werten ist. Denn Erkennen ist niemals nur Vorstellen, sondern stets Anerkennen und Stellungnahme zu einem Wert (185). Urteilen ist ein Akt des theoretischen Wertens und damit ein praktisches Verhalten. Damit ist das Erkennen selbst ein Werten, die Anerkennung eines Sollens, das sich im Gefühl vollzieht (GE 106)[9]. Dementsprechend ist Irren ein Verwerfen von Werten und Anerkennen von Unwerten. Das Werten gibt dem Vorstellungsinhalt die theoretische Form (187). Damit sind aber Urteile nicht schlicht und einfach Werturteile; denn es soll gerade das reine *Wirklichkeits*urteil als Anerkennung von Werten verstanden werden; Werturteile enthalten zusätzliche Beurteilungen, zum Beispiel ästhetische oder ethische. Urteile im hier gemeinte Sinn liegen in der theoretischen Sphäre. Beurteilungen, Wertungen und auch Güter sind keine Werte, sondern Verbindungen von Werten mit Wirklichkeiten. Die Werte bilden ein Reich für sich, das *jenseits von Subjekt und Objekt* liegt (195). So kann beispielsweise der Wert der sinnlichen Lust nicht das reale Gefühl sein; aber der Wert der Lust würde nicht gelten, wenn wir kein Gefühl der Lust hätten.

An die Stelle der mit dem psychischen Zustand verwobenen Urteilsevidenz setzt Rickert die irreale logische Urteilsnotwendigkeit. Es ist die «‹Macht›, von der wir beim Bejahen *abhängig* sind» (200). Als logischer Grund steht sie jenseits der Kausalität. Die Bindung ist eine Notwendigkeit des *Sollens*. «Die Notwendigkeit *fordert* vom Subjekt Anerkennung, auch ohne faktisch anerkannt zu sein» (201). Die Anerkennung des Sollens verleiht den Urteilsakten ihre Wahrheit; Wahrheit ist der Inbegriff der das Sollen anerkennenden Urteile und nicht Übereinstimmung von Vorstellung und Wirklichkeit (203). Es liegt also keine Adäquation von Seinsbereichen, sondern ein Sichorientieren am ursprünglicheren Sollen vor. Durch das Urteil erhält ein Inhalt aufgrund des Sollens die Form der Wirklichkeit (204). Wirklich «ist *nur* der Inhalt, der als wirklich bejaht oder anerkannt werden *soll*» (205). Der Gegenstand des Erkennens liegt demnach im Sollen (213). Das Sollen, nicht ein reales Sein, ist der Maßstab des Erkennens (214).

Um die Objektivität des Erkennens zu verstehen, bedarf es der Klärung der Unabhängigkeit des Maßstabes oder der Einsicht in die Transzendenz des Sollens. Wie kann ein Immanentes als Kriterium für Transzendentes dienen, wo doch das Beurteilte im Bewußtsein liegt? Ist es nicht so, daß «wo nichts vom Subjekt anerkannt oder gewertet wird, es auch kein Sollen» geben kann (233), also die Transzendenz des Sollens widerspruchsvoll wäre? Warum soll das Sollen anerkannt werden? Nach Rickert läßt sich der Begriff eines als transzendent gesollt erkannten Gegenstandes auf jeden Fall *denken*; er ist nichts als Forderung (236). Das reine Sollen muß *transzendent* sein. Eine Leugnung der Transzendenz hebt die Möglichkeit des Urteils auf (240). Das transzendente Sollen erhält so theoretische Dignität (245) und kann als Grundlage einer neuen Transzendentalphilosophie aufgefaßt werden. Die Geltung ist nicht anders denkbar als durch die Annahme eines transzendenten Sollens.

Von besonderem Interesse ist in diesem Zusammenhang die Weiterentwicklung der Windelbandschen Wissenschaftslehre. In der Arbeit «Die Grenzen der naturwissenschaftlichen Begriffsbildung» zeigt Rickert, daß die Gegenüberstellung von Geschichte und Naturwissenschaft bei Windelband eigentlich zwei Unterscheidungen enthält, nämlich die von Windelband allein herausgestellte Unterscheidung zwischen generalisierendem und individualisierendem Denken sowie die Unterscheidung zwischen wertendem und nicht-wertendem Denken. Rickert kombiniert die beiden Alternativen zu vier Arten von Wissenschaft:

---

8 Vgl.11.23.
9 Siehe in diesem einen Fall die 2. Auflage zu GE.

(1) nicht-wertende und generalisierende Wissenschaften, das heißt die reinen Naturwissenschaften;
(2) nicht-wertende und individualisierende Wissenschaften, zum Beispiel evolutionäre Biologie, Geologie, kurz quasi-historische Wissenschaften;
(3) wertende und generalisierende Wissenschaften, wie Soziologie und Wirtschaftswissenschaft, also quasi-naturwissenschaftliche Wissenschaften;
(4) die reine wertende und individualisierende Wissenschaft, nämlich die reine Geschichtswissenschaft.

In der Transzendentalphilosophie spielen die Wert- und Geltungslehre zentrale Rollen. Ihre Inhalte dürfen nicht als Metaphysik im Sinne einer Setzung transzendentaler Realitäten verstanden werden, sondern als Wert-Idealismus. Rickert gibt zu, daß diese neue Philosophie, die Gegenständlichkeit als Zusammengehörigkeit eines erlebten Inhalts mit einer theoretischen Wertform begreift, auf Widerstände stoßen wird (432). Daß sich daraus zudem ein distanziertes Verhältnis Rickerts zur Lebensphilosophie ergibt, ist offenkundig[10]. Seine an die Analytische Philosophie erinnernden Ideale der unbedingten begrifflichen Klarheit und logischen Schärfe lassen auch keinen Platz für eine Realdialektik, die in seinen Augen nichts anderes als die Entfaltung von auf Mehrdeutigkeiten beruhenden Mißverständnissen ist. Auch eine historische Philosophie ist für Rickert undenkbar. In dieser Distanzierung von Geschichte und Lebenswelt ist Rickerts Philosophie unzeitgemäß. Weiterentwicklungen der Südwestdeutschen Schule betreffen daher vor allem Annäherungen an jene ausgesperrten Bereiche und eine stetige Entfremdung von der ursprünglichen Schulmeinung. Deren Stärke lag auf anderem Gebiet. Mit der Ablösung des Wertbereichs von der sinnfreien, empirisch zugänglichen Realität gelingt Rickert andrerseits eine Sicherung der menschlichen Kultur vor dem drohenden Zugriff des alles vereinnahmenden Naturalismus der positiven Wissenschaften. Die Einseitigkeiten dieser notwendigen Absicherung abzuschwächen, war die Aufgabe des späten Neukantianismus.

11.23 «Das System der Philosophie: Allgemeine Grundlegung der Philosophie»

Rickerts System blieb unvollendet. Nur der erste Teil ist erschienen, der die Darstellung des *allgemeinsten* Begriffs vom All der Welt und des Lebens enthält. Die Ausarbeitung des kontemplativen und aktiven Lebens fehlt. Das Werk ist das Produkt des Denkens mehrerer Jahrzehnte und enthält einige schon im «Logos» und in den «Kantstudien» erschienene Teile. Philosophie als wissenschaftliche Weltanschauungslehre kann in den Augen Rickerts nur als System auftreten, in dem der diskursive Begriff das Ganze theoretisch zugänglich macht; denn die Welt entzieht sich, – wie schon Kant gezeigt hat,- jeder Anschauung» (SY IX). Diese Distanzierung von Metaphysik und anderseits die Betonung des Transzendentalen und des kritischen Subjektivismus weisen Rickert als Kantianer aus. Rickert will aber zugleich über Kant hinauskommen. Den engen Schulbegriff übersteigen die Offenheit für Hegel und die Hochschätzung Goethes. Rickert verweist ferner auf Einflüsse von »Eucken, Husserl (Noesis und Noema), Meinong (Lehre vom Objektiv), Münsterberg (Philosophie der Werte), Natorp, ... Rehmke und Simmel« (X).

1. Kapitel: Begriff und Aufgabe der Philosophie
Wissenschaftliche Philosophie ist nur als System möglich. Daher weist Rickert künstlerische, religiöse, lebensphilosophische und historische Bedenken gegen eine System-Konzeption zurück. Nur eine wahre Ordnung nach einheitlichen Prinzipien kann des unerschöpflichen Reichtums des Lebens Herr werden. «Jede Wahrheit ist zeitlos, oder sie ist keine Wahrheit» (11). «Alles Begreifen der Zeit ist ein sich-über-die-Zeit-erheben in zeitlos Gültiges» (38). Alles Atheoretische ist nur Material im System.

---

[10] Einzelheiten der Kritik findet man in seinem Buch «Die Philosophie des Lebens».

Der *Gegenstand* der Philosophie bezieht sich auf das Ganze der Welt (15). Fehlformen wie Historismus, Psychologismus, Materialismus oder Physikalismus entstehen, wenn man an die Stelle des Ganzen nur Weltteile setzt (19). Im philosophischen System ist der Hegelsche Begriff der guten Unendlichkeit als Aufgabe, Problem und Frage enthalten. Beschäftigung mit Philosophie darf nicht mit dem Suchen nach einer Weltanschauung verwechselt werden; aber das Ziel ist wissenschaftliche Philosophie als Weltanschauungslehre. Philosophie muß vom Chaos der Erlebnisse zu einem nach Prinzipien geordneten Kosmos gelangen (50).

2. Kapitel: Der erste Weltbegriff
Thema ist «das gedachte Etwas überhaupt im Unterschied vom Akt des Denkens.» Der logische Gegenstand wird nicht erzeugt; denn im Denken müssen wir etwas vom Denken Unabhängiges finden (51). Das Etwas überhaupt hat Form und Inhalt: der Gegenstand ist geformter Inhalt. Form und Inhalt sind Gegenstandsmomente, Voraussetzungen für Gegenstände oder «Vor-Gegenstände» (54). Das Weltall wird inhaltlich in der Form des Einen oder der Identität gedacht (55). Aus der Identität folgt notwendig die Verschiedenheit oder Andersheit; und umgekehrt folgt aus dem Inhalt die Form, also die Identität (56). Der logische Gegenstand läßt sich nur als das Eine und das Andere fassen; dies nennt Rickert das *heterologische Prinzip*. Dabei geht die Andersheit als Heterothesis der Negation und damit dem Dialektik-Begriff logisch voraus (58). Das Denken wird durch das heterologische Denken in Bewegung gesetzt (59). Als dritter Vor-Gegenstand erweist sich so das Band zwischen dem Einen (Form) und dem Anderen (Inhalt): die synthetische Einheit (60). Damit ist das Modell eines Gegenstandes überhaupt und der Weltbegriff als Voraussetzung für jede Philosophie gefunden.

Dieser reine Gegenstand muß noch weiter bestimmt werden, um Gegenstand der *Philosophie* zu werden: «Der Gegenstand muß stets einem Anderen *entgegenstehen*, und das Andere sind ... wir selbst» (65). Damit wird die Stellung des Menschen zur Welt, die synthetische Einheit von Ich und Nicht-Ich zum Gegenstand der Welt. Auch das Denken der Welt wird durch die Heterothesis geprägt. Die Fehlform des Objektivismus ist unzureichend, weil sie den Sinn der Welt nicht klären kann. Die Sinnprobleme verweisen auf das Ich als die Angel der Welt (90). Die Alternative, der Subjektivismus, dagegen führt zum Problem des Zusammenhangs von Wert und Leben (100), sofern er nicht alles zu Erscheinungen macht.

3. Kapitel: Der zweite Weltbegriff
Das *Wirkliche*, das entweder Subjekt oder Objekt ist, und die *Wert-* und *Sinngebilde* als das Andere, Unwirkliche, machen erst das Ganze der Welt aus (102). Ohne die Scheidung von Sein und Sinn, Existenz und Bedeutung, Wirklichkeit und Wert, Reales und Irreales entstehen philosophische Irrlehren (103). Besondere Aufmerksamkeit gilt nun dem Begriff des Wertes, einem «etwas, das nicht wirklich und trotzdem nicht nichts ist». Rickert erläutert ihn am Sinn des Satzes, den wir als wahr verstehen. Denn eine Wahrheit existiert nicht, wenn sie niemand kennt (112); aber sie hat *Geltung,* die nicht mit dem realen subjektiven Akt des Urteilens zusammenfällt. Wert ist ein letzter, unableitbarer Begriff (113). Zahlreiche Werte nehmen die Form des Sollens, der Norm oder der Imperative an.

Rickert gliedert das reale Sein in vier Stufen: in den individuellen subjektiven Schein (z.B. Sinnestäuschungen), den allgemeinen subjektiven Schein (z.B. Lichtbrechung), in das objektive Sein und in das absolute Sein, das die Metaphysiker hinter dem Sein der empirischen Wissenschaften als echtes Sein vermuten. Analog spricht Rickert beim irrealen Sein von individuell subjektiven und allgemein subjektiven Werten. Die dritte Stufe vor dem absoluten Wert bilden Wertobjekte, die gelten, auch wenn sie von keinem realen Subjekt anerkannt werden (134). Solch ein objektiv geltender Wert ist beispielsweise die Wahrheit. Der Unterschied von realem Sein und Schein ist nur verständlich unter Annahme objektiver Wertgeltung. Weil der Schein ein objektiver Unwert ist, sollen wir diesen meiden. Die Synthese aus Wirklichem und Geltendem ist nur vom Geltenden aus möglich. Rickert vertritt damit einen Primat der Wertgeltung (114), der in seinen Augen allein eine Grundlegung der Philosophie ermöglicht (145).

4. Kapitel: Die Philosophie und die wirkliche Welt
Die Spezialwissenschaften scheinen der Entfaltung einer Philosophie der realen Welt keinen Gegenstand zu belassen. Aber es besteht ein enger Zusammenhang zwischen dem Wirklichkeitsbild der Wissenschaften und der Weltanschauung, in der die Verknüpfung von Wert und Wirklichkeit vollzogen wird. Man denke an die kopernikanische Revolution. Aber je klarer der Unterschied von realem Sein und irrealem Gelten beachtet wird, umso unabhängiger wird die philosophische Weltanschauung vom Wirklichkeitsverständnis der Natur- und der Geschichtswissenschaften (170). Die Philosophie zielt auf die Wirklichkeitstotalität im Sinne einer Idee, die verwirklicht werden soll; d.h. die Totalität des Realen läßt sich erst als Wert begrifflich fassen.

5. Kapitel: Das dritte Reich
Rickert fragt hier nach der Einheit der beiden Reiche des Wirklichen und der Werte. Sind Wirklichkeit und Wert nur verschiedene Seiten eines «dritten Reichs»? (235). Eine metaphysische Geltungsrealität, wie sie Platon annimmt, läßt sich weder beweisen noch widerlegen. In der gesuchten Einheit liegt wieder ein Inhalt und umgekehrt, das heißt, das dabei wirksame heterologische Prinzip hat «die Tendenz, sich durch sein eigenes Anderes zu überwinden». Dieser Tendenz müssen wir beim Denken der Welt als einer Totalität nachgeben (240). Rickert spricht vom «Begriff des voll-endlichen Ganzen der Welt» (241), in dem die endlose Reihe von Inhalts- und Einheitsbildungen überwunden ist. Die Einheit der Identität von Realem und Geltendem ist nichts anderes als das Modell des theoretischen Gegenstandes überhaupt (243). Das heterologische Denken wird von Rickert dadurch neutralisiert, daß er den Widerspruch zum Prinzip der Philosophie macht; denn das Eine ist auch das Andere. Um diesen Weltbegriff denken zu können, führt Rickert ein Zwischenreich des immanenten Sinnes (254) ein, das zwischen Geltendem und Realem steht. Den drei Reichen «Wirklichkeit», «Wert als transzendenter Sinn» und «immanenter Sinn» ordnet er drei Verfahren der Bemächtigung zu: Erklären, Verstehen und Deuten (262). Auch das Subjekt und seine Probleme (Sinndeutung, Geist-Metaphysik, Freiheit) sind nur in einem Weltbegriff analysierbar, der aus Realem und Geltendem besteht.

6. Kapitel: Die Philosophie und das geschichtliche Kulturleben
Hier reflektiert Rickert zuerst über das Material der Wertlehre, das den Stoff für die Systematik bereitstellt. Als Material kommt nur die objektive reale Kultur, die durch die Wissenschaft der Geschichte vermittelt wird, in Betracht, nicht das subjektive Seelenleben (321). Zur Kultur gehören insbesondere die Sitten, die Kunst, die Religionen und die Wissenschaften. So treten an die Stelle des geltenden Werts überhaupt die traditionellen Kulturwerte des Sittlichen, Schönen, Heiligen und Wahren (346).

7. Kapitel: Die systematische Gliederung der Philosophie
Die Orientierung am geschichtlichen Kulturleben bedingt ein offenes System der Philosophie (350). Das ist möglich, weil es nur eine Veränderung in bezug auf den Inhalt des Geschehens, nicht aber in bezug auf seine Form gibt. Zum allgemeinsten Prinzip einer Wertsystematik wird daher der bisher entwickelte allgemeine Weltallbegriff. Rickert zählt drei Formfaktoren auf: das Gelten von Werten; wirkliche Güter, an denen die Werte haften; Subjekte, die zu Werten und Gütern Stellung nehmen (356). Innerhalb der Werte, Güter und Verhaltensweisen stößt er jeweils auf Alternativen, die zum endgültigen System der Werte und Güter führen. Eine in bezug auf das Original leicht abgewandelte *schematische Übersichtstafel* (420) stellt dieses System dar:

WERTSTUFEN DER VOLLENDUNG	THEORIE asoziale Sachen monistische Kontemplation		PRAXIS soziale Personen pluralistische Aktivität
		Güter Subjektverhalten	
Erste Stufe	GEBIET DER LOGIK		GEBIET DER ETHIK
	Wahrheit	Wert	Sittlichkeit
Un-endliche Totalität (Zukunftsgüter)	Wissenschaft	Gut	Gemeinschaft freier Personen
	Urteilen	Verhalten	autonomes Handeln
	Intellektualismus	Weltanschauung	Moralismus
Zweite Stufe	GEBIET DER ÄSTHETIK		GEBIET DER EROTIK
	Schönheit	Wert	Glück
Voll-endliche Partikularität (Gegenwartsgüter)	Kunst	Gut	Liebesgemeinschaft
	Anschauen	Verhalten	Zuneigung-Hingabe
	Ästhetizismus	Weltanschauung	Eudämonismus
Zwischenstufe	SYSTEM DER PHILOSOPHIE		LIEBE VON MANN UND FRAU
Immanente Synthesen	Allseitige Weltanschauungslehre		Weltanschauung des Erotizismus
Dritte Stufe	GEBIET DER MYSTIK		GEBIET DER RELIGIONSPHILOSOPHIE
Voll-endliche Totalität Ewigkeitsgüter (Transzendente Synthesen)	Unpersönliche Heiligkeit das All-Eine (Weltgeheimnis)	Wert Gut	Persönliche Heiligkeit Götterwelt
	Abgeschiedenheit (Vergottung) Mystizismus	Verhalten	Frommsein
		Weltanschauung	Theismus-Polytheismus

11.3 Ergänzungen zum Neukantianismus

Der Neukantianismus war mehrere Jahrzehnte an fast allen deutschen Universitäten präsent und wichtigste Strömung der Philosophie. Weil unser Blick auf das 20.Jahrhundert gerichtet ist, hat sich die Darstellung auf die Hauptwerke der beiden großen Schulen des Neukantianismus beschränkt. Zu beiden Schulen lassen sich zahlreiche Namen von Philosophieprofessoren angeben, die aber in den meisten Fällen keinen nennenswerten Einfluß auf den allgemeinen Gang der Philosophie ausgeübt haben.[11] Ausnahmen bilden bei den Marburgern N. Hartmann, H. Heim-

---

[11] Vergleiche die Aufzählung bei Ollig (1979) 2.2.4 und 2.2.3.4. Dort werden als *ältere Marburger* genannt R. Stammler, F. Staudinger, K. Vorländer, W. Kinkel, B. Kellermann, D. Gawronsky, A. Buchenau, A. Gideon, A. Stadler und K. Laßwitz; zu den *jüngeren Marburgern* zählen A. Liebert, S. Marck, H. Knittermeyer, A. Görland, W. Sturmfels, K. Sternberg, W. Blumenfels, G. Ralfs, A. Bäumler. Zu den *südwestdeutschen* Neukantianern zählt Ollig F. Münch, N. von Bubnoff, J. Hessen, L. Kühn, B. Christiansen, F. Kreis, F. Böhm, G. Mehlis, H. Ehrenberg, A. Ruge, R. Kynast und H. Münsterberg. Gewisse Einflüsse vor allem von Rickert sind bei zahlreichen Denkern festzustellen, die sich auf ganz anderen Bahnen weiterentwickelt haben; so bei G. Lukács, G. Radbruch, M. Weber, E. Troeltsch und – über E. Lask – sogar bei M. Heidegger.

soeth und F. Heinemann, die auf metaphysischem und philosophisch historischem Gebiet Verdienstvolles geleistet haben. Von der Marburger Schule beeinflußt wurde vor allem E. Cassirer, dem wir, wie auch N. Hartmann, später unsere besondere Aufmerksamkeit widmen wollen.[12]

Eine besondere Rolle für unsere Darstellung spielt der Heidelberger Privatdozent *Emil Lask*, weil er direkt auf Heidegger eingewirkt hat. Zwar gilt Rickert als der Lehrer Heideggers, – immerhin war er Berichterstatter beim Habilitationsverfahren; aber durch Rickert wurde Heidegger nur mit dem Neukantianismus bekannt gemacht; eigentliche Impulse für seine Philosophie dagegen erhielt er von Lask, dessen Arbeiten Rickert in seinen Seminaren behandelte und so auf Heidegger Einfluß nehmen konnten.

Zu den *jüngeren Neukantianern*, in deren Wirkungszeit die neukantianischen Schulen endgültig ihre Anziehungskraft einbüßten und der Neukantianismus nur noch als Inbegriff der veralteten Schulphilosophie bekannt war, zählt man vor allem Bruno Bauch, Jonas Cohn und Richard Hönigswald. Während *Bauch* ohne Berücksichtigung neuer Perspektiven weiter am in sich geschlossenen System des Neukantianismus arbeitet, versucht *Cohn* durch Einbeziehung der Dialektik das neukantianische Gedankengut anpassungsfähiger zu gestalten. Auch *Hönigswald* öffnet sich der neuen Problemlage und versucht, auf dem Boden des Neukantianismus eine Brücke zur Konkretheit der Geschichte zu bauen, die auch neue Wege zur genetischen Phänomenologie Husserls eröffnet und aus dem Getto der in sich verfangenen Subjektivität des Neukantianismus herausführt. Wegen seines transzendentalen Idealismus und der Leugnung bewußtseinstranszendenter Gegenstände müßte man eigentlich auch den in Linz geborenen und in Wien wirkenden *Robert Reininger* zum Neukantianismus zählen. Doch stellt seine Philosophie einen eigenen Entwurf dar ohne direkte Bezüge zu den Diskussionen der Marburger und Südwestdeutschen. Seine Lehren, die gleichzeitig mit denen des Wiener Kreises und Ludwig Wittgensteins entstehen, lassen sich leichter in der Auseinandersetzung mit der Analytischen Philosophie charakterisieren und bleiben daher im folgenden unberücksichtigt[13].

11.31 Emil Lask und die Logosimmanenz

Lebenslauf

Geboren am 25.9.1875 in Wadowice / Polen. Jugend in der Mark Brandenburg. Studium der Rechtswissenschaften und der Philosophie in Freiburg und Straßburg. 1901 philosophische Promotion in Freiburg. 1905 Habilitation in Heidelberg. 1913 dort außerplanmäßiger Professor für Philosophie. 1914 Kriegsfreiwilliger. Lask fällt am 26.5.1915 in den Karpathen.

Auswahl aus der Primärliteratur

1902 Fichtes Idealismus und Geschichte. Tübingen und Leipzig. In GS I.
1905 Rechtsphilosophie. In: Festschrift für K. Fischer. Hg. von W. Windelband. 2. Aufl. Heidelberg 1907. In GS I.
1909 Zwei Wege der Erkenntnistheorie. In KSTU 14/1909.
1910 Logik der Philosophie und die Kategorienlehre. Tübingen/Leipzig. In GS II. **LP**
1912 Lehre vom Urteil. Tübingen / Leipzig. In GS II. **LVU**
Gesammelte Schriften in drei Bänden. Hg. von E. Herrigel. Tübingen 1923/24. **GS**
Bibliographie in ZPHF 21/1967. S. 145 ff.

Lask wird in Freiburg von der Südwestdeutschen Schule des Neukantianismus geprägt, versucht aber zugleich, neue Wege einzuschlagen. Rickert macht ihn zunächst mit Kant, Fichte und den wichtigsten Themen der Philosophiegeschichte bekannt. Er übernimmt zwar Rickerts Wertphi-

---

12 Vgl. unten 15.1 bzw. 22.
13 Siehe dazu die Darstellung von W. Stegmüller in: Hauptströmungen der Gegenwartsphilosophie. Band 1, 2. Aufl. Stuttgart 1960, S. 288 ff, oder die Einleitung von K. Nawratil in: Richard Hönigswald. Philosophie des Erlebens. Wien 1986, S. 4 ff.

losophie und philosophische Systemgedanken, beurteilt aber den Zusammenhang des allgemeinen Werts mit dem Seienden in seiner Besonderheit und die Rolle des Urteils anders, als es in den gängigen Schulmeinungen geschieht. Seine Gedanken entspringen keiner mühe- und schwerelosen Spekulation, sondern entringen sich in einem leidenschaftlichen und quälenden Prozeß einem tiefbohrenden Nachdenken. Nicht nur die so vorgetragene Lehre, sondern auch das geschriebene Wort sind nur mit Mühen nachvollziehbar. Trotz bedeutsamer und bei Heidegger auf fruchtbaren Boden gefallener Ergebnisse bleibt sein Einfluß auf die Nachwelt gering.[14]

In den beiden Hauptwerken LP und LVU werden *drei Themen* behandelt und begründet:

– eine neue Beurteilung des Zusammenhangs von Form und Material des Erkennens,
– der Zusammenhang von Seiendem mit der Geltung von Sein, Heideggers «ontologische Differenz» und
– die Ortung der Wahrheit außerhalb des konkreten Urteilsaktes.

Alle drei Themen hängen miteinander zusammen und begründen Lasks *Lehre von der Logosimmanenz*, welche die autonome Logik des transzendentalen Idealismus überwinden soll.

Die Ausgangsproblematik von Form und Material des Erkennens ist durch Rickerts Erkenntnislehre vorgegeben. Wenn man in einem Urteil Erkenntnis ausdrücken, dann muß man nach Rickert die Verbindung der Subjekt- und Prädikatvorstellungen unterscheiden von dem Sollen, das die bejahende oder verneinende Stellungnahme zu dem Vorstellungsgebilde ermöglicht. Rickert nimmt also ein transzendentes Sollen an, das dem erkennenden Subjekt gegenübersteht und dem Erkennenden die Stellungnahme abfordert. Diese Trennung von Vorstellung und Sollen kritisiert Lask, indem er die Beziehung von Material und Form in der Erkenntnislehre des Realen neu bestimmt. Form ist ihm Träger der Geltung, das Material der Erkenntnis dagegen ist Nicht-Form, Nicht-Geltendes. Während alle Form «gilt», hat alles Material den Charakter der Besonderheit; es entzieht sich zugleich der Erkenntnis und weist einen irrationalen Charakter und ein Mehr als Form auf[15]. Dies ist Seiendes, das schlechthin ist und in der urteilenden Stellungnahme zugleich auf ein Geltendes verweist, nämlich auf das «Sein». Lask unterscheidet hier als erster Seiendes und Sein, eine Entdeckung, die später bei Heidegger als ontologische Differenz bezeichnet wird. Das Material, dem ein realistisches Moment zukommt, sorgt dafür, daß sich an ihm die geltenden Formen in ihrer Verschiedenheit auseinanderfalten. Demnach erfaßt die Erkenntnis mit ihren Formen das Gegebene nicht restlos, wie im Neukantianismus allgemein gelehrt wird, sondern die Formen des Erkennens orientieren sich jeweils an dem Material. Erkennen läuft auf ein Umfassen des Materials mit Form hinaus.[16]

Damit sind wir bei der *Urteilslehre* angelangt. Dieser kommt im Neukantianismus eine zentrale Stellung zu, die von Lask prinzipiell infragegestellt wird. An ihre Stelle tritt die *Kategorienlehre* als Grundlehre der Transzendentalphilosophie. Mit der «Herabdrückung des Urteils» (LVU 289), das weder transzendentale noch gegenständliche Bedeutung hat, verfolgt Lask zwei Ziele:

– einmal «der Urteilsregion durch ihre Messung an der transzendentallogischen Urstruktur ihren abstrakten Ort im Gesamtzusammenhang der Logik zu bestimmen» (288) und

---

14 Zum Charakter Lasks vergleiche die Schilderungen Stepuns (in (1924)), eines russischen Schülers von Lask. Der geringe Einfluß ist neben der Schwierigkeit der Diktion wohl auch dem frühen Tod Lasks zuzuschreiben.
15 Damit setzt er sich der Kritik des Marburger Logizismus aus. Explizit wirft Cassirer Lask vor, wieder zum Ding an sich zurückgekehrt zu sein. Vergleiche »Erkenntnistheorie nebst Grenzfragen der Logik», in: Jahrbücher der Philosophie. Hg. von M. Frischeisen-Köhler. 1 / 1913. S. 10. Lask selbst hat zu der Marburger Kritik keine Stellung bezogen.
16 Neben der Lehre vom Erkennen des Realen entwickelt Lask auch eine Lehre vom Erkennen des Geltenden. Er stellt dort der «Gebietskategorie» des Seins eine solche des Geltens zur Seite und entwickelt in ihr die Lehre von den konstitutiven und reflexiven Kategorien. Letztere sind subjektive, auf Rechenschaft abzielende Kategorien.

– zum anderen diesen Standort durch die klare Bestimmung der Urteilsphänomene als sekundäre, nicht zur gegenständlichen Region gehörende «logische Bemächtigungsphänome» zu präzisieren, die den logischen Gegenstandsphänomenen gegenüberstehen; letztere bilden in der Gespaltenheit von Kategorie und Kategorienmaterial als kategoriale Form das «logische Urphänomen» (287). Denn im Urteil werden nicht zwei gleichartige Vorstellungen als Subjekt und Prädikat verbunden, sondern das Subjekt ist das alogische Material und das Prädikat ist die kategoriale Form. «Das Material ist das, *warum* und *worüber* gewußt wird, die Kategorie das, *was* das Erkennen darüber weiß und ‹auszusagen› hat». Erkennen ist «ein Prädizieren des kategorialen Prädikats vom materialen Subjekt» (333).

Die Kategorie tritt zum materialen Substrat als logischer Zusatz hinzu.[17] Lask erblickt in der kategorialen Form das logische Urphänomen, das nicht weiter abgeleitet werden kann. So überwindet er die Rickertsche Trennung von Vorstellung und Sollen, indem er in dem mit «Subjekt» und «Prädikat» Gemeinten bereits eine gegenseitige Verweisung entdeckt, die dann im Urteil nur im Nachvollzug herausgestellt wird. Für Lask steht der Gegenstand bereits vor dem Urteil in einer Beziehung der Erkennbarkeit, die Heidegger später Offenheit nennt. Der Gegenstand ist immer schon Gegenstand für ein Subjekt, also Material in bestimmter Bedeutung. Das Material steht immanent im Logos, der dem Erkennenden die Bedeutungen erteilt; der Gegenstand ist immer schon Sinn; er ist «*logosimmanent*». So kann der Gegenstand als logosimmanenter zum Träger der Wahrheit werden, die aller Urteilsrichtigkeit vorausgeht. Die Elemente des Urteils stehen bereits in einem Verhältnis positiver und negativer Zusammengehörigkeit, in einem «Ansich-Zusammengehören der Bestandteile in den Objekten der Urteilsentscheidung» (LVU 311). «Die Urteilsentscheidung bringt nicht die Qualität erst hinzu, sie macht lediglich den Versuch, die dem Gefüge an sich gebührende Qualität ihm auch zuzuweisen» (313). Demnach ist dieser Verweisungssinn und nicht das isolierte Sollen Rickerts der Maßstab der Beurteilung. Das im Urteil Ausgesagte ist schon vorweg «erschlossen» (Heidegger[18]). So wird Erkenntnis Hingabe an den Gegenstand, nicht Nachbildung oder Konstruktion. Aktivitäten verfälschen das sich ursprünglich Gebende. Diese Hingabe ermöglicht schließlich das «Seinlassen des Seins» (Heidegger).

Lask ersetzt mit seiner Theorie der Logosimmanenz die Konzeption Kants, die von der Einheit des *Bewußtseins* ausgeht und *alle* Kategorien aus diesem deduziert, durch eine Konzeption der Einheit des *Geltens*. Zur systematischen Ausgestaltung dieses Ansatzes ist es wegen des frühen Todes Lasks nicht mehr gekommen.[19]

11.32 Bruno Bauch und das System der Transzendentalphilosophie

Lebenslauf

Geboren am 19.1.1877 in Groß-Nossen / Schlesien. Studium der Jurisprudenz und Philosophie in Freiburg, Straßburg, Heidelberg und Berlin. 1902 philosophische Promotion in Freiburg. 1903 Habilitation in Halle. 1911 Ordinarius für Philosophie in Jena. Bauch stirbt dort am 27.2.1942.

Auswahl aus der Primärliteratur

1902   Glückseligkeit und Persönlichkeit in der kritischen Ethik. Stuttgart.
1904   Luther und Kant. Berlin.
1910   Das Substanzproblem in der kritischen Philosophie bis zu ihrer Blütezeit. Heidelberg.

---

17 Dies hebt Heidegger in seiner Habilitationsschrift über Duns Scotus hervor: «Das wahre Subjekt ist mithin das Material, das wahre Prädikat - die ‹Kategorie›» (210) und zitiert damit LVU 333.
18 Die in Heideggers Erschlossenheitsbegriff mitgemeinten existentiellen Elemente fehlen bei Lask, der nur die formalen Bestimmungen beschreibt und damit den transzendentalen Idealismus zu überwinden versucht.
19 Zu Beziehungen Lasks zum Neuplotinismus siehe Sommerhäuser (1965), S.253. Über die Weiterentwicklung der Laskschen Urteilslehre bei Heidegger vergleiche Hobe (1971).

1911 Studien zur Philosophie der exakten Wissenschaften. Heidelberg.
1917 Immanuel Kant. Leipzig.
1923 Wahrheit, Wert und Wirklichkeit. Leipzig.
1926 Die Ideen. Leipzig.
1929 Selbstdarstellung. In: R. Schmidt: Die Philosophie der Gegenwart in Selbstdarstellungen. Leipzig. Band 7.
1931 Beitrag zu «Deutsche systematische Philosophie nach ihren Gestaltern». Hg. von H. Schwarz. Berlin. S. 225 ff.
DSP
1935 Grundzüge der Ethik. Stuttgart. Neudruck Darmstadt 1968.

Bauch besuchte bereits in seinem ersten Semester ein Seminar bei Rickert über Kants «Kritik der Urteilskraft». Dieses Thema sollte für seine gesamte Philosophie richtungweisend werden. Sein Kant-Buch aus dem Jahre 1917 enthält neben der geschichtlichen Darstellung der Philosophie Kants eine Interpretation aus der Perspektive der «Kritik der Urteilskraft». Nach Bauch ist das gesamte Werk Kants auf dieses eine Thema hin orientiert: nämlich auf die Synthesis aus theoretischer und praktischer Philosophie, die mit Hilfe des Zweckmäßigkeitsgedankens der Natur das Besondere der empirischen Gesetzlichkeit mit dem Allgemeinen der Vernunftidee zusammenschließt und so eine universelle Systematik der Wirklichkeit ermöglicht. Dabei stellt Bauch, – charakteristisch für seine Rickert-Nähe, – den Wertgedanken ins Zentrum. Die Wahrheit selbst erscheint als Wert und die Philosophie Kants wird als eine durch Werte bestimmte Kulturtheorie interpretiert. Im Geiste strengster Wissenschaftlichkeit will er die zahlreichen theoretischen und praktischen Einzelbausteine in Erkenntnistheorie, Ontologie, Metaphysik und Werttheorie zu einem endgültigen System zusammenfügen. Von den beiden großen Schulen unterscheidet sich seine Interpretation in zweierlei Hinsicht:

– von der Südwestdeutschen durch die Betonung der Bedeutsamkeit der Erkenntnispsychologie, die erkenntniskritisch zu einer neuen Deutung des Wesens des transzendentalen Subjekts führt;
– von den Marburgern durch die Ersetzung der Rolle der *Synthesis* durch die Gültigkeit des *Gesetzes* der Synthesis. Die Synthesis deutet er rein psychologisch. Daraus resultiert eine Kritik der Überbewertung des schöpferischen Denkens und des Konstruktionsgedankens. Bauch kehrt damit zu einem erkenntniskritischen Objektivismus zurück, wie er vor der neukantianischen Elimination der Anschauung und des Dings an sich verbreitet war.

Während sich nach dem Kriege viele Geister den neuen Problemstellungen aus dem Umkreis existenzphilosophischer Erfahrungen zuwenden, geht Bauch bewußt den alten Weg weiter und hält alles Kontingente von seinem nur objektiven Sachverhalten verpflichtetem System fern. Der Wille zum System ist «Wille zur Wahrheit selber und darum Rechtschaffenheit bis zur radikalsten Rücksichtslosigkeit». Er wehrt sich hiermit gegen Nietzsches Diktum, wonach der Wille zum System ein Mangel an Rechtschaffenheit sei, und wirft dessen von Gefühlen beherrschten Angriffen eigene systematische Unzulänglichkeit vor (DSP 227). Das System besteht aus der Einheit von Theorie und Praxis: «Denn wie auch das theorein in ganz bestimmter Weise ein prattein ist, so ist den Problemen des prattein als Problemen doch nicht anders beizukommen als auf dem Wege des theorein» (230). Er geht den Weg «einer konsequent zu Ende gedachten Transzendentalphilosophie» (Ollig[20]). Nach G. Wolandt[21] hat Bauch später politisch eine «völkische Position» bezogen, die von der «nationalen Revolution» schwärmt; allerdings bleibt die Politik Randerscheinung im Spektrum seiner Interessen.

---

20 Ollig (1979). S. 80.
21 Geltungsgedanke und Kulturphilosophie. In: Tradition und Kritik. Festschrift für R. Zocher. Stuttgart 1967. S. 330. In dem Artikel «R. Hönigswald. Philosophie als Theorie der Bestimmtheit» (in GGPH Gegenwart II), S. 57, spricht Wolandt von »frühen völkischen und antisemitischen Anwandlungen Bauchs« und von der Parteinahme für die NSDAP, die schließlich zum Bruch mit seinem jüdischen Freund Hönigswald geführt hat (siehe unten 11.34).

11.33 Jonas Cohn: Wertphilosophie und Dialektik

Lebenslauf

Geboren am 2.12.1869 in Görlitz. Studium der Physiologie, Psychologie und Philosophie in Leipzig, Heidelberg und Berlin. 1892 naturwissenschaftliche Promotion in Berlin. 1897 philosophische Habilitation in Freiburg. 1901 dort außerplanmäßiger Professor für Pädagogik, 1919 Ordinarius für Philosophie und Pädagogik. 1933 Zwangspensionierung. 1939 Emigration nach England. Cohn stirbt am 12.1.1947 in Birmingham.

Auswahl aus der Primärliteratur

1896 Geschichte des Unendlichkeitsproblems im abendländischen Denken bis Kant. Leipzig. Neuauflage Darmstadt 1960.
1901 Allgemeine Ästhetik. Leipzig.
1907 Führende Denker. Geschichtliche Einladung in die Philosophie. Leipzig. 2. Aufl. 1911.
1908 Voraussetzungen und Ziele des Erkennens. Leipzig.
1914 Der Sinn der gegenwärtigen Kultur. Leipzig.
1919 Geist der Erziehung. Pädagogik auf wissenschaftlicher Grundlage. Leipzig/Berlin.
1921 Selbstdarstellung. In: R. Schmidt: Die deutschen Philosophen der Gegenwart in Selbstdarstellungen. 2. Band. Leipzig. **SD**
1923 Theorie der Dialektik. Leipzig. Neuauflage Darmstadt 1965. **TD**
1923 Der deutsche Idealismus. Leipzig/Berlin.
1925 Die Philosophie im Zeitalter des Spezialistentums. Leipzig/Berlin.
1926 Befreien und Binden. Zeitfragen der Erziehung überzeitlich betrachtet. Leipzig.
1932 Wertwissenschaft. Stuttgart.
Wirklichkeit als Aufgabe. Hg. von J. von Kempski. Stuttgart 1955.
Vom Sinn der Erziehung. Ausgewählte Texte. Hg. von D.-J. Löwisch. Paderborn 1970.
Der Briefwechsel zwischen William Stern und Jonas Cohn. Hg. von H. E. Lück und D.-J. Löwisch. Frankfurt u.a. 1994.

Cohns Weg zur Philosophie über die Naturwissenschaft orientiert sich am Unendlichkeitsproblem, das zugleich Thema der ersten Publikation ist. Erst nach dieser eher etwas dilettantischen Arbeit befaßt er sich unter der Anleitung Windelbands und Rickerts mit genuin philosophischen, vor allem mit ästhetischen, ethischen und religiösen Fragen. Die beiden großen Themenkreise, die Cohns philosophisches Werk später beherrschen, sind die *Wertphilosophie* und die *Dialektik*. Beide stehen in einem Folgeverhältnis: die Konflikte, zu denen eine neukantianische Wertphilosophie führt, lassen sich nach Cohns Auffassung nur durch die Anwendung der dialektischen Methode lösen. (SD 68). Cohn gilt als «ein Gegensätze versöhnender, den Extremen sich fernhaltender Denker» (S. Marck[22]), dessen Charakter für dialektische Gedankengänge in Psychologie, Philosophie und Wertwissenschaft geradezu prädestiniert ist. Diese Tendenz drückt sich auch gesellschaftspolitisch in seiner Zugehörigkeit zum Flügel der jüdischen Assimilanten aus.

Im Werturteilsstreit steht Cohn, von Simmel beeinflußt, anfangs auf der «relativistischen» Seite Max Webers[23], wonach Wertentscheidungen sich nicht durch wissenschaftliche Mittel erzwingen lassen. In seiner Wertphilosophie beabsichtigt Cohn jedoch, diesen «Wertrelativismus» zu überwinden. Er entdeckt in Rickerts Geschichtstheorie die Bedeutung der aus den Fängen des Psychologismus befreiten Teleologie und der damit gegebenen kulturellen Situation. Cohn nennt Wertungen eines Gutes um seiner selbst willen *intensiv* und solche, die im Dienste anderer Wertleistungen stehen, *konsekutiv*. Während Wahrheit auf die Einheit des Wahren, Sittlichkeit auf das Ziel des Willens gerichtet sind, beruht der ästhetische Wert in sich, er ist immanent-intensiv oder rein intensiv (66). Damit bestimmt Cohn die «Interesselosigkeit» Kants neu und erkennt im ästhetischen Wert einen eigenen Forderungscharakter. Weil sich dieser nicht logisch beweisen läßt, sondern «durch das ganze Gewicht der Kulturentwicklung gehalten» wird, glaubt Cohn, damit den Wertrelativismus überwunden zu haben (67). Diese «Allgemeine Ästhetik»

---

22 Am Ausgang des jüngeren Neukantianismus. Archiv für Philosophie 3/2. 1948. S. 159.
23 Siehe oben 8.23b.

findet wegen ihrer Reichhaltigkeit und inneren Konsequenz als ästhetisches Standardwerk der Südwestdeutschen Schule allgemeine Anerkennung. Später weitet Cohn die Theorie des ästhetischen Wertes zu einem allgemeinen Wertsystem aus, in dem die Logik im weitesten Sinne des Wortes Methode, Ziel und Grenzen der Wertwissenschaft aufzeigt. Zugleich wendet er sich der *Pädagogik* zu, deren Aufgabe es ist, die der Wertwissenschaft korrelierende Kultureinheit fortzubilden und in praktische Handlungen umzusetzen.[24]

Die Verallgemeinerung zum universalen Wertsystem erfolgt mit Hilfe zweier Prinzipien:

- (1) Das Prinzip des *Utraquismus*: die Überwindung des Dualismus von Ratio und Empirie, von reiner Denkform und Denkfremdem, von formendem Denken und bloßem Inhalt; in radikaler Opposition zum reinen Logizismus der Marburger, aber auch zu Lasks Logosimmanenz behauptet Cohn, daß die Wahrheit des Urteils aus der Einheit *beider* (utraque) besteht. Erkenntnis setzt denkfremde Inhalte und die Form des Denkens als gleichursprüngliche Konstituentien voraus. «Die Einheit dieser Zweiheit ist gleichsam das Urphänomen der Erkenntnis» (70).

- (2) Das Prinzip des *prävalenten Positiven*: Es besagt, daß die Philosophie keinen gegebenen Inhalt ignorieren oder wegdiskutieren darf; damit öffnet sich Cohn den neuen tiefen Einblicken der Naturwissenschaften in die Natur, die unser Anschauungsvermögen überschreiten. «Die qualifizierende Naturauffassung und Naturforschung hat unser *Bild* der Welt verarmt, aber sie hat den *Inhalt* der Welt ungeheuer bereichert ... » (77). Aufgabe der Philosophie muß es sein, diese Einsichten zu respektieren und einzubauen, das heißt, sie *positiv* zu bewerten. Dabei ist es unerläßlich, auch die Religion heranzuziehen, allerdings in dem sehr weiten Sinn von persönlicher Frömmigkeit, wie sie vor allem Goethe verstanden hat.

Im Zentrum der Cohnschen Wertlehre steht die *Theorie der Dialektik*, die sich aus dem Prinzip des Utraquismus erklären läßt und durch das Prinzip des prävalenten Positiven zugleich ihre spezifische, von Hegel abweichende Gestalt erhält.

Richtungweisend ist die Überzeugung, daß man in der philosophischen Auseinandersetzung mit dem Widerspruch «zum höchsten uns erreichbaren Erkennen» gelangt. (TD 3). Der Widerspruch ist nicht aus der Negation ableitbar und bedeutet nicht die Hegelsche Zweiheit von These und Antithese; es liegt vielmehr eine spannungsgeladene «Heterothesis» (Rickert) vor, in der «bei jedem Schritte des Denkens Neues, seinem Ursprung nach Denkfremdes angenommen werden muß» (51). Cohn beruft sich vor allem auf Georg Simmel, dessen Philosophie zutiefst dialektisch sei, ohne daß diese von ihm so bezeichnet wird, und kritisiert scharf Husserl und die Phänomenologie im allgemeinen, weil diese sich auf die Schau isolierter Phänomene gründet und für Dialektik kein Verständnis zeigt (a.a.O.). Die Bedeutung der Dialektik zeigt Cohn zunächst an einer Reihe geschichtlicher und sachlicher Beispiele, ehe er im «aufbauenden Teil» die grundlegenden Begriffe seiner Theorie einführt. Er nennt diejenigen Gedankengänge *dialektisch*, «deren Fortbewegung durch den Widerspruch bestimmt wird, und zwar in dem Sinne, daß dieser Widerspruch aufgelöst werden, daß zu einem widerspruchsfreien Satze gelangt werden soll» (118). Wo der Gedankengang zu einem Ende führt, ist Dialektik «unwesentlich»[25]. Interessant sind die Fälle, wo «der Widerspruch und seine Lösung ein wesentlicher Teil des Resultats bleibt» (121), der Gedankengang also «wesentlich dialektisch» ist. Man beachte, daß bei Cohn auch diese dialektischen Gedankengänge den Normen der formalen Logik unterliegen (120) und nicht, – wie bei Hegel, – mit einer höheren Form von Logik operiert wird: «Es geht ein unheimliches Gerücht um, daß die Dialektik gegen diese Grundsätze (sc. der formalen Logik) sich

---

24 Vergleiche die zahlreichen aufgeführten pädagogischen Titel (1919), (1926), (1970), sowie D.-J. Löwisch: Über Jonas Cohns Philosophie und Pädagogik, anläßlich der Ethik «Selbst-Überschreitung» in (1986), S.9.
25 Diese Bedeutung bestimmt den Dialektikbegriff in K.R. Poppers Logik der Forschung. Vergleiche «Was ist Dialektik?» In: E. Topitsch: Logik der Sozialwissenschaften. 2. Aufl. Berlin 1965. S.267.

auflehne» (133). Cohn vermeidet es, den Begriff der Dialektik zugleich für die Theorie über diese dialektischen Gedankengänge zu verwenden, die er «Dialektologie» nennt; Dialektik meint schlicht das Gemeinsame in den dialektischen Gedankengängen und kommt daher auch im Plural vor (127).

Cohn zeigt, daß echte Dialektik die Form des philosophischen Erkennens ist, also wesentliche philosophische Fragestellungen sich nur durch dialektische Gedankengänge erkennen lassen («Satz der Existenz der Dialektik», 129) und auch die zugehörige Theorie dialektisch ist; sie ist «Dialektik der Dialektik» (130). Der Widerspruch ist forttreibenden Prinzip und gibt den Anstoß zu seiner Beseitigung. «Da diese Beseitigung nicht restlos gelingt, wird dann die ganze Bewegung Erkenntnismittel (134).

Weil das Wesentliche der Dialektik schon im Prinzip des Utraquismus ausgesprochen ist, steht auch bei Cohn die Lehre vom Urteil im Mittelpunkt. Alle Schwierigkeiten beginnen mit den Eigenschaften des Urteils (151). Dabei bezieht sich Cohn ausdrücklich auf Lasks «metagrammatische Urteilstheorie». Die Zerlegung in Kategorie und Kategorienmaterial bei Lask entspricht dem Utraquismus von Denkform und denkfremdem Inhalt bei Cohn. Die Unterscheidung der kategorischen Tätigkeit in vorausgesetzte und durch das Urteil zu leistende Aspekte bei Lask führt Cohn in seiner Relationentheorie durch. In ihr wird das Urteil als Bejahung oder Verneinung einer Relation von Gegenständen aufgefaßt. Dabei ist aber die sogenannte Kopula in den diversen Urteilen selbst verschieden zu verstehen; ihren Bedeutungen ist nur der Oberbegriff «Relation» gemeinsam (152). Und in jener Verschiedenheit der jeweiligen Relationen sieht Cohn den Ursprung der Dialektik. Er weigert sich allerdings, wie Lask beide Momente zu trennen und betrachtet auch Lasks Gebietskategorie Sein und Gelten als rationale Kategorien. Er bezeichnet beides als «Künstlichkeiten in den Theorien Lasks» und deutet diese als Flucht vor der Dialektik (154).

Die bisher betrachtete Dialektik hat ihren Ursprung im Erkennen. Die Phänomene Stetigkeit – Werden – Leben beziehungsweise Wert – Sein – Ich zeigen, daß die Dialektik auch im Objekt- bzw. im Subjekt-Denken ihren Ausgang nehmen kann. Schon die Idee des Objekts enthält eine Paradoxie: «das, dessen Sinn im Erkennen es ist, unterworfen zu werden, soll betrachtet werden, sofern es aktiven Widerstand leistet» (168). In der Subjekttheorie zeigt Cohn, wie das Ich als Bindeglied zwischen Sein und Wert steht (196). Die Systematik der Dialektik gipfelt im «notwendigen Ungedanken des Absoluten» (339). Aber auch hier unterscheidet sich Cohn wesentlich von Hegel. Für ihn ist alles dialektische Denken «ein Denken aufs Absolute hin, kein Denken des Absoluten», was Anmaßung wäre (349).[26] Man kann also nicht vom Absoluten ausgehen, um die Dialektik zu entwickeln, sondern der Mensch fühlt nur «in der Unruhe und Mühe des Relativen» das Absolute in sich wirken, wie es im Schlußsatz des Werkes heißt.

11.34 Richard Hönigswalds Theorie der Gegenständlichkeit

Lebenslauf

Geboren am 18. 7. 1875 in Ungarisch-Altenburg. Studium der Medizin. 1902 medizinische Promotion in Wien. Anschließend Studium der Philosophie in Halle und Graz. 1904 philosophische Promotion in Halle. 1906 Habilitation in Breslau. 1916 Extraordinarius und 1919 Ordinarius der Philosophie in Breslau. 1930 Professor in München. 1933 Zwangspensionierung. 1938 fünf Wochen im KZ Dachau. 1939 Emigration nach New York. Er stirbt am 11. 7. 1942 in New Haven.

Auswahl aus der Primärliteratur

1900 Ernst Haeckel. Der monistische Philosoph. Leipzig.
1903 Zur Kritik der Machschen Philosophie. Berlin.
1904 Über die Lehre Humes von der Realität der Außendinge. Berlin.

---

26 Zur Religionsphilosophie Cohns siehe J. Hessen: Religionsphilosophie, Band I. S. 121 ff.

1906 Beiträge zur Erkenntnistheorie und Methodenlehre. Breslau.
1914 Die Skepsis in Philosophie und Wissenschaft. Göttingen.
1918 Philosophische Motive neuzeitlichen Humanismus. Breslau.
1918 Über die Grundlagen der Pädagogik. München. 2. Aufl. 1927.
1921 Die Grundlagen der Denkpsychologie. München. 2. Aufl. Leipzig/Berlin 1925. Neudruck Stuttgart 1965.
1924 Immanuel Kant. Breslau.
1931 Grundfragen der Erkenntnistheorie. Tübingen.
1931 Beitrag zu «Deutsche systematische Philosophie nach ihren Gestaltern». Hg. von H. Schwarz. Berlin.
1933 Geschichte der Erkenntnistheorie. Berlin. Neudruck Darmstadt 1966.
1937 Philosophie und Sprache. Basel. Neudruck Darmstadt 1970.
Schriften. Band 1–10. Stuttgart bzw. Bonn 1957–1977.
Schriften aus dem Nachlaß. Hg. von G. Wolandt. Stuttgart 1959.

Auch Hönigswald verbleibt wie Bauch bewußt in der neukantianischen Tradition und verschließt sich den Neuerungen des auf Metaphysik und Geschichtlichkeit gerichteten Zeitgeistes. Nach der Promotion zum Doktor der Medizin nimmt er das philosophische Studium in Halle und Graz auf. Seine akademische Laufbahn beginnt und vollendet sich in Breslau, wo ihn auch Edith Stein für kurze Zeit hört, von ihm aber nicht sehr beeindruckt ist.[27] Seine kurze Tätigkeit im München der Dreißigerjahre findet aufgrund des nationalsozialistischen «Gesetzes zur Wiederherstellung des Berufsbeamtentums» ein schnelles Ende. Nach der Emigration kann er an keiner Universität fußfassen und auch alle Publikationsversuche scheitern.

Hönigswald ist voll und ganz Neukantianer, soweit er an den drei Grundvoraussetzungen des «Glaubensbekenntnisses des Neokritizismus»[28] festhält: Philosophie ist rationale Wissenschaft; sie läßt sich nur als System verwirklichen und Philosophie muß am Primat der Erkenntnistheorie festhalten. Trotzdem enthält seine Lehre Elemente, die das Konzept des Neukantianismus sprengen. Dazu gehört vor allem seine originelle Interpretation von Gegenständlichkeit und Subjektivität, die eine Öffnung zu Geschichte, Psychologie und Pädagogik ermöglicht.

Hönigswald befaßt sich in seiner ersten Phase vorwiegend mit den Erkenntnisformen der exakten Wissenschaften; davon zeugen die Namen seiner ersten Publikationen: Ernst Haeckel, Ernst Mach und David Hume. Aber Wissenschaften handeln von *Gegenständen;* die Transzendentalphilosophie dagegen, als deren Repräsentant sich Hönigswald versteht, versucht hinter diese zu blicken und die Prinzipien der Gegenstände oder die *Gegenständlichkeit* als solche zu verstehen. Die Konzentration Hönigswalds auf das Problem der Gegenständlichkeit erhält zweifellos wichtige Impulse von seinen Lehrern Alois Riehl und Alexius Meinong. Meinongs Gegenstandstheorie inspiriert seine *Theorie der Gegenständlichkeit*, und auf Riehl, der Kants Ding an sich im Sinne der Unabhängigkeit des Gegenstandes seinen Platz im System der Philosophie einräumt, geht die *realistische Tendenz* in der Interpretation eben dieser Gegenständlichkeit zurück.

Die Analysen der von Hönigswald angestrebten Tatsachen- und Prinzipienwissenschaft erfolgen unter dem Titel der Psychologie, genauer der *Denkpsychologie,* die sich von der naturwissenschaftlichen Psychologie als Wissenschaft von Tatbeständen unterscheidet. Die Konzeption der Denkpsychologie erwächst aus der Kritik des Psychologismus. Die empirische Psychologie der Würzburger Schule um Oswald Külpe hat inzwischen die «introspektiven» Einsichten Brentanos und der Phänomenologie experimentell bestätigt. Auf diese baut Hönigswald auf und entwickelt daraus seinen neuen Psychologiebegriff. In der Denkpsychologie ist Denken ein originäres, nicht aus Vorstellungen und Empfindungen ableitbares Bewußtseinsphänomen und zugleich der höchste Ausdruck für die Entfaltung der in jedem Erleben angelegten intentionalen Struktur. Alle Erlebnisse sind durch ihren Bezug auf das Ich verstehbar und bedeutungsvoll.

---

27 Stein beklagt sich über Hönigswalds überlegene Dialektik und beißende Ironie, mit der er die Studenten mundtot gemacht habe und so den inneren Zugang zu deren Nöten vereitelte. (Aus dem Leben einer jüdischen Familie, S. 121f.).
28 Vergleiche dazu Wolandt (1981) in GGPH. Gegenwart II. S. 56.

Damit wird der romantische Erlebnisbegriff mit unverstehbarem Inhalt überwunden. Alle Bewußtseinsinhalte sind Elemente einer möglichen Ordnung. Das transzendentale Ich wird als Kern des erlebenden Ich erkannt. Denkpsychologie und Psychologie verhalten sich wie Gedanke und Ausdruck des Gedankens, Sinn und Wortlaut, Geltung und Geltungsvollzug und insbesondere wie Gegenständlichkeit und Gegenstand.

Die zentrale Lehre von der Gegenständlichkeit deckt den Hauptbereich der Philosophie ab, so daß Transzendentalphilosophie geradezu als Wissenschaft von der Gegenständlichkeit aufgefaßt werden kann.[29] Aber der Gegenständlichkeit ist als deren Bedingung noch die Bestimmtheit vorgeordnet. Der Rückgang auf die Bestimmtheit wiederum eröffnet die Möglichkeit der Beschreibung der Subjektivität mit ihren zahlreichen Funktionen, insbesondere der des Denkens als eines Alles-denken-könnens.

Subjektivität steht im Neukantianismus nur unter der Bestimmungsart des reinen und formalen Subjekts; diese reine Subjektivität ist Geltungs-, Wert- und Konstitutionsinstanz. Die individuelle geschichtliche Subjektivität wird als empirisches Subjekt zum bloßen Gegenstand degradiert. Hönigswald führt demgegenüber den von Leibniz entliehenen Begriff der Monade ein, der beide Bestimmungsarten von Subjektivität umfaßt. Monaden sind keine *Tatsachen* wie die Objekte der unbelebten Natur, auch keine *bloßen Prinzipien* wie die Kategorien und andere logische Bestimmungen, sondern *Tatsachen und Prinzipien* in einem.[30] Diese Konzeption des Monadenbegriffs ermöglicht eine Antwort auf die für den Neukantianismus offene Frage, wie Denken und Wollen in der *konkreten geschichtlichen Welt* und nicht nur «an sich» möglich sind. In ihr steht die Monade gleichursprünglich neben der Natur; sie korrespondiert der Gegenständlichkeit oder der Natur im ganzen. Aber mit der Annahme zweier selbständiger Grundgrößen von Natur und monadischer Subjektivität sprengt Hönigswald das neukantianische Konzept und nähert sich genau *den* geschichtsbezogenen Strömungen, zu denen er sich in offene Opposition gestellt hat.

In seinen späteren Arbeiten entwickelt Hönigswald pädagogische Konsequenzen[31] und baut die Ergebnisse seiner Gegenstandslehre zu einer kritizistischen Systemtheorie weiter aus[32]. Zudem entdeckt man zahlreiche Ausführungen über religiöse Themen. Hönigswald ist überzeugt, daß Glaube und Wissen vereinbar sind, sieht aber eher in der Idee der natürlichen Theologie als im Thomismus Anknüpfungspunkte. Gott erscheint als Instanz aller Geltungsansprüche und auch die Monade verweist als causa sui auf einen religiösen Ursprung.[33]

---

29 Vergleiche das Kant-Buch, S. 8.
30 E. W. Orth sieht in der Formel von Tatsache und Prinzip «eine außerordentliche Nähe zu Husserls Phänomenologie.» (In: Richard Hönigswalds Neukantianismus und Edmund Husserls Phänomenologie als Hintergrund des Denkens von Edith Stein. In: R.L. Fetz u. a.: Studien zur Philosophie von Edith Stein. Freiburg/München 1993. S. 33 und 41). Er verweist dabei auf HUA II 107.
31 Orth (a.a.O. S. 36) vergleicht diese pädagogischen Erwägungen mit Husserls phänomenologischen Intentionalanalysen, wobei er betont, daß Hönigswald diese Thematik nicht etwa «phänomenologisch» nennt. Der Aufsatz Orths verweist auf eine Reihe weiterer Parallelen, z. B. auf die Dialektik von Hönigswalds Geltung und Husserls intuitivem Aufweis (S. 38).
32 Einzelheiten zu diesen Lehren findet man bei Wolandt (1981) und Meder (1975).
33 Zur Religionsphilosophie Hönigswalds siehe Wolandt (1958).

E. Phänomenologische Wesensanalysen

Die Phänomenologie wurde durch Edmund Husserl begründet. Ihre Popularität und konkrete Einflußnahme, die alle Denkbereiche von der Grundlagenmathematik bis hin zur Rechts- und Religionsphilosophie betrifft, verdankt sie allerdings den zahlreichen Einzelanalysen, in denen im Sinne der Frühphänomenologie Husserls *Wesensanalysen* durchgeführt worden sind. Die meisten Forscher bezogen sich direkt auf Husserl und können als dessen Schüler bezeichnet werden. An erster Stelle sind hier die Philosophen der *Münchner Schule* zu nennen, die ihre Ideen von München, aber auch von Göttingen aus in der direkten Auseinandersetzung mit den Schriften Husserls entwickelten. Daneben praktizierten aber auch selbständige Denker, die in keiner direkten oder nur in loser Beziehung zu Husserl standen, die Methoden der phänomenologischen Deskription und machten sie ihren eigenen Interessen dienstbar. Das gilt in gleichem Maße für die Religionsphilosophie *Rudolf Ottos* wie für die praktische Philosophie *Max Schelers*. Alle Genannten können der allgemeinen «*phänomenologischen Bewegung*»[1] zugeordnet werden, die über die Landesgrenzen Deutschlands hinaus und nach der transzendentalen Transformation bis weit in das 20. Jahrhundert hinein wirksam wurde. Der Wesensanalyse der Münchner Schule kann die Existenzialphänomenologie der Freiburger Schule gegenübergestellt werden, die von der transzendentalen Phänomenologie Husserls ausging und diese durch den Einfluß Heideggers für existenziale Anliegen fruchtbar machte.

12. Die Münchner Schule

Die Lehre der Münchner Schule ist der Denkweise der Husserlschen *Früh*phänomenologie verwandt. Dabei ist bemerkenswert, daß die Vertreter der Schule aktiv wurden, als Husserl diesen Standpunkt bereits verlassen und durch die Transzendentalphänomenologie ersetzt hatte. Deshalb muß man die Entstehung der Schule als *Antithese* zu Husserls Weiterentwicklung der Transzendentalphilosophie verstehen. Dies erklärt zugleich die radikalen Reaktionen gegen den kritischen Idealismus und Subjektivismus kantianischer und neukantianischer Prägung. Die Münchner verstehen sich als Vertreter einer «neuen Scholastik» (Edith Stein[2]), die den Primat der konstitutiven Subjektivität ablehnen und sich allein den «Sachen selbst» zuwenden. Ihr Anliegen ist eine deskriptive Wesensanalyse, das heißt eine Beschreibung jener Phänomene (Sachen, res), die sich dem unvoreingenommenen Forscher in ihrer ganzen Wesenfülle offenbaren.

12.1 Anhänger Husserls in München und Göttingen

Zur gleichen Zeit, zu der Husserl die LU veröffentlicht und gegen den Psychologismus argumentiert, bildet sich in München um Theodor Lipps, einem einflußreichen Verfechter eben jenes Psychologismus, ein «Akademisch-Psychologischer Verein», der zur Keimzelle der phänomenologischen Bewegung wird. Die beiden führenden Köpfe sind Alexander Pfänder und Johannes Daubert. Der Zirkel, der sich wöchentlich trifft, diskutiert im allgemeinen Probleme aus dem Umkreis der psychologischen Forschungen Lipps'. Nach dem Erscheinen der LU, in denen

---

1 Der Ausdruck hat sich seit H. Spiegelbergs Standardwerk «The Phenomenological Movement», zwei Bände, Den Haag 1960, durchgesetzt und umfaßt die zahllosen Untersuchungen, die weit über Husserls Ansatz hinausreichen.
2 Aus dem Leben einer jüdischen Familie. Löwen / Freiburg 1965. S. 174.

Lipps' Standpunkt einer heftigen Kritik unterzogen wird, verteidigt sich der Angegriffene wiederholt vor den Mitgliedern des Kreises. Aber wegen der Faszination der neuen Ideen Husserls bewirkt er mit seinen Einwänden genau das Gegenteil. Es entsteht in dem Kreis eine regelrechte Opposition gegen Lipps. 1903 reist Daubert nach Göttingen, wo Husserl seit 1901 lehrt, und führt mit diesem ein langes Gespräch über die LU. Ein Jahr darauf erwidert Husserl den Besuch und nimmt in München mit dem Klub Kontakt auf. Seitdem sind die LU Standardlektüre des Kreises. So kommen neben Pfänder und Daubert auch Adolf Reinach, Moritz Geiger und andere mit der Frühphänomenologie in Berührung. Die bevorzugten Themen betreffen weiterhin vor allem die Psychologie; daneben werden aber auch ästhetische und werttheoretische Probleme analysiert, letztere besonders durch Max Schelers Einfluß, der 1906 zum Kreis stößt und seitdem in München als Privatdozent lehrt.

Parallel zur Herausbildung dieser ersten phänomenologischen Schule geschieht Ähnliches in *Göttingen*. Ab 1907 entsteht dort ein spezieller Philosophen-Zirkel, in dem die Husserlsche Philosophie intensiv diskutiert wird. Husserl gilt in Universitätskreisen als die große Hoffnung in der Philosophie, in dessen Nähe man bahnbrechend Neues erwarten kann. Zahlreiche Studenten zieht es nach Göttingen. Inzwischen sind auch mehrere Münchner dorthin gezogen, so Reinach, Daubert und Geiger. Dabei bleiben Münchner und Göttinger in gegenseitigem Kontakt. Der Kreis erhält Zuwachs durch Theodor Conrad, Dietrich von Hildebrand, Wilhelm Schapp, Alexander Koyré, Jean Hering, Roman Ingarden, Fritz Kaufmann, Hedwig Martius und Edith Stein. Man trifft sich wenigstens einmal in der Woche außerhalb der offiziellen Lehrveranstaltungen. Die Thematik ist strenger an wissenschaftslogischen und mathematischen Problemen orientiert als bei den Münchnern. 1910 nimmt der Kreis die Form einer Philosophischen Gesellschaft an, in welcher der inzwischen stellungslose, im gleichen Jahr nach Göttingen übersiedelte Max Scheler ein Forum für seine Philosophie findet.

Husserl bleibt den Zusammenkünften fern, ja steht ihnen ablehnend gegenüber. Mit Mißbehagen konstatiert er, daß sich beide Schulen verselbständigt haben und seine Wende zur Transzendentalphänomenologie nicht mitvollziehen. Die beiden Kreise, die wir vereinfachend kurz die *Münchner Schule* nennen wollen, konzentrieren sich auf die Explikation der LU und werten diese als Manifest einer *allgemeinen Wesensphilosophie*. Logik, Psychologie, Rechtslehre, Ästhetik und andere Disziplinen werden der phänomenologischen Wesensanalyse unterworfen. Aber Husserl hat inzwischen längst eine neue Stufe seiner philosophischen Entwicklung erreicht, nämlich die transzendentale Rechtfertigung dieser Wesensanalyse. Doch die meisten Schüler – angeführt vor allem von Reinach – verweigern die Gefolgschaft[3]. So ist der Streit mit Husserl vorprogrammiert.

Nach Husserl bedeutet die Ausarbeitung der transzendentalen Begründung der Wesensanalyse keine Wende, sondern eine Realisierung dessen, was in nuce bereits in den LU angelegt ist. Es handelt sich nicht um neue Anleihen bei Kant, sondern um die Rechtfertigung des phänomenologischen Ansatzes, der von «Sachen» spricht, die in ihrer Vieldeutigkeit nicht problemlos sind. Wer Phänomenologie ohne diese transzendentale Begründung betreibt, bleibt nach Husserl auf dem Standpunkt der vorkritischen Ontologie stehen. Man glaubt, die Sache mit Hilfe einer universell gültigen Evidenz erfassen zu können, ohne dieser eine eingehende Konstitutionsanalyse an die Seite stellen zu müssen. Aber zur *eidetischen* Reduktion, die vom Einzelnen und von der Existenz absieht, gehört wesentlich eine *transzendentale* Reduktion, welche die reduzierten Wesenscharaktere als *notwendige* Phänomene begründet. Für Husserl spielt eben diese transzendentale Reduktion als *phänomenologische* Reduktion die zentrale Rolle. Deshalb darf es nicht verwundern, wenn deren Theorie einer fortwährenden Weiterentwicklung unterworfen wird und

---

3 Diese Verweigerung ist keine spezifisch deutsche Angelegenheit. Auch bei J. Ortega y Gasset, der die Phänomenologie in Spanien verbreitet hat, oder bei J.N. Findlay, der die erste englische Übersetzung der LU besorgte, finden wir die gleiche Ablehnung der transzendentalen Reduktion.

sie sich im Gesamtwerk Husserls in zahlreichen Varianten und unter verschiedenen Termini zeigt[4]. Zur deskriptiven Wesensanalyse gehört die transzendentale Intentionalanalyse, durch die erst die absolute Sicherung des Beschriebenen im Bewußtsein erfolgt. Entscheidend ist die Konstitution des Sinns der Phänomene aus den *Leistungen des Bewußtseins.*

In Husserls Augen bleiben die Münchner im Vorstadium einer echten Phänomenologie stecken. Ihr eidetischer Evidenzbegriff bleibt unzureichend. So schreibt Husserl aus der Perspektive des längst Vollendeten im Jahre 1931 an Ingarden: «Es gibt keine Art der Evidenz (auch nicht die mathematische), die der Evidenz der phänomenologischen Philosophie gleichkommt (der constitutiven, die keinem meiner alten Schüler verständlich geworden ist)». In einem aus der gleichen Zeit stammenden Brief an D. Cairus[5] verallgemeinert Husserl noch weiter und bemerkt: «Fast alle meine alten Schüler sind in Halbheiten steckengeblieben und haben den der Phänomenologie wesensnotwendigen Radikalismus gescheut ... Fast alle haben sich verendlicht, sind in den ‹Realism› und Anthropologism zurückgefallen, den Todfeind der wissenschaftlichen Philosophie». Dieser Vorwurf zielt nicht nur auf die Münchner Schule. Inzwischen sind Schelers Anthropologie und Heideggers «Sein und Zeit» erschienen, die in den Augen Husserls beide in gleicher Weise solche realistische Anthropologismen vertreten.

Husserl zählt die eidetische Deskription seiner Schüler nicht zur Phänomenologie, sondern betrachtet sie als einzelwissenschaftliche Leistungen, die vom jeweiligen Forschungsstand der Wissenschaften abhängen. Es fehlt ihnen die Einsicht in die Notwendigkeit apriorischer Intentionalanalysen, welche erst die Struktur der Vernunft offenlegen, das heißt letztlich die Idee einer Philosophie als strenge Wissenschaft realisieren. So wird bei Husserl der Begriff Phänomenologie mehr und mehr zum Synonym für seine eigene Lehre. Husserl erkennt das selbst und beklagt seine philosophische Vereinsamung. 1931 heißt es in einem Brief an Pfänder: ich bin «vereinsamt..., als berufener Führer ohne Gefolge, oder besser ohne Mitforscher an dem radikal neuen Geist der transzendentalen Phänomenologie.»[6] Während die Münchner für die transzendentale Begründung kein Verständnis aufbringen,- es ist charakteristisch genug, daß von den Göttingern nur Edith Stein und Roman Ingarden mit nach Freiburg überwechseln, – gehen die Freiburger ein Stück des Wegs der transzendentalen Reflexion mit. Doch die zahlreichen Fehlschläge in der konkreten Durchführung des phänomenologischen Rechtfertigungsprogramms veranlassen diese, nach neuen Wegen zu suchen, die sie schließlich in die Nähe Heideggers führen.

Die innere Entfremdung der Münchner wird mit dem Erscheinen der IDEEN im Jahre 1913 manifest. Nach außen hin deutlich ist diese jedoch erst ab 1925 nach den Veröffentlichungen der Schüler. Sie nennen die transzendentale Wende einen Verrat an der Grundabsicht der LU. In der Tat erscheint plötzlich in den IDEEN der Primat des Bewußtseins. Diesem stellen die Münchner den Primat der Sache, d.h. des Wesens, gegenüber. Der Schlüsselbegriff ist der bereits in den LU zugrundegelegte Begriff der *kategorialen Anschauung.*

Seit Kant sind wir gewohnt, Raum und Zeit nicht mehr als Kategorien, sondern als Anschauungsformen zu bezeichnen. Kategorien sind gerade durch Nichtsinnlichkeit ausgezeichnet; sie betreffen die Spontaneität des Verstandes und nicht das in der Anschauung Affizierte. Ein Satz wie «Farben sind notwendigerweise ausgedehnt» enthält nach Kant auch kategoriale Bestimmungen, die nicht durch die Anschauung allein erklärbar sind. Bei Husserl und den Frühphänomenologen dagegen gibt es nicht nur eine *sinnliche*, sondern auch eine *kategoriale* Anschauung. In ihr kommt in unserem Beispiel das Wesen der Farbe als Ausgedehntes zur Anschauung. Bei Husserl heißt jede Selbstgebung Anschauung. Weil die Selbstgebung hier auch kategoriale Elemente umfaßt, handelt es sich um eine kategoriale Anschauung. Die kategorialen Inhalte werden

---

4 Einzelheiten z.B. bei Spiegelberg: Husserl and Pfänder on the Phenomenological Reduction. In: The Context of the Phenomenological Movement. Den Haag 1981. S. 62 ff.
5 Nach E. Avé-Lallemant (Hg.): Die Münchner Phänomenologie. Den Haag 1975. S. 27.
6 Avé-Lallemant a.a.O. S. 28.

als Wesenszüge in einer Anschauung erfaßt. Weil diese apriorischen Charakter haben, spricht man von einem *materialen Apriori*. So erhält nicht nur der Anschauungsbegriff eine revolutionäre Erweiterung, sondern auch der bei Kant rein formal gedachte Begriff des Apriori. Genau diese beiden Erweiterungen werden von der Münchner Schule als die Errungenschaften der LU gefeiert und zum Ausgangspunkt für zahlreiche Analysen gewählt. In den philosophischen Disziplinen wird eine Fülle von Wesensbeziehungen und Wesensgesetzen entdeckt, die weit über die Möglichkeiten empirischer Aussagemöglichkeiten hinausgeht.

Besonders die Religion erfährt neue Aufmerksamkeit. Spiegelberg[7] führt die intensive Beschäftigung mit religiösen Problemen in dieser Phase der phänomenologischen Bewegung auf jene phänomenologische Intuition zurück, die für alle Arten von Erfahrungen offenbleibt. Er verweist auf die zahlreichen Konversionen zum Katholizismus: Max Scheler, Dietrich von Hildebrand und Edith Stein sind die spektakulärsten Beispiele. Diese Entwicklung ist umso auffälliger, weil die Zeit vor der Ausbreitung der Phänomenologie die entgegengesetzte Tendenz zeigt und die Kirchen an Einfluß verloren hatten. Auch bei den Protestanten Pfänder, Conrad-Martius und Jean Hering, der später in Straßburg einen theologischen Lehrstuhl erhält, findet man die gleiche Offenheit für religiöse Phänomene. Ähnliches läßt sich bei Fritz Kaufmann in bezug auf das Judentum sagen. Auch bei Reinach erfolgt kurz vor seinem frühen Tod im Ersten Weltkrieg eine Hinwendung zur Religionsphilosophie. Die größere Anziehungskraft des die intuitiven Kräfte einbeziehenden Katholizismus hängt wohl auch mit den damaligen antiphilosophischen Tendenzen in der protestantischen Theologie zusammen, die später in der dialektischen Theologie um Karl Barth kulminieren, wo der exklusive Offenbarungsgedanke alle philosophischen Zugänge zum Christlichen abschneidet.

12.2 Repräsentanten einer Phänomenologie der Wesensanalyse

12.21 Alexander Pfänders phänomenologische Psychologie

Lebenslauf

Geboren am 7.2. 1870 in Iserlohn. Ingenieur-Studium an der TH Hannover. 1897 philosophische Dissertation in München. 1900 Habilitation. 1904 Begegnung mit Husserl. Mitherausgeber des JPPF. 1930 Ordinarius für Philosophie in München. Pfänder stirbt dort am 18.3. 1941.

Auswahl aus der Primärliteratur

1898 Das Bewußtsein des Wollens. In: Zeitschrift für Psychologie und Physiologie der Sinnesorgane XVII, 521 ff.
1901 Phänomenologie des Wollens. Eine psychologische Analyse. Leipzig.
1904 Einführung in die Psychologie. Leipzig. 2. Auflage 1920.
1911 Motive und Motivation. In: Münchner Philosophische Abhandlungen.
1913 Zur Psychologie der Gesinnungen. I.Teil. In: JPPF Band 1. S. 325 ff.
1916 Teil II. In: JPPF Band 2. S. 1 ff.
1921 Logik. In: JPPF Band 4. S. 139 ff.
1924 Grundprobleme der Charakterologie. In: Jahrbuch für Charakterologie. Band 1.
1933 Die Seele des Menschen. Versuch einer verstehenden Psychologie. Halle.
Schriften aus dem Nachlaß zur Phänomenologie und Ethik. Zwei Bände. München 1973.
Der Nachlaß «Pfaenderiana» befindet sich in der Bayerischen Staatsbibliothek in München. Nachlaßverzeichnis, Wiesbaden 1975.

Bibliographie

Pfänder-Studien. Hg. von H. Spiegelberg und E. Avé-Lallemant. Den Haag 1982.

7 Husserl and Pfänder on the phenomenological Reduction. S. 172 / 173

Pfänder ist neben Husserl der bedeutendste Frühphänomenologe. Doch steht sein Wirken im Schatten der großen Weiter- und Umbildner der Phänomenologie wie Scheler und Heidegger. Seine philosophische Laufbahn beginnt in München bei Theodor Lipps. Als erster Phänomenologe nach Husserl erhält er dort einen Lehrstuhl an einer Universität. Bereits im Jahre 1900, also ein Jahr vor Husserl, verwendet er in einer seiner Publikationen den Terminus Phänomenologie.

Pfänders Untersuchungen kreisen ein Leben lang um die Psychologie. Er sucht in der Auseinandersetzung mit Lipps und anderen Psychologisten einen eigenen neuen Weg zur Grundlegung der Psychologie, ohne die Arbeiten von Husserl zu kennen. Im gemeinsamen Kampf gegen den Psychologismus treffen sich beide Forscher nach der Kontakt-Aufnahme Husserls mit dem Münchner Kreis. Husserl ist von Pfänders Arbeiten tief beeindruckt. Er betrachtet ihn lange Zeit als den solidesten und zuverlässigsten Phänomenologen, geht mit ihm in die Ferien und regt ihn zur Ausarbeitung einer Logik an. Zwischen 1920 und 1927 redigiert er das JPPF. Noch in seiner frühen Freiburger Zeit betrachtet Husserl Pfänder als seinen qualifiziertesten Nachfolger[8].

Der gemeinsame Nenner beider Phänomenologien ist der Kampf gegen einen psychologistischen Empirismus, der den Blick für die Wesensstrukturen der psychologischen Phänomene verloren hat[9]. Pfänder spricht noch von einer *verstehenden Psychologie*, welche durch die Beschreibung der Grundtriebe und deren Zusammenhang in der Seele die Struktur der menschlichen Persönlichkeit offenlegt. Im Gegensatz zur empiristischen Lehre, die sich nur auf Sinneswahrnehmungen beruft, ist Pfänder davon überzeugt, daß die Vernunft als ursprünglich *sehendes* Vermögen diese Wesenszusammenhänge erschauen kann. Entscheidend sind weder Ratio noch Empirie, weder Religion noch Glaube, sondern der Blick in das Selbst und auf seine Verhältnisse zur Welt. Zur Darstellung der geschauten Zusammenhänge verwendet Pfänder bildliche Analogien.

Nach dem Erscheinen von Husserls IDEEN betrachtet Pfänder seine psychologischen Untersuchungen als *Phänomenologie*. Er betont die Rolle des Subjekts als Ausgangspunkt für die Deutung der Welt. Deren Struktur ist als Korrelat des Bewußtseins ein Objekt des Meinens und steht insofern außerhalb der Realitätsproblematik. Pfänder übernimmt den Epoché-Begriff Husserls, der ihm jedoch nur dazu dient, idealistische oder realistische Vorurteile zu vermeiden, ohne daraus Konsequenzen für eine transzendentale Konstitution zu ziehen. Wie bei allen Münchnern wird Husserls phänomenologische Konstitution radikal abgelehnt[10].

Pfänder ist in die Geschichte der Phänomenologie als der Autor einer *phänomenologischen Logik* eingegangen. Ein Blick in das 1921 erschienene Werk «Logik» zeigt aber, daß von einer expliziten Anwendung der eidetischen Phänomenologie auf die logischen Probleme nicht die Rede sein kann. Man findet vielmehr die alte Thematik im Begriff-Urteil-Schluß-Aufbau vor, die im Stile der damaligen Zeit erkenntnistheoretische und psychologische Argumentationen mit der eigentlichen formalen Logik verquickt. Von einer Kenntnisnahme der neuen logischen Einsichten, zum Beispiel bei Frege und Russell, kann keine Rede sein. Phänomenologisch ist dabei die konsequente Anwendung der Prinzipien aus der Prolegomena von LU I, die alle psychologistischen Begründungen und Denkweisen ausmerzt. Was dagegen die prinzipielle Stellung der Logik im Gesamtsystem der Erkenntnislehre betrifft, liegen gravierende Unterschiede in den

---

8 Vergleiche die Ausführungen Spiegelbergs in «The Phenomenological Movement», Band 1, S. 173f, und v. a. in Spiegelberg (1963).

9 Für das Verhältnis von Husserl und Pfänder ist richtungweisend Schuhmann (1972). Dieser vertritt die These, daß weniger die IDEEN selbst die Trennung bedeuteten, sondern daß die Spaltung «nur Ausdruck der Zwiespältigkeit jener Ideen selber » sei (S. 8). Diese Betrachtung rückt die Münchner und die Freiburger viel näher, als man vermuten kann; Pfänders Lehre erscheint eher als phänomenologische Psychologie mit transzendentalen Elementen und nicht als reine Ontologie.

10 Wenn Spiegelberg unter Bezug auf Nachlaßtexte nachweist, daß Pfänder den Reduktionsgedanken Husserls doch ernst nimmt, dann heißt das nur, daß er die eidetische Reduktion unter dem Begriff der Epoché anerkennt und die Abhängigkeit der Phänomene vom aktuellen Bewußtsein durchschaut; der eigentliche transzendentale Gedanke einer Reduktion auf die Bewußtseinsleistungen fehlt aber auch hier. Vgl. Spiegelberg (1981). S. 62 ff.

Auffassungen von Pfänder und Husserl vor. Das betrifft nicht nur den Umstand, daß Husserl seine Logik inzwischen weiterentwickelt und in seinem neuen Werk «Formale und transzendentale Logik» der Öffentlichkeit zugänglich gemacht hat. Pfänder steht auch im Widerspruch zur frühphänomenologischen Lehre Husserls. Denn bei Pfänder ist die Logik autonom; ihre Gültigkeit hängt von keiner Phänomenologie ab. Phänomenologische Überlegungen wirken sich zwar in Einzelfragen vorteilhaft aus, betreffen aber eher die erkenntnistheoretischen als die eigentlich logischen Fragen. Bei Husserl dagegen steht die Phänomenologie am Anfang einer jeden Wissenschaft, insbesondere auch am Anfang der Logik. Nach Pfänder «durchschreitet die Phänomenologie unaufhörlich die verschiedenen Sphären; nämlich die der Denkakte, des Gegenstandsbewußtseins, der Meinungen und der intentionalen Gegenstände. Die Logik dagegen hat zunächst ein viel beschränkteres Gegenstandsfeld. Sie hält sich ausschließlich in der Sphäre der Gedankengebilde auf» (28/29). Wegen dieser Beschränkung ist die Logik kein Teil der Phänomenologie. Der Oberbegriff für Logik und Phänomenologie ist die Erkenntnislehre.

Pfänder strebt also weniger eine phänomenologische *Logik* als vielmehr eine phänomenologische *Psychologie* an, genauer eine Phänomenologie der Wahrnehmungen. Dabei bedeutet Wahrnehmung ein Aufsuchen von Bewußtseinsinhalten, in denen das Gemeinte leibhaftig gegeben ist; später bezieht sich Wahrnehmung auch auf «Akte der ‹Findung› von Werten und idealen Forderungen» (Spiegelberg[11]). Anfangs kreisen die Publikationen um die Willensphänomene. Der Wille wird dabei nicht einfach auf Vorstellungen und Empfindungen reduziert, sondern besitzt als Strebung ein freitätiges Eigenwesen, das es zu entfalten gilt. Letztlich geht es Pfänder um die Offenlegung der Persönlichkeitsstruktur. Bemerkenswert ist seine Phänomenologie der Gesinnungen, in welcher die «gerichteten Gefühle» wie Liebe und Haß, Wohlwollen und Übelwollen, Freundlichkeit und Feindseligkeit beschrieben werden. Die Untersuchungen sind zeitgleich mit Schelers Analysen in «Wesen und Formen der Sympathie». Die Erschütterungen der ethischen und wertphilosophischen Maßstäbe erfordern eine Überwindung des Nihilismus durch klare Beschreibung der Phänomene. Als «radikale Hilfe» verlangt er die «Wahrnehmung der phänomenologischen Gegenstände und Sachverhalte, ... der phänomenologischen Werte, Wertunterschiede, Wertsachverhalte ... der phänomenologischen Verbindlichkeiten in Bezug auf alles mögliche Tun und Lassen»[12]. Wahrnehmung bedeutet hier Ideation und Wesensschau. Diese bezieht sich auf ein Grundwesen, das er dem empirischen Wesen gegenüberstellt. So hat etwa eine fast kreisförmige konkrete Figur ein empirisches Wesen, das auch alle Ungenauigkeiten umfaßt, während die dahinter erkennbare anschauliche Form des vollkommenen Kreises das Grundwesen ausmacht. Dies läßt sich in einer theoretischen Idealisierung direkt anschaulich erfahren. Dieser Prozeß verläuft in drei Stadien[13]; er umfaßt

– die Sinnerklärung, in der deutlich wird, was wir in einem bestimmten Zusammenhang meinen beziehungsweise was wir nicht meinen;
– die Epoché, in welche der Glaube an die Wirklichkeit des Gemeinten zunächst außer Kraft gesetzt wird, und
– die phänomenologische Verifizierung, in der das Gemeinte im Bewußtsein in seiner ganzen Leibhaftigkeit vorgefunden wird.

Die Anwendung des Begriffs des Grundwesens auf den Menschen führt auf Probleme der Charakterologie und schließlich auf ethische Probleme, die aber nicht mehr weiter entfaltet werden.

Pfänder ist überzeugt, daß die Wahrnehmung allein, also ohne Zuhilfenahme von Begriffen (wie im Neukantianismus) oder von Symbolen (wie bei Cassirer) ihren Gegenstand in reinster Form erfassen kann. Nach der Ausschaltung von perspektivistischen Täuschungen, psychologi-

---

11 Spiegelberg (1981). S. 23.
12 Nachlaß. Spiegelberg (1963). S. 54.
13 Spiegelberg (1963). S. 17 ff.

stischen Vorurteilen, pathologischen Verirrungen usw. zeigt sich das, was leibhaftig selbst gegeben ist, an dem sich zugleich das individuelle Meinen korrigieren muß. Letztlich glaubt er an eine ursprüngliche Ordnung in der Totalität aller Gegenstände, die in den Bewußtseinsprozessen verborgen liegt und nach einer sorgfältigen Analyse dort erscheinen kann. Diese «zweite Naivität» (Trillhaas[14]) in der Annahme eines fertigen Kosmos bestätigt die Vermutung Husserls, daß Pfänder eine dogmatische Metaphysik vertritt[15]. Pfänders Wahrnehmungslehre kann nur unter der Bedingung einer Ontologie im Sinne einer geschichtslosen philosophia perennis ihre phänomenologische Aufgabe erfüllen. Diese Überzeugung erklärt, warum sich Pfänder weder mit Freud noch mit Nietzsche oder Dilthey auseinandersetzt. Sein Glaube an eine natürliche geschichtslose Ursprünglichkeit läßt ihn auf eine abschließende und letzte Erkenntnis durch die neue Philosophie hoffen.

Spiegelberg zählt die Ausführungen Pfänders zu den «frühesten und schlagendsten Illustrationen phänomenologischer Methode in ihrer ersten Form»[16]. Sie zeigen aber zugleich die Grenzen einer Phänomenologie, die auf die transzendentale Rechtfertigung verzichtet. Die phänomenologische Psychologie Pfänders setzt die Subjektivität und deren spezifische Vermögen der Ideenschau den psychologistischen und vor allem kulturkritischen Thesen kategorisch entgegen, ohne deren behaupteten fundamentalen Charakter begründen zu können. Dies ist ein Vorwurf, der auch allen anderen Frühphänomenologen gemacht werden kann.

12.22 Die phänomenologische Ontologie von Hedwig Conrad-Martius

Lebenslauf

Hedwig Martius ist am 27.2.1888 in Berlin geboren. Studium der Geschichte, Literatur, Philosophie, Psychologie und Kunstgeschichte in Rostock, Freiburg, München und Göttingen. 1912 philosophische Promotion in München. 1912 Heirat mit Theodor Conrad. Ab 1949 philosophische Lehraufträge an der Universität München. 1955 dort Honorarprofessorin. Sie stirbt am 15.2.1966 in München.

Conrad-Martius stammt aus einer bekannten Berliner Arztfamilie und war, wie Edith Stein, eine der ersten Frauen, die ein Universitätsstudium absolvierten. Die Phänomenologie bestimmte sehr früh ihren Ausbildungsgang. Sie promovierte bei Pfänder mit einer Preisschrift über den Positivismus. Nach der Heirat mit dem Phänomenologen Theodor Conrad, der als Obstfarmer den Lebensunterhalt verdiente, konnte sie sich ganz der Philosophie widmen. Allerdings verhinderten das Diktat des Nationalsozialismus die Ausbreitung ihrer Werke und die Kriegswirren eine Universitätslaufbahn. Doch nach dem Zweiten Weltkrieg wirkte sie als Lehrbeauftragte für Naturphilosophie und als Honorarprofessorin auch im akademischen Bereich.

Auswahl aus der Primärliteratur

1912   Die erkenntnistheoretischen Grundlagen des Positivismus. Preisschrift der Universität Göttingen. Privatdruck Bergzabern 1920.
1916   Zur Ontologie und Erscheinungslehre der realen Außenwelt. In JPPF Band 3. S. 345 ff.
1921   Metaphysische Gespräche. Halle.
1924   Realontologie. In JPPF Band 4. S. 159 ff.
1929   Farben. In: Festschrift für E. Husserl. Halle S. 339 ff.
1944   Der Selbstaufbau der Natur. Hamburg.
1954   Die Zeit. München.
1957   Das Sein. München. **DS**
1958   Der Raum. München.

---

14   «Selbst leibhaftig gegeben». Reflexion einer phänomenologischen Formel nach Alexander Pfänder. In: Kuhn/Avé-Lallemant/Gladiator (Hg.): Die Münchner Phänomenologie. Den Haag 1975. S. 12.
15   Im Brief an Ingarden. E. Husserl: Briefe an Roman Ingarden. Hg. von R. Ingarden. Den Haag 1986. S. 23.
16   Spiegelberg (1963). S. 32.

1960   Die Geistseele des Menschen. München.
Schriften zur Philosophie in drei Bänden. Hg. im Einverständnis mit der Verfasserin von Eberhard Avé-Lallemant. München 1963, 1964 und 1965. Band 1 enthält kürzere Arbeiten aus den Jahren 1927–1935, Band 2 von 1936–1948 und Band 3 von 1949 bis 1963. **SP**

Bibliographie

E. Avé-Allemant: Hedwig Conrad-Martius. Bibliographie. In ZPHF 31 / 1977. S. 302 ff.
Dempf, A.: Veröffentlichungen von Hedwig Conrad-Martius. In PHJB 66/1958.
Der Nachlaß befindet sich in der Bayerischen Landesbibliothek in München. Nachlaßverzeichnis, Wiesbaden 1975.

Conrad-Martius wird bald nach dem Universitätswechsel von München nach Göttingen neben Reinach die führende Persönlichkeit des Göttinger Kreises. Ihr zentrales Thema ist eine *Phänomenologie der realen Welt*, in der sowohl die Grundbegriffe wie Sein und Realität, Raum und Zeit, als auch deren Inhalte wesensmäßig beschrieben und in ihrem systematischen Aufbau dargestellt werden. Später bildet sie mit ihrem Gatten Theodor Conrad das Zentrum des Bergzaberner Kreises. Ihre Untersuchungen weiten sich zu einer *universellen Ontologie* aus, die auch die biologischen Problemstellungen in allen Einzelheiten mitumfaßt, ähnlich wie bei Hartmann, der allerdings in einigen Punkten von Conrad-Martius kritisiert wird.

Conrad-Martius bezeichnet ihre Philosophie als *Seinsphilosophie* oder *ontologische Phänomenologie* und versteht diese als dritte Grundform phänomenologischer Forschung neben Husserls *transzendentalem* und Heideggers *existenzialem* Ansatz.[17] Sowohl die transzendentale Phänomenologie mit ihrer Reduktion der Welt auf Bewußtseinsleistungen als auch die existenziale Phänomenologie, in der die Welt zum Vorhandenen des «Daseins» wird, bedeuten für Conrad-Martius besondere Herausforderungen. In beiden sieht sie die Frucht idealistischer Weltentwirklichung. Die Welt muß eine in sich gegründete Realität haben, deren Beziehung zum Dasein es ontologisch zu analysieren gilt (SP I, 190). Mit ihren Analysen zum Seinsproblem stellt Conrad-Martius ein wichtiges Zwischenglied in der Entwicklung von Husserl zu Heidegger dar. Sie zeigt, wie die Seinsproblematik nicht erst aus der transzendentalen Fragestellung abgeleitet werden kann, sondern bereits in dem ursprünglichen Ansatz der Wesensdeutung verborgen liegt und bei Heidegger ihren Höhe- und Schlußpunkt erlangt.

Anders als bei Pfänder finden wir bei Conrad-Martius umfangreiche Ausführungen sowohl über die Deutung der Phänomenologie als auch über die für die Münchner so charakteristische Wesensanalyse. Außerdem spricht sie nicht nur theoretisch oder programmatisch über die Wesenswissenschaften, sondern stellt reichhaltiges Material für eine explizite Wesenslehre dar, die wir in Pfänders Logik vergebens suchen.

Phänomenologie als Wesensforschung muß zuerst den Begriff des Wesens selbst, also des «Wesens des Wesens»[18] klären. Conrad-Martius geht dabei von all dem aus, was es in irgendeinem Sinn gibt: physische Gegenstände, Bewußtseinsinhalte im Sinne der Psychologie, Vorhandenes im Sinne Heideggers, mathematische und logische Gegenständlichkeiten, Transzendentalien, das Sein, ja auch das Nichts: «Kurz und gut: alles das, was ein eindeutiges Quod besitzt und von dem man infolgedessen in eindeutiger Weise reden kann». Die Gesamtheit dieser entia mit einem eindeutigen Quod bildet einen Kosmos, das heißt eine «hierarchisch gegliederte Gesamtheit, innerhalb derer jedes dazugehörige Glied seine sinnvolle Stelle hat» (SP III, 335). Dieser Kosmos noetós oder Kosmos intelligibilis kann im alltäglichen Umgang und in der wissenschaftlichen Überlegung Gegenstand unserer geistigen Akte und Zielpunkt unseres Wünschens sein, ohne daß wir dabei das eigentliche Quale vor Augen haben oder die genaue Sinnstelle, den

---

17 Siehe «Phänomenologie und Spekulation». SPIII, S. 370ff, und « Die transzendentale und die ontologische Phänomenologie», SPIII, 393ff. Die späteren Schriften werden von Edith Stein als Gegenentwurf zu Heideggers «Sein und Zeit» verstanden. Vgl. unten 24.23d.
18 So der Titel eines Seminarvortrages. Vgl. SP III, 335ff.

noetischen Topos, kennen. Wenn wir uns dagegen auf das jeweilige Quod und dessen Topos im Ganzen des Kosmos konzentrieren, dann sind wir auf das *Wesen* gerichtet. Der Kosmos noetós wird zum Wesenskosmos (337). Dieses eindeutige Quod ist bei den formalen Gegenständlichkeiten (wie beim Sein selbst, beim Einen, beim Etwas und bei bestimmten Grundrelationen) das eigentlich Zugrundeliegende. Bei den meisten anderen Gegenständen des Seinssinkosmos erwächst dagegen das Wesensquod aus der Sinnstelle, das heißt aus dem jeweiligen komplexen Knotenpunkt von Sinnbeziehungen. Die Evidenz der Wesensforschung beruht auf der Tatsache, daß jedes Quod einen eindeutigen Topos hat, den es zu entdecken gilt. So wird die Wesensforschung zur *Onto-Logik* (Ontologie): das «on» betrifft das «es gibt» im allgemeinsten Sinne, die «Logik» den im Seinssinn des Topos erscheinenden objektiven Logos des Seienden (339).

Der Kosmos noetós muß vom Wirklichkeitskosmos unterschieden werden, der dem Seinssinkosmos nur idealiter eingeordnet ist. Deshalb taucht die Frage auf, was ein bestimmtes Quod zum realen Sein macht. Aber hier wird die Grenze der Phänomenologie sichtbar. Realität betrifft bestimmte physische Beziehungen, die experimentell festgestellt werden müssen (342). Es besteht also ein Unterschied zwischen noetischen Sinnbezügen oder noetischen Konstitutionsbedingungen auf der einen und physischen beziehungsweise physikalischen Konstitutionsbedingungen auf der anderen Seite. Nur die noetischen sind phänomenologisch aufklärbar, die physischen dagegen sind nicht einsichtig. Somit bleibt die Grenze zwischen konkreter experimenteller Naturwissenschaft und eidetischer Wissenschaft erhalten.

Wenn das nicht-formale Wesen als Knotenpunkt von Sinnzusammenhängen definiert wird, dann ist eine genaue Differenzierung zwischen Sinn und Wesen notwendig. Einem Wort wird im allgemeinen ein Sinn zugeordnet, wenn mit dem Wort etwas «gemeint» wird, also eine Intention mitgedacht wird. Sinn ist dann das, «worin ein Wesen seine Bedeutung kundtut, womit es selber sagt, was mit ihm innerhalb des gesamten Zusammenhangs des Seienden ‹gemeint› ist». Dazu bedarf es keines Subjekts, keines Bewußtseins überhaupt und keines Gottes. Denn die Dinge sagen *selber*, was ihr Wesen ausmacht und was sie bedeuten (347). Da die Stelle im Kosmos der betreffenden Sache den Sinn gibt, kann man hinter den Sinntopos nicht zurück. *Seinsmäßig* ist also der Sinn das erste; das Wesen hat nur *erkenntnismäßig* einen Vorrang, weil sich im Sinn das Wesen dem Forschenden aufschließt. Der objektive Sinn fundiert das Wesen (348).

Aus dieser Einsicht läßt sich nun das Verhältnis von Kosmos noetós und Wirklichkeitskosmos bestimmen. Der erste schließt den Wirklichkeitskosmos nicht *selber* in sich ein, «sondern nur ihn mit all seinen Beständen *als solchen*» (349), das heißt, indem man das Intelligible im Wirklichen begreift. Der Wirklichkeitskosmos kennt zunächst, also vor der philosophischen Reflexion, keinen Kosmos intelligibilis. Man findet ihn nur in der eidetischen Reduktion oder Ideation, das heißt, indem man alles nach seinem Wesen und nicht nach seinem Sein betrachtet.

So rückt für Conrad-Martius die Frage nach dem realen Sein als solchem in das Zentrum. Sie fragt, was Realität überhaupt ist (396). Wirklichkeit bedeutet einerseits einen noematischen Bestand (die schlichte Wirklichkeit), andererseits die bewußtseinstranszendente Wirklichkeit dieses noematischen Wirklichkeitsmoments. Diese «wirkliche Wirklichkeit» (397) kann keinen noematisch-phänomenalen Charakter haben. Sie ist das faktische «Auf-sich-selber-Stehen» oder das «In-sich-selber-Gegründetsein».

Während Husserl ein bewußtseinsunabhängiges Seiendes als Unsinn bezeichnet und die Welt in einer transzendentalen Reduktion zum Welt*phänomen* des absoluten Bewußtseins macht, wird die Welt bei Conrad-Martius *als hypothetisch seiende* gesetzt (398). Die Welt bleibt so innerhalb der universalen Gegebenheitsweise genau dieselbe. Damit vermeidet sie den Rückfall in den transzendentalen Idealismus; die Wirklichkeit der Welt darf nicht durch Reduktion eingeklammert werden, sonst ist «das Vollphänomen ‹Welt› in seinem Zentrum gestört». Ein bloßes Bewußtsein ist eine ontologische Unmöglichkeit. Denn Bewußtsein setzt stets ein reales Selbst voraus (353).

So versteht Conrad-Martius die ontologische Phänomenologie letztlich als *Seinsphilosophie*.

Diese handelt von der Möglichkeit der Erforschung des Seins in wesenhafter Absolutheit (SP I, 17). Das setzt die phänomenologische Geisteshaltung voraus, die sich «in reiner Sachhingegebenheit in das Wesen des Seins vertieft» (16). Nach Husserl vermag das reine Bewußtsein absolut zweifelsfreie Wesensurteile über *faktisches* Sein zu fällen. Aber während Husserl die Möglichkeit der Wesensschau verabsolutiert, indem er das Bewußtsein zum Maß allen Seins macht, betont Conrad-Martius, daß das reine Bewußtsein über sich hinausweist und so aufhört, das Maß allen Seins zu sein (22/23).

Die Explikation der Seinsphilosophie erfolgt zunächst in der «Realontologie» von 1923 und wird in den fünfziger Jahren in den Monographien über Zeit, Sein und Raum weitergeführt. Diese Arbeiten sind für die Frühphänomenologie im allgemeinen von größter Bedeutung, weil in ihnen nicht nur die phänomenologische Methode angewandt wird, sondern zugleich der Phänomenologie als Wesenswissenschaft der ihr zukommende ontologische Ort im philosophischen Gesamtkosmos zugewiesen wird. Der Versuchung, die jeweils als selbstverständlich erscheinenden Einsichten zu phänomenologischen Evidenzen zu erklären, sind die meisten Münchner allzuoft erlegen, auch Conrad-Martius. Aber die von ihr durchgeführten ontologischen Reflexionen über den Status der Wesenheiten innerhalb der Seinsphilosophie sind ihre besondere Leistung; denn sie präzisieren die Prämissen, auf welche die gesamte Phänomenologie der Münchner Schule aufbaut.

Die ontologischen Voraussetzungen der eidetischen Phänomenologie werden – auf die «Realontologie» aufbauend – in der Monographie «*Das Sein*» expliziert. Die Zweiteilung der Untersuchung in *Analogien des Seins* und in *Reales Sein* und in deren beiden Grundmodi macht deutlich, daß diese Phänomenologie nicht das *reale* Sein zu erklären versucht. Die Thematik der Phänomenologie bezieht sich auf das Wesen. Das Sein des Wesens kann nur *analogisch* gemeint sein. Wesentlich für jede klassische Ontologie oder Seinsphilosophie ist die Überzeugung, daß man vom Seins-Sinn in verschiedener Bedeutung reden kann, obwohl das Sein den höchsten Genus darstellt. Innerhalb dieser analogen Redeweise unterscheidet Conrad-Martius das kategoriale und das ideelle Sein. Das kategoriale Sein ist vom sachverhaltsimmanenten Sein (19) bestimmt, weil dieses Sachverhalte und Gegenstände als solche konstituiert und damit das Sein von Begriffsgegenständen erklärt. Bei der Beschreibung der durch das «es gibt» definierten Gegenständlichkeit im weitesten Sinne unterscheidet Conrad-Martius

– das substanzielle Moment, das heißt das Träger- oder Subjektsein;
– das essenzielle Moment, das Sosein oder das Was;
– das existenziale Moment, die Vorhandenheit oder das «es gibt» im engeren Sinn (40).

Im Gegensatz zu Russell, aber in Übereinstimmung mit Meinong, ist für Conrad-Martius beispielsweise auch ein «rundes Viereck» als Intentionalobjekt ein sinnvoller Begriffsgegenstand wie jeder andere, dem also alle drei genannten Momente zuzuschreiben sind. Trotzdem ist sein Sein kein selbständiges, sondern nur ein transzendentales Sein, das von der Intention abhängt (87).

Die für die Phänomenologie relevanten Untersuchungen erfolgen in dem Abschnitt zum ideellen Sein. Conrad-Martius differenziert zwischen idealen Gegenständen, Ideen und Wesen(heiten), die alle aufgrund des sachverhaltsimmanenten Seins ein gegenständliches Sein in allgemeinem Sinne aufweisen (88). *Ideale Gegenstände,* wie etwa die Zahl 3, besitzen in ihrer Sphäre einen unverrückbaren Seinsstandort (65) und sind in diesem Sinne Gegenstände mit selbsthaftem Sein in Analogie zu real Seiendem (87). *Ideen* definiert Conrad-Martius nach J. Hering mit Hilfe des Wesens: «Die Idee ist das gegenständlich für sich gesetzte Wesen irgendeiner Sache» (49). Das *Wesen* eines Gegenstandes aber bedeutet das, «was notwendig immer oder aber in den meisten Fällen vorhanden ist oder eintritt» (46). Das Wesen kommt sowohl allgemeinen Gegenständen, wie Arten und Gattungen, als auch individuellen Gegenständen zu. Wesen ist dasjenige, was den Gegenständen unabtrennbar angehört und mit diesem vergeht. Aber betrachtet man das Wesen einer Sache vergegenständlichend für sich, dann ist es als Idee gesetzt. Aus dem Vergänglichen wird durch das gedankliche Abstreifen der Existenz das unvergängliche Eidos. Die ewigen Wesen oder Eiden begründen das Wesenhafte in den Gegenständen und sind das Objekt der Phänomenologie. «Sie sind denkbar ohne eine entsprechende reale oder ideale Welt», die Bedingungen ihrer Möglichkeit liegen ganz und gar in ihnen selbst (77). Wesenheiten besitzen selbsthaften Gehalt und selbsthaftes Sein, ohne Substanzen zu sein (80). Sie stehen in absoluter und radikaler Seinsunabhängigkeit; das bedeutet, daß es sie unabhängig von jeder subjektiven Erzeugung oder transzendentalen Konstitution gibt (84). Sie fundieren das Sosein der Gegenstände und sind in der Idee indirekt faßbar (85). Phänomenologie bedeutet, durch Ideierung «jedes Seiende nach seinem immanenten Wesen und Sinn aufzubrechen» (86). So gelangt die phänomenologische Forschung zum Kosmos noetikós, in dem jedes Wesen seine feste Stelle, das heißt seinen Seinssinn hat (87).

Conrad-Martius' Interesse geht über eine reine Phänomenologie hinaus. In der intendierten Seinsphilosophie muß zusätzlich zur analogia essendi auch die existenziale Bestimmung des realen Seins thematisiert werden. Es ist dies das in seinsmäßiger Seität Gesetzte oder das selber Seiende (98). Genauer ist reales Sein ein solches, «das im Können seines eigenen Seins steht» (104). Hier unterscheidet Conrad-Martius zwei Grundmodi:

– Die hypokeimenale Seinsform oder die hyletische Substanz; traditionell zum Beispiel die stoffliche Natur in Pflanze, Tier und Mensch, allgemeiner Descartes' res extensa; und
– die archonale Seinsform oder die pneumatische Substanz; traditionell der Geist, das ichhafte Seiende, Descartes' res cogitans.

Die Beschreibung der beiden Seinsformen als selbsthafte Seinsvermögen deckt spezifische Unterschiede auf. So ist die *hypokeimenale* Seinsform ein Vermögen reeller mit sich selbst geeinter Selbsttranszendenz (142). Das heißt, sie erscheint als Selbstdarstellung, als eine nach außen gewendete Selberkeit (105), in der das Selbst nicht verloren geht und *reelle* Selbsttranszendierung bleibt. Demgegenüber enthält die *archonale* Seinsform eine *transzendentale* Selbsttranszendierung, die in einer Objektion gründet (142). Das Wesen dieser Seinsart liegt zwar ganz und gar im Selber-Können, im sich selber ins Sein setzen (129); aber es ist mit einer Objezierung verbunden: «In ihm liegt immer schon ein Da-Sein, ein Gegenwärtig-Sein irgendeines Etwas ... » (130). Jede aktuelle Existenz braucht irgendeinen Grund und Boden; dieser ist bei der pneumatischen Substanz außer ihrer selbst.

Mit Hilfe dieser Bestimmungen gelingt es Conrad-Martius, eine vollständige Ontologie darzustellen. In ihr liegen alle Mittel bereit, irrige Ontologien und Seinslehren zu widerlegen. Nicht gelöst wird in einer solchen phänomenologischen Ontologie allerdings die erkenntnistheoretische Tatsachenfrage, «ob die Welt, die ich als eine reale unmittelbar fasse, auch wirklich eine reale ist». Conrad-Martius ist aber überzeugt, daß der ontologische Sinn unseres ichhaften Wesens unerfüllt bleiben würde, wenn diese Welt nicht zugleich die wirkliche Welt wäre (141).

12.23 Die Idee einer materialen Wertästhetik von Moritz Geiger

Lebenslauf

Geboren am 26.6. 1880 in Frankfurt a.M. Studium der Jurisprudenz, Literaturgeschichte, Philosophie, Psychologie, Biologie und Psychiatrie in München, Leipzig und Göttingen. 1904 psychologische Promotion. 1907 Habilitation für Psychologie und Philosophie in München. 1915 dort außerplanmäßiger Professor. Kriegsdienst. 1923 Ordinarius in Göttingen. Mitherausgeber des JPPF. 1933 Zwangsemeritierung. 1935 Emigration in die USA. Dozent in New York. Geiger stirbt am 9.9. 1937 in Seal Habour / USA.

Auswahl aus der Primärliteratur

1904 Bemerkungen zur Psychologie der Gefühlselemente und Gefühlsverbindungen. In: Archiv für die gesamte Psychologie 4, 1904. S. 233 ff.
1907 Methodologische und experimentelle Beiträge zur Quantitätslehre. In: T. Lipps (Hg): Psychologische Untersuchungen I, 3. Heft. Leipzig. S. 325 ff.

1913   Beiträge zur Phänomenologie des ästhetischen Genusses. In JPPF Band 1. 2. Aufl. 1922. **BPG**
1921   Das Unbewußte und die psychische Realität. In JPPF Band 4.
1921   Die philosophische Bedeutung der Relativitätstheorie. Halle.
1924   Systematische Axiomatik der euklidischen Geometrie. Augsburg.
1928   Phänomenologische Ästhetik. In: Zeitschrift für Ästhetik und allgemeine Kunstwissenschaft 19, 1925. S. 29 ff. Auch in «Zugänge zur Ästhetik».
1928   Zugänge zur Ästhetik. Leipzig.
1930   Die Wirklichkeit der Wissenschaften und die Metaphysik. Bonn. Wiederabdruck Hildesheim 1966.
An Introduction to Existential Philosophy. Hg. von H. Spiegelberg. In: Philosophy and Phenomenological Research 3. 1942/43 S. 255 ff.
Die Bedeutung der Kunst. Zugänge zu einer Materialen Wertästhetik. Hg. aus dem Nachlaß von K. Berger und W. Henckmann. München 1976. Mit Bibliographie. **BK**
Verzeichnis des Nachlasses in: E. Avé-Lallemant: Die Nachlässe der Münchner Phänomenologen in der Bayerischen Staatsbibliothek. Wiesbaden 1975.

Moritz Geiger, Mitherausgeber des JPPF, gilt als der bedeutendste Ästhetiker der phänomenologischen Schule zu Beginn der Entwicklung der Phänomenologie[19]. Daneben ist er bekannt als Fachmann für experimentelle Psychologie und psychologische Ästhetik mit ihren Problemen der Ergriffenheit, Aufmerksamkeit und Einfühlung, aber auch als Experte für Mathematik und wissenschaftstheoretische Fragen; später verstärken sich existenzphilosophische Elemente in seinem Denken.

Am Anfang ist die ästhetische Fragestellung noch ganz in der Psychologie verankert. Doch die Abkehr von der experimentellen Psychologie Wundts bereitet den Weg zur Phänomenologie. Die «Beiträge zur Phänomenologie des ästhetischen Genusses» von 1913 markieren die Wende von der Betrachtung des subjektiven Erlebens des Künstlerischen zur Beschreibung der Bedeutung des Schönen als phänomenologische Objektivität. Während Geigers Lehrer Lipps die psychischen Prozesse im Strome des Erlebens beschreibt und durch die Einbeziehung des Geistigen dem psychologischen Positivismus zu entgehen sucht, beruft sich Geiger auf die neue Wesenswissenschaft, wie sie sich in Ansätzen in Husserls LU findet. Geiger wendet die dort entwickelte Methode auf die ästhetischen Phänomene an. Er versucht, «den ästhetischen Genuß in engerem Sinne zu zergliedern: das Genießen, abgesehen von jenem ganzen Komplex von Erlebnissen» (BPG 3). Die Kunstszene Münchens bietet dabei alle Voraussetzungen für eine mit der Kultur verbundene ästhetische Theorie, die den Kontakt mit der Wirklichkeit nicht verliert. In der Göttinger Zeit erweitern dann metaphysische und anthropologische Tendenzen den ästhetischen Horizont zu einer umfassenden Philosophie-Konzeption. Aber trotz verschiedener Ansätze und zahlreicher Einzelanalysen gelingt Geiger der große Wurf eines ästhetischen Gesamtwerkes nicht. Die widrigen Umstände der Vertreibung durch die Nationalsozialisten und der frühe Tod in Amerika machen alle Planungen zunichte. Geiger ist der erste Phänomenologe, der direkten Kontakt mit der amerikanischen Philosophie knüpft. Schon 1907 studiert er ein Jahr lang in Harward, 1926 ist er Gastprofessor in Stanford und kann später leicht fußfassen, als er nach seiner Emigration schließlich Chairmann am Vassar College wird.

Geigers Auffassung von Phänomenologie entspricht dem eidetischen Standpunkt der Münchner im allgemeinen. Eingehende methodische Untersuchungen oder eine explizite Analyse der fundamentalen Begriffe wie bei Conrad-Martius fehlen. In einem Brief an Ingarden nennt Husserl Geiger nur einen «Viertel-Phänomenologen» und revidiert damit sein früheres Lob über Geigers psychologische Untersuchungen.[20] Das Wesen oder die «Sache selbst» betrifft bei Gei-

---

19 Vgl. K. Berger und W. Henckmann in BK 7. Für die spätere Zeit wird dieses Prädikat zweifellos dem polnischen Philosophen Roman Ingarden zugeschrieben werden müssen, der als Klassiker der modernen Ästhetik gilt. Vergleiche dazu Jan Galarowicz: Polnische nicht-scholastische Strömungen in der katholischen Philosophie des 20. Jahrhunderts. In: Coreth u. a. (1990) Band 3. 1990. S. 787. Die Werke Ingardens liegen in deutscher Sprache vor (Z. B. Das literarische Kunstwerk. 4. Aufl. Tübingen 1972. – Erlebnis, Kunstwerk und Wert. Tübingen / Darmstadt 1969).
20 Vgl. Husserls Fußnote 2 auf S. 47 in «Philosophie als strenge Wissenschaft».

ger allgemeine Strukturen und Gesetzmäßigkeiten. Alles, was sich als allgemeine Meinung durchgesetzt hat, erhält nachträglich seine Legitimation durch diese vage Intuition[21]. Infolge der für Geiger zentralen Unterscheidung der Ästhetik als autonome Einzelwissenschaft, als philosophische Disziplin und als Anwendungsgebiet anderer Wissenschaften (BK 273) verliert die Phänomenologie die zentrale Stellung als Grundlage für jede Wissenschaft. Denn die strukturellen Unterschiede der drei Ästhetikrealisationen widersetzen sich einer einheitlichen wissenschaftlichen Behandlung. Zwar können alle drei Wissenschaftsarten im Sinne des Wesenaufweises phänomenologisch beleuchtet, aber nicht zu einer einheitlichen Wissenschaft zusammengeschlossen werden. Geigers Interesse gilt am Anfang ganz der Ästhetik als autonome Einzelwissenschaft; in späteren Jahren, in denen anthropologische und existenzphilosophische Einflüsse ihre Wirkung zeigen, verschiebt sich die Aufmerksamkeit auf die philosophische Ästhetik im Sinne einer existentialistischen Fundamentaldisziplin.

1913 führt Geiger in BPG erstmals eine phänomenologische Deskription durch, die sich bewußt von der induktiven Psychologie und von der spekulativen Deduktion abhebt (4). Da der ästhetische Genuß als Spezialfall des allgemeinen Genußphänomens gesehen wird (18), konzentriert Geiger seine Untersuchung zuerst auf das *Wesen des Genusses im allgemeinen*. Er distanziert sich dabei von allen Lehren, die das Erleben oder Momente, die das Erleben verursachen, als Grundlage des Genusses betrachten (17). Der Genuß gehört zu den Lusterlebnissen in einem sehr weiten Sinn (19), darf aber nicht mit diesen identifiziert werden, wie es etwa bei Aristipp geschieht. Die Freude über etwas oder an etwas ist zum Beispiel ein Lusterlebnis, ohne Genuß zu sein. Genuß und Freude haben zwar beide ein Intentionalobjekt. Aber Freude ist ein Gefühl, bei dem – ganz im Gegensatz zum Genuß – nach Motiven für den Auslöser gesucht werden kann. Beim Genuß gibt es nur eine Genußbegründung, die selbst streng von der Gefühlsursache geschieden werden muß (26). Geiger lehnt auch die Gleichsetzung einer bestimmten Wirkung des Genusses mit dem Wesen des Genusses selbst ab. Das gilt auch für ästhetische Phänomene. Wenn beispielsweise in einer bestimmten Aristoteles-Interpretation das Wesen des Genusses an der Tragödie in der Katharsis von ungesunden Affekten gesehen wird, dann weist Geiger darauf hin, daß hier von der Wirkung oder Begleiterscheinung des ästhetischen Erlebens, nicht aber vom Wesen des Genusses die Rede ist: «Phänomenologisch ist der ästhetische Genuß ein Genuß am Kunstwerk, aber nicht an der Befreiung von Leidenschaften» (27). Der Genuß ist stets motivlos (29).

Als Genußobjekte dienen vor allem psychische und sinnlich anschauliche *Gegenstände*; in Einzelfällen bezieht sich der Genuß auch auf Sachverhalte. Bei letzteren muß dann aber eine innere Vergegenwärtigung hinzukommen, die bei der Freude an einem Sachverhalt überflüssig ist. Für den Genuß ist weiter entscheidend, daß das Objekt in seiner anschaulichen «Fülle» gegeben ist. Bloß Gedachtes ohne innerliche Veranschaulichung kann nicht genossen werden. Aber das Genußobjekt muß nicht nur in sinnlicher Anschauung gegeben sein; denn Fülle findet man auch in den meisten psychischen Erlebnissen. Diese Fülle muß vom Ich aufgenommen werden: «Aller Genuß ist *Aufnahme* des vom Gegenstand Kommenden, und deshalb steckt im Gesamterleben des Genießens eine Bewegung des vom Gegenstand Kommenden auf das Ich hin» (39). Genuß ist ein Aufnahmeerlebnis; Streben, Wollen, Freuen sind dagegen Ausstrahlungserlebnisse (40). Der Genuß enthält dabei keine Stellungnahme (43), sondern er ist «Hingabe an das Objekt *im* Genuß, nicht notwendig Hingabe *an* den Genuß». Geiger spricht vom «Aufgehen des Ich zugunsten des Objekts» (44). Genuß ist ichzentriert (47). Damit ist der Genuß ein *Erleben* des Ich, nicht nur etwas vom Ich als erlebt Aufgefaßtes. Als weiteres Moment erscheint eine lustvolle Ichaffiziertheit (51). Diese Affektion kann von verschiedener Tiefe sein (61). Bevor sich Geiger der Analyse des ästhetischen Genusses zuwendet, zählt er neun *Wesensmerkmale des Genusses im allgemeinen* auf:

---

21 Ein typisches Beispiel in BK 287 / 288, wo Lessings und Schillers ästhetische Lehren als Ergebnisse einer unbewußt angewandten Phänomenologie interpretiert werden.

Motivlosigkeit – Fülle – Ichbeteiligung – Aufnahmecharakter – Hingabe – Ichzentriertheit – Icherfüllung – Ichaffiziertheit – Tiefenqualität (61).

Bei der *Untersuchung des ästhetischen Genusses* muß zuerst die Vorstellung abgewehrt werden, daß ästhetischer Genuß stets Genuß am Schönen sei. Aller ästhetische Genuß ist aber *Betrachtungsgenuß* (66). Sein Merkmal ist daher stets *Außen*konzentration; *Innen*konzentration dagegen benützt Kunstgegenstände nur zur Anregung von Stimmungen und bemüht sich nicht um die Eigenart des Kunstwerkes (72). Ästhetischer Genuß setzt eine gewisse «Fernhaltung vom Ich und Genußobjekt» voraus (76), die nicht mit Indifferenz verwechselt werden darf, in der die Reichhaltigkeit des Objekts ignoriert wird. So ist ästhetischer Genuß ein «Genuß in der Betrachtung der Fülle» (81).

Bevor Geiger zu dem Ergebnis kommt, «daß das ästhetische Genießen ein *Genießen in der uninteressierten Betrachtung der Fülle des Gegenstandes* ist» (99), setzt er sich mit Kants Bestimmung des «interesselosen Wohlgefallens» auseinander. Denn eine Reihe der aufgezählten Wesensmerkmale, wie Hingabe oder Ichbeteiligung, könnten als Widersprüche zum Betrachtungsaspekt mißverstanden werden. Aber der ästhetische Genuß ist kein Ichgenuß, sondern das mir zugehörige Selbst wird geradezu ausgeschaltet (87). Kant definiert: «Interesse wird das Wohlgefallen genannt, das wir mit der Existenz eines Gegenstandes verbinden»[22]. Interesse wäre so eine bestimmte Art von Wohlgefallen oder Genuß, die etwas mit Existenz zu tun hat. Genau dies lehnt Geiger ab, weil Interesse eine spezifische Form der Stellungnahme des Ich zu den Gegenständen ist (92). Das Ich, das Interesse hat für bestimmte Dinge, ist das erlebende, auffassende Ich, das Subjekt des Ästheten; aber das Ich, das interessiert ist, ist das Selbst, das das «mein» betont. Und «der ästhetische Genuß schließt jede Art von Interessiertsein am Genußobjekt aus» (95). Damit wird deutlich, was es bedeutet, daß der ästhetische Genuß «im uninteressierten Betrachten der Fülle des Gegenstandes» besteht (97). –

Im Aufsatz «Phänomenologische Ästhetik» aus dem Jahre 1924 sieht Geiger die *autonome Ästhetik* als «das Hauptanwendungsgebiet der phänomenologischen Methode» (273). Diese ist die Wissenschaft des ästhetischen Wertes und betrifft alles, «was als schön oder häßlich, originell oder trivial, sublim oder gemein, geschmackvoll oder kitschig, großzügig oder kleinlich bewertet werden kann – all das – Gedichte und Musikstücke, Gemälde und Ornamente, Menschen und Landschaften, Bauwerke, Gartenanlagen, Tänze – ... » (274). Die Phänomenologie hat die Aufgabe, die dadurch definierten ästhetischen Gegenstände nach ihrer phänomenalen Beschaffenheit unabhängig von ihrer realen Existenz zu analysieren (275). Geiger hebt drei Gesichtspunkte hervor. Erstens dürfen ästhetische Phänomene nicht als Schein betrachtet werden, weil dann der Realitätsaspekt nicht eliminiert ist; sondern die Phänomene sind schlicht Gegebenes, zum Beispiel in der Malerei als Landschaft Dargestelltes. Zweitens darf der ästhetische Gegenstand nicht als Komplex von Vorstellungen, Assoziationen und Verschmelzungen verstanden werden wie in der psychologischen Ästhetik Wundts oder Lipps. Gegeben sind ästhetische Objekte, etwa dargestellte Landschaften mit bestimmten objektiven Farbverteilungen und Formgebungen. Drittens darf auch nicht das Erlebnis ausschlaggebend sein, sonst wird die psychologische Wirkung mit der ästhetischen Sache verwechselt. Das Tragische ist nicht das Furcht und Mitleid Erregende, sondern ein bestimmtes dramatisches Geschehen mit charakteristischen Aufbauelementen eines objektiven Sachverhalts (277).

In der Betrachtung des ästhetischen Objekts jenseits von Genesis und Wirkung treffen sich Phänomenologen und Kunstwissenschaftler. Aber während letztere das einzelne Kunstwerk in geschichtlichem Zusammenhang sehen, zielt die Analyse der Phänomenologen auf das Wesen der Kunstwerke, zum Beispiel auf das Wesen der Ballade, der Symphonie, des Tanzes usw. (278). Im Einzelfall erscheinen allgemeine Strukturen und Gesetzmäßigkeiten, die in ihrer Fülle durch Intuition erschaut werden (281). Die Intuition bedarf allerdings der Analyse, die aus Bedeutungs-

---

22 Kritik der Urteilskraft. §2.

analyse und aus der Methode der gedanklichen Variation besteht. Während die Analytische Philosophie die Sprachsemantik im Auge hat, versteht Geiger unter Bedeutungsanalyse ein Zergliedern des Gemeinten, wobei die Umgangssprache unreflektiert die Intuition vermittelt. Die gedankliche Variation besteht im Klarstellen von verschiedenen Realisationsmöglichkeiten, die durch Vergleich den Zugang zum allgemeinen Wesen schaffen. Aber während bei Husserl phänomenologische Ergebnisse stets notwendige und allgemeingültige Wesensaussagen betreffen, bleibt bei Geiger alles in einer auffälligen Beliebigkeit: «Es gibt *keine objektiven Kriterien* für die Richtigkeit der gefundenen Ergebnisse» (286). Er spricht von der «aristokratischen Natur» der auf Phänomenologie gestützten Wissenschaften. Begabung und Übung, Fachkenntnis und Gespür kann eine kleine Zahl von ästhetischen Prinzipien sichtbar machen, die von bestimmten Wertprinzipien geprägt sind. «Weiter kann die Ästhetik als Einzelwissenschaft nicht gehen – die Frage nach Bedeutung und Herkunft dieser Prinzipien überläßt sie der Ästhetik als *philosophische* Disziplin» (290).

Die untergeordnete Rolle der Phänomenologie wird nicht nur durch diese Abhängigkeit von einer allgemeinen Ästhetik deutlich, sondern auch durch die Einbindung der ästhetischen Phänomene in die *allgemeine Wertphilosophie*. Geiger übernimmt die gängigen Wertlehren seiner Zeit, ohne sie zu prüfen oder genauer zu charakterisieren. Unterschiede zwischen älteren neukantianischen Wertphilosophien und neueren phänomenologischen Wertlehren bei Scheler, Hartmann und von Hildebrand bleiben unberücksichtigt. Henckmann stellt fünf Merkmale des Geigerschen Wertbegriffs zusammen: Anschaulichkeit – Phänomenalität – Autonomie – Adhärenz (Abhängigkeit der Werte von Wertträgern) – Einzigartigkeit.[23] Wertekosmos und Wertehierarchie werden als selbstverständlich angenommen. Nach Henckmann ist nicht ersichtlich, ob Geiger sich dabei auf Scheler oder Hartmann stützt[24].

Die Geigersche Konzeption einer Ästhetik als philosophische Disziplin geht weit über den phänomenologischen Ansatz hinaus. Während die Phänomenologie bei Geiger nur Beiträge zu einer begründeten Wissenschaft liefert, ist die Ästhetik in diesem weiteren Sinne als spezifische Erkenntnisart zu deuten. Belege findet man im Nachlaß: «Keine philosophische und keine wissenschaftliche Disziplin führt näher an das Wesen der menschlichen Existenz heran als die Ästhetik. Keine verrät mehr von der inneren Struktur des menschlichen Seins und der menschlichen Person.» Daher ist sie «zentraler als die Ethik, die Religionsphilosophie, die Logik, ja die Psychologie» (301). Geiger spricht von «künstlerischen Erschütterungen», die uns helfen, die Struktur der menschlichen Existenz aufzufinden. Trotzdem sind auch in dieser allgemeinen Ästhetik und in der Kunst, die Geiger beide nicht scharf trennt, eidetische Elemente enthalten: «Die Kunst wendet sich nur an die Existenz des Menschen als solchen, die Kunst ist verantwortungslos vor der Realität der Welt, nur verantwortlich den Gesetzen, die aus der Struktur der Person stammen». Die Kunst greift weder in das historische Geschehen noch in die Politik ein. Aber jedes «große Kunstwerk entfaltet die Existenz des Menschen in einer neuen Tiefe und schafft dort die Existenz des Menschen um» (302). Die Wirklichkeit stellt ihre Forderungen über ethische und religiöse Werte. Deshalb muß die moderne Ästhetik die Irrtümer in den Ästhetik-Interpretationen aufdecken, die seit Platon solche realontologischen Elemente einbezogen haben. Geiger sieht durchaus die Diskrepanz zwischen der Forderung nach der Wissenschaftlichkeit einer Disziplin, die den gefühlten und genossenen ästhetischen Wert zum Gegenstand des Gedankens macht, und dem Anspruch, zugleich in ihrer Tiefendimension die Grundstruktur der menschlichen Existenz zu treffen. Deshalb muß sich nach Geiger zur philosophischen Reflexion die «höchste Intensität des Erlebens» gesellen (307). Seine Planung und Fragmente betreffen trotzdem allein den wissenschaftlichen Aspekt, wobei er allerdings bezüglich Aktualität und Wirkungsmächtigkeit des Ansatzes einige Zweifel hat (310). Offensichtlich stellt Geigers Ästhe-

---

23 BK Nachwort S. 577f.
24 A.a.O.

tik einen der letzten Versuche dar, die Objektivität in der Kunst zu retten. Dazu erwies sich die eidetische Phänomenologie als adäquates Mittel.

12.24 Adolf Reinachs Phänomenologie des Rechts

Lebenslauf

Geboren am 23.12. 1883 in Mainz. Studium der Psychologie und Philosophie in München. Dort 1904 Promotion bei Theodor Lipps. 1905 Begegnung mit Husserl in Göttingen. Dort 1909 philosophische Habilitation. Mitherausgeber des JPPF. Gefallen am 16.11. 1917 in Dixmuid / Flandern.

Auswahl aus der Primärliteratur

1911 Zur Theorie des negativen Urteils. In: Münchner Philosophische Abhandlungen (Lipps-Festschrift). Leipzig.
1912 Die Überlegung: ihre ethische und rechtliche Bedeutung. In: Zeitschrift für Philosophie und philosophische Kritik. Band 148.
1913 Die apriorischen Grundlagen des bürgerlichen Rechts. In JPPF Band 1. Neu herausgegeben von Anna Reinach unter dem Titel «Zur Phänomenologie des Rechts». München 1953. **PR**
1914 Was ist Phänomenologie? Vortrag «Über Phänomenologie». In: GS. Halle 1921. Außerdem München 1951. **ÜP**
Sämtliche Werke. Textkritische Ausgabe in zwei Bänden. Hg. von K. Schuhmann und B. Smith. München 1989.
Gesammelte Schriften. Hg. von seinen Schülern. Halle 1921. **GS**
Nachlaß in der Bayerischen Staatsbibliothek. München. Nachlaßverzeichnis Wiesbaden 1975.

Reinach ist der eigentliche Spiritus rector des Göttinger Kreises. In den Augen der Frühphänomenologen repräsentiert er den Phänomenologen an sich (so Conrad-Martius), der die ursprünglichen Ziele der LU in voller Reinheit und ohne transzendentale oder subjektivistische Verfälschungen vertritt. Innerhalb der Phänomenologie verkörpert er den Gegenpol zu Husserl. Wegen des frühen Todes hat Reinach nur einige Essays, aber kein einziges Buch veröffentlicht. Für seine Auffassung von Phänomenologie ist der *Vortrag «Über Phänomenologie»* aus dem Jahre 1914 von Bedeutung. In ihm wird deutlich, daß für Reinach die Phänomenologie eine neue *Methode*, aber keine neue inhaltliche Philosophie bedeutet (ÜP 21). Er spricht von der deskriptiven Psychologie (26), welche die Zustände, Akte und Funktionen des Ich sehend entdecken soll. So wie man die Farbenpracht nicht durch abstrakte Beschreibung, sondern nur durch Hinsehen in der ganzen Fülle erfassen kann, so muß der Phänomenologe die Fülle der Bewußtseinsinhalte schauen und intuitiv zu ergreifen suchen.

Eigentliches Ziel der Phänomenologie ist das Auffinden von Wesensgesetzen. Diese ergeben sich durch Analyse der Wesensverhalte. Wesensgesetze sind Verhalte, die in den Dingen selber liegen und keiner transzendentalen Rechtfertigung oder Reduktion bedürfen. Um diesen realistischen Standpunkt zu begründen, entwickelt Reinach einen eigenen Begriff des *phänomenologischen Apriori*, der ganz vom Denk- und Erkenntnisprozeß abgelöst ist. Die Notwendigkeit ist nicht epistemologisch, sondern ontologisch gemeint: «Gewiß spielt die Notwendigkeit bei dem Apriori eine Rolle – nur ist es keine Notwendigkeit des Denkens, sondern eine Notwendigkeit des Seins» (56). Deshalb können auch historische und empirische Sachverhalte a priori genannt werden, wenn sie wahr sind. Notwendigkeit baut auf Sachverhalte auf, die bestehen «gleichgültig, welches Bewußtsein sie erfaßt und ob überhaupt ein Bewußtsein sie erfaßt» (57). Das Apriori ist material, gilt also auch vom Sinnlichen, von Tönen und Farben usw.[25] (62). Die Problematik wird noch komplizierter, weil Reinach auch das Begriffspaar «analytisch-synthetisch» den Sachen selbst, nicht den Prädikationen des Subjekts zuordnet. Diese Ontologisierung macht es verständlich, daß Reinach auf Husserls Konstitutionsproblematik nicht weiter eingeht. Dagegen

---

25 Die oft diskutierte Frage (vergleiche z.B. bei Spiegelberg: The Phenomenological Movement. S.299), ob hier der Begriff «a priori» sinnvoll angewandt wird, hat durch S.A. Kripkes Unterscheidungen einen gewissen Abschluß gefunden. Vgl. Name und Notwendigkeit. Frankfurt 1981. 1. Vortrag.

wird die Phänomenologie als Wesensanalyse zum Zwecke der Entdeckung von Wesensgesetzen nicht nur programmatisch gefordert, sondern auf dem Gebiet der Rechtslehre sogar ein Stück weit realisiert.

1913 erscheint im JPPF die Abhandlung «*Die apriorischen Grundlagen des bürgerlichen Rechts*», die später unter dem Titel «Zur Phänomenologie des Rechts» neu aufgelegt wird. Die Hauptthese formuliert Reinach bereits in der Einleitung: «Wir werden zeigen, daß die Gebilde, welche man allgemein als spezifisch rechtliche bezeichnet, ein Sein besitzen, so gut wie Zahlen, Bäume und Häuser; daß dieses Sein unabhängig davon ist, ob es Menschen erfassen oder nicht, daß es insbesondere unabhängig ist von allem positiven Rechte» (14). Meistens wird behauptet, daß *alle* Rechtsbegriffe Schöpfungen, eben «positiv», das heißt «gesetzt», sind. Nach Reinach aber werden gewisse rechtliche Grundbegriffe *vorgefunden*, weil sie ein bestimmtes notwendiges «außer-positiv-rechtliches Sein» haben. Erst auf diese bauen die positiven Rechte auf. Das bedeutet nicht, daß das positive Recht apriorisch wäre; es kann von den genannten Wesensgesetzlichkeiten durchaus abweichen. Aber die Wesensgesetze der rechtlichen Grundgebilde sind «ewige Gesetze, welche unabhängig sind von unserem Erfassen, genau so wie die Gesetze der Mathematik» (17). So spricht Reinach von einer *reinen* Rechtswissenschaft, deren Inhalte weder physisch noch psychisch, weder ideell noch zeitlos sind, die in ihren synthetisch-apriorischen Relationen die Basis für alles Nicht-Apriorische abgeben (18).

Die Untersuchungen Reinachs beschränken sich auf einige apriorische Grundlagen des bürgerlichen Rechts und auf das Verhältnis dieser Basis zum positiven Recht. Dieses Beispiel steht aber für die Rechtslehre insgesamt. Reinach geht von dem sozialen Akt des *Versprechens* aus. Mit ihm tritt «etwas Neues ein in die Welt. Es erwächst ein Anspruch auf der einen, eine Verbindlichkeit auf der anderen Seite» (22)[26]. Anspruch und Verbindlichkeit bestehen zwischen *Personen*. Die dort entstandene apriorische Beziehung betrifft eine Realität an sich, die nicht Erlebnissen entspringt, sondern im Zwischen der Personen seine Verankerung findet. Im Apriori der Beziehung läßt sich so etwas wie eine *Vorstufe des Dialogischen* entdecken, wobei allerdings die Personen schon vorausgesetzt werden und sich nicht, – wie bei den Dialogikern, – aus dem Zwischen ableiten.[27]

Für diese neuen «Gegenstände» Anspruch und Verbindlichkeit, wie sie Reinach in seinem Beispiel des Versprechens entdeckt hat, gelten bestimmte unmittelbar einsichtige Gesetze, zum Beispiel daß ein Anspruch auf eine Leistung mit der realisierten Leistung erlischt. Dieses Erlöschen hat nichts mit subjektiven Erlebnissen des Bewußtseins vom eingelösten Anspruch zu tun, sondern ist von objektivem systematisch-apriorischem Charakter. Anspruch und Verbindlichkeit setzen wesensmäßig einen Träger (Person), einen Inhalt und ein zukünftiges Verhalten voraus. So wird deutlich, daß Versprechen weder eine rein immanente Willenserklärung, noch eine interessegebundene Vorsatzmitteilung ist (37), sondern sich auf Gegenständliches richtet, das ein bestimmtes Wesen hat und durch Wesensgesetze strukturiert ist.

Die Entdeckung der Wesenszusammenhänge erfolgt durch die phänomenologische Intentionalanalyse; denn «jeder soziale Akt hat wesensgesetzlich ein Fundament in einem bestimmt gearteten inneren Erlebnis, dessen intentionaler Inhalt mit dem intentionalen Inhalt des sozialen Aktes identisch ist ... » (43). Wer etwas mitteilt, ist vom Inhalt der Mitteilung überzeugt; wer fragt, setzt eine Ungewißheit, wer bittet, einen Wunsch voraus, usw. (44). Analoges gilt für den Rechtsbereich. Diese enge Verwobenheit verdunkelt die Tatsache, daß die Welt der rechtlichen Beziehungen nicht durch die Willkür oder die Interessen des Subjekts, «sondern durch die streng

---

26 Das Theme wird heute in der von der Analytischen Philosophie entwickelten Sprechakttheorie untersucht. Vgl. z. B. J. L. Austin: Zur Theorie der Sprechakte. Stuttgart 1972. Oder J.R. Searle: Sprechakte. Frankfurt 1971.

27 Zur Dialogik siehe unten besonders 25.3. M. Theunissen nennt in «Der Andere» (Berlin / New York 2. Aufl. 1977) Reinach wegen dieser Entdeckung des Zwischens von zwei Personen sogar einen «Wegbereiter der Dialogik», weist aber auch auf den erwähnten Unterschied hin (376f). Zweifellos kann Reinach diese Öffnung nur nachvollziehen, weil er die transzendentale Wende Husserls nicht mitvollzogen hat.

gesetzliche Wirksamkeit sozialer Akte» bestimmt ist (50). Wir haben es mit einem gesetzlichen Mechanismus des sozialen Geschehens und nicht mit der Erfindung eines positiven Rechts zu tun. In diesem Sinne widerlegt Reinach die nominalistische Theorie von D. Hume, die psychologische Theorie von T. Lipps und die Erfolgstheorie von W. Schuppe.

Im 2. Kapitel entwickelt Reinach einige «*Grundlinien der apriorischen Rechtslehre*». Da es sich nicht um eine erschöpfende Darstellung handeln kann (87), beschränkt er sich auf den Themenkomplex von Rechten und Verbindlichkeiten, der das Phänomen des Eigentums mitumfaßt. Die Diskussion der Übertragung des Eigentums führt auf das zweite Untersuchungsthema, auf die Vertretung. In beiden Fällen versucht Reinach, die wesensgesetzlichen Grundlagen und rechtlichen Ursprungsgesetze aufzudecken, aus denen die rechtlichen Phänomene zu erklären sind.

Zuerst werden relative von absoluten und sittliche von außersittlichen Ansprüchen und Verbindlichkeiten unterschieden. Weil absolute und außersittliche Rechte (und Verbindlichkeiten) durch soziale Akte von Personen entstehen, werden diese als *Verkehrs*rechte bezeichnet. Auf sie beziehen sich die meisten Ausführungen Reinachs. Die *sittlichen* Verpflichtungen und Berechtigungen werden nur am Rande erwähnt, weil sie eher Gegenstand der Ethik sind. Aus der Vielzahl der zugehörigen Wesensbeziehungen, die Reinach hier entfaltet, können nur einige wenige angedeutet werden.

Absolutheit bedeutet nicht Universalität, sondern fehlende Gegnerschaft; absolute Rechte sind «gegnerlose Rechte» (89). Rechte mit unmittelbaren Wirkungen, zum Beispiel das Recht auf Widerruf, heißen *Gestaltungs*rechte; bei Rechten ohne solche direkten Folgen, die sich zugleich auf Sachen beziehen, spricht man von *Sach*rechten, beispielsweise beim Recht, Früchte anzubauen. Das *Eigentum*, um das es in den folgenden Analysen geht, wird häufig fälschlich als das wichtigste Sachrecht bezeichnet. Aber nach Reinachs Phänomenologie des Eigentums ist dieses gar kein Sachrecht, «sondern ein *Verhältnis* zu der Sache, in welchem alle Sachrechte gründen» (95). Zur Rechtfertigung dieser These unterscheidet Reinach zunächst Macht und Gewalt. Der Umgang mit Sachen durch Personen zeigt die natürliche *Gewalt* über die Sachen; sie ist ein physisches Können. Aber der rechtliche Aspekt etwa des Verrichten- und Widerrufenkönnens zeigt eine rechtliche *Macht*. Deshalb ist Besitz kein Recht, sondern ein tatsächliches Verhältnis. Dies kann berechtigt oder unberechtigt sein. Das Recht auf Besitz ist etwas anderes als der Besitz selbst. Das reine Besitzverhältnis ist für sich immer vorhanden.

Diese deskriptiven Ausführungen werden durch prinzipielle Erwägungen kommentiert. So heißt es in diesem Zusammenhang: «Alle diese schlichten Sätze bestehen unabhängig von jedem positiven Recht, unabhängig von der Anerkennung und von dem Schutze, welches es dem berechtigten oder eventuell auch dem nichtberechtigten Besitzverhältnisse und den verschiedenartigen Rechten auf es und zu ihm erteilen kann» (91). Dabei ist offensichtlich, daß ein Besitzverhältnis durch die Anerkennung durch das positive Recht nicht eine Tatsache in ein Recht verwandeln kann, so wenig wie die Ausübung eines absoluten Rechts durch den Schutz des persönlichen Rechts einen Vorgang zum Recht erhebt. Ein anderes unmittelbar evidentes Beispiel betrifft das Verhältnis zur Gewalt: «Eine Sache kann in meiner Gewalt stehen, ohne daß sie mir gehört. Sie kann mir gehören, ohne in meiner Gewalt zu stehen» (92). Dabei das persönliche Recht zu bemühen, indem man etwa von dessen unbewußtem Einfluß spricht, ist eine unhaltbare Konstruktion. So hat es auch keinen Sinn, das Gehören aus dem Bereich der apriorischen Wesenheiten in das kontingente Gebiet des positiven Rechts zu verlegen (93). Reinach kritisiert ausführlich jene Versuche, die alles in Abhängigkeit vom positiven Recht sehen, zum Beispiel als Ausfluß von tatsächlichen Gewaltverhältnissen; ferner die Rechtslehren, die das Eigentum «als die positiv-rechtlich sanktionierte und geschützte Gewalt oder Herrschaft über eine Sache» deuten. Das positive Recht kann keine Besitzverhältnisse verwandeln: «Es ist nicht so, wie man allgemein behauptet: Daß etwas Eigentum ist, weil das positive Recht es schützt. Sondern das positive Recht schützt es, weil es Eigentum ist» (93). Es gehört zum Wesen des Besitzes, daß der Besitzer das absolute Recht hat, mit dem Besitz auf beliebige Weise zu verfahren. Deshalb ist

Eigentum kein Sachverhalt, sondern – und damit ist die Ausgangsthese von oben begründet – ein Verhältnis zu der Sache, in dem das Besitzrecht gründet (95). Es ist ein Verhältnis zwischen Person und Sache, aus dem die verschiedensten Rechte an der Sache hervorgehen. Dieser Zusammenhang kann weder durch positive Akte oder z.B. durch Versprechungen, noch durch Definitionen ersetzt, sondern er muß in seinem Wesen intuitiv erfaßt werden (110).

Im dritten und letzten Kapitel werden *die apriorische Rechtslehre und das positive Recht* weiter analysiert und gegenübergestellt. Auffällig ist, daß zwischen beiden zahlreiche Widersprüche zu bestehen scheinen: Aus den Wesensgesetzen folgt etwa, daß nur Personen Inhaber von Rechten sein können; das positive Recht kennt aber auch Stiftungen als Rechtsträger. Es gibt fast zu jedem Satz der apriorischen Rechtslehre einen abweichenden des positiven Rechts; ja eine solche Abweichung ist prinzipiell bei jedem jener Sätze denkbar! (166)

Reinach löst den Widerspruch, indem er zeigt, daß gar kein echter kontradiktorischer Gegensatz von zwei Urteilen vorliegt. Zwar sind die Sätze der apriorischen Rechtslehre Urteilssätze, nicht aber die des positiven Rechts (167). Reinach nennt letztere «*Bestimmungen*», die jenseits von «wahr» und «falsch» stehen. Der Satz eines Lehrbuchs des Bürgerlichen Rechts, wie: «Die Rechtsfähigkeit des Menschen, beginnt mit der Vollendung der Geburt», ist ein Urteil, in dem der Sachverhalt der Rechtsfähigkeit in Deutschland beschreibend konstatiert wird. Der Sachverhalt besteht aber, weil das Bürgerliche Gesetzbuch die Rechtsfähigkeit so *bestimmt*; deshalb kann das Lehrbuch das Urteil so formulieren. Der Paragraph im Gesetzbuch ist also eine Bestimmung, die weder wahr noch falsch, sondern positiv-rechtlich «geltend» (richtig) oder «nicht geltend» (unrichtig) ist.

Die Unterscheidung von Bestimmungserlebnis, -akt, -satz, -inhalt, -wirkung zeigt, daß sich Bestimmungen sowohl von Normen als auch von Befehlen unterscheiden. *Normen,* die in sittlichen Sachverhalten gründen, gelten unabhängig von der Setzung irgendeines Bewußtseins. Anders bei Bestimmungen; hier muß eine Person vorausgesetzt werden, welche die Bestimmung erläßt (169). *Befehle* richten sich stets auf eine Person; Bestimmungen sagen schlicht, daß etwas so sein soll (170). «Jede Bestimmung zielt als solche ab auf die Realisation dessen, was sie als seinsollend setzt. Es kann also sinnvollerweise niemals etwas als Inhalt einer Bestimmung fungieren, dessen Sein a priori notwendig oder a priori unmöglich ist» (175). Bestimmungen zeigen eine analoge Struktur wie die anderen sozialen Akte. Sie können sich auch auf solche Gegenständlichkeiten beziehen, die zum Beispiel durch das Versprechen erzeugt werden. In diesen Fällen entsteht ein Spannungszustand zwischen Bestimmung und Realisierung; denn durch den Vollzug der Bestimmung wird eines jener Gebilde als seinsollend gesetzt; das heißt, «es erwächst durch sie selbst die Existenz des als seinsollend Gesetzten» (177). Zwar muß die Gültigkeit der apriorischen Zusammenhänge stets vorausgesetzt werden. Trotzdem kann die Bestimmung die daraus erwachsenden rechtlichen Gebilde vernichten oder die apriorisch ausgeschlossenen Gebilde autonom erzeugen (175). Die Bestimmung tritt also dort in Funktion, wo eigene Faktoren hinzutreten, die Existenz aufheben oder schaffen können.

Die Analyse bestätigt die Ausgangsthese, nämlich daß zwischen der apriorischen Rechtslehre und dem positiven Recht *kein Widerspruch* besteht. Es liegen allerdings Abweichungen vor, die sogar häufig das treibende Motiv für die Bestimmungen sind (187). Reinach schließt hier Überlegungen zur Erklärung der Rechtswirksamkeit an. Wesentlich ist die Einsicht, daß die apriorischen synthetischen Sätze der Rechtslehre nicht durch das historische Faktum von positiven Rechten widerlegt werden können. Hier wird nochmals der Unterschied zu Kant deutlich. Dieser leitet seine apriorischen Prinzipien aus der Existenz gewisser Fakten der objektiven Kultur her, wie etwa aus Wissenschaft und Sittlichkeit; aber wegen der Widersprüchlichkeit des faktischen positiven Rechts klammert er die Rechtswissenschaft aus den transzendental begründbaren Wissenschaften aus. Reinach dagegen versucht, durch den direkten phänomenologischen Zugang zum synthetisch-materialen Apriori die Basis der Rechtslehre abzusichern und relativiert zu diesem Zwecke die Andersartigkeit des positiven Rechts durch den Bestimmungsbegriff.

Reinach beschließt seine Abhandlung mit einer Abgrenzung vom *Naturrecht*. Vertreter des Naturrechts gehen von der Idee eines unbedingt gültigen Vernunftrechts aus, das alle Gesetzgebung zu leiten hat und zu Rechtsinhalten führt, die zu allen Zeiten unwandelbar gleich bleiben. Dem gegenüber haben Rechtslehrer eine «allgemeine Rechtslehre» oder eine «juristische Prinzipienlehre» entwickelt, die ihre Inhalte durch Induktion aus den geltenden positiven Rechtssystemen ableitet. Von beiden distanziert sich Reinach. Daß die apriorischen Grundsätze nicht in den positiven Rechten erscheinen müssen, wurde bereits dargelegt. Vom Naturrecht andererseits unterscheidet sich die apriorische Rechtslehre dadurch, daß ihre Wesenszusammenhänge unabhängig von allen Rechten bestehen (219). Dort, wo es kein kodifiziertes Recht gibt und sich etwas von selbst versteht, wirken jene Wesenszusammenhänge. Aber wenn ethische oder Zweckmäßigkeitserwägungen des positiven Rechts es erfordern, muß man von dem, was sich von selbst versteht, auch abweichen können (220). Rechtliche Zusammenhänge als solche sind noch keine Rechte (222). Auch die Vorstellung, daß das Naturrecht aus der «Natur» des Menschen ableitbar ist, wird zurückgewiesen. Die apriorische Rechtslehre gilt nicht nur für unsere Welt, «sondern für jede denkbare Welt überhaupt» (224); Wesensgesetze sind daher keine Naturgesetze. In der Suche nach einer Sphäre jenseits des positiven Rechts treffen sich allerdings Phänomenologen und Naturrechtler. Hier dürfte einer der Gründe liegen, weshalb phänomenologische Wesenslehren so oft mit den doch ganz andersartigen Naturrechtslehren verwechselt werden.

12.3 Die Wertethik als Wesensanalytik des Ethischen

Innerhalb der Phänomenologie tritt die Ethik im allgemeinen als *Wertethik* auf. In ihr erhält die Wesensphänomenologie ihren genuinen Ausdruck. Zwar hat Husserl keine Ethik entwickelt[28]; doch liefern die IDEEN die Basis auch für ethische Konzeptionen, wenn es heißt: «... die *werte* Sache oder der *Wert* ist ... das volle intentionale Korrelat des wertenden Aktes» (66). Die Durchführung dieses Gedankens erfolgt vor allem bei Max Scheler, Alexander Pfänder, Nicolai Hartmann[29], Hermann Hessen, Dietrich von Hildebrand und Hans Reiner. Die Wertethik beherrscht daraufhin in Deutschland ein halbes Jahrhundert lang die Diskussion und setzt sich in abgewandelter Form als ethischer Intuitionismus in der analytischen Tradition fort[30]. Das Hauptwerk repräsentiert zweifellos Schelers «Formalismus in der Ethik und die materiale Wertethik» von 1913. Während aber Scheler über das frühphänomenologische Stadium schnell hinausschreitet und eigene Wege geht, bleibt *Dietrich von Hildebrand* der Denkweise in Wesensanalysen treu und baut die Wertethik auch in späteren Jahren zur Verteidigung ethischer Werte und Prinzipien weiter aus, als die phänomenologische Bewegung längst über die Entstehungsorte hinausgewirkt und mannigfache Wandlungen erfahren hat. Bei Dietrich von Hildebrand finden wir die reinste Ausformung einer von der eidetischen Phänomenologie bestimmten Philosophie. Auch *Hans Reiners* erste systematische Ethik «Pflicht und Neigung» (1951) ist ganz der phänomenologischen Wertethik verpflichtet. Doch in seiner zweiten Auflage mit dem neuen Titel «Grundlagen der Sittlichkeit», die dreiundzwanzig Jahre später erscheint, muß sich Reiner durch zahlreiche Anmerkungen und Ergänzungen der völlig neuen Diskussionslage anpassen. Sein vorsichtiges Lavieren zwischen der Skylla des Psychologismus und der Charybdis der ontologischen Hypo-

---

28 Zur Ethik Husserls siehe Roth (1960).
29 Vergleiche unten 14.22 bzw. 15.12 g.
30 Im Intuitionismus der Analytischen Philosophie wird zwar die Werte-Terminologie beseitigt, aber in Bezug auf Gegebenheit und Nichtdefinierbarkeit der ethischen Basis gelangt man zu ähnlichen Aussagen. Die Bewegung beginnt mit E.G. Moores Principia Ethica von 1903 und erreicht in den Dreißigerjahren den Höhepunkt (z. B. W. D. Ross: The Right and the Good. 1939). Mit dem Anwachsen der Skepsis gegenüber dem Apriori und der Ontologie verliert der Intuitionismus später an Einfluß und wird in der neueren Analytischen Philosophie nur noch selten vertreten (vgl. z.B. F. von Kutschera: Grundlagen der Ethik. Berlin / New York 1982).

stasierung bewahrt ihn keineswegs vor der grundsätzlichen Kritik an dem werttheoretischen Ansatz. Sowohl durch die Analytische Philosophie (A. J. Ayer, K. R. Popper, P. Lorenzen, O. Schwemmer) als auch durch die neue Hermeneutik (K.-O. Apel, J. Habermas) und Heideggers Einfluß wird Reiners Ethik ganz in die Defensive gedrängt; sie teilt so auf ethischem Gebiet das Geschick, das Conrad-Martius im ontologischen oder Ingarden im ästhetischen Bereich widerfahren ist.[31]

12.31 Dietrich von Hildebrands Verteidigung der philosophia perennis

Lebenslauf

Geboren am 12.10. 1889 in Florenz. Studium der Philosophie in München und Göttingen. Philosophische Promotion in Göttingen. Habilitation in München. 1933 Flucht nach Österreich, 1938 nach New York. Bis 1959 Dozentur an der Fordham Universität. Er stirb am 25.1. 1977 in New York.

Auswahl aus der Primärliteratur

1916 Die Idee der sittlichen Handlung. In JPPF Band 3. Sonderdruck Halle 1930. Neuaufl. Darmstadt 1969.
1921 Sittlichkeit und ethische Werterkenntnis. Halle. Neuauflage Darmstadt 1969.
1930 Metaphysik der Gemeinschaft. Untersuchungen über Wesen und Wert der Gemeinschaft. Augsburg. 2. Aufl. Regensburg 1955. In GW 4.
1932 Zeitliches im Lichte des Ewigen. Gesammelte Abhandlungen und Vorträge. Regensburg.
1940 Die Umgestaltung in Christus. Unter dem Pseudonym Peter Ott. Einsiedeln Köln. In GW 10.
1946 Sittliche Grundhaltungen. Mainz. 4. Auflage Regensburg 1969.
1950 Der Sinn philosophischen Fragens und Erkennens. Bonn. (Entstanden schon 1937).
1957 Wahre Sittlichkeit und Situationsethik (aus dem Englischen). Düsseldorf. In GW 8. **WSS**
1959 Christliche Ethik (aus dem Englischen). Düsseldorf.
1960 What's Philosophy? Milwaukee. Deutsch in GW 1.
Philosophie in Selbstdarstellungen. Hg. von L.J. Pongratz. Band 2. Hamburg 1975. S.77ff . **PS**
Die Menschheit am Scheidewege. Gesammelte Abhandlungen und Vorträge. Hg. von K.Mertens. Regensburg 1954.
Gesammelte Werke. Hg. von der Dietrich von Hildebrand-Gesellschaft. Regensburg/Stuttgart ab 1971–1984. **GW** Band 2: Ethik. 1973. E. Band 3: Das Wesen der Liebe. 1971.

Dietrich von Hildebrand wächst als Sohn des bekannten Bildhauers Adolf von Hildebrand in Florenz auf und wendet sich schon sehr früh der Philosophie zu. Noch ehe er die Bekanntschaft mit den Schriften der Philosophie gemacht hat, ist er nach seiner eigenen Darstellung (PS 77) bereits als Vierzehnjähriger von der absoluten Geltung des Sittlichen und der Wahrheit überzeugt; sein gesamtes späteres Denken verfolgt allein das eine Ziel, Einsicht in die letzten Wahrheiten als Wesensnotwendigkeiten zu vermitteln und gegen die «Selbstbehinderung des Philosophierens» (B. Schwarz[32]) anzukämpfen. Während des Studiums in München und Göttingen begeistert er sich für die «objektivistische, antipsychologistische und antirelativistische Philosophie des frühen Husserl» (78). Umso größer ist die Enttäuschung über dessen transzendentalphilosophische Wende, von der sich Hildebrand scharf distanziert[33]. Er findet *seine* Phänomenologie bei *Reinach* vertreten, den er als seinen eigentlichen Lehrer in Göttingen betrachtet. Von größter

---

31 Zur Kritik der Wertethik vergleiche M. Wittmann: Die moderne Wertethik. Münster 1940, oder M. Schlick: Fragen der Ethik. 1930. Neuausgabe hg. von R. Hegselmann, Frankfurt 1989. – Zur Beurteilung der Wertphilosophie aus der Perspektive der Gegenwart siehe z.B. H. Schnädelbach: Philosophie in Deutschland 1831–1933. Frankfurt 1983. Abschnitt 6.
32 Siehe das Vorwort des Herausgebers der Festgabe (1970) S.7.
33 Daß er sich damit erst recht auch von Heidegger distanziert, arbeitet J. Seifert in «Die verschiedenen Bedeutungen von Sein» (Schwarz (1970)) heraus. Seifert zeigt, «daß durch von Hildebrands zentrale metaphysische Erkenntnisse deutlich wird, daß in Wirklichkeit Heidegger selbst *das* Sein vergessen und ‹verstellt› hat und daß der Vorwurf der ‹Seinsvergessenheit›, den er gegen die Philosophie seit Platon und die christliche Theologie in anmaßender Weise erhebt, sich in Wirklichkeit gegen ihn selbst richtet» (303).

Bedeutung wird der Gedankenaustausch mit Max Scheler, den er schon 1907 in München kennengelernt hat und mit dem ihn seit den Göttinger Jahren bis 1921 eine enge Freundschaft verbindet; Hildebrand mutmaßt, daß Scheler ihn als «seinen nächsten Freund» betrachtet hat, doch zugleich betont er: «Ich verdanke Scheler ungeheuer viel, aber sein Schüler war ich nicht – weder in bezug auf die Art und Methode des Philosophierens, noch in bezug auf den Inhalt seiner Philosophie» (80). Ostern 1914 konvertiert der Protestant zum katholischen Glauben, ein Ereignis, das sich seit der Begegnung mit Scheler angebahnt hat und durch dessen Einfluß bestimmt ist. Er wird ein getreuer Anhänger der katholischen Kirche, ohne jedoch den damals vorherrschenden Thomismus zu übernehmen. Nach dem Ersten Weltkrieg bildet sein Haus in München ein Zentrum des neu erstarkten Katholizismus. Von 1925 bis 1930 finden vierzehntätig Mittwochnachmittagstreffen statt, an denen Martin Grabmann, Erich Przywara und andere Professoren und Geistliche, Studenten, Aristokraten und Vertreter des öffentlichen Lebens teilnehmen. Hildebrand kämpft bereits seit 1923 gegen den Nationalsozialismus, auf dessen Todes-Liste er steht. Deshalb muß er bei der Machtübernahme durch Hitler sofort das Land verlassen. 1933 gründet er in Wien die Zeitschrift «Der Christliche Ständestaat», in der er in rund sechzig Artikel den Kampf gegen den Totalitarismus im Nationalsozialismus und Kommunismus fortführt. 1938 muß er auch Österreich verlassen. Über die Schweiz und Frankreich gelangt er schließlich in die USA. In New York findet er eine neue Heimat. Als Universitätsdozent und durch seine Publikationen gewinnt er Einfluß auf die Weiterbildung der christlich orientierten phänomenologischen Philosophie. Der Wirkungsbereich geht weit über die USA hinaus nach Österreich (Salzburg), Spanien (Madrid) und Polen (Lublin/Krakau)[34].

a. Die phänomenologische Neubegründung des Objektivismus

Die Frühphänomenologie steht und fällt mit der Klärung der Wesensnotwendigkeit und des materialen Apriori. Deshalb setzen Hildebrands erkenntnistheoretische Untersuchungen genau bei diesem Begriffskomplex ein. Am Anfang steht die Unterscheidung von drei verschiedenen *Bedeutungen von a priori*, deren Verwechslung zu zahlreichen Verwirrungen und falschen Lehren geführt hat.

— Erstens bedeutet a priori die evidente Wesensnotwendigkeit eines Sachverhaltes, der nicht-formalen Charakter hat. Er ist mit absoluter Sicherheit erkennbar. Als Beispiel wird der Sachverhalt erwähnt, daß Verantwortlichkeit Freiheit voraussetzt (PS 80).
— Zweitens verwendet man das Wort bei Überlegungen zur Hervorhebung der Möglichkeit einer von aller Erfahrung unabhängigen Erkenntnis (81).
— Drittens ist bei verschiedenen Autoren im Begriff des Apriori die Vorausgesetztheit für jegliche Erfahrung enthalten. Diese ist nach Hildebrand bedingt durch den formalen Charakter beispielsweise der logischen Wesensgesetze (83).

Die erste Bedeutung ist die wichtigste. Die zweite hängt eng mit der ersten zusammen. Dabei ist aber zu beachten, daß dieser Zusammenhang nur für die *Dasein*serfahrung gilt. Dagegen setzt die apriorische Erkenntnis in der ersten Bedeutung keineswegs die Abhängigkeit von der *Soseins*erfahrung voraus, wie sie beispielsweise durch die eingeborenen Ideen Descartes' oder durch die platonische Präexistenz-Annahme gewährleistet wird. Kant schließlich ersetzt die erste Bedeutung durch die dritte und gelangt dann notwendig zu seiner These, daß jedes Apriori formal

---

[34] J. Seifert, für den Hildebrand neben Scheler in dessen katholischer Periode und neben Roman Ingarden der bedeutendste katholische Vertreter der realistischen Frühphänomenologie ist, spricht von einer «Hildebrand-Schule», die auch auf den Katholizismus der Gegenwart einwirkt. Er verweist u.a. auf die Bedeutung Hildebrands für die katholische Sexualmoral. Hildebrand hat schon in den Zwanzigerjahren Thesen zur Ehe und Sexualität verfochten, die später in der Theologie des Leibes von Papst Johannes Paul II wiederkehren. Vergleiche die Darstellung in Seifert (1990), hier insbesondere die Seiten 185,192f und 198.

ist und Wahrheit mit der Vorausgesetztheit in aller Erfahrung gleichgesetzt wird (84). Hildebrand unterscheidet streng die drei Bedeutungen und meint in der Grundlegung seines Objektivismus stets die erstgenannte.

Den Unterschied zwischen den eigentlich interessanten *wesensnotwendigen* Sachverhalten auf der einen und den *wahrscheinlichen* Sachverhalten auf der anderen Seite führt Hildebrand auf radikal verschiedene Seinsarten zurück, deren höchste die seinsautonomen Wesenheiten sind, die eine «einzigartige Intelligibilität» besitzen (85). Sie begründen die synthetischen Urteile a priori, die notwendig wahr und apodiktisch sind. Diese Art von Apriori hat nichts mit einer subjektiven Synthesis des Subjekts oder mit einer Konstruktion zu tun. Die Basis des Apriori bilden ontologische Wesensstrukturen. Die Erkenntnis ist eine objektive Relation zwischen objektiven Gegebenheiten. So ist die sachbezogene oder materiale apriorische Erkenntnis zugleich Phänomenologie des Dinges an sich. Da auch die Werte in dieser realistischen Phänomenologie als objektive Gegenständlichkeiten erschlossen werden können, ist damit die Grundlegung der Wertethik geleistet.

Ein wichtiges Ergebnis der Werttheorie betrifft die zentrale Stellung der Würde der Person als in sich ruhende positive Bedeutsamkeit. Zusammen mit den Reflexionen zum Wesen der Liebe, – diesem Thema hat Hildebrand die umfangreichsten und bis in alle Details gehenden Analysen gewidmet,[35] – bildet diese das Fundament einer *personalistischen* Philosophie, die Wesentliches zur Begründung von Gemeinschaft und Staat beiträgt. Damit sind die entscheidenden Voraussetzungen gegeben für die Ausarbeitung einer *philosophia perennis,* die sich jeder Anpassung an philosophische Gegenwartsströmungen und an Moden des Zeitgeistes zu entziehen vermag.

b. Die Objektivität des Ethischen in der Wertethik

Obwohl Hildebrand auf vielen Gebieten philosophisch gearbeitet hat, betrifft sein zentrales Anliegen die *Ethik*. Schon Dissertation und Habilitation behandelten ethische Probleme. Sein Hauptziel ist «die klare eindeutige Herausarbeitung des Wesens des Wertes» (PS 96). Wert ist für ihn ein Urdatum wie das Sein. Alle ethischen Theorien setzen Werte stillschweigend voraus, selbst wenn nur von Lust gesprochen wird, wie bei Aristipp. Deshalb muß eine Theorie der Ethik stets *Wert*ethik sein. Wie alle Werttheoretiker vertritt Hildebrand die Objektivität der Werte und grenzt sie von Relativismus, Skeptizismus, Subjektivismus und Emotivismus ab, die im Neukantianismus, in der hermeneutischen Tradition und in der Analytischen Philosophie gelehrt werden.

Auch in der *Wertethik* dienen die klaren begrifflichen Unterscheidungen dazu, aus den Begriffsverwirrungen zahlreicher Lehren die wahren Sachverhalte herauszuarbeiten. Zur Klärung des Wertcharakters geht Hildebrand von dem schon immer stillschweigend vorausgesetzten Unterschied von neutral und bedeutsam aus. «Mit bedeutsam meinen wir den Charakter an einem Objekt, der imstande ist, meinen Willen oder affektive Stellungnahmen ... zu motivieren» (PS 97). Aber bedeutsam heißt nicht schon werthaft. Es müssen vielmehr drei Arten von Bedeutsamkeit unterschieden werden. Bedeutsamkeit meint

– erstens das *subjektiv Befriedigende*, betrifft also hier eine reine Motivationskategorie;
– zweitens das *objektive Gut für eine Person* und
– drittens das *in sich objektiv als bedeutsam Gegebene*, das also auch unabhängig von Subjekt und Person als gut, edel, schön usw. entgegentritt .

Für Hildebrand fällt *Wert* mit eben dieser dritten Art von Bedeutsamkeit zusammen. Dagegen verwechselt Aristipp in der Bestimmung des höchsten Guts den Wert mit der Motivationskategorie des subjektiv Befriedigenden. Bei Aristoteles und Thomas von Aquin wird zwar diesem das objektive Gut für die Person gegenübergestellt; aber nur Platon und Augustinus erfassen die eigentliche Bedeutsamkeit des Wertes. Für Augustinus ist Gott das höchste Gut an sich und

---

35 Vergleiche «Das Wesen der Liebe». In GW 3. Hier besonders Kapitel V.

darum auch für uns (98). Auch Kant erkennt die Eigenbedeutsamkeit des Werts. Bei Scheler kritisiert Hildebrand die Deutung des Angenehmen als (niederen) Wert, sowie die Verwischung des Unterschieds zwischen Wert an sich und Gut für die Person («Personwert»). Den klaren Bezug auf den objektiven Wert nennt Hildebrand «Wertantwort». Entscheidend ist der Charakter des Sich-selbst-Hingebens: «In der Begeisterung, Verehrung, Liebe, Anbetung durchbrechen wir unsere Ichbezogenheit und konformieren uns dem in sich Bedeutsamen» (E 225). Die Wertantwort steht gegen die nie bewiesene These des Wertrelativismus, wonach alle Werte nur der Niederschlag einer bloß subjektiven Antwort sind. Diese Wertanwort ist der Träger der sittlichen Werte (PS 99). Eine gute Handlung besteht also nicht in der Entscheidung für den höheren Wert innerhalb einer Werthierarchie (Scheler), sondern darin, daß man sich durch den Wert und nicht durch das subjektiv Befriedigende motivieren läßt.

Nach der Klärung des Unterschieds von Wert und Motivation und der Herausarbeitung der Grundzüge der Werte und der Sittlichkeit geht Hildebrand in seinem ethischen Hauptwerk «Ethik» auf die Beziehung zwischen Wert und Sittlichkeit sowie auf die Freiheitslehre ein. Im Zentrum steht die Beschreibung der drei Sphären, in denen sich sittliche Werte realisieren: die Sphäre der Handlungen, der Bereich der einzelnen Stellungnahmen (Reue, Liebe, Hoffnung, Verehrung, Freude, Verzeihen, Danken; E 355) und das Reich der Tugenden oder der bleibenden Qualitäten des Charakters (Großmut, Reinheit, Wahrhaftigkeit, Gerechtigkeit, Demut; E 356). Den Abschluß der Untersuchung bildet eine Auseinandersetzung mit dem Bösen.

c. Von der Kritik der Situationsethik zur christlichen Ethik

Nach dem Zweiten Weltkrieg arbeitet Hildebrand in seinem neuen Wirkungsbereich die Wertethik weiter aus und verwendet ihre Einsichten zur Kritik an modernen Verfälschungen des Sittlichen. In «Wahre Sittlichkeit und Situationsethik» setzt er seine Wertethik der weit verbreiteten Situationsethik entgegen und leistet damit zugleich einen Beitrag zur Ausarbeitung der christlichen Moral. Denn für Hildebrand ist die Kontraposition von Nietzsches These, daß mit dem Tode Gottes die sittlichen Ordnungen zerbrechen, selbstverständlich: Sittlichkeit ist nur möglich unter der Prämisse eines wirkenden Gottes; «Sittlichkeit setzt Gott objektiv voraus» (WSS 177). Deshalb ebnet der rechte Blick auf das Reich der Sittlichkeit den Weg zum Glauben, in dem erst durch die Offenbarung der Charakter des Sittlichen ganz erfaßt werden kann (180).

Hildebrand geht von dem weitverbreiteten Phänomen aus, daß Menschen mit moralischen Prinzipien gegenüber den aus tiefste innere Überzeugung handelnden Sündern abqualifiziert und als Selbstgerechte oder Pharisäer abgestempelt werden. Diese Grundhaltung entdeckt er nicht nur in der modernen weltlichen Literatur, sondern auch in der Jugendbewegung und sogar in der religiösen Literatur seiner Zeit. Hildebrand nennt neben Graham Greene, Evelyn Waugh und Jean Genêt auch Francois Mauriac, Leon Bloy, Gertrud von le Fort und Fjodor Dostojewskij[36]. Karl Rahner hat als erster auf das Phänomen aufmerksam und zwei Einstellungen dafür verantwortlich gemacht, nämlich die «*Situationsethik*» und die «*Sündenmystik*». Beides sind Reaktionen auf die «*Häresie des Ethos*», wie sie von vielen mittelmäßigen Menschen und insbesondere auch von Christen vertreten wird. Bei der ausführlichen Analyse und Charakterisierung der Situationsethik[37] verwendet Hildebrand häufig religiöse Termini wie Sünder oder Pharisäer. Er

---

[36] Die Aufzählung der Namen bedeutet nicht, daß Hildebrand alle sittlich relevanten Charaktere jener Dichter ablehnt. So verkörpert z.B. Sonja in «Schuld und Sühne» einen ganz anderen Typ von Sündigkeit, als er im «tragischen Sünder» zum Ausdruck kommt, den Hildebrand angreift. Während dieser nämlich gegen ein sittliches Gebot verstößt, indem er seine Leidenschaft befriedigt oder ein spezielles Gut für sich selbst anstrebt, wählt Sonja unter Opferung eines hohen persönlichen Gutes dasjenige, was ihr als das sittlich Gute erscheint; aber weil ihr Opfer moralisch verboten ist, bleibt sie Sünderin (48).

[37] Die Sündenmystik ist für Hildebrand nur ein Aspekt der Situationsethik. In ihr wird die Sünde mit der «Gloriole der Demut» geschmückt und zugleich in die Sünde eine «geheimnisvolle Tiefe» gelegt (110).

betont aber zugleich, daß er eine philosophische Untersuchung durchführt, die allerdings wegen des Wesens des Sittlichen notwendig auf das Göttliche führt: «Wir beschränken uns auf das moralische Problem und gebrauchen die Ausdrücke ‹Sünder› und ‹Sünde› für die Fälle, wo ein objektiver Widerstreit zu sittlichen Geboten und wo Haltungen vorliegen, in denen sich ein sittlicher Unwert verkörpert und somit objektiv eine Beleidigung Gottes gegeben ist» (19).

Die Situationsethik ist als Reaktion auf die Tendenz entstanden, statt Sittlichkeit Legalität und krampfhaftes Festhalten an allgemeinen Gesetzen und Konventionen zu setzen (13). Als *Existentialethik* stellt sie eine *geistige Bewegung* dar, die sich wenig um philosophisch ausformulierte *Theorien* und um abstrakte sittliche Gesetze kümmert. Sie baut auf persönliche Entscheidungen. Denn konkrete Situationen sind komplex und vielschichtig, können also nach Auffassung der Situationsethiker nicht unter allgemeine Gesetzlichkeiten subsumiert werden. Ihre Legitimation findet die Situationsethik im Recht auf Glück, im «unglückseligen Idol der ‹Freiheit›» und im Wunsch, «das drückende Joch der Moral abzuwerfen» (17). Wegen der Einmaligkeit der sittlichen Entscheidungen sind alle Gebote überflüssig (72). Unter dem Schlagwort des Personalismus, der auf die Individualität der Person besteht und damit die Würde jenseits positiver Verfügbarkeit stellt (103), und unter Berufung auf eine Natürlichkeit jenseits von Gut und Böse (Rousseau), entwickelt sich der «tragische Sünder» als positiver Gegenpol zum Selbstgerechten und «Tugendbold» (129).

Gegen diese neue Ethik stellt Hildebrand seine Lehre von der wahren Sittlichkeit, die auf die Notwendigkeit allgemeiner sittlicher Gebote insistiert und sich aus dem Wertcharakter des Sittlichen ableitet (16). Dieser Standpunkt bedeutet keine Verteidigung der «Häresie des Ethos», des Selbstgerechten oder des Pharisäers. Trotzdem enthält nach Hildebrand jede sittliche Forderung ihr berechtigtes «Anathema», das nicht mit der Entladung unkontrollierter Gefühlsregungen gleichgesetzt werden darf (135). Es zielt vielmehr im Sinne des augustinischen «Töte den Irrtum, liebe den Irrenden» auf das Böse, nicht auf den Sünder (134). Jedes Gut ist als Wertträger ein In-sich-Bedeutsames und ein «Sein-sollen» (149). Im Sittlichen erscheint demnach eine wesenhaft neue Form des Seinsollens: «Die sittliche Sphäre hängt eng mit dem ‹unum necessarium› zusammen, nicht nur als dem Einen, das Bedeutung hat für den Menschen, sondern als dem Einen, das Bedeutung hat in sich selbst» (150). Deshalb enthält Sittliches ein Moment des Gehorsams, der religio oder der Gebundenheit an Gott (153). Dieser «glückselige Gehorsam», «die Spontaneität der sittlichen Wertantwort aus überfließender Freude» (152) wird in der Situationsethik mit dem sittlich neutralen Enthusiasmus für Kunstwerke verwechselt und erklärt so die Faszination der Leser jener Weltliteratur. Es ist also grundfalsch, wenn Kant jeder materialen Wertantwort, beispielsweise in der Liebesregung, einen sittlichen Wert abspricht und sich auf das Verhalten aus Pflicht beschränkt (154). Ebenso geht die These fehl, daß es sich bei sittlichen Entscheidungen um eine Beziehung allein zwischen dem Ich der menschlichen Person und dem Ich Gottes handelt (155). Im Sittlichen weht der «Atem des Ewigen» (177) und dies bedeutet objektive Geltung im Werthaften. Dabei wird das natürliche Sittengesetz durch die *christliche Sittlichkeit* auf einzigartige Weise zur letzten Erfüllung gebracht (174). Durch Christus gelangen wir zum «geheimnisvollen Innenaspekt des Sittlichen», der den Außenaspekt der natürlichen Sittlichkeit überhöht; Schuld, Gewissen[38] und Pflicht enthüllen sich erst in der Offenbarung in ihrem vollen Gehalt (180).

Hildebrand vollendet in seinen letzten Lebensjahren den in der Ethik grundgelegten *christlichen Personalismus* vor allem in den reichhaltigen Analysen zum Wesen der Liebe. Im gleichnamigen Werk (GW3, 1971) formuliert er das Ziel der Untersuchungen mit den Worten: «das Wesen der Liebe da zu erfassen, wo es in seiner ganzen Fülle anschaulich gegeben ist» (29) und skizziert damit nochmals am Beispiel der Liebe das *frühphänomenologische Programm* einer

---

38 Zum Gewissen, das in der Situationsethik eine zentrale Legitimationsrolle einnimmt, vergleiche die Seiten 157–161 (WSS).

Wesensbeschreibung der philosophia perennis in reinster Form, an dem alle relativistischen Kritiken und ideologieverdächtigen Ressentimentsvorwürfe, alle radikalen Skeptizismen und revolutionären Umwertungsversuche folgenlos abprallen.

12.32   Hans Reiners Wertethik

a. Biographie und Bibliographie

Lebenslauf

Geboren am 19.11. 1896 in Waldkirch. Studium der Philosophie und Theologie in Freiburg, München und Marburg. 1926 philosophische Promotion in Freiburg. 1931 Habilitation in Halle. In Freiburg 1947 philosophischer Lehrauftrag, 1951 Gastprofessur und 1957 Ordinariat für Philosophie. Reiner stirbt am 4.9. 1991 in Freiburg.

Auswahl aus der Primärliteratur

1927   Freiheit, Wollen und Aktivität. Phänomenologische Untersuchungen in Richtung auf das Problem der Willensfreiheit. Halle.
1931   Phänomenologische und menschliche Existenz. Halle.
1932   Der Grund der sittlichen Bindung und das sittlich Gute. Ein Versuch, das Kantische Sittengesetz auf dem Boden seiner heutigen Gegner zu erneuern. Halle.
1934   Das Phänomen des Glaubens, dargestellt im Hinblick auf das Problem seines metaphysischen Gehalts. Halle. Umgearbeitete Preisschrift der Kantgesellschaft von 1931.
1949   Das Prinzip von Gut und Böse. Freiburg.
1951   Pflicht und Neigung. Die Grundlagen der Sittlichkeit, erörtert und neu bestimmt mit besonderem Bezug auf Kant und Schiller. Meisenheim.
1956   Kritische Sichtung einer abendländischen Lebens- und Sittlichkeitsform. Frankfurt.
1956   Die Ehre. Kritische Sichtung einer abendländischen Lebens- und Sittlichkeitsform. Darmstadt.
1960   Der Sinn unseres Daseins. Tübingen. 2. erweiterte Auflage 1964. 3. Aufl. Freiburg 1987.
1964   Die philosophische Ethik. Ihre Fragen und Lehren in Geschichte und Gegenwart. Heidelberg.
1964   Grundlagen, Grundsätze und Einzelnormen des Naturrechts. Freiburg.
1965   Gut und Böse. Ursprung und Wesen der sittlichen Grundunterscheidungen. Freiburg.
1974   Die Grundlagen der Sittlichkeit. 2. durchgesehene und stark erweiterte Auflage von «Pflicht und Neigung». Meisenheim. **GS**
1975   Die Ausbildung und Vorbildung der phänomenologischen Methode als Methode der Ethik. In ZPHF 29/1975. S. 108 ff.
1976   Wertethik nicht mehr aktuell? In ZPPF 30/1976. S. 93 ff. **WNA**

Bibliographie

G. Schischkoff: Bibliographie zu H. Reiner. In ZPHF 21/1967. S. 152 ff.

Der Name Hans Reiner ist eng mit Freiburg verbunden. Die erste Berührung mit der Philosophie wird von *Husserl* und *Heidegger* mitbestimmt. Im Sommer 1922 wechselt er für ein Semester nach München, wo die entscheidende Begegnung mit den Frühphänomenologen, vor allem mit Pfänder und Hildebrand, erfolgt. Nach der Rückkehr promoviert er bei Husserl, geht aber unmittelbar danach für drei Semester nach Marburg, um theologische Studien bei dem dorthin gewechselten Heidegger und bei Rudolf Otto zu betreiben. Er beteiligt sich an einem Preisausschreiben der Kant-Gesellschaft und erhält für die Arbeit «Die Psychologie des Glaubens» einen ersten Preis, eine gute Ausgangsbasis für die nachfolgende Habilitation in Halle. Nach dem Krieg wird er in Freiburg seßhaft und erhält 1957 dort einen Lehrstuhl.

Von Anfang an kreisen Reiners Gedanken um *ein* Thema, um die *Ethik*. Die erste Publikation «Freiheit, Wollen und Aktivität» nennt Reiner im Untertitel «phänomenologische Untersuchungen». Die Arbeit ist methodisch ganz vom Gedankengut des JPPF geprägt. Zwar verweist Reiner in den einleitenden Vorbemerkungen darauf, daß er neben der reinen Wesensanalyse von Freiheit überhaupt auch die spezifisch menschliche Freiheit der leibbegabten endlichen Person im Auge hat; doch der ausdrückliche Bezug auf Veröffentlichungen von Hildebrand, Pfänder und Stein zeigt, daß hier zunächst die *frühphänomenologische Denkart* über die Lebenswelt-Philosophie triumphiert. Das ändert sich aber schon in den nächsten Publikationen. Reiner erliegt vorübergehend der Faszination Heideggers und schreibt im Zusammenhang mit der Preisschrift über Themen des religiösen Glaubens und der menschlichen Existenz. Sehr bald geht Reiner aber wieder auf Distanz zu Heidegger und kehrt zu seinem ursprünglichen phänomenologischen Ansatz zurück, der sich bei der metaphysischen Thematik ausdrücklich zurückhält. Zugleich verstärkt er seine historischen Forschungen. So gelingt ihm 1939 der Nachweis, daß die alte Vorstellung, der Name Metaphysik sei bei Aristoteles eine bibliothekarische Verlegenheitsbezeichnung, falsch ist. Er läßt sich vielmehr auf die Tatsache zurückführen, daß die Inhalte der Metaphysik zwar *an sich* primär, aber *für unsere Erkenntnis* sekundär sind, also erst «nach den physischen Dingen» erfaßt werden können. Später rehabilitiert er die stoische Ethik und setzt sich mit der thomistischen Lehre des malum auseinander. Während Thomas dieses als Nichtseiendes bestimmt, betont Reiner dessen deformitas-Charakter[39].

Sein Hauptthema bleibt die Ethik. Schon ab 1932 hält er in Halle und später in Freiburg Vorlesungen über ethische Problemfelder, aus denen seine Schriften hervorgehen. Im Anschluß an Scheler und Hartmann entwickelt er ein neues, selbst in den USA viel beachtetes System der Wertethik[40], das auf die Wertwelt als Gegebenheit der Husserlschen Lebenswelt aufzubauen und die ontologischen und metaphysischen Implikationen seiner Vorbilder zu eliminieren versucht.

b. Reiners Wertethik als Lehre von den sittlichen Gegebenheiten der Lebenswelt

Das Ziel seines Hauptwerkes GS ist die Grundlegung der Ethik, genauer die Begründung des sittlichen Sollens im Verhältnis zu den natürlichen Neigungen. Daher lautete der Titel des Werkes ursprünglich «Pflicht und Neigung». Im systematischen Teil, der auf die Auseinandersetzung mit der Ethik Kants im historischen Teil folgt, klärt Reiner sein *methodisches Verfahren*. Danach muß in der Ethik zweiseitig vorgegangen werden: *rational* bezüglich der apriorischen Grundlagen und *empirisch* bezüglich der faktischen Grundlagen der ethischen Gegebenheiten. Die in diesem Sinne empirische Einstellung ist die fundamentalere; denn «wer eine an sich zwar bestehende sittliche Verbindlichkeit in keiner Weise sieht (bzw. ‹fühlt›), für den hat diese Verbindlichkeit auch keine Wirklichkeit» (GS 89). Dieses notwendige Sehen oder Fühlen aber ist eine Erfolgstatsache. Werte werden in einer «Wertnehmung» wahrgenommen, nicht im Urteilen erkannt. Deshalb ergibt sich als nächste Aufgabe, die Tatsachen des sittlichen Bewußtseins festzustellen und deren sinnhaften Gehalt zu erfassen. Die so gewonnene Erfahrung darf allerdings nicht mit der wissenschaftlichen Erfahrung verwechselt werden, die *Seins*gesetzen nachspürt, während in der Ethik nur *Sollens*gesetze aufgesucht werden. «Sollensgesetze aber können niemals als Tatsachen aus solchen abgeleitet werden, sondern erfordern wesentlich zu ihrem Zustandekommen bestimmte erlebte Sinngehalte» (91).

Weil die Tatsachen des sittlichen Bewußtseins durch die allgemeine Lebenserfahrung, durch Einflüsse der Geschichte, der Muttersprache und Nationalität, ja durch biologische Rassenvorgaben[41] ihre spezifische Färbung erhalten, behandelt Reiner im letzten Teil des Werkes das

---

39 Die drei angegebenen Themen werden in Aufsätzen der ZPHF behandelt, nämlich in Band 8 und 9 bzw. in Band 21 und 23.
40 Irene Eberhard verweist in ihrer Würdigung zum 75. Geburtstag (ZPHF 25, S. 617) auf W. Frankenas Lob in «Philosophy in the Mid-Century» und auf zahlreiche Übersetzungen der Werke Reiners.
41 Ein Problem, das in den Vierzigerjahren, der Entstehungszeit des Buches, zu den Pflichtthemen zählt. Reiner betont, daß diese phänomenologischen Feststellungen von bestimmten Rassentheorien unabhängig sind (107).

sittliche Bewußtsein in den einzelnen Lebenskreisen (bei den Germanen, den Griechen, den Römern, im Alten Testament, im Urchristentum, im Hellenismus und bis zur Gegenwart[42]). Bei der nicht-empirischen Komponente, den Prinzipien der Ethik, fehlt diese Vielfalt; sie sind als apriorische Gegebenheiten für alle Menschen verbindlich (107) und durch phänomenologischen Aufweis, der keinerlei metaphysischer Begründung bedarf, bestimmbar. Reiners Phänomenologie-Begriff geht weit über Husserls strengeren Begriff hinaus und umfaßt als «Platonismus» (105) auch Goethes anschaulichere Einheiten (106). Die Prinzipien Husserls seien «im Grunde altes Gut der abendländischen Philosophie» (105).[43]

Obwohl Reiner immer wieder die Empirie als wesentliche Instanz zur Erzeugung des Wert-Konsenses betont, enthält seine phänomenologische These vom Erfassen der Werte als unmittelbare Gegebenheiten ein hohes Maß an Optimismus. Er ist überzeugt, daß trotz der genannten empirischen Einflüsse die Meinungsverschiedenheiten weitgehend ausgeräumt werden können (137)[44]. Er kritisiert in diesem Zusammenhang den anderen «Empiriker» des Wertstreits, Max Weber, der das Wertverhalten letztlich als irrational betrachtet und deshalb keine Möglichkeit sieht, die Streitigkeiten mit wissenschaftlichen Mitteln aus der Welt zu schaffen.[45] Für Reiner gilt es, die strikte Trennung zwischen Wissenschaft und Ethik oder Sein und Wert zu überwinden und das plausibel zu machen, was G.E. Moore als «naturalistischen Fehlschluß» und Denker wie Max Weber, Karl Jaspers und die meisten Analytiker als metaphysischen Grundirrtum in Verruf gebracht haben.

In der Entfaltung der Phänomene des sittlichen Sollensbewußtseins stößt Reiner zuerst auf das *Gewissen*, den «Ort, an dem das Zur-Gegebenheit-kommen des uns selbst betreffenden sittlichen Sollens sich ereignet» (115). Dieser sehr weite Gewissensbegriff verbleibt nicht im Negativen; denn nach Reiner legt die Negation bestimmter Verhaltensweisen zugleich weitgehend das Positive fest (116). Das Gewissen entfaltet sich demnach als komplexes Vermögen, nämlich als warnendes und ermahnendes, als schlechtes und als gutes Gewissen in einem (119). Es ist unserer Willkür entzogen und von kontingenten Anlagen beeinflußt, die allerdings nur den «Ich-Umgrund» (Seele im Sinne von Klages) und nicht das verantwortliche oder «eigentliche Ich» (Geist im Sinne von Klages, 124), bestimmen.

Damit sind wir auf die zweite zentrale Problematik, auf die Bedeutung von *Neigungen* gestoßen. Reiner schränkt diesen Begriff stark ein, indem er nur solche Handlungen aus Neigungen bestimmt nennt, die wir «gerne» tun (133). Sie betreffen einen Spezialfall von Neigungen, nämlich solche, «die irgendwelche Weisen des eigenen *Verhaltens* oder (passiven) *Erlebens* zum Gegenstand haben» (134) und gerichteten Gefühlen verwandt sind. Die gegenständlichen Entsprechungen von Gefühlen und Strebungen sind die *Werte beziehungsweise* Unwerte, die zugleich als ihre objektiven Grundlagen wirken, vergleichbar der Grundlegung von Wahrnehmungen durch objektive Gegenstände. Während diese *erkannt* werden, spricht man bei Werten von «*Kenntnisnahme*» (nach von Hildebrand, 135). So gelingt es Reiner, das Tun-Sollen aus einem objektiven Sein-Sollen herzuleiten.

Ein Vergleich mit der Lehre Kants verdeutlicht die fundamentale Rolle der Werte in der

---

42 Reiner beschränkt sich ausdrücklich auf die «abendländischen Kulturnationen» (111).
43 In einer späteren Auseinandersetzung (in ZPHF 29) mit dem Titel «Die Ausbildung und Fortbildung der phänomenologischen Methode als Methode der Ethik» versucht Reiner, auch den späteren Entwicklungen Husserls gerecht zu werden. Er überträgt die phänomenologische Reduktion auf die Ethik, wobei von der *Gültigkeit* der im sittlichen Bewußtsein vorgefundenen Bewertungen und Sollensforderungen abgesehen wird (110). Unter Verweis auf das Vorgehen Hildebrands, der die Wertdifferenzen nicht aus den ontologischen Unterschieden der Wertträger übernimmt, wie Husserl und Scheler, sondern wirklich das sittliche Bewußtsein zum Ausgangspunkt wählt, bezieht er soziologische Forschungsprozesse und Überlegungen zu Sprache und Geschichtlichkeit ein, so daß der frühphänomenologische Standpunkt weit überschritten wird.
44 In WNA S. 97 verweist Reiner auch auf die Möglichkeit, die Differenzen im Sinne der Diskurs-Theorie von K.-O. Apel und J. Habermas zu beheben.
45 Vergleiche den Werturteilsstreit in 8.32 b.

Wertethik. In Kants Ethik steht am Anfang die reine praktische Vernunft, aus der alle praktischen Gesetze der Sittlichkeit entspringen. Die Autonomie der Sittlichkeit bedarf keiner Hilfen zu ihrer Verwirklichung. In der Wertethik dagegen wird sittliches Handeln durch die Kenntnisnahme von Werten in dieser oder jener Situation, also nicht durch reine Vernunft, bestimmt. Aus der Wertnahme braucht nicht notwendigerweise das praktische Gesetz hervorzugehen, «es kommt darauf an, ob im Einzelfall irgendwie seine (des Wertes) konkrete Wirklichkeit in meine Hand gegeben erscheint». Damit ist der Wert etwas Fundamentaleres als das Sittengesetz. «Am Wert hängt der ganze Sinn der Welt und unseres Daseins in ihr» (242).

Diese Fundierung der Sittlichkeit gelingt durch die drei «Grundvermögen»: Wertgefühl, Vernunft und Freiheit. Im *Wertgefühl* erhalten wir Kenntnis von Werten. Aber schon bei höheren Werten und zur Entscheidung in der Wertordnung bedarf es der *Vernunft*. Als drittes ist zur Entstehung der sittlichen Forderung schließlich die *Freiheit* unerläßlich, «d.h. die Macht, durch entsprechenden eigenen Einsatz im Handeln zur Wirklichkeit der Werte schaffend, erhaltend oder wenigstens der Verletzung sich enthaltend beizutragen» (243).

Im Wertgefühl entdeckt Reiner zwei Grundrichtungen: eine Richtung auf Ziele und Folgen von Handlungen, die im Verantwortungsgefühl zum Vorschein kommt, und eine Richtung auf die Werte und Unwerte des Verhaltens selbst, die sich im Ehrgefühl zeigt. Beiden Grundrichtungen widmet Reiner in späteren Jahren besondere Arbeiten. Überlegungen über die Ehre führen 1956 zum gleichnamigen Buch «Die Ehre» und Reflexionen über Verantwortung schlagen sich in der Naturrechtsthematik (1964) nieder.

Auffällig ist, daß für Reiner zunächst nicht die Unterscheidung von positiven und negativen Werten (oder Werten und Unwerten), sondern die von subjektiv bedeutsamen und objektiv bedeutsamen Werten von Interesse ist.[46] Subjektiv bedeutet nicht einfach relativ, so wenig wie objektiv absolut bedeutet. Reiners Unterscheidung zielt auf die Differenz von egoistischen Strebungen und Hingabe. *Subjektiv bedeutsam* heißt ein Wert, wenn er nur die eigenen Interessen des Subjekts erfüllt, also zu den bedürfnisbezogenen «eigenrelativen» Werten zählt; *objektiv bedeutsam* dagegen ist jeder Wert, der «fremdrelativ» oder absolut ist. Fremdrelative Werte erfüllen Bedürfnisse anderer; absolute sind in sich ruhende Werte ohne jeden Bezug auf ein Subjekt (138 und 415). Schematisch analog zu S.415:

ABSOLUTE WERTE (In sich ruhend)	nicht relativ (unabhängig von Bedürfnissen)	OBJEKTIV BEDEUTSAM
	fremd-relativ (fremde Bedürfnisse erfüllend)	
RELATIVE WERTE (bedürfnisbezogen)	eigen-relativ (eigene Bedürfnisse erfüllend)	SUBJEKTIV BEDEUTSAM

Das im Objektiv-Bedeutsamen gegebene objektive Sein-Sollen meint noch nicht das *sittliche* Sollen als Sich-Verhalten-Sollen im allgemeinen. In dem Spezialfall, daß nur ein bestimmter Wert erfaßt wird und zur Handlung auffordert, liegt kein Problem vor. Anders verhält es sich bei der Konkurrenz mehrerer Werte. Die kategorische Forderung zur Verwirklichung kann nur dann bestehen, wenn bestimmte Werte einen Vorzugscharakter haben. Scheler gibt die Antwort durch eine einfache Werthöhen-Entscheidung. Aber schon Hartmann hat erkannt. daß die Werthöhe nicht als einziges Vorzugsprinzip dienen kann; er führte «stärkere» Werte ein, – Reiner nennt sie «dringlichere», – die gelegentlich auch niedriger aber trotzdem zugleich fundamentaler sein

---

46 In «Pflicht und Neigung» hat Reiner dafür die Termini fruitiv-subjektiv und fruitiv-objektiv eingeführt und in der Neuauflage beibehalten, allerdings mit der Bitte, diese im Sinne der neuen Terminologie als subjektiv bedeutsam und objektiv bedeutsam zu lesen (Vorwort zu GS IX). In späteren Arbeiten treten auch positive und negative Werte auf (419f.).

können. Hartmann bringt das Beispiel von der biologischen Existenz eines Menschen, die dringlicher ist als ein beliebiger (höherer) künstlerischer Wert.

Reiner zeigt, daß auch die Wertdringlichkeit nicht ausreicht und weitere Vorzugsprinzipien bedacht werden müssen, die sich aus den Bedingungen der Möglichkeit der Wertverwirklichung ergeben. Er unterscheidet dabei fast ein Dutzend *Vorzugsprinzipien* (170ff).

– Werthöhe: der je höhere Wert muß vorgezogen werden (Scheler),
– Wertstärke: der je dringlichere Wert ist vorzuziehen (Hartmann[47]);
– Zeitliche Dringlichkeit, zum Beispiel beim Eingreifen, um Ertrinkende zu retten;
– Quantität der Wertverwirklichung, etwa bei der Rettung von verschieden großen Menschengruppen in Booten unter gleichen Bedingungen;
– Wahrscheinlichkeit des Erfolgs bei unterschiedlichen Erfolgsaussichten;
– Erfüllung eines feststehenden Bedarfs vor dem eines nur wahrscheinlichen;
– Nichtverletzung bestehender Werte gegenüber Werterhaltung oder Wertverwirklichung (beispielsweise Menschenleben nicht antasten gegenüber Menschenleben zeugen);
– Sollensvorzug für Unternehmungen, in denen genügend andere Menschen zur Verfügung stehen;
– Einsetzen dessen, der bessere persönliche Fähigkeiten und Mittel besitzt;
– Einsetzen der eigenen Fähigkeiten am richtigen Ort;
– Prinzip des Daimonions: Beachtung der Stimme des Gewissens (wie sie beispielsweise in den «Stimmen» der Jeanne d'Arc, nicht aber bei Sokrates vorlag).

Das letzte Prinzip wird nur dort wirksam, wo die anderen Präferenzregeln zur eindeutigen Entscheidung nicht ausreichen. Die Abwägung unter den elf Prinzipien erfolgt nicht wieder durch ein weiteres Meta-Prinzip, sondern in der Anwendung «einer Art von praktisch-sittlichem Wertgericht». Damit läßt sich eine *Neuformulierung des kategorischen Imperativs* angeben, die das sittliche Sollen eindeutig festlegt; sie lautet: Handle so, daß du dich erstens in der Wahl zwischen subjektiv bedeutsamen und objektiv bedeutsamen Werten für die letzteren und zweitens in der Wahl zwischen objektiv bedeutsamen Werten für den Wert mit dem höchsten objektiven Wertgewicht einsetzt (176).

Eine weitere ausführliche Analyse betrifft das *sittlich Gute* und dessen Verhältnis zum sittlichen Sollen. In der Umgangssprache nennt man die sittlich positiven Werte das *Gute*, die sittlichen Unwerte das *Böse*. Das sittlich Gute besteht in der Befolgung der Forderung eines objektiv bedeutsamen Wertes unter Zurückstellung subjektiver Werte (227). Das bedeutet, daß nicht das Gute die Werte, sondern umgekehrt die Werte das Gute konstituieren. Weil die Werte schlechthin vorfindbare Gegebenheiten sind, die keiner weiteren Rechtfertigung bedürfen, entzieht sich damit Reiner sowohl metaphysischen, ontologischen, theonomischen als auch naturalistischen Vorwürfen.

Das Begriffspaar gut-böse darf nicht verwechselt werden mit dem Begriffspaar sittlich richtig – sittlich falsch. Dieses betrifft in Konkurrenz stehende objektive Werte. Wird unter ihnen der Vorzug nach gewissenhafter Reflexion durch Einsicht entschieden, so kann die Entscheidung sittlich richtig oder sittlich falsch sein; sittlich gut ist sie allemal (228). Man kann hier durch Irrtum fehlgehen; aber niemand handelt wissentlich schlecht, was schon Sokrates betont hat. So kann Reiner das Faktum der gesellschaftlichen Bedingtheit auf das sittlich *Richtige und Falsche* beziehen und trotzdem von *objektiv* bedeutsamen Werten sprechen[48]. Gut und Böse haben ihren Ursprung in Willensstellungnahmen, also in der Gesinnung (234). Reiner führt das Gute und das

---

47 Einzelheiten zu Hartmann in 15.12g.
48 Deshalb kann Reiner auch das Naturrecht verteidigen. In «Grundlagen, Grundsätze und Einzelnormen des Naturrechts» betont er ausdrücklich, daß es ihm nur um die Existenz eines Unterschieds von Recht und Unrecht, nicht um die Deduktion von Einzelnormen aus dem Naturrecht geht (12).

Böse weiter auf ein sittlich Schönes und sittlich Häßliches zurück. Gut und Böse sind «Sonderarten» des Schönen und Häßlichen. Er beteuert, daß der Sonderart des Schönen «keine Spur von der Strenge und Absolutheit seiner Verbindlichkeit genommen» wird (237).

In der Arbeit «Der Sinn des Daseins» bringt Reiner seine ethischen Erkenntnisse für ein Zentralthema der Philosophie ein. Er sucht eine Antwort auf die Frage, ob es nicht sinnvoller sei, nie geboren zu werden, als im Leid dieser Welt zu leben. Da es aber besser ist, daß das Gute ist, als daß es nicht ist, und weil wir die Möglichkeit haben, Gutes zu verwirklichen, ist die Antwort eindeutig.

In seiner späteren Verteidigung der Wertethik in dem Aufsatz «Wertethik nicht mehr aktuell?»[49] betont Reiner, daß seine Ergebnisse als «Gegebenheiten der Lebenswelt» gedeutet werden können und dabei der Begriff «Wert» nicht unbedingt verwendet werden muß. Zugleich verweist er auf eine neue Definition, die positive Werte als das «Erfreuliche», negative Werte als das «Unerfreuliche, Bedauerliche» faßt (96)[50]. Damit glaubt Reiner eine empirische Grundlage für das geliefert zu haben, was von ihm mit dem Wort «Wert» bezeichnet wird. Auch in der Bestimmung der Tatbestände, die im einzelnen als positiv oder negativ zu qualifizieren sind, wird er zurückhaltender. Er spricht nur von einem weitgehenden Konsens innerhalb der Kulturmenschheit, überläßt aber genauere Bestimmungen und Begründungen der empirischen Forschung.

---

49 ZPHF 30. S. 93 ff.
50 Siehe auch GS S. 383 ff; dabei handelt es sich aber um Stellen aus späteren Arbeiten, hier um «Der Begriff des Wertes. Die Methode und die Aufgabe der Ethik». 1955.

13. Religionsphilosophie im weiteren Umkreis der Phänomenologie

Wesensanalysen im Sinne der Frühphänomenologie finden nicht nur in Psychologie, Ontologie, Ästhetik und Rechtsphilosophie ihre Anwendungen. Phänomenologische Einflüsse lassen sich in fast allen Disziplinen feststellen; so auch in der Religions*philosophie*, der seitdem eine eigene Religions*phänomenologie* an die Seite getreten ist. Bei den Münchnern und Göttingern sind religionsphilosophische Analysen Randerscheinungen, die in Ansätzen stecken bleiben. So enthalten zum Beispiel die letzten Fragmente und Briefe von *Adolf Reinach*, der sich kurz vor seinem Tod während eines Urlaubs noch protestantisch taufen läßt, religionsphilosophische Reflexionen. Eingehende Studien finden sich dagegen in den Untersuchungen von *Max Scheler*, der den Münchnern nur in einem sehr weiten Sinn zuzuordnen ist.[1]

Die Religionsphilosophie findet in den ersten Jahrzehnten des Jahrhunderts ganz allgemein eine große Beachtung. Neben der *phänomenologischen Tradition,* die ihren Höhepunkt mit Max Scheler erreicht und bei *Johannes Hessen* eine systematische, stark an Scheler und am Augustinismus M. Blondels orientierte Darstellung findet[2], herrscht vor allem die *neukantianische Tradition* vor, die durch Hermann Cohen neue Impulse erhält. Ihr entstammt vor allem *Rudolf Ottos* richtungweisende Phänomenologie des Heiligen. Ebenfalls von Kant inspiriert ist *Johannes Volkelts* kritisch-realistische Metaphysik. In seinen zahlreichen kleineren Schriften sind reichhaltige religionsphilosophische Ausführungen verborgen[3], in denen das intuitive Erleben als Basis für Moral, Ästhetik und Religion dargestellt wird. Eine Synthese aus Kant und Hegel liegt in der Religionsphilosophie von *Friedrich Brunstäd* vor, die auf das Erlebnis der unbedingten Persönlichkeit aufbaut. Diese personale Wertwirklichkeit erscheint bei dem Fichteaner *Rudolf Eucken* als «Geistleben» und ist hier wie bei Brunstäd völlig in die Metaphysik integriert. Die damit gegebene Kulturabhängigkeit und die Tendenz, den Sinn der Religion in ihrer allgemeinen Bedeutsamkeit für das Leben zu sehen, veranlaßt *Heinrich Scholz* zur Kritik; er stellt den Wahrheitsanspruch der Religion als solchen heraus. Für ihn ist nicht die kulturell eingebundene Gottesidee und die Gefühlswelt der Menschen für die Legitimation des Glaubens ausschlaggebend, sondern der Existentialsatz «Gott *ist*».[4]

Die empirische Religionsforschung fördert die Vorstellung von der Universalität des religiösen Bewußtseins. Die historisch-psychologische, oft an Schleiermacher anknüpfende Begründung aus lebensphilosophischen Motiven sieht zum Beispiel die Religion als persönlichen Verkehr mit der Gottheit (bei *Wilhelm Bousset*) oder als Erlebnis des Berührtwerdens von einer übermenschlichen Macht (bei *Wilhelm Hauer*). *Karl Dunkmann* versucht, mit Hilfe der geisteswissenschaftlichen Methode die Objekte dieser Gefühle genauer zu fassen und wagt sogar eine logische Deduktion des Gottesbegriffs. Zur «religionspsychologischen Methode» verfeinert schließlich *Georg Wobbermin* diese Gedanken, wobei er explizit das «Zurück zu Schleiermacher!» propagiert[5].

---

1 Siehe dazu die Ausführungen in 14.3
2 Hessen: Religionsphilosophie. I.Methoden und Gestalten der RP. II. System der RP, Essen / Freiburg 1948. 2. Aufl. München/Basel 1955 und ders.: Die Werte des Heiligen. Eine philosophische Schau der religiösen Wertwelt. Regensburg 1938. 2. Aufl. 1951. Siehe C. Weber: Die Religionsphilosophie Johannes Hessens. Frankfurt u. a. 1994.
3 Z. B. Was ist Religion? Leipzig 1913
4 Brunstäd: Die Idee der Religion. Halle 1922; Eucken: Der Wahrheitsgehalt der Religion. Leipzig 1901. 4. Aufl. 1920; Scholz: Religionsphilosophie. Berlin 1921. 3. Aufl. 1977. S. 226.
5 Bousset: Das Wesen der Religion. Halle 1904. 4. Aufl. Tübingen 1920; Hauer: Die Religionen. Das religiöse Erlebnis auf den untersten Stufen. Stuttgart 1923 ; Dunkmann: Religionsphilosophie. Kritik der religiösen Erfahrung als Grundlegung der christlichen Theologie. Gütersloh 1917; Wobbermin: Das Wesen der Religion. Leipzig 1921. (2. Band der «Systematischen Theologie nach religionspsychologischer Methode». 3 Bände). S. VI.

In *Leopold Zieglers* Kulturreligion[6] schließlich geht die geschichts- und kulturabhängige Religionsauffassung eine Verbindung mit dem Pessimismus Schopenhauers, mit der Philosophie des Unbewußten Eduard von Hartmanns und mit dem Enthusiasmus der vollendeten Endlichkeit bei Nietzsche ein.

Das wichtigste religionsphilosophische Ereignis ist zweifellos die Veröffentlichung des Werkes «Das Heilige» von *Rudolf Otto,* der am meisten gelesenen theologischen Abhandlung des zwanzigsten Jahrhunderts. Otto gibt dort eine eindrucksvolle Deskription dessen, was von allen Menschen als heilig beurteilt wird und kämpft vor allem für die Anerkennung des Heiligen als Phänomen sui generis. Damit bereitet er den Weg für den vollständigen Bruch mit dem Kulturchristentum Schleiermacherscher Tradition, der dann ein Jahr später durch Karl Barths «Römerbrief» (1918 bzw. 1921) in aller Radikalität vollzogen wird.

Die folgende Darstellung beschränkt sich auf *Otto* und *Ziegler*. Bei Otto ist die Nähe zu den phänomenologischen Wesensanalysen offenkundig. Bei Ziegler dagegen ist die intuitiv erfaßte Wesenswelt nur *ein* Aspekt der Wirklichkeit. Zwar geht es auch ihm um eine *zeitlose* Spiegelung der zeitlichen Dinge. Aber Ziegler ist noch vollkommen dem alten Denken verhaftet, das die Religion als spezifisches Kulturereignis deutet. So repräsentiert Ziegler das «Zeitalter Schleiermachers» und dient als Gegenfolie zur Religionsauffassung von Otto und Barth. Darüber hinaus enthält Zieglers Philosophie aber durch die Einbeziehung Nietzsches eine zukunftsweisende Sprengkraft. Seine Deutung der Geschichte als Weg der Selbstvergöttlichung des Menschen mündet in eine «Religion ohne Gott» und nimmt so die vollständige Autonomisierung des Menschen vorweg, allerdings in einer von Nietzsche inspirierten Verklärung, deren Pathos den desillusionierten atheistischen Religionen *der Moderne* fremd ist.

13.1 Rudolf Ottos Phänomenologie des Heiligen

Den wichtigsten Beitrag zu einer expliziten Religionsphänomenologie liefert 1917 der Theologe und Philosoph *Rudolf Otto*, der völlig unabhängig von der phänomenologischen Bewegung unter Bezug auf Kant und Fries zu Ergebnissen gelangt, die Scheler später seinen wesensphänomenologischen Einsichten vorbehaltlos an die Seite stellt[7]. Am Beispiel Ottos wird deutlich, wie vage der Begriff der Phänomenologie verwendet wird. Sind die Ergebnisse der eidetischen Phänomenologie infolge der Ablehnung einer transzendenten Begründung allein durch eine Art Common sense-Basis abgesichert, so wird bei Otto «die Sache selbst» schließlich durch eine bestimmte theologische Tradition definiert, die sich der philosophischen Kritik mehr und mehr entzieht.

13.11 Biographie und Bibliographie

a. Lebenslauf

Geboren am 25. 9. 1869 in Peine. 1897 theologische Habilitation in Göttingen. 1907 dort außerordentlicher Professor. 1915 Ordinarius für systematische Theologie in Breslau, 1917 in Marburg. 1924 Emeritierung. Otto stirbt in Marburg am 6. 3. 1937.

Ottos erstes Werk «Naturalistische und religiöse Weltansicht» setzte sich mit den durch Haeckels «Welträtsel» und Darwins Lehre weit verbreiteten naiven Positivismen auseinander und gewann als Übungsbuch Einfluß. Durch die Beschäftigung mit Schleiermachers «Reden über die Religion», die er 1899 herausgab und die mehrere Auflagen erlebte, sowie durch die Begegnung mit der kantianischen Philosophie von Fries erfährt er seine religiöse Grundprägung. Nach

---

6 Siehe unten 13.2.
7 Vom Ewigen im Menschen. Leipzig 1921. S. 321 f.

intensiven Studien über Meister Eckehart arbeitete er sich in die Mystik ein und kritisierte aufgrund dieser Erkenntnisse die rationalistischen und moralisierenden Tendenzen innerhalb der protestantischen Theologie und der Religion im allgemeinen. Durch persönliche Erfahrungen auf zahlreichen Reisen, die ihn bis nach Indien führten und infolge seiner außergewöhnlichen Sprachbegabung, – er beherrschte die meisten westeuropäischen Sprachen, das Russische und das Sanskrit, – gelang es ihm, in das Wesen der Religionen auch außerhalb des christlichen Traditionsbereichs einzudringen.In einer jüdischen Synagoge Marokkos erlebte er in einer spontanen religiösen Erfahrung das Eigentümliche westlicher Religiosität[8]. Durch seine hervorragende Kenntnis der asiatischen Religionen übten seine vergleichenden Deutungen der christlichen und der östlichen Religion einen großen Einfluß aus. Neben Texten zur indischen Gottesmystik und Aufsätzen über das Numinose zeugen vor allem die reichhaltigen Ausführungen in seinem mehrere Dutzende Male aufgelegten Hauptwerk «Das Heilige» von diesen Erfahrungen. Nach Paul Tillich ist das Buch «eine Wesensschau des Heiligen im besten Geiste historisch befruchteter Phänomenologie».[9]

Otto galt bald als der wichtigste Vertreter der religionsgeschichtlichen Forschung. Doch seine Tätigkeit stand unter einem ungünstigen Stern. Sein Wirken an der Universität Marburg wurde zuerst durch die Verbreitung der dialektischen Theologie beeinträchtigt, deren Abwertung der Religion sich auch auf die Religionswissenschaft auswirkte. Nach der durch wiederholte Malaria-Anfälle notwendigen vorzeitigen Emeritierung (1929) wandten sich die meisten Studenten dem Existentialismus Rudolf Bultmanns zu; Otto hatte fast nur noch ausländische Schüler. Seine Wiederentdeckung als religionswissenschaftlicher Vorkämpfer war späteren Generationen vorbehalten.[10]

Otto wirkte nicht nur durch theologische Kleinarbeit, sondern auch durch die Tiefe seiner mystischen Seherkraft. Trotzdem widmete er sich auch praktischen Problemen und der Politik. Von 1913 bis 1918 war er demokratischer Abgeordneter im Preußischen Landtag. Ihn beschäftigten sowohl soziale Probleme wie auch die Beziehungen zwischen der Arbeiterbewegung und den religiösen Gruppen. Er gründete den «religiösen Menschheitsbund», der der gegenseitigen Begegnung der wichtigsten Kulturreligionen diente, und beteiligte sich an der protestantischen Kulturreform. Verdienstvoll war ferner seine Anteilnahme am Ausbau der ökumenischen Bewegung. Sein persönliches Engagement konnte auch die neue politische Situation nicht beeinträchtigen und bestimmte sein Handeln bis zum Tode im Jahr 1937.

b. *Auswahl aus der Primärliteratur Ottos*

1898 Die Anschauung vom Heiligen Geiste bei Luther. Göttingen.
1904 Naturalistische und religiöse Weltansicht. Tübingen. 3. Aufl. 1928.
1909 Kantisch Fries'sche Religionsphilosophie und ihre Anwendung auf die Theologie. Tübingen. Nachdruck 1921. **KFR**
1917 Das Heilige. Über das Irrationale in der Idee des Göttlichen und sein Verhältnis zum Rationalen. 40. Auflage München 1971. Neuauflage München 1987. **DH**
1924 Sensus numinis. Gotha. 6. Aufl. Das Gefühl des Überweltlichen. In: Aufsätze das Numinose betreffend. 6. Aufl. München 1932.
1931 Das Gefühl des Überweltlichen. München .
1932 Sünde und Unschuld und andere Aufsätze zur Theologie. München.
1932 Pflicht und Neigung. KSTU 37.
1934 Reich Gottes und Menschensohn. Ein religionsgeschichtlicher Versuch. München.
Freiheit und Notwendigkeit. Tübingen 1940.
Aufsätze zur Ethik. Hg. von J.S. Boozer. München 1981. **AE**

---

8 Vergleiche den Beitrag von Benz in: Derselbe (1971)
9 Die Religionsphilosophie Rudolf Ottos (1925). In GW XII. S. 182.
10 Besonderen Einfluß hat Ottos Werk auf die angelsächsischen Länder ausgeübt; es wurde (unter Einbeziehung der Troeltschen Soziologie) zum Ausgangspunkt der neuen religionswissenschaftlichen Schule.

13.12 Das religionsphilosophische Programm

Rudolf Otto ist in erster Linie Theologe und Religionsphilosoph. Seine programmatische Religionsphilosophie aus dem Jahre 1903 behandelt die beiden Zentralprobleme jeder Religionsphilosophie, nämlich die Frage nach dem Wesen des Religiösen und die nach der Wahrheit der Religion. Die Monographie «Das Heilige» widmet sich dem ersten Problemkreis und entdeckt das Religiöse als Phänomen sui generis. Ohne Bezug auf die Phänomenologie entfaltet Otto das Wesen des Heiligen auf eine Weise, die in der Grundintention mit den Wesensanalysen der Frühphänomenologie zusammenfällt. Spätere Arbeiten ergänzen seine Phänomenologie des Heiligen durch theologische und religionskundliche Ausführungen, die über den christlichen Horizont weit hinausreichen.

In den letzten Lebensjahren beschäftigt sich Otto vor allem mit ethischen Fragen und mit dem Verhältnis von Religion und christlicher Ethik. Aufsätze und Nachlaßmanuskripte aus jener Zeit bestätigen diese Tatsache und korrigieren einige Mißverständnisse, die durch zweideutige Formulierungen in seinem Hauptwerk aufgetreten sind.[11] Seine inhaltlichen ethischen Vorstellungen erinnern stark an Schelers materiale Wertethik; umgekehrt wirkt Ottos Ethik eindeutig auf die Ethik und phänomenologische Religionsphilosophie von Johannes Hessen.[12]

In seinem Frühwerk *«Kantisch Fries'sche Religionsphilosophie»* versucht sich Otto in der Entwicklung der «metaphysischen Anfangsgründe» der Religion aus dem Geiste Kants. Er konzipiert damit das Programm einer wissenschaftlichen Religionsphilosophie, ohne dies selbst zu realisieren. Sein Ausgangspunkt liegt nicht in Husserls Intuition, sondern in Schleiermachers Selbstbeobachtung und Innenschau des Religiösen. Auch fehlt eine klare Scheidung zwischen Erlebnis und dem im Erleben Geschauten. Durch den Bezug auf Schleiermacher bedingt, behandelt Otto viele religions*psychologische* Themen, wie die Eigenart des religiösen Erlebens und die gefühlmäßige Bedeutsamkeit der Religion für den Menschen. Vergleiche religionshistorischer Lehren und die religionsgeschichtliche Menschheitsentwicklung führen zu einer ersten Vorstellung vom *Wesen des Religiösen*. Hier wird dann das Hauptwerk die Phänomene noch reiner hervortreten lassen, obwohl auch dort Psychologisches und Historisches häufig die eigentlichen Phänomene verdeckt.

Zum Programm einer Religionsphilosophie gehört auch die Lösung der *Wahrheitsfrage*. Zu diesem Zweck muß das Verhältnis von Religion und Vernunft geklärt sein. Otto denkt hier ganz in Kants Kategorien der transzendentalen Kritik. Dabei vermengen sich genetisch-psychologische Fragen nach dem geistigen Ursprung des religiösen Erlebens mit transzendentalen Überlegungen, welche die Bedingungen der Möglichkeit religiöser und ethischer Überzeugungen und Inhalte erklären sollen. Otto glaubt, das Unternehmen Kants nur dann adäquat realisieren zu können, wenn er über Kant hinausgeht, indem er neben Wissen und Glauben eine dritte Erkenntnisquelle einführt, nämlich die Fries'sche «Ahndung». Mit ihrer Hilfe sollen die idealistischen Fehlschlüsse Kants vermieden werden, welche die Religion schließlich eher aufgehoben als begründet haben. Die Ahndung garantiert Erkenntnisse durch Gefühle. Dabei handelt es sich aber um ein Vermögen des Geistes, wodurch eine Beurteilung der erahnten religiösen Inhalte möglich wird, «die freie Urteilskraft aus bloßem Gefühl und ihren Anspruch auf Gültigkeit ohne Beweis» (KFR 194).

---

11 Vgl. dazu Boozer AE S. 12 / 13

12 Hessen kann als ein weiterer Vertreter einer eidetischen Religionsphilosophie mit einer materialen Wertethik angesehen werden. Vergleiche «Religionsphilosophie» und den Aufsatz «Die Werte des Heiligen». In PHJB 54 / 1941, S. 453 ff. Zur Ethik siehe den zweiten Band «Wertlehre» seines Lehrbuchs der Philosophie, München 1948.

13.13 «Das Heilige»

Im Hauptwerk «Das Heilige» wird das Verhältnis von Vernunft und Gefühl neu definiert. Bereits im Eingangskapitel fordert Otto eine rationale Religion; denn «durch sie allein ist ‹Glaube› als eine Überzeugung in klaren Begriffen möglich im Gegensatz zu bloßem ‹Gefühl›». Das Ziel ist eine denkende Zergliederung der Prädikate, die der Gottheit zugeschrieben werden und die der Mensch in eingeschränkter Form bei sich selbst findet, wie Geist, Wille, Vernunft, Allmacht, Bewußtheit u.ä. (DH1). Rational in der Idee des Göttlichen nennt Otto alles , «was von ihr eingeht in die klare Faßbarkeit unseres begreifenden Vermögens, in den Bereich vertrauter und definibeler Begriffe». Diese Bestimmung darf aber nicht in dem Sinne mißverstanden werden, als ob alles Religiöse und das Wesentliche durch Begriffe bestimmt werden könnte. Es ist vielmehr so, daß die Prädikate «einem Gegenstand als ihrem Träger beigelegt werden, der selber in ihnen noch nicht mit erkannt ist, auch nicht in ihnen erkannt werden kann, sondern der auf eine eigene andere Weise erkannt werden muß» (2). Um den Bereich begrifflicher Klarheit liegt eine «geheimnisvoll-dunkle Sphäre[13], die nicht unserem Gefühl, wohl aber unserem begrifflichen Denken sich entzieht und die wir insofern ‹das Irrationale› nennen» (76). Die Analyse bemüht sich um das richtige Verhältnis von rationalen und irrationalen Elementen. Das Spezifische des religiösen Erlebens läßt sich keineswegs rational auflösen, sondern muß durch das Gefühl erfaßt werden.

Diesen Kern nennt Otto das Numinose. Es ist «das Heilige minus seines sittlichen Momentes und ... minus seines rationalen Momentes überhaupt» (6)[14]. Obwohl das Numinose nur durch das Gefühl zugänglich ist, bedarf es dabei der analytischen Bemühung und der begrifflichen Erörterung: «Da diese Kategorie vollkommen sui generis ist, so ist sie wie jedes ursprüngliche und Grund-datum nicht definibel im strengen Sinne, sondern nur erörterbar. Man kann dem Hörer nur dadurch zu ihrem Verständnis helfen, daß man versucht, ihn durch Erörterung zu dem Punkte seines eigenen Gemütes zu leiten, wo sie ihm dann selber sich regen, entspringen und bewußt werden muß» (7). Was hier Otto mit «Gemüt» bezeichnet, nennen Husserl und Scheler «Intuition». Das «Bewußtwerden» geht über das unmittelbare Gefühl hinaus und kann auch bei Otto metaphorisch als «Schauen» bezeichnet werden.

Für unseren phänomenologischen Aspekt sind die von Otto herausgearbeiteten *Momente des Numinosen* von Bedeutung:

I. Als erstes Moment verweist Otto auf das *Kreaturgefühl*. Er geht dabei von Schleiermachers Gefühl der schlechthinnigen Abhängigkeit von einem Wesen aus und entdeckt in diesem als Bedingung ein «Gefühl einer ‹schlechthinnigen Überlegenheit (und Unnahbarkeit)› seiner» (12). Näherhin bestimmt er das erste Moment als «das Gefühl der Kreatur, die in ihrem eigenen Nichts versinkt und vergeht, gegenüber dem, was über aller Kreatur ist» (10).

II. Eine weitere Gefühlsregung angesichts des Numinosen betrifft das Gefühl des *mysterium tremendum*, des schauervollen Geheimnisses (13). In ihm ist begrifflich das nicht Offenkundige, nicht Verstandene, nicht Alltägliche und nicht Vertraute enthalten. Es betont das Fremde und Unheimliche und ist nicht allein aus dem Schrecken vor dem Nichts zu erklären; denn es meint etwas «schlechterdings Positives» (14). Besondere Teilmomente sind das Moment des Schauervollen (tremendum), das Übermächtige (majestas), das Energische und das «ganz Andere» (mysterium).

---

13 Bei Otto heißt es «Sfäre». Diese und andere nicht üblichen Eindeutschungen (1936 !) sowie die eigenwillige Zeichensetzung wurden in den Zitaten geändert.
14 Diese Formulierung wurde oft mißverstanden, als ob Otto das Ethos vom Religiösen ablösen wollte. Das widerspricht seiner Herkunft aus der Tradition Kants. Offensichtlich enthält bei Otto der komplexe Begriff des Heiligen das sittliche Moment neben dem numinosen und rationalen Element. An anderer Stelle wird noch das ästhetische Moment erwähnt. Vgl. die Diskussion bei Boozer a.a.O.

III. Das Mysterium im Numinosen bewirkt ferner ein Gefühl, das uns Lobgesänge von «numinosen Hymnen», Preisungen und Gebete zu artikulieren zwingt.

IV. Während die bisherigen Momente auf Distanz drängen, wird diese Tendenz durch das Moment des *Fascinans* kompensiert: Das Numinose erscheint als «Anziehendes, Bestrickendes, Faszinierendes » (42). Gemeint sind das Wunderbare, Wundervolle, Entzückende und Dionysische im Numinosen. Daraus lassen sich die verschiedenen Sehnsuchtsgefühle ableiten.

V. Ein weiteres Moment drückt Otto im Begriff des «*Ungeheuren*» aus. Er betrifft das Unheimliche, die numinose Scheu, das Entsetzliche, Unfaßliche und Befremdend-andere (54).

VI. Den Abschluß der Merkmale bildet das *Augustum*. Während das fascinans den beseeligenden Wert für das *Subjekt* meint, ist das Augustum das, was dem *objektiven*, den zu respektierenden Wert an sich darstellt. Aus ihm sind Gehorsam und Dienst, Bedeckung und Sühne in den verschiedensten rituellen Ausformungen ableitbar.

Die aufgezählten rationalen Begriffe erläutern die irrationale «Komplex-Kategorie des Heiligen» (61). Ihr Quellpunkt ist ein «aus keinem anderen Gefühle ableitbares, aus keinem anderen ‹entwickelbares›, sondern ein qualitativ eigenartiges, originales Gefühl, ein Urgefühl: nicht im zeitlichen, sondern im prinzipiellen Sinne» (60). Dieses Gefühl des Numinosen wird durch andere Gefühle wie das des Erhabenen angeregt und durchdrungen. Anregungen, Assoziationen, Übergehen, Durchdringung und Verwandlung von Gefühlen ähnlicher Art erschaffen zusammen mit dem Numinosen einen Kosmos von Gefühlswelten, der in den einzelnen Religionen wirksam wird und von Otto in zahlreichen Beispielen aus Religionswissenschaft und christlicher Theologie belegt und illustriert wird.

Otto nennt das Heilige in seinen rationalen und irrationalen Komponenten eine *Kategorie a priori* (137). Als Grund nennt er die Nichtableitbarkeit der Religion aus Sinneswahrnehmungen, die Unabhängigkeit derselben vom Ethos und die Verwurzelung «in den verborgenen Tiefen des Geistes selber» (165). Diese Tiefen bringen es mit sich, daß nicht alle Menschen den gleichen Zugang zum Göttlichen haben. Otto nennt «das etwaige Vermögen, das Heilige in der Erscheinung *echt* zu erkennen und anzuerkennen», *Divination* (173)[15]. Er betont, daß nicht alle Menschen in gleicher Weise der Divination fähig sind. Diese Einschränkung zwingt ihn zur Modifikation des Apriori-Begriffs: «Erkenntnisse a priori sind nicht solche, die jeder Vernünftige hat (das wären ‹angeborene›), sondern die jeder *haben kann*. Höhere Erkenntnisse a priori sind solche, die jeder haben kann, aber erfahrungsgemäß nicht durch sich selber, sondern ‹erweckt› durch andere höher Befähigte» (204). Die Apriorität betrifft nur ein «Vermögen der Empfänglichkeit und ein Prinzip der Beurteilung» ; deshalb muß der Mensch im Zweifelsfall sich auf die «Begabten», das heißt auf Propheten und Genies, verlassen, die über «höhere» Erkenntnisse a priori verfügen.

Diese Ausführungen zeigen die Ferne von der eigentlichen Phänomenologie mit ihrer terminologischen Strenge und antipsychologistischen Gegenstandsorientierung. Daß Ottos Beschreibungen trotzdem in vielen Momenten den phänomenalen Tatbestand treffen, liegt daran, daß seine Begründungen und Rechtfertigungen der Phänomenbeschreibung *nachfolgen*. Nur dieser Sachverhalt erklärt, warum Rudolf Ottos Religionsphilosophie wirkungsgeschichtlich in die Nähe der Phänomenologie gestellt werden kann.

13.2 Leopold Zieglers Kulturreligion ohne Gott

Ziegler sucht einen Weg zur Verbindung philosophischer und religiöser Erkenntnis, um den modernen Nihilismus und die Spaltung von Innen- und Außenwelt zu überwinden. Während er dieses Ziel anfangs in religionswissenschaftlichen und kulturgeschichtlichen Analysen anstrebt,

---

15 Dieser Begriff spielt auch in der Schleiermacherschen Theologie eine Rolle.

billigt er später dem ökumenischen Christentum eine Sonderstellung zu, die im «allgemeinen Menschen» den wichtigsten Beitrag zur Lösung des Problems bereitstellt. Am Ende schließlich steht das Experiment einer Verbindung von Religion und Biologie, durch welche die Universalgeschichte mit der Heilsgeschichte versöhnt werden soll.

13.21 Biographie und Bibliographie

a. Lebenslauf

Geboren am 30.4. 1881 in Karlsruhe. Studium der Philosophie in Karlsruhe und Heidelberg. 1905 philosophische Promotion in Jena. Freier Forscher und Schriftsteller in Karlsruhe und am Bodensee. 1922 Nietzsche-Preis. 1929 Goethe-Preis der Stadt Frankfurt. Ehrendoktor. Gestorben am 25.11.1958 in Überlingen.

Der Geschichts- und Religionsphilosoph Leopold Ziegler wirkte wie Kierkegaard, Schopenhauer und Nietzsche außerhalb des akademischen Tätigkeitsfeldes. Schon in frühen Jahren wurde er zum Außenseiter. In einer Kaufmannsfamilie aufgewachsen, betont er in seiner autobiographischen Skizze «Leopold Ziegler. Mein Leben», daß er aus einem Haus ohne geistige Überlieferung stamme (146). Das Scheitern am Gymnasium, die Rückversetzung an die Realschule, der frühe Verlust des Vaters, Kontaktschwierigkeiten während des Studiums und eigene schwere Krankheiten machten ihn zum Rebellen gegen das Establishment seiner Zeit. Schon mit fünfzehn Jahren verschlang er Schopenhauer, kurz darauf begeisterte er sich für den Philosophen des Unbewußten, Eduard von Hartmann, und für Nietzsche. Deren Einflüsse sowie Anregungen von Schelling und Baader gaben Zieglers Religionsbegriff eine Universalität, die auch die asiatischen, insbesondere die buddhistischen Erfahrungen einbezog. Die Vorlesungen bei Kuno Fischer und Wilhelm Windelband enttäuschten ihn so sehr, daß er deren Besuch ganz einstellte. In seiner Heimatstadt schrieb er in absentia die Dissertation, die dann von Eucken in Jena angenommen wurde. Allmählich löste er sich von seinem großen Vorbild Hartmann. Zugleich verlor er – auch aus Gesundheitsgründen – alle Hoffnungen auf eine akademische Laufbahn. Er geriet in die Opposition zur akademischen Schulphilosophie und lebte als freier Forscher und Schriftsteller.

Zu Kriegsbeginn erlag er – trotz seines instinktiven Antimilitarismus (ML 149) – in der Begeisterung für den Krieg «der Suggestion der Masse», an die er «mit einem Gemisch von Verwunderung und Grauen» zurückdachte (201). Er versuchte, seinem körperlichen und metaphysischen Leiden einen Sinn abzuringen, und entdeckte das Tragische als religiöses Urphänomen. Der tragische Mensch wurde ihm zum Grenzfall des Menschen in seiner gesteigerten Selbstbejahung, die er mit Nietzsche zugleich als Selbstüberwindung deutete. Aufsätze, Aufrufe, Bücher konzentrierten sich auf diesen Komplex neben logischen, ästhetischen, kultur- und geschichtsphilosophischen Themen.

In der abendländischen Philosophie sah er den ewigen Kampf zwischen einem spontanen und einem kontemplativen Prinzip, zwischen dem kategorischen Logos (Aristoteles) und dem ideenhaften Eros (Platon). In seiner Zeit repräsentierte nach Ziegler *Cohens* Logik des erzeugenden Denkens und *Husserls* Lehre der unanschaulichen Sinnes- und Seinsgegebenheiten diese Auseinandersetzung (168). Sein 1916 begonnenes und 1920 vollendetes Hauptwerk «Gestaltwandel der Götter» versteht die Geschichte als Selbstverwirklichung Gottes im Menschen. Da es unter der «fatalen contemporainéité» (203) mit Spenglers «Untergang des Abendlandes»[16] und Keyserlings «Reisetagebuch eines Philosophen» litt, blieb es immer in deren Schatten. Ein weiterer Grund, weshalb Ziegler wenig Gehör fand, war der nach dem Kriege neu erstarkte Katholizismus und die Entstehung der dialektischen Theologie um Karl Barth, der Antithese zum Kulturchristentum jeglicher Ausprägung. Zieglers Christentum setzte «ein volles Halb-Jahrtausend vor der Geburt des synoptischen Herrn ein», und zwar «nicht gerade bei den Juden, sondern bei den

---

16 Vergleiche unten 21.1.

Griechen» (159), war also nichts anderes als eine Etikette für die Selbstvergöttlichung des Menschen im Gang der Geschichte.

b. Auswahl aus der Primärliteratur Zieglers

1902 Metaphysik des Tragischen. Leipzig.
1903 Das Wesen der Kultur. Leipzig. **WK**
1910 Das Weltbild Eduard von Hartmanns. Leipzig.
1920 Gestaltwandel der Götter. 2 Bände. Berlin. 3. Aufl. 1922. **GWG**
1922 Der ewige Buddho. Darmstadt.
1925 Leopold Ziegler. Mein Leben. In: Reichl-Verlag (Hg.): Dienst in der Welt. Darmstadt. **ML**
1925 Das heilige Reich der Deutschen. 2 Bände. Darmstadt.
1929 Der europäische Geist. Darmstadt.
1936 Überlieferung. München. 2. Aufl. 1948.
1937 Apollons letzte Epiphanie. Leipzig.
1947 Menschwerdung. 2 Bände. Olten.
1948 Von Platons Staatheit zum christlichen Staat. Olten.
1951 Die neue Wissenschaft. München.
1953 Spätlese eigener Hand. München.
1956 Das Lehrgespräch vom allgemeinen Menschen. Hamburg.
1961 Dreiflügelbild: G. Keller, H. Pestalozzi, A. Stifter. München.
Briefe 1901–1958. München 1963.

13.22 Philosophie als Dialektik der Kulturgeschichte

Zieglers Religionsbegriff setzt einen bestimmten Kulturbegriff voraus, der alle Möglichkeiten religiöser Qualifikation enthält. Insofern trägt seine Geschichtsreflexion immer schon religiöse Züge. Ziegler versteht sich nicht als *Historiker*, der nur die kausalen Zusammenhänge politischer und staatlicher Erscheinungen aufdeckt und in der äußerlichen Betrachtung des Kulturgeschehens verharrt. Der *Philosoph* Ziegler versucht vielmehr mit seiner «dialektischen Methode», die letzten Gründe des Geschehens und die Genesis des Kulturtriebes ins Bewußtsein zu heben. Seine Dialektik ermöglicht die Darstellung des Kulturwerdens «aus einer fortschreitenden Nötigung innerer Triebkräfte» (WK 10), hinter der ein Wille zu bewußter Daseinsverwirklichung steht. Der Ursprung ist, – ganz im Sinne Eduard von Hartmanns –, ein Unbewußtes, das sich aus einem metaphysischen Willen (Schopenhauer) zur Kultur entfaltet. Diese Entfaltung beginnt mit dem Verlassen der Natürlichkeit, setzt sich in der Gestaltung einer Zivilisation fort, die sich im Staat praktisch verwirklicht, und gipfelt nach der Überwindung der Zivilisation in einer Kultur des Geistes.

Die Überwindung der *ursprünglichen Natürlichkeit* mit ihren unbewußten immanenten Zwecken erfolgt aus einem Individualinstinkt, der den Menschen gegen den Gattungsinstinkt in eine «außerordentliche, exzentrische Stellung» bringt[17] (17). Diese Revolution gegen das Gattungsallgemeine, das Ziegler als absolut göttliches Unbewußtes deutet (22), erscheint in der Geschichte als Mythos vom Sündenfall. Sie realisiert sich im Willen zur Freiheit vom Zwang der Naturkausalität. Damit verbunden ist die Setzung des Menschen als Selbstzweck und die Rechtfertigung des Daseins durch den Vollgenuß dieses befreiten Lebens in Bewußtheit.

Um dieses Glück zu erreichen, macht der Mensch die Natur zum Mittel seiner Zwecke. Dazu bedarf es der mühevollen Arbeit, die er sich nur widerwillig und gegen diese Idee von Freiheit abringt. So entsteht die *Zivilisation*, der Zustand des Abfalls von der Natur und des Kampfes gegen das Unbewußte. Die Unersättlichkeit des Willens vereitelt das Erreichen des Glücks. «Hier dämmert die erschreckende Ahnung auf, daß das *bewußte* Motiv zur Civilisation eine

---

[17] Man beachte den Terminus der Exzentrizität, der eine Generation später von Plessner weiterentwickelt wurde. Vergleiche dazu 23.12.

einzige, ungeheure Illusion war, daß der bewußte Zweck eine grausame Täuschung des Schicksals, eine Mystifikation des Menschengeistes sei» (38)[18]. Zivilisation als Ausdruck der menschlichen Autonomie und der physischen Freiheit hat ihre Grenzen.

Die Zivilisation als *praktisches* Verhalten konkretisiert sich im *Staat,* der objektiv gewordenen Zivilisation (43). Seine Aufgabe ist allein die Garantie einer Gesellschaftsordnung, welche die gemeinsame *Wohlfahrt* fördert. Auch hier besteht die Gefahr einer Mystifikation, wenn man vom Staat sittliche und geistige Funktionen erwartet, die er nicht leisten kann. Wer aus dem Staat ein Instrument zur Förderung der *Humanität* macht, darf sich nicht wundern, wenn dieser dann die individuellen Rechte verletzt und die geistige Freiheit knechtet.

Das Recht verlangt vom Menschen Zugeständnisse. Durch die Fundierung in der *Gerechtigkeit* transzendiert die Idee des Rechts bereits die Zivilisation. In der Gerechtigkeit erscheint dem Bewußtsein etwas, das über den Zweck des eigenen Daseins hinausweist. Es entsteht der Glaube an den objektiven Geist (58). Damit ist die Idee der Kultur ins Bewußtsein gehoben, die von einer doppelten Freiheit geprägt ist, von der Freiheit der Naturschranken und der Freiheit des nach Glückseligkeit strebenden Egoismus. Ihre Genesis vollzieht sich in drei spezifischen Verhaltensweisen: dem ästhetischen, dem theoretischen und dem religiösen Verhalten.

Die Natur wird im objektiven Geist wieder als Selbstzweck betrachtet. Das geschieht zunächst im *ästhetischen Verhalten*, das keineswegs ein interesseloses Wohlgefallen (Kant) betrifft, sondern eine liebevolle Zuneigung zu den Dingen meint, insofern diese als *Erscheinungen* ohne Realbezug betrachtet werden (62). Damit bezieht sich der Mensch im Bewußtwerden der Schönheit der Dinge auf die «Logizität des Scheins» (74) oder auf das gesetzmäßige Wesen, nicht aber auf die Realität der Dinge. Dieser Standpunkt verbietet eine Ästhetisierung der Wirklichkeit, wie sie beispielsweise in Nietzsches Versuch vorliegt, das Leben in ein ästhetisches Spiel zu verwandeln.[19]

Das Bewußtsein vom ästhetischen Schein befriedigt nicht; der Mensch wird zum *theoretischen* Verhalten getrieben, in dem er die Logizität der *Realität* sucht. Er entdeckt die Welt der *abstrakten Wissenschaften* mit ihren Gefahren und falschen Mystifizierungen (der gegenwärtige Naturforscher als Priester der Wissenschaft (94)), mit ihrer Zerstörung der menschlichen Totalität (93) und ihrer Blindheit für die zugrundeliegende Einheit im Unbewußten. Erst die *Philosophie* erkennt die Notwendigkeit eines Unbedingten. Philosophie als Wissenschaft von den Kategorien verweist schließlich auf den Geist als «Ort» der Kategorien. Philosophie als Selbstbewußtwerdung des Unbewußten (106) entdeckt wie im antiken Kult der eleusinischen Mysterien «das Wunder ‹des großen Lichtes› » (98).

Dem Ich der Philosophie liegt ein unbewußtes Selbst («Atman») im Sinne der christlichen Mystiker und des Brahmanismus zugrunde (100). Es ist dies das unbewußte und ewig absolute Subjekt, der eine Weltgeist, der sich in die bewußten Subjekte entäußert, das große Licht der alten Mysterien und der Ausgangspunkt für die christliche Idee der Inkarnation. Den Höhepunkt des theoretischen Verhaltens in dieser ontologischen Theologie (114) stellt die deutsche Philosophie am Anfang des 19. Jahrhunderts dar; ihr «verdanken wir den herrlichen, kurzen Mitsommernachtstraum einer anbrechenden deutschen Kultur» (111).

Den Abschluß erlangt die Genesis der Kultur erst im *religiösen* Verhalten, das über das theoretische Verhalten hinausweist. Hier wird der metaphysische Grundtrieb des Willens zur *Bewußtmachung* zum Willen der *Erlösung* . Der Mensch strebt letztlich nicht nach Erkenntnis, sondern nach einem heiligen Leben (118). Dabei erweist sich der menschliche Wille als Vollstrecker der Erlösung Gottes. Hier erscheint der erste Entwurf einer *Kulturreligion* (120), wie sie im «Ge-

---

18 Hier erfolgt eine Vorwegnahme der «negativen Dialektik», wie sie später von Adorno und Horkheimer beschrieben wurde.
19 Mit dieser Kritik an Nietzsche ist zugleich auch die «postmoderne» Ästhetisierung der Wirklichkeit am Ende des 20. Jahrhunderts getroffen.

staltwandel der Götter» ausgearbeitet wurde. Die Idee des Gottmenschen vereinigt Elemente der indischen und der griechischen Kultur und ist noch stark von der Metaphysik Hartmanns und Schopenhauers geprägt. Eine makabre Rolle spielen außerdem Überlegungen zur Rassenideologie. Für Ziegler steht fest, daß die einzelnen Rassen für die Kulturentwicklung verschieden begabt sind und die germanische Rasse für die Neuzeit eine positive Sonderrolle spielt. Seine Hoffnungen auf diese Rasse entkräften den Pessimismus Schopenhauers und Nietzsches und lassen Ziegler auf eine kulturelle Erlösung des Erdgeistes hoffen.

Die Deutschen spielen in diesen Überlegungen eine besondere Rolle. In «Der deutsche Mensch» (1922) zeigt Ziegler, daß der Deutsche aufgrund seiner geschichtlichen Besonderheit zur Realisierung der humana societas prädestiniert sei. Während andere Völker ihre nationale Identität sehr früh fanden, blieb dies den Deutschen wegen ihrer Einbindung in das Sacrum Imperium verwehrt. Aber andererseits war das Imperium die Verwirklichung der Augustinischen Idee des Reiches Gottes auf Erden, gewissermaßen die auf der politisch-gesellschaftlichen Ebene vollzogene Vergöttlichung des Menschen. Ziegler preist als Höhepunkt dieses Reichs den Gründonnerstag des Jahres 1043, als König Heinrich der Dritte auf einer Konstanzer Kanzel eine Bußpredigt hielt (124). Aus diesem Geiste könnte der moderne Mensch die humana societas wiedererstehen lassen und so Europa aus den Nationalwirren erlösen (142).

In späteren Arbeiten wie «Überlieferung» und «Menschwerdung» konkretisiert sich das Kulturideal als Menschwerdung des «Allgemeinen Menschen» in Jesus Christus. Die christliche Religion erhält diese Sonderrolle, weil in ihr die verlorene «Urüberlieferung» am reinsten weiterlebt. Ziegler meint mit «Christentum» keine spezielle Konfession, sonder eine ökumenische Allgemeinreligion, die in der Uroffenbarung geschichtlich geworden ist. Daß diese Idee auch noch mit der biologischen Evolution verträglich ist, versucht Ziegler in seinen letzten Arbeiten, insbesondere in «Das Lehrgespräch vom allgemeinen Menschen», zu zeigen. Im Gegensatz zu den genannten Arbeiten hat nur das Hauptwerk «Gestaltwandel der Götter» einige Aufmerksamkeit gefunden.

13.23 «Gestaltwandel der Götter»

Das umfangreiche Werk enthält religionswissenschaftliche und kulturgeschichtliche Darstellungen und philosophisch ideologische Interpretationen der abendländischen Welt auf ihrem Weg vom geheiligten Kosmos der Griechen zur menschlichen Selbstvergottung in der Gegenwart. Ziegler fragt nach den Möglichkeiten der Selbsterlösung des Menschen in einer Welt ohne Gott. Als Antwort findet er eine Kultursynthese aus westlich-griechischen und östlich-buddhistischen Mysterien.

Das Buch wird von einem Prolog eingeleitet. In einer pathetischen Zarathustra-Imitation stellt Ziegler sein *Zentralthema* in poetischer Form an den Anfang: den Tod Gottes und die Notwendigkeit, sich selbst zum Gotte zu erheben. Die Ausführungen zerfallen in sechs Betrachtungen. Nach der kulturgeschichtlichen Entwicklung des Religiösen von Homer bis Luther (I.–IV.) erfolgt (in V. und VI.) die Auseinandersetzung mit dem «Mythos Atheos» der Wissenschaft und die Darstellung der von Buddha und von Nietzsches Dionysos inspirierten «Mysterien der Gottlosen».

Für Ziegler sind die Griechen die Schöpfer der europäischen Religiosität, der europäischen Wissenschaften und der europäischen Künste (13). Zugleich betont er aber das Faktum, daß in der indischen Religion und Philosophie zu allen entscheidenden religiösen und philosophischen Vorstellungen des Abendlandes keimartige Vorstadien entdeckt werden können (112).

«Erste Betrachtung: Weltheiligung, Sühnwirkung, Sinndeutung der Griechen». Am Anfang steht die Welt Homers, in der die gesamte Wirklichkeit in sakralen Kategorien gedacht wird. Diese *Weltheiligung* läßt keinen Platz für Profanes; alles steht unter der Herrschaft der olympischen Götter: Erhabenes und Schreckliches, Freude und Grausamkeit. Neben einer gewissen

Sehnsuchtslosigkeit prägt vor allem die Ehrfurcht das Lebensgefühl der Menschen, deren Welt mit der der Götter eng verwoben ist. Daraus ergibt sich die Furcht, wegen Schändung und Mißachtung des Heiligen von den Göttern bestraft zu werden. Frömmigkeit besteht in der Anerkennung der Gottzugehörigkeit der Dinge, Vergehen im Mißachten dieses Verhältnisses; es gibt also weder Taten noch Unterlassungen, die dem Göttlichen an sich widersprächen (23).

In dieser Wertung vollzieht sich in der nachhomerischen Zeit eine Revolution. Die verdrängten chthonischen Gottheiten erringen wieder Einfluß und übernehmen die Bestrafung von Verbrechen. Aber solche Verfehlungen haben noch keine sittliche Relevanz. «Mord ist nicht widergöttlich, wofern er böse ist, sondern wofern er die Vergeltung und Sühne herausfordert, welche in erster Linie der Seele des Ermordeten selbst, dann aber den Anwälten ..., den chthonischen Gottheiten, angelegen sein muß» (25). Die nun einsetzende Ausscheidung unheiliger und sühneheischender Verhaltensweisen erfährt vor allem durch die orphische Religion die entscheidenden Impulse. Es entsteht der Dualismus von Leib und Seele; der Leib erhält unreinen, die Seele dagegen göttlichen Charakter. Mit den orphischen und eleusischen Mysterien setzt die Vorstellung ein, daß die schuldhafte Menschenseele durch Nachahmung der göttlichen Person gerettet wird (30). Der Mythe strebt in Tieropfern und rituellen Tänzen die Wiedergeburt in Gott an. Es geht dabei nicht um Unendlichkeitszauber, sondern um reine Sühnewirkung (33). Ziegler verweist auf Parallelen in indischen Religionen. Aber nur in Griechenland entsteht aus diesen Ritualen die Tragödie[20].

Aus der Religion Homers und der orphischen Religiosität bildet sich die antike Tragödie heraus, sobald zum Sühnegedanken das Aufbegehren der Betroffenen hinzutritt. Tragisches Erleiden ist der nachahmende Vorgang einer Selbstopferung zum Zwecke der Selbstwiederheilung (43), bezieht sich also auf eine zutiefst religiöse und keineswegs moralische Schuld; sie meint «Sünde», wie es Jahrhunderte später heißen wird. Der Schmerzbetroffene erleidet im Drama nur das, was sein «innigster Wille unbewußt zu erleiden wünscht» (44). Das betrifft *alle* Menschen, auch die guten und heiligen, und wird später sogar Inhalt der christlichen Dogmatik. Aus diesen Gründen ist die griechische Tragödie in ihrer «Sühnewirkung» eine *religiöse* Kunstform, eher der katholischen Messe vergleichbar als den Lehrveranstaltungen zur Demonstration staatsbürgerlicher und moralischer Pflichten.

Ziegler vergleicht die tragischen Schöpfungen bei Aischylos und Sophokles mit den Leistungen der großen Religionsstifter (56). Bei Sophokles leidet nicht mehr Gott, sondern der Mensch, und eben dadurch wird der Mensch vergöttlicht. Bei Euripides dagegen beginnt die Auflösung der Tragödie. Der Reinigungsgedanke tritt zurück, die Rachsucht und die Vergeltungswut regieren. Diese von Ziegler «ressentimentalisch» genannte Tragik wird zum «Drama». Der Zusammenhang zwischen Pathos und Ethos ist zerrissen. Nur in der Liebe der Frau zum Gatten oder zur Familie und zum Volk bricht noch etwas vom Opfergedanken durch. Der religiöse Ursprung der Tragödie wird auch von Aristoteles erkannt, wenn er den sakral belasteten Begriff der Katharsis zur Charakterisierung heranzieht.

Die Entheiligung nimmt ihren weiteren Fortgang. Die Götter werden zunächst der Wert-Setzung von Gut und Böse untergeordnet. Der Vernunftbegabte verdrängt den Helden. Die Herrschaft des Logos beginnt, die *Philosophie* als letztes Stadium der griechischen Religiosität (90) beginnt ihren Siegeszug. In ihr vollzieht sich, trotz der Zersetzung der *Welt*heiligkeit eine Versittlichung des Göttlichen. Aus der epischen Weltheiligung wird bei Sokrates, Platon und Aristoteles eine *philosophische Sinnheiligung*: Deproblematisierung der Welt und Sinndeutung der Wirklichkeit im Jenseits der Welt. Dabei nimmt Aristoteles die extreme Sinnentleerung des Diesseits bei Platon wieder zurück und überträgt Vergeistigung und Sinnentfaltung auf die menschliche Erlebniswirklichkeit.

---

20 Ziegler übernimmt hier die umstrittenen Thesen Nietzsches von der Entstehung der Tragödie aus dem eleusischen Bocksgesang.

Zweite bis vierte Betrachtung. Aus dem Dilemma des Dualismus von Mensch und Gott, Welt und Jenseits, Wirklichkeit und Sinn entsteht der «*Mythos vom Mittlergott*». Vorbereitet durch die Verehrung und Anbetung von Philosophen und Strategen, enttäuscht von der kühlen Gleichmütigkeit der stoischen Anforderungen, herbeigesehnt infolge des Vakuums, das durch die Zerstörung des Religiösen im wissenschaftlichen alexandrinischen Hellenismus entstanden ist, breiten sich asiatische Kulte aus und überfluten die antike Welt mit ihren synkretistischen Erlösungsangeboten ohne Zahl.

Ziegler zeichnet den Weg zum Eingottglauben und Allherrscher und von hier zum Mittlergott, der als Weltrichter, Weltheiler und Welterlöser wirkt. Es folgen besonders kritische Ausführungen zum *Schöpfergott*. Unter Berufung auf Buddha und die gnostische Tradition desavouiert er in sarkastischen Formulierungen diese neue, aus der semitischen Tradition stammende Erweiterung des Vermittlungsgedankens. Die größte Zumutung stellt für Ziegler schließlich der christliche *Inkarnationsbegriff* dar, «eine weltgeschichtliche Seltsamkeit, ... die wenig ihresgleichen hat» (115). In ihm geschieht die Heilsvermittlung durch die historisch fixierbare Menschwerdung mit allen ihren Konsequenzen. Geradezu absurd schließlich erscheint die Lehre des Paulus vom Sühnetod Christi für die gesamte Menschheit (115).[21]

Für Ziegler wirken in der sich herausbildenden christlichen Kirche zwei sich widersprechende Traditionen fort, die paulinische und die synoptische. Durch Paulus wird der uralte Mythos vom Sühne-, Mittler- und Erlösergott vergeschichtlicht und als Christus zum eigentlichen Gegenstand der Anbetung im Glauben. Dagegen begründet der synoptische Heiland eine «Religion der Seele», in der die Nachahmung vorherrscht. Wirkungsgeschichtlich bedeutsam wird vor allem die Lehre der besonderen Seelenverfassung der Gläubigen, eine spezifische Erlebnisform des individuellen und kollektiven Bewußtseins (136), aus der eine Gemeinschaft der Liebe und des Geistes im Namen Jesu Christi angestrebt wird. Die Christenheit schlägt dabei einen «Heils-Dreiweg» ein: den der Erkenntnis in den scholastischen Gedankenkonstruktionen, den der Nachfolge in der evangelischen Armut des Franz von Assisi und den der Abgeschiedenheit in der Mystik des Meisters Eckhart. Nach der Verwandlung des paulinischen Mythos in das trinitarische Dogma entfaltet sich in der Scholastik eine unbegrenzte Intellektualisierung des Glaubens und des Lebens, die schließlich an den Grenzen der Vernunft scheitert. Deshalb erhält die Gegenbewegung in Franziskus ihre Chance, nämlich die lebendige Nachfolge Jesu in der Einfachheit der Evangelien. Der Nachahmung des äußeren Lebenswandels stellt Eckhart die der inneren Nachfolge zur Seite, die darin besteht, Gottes Sohnschaft für sich selbst zu erwerben. Ziegler deutet diesen mystischen Vorgang als Vergöttlichung der Person des Mystikers, als «metaphysische Genesis über jede Einmaligkeit in Raum und Zeit» (222). In Eckharts Versenkung wirke sowohl die antike Praxis der Mysterien als auch die Einsicht in die Unerkennbarkeit Gottes durch die Vernunft (232); vor allem aber sieht Ziegler Parallelen zu Buddha (237) und schwärmt davon, daß die Tiefe des Buddhismus[22] erreicht worden wäre, «wenn Meister Eckhart und Sankt Franziskus in eine einzige geschichtliche Gestalt zusammengeflossen wären» (239). In der Reformation wird schließlich die mittelalterliche Religiosität von den hellenistisch-intellektualistischen Ursprüngen gereinigt und auf einen reinen paulinischen Glaubensmythos verpflichtet, wodurch

---

21 In GWG spielt der Offenbarungsbegriff kaum eine Rolle. Dieser Umstand führte zu dem Vorwurf, daß Ziegler jedwedes Verständnis für das Christentum fehle (ML 160). In seinem Spätwerk «Menschwerdung» bezieht Ziegler den Offenbarungsgedanken in seine Untersuchungen ein. Er versucht zu zeigen, daß man die gesamte religiöse Überlieferung unter «das bergende Dach des evangelischen Wortes» stellen kann (10). Das Gebet als Ausdruck dieses Logos-Bezugs betrifft ein Geheimnis der persönlichen Mitte des Menschen; mit seinem Verlust gibt der Mensch sein eigenstes Wesen auf und taumelt in die Katastrophe. – Vergleiche auch die Bemerkung in ML 205: «Mein Denken kreiste ... um die Gläubigkeit und den Glauben, nicht im Sprachverstand des biblischen Worts ... , sondern als eine Hinnahme ... dieser irdisch-welthaften Gegebenheiten selbst ... »

22 Ziegler bezieht sich in allen Fällen auf den Hinayana-Buddhismus, die Urform des Buddhismus, in welcher der rein philosophische Charakter der Lehre noch nicht von Elementen der Volksreligion vom Götterglauben überlagert war.

die Ohnmacht der Vernunft noch deutlicher in den Vordergrund rückt. Diese strenge Trennung von Glauben und Wissen fördert andererseits die Entfaltung der Wissenschaft außerhalb christlicher Einflüsse und Behinderungen.

In der fünften Betrachtung «Der Mythos Atheos der Wissenschaften» versucht Ziegler, das Universum der Wissenschaften zu beschreiben und als Mythos zu bestimmen, aber eben nicht als Mythos der Religion, sondern als Mythos ohne Gott. Hier gibt Ziegler erstmals eine genauere Bestimmung seines metatheoretischen Mythosbegriffs: «jede gemeinschafterwirkte, gemeinschafterworbene, gemeinschaftverlebendigte Auffassung, Erklärung, Erläuterung, Versinnbarung, Deutung und Darstellung der Welt im Zusammenhang ..., wie ihn die Gesellschaft jedes geschichtlichen Zeitalters nach Anlage, Bedürfnis, Geschmack und Können erfindet» (466)[23]. In diesem Sinne löst in der Neuzeit der Mythos der *Wissenschaften* den Mythos und das Dogma das *Christentums* ab.

Ziegler entwirft eine dreifache Typik der Wissenschaften: die *Mechanik*, welche die Welt als eine durch Kausalität und mathematische Funktionalität bestimmte Maschine beschreibt, die *Organik*, welche das Leben unter die Idee des «All-Organismus» stellt, und schließlich die *philosophische Axiologie*, die über Welt und Leben hinausgeht und die begriffliche Erkenntnis des Seinsollens betrifft. Entscheidend ist die Einsicht, daß trotz der naturwissenschaftlichen Rationalisierung der Wirklichkeit sich das Ganze als unbegreiflich erweist (386). Die Krisen der modernen Wissenschaften sind zugleich die Krisen der Erkenntnis (387). Ihre atheistische Natur wird in der letzten Betrachtung ausgebreitet.

«Sechste Betrachtung: Die Mysterien der Gottlosen» Durch die Ausbreitung der modernen Naturwissenschaften wirkt das Religiöse mehr und mehr im Verborgenen, so als Antrieb in außerreligiösen Bewegungen der Nach- und Gegenreformation (Entstehung des Frühkapitalismus, Einfluß der Jesuiten), und vor allem als Manifestation in den Schöpfungen der Malerei, Architektur, Musik und in gewissen philosophischen Schulen. In den Wissenschaften wird Gott endgültig aus dem All verdrängt. Der theistische Mythos verwandelt sich in Pantheismus und Deismus und schließlich in die enttheologisierte Wissenschaft, den «mythos atheos» (474). Ziegler formuliert die Grundeinsicht von der Undurchschaubarkeit des wissenschaftlich Durchschauten als «Gesetz von der Irrationalität des Rationalen» (479). Es drückt aus, daß Welterklärungen nur einen schmalen Streifen im Spektrum des Seienden entziffern, der Rest aber im Dunklen bleibt. Diese prinzipielle Einsicht verbietet es, wegen des Scheiterns der Wissenschaften in letzten Fragen die Legitimation zur Wiedereinsetzung der alten Religionen zu betreiben. «Nur kein Gott aus dem horror vacui ... Lieber noch ein tapferer Nihilismus als die Fußfälle der Zerbrechenden und Gebrochenen» (482). Für Ziegler bleibt die wissenschaftliche Erkenntnis die einzige Bedingung für die Sinndeutung. Aber wissenschaftliches Forschen ist noch kein Mythologisieren; ganz wesentlich für den mythos atheos ist das Hinzutreten von künstlerischer Anschaulichkeit, dichterischer Fülle und seherischer Sinnfälligkeit (489).

Diese Einbeziehung des Kunst-Mythos und des Prophetischen gibt Ziegler die Bahn frei für eine oft pathetische, ja ekstatische Beschreibung und Glorifizierung des «übertragischen Katharmos der neuen Zeit» (486). Am Anfang steht eine angepaßte *Religionsdefinition*: Religion ist durch zwei Tendenzen bestimmt, einmal durch «die offenbare Neigung, Welt und Wirklichkeit durch Bilder und Begriffe vernünftig zu beherrschen, gedanklich zu bewältigen, – zum zweiten aber (durch) ein unzweideutiges und auf sich allein gegründetes Verlangen nach Vergottung, Vergötterung, Vergöttlichung des eigenen Menschseins» (491). Wegen der Fruchtlosigkeit der ersten Tendenz erhält die zweite die eigentliche Bedeutung. Dabei kann in dieser Religion von Gott keine Rede mehr sein; im Gegenteil, es zeigt sich, daß sich die Religion der Selbstvergot-

---

23 Der Begriff entspricht in etwa dem heute geläufigen Paradigmenbegriff, wie er z.B. in K.Wuchterl: «Analyse und Kritik der religiösen Vernunft. Grundzüge einer paradigmenbezogenen Religionsphilosophie», Bern 1989, S. 136, verwendet wird.

tung nur mit der Preisgabe der Gottesvorstellung und damit der Theologie sowie der fortschreitenden Vergeistigung ins Metaphysische verwirklichen läßt (493; 503). Die echte Religion ist eine Religion der Tat, des menschlichen Tuns, des Mensch-Gottes (508).

Die abschließende Aufgabe besteht nun darin, diesen «Gestaltwandel der Götter» zu beschreiben, das heißt zu zeigen, wie sich die drei Grundbestimmungen des Religiösen, nämlich *Verschuldung und Entsühnung, Opfer und Wiedergeburt, Schöpfung und Erlösung* im Mysterium der Tat vollziehen. Im Blick auf das tragische Griechentum, auf das Vorbild der Mystiker und vor allem auf die Weisheitslehren des Buddhismus versucht Ziegler in schwärmerischen Formulierungen und mittels heftiger Attacken gegen das Alte die prophetischen Versprechungen einzulösen. Schuld wird zum «Vergehen des besseren Bewußtseins in uns, welches zu unserer Vergötterung drängt» (515); Sühne erfolgt nicht in Zerknirschung und Selbstpeinigung, sondern durch die Selbstverwirklichung des Menschen, der den Täter der verworfenen Tat überwunden hat (518). Opfer bedingt Wiedergeburt und Erlösung. Wiedergeburt vollzieht sich im Opfern des Äußerlichen, um seine Freiheit zu retten (526): «Das Opfer des Besitzes um des Selbstes willen, das Opfer des Selbstes um des Selbstes willen» (527). Dies alles gelingt nur in der Nachfolge Buddhas und der Veden, wo die Notwendigkeit der Trennung von Ich und Selbst, der Persönlichkeit von der Seele und des Bewußtseins vom Leben durchschaut wird. Die Erlösung erscheint damit nicht mehr als Fortleben der Person und des Ich; Ziegler spricht von einem Leben «geistiger Art», das «über sich hinauszeigt, – nicht unähnlich den Mönchen und Nonnen Buddhas» (538). Gemäß dem Gebot aller Religion, «auf daß jedes Wirkliches (sich) in sich selbst verwirkliche» (546), formuliert Ziegler am Ende seiner Apotheose des homo religiosus als autonomen Menschen der Endlichkeit ein großes Ja zu allen Gegebenheiten: Nur der ist vollendeter Gott, der zu allem sein Ja und Amen ausspricht in der ewigen Wiederkehr des Gleichen der Verkündigung Zarathustras. Diese Frömmigkeit zur Welt ist zugleich die neue Form der Agape, die «alles umarmt, alles anstrahlt, alles erwärmt ...» (561).

14. Schelers Weg von der angewandten Phänomenologie zur Lehre des Menschen

Während Husserl und seine Schüler Fragen der Ethik, des Gefühlslebens, der Religion, der Soziologie und der Geschichte in ihren Analysen weitgehend unberührt lassen und sich vorwiegend auf theoretische Fragestellungen beschränken, überträgt Scheler die phänomenologische Methode eben auf diese Problemfelder. Sympathie- und Schamgefühle, Vorbilder und Führer, die christliche Liebesidee, das Tragische, Tod und Krieg, Pragmatisches, Soziologisches und Anthropologisches sind die Themen seiner phänomenologischen Untersuchungen. Trotzdem wäre es falsch, Scheler einen Phänomenologen im strengen Sinn oder gar einen Schüler Husserls zu nennen. Scheler fehlt das Interesse an der exakten Methode und an der konsistenten Argumentation; seine Beschreibungen und blitzartigen Visionen sind nur Ausgangspunkte einer leidenschaftlichen Auseinandersetzung mit den vielfältigen Problemen, wobei er von einem Entwurf zum nächsten eilt. Der Neukantianismus Euckens, die Phänomenologie Husserls, die Lebensphilosophie Nietzsches und Bergsons, christliche Vorbilder, die soziologischen Ideen Max Webers und zahlreiche naturwissenschaftliche Forschungsergebnisse insbesondere aus Biologie und Psychologie vereinigen sich zu existentiell nacherlebten Sinneinheiten, die einem ständigen Wandel unterworfen sind. Alles bleibt im Fluß, auch das letzte Bezugsfundament: der Konversion des Juden zum Katholizismus folgt später der Abfall in die pantheistische Lehre vom werdenden Gott. Aber in allen Entwicklungsstadien, mögen sie sich noch so sehr widersprechen, leistet Scheler Bemerkenswertes, das seine Zeitgenossen fasziniert. Seine Philosophie trifft offensichtlich die Grundstimmung der Nachkriegszeit mit ihren radikalen Verunsicherungen und traumatischen Erfahrungen, aber sie enthält auch zugleich metaphysische und religiöse Hoffnungen, die existenzphilosophisch unerfüllt bleiben. Heidegger nennt ihn in einer Gedenkrede «die stärkste philosophische Kraft im heutigen Deutschland, nein, im heutigen Europa und sogar in der gegenwärtigen Philosophie überhaupt.»[1] Er gilt als der große Anreger, als der leidenschaftliche Problemdenker mit sprühendem Esprit und größter Ausstrahlungskraft, kurz als das philosophische Genie seiner Zeit.

14.1 Biographie und Bibliographie

a. Lebenslauf

Geboren am 22. 8. 1874 in München. Studium der Philosophie, Psychologie, Medizin und Soziologie in München, Berlin, Jena und Heidelberg. 1897 philosophische Promotion in Jena, dort 1900 Habilitation. 1906 Umhabilitation nach München. 1910 Privatgelehrter. Vorlesungstätigkeit in Göttingen. 1917 Missionen im Auftrag des deutschen Außenministeriums. 1918 Professor für Philosophie und Soziologie sowie Direktor des Instituts für Sozialwissenschaften in Köln. 1928 Berufung nach Frankfurt. Scheler stirbt dort am 19. Mai 1928.

Scheler stammte aus einer jüdischen Gutsbesitzerfamilie und wuchs in München auf. Schon früh entdeckte er Sympathien für die katholische Kirche; in ihr erhoffte sich Scheler, der in einer gespannten häuslichen Atmosphäre strenger jüdischer Orthodoxie aufwuchs, Entspannung und Geborgenheit. Die Begegnung mit Dilthey und Simmel, Anregungen durch den Neukantianer Eucken und vor allem die revolutionären Ideen Nietzsches bestimmten die ersten philosophischen Arbeiten. Aber die inneren Spannungen nahmen nicht ab. Die familiären Verhältnisse belasteten ihn zeit seines Lebens. Affären um Schelers erste Frau veranlaßten den Privatdozenten zur Umhabilitation nach München. Dort wurden seine Intimaffären zu öffentlichen Intrigen

---

[1] GA Band 26. S. 62

und Kampagnen aufgebauscht, die schließlich zur Aberkennung der venia legendi führten und Scheler um eine feste Anstellung brachten[2]. Er mußte seinen Lebensunterhalt fast ein Jahrzehnt durch Vorträge, Bücher und Gelegenheitsarbeiten aufbringen. Seine erste Station auf dem weiteren Lebensweg war Göttingen, wo er im Rahmen der «Philosophischen Gesellschaft Göttingen» im Kontakt mit den Göttinger Phänomenologen seine Vorlesungstätigkeit ausüben konnte.

In seiner philosophischen Biographie war die Begegnung mit den Münchner und Göttinger Phänomenologen von größter Bedeutung. Scheler hatte Husserl bereits in Halle kennengelernt. In München nahm er Kontakt zu Geiger, Pfänder, Daubert und von Hildebrand auf. In Göttingen konnte er dann seine Beziehungen zu Husserl intensivieren. Er traf in dessen Umgebung auf Reinach, Ingarden, Koyré, Hedwig Conrad und Edith Stein. Scheler nützte die Zeit. Es entstanden die wichtigsten phänomenologischen Untersuchungen, vor allem die Phänomenologie der Sympathiegefühle und die materiale Wertethik. Die Beziehung zwischen den so verschiedenen Charakteren Husserl und Scheler blieb distanziert. Husserl schätzte zwar Schelers Vielseitigkeit und Begabung; er charakterisierte Scheler in einem Empfangsschreiben mit folgenden Worten: «Herr Dr. Scheler steht als Philosoph inmitten der philosophischen Kämpfe, die das deutsche Geistesleben unserer Zeit bewegen. Er ist keineswegs ein Denker aus zweiter Hand, sondern ein höchst scharfsinniger, selbständiger und wissenschaftlich strenger Forscher ... »[3] Aber die hier erwähnte «Strenge» war keineswegs Husserls methodische Strenge, die mit Schelers Denk- und Arbeitsweise nicht vereinbar war. An anderer Stelle nennt Husserl Scheler zwar eminent begabt und voller großer interessanter Ideen, aber in seinen Behauptungen zu wenig wissenschaftlich fundiert.[4]

Seine Ausstrahlungskraft auf die Phänomenologen in München und vor allem in Göttingen war trotzdem groß. Nach Hartmann ist es eigentlich Scheler gewesen, der die Phänomenologie aus ihrem engen methodischen Selbstverständnis herausführte und zur geistigen Bewegung machte. Durch Schelers Einfluß entwickelte sich so etwas wie eine *katholische Periode der Phänomenologie*. Die Jüdin Edith Stein erhält von Scheler erste Anstöße, sich dem Katholizismus zuzuwenden; sie wird später Ordensfrau und endet im Konzentrationslager[5]. Ähnliche Anstöße werden für Dietrich von Hildebrand, Siegfried Hamburger und Otto Klemperer, sowie für seine zweite Frau, Märit Furtwängler, berichtet; Peter Wust hat durch Schelers Einfluß wieder zum Glauben seiner Kindheit zurückgefunden.

Da Schelers Philosophie stets eng mit dem Tagesgeschehen verbunden war, führte der Ausbruch des Weltkrieges zur geistigen Auseinandersetzung mit dem Phänomen des Krieges. In seinem Buch «Genius des Krieges» versuchte er, – von zeitbedingten Tagesstimmungen verführt, – dem Krieg innerhalb seines Wertedenkens einen Sinn zuzuschreiben, nämlich die Freisetzung neuer Kräfte in einer moralisch dekadenten kapitalistischen Welt. Scharfe Proteste durch Martin Buber, Franz Werfel, Arnold Zweig und Max Brod, sowie die Kriegserfahrungen brachten bald die Ernüchterung. In «Krieg und Aufbau» vollzog sich zwar eine innere Umkehr, in der sich die Hoffnung auf eine friedliche gesamteuropäische geistige Erneuerung artikulierte; aber Scheler argumentierte stets unter der rationalen Prämisse eines militärischen Sieges der Mittelmächte. Er konzipierte die Idee eines christlichen Sozialismus, der durch eine Stärkung des Papsttums den Kapitalismus und den allgemeinen Wertverfall in Schranken halten sollte. Scheler wurde zum Repräsentanten eines selbstbewußten Katholizismus, der durch den vorangegangenen Kulturverfall an Einfluß verloren hatte.[6] Als Vertreter des katholischen Geistes verwendete ihn das

---

2 Näheres bei Mader (1980) S. 37 ff.
3 Mader (1980) S. 41.
4 Mader (1980) S. 110. Über die Ungenauigkeiten im Zitieren und über die Unzuverlässigkeit historischer Quellenbezüge berichtet von Hildebrand in: Max Scheler als Ethiker. In: Die Menschheit am Scheideweg. Regensburg 1954. S. 604.
5 Siehe unten 24.23.
6 Für seinen Freund Hildebrand «bildete das katholische Ethos und die Grundrichtung der Metaphysik, die im katholischen Dogma vorausgesetzt ist, den Kompaß seines Lebens und Denkens ... » A.a.O. S. 620.

deutsche Außenministerium für seine politischen Zwecke, die allerdings nicht verwirklicht werden konnten. Nach dem Krieg berief der Oberbürgermeister von Köln, Konrad Adenauer, Scheler als den Exponenten des katholischen Denkens auf den Posten eines Direktoriums des neugegründeten sozialwissenschaftlichen Instituts. Aber sein anstößiges Privatleben und die bald einsetzende Entfremdung und öffentliche Distanzierung von der katholischen Kirche sorgten für neue Spannungen. Die Berufung nach Frankfurt konnte ihn zwar von den konfessionellen, nicht aber von seinen familiären Belastungen befreien. Der oft erahnte und viel reflektierte Tod trat dann doch plötzlich ein und riß ihn aus den Plänen zur Neugestaltung der philosophischen Anthropologie und Metaphysik.

Schelers Philosophie betraf oft Tagesfragen, aktuelle Ereignisse, die speziellen Probleme einer in den Krieg verwickelten Nation, also Themen, die für nachfolgende Generationen zum Teil «unzeitgemäß» geworden waren. Aber hinter diesen Tagesfragen und auch hinter seinen zahlreichen geistigen Wandlungen verbarg sich ein Grundanliegen, das Scheler zeit seines Lebens vorantrieb: die Frage nach dem Wesen des Menschen und seiner Stellung im Ganzen eines fragwürdig gewordenen Seins. Scheler gilt als der Begründer der modernen *philosophischen Anthropologie,* das heißt einer philosophischen Spezialdisziplin, die sich dem Thema des Sonderwesens Mensch zuwendet, das früher in der Seinsmetaphysik der Antike, der theologischen Metaphysik des Mittelalters, der Bewußtseinskritik der Neuzeit und seit A. Comte in der Soziologie und neuerdings in der Psychologie und Dichtung behandelt wurde. Durch die Intensität seines Fragens und seines Einflusses wurde diese Lehre vom Menschen eine Zeitlang zur Fundamentaldisziplin der Philosophie.

b. Auswahl aus der Primärliteratur Schelers

1899 Beiträge zur Feststellung der Beziehungen zwischen den logischen und ethischen Prinzipien. Jena. In GW 1.
1900 Die transzendentale und psychologische Methode. Leipzig. In GW 1.
1913 Zur Phänomenologie und Theorie der Sympathiegefühle und von Liebe und Haß. Halle. 2. erweiterte Auflage unter dem Titel «Wesen und Formen der Sympathie». Bonn 1923. In GW 7. Studienausgabe Bonn 1985. Zitiert nach der 5. Auflage Frankfurt 1948. **WFS**
1913 Der Formalismus der Ethik und die materiale Wertethik. Halle. In: JPPF Band 1 und 2. In GW 2. 6. Aufl. 1980. **FEW**
1915 Der Genius des Krieges und der deutsche Krieg. Leipzig. Vorgesehen in GW 4.
1915 Abhandlungen und Aufsätze. 2 Bände. Leipzig. 5. Auflage mit Titel «Vom Umsturz der Werte». Bern 1972. In GW 3.
1916 Krieg und Aufbau. Leipzig. 2. Auflage als Neufassung mit dem Titel: «Schriften zur Soziologie und Weltanschauungslehre». 3 Bände. Leipzig 1923–24. In GW 6.
1917 Die Ursachen des Deutschenhasses. Leipzig. Vorgesehen in GW 4.
1918 Deutschlands Sendung und der katholische Gedanke. Berlin. Vorgesehen in GW 4.
1921 Vom Ewigen im Menschen. Leipzig. 5. Auflage Bern 1968. In GW 5.
1925 Die Form des Wissens und der Bildung. Bonn. In GW 9.
1926 Die Wissensform und die Gesellschaft. Leipzig. 3. Aufl. 1980. In GW 8.
1928 Die Stellung des Menschen im Kosmos. Darmstadt. 12. Aufl. Bonn 1991. In GW 9. **SMK**
1929 Philosophische Weltanschauung. Bonn. In GW 9.
1955 Liebe und Erkenntnis. Bern. 2. Aufl. 1970.
Gesammelte Werke in 15 Bänden. Hg. von Maria Scheler und Manfred S. Frings. Bern ab 1954. **GW**
Von der Ganzheit des Menschen. Ausgewählte Schriften. Hg. von S. Frings. Bonn 1991.
Schriften zur Anthropologie. Hg. von M. Arndt. Stuttgart 1994.
Schriften aus dem Nachlaß:
Teil I: Zur Ethik und Erkenntnislehre. 3. Aufl. Bern 1986. In GW 10.
Teil II: Erkenntnislehre und Metaphysik. In GW 11.
Teil III: Philosophische Anthropologie. In GW 12.
Teil IV: Philosophie und Geschichte. In GW 13.
Auswahl von Aufsätzen
Idole der Selbsterkenntnis. 1912. In GW 3.
Das Ressentiment im Aufbau der Moralen 1912. In GW 3.
Versuche einer Philosophie des Lebens. 1913. In GW 3.

Zur Rehabilitierung der Tugend. 1913. In GW 3.
Über das Tragische. 1914. In GW 3.
Die deutsche Philosophie der Gegenwart. 1922. In GW 7.
Das Problem des Leidens. 1923. In GW 6.
Probleme einer Soziologie des Wissens. 1924. In GW 8.
Mensch und Geschichte. 1926. In GW 9.
Spinoza. 1927. In GW 9.
Idealismus-Realismus. 1927. In GW 9.
Der Mensch im Weltalter des Ausgleichs. 1929. In GW 9.

c. Bibliographien

Avé-Lallemant. E.: Literaturverzeichnis. In: P. Good (Hg.): Max Scheler im Gegenwartsgeschehen der Philosophie. Bern 1975. S. 281 ff.
Frings, M. S.: Bibliography (1963–1974) of primary and secondary literature. In: Max Scheler-Centennial Essays. Den Haag 1974. S. 165 ff.
Hartmann, W.: Max Scheler. Bibliographie. Stuttgart 1963.
Mader, W.: Bibliographie in: Max Scheler in Selbstzeugnissen und Bilddokumenten. Reinbek 1980. S. 146 ff.
Totok, W.: Handbuch der Geschichte der Philosophie. Band VI. Frankfurt 1990. S. 226 ff.

14.2 Schelers Phänomenologie des Emotionalen

Trotz der Vielfalt der Schelerschen Gedanken sind weite Teile seiner Lehre der Phänomenologie zuzuordnen. Dabei besteht kein Zweifel, daß er die Phänomenologie fern von allem Transzendentalismus als Theorie der Wesensbeschreibung und Wesensgesetze, also als *eidetische* Phänomenologie versteht. Er selbst spricht von einer *rekonstruktiven Phänomenologie*, weil sie die nicht auf Wesensinhalte gerichteten metaphysischen und religiösen Gedankensysteme auf ihre «Urerlebnisinhalte» zurückführt, den erstarrten Inhalt «gleichsam *rekonstruktiv* wieder zu intuifizieren und damit seinen Ursinn lebendig und anschauungskräftig zu machen» sucht (GW 14, S. 13). Für ihn bedeutet Phänomenologie keine neue Wissenschaft oder Methode, auch kein Ersatzwort für Philosophie, wie bei Husserl, sondern es ist der «Name für eine Einstellung des geistigen Schauens, in der man etwas zu er-schauen oder zu er-leben bekommt, was ohne sie verborgen bleibt: nämlich ein Reich von ‹Tatsachen› eigentümlicher Art» (GW 10, 380). Diese Tatsachen sind für Scheler Selbstgegebenheiten in unmittelbarer Anschauungsevidenz (382). Was sich so zeigt, ist a priori und als pure Washeit und Wahrheit gegeben (389). Von diesen *phänomenologischen* Tatsachen hebt er die *natürlichen* und die *wissenschaftlichen* ab. Erstere sind selbstgegeben, die natürlichen sind symbolisch gemeint und werden durch künstlich gesetzte Zeichen dargestellt (461). «Phänomenologie (hat) ihr Ziel erreicht: da, wo keine Transzendenz und kein Symbol mehr ist» (386). Scheler gibt eine eindrucksvolle Charakterisierung des Sinnes einer phänomenologischen Erörterung: «Dieser Sinn ist allein: dem Leser (oder Hörer) etwas *zur Er-schauung bringen*, das seinem Wesen nach nur und nur erschaut werden kann und für dessen Zur-Erschauung-Bringung alle Sätze, die in dem Buche vorkommen, alle Folgerungen, alle eventuell eingehenden vorläufigen Definitionen, alle vorläufigen Beschreibungen, alle Schlußketten und Beweise in ihrer Gesamtheit nur die Funktion eines Zeigestabes haben, der auf das zu Erschauende hindeutet» (391).

Die zentrale phänomenologische Lehre von der Reduktion handelt bei Scheler nicht von der Urteilsenthaltung oder von der transzendentalen Zurückführung auf das absolute Bewußtsein, sondern lehrt die Ausschaltung der Realitätsmomente, die Scheler im Widerstandserlebnis begründet sieht. Realität ist ihm der Inbegriff dessen, was gegen unser Streben Widerstand ausübt (GW 9, 78). Dieser Gedanke wird später in seiner Anthropologie von größter Bedeutung, in welcher der widerspenstige Drang sich dem Geist entgegenstellt.

Scheler versucht, seine Theorie im Sinne der Programmatik der eidetischen Phänomenologie zu entwickeln; unter der Hand jedoch entsteht dabei eine eigene originelle Philosophie der Personalität. Die eigentliche Thematik Schelers ist die Phänomenologie der Gemüts- und Willensakte. Diese Anwendungen der Phänomenologie auf emotionale und volitive Bereiche geben der akademischen Phänomenologie Husserls erst Fleisch und Blut. Sie sind allerdings weltanschaulich nicht so neutral wie Husserls Logik und Ontologie. Andererseits enthalten sie gerade deswegen über die Philosophie hinausreichende Impulse für Religion, Psychologie, Medizin, Soziologie, Pädagogik und anderes.

Wir wählen aus der Vielzahl dieser Anwendungen drei aus:

– die Phänomenologie der Sympathiegefühle und der Liebe,
– die Phänomenologie der Werte und des ethischen Wollens,
– die Phänomenologie der soziologischen Wissensformen und der anthropologischen Konstanten.

14.21 Die Phänomenologie der Sympathiegefühle und der Liebe.

Bei Husserl sind Phänomene wie Sympathie und Liebe, Werte, Wollen usw. stets durch theoretische Akte fundiert. Am Anfang steht das Sein als Bewußtsein, das sich in der Noesis als Noema konstituiert. Wenn jemand einem Objekt seine Sympathie zuwendet, muß er nach Husserl dieses Objekt erst in allen seinen theoretischen Momenten konstituiert und erkannt haben; denn eben diese Momente bilden in ihrem Wesen die Voraussetzung dafür, daß man für sie als Werte Sympathiegefühle entwickelt.

Scheler argumentiert umgekehrt: Ein Wert ist keine Bestimmung eines durch Vorstellungen fundierten Noema, sondern ein Wert ist ein Gegebenes sui generis; er ist die Voraussetzung für erkanntes Sein. Nur weil der Mensch dem Wert emotional begegnet, kann er dann auch den Werteträger erkennen. Am Anfang steht nicht das Erkennen, sondern das emotionale praktische Vertrautsein mit der Welt in seiner Werthaftigkeit. Es gilt der Primat der Liebe, nicht der Primat des Seins, wobei die Liebe das emotionale Vertrautsein mitkonstituiert.

Scheler denkt diese praktische Konstitution universell. Für ihn gibt es trotz aller Verschiedenheit der Lebensformen, der Kulturen und geschichtlichen Epochen einen gemeinsam beschreibbaren Phänomenbereich, nämlich eine fundamentale Wertewelt, aus der heraus erst all die Verschiedenheiten unserer Vorstellungen und Bewertungen erklärbar werden. Diese These steht im bewußten Gegensatz zu Diltheys uneingestandener Lehre von der Relativität der Lebenswelten, die schon Husserl als unzumutbar zurückgewiesen hat. Sie wendet sich in gleicher Weise gegen Fehlinterpretationen des Emotionalen. Der große Einfluß Rousseaus und vor allem Schopenhauers hat dazu geführt, bestimmte mitfühlende Verhaltensweisen zur alleinigen Grundlage der Ethik und der menschlichen Gemeinschaft zu erklären. Bekanntlich hat Schopenhauer seine Ethik ganz auf eine Theorie des Mitleids aufgebaut, die er metaphysisch begründet. Scheler anerkennt das Verdienst Schopenhauers gegenüber Kants Moralauffassung, die allein von der Vernunft bestimmt ist und weder emotionale noch voluntative Prinzipien zuläßt. Der tiefere Grund für diese Einschätzung liegt in deren Materialität, die nach Kant nicht a priori sein kann. Aber Schopenhauer geht nach Scheler in die falsche Richtung. Er ignoriert die christliche Tradition, in der der Liebesakt und nicht das Mitleid oder der Egoismus fundamental ist. Bei Scheler übernimmt der Liebesakt die Fundierung der Ethik. Um diese Fehlinterpretation zu durchschauen und seine eigene Auffassung zu begründen, versucht Scheler in seinem ersten phänomenologischen Fundamentalwerk «Wesen und Form der Sympathie», eine Phänomenologie des Mitgefühls, der Liebe und der Fremdwahrnehmung zu entwickeln, die dann die Phänomene der Achtung vor dem Anderen und schließlich die Nächstenliebe verständlich machen.

a. Zur Phänomenologie des Mitgefühls

Ethiken, die ihre Prinzipien allein im Mitleid oder in der Mitfreude verankern, nennt Scheler Sympathieethiken. Sein Ziel ist zu zeigen, daß solche Sympathieethiken, sofern sie das Mitleid als höchsten sittlichen Wert betrachten, den eigentlichen Tatsachen des sittlichen Lebens nicht gerecht werden können. Der Grund ist der Umstand, daß der sittliche Wert nicht primär als Bestimmung der *Person* aufgefaßt wird, sondern aus dem Verhalten des Zuschauers abgeleitet wird (WFS 1). Diese Ethik setzt im Grunde das voraus, was sie begründen will. «Es ist klar, daß sittlich wertvoll nur die Mitfreude mit einer Freude sein kann, die selbst *in sich sittlich wertvoll ist* und die von dem Sachverhalt, ‹an› dem sie erfolgt, sinnvoll gefordert ist» (2).

Das bloße Mitgefühl ist in allen seinen Formen prinzipiell wertblind. Um diese These zu untermauern, unterscheidet Scheler mehrere Formen des Mitgefühls. Es sind dies die phänomenologisch wertvollsten Abschnitte, weil sie unabhängig von den Folgerungen, die Scheler für seine Philosophie daraus zieht, Wesensmerkmale von Gefühlserscheinungen enthalten, die für die Psychologen und Psychiater genau so wichtig sind wie für Mediziner und Pädagogen. Scheler unterscheidet drei *Formen des Mitgefühls*:

– Das unmittelbare Mitfühlen oder das *Miteinanderfühlen*, zum Beispiel in der Trauer der Eltern um das verlorene gemeinsame Kind. Leid wird hier nicht intentional objektiviert, sondern gemeinsam erlebt. Es ist deshalb seelisch; es gibt keinen physischen «Mitschmerz» (9).

– Das *Mitgefühl* an Etwas, etwa das Nachfühlen des Freundes jener Eltern, der vom Verlust des Kindes erfährt. «Hier wird das Leid des A als dem A zugehörig zunächst in einem als Akt erlebten Akte des Verstehens oder Nachfühlens gegenwärtig, und auf dessen Materie richtet sich dann das originäre Mitleid des B». Hier sind Leid des A und Leid des B zwei verschiedene Tatsachen. Das Mitfühlen ist deshalb eine «Reaktion auf den im Nachfühlen gegebenen Tatbestand des fremden Gefühls» (10). Die Verschiedenartigkeit des Nachfühlens vom Mitfühlen wird deutlich im Akt des Grausamen, der durchaus nachfühlen kann, weil es ihm Lust bereitet, wenn der Schmerz des Opfers steigt. Er ist nicht «fühllos» schlechthin, sondern unfähig zu echtem Mitgefühl.

– Die *Gefühlsansteckung*, die mit Mitleid nichts zu tun hat. Hier besteht keine Intention hin zur Freude oder zum Leid des Anderen, ebensowenig wie eine Teilnahme am Erleben. Zum Beispiel braucht man die Ursache des Lachens des anderen gar nicht zu kennen. Nach Scheler lassen sich die Versuche Spencers und Darwins, die Entstehung des Mitgefühls an der Ansteckung herzuleiten, auf die Nichtbeachtung dieses Unterschieds zurückführen (14).

– Die echte *Einsfühlung* als Grenzfall der Ansteckung enthält eine Identifikation des fremden und des eigenen Ich. Dabei unterscheidet Scheler zwei Typen: Es kann das fremde Ich ganz durch das eigene aufgesogen werden (idiopathischer Typ) oder das Ich kann vom Anderen hypnotisch so gefesselt sein, daß es ganz in ihm lebt (heteropathischer Typ). Solche Identifizierungen finden in primitiven Gesellschaften beispielsweise zwischen dem Totemisten und seinem Totemtier statt; in den antiken religiösen Mysterien erfolgt die Verschmelzung des Mysten mit seinem Gott. Wird diese ekstatische *Eins*fühlung zur symbolischen *Ein*fühlung, entsteht das antike Theater (18). Weiter spielt die Einsfühlung eine Rolle im Masochismus und Sadismus, in denen die sympathische Machtgewinnung zum Gegenstand des Genusses wird; ferner in der Hypnose und im kindlichen Seelenleben, wo Vorgänge, die beim Erwachsenen Einfühlung bewirken, beim Kind zur Einsfühlung führen. Seelische Strömungen wie Besessenheit oder Massenpsychosen, aber auch der ekstatische Geschlechtsakt, ferner die vitalpsychische Einheit von Mutter und Kind sind weitere Beispiele von Einsfühlungen. Hier zeigt sich die enge Bindung an Instinkten, biologischen Trieben und ganz allgemein an den Lebensdrang. Es handelt sich offensichtlich um eine Konstitutionsbedingung für alles Lebendige. Der Mensch hat «die spezifische Einfühlungsfähigkeit des Tieres und vieler seiner ‹Instinkte› zugunsten einer Hypertrophie des ‹Verstandes›, der Zivilisierte die Einfühlungsfähigkeit des Primitiven, der Erwachsene die des Kindes fast ganz verloren (31).

Hier wird deutlich, daß sich echte Einfühlung wesentlich vom verstehenden Nachfühlen von Personakten unterscheidet. «Beides – Nachfühlen wie Mitgefühl – schließt Einsgefühl und echte Identifizierung vollständig aus» (33). Einsfühlungen liegen im Vitalbewußtsein oder Vitalzentrum, nicht im personalen Geist. Deshalb zählt Scheler die geistige Mystik nicht zu den Beispielen der Einsfühlung. Denn echte Mystik ist Geistesmystik, die von einem geistigen Personzentrum ausgeht und sich auf Gott als reines Geistwesen bezieht. Anders bei der naturalistisch-pantheisierenden Mystik, in der eine Vitalisierung sowohl Gottes als auch der menschlichen Person stattfindet (35).

Diese phänomenologischen Grundbestimmungen erlauben es nun Scheler, eine Reihe genetischer und metaphysischer Theorien des Mitgefühls zu widerlegen. Wichtig ist die Erkenntnis, daß Mitleiden ein «Leid am Leiden des Anderen *als dieses Anderen* ist» (38). Diese Bestimmung «als dieses Anderen» ist der phänomenologische Kernpunkt; es erfolgt keine Identifizierung mit der anderen Person und keine Einsfühlung des einen Leids mit dem anderen. Besonders energisch wehrt sich Scheler gegen Schopenhauers Versuch, die Liebe aus dem Mitleid abzuleiten (58). Scheler stellt ihm die These entgegen, «daß Nachfühlen und Mitgefühl *Urphänomene* sind, die nur in ihrem Wesen *aufgewiesen* werden können, nicht aber psychogenetisch aus einfacheren Tatsachen ableitbare Erscheinungen» (60). Wenn Eduard von Hartmann, ähnlich wie Hegel, Liebe als «aktive spontane Sehnsucht zur praktischen Verwirklichung des Identitätsgefühls» deutet, dann zerstört er das Phänomen der Liebe. Denn deren tieferer Sinn ist es nicht, den anderen so zu behandeln, als ob beide Individuen zusammenfielen. Liebe ist keine quantitative Erweiterung der Selbstsucht (76), kein Unterfall des Wesens *Selbst*liebe (77). Auch die asiatischen Lehren eines Ethos grenzenlosen Mitgefühls (etwa im Buddhismus) dürfen nicht als Beispiele für das Ethos der Liebe mißverstanden werden (84).

Scheler beschreibt eine Reihe geschichtlicher Beispiele echter Einfühlungsformen. Dazu gehört das soeben erwähnte «indische Ethos». Es differenziert sich als negatives kosmisches Einsleiden. In schärfstem Gegensatz dazu steht die aktive antike Einsfühlung. In ihr ist der Eros die dynamische Triebfeder, die ein «einsfühlendes Sichhinauf*freuen* des Menschen in allen Dingen bis zur Gottheit» ermöglicht (92). Echte Einfühlung erfolgt auch innerhalb des Christentums, insbesondere bei Augustinus und später bei Franz von Assisi. Doch die jüdisch-christliche Fundamentalthese vom einen Gott als Schöpfer der Welt, die zu einer radikalen Entanimierung der Natur führt, rückt alle Lehren der Einsfühlung in die Nähe heidnischer Ketzereien. Im Christentum muß die Einfühlung in Christus als akosmistische Liebe zu Christus verstanden werden. «Nur in Wesen und Geschichte der christlichen Mysterien und Sakramente erhielt sich die wesensgesetzlich vitale Einsfühlung in die inneren Schicksale auch des *Leibes* des Herrn, ja in Leib und Blut des Herrn selbst». Damit erlangt auch das christliche Leben seinen organisch-vitalen Untergrund zurück. Es ist Mitgefühl im echten Sinne, aber in der Personliebe fundiert (94).

Zu jeder Phänomenologie gehört nicht nur die Beschreibung von isolierten Phänomenen, sondern auch die Deskription von Wesenszusammenhängen in der Form von *Fundierungsgesetzen*. Nach Scheler fundiert Einsfühlung die Nachfühlung (105); letztere fundiert das Mitgefühl und dieses die Menschenliebe oder Humanitas (107). Erst diese Menschenliebe gibt das Fundament für akosmistische Person- und Gottesliebe (108). Scheler ist überzeugt, daß die Idee der Humanitas recht oft aus Ressentiment gegen die christliche Position polemisch verwendet wird[7]. Aber die Liebe zum individuellen Personzentrum *eines jeden*, – das Merkmal der christlich

---

7 Die schärfere Behauptung, daß dies immer so sei und es daher keine echte autonome Humanitas gebe, hat Scheler in der Arbeit «Das Ressentiment im Aufbau der Moralen» ausgesprochen. Diese nimmt er hier ausdrücklich zurück (109).

geistigen Personliebe, – setzt die Liebe zum Exemplar «Mensch» voraus, dem Wesensmerkmal der Humanitas (111). «Die christliche Personliebe z. B. war realiter erst möglich auf dem Boden der spätprophetischen und der antiken ‹Humanitas› ... » (112).

Die weiteren Untersuchungen des ersten Teiles des Werkes beziehen sich auf die Rangordnung der Werte dieser beschriebenen Gemütskräfte und bemühen sich um die rechte Ordo amoris.[8]

b. Zur Phänomenologie von Liebe und Haß

Liebe und Haß sind fundamentale Phänomene und können nicht auf andere reduziert werden, auch nicht auf das Mitgefühl (158). Sie fundieren zwar die Werterkenntnis, gehören selbst aber nicht zu den erkennenden Akten, wie das Vorziehen von Werten innerhalb der Sphäre des Werterkennens (159). Man liebt nicht *Werte*, sondern ein *werthaltiges Etwas* (160), einen individuellen Wertkern der Dinge.

Weil Liebe und Haß letzte Wesenheiten sind, lassen sie sich nicht definieren, sondern nur «erschaubar machen» (164). Haß darf nicht als Privation der Liebe mißverstanden werden, sondern bedeutet einen positiven selbständigen Akt. In ihm ist ein Unwert gegeben, wie im Akt der Liebe ein positiver Wert vorliegt. «Während aber die Liebe eine Bewegung ist, die vom niederen zum höheren Wert geht und in der jeweilig der höhere Wert eines Gegenstandes oder einer Person zum Aufblitzen kommt, ist der Haß eine entgegengesetzte Bewegung» (164). Liebe kann demnach nicht als Reaktion auf gefühlte Werte erklärt werden; sie ist kein emotional bejahendes Anstarren eines Wertes (165), sondern eine Bewegung hin zum Höhersein des Wertes. Und darin liegt ihre schöpferische Bedeutung. Liebe macht nicht blind, sondern sie öffnet die Augen für höhere Werte des geliebten Gegenstandes (170). Nur in der Liebe kann das volle Wesen der fremden Individualität rein hervortreten; ohne Liebe wird der Andere zur sozialen Person (173).

Scheler unterscheidet *Liebe zum Guten* und *Personliebe*. Erstere ist der Kern der antiken Liebesidee, in der die Liebe selbst der Träger des Wertes «gut» ist. Gegen diese Auffassung setzt Scheler die christliche Liebe, die auf konkret Seiendes zielt. In ihr gibt es keine Liebe zu Werten als selbständige Gegenstände (175). Auch die Gottesliebe ist nicht «Liebe zu Gott als den Allgütigen, d. h. einer Sache, sondern der *Mitvollzug* seiner Liebe zur Welt ... und zu Sich selbst ...» (177). So ist christliche Liebe eigentlich sittliche Liebe «zur Person als Wirklichkeit durch den Personwert hindurch» (178). *Person* definiert Scheler als «die individuell erlebte Einheitssubstanz aller Akte, die ein Wesen vollzieht» (180).

Scheler überträgt seine Grundeinteilung der Akte in *vitale* Leibakte, *psychische* Ichakte und *geistige* Personakte auch auf die Liebe. So kommt er zu drei *Daseinsformen* der Liebe: die vitale Leidenschaftsliebe, die seelische Liebe des Ichindividuums und die geistige Liebe der Person (182). Diese Formen wirken unabhängig von ihren verschiedenen Objekten und lassen sich schon in den Gemütsbewegungen unterscheiden. Durch die Verbindung des Liebesaktes mit sozialen Verhaltensweisen und Erlebnissen des Mitgefühls entstehen *Modi* der Liebe, wie Güte, Wohlwollen, Neigung Zärtlichkeit, Freundlichkeit, Pietät u. a. (187).

Die phänomenologischen Ergebnisse ermöglichen Scheler eine ausführliche Kritik verbreiteter Liebestheorien, insbesondere der naturalistischen Theorie, die Liebe aus dem Mitgefühl, aus sozialen Instinkten, aus geschichtlichen (Feuerbach) und aus ontogenetischen (Freud) Impulsen hervorgehen lassen wollen.

c. Zur Phänomenologie des fremden Ich

Hier diskutiert Scheler die *Theorien der Intersubjektivität*, wie sie von Dilthey, Lipps, Külpe und Spranger, später vor allem von Husserl ausgearbeitet worden sind. Er wendet sich entschieden gegen empiristische Analogieschlußlehren, insbesondere in Bezug auf die Existenz geistiger

---

8 Vergleiche dazu die Überlegungen in «Vom Ewigen im Menschen».

Personen (254f). Ebenso unbefriedigend sind Glaubens- und Einfühlungstheorien, weil sie die Du-Evidenz nicht erklären können (259). Auch metaphysische Konzeptionen, die den Dualismus von Seelensubstanz und Materie annehmen, beziehungsweise diese durch einen psychologischen Parallelismus ersetzen, erschweren ein Verständnis fremden Seelenlebens (274).

Für Scheler sind Du-Welt und Gemeinschafts-Welt selbständige Wesenssphären. Die Lehre von der Vorgegebenheit bestimmter Seinssphären, die sich aus den verschiedenen korrelativen Aktarten des menschlichen Wissens von Etwas ergibt, ist eine fundamental eidiologische Prämisse der gesamten Intersubjektivitätstheorie Schelers (254). Die Du- und die Wir-Sphäre spielen eine herausragende Rolle in der Genesis des menschlichen Bewußtseins. Sie sind sogar der Evidenz der Naturerfahrung vorgeordnet (281) und als Ganzheitsstruktur primär vorgegeben. Sinnliche Erscheinungen und andere Konkurrenten können höchstens als Fundamente solcher Strukturen fungieren, niemals aber als deren Erklärungsgrund (287).

Das Phänomen der Liebe ist nicht irgendein Thema unter anderen, sondern es ist für die gesamte Philosophie Schelers konstitutiv. Denn Liebe ist zugleich der Kern der individuellen Geistperson der christlichen Tradition. Der individuelle Liebesakt bedeutet sowohl Teilnahme am Wesenhaften der Dinge als auch Mitvollzug im Lieben Gottes. Diese letzte Tendenz wird besonders in der Spätphilosophie Schelers wirksam; in ihr verwandelt sich das ursprüngliche «amare in Deo» zur Selbstentfaltung Gottes in der Welt.

14.22 Die Phänomenologie der Werte und des ethischen Wollens

Schelers zweites großes Thema innerhalb der phänomenologischen Untersuchungen ist die *Ethik*, die von Husserl nie als selbständige Region gewürdigt wird und erst durch die Impulse Schelers innerhalb der phänomenologischen Bewegung mehr Beachtung findet. Hier kann Scheler das Prinzip des materialen Apriori extensiv zur Anwendung bringen. Der Titel seines Hauptwerkes «Der Formalismus in der Ethik und die materiale Wertethik» gibt Aufschluß über sein zentrales Anliegen: Er wendet sich gegen die *formale* Ethik Kants und stellt ihr eine Ethik gegenüber, die auf empirische Werte aufbaut und in diesem Sinne *material*, also inhaltlich ist. Nach Schelers eigenen Worten ist seine Ethik aus dem Geiste eines strengen ethischen Absolutismus und Objektivismus konzipiert, der durch den *materialen Apriorismus* und *emotionalen Intuitionismus* einen «neuen Versuch eines Personalismus» anstrebt. (FEW 15). Daß die Kritik Schelers nicht nur Kant selbst, sondern auch und vor allem den Neukantianismus betrifft, zeigt sich in der Entwicklung N. Hartmanns, der durch die Übernahme der Schelerschen Wertethik einen weiteren Schritt der Loslösung von seiner neukantianischen Vergangenheit vollzieht.[9]

Kant hat seine formale Ethik der reinen Pflicht und des kategorischen Imperativs deshalb entwickelt, weil er der Meinung war, daß er nur auf diese Weise den *Relativismus* vermeiden könne, der nach seiner Auffassung bei jeder inhaltlichen Bestimmung der Ethik auftreten müßte. Aber nach Scheler trifft dieser Vorwurf der Unmöglichkeit einer Grundlegung zwar die aristotelische Ethik und andere Eudaimonismen, nicht aber seine materiale Wertethik. Kant setzt folgende Behauptungen voraus, die nach Scheler durch seine neue Ethik widerlegt werden können:

– Alle materiale Ethik müsse notwendig Güter- und Zweckethik sein;
– sie müsse empirisch, intuitiv und aposteriorisch sein;
– sie komme als Erfolgsethik nicht aus reiner Gesinnung (30);
– sie sei Hedonismus und damit heteronom, das heißt, ungeeignet für die Begründung der Autonomie der Personalität;
– sie stelle die Person in den Dienst ihrer eigenen Zustände oder ihr fremder Güterdinge;

---

9 Vgl. unten 15.11 und 15.12g.

– sie führe zu bloßer Legalität des Handelns und sei so für die Grundlegung einer Moralität des Wollens im Sittengesetz gänzlich ungeeignet (31).

In seiner *Kritik* wirft Scheler Kant die Gleichsetzung von Gütern und Werten vor. Bei Kant stellen wir eine allgemeine Geringschätzung des Wertbegriffs fest, der erst in dessen Nachfolge, vor allem bei Lotze, weiter ausgebaut wurde. Wert ist für Kant etwas, das Lust erzeugt, also von aposteriorischen Bedingungen unseres Leibs abhängt. Kant gibt zwar zu, daß wir alle nach Lust streben und Unlust vermeiden. Aber damit ist nicht die Apriorität des Sittengesetzes begründbar, sondern nur der Satz, daß wir faktisch Egoisten und Hedonisten sind. Eine ganz andere Frage ist, wie wir trotz dieser Anlagen sein *sollten*. Diese Argumente gehen nach Scheler ins Leere, wenn man sich auf die Wertwelt bezieht. Denn Werte können ohne jedes Streben gegeben und intentional vorgegeben sein. Genau das ist die phänomenologische Neuentdeckung. Er kritisiert ausdrücklich Spinozas Behauptung: «Gut ist, was wir begehren; schlecht ist, was wir verabscheuen» (59). Wir können an einem Ding unmittelbar seine Wertqualität feststellen, die von unserem Streben und Wollen völlig unabhängig ist, weil Werte einen geordneten Kosmos ursprünglicher Gegebenheiten darstellen.

Zur Stützung seiner These bedarf Scheler einer ausführlichen *Phänomenologie der Werte*. Werte sind für Scheler intentional gegebene Objekte von gleicher Unmittelbarkeit wie zum Beispiel das Noema der Farben. Wie wir Farben an Dingen erleben, so erleben wir an Dingen auch Werte. Wie die Farben von den Dingen als ihre Träger unabhängig sind, so sind auch die Werte unabhängig von den «Gütern», wie Scheler mit Kant werthafte Gegenstände nennt. «Werte sind *klare fühlbare Phänomene*» (39). Sie sind «*echte Gegenstände*, die von allen Gefühls*zuständen* verschieden sind» (39). Das meint Scheler in einem extrem realistischen Sinn. So wie die Welt in ihren Seinsstrukturen dem betrachtenden Menschen gegenübersteht, so ist diese auch werthaft strukturiert. Die Phänomene bringen nicht nur der Vernunft An-sich-Seiendes als Wesen zur Erscheinung, sondern auch dem Gefühl An-sich-Werthaftes als Werte. Wie im Gegenstand «rotes Buch» das objektive Eidos «Rot» das Erkennen des Rotseins ermöglicht, so ist im «wertvollen Gegenstand» der objektive Wert die Bedingung der gefühlsmäßigen Erfassung der Werthaftigkeit (FEW 189).

Die Werte bilden einen absoluten Wertekosmos oder eine *Rangordnung* (107). Scheler unterscheidet fünf verschiedene Werträngen, die zugleich eine Wertordnung bilden (125–129):

– *sinnliche Werte*, also Werte des Angenehmen und Unangenehmen, erfahren in Lust und Schmerz;
– *Nützlichkeitswerte*, repräsentiert in den Zielen führender Geister der Zivilisation;
– *Lebenswerte*, genauer Werte des Edlen und Gemeinen, die im allgemeinen Lebensgefühl, in Gesundheit und Krankheit erfahren werden; sie bilden die Basis der menschlichen Gemeinschaft;
– *Kulturwerte*, das heißt Werte des Wahren und Unwahren, des Schönen und Häßlichen, des Rechten und Unrechten, erfahren im geistigen Fühlen des Künstlers, Gesetzgebers und Philosophen;
– *religiöse Werte*, genauer Werte des Heiligen und Unheiligen, erfahren in Seligkeit und Verzweiflung; sie bilden die Basis der Glaubensgemeinschaft.

Scheler zählt eine Reihe von apriorischen Wesenszusammenhängen auf, welche die Prinzipien der Rangbildung erklären, beispielsweise daß Werte umso höher sind, je dauerhafter sie sind (110) oder je tiefer die Befriedigung ist (116). Außerdem finden wir weitere Einteilungen in Person- und Sachwerte, in Eigen- und Fremdwerte, in Akt-, Funktions-, Gesinnungs-, Handlungs-, Individual-, Kollektivwerte und andere (120f).

Wir sind durch eine «intuitive Vorzugsevidenz» (110) in der Lage, durch Akte des Vorziehens und Nachsetzens höhere von niederen Werten zu unterscheiden. Dieses «‹Vorziehen› aber findet statt ohne jedes Streben, Wählen, Wollen» (107). Auffällig ist, daß dabei Gut und Böse nicht als *materiale* Werte auftreten, sondern als *moralische* Werte eine Sonderrolle erhalten. Sittliches Wollen geht auf die Realisierung eines in Akten gegebenen Wertes (89). Dieses baut auf eine durch Liebe und Haß bestimmte Werterkenntnis und Wert-Erscheinung auf. Der Apriorismus der Liebe ist letztes Fundament aller anderen Apriorismen (85). Deshalb spielen die *Personwerte* als höchste Werte eine besondere Rolle. Denn was «allein *ursprünglich* ‹gut› und ‹böse› heißen kann, ... das ist die ‹Person› ...: ‹Gut› und ‹Böse› sind Personwerte» (50). Wenn die Person höhere oder niedere Werte vorzieht, erscheinen Gut und Böse; sie haften an der emotiven Vorzugsbereitschaft. Dieses Aktzentrum «Person» ist letztlich in Liebe und Haß fundiert. Das Wesen der Person ist nicht durch Vernunft, sondern auch und vor allem durch Liebe bestimmt; eine Person ist ein ens amans, ihre Ordnung *ordo amoris*, wie es Scheler in seinem gleichnamigen Aufsatz (X 347) nennt.

Die Schelersche Ethik wird so zur Lehre von der Person, zum *Personalismus*. Scheler charakterisiert das Wesen der Person durch vier Momente:

– Die Person ist nur als «Vollzieher intentionaler Akte gegeben, die durch die Einheit eines Sinns verbunden sind» (484). Personsein geht nicht im psychischen Sein auf.
– Erst das «mündige» Kind ist Person in vollem Sinne.
– Personalität fordert auch die Herrschaft über ihren Leib. Sie ist weder identisch mit der Leibeinheit noch mit dem Ich (485).
– Sie ist keine Seelensubstanz, kein Bündel von Dispositionen und Anlagen, kein Charakter, der sich psychologisch beschreiben ließe, sie existiert nur als «konkrete Einheit der von ihr vollzogenen Akte und nur *im* Vollzug dieser» (488).

Eine besondere Herausforderung innerhalb des Personalismus stellt die These von der *Absolutheit* der Wertordnung dar. Mit ihr scheint Scheler, an die Stelle des Kantischen Rigorismus einen neuen Rigorismus zu setzen. Aber Scheler weiß durchaus von der geschichtlichen Relativität der sittlichen Erscheinungen. Er unterscheidet aber zwischen der Relativität der Wert*schätzungen* und der Geltung der sittlichen *Werte selbst*. Zudem kann Ethik niemals das individuelle Gewissen ersetzen (499). Es gibt so etwas wie Wertblindheit, die aber durch Schärfung des Werturteils geheilt werden kann. Denn Schelers Absolutheit des Sittlichen ist nicht Kants Allgemeingültigkeit des Sittlichen, sondern eine Wertordnung in ihrer Beziehung auf das Individuum. Er spricht von einem «An-sich-Gutem-für-mich», weil diese Ordnung korrelativ zum Individuum wird. Die Absolutheit der Werte, das heißt ihre bedingte Geltung, und die unaustauschbare Eigenbedeutung für individuelle Personen widersprechen sich nicht. Scheler verallgemeinert diese Gedanken und überträgt sie auf größere Gemeinschaften und Epochen. Bestimmte Völker haben ihren geschichtlichen Ort und ihre individuelle Eigenart, deren Ordnung jener Wertordnung entspricht.

14.23 Zur Phänomenologie der soziologischen Wissensformen und der anthropologischen Konstanten

Es ist kein Zufall, daß sich Schelers Weiterentwicklung mehr und mehr auf soziologische und anthropologische Zusammenhänge konzentriert. Es erfolgt nämlich eine allmähliche Distanzierung von zahlreichen spezifisch christlichen Vorstellungen. Seine betonte Bevorzugung des Augustinismus und die Verdammung des Thomismus sowie die eigenwillige Umdeutung des augustinischen Primats des Wollens in einen Primat der Liebe führen von Anfang an zu Spannungen mit der eigentlichen christlichen Theologie-Tradition.[10] Andererseits eröffnen sich ihm so neue Perspektiven für die Geschichte, Anthropologie und Metaphysik.

---

10 Interessant ist die Beurteilung Schelers in der Habilitationsschrift von Karol Wojtila, Papst Johannes Paul II, «Primat des Geistes», wo Scheler zwar hochgeschätzt, aber wegen seiner Abkehr vom Thomismus scharf angegriffen wird. Vgl. z. B. S. 258.

Im Gegensatz zur Phänomenologie im allgemeinen widmet Scheler schon in seinen Hauptschriften der Frühphänomenologie dem Thema der *Geschichte* seine Aufmerksamkeit.[11] Er überträgt den Personbegriff auf Gemeinschaftswesen wie Staat und Gesellschaft, die als überindividuelle Entitäten auf die historischen Einzelwesen zurückwirken. In seiner personalistischen Geschichtstheorie wird die Geschichte durch das vielfältige Selbstverständnis des Menschen bestimmt. Solche geschichtsprägenden Bilder vom Menschen sind der von Gott geleitete Gläubige bei den Isrealiten, der Mensch als Logos-Träger in der Antike, der homo faber der Neuzeit und schließlich der Mensch der Gegenwart als autonomes Wesen, das keines Gottes bedarf. Gegen die Einseitigkeiten der rassischen, soziologischen, wirtschaftlichen und geographisch-klimatischen Geschichtsauffassungen plädiert er für mehrere Faktoren, die zudem relativ zu den verschiedenen Kultureinheiten sind.

So kommt Scheler zu einer Art Phänomenologie der philosophischen Weltanschauungen, in denen sich diese Menschenbilder auswirken.[12] Er unterscheidet drei Wissensformen[13]:

– das Herrschafts- oder Leistungswissen; sein Ziel ist die Herrschaft über die Welt und über die Natur. Die Methode liegt im Auffinden von Gesetzen;
– das Wesens- und Bildungswissen; hier wird vom Faktischen abstrahiert und nach dem Wesen der Dinge gefragt; es schaltet das triebhafte Verhalten aus. An die Stelle des Realitätsdrucks tritt ein Interessenehmen an den Urphänomenen;
– das metaphysische oder Heilswissen; hier entwickelt Scheler eine Metaphysik des Absoluten, eine Metaphysik zweiter Ordnung. Sie lehrt zwei Grundattribute des obersten Seins: den Geist und den Drang, der im Leben verwurzelt ist. Menschliche Geschichte und menschliche Wirklichkeit ist der Prozeß, in dem diese beiden Prinzipien ineinander wirken; es ist ein Geflecht aus institutionalisiertem Interesse und den Leidenschaften der Einzelnen.

Solche Gedanken veranlassen Scheler zur Konzeption einer allgemeinen philosophischen Anthropologie, die er nicht mehr vollenden und nur in dem ersten Entwurf der «*Stellung des Menschen im Kosmos*» zur Publikation vorbereiten kann[14]. Scheler gilt mit diesem Werk allgemein als Begründer der neuen *philosophischen Anthropologie*. Seine Phänomenologie des Menschseins beginnt nach einer einleitenden Betrachtung über die totale Verunsicherung des modernen Menschen, der zu keiner Zeit der gesamten Geschichte «so *problematisch* geworden ist wie in der Gegenwart», mit der Beschreibung der biophysischen Welt als *Vier-Stufen-Theorie* von Gefühlsdrang, Instinkt, assoziativem Gedächtnis und praktischer Intelligenz. In ihnen manifestiert sich das Lebensprinzip, der Drang. Als zweite große Manifestation des Grundes aller Dinge stellt er diesem *Bios* den «*Geist*» entgegen: «Das, was den Menschen allein zum ‹Menschen› macht, ist nicht eine neue Stufe des Lebens ..., sondern es ist ein allem und jedem Leben überhaupt, auch dem Leben im Menschen entgegengesetztes Prinzip, eine echte neue Wesenstatsache, die als solche überhaupt nicht auf ‹natürliche Lebensevolution› zurückgeführt werden kann» (SMK 35). Durch die Teilhabe am Geist ist der Mensch «weltoffen» und vom umweltgebundenen Tier verschieden. Lebewesen, in denen sich Geist aktualisiert, heißen *Personen*. Beide Begriffe, Geist und Person, umfassen die für die Phänomenologie so wichtige Fähigkeit der Wesenserfassung oder Ideierung, der Anschauung von Urphänomenen, der Sachlichkeit, ja des Neinsagens zum Leben, aber auch Weltoffenheit und Selbstbewußtsein, sowie emotionale und volitive Akte samt Wertgefühlen. Aber der Geist ist eigentlich ohnmächtig; er bedarf des Lebensdrangs, der ihm die Sinnrichtung gibt. Im Menschen als geistfähigem Vitalwesen und als Person wirkt der Antago-

---

11 So vor allem in «Vorbilder und Führer», GW 10.
12 Vgl. «Philosophische Weltanschauung», GW 9.
13 Bekannt geworden sind diese «Wissensformen» vor allem in der Transformation zu «Erkenntnisinteressen» bei J. Habermas.
14 Weiteres Material zur philosophischen Anthropologie enthält der 12. Band von GW.

nismus von Geist und Drang, von Sosein und Dasein. So steht am Ende des Wegs von der Phänomenologie zur philosophischen Anthropologie eine Metaphysik des Ganzen, das die Natur, die Person und den werdenden Gott umfaßt.

Die letzten Teile der «Philosophischen Weltanschauung» und die Aufzeichnungen aus dem Nachlaß offenbaren den *radikalen Wandel* in Schelers Denken. Er spricht dort vom «dionysischem» Weg zu Gott und nennt den Menschen «Mitwirker Gottes», «*Mit*bildner, *Mit*stifter und *Mit*vollzieher einer im Weltprozeß und mit ihm selbst *werdenden* ideellen Werdefolge» (IX 83). Der Mensch sei der einzige Ort, in dessen freier Entscheidung Gott sein bloßes Wesen zu *verwirklichen* und zu heiligen vermag. Religiöses wird der Metaphysik untergeordnet, Erklärungswissen wird zum metaphysischen Wissen, absolutes Sein zu werdendem Sein, der personale Gott zum werdenden Gott, an dem der Mensch durch seine Geschichte teilhat. Wesenserkenntnis löst sich auf in einen Prozeß der Funktionalisierung, den Scheler weder im Sinne des Pantheismus noch als Emanationsvorgang verstanden wissen will (GW 11,205/206). Werdesein umfaßt auch den Drang (207). Religiöses Verhalten löst sich auf in amor fati und in die »Einsfühlung in den Allebensgrund« (217).

14.3 «Vom Ewigen im Menschen» und das Phänomen der Religion

Schelers frühe Untersuchungen religiöser und werthafter Phänomene enthalten wertvolle Impulse für eine allgemeine Religionsphänomenologie, bilden aber zugleich die Fundamente einer eigenen *Religionsphilosophie*. Sein Hauptwerk zum Thema Religion ist die Arbeit «Vom Ewigen im Menschen», die zwei kürzere Aufsätze, zwei Vorträge und einen Hauptteil «Probleme der Religion» umfaßt. Eigentlich sollten diesem «ersten Band» zwei weitere nachfolgen; sein unsteter Gedankenwandel führte aber schnell von den Anfängen weg, so daß nur fragmentarische Weiterführungen vorhanden sind.[15]

Scheler setzt im *1. Teil* beim Grundproblem aller Religionsphilosophie ein, nämlich bei der Frage nach dem *Verhältnis von Religion und Philosophie*. Rein logisch ist zwischen beiden Wesensidentität und -verschiedenheit denkbar (GW 5,126). Seit Thomas von Aquin beherrschte lange Zeit ein *partielles Identitätssystem* die christliche Theologie. Es geht davon aus, daß es einen Bereich gibt, der für die Metaphysik als Lehre vom Absoluten, für die Theologie als praeambula fidei der «natürlichen Theologie» erscheint. Danach kann das *Dasein* Gottes mit Hilfe der philosophischen Vernunft aufgewiesen werden, doch die Einsicht in das *Wesen* Gottes ist nur durch die positive Offenbarung in Christus möglich. Dabei ist das sichere Wissen bei Thomas stets *mittelbares* Wissen, das aus Schlüssen gewonnen wird; in der augustinischen Tradition dagegen ist sogar ein *unmittelbares* Wissen von Gott möglich (127).

In neuerer Zeit, insbesondere nach Kant und der Vorherrschaft der Aufklärung, überwiegen *totale Identitätssysteme*: Religion ist auf Metaphysik oder umgekehrt Metaphysik auf Religion zurückführbar. Die Unterordnung der Religion unter Metaphysik nennt Scheler *gnostisch*. In ihr ist alle Religion «Metaphysik zweiter Klasse»; sie beschränkt sich auf Bilder und Symbole, ohne zu echtem Wissen vorzudringen. Die deutschen Idealisten, ferner Schopenhauer und Eduard von Hartmann, aber auch Buddhismus, Neuplatonismus und mittelalterliche Mystik repräsentieren die Gnostik. Die Abhängigkeitsthese in umgekehrter Richtung vertreten die *Traditionalisten* (zum Beispiel de Maistre, de Bonald, A. Ritschl). Sie versuchen, metaphysische Lehren wie den Platonismus oder Aristotelismus in den christlichen Glaubenslehren rational wiederzuentdecken, so daß für eine eigenständige Philosophie kein Platz bleibt. Hier lebt alle Metaphysik heimlich von Religion.

---

15 Wichtig sind in dieser Hinsicht die Arbeiten «Vorbilder und Führer», «Liebe und Erkenntnis», «Vom Sinn des Leids», «Christentum und Gesellschaft» und «Die Wissensformen der Gesellschaft».

Neben dem Identitätssystem analysiert Scheler auch duale Typen, in denen die Metaphysik ihre Glaubwürdigkeit verloren hat. In diesem metaphysischen Agnostizismus werden entweder atheoretische Fundamente für die Religion gesucht, wie bei Kant in der Moral oder bei Schleiermacher im sogenannten Fideismus (139), oder aber es wird bezüglich der Metaphysik ein genereller Sinnlosigkeitsverdacht ausgesprochen, wie im Positivismus Machs.

Diesen Systemen der Identität und der Dualität stellt Scheler die These von der *wesensmäßigen Verschiedenheit von Religion und Metaphysik* entgegen. Beide haben wesensverschiedene Ursprünge, und die Stifter der Religion stellen einen anderen Geistestyp dar als die Metaphysiker. Die Wirkungskraft der Religionen ging nie von neuen metaphysischen Systemen, sondern von der Wirkung der Propheten und Religionsstifter aus: «Die Quelle aller religiösen Wahrheit ist nicht wissenschaftliche Erörterung, sondern der *Glaube* an Aussagen des homo religiosus, des ‹Heiligen› .. » (130). Der Ursprung der Metaphysik ist die Verwunderung darüber, daß überhaupt etwas und nicht vielmehr nichts ist. Die Quelle der Religion dagegen ist Gottesliebe und Heilsverlangen (134). «Das Heil und die Liebe zum Heil aller Dinge bleiben selbständige Urkategorien der Religion; das Seiende, wie es an sich ist, bleibt die selbständige Urkategorie der Metaphysik» (135).

Gegen den metaphysischen Agnostizismus stellt Scheler eine Reihe metaphysischer Einsichten, die nach seiner Auffassung philosophisch nicht geleugnet werden können und unabhängig von jeder religiösen Einstellung gelten: die Existenz eines ens a se, das zugleich prima causa für alles Kontingente ist; die Geistigkeit und Vernünftigkeit des ens a se, das zugleich summum bonum ist; ebenso die Geistigkeit und Vernünftigkeit der Menschenseele, die wesensmäßig einem Leib zugehört, zugleich aber von seinem Dasein getrennt werden kann; schließlich die Unsterblichkeit und Freiheit des Geistes (141).

Die Wesensverschiedenheit von Religion und Metaphysik schließt nicht aus, daß ein Zusammenhang zwischen religiösen und metaphysischen *Intentionen* besteht. Beides, Religiöses und Metaphysisches, betrifft schließlich *eine* Realität. Diese Verhältnisbestimmung beschreibt Scheler als *Konformitätssystem*, das den Identitäts- und den dualistischen Systemen entgegengestellt wird. Er geht davon aus, daß sowohl Religion als auch Metaphysik ihre eigenen Wurzeln im menschlichen Geist haben; es besteht «Konformität» zwischen beiden, sie sind aufeinander hingeordnet.

Im Konformitätssystem erfolgt die *philosophische Wesenserkenntnis der Religion*. Diese «ist das letzte *philosophische Fundament* für *alle* und *jede* andere philosophische und wissenschaftliche Beschäftigung mit der Religion» (156). Sie ist scharf abzugrenzen von anderen Disziplinen, vor allem von der Metaphysik. Diese ist frei von allen religiösen Prämissen und baut auf spontane Erkenntnisakte auf. Religion dagegen geht stets von der Personalität Gottes aus, die sich jeder spontanen Vernunfterkenntnis entzieht. Ihre Quelle ist objektiv die Offenbarung Gottes, subjektiv der Glaube. Unter Offenbarung versteht Scheler die «spezifische Gegebenheitsart des *Mitgeteiltseins* oder Mitgeteiltwerdens», genauer die Gegebenheitsweise aller Art «Anschauungs- und Erlebnisdata eines Gegenstandes vom Wesen des Göttlichen und Heiligen» (143). Die Metaphysik darf auch nicht mit der natürlichen Theologie in Zusammenhang gebracht werden. Der Metaphysiker kennt nur zwei ganz formale Bestimmungen des Weltgrundes, nämlich die Existenz eines von allen Kontingenzen verschiedenen Ens a se und deren prima causa für die kontingente Welt. Es fehlt also gerade die Einsicht in die Personalität und damit in das Wesentliche von Religion. Alle weiteren Bestimmungen des Weltgrundes sind nur hypothetisch. Aber «es gibt keinen Wahrscheinlichkeits-Glauben; es gibt keinen hypothetischen Glauben. Die sich auf die Glaubensevidenz aufbauende ‹felsenfeste Gewißheit› ist von allem Vermutungswissen grundverschieden» (147). Religiöse Glaubensevidenz ist von der theoretischen Wissensevidenz unabhängig. Natürliche Wissensgüter, also auch metaphysische, sind damit von der Geschichte abhängig; Glaubenswissen dagegen betrifft *ewige* Güter und Wahrheiten (148). Deshalb sind religiöse Akte ursprünglicher als metaphysische Erkenntnisakte (149). Es ist ein weit verbreiteter

Fehler zu glauben, der natürliche Teil des Glaubensgutes könne auf Metaphysik oder rationale Einsichten zurückgeführt werden (150).

Abzugrenzen ist die phänomenologische Aktlehre auch von der *Religionspsychologie*. Ihre Gegenstände lassen sich nicht mit psychologischen Begriffen erfassen. Beispielsweise ist der Gebetsakt nur vom Gebets*sinn* her zu bestimmen. Es geht in der Religion nicht um die Begleitphänomene, seien es nun Gefühle wie bei Schleiermacher, Willensabläufe wie bei Ritschl oder Denkvorgänge wie im religiösen Rationalismus. Sondern die Aktlehre ist «religiöse Noetik», in der begrifflichen Einheit «die Einheit einer gegenständlichen gerichteten Operationseinheit des Geistes ist» (151). Für Scheler ist Psychisches vor allem Gegenstand einer Fremdwahrnehmung, in der meist auch Normwidriges erscheint: «Die Psychologie ist also primär immer Psychologie des *person- und geistentleerten Anderen...*» (154). Daraus resultiert die Unmöglichkeit einer universellen deskriptiven Religionspsychologie. Diese würde voraussetzen, daß man das religiöse Phänomen nicht mehr als das nimmt, als was es erscheint. Sie kann höchstens innerhalb einer engen Glaubensgemeinschaft funktionieren. Damit ist nichts gegen eine «konkrete Phänomenologie» der religiösen Gegenstände und Akte gesagt, in der die Sinngehalte einer bestimmten Religionsausprägung nachgezeichnet und die zugehörige religiöse Objektwelt vergleichend erforscht wird.

In der religiösen Neotik oder *Wesensphänomenologie der Religion* wird die Selbständigkeit der religiösen Gegenstandsgebiete garantiert. Sie entwickelt durch Wesensschau die Sinnlogik und die Wesensstrukturen, die in allen positiven Religionen vorausgesetzt sind. Sie zeigt die Gesetzmäßigkeiten auf, wie religiöse Vernunft sich in den Zustand versetzt, Offenbarung im oben angegebenen Sinn zu empfangen. Damit ist keineswegs schon ein Zugang zu der Fülle der Offenbarungsinhalte behauptet.

Scheler behandelt im zweiten *Teil* des Werkes die Wesensontik des Göttlichen und die Lehre des religiösen Aktes als Hauptproblem einer Wesensphänomenologie der Religion.

In der *Wesensontik des Göttlichen* arbeitet Scheler drei Grundbestimmungen des Göttlichen heraus, nämlich daß das Göttliche absolut seiend (ens a se), daß es von allmächtiger Wirksamkeit und daß es heilig ist. Es sind dies wirkliche Grundbestimmungen und nichts Abgeleitetes. Scheler drückt dies im «Satz von der Ursprünglichkeit und Unableitbarkeit religiöser Erfahrung» aus (170). Darauf beziehen sich korrelativ die religiösen Akte. Sie stellen symbolische und anschauliche Relationen dar, die ein Offenbarwerdendes erfassen. Charakteristisch ist dabei das Erlebnis der Nichtigkeit und Kreatürlichkeit des eigenen Seins (163). Der religiöse Akt und sein objektiver Gegenstand stellen eine ursprünglich gegebene Einheit dar wie die Akte des Wahrnehmens und die objektive Außenwelt. Zu den fundamentalen Bestimmungen zählt ferner, daß das Heilige die höchste Wertmodalität darstellt und daher allen anderen Werten vorzuziehen ist, was zugleich als Forderung nach dem Opfer eines jeden Gutes verstanden werden kann. Scheler spricht vom «*Verknüpfungsgrundsatz* von Religion und Moral. Das ‹Opfer für das Heilige› – das ist die Moral der Religion selbst, aber auch die Religion der Moral selbst» (166). Der Moral und dem Glaubensakt geht noch die Gottesliebe voraus. Dabei versteht Scheler diese nicht als Liebe zu einem schon daseiend vorausgesetzten Gott, sondern als den Akt, der auf etwas von der Wertmodalität des Heiligen zielt. Die Ausgestaltung der Wertart des Heiligen mag in den positiven Religionen ganz verschiedenartig erfolgen; hier geht es nur um die Wertart als solche. Die über die Grundbestimmungen hinausgehenden positiven natürlichen Bestimmungen und Attribute Gottes haben nur inadäquate, unausdrückliche und analogische Geltung; sie sind zugleich den Wesensgehalten der Welt entnommen. Zu diesen Bestimmungen zählt Scheler vor allem die Geistigkeit, die absolute Freiheit und die Selbstbestimmung. In den weiteren ausführlichen Analysen, die immer wieder auf den Primat der Liebe verweisen, bezieht sich Scheler auch auf die phänomenologische Deskription Rudolf Ottos, die er als erstmaligen ernsthaften Versuch einer Wesenserörterung der Wertmodalität des Heiligen begrüßt (166).

Die Analysen zum religiösen Akt (240) beginnen mit dem Nachweis der Unmöglichkeit seiner immanenten Fundierung. Das religiöse Leben ruht nicht als Seinsbestimmtheit der Seele in sich selbst, sondern ist Selbstbeziehung auf Gott, setzt also die Gottesidee notwendig voraus. Scheler wendet sich gegen alle Versuche, Religiöses auf die «bloße *Art* des subjektiv enthusiastischen Erfassens irgend*welcher* Inhalte (sei es Gott, die Menschheit, das Vaterland, das eigene Selbst usw.)» zu reduzieren oder Gott mit dem schöpferischen Leben zu identifizieren.[16] Für Scheler steht daher die Glaubens*wahrheit* vor der Glaubens*gewißheit*, bei der in gleicher Weise die Bewußtseinsimmanenz an die Stelle der Transzendenz tritt. Hier kritisiert er speziell Luther, der durch das sola fide dasselbe für die Religion getan hat, was Descartes im cogito sum für die Philosophie propagierte (241).

Obwohl der religiöse Akt nicht immanent *fundiert* werden kann, so läßt er sich dennoch immanent *charakterisieren*. Er hat «ein eigentümliches echtes *Wesen* ..., das seinem Gegenstande als essentielle Erfassungsform entspricht» und zur Konstitution eines jeden menschlichen Bewußtseins gehört (242). Wenn der religiöse Akt aus anderen Sinngesetzlichkeiten ableitbar wäre, zum Beispiel aus Bedürfnissen und Sehnsüchten, dann bestände keine Gewähr dafür, daß diese Bedürfnisse und Wünsche erfüllt werden. Deshalb fordert Scheler für die religiösen Akte «drei sichere Merkmale» und eine Reihe weiterer bestimmter Wesenszüge (242–245). Die Merkmale des religiösen Aktes sind «1. die Welttranszendenz seiner *Intention*, 2. die Erfüllbarkeit nur durch das ‹Göttliche›, 3. die Erfüllbarkeit des Aktes nur durch die Aufnahme eines *sich selber* erschließenden, dem Menschen *sich hingebenden Seienden* göttlichen Charakters». Die weiteren Forderungen sind:

- diese Akte wirken konstitutiv wie die Akte des Denkens, Urteilens und Wahrnehmens;
- sie sind keine Ergebnisse von Induktionen;
- sie zielen nicht auf empirische Gegenstandsarten wie Wünsche usw.;
- sie können weder psychologisch-kausal noch teleologisch begriffen werden, sondern sind auf eine übernatürliche Wirklichkeit jenseits der menschlichen Geschichte gerichtet;
- ihre noetische Gesetzlichkeit ist autonom;
- sie sind notwendige Materien, nicht bloße Abarten oder Kombinationen anderer noetischer intentionaler Akte.

Unter der Voraussetzung dieser Wesenseigenschaften lassen sich für religiöse Phänomene auch «Gesetze des Richtigen und Falschen» aufdecken (243). Bei der Ausführung und Entfaltung der genannten Grundthesen wird deutlich, daß unser Geist in Akten wie Lob, Dank, Furcht, Hoffnung, Liebe, Glück, Gericht, Verehrung, Bitte, Anbetung und anderen den Wesensbegriff endlicher Dinge überschreitet (247).

Die Frage, ob aus dem Vorhandensein religiöser Akte das Dasein Gottes gefolgert werden könne, beantwortet Scheler mit dem Hinweis auf die Notwendigkeit eines ursprünglichen Aufweises, der jedem Nachweis, jedem Beweis und jeder Verifikation vorausgeht (254). Es geht letztlich nicht um Beweise, sondern um Hilfen, Gott zu *finden*, wie es schon die Patristik und insbesondere Augustinus lehrten.

Zum Wesen des religiösen Aktes gehören weiter eine bestimmte *Ethosform* und eine *moralische Lebenspraxis*. Religiöse Erkenntnis bedarf des Kults als notwendige Voraussetzung ihres eigenen Wachstums (259); erst im kultischen Ausdruck vollendet sich das religiöse Erleben. Aber zu diesem individuellen Aspekt kommt noch ein *sozialer*: «unus Christianus – nullus Christianus» gilt nach Scheler für jede Religion. Für ihn ist der religiöse Gemeinschaftsgedanke die Bedingung für jegliche menschliche Gemeinschaft. Und weil es Menschengemeinschaften gibt, dient dieser Gedanke Scheler als «soziologischer Gottesbeweis» (261). In dem Vortrag «Die

---

16 Wir kennen zahlreiche Beispiele aus dem Neukantianismus, wo die Religion als immanenter Bestandteil der menschlichen Kultur erscheint. Scheler nennt als Beispiel Georg Simmels Lehre.

christliche Liebesidee und die gegenwärtige Welt» führt er diesen Gedanken weiter aus. Der «Beweis» als Erweis eines höchsten Wesens meint, daß dieser « *ausschließlich* aus der Idee einer möglichen Gemeinschaft personal geistiger Wesen geschöpft ist » (GW 5,374).

Weil jeder Mensch nur in der Gemeinschaft lebensfähig ist, bedeutet dies zugleich, daß *jeder* Mensch notwendig religiöse Akte vollziehen muß. Scheler spricht daher ein «Wesensgesetz» aus: «Jeder endliche Geist glaubt entweder an Gott oder an einen Götzen» (261). Für Erziehung und Mission folgt daraus, daß die Menschen nicht durch Beweise zur Idee und Existenz Gottes geführt werden sollen, sondern daß man aufweist, wie sie an die Stelle Gottes einen «Götzen» gesetzt haben, der die gleichen autonomen Funktionen zu übernehmen scheint wie der eigentlich gemeinte Gott. Scheler untermauert seine These, indem er abschließend einige neue Versuche der natürlichen Religionsbegründung (ab 265), vor allem aus der Kultursphäre des Protestantismus, kritisiert und ihnen mangelhafte Einsicht in die Wesensgesetze nachweist.

15. Die Transformation der Wesensanalyse in Ontologie

Parallel zur Deutung der Wesensphänomenologie als ontologisches Unternehmen bei Conrad-Martius und Edith Stein erfolgt eine Rückbesinnung auf die Ontologie als philosophische Disziplin, die keiner erkenntnistheoretischen Rechtfertigung bedarf und in diesem Sinne fundamentaler ist als die Lehre von den Inhalten und Leistungen, von Subjekt und Bewußtsein.

Die ontologische Grundlegung der Philosophie im 20.Jahrhundert ist besonders mit dem Namen *Nicolai Hartmann* verbunden. Bei diesem werden bedeutsame Gedanken aus den Lehren von Aristoteles, Kant und Hegel zu neuen Ehren gebracht. Die Aufwertung der natürlichen Weltsicht und die detaillierten, durchaus auch als phänomenologisch verstandenen Analysen zum Organischen führen seine Philosophie aus dem Elfenbeinturm weltfremder Spekulation auf den Boden verständlicher Gedanken und wissenschaftlicher Interdisziplinarität.

Hartmanns Herkunft aus dem Neukantianismus hält ihn nicht davon ab, trotz aller Hochachtung für Kants Leistungen dessen transzendentalen Idealismus durch einen *kritischen* Realismus zu ersetzen. Ebenso bedeutet die Begegnung mit der Phänomenologie keineswegs, daß er die wesensanalytischen Untersuchungen imitieren und in der Phänomenologie mehr als eine kritische Methode sehen würde. Zwar knüpft Hartmann in seiner Ethik eng an Schelers materialer Wertethik an, in der theoretischen Philosophie aber vollzieht er eine Rehabilitierung von Metaphysik und Ontologie im Geiste alter voridealistischer Traditionen. Die Phänomenologie liefert allein methodische Hilfen im Ansatzpunkt, führt aber nicht zu endgültigen Antworten im Absoluten. Für Hartmann bleibt in allen metaphysischen Problemen ein aporetischer Rest, den weder die Berufung auf Wesenszusammenhänge noch auf Bewußtseinsleistungen beseitigen kann.

Die anderen Ontologen außerhalb der phänomenologischen Tradition, wie Paul Häberlin und Günther Jacoby, stehen ganz im Schatten Hartmanns. *Häberlin* vertritt eine optimistischere Philosophie als Hartmann; er versteht die Philosophie insgesamt als Lehre vom wahrhaft Seienden, so daß die allgemeine Ontologie zur Grundlage des gesamten Kosmos wie auch der Subjektivität und Kulturanthropologie wird. Der Mensch verfügt über ein totales apriorisches Seinswissen und erfaßt damit auch noch den geheimnisvollen Rest, von dem Hartmann spricht. Diese vollständige Durchsichtigkeit seiner philosophia perennis fordert ihren Tribut: seine Lehren stehen unvermittelt neben dem neuzeitlichen Wissenschaftsverständnis und verharren abseits vom Geschichtsdenken der Moderne.

Einen Brückenschlag zur modernen Wissenschaft dagegen versucht *Günther Jacoby* in seiner Transzendenzontologie. Das Bewußtsein, Zentralbegriff jeder Phänomenologie und aller Idealismen, wird seines Wirklichkeitscharakters beraubt und bleibt bloße Erscheinung. Diese Einsicht legitimiert sich aber nicht etwa aus den faktischen Entdeckungen der modernen Physik, die Raum, Zeit und Substanz neu definiert, sondern aus den Widersprüchen, die sich aus der Beschränkung auf die Erscheinungswelt ergeben und nur durch die Annahme eines transzendent Zugrundeliegenden überwunden werden können. In Jacoby findet die Verselbständigung der Ontologie, die von Hartmann angestrebt und von Häberlin apriorisch gesetzt wurde, ihren argumentativen Höhepunkt. Jacobys Transzendenz-Ontologie versteht sich als «Lehre von dem Seienden unter dem Gesichtspunkt des Seins» und damit als Lehre von dem Seinsbegriff oder als «existentielle Kategorienlehre» (AOW II, 900). Als solche beschreibt sie die subjektfreie Objektivität und stellt die Grundlagen aller Wissenschaften bereit. Jacoby kämpft vehement gegen alle subjektbelasteten Ontologien, zu denen er auch Husserls «theoretischen» und Heideggers «emotionalen Subjektivismus» zählt (958). Auch Hartmanns Ontologie ist für Jacoby «wissentlich und unwissentlich bald mehr bald minder subjektgebunden» (963).

15.1 Nicolai Hartmanns kritischer Realismus

15.11 Biographie und Bibliographie

a. Lebenslauf

Geboren am 20. 2. 1882 in Riga. Studium der Medizin, der klassischen Philologie und der Philosophie in Dorpat, Petersburg und Marburg. 1907 philosophische Promotion, 1909 Habilitation in Marburg. 1917 außerordentlicher, 1920 ordentlicher Professor für Philosophie in Marburg. 1925 Professor in Köln, 1931 in Berlin, 1946 in Göttingen. Hartmann stirbt dort am 9. 10. 1951.

Hartmann wuchs als Sohn eines Diplom-Ingenieurs im Baltikum auf und wurde dort in nationalliberalem Geist erzogen. 1906 verfaßte er als Student eine philosophische Arbeit, die mit einem Preis ausgezeichnet wurde. Seine philosophische Ausbildung erhielt er im Neukantianismus der Marburger, wo auch seine akademische Laufbahn begann. Während des Weltkrieges wurde er wegen seiner russischen und lettischen Sprachkenntnisse zur Geheimdienstabteilung der Heeresleitung eingezogen und 1918 zum Offizier befördert. Obwohl er als Baltendeutscher und Offizier immer eine gewisse nationale Grundhaltung bewahrte, blieb er stets politisch zurückhaltend. Er wurde weder Nationalsozialist noch unterschrieb er nationalsozialistische Aufrufe. Wegen seiner Beschränkung auf ontologische und ethische Themen konnte er während des Dritten Reiches ungehindert publizieren; in seinem Seminar sollen relativ freie Meinungsäußerungen möglich gewesen sein. Zwar war Hartmann im Oktober 1933 am 12. Deutschen Philosophenkongreß der Hauptredner. Aber er zog sich in seiner Rede geschickt auf die Autonomie des philosophischen Denkens und auf seine Wertethik zurück und forderte eine *geistige* Erneuerung der Welt[1]. Infolge der Spannungen zwischen der NSDAP und den intellektuellen und aristokratischen Nationalen wurde Hartmanns Lehre von der Partei als «Kathederphilosophie» abqualifiziert und nicht weiter beachtet. Als Nachfolger von Natorp stand Hartmann zunächst im Schatten der Marburger Schule. Aber durch den Einfluß der Phänomenologie löste er sich noch in der Marburger Zeit von der neukantianischen Tradition; Hartmann fand seinen Weg in der fruchtbaren Marburger Atmosphäre, in der Rudolf Otto, Rudolf Bultmann und für einige Jahre Martin Heidegger wirkten, und wandte sich bald seinem eigentlichen Thema zu, der Neubegründung der Ontologie. Aus dieser ersten wissenschaftlichen Periode stammt sein Hauptwerk «Grundzüge einer Metaphysik der Erkenntnis», das zugleich als erster Entwurf einer Ontologie angesehen werden kann, die an drei weiteren ontologischen Werken eine Stütze gefunden habe, wie Hartmann im Vorwort zur dritten Auflage 1940 selbst schreibt. Es handelt sich um die Bände «Zur Grundlegung der Ontologie» (1933), «Möglichkeit und Notwendigkeit» (1938) und «Der Aufbau der realen Welt» (1940). Im Jahre 1950 wurde noch ein letzter Baustein zum ontologischen Gesamtwerk hinzugefügt: «Die Philosophie der Natur».

Hartmanns Ontologie ist von einem *kritischen Realismus* geprägt, der Brücken zur Wissenschaft zu schlagen suchte und trotzdem alle einschlägigen klassischen Themen von der Erkenntnistheorie bis zur Ethik und Ästhetik nicht aus dem Auge verlor. Während ihm für die traditionellen Bereiche seine philologischen Studien zugutekamen, verarbeitete er die Erkenntnisse seines Medizinstudiums in den Analysen zum Organischen und zur menschlichen Lebenswelt, die er als Schichtenmodell interpretierte und in zahlreichen Variationen beschrieb.

In Fachkreisen fand Hartmann schnell Anerkennung. Er wurde in die Preußische Akademie

---

1 Daß in der Rede auch zweideutige opportunistische Formulierungen auftauchen, darauf verweist W.F. Haug (Nicolai Hartmanns Neuordnung von Wert und Sinn, in: Deutsche Philosophen 1933. Hamburg 1989. S.159ff). Dort den Entwurf einer «Faschisierung der Philosophie» zu erkennen und die Rekonstruktion einer Ideologie der Herrschenden zu entdecken, die im «unausgesprochenen Gebot»: «Du sollst kein anderes Diesseits haben als den Staat» (S.184/85) gipfelt, zeugt von anderen als interpretatorischen Absichten und soll die bürgerliche Philosophie Hartmanns im allgemeinen treffen.

der Wissenschaften und in die Deutsche Akademie berufen. Sein ontologisches Werk beherrschte bald die traditionellen Diskussionen um Sein, Sinn und Wert. Selbst kritische Rezensenten wie Adorno oder Plessner[2] brachten seinem Werk Respekt entgegen. Gadamer, der bei Hartmann hörte, sprach von seiner «scharfsinnigen Ziselierkunst»[3]. Aber die große Wirkung blieb dennoch aus. Der Einfluß Heideggers in diesem Themenbereich wurde übermächtig. Charakteristisch ist die Hinwendung Gadamers, der vorher bei Hartmann studierte, zu dem «Zauberer aus Meßkirch».[4] Zudem ließen die Einwände der Naturwissenschaften eine Entfaltung der Hartmannschen Gedanken nicht zu.

b. Auswahl aus der Primärliteratur Hartmanns

1909   Platos Logik des Seins. Berlin.
1921   Grundzüge einer Metaphysik der Erkenntnis. Berlin. 2. ergänzte Aufl. 1925. 5. Aufl. 1965. **GME**
1923   Die Philosophie des Deutschen Idealismus: Band I: Fichte, Schelling und die Romantik. Berlin. Band II: Hegel. Berlin 1929. 3. Aufl. 1974.
1926   Ethik. Berlin. 4. Aufl. 1962.
1933   Das Problem des geistigen Seins. Berlin.
1935   Zur Grundlegung der Ontologie. Berlin.
1938   Möglichkeit und Wirklichkeit. Berlin.
1940   Der Aufbau der realen Welt. Berlin. 3. Aufl. 1964. **ARW**
1943   Neue Wege der Ontologie. In: Systematische Philosophie. Stuttgart. 2. Aufl. 1947 als selbständiges Buch.
1949   Einführung in die Philosophie. Vorlesungsnachschrift o.O.
1950   Philosophie der Natur. Berlin. 2. Aufl. 1980.
1951   Teleologisches Denken. Berlin.
Ästhetik. Berlin 1953.
Philosophische Gespräche. Göttingen 1954.
Kleinere Schriften
Band I: Abhandlungen zur systematischen Philosophie. Berlin 1955.
Band II: Abhandlungen zur Philosophie-Geschichte. Berlin 1957.
Band III: Vom Neukantianismus zur Ontologie. Berlin 1958.
Nicolai Hartmann und Heinz Heimsoeth im Briefwechsel. Bonn 1978.
Der philosophische Gedanke und seine Geschichte. Aufsätze. Mit einem Nachwort von I. Heidemann. Stuttgart 1982 (aus «Kleineren Schriften» entnommen).

c. Bibliographien

Ballauff, T.: Bibliographie. In: Heimsoeth H./Heiß R. (Hg.): Nicolai Hartmann. Der Denker und sein Werk. Gedenkschrift 1952. Göttingen 1952. S. 286 ff.
Buch, A. J. und P.: Bibliographie. In: Buch (Hg.): Nicolai Hartmann 1882–1982. Gedenkschrift. Bonn 1982. S. 326 ff.
Meyer, G.: Verzeichnis der Werke von und über N. Hartmann. In: Modalanalyse und Determinationsproblem. Meisenheim 1962. S. 93 ff.
Totok, W.: Handbuch der Geschichte der Philosophie. Band VI. Frankfurt 1990. S. 243 ff.
Wirth, J.: Bibliographie der seit 1952 über Hartmann erschienenen Arbeiten. In: Realismus und Apriorismus in N. Hartmanns Erkenntnistheorie. Berlin 1965.

---

2 Adorno in: Zeitschrift für Sozialforschung. 2/ 1933. S. 110 f. – Plessner in: Geistiges Sein. N. Hartmanns neues Buch. In: KSTU 38/1933.
3 Martin Heidegger und die Marburger Theologie. In: Pöggeler (1984). S. 169.
4 Über die Gründe von Gadamers Abkehr von Hartmann siehe Gadamer: Der eine Weg Martin Heideggers (1986). In: Gesammelte Werke Band 3. Neuere Philosophie I: Hegel – Husserl – Heidegger. Tübingen 1987. S. 419.

15.12   Der Entwurf des philosophischen Systems aus der Idee einer neuen Ontologie.

Hartmanns universelles Grundanliegen, die Strukturen der gesamten realen Welt in allen ihren Ausprägungen zu beschreiben, in ihrem Zusammenhang darzustellen und die daraus folgenden philosophischen Probleme einer verständlichen Lösung näherzubringen, knüpft deutlich an die Systemidee der Marburger Schule an. So finden wir bei Hartmann wie bei den Neukantianern zu fast allen Bereichen der Philosophie Untersuchungen, wobei die Analysen zur Ontologie und zur organischen Natur die umfangreichsten und gründlichsten sind. Hartmanns Akzentverschiebung der Überlegungen von der Logik auf die Realien einer gegebenen Welt enthält aber zugleich eine fundamentale Kritik am Neukantianismus. Die Welt ist für Hartmann keine bloße «Erscheinung»; sondern er vertritt den weitverbreiteten Common-sense-Standpunkt, wonach wir mit der Wirklichkeit durchaus direkten Kontakt haben und aus dieser die wesentlichen Strukturen ablesen können. Die endlosen Diskussionen um das Ding an sich und vor allem um die Frage, wie Erkenntnis ohne bewußtseinstranszendente Entitäten überhaupt möglich sein soll, umgeht Hartmann durch seinen realistischen Ansatz, den er zugleich phänomenologisch zu rechtfertigen sucht. Husserls natürliche Einstellung ist bei Hartmann nicht mehr nur methodischer Ausgangspunkt einer Phänomenanalyse, die auf bloße Bewußtseinsstrukturen hin reduziert werden soll, sondern eigentlicher Boden aller entscheidenden philosophischen Grunderfahrungen.

a. Erkenntnismetaphysik

Erkenntnis ist kein «Erschaffen, Erzeugen oder Hervorbringen des Gegenstandes», sondern «ein Erfassen von etwas, das auch vor aller Erkenntnis und unabhängig von ihr vorhanden ist» (GME1). Deshalb steht am Anfang der Philosophie nicht die neukantianische Erkenntniskritik mit ihrer Verankerung aller Inhalte im Bewußtsein, sondern die Ontologie oder allgemeiner die Metaphysik, die allerdings umgekehrt wieder erkenntnistheoretisch begründet werden muß. Diese Verquickung von Erkenntnis und Gegenstand beziehungsweise von Erkenntnistheorie und Ontologie bedarf einer speziellen *Erkenntnismetaphysik*. So erfährt die Metaphysik bei Hartmann eine neue Aufwertung. Für ihn ist die Flucht vor der Metaphysik ein kapitales Mißverständnis (5). Die Frage nach dem Erfassen des Gegenstandes ist zutiefst metaphysisch bestimmt.

Die Erkenntnismetaphysik als Grundlage des philosophischen Gesamtsystems ist alles andere als spekulativ. Das methodische Bewußtsein, das sich durch den Einfluß der Phänomenologie und den kritischen Abgrenzungen der Analytischen Philosophie weit verbreitet hat, hinterläßt auch bei Hartmann seine Spuren. Die Erkenntnismetaphysik beginnt nach der Ausgrenzung des Unmetaphysischen im Erkenntnisproblem mit einer «Phänomenologie der Erkenntnis», der dann allerdings eine «Aporetik der Erkenntnis» nachfolgt, welche die methodische Dimension im Sinne der Phänomenologie übersteigt.

b. Phänomenologie der Erkenntnis

Hartmann weiß sich mit der tatsächlichen Tätigkeit der Phänomenologen in der Ausgangsstellung solidarisch (S.V). Er stimmt voll in die Kritik an Empirismus, Materialismus, Psychologismus und Positivismus ein. Die großen Entdeckungen der Selbständigkeit und Objektivität des Logischen einerseits und der Universalität des Apriorischen andererseits sind keine an idealistische Prämissen gebundenen Einsichten, sondern spielen auch im kritischen Realismus Hartmanns ihre Rolle. Selbst die Wesensanalytik wird übernommen. «Die Methode einer solchen Wesensbeschreibung besitzen wir heute im Verfahren der Phänomenologie» (37). Die Phänomenologie dient ganz allgemein zur Beschreibung der Basis der Erkenntnismetaphysik: «Phänomenologie darf daher ... das Metaphysische im Erkenntnisphänomen herausarbeiten, sofern sie es als metaphysische Tatsachen im Umkreis des ihr zugänglichen Gegebenheitsbereichs vorfindet» (44).

Bereits die erste Phänomenanalyse zeigt die Berechtigung des realistischen Ansatzes. Die Erkenntnis erweist sich im Sinne einer natürlichen Weltansicht oder intentio recta als Relation von einem Erkennenden und einem Erkannten. Das Gegenüber beider bedeutet unaufhebbare Urgeschiedenheit oder Transzendenz (44). Das Gegenstandsbewußtsein ist nicht von der Intentionalität bestimmt, die bewußtseinsimmanent bleibt, sondern von eben diesem Bewußtsein des Gegenüber (45). «Jeder Gegenstand, den wir ‹meinen›, ist damit eben intentional; er kann aber außerdem auch real sein und dann eventuell auch ohne intentionalen Akt existieren» (111). Denn Objekterkenntnis bedeutet ein vom Erkennen unabhängiges Sein (51).

Aus dem realistischen Ansatz folgt die Notwendigkeit, ein Abbildungsverhältnis einzuführen. Die Erfassung des Gegenstandes bezieht sich nicht konkret auf diesen selbst, sondern auf etwas, das dem Subjekt einverleibt werden kann, auf das Bild des Objekts. Die Erkenntnis betrifft aber nicht das *Bild*, sondern den *Gegenstand als transzendenten*. Andererseits verweist Hartmann auf den «Satz des Bewußtseins»: «Zum Wesen des Bewußtseins gehört es, daß es nie etwas anderes als seine eigenen Inhalte zu fassen bekommt, nie aus seiner Sphäre heraustreten kann» (61). Die Phänomenologie zeigt somit, daß in unserem Bewußtsein ein Wissen von einem die Immanenz sprengenden Bewußtsein mitgedacht wird. Nicht der Bewußtseinsinhalt eines Gegenstandes, sondern dieser selbst ist gemeint.

Daß die Erkenntnisintention nicht auf den *intentionalen*, sondern auf den *ansichseienden* Gegenstand geht, nennt Hartmann ein Wunder und dieses sei die eigentliche Metaphysik (110). In gewissem Sinne wird hier Kants Kopernikanische Wende wieder rückgängig gemacht: Nicht das Sein ist dem Denken (als Entwurf) immanent, sondern das Denken (als auffassende Instanz) dem Sein, wenigstens partiell. Kants Kopernikanische Wende ging von der Überlegung aus, daß Kategorien nur dann Geltung beanspruchen können, wenn sie als Form des Bewußtseins überhaupt angenommen werden. Um diesen Schluß zu umgehen, wird bei Hartmann das Kategoriale von dem Erkenntnisvorgang abgetrennt und zugleich als Bestimmung des Seienden an sich aufgefaßt. Diese *Seins*kategorien sind zum Teil identisch mit den *Erkenntnis*kategorien und werden im Wiederspiegelungsprozeß unverändert reproduziert.

Die Phänomenologie entdeckt im Bereich der Erkenntnis zwei Möglichkeiten: *apriorisches und aposteriorisches Erkennen*. Weil Hartmann reales und ideales Sein streng trennt, bestimmt er beide Erkenntnisarten anders als Kant. Er spricht von einer Revolution des Begriffs des Apriorischen und gibt folgende Definitionen: «A posteriori ist alles Erfassen, in welchem der reale Einzelfall als solcher gegeben ist und an ihm als vorhandenem und vorliegendem etwas eingesehen wird». «A priori dagegen ist alles Erfassen .. , bei dem das Erfaßte den Einzelfall ... inhaltlich überschreitet, und folglich in seiner Gegebenheit nicht mitgegeben ist. Apriorische Einsicht wartet nicht auf das reale Vorkommen des Gegenstandes, sie weiß im Voraus, wie er ... beschaffen sein muß» (50). Apriorische Erkenntnis zielt auf allgemeine Wesenszüge und auf Geistiges; aposteriorische Erkenntnis dagegen betrifft Sosein und Dasein des realen Einzelfalls allein. Schematisch:

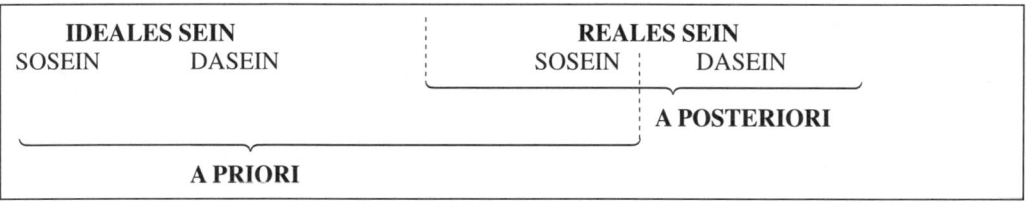

Das Apriori verbindet also das ideale mit dem realen Sein und betrifft damit nicht nur Urteile, sondern auch Reales. Im Seienden liegt mehr, als das Subjekt erfaßt: ein Transobjektives, das sich jenseits der Objektionsgrenze befindet. Jenseits dieser nicht mehr weiter hinausschiebbaren Grenze liegt das Transintelligible oder Irrationale.

c. Die Aporien der Erkenntnis

Die Phänomenologie offenbart eine Reihe aporetischer Verhältnisse. Deshalb bemüht sich Hartmann in einer über die Phänomenologie hinausführenden Aporetik der Erkenntnis um die Auflösung von Problemen. So stellt sich Hartmanns Philosophie weder als universelle phänomenologische Deskription noch als eine über alles verfügende philosophische Systematik dar, sondern als eine Geschichte von Problemlösungsversuchen und von stetigen Bemühungen um die Überwindung jener Aporien. Die Behandlung der Aporien führt auf die philosophische Theorie, und zwar zuerst auf eine Theorie der Ontologie, die ganz im Zentrum der Philosophie Hartmanns steht. Dieser schließt sich die Theorie der Erkenntnis des Realen und des Idealen an. So kristallisieren sich *Phänomenologie, Aporetik* und *philosophische Theorie* als die drei markanten Etappen in Hartmanns Methodologie heraus.

d. Ontologie

Der Übergang zur Ontologie erfolgt über die eigentliche Seinsaporie. Diese besteht darin, daß «das Wesen des Gegenstandes in seinem Gegenstandsein für ein Subjekt nicht aufgeht» (182). Die gnoseologische Frage nach dem Gegenstand der Erkenntnis setzt die ontologische voraus, die nach der Erkenntnis des Gegenstandes fragt. Am Anfang steht demnach notwendig die Theorie der Ontologie. Um diese kreist nicht nur die ontologische Grundlegung der Erkenntnismetaphysik, sondern das gesamte ontologische Folgewerk.

Die Ontologie der Erkenntnismetaphysik weist jedoch bereits alle entscheidenden Merkmale der Hartmannschen Lehre auf, die in den späteren Schriften nur noch weiter ausgebaut und in historischen Reminiszensen von früheren Ansichten kritisch abgehoben werden. Insofern ist dieser erste Entwurf epochemachend; er bedeutet die Abkehr vom subjektbezogenen Denken der Neuzeit im allgemeinen und vom logischen Konstruktivismus des Neukantianismus im besonderen.

Hartmann geht vom Gegenstandsproblem aus, das eindringlich auf Transzendenz verweist. Seine These lautet: «Es gibt ein reales Seiendes außerhalb des Bewußtseins, außerhalb der logischen Sphäre und der Grenzen der ratio; die Objektbeziehung hat Beziehung zu diesem Seienden und gibt ein Stück von ihm wieder, wie sehr immer die Möglichkeit dieser Wiedergabe unbegreifbar sein sollte» (188). Dabei vertritt Hartmann gegen den Idealismus zwar die *Realitätsthese*, lehnt aber die Adäquatheitsthese ab, die eine vollständige Deckung oder wenigstens eine Ähnlichkeit von Gegenstand und Repräsentation fordert. Hatte die *alte Ontologie* dabei die Sphären des *realen Seins*, die des *idealen Seins* und die des Gedankens oder der *Repräsentation* kritiklos vermischt, so wird in der *neuen Ontologie* die Selbständigkeit der drei Sphären betont. Für diese Unterscheidung sind die Untersuchungen in «Möglichkeit und Notwendigkeit» von besonderer Wichtigkeit. Dort werden in einer allgemeinen Modalanalyse die Seinsmomente des Daseins und Soseins den beiden Seinsweisen der Realität und Idealität gegenübergestellt. Das reale Sein ist raum-zeitlich, individuell-historisch und prozeßhaft; das ideale Sein dagegen zeit- und ortlos, allgemein und statisch. Die in dem genannten Werk eigentlich thematisierten Seinsmodi der Möglichkeit, Wirklichkeit und Notwendigkeit dienen dann zur weiteren Aufklärung der beiden Seinsweisen. Während es beispielsweise im Realen keine bloßen Möglichkeiten, sondern nur Notwendigkeiten gibt, finden wir im Idealen beide Seinsmodi nebeneinander. Diese Einschränkung für das Reale hat bedeutsame Konsequenzen. Denn die aristotelische Teleologie, die für die organische Welt einen wichtigen Erklärungswert lieferte, ging davon aus, daß die Entwicklung der Wirklichkeit gerade durch die Verwirklichung von Möglichkeiten oder Potenzen erklärt werden kann. Diese Möglichkeit entfällt für Hartmanns Ansatz.

Während die «Grundlegung der Ontologie» eher vorbereitenden Charakter für das ontologische Gesamtwerk hat und die Notwendigkeit einer Rehabilitierung dieser Disziplin im Zuge eines historischen kritischen Rückblicks aufzeigt, ist das Werk «Der Aufbau der realen Welt» wirkungsgeschichtlich von größter Bedeutung geworden. Es enthält neben kritischen Abgrenzungen zu früheren ontologischen Konzepten zahlreiche Einzelanalysen. Dabei wird die *Kategorie* zum Zentralbegriff. Denn Kategorien sind die Grundbestimmungen, Grundprädikate oder Prinzipien des Seienden. Die Entfaltung der durchgängigen und spezifischen Kategorien soll die Frage nach dem Seienden als Seiendem klären. Hartmann zieht die Kategorie zur Unterscheidung von Seins*gebieten*, Seins*stufen* und Seins*schichten* heran. Die Kategorielehre wird so zur «Fundamentalontologie», das heißt zur Forschung nach den allgemeinsten Seinsfundamenten (ARW 42). Einzelheiten werden im Abschnitt 15.13 ausgeführt.

e. Die Erkenntnis des realen Seins

Die philosophische Theorie als Antwort auf die aporetische Situation hat ihren Höhepunkt in der ontologischen Theorie gefunden. Aber Erkenntnistheorie und Seinstheorie stehen in Wechselwirkung; deshalb darf die zweite Aufgabe nicht vergessen werden: die *Erkenntnis des Seins*. Hartmann behandelt zunächst die Erkenntnis des *realen* Seins. Die Erkenntnisrelation wird hier als *transzendente* Relation identifiziert; sie ist «ein ontologisches Verhältnis, das in keinem Immanenzstandpunkt des Subjekts aufgehen kann» (GME 326). Deshalb muß sich die Analyse auf das Wie der Repräsentation konzentrieren, die sich gnoseologisch als apriorische und aposteriorische Erkenntnis erweist.

Für Hartmann ist *apriorische* Erkenntnis keine Angelegenheit des Denkens, sondern «sie ist ein inneres Erfassen von Sachverhalten, das unmittelbare Gewißheit zeigt und Anspruch auf Allgemeinheit und Notwendigkeit erhebt» (340). Deshalb muß das Erkenntnisapriori auf seienden Erkenntnisgesetzen beruhen. War bei Kant die Apriorität wesentlich vom Erkenntnisvorgang bestimmt, besteht hier eine gewisse Unabhängigkeit; denn die Erkenntnisgesetze brauchen faktisch nicht erkannt zu sein. Deshalb spricht Hartmann von der transzendenten Apriorität (345); nur so ist der Fall ausgeschlossen, daß das Erkenntnisapriori in allen Subjekten den gleichen Schein erzeugen könnte.

Als zweite Erkenntnisart neben dem Apriorischen tritt das *Aposteriorische* auf. Die in ihr enthaltene Daß-Gewißheit bildet eine ganz neue andersartige Erkenntnisinstanz, die allerdings mit dem Nachteil individueller Relativität behaftet ist (385). Der tiefere Grund hierfür ist die Unähnlichkeit des Seins mit dem Symbol, das als Repräsentationsinstanz aposteriorischer Erkenntnis auftritt.

Die Diskussion zur Erkenntnis der Realität endet notwendig im *Wahrheitsproblem*. Hartmann versteht unter Wahrheit eine Übereinstimmung der Repräsentation mit dem realen Gegenstand, also eine die Immanenz transzendierende Relation (421). Dabei ist die Wahrheit absolut, das Wahrheitsbewußtsein dagegen nicht (424). Letzterem steht nur ein relatives Kriterium zur Verfügung. Es liegt «in der Übereinstimmung zwischen zwei Erkenntnisinstanzen, die beide ein transzendentes Erfassen eines und desselben realen Gegenstandes sind, also in einer immanenten Übereinstimmung mit transzendenter Geltung» (430). Das Kriterium ist die Relation K zwischen den beiden Relationen α und β, wobei sich α auf das Sinneserzeugnis A und β auf die davon grundverschiedene apriorische Einsicht B bezieht (432):

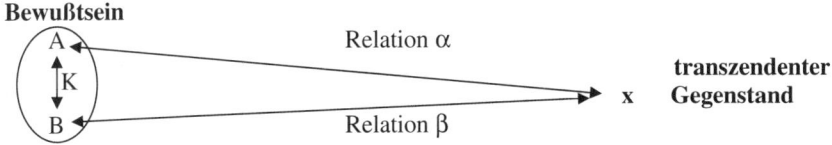

f. Die Erkenntnis des idealen Seins

Der Dualität der Seinsweisen entspricht die Dualität der Erkenntnis. Neben der Realerkenntnis gibt es so etwas wie «Idealerkenntnis», die sich auf *ideale* Gegenstände bezieht (472). Wie die Strukturen des idealen Seins tief mit der des realen Seins verflochten sind, so auch die der gnoseologischen Seiten. Hartmann schließt daher sein Werk GME mit einer Erkenntnis idealer Gegenstände ab.

Ideale Gegenstände haben ein echtes Ansichsein, «dessen gnoseologische Transzendenz zwar von anderer Art ist als die des Realen, aber doch prinzipiell in gleicher Selbständigkeit neben ihr besteht» (473). Da alle Erkenntnis idealer Gegenstände apriorisch ist, konzentriert sich Hartmann nochmals ausführlich auf das Problem der Apriorität, insbesondere der *idealen Apriorität*. Zunächst gilt es, das Ideale nicht bloß als Irreales zu sehen, weil das übliche Seinsempfinden immer auf Realität gerichtet ist. Doch die Nähe idealer Gebilde am Bewußtsein sollte das Mißverständnis bloßer Immanenz verhindern. Das Ideale ist *irreal* und doch *an sich seiend* (479). Desgleichen lehnt Hartmann eine Identifikation des idealen Seins mit den intentionalen Gegenständen der Phänomenologie ab; denn ideales Sein besteht unabhängig von aller Intention. Zwar gibt es bloß intentionale Gegenstände ohne Ansichsein (487); aber diese sind für das Erkenntnisproblem zweitrangig. Denn apriorische Erkenntnis bezieht sich stets auf Gegenstände mit Ansichsein.

Das wesentliche Unterscheidungsmerkmal der Idealerkenntnis ist ihre Autarkie. Idealerkenntnis bedeutet reine Erkenntnis a priori, weil hier die aposteriorische Gegeninstanz mit ihren Einzelfällen fehlt (498). Wegen der Autarkie könnte man meinen, Idealerkenntnis sei absolute Erkenntnis. Die unmittelbare Evidenz in Mathematik, in Logik und im Eidetischen scheint alle Wahrheitsfragen verstummen zu lassen. Aber die Idealerkenntnis ist nicht nur *stigmatische* Intuition (auf isolierte Wesenszüge gerichtete Anschauung), sondern zugleich auch *konspektive* Intuition (relationale Anschauung, Einordnung in die Zusammenhänge des bereits Eingesehenen). Deshalb bedarf es auch hier der Kriterien für das adäquate Zusammenspiel beider Intuitionen. Gerade bei der Wesens- und Wertschau klaffen beide Arten der Anschauung oft auseinander, so daß hier nicht mehr von objektiver Evidenz gesprochen werden kann (542).

g. Wert-Erkenntnis und Wert-Sein

Hartmann legt seine Analysen zur Wertproblematik in einer 821 Seiten umfassenden *«Ethik»* vor. Auch hier ist sein realistischer Sinn leitend: nicht das sittliche *Bewußtsein* und die *formalen* Bedingungen der Wert-Erkenntnis, sondern die *objektiven Gehalte* sittlicher Forderungen und Werte sind sein Thema. Hartmann nimmt die Herausforderung *Nietzsches* ernst. Er habe endlich wieder das Substantielle des ethischen Seins und Nichtseins in den Mittelpunkt seiner Kritik und seiner Prophezeiungen gestellt. Nietzsche gilt ihm dabei nicht als Wegbereiter des Nihilismus und Zerstörer des apriorischen Denkens schlechthin, sondern als Rufer nach einer neuen Wertschau (S.V). Obwohl Nietzsche als erster wieder die Fülle des ethischen Kosmos erkannte, verfällt er dem geschichtlichen Relativismus (VI). Dem gegenüber hält Hartmann am Wissen um die Absolutheit ethischer Maßstäbe fest, das durch Kants Entdeckung der Apriorität des Sittengesetzes außer Frage steht. Deshalb bezieht sich Hartmann auf *Max Scheler*, der erstmals die Möglichkeit sah, Nietzsches Wertmannigfaltigkeit und Kants Idee der Apriorität des Sittlichen zu vereinen. Schelers Phänomenologie zur materialen Wertethik formuliert Hartmanns eigenes Programm in aller Deutlichkeit: die inhaltliche Erfüllung des von Kant gelehrten Apriorismus auf dem Gebiet der Ethik. Hartmann ist darüber hinaus überzeugt, auch Affinitäten zur *aristotelischen* Ethik entdeckt zu haben, ja er faßt die Ethik der Alten als hochentwickelte materiale Wertethik auf (VI). Die Wertabstufungen in der Güter- und Tugendlehre seien nichts anderes als Aussagen über eine materiale Wertordnung in anderer Terminologie. So versteht Hartmann seine Lehre nicht nur als Synthese von Kant und Nietzsche, sondern als eine Synthese aus antiker und neuzeitlicher Ethik (VII).

Der Übergang von Kants formalistischer Ethik zu Hartmanns materialer Ethik orientiert sich an Schelers ethischem Hauptwerk «Der Formalismus in der Ethik und die materiale Wertethik». Wie bei Scheler wird die Unabhängigkeit des Gegensatzpaares formal-material und a priori – a posteriori aufgezeigt und damit der Weg freigelegt für ein *materiales Apriori* (109/110), das zum zentralen Objekt der gesamten phänomenologischen Forschung geworden ist. Man kann Hartmanns «Ethik» geradezu als Realisierung des Schelerschen Programms betrachten. Wir erinnern deshalb an einige zentrale Thesen aus dessen Ethik, die auch für Hartmann bestimmend bleiben:

– Werte haben, – entgegen Kants Auffassung vom nur sinnlichen Wert, – unabhängig von den Dingen beziehungsweise Gütern ein *selbständiges* Sein.
– Zusätzlich zur kategorialen Struktur des idealen Seins finden wir bei den Werten eine *objektive Wertordnung* vor, die Analogien zur ontologischen Schichtung aufweist (zum Beispiel sind materielle Werte niedriger als personale).
– Die Instanz, in der Werte realisiert werden, ist die *Person*. Sie vermittelt zwischen realem Sein und idealem Wert.

Hartmann entfaltet die Fülle der ethischen Probleme in aller Breite und Ausführlichkeit. Beginnend mit der Phänomenologie der Sitten, in der «die Struktur des ethischen Phänomens» (erster Teil) dargelegt wird, wendet er sich in der Axiologie der Sitten dem Reich der ethischen Werte zu (zweiter Teil). Den Höhepunkt bildet die Metaphysik der Sitten, in der das Problem der Willensfreiheit entfaltet und ausführlich diskutiert wird (dritter Teil).

Nach Hartmanns eigener Aussage im Vorwort zur dritten Auflage enthalten zwei Problemkomplexe das zentrale Anliegen seiner ethischen Forschungen: die Gesetzlichkeit der Werttafel (Kapitel 59–64) und die Freiheitsproblematik (Kapitel 74–83). Die Bedeutung der ersten Thematik ist – im Gegensatz zur zweiten – nicht von vornherein offensichtlich. Sie scheint hauptsächlich auf formale und kasuistische Überlegungen hinauszulaufen. Aber der Schein trügt; denn die Werttafel führt direkt in das Zentrum der Ethik (544). Eine Wertethik kann sich aber nicht mit einem tabellarischen Überblick zufriedengeben, sie muß *Gesetzlichkeiten* auffinden. Denn wenn das Gute darin besteht, den jeweils höheren Wert zu wählen, dann setzt dies eine Vorzugsordnung voraus. Hartmann bemüht sich, einige Typen der Gesetzlichkeit aufzuzeigen und zu analysieren (548):

– Gesetze des Schichtungs- und Fundierungsverhältnisses;
– Gesetze der Gegensätzlichkeit und des Komplementärverhältnisses;
– Gesetze der Ranghöhe und der Wertstärke.

Die Ergänzung der Werthöhe durch die Wertstärke bedeutet eine wesentliche Verbesserung der Schelerschen Wertethik. Mit der Höhe allein läßt sich der Wertvorzug nicht immer erklären. Beispielsweise ist der niedere biologische Existenzwert eines Menschen *dringlicher* als ein beliebiger ästhetischer Wert. Daher muß hier der niedere Wert mit der größeren «Wertstärke» dem höheren vorgezogen werden.[5] Die Ordnung kann also nicht auf ein lineares Höhenkontinuum abgebildet werden, sondern ist in einem mehrdimensionalen Wertraum lokalisiert. Hartmann übernimmt zahlreiche Anregungen von Scheler; trotzdem gelingt es ihm nicht, eine absolute Kategorientafel aufzustellen (548). Daraus dürfen aber keine skeptischen oder gar relativistischen Folgerungen gezogen werden. Wir stehen einem ewigen, nie vollständig lösbaren Problem gegenüber. Unsere partielle Unfähigkeit zu *sehen*, heißt noch nicht, daß die Wertordnung nicht *existiert*.

Daß die *Freiheitsproblematik* ein ethisches Grundproblem darstellt, ist kaum umstritten. Denn

---

5 Bei Hans Reiner, der wie auch Dietrich von Hildebrand (vgl.12.31b) die Wertethik weiter ausgebaut hat, werden noch acht weitere Vorzugsprinzipien hinzugefügt. Siehe dazu oben 12.32.

Sittlichkeit hat ihren Sinn nicht in der Existenz der Werte, sondern in deren Erfüllung im Menschen (620). Erfüllung resultiert aus einem Verhalten des Menschen. Deshalb konzentriert sich die Erforschung der Sittlichkeit auf die Frage, welche Instanz im Menschen das Wertverhalten bestimmt (621). Sittlichkeit kann weder allein auf Wertschau noch auf Wertgefühl aufbauen, sondern setzt den freien Willen, genauer die Freiheit der inneren Stellungnahme und Richtungsgabe, voraus (623).

Jedes reale geistige Individuum fällt unter die Kategorie des Subjektseins und des Personseins. Das Subjekt betrifft das Ansichsein; die Person ist die Instanz, die handelnd und wollend in dieses Ansichsein verändernd eingreift. Wegen der kategorialen Schichtungsgesetze kann die Person weder die Determination des Körperlichen und Lebendigen noch die des Seelischen außer Kraft setzen. Ihre Freiheit besteht in der *Setzung und Verwirklichung menschlicher Zwecke unter Berücksichtigung und Indienststellung gegebener Determinationen*. Die Zwecksetzung ist nicht willkürlich, sondern soll sich an den sittlichen Forderungen orientieren. Die Sollensprinzipien sind durch Werte vorgezeichnet; die Richtungsweisung erfolgt nicht durch Seinsprinzipien, sondern durch den idealen Anspruch der Wertordnung. Deshalb hat die Wirkung der Werte den Schein der Ohnmacht. Doch durch das Gewissen, in dem die Person die Werte gefühlsmäßig erfaßt, erhalten diese trotzdem ihre Kraft. Das Wertgefühl kann zwar irren; aber wenn die Person den Wert erfaßt hat, dann ist das Wertgefühl durch diesen Wert determiniert. Jeder Verstoß gegen diesen Wert bedingt von nun ab ein Bewußtsein des Verstoßes und damit die Möglichkeit der Revision.[6]

Im Hinblick auf die objektive Wertordnung und auf das letzte Ziel der personalen Selbstbestimmung muß bei Hartmann von einer *positiven* Freiheit gesprochen werden im Gegensatz zur *negativen* Freiheit von Kausaldeterminationen. Die bloße *Freiheit von etwas* (negative Freiheit) ist für Hartmann ein völlig falscher Freiheitsbegriff (645). «Es gibt schlechterdings keinen haltbaren Sinn des ‹Willens›, geschweige denn der tieferen ‹Haltung› oder ‹Einstellung›, wenn man sie auf negative Wahlfreiheit bezieht» (646). Positive Freiheit ist jedoch nur in einem Schichtungsverhältnis heterogener Determinationstypen möglich (675). Diese neue Deutung der Freiheit als schichtspezifisches Novum wird von Hartmann in seinen Dependenzgesetzen[7] ausführlich begründet. Damit erhält die Ethik als ganze eine letzte ontologische Absicherung.

In einem Anhang zur Freiheitslehre setzt sich Hartmann mit der *religiösen* Freiheit auseinander und läßt hier seine atheistische Grundhaltung durchblicken. In fünf Antinomien zur Religion und Ethik zeigt er von einem dezidert diesseitig-endlichen Standpunkt aus den Widerspruch zwischen Freiheit und göttlicher Vorsehung beziehungsweise Sittlichkeit und Erlösungsbedürftigkeit. Die Unantastbarkeit des Sittlichen ist durch das ideale Sein der Werte garantiert; also müssen die Ansprüche der Religion zurückgewiesen werden. In Analogie zu Kant setzt Hartmann dem Postulat der Existenz Gottes als Bedingung der anthropologischen Konkretisierung der Sittlichkeit ein *Postulat der Nichtexistenz Gottes* entgegen, das die gleiche Funktion erfüllen soll.

h. Das geistige Sein

Die Bindung des Ethischen an die Personalität offenbart die Abhängigkeit der Ethik von dem Gesamtkomplex des geistigen Seins. Im Sinne der Schichtenlehre ist der Geist wie bei Scheler nicht aus der leblosen Natur ableitbar, sondern ein kategoriales Novum. Der Geist bedeutet als höchste Schicht der Realität das Spezifikum des Menschen. Geistiges ist zwar der Zeitlichkeit verhaftet und in materiellen Substraten lokalisierbar, zugleich aber bleibt die Leistung des Geistes raumunabhängig und immateriell. Den Grundkomplex des geistigen Seins gliedert Hart-

---

6 Zur ausführlichen Diskussion siehe vor allem M. Morgenstern (1992). Zur Hartmannschen Willenslehre insbesondere S. 209 ff.
7 Siehe unten 15.3.

mann in Erscheinungen des subjektiven, des objektiven und des objektivierten Geistes. Alle Themen der Geisteswissenschaft, von der Ästhetik bis zur Geschichtsphilosophie, werden thematisiert und systematisch abgehandelt. Obwohl das einschlägige Hauptwerk «Das Problem des geistigen Seins» bereits vor dem ontologischen Gesamtwerk abgeschlossen wurde, kann es wie die «Philosophie der Natur» als Explikation der Schichtentheorie, also als spezielle Kategorienlehre, aufgefaßt werden.[8]

Die Diskussion um den *subjektiven* Geist (Erster Teil) grenzt diesen vom Lebensbegriff und vom Bewußtsein ab; Hartmann sieht zwar enge Beziehungen zum Selbstbewußtsein und zur Vernunft als Vermögen des Vernehmens, das bloße Wahrnehmung nicht leistet (53), lehnt aber eine Identifizierung ab. «Das geistige Sein ist eine Bewußtheit eigener Art, ein Sich-Wandeln und Sich-Entfalten, eine Lebendigkeit anders als im Organischen» (858). Der Geist bezieht sich auf Gegenstände des Logischen, der Werte, des Allgemeinen, der Wesenheiten und Wesenszusammenhänge (59). Trotzdem hat der personale oder subjektive Geist als empirischer Geist ein Leben in der Zeit. Als Novum einer neuen ontologischen Schicht läßt sich weder die Intersubjektivität noch die Mannigfaltigkeit oder die Besonderheit des personalen Seins aus dem Physischen und Organischen erklären; der Geist erscheint als Phänomen sui generis. Diese Deutung ist so alt wie die Philosophie selbst, und so bleibt die Behandlung des personalen Seins ganz in den Bahnen der Tradition.

Demgegenüber hat die Problematik des *objektiven* Geistes ihren Ursprung in der Moderne. Hartmann nennt Hegel den Entdecker des objektiven Geistes (189), bemerkt aber zugleich, daß Hegel die Reichweite dieser Entdeckung nicht abschätzen konnte. Schon in der Einleitung (6–9) stellt Hartmann zwölf Thesen zur Hegelschen Geschichtsphilosophie zusammen, die er in der Lehre vom objektiven Geist These für These widerlegt. «Der objektive Geist ist nicht ein Wesen hinter den Individuen, sondern durchaus nur etwas ‹in› ihnen ..» Er steht auch nicht für alles, vor allem nicht für die Leitung des Geschichtsprozesses. Ebensowenig kann der objektive Geist mit Freiheit identifiziert werden. Hartmanns Zweifel beziehen sich in gleicher Weise auf Hegels Grundgesetz des Fortschrittes im Bewußtsein der Freiheit wie auf die Konzeption einer List der Vernunft und der Geschichte als Weltgericht (200–202).

Hartmann liegt viel daran, die Vorstellungen vom spekulativen und dialektischen Geist durch einen Geistbegriff innerhalb der natürlichen Erfahrungsgrenzen zu ersetzen. Er betont die Abhängigkeit von der Vitalsphäre, von der aus sich jeder einzelne Mensch in einer spezifischen Erfahrungsweise dessen Phänomene wie Recht, Sitte, Sprache, Politik, Glaube, Moral, Wissen, Kunst (186) aneignen muß. Weil kein einziger personaler Geist und kein individuelles Bewußtsein die Gesamtinhalte des objektiven Geistes fassen kann, entstehen wegen des Handlungszwangs im sozialen und politischen Leben Spannungen, die nie ganz beseitigt werden können. Hinzu kommt noch, daß die faktische allgemeine Geltung noch nicht die Wahrheit garantiert, es also Verirrungen des objektiven Geistes geben kann – ein Gedanke, der in Hegels Philosophie, in der alles Wirkliche vernünftig ist, undenkbar wäre.

Im dritten Teil kommen die Objektivationen des Geistes oder der *objektivierte* Geist zur Sprache. Während personaler und objektiver Geist lebendiger und damit geschichtlicher Geist sind, trifft das hier nicht zu, weil die nichtrealen Sinnmannigfaltigkeiten in den Objektivationen erst durch Individuen betrachtet und wiedererkannt und damit zum Leben erweckt werden. Die Objektivationen sind nicht der Geist selbst. «Sie haften auch nicht an ihm als einem Träger. Vielmehr er hat sie aus sich ‹herausgestellt›, gleichsam aus der Bewegtheit seines Wandels ‹entlassen›» (406). Besonders am Beispiel der Kunst diskutiert Hartmann die rätselhafte Seinsweise der Objektivationen des Geistes (421), die trotz aller Materialität eigentlich nur in einem Für-ihn-Sein manifest werden (525). Die Überlegungen münden in Reflexionen über Probleme

---

[8] So schreibt Hartmann im Vorwort zu ARW im Jahre 1939: « Indessen konnte ich von Jahr zu Jahr verfolgen, wie sich der Schichtengedanke ... immer mehr durchsetzte (S. VIII).

einer allgemeinen Hermeneutik, die allerdings nicht in der Diltheyschen Terminologie, sondern in den Kategorien der allgemeinen Schichtenlehre entwickelt wird.

15.13 «Neue Wege der Ontologie»

Die verhältnismäßig kurze Darstellung im genannten Werk hat drei Vorzüge: sie führt aufgrund der Thematik direkt in das Zentrum des Hartmannschen Denkens, sie ist als Spätwerk eine Zusammenfassung und zeigt zugleich einige Akzentverschiebungen auf, die über frühere Analysen hinausführen.

Der Ontologe Hartmann sieht sehr wohl, daß Philosophie nur durch ihre praktische Aufgabe Existenzberechtigung beanspruchen kann. Aber um den Gefahren der Vereinseitigung zu entgehen, muß echte Philosophie auf die Grundlagen zurückgreifen, das heißt für Hartmann, die ontologischen Fundamente klären. So stellt auch Hartmann wie Heidegger und die Existenzphilosophen seiner Zeit letztlich die Seinsfrage. Doch eine Auseinandersetzung mit den genannten Kontrahenten fehlt; seine *neue* Ontologie knüpft an die klassische Tradition an; die *alte* Ontologie ist die Seinslehre von Aristoteles bis zum Ende der Scholastik.

Die klassische Ontologie vernachlässigt in den Augen Hartmanns die Empirie und die zeitlich-dingliche Welt. «Die alte Seinslehre hing an der These, das Allgemeine, in der essentia zur Formsubstanz verdichtet und im Begriff faßbar, sei bestimmendes und gestaltgebendes Innere der Dinge» (8). Als bewegendes Grundprinzip aller Dinge ist das Allgemeine zugleich zielgerichtet. Als menschliche Vernunft durchschaut sie die Zielrichtung der zeitlichen Erscheinungen und ihr gelingt die Deduktion aller Wesenselemente aus dem Arsenal höchster Universalien.

Die Neuzeit von Descartes bis Kant hat zwar die alte Ontologie mit Recht kritisiert, ihr aber keine neue Lehre gegenübergestellt, sondern die Ontologie insgesamt in Mißkredit gebracht. Die Übertragung des Apriori allein auf die Formen der Erscheinungen gab den Essentia- und Teleologie-Lehren den Todesstoß. Auch die Eidos-Lehre der Phänomenologie stößt wegen ihrer Verhaftung in der Immanenz zu keiner neuen Ontologie-Konzeption vor. Alles dreht sich um *Erkenntnis*kategorien; die *Seins*kategorien werden vergessen. Aber jede Philosophie setzt nach Hartmann naive Erkenntnis voraus. Hinter allen scheinbaren Ableitungen der Idealisten steht ein klares Wissen um die gegenständliche Welt (17). Die durch Kant bedingte Vormachtstellung der Erkenntnistheorie verdunkelt die Tatsache, daß auch Kant selbst die ontologischen Grundbestimmungen den Gegenständen entnommen hat, also letztlich die Seinskategorien primäre, die Erkenntniskategorien dagegen nur sekundäre Geltung haben.

Die von Hartmann vertretene neue Ontologie konzentriert sich daher auf die Analyse der Gegenstände und damit auf das Erfassen der Seinskategorien (Abschnitt I). Sie liefert einen neuen Begriff von Realität (Abschnitt II), der nicht mit Materialität verwechselt werden darf; denn nicht Raum und Materie, sondern Zeit und Individualität liefern die charakteristischen Kategorien zur Beschreibung der Realität (22). Die Zeit ist also fundamentaler als der Raum; denn in der Zeit ist alles Reale, auch Seelisches und Geistiges; im Raum dagegen sind nur Dinge und Lebewesen.

Die Betonung der Individualität, das heißt von Einmaligkeit und Einzigkeit, bedeutet eine Annäherung an die hermeneutische Weiterentwicklung und eine Revision gewisser platonischer Tendenzen in seinem früheren Werk. So heißt es im Zusammenhang mit der Individualität: «Es entsteht wohl immer wieder Gleichartiges, aber nicht Identisches ... Nur das Allgemeine kehrt wieder, es ist für sich genommen zeitlos, immerseiend, ‹ewig›. Diese Zeitlosigkeit verstand man einst in der alten Ontologie als ein Sein höherer Ordnung, ja als das allein wahre Sein. Aber es ist vielmehr in Wahrheit ein unselbständiges (!), bloß ‹ideales› Sein ...» (22). Hartmann betrachtet jetzt die Wesenheit als unvollständig Seiendes, das nur in der Abstraktion Selbständigkeit erlangt. (23). Er formuliert die Grundthese seiner neuen Ontologie folgendermaßen: «Die Seinskategorien sind keine apriorischen Prinzipien. A priori können nur Einsichten, Erkenntnisse,

Urteile sein; ... Es handelt sich aber in der Ontologie nicht um die Erkenntnis, geschweige denn bloß um Urteile, sondern um den Gegenstand der Erkenntnis, sofern er als solcher zugleich übergegenständlich ist, d. h. unabhängig davon, ob und in welchen Grenzen das Seiende tatsächlich durch die Erkenntnis zum Gegenstand gemacht wird» (13). Hartmann qualifiziert das Begriffspaar a priori – a posteriori damit als *gnoseologische* Begriffe, die in der Ontologie nicht anwendbar sind.[9] Die Kantischen Prinzipien a priori müssen durch *Seinskategorien* ersetzt werden.

Die neue *Wirklichkeit* führt zu einer neuen *Anthropologie* (Abschnitt IV). Der *alten* Anthropologie des Neukantianismus und der Lebensphilosophie wirft Hartmann eine Überschätzung der Welt des Geistes vor, bei der die Abhängigkeit des Geistes vom Organischen übersehen wird. Dies bedingt zugleich eine Überbewertung des Verstehens- und des Sinnbegriffs; denn in der realen Welt ist nicht *alles*, sondern nur sehr wenig sinnhaltig (28). Irrwege der philosophischen Spekulation ergeben sich, wenn die Stufenfolge und der Schichtenbau der Welt (Abschnitt V) nicht hinreichend beachtet werden. Deshalb bemüht sich Hartmann, diese herauszuarbeiten. Der alten Stufenordnung der Gebilde

Ding – Pflanze – Tier – Mensch – Gesellschaft – Geschichte

stellt er *vier Hauptschichten des Realen* gegenüber (39):

GEISTIGES			
SEELISCHES		Höhere	Menschen
LEBENDIGES	} Organismen	Tiere	
PHYSISCHES			

Jede der vier Schichten hat ihre eigentümlichen Seinskategorien, die in der Kategorialanalyse zusammengestellt werden; das Verhältnis der einzelnen Schichten untereinander klärt die Schichtanalyse. Neben den *schichtspezifischen Kategorien* gibt es *Fundamentalkategorien* (früher Seinsprinzipien oder Seinsgesetze), die allen Schichten gemeinsam sind.

Übersicht über die wichtigsten Kategorien:

- Kategorie der Körperwelt: Raum und Zeit, Prozeß und Zustand, Substantialität und Kausalität, Wechselwirkung, dynamisches Gefüge und dynamisches Gleichgewicht;
- Kategorien des Lebens: organisches Gefüge, Angepaßtheit, Zweckmäßigkeit, Stoffwechsel, Selbstregulation, Selbstwiederbildung, Art-Leben, Art-Konstanz, Abartung;
- Kategorien des Seelischen: Akt und Inhalt, Bewußtheit und Unbewußtheit, Lust und Unlust;
- Kategorien des Geistigen: Gedanke, Erkennen, Wollen, Freiheit, Bewertung, Persönlichkeit.
- Fundamentalkategorien:

Einheit und Mannigfaltigkeit   Form – Materie
Einstimmigkeit und Widerstreit   Inneres – Äußeres
Gegensatz und Dimension   Determination – Dependenz
Diskretion und Kontinuität   Identität – Verschiedenheit
Substrat und Relation   Allgemeinheit – Individualität
Element und Gefüge   Seinsmodi – deren Negation[10]

---

9 Hier wird S. A. Kripkes Kant-Kritik vorweggenommen. Offensichtlich ergibt sich die Abtrennung des gnoseologischen oder epistemischen Begriffs a priori vom ontologischen Begriff der Notwendigkeit folgerichtig aus der Möglichkeit einer Ontologie. Siehe Kripke: Name und Notwendigkeit, Frankfurt 1981. S. 44 ff.
10 Anstelle der letzten drei Paare findet man in ARW S. 230 die Paare Prinzip – Concretum, Struktur – Modus, Qualität – Quantität. Die Abänderung der Kategorientafel verdeutlicht die Akzentverschiebung hin zur Aufwertung der Individualität.

Hartmann führt zahlreiche Irrtümer auf die Verabsolutierung von einzelnen Schichtenkategorien und auf Grenzüberschreitungen zurück. Die kategoriale Heterogenität der Schichten ist ein zentrales Faktum. Es zeigt sich, wie von Stufe zu Stufe ein kategoriales Novum auftritt und den höheren Typ konstituiert (60). So stellen zum Beispiel Zwecksetzung und Wahl der Mittel im zielbewußten Handeln des Menschen etwas Neues dar gegenüber dem Anlagensystem des Organischen und dessen Kausalverhältnis.

Sogenannte *Schichtungsgesetze* der realen Welt (Abschnitt VIII) beschreiben das Übergreifen einzelner Kategorien in andere Schichten.

Schicht	Beispiele übergreifender Kategorien		
Geistige Schicht	↑		
Seelische Schicht	Zeit		
Organische Schicht	Prozeß	↑	Räumlichkeit – Substanzialität
Materielle Schicht	Kausalität		mathematische Gesetze

Hartmann zählt im einzelnen *fünf Gesetze* auf (61):

– Das Übergreifen erfolgt stets aufwärts, nicht abwärts;
– Nicht alle Kategorien der niederen Schicht treten in der höheren wieder auf;
– Die übergreifenden Kategorien werden vom Charakter der höheren Schicht überformt.[11]
– Das Auftreten niederer Kategorien macht niemals die Eigenart der höheren Schicht aus. Es bedarf dazu eines kategorialen Novums;
– Die Seinsformen bilden kein Kontinuum, sondern diskrete Stufen.

Die Trennung zwischen der untersten Schicht und dem Organischen ist weniger scharf als die Trennung der darauf aufbauenden Schichten; denn die Kategorien des Anorganischen spielen alle auch im Reich des Organischen eine Rolle (63). Hartmann spricht von einer Überformung des Anorganischen durch das Organische. Im allgemeinen ist das Auftreten eines Novums mit dem Abbrechen von Kategorien gekoppelt: «... an der Wiederkehr hängt der Zusammenhang, am Novum die Verschiedenheit der Schichten» (65).

Alte metaphysische Meinungsverschiedenheiten über Materie und Geist oder Leib und Seele lassen sich durch Beachtung von Dependenzgesetzen[12] einer Lösung näher bringen. Weder Einheitspostulate, die zum Materialismus oder Spiritualismus führen, noch Grenzüberschreitungen mit Reduktionen der Schichten sind statthaft. So lassen sich beispielsweise Gesinnungen und Taten des Menschen nicht auf die Anatomie des Leibes zurückführen, obwohl sie diese voraussetzen; das Gleiche gilt für die Reduktion des Leibes auf atomare Bausteine (77).

Die *Dependenzgesetze* lauten (69):

– Gesetz der Stärke: «Die kategorische Abhängigkeit waltet nur von den niederen zu den höheren Kategorien».
– Gesetz der Schichtenselbständigkeit oder Indifferenz: «Die höhere Seinsschicht kann ohne die niedere nicht bestehen, wohl aber diese ohne jene».
– Gesetz der Materie oder des Spielraums der höheren Formen: Die niederen Kategorien «schränken ... den Spielraum der höheren Kategorien nur ein, bestimmen aber nicht deren höhere Form und Eigenart».
– Gesetz der Freiheit: «Das Novum der höheren Kategorienschicht ist der niederen gegenüber durchaus ‹frei›» (70). Es besteht Autonomie oder Spielraum über die niedere Schicht.

---

11 Der Überformungsgedanke stand am Anfang bei Hartmann ganz im Vordergrund. In ARW weist er darauf hin daß er zunächst geglaubt hat, alle Überlagerungen der Seinsschichten so deuten zu können (S. VII), er erkannte aber bald, daß diese Sicht zu einfach war.
12 Im Vorwort zu ARW nennt Hartmann diese Gesetze den Kern seiner Hauptthese; aus ihnen kann die gesamte Schichtentheorie und der Aufbau der realen Welt gefolgert werden (S. VIII).

Die Schichtengrenzen sind als echte Seinsgrenzen gedacht, nicht nur als Betrachtungsgrenzen (85). Die Schichtungs- und Dependenzgesetze lassen trotzdem eine Evolution des realen Seins zu, die allerdings nicht als einfaches Auseinanderhervorgehen zu deuten ist (88). Das Neue jeder neuen Schicht beruht auf einem Schöpfungsakt des realen Seins selbst. Hier nimmt Hartmann die moderne Idee der Selbstorganisation vorweg, die in gleicher Weise auf jeder Stufe der Evolution ein nicht-reduzierbares Novum fordert.[13]

Die abschließenden Ausführungen betreffen das spezifisch anthropologische Thema der *Freiheit* (Abschn. XII). Die Idee der Schichtung des realen Seins ist wesentlich für das Phänomen der Freiheit. Kategoriale Freiheit ist das von Stufe zu Stufe wiederkehrende Verhältnis der Autonomie des Höheren gegenüber dem Niederen, das immer dann erscheint, wenn höhere determinierende Faktoren auftreten (99). Deshalb ist die Willensfreiheit nur ein Spezialfall dieser Autonomie. «Freiheit tritt überall dort auf, wo ein kategoriales Novum einsetzt; frei ist jede höhere Determination, die sich über einer niederen erhebt» (102).

Die *sittliche* Freiheit baut auf die kategoriale Freiheit auf. Wegen der Fehlinterpretation der letzteren ergeben sich irrige Lehren über die erstere. So verstößt der *teleologische* Determinismus gegen das Gesetz, das eine Übertragung einer Kategorie der Zweckmäßigkeit aus der höchsten Seinsschicht auf die niederen Schichten verbietet; der *kausale* Determinismus ignoriert das Gesetz des Novums und der *Indeterminismus* verstößt gegen das kategoriale Grundgesetz, weil er die Wirkung der niederen Kategorien mißachtet (101). Nur Kant hat die Freiheit in ihrem Bezug auf einen intelligiblen Kern richtig und ohne Indeterminismus verstanden, weil für ihn die intelligible Welt mit dem Sittengesetz gleichsam als Schicht über der sensiblen steht.

Im letzten Abschnitt (XIII) verweist Hartmann auf die Konsequenzen des Schichten-Modells für eine neue Fassung des Erkenntnisproblems und schlägt so die Brücke zu seinem früheren Schwerpunktthema, zur Erkenntnismetaphysik.

15.2 Die Verselbständigung der Ontologie

Nicolai Hartmanns Ablösung der Ontologie von der Phänomenologie führte zu einer starken Abhängigkeit seiner Philosophie von den Vorgaben der empirischen, insbesondere der biologischen Wissenschaften. Das hatte einerseits den Vorteil der aktuellen Lebens- und Wissenschaftsnähe, die zu einem besseren Gedankenaustausch zwischen Philosophie und Naturwissenschaft hätte führen können; andererseits bedingte diese Nähe eine ständige Revisionsbedürftigkeit der philosophischen Grundlagen, die Hartmann schließlich nicht mehr nachvollziehen konnte. Die neueren Ergebnisse der Molekularbiologie stellen Hartmanns Schichtenlehre prinzipiell in Frage. Dieser Gefahr gingen andere Ontologen aus dem Wege, indem sie ihren Ansatz unabhängig von den empirischen Wissenschaften begründeten, also «metaphysisch» vorgingen, ohne damit sogleich wieder in transzendentalphilosophische Bewußtseinsanalysen auszuweichen oder neuscholastische Bahnen einzuschlagen, die sich mit Synthesen besonders schwer taten.[14]

Paul Häberlins Ontologie baut auf ein ursprüngliches apriorisches Seinswissen auf, das weder von der Empirie noch vom Bewußtsein begründet wird, sondern im Sinne Platons evident gegeben ist und die empirischen Sachverhalte und erlebten Bewußtseinsprozesse in ihren Wesenszügen zu erklären versucht. Auffällig ist die behauptete Eigenständigkeit dieser Lehre, die auf historische Verweisungen verzichtet, aber letztlich doch uralte philosophische Probleme

---

13 In der Gegenwartsdiskussion zur Selbstorganisation rücken die Schichten des Materiellen und Organischen noch stärker zusammen, während die Einebnung höherer Schichten nach wie vor meist postulatorischen Charakter hat. Das «Novum» Hartmannns taucht als «Emergenz» auf oder aber es wird als pragmatische Redeweise ontologisch ganz weginterpretiert. Siehe z. B. F. Cramer: Chaos und Ordnung. Die komplexe Struktur des Lebendigen. Stuttgart 1988.

14 Vergleiche unten 24.

betrifft, denen wir schon bei Parmenides und Heraklit oder bei Spinoza und Leibniz begegnen. Seine Anthropologie, die als dritter Band der Ontologie gedeutet werden kann, – die «Naturphilosophischen Betrachtungen» bestehen aus zwei Bänden – fällt insofern aus dem Rahmen der damals in großer Zahl publizierten Lehren vom Menschen[15], als sie nicht das Fundament der philosophischen Gesamtlehre darstellt, sondern aus der Ontologie als ihrem Sonderfall abgeleitet wird.

Günther Jacoby stellt eine «Transzendenzontologie» vor, die sich als Konsequenz aus dem Zusammenbruch aller «Immanenzontologien» versteht, die bisher die Seinsdiskussion beherrscht haben. Insbesondere hat Jacoby die altpositivistische Wirklichkeitsvorstellung (vor allem bei Moritz Schlick) im Auge, der er eine neue Wirklichkeitslehre gegenüberstellt. Die umfangreichen Analysen zu den Grundlagen der Wissenschaften bieten eine Reihe von Anknüpfungspunkten zu wissenschaftstheoretischen Diskussionen, wie sie die Analytische Philosophie bestimmen.

15.21   Paul Häberlin: Ontologie als Begründung der philosophia perennis.

Häberlin war Philosoph und Pädagoge; sein Einfluß beschränkte sich hauptsächlich auf die Schweiz, aus der er stammt, und betraf vor allem den pädagogischen Bereich. Er selbst betrachtete sich voll und ganz als Philosoph, blieb als solcher aber in einer Zeit radikalen geschichtlichen beziehungsweise analytisch verfahrenden Denkens eher ein Außenseiter. Bedeutsam ist seine Ontologie, in der er auf die großen traditionellen Probleme innerhalb der Philosophie zurückgreift und aus dem philosophischen Glauben an die unbedingte Wahrheit eine befriedigende Antwort auf die Rätsel des Lebens zu geben versucht. Die Ontologie versteht sich als Antwort auf die Frage nach der Wirklichkeit im Dienste der Geisteswissenschaften.

a. Biographie und Bibliographie

Lebenslauf

Geboren am 17. 2. 1878. Studium der Theologie und Philosophie in Basel, Göttingen und Berlin. 1900 theologisches Staatsexamen. 1903 philosophische Promotion. Lehrtätigkeit an der Realschule in Basel und am Lehrerseminar in Kreuzlingen. 1908 Privatdozent an der Universität Basel. 1914 Ordinarius für Philosophie, Pädagogik und Psychologie in Bern, 1922 in Basel. Emeritierung 1944. Er stirbt am 29. 9. 1960 in Basel.

Auswahl aus der Primärliteratur

1903   Über den Einfluß der spekulativen Gotteslehre auf die Religionslehre bei Schleiermacher. In: Schweizer theologische Zeitschrift. 20.Jg. S. 1ff und 65ff.
1908   Herbert Spencers «Grundlegung der Philosophie». Leipzig.
1910   Wissenschaft und Philosophie. Ihr Wesen und ihr Verhältnis. Bd.I: Wissenschaft. Basel.
1912   Band II: Philosophie. Basel.
1917   Das Ziel der Erziehung. Basel. 2. umgearbeitete Auflage 1925.
1918   Wege und Irrwege der Erziehung. Grundzüge einer allgemeinen Erziehungslehre. Basel. 3. umgearbeitete Auflage 1931.
1921   Der Gegenstand der Psychologie. Eine Einführung in das Wesen der empirischen Wissenschaft. Berlin.
1923   Leib und Seele. Basel.
1924   Der Geist und die Triebe. Eine Elementarpsychologie. Basel.
1927   Das Geheimnis der Wirklichkeit. Basel.
1929   Allgemeine Ästhetik. Basel.
1930   Das Wunderbare. Zwölf Betrachtungen über die Religion. Zürich. 5. Aufl. 1941.
1934   Das Wesen der Philosophie. Eine Einführung. München.
1935   Wider den Ungeist. Eine ethische Orientierung. Zürich 2. Aufl. 1946.

---

15 Siehe den Überblick in 23.

1937 Leitfaden der Psychologie. Frauenfeld. 3. verbesserte Auflage 1949.
1939 Naturphilosophie. Betrachtungen. Eine allgemeine Ontologie. Band I: Einheit und Vielfalt. Zürich. **NB**
1940 Band II: Sein und Werden. Zürich.
1941 Der Mensch. Eine philosophische Anthropologie. Zürich. 2. Aufl. 1950. **DM**
1947 Logik im Grundriß. Zürich.
1949 Handbüchlein der Philosophie. Zürich.
1952 Philosophia perennis. Berlin/Göttingen/Heidelberg. **PP**
1957 Leben und Lebensform. Prolegomena zu einer universalen Biologie. Basel/ Stuttgart.
1959 Statt einer Autobiographie. Frauenfeld. **SAB**
1960 Das Böse. Ursprung und Bedeutung. Bern/München.

Bibliographie

Kamm, P.: Paul Häberlin zum 2. Todestag. In ZPHF. 16/1962. S. 417 ff.

Häberlin studierte im «vorphänomenologischen» Göttingen, und auch seine gesamte Grundeinstellung blieb in gewissem Sinne vorphänomenologisch. Er deutete die Hinwendung zu den «Sachen selbst» als Variante des ontologischen Subjektivismus, «welche sich ontologisch vom Idealismus nicht unterscheidet» (PP 40). Häberlins Interessen waren stark von pädagogischen Impulsen bestimmt. Sein «Lebensplan» stand von Anfang an fest: der leidenden Menschheit seelsorgerlich beizustehen (SAB 9). Aufgrund seiner christlich-evangelischen Erziehung begann er zunächst mit dem Theologie-Studium. Doch das Interesse an der Individualität alles Existierenden verdrängte seinen religiösen Moralismus und machte ihn frei für die Erfahrung der Natur als «das kosmisch Umfassende und Tragende der eigenen kleinen Existenz» (14). Damit war die philosophische Wendung vollzogen, die «Orientierung an dem, was wahr ist» (16). Seine Suche nach objektiv begründeter Überzeugung sollte sich nie verselbständigen, sondern immer im Dienste der genannten Lebensaufgabe stehen.

Charakteristisch und folgenreich ist die Hinwendung zu Platon, Descartes, Spinoza und Leibniz. Zu Dilthey, dem Repräsentanten der geschichtlich orientierten Philosophie, fand er in Berlin keinerlei Zugang (23). Er distanzierte sich in seinen Veröffentlichungen zwar nicht offen, aber indirekt von allen Gegenwartsströmungen: Positivismus, Naturalismus und Psychologismus waren wegen des empirischen Charakters indiskutabel; der Neukantianismus blieb wegen seiner Erkenntnistheorie ein unfruchtbares Unternehmen und die Phänomenologie erschien wegen des Transzendentalismus Husserls unbefriedigend[16]. Die ersten Versuche einer eigenen Bewältigung der Probleme bezeichnet Häberlin als «Jugendtorheiten» (44). Bis zum «Durchbruch» zur apriorischen Sicht in der «Allgemeinen Ästhetik» 1929 behinderten Verpflichtungen aus dem pädagogischen und psychologischen Aufgabenbereich eine intensive Auseinandersetzung. Doch in der Psychologie stieß er immerhin auf den Begriff der Individualität, der in seiner Ontologie zum Zentralbegriff werden sollte. Ab den Dreißigerjahren entfaltete sich seine eigentliche Lehre als Kosmologie, Anthropologie und als ethische und logische Kulturlehre. Als Hauptwerk bezeichnet Häberlin die «Philosophia perennis» (126), in der er seine Lehren zusammenfaßt und sie in optimistischer Glaubensgewißheit als Beispiel einer «wirklichen Philosophie» vorstellt.

---

16 In SAB 65 spricht Häberlin zwar von einer ««phänomenologischen› Einleitung» in die «Allgemeine Ästhetik», fügt aber die Anführungszeichen ein, um die unspezifische Bedeutung des Begriffs hervorzuheben. Er meint damit allein den Aufweis des «Interessefreien» am Ästhetischen, das auf den reinen Bezug zur Wahrheit hindeutet.

b. Apriorischer Seinsmonismus als Theorie des Kosmos von Individuen

Philosophie ist Lehre vom wahrhaft Seienden. Weil die Wahrheit für Häberlin nur *eine* sein kann, sind Eindeutigkeit und Notwendigkeit der Einsicht gefordert. Der Zugang zur apriorischen Wahrheit kann nur über die Theoria erfolgen[17]. Der Mensch und die Kulturerscheinungen lassen sich erst *nach* der Klärung der theoretisch-ontologischen Grundlagen verstehen. In der Hierarchie der philosophischen Abhängigkeiten steht die Anthropologie als *spezielle* Ontologie unter der *allgemeinen* Lehre vom Seienden; die Kulturphilosophie wiederum ist *spezielle* Anthropologie und diese gliedert sich in drei Gestalten: in Ästhetik, Logik und Ethik, je nachdem ob das Form-, Seins- oder Sinnverständnis entfaltet wird.

Die allgemeine Lehre vom Seienden stellt Häberlin in dem zweibändigen Werk «Naturphilosophische Betrachtungen» dar. Natur bedeutet hier die Gesamtheit der Erfahrungswelt des Seienden. Die Lehre vom Sein des Seienden heißt Ontologie (DM 7). Noch nicht thematisiert wird das spezielle Seiende, das in der menschlichen Selbsterfahrung erscheint. Diesem ist die folgende Anthropologie gewidmet.

Im ersten Band «Einheit und Vielheit» seiner «Naturphilosophie» untersucht Häberlin das Problem der Individualität. Er geht von dem fundamentalen Widerstreit beider Prinzipien aus: einerseits ist alles Seiendes und damit in gewissem Sinne Eines, zum anderen erscheint dieses Seiende in lauter Einzelgestalten oder *Individuen*. Schon in der Abhandlung «Das Wesen der Philosophie» hat Häberlin erkannt, daß die Einheit des Seienden unfraglich ist. Deshalb konzentriert sich seine Frage auf die Individualität, genauer auf die Frage, wie diese von der Einheit her zu verstehen ist. Häberlin zeigt zunächst, daß die bisher vorliegenden Theorien alle unbefriedigend sind. Weil für ihn eine Synthese a priori außerfrage steht, muß das Seiende eine Vielheit miteinander konkurrierender Individuen sein[18]. Andererseits kann Seiendes nicht vielfältig sein; also muß es ein einziges Seiendes geben. Die Folge ist, daß die Individuen keine selbständig Seienden sind, sondern nur «Modi» des Seienden. «Jedes einzelne ‹repräsentiert› in sich die Einheit» (SAB 81). Das Seiende ist keine dem Individuum zugrundeliegende Weltsubstanz, wie bei Spinoza, sondern es geht in das Individuum auf, es ist «total individuiert» . Das heißt, «daß, was *nicht* als Individuelles wäre, überhaupt nicht wäre» (SAB 81). Weil damit *zwischen* den Individuen nichts weiter vorhanden ist, muß die Kommunikation der Individuen rein funktionell gedeutet werden (82). Auch hier grenzt sich Häberlin von der klassischen (Monaden-) Lehre ab, weil seine Individuen keine isolierten substantiellen Größen sind. Mit dieser Auffassung läßt sich die Veränderung nur als Änderung funktioneller Beziehungen, nie aber als Verschwinden oder Änderung der Individualität selbst deuten (83).

Indem die Individuen die *eine* Substanz an ihrem Ort repräsentieren, konstituieren sie den *Raum*. Dieser ist eine funktionelle Größe, die «Dimension des interindividuellen Verkehrs» (82). Weil Seiendes nur als individuiertes ist, behält das Individuum seine Selbständigkeit, die Häberlin *Freiheit* nennt. «Die Freiheit des Individuums besteht einfach darin, daß es *ist*» (84). Die mit der Freiheit mögliche Konstitution der Zeit wird erst im zweiten Band entwickelt. Die fundamentale Rolle der Freiheit macht die These von der *psychischen* Grundstruktur des Seienden verständlich. Da Seiendes nur als lebendiges, freies Individuum besteht, kann das körperliche Ansichsein nur der *Außenaspekt* des Seienden sein. Den damit gegebenen Verdacht, den Seinspantheismus zu vertreten, weist Häberlin zurück, weil dieser das Sein substantiviert und damit das Subjekt der Individuation auf das Seiende überhaupt überträgt (86).

---

17 Hager (1975) spricht von einer «Philosophie im Geiste Platons», weil für Häberlin die Bedeutung der Theoria sowohl für die unbedingte Wahrheit als auch für das praktische Leben ausschlaggebend ist und auch Begriffe wie Doxa, Episteme und die Bedeutsamkeit des Apriorischen von größter Bedeutung sind.

18 Es wäre ein Mißverständnis, Individuen im Sinne von Personen oder von Lebewesen zu deuten. Es handelt sich um ontologische Konstituentien, aber mit physikalischen Grundbausteinen und sie sind mit den Atomen der logischen Atomisten (Russell, früher Wittgenstein) zu vergleichen.

Der *zweite Band* «*Sein und Werden*» versucht eine Synthese beider Prinzipien, die seit den Lehren des Parmenides und Heraklit bis zu Spinoza und den idealistischen Spekulationen verfehlt worden ist (PP 52). Häberlin stellt die Frage, wie das Werden aus der Einheit des Seienden gedacht werden kann, nachdem auch hier eine Synthese a priori vorbestimmt sein muß.

Die Antwort geht wieder von der unbezweifelbaren Einheit des Seienden aus. Nach Häberlin kann Werden nur als Gestaltwandel dieses einen Seienden aufgefaßt werden. Die in ihrer Qualität unverändert bleibenden Individuen variieren nur ihre Konstellationen untereinander. Dieser Gestaltwandel des einen, ewig in sich identischen Seienden konstituiert die *Zeit*. «Der Vorgang bewegt sich nicht in der Zeit (in einem außer dem Seienden bestehenden Medium), sondern er ‹schafft› die Zeit, dadurch daß er Vorgang ist» (87). Häberlin vertieft die Analyse durch eine Deutung der *Kausalität*, das heißt der eindeutigen Bestimmtheit eines Seinszustandes durch einen vorhergehenden. In den freiheitlichen Entscheidungen der Individuen wird jeweils etwas *wirklich*, was vorher nur *möglich* war; die neue Gestalt entsteht durch den «reaktiven Verkehr der Individuen» und erscheint so durch «lebendige» Kausalität bestimmt, die zugleich jeden Teleologie-Gedanken ausschließt.

Wie Häberlins Methoden-Reflexion «vorphänomenologisch» ist, so bleibt seine Seins-Reflexion «vorheideggerisch». Häberlin verwendet in seiner Ontologie den Seinsbegriff stets im Zusammenhang mit dem Seienden. Seiendes schlechthin ist der mögliche Gegenstand des Wissens überhaupt, «das, womit der Lebende ‹es zu tun hat›» (PP 13). Einsicht geht also auf das Seiende, und nur weil das Seiende identisch und damit ohne Widerspruch ist, kann es begriffen werden. «Sein ist immer Sein des Seienden, und es ist nicht von diesem abzulösen. Neben oder ‹über› dem Seienden gibt es kein Sein ... Ontologie fragt nicht nach ‹dem Sein›, sie fragt nach dem Sein des Seienden, – wieweit Sein reiche und damit zugleich, was es bedeute, zu sein» (23). Deshalb kann Sein weder zum Objekt eines Urteils noch zum Gegenstand einer Frage werden. Die Frage Heideggers nach dem Sinn von Sein ist letztlich sinnlos, denn das Sein des Seienden besagt schlicht, daß Seiendes ist.[19]

Das zweibändige Werk endet mit einem «Epilog», der Hinweise auf eine Anthropologie enthält. Von besonderer Wichtigkeit sind die Überlegungen zum Begriff des Individuums. Im Sinne der Häberlinschen Ontologie ist ein Individuum ein ewiges lebendiges Seiendes; ein Individuum im Sinne eines Organismus oder einer menschlichen Person dagegen muß als «eine ‹günstige› *Konstellation* von Individuen» aufgefaßt werden (PP 65). Diese von Häberlin als Sozietät bezeichneten Individuen reagieren wie ein Einzelindividuum, das jedoch den empirischen Evolutionsgesetzen unterworfen und daher vergänglich ist. Eine solche besondere Sozietät bildet der Mensch.

Anthropologie und Kulturphilosophie. In der Lehre vom Menschen setzt Häberlin bei der Möglichkeit der Selbsterfahrung ein. Anthropologie als Lehre von der Selbsterkenntnis will klären, was jenes von uns erfahrene Selbst in Wahrheit ist (DM 9), wie «der Erfahrende mit dem Erfahrenen Uneins und zugleich Eins» sein kann (10). Weder in der Antike noch in der Neuzeit sei dieser fundamentale Zusammenhang zwischen Anthropologie und Selbstbegegnung begriffen worden (PP 65). Nach der Einsicht, daß Anthropologie eine spezielle Ontologie darstellt, kann das Subjekt der Selbsterfahrung nur ein Individuum, das «zentrale Individuum» sein. Aber dieses darf nicht als Objekt *für sich*, sondern nur für ein *anderes Individuum* gedeutet werden. Demnach kann ein Individuum gar keine Selbsterfahrung machen! Was also ist dann überhaupt *Selbst*erfahrung?

---

19 Häberlin erwähnt in diesem Zusammenhang Heidegger nicht namentlich. Solche direkten Bezüge fehlen bei ihm grundsätzlich. Eine Ausnahme bildet PP, wo alle Hinweise auf andere Philosophen durch Kleindruck eigens hervorgehoben werden. Dort erscheint der Name Heidegger nur in der Anthropologie. In der Ontologie wird er unter die Existentialisten eingeordnet und die Analyse der Befindlichkeit als «neuartiger Subjektivismus» kritisiert (Vgl. PP 40ff).

Die Antwort gibt die allgemeine Ontologie. Die Konstellation, die als Organismus auftritt, ist eine Einheit ideeller Art; die zugehörigen Individuen sind dadurch solidarisch eins, daß sie dieselben Einheits-Ideen vertreten (12). Selbsterfahrung ist also Fremd-Erfahrung, die sich auf jene im einheitlichen Wollen solidarisierte Sozietät bezieht. Das zentrale Subjekt-Individuum oder die «Seele» «‹steht› zu jenem Verhalten, als ob es sein eigenes wäre» (13). Obwohl zum Menschen ein verschiedenes Organ gehört, liegt eine *intentionale* Übereinstimmung vor. Häberlin definiert den Organismus als diejenige Sozietät von Individuen, deren Verhalten der Intention des Subjekts entspricht. Daher ist der Organismus zugleich das Gebilde des Subjekts. Der Mensch ist Subjekt in Verbindung mit einem von ihm gebildeten Organ. Das spiegelbildliche Sichwiederentdecken des Organs im Selbst und des Selbst im Organ gewährt die Möglichkeit der Selbsterfahrung.

Auf dieser ontologischen Grundlage erklärt Häberlin das gegenständliche Bewußtsein und das Selbstbewußtsein. Gegenstandsbewußtsein ist («uneigentliches») «Selbstbewußtsein» des Seienden (DM 39), und das («eigentliche») Selbstbewußtsein bedeutet Wissen des Seienden um sich. Erst mit diesen Bestimmungen läßt sich das Wesen des Menschen verstehen, der aus Seele und Leib besteht. Der Körper bezeichnet den Außenaspekt des psychischen Leibes. Mit der Bildung des leibhaften Organismus durch das zentrale Individuum ist gleichzeitig die Gefahr seiner Zerstörung gegeben. Die Bemühung um den Erhalt des Organs wird begleitet vom Leiden und Tod des Organismus. Weil die Einheits-Sicherungsversuche gegen den ewigen Gestaltwandel gerichtet sind, erscheint in der Seele die Auflehnung gegen den objektiven Sinn. Ähnlich wie bei Klages repräsentiert so der Mensch nicht den Gipfel des Seins, sondern seinen inneren Widerspruch. Der Eigenwille des Individuums heißt Humanitas (PP 104). Der Eigenwille strebt den Menschen als Mikrokosmos an, als Ganzheit für sich. Indem er die Einordnung fordert, erscheint das Phänomen der Pflicht (106).

Die Seele beurteilt ihr Verhalten in einer zwiespältigen Gewissenserfahrung: sie wird zwischen objektiver Einheitsidee und subjektiver Menschheitsidee hin- und hergerissen. «Die Seele ‹hat› Gewissen im Faktum der Selbsterfahrung, dadurch, daß diese, als kritische, am objektiven Sinn orientiert ist» (PP 79). Ein Verhalten, in dem die Objektivität richtunggebend ist, nennt Häberlin *geistig* (80). Geist wird also nicht mit der Objektivität der Seele oder dem Gewissen identifiziert, sondern gehört zur Zwecksetzung des Verhaltens. Der Gewissensanspruch verlangt die Vernichtung des Triebes, um *Heil* zu erlangen (DM 145). Doch die Seele erkennt zugleich den utopischen Charakter dieses Unterfangens. Zum Kampf um das Heil verwandelt sich die scheiternde Sittlichkeit in demütige Religiosität. Die Moral strebt nach selbstbewirkter Eigenvollendung, aber Glaube an Gott ist «der Glaube an das Heil als notwendig zukünftiges, zu schaffendes, welcher verbunden ist mit der Erfahrung, daß dies Schaffen außerhalb *unserer* Möglichkeit steht» (DM 162). In «Das Evangelium und die Theologie» wird die positive Grundeinstellung Häberlins zur Religion, die sich schon aus den biographischen Leitlinien ergab, noch deutlicher theoretisch ausgearbeitet. Danach ruht auch die Philosophie auf einem Glauben, nämlich auf der Idee der Wahrheit. «Indem der Gehalt dieses philosophischen Glaubens expliziert wird, ergibt sich seine sachliche Übereinstimmung mit dem christlichen Glauben aus dem Evangelium» (SAB 145). Der Unterschied besteht einzig in der Genesis. Während der christliche Glaube durch die Offenbarung Christi erweckt wird, erwächst der philosophische Glaube in der Gestalt der Idee der Wahrheit aus dem denkenden Menschen. Beide, Theologie wie philosophia perennis, dienen der einen Wahrheit.

Die immanente Aufgabe der Seele in ihrem Dasein liegt in der Vergeistigung des Verhaltens, die als *Kultur* begriffen werden kann (PP 81). Damit erhält die Kulturphilosophie das Wort, welche die Idee der ewigen Vollendung der Welt beschreibt. Da diese Idee dreifach ist, entfaltet sie sich in den drei Disziplinen Ästhetik, Logik und Ethik. So gelingt Häberlin eine ontologische Grundlegung nicht nur der psychischen und organischen, sondern auch der kulturellen Erscheinungen in der Fülle der überlieferten Inhalte.

15.22 Günther Jacobys Transzendenzontologie

Jacobys Ontologie stellt sich betont gegen die phänomenologische und idealistische Tradition; sie setzt Gemeintes gegen Erkennbares, den Begriff gegen die Schau, die Logik gegen die Phänomenologie und die subjektfreie Ontologie gegen Subjektbezogenheit (AOW 957). Die konstitutive Subjektbindung führt in den Augen von Jacoby bei Husserl «zu theoretischem, bei Heidegger zu emotionalem Subjektivismus» (AOW 958). Auch der eidetischen Phänomenologie wirft er vor, innerhalb des Phänomenbereichs zu verharren und das weder schaubare noch vorstellbare wirkliche Sein hinter den Phänomenen zu mißachten (959)[20].

a. Biographie und Bibliographie

Lebenslauf

Geboren am 21. 4. 1881 in Königsberg. Studium der Theologie, Germanistik und Philosophie in Tübingen, Königsberg und Berlin. 1903 Lizentiat und Lehrerexamen. 1906 philosophische Promotion. 1909 Habilitation in Greifswald. Forschungen an der Harward University und in Urbana/USA. 1915 Dozentur an der Universität Istanbul. 1919 außerplanmäßiger, 1928 planmäßiger Professor in Greifswald. 1937 zwangspensioniert. Nach dem Weltkrieg wieder Professor in Greifswald. Jacoby stirbt am 4. 1. 1969 in Greifswald.

Auswahl aus der Primärliteratur

1907 Herders und Kants Ästhetik. Leipzig.
1909 Der Pragmatismus. Neue Bahnen in der Wissenschaftslehre des Auslands. Eine Würdigung. Leipzig.
1911 Herder als Faust. Eine Untersuchung. Leipzig.
1925 Allgemeine Ontologie der Wirklichkeit. Band I. Halle. **AOW**
1928 Band II, vier Lieferungen bis 1932. Letzter Teil erst 1955. Halle. Beide Bände 2. unveränderte Aufl. Tübingen 1993.
1936 Wilhelm Schuppe. Akademische Gedenkrede zu seinem 100. Geburtstag. Greifswald.
1938 Die Welt als Vorstellung und die Welt als Wille ontologisch betrachtet. In: Gedächtnisschrift für A. Schopenhauer zur 150. Wiederkehr seines Geburtstages. Berlin.
1963 Die Ansprüche der Logistiker auf die Logik und ihre Geschichtsschreibung. Stuttgart.
Bibliographie in ZPHF 15/1961. S. 249 ff.

Auch Jacoby schlug auf seinem Weg zur Philosophie den Umweg über die Theologie ein. Obwohl ihn die Philosophie schon früh angezogen hat, entschied er sich doch für die sichere Laufbahn des Theologen. Nach dem Lizentiat und dem Oberlehrerexamen unterrichtete er für kurze Zeit in Alleinstein und Lyck, ehe er in Berlin das Philosophie-Studium aufnahm. Er hörte bei Paulsen, Stumpf und Dilthey und promovierte bei Paulsen über Herders und Kants Ästhetik. Nach Schulpraktiken in Paris und Glasgow baute er die Dissertation zur Habilitationsschrift aus. Studienreisen nach London, Paris, eine Einladung von William James an die Harward-Universität, Gastprofessuren in Urbana und in Tokio, Vortragsreisen durch Asien und Nordafrika unterbrachen seine Lehrtätigkeit in Greifswald. Nach schwerer Verwundung zu Kriegsbeginn erhielt er eine Gastprofessur in Istanbul, die er bis zum Kriegsende innehatte. Nach seiner Rückkehr nach Deutschland wirkte er wieder in Greifswald.

1920 stieß Jacoby auf Moritz Schlicks «Allgemeine Erkenntnislehre», die ihn zur Analyse des Wirklichkeitsbegriffs anregte und Impulse zur Ausbildung der gesamten Ontologie lieferte. «Das Versagen der Erkenntnislehre von M. Schlick in Wirklichkeitsfragen»[21], die Verwirklichung des Positivismus und die Geringschätzung moderner Pragmatik-Ansätze veranlaßten ihn, den Gegenentwurf einer «begriffsanalytischen Ontologie» (AOW II, 1002) auszuarbeiten. In dieser löste er sich von positivistischen und naiv realistischen Vorurteilen und entwickelte eine Trans-

---

20 Über Abgrenzungen von Hartmann, Heidegger und Jaspers siehe S. 963 ff.
21 AOW II, 1002

zendenzontologie, die klarstellt, daß weder das Bewußtsein, so wie wir es erleben, noch der erfahrene Raum und die erfahrene Zeit in ihrer isolierten Form wirklich sind, sondern daß hinter diesen Erscheinungen erst die durchaus beschreib- und deutbare eigentliche Wirklichkeit liegt.

Seine Arbeit und Lehrtätigkeit galt ganz der Ontologie, konnte sich aber nicht aus dem Schatten Hartmanns befreien. 1937 erhielt Jacoby von den Nationalsozialisten wegen der «ungeklärten jüdischen Abkunft» seines Großvaters Lehrverbot. Nach der Rehabilitierung 1945/46 lehrte er wieder an seiner Universität und konnte sich wegen der antifaschistischen Vergangenheit in der neu etablierten DDR eine günstige Ausgangsposition verschaffen. Seine betont liberale und kritische Haltung brachte es mit sich, daß der 73jährige bei seiner Emeritierung auf völlig verlorenem Posten stand. Einen Eklat rief seine «Denkschrift über die gegenwärtige Universitätsphilosophie in der DDR» hervor, die Jacoby 1955 aus Anlaß der Neubesetzung des Philosophie-Lehrstuhls verschickte und die, «nur zu vertraulichem dienstlichen Gebrauch» deklariert, erst nach der Wende allgemein bekannt wurde[22]. Sie gibt Auskunft über den Kampf um die universitäre Lehrfreiheit dieses «allerletzten großen ‹alten spätbürgerlichen Philosophen›». Jacoby schlägt darin vor, daß der Inhaber des Lehrstuhles «dieses Fach ohne politische und weltanschauliche Bindung ausschließlich im Dienste der wissenschaftlichen Wahrheit als Forscher und Lehrer vertritt». Zu dieser Freiheit in der Philosophie heißt es, sie «ist ihr Fundament. Sie gehört zu ihrem Wesen» (498). Jacoby stellt seine Ontologie kritisch dem DIAMAT gegenüber und behauptet, dessen positive Leistungen seien «seit Marx und Engels fast null» (508). Der Zwangsstaat reagierte mit Empörung und systematischer Ausschaltung seiner Einflußmöglichkeiten.[23] Sein gleichzeitig erschienenes neues ontologisches Hauptwerk, der zweite Band von AOW, wurde totgeschwiegen. Jacoby geriet in völlige Isolation, harrte aber «wegen seiner Studenten» bis zum Tode in Greifswald aus.

Gegen Ende der Lehrtätigkeit Jacobys rückte die Auseinandersetzung mit der Naturphilosophie und mit der Analytischen Philosophie in den Vordergrund. Davon zeugen die beiden Aufsätze «Raumzeit als Weltsubstanz», Uppsala 1950, und «Die ontologischen Hintergründe der speziellen Relativitätstheorie», Greifswald 1952/53, sowie vor allem das Buch: «Die Ansprüche der Logistiker auf die Logik und ihre Geschichtsschreibung». Dort stellt er die These auf, daß die modernen Logikentwürfe der Aussagen-, Prädikaten, Relationen- oder Modallogik, die Jacoby zusammenfassend «Logistik» nennt, Mathematik seien, die auf sekundäre teils veraltete, teils falsche Annahmen aufbaut. Logistik repräsentiere also keine verbesserte Logikform, sondern verfehle das eigentlich Logische. Es gibt nur *eine* Logik, die von Inhärenzen und nicht von Deduktionen handelt; sie erscheint als Lehre von Begriff, Urteil und Schluß.[24]

---

22 Vergleiche die ausführliche Darstellung der Begleitumstände in: H.-C. Rauh: Der Greifswalder Universitätsphilosoph Günther Jacoby in der DDR-Philosophie. – Zur Denkschrift 1955. In: Deutsche Zeitschrift für Philosophie 3/1994. S. 498 ff. – Siehe auch den Wortlaut: G. Jacoby: Denkschrift über die gegenwärtige Universitätsphilosophie in der DDR. A.a.O. S. 505.
23 Ein Prof. Dr. Albrecht «erhält die Aufgabe, die unwissenschaftliche Theorie von Jacobi» (der Name wird in dem Dokument stets falsch geschrieben!) «und seinen Jüngern öffentlich zu entlarven, Jacobi weiter zu isolieren und der marxistischen Philosophie zum Siege zu verhelfen.» (Rauh S. 503).
24 Auf eine Auseinandersetzung mit der Analytischen Philosophie wird in diesem Band verzichtet (vgl. Einleitung). Es sei nur darauf hingewiesen, daß Jacoby das Verdienst zugesprochen werden kann, die Logik auch als Begriffsforschung konzipiert zu haben. Baron B. von Freytag-Löringhoff hat das Programm in seiner zweibändigen «Logik» (Stuttgart 1955 und 1967) ausgeführt. Seit J.M. Petzingers Nachweis der Äquivalenz der Begriffslogik mit der «Logistik» in «Logik im Abriß», Meisenheim 1973, ist der Streit zwischen Traditionalisten und Logistikern verstummt. Es hat sich eher die gegenteilige Meinung verfestigt, daß nämlich die klassischen Logiker für die eigentlichen logischen Probleme z.B. in der Scholastik und in der Stoa kein Verständnis aufbringen, weil sie durch ontologische, psychologische und erkenntnistheoretische Fragestellungen befangen sind. So etwa J.M. Bochenski in «Formale Logik», Freiburg/München 1956, wo diese klassische Logik dekadent genannt wird (S. 312).

b. Jacobys Konstruktion einer aporetischen Immanenzontologie

Jacobys Ontologie versteht sich als systematisches Lehrbuch über die «verwickelten Struktur-verhältnisse, die unseren alltäglichen und wissenschaftlichen Wirklichkeitsbegriffen zu Grunde liegen» (AOW I, Vorwort). Der zentrale *Wirklichkeitsbegriff* wird zunächst als pragmatischer Hilfsbegriff im Umgang mit der Erscheinungswelt erworben. Dieser ist jedoch widerspruchs-voll; denn Wirkliches meint auch «einen Gegenstand, der seine charakteristischen Eigenschaften ganz abgesehen von unseren praktischen Berührungen mit ihm, jeder Zeit, lange bevor es Men-schen gab, und lange, nachdem es Menschen geben wird» in sich trägt (3). Deshalb fordert Jacoby einen *theoretischen* Begriff der Wirklichkeit und eine Ontologie als Theorie über die allgemeinsten Formbeziehungen der Wirklichkeit (13). So wie Husserl den Psychologismus aus dem Bereich des Logischen verbannt hat, so will Jacoby die Ontologie als reine philosophische Wissenschaft des Wirklichkeitsbegriffs jenseits aller Fragen nach den Möglichkeiten unserer Kenntnisnahme und jenseits der Metaphysik darstellen.

Wahrgenommene Gegenstände sind für uns auf zwei Weisen wirklich: sie sind *wirklich im Bewußtsein* und *wirklich in der Außenwelt*. Bleibt die Anwendung des Begriffs der Außenwirk-lichkeit innerhalb der Grenze des Erfahrbaren, spricht Jacoby mit Kant von *Immanenz;* die Außenwirklichkeit jenseits der Erfahrung, die nur mittelbar in unseren Wahrnehmungen reprä-sentiert wird, bezeichnet er als *transzendent*. Der erste Band der AOW entwirft eine «*Immanenz-ontologie*», die aber wegen ihrer Widersprüche in sich zusammenbricht. Daher folgt im zweiten Band als Lösung des Dilemmas seine «*Transzendenzontologie*».

Die Immanenzontologie beginnt mit der Darstellung des ontologischen Systemcharakters der Wahrnehmungswelt, indem sie den Begriff der (immanenten) *Außenwirklichkeit* klärt. Außen-wirkliches ist das, was wir durch unsere Sinne aufnehmen (19), genauer das Material der Wahr-nehmungen und dessen in sich bestimmten Zusammenhang (20). Die Empfindungen treten in der Wahrnehmung als dasjenige auf, das uns deutungslos gegeben und vom Denkvollzug unabhängig ist: «alogisch, irrational, ineffabile, mit den Begriffen unseres Denkens in seiner Seinsweise unfaßbar» (25). Als weitere Merkmale bestimmt Jacoby die Unabhängigkeit dieses Gegebenen vom Bewußtsein und die Gemeinsamkeit der Wahrnehmungen, die in getrennte Sinnesräume auseinanderzufallen scheinen (44). Der Zusammenhang erscheint zunächst nur bruchstückhaft, wird in Alltag und Wissenschaft aber zugleich als *umfassend lückenlos* gedacht. Die exakte Be-schreibung dieses Gesamtzusammenhangs erfolgt durch *Naturgesetze* (47), die nicht nur die innere Kontinuität, sondern auch die Extrapolation von Raum und Zeit ins Unendliche umfaßt. Die Außenwirklichkeit wird zum offenen, euklidisch metrisierten Immanenzsystem.

Die Struktur der offenen Außenwirklichkeit erweist sich als äußerst kompliziert. Wir entdek-ken eine Unzahl untereinander isolierter und verschiedenartiger Systeme, wie etwa den Tast-, Schall-, Geruchs- oder Gesichtsraum. Jedes dieser Systeme beansprucht in seiner Stetigkeit, Unendlichkeit und Unabgeschlossenheit, die ganze Außenwirklichkeit auf seine Weise darzu-stellen. Die Art und Weise, wie die Einzelsysteme zur Außenwirklichkeit zusammengedacht werden, erklärt den Unterschied von Natur- und Geisteswissenschaften. Erstere fordert eine transzendente Außenwirklichkeit, während die Geisteswissenschaft nicht von den Menschen absieht und sich auf die von diesen erlebte Außenwirklichkeit bezieht (153). Bleibt man aber auf dem Immanenzstandpunkt, gibt es keine Realverbindung zwischen den Einzelsystemen zum Gesamtsystem, wie sie vom alltäglichen Bewußtsein suggeriert wird.

Nach der Klärung der immanenten Außenwirklichkeit wendet sich Jacoby der Immanenzon-tologie des *Bewußtseins* zu und zeigt, daß diese zwei ontologische Systemcharaktere umfaßt, je nachdem ob man die innere Struktur in ihrer Gleichzeitigkeit und Sukzessivität oder aber die äußere Abhängigkeit von der Außenwirklichkeit betrachtet. Wir finden im Bewußtsein auch Gedanken, Willensakte, Vorstellungen, Träume, die wirklich sind. Die Analyse eines Simultan-schnittes durch das Bewußtsein führt zunächst auf die *Erlebniseinheit,* das heißt auf die «eigentümliche Art des Inneseins von Gleichzeitigem» (178). Diese Koexistenz von Erlebtem bedeutet etwas prinzipiell Neues und ist zum Raumcharakter und zur Naturgesetzlichkeit der Außenwelt wesensverschieden. Im Sukzessionsschnitt des Bewußtseins dagegen stoßen wir auf die psychische Kausalität, in der eine spätere Erlebniseinheit durch eine frühere beeinflußt wird (199). Trotz Persönlichkeitsänderungen und vieler unbemerkter Bestände im Bewußtsein liegt in den durch psychische Kausalität verbundenen Erlebniseinheiten je ein in sich geschlossenes und einheitliches System vor. Jedes Bewußtsein hat seine eigene Wirklichkeitssystematik (236). Während aber das Außenwirkliche als ein einziges unendliches System betrachtet werden kann, läßt sich weder durch die metaphysische Annahme eines zusammenhängenden Geisterreiches noch durch einen universellen Weltgeist ein analoges, durch Erfahrung belegtes Bewußtseinsganzes finden. Eine alle Bewußtseinssysteme umfassende Gesamtbewußtseinswirklichkeit ist ontologisch nicht haltbar (251). Einheit kann nur mit Hilfe einer Außenkausalität gedacht werden, welche die Bewußtseinssysteme in die Außenwirklichkeit einordnet.

Außenwirklichkeit und Bewußtseinswirklichkeit erscheinen als zwei verschiedene Weisen, wie Gegebenes als System auftreten kann. Der Unterschied besteht im besonderen Systemzusammenhang, der in der Außenwirklichkeit durch Raumcharakter und Naturgesetzlichkeit, in der Bewußtseinswirklichkeit durch Erlebniseinheit und psychischer Kausalität gegeben ist (253). Zugleich ist aber die Bewußtseinswirklichkeit aufgrund ihrer Außenkausalität ein Partialsystem der Außenwirklichkeit. Um diesen Zusammenhang ontologisch zu klären, entwickelt Jacoby für den *inneren* Systemcharakter ein Schema der «*Überschneidung*», für den *äußeren* Systemcharakter ein Schema der *psychologischen Relation*. Das Schema der Überschneidung liegt allen Immanenzontologien zugrunde; denn Außenwirkliches und Bewußtseinswirkliches überschneiden sich auf folgende Weise:

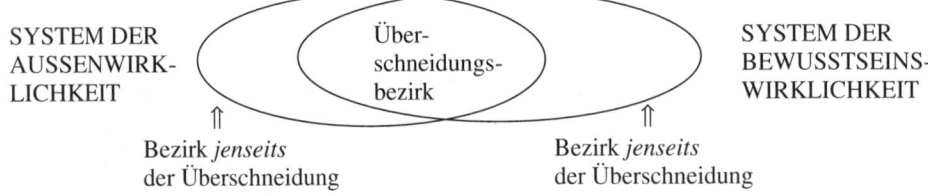

Im *Überschneidungsbezirk* befindet sich das wahrgenommene Außenwirkliche. Im Bezirk *jenseits* der Überschneidung liegt Außenwirkliches, das nicht zur Wahrnehmung gehört, im Bezirk *diesseits* dagegen Bewußtes, das nicht zur Außenwirklichkeit gehört (Träume usw.). Die These der Immanenzontologie besagt, daß das im Bewußtsein Wahrgenommene zugleich Außenwirkliches ist, also der Überschneidungsbezirk nicht doppelt überdeckt werden darf, sondern seine Bestände beiden Systemen gleichzeitig angehören. Aber zugleich steht das Bewußtsein mit der Außenwelt in *Wechselwirkung*. Es gibt Bewußtseinsbestände, die durch Gehirnvorgänge bedingt sind und umgekehrt. Dieser Zusammenhang stellt das «psychophysische Problem» dar (342). Das Ziel Jacobys ist es, den Widerspruch zwischen der Überschneidungslehre und diesem neuen Problem herauszustellen, gleichgültig ob der Wechselwirkungsstandpunkt oder der des psychophysischen Parallelismus eingenommen wird. Denn während bei der Überschneidung von der Identität des Materials und der Verschiedenheit der Systematik die Rede ist, erfordert die neue Betrachtungsweise umgekehrt im *Material* die Verschiedenheit und in der *Systematik* die Identität (347). Daraus ergibt sich nun eine entscheidende Diskrepanz, aus der Jacoby den «Zusammenbruch der Immanenzontologie» ableitet (389): Die immanenzontologische Identifizierung von erlebter und erlebbarer Wirklichkeit mit Wirklichkeit überhaupt steht im Widerspruch zum Gedanken der Wechselwirkung. Deshalb bleibt nur die Alternative der Transzendenzontologie, die jegliche Überschneidung von Bewußtsein und Außenwelt verneint.

c. Die Antwort der Transzendenzontologie

Jacoby entfaltet seine Transzendenzontologie im letzten Teil des ersten Bandes und im zweiten Band von AOW. In der Transzendenzontologie wird die Immanenz zur *bloßen Erscheinung*. Wirklichkeit darf nicht immanenzontologisch verstanden werden, sondern sie betrifft etwas grundsätzlich Transzendentes, das heißt Nicht-erlebbares, das die Erscheinungen der Bewußtseinswirklichkeit erst hervorbringt.

Zunächst bereitet Jacoby die Transzendenzontologie in einer begriffs- und urteilslogischen Lehre von der Identität und des Ansichsein vor. Im Zentrum steht die «*gnoseologische Relation*», die zwischen Subjekt und gemeinter Sache besteht. Mit ihrer Hilfe übeschreitet das ontologisch geschlossene Bewußtsein seine monadologische Isolierung. Wir meinen zum Beispiel mit Walther von der Vogelweide einen Bestand, der ontologisch nicht im Bewußtsein enthalten ist; aber er steht in ontologischer Reichweite dessen, was das Bewußtsein unter Überschreitung seiner ontologischen Grenzen meinend erfaßt (530). Der dem widersprechende Satz vom Bewußtsein, wie er etwa von Hartmann formuliert wird, beruht auf der Verwechslung dieser *Reichweite* mit dem ontologischen *Bezirk* des Bewußtseins, der alles umfaßt, was zum System des Bewußtseins gehört. So gelingt es mit Hilfe der gnoseologischen Relation, *meinend* auch zu nicht Wahrnehmbarem, Unwirklichem und Widerspruchsvollem Brücken zu schlagen.

In der genaueren Charakterisierung der Transzendenz spricht Jacoby von der Wirklichkeit *an sich* (II 147) und stellt diese der in den Naturwissenschaften vertretenen Gegenstandstheorie gegenüber. In der positivistischen Lehre von der *gedachten* Außenwirklichkeit ist diese nur eine für uns bestehende Gedankenkonstruktion. Für die Transzendenzontologie dagegen stellt sie ein in sich bestehendes System dar, über das unsere Urteilsmeinungen zutreffend oder fehlerhaft hinzugefügt werden. Ebenso werden die Zuordnungsverhältnisse zwischen Außenwirklichkeit und Empfindungen kontrovers beurteilt: sie werden nicht von uns willkürlich gesetzt, sondern sind durch Kausalbeziehungen bestimmt. Nach Jacoby gründet sich die Physik nicht auf Sinneswahrnehmungen, wie der Positivismus lehrt, sondern sie ist ein Modell der nicht erlebten transzendenten Welt; sie hat es ausschließlich mit der transzendenten Außenwirklichkeit zu tun (II 190).

In einer ausführlichen Analyse der psychophysischen Relation stellt Jacoby eine Vielzahl von analogen Transzendenzen zusammen, die im Meinen überbrückt werden. Zuerst wendet er sich dabei wieder der *Außenwelt* zu. So sind beispielsweise alle gesehenen Körper transzendent, weil wir nur eine bestimmte Ansicht von diesen erfahren und die Rückseite hinzudenken.[25] Wir registrieren nur eine Seite und meinen ein Ganzes. Jacoby verallgemeinert dieses Beispiel zum Bild vom Kamerawesen (II 237). Der Mensch befindet sich in einer Situation, als ob er nur auf die Mattscheibe einer Kamera blicken könnte, die ihm Außeninformationen liefert. Wenn zusätzlich noch Rückkoppelungen zwischen Fotoapparat und Außenwelt beständen, könnte er sich Registrationen vorstellen, welche die Vorgänge im Sinne eines naturgesetzlichen dreidimensionalen räumlichen Geschehens richtig gedeutet vermitteln. Gleiches kann mit einem Registrierapparat für Thermometerverschiebungen oder für Schallwellen geschehen; ja man kann sich auch den Fall denken, daß ein Tauber Höhen und Tiefen auf einer Schallplatte richtig deutet und so ein analog strukturiertes Bild von Schallphänomenen erhält. In allen Fällen ist das Registrierte gegenüber der Registrierung physisch transzendent und gleichwohl sinnvoll. «Nicht die Registrierungen selber, sondern das durch sie Registrierte, nicht das, was sie an sich sind, sondern das, was sie für uns bedeuten, bildet unseren Erkenntnisgegenstand» (238). Jeder Mensch konstruiert so seine eigene Erscheinungswelt aus spezifischen Daten, aber alle leben in der gemeinsamen transzendenten Wirklichkeit. So zeigt Jacoby die Bedeutung der durch Umwelteinwirkungen bestimmten zerebralen Sinneserregungen für den Aufbau unserer Wahrnehmungswelt.

---

25 Vergleiche diese Auffassung mit der Abschattungstheorie Husserls. Hier wird der Unterschied zwischen Phänomenologie und Transzendenzontologie deutlich: für Husserl ist die Synthesis zum Gesamtkörper eine intentionale *Leistung,* für Jacoby dagegen das *Meinen* eines transzendenten Ansich.

Analoge Verhältnisse stellt Jacoby auch bei den Seinstranszendenzen innerhalb des Bewußtseins fest, wo analoge zerebrale «Verdeckungen» festzustellen sind. Schon in der Wahrnehmung sind gnoseologische Elemente enthalten, die etwas meinen, das gar nicht im Bewußtsein liegt. Zum Erlebnisinhalt wird nur das durch die Wahrnehmung Repräsentierte, nicht das Repräsentationsmittel; denn nur die Inhalte sind biologisch überlebenswichtig. Diese sind als Nicht-Ich wieder transzendent und gehen keineswegs im Bewußtsein auf. Im nächsten Kapitel beschreibt Jacoby die Einbettung der Bewußtseinswelt in ein transzendentes Gehirn. Das psychophysische Konzept der Transzendenzontologie kennt nur einen einzigen Realbezug zwischen Bewußtsein und Außenwirklichkeit und vermeidet so die Schwierigkeiten der immanenzontologischen Überschneidungstheorie. Denn die Bewußtseinsvorgänge spielen sich nicht im empirisch vorfindbaren Gehirn ab, «sondern in einem durch dieses sichtbare Gehirn nur repräsentierten und tatsächlich außerhalb unserer Wahrnehmungswelt liegenden transzendenten Gehirne» (428). Die weiteren Ausführungen enthalten eingehende Analysen der hinter der Bewußtseinswirklichkeit stehenden Zeit-, Ideen- und Geistwelt und zeigen die Konsequenzen dieser Einsichten für die Fundamente der Physik (Substanz, Kausalität, Lorentz-Transformation), der Mathematik, der Geisteswissenschaften, der Psychologie und schließlich der Theologie.

Mit dem letzten Thema erschließt Jacobys Ontologie neben den immanenten, transzendenten und ideellen Wirklichkeiten die des Überweltlichen. Der gelernte Theologe fühlt sich verpflichtet, die Ontologie auch auf den Bereich des Glaubens auszuweiten. Diese Welt ist «Ausdruck unseres Unterbewußtseins von der Geworfenheit unseres eigenen wie des Weltseins und von unserer weltübersteigenden Gnoseologie» (II 938). Und er ist überzeugt, daß die Fragen des Unterbewußten im christlichen Glauben ihre adäquaten Antworten finden.

F. Lebensweltanalysen

Diltheys «Kritik der historischen Vernunft» versucht, die Grenzen der allein vom Logos bestimmten Philosophie aufzuzeigen, und verlegt dabei den Ursprung allen Seins in den Lebensbegriff. Den Gefahren eines Abgleitens in den unkontrollierbaren Irrationalismus begegnet Dilthey mit der Herausarbeitung einer geisteswissenschaftlichen Methodik und einer seinsverstehenden Hermeneutik. Aber sowohl der dabei verwendete Verstehensbegriff als auch die Tendenzen zum historischen Relativismus aktivieren die Opposition der exakten Wissenschaften und der strengen rationalen philosophischen Strömungen im Bereich der Phänomenologie sowie im Umfeld der Analytischen Philosophie. Die Darstellung der die Probleme und Lösungen präzise explizierenden *Analytischen Philosophie* muß aus den früher angegebenen Gründen hier unterbleiben. Auf die ausführlichen Wesensanalysen der *Phänomenologie* dagegen sind wir im vorausgegangenen Abschnitt eingegangen. Dabei wurde deutlich, daß in der Frühphänomenologie zwar die Vernunft als intuitive Instanz den Anspruch auf *letzte* Einsicht, das heißt auf *Wesens*erkenntnis erhebt, sich aber letztlich nicht legitimieren kann und alle Faktizität ausklammert. Im folgenden zeigen wir, wie Diltheys Lehre in den Ausprägungen der Nachfolger den geisteswissenschaftlich-hermeneutischen Geist verbreitet und als Korrektiv sowohl zum reinen intuitiven Logos als auch zum naturwissenschaftlichen Weltverständnis wirkt.

Wie Webers Soziologie, Troeltschs Religionsphilosophie und Simmels Kulturphilosophie stark von Dilthey beeinflußt sind, so läßt sich auch *Eduard Sprangers* Lehre als eine Auseinandersetzung insbesondere der Pädagogik und Psychologie mit den Thesen der Diltheyschen Philosophie verstehen. Dabei vereinigt Spranger neukantianische und lebensphilosophische Elemente zu einer Lebensform-Philosophie, die sich später durch eine gewisse Gleichsetzung von Leben und Geist wieder einer Logos-Konzeption annähert. In diesem Spannungsfeld von Geschichtlichkeit und Logos steht die gesamte *Dilthey-Nachfolge*. Philosophen wie *Herman Nohl*, *Georg Misch*, *Theodor Litt* und *Erich Rothacker* greifen die Fragestellungen auf und versuchen, das Werk Diltheys zu vollenden und weiterzuführen. Neben Spranger prägen vor allem Nohl und Litt die Erziehungs- und Bildungstheorien aus dem Geist der Diltheyschen Schule; sie zählen zu den Vertretern der sogenannten geisteswissenschaftlichen Pädagogik. Litt und Rothacker gehen bewußt über Dilthey hinaus, ersterer durch die Einbeziehung der Dialektik, letzterer durch eine Präzisierung des Ursprungsproblems der Kultur. Während Litt damit eine Hegel-Renaissance einleitet, baut Rothacker Brücken zur philosophischen Anthropologie und zur Daseinsanalytik Heideggers.

Lebensweltanalysen erfolgen schließlich im Umkreis der *Spätphänomenologie*. Die genetische Phänomenologie der «Freiburger» lebt von der Auseinandersetzung mit Heideggers Lehre. Die Schwierigkeiten einer Phänomenologie der Lebenswelt, die als transzendentale Phänomenologie stets Bewußtseinsphilosophie bleibt, verschärfen sich. Bei *Ludwig Landgrebe* und *Eugen Fink*, auf die wir unsere Aufmerksamkeit beschränken, wird deutlich, wie die Phänomenologie in der Auseinandersetzung mit lebensweltlichen Fragen allmählich ihren Einfluß verliert und sich mit der Dilthey-Tradition vermischt, deren Zentralworte schon immer das konkrete Leben und die Geschichte waren.

16. Eduard Sprangers Philosophie der Lebensformen als Element einer pädagogischen Geistphilosophie.

In Sprangers Philosophie findet man die Analyse eines der zentralen Themen der Lebensphilosophie, die Darstellung einer Theorie der *Lebensformen*. Diese Thematik prägt die gesamte Dilthey-Nachfolge im engeren Sinn und strahlt, durch Husserls genetische Phänomenologie vermittelt, ebenso auf die phänomenologische Bewegung aus. Aber bereits ein kurzer Blick auf Sprangers Publikationen zeigt, daß dieser auch *Pädagoge* und *Bildungsphilosoph* ist.[1] Der Versuch, eine *wissenschaftliche* Pädagogik zu entwickeln, erfolgt aus ähnlichen lebensweltlichen Motiven wie die Grundlegung der Geisteswissenschaften bei Dilthey oder die der Soziologie bei Weber. Spranger verbindet die bildungsphilosophischen Traditionen Diltheys mit den pädagogischen Interessen des Neukantianismus, in dem das Erziehungsproblem seit Natorp einen festen Stellenwert erlangt hat. Die Philosophie Sprangers ist daher eng mit pädagogischen Themen verwoben. Ein eigenständiges philosophisches Gesamtwerk fehlt; die wichtigsten philosophischen Elemente müssen aus der Fülle der pädagogischen und bildungspolitischen Ausführungen und aus einzelnen Aufsätzen und Vorträgen destilliert werden. Selbst die spezifisch philosophische Idee der Lebensform ist nur im Zusammenhang mit der «geisteswissenschaftlichen Psychologie und Ethik der Persönlichkeit» dargestellt.[2] Das Fundament sowohl der pädagogischen als auch der psychologischen Analysen bildet eine nicht weiter explizierte *Geistphilosophie*. Deren Rückgriff auf den Humanismus des Deutschen Idealismus und auf die Wertewelt des vorkriegszeitlichen Bürgertums erschwert die Aktualisierung der philosophischen Ideen Sprangers für die heutige Zeit.

16.1 Biographie und Bibliographie

a. Lebenslauf

Geboren am 27.6.1882 in Berlin. Dort Studium der Philosophie, Psychologie, Germanistik und Altphilologie. 1905 philosophische Promotion. Lehrer an Privatschule. 1909 Habilitation in Berlin für Philosophie und Pädagogik. 1911 außerordentlicher, 1912 ordentlicher Professor für Philosophie und Pädagogik in Leipzig, 1920 in Berlin. 1936/37 Professor in Japan. 1945 kommissarischer Rektor der Universität Berlin. 1946 Professor für Philosophie in Tübingen. Er stirbt dort am 17.9.1963.

Sprangers Interessen waren von Anfang an sehr weit gestreut; sie betrafen Philosophie, Pädagogik, Psychologie, Bildungspolitik, Gesellschaftswissenschaften, Kultur- und Gesellschaftskritik, juristische und religionsphilosophische Fragen. Entsprechend umfassend waren die Themen, um die seine Untersuchungen kreisten: Leben, Geschichte, Kultur, Werte und Geist. Schon früh fragte er nach den Grundlagen der zugeordneten Wissenschaften, wie das Thema seiner Doktor-Arbeit «Grundlagen der Geschichtswissenschaften» zeigt. Zunächst wollte er bei Dilthey promovieren; aber Schwierigkeiten vor allem auch persönlicher Art veranlaßten ihn, die Dissertation bei Friedrich Paulsen anzufertigen. Seine Quellenstudien führten ihn zu den Lehren Wilhelm von Humboldts, die in den ersten beiden Büchern von 1909 und 1910 dargestellt wurden. Seine pädagogischen Ideen und Konzepte konnte er in der Praxis seiner nebenamtlichen Lehrtätigkeit an einer Höheren Mädchenschule überprüfen. Während des Krieges verstärkte sich sein politisches, insbesondere schulpolitisches Interesse. Die philosophischen Grundlagenbetrachtungen

---

[1] Über die Alternative «Philosoph oder Pädagoge» vergleiche Sacher (1988) S.358: «Spranger blieb Philosoph, auch indem er Pädagogik trieb, denn er bedurfte der Pädagogik im Zusammenhang seines philosophischen Ansatzes. Aber er war zugleich längst Pädagoge, während er noch philosophierte ...»

[2] So der Untertitel der «Lebensformen».

erfuhren in den «*Lebensformen*» aus dem Jahre 1914 ihren ersten Abschluß. Diese sind auch aus dem damaligen *Werturteilsstreit* zu verstehen, in dem Spranger die Gegenposition zu Max Weber einnahm. Die zweite, erweiterte Form der «Lebensformen» von 1921 ging dann weit über die Grundlagenthematik hinaus und umfaßte eine allgemeine Persönlichkeitslehre. Den größten Erfolg erlangte Spranger durch sein Buch «Psychologie des Jugendalters», das bis heute zu den Standardwerken der Pädagogischen Psychologie zählt. Allerdings ist die Bedeutung durch den ausschließlichen Bezug auf den großstädtischen Jugendlichen der bürgerlichen westlichen Gesellschaft etwas relativiert. Mit diesem Werk brach die Reihe der großen Bücher ab, nicht zuletzt wegen seines wachsenden Engagement für praktische Erziehungsaufgaben. Vorträge und Aufsätze wurden die Ausdrucksformen seiner Lehren.

In die zwanziger Jahre fiel die reservierte Kenntnisnahme und beiläufige Kritik der Phänomenologie Husserls. Zunächst betrachtete er die Phänomenologie nur als modisches Etikett für Psychologie. Später akzeptierte er zwar die Zielsetzung einer phänomenologischen Wesensanalyse aus den Akten des reinen Bewußtseins, schloß sich aber der phänomenologischen Methode ausdrücklich *nicht* an.[3] Nach Spranger lassen sich letzte Erkenntnisse nicht durch eine Wesensschau von an sich existierenden ewigen Sachverhalten gewinnen, sondern nur aus der konkreten Fülle des Zufälligen und Endlichen des geschichtlichen Lebens. Überhaupt erschien ihm die statische Denkweise der Phänomenologie mit ihrer Geschichts- und Lebensferne und das Fehlen jeglicher pädagogischer Reflexion verdächtig genug. Direkte Bezüge zwischen Spranger und der späteren genetischen Phänomenologie lassen sich nicht finden.

Spranger wurde zum konservativen Pädagogik-Theoretiker, der sich radikalen Neuerungen entgegenstellte. Er galt neben Nohl und Litt als Hauptvertreter einer *geisteswissenschaftlichen* Pädagogik, obwohl er selbst diese Bezeichnung nicht verwendete, sondern von einer *philosophischen* Pädagogik sprach[4]. Seine deutschnationale Grundhaltung erwies sich gegenüber den Gefahren des Nationalsozialismus als unkritisch und blind; Spranger war in den entscheidenden Jahren von der «neuen Bewegung» durchaus beeindruckt.[5] Doch als die Macht der Nationalsozialisten in den universitären Freiraum eingriff, reagierte er mit einer Rücktrittserklärung, die er aber aus Sorge um Isolation und Vereinsamung sowie wegen seiner prinzipiellen Zustimmung zu den gesellschaftlichen Veränderungen einige Monate später wieder zurücknahm.[6] Er wandte sich nun Fragen der Geschichte der Pädagogik (Pestalozzi, Fröbel) und vor allem der Kulturphilosophie zu. Die damit verbundene Wertproblematik und die Beschäftigung mit der Kulturmorphologie waren von einer allgemeinen *Geistphilosophie* getragen. Spranger suchte hinter den Erscheinungen des Tages eine tiefere geistige Schicht, die zum Teil lebensphilosophisch, zum Teil metaphysisch fundiert war. Im Geiste des Sokrates und anderer großer Pädagogen lehrte er in den Kriegsjahren unter schlimmen Bedingungen. Im Zusammenhang mit dem Attentat auf Hitler am 20. 7. 1944 wurde Spranger verhaftet und blieb zehn Wochen in Haft. Nach dem Kriege leistete er einen bedeutenden Beitrag zum Wiederaufbau des Bildungswesens.

---

3 In einem unveröffentlichten Manuskript heißt es:«Wir werden uns der Methode der Phänomenologie nicht anschließen». Zitiert nach Sacher (1988) S. 28.
4 Vergleiche Bollnow (1983) S. 37.
5 In einem Brief an Vizekanzler von Papen bekennt sich Spranger zu Hitlers «großem Werk für das deutsche Volk», zu dem er «mit innerster Überzeugung und Treue Ja sage». (H.-E. Tenroth: Eduard Sprangers hochschulpolitischer Konflikt 1933 -Politisches Handeln eines preußischen Gelehrten. In: Henning/Leschinsky (1991) S. 95.
6 Damit war Spranger endgültig in das Zwielicht der geschichtlichen Beurteilungen geraten. Vergleiche dazu die ausführlichen Analysen in Henning/Leschinsky (1991), insbesondere den genannten Artikel von Tenroth. Eine vernichtende Kritik findet man bei T. Langstien: Die protestantische Ethik und der «Geist von Potsdam». Sprangers Konstruktion des Führerstaates aus dem Prinzip persönlicher Verantwortung. In: W.F. Haug: Deutsche Philosophen 1933. Hamburg 1989. S. 29 ff.

b. Auswahl aus der Primärliteratur Sprangers

1905   Die Grundlagen der Geisteswissenschaften. Eine erkenntnistheoretische-psychologische Untersuchung. Berlin. In GS VI.
1909   Wilhelm von Humboldt und die Humanitätsidee. Berlin. 2. Aufl. 1930.
1910   Wilhelm von Humboldt und die Reform des Bildungswesens. Berlin. 3. Aufl. Tübingen 1960.
1913   Die Stellung der Werturteile in der Nationalökonomie. In: Schmollers Jahrbuch für Gesetzgebung, Verwaltung und Volkswirtschaft im Deutschen Reich. 38 /1914. In GS VI.**SWN**
1914   Lebensformen. Ein Entwurf. In: Festschrift für Alois Riehl. Von Freunden und Schülern zu seinem 70. Geburtstag dargebracht. Halle. **LF**
1916   Das humanistische und politische Bildungsideal im heutigen Deutschland. Berlin.
1918   Zur Theorie des Verstehens und zur geisteswissenschaftlichen Psychologie. In: Festschrift. Johannes Volkelt zum 70. Geburtstag dargebracht. München.In GS VI.
1919   Kultur und Erziehung. Leipzig. 4. Aufl. 1928.
1921   Lebensformen. Geisteswissenschaftliche Psychologie und Ethik der Persönlichkeit. Völlig neu bearbeitete und erweiterte Auflage. Halle. 9. Auflage Tübingen 1966.
1924   Psychologie des Jugendalters. Leipzig. 29. Auflage Heidelberg 1979.
1929   Der Sinn der Voraussetzungslosigkeit in den Geisteswissenschaften. In: Sitzungsberichte der Preußischen Akademie der Wissenschaften. Philosophisch-Historische Klasse 1929. In GS VI.
1933   Umrisse der philosophischen Pädagogik. In: Internationale Zeitschrift für Erziehungswissenschaft. Jg. 3. 1933/34. In GS II.
1934   Bemerkungen zum Strukturbegriff in den Geisteswissenschaften. In:O. Klemm u. a. (Hg.) Ganzheit und Struktur. Festschrift zum 60. Geburtstag Felix Kruegers. München. In GS VII.
1937   Geist und Seele. In: Blätter für Deutsche Philosophie 10. In GS IV.
1941   Weltfrömmigkeit. Leipzig.
1947   Lebenserfahrung. Tübingen/Stuttgart. 3. Aufl. 1953.
1954   Der unbekannte Gott. Stuttgart. 2. Aufl. 1955.
1958   Der geborene Erzieher. Heidelberg. In GS I.
Gesammelte Schriften in elf Bänden. Hg. von G. Bräuer, A. Flitner, O.F. Bollnow u. a. Heidelberg 1969–1980. **GS**

c. Bibliographien

Englert, L. / Mursch, S.: Bibliographie. Eduard Spranger. In: Pädagogische Rundschau 16/1962. S. 631 ff.
Neu, T.: Bibliographie. Eduard Spranger. Tübingen 1958
Der Nachlaß ist in der Universitätsbibliothek Tübingen zugänglich. Weitere Materialien im Spranger-Archiv in Braunschweig.

16.2   Von Diltheys Hermeneutik zur Geistphilosophie

Trotz gravierender Unterschiede zwischen den Auffassungen Sprangers und Diltheys darf deren Affinität nicht unterschätzt werden. Spranger zitiert Dilthey an zahlreichen Stellen und nennt ihn immerhin den «tiefsten Philosophen unserer Zeit»[7]. Die gemeinsame lebensphilosophische Ausgangsbasis ist offenkundig. Aber bei Spranger überwiegt das systematische Interesse, das schärferer Begriffe und rationaler Strukturkriterien bedarf. Diese vermißt er bei Dilthey. Seine Vorwürfe gegen Dilthey gehen noch weiter und betreffen mangelhafte Klarheit der Begriffe, ein Sichausliefern an die Geschichte und dessen relativistische Endlichkeits-Lehre.

Sprangers Weg knüpft an Diltheys lebensphilosophischem und hermeneutischem Ansatz an. Aber bereits hier versucht er, das Leben und die Werte den Gefahren einer Vergeschichtlichung zu entreißen, – ein Anliegen, das auch alle späteren Arbeiten mitbestimmt. Dieses Ziel verfolgt er einerseits durch eine wissenschaftliche Durchdringung der Kultur- und Geschichtsphänomene, andererseits durch die Absicherung der letzten Werte in einer der humanistischen Tradition verpflichteten Glaubensposition. Dieser letztlich religiöse Grundcharakter wird in der Spätphi-

---

7   So in «Wilhelm Dilthey», eine Gedächtnisrede, gehalten in der Societas Joachimica in Berlin. Berlin/ Leipzig 1912.

losophie noch auffälliger. In einem Brief bemerkt Spranger: «Diese Welt kann nicht das letzte Wort sein»[8].

Die Spannungen zwischen Diltheyscher Relativität und Sprangerscher Fundierung im Absoluten bestimmt alle Stadien seiner philosophischen Entwicklung. Am Anfang prägt sie die oft antinomischen Aussagen über *Geschichte* und *Werte*; später bezieht sie sich auf den *Lebensbegriff*. Das rationale Element erscheint in den Strukturbeschreibungen der Lebensweltanalysen, das Bemühen um Sicherheit enthüllt sich in der Zurückführung aller Phänomene auf das *Geistesleben*. Leben ist Geistesleben und als solches durch Selbstreflexion direkt und in den Kulturgütern indirekt wenigstens zum Teil faßbar. Der Geist als sich in der Geschichte objektivierender zeigt deutliche Züge der christlichen Logos-Lehre. Leben, Geschichte, Werte, Kultur – dies alles sind Manifestationen eines sich in Personen realisierenden Geistes. Versteht man Geist als Instanz der Sinnstiftung und des Sinnverstehens, so ließe sich dieser als rein i*mmanentes* Phänomen deuten; doch bei Spranger schwingt stets eine zweite, tiefere Bedeutung mit, die über die Immanenz hinausweist.

Eine zentrale Stelle in der Philosophie Sprangers nimmt die *Theorie der Lebensform* ein[9]. Sie stellt trotz des Hinweises in der «Selbstdarstellung»[10] nicht nur eine Typologie oder Wertlehre dar, sondern konkretisiert die Geistesphilosophie unter Verwendung von Hilfsmitteln aus der geisteswissenschaftlichen Psychologie. Deshalb kann sie zu Recht als «Theorie der geistigen Akte»[11] bezeichnet werden. Ihre Orientierung an den Besonderungen der Geisteswissenschaften wird durch Sprangers Wissenschaftsauffassung verständlich. Für ihn ist das Spezifikum der Geisteswissenschaft nicht die Erfassung des Individuellen, sondern die Praktizierung des Verstehens. Wegen ihres normativen Charakters wirken die Geisteswissenschaften deshalb als die eigentlichen Erzieher der Menschheit. Damit ist die *Pädagogik* angesprochen, ein Zentralthema des Sprangerschen Denkens.

In der *konkreten* Pädagogik sind die Konturen der Sprangerschen Auffassung wesentlich widerspruchsfreier erkennbar als in den Grundlagenfragen. Seine Theorie, die insbesondere Beiträge zur Psychologie des Jugendalters, zum Bild des idealen Erziehers, zur Berufsbildung und zur Institution der Volksschule enthält, orientiert sich eindeutig an der antiken und klassischen Bildungstradition. Kant, Hegel und Goethe zählen zu den Hauptquellen. In der Pädagogik-Geschichte erscheint Spranger als Repräsentant der *geisteswissenschaftlichen Pädagogik*, der aufgrund ihrer Herkunft aus der lebensweltlichen Tradition im allgemeinen irrationale und irreale Tendenzen vorgeworfen werden. In der Tat ist auch Sprangers Pädagogik methodisch kaum abgesichert, sondern eher aufgrund einer ästhetischen Einfühlung intuitiv erahnt. Die häufig vorgebrachte Kritik an der geisteswissenschaftlichen Pädagogik im allgemeinen, die auch Spranger einbezieht[12], betrifft die starke Abhängigkeit von Personalismus, Neuhumanismus, deutschem Idealismus und dem damit verbundenen politischen Konservatismus, ferner den Rekurs auf die vorindustrielle Gesellschaft und insgesamt den Mangel an empirischen Grundlegungen und Überprüfungen ihrer Aussagen.

Sowohl die Pädagogik als auch die Reflexionen zur geisteswissenschaftlichen Grundlegung bauen auf den vieldeutigen *Geistbegriff* auf. Spranger hat diesen an verschiedenen Stellen, insbesondere in seinem Vortrag «Objektiver Geist» (OG)[13] vom Jahre 1934, zu präzisieren versucht. Der häufig verwendete Begriff «Geistleben» enthält mehrere Komponenten, nämlich

---

8 An Käthe Hadlich, 1.10.1912. Vgl.GS VII 56.
9 Vergleiche die ausführliche Darstellung in 16.4.
10 In «Kurze Selbstdarstellungen» heißt es:« Das erste Buch ist ein Stück Typenpsychologie …» In: Bähr/ Wenke (1964) S.17.
11 Sacher (1988) S.472.
12 Zum Beispiel Löffelholz (1977) S.3.
13 Der Vortrag wurde vor der Kant-Gesellschaft in Halle gehalten; vgl. GS VI. Weitere Aufsätze zum Thema besonders in GS VI.

- den *subjektiven* oder personalen Geist, der das individuelle Bewußtsein eines Wesens mit Innerlichkeit meint;
- den Gemeingeist oder überindividuellen Geist, der als volonté générale Rousseaus oder als *objektiver* Geist Hegels den intersubjektiven Lebenszusammenhang der individuellen Geister garantiert (OG 185);
- den *objektivierenden* oder gegenständlichen Geist, der die Gegenstände aus dem ursprünglichen Zusammenhang des individuellen Erlebens heraussetzt (186). Solche Gegenstände sind die abgelösten kulturellen Sinngebilde, ihre Bereiche sind Wissenschaft, Wirtschaft, Religion, usw.[14]

Spranger versteht unter objektivem Geist im eigentlichen Sinn im allgemeinen den objektivierten Geist, der über den verpflichtenden Gemeingeist Hegels hinausgeht. Dieser umfaßt auch die Funktionen des objektiven Geistes und bedeutet das transzendentale Schema oder das apriorische Strukturgerüst zum Verstehen von kommunikativen Sinngebilden. Als Urphänomene des Geistes identifiziert Spranger den Emanationsgedanken: «Seit alten Zeiten ist Geist etwas, das aus einem verborgenen Inneren nach außen fließt, das aus einer Einheit heraus sich in eine gegliederte Vielheit auseinanderlegt» (186). Ein überindividuelles Innerliches will Äußerliches werden. Hinter diesem Bestreben des Geistes verbirgt sich eine Urkategorie des Lebens, nämlich die der Auslegung (187). Und die «nachfolgende Auslegung des Ausgelegten» heißt Verstehen (188). Die Urkategorie charakterisiert Spranger weiter durch sogenannte physiognomische Lebenskategorien, welche Leib, Gebärde und intentionales Verhalten als Ausdruck des Inneren bestimmen. Weil diese kategorialen Voraussetzungen in allen Individuen erfüllt sind, wird das Faktum des objektiven Geistes als Inbegriff von Sinngebilden und Wirkungsgebilden einschließlich Sitte, Moral und Recht im Geistesleben verständlich. Gemeingeist und objektivierter Geist bilden «ein vielfältiges, nie ganz auflösbares Lebensgewebe», das nur im aktuellen geschichtlichen Bewußtsein des Erlebenden lebt (196). Der denkende Menschengeist kann in dieses Gefüge immer tiefer eindringen, aber indem er an eine Grenze stößt, bleibt ihm nur die Ehrfurcht vor dem Unerforschbaren (200).

Biographische Umstände bedingen in der Spätphilosophie Sprangers eine stärkere Hinwendung zur Geschichte und zu den Objektivierungen in der geschichtlichen Kultur. Weil die Themen immer weitläufiger werden und dabei oft kontroverse Standpunkte zu vermitteln sind, geht die Geschlossenheit seiner Philosophie verloren. Trotz der Wirkungen auf die Bildungstheorie, auf die Pädagogik und auf die pädagogische Psychologie verliert der Name Spranger in der Philosophie nach dem Zweiten Weltkrieg an Glanz. Doch seine Beiträge zur *Werturteilsdiskussion* und zur *Theorie der Lebensformen* verdienen weiter noch Beachtung.

16.3 Die Werturteilsdiskussion

Spranger spielt in der Werturteilsdiskussion von 1914 neben Weber die wichtigste Rolle, weil sein Beitrag zur Diskussion auf der entscheidenden Sitzung des Vereins für Sozialpolitik im Januar 1914 als einziger publiziert wird und große Zustimmung findet. Die Arbeit stellt eine Art Gegengutachten zu Webers «Gutachten zur Wertdiskussion im Ausschuß des Vereins für Sozialpolitik» dar und wird schon 1914 unter dem Titel «Die Stellung der Werte in der Nationalökonomie» in Schmollers Jahrbuch veröffentlicht.[15] Spranger bezieht sich zum Teil ausdrücklich auf *Max Webers* Position, die er strikt ablehnt. Er disqualifiziert den Standpunkt Webers als schlichten *Posi-*

---

14 In den nachgelassenen Manuskripten wird weiterhin ein «normativer Geist» eingeführt (z.B. GS VI 292), der dem Vermögen des Wertens und Normierens als Bedingung zugrundeliegen muß.
15 Jahrbuch für Gesetzgebung, Verwaltung und Volkswirtschaft im Deutschen Reich. 38/1914. S. 557ff, andere Numerierung 33ff. Wir zitieren nach GS VI, wo allerdings der zweite Abschnitt der Arbeit nicht übernommen wird.

tivismus. Rückblickend beschreibt er 1929 die Position Webers mit folgenden Worten: «1919 beunruhigt uns Max Webers Vortrag über ‹Wissenschaft als Beruf›, in dem sich die kantisierend-positivistische Wissenschaftsauffassung einer älteren Generation noch einmal scharf zusammenfaßt: Wertsetzende Urteile sind unter keinen Umständen Sache der Wissenschaft, sondern des Lebens und der Prophetie; auch die Geisteswissenschaft kann nur Gesetzlichkeiten der Strukturen oder des Geschehens studieren ... aber sie kann die Relativität der Wertstandpunkte ... nicht kritisieren; ihr einziges Geschäft ist erklärende und verstehende Kausalerkenntnis: die ‹Entzauberung der Welt›» (GS VI, 151). Auch in SWN hat er den Positivismus als wertfreie Wissenschaft definiert (120), die nur gesetzliche Zusammenhänge und funktionelle Abhängigkeiten beschreibt, sich also an das Vorgefundene (positivum) hält.[16] Erkenntnis ist dann nur ein Sammeln, Ordnen und Registrieren. Eine solche Wissenschaft kann aber nach Spranger weder ihre Ziele noch ihre Forderungen, also das Sein*sollende*, begründen, weil Normen durch Willensakte und Gefühle bestimmt sind, die jenseits der theoretischen Wissenschaft liegen. Gegen Webers Thesen setzt Spranger seine Überzeugung, daß die Geisteswissenschaften die Aufgabe haben, ethische und politische Wertungen zu vollziehen. Die Kathederwertung ist demnach eine Selbstverständlichkeit und die Unterscheidung von Tatsachenaussagen und Werturteilen bleibt irrelevant.[17]

Aus diesen Formulierungen darf man nicht folgern, daß Spranger den Agitatoren und Propheten einen Freibrief ausstellt, wobei diese die Propagierung von Werturteilen und Normen der reinen Willkür überlassen und nicht als spezifisch wissenschaftliche Aufgabe ansehen. Spranger beschreibt zwei extreme Positionen, von denen er sich in gleicher Weise distanziert; er unterscheidet

— Werturteile *außerhalb* aller ökonomisch-sozialen Erkenntnis, wie sie angeblich Weber und die Positivisten annehmen und
— Werturteile *als* ökonomisch-soziale Erkenntnisse, eine Gegenposition, die die wissenschaftliche Tätigkeit als metaphysisch-teleologischen Platonismus propagiert.

Spranger versucht, eine *Zwischenposition* zu beziehen:
— Werturteile *aufgrund* von ökonomisch-sozialer Erkenntnis.

Weil im geistig-sozialen Geschehen die einfache mechanistische Kausalität nicht ausreicht, verweist er zur Begründung auf das *teleologische Bewußtsein* als neue wesentliche Beschreibungskategorie. Darunter versteht Spranger ein Bewußtsein, das nicht nur Zwecke der Zweck-Mittel-Relation kennt, sondern sich durch *Werte* leiten läßt; teleologisches Bewußtsein ist eine Abkürzung für zweck- und wertbestimmtes Bewußtsein. Es geht um das Bewußtwerden der Auswirkungen von Werten. Zwecke sind unter anderem ein Konglomerat von theoretischen, ökonomischen, sozialen, politischen, ästhetischen und religiösen Werten. Sprangers *Grundthese* besteht in der Überzeugung, daß die wissenschaftliche Analyse von Kausalketten, der Zweck-Mittel-Relation und der Deskription von notwendigen Folgen, die bei der Erforschung der Handlungszusammenhänge *anderer* Menschen angewendet wird, auch auf die *eigenen* Wert- und Zielvorstellungen zurückwirken kann. Die Kenntnisnahme von Handlungszwecken anderer kann durch die historische Erfahrung auf die eigenen Werte und Normen Einfluß nehmen. Zwecke und Werte sind also nicht durch *reine Dezision* als Zielpunkte der Wissenschaft und der eigenen Weltanschauung konzipiert, sondern sie sind das *Ergebnis* kritischer und einsichtiger wissenschaftlicher Reflexionen. Es ist das Produkt einer Wechselwirkung aus Deskription, Analyse und Kritik, das sich allmählich im Forschungsprozeß herauskristallisiert und die Zwecke immer wieder neu bestimmt.

Zur Untermauerung dieser These differenziert er das teleologische Bewußtsein. Er unterscheidet vier Arten (122–125)

— das deskriptiv-nachbildende teleologische Bewußtsein,

---

16 Diese Terminologie wurde in der Neuauflage des Streits 1963 übernommen, so daß man geradezu vom «Positivismusstreit» spricht. Vgl. Adorno T. u. a.: Der Positivismusstreit in der deutschen Soziologie. Berlin 1969.
17 Spranger äußert sich nicht explizit über die Möglichkeit, diese Unterscheidung durchzuführen.

- das lebendige teleologische Bewußtsein,
- das nachbildende und kritische (teleologische) Bewußtsein und
- das lebendige kritisch-teleologische Bewußtsein.

Die Aufgabe des *deskriptiv-nachbildenden Bewußtseins* ist es, fremde und vergangene Tatsachen aus den persönlichen Daseinsbedingungen heraus zu deuten, indem das eigene Lebensbewußtsein durch Phantasie überstiegen wird. Spranger spricht von einem Hineinleben in «variierte Bedingungen nach einer strengen Gesetzlichkeit der wissenschaftlichen Einbildungskraft» (122). Offensichtlich meint er damit die Berücksichtigung einer etablierten wissenschaftlichen Methodik, so daß die Einbildungskraft nicht in Phantastereien endet, sondern der intersubjektiven Forscherkontrolle unterliegt[18]. Dieses deskriptiv-nachbildende Bewußtsein ist für Spranger letztlich nur eine Variante des *lebendigen teleologischen Bewußtseins*. Denn wer nie einen sittlichen oder ökonomischen Wert lebendig in sich erlebt hat, kann keine Deskription der angegebenen Art durchführen. Der Wissenschaftler steht vielmehr mit seinem tatsächlichen Bewußtsein in einer Lebenstotalität, die Spranger mit dem Terminus des «*geistigen Lebens*» bezeichnet. Er versteht darunter die Gesamtheit dessen, was man für wirtschaftlich erstrebenswert, politisch richtig, sittlich gut, ästhetisch schön und religiös heilig hält; es sind die Inhalte des lebendigen Bewußtseins (123).

Nun begnügt sich niemand damit, diese Wertmannigfaltigkeit im eigenen oder im fremden Bewußtsein einfach deskriptiv-nachbildend zu konstatieren, sondern man übersteigt dieses stets zugleich in der *Kritik* und in der Forderung nach normativen Korrekturen. Nach Spranger beruft man sich dabei zwar äußerlich auf Gründe der Logik und auf allgemein anerkannte Normen in Politik und Ethik. In Wirklichkeit aber wird dem anderen ein Ideal entgegengehalten, das aus dem *eigenen* geistigen Leben stammt. Denn das Gute, Gerechte, Vorteilhafte usw. sind eben keine Fakten, sondern Ergebnisse von komplizierten Setzungen und Forderungen der verschiedenen Wertsubjekte. Dies leistet das *nachbildend-kritische Bewußtsein*. Indem wir die fremde Welt interpretieren, legen wir normative Maßstäbe an, die bestimmen, was unter genau diesen Umständen hätte sein *sollen*. «Wir versetzen uns also nicht nur nachfühlend in fremde Zusammenhänge, sondern auch immer richtend und kritisierend» (124).

Die Webersche Frage nach der Zweck-Mittel-Relation und die Kritik an Einzelpunkten der Mittelwahl und der notwendigen Folgen schiebt Spranger als problemlos beiseite. Sein eigentliches Anliegen ist die Frage nach Zweck und Wert selbst: «Dürfte dieser (Zweck) gesetzt werden – war es richtig, vorteilhaft, moralisch, gerecht?» (124) Solche Fragen sind nach *Weber* keine *wissenschaftlichen* Fragen. Nach *Spranger* kann der Mensch nicht anders, als daß er diese Fragen jeweils unbewußt mitbeantwortet.

Spranger sucht in diesem Zusammenhang nach Prinzipien, die es doch noch ermöglichen, zwischen wissenschaftlichem und unbewußt wertendem Verhalten zu unterscheiden. Dabei zählt er *vier wissenschaftliche Prinzipien* auf, wobei die beiden letzten deutlich über Webers Ökonomiekonzeption hinausführen (125):

- Prinzip der Wirtschaftlichkeit; es wird dabei entschieden, ob die Wertung vom Gesichtspunkt der spezifischen Rentabilität aus gerechtfertigt werden kann. (Bei Weber ist es die Aufgabe, wirtschaftliche Konsequenzen zu analysieren und zu beurteilen. Solange nur die adäquate Orientierung am Maßstab der wirtschaftlichen Rentabilität erfolgt, ohne daß diese selbst bewertet wird, – man kann beispielsweise die Ökologie höher bewerten, – handelt es sich in diesem Zusammenhang um Tatsachenbehauptungen).
- Prinzip der politischen Angemessenheit; hier wird die Frage beantwortet, ob die betrachtete Bewertung der Machtsteigerung einer bestimmten Gruppe dient (ähnlich bei Weber; auch hier bleibt es bei Tatsachenbehauptungen).

---

18 Diese Form des teleologischen Bewußtseins entspricht dem Weberschen «nacherlebenden Verstehen». (Vgl. 8.23b).

- Prinzip der spezifisch-ethischen Kritik, in der eine Maßnahme nach der Sittlichkeit oder Gerechtigkeit beurteilt wird (dies liegt bei Weber außerhalb wissenschaftlicher Kompetenz, sobald das Prinzip nicht nur auf den Handelnden, sondern auch auf den interpretierenden Wissenschaftler bezogen wird.).
- Prinzip der kulturphilosophischen Totalkritik, in der Aussagen über den allgemeinen Kulturfortschritt gemacht werden (von Weber in der Wissenschaft ebenfalls abgelehnt).

Die beiden letzten Prinzipien stellen den eigentlichen Stein des Anstoßes zur Werturteilsdiskussion dar. Offensichtlich ist Spranger überzeugt, daß aus dem Erkennen des sittlich und kulturell Werthaften sogleich und notwendig die Zustimmung des Erkennenden erfolgt. Spranger sieht hinter dem Kulturganzen transzendente Werte, die dann notwendigerweise auch in den wissenschaftlichen Bereich einwirken. Für den religiösen Skeptiker und Aufklärer Weber sind solche Fundierungen undenkbar. Es ist letztlich wieder das «geistige Leben», auf das sich Spranger hier beruft. Auffällig ist in Sprangers Analyse, daß die thematisierte nachbildend-kritische Bewußtseinsform ohne feste Konturen bleibt und in der letzten Umschreibung in das *lebendig-kritische Bewußtsein* hinübergleitet.

Nach Spranger erleben wir in jedem Tatsächlichen ein Sollen, das das geistige Leben in Bewegung hält und im Zwang der Kritik dieses auf eine höhere Stufe stellt. Wir stoßen auf Normen, die jenseits des bloß begehrenden triebhaften Ich wirken und dank einer inneren Dynamik des Kulturgeschehens das Streben nach Höherem nicht vereiteln können. Die wirkenden Ideale entspringen keiner bestimmten Philosophie, sondern kommen im Sinne des Humanitätsgedankens *allen* menschlichen Bewußtseinsausprägungen zu. Insofern sind deren Leistungen nicht Sache des Glaubens, sondern Element der Wissenschaft selbst. Wissenschaften haben es vordergründig zwar mit Fakten zu tun; aber die Einsicht in die Fakten beeinflußt nicht nur die Mittelwahl bei gegebenen Zwecken, sondern auch die Wertungen selbst. Dabei werden die Ziele nicht nur verändert, sondern zugleich verbessert; es handelt sich um eine Höherentwicklung des Geistes. Diesen Zusammenhang haben erstmals Sokrates und Platon entdeckt: wenn wir die richtige Einsicht haben, dann *wollen* wir auch das Gute.

Mit diesen Überlegungen hat das Gegengutachten Sprangers die eigentliche Werturteilsthese Webers nicht widerlegt, sondern ihr eine Alternative an die Seite gestellt. Dieser fehlt aber noch die eigentliche Begründung. Für die *Nationalökonomie* liefert Spranger diese durch eine Analyse der Objektivität von Werturteilen nach. Spranger benützt dazu Argumente der materialen Wertethik und einer speziellen Wertwissenschaft, deren Grundzüge er andeutet. Dabei kommt er zu dem Ergebnis, daß ein Werturteil in der Nationalökonomie genau dann wissenschaftlich ist, wenn diese nationalistisch ist.[19] Das hängt damit zusammen, daß kein persönliches Interesse und kein Standesinteresse maßgebend sein darf. Der Wissenschaftler muß im Namen und nach den Idealen der größten Gruppe urteilen.[20]

Damit wird deutlich, wie Sprangers vermittelnde Zentralthese «Werturteile *aufgrund* von Erkenntnis» gemeint ist. Jeder Erkenntnisfortschritt und jede Bereicherung des deskriptiv-nachbildenden Bewußtseins beeinflußt die drei anderen höheren Formen: «Einsichten in Tatsachen

---

19 Eine ausführliche Analyse dieses in GS VI fehlenden Teils findet man bei Keuth (1989) im Abschnitt 1.22. Keuth faßt dessen Untersuchungen mit folgenden Worten zusammen: Es «kommt kein Wertstandpunkt darüber hinaus, Subjektivität auf dem Boden einer relativ umfassenden Objektivität zu sein. Damit ist die Grenze der Wissenschaftlichkeit ‹nach oben hin› bezeichnet. Die Grenze ‹nach unten hin› bestimmt sich zunächst nach dem Charakter des wertenden Forschers und der ist geprägt durch sein Erkenntnisstreben und sein Menschheitsideal. Nach diesem Ideal wählt der Forscher die Gruppe, in deren Namen er wertet. Das Menschheitsideal der Nationalökonomen ist nun gerade so beschaffen, daß sie im Namen der Nation und im Sinne ihrer Bestimmung urteilen. Deshalb ist ein nationalökonomisches Werturteil dann wissenschaftlich, wenn es nationalistisch ist» (53/54).
20 Heute würde Spranger möglicherweise Europa wählen. Die Wahl einer planetarisch zusammenwachsenden Welt ist allerdings *nicht* möglich, weil nach Spranger zum Wesen des Wertes der Kampf gehört, der dann nicht ausgefochten werden kann.

bilden nicht nur die Wahl der Mittel, sondern auch Wertungen und Zielsetzungen um» (127). So wird unser Lebensideal ohne unser Zutun von Jahr zu Jahr realistischer und paßt sich den Umständen an; die Einsichten in die notwendigen Abläufe korrigieren unsere Entwürfe und Wünsche. Alles vollzieht sich im Ganzen des Lebensprozesses, der sich in seiner Totalität und Fülle der Ratio entzieht. Trotz dieser prinzipiellen Reduktion auf das irrationale Leben versucht Spranger, gewisse quasi-rationale Strukturen zu finden, die er in einer Theorie der Lebensformen darstellt.

16.4 Zur Theorie der Lebensformen[21]

Lebensformen sind rationale Strukturen, die den Zusammenhang des Lebens verständlich machen sollen. In jedem Menschen herrscht eine solche Lebensform vor, durch die er in das übergeordnete Gefüge der Gesamtkultur eingeordnet wird.

Das vordringliche Anliegen des «Entwurfs» LF von 1914 ist daher eine Klärung des Verstehensbegriffs und damit eine Fundierung der Geisteswissenschaften im Sinne der Diltheyschen verstehenden Typenpsychologie. Das charakteristische Merkmal der Geisteswissenschaften, das diese vor den Naturwissenschaften auszeichnet, bildet das Interesse an der Individualität oder Singularität der Erscheinungen und vor allem des Menschen. Der Mensch steht nicht nur in einer durch allgemeine Gesetzmäßigkeiten erklärbaren Natur, sondern ist zugleich in eine geistige Welt «der geheimnisvoll formenden und geformten Individualität» gestellt. «Dieses Ganze aber in seinem organischen Zusammenhang nennen wir eine *Lebensform*» (LF5). Das Verstehen des Individuellen geschieht also in Bezug auf Lebensformen mit Hilfe dieses «organischen Zusammenhangs», der als überindividueller Sinn- und Wertzusammenhang gemeint ist. Verstehen ist dann nichts anderes als die Art und Weise, wie wir mit den verschiedenen Lebensformen in Berührung kommen. Der Begriff der Lebensform weist über den biographischen Einzelfall hinaus und meint etwas Allgemeines im Zusammenhang des Lebendigen, das jenes konkrete Einzelschicksal erst verständlich macht. Ziel der Untersuchung ist es, die kategorialen Bestimmungen von Lebensformen darzulegen und so die geisteswissenschaftlichen Grundkategorien aufzuspüren. Es geht also keineswegs um eine Typologie um ihrer selbst willen, sondern um eine Theorie der Sinnkonstitution des Lebendigen oder um eine Theorie des Geistes.

Spranger zählt zunächst höchst willkürliche Menschentypen auf, so beispielsweise den Helden, den Geschäftsmann, den Träumer, den Erzieher, den Sentimentalen, den Demokraten, den Liebhaber, die Hamlets, die Napoleons, die Narren und die Philosophen (6). Bei der Nennung dieser Typen versteht jeder, was gemeint ist, das heißt man erfaßt in diesen Formen ein kleines Stück Kultur. Aber da Denkformen nicht nur subjektive Denkbehelfe, sondern zugleich Konstituentien für die Wirklichkeit sein sollen, wendet sich Spranger der geisteswissenschaftlichen Psychologie zu, in der auch geschichtliche Phänomene verstanden werden sollen. Doch auch deren Typen, wie «der Grieche z.Zt. des Perikles» oder «der Kleriker des Mittelalters», oder die verschiedenen Berufe sind noch recht beliebig. Deshalb versucht er, die Kategorien aus den «gesonderten Geistesgebieten, die sich im Laufe der Kulturentwicklung immer deutlicher differenziert haben», herauszuarbeiten (12). «Die Einzelseele in den Verflechtungen mit der objekti-

---

21 «Lebensformen» und verwandte Begriffe sind zur Zeit Sprangers ein weit verbreitetes Mittel, um Ordnung in die unübersichtliche Fülle des Geschichtlichen zu bringen. Dabei werden oft ganz verschiedene Gesichtspunkte leitend. Spricht Dilthey von «Weltanschauungstypen», finden wir bei Jaspers in seiner «Psychologie der Weltanschauungen» (1919) «Denktechniken», bei Husserl «Lebenswelten», bei Leisegang «Denkformen» (1928). Später taucht der Begriff «Lebensform» z.B. wieder bei Häberlin auf («Leben und Lebensform», 1957); von besonderer Bedeutung wird der Begriff in Wittgensteins Spätphilosophie, wo er eine sprachliche Funktion übernimmt und zum Fundament von Sprachspielen wird.

ven Kultur», das heißt, das «*Band, das Kultur und Einzelseele zusammenhält*» muß erforscht werden. So orientiert sich Spranger an den Forschungsbereichen, auf die sich die etablierten Geisteswissenschaften heute beziehen.

Spranger zählt sechs «Gebiete des Kulturlebens» auf, die er in Lebensformen, Grundbereiche, Systeme, höchste ethische Zwecke und die einschlägigen Geisteswissenschaften differenziert:

Lebensform	Grundbereich	**System**	höchster ethischer Wert	Geisteswissen-schaft
theoret. Mensch	Wissenschaft	der Erkenntnis	Wahrheit	Erkenntnistheorie
wirtschaftl. Mensch	Wirtschaft	des Erwerbs	Nutzen	Ökonomie
sozialer Mensch	Gesellschaft	der Zweckgemeinschaft	Liebe	Soziologie
Machtmensch	Staat	der Macht	Schönheit	Ästhetik
religiöser Mensch	Religion	der Erlösung	Erlösung	Rel.wissenschaft

Die angegebene Reihenfolge beinhaltet keine Rangordnung. Vier Lebensformen findet man bereits bei Schleiermacher, der allerdings von «Lebenskreisen» spricht; es fehlen dort Wirtschaft und Kunst. Auffällig ist in Sprangers Aufzählung das Fehlen von Recht, Sittlichkeit und Erziehung. Das hängt mit der Durchgängigkeit jener Bereiche für alle anderen Lebensformen zusammen.

Die aufgezählten Zwecksysteme sind Idealisierungen, die in konkreten Fällen stets organisch verschlungen auftreten. Sie sind die *Grundtypen*, aus denen weitere Typen ableitbar sind, wie z. B. die Technik als Vereinigung von Wissenschaft, Wirtschaft und Politik. In den Grundtypen erscheint gewissermaßen der objektive Geist oder die Essenz des Lebens. Sie leisten die ersten heuristischen Dienste. «Wenn es gilt, eine Individualität zu beurteilen, ... so vollzieht sich in kaum bewußt werdender Schnelligkeit der Vorgang, daß wir aus unserem Lebensbewußtsein die reinen Typen hervortreten und gleichsam als Maßstäbe am Gegebenen entlang gleiten lassen. Wo sich Schema und Bild nicht decken, wird das Schema für die Erkenntnis wertvoll und lehrreich ... Bisweilen wird man dann ... das Atypische auf die ursprüngliche geistige Richtung zurückführen, sozusagen auf das individuelle Formprinzip, die Entelechie jedes einzelnen Menschen ... » (90).

So hat jeder Mensch als Individuum notwendig an jedem Zweck teil. Die Totalität der Lebensbeziehungen ist in jedem als Anlage vorausgesetzt und wird sodann individuell ausgestaltet. So erscheint das Wesen des Verstehens im Sinne einer Methode als Interpretation eines geistigen Phänomens aus dem Lebensganzen unter Berücksichtigung des Individuellen.

Lebensformen und Grundkategorien sind bei Spranger als Konstituentien der lebendigen Wirklichkeit mehr als bloße Idealtypen im Sinne Webers, bei dem es sich nur um wissenschaftliche Konstruktionen zur Gliederung der Mannigfaltigkeit des Gegebenen handelt. Sprangers Grundkategorien stehen in größerer Nähe zu den Wesensstrukturen der Phänomenologie, wenn auch die Zugänge zu deren Erfassung grundverschieden sind, weil sie eher aus der Hegelschen Geistkonzeption als aus phänomenologischer Deskription stammen.

17. Die Dilthey-Schule

Die Veröffentlichung der «Gesammelten Schriften» Diltheys legen den Grundstein für die große Wirkung des Diltheyschen Werkes auf die nachfolgenden Generationen. Geschichte und Geschichtlichkeit werden zu Zentralinstanzen der Philosophie des 20. Jahrhunderts. Als methodisches Hilfsmittel dient die Geisteswissenschaft, die trotz umstrittener Grundlegung als feste Größe fungiert und überall zur Legitimation der Gedankengänge herangezogen wird. Zugleich entfaltet sich eine Hegel-Renaissance, in der die Hermeneutik mit den Lehren des objektiven Geistes eine innige Verbindung eingeht.

Zu den Dilthey-Schülern im engeren Sinne gehören vor allem Herman Nohl und Georg Misch. *Nohl* geht von Diltheys geisteswissenschaftlicher Psychologie aus und transformiert diese in eine autonome Reformpädagogik. Dabei spielt das Problem der Wissenschaftlichkeit nicht die Rolle wie in Diltheys Grundlegung. Im Gegenteil: Nohl baut seine Pädagogik geradezu auf einem Gegenbegriff zur Wissenschaft auf, nämlich auf den Begriff der «Kunde», das heißt auf ein vorwissenschaftliches Wissen, das über einen unmittelbaren Bezug zum konkreten Leben verfügt und ein Apriori der lebendigen Anschauung vor aller Theorie darstellt[1]. Man wird hier zwar an die kategoriale Anschauung der Phänomenologie erinnert; es wäre aber übertrieben, von einer Verwandtschaft der Nohlschen Lehre mit der Phänomenologie zu sprechen. Bei K. Bartels wird diese These zwar formuliert[2], dann aber dadurch abgeschwächt, daß der Begriff der Phänomenologie anders gefaßt wird und sich ganz an N. Hartmanns Methodologie von Deskription – Aporetik – Theorieentwurf orientiert.

Misch kommt für unsere Darstellung eine zentrale Stellung zu, weil er eine Synthese aus Lebensphilosophie der «Diltheyschen Richtung» mit der Spätphänomenologie Husserls und zugleich mit der Fundamentalontologie Heideggers entwickelt. Dieser Versuch ist charakteristisch für die Art und Weise, wie man das Phänomen «Heidegger» beim Erscheinen von «Sein und Zeit» zu bewältigen und den von Heidegger betonten Bruch mit der Tradition zu relativieren sucht. Der Einordnung in die Phänomenologie (Conrad-Martius) und in die philosophische Anthropologie (Plessner) tritt eine Vereinnahmung durch die Lebensphilosophie an die Seite.

17.1 Herman Nohl: Die Lebenswelt als Fundament einer autonomen Erziehung

17.11 Biographie und Bibliographie

a. Lebenslauf

Geboren am 7.10.1879 in Berlin. Dort Studium der Geschichte und Philosophie. 1904 philosophische Promotion. 1908 Habilitation in Jena. 1919 außerordentlicher, 1920 ordentlicher Professor für Philosophie und Pädagogik in Göttingen. 1937 Amtsenthebung. 1945 Wiedereinsetzung. 1949 emeritiert. Nohl stirbt am 27.9.1960 in Göttingen.

Nohl begann seine Laufbahn als Assistent bei Dilthey. Er betrachtete sich auch später stets als Dilthey-Schüler. Die Verbreitung des Diltheyschen Gedankenguts war weitgehend ein Verdienst Nohls und Mischs. Nach dem Krieg setzte sich sein pädagogisches Interesse durch. Mit der Gründung der Thüringischen Volkshochschule in Jena im Jahre 1919 gab er der Volksbildungsbewegung entscheidende Impulse. Nach seiner Berufung nach Göttingen wurde er zum Motor der pädagogischen Reformbewegung. Auch hier gingen Praxis und Theorie eine enge Verbindung ein: er gründete in Lippoldburg/Weser ein Heim, das dem pädagogischen Seminar der

---

1 Vergleiche HBP Band II, 1929. S.54.
2 Bartels (1968) S.45ff. Daß Nohl und Husserl sich durch Welten unterscheiden, gibt Bartels auf S.47 selbst zu.

Universität in Göttingen angegliedert war, und er redigierte das Standardwerk der Reformbewegung, das «Handbuch der Pädagogik». Die Amtsenthebung 1937 durch die Nationalsozialisten unterbrach die Laufbahn bis 1945. In diesem Jahr gründete er in Göttingen das «Institut für Erziehung und Unterricht», das zusammen mit der von H. Nohl, O. F. Bollnow, W. Flitner und E. Weniger herausgegebenen Zeitschrift «Die Sammlung» die Nachkriegspädagogik entscheidend beeinflußt hat.

b. Auswahl aus der Primärliteratur Nohls

1904 Sokrates und die Ethik. Tübingen / Leipzig.
1908 Die Weltanschauungen der Malerei. Jena.
1919 Pädagogische und politische Aufsätze. Jena.
1920 Stil und Weltanschauung. Jena. **SW**
1926 Zur deutschen Bildung. Göttingen.
1929 Handbuch der Pädagogik. Hg. von H. Nohl und L. Pallat. Langensalza Band II. **HBP**. Insgesamt vier Bände. 1928–1933.
1933 Die pädagogische Bewegung in Deutschland und ihre Theorie. In: Handbuch der Pädagogik. Langensalza. 10. Aufl. Frankfurt 1988.
1935 Die ästhetische Wirklichkeit. Frankfurt. 2. Aufl. 1954.
1935 Die pädagogische Bewegung in Deutschland und ihre Theorie. Frankfurt. 5. Aufl. 1961.
1935 Einführung in die Philosophie. Frankfurt. 7. Aufl. 1967.
1938 Charakter und Schicksal. Eine pädagogische Menschenkunde. Frankfurt. 3. Aufl. 1947.
1939 Die sittlichen Grunderfahrungen. Eine Einführung in die Ethik. Frankfurt. 3. Aufl. 1949.
1954 Friedrich Schiller. Frankfurt.
1949 Pädagogik aus dreißig Jahren. Frankfurt.
1958 Erziehergestalten. Göttingen. 2. Aufl. 1960.
Vom Sinn der Kunst. Göttingen 1961.
Aufgaben und Wege der Sozialpädagogik. Vorträge und Aufsätze. Weinheim 1965.
Ausgewählte pädagogische Abhandlungen. Hg. von J. Offermann. Paderborn 1967.

c. Bibliographien

Bibliographie. H. Nohl. Zu seinem 75. Geburtstag, bearbeitet von E. Ahrens, I. Wedemeyer und E. Weniger. Weinheim 1954
Nachträge zur Nohl-Bibliographie. In: Zeitschrift für Pädagogik 1/1955. S. 132
Fortsetzung der Bibliographie H. Nohl. In: Zeitschrift für Pädagogik 5./1959 S. 454 ff.
Offermann, J.: Bibliographie Herman Nohls. In: Ders.: Ausgewählte pädagogische Abhandlungen. Paderborn 1967. S. 142 ff. Fortsetzung der Bibliographie von Ahrens u. a. (siehe oben).

17.12 Die philosophischen Grundlagen der Reformpädagogik Nohls

Lebensphilosophische Prämissen zeigen ihren Einfluß auch im Bereich von Erziehung und Bildung. Zwar hat *Dilthey* keine Pädagogik entwickelt; trotzdem enthalten die programmatischen Ausführungen in seiner Akademie-Rede «Über die Möglichkeit einer allgemeingültigen pädagogischen Wissenschaft» aus dem Jahre 1888 zusammen mit *Nietzsches* etwas älteren Basler Vorträgen «Über die Zukunft unserer Bildungsanstalten» entscheidende Impulse, welche die Bildungsideale der damaligen Zeit herausfordern. Die Bildungsphilosophie ist bis dahin von Humboldts Verständnis des philologisch und allgemein Gebildeten und von der pädagogischen Theorie *J. F. Herbarts* bestimmt. Herbart geht von zwei Säulen der Pädagogik aus: von Ethik und Psychologie. Die Ethik ist dazu da, die Ziele zu formulieren, die dem Erzieher vorgegeben sind; die Psychologie gibt die inneren Mittel an die Hand, um diese Ziele am Zögling zu verwirklichen. Diesem allgemeinen Bildungsauftrag steht die von Nietzsche vorgetragene Idee der Rangordnung und des Genies entgegen. Die Diltheysche Kritik dagegen konzentriert sich auf die abstrakte Allgemeinheit von geisteswissenschaftlichen und damit auch pädagogischen Theorien sowie auf ein falsches Geschichtsverständnis. Die Öffnung für die geisteswissenschaftliche Denkweise vom dynamischen Leben führt zu den Protesten der Jugendbewegung und zur Gesellschaftskritik, im pädagogischen Bereich zur «Pädagogischen Bewegung» oder «*Reformpädagogik*».

In Nohls philosophischer und pädagogischer Theorie lassen sich eine Reihe von Elementen aufzeigen, die zu den *Kernthesen* der Reformpädagogik zählen.

(1) Gegen die *Intellektualisierung* des Bildungs- und Erziehungsbereichs argumentiert Nohl mit Hilfe seiner Schichtenlehre. Diese deduziert er aus der Diltheyschen Typologie der Weltanschauungen. Aus der Überzeugung, daß jedem Typus eine bestimmte Seelenstruktur korrespondiert (SW 16), gelangt er zur alten platonischen Dreiteilung der menschlichen Person in *Denken* (Wahrnehmen, Erkennen) - *Fühlen* (Werten) - *Wollen* (Handeln). Den Seelenschichten entsprechen realistischer Positivismus – objektiver Idealismus – Idealismus der Freiheit. Für Nohls Pädagogik ist die voluntative «Thymos»-Schicht von besonderer Bedeutung. Ihre Wirksamkeit bedingt nicht nur eine Relativierung des Intellekts, sondern auch eine Aufwertung des Leibes und damit eine pädagogische Hochschätzung der Leibesübungen und des Sports. Die bisherige Bildungstheorie hat sich zu sehr mit der Konstitution der Vernunft befaßt und diese Seite ganz vernachlässigt.

(2) Ein weiterer Kernpunkt der Reformpädagogik betrifft die Beachtung der natürlichen Selbstentwicklung der Gesamtpersönlichkeit. Nicht einseitige Führung auf festgefahrenen Wegen durch Einzelwissenschaften, auch nicht durch Ethik und Psychologie, sondern natürliches *«Wachsenlassen»* ohne Korsett ist ausschlaggebend. Als Voraussetzung dafür und als Gegenbegriff zur vorherrschenden Wissenschaft entwickelt Nohl den Begriff der *«Kunde»*. Es ist dies das Vermögen zur anschaulichen und unmittelbaren Erfassung der Lebenswelt als strukturiertes Ganzes, das Wissen von der vorfachwissenschaftlichen, konkret-totalen Sphäre des Lebens (HBP 52).

(3) Die lebenslange Beschäftigung Nohls mit der Ästhetik[3] öffnet der Pädagogik den Sinn für das *Musische* im allgemeinen. Spiel und Spontaneität sind grundlegende Selbstbildungsmittel. Nohls Verdienst ist die Übertragung der Diltheyschen Typologie der Weltanschauungen auf die Kunststile; auch diese werden nach Nohl weltanschaulich geprägt.

(4) Der *Primat der Erziehung* gegenüber der Bildung folgt aus Nohls pädagogischem Grundinteresse und aus seiner Hinwendung zum Einzelnen «Auge in Auge»[4]. In dieser Betonung des Individuellen folgt Nohl zwar den Prinzipien der geisteswissenschaftlichen Pädagogik im allgemeinen, geht aber über Diltheys psychologisches und theoretisches Interesse hinaus, indem er die geisteswissenschaftlichen Erkenntnisse für die praktische Menschenbildung fruchtbar macht. «Menschen*kenntnis* dort, Menschen*bildung* hier» (Bartels[5]).

(5) Besonders bemerkenswert ist Nohls Interesse für *Sozialpädagogik*, der innerhalb der Reformpädagogik nicht immer die gebührende Aufmerksamkeit zuteil wird. Der V. Band des «Handbuchs der Pädagogik», des Standardwerks der Reformpädagogik, ist speziell diesem Thema gewidmet; in ihm kommen die namhaften Sozialpädagogen der damaligen Zeit zu Wort. Der ethische Hintergrund ist stark idealistisch vom klassischen Autonomiegedanken geprägt.[6]

---

3 Von der «Weltanschauung der Malerei»,1908, bis zur Abhandlung «Vom Sinn der Kultur», 1961.
4 Charakter und Schicksal. S. 10.
5 (1968) S. 74.
6 Vgl. z. B. in der «Einführung in die Philosophie» den Abschnitt «Das sittliche Leben», S. 86 ff.

17.2 Georg Mischs Synthese aus Lebensphilosophie und Phänomenologie

17.21 Biographie und Bibliographie

a. Lebenslauf

Geboren am 5.4. 1878 in Berlin. Dort Studium und 1900 philosophische Promotion. 1905 Habilitation in Berlin. 1911 außerordentlicher Professor in Marburg. 1916 außerordentlicher, 1919 ordentlicher Professor für Philosophie in Göttingen. 1939 Emigration nach England. 1946 Rückkehr. Stirbt am 10.6. 1965 in Göttingen.

Misch war nicht nur Dilthey-Herausgeber, sondern er identifizierte sich weitgehend mit den Kernthesen seines Schwiegervaters. Er gehörte der Dilthey-Schule im engeren Sinne an. Misch selbst bezeichnete sich öfters als Dilthey-Schüler[7]. In der Abhandlung «Die Ideen der Lebensphilosophie in der Theorie der Geisteswissenschaften» skizziert er in groben Zügen Diltheys Versuch, an die Stelle des Seienden im klassischen Sinne einen modernen Lebensbegriff zu setzen und mit dessen Hilfe die Philosophie mit der Wissenschaft des Geistigen und Geschichtlichen zu verbinden. Misch beschreibt zwei Entwicklungen, gegen die Dilthey mit seiner geisteswissenschaftlichen Grundlegung ankämpft. *Zum einen* handelt es sich um die Allmacht des Kantischen Wissenschaftsverständnisses. Die sogenannten Geisteswissenschaften waren trotz der teleologischen und werttheoretischen Erweiterungen Lotzes letztlich von Kants rigider Wissenschaftsauffassung belastet. Es herrschte ein strenger Dualismus zwischen der naturwissenschaftlichen Gesetzeserkenntnis und der Wertewissenschaft der menschlichen Individualität, zwischen theoretischer und praktischer Vernunft, zwischen Logos und Ethos. Vertieft wurde dieser Graben noch durch freie genialische Lebensdeutungen eines Kierkegaard, Tolstoj, usw. und durch die Einseitigkeiten der lebensphilosophischen Vertreter, die wie Nietzsche oder Bergson alle wissenschaftstheoretischen Reflexionen geringschätzten. Dilthey ging es demnach nicht nur um die einheitliche Sicht der Wissenschaft, sondern – und dies ist der *andere* Gesichtspunkt – auch um eine philosophische Verbindung von Anthropologie und Geschichte. Deshalb lieferte er eine «Kritik der historischen Vernunft». Ihr Prinzip besagt, daß die *Geschichtlichkeit* des menschlichen Bewußtseins das Fundament aller Geisteswissenschaft sein muß. Diese Geschichtlichkeit bedeutete in den Augen Mischs, daß sich alles Verstehen des Lebens aus diesem selbst und unter Ausschluß aller transzendenten Setzungen vollziehen muß (IL 41). Zwar gestand er der Lebensphilosophie einen Ursprung aus ethisch-religiösen Quellen zu, «aber sie säkularisiert dieselben durch den Bruch mit der Transzendenz» (42). Für Misch war die von Dilthey untersuchte geistige Welt eine säkularisierte Glaubenswelt, ebenso wie die Gesellschaft als säkularer corpus mysticum zu verstehen war.

Diltheys Weg bedeutete einen Schritt weg vom Ontischen, vom «vor dem Erkennen Vorherbestehenden» (41). Die Griechen, insbesondere Platon, und später Kant hatten die Erkenntnis auf das Ontische beschränkt. Diesem stellte Dilthey das Historische des geistigen Lebens gegenüber (46). Aus dieser Idee entsprang die Aufgabe einer hermeneutischen Erweiterung des logischen Fundaments (47) weit hinaus über Kants Position und über den Phänomenalismus der Positivisten. Zugleich betonte Misch den *Endlichkeitsgedanken*. Er zitierte Dilthey: «Jede Art von Begeisterung für menschliches Tun und menschliche Werke ist nur gesund, wenn das Bewußtsein der Endlichkeit sie begleitet» (49). Alles Verstehen, das heißt das Wissen des Lebens von sich selbst, ist leiblich gebunden, also endlich. Aber die eigentliche Aufgabe der Geisteswissenschaften ist die Offenlegung der lebendigen Beziehung zwischen dem Individuellen und dem Reich des Gleichförmigen (50), das heißt des objektiven Geistes.

---

[7] So etwa in LGK S.11. In LP S.281 bemerkt er, daß die Dilthey-Schüler «nur seinem Werk dienen wollen und ihm nicht ein eigenes entgegenzusetzen haben.»

b. Auswahl aus der Primärliteratur Mischs

1907   Geschichte der Autobiographie. 2 Bände. Leipzig / Berlin. 3. Aufl. von I 1969, von II 1955.
1924   Die Idee der Lebensphilosophie in der Theorie der Geisteswissenschaften. In: Österreichische Rundschau 20. Jg. Heft 5 und in KSTU 41/1926. **IL**
1926   Der Weg in die Philosophie. Leipzig. 2. Aufl. 1950.
1930   Lebensphilosophie und Phänomenologie. Eine Auseinandersetzung der Diltheyschen Richtung mit Heidegger und Husserl. In: Philosophischer Anzeiger III und IV, 1929 und 1930; 1930 als Buch. Leipzig und Berlin. Zitiert nach 3. Aufl. Stuttgart 1964. **LP**
1932   Vom Lebens- und Gedankenkreis Wilhelm Diltheys. In: Die Volksschule 27/1932. Neuauflage Frankfurt 1947. **LGK**
Der Aufbau der Logik auf dem Boden der Philosophie des Lebens. Göttinger Vorlesungen. Hg. von G. Kühne-Bertram und F. Rodi. Freiburg 1994.

c. Bibliographie

Weniger, E.: Georg Misch – Biographie. In: Archiv für Philosophie. VIII/1958.

17.22   Die Phänomenologie-Interpretation aus dem Geist der «Diltheyschen Richtung»

Die Lehren Diltheys und eine bestimmte Deutung der Husserlschen Spätphänomenologie dienen Misch als Elemente einer universellen Synthese, in der nicht nur die Dilthey-Schule und die phänomenologische Bewegung, sondern auch die fundamentalontologischen Bestrebungen Heideggers zusammengeführt werden sollen. Misch analysiert in seinem Hauptwerk «Lebensphilosophie und Phänomenologie» zunächst die *Beziehungen zwischen Dilthey und Husserl* in aller Ausführlichkeit[8]. Er sieht durchaus wichtige Differenzen, beispielsweise in der Reduktionsproblematik und in der Stellung zum Absoluten, versucht aber letztlich, die eigentliche Grundintention Husserls mit den Kerngedanken Diltheys in Einklang zu bringen. Auch die phänomenologische Methode begrüßt er als ein Geschenk, das dem Totalitätsdenken der Lebensphilosophie zugute komme (281). Misch sieht Dilthey und den späteren Husserl in großer Nähe; er spricht vom «Grundgefühl einer gemeinsamen Sache» (175). Die Auseinandersetzung mit der Phänomenologie betrifft aber noch mehr *Heidegger,* was auch der Untertitel des genannten Buchs, «Eine Auseinandersetzung der Diltheyschen Richtung mit Heidegger und Husserl», zum Ausdruck bringt; dort wird immerhin Heidegger vor Husserl genannt. Es geht Misch hier eigentlich um eine Bewältigung der neuen Herausforderung, die sich mit Heideggers «Sein und Zeit» der Philosophie stellt. Misch schreibt, das Buch habe «wie der Blitz eingeschlagen» (51). Für Misch ist Heidegger nicht nur irgendein Vertreter der umfassenden phänomenologischen Bewegung; sondern Misch weiß, daß hier etwas Besonderes geschehen ist, das die Phänomenologie in ihrer Grundorientierung trifft: «Das Steuer des Husserlschen Jahrbuchs ist wie mit einem Ruck in die neue Richtung herumgerissen» (2). In «Sein und Zeit» ist «die produktive Bewegung des philosophischen Denkens am Werk» (176). Heideggers Veröffentlichung stellt in Mischs Augen eine entscheidende Phase in der Entwicklung jener «gemeinsamen Sache» dar, die er in der Lebensphilosophie und in der Phänomenologie entdeckt zu haben glaubt und ganz in den «Lebens- und Gedankenkreis Wilhelm Diltheys»[9] stellt.

    Die Herausforderung Heideggers für seine Zeitgenossen besteht in dem Anspruch, daß echte Philosophie «Fundamentalontologie» sein muß, also zu allererst die Frage nach dem Sinn von Sein zu beantworten hat. Diese Fundamentalontologie ist für Heidegger zugleich eine Analytik des Daseins, das heißt eine Entfaltung der Grundverfassung des seinsverstehenden Menschen. Misch fragt, wie dieser provozierende Anspruch aus der lebensphilosophisch-phänomenologischen Tradition verstanden werden kann. Sobald Einzelfragen analysiert werden, scheint sich das

---

8 Vergleiche dazu die Einleitung in « 7. Wilhelm Dilthey und die Philosophie des 20. Jahrhunderts».
9 Vergleiche den gleichen Titel einer seiner Arbeiten.

Gemeinsame völlig aufzulösen. So spielt beispielsweise bei Dilthey wie bei Husserl der *Wissenschaftsgedanke* eine Zentralrolle; bei Heidegger dagegen ist Wissenschaft die Bezeichnung eines Verhaltens, das an der Oberfläche bleibt. Für Husserl bedeutet *Logik* die Mitte der Vernunft; durch Dilthey erhält diese Logik mit ihren Kategorien des Lebens eine neue Tiefendimension, die der ursprünglichen Logos-Konzeption gerecht werden soll. Misch sieht in Husserls späteren Ausgestaltungen der transzendentalen Logik das gemeinsame Instrument, um die Vereinigung von «Aufklärung der Gedankenmäßigkeit und Bedeutsamkeit und das metaphysische Wissen vom Unergründlichen» zu vollenden (219). Bei Heidegger aber ist die Idee der Logik überhaupt fraglich, «weil sie nur das Denken *von etwas* betrifft. Damit ist nicht nur die *formale* Logik gemeint; auch die *transzendentale* Logik wird negiert, sie ist ihm ein »Unbegriff«[10]. Die Komplikation wird noch größer, wenn Heidegger in einem Atemzug mit dieser Verurteilung seine Fundamentalontologie mit der Transzendentalphilosophie identifiziert! Allerdings geht dem die Uminterpretierung der Transzendentalphilosophie Kants nach der 1. Auflage der «Kritik der reinen Vernunft» voraus. Ähnliche Verwicklungen stellt man fest, wenn die Bedeutung der *Metaphysik* oder *Ontologie* diskutiert wird. Nach Misch zeigt die Konzeption der Philosophie als Wissenschaft die Möglichkeit einer Metaphysik im Sinne Husserls; in Diltheys Geisteswissenschaft dagegen ist die Rede von der Unmöglichkeit der Metaphysik. Husserl soll zu Dilthey gesagt haben: «Was Sie als Metaphysik bekämpfen, ist etwas anderes wie das, was ich als Metaphysik zugestehe und treibe» (224). Aber für Heidegger ist Metaphysik das Thema der Fundamentalontologie; für ihn darf Philosophie überhaupt nicht auf festem Grund bauen, sei es auf dem einer wissenschaftlichen Metaphysik oder auf dem eines unmetaphysischen Lebensgrundes.

Misch skizziert ein «Vexierbild» der *äußeren* Gegensätze zwischen der Lebensphilosophie Husserls und Heideggers (224/225):

– Aus der Perspektive *Husserls* sind Heidegger und Dilthey auf der abschüssigen Bahn einer Anthropologie, weil beide den Reduktionsgedanken außer acht lassen.
– Aus der Perspektive *Heideggers* gehen Husserl und Dilthey den verfehlten Weg einer transzendentalen Logik und übersehen, daß Transzendentalphilosophie im Sinne einer Fundamentalontologie bestimmt werden muß.
– Aus der Perspektive der Lebensphilosophie *Mischs* wenden sowohl Husserl als auch Heidegger in der Philosophie Reduktionsmethoden an, die dem geschichtssystematischen Weg Diltheys vom Leben hin zur neu verstandenen Metaphysik nicht gerecht werden.

Für Misch sind dies alles Auseinandersetzungen an der Oberfläche. Wenn Heidegger sagt, daß sich die Logik im Wirbel eines ursprünglichen Fragens auflöst, dann betrifft dies nach Misch nur die klassische Ontologie, nicht aber den Logos, der diesen Wirbel auslöst (226) und den er in der neu interpretierten transzendentalen Logik wirken sieht. Für Misch hat diese Logik eine tiefe Bedeutung, die es ermöglicht, auch die Fundamentalontologie darunter zu begreifen. Wichtig ist allerdings, daß die Wendung in das Existenzielle relativiert und die Analytik des Daseins nicht als einzige Aufgabe der Fundamentalontologie angesehen wird. Misch fühlt sich in dieser Auffassung bestätigt durch eine Briefstelle eines Schreibens Heideggers an ihn: «und es wird die Frage sein, ob Ihre Idee der transzendentalen Logik und meine Destruktion der Ontologie nicht dasselbe anstreben» (328).

Unter der Voraussetzung solcher Gemeinsamkeiten läßt sich die Erneuerung der Philosophie durch Heidegger als eine Entwicklung erkennen, die der Phänomenologie Husserls und der Lebensphilosophie Diltheys in gleichem Maße verpflichtet ist. Zum «seltenen Glücksfall», daß sich Denker so verschiedener Herkunft wie Husserl und Dilthey «in der Gemeinschaft des philosophischen Bemühens» fanden (180), kommt die Vertiefung des Unternehmens durch Heideggers neues Denken aus der Idee der Fundamentalontologie.

---

10 Vgl. Kant und das Problem der Metaphysik. § 45.

Daß die philosophisch-geschichtliche Bewertung anders verlaufen ist, als sie hier geschildert wird, und in Heideggers Werk ein *radikaler Neubeginn der Philosophie* gesehen wird, der auf keinen Fall als kontinuierliche Fortsetzung der manifesten Dilthey-Tradition betrachtet werden kann, vermerkt Misch selbst in einem Nachwort zur dritten Auflage des Werkes. Heideggers «Sein und Zeit» erscheint aus der Distanz wie ein erratischer Block, der alles Vorausgegangene relativiert, auch die Lebensphilosophie. «Die Diltheysche Richtung, deren philosophische Tragweite ich zur Geltung zu bringen suchte, schien durch diesen kühnen Vorstoß überholt zu sein», schreibt Misch resigniert (325).

18. Theodor Litts Einbeziehung der Dialektik Hegels

Litt vertieft die Diltheysche Methode des Verstehens durch die Integration mit dem dialektischen Denken Hegels. Er wendet dieses erweiterte Instrument auf soziologische[1] und pädagogische Fragestellungen sowie auf die Kulturgeschichte an. Dabei stehen die Probleme des Staates, der Bildung und der Geistesgeschichte im Mittelpunkt. Erst im 37jährigen Litt setzt sich das wissenschaftliche Interesse für Philosophie und Pädagogik durch. Die Hinwendung speziell zur Kulturphilosophie ist bei Litt vor allem durch die Erschütterungen des Weltkrieges motiviert[2].

18.1 Biographie und Bibliographie

a. Lebenslauf

Geboren am 27.12.1880 in Düsseldorf. Studium der Altphilologie, Geschichte und Philosophie in Bonn und Berlin. 1904 altphilologische Promotion. 1904–1918 Gymnasiallehrer in Bonn und Köln und zuletzt Referent im Kultusministerium. 1918 außerordentlicher Professor für Philosophie und Pädagogik in Bonn. 1920 ordentlicher Professor in Leipzig. 1937 auf eigenen Antrag emeritiert. 1941 Vortragsverbot. 1945 wieder im Lehramt. 1947 Ordinarius in Bonn. Dort gestorben am 16.7.1962.

Litt wuchs als Sohn eines Lehrers in der Atmosphäre des deutschen Bildungsbürgertums auf. Sein Weg begann am Gymnasium. Der Lehrer für alte Sprachen wurde während des Weltkriegs als Referent ins Kultusministerium berufen. Seine Veröffentlichungen ebneten ihm den Weg zur Universitätslaufbahn. 1920 erfolgte die Berufung nach Leipzig als Nachfolger Sprangers zum Professor für Philosophie und Pädagogik. Neben Diltheys Grundlegungsproblematik spielten phänomenologische und psychologische Lehren, auch solche neukantianischer Provenienz (Natorp, Hönigswald), eine Rolle. Aber seine Philosophie blieb bis zum Lebensende von pädagogischen Interessen durchsetzt. Die autonome Pädagogik war für ihn letztlich selbst philosophisch. Weil Erziehung nichts anderes bedeutet als die psychologisch durchschaute Übertragung geistiger Gehalte vom Erzieher auf den Zögling, bestehen zwar enge Beziehungen zu den Geisteswissenschaften und der Psychologie; das bedeutet aber nicht, daß sich die Pädagogik als angewandte Disziplin jener Wissenschaften verstehen würde.

Litts Philosophieren war stets Vermittlungsdenken. Er ging vom Gegensatz «Erkenntnis und Leben» aus[3] und versuchte, diesen zu überwinden. Das konnte nach seiner Vorstellung nur durch geisteswissenschaftliches Denken erreicht werden, in dem die Wissenschaft als Funktion des geistigen Lebens erkannt und dann selbst zum Thema wird. Die Bemühung um einen Mittelweg geschah allerdings nicht im Sinne der spannungsfreien mesotes-Lehre des Aristoteles, sondern im Sinne der dynamischen Hegelschen Dialektik, die häufig unter dem Titel der «Verschränkung» expliziert wurde. Es ging ihm um Verschränkung von Theorie und Praxis, von allgemeinem Kulturgut und konkreter Erziehungswirklichkeit, von Individuum und Gemeinschaft, – letzteres ein Zentralthema des jungen Litt. In der Pädagogik warnte er vor pathetischen Humanitäts-Forderungen, die an die Erzieherpersönlichkeit höchste Ansprüche stellen; denn der Lehrerberuf muß auch als Brotberuf gesehen werden. Er forderte demgegenüber die sachliche Bindung an das Objektive, die allein zu einer gewissen subjektiven Erfüllung im Beruf führen kann. Dies wiederum bedingte eine Einbeziehung der Realfächer wie Naturwissenschaft, Mathematik und Sprachen in den allgemeinen Bildungskanon, der zur damaligen Zeit fast ausschließlich von Dichtung, Kunst, Philosophie und Religion geprägt war.[4]

---

1 Litts Dialektik beeinflußte z.B. die Sozialtheorie von T. Parsons.
2 Vgl. die Ausführungen bei Klafki (1982). S.13f.
3 Vgl. den Buchtitel von (1923).
4 Litts pädagogische Konzeption wirkte u.a. auf J. Derbolav, E. Nicolin, W. Klafki und A. Reble.

Diese bildungspädagogischen Reflexionen waren bei Litt eng mit dem aktuellen Thema einer Grundlegung der Geisteswissenschaften verknüpft. In der Bemühung um eine Synthese aus Psychologie, Soziologie und geisteswissenschaftlich bestimmter idealistischer Philosophie verwendete Litt Verfahren, die gelegentlich als «*phänomenologisch*» bezeichnet wurden. P. Luchtenberg preist Litts «synthetische Energie», mit der er «Hegels dialektisches Denken mit Diltheys Strukturpsychologie und Husserls phänomenologischen Analysen in einem methodischen Erkenntnisprozeß vereint» habe[5]. Aber wie bei Nohl wird auch hier der Begriff der Phänomenologie in einer sehr weiten Bedeutung verwendet. Litt selbst hob sich von Husserls «konstruktivem Idealismus» ab, ohne jedoch seinen von ihm verwendeten Phänomenologiebegriff weiter zu erläutern.

Die Ereignisse nach 1933 bedingten einen Einschnitt in Litts Laufbahn. Litt zählte zu den wenigen Universitätsprofessoren der Weimarer Zeit, die sich engagiert für den demokratischen Staat eingesetzt haben[6]. Seine mutigen Warnungen vor den Gefahren des Machtmißbrauchs hatten Folgen. 1937 stellte er seine Lehrtätigkeit ein; er erhielt später auch Vortragsverbot und konnte erst nach dem Kriege wieder wirken. Im letzten Lebensabschnitt widmete sich Litt ausführlich den praktischen Bildungsaufgaben. In einem zu früheren Bildungsidealen recht kritisch eingestellten «pädagogischen Realismus» forderte er Bildungsaktivitäten auch für Volkshochschule, Gewerkschaften, Bildungsvereine und vor allem für den beruflichen Bereich; denn Berufsbildung müsse zur Menschenbildung werden. Er wirkte als Mitstreiter der «dritten Aufklärung» (Walter Dirks). Aber auch auf philosophischer Ebene setzte sich seine realistische Tendenz durch: in einer anthropologischen Wende brachte er nochmals alle Energie auf, um die Bedeutsamkeit der Geschichte für den Menschen in Erinnerung zu rufen. Die Liste der Veröffentlichungen über Geschichtsprobleme wurde durch ein halbes Dutzend Titel verlängert. Über Hegel kehrte Litt wieder zum Ausgangspunkt zurück, zum Historismus als entscheidendem Nährboden eines adäquaten Menschen- und Bildungsverständnisses. So standen die drei großen Themen Litts – das Problem des Staates, der Bildung und der Geschichte, – auf dem gleichen Boden, der durch die Grundlegung der Geisteswissenschaften Tragfähigkeit erlangen sollte.

Die große Rolle, die Hegel in den meisten Werken Litts spielt, wird besonders offenkundig in «Mensch und Welt. Grundlinien einer Philosophie des Geistes». Dort geht Litt, – nicht zuletzt durch die Erfahrungen des «Dritten Reiches» – von der Bedürftigkeit und Bedrohtheit des Menschen aus. Aber er bleibt bei dieser Diagnose nicht stehen. Er versucht, in echt hegelianischem Geist zu zeigen, «daß die außermenschliche Welt, um ganz und gar sie selbst zu sein, ... auf das befreiende Handeln des im Menschen sich emporringenden Geistes angewiesen ist», und «in welcher Weise dieser Geist zum Wissen seiner selbst und damit auch zum Weltwissen emporsteigt». So kommt er zu der Überzeugung, daß trotz aller Bedrohung des Menschen «das seinem Sinngehalt nach Positive notwendig den ideellen Vorrang behauptet» (9).

Litt gilt als Begründer der «*Kulturpädagogik*», einer Lehre, die das Programm von Ernst Troeltsch, das dieser 1917 im Kultusministerium vorgetragen hat, zu realisieren sucht. Diese zielt auf eine Interpretation von Erziehung und nationaler Gesamtkultur. Wegen der Differenzierungen des Kulturlebens und vor allem wegen der zunehmenden Kulturkritik drohen das praktische Erziehungswesen und die Gesamtkultur auseinanderzufallen. Die Kulturpädagogik versucht, dies zu verhindern. Litt formuliert zwei Aufgaben (PK 9/10):

---

5 Im Arbeitsfeld zwischen Philosophie, Pädagogik und Politik. Ein Geburtstagsbrief an T. Litt. In: Derbolav (1960) S. 467. Ähnliche Ausführungen findet man bei Ritzel (1980). S. 119 und 126.
6 Über nicht ganz aufgeklärte Verwicklungen mit dem Nationalsozialismus siehe Klafki (1982). S. 28, und T. Friedrich: Theodor Litts Warnung vor «allzu direkten Methoden». In: W. F. Haug: Deutsche Philosophen 1933. Hamburg 1989. S. 99 ff. Neuerdings wurden dazu im Gegensatz enge Beziehungen zu K.R. Popper, dem Erzfeind aller Totalitarismuslehren, vermutet. Vgl. P. Gutjahr-Löser in FAZ vom 5.10.1994.

- erstens die Gewinnung einer Gesamtübersicht über den jeweiligen Kulturkreis unter Einbeziehung der Kulturgeschichte; das gelingt nur durch konstruktive Leitideen, die eine Kulturphilosophie bereitzustellen hat,
- zweitens die Realisierung einer pädagogischen Zielkonzeption, die sich aus den so erkannten Grundtendenzen der Entwicklungen ergibt; dabei muß an die Tradition des Bildungsschatzes angeschlossen werden.

Diese Synthese der pädagogischen Ziele mit der Gesamtkultur richtete sich gegen die Lehre der empirischen Pädagogik und gegen unhistorische Normensysteme des Neukantianismus (Natorp). Sie lebte vom Hegelschen Optimismus der harmonisierenden Dialektik des Geistes und zeigte ähnliche Schwächen wie andere Ausprägungen der geisteswissenschaftlichen Pädagogik, die ihre Quellen letztlich aus der klassischen philosophischen Pädagogik von Pestalozzi, Herder, Humboldt, Schleiermacher und Herbart schöpften. Die Härte der Faktizität, die sich infolge von Machtkämpfen und Interessenkonflikten einer Harmonisierung erwehrt, die Problematik eines überstrapazierten Totalitätsbegriffs, die Gewalt gesellschaftspolitischer und sozialer Mächte wurden in dieser Überschätzung der «Geistkultur» ignoriert.

b. Auswahl aus der Primärliteratur Litts

1918   Geschichte und Leben. Leipzig/Berlin. 3. Aufl. 1930.
1918   Individuum und Gemeinschaft. Grundfragen der sozialen Theorie und Ethik. Leipzig/Berlin. 3. Aufl. 1926.
1923   Erkenntnis und Leben. Untersuchungen über Gliederung, Methoden und Beruf der Wissenschaft. Leipzig/Berlin.
1925   Die Philosophie der Gegenwart und ihr Einfluß auf das Bildungsideal. Leipzig/Berlin. 3. Aufl. 1930.
1926   Ethik der Neuzeit. München/Berlin.
1928   Wissenschaft, Bildung, Weltanschauung. Leipzig/Berlin.
1930   Kant und Herder als Deuter der geistigen Welt. Leipzig 2. Aufl. 1949.
1933   Einleitung in die Philosophie. Leipzig/Berlin. 2. Aufl. 1949.
1938   Die Selbsterkenntnis des Menschen. Leipzig.
1941   Das Allgemeine im Aufbau der geisteswissenschaftlichen Erkenntnis. Leipzig. 2. Aufl. 1959.
1947   Geschichte und Verantwortung. Wiesbaden.
1948   Mensch und Welt. Grundlinien einer Philosophie des Geistes. München.
1948   Denken und Sein. Stuttgart/Zürich.
1948   Staatsgewalt und Sittlichkeit. München.
1948   Wege und Irrwege geschichtlichen Denkens. München.
1949   Die Geschichte und das Übergeschichtliche. Hamburg.
1950   Geschichtswissenschaft und Geschichtsphilosophie. München.
1951   Der Mensch vor der Geschichte. Bremen.
1952   Naturwissenschaft und Menschenbildung. Heidelberg. 3. Aufl. 1959.
1953   Hegel. Versuch einer kritischen Erneuerung. Heidelberg.
1955   Das Bildungsideal der deutschen Klassik und die moderne Arbeitswelt. Bonn. 6. Aufl. 1959.
1956   Die Wiedererweckung des geschichtlichen Bewußtseins. Heidelberg. **WGB**
1959   Technisches Denken und menschliche Bildung. Heidelberg. 3. Aufl. 1959.
Pädagogik und Kultur. Sammelband hg. von F. Nicolin. Bad Heilbrunn 1965. **PK**

c. Bibliographien

Derbolav, J./ Nicolin, F. (Hg.): Geist und Erziehung. Kleine Bonner Festgabe für Theodor Litt. Werke bis 1955. S. 189 ff. Bonn 1955.
Derbolav, J./Nicolin, F. (Hg.): Erkenntnis und Verantwortung. Festschrift für Theodor Litt. Werke bis 1960. S. 473 ff. Düsseldorf 1960.

18.2 Vom Wesen und Wert der Geschichte

Allein acht Bücher Litts tragen Titel, die sich auf die *Geschichte* beziehen. Die letzte ausführliche Untersuchung erfolgt 1955 in der Abhandlung «Der Historismus und seine Widersacher».[7] Dort beklagt Litt das schwindende Interesse an der Geschichte, das zwar infolge der Verdrängung der Erlebnisse der vergangenen Kriegsjahre verständlich, aber letztlich doch bedenklich sei. Gerade das deutsche Selbstverständnis sei mit dem Geschichtsdenken enger verquickt als das anderer Völker, wie der große Anteil Deutscher «an jener Eroberung der Geschichte, die man mit dem Schlagwort ‹Historismus› bezeichnet, zeigt» (WGB 20). Besondere Sorge bereitet Litt die Beobachtung, daß sich zu den traditionellen Verächtern der Geschichte aus den Reihen der Positivisten nun auch Philosophen und Theologen anderer Herkunft gesellen.

Der neue *Antihistorismus* nährt sich einmal aus dem Vorwurf, der Historismus verachte das Allgemeine und übersehe, daß der Mensch durch die Jahrtausende hindurch in seinem Wesen gleich geblieben ist (27). Aber nicht nur das Beherrschende in der Seinsverfassung, auch das in der Sollensbestimmung wird ignoriert (28); denn «eine geschichtlich sich besondernde Norm sei ein Widerspruch in sich selbst» (27). Zum anderen richtet sich die Argumentation auf die im Historismus gelegentlich vertretene These, daß es einen vom Ziel der Menschheit abgeleiteten Gesamtsinn der Geschichte gebe. Diese Überzeugung setzt sich dann fest, wenn man beobachtet, daß die Geschichte durch menschliches Planen und Handeln in Bewegung gesetzt zu werden scheint, aber sich dann doch anders entwickelt, als die Beteiligten wollten. Also vermutet man eine höhere Macht, die das Geschehen letztlich bestimmt. Diese erhält viele Namen wie Gott, Vorsehung, Natur, Gesellschaft, Weltvernunft, Geschichte oder Seinsgeschichte (31). So wird die Geschichte zum teleologischen oder eschatologischen Prozeß, auf den die Menschen nur oberflächlich einwirken. Moderne Kritiker des Historismus, – Litt setzt sich vor allem mit Karl Löwith und Gerhard Krüger[8] auseinander, – lehnen als Agnostiker und Nachfahren Nietzsches solche «Hinterwelten» ab, ohne allerdings eine genaue Analyse des Verhältnisses von menschlichem Handeln und unbeeinflußbarem Geschehen zu geben.

Hier setzt Litts *Rechtfertigung des Historismus* ein. Nach Litt kann man zwar in Logik oder Naturwissenschaft den agnostischen Standpunkt vertreten, weil dort die wissenschaftlichen Objekte von den menschlichen Akten unabhängig sind. «Alles Geschehen das in diesem Sinne des Menschen unbedürftig ist, ist gegen sein Wissen und Nichtwissen gleichgültig» (33). Aber das «Ansich» von Logik und Naturwissenschaft ist ein völlig anderes als das «Ansich» der Geschichte; denn die Geschichte würde ohne menschliches Zutun nie das sein, was sie ist. Litts *Grundthese* lautet daher: der Gang der Geschichte nimmt nicht nur das menschliche Bemühen mit seinen Ergebnissen in sich auf, sondern diese Verschränkung ist das einzig Sinnvolle, was sich zum Thema sagen läßt: «es wird, wo diese Einbeziehung stattfindet, das Verhältnis von Mensch und Geschichte auf diejenige Gestalt gebracht, in der seine Struktur und seine Bedeutung mit letzter Klarheit hervortritt» (34).

Die eigentlichen Akteure der Geschichte sind wir Menschen. Die Vielzahl und Vielschichtigkeit der Interessen, Absichten und Beurteilungen läßt das unendlich verflochtene Gewebe «Geschichte» entstehen. Die Grundfrage, die sich erhebt, lautet: Welches Verhältnis besteht zwischen diesem Gesamt*geschehen* «Geschichte» und dem *Handeln* der sich geschichtlich betätigenden Menschen? Das Handeln ist am Gang der Geschichte betätigt; aber es bestimmt diesen offensichtlich nicht entscheidend. Litt argumentiert nun mit folgender Alternative: Der

---

7 Enthalten in WGB S. 19 ff.
8 Karl Löwith: Weltgeschichte und Heilsgeschehen. Stuttgart 1953. Ferner: Die Dynamik der Geschichte und der Historismus. In: Eranos-Jahrbuch XXI/1953. S. 217 ff. – Gerhard Krüger: Die Geschichte im Denken der Gegenwart. Frankfurt 1947. Ferner: Geschichte und Tradition. Stuttgart 1948.

Mensch kann ein bestimmtes Geschehen für sein Handeln dienstbar machen; aber das Umgekehrte ist logisch nicht nachvollziehbar, nämlich daß das historische Geschehen (im Sinne einer autonomen Instanz) das menschliche Handeln für sich einsetzt (38), wie es bei Hegel die metaphorische «List der Vernunft» vermag. Genau dies müßte denkbar sein, wenn eine verborgene Macht das menschliche Handeln für ihre teleologischen Zwecke dienstbar macht. Mit anderen Worten: nach dieser Sachlage erwarten wir geradezu eine Diskrepanz zwischen Handlung und Geschehen. Damit ist die antihistorische Prämisse widerlegt, die *wegen* der Diskrepanz von Absicht des Menschen und geschichtlichem Ablauf auf das Einwirken einer höheren Potenz verweist (39). Wir brauchen uns um keine Erklärung eines weiteren agens zu bemühen.

Die Vielzahl der Handlungen können nicht zu einer Resultante verrechnet werden, sondern bilden ein lebendiges Geflecht von Gegebenheiten, eine Situation. Sie ist das Ergebnis einer Vielzahl von sinnvollen Absichten. Jede einzelne dient als Teil des Ganzen; denn wäre sie nicht, wäre das Ganze anders. Nur so ist das Fürsichsein «vollgültige, sich selbst verbürgende Realität»; denn wenn es eine «außerselbstische Instanz» gäbe, die ihre eigenen Ziele verfolgt, wäre das Fürsichsein der Situation nur trügerischer Schein (43). Geschichte ist aus den Handlungen des Menschen in bestimmten Lebenswelten und Umwelten zu «*verstehen*», weil sie nur das Gewebe dieser Verflechtungen ist. So wird das Schauspiel der Geschichte dem nachdenklichen Beobachter «einigermaßen verständlich» (45).

Diese grundsätzlichen Überlegungen enthalten Lösungen für zahlreiche Einzelfragen. Insbesondere folgt aus ihnen die *Standortgebundenheit* des geschichtlichen Erkennens, daraus wiederum die Unmöglichkeit einer reinen Theorie der Geschichte. Der Historiker kann einen beliebig ausgewählten Ausschnitt aus der Vergangenheit nicht als *seinen* Gegenstand bearbeiten. Die Gegenwartssituation wirkt in die Deutungen von Vergangenheit und Zukunft hinein (57). Erkennen ist nur im Universum der Geschichte realisierbar. Zugleich erledigt sich die Annahme eines «Ansich» der Geschichte (60); denn ein solches Denken würde sich der Subjekt-Objekt–Spaltung ausliefern, die nur den erkennenden, nicht aber den verstehenden Wissenschaften zugrundeliegt. Denn *Verstehen* heißt für Litt «die Leistung, die der Historiker vollbringt, indem er von dem Standort aus, der ihm selbst im Universum der Geschichte angewiesen ist, die ihm in diesem Universum begegnenden Gestalten der Vergangenheit durch erinnernde Vergegenwärtigung zu neuem Leben erweckt» (83). *Erkennen* dagegen kennt Standortfreiheit, aber nur auf Kosten der Einengung des Allgemeinen auf das *Subsumierbare*. Das in der Geschichte geltende Allgemeine aber bedeutet Einfügung des Besonderen in ein Ganzes. Diese Hegelsche Totalität ermöglicht dann Bestimmungen wie Situation, Standort, Horizont, usw. (77). Durch die Platzanweisung in einem Ganzen erhält das Besondere seine Einmaligkeit und Individualität.

Der Mensch ist das Wesen, das keine konstante Wesensstruktur hat, sondern sich in seinen Besonderungen immer wieder zu neuen Gestaltungen entscheidet. Insofern erfüllt sich in ihm ein «bejahenswerter ‹Sinn›» (89). Der Sinn der Geschichte liegt nicht jenseits unseres endlichen Horizonts, sondern bringt sich als die Erfüllung hervor, «die ein um Selbstverwirklichung ringendes Leben seinem eigenen Daseinshorizont zu geben vermag» (90). Den Vorwurf des Relativismus, der schon Dilthey quälte und Husserl vor den Kopf stieß, erträgt Litt gelassen. Hekatomben seien schon hingeschlachtet worden auf den Altären des Molochs eines Subsumptionsallgemeinen[9]. Der Mensch als Demiurg der Geschichte hat die Chance zur Selbstverwirklichung. Für Litt klebt an den Hütern der allgemeinen Ordnung zu viel Blut, als daß der Relativismus abschrecken könnte.

---

9 Interessant ist der Umstand, daß Karl Popper gerade den Vertretern des Historismus samt Hegel analoge pauschale Vorwürfe macht, und zwar wegen des Fehlens einer Kritikmöglichkeit, wenn Geschichte sich in reine Faktizität auflöst. (Die offene Gesellschaft und ihre Feinde. Band 1. 6. Aufl. München 1980. S. 25).

19. Erich Rothackers Weg von Dilthey zur Kulturanthropologie

Für das Verständnis der Stellung Diltheys in der Geistesgeschichte sind die frühen Arbeiten *Erich Rothackers* von großer Bedeutung. Obwohl Rothacker nicht zu den Dilthey-Schülern im engeren Sinne zählt, ist sein Werk anfangs ganz und gar von der Thematik Diltheys bestimmt. Rothacker beabsichtigt, zwei Aufgaben aufzuarbeiten, die Dilthey in seiner Grundlegung der Geisteswissenschaften liegen gelassen habe: die Darstellung der Vorgeschichte dieses Unternehmens durch einen «Versuch über die historische Schule der deutschen Geisteswissenschaften» (EG S.V) und eine *systematische* Grundlegung jener Wissenschaften. Doch Rothacker verharrt nicht auf diesem Standpunkt. Er erkennt die Unschärfen des Diltheyschen Lebensbegriffs und fragt nach den Bedingungen, unter denen Leben *kulturschöpferisch* wird. Die Antwort ist eine Lebenswelt-Analyse, welche die Anschauungswelt einer «Tiefenperson» als Urquell aller kulturellen Bedeutsamkeiten entdeckt. Rothackers Lebensweltbegriff ist zwar von Diltheyschen und Husserlschen Elementen mitgeprägt, erfährt aber durch die Einbeziehung daseinsanalytischer Gesichtspunkte aus Heideggers Fundamentalontologie eine wesentliche Erweiterung.

19.1 Biographie und Bibliographie

a. Lebenslauf.

Geboren am 12. 3. 1888 in Pforzheim. Studium in Kiel, Straßburg, München, Tübingen und Berlin. 1920 Privatdozent in Heidelberg. 1924 dort außerplanmäßiger. Professor. 1928 Ordinarius in Bonn. Er stirbt dort am 10. 8. 1965.

b. Auswahl aus der Primärliteratur Rothackers

1920   Einleitung in die Geisteswissenschaften. Tübingen. 2. Aufl. 1930. **EG**
1926   Logik und Systematik der Geisteswissenschaften. Handbuch der Philosophie. München/Berlin. 3. Aufl. Bonn 1948. **LSG**
1934   Geschichtsphilosophie. Handbuch der Philosophie. München/Berlin.
1938   Die Schichten der Persönlichkeit. Leipzig. 7. Aufl. 1966.
1942   Probleme der Kulturanthropologie. Bonn. 2. Aufl. 1966.
1944   Mensch und Geschichte. Studien zur Anthropologie und Wissenschaftsgeschichte. Bonn 1950.
1954   Die dogmatische Denkform in den Geisteswissenschaften und das Problem des Historismus. Mainz.
1957   Psychologie und Anthropologie. Jahrbuch für Psychologie. 1. Halbband.
1963   Intuition und Begriff. Ein Gespräch mit J. Thyssen. Bonn.
1964   Philosophische Anthropologie. Vorlesungen aus den Jahren 1953/54. Bonn. 2. Aufl. 1966. **PA**
Zur Genealogie des menschlichen Bewußtseins. Eingeleitet und durchgesehen von W. Perpeet. Bonn 1966. **GB**.
Gedanken über Martin Heidegger. Bonn 1973.
Das «Buch der Natur». Materialien und Grundsätzliches zur Metapherngeschichte. Aus dem Nachlaß. Hg. von W. Perpeet. Bonn 1979.
Selbstdarstellung in W. Ziegenfuß / G. Jung (Hg.): Philosophen-Lexikon. 2. Band. Berlin 1950. S. 375.

c. Bibliographie

Funke, G. (Hg.): Konkrete Vernunft. Festschrift für Erich Rothacker mit Bibliographie. Bonn 1958.

19.2 Rothackers Dilthey-Interpretation aus dem Geist der deutschen historischen Schule

Rothackers Anliegen ist es, «die implizite und heimliche Geistesphilosophie der Historischen Schule zu entwickeln und aus ihrer Kraft heraus die theoretische Philosophie des Geistes zu befruchten» (EG XVI). Zu diesem Zweck müssen zwei Aufgaben gelöst werden, eine historische und eine systematische. Da die Philosophie des Geistes nach Rothacker vor allem in Diltheys Lebensphilosophie Gestalt angenommen hat, muß in der historischen Aufgabe zunächst der Weg zu Dilthey hin nachkonstruiert werden. Die systematische Aufgabe betrifft die methodische Architektonik jener Lehre in einer «Kritik der konkreten Vernunft» (XVII).

Bei oberflächlicher Betrachtung scheint die Zeit, in der Dilthey die Impulse für seine Philosophie erhalten hat, vom Streit zwischen philosophischer Spekulation und empirisch-kritischer Forschung geprägt. Die spekulative Seite wird von *Hegel*, die empirische von der «*Historischen Schule*» repräsentiert. Aber in Diltheys Werk verbinden sich beide Elemente auf eine spezifische Weise, die nur durch die Genealogie der philosophischen Gedanken verständlich wird. Deshalb versucht Rothacker, eine kontinuierliche Linie von Herder und Goethe über Hegel und F. K. Savigny, J. und W. Grimm und L. Ranke hin zu Dilthey zu zeichnen, die den Geist der deutschen Historischen Schule konkretisiert. Aus dieser Synthese muß auch die Entstehung des *Lebensbegriffs* verstanden werden. Einerseits steht der Lebensbegriff der Historischen Schule in der Tradition der ganz auf Anschauung der Sache bezogenen «metaphysisch-ästhetisch-organischen Weltbetrachtung der Identitätsphilosophie» (68). Zum anderen wirken in ihm die «Ideale vollendeter historischer Objektivität»: der Wille zum Auslöschen des Selbst, die Entäußerung an die eigenste Natur des Gegenstands, die Notwendigkeit, «in Gedanken aus unserer Individualität herauszutreten» (Savigny) und «das Leben wie ein Schauspiel anzusehen (Humboldt), nicht mehr zu handeln, sondern zu verstehen» (75). So ist auch Dilthey nach Rothacker von den positivistischen Strömungen seines Zeitalters mehr berührt, als meistens bemerkt wird (254).

So war nach Rothacker die geistige Konstellation jener Zeit selten günstiger, um den Lebensbegriff einer methodischen Reflexion zu unterwerfen und die Idee einer logischen Grundlegung der Geisteswissenschaften zu konzipieren (254). Der Idee ist bei Dilthey allerdings nicht sogleich die konkrete Verwirklichung gefolgt. Denn eine Grundlegung der Geisteswissenschaften kann nicht losgetrennt von den Systemen der Geschichtsschreibung, der Philosophie, der Jurisprudenz, der allgemeinen Kultur und der Organisationen der Gesellschaft erfolgen (247). Rothacker versteht daher seine Abhandlung «Logik und Systematik der Geisteswissenschaften» aus dem Jahre 1926 als eine Fortführung dieser unvollendeten Aufgabe.

Im ersten, *«analytischen Teil»* der Abhandlung findet man reiches Material über den Ursprung der geisteswissenschaftlichen Begriffe und Methoden. Für Rothacker sind Geisteswissenschaften «die Wissenschaften, welche die *Ordnungen des Lebens* in Staat, Gesellschaft, Recht, Sitte, Erziehung, Wirtschaft, Technik und die *Deutungen der Welt* in Sprache, Mythos, Kunst, Recht, Religion und Wissenschaft zum Gegenstand haben» (3). Die Unterschiede in den historischen, theoretischen, dogmatischen und kritischen Fragestellungen versteht Rothacker als logische Differenzen (25). Diese und alle daraus entspringenden Methodenkämpfe haben ihren Grund in Gegensätzen der Weltanschauung (26). Sie sind letztlich «Lebenskämpfe». *«Alle methodologischen Maßnahmen, jedes Werturteil, jeder Terminus* eines einzelwissenschaftlichen Werkes *ist aus einer letztlich weltanschaulichen Perspektive bestimmt»* (32). Die formale Einheit der Geisteswissenschaften ist also nicht nur vom Stofflichen, nämlich von der Welt des Menschen, und vom Logischen bestimmt, sondern vor allem vom Prinzipiellen dieser Hintergründe (33). Die Abhängigkeit von den Weltanschauungen fordert deren Typologie, in der sich die «weltanschaulichen Kategorien» manifestieren. Dabei orientiert sich Rothacker an der Diltheyschen Typologie, versteht Weltanschauungen aber eher als «‹Tendenzen› auf imaginäre Pole der Einheit» hin

(GB 56) und stellt den Typen einen weiteren Gegensatz von «Individualismus und Objektivismus» an die Seite (67). Als geisteswissenschaftliche *Methoden* beschreibt Rothacker ausführlich eine entwicklungsgeschichtliche, eine vergleichende Methode und eine Methode des Organismusgedankens. Hinter den Synthesen, die solche einheitlichen Verfahrensweisen ermöglichen und in der Kontroverse zu akademischen Streitigkeiten führen, sind produktive Willensakte am Werk, die den «unteren Seelenkräften» entstammen und auf eine Tiefenstruktur der Persönlichkeit verweisen, die Rothacker später ausführlich analysiert und die Ausgangspunkt seiner Weiterentwicklung Diltheys wird.

Im zweiten, «*systematischen Teil*» stellt Rothacker die systematischen Prämissen zusammen. In seinem «Versuch, die ‹heimliche Philosophie› der Historischen Schule erstmals als einen Sinnzusammenhang zu entwickeln» (130), wird deutlich, wie dem Begreifen, Erkennen und Verstehen je verschiedene Wahrheitsideale entsprechen. Aus welchem Grunde ein bestimmter produktiver Geist genau *seine* Weltanschauung auswählt, läßt sich allein aus seinem Schicksal verstehen (138), was den vielzitierten Relativismus verständlich und sinnvoll werden läßt. Denn die dynamischen Wurzeln liegen in der Tiefe des Bewußtseins. Am Ende der Abhandlung zeigt Rothacker, daß diese generelle Ableitungsmöglichkeit aller geistigen Erscheinungen auf eine Einheit der Vernunft verweist. «In unausgesetztem Geisterkampf schafft der Geist die weltgeschichtliche Bewegung, indem er immer erneut seine historisch erwachsene Substanz fruchtbar zu wahren und zu erweitern sucht. Dieser Kampf verläuft nach *einsichtigen Regeln* zwischen großen, weltanschaulichen *Alternativen*. Das *Kriterium* heißt *Fruchtbarkeit*» (171).

19.3 Die Entstehung der Kultur aus dem menschlichen Bewußtsein

In den dreißiger Jahren gibt sich Rothacker in seinen kulturanthropologischen Untersuchungen nicht mehr mit der Diltheyschen Zurückführung der kulturellen Phänomene auf das undifferenzierte allumfassende Leben zufrieden. Er stellt, - der Einfluß Heideggers ist unverkennbar, – den Lebensbegriff selbst zur Disposition und fragt, warum menschliches und nur menschliches Leben *kulturell* ist. Die Auseinandersetzung erfolgt in zwei Etappen.

– In einer *ersten, anthropologischen* Analyse geht er auf biologische und entwicklungspsychologische Forschungen ein und läßt die philosophischen Gesichtspunkte bewußt zurücktreten. Seit Schelers Begründung der philosophischen Anthropologie steht das Thema «Sonderstellung des Menschen» im Vordergrund. Rothacker liefert mit seiner Lehre von den «*Schichten der Persönlichkeit*» einen Beitrag zu diesem Thema.
– Auf diese Einsichten aufbauend schlägt Rothacker *zweitens* den Weg zu einer umfassenden *philosophischen* Sicht der Kulturerscheinungen ein. Das menschliche Bewußtsein in seiner lebensweltlichen Verstrickung wird zum Schlüsselbegriff für die Bearbeitung des Ursprungsproblems der Kultur, die auf die in der Dilthey-Kritik aufgeworfene Frage nach der Besonderheit menschlichen Lebens eine Antwort finden soll. Das letzte Werk Rothackers «*Zur Genealogie des menschlichen Bewußtseins*» enthält die Ergebnisse dieser Bemühungen.

Seit Freud ist eine philosophische Anthropologie ohne Reflexion des Unbewußten undenkbar. In den psychoanalytischen Schulen wird das Unbewußte binnenpsychologisch untersucht. Man nähert sich den Wünschen, Träumen, Trieben und Hemmungen introspektiv und vernachläßigt die Tatsache, daß jedes Es auch ein Außenleben hat. Eben dieser Verhaltensseite wendet sich Rothacker zu und gibt eine Beschreibung der menschlichen Person im Sinne der Ausdruckspsychologie von Klages. Die dabei entdeckte *Schichten-Struktur* des menschlichen Lebens richtet sich zugleich gegen die Ganzheitsvorstellungen in Psychologie, Personalismus-Lehren und Evolutionstheorien. Die Redeweise von der Entwicklung des Tieres zum Menschen oder des Kindes zum Erwachsenen suggeriert ja eine höhere personale Einheit, in der die Vorstufen durch ein Neues überwunden, verbessert und ersetzt werden. Natürlich gibt es für Rothacker innerhalb des Menschenlebens auch Entwicklungsprozesse im strengen Sinn, zum Beispiel im anatomischen Bereich und überall dort, wo echte Wachstumsprozesse vorliegen. Bei der Herausbildung der menschlichen *Persönlichkeit* aber liegt weniger eine *Entwicklung* vor, sondern eher eine interne *Überschichtung*, so wie ein zweites und drittes Stockwerk auf ein erstes aufgebaut werden. Das darunter befindliche Alte bleibt als Einheit und Zentrum erhalten. So entdeckt Rothacker zunächst eine «*Tiefenperson*» unter der «kortikalen», d. h. von der Großhirnrinde bestimmten Person (3). Zur Veranschaulichung denkt sich Rothacker einen Film, der das gesamte Verhalten eines Menschen von der Geburt bis zum Tod festhält. Ein solcher Film würde das Entscheidende zeigen, nämlich: «Die menschlichen Verhaltungen sind z. B. einmal bloße Reflexe und erfolgen dann aus einem Zentrum, das biologisch viel tiefer liegt als etwa der Quellpunkt des Gedankens; dann sind sie wieder triebhaft, stimmungshaft, affektiv und laufen aus der Tiefenperson ...» (5). Die Betrachtung des menschlichen Verhaltens erfolgt natürlich nicht rein behavioristisch, wenn auch Rothacker sein Vorbild Klages «unseren größten Behavioristen» (S.III) nennt; er ist der *verstehende* Dilthey-Schüler, der Reflexe von Stimmungen und Gedanken nur deshalb unterscheiden kann, weil er sie als Manifestationen eigener Erlebnisse identifiziert.

Es ist also irreführend, die Seele als einheitliches Subjekt mit den Grundfunktionen Empfindung, Vorstellung, Denken, Fühlen und Wollen zu charakterisieren. Diese Akte verlaufen nicht auf einer Ebene, sondern fließen aus verschiedenen Zentren oder *Schichten* der Persönlichkeit. Als Schicht bezeichnet Rothacker jeden «verhaltensanalytisch oder genetisch zu isolierenden Persönlichkeitsbestandteil, dessen Äußerungen ... *eigenen Spielregeln folgen*» (S.V), also etwa den eigenen Habitus eines Menschen und alle Zentren eigener Regulationsgesetze. Jede Schicht hat ein eigenes autonomes Regulationszentrum, das nach einem Gleichgewicht strebt. Die schon erwähnte zentrale Schicht der Tiefenperson bezeichnen verschiedene Autoren auch als Es, als das Unbewußte, als die Emotionalschicht, das «Kind in uns», als Vitalperson, Personoid, Vitalego oder als das organische, dunkle, archaische oder primitive Bewußtsein (63). Die Tiefenperson oder emotionale Schicht äußert sich wie ein selbständiges Lebewesen. Rothacker erinnert zur Verdeutlichung an das Dichterwort «Zwei Seelen wohnen ach in meiner Brust». Die Tiefenperson oder das Unbewußte umfaßt also auch Elemente einer einfachen «völlig unmittelbaren gefühlsnahen» Bewußtheit (68). Rothacker nennt unbewußt «alle in und an der Gesamtpersönlichkeit sich abspielenden Vorgänge, die weder vom wachen Bewußtsein mitvollzogen noch gesteuert sind» (7). Das Unbewußte negiert also nur den engeren Begriff des wachen Bewußtseins (oder der Apperzeption), das als Ich steuernd in Vorgänge eingreift.

Die Tiefenperson ist bei genauerer Analyse eine Schicht *über* der rein biologischen Sphäre und *unterhalb* der Ich-Schicht, in der die Person in voller Wachheit und Anspannung bei vollem Bewußtsein ist. Sie ist identisch mit der «Seele» bei Klages; in ihr wurzeln Mythos und Dichtung, die rein anschauende Einbildungskraft, Stimmungen, Sympathie und die Liebe mit ihrer logique de coeur (66). Sie umfaßt die Phänomene des Spiels und die reiche Welt des Lebensgefühls in allen seinen Ausprägungen als Selbstgefühl, Freude, Trauer, Erwartung, Hoffnung, Resignation, Verzweiflung, Furcht und Angst, alle Formen menschlichen Mitgefühls, die ästhetischen, religiösen und noetischen Gefühlsakte und alle höheren Strebungen (67).

Die Grundlage einer Theorie der drei Schichten von Leben, Es und Ich oder von anima vegetativa, anima sensitiva und nus baut auf die lebendige Beobachtung des alltäglichen menschlichen Verhaltens auf (141). Und diese Lehre von den Schichten der Persönlichkeit ist für Rothacker allein «der Schlüssel zum Verständnis des praktischen menschlichen Verhaltens» (6).

Für die Weiterentwicklung der Schichtenlehre ist die Stellung der anima sensitiva im Ganzen der Persönlichkeit von größter Bedeutung. Trotz autonomer Struktur jeder einzelnen Schicht spielt die Tiefenperson eine ausgezeichnete Rolle: *«Praktisch leben die Menschen aus ihrer Tiefenperson heraus»* (11), und das Ich durchsetzt mit seinen Steuerungen und Kontrollen bildhaftes Erleben, volle Aktionsfähigkeit und eine spezifische Bewußtheit als Vorform des auf das Ich bezogenen Selbst-Bewußtseins (70). Für das Verständnis des Spätwerkes ist das Verhältnis dieser Vorform zum eigentlichen Ich-Bewußtsein entscheidend. Rothacker nennt dieses schichtenspezifische Aktions- und Vollzugsbewußtsein *Innesein*. Diese «völlig unmittelbare gefühlsnahe Bewußtheit» schwingt in den seelischen Akten des Erlebens «mehr oder weniger deutlich oder dämmrig» mit (68). Rothacker vermutet in dieser Qualität das Wesen des Psychischen, das Akte erst zu psychischen Akten macht (69). Das Innesein ist «die urtümliche und *primitivste Form des entwickelten ‹Selbstbewußtseins›*» (70). Rothacker unterscheidet somit drei Formen des *Bewußtseins* (115):

- das Gegenstandsbewußtsein, das heißt die bildhaft erlebende *Perzeption*,
- das *Innesein* als gefühlsnahe unmittelbare Bewußtheit und
- die Apperzeption, in der *Wachheit*, Helligkeit, Klarheit, Grundsätzlichkeit und Anspannung ausschlaggebend sind.

Während die beiden ersten zur Tiefenperson gehören, ist die Wachheit Element der Ich-Schicht. Die Verwechslung der angegebenen Aspekte ist die Ursache für zahlreiche Mißverständnisse. Das beginnt mit der Gleichsetzung von Gegenstandsbewußtsein und Selbstbewußtsein im cartesischen cogito, setzt sich fort in der Identifizierung des Bewußtseinserlebnisses mit dem Psychischen selbst und endet bei der Verwechslung von Innesein mit Selbstbewußtsein oder gar mit Selbstbeobachtung (115).

Die reichhaltigen Ausführungen über die Überschneidungen und über die Parallelität der schichtenspezifischen Funktionen sollen eine Klärung zum Verständnis der Persönlichkeitsstruktur herbeiführen. Die Handlungen der Persönlichkeit lassen sich besser verstehen, wenn man sie durch Zuordnung zu den beteiligten Schichten beschreibt (140). So ist Rothackers Schichtenlehre eine spezifische Antwort auf die anthropologische Frage nach dem Wesen des Menschen, die zugleich die zahlreichen Polemiken im Umkreis der Lehren von Freud, Klages oder Scheler entschärft. Sie bietet ein solides Fundament für die nachfolgenden philosophischen Analysen der Kulturerscheinungen. Der Schlüsselbegriff für die weiteren Untersuchungen ist das menschliche *Bewußtsein*. Nur aus diesem läßt sich die Entstehung von Kultur verstehen.

Die Abhandlung «*Zur Genealogie des menschlichen Bewußtseins*» beschreibt den Weg von den ersten Fundamentalunterscheidungen hin zum Verständnis der menschlichen Kulturwelt. Das Werk umfaßt drei Teile:

- die *grundsätzlichen Unterscheidungen* von (Kultur-) Welt und Wirklichkeit, von Wahrheit und Richtigkeit und die zugeordneten Grundsätze von Sachlichkeit, Logizität und Bedeutsamkeit;
- die Identifizierung der *vorwissenschaftlichen Welt* mit ihren anschaulichen synthetischen und sprachlichen Gestaltungen als die zentralen Elemente eines adäquaten Weltverstehens;
- die *Kritik der rationalen Weltsicht,* die durch einseitige Vergegenständlichungen den anschaulich-existentiellen Zugang zur menschlichen Welt verwehrt.

Der *erste Teil* behandelt die Konstitutionsbedingungen der menschlichen *Lebenswelt*. «Jeder Mensch hat eine bestimmte Anschauung der Welt, in der er lebt» (GB 11). Wie kommen solche Weltanschauungen oder Weltbilder zustande und wie verhalten sie sich zur Wirklichkeit? Obwohl der Mensch nach Scheler «weltoffen» ist, bindet er sich an gewisse «Eigenwelten», die für seine Existenz als Kulturwesen konstitutiv sind. Rothacker untersucht in seiner «Philosophischen Anthropologie» dieses «Zurückfallen» in Umwelten. Er definiert diese als Situationen (PA 147), in die der Mensch je als handelndes Wesen notwendig eingeordnet ist und in seiner menschlichen Endlichkeit wesensmäßig eingebunden bleiben muß (PA 174). Hier, in der «Genealogie», beschreibt er die einzelnen Bedingungen für die Situationen oder Lebenswelten. Als Weltoffenheit versteht er die menschliche Fähigkeit, sich jede mögliche Sehweise aneignen zu können (GB

24). Diese Potenz wird ergänzt durch die Möglichkeit, bestimmte *Hinsichten* zu entwickeln, die zur Interessenahme führen. Diese wiederum ermöglichen verschiedene Lebensstile, aus denen die Kulturgebilde als «symbolische Formen» (Cassirer[1]) in einem ganz anschaulichen Sinne hervorgehen. Auch bei Cassirer ist die Rolle der Einstellungen ausschlaggebend. Er spricht von Gesichtspunkten, Auffassungen, Betrachtungsweisen, Blicken, Perspektiven usw. (38), die als erste apriorische Bedingung für Kulturformen angesehen werden müssen.

Mit Hilfe dieser Konstitutionsbedingung läßt sich der Unterschied von Wirklichkeit und Welt erklären: Alles, worauf sich die Hinsichten beziehen, konstituiert ein Stück Welt, das sich aus der amorphen Wirklichkeit abhebt: «‹Wirklichkeit› ist das Rätselhafte, was uns alle trägt, geheimnisvoll umfließt, durchfließt, auf uns wirkt, unserem Wirken Widerstand leistet ... ‹Welt› ist der Inbegriff alles dessen, was jeweils und jemals einer Lebens- und Sprachgemeinschaft zu konstituiertem, anschaulichem Bewußtsein gelangte: ein Inbegriff erlebter und bewährter Erscheinungen» (42). Diese Welt-Bildung steht unter drei Ideen, die Rothacker in *Grundsätzen* erfaßt (43/44):

– unter dem Satz der Sachlichkeit, der die Konstitution von Objekten und Noemata erklärt;
– unter dem Satz der Logizität, der die Noemata in Folgerichtigkeit und Widerspruchslosigkeit ordnet,
– unter dem Satz der Bedeutsamkeit, der die sachlichen und widerspruchsfreien Data zu sinnvollen und verständlichen Inhalten macht. Erst durch dieses Prinzip werden die Sacheinsichten lebensdienlich und lebbar.

Für das Verständnis des Rothackerschen Anliegens ist es wichtig, diese drei Grundsätze als Elemente des vorwissenschaftlichen Bewußtseins zu deuten. Die Welt ist belangvoll auch schon vor der rationalen und wissenschaftlichen Durchdringung. Sie enthält eine spezifische Sachlichkeit und Logizität, die bereits der vollen Wahrheit fähig ist. *«Erst der Satz der Bedeutsamkeit macht verständlich, weshalb Anschauungen nicht nur anschaulich, sondern auch sinnvoll sind»* (45). Die Sachwirklichkeit enthält eine unendliche Aufgabe, die auch in den Wissenschaften weiter vollendet werden kann. Aber während der Mensch auf Wissenschaft verzichten kann, existiert kein Mensch ohne diese belangvolle, vor-rationale anschauliche Welt. «Welten erheben den Anspruch auf *Wahrheit*», Tatsachenfeststellungen dagegen sind nur «richtig» (47). Hier schließt sich Rothacker ganz der Heideggerschen Wahrheitsauffassung an. Diese meint keine Aussagenwahrheit, sondern betrifft Bedeutsamkeiten, die ihre Fülle vom jeweiligen Weltbezug herleiten.[2] Bei Rothacker ist Wahrheit identisch mit «Bedeutsamkeit für die bestimmte Welt einer bestimmten Sprachgemeinschaft» (52). Damit werden auch alle Historismen und die inhaltliche Verschiedenheit ihrer Wahrheitsansprüche aus dem Satz der Bedeutsamkeit verständlich, weil Subjekte nur in historisch gewachsenen konkreten Lebensgemeinschaften verschiedenster Art existieren können. «‹Völker› und Kulturgemeinschaften *sind* verschieden, haben aber eine sinnhafte Genese» (55). Die Gegenthese des totalen Intersubjektivitätsanspruchs führt dagegen in der Uniformierung zur Erinnerungslosigkeit und Manipulierbarkeit des Lebens. Sie illustriert zugleich eine Möglichkeit der Transzendierung der vorhandenen Lebensformen, wie sie in den rationalen Wissenschaften angestrebt wird.

Der zweite Teil zeigt die fundamentale Rolle des *vorwissenschaftlichen Bewußtseins* für die Konstitution der anschaulichen vor-rationalen Welt, «in der die Menschen je und je lebten und auch heute noch leben» (63). Ziel der genannten Untersuchung ist das Verstehen des Lebens aus dieser anschaulichen Welt. Nur wenn die Nabelschnur zu dieser Tiefendimension nicht durchschnitten wird, kann die Kulturwelt als Manifestation des Lebens verstanden werden. Die Genealogie versteht sich also nicht als Beschreibung des kontinuierlichen Bewußtseinswegs hin zu

---

1 Vgl. unten 22.22.
2 Siehe unten v.a. 29.22.

einer «höchsten» Welt der Theorie und Wissenschaft wie beispielsweise bei Cassirer. Leben muß aus den Tiefen des vorwissenschaftlichen Bewußtseins mit seinem Korrelat «Lebenswelt» erschlossen werden. Rothacker zieht Husserls Lebensweltbegriff der Schelerschen «natürlichen Weltsicht» vor[3], weil letztere durch zahlreiche kulturell oder wissenschaftlich bedingte Sichtweisen schon verstellt und damit alles andere als «natürlich» sein kann.

Die Rechtfertigung der Sonderstellung der Lebenswelt als vorwissenschaftliches Bewußtseinsphänomen erfolgt nicht etwa im Rekurs auf zuständliche Erlebnisse eines eng verstandenen psychologischen Positivismus, sondern durch die philosophisch reflektierte Beschreibung der Wirkungsweise von Anschauung, Synthese, Distanz und Sprache. In der *Anschauung* erfolgt eine Befreiung vom Engagement der Aktion. Das Subjekt geht auf Distanz und erkennt die Phänomene in einem Gesichtsfeld (82). Damit «eröffnet» sich dem erlebenden Bewußtsein «etwas». In Anlehnung an Heideggers Zeugbegriff sieht Rothacker diese Welt noch als «Umgangswelt», als eine Art pragmatische Verwebung von Bewußtsein und Welt. Das Existenzial des In-der-Welt-seins und dessen Analyse im Horizont der durchschnittlichen Alltäglichkeit meint eben jene Lebenswelt in ihrer alltäglichen Ursprünglichkeit und pragmatischen Dimension (74). Durch Anschauung in diesem ursprünglichen Sinne wird aus der Lebens*erhaltung* die «Lebens*führung* in einer vom Zwang erlösten Welt» (84). Diese «Entlastung» (Gehlen) vollendet sich schließlich in der Anschauung der Künste (86). Aber dies ist bereits eine Weiterentwicklung der ursprünglichen Lebenswelt, der formal die Hinwendung zum Welt-*Begriff* zur Seite steht; es handelt sich also um «zwei selbständige, nebeneinander laufende Äste des Bewußtseinsbaumes» (90). Entscheidend bleibt sowohl für Kunst wie für Wissenschaft: «nur die Anschauung, nicht ... der Begriff ist es, der transparent macht, nur sie holt ihre Inhalte aus der Wirklichkeit heraus» (89). Auf dieser Basis erhebt sich das Bewußtsein zwar nicht zur Exaktheit des Denkens, im Phänomen der Kennerschaft aber erlangt das vorwissenschaftliche Bewußtsein seine adäquate Genauigkeit.

In der Frage nach der Erkenntnisleistung der Anschauung wendet sich Rothacker vehement gegen Kants Dualismus von Sinnlichkeit und Verstand, vor allem gegen das Diktum, daß Anschauungen ohne Begriffe blind seien. Diese angebliche Blindheit hat doch die mannigfachsten Wirkungen auf den Menschen (109). Die Anschauung als Vermögen der Bilder und Metaphern ist ein Grundelement in Rothackers Philosophie. Mittels der Ideation als Verallgemeinerung individueller Vorgänge vollbringt die Anschauung bedeutende Leistungen:

– sie liefert in den abbildenden Künsten einen Beitrag zur faktisch gelebten Welt;
– sie ermöglicht Idealisierungen und Schematisierungen des Erlebens;
– sie ordnet geschichtliche Prozesse durch «Fälle», liefert «Vor-bildliches» und ermöglicht Typenbildungen;
– sie entdeckt Gemeinsamkeiten und Ähnlichkeiten, die zur Bildung empirischer Realbegriffe führen (111);
– sie erfaßt das Phänomen der Bewegungen, was das strenge Denken trotz Einbeziehung der Differentialrechnung nicht leisten kann.

Die Anschauungswelt enthält danach synthetische Prozesse als Voraussetzung für den Erkenntnisvorgang. Der Inhalt, der jedem Begriff zugrundeliegt, entstammt nicht der Sinnlichkeit allein, wie Kant behauptet, sondern eben jener anschaulichen Welt. Dies ist Rothackers Zentralthese: *alle* Inhalte entstammen einer Konstitution durch einen Lebensbezug zu jener Anschauungswelt (112). «Anschauung ist notwendig Weltinhalt». Das Fundament der Lebenswelt sind Bedürfnisstrukturen und Bedeutsamkeitsbezüge. Nicht Affektion der Sinne, «sondern bereits ins Anschauliche transponierte Konstitutionsresultate, deren Zusammenhang wir jeweils eine Welt nennen, liefern dem Begriff seine Materie» (113).

---

3 Vgl. Husserl 6.21 und Scheler 14.21.

Die *Synthesis,* die das Anschauliche zugleich als «Etwas» erfahren läßt, erfolgt durch Distanz und Sprache. Mit *Distanz* ist noch nicht die Plessnersche ex-zentrische Distanznahme[4] gemeint, sondern nur die Notwendigkeit der Annahme eines Standortes, wenn von Anschauung die Rede ist. Eine besondere Rolle spielt dabei auch die *Sprache,* ein neues Thema, das sich nicht nur im Umkreis Heideggers, sondern auch durch den Einfluß der Analytischen Philosophie in den Vordergrund schiebt. Das Wort macht das Seiende zum verständlichen So-Sein der Lebenswelt. In ihm erfolgt ein sprachliches Weltöffnen und eine Weltgewinnung (161). Auch hier versucht Rothacker zu zeigen, daß die Einsicht in die Struktur des vorwissenschaftlichen Lebens die Funktion der Sprache, insbesondere der Umgangssprache, ins rechte Licht setzen kann. Eine Verabsolutierung der sprachlichen Gegebenheiten dagegen entseelt die Welt und läßt Leben und Wirklichkeit erstarren (174). Auch das sprachformulierte Wissen steht letztlich im Dienste der Weltanschauung (177).

Der dritte Teil, in dem der *Übergang zur rationalen Welt* beschrieben wird, ist relativ kurz und stark polemisch auf Mißstände der rationalistischen Philosophie und Wissenschaft gerichtet. Rothacker warnt vor der Überbewertung und Verselbständigung der Denk- und Begriffsebene. Der immer wiederholte Grundgedanke besagt, daß wissenschaftliche Objektbestimmung stets eine Einengung des Welthaften auf das Statische darstellt, durch die die Bewegung nicht erfaßt wird. Schon das Wort «Gegenstand» verweist durch die Silbe «stand» auf die Bestimmung als theoretisch Isoliertes, in dem die lebenswichtigen Phänomene ihr Wesen verlieren. Das Ich, das Subjekt, der Akt, die Freiheit, Spontaneität; alles Sinnvolle, Gott, Sein, Leben, Welt, Du, Person, Persönlichkeit, Dasein, Individuum und Existenz können durch Denken nicht erfaßt werden (180). Logik *begreift* nur Begreifbares, d.h. theoretisch Bestimmtes: «Die verwirklichten Sinngehalte sind aber nur zu verstehen» (181). Rothacker verweist auf Kants Maxime, die Person nicht als bloßes Mittel zum Zweck zu mißbrauchen, ferner auf den Protest Marxens, den Menschen nur als Ware zu behandeln, weiter auf die Du-Philosophie und auf das klassische «individuum est ineffabile». Gefahren sieht er auch in einer rational orientierten geisteswissenschaftlichen Methodenlehre (183). Kulturprozesse müssen für die Zukunft offen und sinnvoll schöpferisch sein. Deshalb sollten die Grenzen der Objektivierung eng gezogen werden. Den Abschluß der Untersuchung bildet daher eine Analyse des Dingbegriffs innerhalb der vorwissenschaftlichen Bewußtseinswelt, in welcher der Einfluß Heideggers deutlich wird.

Die Antwort auf die Entstehung der Kultur ist gefunden. «In ungeheuren Wogen umspielt eine völlig unfaßliche Wirklichkeit uns endliche Wesen». In dieses Chaos rammt sich der Mensch einige Pfeiler (Carlyle); zwischen diesen lebt er als Kulturwesen (211). Es eröffnen sich Sinn-Inseln, deren Ganzes wir Welten nennen und die das Untersuchungsfeld der Kulturphilosophie bilden (212). Sie erst ermöglichen eine «Phänomenologie des anschauenden Geistes» (W. Perpeet[5]).

---

4 Vgl. 23.12.
5 Vgl. das Vorwort zu GB S. XV.

20. Lebensweltanalysen im Umfeld der Spätphänomenologie Husserls

20.1 Die Freiburger Phänomenologen und Heidegger

Während sich in Husserls Göttinger Zeit eine phänomenologische Schule herausbildete, läßt sich dies für die Freiburger Jahre nicht behaupten. Die Einflüsse auf die einzelnen Schüler jener Zeit betreffen die Gedanken im Entstehungsstadium, bedingt durch den direkten Kontakt mit dem Meister. Durch die akademische Isolierung Husserls, durch den Aufstieg Heideggers und schließlich durch Husserls Tod löst sich die Bindung; alle gehen später neue Wege, die nur noch lockere Bezüge zur ursprünglichen Phänomenologie zeigen. *Edith Steins*[1] religiöses Grundinteresse findet ihre Heimat im Thomismus; *Oskar Becker* nähert sich in seiner hermeneutischen oder mantischen Phänomenologie[2] Heidegger; selbst *Ludwig Landgrebe* und *Eugen Fink*, die Husserl in den schweren Jahren treu zur Seite stehen und an der Rettung des Nachlasses durch van Breda entscheidend beteiligt sind, wenden sich später einer Metaphysik beziehungsweise einem Seinsdenken zu, die kaum mehr als Phänomenologie bezeichnet werden können. Es gibt eine Reihe von Philosophen, die in engerer Berührung mit der Phänomenologie bleiben und daher der «phänomenologischen Bewegung» zugerechnet werden. So etwa *Hans Reiner*[3], der wertphänomenologische Aspekte von Scheler und Hartmann in seine Ethik einbaut oder *Michael Landmann*, dessen Anthropologie phänomenologische Anleihen aufnimmt. Noch häufiger wird die Phänomenologie im Namen Heideggers «überwunden». So etwa bei *Franz Josef Brecht* in seiner Arbeit «Bewußtsein und Existenz. Wesen und Weg der Phänomenologie»[4]. Nach Brecht wird in der Phänomenologie die Frage nach dem Sein der Intentionalität, des Bewußtseins und des Aktvollzugs nicht radikal genug gestellt. Deshalb bedarf es einer Modifikation der phänomenologischen Grundbegriffe der Intuition und Deskription. Die «Sachen selbst» der Phänomenologen sind auf eine bestimmte Weise verhüllt. «Diese Verhülltheit der Phänomene gilt es zu sehen und so dem Sichzeigenden, das heißt, den Gegenständen der Phänomenologie, erst die Weise einer angemessenen Begegnis abzuringen» (150). Phänomenologie muß durch Fundamentalontologie und Existenzialanalytik ergänzt werden, um zum vollen Begriff von Philosophie zu gelangen. Und eben dies leistet Heidegger. Deshalb stellt Brecht neben Frühphänomenologie und transzendentaler Phänomenologie eine dritte entscheidende Phase der phänomenologischen Behandlung des Bewußtseinsproblems: «die Radikalisierung und Existenzialisierung des ‹Bewußtseins› vom Dasein selbst als In-der-Welt-sein» (162). So verdrängt Heideggers Einfluß nach und nach die rein phänomenologischen Elemente und transformiert die ursprünglichen phänomenologischen Bestrebungen in ein völlig neues Denken.

Außerhalb Freiburgs hinterläßt die Phänomenologie ihre Spuren vor allem in Frankreich (Merleau-Ponty, Sartre, Lévinas, Ricœur) und in den Vereinigten Staaten (Alfred Schütz, Herbert Spiegelberg). Der spätere Lebensweltbegriff steht besonders bei Schütz im Mittelpunkt und erfährt dort eine soziologische Ausgestaltung.

Wir beschränken uns auf *Landgrebe* und *Fink*. Bei beiden finden wir zunächst eine Lebensweltphänomenologie im Sinne des Husserlschen Spätwerks und bei beiden kann der allmähliche Umwandlungsprozeß weg von der Phänomenologie hin zu einer neuen Metaphysik und Ontologie deutlich verfolgt werden. Deshalb dienen sie als Repräsentanten dieser allgemeinen Auflösung der Phänomenologie nach Husserls Tod. Der Schwerpunkt der Darstellung liegt auf eben

---

1 Siehe unten 24.23.
2 Vgl. O. Becker: Mathematische Existenz. In JPPF Band 8/1927. S. 762 und 768.
3 Siehe oben 12.32.
4 Bremen 1948.

diesem Aspekt; es geht uns hier keineswegs um eine Würdigung der Gesamtleistung beider Denker.

20.2 Ludwig Landgrebe und die phänomenologische Metaphysik

20.21 Biographie und Bibliographie

a. Lebenslauf

Geboren am 9.3. 1902 in Wien. Studium der Philosophie, Geschichte und Geographie in Wien und Freiburg. Dort ab 1923 Assistent Husserls. 1927 philosophische Promotion. 1935 Habilitation in Prag. 1939 Mitarbeit am Husserl-Archiv in Löwen. 1940 Deportation. Anschließend kaufmännische Hilfsarbeiten in Hamburg. 1945 Umhabilitation nach Hamburg. 1947 Ordinarius für Philosophie in Kiel, 1954 in Köln. Dort Leitung des Husserl-Archivs der Universität.

Landgrebe wuchs als Kaufmannssohn nach dem frühen Tod der Mutter in der Obhut der Großmutter in Wien auf. In der österreichischen Metropole erhielt er auch seine Ausbildung. Der positivistische und an der Logik orientierte Geist an der Wiener Universität blieb ihm allerdings fremd. Einen Ersatz boten die philosophiegeschichtlichen Vorlesungen Robert Reiningers und die Psychologie-Veranstaltungen Karl Bühlers. Durch die Lektüre von Schelers Wertethik wurde er auf Husserl aufmerksam und wechselte daher nach Freiburg über. Dort begegnete er zugleich Heidegger, der vor seinem Weggang nach Marburg gerade die neu entwickelte Daseins-Analytik vortrug. Anfangs war Landgrebe so sehr von der Philosophie Heideggers eingenommen, daß er «Husserls Gedanken zunächst und noch lange nur noch im Lichte der kritischen Bemerkungen aufnahm, die Heidegger ihnen in Anspielungen widmete» (PS 135). «Sein und Zeit» betrachtete er später als Radikalisierung und Erweiterung der Transzendentalphilosophie. Erst als er Husserls Assistent geworden war, arbeitete er sich so intensiv in die Materie ein, daß er zum bedeutendsten Phänomenologie-Interpreten der Freiburger wurde.

Landgrebe war sieben Jahre Privatassistent Husserls. Seine Dissertation über Dilthey wurde in Husserls Jahrbuch veröffentlicht. Da Husserl als Jude keine Habilitationen abnehmen durfte, habilitierte sich Landgrebe in Prag über Martys Sprachphilosophie. Als Schüler Husserls und als Ehemann einer Halbjüdin zog es Landgrebe vor, nach der Machtübernahme durch den Nationalsozialismus in das Ausland zu gehen. Die Stationen waren Prag und Löwen. In die Prager Zeit fiel die Arbeit an der Erstellung des von Husserl autorisierten Werkes «Erfahrung und Urteil» aus stenographischen Aufzeichnungen seines inzwischen völlig isolierten Lehrers. Die gesamte Auflage wurde bei der Publikation sofort von den inzwischen einmarschierten Deutschen konfisziert und verbrannt. Von der Hilfe bei der Rettung von Husserls Nachlaß war bereits die Rede. Die anschließende Tätigkeit in Löwen war schnell vorüber. Erst nach dem Krieg konnte Landgrebe seine wissenschaftliche Tätigkeit voll entfalten. Als Leiter des Husserl-Archivs in Köln blieb er der phänomenologischen Bewegung engstens verbunden. Doch trotz der Bindung an phänomenologische Fragestellungen, – die meisten Bücher nehmen im Titel explizit Bezug auf die Phänomenologie, – überwogen die historischen Reminiszenzen über die Phänomenologie, die durch neue Betrachtungsweisen und Zielrichtungen ergänzt wurden. Dialektik-Studien zum Marxismus, Philosophie der Religion, der Politik und vor allem der Geschichte traten in den Vordergrund. In der Philosophie der Gegenwart sah Landgrebe einen «Beginn der Umwendung» (PG 7), «eine kritische Besinnung auf die verborgenen letzten Voraussetzungen abendländischen Denkens» (11). Dabei blieb der Mensch «zurückgeworfen auf das nackte ‹Daß› der Existenz als letzten Ausgangspunkt jeder Besinnung» (17). Es war also nicht mehr die Rede vom Zugehen auf die «Sachen selbst»; Landgrebe sprach von der Rückkehr der Metaphysik im Sinne einer Auseinandersetzung mit der gesamten metaphysischen und phänomenologischen Tradition.

Sein Interesse für Geschichte hatte ihn zu Dilthey geführt, so daß er seitdem im «Dreieck

Husserl-Dilthey-Heidegger» dachte und «Sein und Zeit» als Radikalisierung des Diltheyschen Ansatzes betrachtete (139). Die schon frühe Beschäftigung mit Marx, dessen Umbildung der Dialektik Hegels er im Sinne einer Verfallsgeschichte deutete, die Arbeiten an der genetischen Phänomenologie, die zur Herausgabe von «Erfahrung und Urteil» geführt hatten, sowie die Aufarbeitung von Thesen der Leiblichkeits-Phänomenologie Merleau-Pontys führten Landgrebe in der Nachkriegszeit zum Problem der Verantwortung in der Geschichte, das er in zahlreichen Vorträgen analysierte.[5]

b. Auswahl aus der Primärliteratur Landgrebes

1928 Wilhelm Diltheys Theorie der Geisteswissenschaften. JPPF Band 9 und separat Halle 1928.
1934 Nennfunktion und Wortbedeutung. Eine Studie über Martys Sprachphilosophie. Halle.
1946 Descartes. In: G.W. Leibniz – Vorträge aus Anlaß seines 300. Geburtstags. Hamburg.
1948 Was bedeutet uns heute Philosophie? Hamburg. 2. Aufl. 1954.
1949 Phänomenologie und Metaphysik. Hamburg. **PM**
1952 Philosophie der Gegenwart. Bonn. 2. Aufl. Frankfurt 1957. **PG**
1957 Die Kritik der Religion bei Marx und Engels. In. Christen oder Bolschewisten? Stuttgart.
1963 Der Weg der Phänomenologie. Gütersloh. 4. Aufl. 1978.
1968 Phänomenologie und Geschichte. Gütersloh.
1969 Über einige Grundfragen der Philosophie der Politik. Köln / Opladen.
1975 Selbstdarstellung. In: L .J. Pongratz: Philosophie in Selbstdarstellungen. Band 2. Hamburg. S. 128 f.**PS**
1982 Faktizität und Individuation. Studien zu den Grundfragen der Phänomenologie. Hamburg.

c. Bibliographie

Faktizität und Individuation S. 157–162.

20.22 «Phänomenologie und Metaphysik»

In der Aufsatzsammlung «Phänomenologie und Metaphysik» geht es Landgrebe darum, die Gestalt der Metaphysik zu charakterisieren, «die sich auf dem Boden der Phänomenologie ergibt» (8), also eine *«phänomenologische Metaphysik»* zu entwerfen. Dieses Unterfangen erscheint auf den ersten Blick recht widerspruchsvoll, wenn man bedenkt, wie vehement Husserl phänomenologische Argumente gegen die Metaphysik einsetzt[6]. Aber Landgrebe versteht die Phänomenologie nicht als inhaltliches Lehrgebäude, sondern als *spezifische Methode*, die in seinen Augen noch nicht erschöpfend angewandt worden ist. Dabei bleibt der Einfluß Heideggers unübersehbar. Landgrebes Metaphysik-Konzept verwendet einen modifizierten Begriff der phänomenologischen Reduktion, der dem Primat des In-der-Welt-seins und der Faktizität des Daseins gerecht zu werden sucht.

Bereits die Erklärungen des neuen Metaphysikbegriffs weisen in diese Richtung. Metaphysik ist für Landgrebe weder eine theoretische Betrachtungsweise noch ein unverbindliches Gedankenspiel, sondern Hilfsmittel zur Bewältigung unserer geistigen Not (PM 150). «Metaphysik war von ihrem Ursprung ab die Frage nach dem Sein» (152) oder, ganz im Sinne von Heideggers Fundamentalontologie, die Frage nach dem Sinn von Sein. Sie bedeutet kein abstraktes Verhältnis zur Wirklichkeit, «sondern Erschließung des Seins, das zugleich dem Dasein Halt und Sicherheit gibt» (154). So ist Metaphysik einerseits «denkende Erinnerung des Menschen an seine Bindung im Ganzen des Seins», andererseits aber auch «Selbstoffenbarung im Medium der Erkenntnis des Menschen» (156). Das Thema der Metaphysik umfaßt demnach die Erkenntnis und die Selbstenthüllung des Absoluten (198). Die Methode der phänomenologischen Reduktion

---

5 Landgrebe verweist in PS 165/166 auf «Über einige Grundfragen der Philosophie und Politik» und auf «Die Philosophie und die Verantwortung der Wissenschaften».
6 Zum Verhältnis der Phänomenologie zur Metaphysik siehe auch Wust in 24.32.

bedeutet für Landgrebe nichts anderes als die dauernde Anstrengung, sich auf den Boden dieser Metaphysik zu stellen (164). Deshalb kann das eigentliche Anliegen Landgrebes nur durch die Analyse der Geschichte der Metaphysik verdeutlicht werden. Die Bedeutung der Phänomenologie liegt gerade in der Vollendung der Entwicklung der abendländischen Metaphysik-Tradition.

Als erste Aufgabe der Neubegründung der Metaphysik innerhalb der Phänomenologie bestimmt Landgrebe die Explikation der «ontologischen Differenz», das heißt der strikten Unterscheidung von Sein und Seiendem, die in der alten Metaphysik als Rangordnung verwischt wird, indem das Sein nur als höchstes Seiendes auftritt. Landgrebe versteht die Differenz als Transzendenz des Seins gegenüber dem Seienden. Transzendenz meint hier Ursprung, das heißt das, was Seiendes zu Seiendem macht. Die Erschließung des Ursprungs erfolgt in der phänomenologischen Reduktion, die bei Husserl zur absoluten Subjektivität führt. Ihre Intentionalanalysen erscheinen als Voraussetzung für das Verstehen des In-der-Welt-seins. Wenn Heidegger in seiner Husserl-Kritik diese Beziehung umkehrt und das In-der-Welt-sein als Voraussetzung für das Verstehen des Verhaltens zu Seiendem, das heißt der Intentionalität, deutet[7], dann schöpft er nach Landgrebe nicht die Tiefe des Husserlschen Intentionalitätsbegriffs aus. Dieser meint zugleich Selbstbildung der Zeit als «Bildung der Möglichkeit, sich überhaupt Seiendes begegnen zu lassen» (89). Die vollzogene Reduktion ist damit zugleich «Ausdrücklichwerden eines bereits mit uns geschehenen Ereignisses» (164). Sie repräsentiert kein Gedankenexperiment, sondern «als denkerische Haltung eine Möglichkeit und Notwendigkeit .. , die ihre existenzielle Grundlage in unserem eigenen Dasein und in der Eigenart seiner Situation und geistesgeschichtlichen Herkunft hat». Die Einsicht in die Abhängigkeit von den existenziellen Bedingungen führt zum Verlust der Gewißheit vom Ganzen des Seins und eröffnet die Möglichkeit des Nichts der Welt und des menschlichen Daseins (165). Es ist Heidegger, der diese existenzielle Voraussetzung für die Möglichkeit der phänomenologischen Reduktion erkannt hat, ohne die Reduktion selbst gelten zu lassen (166). Für Landgrebe ist Heideggers Rückgang auf die Faktizität notwendiger Ausdruck der Folgen, die sich aus dem geistigen Schicksal des neuzeitlichen Denkens ergeben. Die Not unseres geschichtlichen Standortes erklärt die umfassende Wirkung der richtig verstandenen Phänomenologie, welche das Zurückgeworfensein auf die Subjektivität nicht als Entdeckung eines archimedischen Punktes des ewig Gleichen oder als reine Faktizität einzelner Subjekte mißversteht. Diese Weltvernichtung ist Eingangstor zur Metaphysik und zur philosophischen Erkenntnis des Absoluten.

Landgrebe versteht die phänomenologische Reduktion ausdrücklich als *intersubjektive Reduktion*. Denn das reduzierte Erlebnis ist zugleich «das Ergebnis einer Geschichte meines Bewußtseins» (169). Als Korrelat zum reduzierten Ich erscheint somit die gesamte Welt, die das Ich mit den Anderen teilt. «Die Welt ist objektiv als intersubjektive» (171). Die Gegebenheitsweise der Anderen ist ursprünglicher als die des Dings und hat ihre eigene apriorische Evidenz und Art der Bewährung. Sogar das «ich selbst» ist Produkt einer Selbstauffassung in diesem intersubjektiven Rahmen (178). Die Subjektbezogenheit bedeutet eigentlich Bezogenheit auf Intersubjektivität. In diesem Sinne definiert Landgrebe die Urleistung der Intentionalität: «Sichvorgeben des gemeinsamen Horizonts aller Erfahrung vom Seiendem» (180). Er leistet damit einerseits eine phänomenologische Reduktion des Heideggerschen Existenzials des In-der-Weltseins und vermittelt andererseits zwischen Phänomenologie und Dialogik, weil das alter ego nicht mehr nur als Konstitutionsprodukt meines Selbst gesehen wird[8].

Zum Abschluß wird dieser Horizont im Lichte eines übermächtigen Absoluten interpretiert, das dem Menschen Halt gibt (185). Das Endziel aller Metaphysik ist erreicht, die Erkenntnis des

---

7 Vgl. 29.24b.
8 Hier ist offensichtlich auch der Einfluß der sich ausgebreiteten Dialogik spürbar. Inwieweit damit aber der ursprüngliche phänomenologische Standpunkt schon überschritten ist, bleibt offen. Auf jeden Fall kann die These M. Theunissens, daß es zwischen Phänomenologie und Dialogik keine Brücke gibt, nicht mehr aufrechterhalten werden, wenn man diesen erweiterten Reduktionsbegriff noch als phänomenologisch zuläßt. Vgl. Theunissen (1977) S. 152.

Absoluten. In ihr wird die Substanz als Du, als Subjekt begriffen (Hegel, 187). Dieses Subjekt leistet als Subjektivität der phänomenologischen Grundlegung zweierlei: es liefert *weltlich* die Bedingung der Möglichkeit der Erkenntnis von Gegenständen und eröffnet zugleich *absolut* die Möglichkeit der Welt als Gesamtheit. Der letzte Sinn des metaphysischen Geschehens besteht in der Selbstenthüllung des Absoluten (198). Hieran knüpft Landgrebe sogar die Redeweise vom personalen Gott, ohne allerdings die Beziehung zum christlichen Gott der Tradition näher zu bestimmen. Dieser Gott offenbart sich in der menschlichen Existenz und erfüllt so die Funktion der Einbindung in das Ganze des Seins. Die Einbeziehung der religiösen Dimension in den lebensweltlichen Boden wird auch in anderen Veröffentlichung deutlich[9]. Sie zeigt zugleich die große Distanz zu Husserls neutralem Ausgangspunkt in seiner Suche nach den «Sachen selbst».

20.3 Eugen Fink und die endgültige Verabschiedung der Phänomenologie

20.31 Biographie und Bibliographie

a. Lebenslauf

Geboren am 11. 12. 1905 in Konstanz. Studium der Germanistik, Geschichte, Volkswirtschaft und Philosophie in Münster, Berlin und Freiburg. 1928 Privatdozent Husserls. Seminarbesuche bei Heidegger. 1929 philosophische Promotion. 1939 Mitarbeiter am Husserl-Archiv in Löwen. 1940 Deportation. Kriegsdienst. 1946 philosophische Dozentur in Freiburg, dort anfangs 1948 außerordentlicher und im Spätjahr ordentlicher Professor für Philosophie und Erziehungswissenschaft. Leitung des Husserl-Archivs in Freiburg. 1971 emeritiert. Fink stirbt dort am 25. 7. 1975.

Fink studierte bei Husserl und Heidegger. In der Zeit vor dem Zweiten Weltkrieg vertrat er mit Entschiedenheit die Spätphänomenologie Husserls. Als dessen Assistent arbeitete er eng mit seinem Lehrer zusammen, insbesondere bei der Weiterentwicklung der phänomenologischen Zeitanalysen. Besondere Verdienste erlangte Fink, als Husserl seine *Cartesianischen Meditationen* umarbeiten und erweitern wollte. Diese Aufgabe übernahm weitgehend Fink. Seine umfangreichen Entwürfe und die von Husserl persönlich gutgeheißenen Ausführungen zu diesem Problemkomplex sind in den «Husserliana-Dokumenten» veröffentlicht und lieferten die Basis zur Habilitation nach dem Kriege. Sowohl die Arbeit «Vergegenwärtigung und Bild» als auch die Abhandlung «Die phänomenologische Philosophie Edmund Husserls in der gegenwärtigen Kritik» verdeutlichen die Bemühungen, trotz neuer Aspekte dem ursprünglichen Geist der Phänomenologie Husserls treu zu bleiben. Wie Landgrebe setzte auch Fink bei den metaphysischen Prämissen und bei der phänomenologischen Reduktion an. Er radikalisierte in seinen Konstitutionsanalysen den phänomenologischen Idealismus und blieb dem vereinsamten Husserl bis zu dessen Tode 1938 in seinen philosophischen Anschauungen treu ergeben. Auch als Mitarbeiter im Husserl-Archiv in Löwen während des Krieges vertrat er weiter die Phänomenologie. Umso überraschender war die vollständige Abkehr von dieser Lehre nach dem Kriege. Fink sprach nicht etwa von einer *verbesserten neuen Form* der Phänomenologie, sondern distanzierte sich von dieser in *jeder* Form. Die zunächst bei Husserl nur vermißte Seinsfrage und deren Beantwortung in einer Metaphysik wurde zum allein maßgebenden Thema.

Fink bemerkte, daß die Seinsfrage in der Phänomenologie nur «in einer beschränkten Hinsicht» auftritt (BW[10] 11), nämlich nur in Bezug auf das Sein der intentionalen Objekte. Er vermißt die Frage, was für ein Sein dem intentionalen Bewußtseinsleben selbst eigentlich zukommt. Es fehlen bei Husserl Reflexionen über den Status des Seins als Gesetztes, Abgeleitetes, Selbstän-

---

[9] So etwa im Hinweis auf die christliche Gottesgewißheit bei Augustinus im Descartes-Aufsatz von 1946 oder in der Einführung «Was bedeutet uns heute Philosophie?»

[10] Bewußtseinsanalytik und Weltproblem. In: Gehrig (Hg.): Phänomenologie – lebendig oder tot? Karlsruhe 1969.

diges oder Absolutes. Nach Fink überspringt der Intentionalitätsansatz zwei Barrieren, nämlich das Verhältnis von *Ding und Gegenstand*, also die Frage, was mit dem innerweltlich Seienden geschieht, wenn es zum Phänomen wird, und das Verhältnis von *Gegenstand und Sein*. Läßt sich Sein als Gegenstandsmoment fassen und einfach dem Ich gegenüberstellen? Konkreter: «Ist die Seinsfrage ein Bewußtseinsproblem – oder eher umgekehrt: das Bewußtsein in seinem eigenen Bestehen, sofern es Vernunft und Freiheit zusammenspannt und einen Bezug auf seiende Gegenstände hat, ein ontologisches Problem?» Fink bekennt sich zur zweiten Auffassung. Er bezweifelt die Möglichkeit, ein weltvorgängliches, extra-mundanes, transzendentales Subjekt vom binnenweltlichen Menschen-Ich trennen zu können. Für ihn ist ein Außerhalb der Welt-Zeit und des Welt-Raumes, in dem auch die Leibhaftigkeit verloren ginge, undenkbar: «Wir sind inkarnierte Existenz, im Fleische erschienen, unsere Gedanken tönen in Wortlauten, unsere Handlungen kommen aus der Hand, unsere Begierden glühen im Herzen und mit Essen und Trinken vollbringen wir die Kommunion mit der Erde in ihren Gaben» (13). Auch die Analysen des Gemeinschaftsphänomens zeigen analoge Defizite. Wenn der Andere nur als intentionale Modifikation des direkt Mitseienden verstanden wird, weil mir nur der analoge Leib-Körper originär erscheinen kann (14), dann ist der Andere nicht in seiner Eigenständigkeit erreicht.

Bei Husserl orientiert sich alles an der sinnlichen Wahrnehmung als Urtyp des Verstehens. Aber alle daraus abgeleiteten Modelle mißachten die Tatsache, daß die Realisierungen von Abschattungen und anderen Synthesen immer schon in der Raum-Zeit-Welt ablaufen, die auch das erlebende und konstituierende Ich bestimmt. Ganz deutlich wird dieser Mangel in den Zeitaporien, in die sich Husserl verwickelte, ohne einen Ausweg angeben zu können. Selbst die phänomenologisch gedachte Absolutheit der Intentionalität «hebt die Sterblichkeit und Vergänglichkeit unserer Existenz nicht auf» (16). Wenn Fink Husserl den fatalen Hang des Menschengeistes vorwirft, das Sein von einem Seienden aus zu denken und dadurch zu verdinglichen, dann erkennt man ohne Mühen die Einflüsse Heideggerscher Gedanken. Fink erscheint mehr und mehr als Heidegger-Anhänger. Dabei versuchte er, in einer seinsbegrifflichen Auslegung die Thesen von «Sein und Zeit» zu verbessern. Durch Einbeziehung von Raum und Bewegung setzte er anstelle von «Sein und Zeit» das Paar «Sein und Welt». Dabei entfernte er sich auch von der ursprünglichen fundamentalontologischen Seinsphilosophie Heideggers. Seine Gedanken kreisten zwar weiter auch um ontologische Vorfragen, konkretisierten sich aber mehr und mehr in einer existentialen Anthropologie.

b. *Auswahl aus der Primärliteratur Finks*

1930 Vergegenwärtigung und Bild. Preisschrift der Universität Freiburg. In: ZPPF Band 11. Auch in SP.
1933 Die phänomenologische Philosophie Edmund Husserls in der gegenwärtigen Kritik. In KSTU 38. Auch in SP. **GK**
1934 Was will die Phänomenologie Edmund Husserls? Die phänomenologische Grundlegungsidee. In: Tatwelt. Berlin. Auch in SP.
1938 Das Problem der Phänomenologie Edmund Husserls. In: Revue internationale de Philosophie. Brüssel 1938/39. S. 226ff. Auch in SP.
1947 Vom Wesen des Enthusiasmus. Freiburg.
1957 Nachdenkliches zur ontologischen Frühgeschichte von Raum-Zeit-Bewegung. Den Haag.
1958 Sein, Wahrheit, Welt. Vor-Fragen zum Problem des Phänomen-Begriffs. Den Haag.
1959 Alles und Nichts. Ein Umweg zur Philosophie. Den Haag.
1960 Nietzsches Philosophie. Stuttgart. 5. Auflage 1986.
1965 Studien zur Phänomenologie. 1930–1939. Den Haag. **SP**
1969 Metaphysik und Tod. Stuttgart u. a.
1970 Erziehungswissenschaft und Lebenslehre. Freiburg.
1974 Traktat über die Gewalt des Menschen. Frankfurt.
1976 Nähe und Distanz. Freiburg / München.
1977 Sein und Mensch. Vom Wesen der ontologischen Erfahrung. Freiburg u. a.
1979 Grundprobleme des menschlichen Daseins. Freiburg/München.
Grundphänomene des menschlichen Daseins. Hg. von E. Schütz und F.-A. Schwarz. Freiburg / München 1979.

Einleitung in die Philosophie. Hg. von F.-A. Schwarz. Würzburg 1985.
Existenz und Coexistenz: Grundprobleme der menschlichen Gemeinschaft. Hg. von F.-A. Schwarz. Würzburg 1987.
Zur Krisenlage des modernen Menschen. Erziehungswissenschaftliche Vorträge. Hg. von F.-A. Schwarz. Würzburg 1989.
Sechste Cartesianische Meditation. Teil 1: Die Idee einer transzendentalen Methodenlehre. Teil 2: Ergänzungsband. Hg. von H. Ebeling, J. Holl und G. van Kerckhoven. Dordrecht u. a. 1988.
Welt und Endlichkeit. Hg. von F.-A. Schwarz. Würzburg 1990.
Texte aus dem Nachlaß Eugen Finks. Husserliana Dokumente Band II.
Philosophie des Geistes. Hg. von F.-A. Schwarz. Würzburg 1994.

c. Bibliographien

Giannarás, A./ Herrmann, F.-W. von: Bibliographie Ludwig Fink. In: Beispiele. Festschrift für Eugen Fink zum 60. Geburtstag. Hg. von L. Landgrebe. Den Haag 1965.
Eugen Fink. Bibliographie. In: Eugen Fink Symposium. Freiburg 1985. Schriftenreihe der Pädagogischen Hochschule. Freiburg 2 / 1987. S. 121 ff.

20.32 Die Zurückweisung der neukantianischen Kritik an der Phänomenologie

Finks Arbeit «Die phänomenologische Philosophie Edmund Husserls in der gegenwärtigen Kritik» in den Kantstudien 38/1933 wird in einem Vorwort von Husserl ausdrücklich als in jeder Hinsicht zutreffend beurteilt; Husserl freut sich, sagen zu können, daß in der Arbeit kein Satz ist, den er nicht ausdrücklich als seine eigene Überzeugung anerkennen könnte (GK 320). Die Verteidigung Finks richtet sich gegen Angriffe Rickerts, die vor allem von Rudolf Zocher und Friedrich Kreis genauer formuliert wurden.[11]

Die Angriffe artikulieren die weit verbreitete Auffassung, daß sich die Phänomenologie Husserls nicht kontinuierlich entwickelt, sondern in den IDEEN unter dem Einfluß des Neukantianismus eine Wende vollzogen habe, indem die Hinwendung zum Objekt preisgegeben worden sei und ein Rückfall in die Subjektivität stattgefunden habe (321). Die kritizistische Kritik enthält genauer zwei Vorwürfe:

– erstens vertritt die Phänomenologie eine dogmatische und damit unwissenschaftliche Methode, die sich als «intuitionistische Ontologie» manifestiert;
– zweitens stellen die IDEEN eine Wende zu einem falsch verstandenen Kritizismus dar (327).

Fink wirft dieser Kritik zunächst generell vor, sich allein auf die LU zu beziehen, also auf die Phänomenologie in ihrem Entstehungsstadium, in dem zwar die phänomenologische Korrelation schon die treibenden Motive zu einer klärenden Ausarbeitung der phänomenologischen Reduktion enthält, aber diese noch nicht darstellt. Doch erst durch die phänomenologische Reduktion kam «die philosophische Intention Husserls zu sich selbst» (321).

Der Vorwurf des dogmatischen *Intuitionismus* wird aus der unberechtigten Ausweitung des Anschauungsbegriffs hergeleitet, der wegen seiner Vor-Prädikativität letztlich zu einer empiristischen Erkenntnisauffassung führen soll. In der kategorialen Anschauung und in der Wesensschau verschwinde die Differenz von sinnlicher Erfahrung und Denken; konstruktives Denken weiche der Naivität. Daraus resultiere der *Ontologismus*, die Verengung des Blickwinkels auf «Seiendes». In Bezug auf die Methode erscheine die Phänomenologie empiristisch, in Bezug auf den Inhalt positivistisch (324). Obwohl die Phänomenologie gegen den Positivismus der Psychologisten angetreten sei, verfalle sie in der Deutung des Idealen als Gegenständlichkeit und in der Verwischung des Unterschieds von Sein und Sinn oder Realität und Geltung wieder positivistischen Lehren. Sinnphänomene würden zu Entitäten, Werte zu Sachen. Sie bleibe bei der

---

11 Zocher: Husserls Phänomenologie und Schuppes Logik. Ein Beitrag zur Kritik des intuitionistischen Ontologismus in der Immanenzidee. München 1932. Kreis: Phänomenologie und Kritizismus. In: Heidelberger Abhandlungen und ihre Geschichte. 1930.

unmittelbaren Gegebenheit von Gegenständen stehen und verwehre sich der Einsicht in die Frage nach den Bedingungen der Möglichkeit des Gegebenseins der Sachen. Trotz der korrelativen Betrachtung der subjektiven Erlebnisse handle es sich letztlich um eine Restaurierung der vorkantischen Ontologie.

Gegen den Vorwurf des Intuitionismus macht Fink geltend, daß sich die LU keineswegs am Wahrnehmungsbegriff orientieren. Vielmehr wird Erkenntnis für *alle* Evidenzarten als Selbstgebung der evidenten Gegenstände gedeutet. Die *schlichte* Selbstgebung ist nur ein Spezialfall; kategoriale Anschauung und Wesenserkenntnis dagegen kommen nur im Aufbau von Fundierungen zur Selbstgebung. So ist das Eidos Korrelat einer Denkoperation, die Invariante «im denkenden variativen Durchlaufen der Möglichkeitsabwandlungen eines in seiner Identität mit sich selbst festgehaltenen Seienden» (329). Damit verschwindet jedes realistische Moment im naivontologischen Sinn und es erscheint der konstitutive Charakter der idealen Gegenstände. «Sache» betrifft alles: Reales und Ideales, Horizont, Sinn, Nichts und vieles mehr. Die zugehörigen intentionalen Leistungen sind im schlichten Erkenntnisvollzug verhüllt und müssen in der *intentionalen Analytik* bewußt gemacht werden.

Die fälschliche Identifizierung von kritizistischer und phänomenologischer Idee der Transzendentalphilosophie beruht auf einer Verkennung der eigentlichen Absichten Husserls. An diesem Mißverständnis ist Husserl nicht ganz unschuldig. Fink zählt drei Gründe für die Fehlinterpretation auf: die gleichlautende Terminologie, die analoge Systematik und die unvollständige Formulierung des genuin-phänomenologischen Philosophiebegriffs (333).

Wegen der prinzipiellen Verschiedenheit beider Ansätze entwickelt nun Fink die Grundideen der Phänomenologie und die Differenzen des Grundproblems. Der Zentralbegriff des Kritizismus liegt nach Fink im Begriff der apriorischen Weltform und in dessen mundanem Charakter, das heißt im Rückgang zum Sinn *auf dem Boden der Welt*. «Seine Interpretation des Problems der Welt bleibt weltimmanent» (338). Die *Phänomenologie* dagegen ist dadurch ausgezeichnet, daß sie die Frage nach dem *Ursprung der Welt* stellt, aber nicht im Sinne der überwundenen Metaphysik, die nur nach dem Ursprung des *Seienden* fragt. Phänomenologie macht den Weltgrund zum Gegenstand einer theoretischen Erfahrung und einer wissenschaftlichen Erkenntnis; sie zeigt ihn auf und übersteigt damit alle Formen mundaner Erkenntnis. Darin konstituiert sich ein «Neubegriff von Wissenschaft» (341). Ihre genuine Methode ist die oft diskutierte und nur selten verstandene *phänomenologische Reduktion*. «Sie besteht vor allem darin, implikative Sinnes-Momente des intentionalen Lebens aufzuschließen, zu explizieren, Mitgemeintes und Hintergründig-Gemeintes ans Licht zu ziehen, den unmittelbaren Lebensimpuls zu brechen und in seine Komponenten zu zerlegen» (BW 10). Sie leistet den Überstieg über die *Welt* hinaus in das *Absolute*, während der Kritizismus vom *Seienden* zum *Sinn* desselben übergeht (GK 343). Dabei ist entscheidend, daß die phänomenologische Reduktion als Durchbruch der natürlichen Einstellung nicht nur zur Kenntnis genommen werden darf, sondern wirklich nachvollzogen werden muß. Durch sie tritt der absolut konkrete Lebensstrom in den Blick. Die Frage nach dem Sein der Welt wird zur Frage nach dem Wesen des transzendentalen Subjekts (354). Dieses erscheint als Identität von drei Ich-Formen, des weltbefangenen Ich, des transzendentalen, Welt in Geltung habenden Ich und des Ich als Epoché vollziehenden Zuschauens. Diese Differenzierung hebt sich von der einheitlichen transzendentalen Apperzeption der Kantianer deutlich ab.

In der Reflexion und Rechtfertigung der phänomenologischen Reduktion als eigentliches Zentrum der Phänomenologie stößt Fink auf den zweiten zentralen Begriff, auf den *Konstitutionsbegriff*. Denn das Thema der Phänomenologie ist weder die Welt noch die ihr korrelierende transzendentale Subjektivität, «sondern das Werden der Welt in der Konstitution der transzendentalen Subjektivität» (370). So ist jede Phänomenologie wesenhaft *konstitutive* Phänomenologie. Konstitution ist nicht einfach Bezug zwischen ... oder reine Aktintentionalität, sondern eine spezifische Leistung des intentionalen Bewußtseins. Die in der transzendentalen Reduktion gewonnene transzendentale Subjektivität mit ihrer Welthabe und ihren Seinsgeltungen führt zur

Rückfrage nach der Konstitution. Fink bemängelt allerdings die fehlende definitive Bestimmung des Konstitutionsbegriffs in den Publikationen Husserls, insbesondere in den IDEEN, auf die sich die neukantianische Kritik bezieht. Wesentlich für die konstituierende Intentionalität ist ihr produktiver und kreativer Charakter, der eindeutig über den rezeptiven Zug des psychischen Erfahrungslebens hinausgeht. Ohne auf eine klare Explikation des Konstitutionsbegriffs einzugehen, gibt Fink nur drei Differenzierungen im Intentionalitätsbegriff an. Er unterscheidet die psychische (rezeptive) von der unbestimmten transzendental-aktintentionalen und produktiv-kreativen (oder transzendental-konstruktiven) Intentionalität (373). Alle drei erfüllen das intentionale Leben in verschiedenen Stufen. Weil in den IDEEN die dritte Bedeutung nicht expliziert wird und Husserl aktintentionale Vorgänge als konstituierende bezeichnet, kann hier die Kritik relativ leicht zeigen, daß die Phänomenologie den neukantianischen Konstitutionsbegriff verfehlt. Der Phänomenologie geht es aber nicht «um eine Konstitution der Erkenntnisgegenstände durch den vorgängigen ... Entwurf der Gegenständlichkeit der Gegenstände .. , sondern um die *Konstitution der Welt*» (375). Fink bezeichnet die kritizistische Idee der Konstitution noch als *mundan*, weil sie das Seiende aus der apriorischen Form herleitet.

Die Kritik des Konstitutionsgedankens hat Auswirkungen auf die Deutung der Phänomenologie als *konstitutiven* Idealismus, der die Welt selbst umgreift (377). Ideales betrifft also nicht den Subjektivismus, der den Subjektbegriff der natürlichen Einstellung verwendet, sondern es bezieht sich auf die konstitutive Idealität der Welt (378).

Die Abhandlung klingt aus mit der Formulierung von *drei Paradoxien* der Phänomenologie, die möglicherweise schon den verborgenen Sprengstoff zur künftigen Destruktion der Phänomenologie als Ganze enthalten. Als erstes spricht Fink von der «Paradoxie der Situation der Äußerung» (381). Da sich Phänomenologie erst in der Vollendung der Reduktion begründet, ist eine Mitteilung der diesbezüglichen Erkenntnisse an andere, die diesen Standpunkt des theoretischen Ich noch nicht einnehmen, paradox. Die zweite Paradoxie ist die des phänomenologischen Satzes (382). Sie besteht darin, daß die Phänomenologie sich in der Sprache der natürlichen Einstellung ausdrücken muß, aber mit der mundanen Wortbedeutung einen transzendentalen Sinn in sich ausdrücken will. Drittens nennt Fink die logische Paradoxie der transzendentalen Bestimmungen (383). Danach lassen sich logische Aporien in den transzendentalen Grundbezügen nicht mit den Mitteln der Logik bewältigen. Er erklärt diese Paradoxie am Beispiel der Identifizierung des transzendentalen Ego mit dem menschlichen Ich. Alle ontologischen Identitätsformen versagen bei der Bestimmung der konstitutiven Identität der beiden Ich-Formen.

G. Von der Kulturkritik zur Kulturphilosophie und philosophischen Anthropologie

In der Philosophie des 20. Jahrhunderts häufen sich Untersuchungen zur Kultur und Kulturkritik. Es werden Konturen einer universellen *Kulturphilosophie* sichtbar, welche die Funktionen der Systemphilosophien, der philosophischen Weltanschauungslehren und metaphysischen Gesamtentwürfe übernehmen soll. Doch parallel zu solchen systematischen Tendenzen verstärken sich *kulturkritische Analysen*, die das Fundament der Kultur selbst zum Gegenstand ihrer Kritik machen und damit der freien Entfaltung einer autonomen Kulturphilosophie im Wege stehen.

Kulturphilosophie ist keine klassische philosophische Disziplin. Ursprünglich wird der Kulturbegriff stets mit einem bestimmten Objekt verbunden: man spricht von der Kultur eines Volkes, eines Subjekts, einer Sprache oder eines Gefühls im Sinne der Pflege und Verfeinerung der genannten Objekte. Die in der Kulturphilosophie gemeinte universelle Bedeutung erlangt der Begriff erst zur Zeit Herders[1].Im Deutschen steht seither «Kultur» für alles, was Menschen aus eigener Schöpfungskraft an Werken und eigenen Lebensformen und Gesellschaftsbedingungen gestaltet haben. Doch es dauert lange, bis sich der Kulturbegriff als allumfassendes *philosophisches* Thema gegen die Konkurrenzbegriffe der klassischen Philosophie durchsetzen kann. In der gängigen Gegenüberstellung von *Kultur und Zivilisation* bleibt der Begriff noch eingeschränkt. Dabei wird er mit Nebenbedeutungen belastet, die in der Kulturkritik im Mittelpunkt des Interesses stehen. Bedeutet Zivilisation negativ zunächst Vordergründiges, Verstandesmäßiges, auch französische Eleganz und Oberflächlichkeit, später dann Technisierung, Industrialisierung, Bürokratisierung und Vermassung, so verweist Kultur dagegen positiv auf Ursprüngliches und Urquellhaftes, auf die Tiefe eines «deutschen Wesens», auf Geistiges, Werthaftes und Unsterbliches, kurz auf das «Höhere» in der menschlichen Lebenswelt. Solche Konnotationen führen später zu affektgeladenen Verurteilungen der Kultur schlechthin, insbesondere im Umfeld neomarxistischer Kulturkritik[2].

Generell läßt sich zeigen, daß die philosophischen Leitbegriffe der einflußreichsten Strömungen, wie Phänomen oder «Sache selbst», wie Lebenswelt oder Geschichtlichkeit, Sein oder Gesellschaft die Verbreitung einer universellen Kulturphilosophie behindern. Kultur*philosophie* etabliert sich in den großen Entwürfen eigentlich stets zugleich als Kultur*kritik*. In den zwanziger Jahren übernimmt die neu begründete philosophische Anthropologie die wichtigsten Aufgaben der Kulturphilosophie und transformiert diese in eine Kultur*anthropologie*, die allerdings häufig durch biologische und soziologische Einflüsse wieder zur engen Einzeldisziplin wird.

In der Phänomenologie gelingt es nur unter großen Mühen, über die theoretischen Fragestellungen der Logik, Erkenntnistheorie und Wissenschaftslehre zu den praktischen Problemen der Ethik und Gesellschaft vorzustoßen. Noch größeren Widerstand bereitet die Einbeziehung der *Kultur* in den Bereich phänomenologischer Untersuchungen. Die Öffnung der genetischen Phänomenologie orientiert sich zu sehr am Seinsproblem, das schließlich in Heideggers Fundamentalontologie für den Kulturbegriff keinen Platz mehr läßt. Auch die Lebensphilosophie hat ihre Schwierigkeiten mit einer reinen Kulturphilosophie. Der Begriff der Geschichtlichkeit absorbierte lange Zeit alle Versuche einer Annäherung an Kulturphänomene. Sie konzentriert ihre Analysen auf die Lebensweltproblematik, die zwar die Kulterscheinungen nicht ausschließt,

---

[1] Der Terminus Kulturphilosophie taucht erstmals bei Adam Müller (1779–1829) auf.
[2] Vgl. z.B. T.W. Adorno: Negative Dialektik. Frankfurt 1975. S. 357 und 359.

diese aber doch ganz dem Perspektivismus des lebendigen Geistes unterordnet. Die im Umkreis von Phänomenologie und Lebensphilosophie entstandene Kultursoziologie wiederum bemüht sich um die Beschreibung der Kulturphänomene in gesellschaftlichen und politischen Kategorien. Nur im Neukantianismus und dort insbesondere in der Wertphilosophie, wird der Kultur besondere Aufmerksamkeit gezollt. Doch die Einordnung der Kultur in das allgemeine System der kritischen Vernunft verhindert die Entfaltung einer *autonomen* Kulturphilosophie. Erst in der Kulturmorphologie *Oswald Spenglers* verselbständigt sich der Kulturbegriff als Thema einer *Kulturkritik*. Aus der neukantianischen *Vernunft*kritik entsteht so eine universelle *Kultur*kritik, die unter dem Einfluß der inzwischen immer wirksamer werdenden Ideen von Marx und Nietzsche alle Zivilisationserscheinungen wie Technisierung und Industrialisierung, Bürokratisierung und Kommerzialisierung, sowie Vermassung und Entfremdung an den Pranger stellt. Aus ihr geht später die neomarxistische Kritische Theorie hervor, deren Einfluß bis in die letzten Jahrzehnte des 20. Jahrhunderts reicht.

Parallel zur vorwiegend kritischen Kulturtheorie verbreitet sich eine entideologisierte Kulturbetrachtung, die sich im Sinne einer deskriptiven Phänomenbeschreibung von den Kategorien des neukantianischen Systemdenkens und zugleich von der bürgerlichen Wertphilosophie zu befreien sucht. Prominentester Vertreter ist *Ernst Cassirer*, der durch die Einbettung des Kulturbegriffs in die Sprachwelt zugleich eine Brücke zu den Lehren der späteren «sprachlichen Wende» baut. Cassirers Kulturphilosophie mündet in eine *Anthropologie*. Zwar gilt Max Scheler als Begründer der neu konzipierten philosophischen Anthropologie der zwanziger Jahre. Doch baut dieser bewußt seine Lehre auf das metaphysische Prinzip eines autonomen Geistes auf. So ist es das Verdienst Cassirers, Plessners und Gehlens, eine Darstellung der Anthropologie unter dem Aspekt einer allgemeinen Kulturphilosophie *jenseits aller Metaphysik* versucht zu haben. Besonders die beiden letzteren betonen die Stellung des Menschen in einer natürlichen Ordnung, die zugleich kulturerzeugend gedacht werden muß. Kultur ist das Spezifikum der menschlichen Natur, nicht Verrat an der Natur oder Signum einer Naturentfremdung.

Der Weg von Cassirer über Scheler und Plessner zu Gehlen zeigt zugleich den wachsenden Einfluß des *pragmatischen Denkens* in der Philosophie. *Cassirers* ursprünglicher Symbolbegriff ist noch ganz semantisch gemeint, der die pragmatische Dimension völlig außer acht läßt. Das hängt eng mit der Idee der universellen Konstitution zusammen, die auch das letzte Seins-Residuum, das Ding an sich, aus den symbolischen Funktionen heraus zu erklären sucht. In *Schelers* Anthropologie wird dagegen Kants Bewußtsein überhaupt zum Geistprinzip, dem aber gleichzeitig eine zweite Seinsdimension gegenübersteht, die durch den Bios und insbesondere durch das widerständige Triebphänomen die Wirkungsmacht des Geistes einschränkt. Während Scheler wegen des Primats des Geistes dem kantianischen Denken nahe steht, radikalisiert *Klages* den Dualismus und lehrt den Primat des den Trieb umfassenden Lebens. *Plessner* schließlich eliminiert das metaphysische Prinzip des Geistes selbst und versucht, dessen Funktionen in dem Stufenbau des Organischen zu verankern. Diesen Prozeß vollendet dann *Gehlen*, bei dem die Natur *alles* erklärt. Die geistigen Funktionen erhalten eine pragmatische Bedeutung; es sind handlungsdienliche und Institutionen fördernde Naturprozesse sui generis. Hier hat sich die Auflösung des konstituierenden Subjekts bis ins Letzte vollzogen. Daß Cassirers Spätphilosophie wenigstens einen kleinen Schritt in die gleiche Richtung mitgeht, ist vor allem der Verwandlung der Kulturkritik in eine Kulturanthropologie zuzuschreiben.

21. Kulturkritik

Nach der Abwendung der Philosophie von den spekulativen Systemen und dem Zweifel an Hegels These, daß alles Geschehen eine Geschichte des Geistes sei, wagen nur noch wenige Philosophen Aussagen über die Universalgeschichte mit historischen Großprognosen. Die historische Einzelforschung hat zwar im vergangenen Jahrhundert als Historismus eine überaus reiche Ernte eingebracht, und in der Philosophie verbreiteten sich die verschiedensten Theorien über das Wesen der Geschichte. Doch insbesondere durch den Einfluß linkshegelianischer Argumentationen auf der einen und der neukantianischen Kritik auf der anderen Seite verschiebt sich das Interesse von der *Philosophie der Geschichte* mehr und mehr auf die *Kulturphilosophie*. Unter diesem Titel werden allmählich wieder Gesamtdeutungen der geschichtlichen Entwicklung gewagt. Doch im Vordergrund stehen Interpretationen der jeweiligen Gegenwartskultur, oft mit ausgesprochen pessimistischen Akzenten. Die zunächst einflußlosen Revolutionäre des 19. Jahrhunderts Marx, Kierkegaard und Nietzsche sind inzwischen bekannt und einflußreich geworden. Aber auch immanente Entwicklungen neuerer philosophischer Ansätze zielen in Richtung Kultur*kritik*. Husserls Spätwerk handelt von der Krisis der europäischen Wissenschaftswelt; die Auseinandersetzungen zwischen Natur- und Geisteswissenschaften im Umfeld der Diltheyschen Wissenschaftskonzeption und utopische Sozialllehren münden in kulturhistorische Ausführungen, die häufig die reine Wissenschaft und die Technik zum Sündenbock der Zeit erklären und gleichzeitig geistige beziehungsweise gesellschaftliche Kräfte als Heilmittel preisen; selbst die Konzeptionen zur philosophischen Anthropologie enthalten viel Kulturkritisches. Den Höhepunkt dieser Tendenzen stellt *Oswald Spenglers* Werk «Der Untergang des Abendlandes» dar, das – trotz der gewagten welthistorischen Großprognosen – wegen seiner Weltuntergangsstimmung und seiner Fixierung auf historische Krisen und Revolutionen Grundbefindlichkeiten des damalige Zeitgefühls trifft. Von ähnlicher Radikalität, aber weit weniger einflußreich ist das Denken von *Ludwig Klages*, in dem der Geist als Widersacher des Lebens auftritt und die naturalistischen Ausführungen Spenglers durch eine psychologische Konzeption der Lebensphilosophie ergänzt werden. Im gleichen Jahr wie der «Untergang des Abendlandes» erscheint das von einer ähnlichen Stimmung getragene «Reisetagebuch eines Philosophen» von *Graf Hermann Keyserling*. Es erregt zwar großes Aufsehen, ist philosophiegeschichtlich aber wirkungslos geblieben. Keyserling artikuliert kulturkritische Zweifel am Eurozentrismus, ohne allerdings Alternativen angeben zu können, die viel weiter reichen würden als bis zum amerikanischen Pragmatismus, der letztlich aus der gleichen Tradition stammt, die Keyserling kritisiert.

21.1 Oswald Spengler oder «Der Untergang des Abendlandes»

21.11 Biographie und Bibliographie

a. Lebenslauf

Geboren am 20.5. 1880 in Blankenburg/Harz. Studium der Mathematik, Naturwissenschaft, Geschichte, Philosophie und Kunst in Halle, München und Berlin. 1904 Promotion und Lehramtsexamen. 1908 Gymnasiallehrer für Mathematik und Geschichte in Hamburg, ab 1911 in München Privatgelehrter. Ablehnung von Professuren in Leipzig und Marburg aus gesundheitlichen Gründen. Er stirbt am 8. 5. 1936 in München.

Spengler durchlebte eine freudlose Jugend- und Studentenzeit. Zurückgezogen, die Welt verachtend und von der Bestimmung für Höheres durchdrungen, wurde er von Gedanken Goethes, Schopenhauers und Nietzsches geprägt. Während er von Goethe die organische und ästhetisierende Weltsicht übernahm, wirkten Schopenhauers Pessimismus und Nietzsches perspektivistische Kulturkritik direkt auf Stimmung und Charakter Spenglers ein. In einem nur oberflächlichen Studium, – «sieben Fächer angemeldet, keines studiert,» gesteht er selbst ein, – entwarf er phantastische Skizzen und Gegenwelten philosophischer, dichterischer und kulturpessimistischer Art. Nach einem Nervenzusammenbruch und einem kurzen, nur widerwärtig ertragenen Lehrerdasein wurde Spengler schließlich Privatgelehrter. Aus seinen Tagebuchaufzeichnungen erfahren wir, daß er ein ständig von Angstzuständen und Gefühlen der Unsicherheit geplagter Mensch war, der den Kontakt zur Umwelt vollständig verloren hatte. Er selbst nennt sich einen faustischen Menschen, eine Charakterisierung, die er auch der abendländischen Kulturentwicklung zuschreibt.

Selten ist ein Denker so total mit *einem einzigen* seiner Werke identifiziert worden wie Spengler. Außer seiner Dissertation verfaßte Spengler bis zum 38. Lebensjahr keine wissenschaftliche Arbeit. Aber bereits seit 1912 schrieb er an seinem Hauptwerk «Der Untergang des Abendlandes», das demnach seine Entstehung keineswegs Weltkriegserfahrungen zu verdanken hat.[3] Es waren vielmehr seine Leseerfahrungen, – neben Nietzsche und Goethe vor allem O. Seecks Buch «Geschichte des Untergangs der antiken Welt»,[4] – und die von einer tiefen Menschenverachtung begleiteten Beobachtungen der geistigen Umwelt, die sich in Einzelstudien niederschlugen und schließlich zu einem Gesamtwerk gestaltet wurden. Die Untergangsstimmung am Ende des ersten Weltkrieges bot die denkbar günstigste Voraussetzung für eine spektakuläre Aufnahme des Werkes, das Spengler in kürzester Zeit zum bekanntesten Philosophen Deutschlands werden ließ. Es stellte den großen Wurf in einer Zeit der Über- und Untergänge dar; es «war am Ende des ersten Weltkriegs das bedeutendste Dokument dieses allgemeinen Zeitgefühls» (Karl Löwith[5]). Der an Nietzsche geschulte Prophetenton und der schwungvolle Perspektiven- und Ideenreichtum überzeugten die Lesermassen in gleicher Weise wie verschiedene Schichten der Intelligenz[6]. Die oft abschätzige Kritik der historischen Fachleute konnte die Begeisterung und die Faszination nicht dämpfen.

Die späteren Arbeiten wandten die Gedanken des Hauptwerkes, die vor allem auch eine Kritik der Gegenwartskultur und eine Prophetie der unmittelbaren Zukunft sein wollten (UA 36), gleichsam realpolitisch an. In «Preußentum und Sozialismus» versuchte er, eine Synthese aus den preußischen Tugenden und popularisierten sozialistischen Ideen zu vollziehen, die der damaligen politischen Stimmung weiter Kreise der bürgerlichen Bevölkerung, des Militärs und der Großindustrie entsprach. Für die Endzeit der zivilisatorisch erstarrten Entwicklungsphase des Abendlandes prophezeite er die Weltmachtstellung eines vom preußischen Geist geprägten Deutschlands. Durch die Vermittlung von Führern der Industrie hielt Spengler zahlreiche Vorträge. Es entstanden politische, ökonomische, soziologische, religiöse und ästhetische Aufsätze. Er knüpfte zugleich Kontakte zu hohen Reichsbehörden. Auch der Aufstieg des Nationalsozialismus mit seinem Führerideal paßte in Spenglers von Nietzsche geprägtes Eliteverständnis. Im Juli 1933 führte er in Bayreuth ein Gespräch mit Hitler. Doch durchschaute der Monarchist Spengler bald die Differenzen zwischen seinen nationalen Ideen und den nationalsozialistischen Zielen Hitlers und war von diesem insgesamt enttäuscht. Er lehnte das Ansinnen Goebbels ab, einen propagandistischen Aufsatz für ihn zu schreiben. Trotzdem schickte Spengler Hitler Teile seines neuen Bestsellers «Jahre der Entscheidung», fand aber keine Resonanz. So gelang es ihm nicht, in die Ränge der aktiven Politik aufzusteigen, ein Ziel, das er im «Untergang des Abendlandes» als notwendige Bedingung für jede echte Philosophie formuliert hatte (56). Doch sein geistiger Einfluß auf das allgemeine Bewußtsein wurde bedeutend und hatte zum Beispiel auf die Aktivitäten des Nietzsche-Archivs Auswirkungen. Er versuchte sogar, mit Unterstützung von

---

3 Spengler war wehruntauglich und konnte daher – sehr zu seinem Bedauern – nicht aktiv am Kriege teilnehmen.
4 Berlin 1895ff.
5 Mensch und Geschichte. In: Gesammelte Abhandlungen. Stuttgart 1960. Zitiert nach der 2. Auflage 1969. S. 158.
6 Ernst Bloch schwärmt von der «Gewalt eines weiten Durchblicks, Kulturen benennend, sammelnd aussingend». Ebenso begeistert äußert sich Adorno in einem Vortag über Spengler. Weitere Zeugnisse bei Naeher (1984) S. 144ff.

Hugenberg, Stinnes und anderen ein Presse-Imperium aufzubauen, das sich allerdings nach Hitlers Machtergreifung nicht realisieren ließ. Nachdem dann schließlich seine letzte Abhandlung verboten wurde und sich seine Gönner ganz den Nationalsozialisten zuwendeten, verschwand er aus dem Rampenlicht der Öffentlichkeit. Er starb noch vor dem eigentlichen Aufstieg Hitlers zur weltbedrohenden Figur.

Spenglers Einfluß ging weniger vom *Inhalt* als vom *Titel* seines Werkes aus, der eine Vision universeller Weltangst suggeriert, die in ihren Einzelergebnissen aber weit hinter den Erwartungen zurückbleibt. Von den Historikern wurde vor allem Toynbee von Spengler beeinflußt; seine Spekulationen zur Weltgeschichte sind von ähnlicher Reichweite und prophetischer Unbekümmertheit. Spenglers Anknüpfung an Goethe, Schopenhauer und Nietzsche führte zu Stellungnahmen anderer Denker aus der gleichen Tradition. So findet man Bezüge Thomas Manns im «Doktor Faustus». Aber Manns Verhältnis zu Spengler ist äußerst distanziert; so prangert er dessen lieblosen und defaitistischen Pessimismus an. Selbst in Wittgensteins Sprachphilosophie sind Spuren Spenglers zu finden[7]. Spenglers These, daß die Gebärde, insbesondere die befehlende, und nicht die Wortsprache das Urphänomen der Kommunikation sei, taucht in den primitiven Sprachspielen des Befehlens im Spätwerk Wittgensteins auf.

Doch der Gang der Geschichte falsifizierte zu deutlich Spenglers Vision von der «pax germanica», die höchstens noch in der Form einer «pax americana» weiterlebte. Deshalb blieben seine Ideen in der Nachkriegszeit im Zwielicht. Vor allem die Darstellung antidemokratischer und imperialistischer Bewegungen als biologische Notwendigkeiten oder als morphologische Gesetzlichkeiten einer unverbrauchten Rasse erschwerten nach den Erfahrungen mit dem Nationalsozialismus eine dauerhafte Rezeption. Die Skepsis der Analytischen Philosophie gegenüber Großprognosen tat das Ihre[8]. Spenglers Nachruhm lebt weiter von der diffusen Stimmung, die der Titel «Untergang des Abendlandes» verbreitet, aber in dieser Hinsicht weitgehend ein Mißverständnis bedeutet. Was wirkt, sind vor allem die schlagwortartigen Begriffspaare Geschichte und Natur, Organik und Mechanik, Gestalt und Gesetz, Symbol und Formel, Schicksal und Kausalität, Leben und Erstarrung, die von ihm zur Charakteristik einer untergehenden Epoche verwendet werden.

Eine differenziertere Betrachtung des Gesamtwerkes zeigt die Einseitigkeit dieser rein kulturkritischen Auffassung. Man könnte Spengler durchaus auch in der Nähe lebensphilosophischer Traditionen sehen, obwohl im Hauptwerk keine direkten Bezüge zu Dilthey und seiner Schule feststellbar sind.[9] Mit dem Dilthey-Schüler Manfred Schröter führte er erst ab 1920 Gespräche. Die Hauptquelle blieb deshalb Nietzsche. Die Tatsache, daß Spengler seine letzte größere Arbeit «Der Mensch und die Technik», gewissermaßen die Prolegomena zum Hauptwerk, mit dem Untertitel «Beitrag zu einer Philosophie des Lebens» versah, zeigt, daß er sich selbst auch in dieser Tradition sieht. Eine ähnlich lockere Beziehung läßt sich aber auch zur philosophischen Anthropologie aufzeigen, wenn man die Themenstellung dieses Werkes heranzieht, in der es Spengler um das Menschsein in der Gesamtgeschichte geht.

---

7 Wittgenstein zählt Spengler ausdrücklich zu den Denkern, die ihn «beeinflußt» haben (Vermischte Bemerkungen. Werkausgabe Band 8. Frankfurt 1984.S. 476.) und bezieht sich öfters auf seine Arbeiten. Einzelheiten über Wittgenstein und Spengler siehe im gleichnamigen Aufsatz von Ferber (1991).Ferber verweist u. a. auf die Parallele zur Sprachspielbeschreibung bei Wittgenstein und Gestaltbeschreibung bei Spengler. Auch die Betonung der Gebärde als Urphänomen der Verständigung scheint von Spengler übernommen zu sein.

8 Diese Skepsis hat ihre Quelle vor allem in K.R. Poppers Arbeiten, insbesondere in «Elend des Historizismus». Tübingen 1965. Vgl. auch den Einfluß von Poppers Werk «Die offene Gesellschaft und ihre Feinde». Bern 1957.

9 Man beachte auch die dezidierte Ablehnung Spenglerscher Ideen durch Spranger. Vergleiche dazu Englert (1965).

b. Auswahl aus der Primärliteratur Spenglers

1918 Der Untergang des Abendlandes. Umrisse einer Morphologie der Weltgeschichte.
Band I: Gestalt und Wirklichkeit, Wien 1918; völlig umgestaltete Auflage München 1923.
Band II: Welthistorische Perspektiven. München 1922. 81. Auflage 1950. Neuauflage 1990. **UA**
    Gekürzte Ausgabe beider Bände, hg. von H. Werner, München 1960. Vollständige Ausgabe in einem Band München 1963, Nachdruck 1980. Taschenbuch München 1972.
1919 Preußentum und Sozialismus. München. In PS.
1924 Neubau des deutschen Reiches. München. In PS.
1931 Der Mensch und die Technik. Beiträge zu einer Philosophie des Lebens. München.
1932 Politische Schriften. München. **PS**
1933 Jahre der Entscheidung. Deutschland und die weltgeschichtliche Entwicklung. München. Taschenbuch München 1961.
Reden und Aufsätze. Hg. von H. Kornhardt. München 1937. 3. Aufl. 1951.
Gedanken. Ausgewählt von H. Kornhardt. München 1941.
Briefe 1913–1936. Hg. von A. M. Koktanek zusammen mit M. Schröter. München 1963.
Frühzeit der Weltgeschichte. Fragmente aus dem Nachlaß. Hg. von A. M. Koktanek zusammen mit M. Schröter. München 1966.

c. Bibliographien

Koktanek, A.M.: Spengler in seiner Zeit. Ohne Ortsangabe. S. 473 ff.
Naeher, J.: Oswald Spengler mit Selbstzeugnissen und Bilddokumenten. Reinbek 1984. S. 147 ff

21.12 Spenglers Morphologie der Weltgeschichte

a. Die Methode

Spenglers Ausführungen zur Methode, mit der er an die geschichtlichen Phänomene herangeht, lassen sich in keiner Weise mit den Reflexionen Husserls, Diltheys oder Webers vergleichen; sie sind spärlich, im Text verstreut und häufig widerspruchsvoll. Nach Spenglers Selbsteinschätzung ist seine Philosophie durch zwei Namen geprägt; er schreibt im Vorwort der Neubearbeitung des UA: «Zum Schlusse drängt es mich, noch einmal die Namen zu nennen, denen ich so gut wie alles verdanke: Goethe und Nietzsche. Von Goethe habe ich die Methode, von Nietzsche die Fragestellungen» (IX). Die Mathematik-Kenntnisse aus der Studienzeit ermöglichen es ihm, diese zur Darstellung des *morphologischen Grundgesetzes* von toter und lebendiger Form heranzuziehen: «Das Mittel, tote Formen zu erkennen, ist das mathematische Gesetz. Das Mittel lebendige Formen zu verstehen, ist die Analogie» (4). Im Goetheschen Begriff der *lebendigen Form*[10] liegt mehr als nur das sinnliche Phänomen des schlichten Naturzusammenhangs. Die Welt als Natur kann auch im zweckmäßig zergliedernden Erfahrungsdenken durch Gesetze und Formeln zum System geformt werden. Aber neben dieser Logik des Raumes, deren Prinzipien die Notwendigkeit von Ursache und Wirkung sind, finden wir im Leben die organische Notwendigkeit des Schicksals, die Spengler als Logik der Zeit bezeichnet. Das Ziel der philosophischen Betrachtung ist demnach nicht die naturhafte Ordnung der rein biologischen Erscheinungen, sondern die dahinter verborgene geschichtliche Ordnung. Der eigentliche Gegensatz der Morphologie ist daher der von *Natur und Geschichte*. Goethes lebendige Natur wird bei Spengler zur Weltgeschichte im weitesten Sinn oder zur *Welt der Geschichte*. Wie Goethe der lebendigen Natur gegenübersteht, so muß der echte Forscher der Geschichte begegnen. Seine Prinzipien sind «Nachfühlen, Anschauen, Vergleichen, die unmittelbare innere Gewißheit, die exakte sinnliche Phantasie» (33) der organischen Logik. Der Morphologe erfaßt die Formen der Notwendigkeiten

---

10 Dieses Thema wurde zur damaligen Zeit aus ganz verschiedenen Perspektiven behandelt. Bemerkenswert sind die Darstellungen von Rudolf Steiner (1861–1925), einem philosophischen Schriftsteller, der die sogenannte Anthroposophie begründete, auf die sich heute noch die Waldorfschulpädagogik bezieht. Vergleiche C. Lindenberg: Rudolf Steiner mit Selbstzeugnissen und Bilddokumenten. Reinbek 1992.

des Schicksals als Tatsachen von tiefster Gewißheit, als lebendige Formen mit Symbolcharakter. Diese lebendigen Formen einer jahrtausendealten Formenwelt müssen aus zeitloser Höhe betrachtet werden, wenn man die Krise der Gegenwart verstehen will (44/45). Die beschriebene Unabänderlichkeit des Schicksals muß hingenommen werden; sie vollendet sich unabhängig von persönlichen Idealen, Hoffnungen und Wünschen; amor fati als ein Ja zur schöpferischen Lebenskraft.

Diese Geschichtsbetrachtung ist «echte Philosophie» (54). Für Spengler ist Goethe auch Philosoph, weil echte Philosophie die Wirklichkeit nicht nur *begreift*, sondern auch schauend *ergreift* und mitbestimmend beherrscht. Der Philosoph muß zwei Ziele verfolgen: statt Vernunftkritik und Systementwurf soll er historische Morphologie betreiben; denn «die systematische Philosophie liegt uns heute unendlich fern; die ethische ist abgeschlossen. Es bleibt noch eine dritte, dem antiken Skeptizismus entsprechende Möglichkeit innerhalb der abendländischen Geisteswelt, die, welche durch die bisher unbekannte Methode der vergleichenden historischen Morphologie bezeichnet wird» (61). Aber neben der Darstellung der Weltgeschichte als universelle Symbolik, muß der Philosoph zugleich im öffentlichen Leben stehen. Die Vorsokratiker, Platon, Pascal, Descartes und Leibniz dienen neben Goethe als Vorbilder, die als Politiker und Kaufleute, als Mathematiker und Diplomaten eine entscheidende Rolle im Leben spielten. Deshalb empfiehlt Spengler, besser «Pflanzer oder Ingenieur zu werden, irgend etwas Wahres und Wirkliches, statt verbrauchte Themen unter dem Vorwand eines ‹neuerlichen Aufschwungs des philosophischen Denkens› wiederzukäuen .. » (58).

Unser geschichtlicher Standort, die Zivilisation, erfordert Skeptizismus. Dessen Funktion ist die Zersetzung der statischen Weltbilder früherer Kulturen ins Genetische. Im Gegensatz zur zeitlosen Höhe der morphologischen Betrachtung ist in Bezug auf die Gegenwart die Rede von der Selbstbescheidung des philosophischen Denkens und damit vom Verzicht auf den Anspruch, *ewige* Wahrheiten zu besitzen (61). Die Spenglersche Morphologie zeigt die Standortbezogenheit der abendländischen Seele im Stadium der Zivilisation (62). Trotz der Standortgebundenheit aber bleibt das Ziel der Entwicklung eine Methode der vergleichenden Morphologie der Weltgeschichte (67).

b. Ein Beispiel

Am Beispiel der Entwicklung der Mathematik, die für Spengler einen einzigartigen Rang unter den Geistesschöpfungen besitzt (75), demonstriert Spengler im Kapitel «Vom Sinn der Zahlen», was er konkret unter der morphologischen Methode versteht. Wesentlich ist die Einsicht, daß Mathematik keinen einheitlichen, kontinuierlich angewachsenen Wissensstoff umfaßt, der sich aus Urzeiten stetig zur heutigen Blüte und Vielfalt entwickelt hätte. Zu jeder Kultur gibt es eine eigene Zahlenwelt (78). Sie ist also kulturabhängig und zugleich Produkt eines bestimmten Entwicklungsstadiums der jeweiligen Kultur. Ihre Entstehung erfolgt in der Reife des «Sommers» der Kulturen. *In der Antike* konzipieren die Pythagoräer ihren kulturspezifischen Zahlbegriff: die apollinische Zahl als meßbare Größe, die der körperlichen Gegenwart des Einzeldings zugeordnet ist (100). Die *Zahl als Maß* und die Mathematik als Konstruktion erscheinen anschaulich im antiken Kunstwerk, vor allem in der freistehenden Bildsäule des nackten Menschen. Die Entdeckung der Zahlauffassung verläuft parallel zum Sieg der Plastik über die Freskenmalerei. Sie ermöglicht eine harmonische Ordnung von wohlbegrenzten und greifbar gegenwärtigen Einzeldingen und verschließt sich dem Irrationalen als Inkommensurablem, als Maßlosem und Unförmigem. Das Unmaß bedeutet Gefährdung, «Frevel gegen das Göttliche selbst» (88).

Von gänzlich anderem Charakter ist die Zahl, die zur Zeit Descartes' im «Sommer» der *abendländischen Kultur* entsteht. Hier erscheint die *Zahl als Funktion* und die Mathematik als Theorie des Grenzwertes. Mit ihr beginnt die Ablösung vom körperlich Gegebenen, von der Geometrie oder meßbaren Strecke. «An Stelle des sinnlichen Elements der konkreten Strecke und Fläche ... tritt das abstrakt-räumliche, mithin unantike Element des Punktes» (99), die Analysis des Unendlichen. Hier manifestiert sich der völlig andersartige Charakter des Abendlandes, der nicht stille Harmonie anstrebt, sondern aus dem faustischen Drang zum Unendlichen lebt (100). Die Zahl als reine Beziehung bedingt kulturell den Sieg der Musik über die Ölmalerei. Das Weltgefühl verwirklicht sich im unendlichen Raum; das Irrationale wird zum Normalfall. Die gleiche Kulturbezogenheit zeigt sich in den analogen Stadien der Ausbildung der mathematischen Systematik. So ist die Entwicklung der Mathematik Abbild und reinster Ausdruck des antiken beziehungsweise faustischen Seelentums (121). Sie ist kein einheitlicher Prozeß, sondern Ausdruck lebendiger individueller Kulturen mit vergleichbaren Formphänomenen. Dies betrachtet Spengler als Ergebnis einer Geschichtsbetrachtung faustischen Stils, die «einen Blick über die Kulturen hin, auch über die eigene, wie über die Gipfelreihe eines Gebirges am Horizont» wagt (125).

c. Die Verallgemeinerung

Die Morphologie des Mechanischen und Ausgedehnten, der Ordnung von Naturgesetzen und Kausalbeziehungen nennt Spengler *Systematik*. Die Morphologie des Organischen dagegen, das heißt die Gestaltlehre der vom Schicksal geleiteten Geschichte und des Lebens, heißt *Physiognomik*. Die allgemeine Physiognomik sieht alle geschichtlich relevanten Phänomene in eine Vielzahl großer Kulturen eingebettet. «Kulturen sind Organismen, Weltgeschichte ist ihre Gesamtbiographie» (139).

Spengler beschreibt die Biographien der großen Kulturen in einem einheitlichen morphologischen Schema, das seinen Begriff der kulturellen Gleichzeitigkeit definiert. «Jede Kultur, jede Frühzeit, jeder Aufstieg und Niedergang, jede ihrer innerlich notwendigen Stufen und Perioden hat eine bestimmte, immer gleiche, immer mit dem Nachdruck eines Symbols wiederkehrende Dauer» (147). Wie weit er mit der Behauptung von morphologischen Analogien, von gleichlanger Lebensdauer der Kulturen und von gleichartigen Strukturgesetzen im einzelnen geht, zeigen drei ausführliche Tabellen über die Gleichzeitigkeit von Geistesepochen, von Kunstepochen und von politischen Epochen. Die umfangreichen Ausführungen im zweibändigen Hauptwerk und in den nachfolgenden kleineren Schriften sind nichts anderes als Illustrationen, Verdeutlichungen, Begründungen und materialreiche Belege zu dieser morphologischen Schematik. Auffällig ist dabei die ausführliche Behandlung und Einbeziehung der Kunst. Spengler betrachtet die Kulturepochen gleichsam als Kunststile und artikuliert so in seiner Synthese von Geschichte und Kunstphilosophie den damals weit verbreiteten Anspruch der Kunst, Realpolitik und Weltgeschichte gestalten zu können.

Bei der Strukturbeschreibung werden jeweils verschiedene Kulturen mit der antiken und abendländischen Kultur verglichen (UA II S. 46ff):

– bei den Geistesepochen die indische und arabische;
– bei den Kunstepochen die ägyptische und arabische;
– bei den politischen Epochen die ägyptische und chinesische.

Geistes- und Kunstepochen werden in das Schema von «Vorzeit – Kultur (mit Früh- und Spätzeit) – Zivilisation» eingeordnet. Der Begriff der Zivilisation erscheint hier als Gegenbegriff zum Begriff der Kultur im *engeren* Sinne; die Zivilisation tritt erst nach einer Vorzeit der Primitivität in Erscheinung. Andererseits ist sie ein Stadium von Kulturen im *weiteren* Sinne, das heißt im Sinne von morphologischen Individuen, die das eigentliche Untersuchungsobjekt Spenglers darstellen.

Wir beschränken uns in unserer Darstellung auf die *antike und abendländische Kultur* in der Tafel der gleichzeitigen Kunstepochen und ergänzen diese durch einige Hinweise aus der Tafel der gleichzeitigen politischen Epochen.

Kulturen entstehen aus einem «Chaos urmenschlicher Ausdrucksformen» einer historischen Vorzeit, in der mystische Symbolik und naive Intuition vorherrschen. In ihr finden wir den primitiven Völkertypus des Stammeshäuptlings, in dem es weder ein Staatsgebilde noch Politik in unserem Sinne gibt. Es ist die Mykenische Zeit (1600–1100) und die Frankenzeit (500–900).

Wenn «eine große Seele aus dem urseelenhaften Zustande ewig-kindlichem Menschentums erwacht», wird eine *Kultur* geboren. Sie erblüht in einer genau abgrenzbaren Landschaft. Sie verwirklicht ihre Möglichkeiten in der Gestalt von Völkern, Sprachen, Glaubenslehren, Künsten, Staaten und Wissenschaften (142). Es entstehen Nationen mit einem einheitlichen Weltgefühl und mit einer immanenten Staatsidee. Dabei durchläuft jede Kultur die gleichen Altersstufen wie das menschliche Individuum (143). In der *Frühzeit* der Primitiven erscheint Ornamentik und Architektur als elementarer Ausdruck des jungen Weltgefühls. Das politische Dasein gliedert sich in die beiden frühen Stände des Adels und der Priester. Es herrscht Feudalwirtschaft der reinen Bodenwerte. Es ist die Dorische Zeit (1100–650) und die Gotische Zeit (900–1500). Im letzten Stadium der Frühzeit, treten bereits Widersprüche auf, die erst durch die Formkraft der *Spätzeit-Kultur* bewältigt werden. Hier erscheinen städtisch bewußte Gruppen und einzelne große Meister. Es erfolgt die Ausbildung des reifen Künstlertums, das sich in einer durchgeistigten Formsprache vollendet und schließlich in Klassizismus und Romantik Auflösungserscheinungen und Nachlassen der Gestaltungskraft zeigt. Die politische Entwicklung der Spätzeit-Kultur beginnt mit der Verwirklichung der gereiften Staatsidee. Durch den Sieg des Geldes über die Güter entsteht der dritte Stand des Bürgertums. Im Absolutismus und in der Einheit von Stadt und Land beziehungsweise von Staat und Gesellschaft vollendet sich die Drei-Stände-Staatsform. Durch Revolution und Napoleonismus wird diese höchste Form geprägt. Das Volk siegt über die Privilegierten, die Intelligenz über die Tradition, das Geld über die Politik. Wir stehen in der Ionischen Zeit (650–300) beziehungsweise in der Barockzeit (1500–1800).

An die Kulturphase schließt sich die Phase der *Zivilisation* an. Zivilisation ist ein «Dasein ohne innere Form». Weltstadtphänomene wie Luxus, Sport, Sensationen, Moden ohne symbolischen Gehalt, Willkür und Eklektizismus prägen diese letzte Zeit der morphologischen Individuen. Die Kunst wird zur modernen Kunst und damit zum Kunst-Problem. Die großen Kunstformen degenerieren zum bloßen Kunstgewerbe. Nachahmung archaischer und exotischer Motive, eine erkünstelte, leere Architektur und Ornamentik bedeuten das Ende der Formentwicklung überhaupt. Das letzte Aufbäumen erfolgt im Prunk der Caesaren mit Massenwirkungen. Ein starrer Formschatz verkommt zum provisorischen Gewerbe. In der Politik finden wir die dramatische Auflösung des «Volkskörpers» zur formlosen Masse, die sich als vierter Stand kosmopolitisch gibt. Auf Einzelheiten kommen wir weiter unten, wenn vom Ausblick in die Zukunft die Rede ist. Denn die Zivilisation betrifft das neunzehnte, zwanzigste und die folgenden Jahrhunderte.

Bei der Darstellung der gleichzeitigen Geistesepochen verwendet Spengler das Schema «Frühling – Sommer – Herbst – Winter», um die Phasen der Kulturorganismen zu erfassen. Im Frühling der Kultur (ab 1100 v. Chr. in der Antike und ab 900 n. Chr. im Abendland) erwachen die mächtigen Schöpfungen der «traumschweren Seele», die in der überpersönlichen Fülle der Intuition verharrt. Das Urchristentum und die Patristik bis Augustinus erscheinen hier als Elemente des arabischen Kulturkreises. Auf den Sommer der reifen Bewußtheit folgt der Herbst der großstädtischen Intelligenz, der Höhepunkt aller Gestaltungskraft, ehe im Winter die weltstädtische Zivilisation mit ihren irreligiösen und unmetaphysischen Inhalten hereinbricht. «Das Wesen aller Kultur ist Religion; folglich ist das Wesen der Zivilisation Irreligion» (455).

d. Die Vision des Untergangs des Abendlandes

Der Untergang des Abendlandes ist zwar als morphologische Phase eines absterbenden Kulturorganismus ein Tod wie jeder andere, verdient aber wegen seines Bezugs zur unmittelbaren Gegenwart ein besonderes Interesse. Hier finden wir Stimmungen des Zeitgefühls mit gewagten Großprognosen für die nächsten Jahrhunderte vereinigt. Bei der Behandlung der politischen Epochen bezeichnet Spengler innerhalb seiner Morphologie die Zivilisation des 19. und 20. Jahrhunderts als die Zeit der Herrschaft des Geldes und der Demokratie, in der die Wirschaftsmächte die Politik durchdringen. Für die Zeit von 2000–2200 erwartet er eine Ausbildung des Cäsarismus, das heißt den Sieg der Gewaltpolitik über das Geld. Der innere Zerfall der Nationen in eine formlose Masse begünstigt ein universales Imperium von primitiv-despotischem Charakter, wie wir es aus der Antike von Sulla bis Domitian, also auch genau über 200 Jahre hinweg kennen. Nach 2200 wird in Analogie zur Herrschaft von Trajan bis Aurelian die Welt zum Beutegut von Einzelherrschern. Wie im Ägyptizismus, Mandarinentum und Byzantinismus erstarrt das hochzivilisierte Abendland zum geschichtslosen Kadaver urmenschlicher Zustände. Einfälle und Eroberungen junger fremder Völker geben der Kultur den Todesstoß.

Auffällig ist die geringe Aufmerksamkeit, die Spengler dem gegenseitigen Einfluß von Kulturen und der Sonderrolle der *planetarischen* Zivilisation der Gegenwart schenkt. Im Zusammenhang mit der arabischen Kultur behandelt er sogenannte *historische Pseudomorphosen*, das heißt «Fälle, in welchen eine fremde alte Kultur so mächtig über dem Land liegt, daß eine junge, die hier zu Hause ist, nicht zu Atem kommt und nicht nur zu keiner Bildung reiner, eigener Ausdrucksformen, sondern nicht einmal zur vollen Entfaltung ihres Selbstbewußtseins gelangt.» Als Beispiele führt Spengler die Schlacht von Aktium (30 v. Chr.) und die Reformen Peters des Großen in Rußland um 1700 an. Bei Aktium hätte eigentlich Antonius siegen müssen, der Vertreter der jungen arabischen Kultur und Feind der greisenhaften Antike (II 230). Bei Peter war es der verhängnisvolle Sieg der faustischen Seele des Westens über die urwüchsige, später von Dostojewskij besungene russische Seele (II 231).

Fast konsequenzenlos sind Spenglers Entdeckungen der Besonderheiten in der Wirtschaftswelt der Maschinenindustrie. Der faustischen Seele gelingt es als einziger, den Makrokosmos so total zu beherrschen, daß sich auf unserer Erde eine planetarische Zivilisation – dieser Begriff taucht bezeichnenderweise bei Spengler *nicht* auf – herausbildet. «Mit den Millionen und Milliarden Pferdekräften steigt die Bevölkerung in einem Grade, wie keine andere Kultur es je für möglich gehalten hätte»; die Natur scheint ins Wanken geraten zu sein (II 624). Aber sogleich siegt wieder die morphologische Schematik: im Kampf der Grundkräfte gewinnt das *Blut* die Oberhand über die Geld- und Industriewirtschaft. «Das *Leben* ist das erste und letzte, das kosmische Dahinströmen in mikrokosmischer Form ... Es handelt sich in der Geschichte um das Leben und immer nur um das Leben, die Rasse, den Triumph des Willens zur Macht, und nicht um den Sieg von Wahrheiten, Erfindungen oder Geld; ... so schließt das Schauspiel einer hohen Kultur ... wieder mit den Urtatsachen des ewigen Bluts, das mit den ewig kreisenden kosmischen Fluten ein und dasselbe ist» (II 629/630).

21.2 Ludwig Klages oder «Der Geist als Widersacher der Seele».

Ähnlich wie bei Spengler lieferte auch bei Klages der Titel seines Hauptwerkes die universelle Formel, die schließlich zum Synonym für den Verfasser selbst wurde. Während bei Spengler die Geschichte und Kunst die Argumente bereitstellten, war es hier die *Psychologie*, allerdings nicht als Schul- und Fachpsychologie, sondern als Lehre von den psychischen Gestaltungskräften, wie sie in der Philosophie und in der zweieinhalbtausendjährigen Geistesgeschichte in Erscheinung getreten ist.

21.21 Biographie und Bibliographie

a. Lebenslauf

Geboren am 10. 12. 1872 in Hannover. Studium der Chemie, Physik und Philosophie in Leipzig, ab 1893 in München. 1900 Promotion in Chemie. 1905 Gründung des Seminars für Ausdruckskunde in München. 1919 Verlegung nach Kilchberg/Schweiz. Psychologische Arbeiten über Ausdruck, Charakter und Graphologie. Am 29. 7. 1956 stirbt Klages in Kilchberg.

Nach einem vom strengen Vater aufgezwungenen Chemiestudium setzte sich Klages im fernen München mit seinen eigentlichen Interessen durch. Er verschrieb sich einer schwärmerischen «kosmischen Innerlichkeit». Dabei überwand er zwar die innere Zerrissenheit seiner Jugend, litt aber weiter unter der tiefen Verderbnis seiner Zeit. Wie die Schwabinger Zirkel erhoffte er sich eine Welterneuerung, die ihm allerdings nur durch die Beeinflussung der Innenwelt möglich schien. Die Begegnung mit Stefan George, die eigenen lyrischen Ambitionen, die Begeisterung für Nietzsche und Bachofen und vor allem die große, aber unglückliche Liebe zu Franziska Gräfin zu Reventlow wurden zu Elementen einer Daseinsweise, die später im Begriff des kosmischen Lebens seinen abstrakten Niederschlag fand. Mit dem Zerbrechen der «kosmischen Runde» rückte die intensive wissenschaftliche Arbeit in den Vordergrund.

Klages kämpfte hier in der Position eines Außenseiters gegen die von der Naturwissenschaft beherrschte Psychologie und Organphysiognomik. Ihnen stellte er die neue wissenschaftliche Disziplin der Charakterkunde und eine neue Ausdruckswissenschaft entgegen[11]. Letztere realisierte sich zunächst als Graphologie, die durch Klages ihre wissenschaftliche Grundlegung erhielt. Parallel dazu verliefen die Ausarbeitungen einer Willens-Theorie und einer Temperamenten-Lehre. Diese Themen bestimmten die ersten Veröffentlichungen und leiteten bereits zu philosophischen Fragestellungen über. Ab 1916 datieren die philosophischen Analysen der Begriffe von *Geist und Seele*, die von Anfang an als antagonistische Prinzipien konzipiert wurden. Die eigentlichen Kronzeugen für seine Philosophie sind Goethe und Nietzsche, die Vorsokratiker, die Romantiker und die Lebensphilosophen seiner Zeit.

Klages' Interesse für Goethe wurde durch Studien von C.G. Carus, einem Freund Goethes, vermittelt, den Klages schon 1904 wiederentdeckt hatte. Weitere Anregungen erfuhr Klages durch J. Bachofens symbolistisch-romantische Mythos-Deutung, die große Teile des Hauptwerkes beeinflußten. Trotz der großen Nähe zum Antilogismus Nietzsches verwarf er dessen These vom Willen zur Macht und stellte dieser eine eigene Willens-Theorie und eine spezifische Auffassung der Wirklichkeit der Bilder entgegen. Die Synthese dieser verschiedenartigen Streitpunkte zu einem metaphysischen System führte zum opus magnum, das zwischen 1929 und 1932 als Frucht eines sechzehnjährigen Studiums mit einem Umfang von 1520 Seiten erschienen ist. Es erregte trotz seines Volumens schnell größte Aufmerksamkeit. Noch 1954 schreibt Rothacker, daß das Werk neben Heideggers «Sein und Zeit» und neben Hartmanns «Grundlegung der Ontologie» zu den bedeutendsten Leistungen der Gegenwart zähle. Für andere galt Klages als einer der gefährlichsten Irrationalisten, als Gegner der Aufklärung und als Wegbereiter des Nationalsozialismus. So sieht Lukacz in Klages einen der großen Zerstörer der Vernunft, der durch seine germanische Tiefe einen gesellschaftlich fatalen Einfluß gewonnen hat, obwohl er selbst ganz unpolitisch war.[12]

Die späteren Arbeiten über Rhythmus, Takt, Sprache und über die allgemeine Seelenkunde verblassen neben dem Hauptwerk und der darin behandelten Problematik der Gefährdung des Menschen durch die Übermacht des Geistes, die sich in Wissenschaft, Technik, Mammonsdienst, organischer und geistiger Selbstverstümmelung sowie Umweltzerstörung äußert. Das voluminöse Werk lud allerdings nicht gerade zur Lektüre ein. Zudem begünstigte die irrationalistische

---

11 Rothacker spricht von «Ausdruckspsychologie». Vgl. Schichten der Persönlichkeit. 3. Aufl. S.III.
12 Vgl. R. Müller (1972). S. 13.

Grundfärbung der Zentralbegriffe Leben und Seele den Mißbrauch zu beliebigen Zwecken, allem voran zur politischen Agitation des Nationalsozialismus. Die antisemitischen Entgleisungen Klages', die allzu gerne verschwiegen werden, taten das Übrige. Doch inzwischen hat sich die Bewertung wesentlich geändert. Nachdem das Überleben der Menschheit auf unserem Planeten zum zentralen Thema geworden ist, erhalten die Analysen und Argumentationen, vor allem aber die pessimistischen Prognosen und apokalyptischen Untergangsstimmungen eine neue Aktualität.[13]

b. Auswahl aus der Primärliteratur von Klages

1910   Die Probleme der Graphologie. Leipzig. In SW 7.
1910   Prinzipien der Charakterologie. Seit 4. Aufl.1926 «Grundlegung der Charakterkunde». Bonn. 15. Aufl. 1988.
1913   Ausdrucksbewegung und Gestaltungskraft. Leipzig. 2. Aufl. 1921. In SW 6.
1915   Bewußtsein und Leben. In SW 3.
1916   Über den Begriff der Persönlichkeit. In SW 3.
1917   Geist und Seele.
1921   Vom Wesen des Bewußtseins. Leipzig. 4. Aufl. München 1955. In SW 3.
1922   Vom kosmogonischen Eros. München. 5. Aufl. 1951. In SW 3.
1927   Persönlichkeit. Zürich.
1929   Der Geist als Widersacher der Seele. Leipzig 1929–1932. In SW 1,2; 6. Auflage Bonn 1981. **GWS**
1934   Geist und Leben.
1942   Ursprünge der Seelenforschung. Stuttgart.
1954   Probleme der Seelenkunde.
Sämtliche Werke in 22 Bänden. Bonn 1969–1995. Band 3 enthält die wichtigsten *philosophischen* Bücher und Abhandlungen außer GWS. **SW**

c. Bibliographien

Kasdorff, H.: Ludwig Klages – Werk und Wirkung; kommentierte Bibliographie. Bonn 1969. Band 2 Bonn 1974.
Kasdorff, H.: Klages-Bibliographie. Urteile über Klages. Fortsetzung von Kasdorff (1969). In: Hestia 1970/71.

21.22   Der Antagonismus von Geist und Seele

Der Titel des Hauptwerkes «Der Geist als Widersacher der Seele» verkürzt die Betrachtungen auf einen zwar einprägsamen Konflikt; Klages will aber wesentlich mehr. Er stellt in seinem Opus ein *universelles philosophisches System* von Sein und Wirklichkeit vor. Für den Menschen entdeckt er eine «dreifache Substanz» (6): *Leib-Seele-Geist.* In den einzelnen Ausführungen von Klages werden Leib und Seele zum Begriff des *Lebens* zusammengefaßt. Unsere Darstellung geht von dieser Unterscheidung aus. Aus ihr leiten wir die *Theorie des Willens* ab, die den emanzipatorischen Willensakt als eigentliches Element des Geistes und als Ursprung aller Gefährdungen des Menschen bestimmt. Den Abschluß bildet eine umfangreiche *Theorie der bildlichen Wirklichkeit*, in der das kosmische, «bildgefesselte» Leben die Alternative zum zerstörerischen logozentrischen Denken darstellt.

a. Die fundamentalen Gegensätze

Klages geht vom «tiefsten aller Gegensätze» aus, von der Unterscheidung von *Phainomena* und *Noumena,* von Erscheinung und Gedankending. Während aber in der Geschichte der Philosophie der Dualismus meistens durch eine Entmächtigung des Phänomenalen durch das Noumenale (59) überwunden werden soll, – der Terminus «Erscheinung» weist bereits die Richtung, – geht es Klages um die Umkehrung des Verhältnisses. Er ersetzt das Begriffspaar Phainomenon und

---

13   Siehe zur Illustration das pathetische Untergangsszenarium in: T. Haakh (1972), S. 249f.

Noumena durch *Wirklichkeit und Sein*. Die Verwendung des Wortes «Wirklichkeit» für das als Leib und Seele erscheinende Leben bedeutet eine radikale Aufwertung der einen Seite. Als Gegenbegriff zum Noumenon bedingt es zugleich die *Unwirklichkeit des Seins* (50). Diese Auffassung steht im Gegensatz zur eleatischen Lehre von der Seinsunfähigkeit des Phänomenalen, wonach allein das denkbare Sein als wirklich betrachtet werden kann.

Klages begründet seine Umwertung durch eine Analyse von Zeit und Dauer. Er versteht den die Zeit in Vergangenheit und Zukunft teilenden Jetztpunkt als dauerlosen mathematischen Gegenwartspunkt (11). Nur unter der Voraussetzung eines zeitlosen Jetzt läßt sich vom Nacheinander und damit vom Zeitbegriff überhaupt sprechen. Die Zeit ist nur ermittelbar mit Hilfe des mathematischen Jetzt. Diese mathematische Konstruktion projiziert zeitlich unausgedehnte Punkte auf den Strom des Geschehens und ermöglicht so durch die Zerlegung der stetigen Zeit in begrenzte Intervalle den Akt des Erfassens (13). Dieser Akt ist eine *geistige* Tat. Klages nennt den Ursprungsort der erfassenden Akte den *Geist* (Logos, Pneuma, Nous). Er ist das Vermögen der Hervorbringung jener Akte, die sich nicht nur auf die Projektion des mathematischen Jetztpunktes auf die bewegte Wirklichkeit beschränkt, sondern auch das Urteilen, Erfassen und Begreifen umfaßt.

Am Beispiel der Zeit wird deutlich, wie der Geist in Erscheinung tritt. Zunächst behauptet Klages als «Zentralthese», daß der Akt nicht selbst Gegenstand des Erfahrens sein kann, sondern außerzeitlich ist (13). Klages unterscheidet die meßbare *gegenständliche Zeit* (oder das «Zeitobjekt»), die mit Hilfe des mathematischen Jetztpunktes und der damit definierbaren Dauer realisiert wird, von der «ewigen» *wirklichen Zeit* des kosmischen Lebens (27) oder der Wirklichkeitszeit des sich ewig Wandelnden.

Weil der geistige Akt außerzeitlich ist, gilt dies auch für das Erfaßbare oder den *Gegenstand*. Dieser Gegenstand als Produkt des Geistes unterscheidet sich von den Eindruckserlebnissen.[14] Diese sind für Klages die eigentliche Wirklichkeit. Der Geist dagegen *entreißt* seinen Gegenstand dem bewegten Leben (19) und damit dem Bereich des Wirklichen. Im Satz von der Identität manifestiert sich die Außerzeitlichkeit des Denkgegenstandes (31). Hinter dem Gegenstand steht ein «Urkonkretum X», dessen Wesen gerade darin besteht, nicht auf dieselbe Weise Gegenstand werden zu können wie die vom Geist identifizierten zeitlosen Dinge. Das heißt, daß sich der Geist, sobald er ins Dasein tritt, von seinem unmittelbaren Ermöglichungsgrunde losreißt (22).

So bildet sich ein fundamentaler Dualismus zweier Urprinzipien heraus:

– der *Geist* als außerzeitlicher Aktgrund, als Ursprung der außerzeitlichen Gegenstandskonstitution; Sein als immer Gegenwärtigsein, als Quelle aller Logifizierung und Verdinglichung im Reich der Dauer; der Geist als Bedingung des *Seins;*
– das Urkonkretum oder *kosmische Leben*, das sich in der wirklichen, ewigen Zeit vollzieht, sich in den lebendigen Erscheinungen der dem Ding zugrundeliegenden Wirklichkeit zeigt, in der die zeitlich fließende Mannigfaltigkeit von Bildern (23) aufblitzt; das *Geschehen* als Ort der *Wirklichkeit*.

Diese fundamentale Scheidung hat Folgen für die Erkenntnislehre. Die Zeitlichkeit der eigentlichen Wirklichkeit bedeutet zugleich deren «Flüchtigkeit». Und eben dadurch kann der Seinsbegriff nicht auf die Welt der Erscheinungen angewandt werden. Für Klages ist damit unser Urteilsvermögen außerstande, das ewig fließende Geschehen und die Veränderungen zu erfassen. Die physikalischen Versuche der Bewegungsbeschreibung werden einer «mechanistischen Weltauffassung» zugeschrieben, welche «die ganze Welt unter der Figur einer immer tobenden Maschine sieht» und damit jede Beziehung zum wirklichen Geschehen verliert (58). Klages begründet die Unzulänglichkeit des Maschinendenkens damit, daß dieses selbst ein seiendes Etwas sei und als solches an ein anderes seiendes Ding herantritt, also auf der Ebene des geistigen

---

14 Vergleiche die Abschattungen Husserls.

Nicht-Wirklichen verharrt. Mit diesen und ähnlichen Argumenten werden alle physikalischen Theorien, sei es über Differentialgleichungen oder über deren Anwendungen, von der Wirklichkeit abgekoppelt und einem Geisterreich zugeschrieben, das mit dem wirklichen Leben nichts mehr zu tun hat.

Lebendige Gegenstände heißen *Organismen*, solche, die außerdem über die Fähigkeit geistiger Akte verfügen, *Personen*. Den Träger von Geist und Leben nennt man das persönliche Ich. Im Ich wirkt das Leben als die Instanz, die das Wirkliche erfaßt und das Stetige unmittelbar gewahrt, während wir das Punktuelle und Geistige nur begreifen. Allein das Erleben kann durch das Netz der vergeistigten Verdinglichungen hindurch zum Bewegten vordringen: «Wir werden des Stetigen inne, indem wir es *erleben*» (68).

Klages formuliert als leitendes Programm für die weiteren Untersuchungen das antagonistische Verhältnis von Sein zur Wirklichkeit:

«Geist und Gegenstand sind die Hälften des Seins; Leben und Bild sind die Pole der Wirklichkeit» (GWS 68/69):

	SEIN			WIRKLICHKEIT	
	GEIST	GEGENSTAND		LEBEN ↔ BILD	
Geist	«ist»		Leben	«vergeht»	
	urteilt			erlebt	
	ist Tat			ist Pathos	
	erfaßt Seiendes			erlebt Geschehendes	
	ist außer Raum und Zeit			ist in Raum und Zeit	
	ist grundsätzlich denkbar			ist grundsätzlich erlebbar	
	ist nicht unmittelbar erlebbar			ist nicht unmittelbar begreifbar	
	bedarf des Lebens als Stütze			bedarf des Geistes *nicht*	

Für Klages geraten die beiden Urprinzipien Geist und Leben im konkreten Menschen wie auch in der allgemeinen Menschheitsgeschichte in Konflikt. Versteht man den Geist als ein dem Leben innewohnendes Element, dann erscheint dieser als eine *gegen* das Leben gerichtete Kraft und deutet man das Leben als Träger des Geistes, so widersetzt sich das Leben instinktiv dieser Vereinnahmung. Dieses Schauspiel im persönlichen Ich wiederholt sich im geschichtlichen Prozeß der Menschheit; dabei diagnostiziert Klages den siegreich fortschreitenden «Kampf des Geistes gegen das Leben mit dem (allerdings nur) logisch absehbaren Ende der Vernichtung des letzteren» (69).

Weil das Leben des Menschen Leib und Seele umfaßt, erscheint der Konflikt auch unter dem Titel *«Seele und Geist»*. Andererseits führt die Betonung des Bewußtseins im Geistbegriff zur Kontroverse von *Leben und Bewußtsein*.

Den Widerstreit der *Seele* begründet Klages mit der Beobachtung, daß Intentionen die Unmittelbarkeit des Lebens beeinträchtigen. Der Geist erscheint dann in jeder seelischen Regung als intentionale Hemmung (74). Weder die konstitutive Rolle der Intentionalität für die *zeitliche* Gegenständlichkeit (wie bei Husserl), noch die Bedeutung der Wesenszusammenhänge (wie in der Frühphänomenologie) werden akzeptiert. Für Klages sind dies alles Verblendungen des Panlogismus (80). Bolzanos «Sätze an sich» und die logischen Wahrheiten an sich werden ausdrücklich erwähnt und abgelehnt (86).

Noch gravierender als Lebensstörung wirkt das *Bewußtsein*, diese «Achillesferse des neuzeitlichen Denkens» (217). Dieser Zwitterbegriff verdoppelt nur die erfaßten Inhalte und erzählt geradezu parodistisch und in Fabeln von einem Unbewußten, das sich als Logifiziertes entpuppt. Die «Mythologie des Doppelbewußtseins» argumentiert vordergründig und einfältig (221). Der eigentliche Fehler besteht in der Transformation von Erlebnissen zu Inhalten des Bewußtseins, so daß die gesamte Wirklichkeit in ein Machwerk der Apperzeption verwandelt wird (229). Die Angriffe richten sich selten gegen namentlich Genannte, wie etwa gegen Lipps. Freud wird überhaupt nicht erwähnt, aber sehr oft gemeint; Husserl taucht einmal in einer Anmerkung über Logik innerhalb einer Aufzählung auf. Aber gerade diese beiden Denker sind die eigentlichen Antipoden in Fragen des intentionalen Bewußtseins beziehungsweise des Unbewußten.

Die Gegenthese von der Bewußtlosigkeit der Lebensvorgänge lautet: «*Kein Erlebnis ist bewußt* und kein Bewußtsein kann etwas erleben» (229). Denn für Klages gibt es «Eindrücke, Schlüsse, Folgerungen, Kombinationen *ohne* die Fähigkeit des Erfassens, Schließens, Folgerns, Kombinierens» (230). Denn es ist der Geist, der das Erlebte in Bewußtes verwandelt. Klages formuliert diesen Tatbestand in einem «Leitsatz»: «Es gibt keine ‹Erscheinungen› oder ‹Inhalte› oder ‹Vorgänge› des Bewußtseins, sondern nur zeitlich unausgedehnte Akte des Geistes, die, selbst erlebnislos, vom Erlebten das Bewußtsein geben». Es ist letztlich wieder die zeitlose Struktur des Geistes, die lebensstörend wirkt. Denn das Erlebte ist immer schon verflossen; und so bleibt das Leben ewig gesondert vom Geist (238).

Für das Verständnis der Philosophie Klages' ist der Begriff des Schauens von größter Bedeutung. Denn Erleben ist stets *schauendes* Erleben, das «innere Gegenstück der in unabänderlicher Wandlung begriffenen *Wirklichkeit der Bilder*» (159). Die seelische Schauung ist keine leibliche Empfindung; denn sie enthält keine Dinge. Schauung ist der Vorgang, durch den ein empfangendes Lebenszentrum mit einem gebenden Wirkungszentrum in Verbindung tritt. Das eigenschaftslose Bild kann überhaupt nicht deskriptiv erfaßt werden, «sondern läßt sich nur ‹in Erscheinung rufen› durch Weisung und Deutung seines Charakters» (182). Hier orientiert sich Klages an den Systemen der Romantik, die eine Vorahnung von der «Schaukraft der Seele» geben, ohne die Bilder jedoch schon klar erfaßt zu haben (205). Das Problem des Schauens ist so zentral, daß es im letzten Buch wieder aufgenommen und dort ausführlich behandelt wird[15].

b. Theorie des Willens

Klages leitet die Lehre vom Willen aus der Lehre vom Ich ab. Das Ich ist keine neue Wesenheit neben Geist und Leben, sondern der ausdehnungslose Beziehungspunkt zwischen Geist und Leben, in dem auch das Bewußtsein wurzelt (516). Im Ich verwirklicht sich der Geist, und der *Geist ist Wille* ! Mit dieser von Schopenhauer beeinflußten Zentralthese stellt sich Klages gegen die Tradition, in der der Geist immer aus dem Denkvermögen deduziert wurde. Die Lehren des Individualismus und Personalismus, wie sie die Geschichte des philosophischen Denkens seit der griechischen Sophistik über die Renaissance bis hin zum Sturm und Drang durchziehen, betrafen stets die Selbstentfaltung der Persönlichkeit. Die Selbstbestimmung war ihnen die Freiheit, und der Verzicht auf Selbstbestimmung war Unfreiheit. Dabei stand das willkürliche Wollen gegen Gesetzlichkeit und Notwendigkeit. Und hier setzt Klages seine Kritik an. Für ihn müssen Gesetz und Notwendigkeit streng geschieden werden (518); denn sie sind nur ein anderer Ausdruck des Gegensatzes von Geist und Leben.

Klages wendet sich zunächst gegen den Primat der Vorstellung vor dem Wollen. Für ihn ist bereits an jeder Tatsachenfeststellung eine Wollung beteiligt (530). Denn der Auffassungsakt und die damit gegebene geistige Vorstellung folgen aus den Lebensvorgängen. Weil der Geist mit dem Willen identifiziert wird, ist es sinnlos von Naturgesetzen zu sprechen, die mit dem Sittengesetz in Kollision geraten könnten: «*Naturgesetze gibt es nicht, und das Sittengesetz ist umgetaufte Willkür*» (539). Gemeint sind Gesetzlichkeiten innerhalb des lebendigen Geschehens der zugrundeliegenden Wirklichkeit.

Die Allmacht des Gesetzes und die Schrankenlosigkeit der Willkür stammen aus der gleichen Quelle, nämlich aus der Macht des Geistes (535). Die Notwendigkeit als Zwang einer gesetzli-

---

15 Siehe unten Abschnitt c.

chen Ordnung ist nichts anderes als das Befolgen eines schöpferischen – und das heißt willkürlichen – Kommandos des Geistes (536). Klages demonstriert diesen Zusammenhang an der spätmittelalterlichen These, wonach das Naturgesetz der Wille Gottes sei. Damit wird die Determination des *erkennenden* Geistes zur Orientierung am *wollenden* Geist. So ist jeder Determinismus zugleich indeterministischer Willensmonismus (538).

Klages kennt noch eine andere Notwendigkeit, die den stetigen Lebensvorgang bestimmt. Wenn man die Notwendigkeit nur als Bestimmung des erlebenden Menschen zuläßt, so werden die Begriffe des Wollens und der Gesetzlichkeit genau so überflüssig wie die Frage nach dem Primat des Erkennens oder Wollens. Die positiven Aussagen, die im Bereich dieser Notwendigkeit gemacht werden können, lassen sich an der Gegenüberstellung von *Trieb und Wille* verdeutlichen.

Nach Klages wurde über das Wesen der Triebe «nichts als ein Haufen Unsinn vorgebracht» (566). Der Fehler liegt in der Orientierung des Triebwesens am Wesen des Willens. Die Tatsache, daß fast immer Willensakte zum Erleben der Triebe hinzutreten, fördert die Vermischung beider Phänomene. Triebe aber sind dem Leben innewohnende Ursachen für Veränderungen des Lebenslaufs. Der Wille dagegen ist Geist und verfolgt stets vorgestellte Zwecke. Klages verweist auf die Umdeutung des Selbsterhaltungs*interesses* des Willensträgers Ich in einen Selbsterhaltungs*trieb* der unbewußten Natur (567). So in allen Triebtheorien: sie denken in den Kategorien des Zweckes und der Kalkulation, der lebenserhaltenden Folgen, der «‹Konkurrenzkämpfe› des ‹Geschäftslebens› einer vom Mammon gesklaven Gesellschaft» (570). Klages verschont in seiner Kritik niemanden. Er übernimmt die Sokrates-Interpretation Nietzsches und setzt in den «Pöbelmann Sokrates» den Anfang der Lebensverleugnung und den Ursprung der zahllosen Teleologien (571). Platon und Aristoteles, Kant und Schiller verbiegen in gleicher Weise die Triebe in willensartige Zweckbestimmungen wie Hobbes und Darwin.

Triebe sind für Klages «vitale Bewegungsursachen» (576). Sie richten sich unmittelbar auf ein geschautes Bild. Das Schauen beruht auf der Polarität von erlebender Seele und wirkendem Bilde (582). Das Bild veranlaßt den Getriebenen, bestimmte Bewegungen auszuführen, insbesondere das Bild dem Wesen einzuverleiben oder ihm zu entfliehen. Von diesen beiden Seiten ist der Triebantrieb bestimmt. Deshalb spricht Klages von Trieben des Verlangens nach Bildern des Lebens und von Trieben der Angst vor Bildern des Todes (597). Allgemein ist der Triebantrieb aus einer leibesursprünglichen Bedürftigkeit und einem stillungsverheißenden Bild zu verstehen.

Der Trieb steht dem Willen gegenüber. Dieser ist keine bewegende Kraft, sondern stets Hemmung. Die Wollung, also der den Willen begleitende Antrieb, hat nur eine Steuerungsfunktion. Sie erfolgt im Hinblick auf Zwecke, die der Wille setzt. So vermeidet die Steuerung ein Abweichen des triebmäßigen Geschehens vom gewollten Zweck. Das Wollen bedeutet also letztlich das Nicht-geschehen-Lassen des Lebens im Hinblick auf geistige Zwecke. Wille ist Triebhemmung. Hier wird der Geist zum echten Widersacher des Lebens.

c. Die Theorie der bildlichen Wirklichkeit

In diesem Abschnitt treten Schwierigkeiten auf, die das philosophische Selbstverständnis berühren. Klages spricht von Tiefen, die sich letztlich der Erkenntnis und damit der philosophischen Reflexion im üblichen Sinne entziehen. So wird er «eine begriffliche Sprache nur noch beiläufig zum Behuf des Begreifens ... gebrauchen, in der Hauptsache aber im Dienste der *Hinweisung* auf Nichtzubegreifendes» (803). Es geht um eine Wesensbestimmung des Schauens von Bildern. Denn Leben ist das Geschehen von Bildern. Schauen unterscheidet sich von Wahrnehmung und Anschauung, die stets durch Gegenstände vermittelt sind. Am Beispiel des Schlafens verweist Klages auf die fundamentale Möglichkeit, «den Strom des Erlebens als völlig unabhängig von Akten des Geistes verlaufend zu denken» (805). Der Zustand des Schlafes kann als Zustand des

Schauens im hier gemeinten Sinn verstanden werden. Weil das Erleben stromartig weiterfließt, sind wir stets sehende Wesen, die nur in bestimmten Zwischenzeiten aktfähiges und begrifflich vermitteltes Empfinden haben. Der Traum ist eine Wirklichkeit der Bilder (811), aber es sind Bilder, die nie mit einem Bewußtsein verknüpft werden können (823). Dagegen ist der Wachzustand der Ursprung der Leibhaftigkeit mit ihren Empfindungen. Das von Nietzsche beschriebene Dionysische «ist das bilderströmende Auge der Welt, welches erwacht im Empfinden der Körperlichkeit» (815). Schlafen und Wachen, seelisches Schauen und leibliches Empfinden sind polare Vorgänge; dagegen ist der Geist das Absolute, das heißt das vom Leben Losgelöste, das raumzeitlich Punktuelle jenseits des Lebens.

Klages unterscheidet zwei Arten des Schlafens und des Wachens (824). So gibt es eine schauende und eine begreifende Wachheit. Die schauende Seele durchzieht alle Lebewesen vom Menschen über Tier und Pflanze bis hin zu den Urtieren. Alles sogenannte instinktive Geschehen setzt eine «Fernempfindlichkeit der ‹wirkenden und werdenden› Lebenssubstanz voraus» (829). Genau dieses versteht Klages unter der Fähigkeit des Schauens schlechthin, unabhängig davon, ob die Seele schläft oder wacht, ob sie anschauungsfähiges Bewußtsein hat oder nicht. Fernempfindlichkeit bedeutet die »Folge des Wirkens der Ferne im Hier des lebendigen Wesens«; Schauung ist der Ermöglichungsgrund der Anwesenheit der Ferne im Seelenträger (830). Damit ist jedes Individuum noch einmal der ganze Kosmos, in Analogie zur mittelalterlichen Mikrokosmos-Idee, allerdings ohne Gottesbegriff. Evolution und Fortpflanzung realisieren die Anwesenheit der Ferne in der Anwesenheit der Vergangenheit und verbürgen so die Ewigkeit des Lebens (833).

Sobald der Geist in Aktion tritt, erfolgen Besinnungen, Begreifen, begriffliches Nachvollziehen und Fixieren. Aber Klages geht es um die Beschreibung dessen, was diesen zugrundeliegt. Allerdings kann nur der sich die Kernthesen aneignen, «wem solches nachzudenken beschieden ist» (849). Zum Verständnis dessen, was Klages meint, hilft ein Blick auf die Vorgeschichte der Entdeckung der Bilder. Sie beginnt bei Heraklit, der die Wirklichkeit im panta rhei entdeckt hat, setzt sich fort bei Platon, Aristoteles, Plotin, bei den Mystikern des Mittelalters und der Renaissance und vollendet sich in der Romantik. Am Ende (1880–1905) stehen die «Dithyrambiker des Untergangs», Nietzsche und Bachofen. Klages baut auf die Thesen der «Geburt der Tragödie» genauso wie auf den «Chthonismus» Bachofens. Zugleich entdeckt Klages im Großen «Erdwendezeiten» (923) oder «tellurische Wenden» (916), zum Beispiel die von Jaspers später als Achsenzeit bezeichnete Zeit um 600 vor Christus oder die Ausbreitung der Romantik um 1800 nach Christus. Mit der letzten Welle der Dithyrambiker hat «die Essenz den Erdball verlassen». Die Endzeitvisionen schließen mit dem Satz: «Die Erde raucht vom Blute Erschlagener wie nie noch zuvor, und das *Affenmäßige* prunkt mit den Spolien aus dem zerbrochenen Tempel des Lebens» (923).

Auf die angedeuteten Ureinsichten baut nun Klages *systematisch* seine *Seelenkunde* als Lehre von der Wirklichkeit der Bilder oder als Theorie der eigentlichen Wirklichkeit auf. Er beginnt mit der Ableitung der Körperlichkeit, des Hier und Jetzt. Empfindung ist Widerstandserlebnis und nichts außerdem (927). Körper ist daher der Inbegriff von Undurchdringlichkeitsstellen (958). Triebantrieb bedeutet gerichteter Bewegungsantrieb; die Empfindung ermöglicht die Scheidung in das Hier und Jetzt. Daraus läßt sich der Dingbegriff als objektives Uridentisches gewinnen, der bloß konstruierte, nicht echte Wirklichkeit ermöglicht. Daran schließen sich Überlegungen zur Materie und zur Bewegung des Lebens an. Die Materie ist der Träger von allem Geschehen, aber die Seele ist der Sinn des Geschehens, das sich in Wirken und Schauen polarisiert. Den Höhepunkt erreicht die Systematik wieder in der Betrachtung der Wirkung von Bildern, diesmal in ihrer Verbindung mit Sprache. Sie ermöglichen die echte Wirklichkeit, die am ehesten in der coincidentia oppositorum beschreibbar wird. Die Urbilder liegen in den allertiefsten Geschehensschichten. Aber die Macht des Willens, insbesondere in Technik und Industrieleben, verwüstet die ursprüngliche Anschauungswelt. Deren Bilder sind nur noch Phantome,

Larven des «bildermordenden Nichts» (1224). Der Geist erzeugt in der Wirklichkeit Phantome. Auch die christlichen Symbole und Kunstwerke ordnet Klages in die Reihe der Phantome ein, die Inferno und Hölle anzeigen (1230). Alles Böse in der Geschichte fließt aus der Macht des Willens: die Ausbreitung der Feuerwaffen genau so wie die Anwendung der Differentialgleichungen Newtons; die Dampfmaschine und die Wirtschaftstheorie führen den Triumphzug der technischen Phantome der Gegenwart an. Das willigste Werkzeug ist der mechanische Kausalitätsgedanke, diese «Maske des Glaubens an die äußerste Selbstherrlichkeit der Willkür» (1235).

Am Ende des Werkes steht Klages vor dem Rätsel, warum der Geist als alle Urbilder phantomisierende Gegenmacht des Lebens so zerstörend in die Wirklichkeit eingreift. Die lebenstötende Wirksamkeit entfaltet der Geist seit etwa 10 000 Jahren und nur im Menschen. Der ursprüngliche Mensch war sprachbegabt, aber ohne Geist; seine Kultur war magisch, aber nicht begrifflich fixiert. Verschiedene Spekulationen über den geschichtlichen Übergang vom heilen Menschen des Lebens zum mörderischen Menschen des Geistes schließen die Abhandlungen ab, ohne eine überzeugende Antwort geben zu können. Den Abschluß bildet die Beschreibung des «Weltbildes des Pelasgertums», eine auf Bachofen zurückgehende Theorie über den im Ursprung bildgefesselten Menschen. Die Ausführungen sollen die Seelenlehre bestätigen und weiteres Anschauungsmaterial bereitstellen. Sie enthalten nicht nur Beiträge zur Theorie des Mythos im allgemeinen und zur Mythologie der Magna Mater im besonderen, sondern auch Gedanken, die in den Lehren des New Age und in den Untergangsvisionen des ausgehenden 20. Jahrhunderts ihre Auferstehung feiern[16].

Das Gesamtwerk enthält eine Besinnung auf die ursprüngliche Fülle des Lebens, auf unseren Lebensursprung vor dem Einfall des Willens und auf die Möglichkeiten des Geistes. Die Gefahren des Intellekts können nach Klages nur gebändigt oder wenigstens gemildert werden durch ein Denken, das sich unter die Leitung des ursprünglichen Lebens stellt.

---

16 Schon 1929 betrachtet sich Klages als «der am meisten ausgeplünderte Autor der Gegenwart». Vergleiche «Vorwort für die Zeitgenossen», S. XVI.

22. Ernst Cassirers Vollendung der neukantianischen Kulturphilosophie

Ernst Cassirer schlägt auf einzigartige Weise eine Brücke vom Neukantianismus zur «Philosophie der sprachlichen Wende» der zweiten Jahrhunderthälfte. Der bedeutendste Schüler aus der Marburger Schule geht von der Kant-Interpretation seiner Lehrer Cohen und Natorp aus, sprengt jedoch deren methodologisches Korsett an zahlreichen Stellen. So erfolgt eine Öffnung zur Ethnologie und vor allem zur Phänomenologie hin, die zwar durch die Natorp-Husserl-Diskussion schon vorgezeichnet war, bei Cassirer aber noch stärker auf die Lebensweltthematik bezogen wird.

Im Zentrum steht bei Cassirer die *Philosophie der symbolischen Formen*. In ihr versucht er, die gesamte menschliche Wirklichkeit statt unter den Vernunft- unter den Symbolbegriff zu stellen und so Sprache und Mythos, Wissenschaft und Technik, Kunst und Religion einheitlich zu interpretieren und aus einer neuen Perspektive zu beleuchten. Transzendentalphilosophie bedeutet ihm Lehre von den Bedingungen der Möglichkeit der Erkenntnis als *Zeichengebrauch und Symbolverwendung*. Cassirer transformiert die ursprüngliche neukantianische Kulturphilosophie in eine neue Form des sprachlich vermittelten Transzendentalismus, der durch den Primat der Zeichen- und Symbolfunktionen alle philosophisch relevanten Regionen bereichert. Die Weite seiner Gedanken ist von naturwissenschaftlichen Problemen angeregt und zugleich aus künstlerischen Impulsen gespeist. Hier bleibt Cassirer der weiten Goetheschen Denkungsart verpflichtet. Philosophisch stellt er Beziehungen her zwischen dem logisch-theoretischen Neukantianismus und der phänomenologischen Lebensweltphilosophie, zwischen hermeneutischer Geisteswissenschaft und moderner Naturwissenschaft und verhilft damit zu einem besseren Verständnis des Weges von Husserl zu Heidegger. Aus der Perspektive der Heidegger-Nachfolge allerdings steht Cassirer für den letzten Repräsentanten des Alten, das «dem Anprall des ‹existentiellen Denkens› nicht gewachsen» war (so Karlfried Gründer[1]) und dem Aufbruch des Neuen im Wege stand. Seinem harmonisierenden und oft ästhetisierenden Denken fehle der «dionysisch-tragisch-existenzialistische Zug», klagt S. Marck[2]. Aus dem Blickwinkel der Sprachphilosophie dagegen zählt er zu den großen Bahnbrechern, welche die fundamentale Bedeutung der Sprache für die Philosophie entdeckt und fruchtbar gemacht[3] und die Substanz-Philosophie in eine Prozeß-Philosophie verwandelt haben[4].

22.1 Biographie und Bibliographie

a. Lebenslauf

Geboren am 28. 7. 1874 in Breslau. Studium der Rechtswissenschaft, Philosophie und Literaturwissenschaft in Berlin, Leipzig, Heidelberg und Marburg. 1899 philosophische Promotion. 1909 Habilitation in Berlin. 1919 Ordinarius für Philosophie in Hamburg. 1933 Emigration und Ruf an die Universität Oxford. 1935 Dozent in Göteborg. 1941 Gastprofessur an der Yale-Universität in New Haven. 1944 Professor an der Columbia-Universität in New York. Cassirer stirbt dort am 13. 4. 1945.

1 Vergleiche den Bericht über die Davoser Debatte zwischen Cassirer und Heidegger. In: Braun (1988) S. 301.
2 Am Ausgang des jüngeren Neu-Kantianismus. Ein Gedenkblatt für Richard Hönigswald und Jonas Cohn. Archiv für Philosophie 3 / 1949. S. 165.
3 Siehe z. B. die Darstellung der Cassirerschen Sprachphilosophie von W. M. Urban in: Schilpp (1966). S. 281 f. Zur Überschreitung der erkenntnistheoretischen Fragestellung der Marburger durch die PSF, die sich selbst nicht als Subjektivitätsphilosophie versteht, siehe Krois (1992) S. 274.
4 Man kann Cassirer in dieser Hinsicht heute an die Seite von C. S. Pierce, A. N. Whitehead, W. Pannenberg und D. Davidson stellen.

Cassirer stammt aus einer jüdischen Kaufmannsfamilie. Sehr früh zeigten sich seine überdurchschnittlichen geistigen Interessen. Ein überragendes Gedächtnis gepaart mit unerschöpflicher Phantasie, klarer Denkfähigkeit und musischen Interessen bildeten die Basis für sein originelles Universalwerk. Durch Georg Simmel lernte er in Berlin Kants Philosophie kennen und wurde auf Hermann Cohen aufmerksam gemacht. Sein Wechsel nach Marburg beendete sein Suchen und gab seinen weiteren Studien die Richtung.

Die Affinität der Marburger zu Logik, Mathematik und Naturwissenschaft übertrug sich auf Cassirer. Er versuchte, in die Grundlagenproblematik der aktuellen mathematischen und naturwissenschaftlichen Diskussionen einzudringen und seine Philosophie an dieser zu orientieren. Nach der Dissertation über Descartes und deren Erweiterung zu einer Arbeit über Leibniz veröffentlichte Cassirer 1906 den ersten Band des vierbändigen Werkes EPW, das schnell große Beachtung fand, insbesondere auch wegen der Neubewertung der Renaissance. Cassirer versuchte nun die Habilitation in Berlin, einer Hochburg des realistischen Neukantianismus um Alois Riehl, die ihm schließlich durch die Vermittlung Diltheys gelang. Sein erstes systematisches Werk «Substanzbegriff und Funktionsbegriff» enthält eine an der Mathematik orientierte Begriffstheorie, welche mit Hilfe des aufgewerteten Relationsbegriffs und der Idee der Reihenbildung die alte Merkmal-Theorie der Abstraktion durch eine symbolvermittelte Prozeßtheorie ersetzt. Cassirer vertritt dort u. a. die moderne These, daß naturwissenschaftliche Fakten nicht ohne *Theorie* bzw. – neukantianisch formuliert – nicht ohne *Form* wahrgenommen werden können. Bereits hier bildete sich Cassirers Grundgedanke einer symbolischen Konstruktion aller Wirklichkeit heraus, der dann in seinem Hauptwerk PSF nach dem Weltkrieg in allen Einzelheiten realisiert wurde. Wichtige Voraussetzung für die Konkretisierung seiner Pläne war die Einbeziehung der Sprache. Schon im zweiten Band von EPW hat er die Geschichte der Idee einer Wissenschaftssprache, wie sie vor allem Leibniz programmatisch gefordert hatte, ausführlich beschrieben. In dem Aufsatz «Die Kantischen Elemente in Wilhelm von Humboldts Sprachphilosophie» griff er schließlich auf Humboldts Sprachauffassung zurück, die einerseits Anregungen für seine eigene Symboltheorie enthielt und andererseits die Sprachphilosophie des 20. Jahrhunderts insgesamt zutiefst inspirierte.

Im Krieg leistete Cassirer zivilen Dienst unter anderem in der französischen Abteilung des deutschen Kriegspresseamtes. Er bekannte sich gerade in dieser Zeit zu den Ideen des Humanismus, der Toleranz, der geistigen Freiheit, der Naturrechtstheorie und des Kosmopolitanismus, wie sie einst von Leibniz, Schiller, Kant und Goethe vermittelt wurden. In «Freiheit und Form, Studien zur deutschen Geistesgeschichte», erschienen im Kriegsjahr 1916, legte er gegen die damals verbreiteten nationalen Tendenzen dar, daß die Entwicklung des deutschen Geistes nur innerhalb eines gesamteuropäischen Rahmens verständlich sei. Cassirer faßte seine Philosophie als Beitrag zur geistigen Erneuerung in den krisenhaften Nachkriegsjahren auf. Erst 1919 erhielt er nach zahllosen Bewerbungen in früheren Jahren und nach den üblichen Zurücksetzungen infolge seiner jüdischen Abstammung einen philosophischen Lehrstuhl in Hamburg. Die Universität der Hansastadt war im Krieg gegründet worden und galt als Ort der kulturellen Erneuerung. Cassirer verlegte seine Forschungsschwerpunkte auf die philosophischen Grundlagen der Geisteswissenschaften und auf die Analyse der Sprache, beides entscheidende Horizont-Erweiterungen für das nun entstehende Hauptwerk PSF. Die überaus reiche Bibliothek Aby Warburgs, die ihm in Hamburg zugänglich war, lieferte die zahlreichen Fakten und Materialien für eine kritische Auseinandersetzung mit der geisteswissenschaftlichen Thematik und für eine systematische Grundlegung seiner Kulturphilosophie.

Mehr und mehr bezog Cassirer auch politische Tagesthemen in die wissenschaftliche Diskussion ein. Besondere Beachtung und massiven Widerspruch fand die Festrede zur Verfassungsfeier des Hamburger Senates im Jahre 1928, auf der er die Behauptung widerlegte, der von ihm propagierte republikanische Gedanke sei «undeutsch». Er führte den Nachweis, daß die Grundideen auf Leibniz und Wolff zurückgehen und dann auf dem Umweg über die Unabhängigkeitserklärung Amerikas in Kants Schrift «Zum ewigen Frieden» Eingang fanden. 1930 wurde er Rektor, – einer der ersten jüdischen Rektoren an deutschen Universitäten. Nach Hitlers Machtübernahme zog er sich wegen heftiger Anfeindungen verschiedenster Art von der Lehrtätigkeit zurück. Er erhielt sofort mehrere Auslandsberufungen. Cassirer war außerhalb Deutschlands bekannt und geschätzt; in Amerika begründeten bereits die Veröffentlichungen vor PSF seinen Ruhm. 1933 begann die Emigration, aus der er nicht wieder nach Deutschland zurückkehren sollte.

Die letzte Station seines Exils waren die Vereinigten Staaten von Amerika. Er entfaltete dort eine fruchtbare und hochgeschätzte Lehr- und Forschungstätigkeit. Dabei verschob sich der Schwerpunkt seiner Interessen auf sozialwissenschaftliche und anthropologische Studien. Die katastrophale Verbreitung totalitären Denkens jenseits der Vernunft, die nur noch von emotionalen Leitbildern des Hasses und der leeren Versprechungen lebte, und vor allem die geschichtsbildende Macht der damit verbundenen Mythen standen im Mittelpunkt seiner Analysen. In der letzten umfangreichen Monographie «Was ist der Mensch?» zeigte er noch einmal, wie der Mensch als *animal symbolicum* die verschiedenen kulturellen Ausdrucksformen in ihren organischen Zusammenhängen funktional verstehen kann und gerade als solches der Selbstverantwortung eines *zoon politikon* fähig ist. Die damit gegebene Nähe zu neueren struktural-anthropologischen Ansätzen wurde erkauft durch ein gewisses Abrücken von dem frühen idealistischen Standpunkt einer reinen Symbolkonstruktion von Wirklichkeiten.

Ganz augenfällig ist diese Abwendung in seiner Mythosdeutung. In seiner letzten Veröffentlichung «Vom Mythos des Staates», die er 1944 verfaßt hatte, sah er den Mythos nicht mehr nur als gebändigte Symbolform, die sich in den verschiedensten Kulturleistungen humanisiert offenbart. Zu hautnah konnte er damals den manipulierbaren Mythos des Propaganda-Apparates erleben, der den «Mythos des 20.Jahrhunderts» (A. Rosenberg) als brutale Macht und diabolische Möglichkeit jenseits jeder menschlichen Kultur wirksam werden ließ.[5]

Cassirer arbeitete bis zum Lebensende unermüdlich als Lehrer und Forscher. Die Untersuchungen lösten sich immer mehr von den neukantianischen Anfängen; die Theorie der symbolischen Formen umfaßte Kunst und Geisteswissenschaften, Sozialphilosophie und Religion. Cassirer galt als tief religiös, wenn auch eher im Sinne des Goetheschen Weltglaubens ohne Konfession und Ritus. Er bewahrte seine optimistische und offene Lebenseinstellung bis zum Tode, der ihn auf der Straße im philosophischen Gespräch mit einem Studenten ereilte.

b. Auswahl aus der Primärliteratur Cassirers

1902 Leibniz' System in seinen wissenschaftlichen Grundlagen. Marburg. Neudruck Darmstadt 1962.
1906 Das Erkenntnisproblem in der Philosophie und Wissenschaft der neueren Zeit. 4 Bände. Stuttgart/Berlin 1906, 1907, 1920, 1950. Neuauflage Darmstadt 1995. **EPW**
1910 Substanzbegriff und Funktionsbegriff. Untersuchungen über die Grundfragen der Erkenntniskritik. Berlin 7. Aufl. Darmstadt 1994. **SUF**
1916 Freiheit und Form. Studien zur deutschen Geistesgeschichte. Berlin. Neudruck Darmstadt 1961. 6. Aufl. 1994.
1918 Kants Leben und Lehre. Berlin. Nachdruck Darmstadt 1994. **KL**
1923 Philosophie der symbolischen Formen. 3 Bände. Berlin 1923 und 1929. Neudruck Darmstadt 1964; 8. bzw. 9. Aufl. 1985,1987 und 1990. Index von H. Noack. In fünf Bänden Darmstadt 1994. Zitiert nach der dreibändigen Ausgabe. **PSF**
1924 Sprache und Mythos. Ein Beitrag zum Problem der Götternamen. In: Studien der Bibliothek Warburg VI. Leipzig.
1927 Individuum und Kosmos in der Philosophie der Renaissance. Leipzig / Berlin. 7. Aufl. Darmstadt 1994.
1932 Goethe und die geschichtliche Welt u. a. Aufsätze. Berlin. Neuauflage als «Goethe und die geschichtliche Welt», hg. von R. A. Bast. Hamburg 1995.

---

[5] Zur Rolle dieses Spätwerks und zu Parallelen zur «Dialektik der Aufklärung» von Horkheimer und Adorno siehe Paetzold (1993) S.127. Das Werk ist auch für die Neubewertung der Davoser Disputation mit Heidegger von Bedeutung. Cassirer beurteilt nun SuZ im Sinne einer fatalen Verzicht-Philosophie, die in ihrer Stellung zur Wahrheit theoretische und ethische Ideale grundsätzlich ablehnt und das Handeln dem mythischen Denken überläßt. Vgl. Krois (1992) S.288.

1932   Philosophie der Aufklärung. Tübingen 1932. Neuauflage 1975.
1939   Descartes und Corneille u. a. Aufsätze. Neuauflage als «Descartes. Lehre – Persönlichkeit – Wirkung», hg. von R. A. Bast. Hamburg 1995.
1939   Was ist Subjektivismus? In: Theorie 5.
1942   Zur Logik der Kulturwissenschaften. Göteborg 1942. Neudruck Darmstadt 6. Aufl. 1994.
1944   Was ist der Mensch? Versuch einer Philosophie der menschlichen Kultur. Original englisch. Stuttgart 1960. 2. Aufl 1962.
1946   Der Mythos des Staates. Zürich 1949. Original englisch 1946. Neuauflage Frankfurt 1988.

Wesen und Wirkung des Symbolbegriffs. Darmstadt 1956. 4. Auflage 1969.
Zur modernen Physik. Darmstadt 1957.
Symbol, Technik, Sprache. Aufsätze aus den Jahren 1927–1933. Hg. von E. W. Orth und J. M. Krois. Hamburg 1985.
Das mythische Denken. Darmstadt 1987.
Grundprobleme der Ästhetik. Berlin 1989.
Erkenntnis, Begriff, Kultur. Hg. von R. A. Bast. Hamburg 1993.
Geist und Leben: Schriften zu den Lebensordnungen von Natur und Kunst, Geschichte und Sprache. Leipzig 1993.
Nachgelassene Manuskripte und Texte. Hg. von J. M. Krois, O. Schwemer u. a. Auf 20 Bände geplant.[6] Hamburg ab 1995

c. Bibliographien

Klibansky, R. / Solmitz, W.: Bibliography of E. Cassirer's Writings. In: Philosophy and History. Hg. von R. Klibansky und H. J. Paton. London 1963. S. 338 ff.
Totok, W.: Handbuch der Geschichte der Philosophie. Band VI. Frankfurt 1990. S. 217 ff.
Vollständiges Verzeichnis der Schriften Cassirers in: Schilpp, P. A. (Hg.): E. Cassirer. Stuttgart 1966 S. 613 ff, zusammengestellt von C. H. Hamburger und W. M. Solmitz.

22.2   Von den exakten Wissenschaften zum animal symbolicum

22.21   Die symbolvermittelte Transformation des transzendentalen Ansatzes

Wenn auch die Einordnung Cassirers in eine bestimmte philosophische Schule sehr schwierig ist, so steht doch fest, daß er sich als *Transzendentalphilosoph* in der Nachfolge Kants verstanden hat. Das Wesen des Transzendentalismus besteht im Aufsuchen von Bedingungen der Möglichkeit der Erkenntnis. Durch Kants Kopernikanische Wende war Erkenntnis als naiver Glaube an eine Welt der geordneten Dinge, die sich in die Welt des Geistes abbildet, gründlich zerstört. Aber nach der Auffassung der Marburger Neukantianer war diese «Änderung der Denkungsart» von Kant selbst nicht revolutionär genug gedeutet worden. Denn wenn Kant dem transzendentalen Subjekt noch ein Ding an sich gegenüberstellt und die objektive Erkenntnis aus der Affektion des Subjekts durch dieses Ding an sich erklärt, dann geht er den transzendentalen Weg nicht bis zu Ende. Subjektivität darf nichts anderes sein als das System objektivierender Funktionen; sie bedarf keiner Transzendenz. Genau hier setzt Cassirers Philosophie ein, die nur in *Funktionen und Bewußtseinsformen* denkt. Erfahrung muß in *allen* ihren Elementen konstituiert sein: «... in ein und demselben Prozeß der Objektivierung und Bestimmung scheidet sich für uns das Ganze der Erfahrung in die Sphäre des ‹Inneren› und ‹Äußeren›, des ‹Ichs› und der ‹Welt›» (KL 209).

Will man im Sinne dieses transzendentalen Ansatzes aus der vorliegenden Erkenntnis auf die Funktionen zurückschließen, die diese Erkenntnis ermöglichen, dann ist es naheliegend, von der *sichersten* Erkenntnisart auszugehen. Schon Kant greift daher auf die mathematischen und physikalischen Erkenntnisse seiner Zeit zurück. Das gleiche finden wir bei Cassirer. Er bezieht die gesamte Entwicklungsgeschichte mathematischer, physikalischer und allgemeiner wissenschaftstheoretischer Einsichten seit Cusanus und Galilei bis Newton, Planck und Heisenberg in seine Untersuchungen ein. Bereits in seinem ersten systematischen Werk «Substanzbegriff und

---

[6] Einzelheiten siehe im Editionsbericht Krois/Schwemmer (1995) S. 46 ff.

Formbegriff» aus dem Jahre 1910 werden zahlreiche Forschungen zur mathematischen Grundlagendiskussion berücksichtigt; zur Relativitätstheorie und Quantentheorie müssen Arbeiten herangezogen werden, die in der erst 1957 veröffentlichten Aufsatzsammlung «Zur modernen Physik» zu finden sind.[7]

Die Abhandlung SUF enthält eine Reihe wichtiger Charakteristika der Philosophie Cassirers. Die zentrale Bedeutung des Funktionsbegriffs leitet Cassirer aus der Entwicklung der Naturwissenschaften her. Die alten Weltmodelle der Atomisten verwenden substantielle Urelemente. Auch deren Verbesserungen durch den Äther und später durch Elementarteilchen (Rutherford) halten am Substanzbegriff fest. Aber spätestens hier verflüchtigen sich die substantiellen Grundbausteine der Wirklichkeit; ihr gegenständlicher Charakter geht verloren und ihre Existenz ist nur noch durch Funktionsgleichungen beschreibbar. Objektive Gegenständlichkeit wird demnach allein durch das symbolische Gefüge von Funktionszusammenhängen erfaßt. So verdrängt der neuzeitliche Relationsbegriff den traditionellen Substanzbegriff als Fundamentalkategorie. Diese Kritik der Substanzkategorie setzt an der *Abstraktionstheorie* an. Die alte auf Aristoteles zurückgehende Abstraktionstheorie, die auch noch bei Kant zu finden ist, erklärt den Allgemeinbegriff als Ergebnis einer Klassenbildung ähnlicher charakteristischer Merkmale. Sie beantwortet aber nicht die Frage nach der Wirkungsweise der Ähnlichkeit. Deshalb heißt es bei Cassirer: «Der ‹Begriff› aber ist damit nicht abgeleitet, sondern vorweggenommen: denn indem wir einer Mannigfaltigkeit eine Ordnung und einen Zusammenhang ihrer Elemente zusprechen, haben wir ihn, wenn nicht in seiner fertigen Gestalt, so doch in seiner grundlegenden Funktion bereits vorausgesetzt» (22).

Um Klarheit zu gewinnen, wendet sich Cassirer daher der Begriffsbildung in der Mathematik und in den Naturwissenschaften zu und versucht, daraus eine *neue* Abstraktionstheorie abzuleiten, die wesentlich auf den *Reihenbegriff* und damit auf den *Relationsbegriff* aufbaut. Ähnlichkeit kann nur dann klassenbildend wirken, «wenn sie als solche *erfaßt* und *beurteilt* wird». Ein Merkmal in einem ersten Wahrnehmungsbild muß in einem zweiten als ähnlich erkannt werden. Das heißt aber, daß der Abstraktion eigentlich ein Akt der *Identifikation* zugrundeliegt (19). Dadurch entstehen Ähnlichkeitsreihen. Die Begriffsbildung zeigt sich also als eine bestimmte Form der Reihenbildung. Der Begriff wird durch ein gesetzliches Reihenverfahren aus einer ursprünglichen Einheit erst aufgebaut (256). Wenn demnach im Begriff zugleich die Möglichkeit enthalten ist, vom Allgemeinen zum Einzelnen überzugehen, so wird in dieser Abstraktionstheorie nicht mehr vom Besonderen als Unwesentlichem abgesehen, sondern das Besondere ist in der Reihung vollwertig enthalten und daher nach einem durchsichtigen Prinzip aus einer konkreten Totalität ableitbar (107).

Durch den generierenden Identifikationsprozeß erscheint der Ähnlichkeitsbegriff als spezielle Relation. Und Relationen werden in der mathematischen Grundlagenforschung (Russell[8]) intensional durch Satzfunktionen gegeben. Eine Funktion bestimmt so den Zusammenhang ihrer wahren Einsetzungen, ohne selbst eine Einsetzung oder etwas anderes Substantielles zu sein. Sie hat ihren Sinn allein in diesem symbolischen Zusammenhang, ist eine *symbolische Relation*. Das Substantielle der Merkmalauffassung löst sich ins Relationale der symbolischen Formen auf. Damit wird ein allgemeiner Zug der modernen Naturwissenschaften in einen neuen Zusammenhang gestellt und in seiner prinzipiellen Bedeutung durchschaut. Zugleich erkennt Cassirer die universelle Bedeutung der Symbolrelation. Er überschreitet damit den ursprünglich untersuchten Bereich der Naturwissenschaften und wendet sich einer allgemeinen Symboltheorie zu. Denn symbolische Relationen sind die Grundlage jedes Sinnzusammenhangs.

---

7 Die Titel lauten «Zur Einsteinschen Relativitätstheorie» und «Determinismus und Indeterminismus in der modernen Physik». Zur mathematischen Grundlagenforschung siehe auch PSF III, 4.Kap. 3.Teil: «Der Gegenstand der Mathematik». Zur Interpretation gestaltpsychologischer Probleme vergleiche «The Concept of Group and the Theory of Perception» in: Philosophy and Phenomenological Research V, 1944/45. S. 1ff; Original französisch in: Journal de Psychologie 1938.

8 Hier wäre neben Russell natürlich auch und zuerst Gottlob Frege zu nennen, auf den Cassirer aber nicht eingeht.

Damit sind wir im Zentrum der Cassirerschen Philosophie angelangt. Abstraktionstheorie und Ersetzung der Relation an die Stelle der Substanz sind nur vordergründige Aspekte. Ihr eigentlicher Sinn liegt tiefer: Die gesamte Wirklichkeit soll aus diesen symbolischen Formen heraus verstanden und erklärt werden. «All unser Wissen, so vollendet es in sich selbst sein mag, liefert uns niemals die Gegenstände selbst, sondern nur *Zeichen* von ihnen und ihren wechselseitigen Beziehungen» (SUF 402). Objektive Erkenntnis ist keine adäquate Widerspiegelung fertiger Dinge; sie ist auch keine bloße Erscheinung eines kategorial korrekt gefaßten Unzugänglichen, sondern zeichenvermittelte Synthesis, in der mit Hilfe allgemeingültiger invarianter Funktionsformen innerhalb eines Systems von Bedingungen diesen gemäß konstruktiv vorgegangen wird. Bei Cassirer erscheinen die apriorischen Anschauungsformen und die Kategorien als eben diese Invarianten. Aber die apriorischen Bestimmungen formen nicht das unbekannte Ding an sich, sondern *alles* wird symbolisch konstituiert. Hier realisiert Cassirer die Marburger Forderung nach Radikalisierung der Kopernikanischen Wende: es gibt schlechthin nichts, das nicht durch objektivierende Funktionen aufgebaut wäre. Die Einzelheiten einer Konstitution des Sinnlichen können nach Cassirer nur durch Untersuchungen des mythischen Denkens und der Sprachentstehung geklärt werden. Aber prinzipiell ist nichts als Objektivität denkbar, das nicht im Rahmen der apriorischen Invarianten Raum, Zeit, Zahl, Beharrung und Veränderlichkeit, Kausalität und Wechselwirkung steht (SUF 411).

Wirklichkeit wird im Erkenntnisakt konstruiert, nicht abgebildet. So vollendet sich bei Cassirer der Systemgedanke, der bei Kant angelegt, bei Hegel exzessiv angewandt und im Neukantianismus wieder auf kantianische Dimensionen zurückgenommen worden war. In der Wissenschaftstheorie wird heute daraus eine Kohärenztheorie der Wahrheit, in der modernen Gestaltpsychologie ein Radikaler Konstruktivismus gefolgert. Es bedarf keines realistischen Restes, auf den beispielsweise Nicolai Hartmann später seine gesamte Ontologie des Common sense aufbaut. Auch die existentia muß auf formale Beziehungen reduzierbar sein. Existenz enthält das Merkmal einer bestimmten Unbegreiflichkeit, die in genau dieser Qualität selbst konstituiert sein muß (403). Im Sinne der Humboldtschen Zeichentheorie ist auch der wissenschaftliche Erfahrungsbegriff nur auf diese rein formalen invarianten Beziehungen zurückführbar (404). Realität bedeutet in der Physik nichts anderes als eine bestimmte Ordnung im symbolischen Konstitutionssystem (423). Naturwissenschaftliches Erkennen ist Operieren mit funktionsbestimmten Symbolen. Der Inhalt des Erkannten ist damit identisch mit den aktiven Formen des Denkens überhaupt (428). – So schließt sich der Kreis der Transzendentalphilosophie: Erkenntnis ist nur möglich durch die Aktivitäten des Denkens; aber diese sind nur im Gedachten zu entdecken. Das Entdeckte ist die Bedingung ihrer Möglichkeit; es ist der Geist selbst.

22.22   Cassirers Kulturphilosophie der symbolischen Formen und die Lebensweltphilosophie

a. Die Erweiterung der Philosophie der symbolischen Formen zur Kulturphilosophie

Mit Cassirers Namen verbindet man im allgemeinen die «Philosophie der symbolischen Formen». Dieser Titel kann auf das dreibändige Hauptwerk von 1923–1929 oder aber auf die Philosophie Cassirers als ganze bezogen werden, die *drei Entwicklungsstufen* aufweist. Sie setzt ein mit der Entfaltung der Funktionsformen des mathematisch und naturwissenschaftlich tätigen Bewußtseins (in SUF), weitet sich zur kulturphilosophischen Thematik des Hauptwerkes aus und erlangt ihren Abschluß in der anthropologischen Wende des Spätwerkes (in WM). Diese Entwicklung zeigt, daß Cassirer nicht einseitig der Wissenschafts- oder Erkenntnistheorie, der Kultur- oder Sprachphilosophie oder der Anthropologie zugeordnet werden kann[9]. Offenkundig wird die

---

9 Für die Zeitgenossen war Cassirer weitgehend neukantianischer Kulturphilosoph; für die Gegenwartsphilosophie gilt er als Mitinitiator sprachphilosophischer Ansätze.

Weiterentwicklung zur *Kulturphilosophie* in der Hinwendung zu den Grundlagenfragen der *Geistes*wissenschaften und zur Lebensweltphilosophie. Der Impuls für die Genesis der Cassirerschen Gedankenwelt liegt in einer zweifachen Transzendierung der Lehre Kants und des Neukantianismus. Einmal sind für Cassirer die apriorischen Funktionsformen historisch veränderliche Größen; das Apriori ist nicht absolut, sondern genetisch zu verstehen. Zum anderen, – und dies hängt eng mit der Historizität des Apriori zusammen, – erweitert Cassirer den Anwendungsbereich des Symbolgedankens von den Naturwissenschaften auf alle kulturellen Erscheinungen. Während die Funktionsformen ursprünglich die Invarianten *naturgesetzlicher* Zusammenhänge waren[10], so werden die symbolischen Formen nun als Invarianten *aller Kulturgebiete* verstanden. «Die Kritik der Vernunft wird damit zur Kritik der Kultur. Sie sucht zu verstehen und zu erweisen, wie aller Inhalt der Kultur ... eine ursprüngliche Tat des Geistes zur Voraussetzung hat» (PSF I,11).

Die Entwicklung von Mathematik und Physik seit Kant hat deutlich gemacht, daß weder die Euklidische Geometrie noch die Newtonsche Mechanik Garanten für die apriorischen Grundformen sein können. Wenn demnach auch diese Wissenschaften in ihren Fundamenten und kategorialen Voraussetzungen einer Entwicklung unterworfen sind, dann müssen ihre Vorformen ebenfalls durch solche symbolischen Formen geprägt sein. So erweitert sich Cassirers ursprünglich rein wissenschaftlicher Horizont zum allgemeinen Seinsverständnis. Alle Vorstufen und Weiterentwicklungen, kurz alle Kulturbereiche müssen unter dem gleichen Aspekt der symbolischen Prägung verstanden werden. Für Cassirer sind Mythos und Kunst, Sprache und Wissenschaft symbolische «Prägungen *zum* Sein» (PSF I, 43).

Wir können die Umformung des Systemgedankens zur allgemeinen Kulturphilosophie auch schon bei anderen Vertretern des Neukantianismus verfolgen. Aber während dort der *Wertgedanke* mit seinem umstrittenen ontologischen Status im Zentrum steht, wird bei Cassirer dieser Schritt durch die Entdeckung der Geschichtlichkeit und durch die Einbeziehung der Geisteswissenschaften (die ja bei Cohen noch zur Ethik zählten) vollzogen. Und so stellt sich die Frage nach der Vereinbarkeit der genetischen Lebensweltphilosophie mit dem systematischen Anspruch des Neukantianismus bei Cassirer genau so wie bei Husserl die Frage nach der Verträglichkeit der genetischen Phänomenologie mit dem transzendental-eidetischen Ansatz.

Cassirers Kulturphilosophie ist keine Lebensphilosophie im Sinne Diltheys. Die Lebensphilosophie versucht, die Einheit des Seinsbegriffs durch den Begriff des Lebens zu begründen, der nur in seiner Unmittelbarkeit gegeben ist. Damit kann der ursprüngliche Gehalt des Lebens aber nur durch Intuition, nicht durch Repräsentation erfaßt werden. Dies führt zu der Vorstellung, daß allen geistigen Funktionen ein Substantielles in seiner Ursprünglichkeit vorausliegt. So empfindet Cassirer eine Spannung zwischen Kultur und Leben, die nicht beseitigt werden kann. Kein vermittelndes Denken kann diese Kluft überbrücken, denn je weiter die symbolische Konstitution fortschreitet, umso größer wird der Abstand vom Urgrund der Intuition (PSF I,49). Symbolische Formen, Sprachgestaltung, Bildung, Kultur lassen sich nur realisieren im Verzicht auf unmittelbare Gegebenheiten. Cassirer betont, daß das Anwachsen des Symbolgehalts der Erkenntnis zur Verkümmerung des anschaulichen Wesensgehalts führen muß (50). Für eine Kulturphilosophie, «die sich erst in der Schärfe der Begriffe und in der Helle und Klarheit des ‹diskursiven› Denkens vollendet, ist das Paradies der Mystik, das Paradies der reinen Unmittelbarkeit, verschlossen» (51).

Aber auch der Lebensweltbegriff der Phänomenologie trifft die Intentionen Cassirers nur bedingt. Cassirers Grundprinzip des kritischen Denkens, der Primat der Funktion vor dem Gegenstand, sieht den Kulturbegriff als Ergebnis eines geistigen Schöpfungsaktes. Denn das Sein ist nur im Tun faßbar (11). Bei Husserl ist Begreifen aber nicht nur ein Produzieren von Beziehungen; es enthält auch Intuitionen, die aber nicht als letzte Instanzen zu denken sind, sondern auf Prozesse assoziativer Synthesen und schließlich auf eine Ursynthesis des inneren Zeitbewußtseins im all-

---

10 Vgl. SUF 357.

gemeinen Bewußtseinsstrom zurückgeführt werden. Wenn also bei Cassirer immer wieder von der Phänomenologie die Rede ist, – der 1. Teil der PSF ist mit «Zur Phänomenologie der sprachlichen Form» überschrieben, der 3. Band trägt den Untertitel «Phänomenologie der Erkenntnis», – dann ist dieser Begriff eher im Sinne von Hegels «Phänomenologie des Geistes» gemeint, also als Deskription der Genese und Vielfalt des Bewußtseins im Sinne einer Selbstentfaltung des Geistes. Das betont Cassirer für den 3. Band ausdrücklich: «Wenn ich von einer ‹Phänomenologie der Erkenntnis› spreche, so knüpfe ich hierin nicht an den modernen Sprachgebrauch an, sondern ich gehe auf jene Grundbedeutung der ‹Phänomenologie› zurück, wie Hegel sie festgestellt und wie er sie systematisch begründet und gerechtfertigt hat» (PSF III, S.VI).

Trotzdem finden wir auch Konvergenzen zwischen der Phänomenologie und der Cassirerschen Lebensweltbeschreibung, wenn wir – wie im damaligen Sprachgebrauch üblich, – den Begriff Phänomenologie sehr weit fassen. Schließlich bezeichnet man am Ende der zwanziger Jahre die Philosophen der Marburger Universität schlicht als Phänomenologen; dort lehrten zu dieser Zeit Heidegger, Löwith, Gadamer und Krings! Oft reichen schon gemeinsame Oppositionen beispielsweise zum Psychologismus aus, um von der gleichen Strömung zu sprechen. Hier muß die positive Äußerung Cassirers über Husserl erwähnt werden: «Es gehört zu den grundlegenden Verdiensten der Husserlschen Phänomenologie, daß sie für die Verschiedenheit der geistigen ‹Strukturformen› erst wieder den Blick geschärft und für ihre Betrachtung einen neuen, von der psychologischen Fragestellung und Methodik abweichenden Weg gewiesen hat» (PSF II,16). Aber Cassirer beschreibt zugleich den Fortschritt einer Phänomenologie, die sich nicht in der Analyse der Erkenntnis erschöpft, sondern die außerdem die Strukturen der verschiedensten Gegenstandsbereiche als reine Bedeutung unabhängig von ihrer faktischen Realisierung offenlegt. Wenn man in diesem weiteren Sinn die Erforschung der Apriorität aller symbolischen Formen phänomenologisch nennt, dann kann man mit Fritz Kaufmann sagen: «Das ganze Werk (gemeint ist die PSF) ist durchsetzt von Untersuchungen, die apriorischen Charakter haben und im weiteren Sinne phänomenologisch sind, wenn sie auch fragmentarisch bleiben und nicht von einer so strengen und klaren Methode beherrscht sind wie die der eidetischen und phänomenologischen Reduktion Husserls»[11].

Um Mißverständnisse zu vermeiden, unterscheiden wir die beiden verschiedenartigen Tendenzen in Cassirers Philosophie der symbolischen Formen terminologisch. Wir nennen die Lehre von den Funktionsformen in Mathematik und Naturwissenschaften, ferner die apriorischen Untersuchungen zur Lebenswelt, insbesondere zur Sprache und zum Mythos, also insgesamt die *Kulturphilosophie*, wie sie sich in SUF und in PSF Band 1 und Band 2 darstellt, *kritische Phänomenologie*. Dem gegenüber bezeichnen wir die vor allem seit der «Phänomenologie der Erkenntnis» (dem 3. Band des Hauptwerkes) versuchte *Synthese* der einzelnen selbständigen symbolischen Formen *zu einem Gesamtkomplex* und einer abschließenden Systematisierung als *Phänomenologie des Geistes*.[12]

b. Kritische Phänomenologie

In der kritischen Phänomenologie wird die Idee der symbolischen Formen aus «Substanzbegriff und Funktionsbegriff» verallgemeinert. Diese Universalisierung entdeckt Cassirer auch in Humboldts Sprachauffassung und in Schellings Mythos-Theorie. Doch die in Sprache und Mythos erschlossene Wirklichkeit unterscheidet sich auffällig von der durch die Wissenschaften beschriebenen Welt. Deshalb erfordert eine Philosophie der symbolischen Formen zusätzlich zur

---

11 Das Verhältnis der Philosophie Cassirers zum Neukantianismus und zur Phänomenologie. In: Schilpp (1966). S. 590.
12 Ein ähnlicher Gedanke findet sich bei A. Poma: Ernst Cassirer: Von der Kulturphilosophie zur Phänomenologie der Erkenntnis. In: Braun u. a. (1987). S. 89.

Wissenschaftsanalyse die eingehende Untersuchung von Sprache und Mythos. *Wissenschaft, Sprache und Mythos* sind demnach die drei Weisen oder Modi, wie in unserem Bewußtsein Sinngebungen erfolgen. Doch die Phänomenologie der Sprache (Band 1 von PSF) und die Phänomenologie des Mythos (Band 2) stehen weiterhin im Dienste der kantianischen Begründung von Objektivität. Jede Erkenntnis ist funktional aus Anschauungsformen und Kategorien aufgebaut. Deshalb liegt jedem Wirklichkeitsverständnis ein geschlossenes Anschauungs- und Begriffssystem zugrunde, das es zu entfalten gilt.

Cassirer geht es zunächst um eine allgemeine Theorie der geistigen *Ausdrucksformen*, die das wissenschaftliche Erkennen in gleichem Maße umfaßt wie das hermeneutische Verstehen. Hier erhält die *Sprache* eine Vorzugsstellung, die schon bei Humboldt zum Vehikel wurde, «um das Höchste und Tiefste und die Mannigfaltigkeit der ganzen Welt zu durchfahren» (VI). Von diesem Gedanken ist die gesamte Phänomenologie der sprachlichen Form geleitet.

Die Sprache entstammt der grundlegenden Synthese aus seelischem Inhalt und sinnlichem Ausdruck. In der Phase des sinnlichen Ausdrucks ist Sprache Ausdrucksbewegung (126). Sie findet in drei Stufen zu ihrer eigenen Form: als Stufe des mimischen, des analogischen und des eigentlich symbolischen Ausdrucks (139). Aber die eigentliche Leistung der Sprache, die Umgestaltung der sinnlichen Eindrücke in bedeutungtragende Vorstellungen, gelingt nur durch die Vermittlung der Anschauungen von Raum, Zeit und Zahl (150). Hier spricht Cassirer von der «Sprache in der Phase des anschaulichen Ausdrucks» und untersucht die zugehörigen apriorischen Funktionsformen, welche den Aufbau der objektiven äußeren Anschauungswelt einerseits und der subjektiven inneren Anschauungswelt andererseits leisten. Die nächste sprachliche Form betrifft den Ausdruck des begrifflichen und klassifizierenden Denkens. An letzter Stelle steht die Sprache als Ausdruck der reinen Beziehungsformen, in denen Urteile und Relationen gebildet werden. So verfolgt Cassirer den Weg der sprachvermittelten Erkenntnis von der sinnlichen Empfindung über die Anschauung zum begrifflichen Denken und schließlich zum logischen Urteilen. Dabei sind diese Phasen je aufeinander angewiesen. Die gleiche unlösliche Korrelation der weltaufbauenden geistigen Mittel spiegelt sich in der Sprache wieder. Das zeigt sich schon daran, daß der Primat des Satzes vor dem einfachen Wort gilt (280).

Der erste Band der PSF analysiert die Sprache als eine der wichtigsten Funktionsformen des geistigen Ausdrucks neben den früher beschriebenen wissenschaftlichen Funktionsformen. In der Sprache erfolgt eine spezifische Vermittlung zwischen Sinnlichkeit und geistiger Tätigkeit. Aber der eigentliche Ausgangspunkt des Wirklichkeitsverständnisses liegt für Cassirer in der mythischen Anschauung. Bevor sich das Bewußtsein zur sprachlich vermittelten Abstraktion der Wissenschaften erheben kann, lebt es in den Gebilden des mythischen Bewußtseins. Im zweiten Band des Hauptwerkes versucht Cassirer, einen Einblick in das Werden der Wissenschaft aus diesen Bedingungen zu geben (II, S.XI). Dies muß überraschen, wenn man weiß, daß Philosophie seit ihren Anfängen den Logos gegen den Mythos ausspielt, und kritische Philosophie seit Kant die Konstitution der wissenschaftlichen Objektivität zu erklären sucht, die im mythischen Anschauen noch gar nicht gemeint ist. Noch offenkundiger wird der Umstand in Comtes Dreiphasengesetz, wonach das mythische Denken von der Wissenschaft ganz abgelöst und der Mythos als überwunden verstanden wird. Gerade gegen diese Auffassungen wendet sich Cassirer: «Die Wissenschaft bewahrt auf lange Zeit hinaus uraltes mythisches Erbgut, dem sie nur eine andere Form aufprägt» (XI)[13]. Auch für das historische Begreifen verdienen die mythischen Elemente Beachtung (XII). Weil die Erforschung des Mythos für Cassirer im Gegensatz zur Sprachproblematik völliges Neuland bedeutet, bezeichnet er seine Untersuchungen als Anfang eines Weges, der von anderen fortgesetzt werden sollte.

---

13 Von einer Unterlegenheit der mythischen Form unter der wissenschaftlichen, wie sie von P. Radin und C. Levi-Strauss Cassirer vorgeworfen wird, kann daher nur bedingt gesprochen werden. Vergleiche dazu P. Kondylis: Die Aufklärung im Rahmen des neuzeitlichen Rationalismus. München 1986. S. 9.

Die Untersuchung zur symbolischen Form des mythischen Denkens enthält daher gewisse Ungereimtheiten, die zu kontroversen Beurteilungen führen. Der Grund ist die Verschränkung der beiden oben genannten Tendenzen. Der zweite Band des Hauptwerkes repräsentiert die Übergangsphase von der «kritischen Phänomenologie» zur «Phänomenologie des Geistes». Beide Gesichtspunkte stehen im Widerstreit. Auf der einen Seite ist der Mythos ein eigenständiger Entwurf menschlicher Seinsweise, auf der anderen Seite wird für den Mythos aus transzendentalem Anlaß eine Art von Objektivität verlangt, die dem phänomenologischen Befund widerspricht. Es muß daher ein Entwicklungsprozeß, eine «logische Genese» (III, 19) hin zur eigentlichen Objektivität der Wissenschaften gedacht werden, die den Mythos auf eine niedere Kulturstufe zu stellen scheint[14]. Wir versuchen später (in 22.3) die Grundzüge der Cassirerschen Mythos-Theorie auf dem Boden der kritischen Phänomenologie darzustellen.

Die bisherigen Ausführungen betrafen Sprache, Mythos und Wissenschaft. Aber Cassirer zählt explizit auch die *Kunst* zu den symbolischen Formen, die dem Mythos nahesteht, sich aber von dessen Ernst durch ihren freien Spielcharakter abhebt. Die Gegenständlichkeit des Künstlers ist von Elementen einer bewußten Illusion durchsetzt. Sie erlangt gerade dadurch zusätzlich Tiefe und einen spezifischen Wirklichkeitsgehalt, der weder von der Wissenschaft noch vom Alltagsverständnis her erfaßt werden kann. In den Spätschriften tauchen auch historische, religiöse und technische Erfahrungen als Beispiele von symbolischen Formen auf. Diese sind aber so eng mit anthropologischen Elementen und mit der Idee einer logischen Genese verknüpft, daß ihre Formen bei weitem nicht die scharfen Umrisse zeigen wie die Strukturen von Sprache, Mythos und Wissenschaft.

c. Die Phänomenologie des Geistes

Im dritten Band der PSF kommt das ursprüngliche kritische Anliegen des Neukantianismus Cassirers zum Tragen. Er besinnt sich wieder der Logizität der Marburger Schule, das heißt der Konstituierung der Gegenstände aus einem einheitlichen Geist. Die drei wesentlichen selbständigen symbolischen Grundformen der früheren Darstellungen – Sprache, Mythos, Wissenschaft – werden in Korrelation zur *Ausdrucksfunktion* der Wahrnehmung, der *Darstellungsfunktion* der Anschauung und der *Bedeutungsfunktion* des Verstandes gesehen. Die zentralen Aprioritäten Raum, Zeit und Zahl erscheinen in diesen drei Funktionen als Bild und Eigenname, als sprachliche Kennzeichnung und als formales Zeichen. Sie sind Momente einer dialektischen Bewegung innerhalb einer *einzigen* symbolischen Form und so Stufen der Phänomenologie des Geistes. Das Symbol wird hier mit der Repräsentation im allgemeinen identifiziert. Die symbolischen Formen im ursprünglichen Sinn sind theoretische Momente und Motive, die schon bei der Konstituierung des natürlichen Weltbildes wirken, das heißt jetzt: des Weltbildes der Wahrnehmung und Anschauung (III, S.V). Der abschließende Band mit dem Untertitel «Phänomenologie der Erkenntnis» enthält die systematische Konsequenz der bisherigen Forschungen. Die Schicht der begrifflichen wissenschaftlichen Erkenntnis baut sich auf die Analyse der Sprache und des Mythos auf und bestimmt die Architektonik des wissenschaftlichen Überbaues (VI). So liegt hier eine allgemeine Theorie zum Thema «Weltverstehen» vor, die einen ähnlichen universellen Anspruch erhebt wie Heideggers SuZ-Philosophie.[15] Die Wende zur «Phänomenologie der Erkenntnis» bestimmt Cassirers gesamte Spätphiloso-

---

14 So die Interpretation der Mythos-Theorie von Cassirer durch K. Hübner in: Die Wahrheit des Mythos. München 1985. S. 65 und 87. Hübner beachtet zu wenig, daß auch bei Hegel z. B. das Moment der sinnlichen Gewißheit keine primitive Vorstufe, sondern wesentliches Durchgangsstadium in der Dialektik ist. – Ganz anders dagegen Heidegger, der die selbständige Daseinsweise des Mythos eingehend würdigt. Vergleiche den Anhang zu: Kant und die Metaphysik. Ernst Cassirer: Philosophie der symbolischen Formen. Gesamtausgabe Band 3. S. 255 f.
15 Vgl. dazu Krois (1992) S.275. In Krois (1987) S.21ff. stellt dieser die phänomenologische Idee der «symbolischen Prägnanz» in den Mittelpunkt der PSF III und versucht damit, Cassirer neue Aktualität zu geben (S.30ff.)

phie. Sie ist zugleich die Grundlage der anthropologischen Fragestellung, die, wie die Phänomenologie des Geistes selbst, keine geschlossene Theorie bietet, sondern als «essay on man» «mehr eine Darstellung und Erläuterung als eine Begründung» bietet (WM 8).

22.23 Der Mensch als symbolisches Wesen

Seit Max Schelers Grundlegung der philosophischen Anthropologie und seit den Daseinsanalysen im Umkreis der Existenzphilosophie ist das Thema «Was ist der Mensch?» aus der naturwissenschaftlichen Peripherie in das Zentrum *philosophischer* Interessen gerückt. Das letzte größere Werk Cassirers trägt in der deutschen Übersetzung eben diesen Titel. Cassirer versteht seine Anthropologie weiter als Beitrag zur Kulturphilosophie – der Untertitel lautet: «Versuch einer Philosophie der menschlichen Kultur», – und als eine für die Amerikaner geschriebene Einführung in sein Hauptwerk. Trotzdem erkennt er auch den Wandel in seinen Anschauungen. Cassirer sagt von sich selbst, er habe viele neue Tatsachen entdeckt und neue Fragen gestellt, die das Frühere in neuem Licht erscheinen läßt (7).

Ein kurzer Blick auf die Entwicklung der Anthropologie von Sokrates über die Stoa, Augustinus, Pascal, Bruno und Spinoza hin zur Aufklärung und zur Evolutionstheorie des letzten Jahrhunderts zeigt die synthetisierende Wirkung von Metaphysik, Theologie, Mathematik und Biologie in der Ausprägung der anthropologischen Gedankensysteme. Gerade solch ein verbindender Gedanke fehlt der Anthropologie in Cassirers Zeit; deshalb pflichtet er Scheler bei, daß sich der Mensch in keiner Zeit der Geschichte so problematisch geworden ist wie in der Gegenwart (36). Die eigentliche Ursache der Ratlosigkeit liegt in der Willkür der Ausgestaltung der anthropologischen Theorien von Hippolyte Taine bis Nietzsche, Freud und Marx, die das ursprünglich biologische Denken auf die menschliche Kultur übertragen. «Jede Theorie wird ein Prokrustesbett, auf dem die empirischen Tatsachen verzerrt werden, damit sie in ein vorgefaßtes Schema passen» (35). So sucht Cassirer nach dem Ariadnefaden, um aus dem Labyrinth herauszufinden, das durch das überwältigende Tatsachenmaterial der zahlreichen empirischen Teilwissenschaften entstanden ist (36). Die einheitliche Ordnungsidee glaubt Cassirer in der Erweiterung des Uexküllschen Funktionskreises des Tieres gefunden zu haben. Der Mensch lebt nicht im natürlichen Rezeptions- und Effektivsystem des Tierreiches, sondern findet sich in einem *symbolischen Universum* vor (39). Nur wenn der Mensch Symbole einführt, kann er Erfahrungen machen und Erkenntnis gewinnen. Nicht ein animal *rationale* ist der Mensch, – schließlich kann man weder die Struktur des ihn prägenden Mythos noch die elementare Sprache des Gefühls und des Affektes *rational* nennen, – sondern ein animal *symbolicum* (40).

Mit diesem Leitbegriff formuliert Cassirer den Ausgangspunkt der weiteren Untersuchungen. Zuerst muß das eigentliche menschliche Symbolverhalten vom tierischen Symbolverhalten unterschieden werden. Symbole eröffnen dem Menschen über die emotionale Sprache hinaus den Zugang zu einer propositionalen Sprache. Propositionen ermöglichen den entscheidenden Schritt von der subjektiven zur objektiven Sprache, von der Affektäußerung zur Sinngebung (44). Auch von der bloß praktischen Haltung grenzt sich Cassirer durch die Symbolhaltung ab (48); allein durch Sprache gelingt es dem Menschen, die Grenzen seiner biologischen Bedürfnisse hin zur Welt der Ideen zu transzendieren, welche die Basis für Religion, Kunst, Philosophie und Wissenschaft darstellt (58). Nur durch sinnhafte Symbole hat er Teil an der Kultur.

Cassirer will mit der Bestimmung des Menschen als animal symbolicum keine Wesensbestimmung geben, sondern verweist mit dieser Chiffre auf die Notwendigkeit, die symbolischen Formen zu analysieren, wenn man in einer funktionalen Sichtweise zur Selbsterkenntnis gelangen will. Deshalb wendet er sich wieder den Themen der PSF zu. Er behandelt Mythos und Religion, Sprache, Kunst, die Naturwissenschaften und – ein gewisses Novum: die *Geschichte*. Der Mensch vollendet durch die symbolischen Formen innerhalb jener Bereiche die Kultur, indem er die geistigen Formen der Tradition bewahrt und in den jeweiligen Situationen neue symbolische Gestaltungen zu einer dialektischen Einheit verschmilzt. Trotz der gleichen Thematik sind aber gewisse Akzentverschiebungen feststellbar. Er verquickt jetzt seinen ursprünglich kritischen Idealismus mit Elementen eines kritischen Realismus, gegen den die Marburger Schule ständig polemisiert. So heißt es z.B.: «Die Existenz der materiellen Gegenstände bleibt unberührt und unabhängig von der naturwissenschaftlichen Forschung (!), wohingegen die historischen Objekte wahres Sein nur so lange haben, als sie in der Erinnerung des Historikers aufbewahrt werden» (234).

Die Anthropologie Cassirers ist weniger eine abgeschlossene Theorie als eine Form der Popularisierung des allgemeinen philosophischen Werkes des Autors mit dem Schwerpunkt der kulturanthropologischen und sozialphilosophischen Thematik, die den neukantianischen Ansatz stark in den Hintergrund drängt. Gerade wegen dieser Akzentverschiebung konnte Cassirer auch Einfluß auf die anglo-amerikanische Philosophie der zweiten Jahrhunderthälfte gewinnen, die sich im Umfeld der «linguistischen Wende» den Strukturen von Sprach- und Lebensformen allgemeinster Art zuwendet.

22.3 Das mythische Denken

Der zweite Teil der PSF trägt den Untertitel «Das mythische Denken». Hier überträgt Cassirer die transzendentale Fragestellung nach den Bedingungen der Möglichkeit auf die *Fakten des Mythos*. Weil man den Mythos in der Philosophie häufig dem Bereich des Scheines zuordnet, muß zuerst die Welt des Mythos als Tatsache erwiesen werden. Die Geschichte der Philosophie zeigt, daß das Verstehen des Mythos so viel heißt, wie seine objektive Nichtigkeit nachzuweisen (S. VIII). Dagegen stellt Cassirer seine *Grundthese*: Der Mythos hat für die gesamte Kultur eine entscheidende Bedeutung; jede ihrer Grundformen «tritt uns gleichsam verkleidet und eingehüllt in irgendeine Gestalt des Mythos entgegen» (IX).

Die in der Philosophiegeschichte weit verbreitete allegorische (Weg-)Deutung des Mythos hat lange Zeit die fundamentale Rolle des Mythischen ignoriert. Die großen Ausnahmen sind in den Augen Cassirers Platon, Vico und Schelling. Bei *Platon* wird dem Mythos bereits eine notwendige Funktion der Welterfassung zugedacht; der Mythos ist für das bewegte Vergängliche zuständig, das sich der Formung der ewigen Ideen und der mathematischen Formen entzieht. *Vico* betrachtet den Mythos als eine selbständige Gestaltungsweise des Bewußtseins (6); die Einheit des Geistes stellt sich ihm in der Trias von Mythos, Sprache und Kunst dar. Von größter Bedeutung jedoch ist *Schellings* Mythos-Interpretation, auf die sich Cassirer ausdrücklich wiederholt bezieht. Schelling lehnt nicht nur die allegorische Deutung des Mythos ab, sondern auch die euhemeristische, die alles auf geschichtliche Fakten reduziert, sowie die physische, die den Mythos zur primitiven Naturerklärung degradiert. Für ihn ist die «*tautegorische Deutung*» maßgebend, die den Mythos aus einem autonomen Sinn- und Gestaltungsprinzip heraus begreift. Mythisches Denken ist ein vollwertiger positiver Geistesakt. Schelling wendet sich ausdrücklich den Phänomenen als solchen zu und begreift den Mythos in der Bedeutung, die er als geistige Macht für den Menschen besitzt (8). Insofern wird der Mythos als eine ursprüngliche *Lebensform* aufgefaßt (9). Während aber bei Schelling das objektive Geschehen dieser Wirkungsmächtigkeit einer notwendigen Entwicklung des absoluten Geistes entspricht und damit zum theogonischen Prozeß wird, versucht Cassirer, die Problematik aus der Philosophie des Absoluten zu lösen und vom Boden der kritischen Philosophie aus zu beurteilen.

Kritische Philosophie fragt nach den Bedingungen der Möglichkeit von Erfahrung. Deshalb sucht Cassirer hier einen dritten Weg zwischen Schellings Lehre vom Absoluten und der empirischen Auffassung einer natürlichen Entwicklung im Sinne der Völkerpsychologie oder der Projektionsthesen Feuerbachs. So wie die *Logik* jenseits des naturalistischen Psychologismus und der spekulativen Metaphysik phänomenologisch als Lehre von ihrem reinen Gehalt gedeutet werden kann, so muß auch der *Mythos* im Hinblick auf seinen reinen Gehalt der Bedeutsamkeit von den empirischen Entstehungsbedingungen abgelöst werden. Unter ausdrücklichen Bezug auf Husserls phänomenologische Untersuchungen (16) sucht Cassirer nach einer Wesensbeschreibung des Mythos, die zugleich auf die transzendentale Einheit des Bewußtseins zurückverweist. Eine solche Einheit setzt aber eine allgemeine Gesetzlichkeit des Bewußtseins voraus, welche die Gestaltungen der mythischen Wirklichkeit bedingt (15). So geht Cassirer den Weg von dem mythischen Faktum zur Frage nach der Bedingung seiner Möglichkeit und von hier zu den einschlägigen Strukturgesetzen des Mythos. Diese wiederum stehen unter der Einheit des mythischen Bewußtseins, das keiner genetischen, psychologischen, geschichtlichen oder sozialen Begründung bedarf, sondern als eine Grundform des allgemeinen Geistes erscheint. Wurde bei Schelling und Feuerbach aus der Einheit eines – zwar recht kontroversen – Substrats, nämlich Gottes beziehungsweise der Menschheit, auf die Einheit der mythologischen Funktion geschlossen, so kehrt Cassirer die Blickrichtung um. Die Einheit ist nicht der Grund, sondern nur ein anderer Ausdruck der Formbestimmtheit (17). Deshalb versucht Cassirer in seiner auf Seite 18 ausdrücklich «kritische Phänomenologie» genannten Lehre, die mythische Funktion in ihrer reinen Wesensbestimmtheit zu beschreiben und sie den reinen Formen der sprachlichen, ästhetischen und logisch-begrifflichen Funktion gegenüberzustellen. Die Objektivität des Mythos sei dabei nicht dinglich, sondern funktionell zu bestimmen (18).

Die inneren Widersprüche, die zum Beispiel durch die Annahme einer Objektivität niederer Stufe und durch das Verschwinden der Traum- und Zauberwelt des Mythos im Fortschritt der Wissenschaften auftreten, glaubt Cassirer beseitigen zu können. Er verweist auf die Notwendigkeit, nicht die *Inhalte*, sondern den *Prozeß* des Aufbaus der mythischen Welt zu betrachten. Diesem steht dann die logische Genese des wissenschaftlichen Naturbegriffs gegenüber (19), die er als Entfaltung innerhalb einer Phänomenologie des Geistes deutet. Das verbietet zugleich eine Unterordnung oder Vermischung des Mythos mit den anderen Formen von Sprache und Kunst. Es dürfen weder die Sprache als verblichene Mythologie (Schelling), noch umgekehrt der Mythos als Defekt der Sprache (Max Müller, 1876) verstanden werden. Ebensowenig kann von einer Gleichsetzung von Sprache und Mythos im Sinne von S. Useners «Götternamen»[16] die Rede sein. Der Mythos ist eine selbständige Möglichkeit menschlicher Existenz, ein einheitlicher Blickpunkt des Bewußtseins, von dem aus Natur und Seele, äußeres und inneres Sein und andere Scheidungen in neuer Gestalt erscheinen. Eben diese neue Gestalt gilt es zu beschreiben.

«*1. Abschnitt: Der Mythos als Denkform*»

Denken zielt auf Gegenstände. Deshalb analysiert Cassirer zunächst den Gegensatz von mythischen und rein theoretischen Objektivationen (40). Eine kurze Darstellung der Gegenstandstheorie aus SUF bringt die Struktur des theoretischen Objektivierungsprozesses in Erinnerung. Der Gegenstand ist kein in der Wahrnehmung Gegebenes, sondern ein aus dem Bewußtsein Konstituiertes. Das Chaos der Empfindungen wird zu einem Gesetzesganzen organisiert, wobei eine Unter- und Überordnung, eine Formung des Systems von Gründen und Folgen erfolgt. Der Rückblick auf das Gegenstandsbewußtsein der Wahrnehmung zeigt, daß es sich von dem der wissenschaftlichen Erfahrung nur graduell unterscheidet, «sofern die Geltungsunterschiede, die in jenem bereits vorhanden und wirksam sind, in diesem in die Form der Erkenntnis erhoben, d.h. in Begriff und Urteil fixiert sind» (47).

Wie sieht nun der unmittelbar gegebene Gegenstand für das *mythische Bewußtsein* aus? Im Gegensatz zum empirischen und begrifflichen Wissen unserer Denkformen fehlen hier die genannten Unterscheidungen. Die Form der mythischen Wirklichkeit ist homogen und undifferenziert; es fehlt die Unterscheidung zwischen der Welt der Wahrheit und der Welt des Scheins, zwischen Vorder- und Hintergrund, zwischen Grund und Begründetem (48).

Dieser allgemeine Grundzug des mythischen Denkens wird von Cassirer anhand zahlreicher

16 Bonn 1896

Einzelfakten belegt. So läßt sich etwa die konstitutive Rolle des Traumerlebnisses aus dieser fehlenden Differenzierung verstehen (48); ein ähnliches Differenzierungsdefizit findet man bei Leben und Tod (49), bei Sache und Bild (51) und bei Bedeutung und Bedeutungsträger (53). Es gibt keinen scharfen Schnitt zwischen Lebens- und Todessphäre; Mythos denkt die Geburt als Wiederkehr, den Tod als Fortdauer. Unsere Gewohnheit, die mythologischen Inhalte in den verschiedenen Interpretationsformen symbolisch zu fassen, macht den Mythos zum Mysterium und anerkennt ihn nicht mehr in seiner ursprünglichen Tiefe und Unmittelbarkeit. Aber dem Mythos ist diese Trennung von Reellem und Ideellem fremd. «Wo wir ein Verhältnis der bloßen ‹Repräsentation› sehen, da besteht für den Mythos ... vielmehr ein Verhältnis realer *Identität*» (51). Es fehlt die Kategorie des Ideellen. Nur so läßt sich der Primat des Ritus vor dem Mythos verstehen. Durch die verschiedenen Formen des Kults unterwirft sich der mythische Mensch die Natur, das Sein geht in die magisch-mythische Handlung auf (52). Die dramatische Kunst ist kein bloß ästhetisches Spiel, sondern tragischer Ernst. Denn auch die Inhalte der Sprache sind eng mit den mythischen Inhalten verwoben. Auch Wörter und Namen sind keine bloßen Bezeichnungshilfen, sondern Realitäten, die durch ihr Vorhandensein wirken (53). Der Glaube an die Macht des Gottesnamens wirkt bis in die höchsten Religionsformen hinein.

Analoges wie zum Objektbegriff läßt sich zum *Kausalbegriff* sagen; denn beide stehen in engster Beziehung (57). So wie es einen modifizierten Objektbegriff gibt, so einen speziellen mythischen Kausalbegriff. Die Kategorie von Ursache und Wirkung fehlt im mythischen Denken also nicht etwa, sondern sie erscheint nur in anderer Modalität. Das Prinzip der mythischen Kausalität besteht nicht in der isolierenden Abstraktion, im Herausgreifen einer Bedingung aus einem Gesamtkomplex, sondern in der Berührung in Raum und Zeit, im «iuxta hoc ergo propter hoc» (59). Für den Menschen der mythischen Lebensform zeigt die Schwalbe den Sommer nicht an, sondern es ist die Schwalbe selbst, die den Sommer macht (60). Humes Analyse des wissenschaftlichen Kausalurteils beruft sich paradoxerweise gerade auf diese mythische Assoziation. Auch die Bestimmtheit der Ursache und Wirkung geht auf Kosten eines individuellen Geschehens verloren. Jedes Einzelne ist in ein Netz von Metamorphosen verstrickt, so daß Cassirer von einer Hypertrophie des kausalen Instinkts spricht (63).

Eng verwoben mit der Kausalitätsvorstellung ist die Kategorie des *Ganzen* und der *Teile*. Während für uns das Ganze aus den Teilen *besteht*, *ist* für den mythischen Denker der Teil das Ganze selbst. Das pars pro toto ist ein Grundprinzip der primitiven Logik (65). Wer sich beispielsweise des körperlichen Teils eines Menschen bemächtigt, herrscht über den Menschen selbst. Damit hängt zusammen, daß auch die Wirkungen selbst dinglich-substantiell zu deuten sind (70). Werden wird auf substantielles Dasein zurückgeführt; nicht das Wie, sondern das Was, Woraus und Wohin ist von Interesse. Auch Zuständlichkeiten und Eigenschaften werden zuletzt zu Körpern (71); die mythische Denkform führt zu einer Materialisierung geistiger Inhalte (72). Auch die Kontinuität und der Kraftbegriff beruhen auf das Übergehen einer dinglichen Qualität von einer Sache auf die andere. So kann zum Beispiel das mana, die magische Zauberkraft des Priesters, auf andere Subjekte weitergegeben werden. In diesem Emanismus klebt – trotz aller Geistigkeit ihrer Objekte – die Logik des mythischen Denkens ganz an den Körpern (76).

Als Fazit ergibt sich, daß das mythische Weltbild nicht auf *andersartige* Kategorien aufgebaut ist, sondern sich nur in der *Modalität* der *identischen* Kategorien von dem empirisch-wissenschaftlichen Weltbild unterscheidet. Deshalb hat jede der kategorialen Formen ein mythisches Vorstadium durchlaufen (78). Die Modalität wird von dem zentralen *mythischen Denkgesetz der Konkreszens oder Koinzidenz* der *Relationsglieder* geprägt (82). Doch der Mythos wird für uns nur faßbar, wenn wir die Dynamik des Lebensgefühls verspüren, aus der er entstanden ist (89). Deshalb ist es notwendig, auf die Charakteristik der mythischen Denkform die der mythischen Anschauungs- und Lebensform folgen zu lassen (90).

«*2. Abschnitt: Der Mythos als Anschauungsform*»

Die entscheidende mythologische Urkategorie wird von Cassirer im Kapitel über den Grundgegensatz entfaltet. Das theoretische Denken scheidet das unmittelbar Gegebene mit Hilfe des Satzes vom Grunde logisch in Schichtung von Grund und Folge und von Wertigkeiten. Aber eine solche Scheidung ist dem mythischen Bewußtsein fremd (93). Dieses wird potentiell von jedem Gegenstand ergriffen und überwältigt. Der mythische Mensch steht keinem fertigen Objekt distanziert gegenüber und besitzt es als Ding, sondern er wird umgekehrt von seinem Gegenstand besessen (94). So erhält der mythische Inhalt den Charakter der Heiligkeit (95). Jedes beliebige, – nicht nur ein transzendentes, – Objekt kann heilig sein, wenn es in die mythische Blickrichtung fällt, die die Ur-Teilung oder den Grundgegensatz des Heiligen und Profanen konstituiert. Das Ungewöhnliche und Un-gemeine wird genauer aus dem *Mana-Begriff* erklärt. Das Mana ist die Art und Weise, wie Wirklichkeit im mythischen Bewußtsein als Total-Umgreifendes, Überfallendes und Ungeheuerliches erlebt wird. Die Reflexion des von unmittelbarer Scheu und Bewunderung geprägten Mana führt zum *Heiligen* mit seinem Doppelcharakter des mysterium tremendum und mysterium fascinosum (R. Otto[17]). Wie das Sichwundern des Reflektierenden den Ursprung der Philosophie bestimmt, so ist die Scheu des vom Mana Ergriffenen der Ursprung des Mythos. Aus dem Heiligen läßt sich der gesamte Reichtum und die gesamte Dynamik der mythischen Lebensformen ableiten (100). Cassirer interessiert vor allem, wie diese Ur-teilung sich auf Raum, Zeit und Zahl, also auf die anschaulichen Grundschemata, auswirkt. Beim Raum kommt unter anderem die Unterscheidung in heilige und profane Bezirke, das heißt in totemistische Anschauungskreise zur Sprache; bei der Zeit ist es die Aufteilung in heilige Zeiten, die Deutung der Herkunft als Ursprung, die Entfaltung der Jahresperiodik, der Rhythmik von Lebensphasen; bei der Zahl schließlich die Auszeichnung als heilige Zahlen, die Zahlenmagie als Basis einer Weltordnung und vieles mehr.

«*3. Abschnitt: Der Mythos als Lebensform*»

Hier thematisiert Cassirer die subjektive Wirklichkeit im mythischen Bewußtsein. Er kritisiert dabei die gängige animistische Theorie der Mythenentstehung (Taylor), wonach der Mythos die objektive Welt aus der Subjektivität heraus projiziert und dabei einen festen Seelenbegriff verwendet. Dies widerspricht der gesamten Konzeption der Philosophie der symbolischen Formen. Denn es fehlt dem Mythos der Seelenbegriff als fertige und feste Schablone. «Vielmehr liegt die entscheidende Leistung jeder symbolischen Form eben darin, daß sie die Grenze zwischen Ich und Wirklichkeit nicht als ein für allemal feststehende im voraus *hat*, sondern daß sie diese Grenze selbst erst *setzt* - und daß jede Grundform sie verschieden setzt» (186). Am Anfang ist die Seele letztlich ein zum Greifen nahes Ding wie irgendein physisches Objekt. Erst nach und nach wird daraus das Prinzip der Geistigkeit. Es entwickelt sich die neue Kategorie des Ich, der Person und der Persönlichkeit (187). Cassirer beschreibt in seiner Phänomenologie die mythische Auseinandersetzung zwischen den sich erst allmählich konstituierenden Instanzen Welt und Ich. Die Enthüllung von Subjektivität und Geistigkeit vollzieht sich parallel zum Übergang vom Natur- zum Kulturmythos. In der Beschreibung der Herausbildung des Selbstgefühls aus dem ursprünglichen mythischen Lebensgefühl greift Cassirer immer wieder auf die Mana-Vorstellung als entscheidendes Erklärungsprinzip zurück. So lehnt er beispielsweise die Berufung auf den Totemismus als Grundphänomen ab, weil soziale Bezüge erst aus der Mana-Vorstellung begriffen werden müssen. Der Mensch denkt sein Inneres, indem er es in mythischen Bildern anschaut, die vom Mana bestimmt sind. Dabei wirkt eine innere Dialektik zwischen den verschiedenen Bildern und Formen. Auch die Funktion des mythischen Gestaltens selbst wird von

---

17 Siehe 13.13.

dieser Dialektik erfaßt und deshalb von innen her verwandelt (281). Am Ende wird die Dialektik selbst zum Problem und leitet die Spaltung des mythischen Bewußtseins ein. Dieses löst sich in *religiöses* Bewußtsein auf (285). Der mythische Prozeß hat seine Möglichkeiten durchlaufen und sich selbst überwunden.

23 Philosophische Anthropologie

Philosophische Anthropologie ist die erst im 20. Jahrhundert entstandene philosophische Disziplin, in der über den Menschen philosophisch reflektiert wird. Das Adjektiv «philosophisch» erhält seinen Sinn aufgrund der Tatsache, daß *Anthropologie* auch als Terminus für eine nichtphilosophische Lehre vom Menschen verbreitet ist. Anthropologie in diesem weiteren Sinne bezeichnet in *Deutschland* die naturwissenschaftliche Abstammungs-, Erb- und Rassenkunde des Menschen unter Ausschluß der geistigen Gestaltungen in Gesellschaft und Kultur, in den meisten *anderen Ländern* darüber hinaus auch die allgemeine Völkerkunde mit der Beschreibung fremder Menschen und Kulturen. Die Anthropologie entstand schon früh aufgrund der Erfahrung von der Vielgestaltigkeit menschlicher Lebensformen, die einer «kopernikanischen Wendung der anthropologischen Weltkenntnis» (Mühlmann[1]) gleichkam. Der Begriff der *philosophischen* Anthropologie dagegen etablierte sich erst im 20. Jahrhundert. Seine Ursprünge lassen sich in das 16. Jahrhundert zurückverfolgen. Die Anthropologie als philosophischer Begriff ist nach O. Marquardt «eine ganz und gar ‹neuzeitliche› Angelegenheit» und entstand aus der Abkehr einerseits von der traditionellen Schulmetaphysik und der mathematischen Naturwissenschaft, andererseits von der Geschichtsphilosophie. Deshalb ist sie durch eine «Wende zur Lebenswelt» und durch eine «Wende zur Natur» bestimmt.[2] Diese philosophische Anthropologie des 20. Jahrhunderts betrifft zudem nicht die philosophische Reflexion über den Menschen im allgemeinen, – diese begleitet die Philosophie seit ihrer Entstehung, – sondern die philosophische Betrachtung des Menschen *unter der Bedingung seiner radikalen Fragwürdigkeit,* sei es durch die Auswirkungen der modernen naturwissenschaftlichen Erkenntnisse (Darwin, Freud), sei es durch die fortgeschrittene allgemeine Kulturkritik (Nietzsche, Spengler, Klages). *Max Scheler* gilt im allgemeinen als Begründer dieser philosophischen Anthropologie[3]. In der «Stellung des Menschen im Kosmos» von 1928 beschreibt er die neuzeitliche Krisensituation des menschlichen Daseins und versucht in einem ersten Entwurf eine Antwort, die auch die neuesten biologischen Ergebnisse zu berücksichtigen sucht. Dieser richtungweisende Ansatz erfährt dann besonders bei *Helmuth Plessner* und *Arnold Gehlen* eine weitere Ausgestaltung. Beide versuchen, sich von Schelers metaphysischem Prinzip des Geistes zu lösen und immanente Antworten zu finden. Während Plessner mit Hilfe der exzentrischen Positionalität den Schwerpunkt auf die stufenförmig organisierte Leiblichkeit mit ihren Grenzen legt, wendet sich Gehlen in seiner an Herder anschließenden Mängelwesen-Lehre dem archaischen Menschen als Legitimationsquelle seiner These zu. Aber alle drei Vertreter betonen die *Sonderstellung des Menschen*, sei es durch die Auffassung des Menschen als Geistträger, sei es durch die Vorstellung des Menschen als spezifischen Entwurf der Natur. Parallel zu den Veröffentlichungen von Plessner und Gehlen erscheinen zahlreiche Beiträge zur philosophischen Anthropologie, die besonders in der Jahrhundertmitte weite Verbreitung finden. Dabei wird einerseits die Bezeichnung «philosophische Anthropologie» über den engen Rahmen des Disziplin-Denkens hinaus auch auf die Reflexion über den Menschen im Laufe der gesamten Philosophiegeschichte angewandt. So unterscheidet Michael Landmann in seinem Buch «Philosophische Anthropologie. Menschliche Selbstdeutung in Geschichte und Gegenwart»[4] Vernunft-Anthropologie, biologische Anthropologie und Kulturanthropologie, wobei er diesen Formen noch eine vorphilosophische und religiöse Anthropo-

---

1 W. E. Mühlmann: Geschichte der Anthropologie. Frankfurt / Bonn. 2. Aufl. 1968. S. 4. Das Werk enthält eine ausführliche Bibliographie zur allgemeinen Anthropologie. S. 245–310.
2 Vergleiche die Ausführungen Marquardts in «Zur Geschichte des philosophischen Begriffs ‹Anthropologie› seit dem Ende des 18. Jahrhunderts», in: Collegium Philosophicum. Studien zum 80. Geburtstag von J. Ritter. Stuttgart 1965, insbesondere S. 211.
3 Vergleiche 14.23.
4 Berlin 1955. Siehe auch Landmann (Hg.): De Homine. Der Mensch im Spiegel seines Gedankens. Freiburg 1962.

logie vorschaltet. Andererseits erfolgt eine Einschränkung auf bestimmte Aspekte. Adolf Portmann betont in «Biologische Fragmente zu einer Lehre vom Menschen» den biologischen, Ludwig Binswanger in «Grundformen der Erkenntnis menschlichen Daseins» den psychoanalytischen und psychiatrischen Aspekt[5]. Die meisten Beiträge greifen auf geisteswissenschaftliche (Sombart, Lipps),metaphysische (Rothacker) oder religiöse (Hengstenberg) Traditionen zurück[6].

Von den zahlreichen weiteren Veröffentlichungen seien noch genannt: B. von Brandenstein: Der Mensch und seine Stellung im All. Philosophische Anthropologie. Einsiedeln / Köln 1947. – W. Brüning: Philosophische Anthropologie. Stuttgart 1960. – F. J. Buytendijk: Das Menschliche. Wege zu seinem Verständnis. Stuttgart 1958. – B. Groethuysen: Philosophische Anthropologie. München 1931. Nachdruck Darmstadt 1963 und München 1969. – P. Häberlin: Der Mensch. Eine philosophische Anthropologie. Zürich 1941. – P. L. Landsberg: Einführung in die philosophische Anthropologie. Frankfurt 1934. 2. Aufl. 1960. – T. Litt: Mensch und Welt. München 1948. 2. Aufl. Heidelberg 1961. – G. Siegmund: Der Mensch in seinem Dasein. Freiburg 1953.

Durch die Ausbreitung der Existenzphilosophie tritt die philosophische Anthropologie gerade in der geisteswissenschaftlichen Denktradition in den Hintergrund. Die Philosophien von Karl Jaspers und Martin Heidegger[7] integrieren die Probleme dieser Anthropologie in ihre neuen Ansätze. Aber auch die Lehren von Scheler, Plessner und Gehlen verlieren an Einfluß. Schelers religiöse Metaphysik steht ganz gegen den Zeitgeist, bei Plessner und Gehlen wirkt sich die Kritik an deren soziologischen Entwürfen aus. In beiden Fällen lassen sich stark konservative Grundzüge entdecken. Bei Plessner steht die Rollentheorie gegen den linken Radikalismus und gegen die pädagogische Rousseau-Ideologie; bei Gehlen wird die Institutionenlehre als Apologie der repressiven Gesellschaftsauffassung gedeutet und von der Emanzipations-Soziologie der neuen Linken (Habermas) heftig angegriffen[8]. So stellt die philosophische Anthropologie die letzte in sich geschlossene philosophische Disziplin der tradierten Philosophie dar, ehe die Hinwendung zur Transzendenz bei Jaspers und die Umdeutung der abendländischen Philosophie als seinsvergessene Metaphysik bei Heidegger den Zeitabschnitt der «philosophischen Wenden» sprachlicher, sozialkritischer und pragmatischer Art vorbereitet.

23.1 Helmuth Plessner: Kulturphilosophie als Lehre von der Conditio humana

23.11 Biographie und Bibliographie

a. Lebenslauf

Geboren am 4. 9. 1892 in Wiesbaden. Studium der Medizin, Zoologie und Philosophie in Freiburg, Berlin, Heidelberg, Göttingen und Erlangen. Dort 1916 philosophische Promotion. 1920 Habilitation in Köln. 1926 außerplanmäßiger Professor für Philosophie in Köln. 1933 Emigration in die Türkei und nach Holland. 1934 Gastprofessur und ab 1946 Lehrstuhl für Philosophie in Groningen. 1952 Ordinarius für Soziologie und Philosophie in Göttingen. 1962 Gastprofessur in New York. 1978 Rückkehr nach Göttingen. Plessner stirbt dort am 12. 6. 1985.

---

5 Portmann: Basel 1944. 3. Aufl. 1969. – Binswanger: Zürich 1942. 3. Aufl. München / Basel 1962.
6 W. Sombart: Vom Menschen. Versuch einer geisteswissenschaftlichen Anthropologie. Berlin 1938. 2. Aufl. 1956. – H: Lipps: Die menschliche Natur. Frankfurt 1941. – E. Rothacker: Philosophische Anthropologie. Bonn 1969. 3. Aufl.1970. – H.-E. Hengstenberg: Philosophische Anthropologie. Stuttgart 1957. 3. Aufl. 1963.
7 Vergleiche unten 27ff.
8 Siehe den Lexikon-Artikel von Habermas (1973) S. 108ff und die Erläuterungen in 23.23.

Plessner ist als Sohn eines Arztes und Leiters eines Privatsanatoriums aufgewachsen. Dies erklärt das frühe Interesse für Medizin und Biologie. Über den Botaniker Albrecht Reuber entdeckte er schon in der Freiburger Zeit die Philosophie als eigenständige Denkweise, wandte sich aber in Heidelberg zunächst der Zoologie zu. Dort lehrte Driesch. Obwohl ihn dessen Kombination von Biologie und Philosophie faszinierte und er sich sogar als Driesch-Schüler bezeichnete, wurde er nie Anhänger des Vitalismus (GS X, 305). In der Neckarstadt traf er auf Max Weber, Troeltsch, Lukacz und Bloch, mit denen er zum Teil persönlichen Umgang hatte. Die Beziehung zu Windelband blieb locker. Offensichtlich erhielten schon in Heidelberg seine Interessen auch eine soziologische Färbung. Ihn beschäftigte damals das Problem der wissenschaftlichen Entwicklung als soziologischer Prozeß. Zugleich wirkte über die Biologie und die Geschichtsbetrachtung die Lebensphilosophie auf ihn ein. Es entstanden Sympathien zu Nietzsche, Dilthey und Bergson, die alle das Leben als die entscheidende philosophische synthetische Kraft betrachteten. 1914 wechselte er nach Göttingen, um von den «Phänomenalisten» etwas lernen zu können[9]. Aufgrund seiner lebensphilosophischen Vorliebe und seines Interesses an Kant war es kein Wunder, daß er dort nur ein «ungetreuer Schüler» Husserls werden konnte (IX, 344). In Göttingen hatte inzwischen die Phänomenologie mit ihrem Ruf «Zu den Sachen selbst» die jungen Studenten in Scharen angelockt. Plessners Dissertationsplan, den Ich-Begriff bei Fichte und in Husserls IDEEN zu vergleichen, scheiterte an dem geringen Interesse und Verständnis Husserls an dieser Thematik. Die bereits in Erlangen verfaßte Dissertation «Krisis der transzendentalen Wahrheit am Anfang» versuchte eine Klärung der phänomenologischen und transzendentalen Methode. Im Vorwort bemerkt Plessner, daß er den Standpunkt der Phänomenologie, den er bis 1913 öffentlich vertreten habe, «als den einzig kritischen zu rechtfertigen» versuchte, dabei aber zu einem anderen Resultat geführt worden sei. Obwohl Plessner später im Rückblick der Phänomenologie große Verdienste zuschrieb[10], blieb er zu Husserl auf Distanz. Dessen logisch-mathematische Herkunft, seine Vorliebe für die theoretischen Probleme, die unhistorische Denkweise[11], seine «eigentümliche Verständnislosigkeit für die größten synthetischen Leistungen der Philosophiegeschichte» (IX,123) und insbesondere die mißverstandene Opposition zu Kant waren die Hauptgründe, die eine Annäherung an die Phänomenologie verhinderten. So positiv er die Methoden später bewertete[12], so negativ äußerte er sich über die Phänomenologie als ständig sich vervollkommnende Spezialwissenschaft (145): «Tatsächlich ist diese Umdeutung der an sich ganz unverbindlichen Sinn- und Wesensanalyse zu einer Rechtfertigung des in diesem Sinn und Wesen liegenden ‹Anspruchs› der Sündenfall der Phänomenologie» (142). In bewußter Abgrenzung von einer nur Gegebenheiten beschreibenden Phänomenologie im engeren eidetischen Sinne versuchte Plessner, die Möglichkeiten einer konstruktiven Vernunftkritik im Sinne Kants zu klären und durch eine kritische Rezeption Kants diesen zugleich zu überwinden.

---

9 Vergleiche Windelbands bissige Bemerkung zu Plessner, als dieser ihm eröffnete, nach Göttingen zu Husserl gehen zu wollen: «Wenn Sie meinen, daß Sie bei diesem Phänomenalisten etwas lernen können ...» (X, 307).
10 So heißt es: «Die befruchtende Wirkung ... war enorm und kann nur mit der von Freud verglichen werden» (X,352). Ferner: «Unter allen gegen die Tradition revoltierenden Philosophen schien nur Einem der Durchbruch gelungen zu sein: Husserl» (346).
11 «Ihm fehlt jeder historische Sinn» (IX,349).
12 «Als Mittel zur Auflockerung wissenschaftlicher Begriffsbildung im Sinne ihrer Anschmiegsamkeit an die ständig neue Erfahrung der Sinne, des Geistes, des Herzens als Gegengift gegen die Idole der Erstarrung, die jede rationale Disziplinierung nach einer gewissen Zeit entwickelt ...» (IX,145). «Ein Mittel zur permanenten Grundlagenrevision, zur Aufklärung von begrifflichen Äquivokationen, ein Hilfsverfahren zur Sicherung von Begründungen, eine Maxime gegen Verflachung und Banalisierung der Sprache ..., zur Wachhaltung der Anschauung, zur Steigerung der Bewußtheit und der Sensibilität gegen das Absinken in die Alltäglichkeit ...» An anderer Stelle: «Wo immer die Gefahr auftaucht, daß Theorien sich verrennen oder Probleme dogmatisch werden, läßt sich phänomenologisch zu dem, woran Probleme und Theorien ansetzen, ein vortheoretischer, direkter ‹anschaulicher› Kontakt gewinnen» (236).

Seine biographischen Voraussetzungen führten ihn nach dem phänomenologischen Intermezzo in Göttingen und der Kölner Habilitation über Kant, sowie nach einer philosophischen Kritik der Sinne folgerichtig zur *philosophischen Anthropologie* und später zur *anthropologischen Soziologie*. Schon die Präludien zu Plessners anthropologischem Hauptwerk «Die Stufen des Organischen und der Mensch» (1928) umfaßten auch soziologische Betrachtungen, die in der Spätphilosophie wieder aufgegriffen wurden. So etwa waren die Aporie von Privatmoral und Staatsmoral und andere sozialethische Fragen Thema der Untersuchungen.

Aber Plessners anspruchsvollen, nicht gerade leicht lesbaren und wenig verführerischen Arbeiten wurden nur am Rande zur Kenntnis genommen. Sein bedeutendes politisches Werk «Grenzen der Gemeinschaft» aus dem Jahre 1924, das den damaligen Gefahren sozialer Radikalismen die demokratischen Errungenschaften des Westens entgegenstellte, blieb in der Blütezeit kommunistischer und nationalsozialistischer Utopien völlig unbeachtet. Auch sein Hauptwerk SOM stand im Schatten von Schelers soziologischen und anthropologischen Werken und verblaßte neben Heideggers neuartiger Fundamentalbetrachtung des Menschen im fast gleichzeitig erschienenen Werk «Sein und Zeit». Den Verdacht Schelers, Plessners Werk beruhe auf einem Plagiat, konnte N. Hartmann ausräumen, dem Plessner das gesamte Werk Wort für Wort vorgelesen hatte. SOM wurde 1933 verboten und verschwand aus dem deutschen philosophischen Bewußtsein. Plessner verweist auf Gehlens Arbeit «Der Mensch», die 1940 zwar Scheler angreift, ihn aber mit keinem Wort erwähnt.

Die schlimmen Erfahrungen mit dem Nationalsozialismus verstärkten die soziologischen und politischen Interessen. Im Exil beschrieb er in der Abhandlung «Das Schicksal des deutschen Geistes im Ausgang seiner bürgerlichen Epoche» den verhängnisvollen Weg Deutschlands seit Hitlers Machtergreifung. Das Werk erschien 1959 neu unter dem Titel «Die verspätete Nation». «Es will die Wurzeln der Ideologie des Dritten Reiches aufdecken und die Gründe, aus denen sie ihre demagogische Wirkung entfalten konnte», heißt es in der Einführung (VI, 13). Das Buch entstand aus Vorträgen vor Studenten aller Fakultäten an der Universität Groningen im Winter 1934 und 1935 und führt die in GG grundgelegten Gedanken fort.

Plessner hatte inzwischen in Groningen Fuß gefaßt. Nach der deutschen Besetzung Hollands tauchte er in Utrecht und Amsterdam unter und konnte sich nur mit größten Mühen dem Zugriff der Gestapo entziehen. Ebenfalls im Exil entstand seine bekannteste Arbeit «Lachen und Weinen. Eine Untersuchung der Genese menschlichen Verhaltens» (1941). Auch die letzten Arbeiten nach dem Kriege, – seit 1952 als Ordinarius für Soziologie in Göttingen, – kreisen um die zentrale Frage der Plessnerschen Philosophie, nämlich um die Bedingungen der Möglichkeit menschlichen Seins. So manifestierte sich die von Plessner entwickelte «*Conditio humana*» als die die moderne Wissenschaft berücksichtigende Konkretisierung der transzendentalen Fragestellung Kants und zugleich als Ergebnis einer transzendental-hermeneutischen Universalisierung des kritischen Standpunkts in Richtung auf eine alle Lebenserfahrungen umfassende skeptische Kulturphilosophie.

b. *Auswahl aus der Primärliteratur Plessners*

1913 Die wissenschaftliche Idee. Ein Entwurf über ihre Form. Heidelberg. In GS I.
1918 Krisis der transzendenten Wahrheit im Anfang. Heidelberg. In GS II.
1923 Die Einheit der Sinne. Grundlinien einer Ästhesiologie des Geistes. Bonn. In GS III.
1924 Grenzen der Gemeinschaft. Eine Kritik des sozialen Radikalismus. Bonn. In GS V. **GG**
1925 Die Deutung des mimischen Ausdrucks. Ein Beitrag zur Lehre vom Bewußtsein des anderen Ichs. Bonn. In GS VII.
1928 Die Stufen des Organischen und der Mensch. Einleitung in die philosophische Anthropologie. Berlin. Auch als Taschenbuch. 3. Aufl. 1975. In GS IV. **SOM**
1935 Das Schicksal des deutschen Geistes im Ausgang seiner bürgerlichen Epoche. Zürich. In der Neuauflage mit dem Titel: Die verspätete Nation. Über die politische Verführbarkeit bürgerlichen Geistes.1959. Als Taschenbuch Frankfurt 1974. In GS VI.

1938 Phänomenologie. Das Werk Edmund Husserls. Veröffentlicht unter dem Pseudonym Ulrich Eyser. In: Maß und Wert. 2. Jg. Zürich 1938. S. 8 ff. In GS IX.
1941 Lachen und Weinen. Eine Untersuchung der Grenzen des menschlichen Verhaltens. Bern / München. In GS VII.
1961 Conditio humana. Erschienen als Einleitung in die Propyläen-Weltgeschichte. Pfullingen 1964. In GS VIII.
1975 Selbstdarstellung in: Pongratz, L. J. (Hg.): Philosophie in Selbstdarstellungen. Band 1. Hamburg S. 269 ff. In GS X.
Gesammelte Schriften in 10 Bänden. Hg. von G. Dux / O. Marquard / E. Ströker u. a. Frankfurt 1980–1985. **GS**
Zwischen Philosophie und Gesellschaft. Ausgewählte Abhandlungen und Vorträge. Bern / München 1953. Frankfurt 1979.
Mit anderen Augen. Aspekte einer philosophischen Anthropologie. Stuttgart 1982.
Josef König – Helmuth Plessner. Briefwechsel 1923–1933. Hg. von H.-U. Lessing und A. Mutzenbecher. Freiburg 1994.

c. Bibliographien

Ziegler, K. (Hg.): Helmuth Plessner. Wesen und Wirklichkeit des Menschen. Festschrift für Helmuth Plessner. Göttingen 1957.
Pietrowicz, S.: Helmuth Plessner. Genese und System seines philosophisch-anthropologischen Denkens. Freiburg/München 1992. S. 508 ff.

23.12   Der Mensch als homo absconditus und seine geschichtliche Leiblichkeit

Plessners Philosophie kreist um ein einziges großes Thema, um die *conditio humana,* und ist damit in weiten Teilen *philosophische Anthropologie.* Seine zentrale Frage lautet: «Welches sind die Bedingungen der Möglichkeit menschlichen Seins?» (VIII, 140). Bereits die ersten Schriften bereiten den Weg zum Hauptwerk SOM, in dem die Grundstruktur des Menschseins als *exzentrische Position* beschrieben wird[13]. Auch die begleitenden und nachfolgenden Arbeiten behandeln Probleme, die eng mit der Ganzheit des menschlichen Seins als Einzel- wie als Gesellschaftswesen zusammenhängen und als Aspekte der exzentrischen Position des Menschen verstanden werden können.

Die Hinwendung zur philosophischen Anthropologie ist motiviert durch die schon von Scheler beschriebene radikale Fragwürdigkeit des modernen Menschen. Aber während sich Scheler nicht aus der traditionellen Metaphysik befreien kann und mit Hilfe des Geistprinzips die natürliche Ordnung spekulativ überhöht, versucht Plessner, den Menschen im Horizont seiner Geschichtlichkeit und Leiblichkeit als natürliche Einheit zu verstehen. Seine Begründung der philosophischen Anthropologie knüpft, wie bei Scheler, auch an biologische Umwelttheorien und deskriptiv-phänomenologische Gegebenheiten an; sie orientiert sich aber insbesondere am Lebens- und Verstehensbegriff Bergsons und Diltheys. Dadurch erhält die geschichtliche Leiblichkeit ein Gewicht, das sowohl die Distanzierung von phänomenologischen und metaphysischen Wesensbestimmungen des Menschen als auch die Kritik zu engeren biologischen Evolutionstheorien erklärt.

Die Überlegungen Plessners zur conditio humana gehen vom Historismus aus, der die Unüberholbarkeit des Individuellen lehrt (VIII,137). Nach Plessner ist es vor allem Dilthey, der zur Einsicht in die Geschichtlichkeit unseres Selbst vorgedrungen ist, die alle Einmaligkeit konstituiert. Natur entfaltet sich als historische Lebendigkeit (158). Nicht die Idee der Menschheit, sondern die menschlichen Individuen in ihrer jeweiligen leiblichen Geschichtlichkeit sind Gegenstand der Philosophie. Durch die Verabschiedung des Allgemeinen gewinnt die Betrachtung ihre Beweglichkeit und Freiheit. Die genauere Entfaltung der spezifisch menschlichen Geschichtlichkeit führt Plessner zum Begriff der exzentrischen Positionalität oder Exzentrizität. In erster Näherung bedeutet dieser das Vermögen des Menschen, von sich Abstand nehmen zu können, also seine Weltoffenheit in ähnlichem Sinne wie bei Scheler. Indem der Mensch sagt:

---

13 Vgl. unten 23.13.

«Ich bin, aber ich habe mich nicht», erkennt er einen Abstand in sich sowie zu sich und erfährt die Notwendigkeit, diesen Abstand zu überwinden (190). Genauer ist es die Einsicht, daß meine unmittelbare zentrale Position als Ich und Hier zugleich antinomisch von der grundsätzlichen Ersetzbarkeit dieses Ich durch andere Individuen aufgehoben wird. Das andere Wesen ist eines, das an der gleichen Stelle wie ich stehen könnte. (339). «Als Individuum unersetzbar, steht jeder Mensch in seiner möglichen Ersetzbarkeit» (340). In diesem «kategorischen Konjunktiv» erlebt er seine gebrochene Individualität.

Die damit gegebene Bestimmung des Menschen als homo absconditus[14], «der Nachtseite seiner Weltoffenheit» (359), begründet die zahlreichen Abgrenzungen, die wir bei Plessner vorfinden. Nicht nur die Selbstentfaltung Gottes in der Geschichte bei Hegel und die Selbstverherrlichung des Menschen im gesellschaftlichen Prozeß bei Marx verlieren ihre Glaubwürdigkeit (360); auch die neu entstandene philosophische Anthropologie verfällt starken Relativierungen. Naheliegend ist Plessners Ablehnung der metaphysischen Basis in Schelers «Stellung des Menschen im Kosmos», in welcher der traditionsreiche und stark belastete Geistbegriff verwendet wird. Für Plessner suggeriert das Wort Geist die Vorstellung einer unwirklichen Sphäre jenseits von Raum und Zeit (181). Aber Plessner wendet sich sogar gegen den allgemein anerkannten Begriff der Weltoffenheit. Er betont demgegenüber die enge Verschränkung von Umweltgebundenheit und Weltoffenheit; denn der Status der Weltoffenheit ist selber «eine dem Menschen spezifische Form der Umweltbildung» (182). Weltoffenheit ohne jede Einschränkung wäre nur einem leiblosen Wesen möglich (188).

Auch der biologischen Forschung gegenüber zeigt sich Plessner reserviert. Zwar betont er in allen historischen Reminiszenzen immer wieder die mangelhafte Einbeziehung der biologischen Sphäre in die anthropologischen Aussagen, wie etwa die «Drückebergerei der Daseinsontologie vor den Problemen der Leiblichkeit, vor der Verklammerung der menschlichen Art-zu-Sein mit dem menschlichen Organismus ... » (356); denn nur in der Aufwertung der Leiblichkeit kann das Faktum der Leidenschaft gebührend gewürdigt werden, deren Bedeutsamkeit Plessner in der Verwendung des conjunctivus irrealis in unserer Sprache bestätigt sieht (351). Zudem dient ihm der pluralistische Ansatz und die offene Pluralität der biologischen Umwelttheorie Jakob von Uexkülls zur Ausgestaltung seiner Lehre von der exzentrischen Positionalität (163). Alle Lebewesen, Menschen wie Tiere, sind in ihren Funktionsräumen Monaden ihrer Merk- und Wirkwelt[15]. Trotzdem sieht Plessner wesentliche Schwierigkeiten in einer Übertragung des Umweltgedankens auf Kulturbereiche, denn die Umweltbildung beim Menschen ist aktiv gestaltet (184). «Erst innerhalb eines kulturell geprägten Daseinsrahmens findet der Mensch sein Zuhause. Die Regionen der Geborgenheit und Vertrautheit, das Selbstverständliche und Natürliche liegen in einer spezifischen geistigen Ebene: heimatliche Landschaft, Muttersprache, Familie und Sinne, Überlieferung, Gesellschaftsordnung, Vorbilder, die eigene Stadt, Straße, Heim, Zimmer, die Gebrauchsdinge und heiligen Zeichen, das ganze Drumherum des Lebens» (185). Auch gegen die positivistische Übertragung des Evolutionsgedankens auf die philosophische Ebene wehrt sich Plessner. Darwins Überzeugung von der Macht der Konkurrenz nennt er eine ungeheuerliche Zumutung, weil diese den industriell verstandenen Menschen zum Maßstab für das ganze Tierreich macht (146). In einer adäquaten philosophischen Anthropologie muß diese Voraussetzung selber noch einmal zum Problem werden. Auf die Gefahren der Technik- und Industrie-Entwicklung durch eine Überbewertung der positivistischen homo-faber-Konzeption weist Plessner an zahlreichen Stellen hin.

Die homo-absconditus-These schließt daher sowohl die Heidegger und Sartre vorgeworfene Flucht in die existentielle Innerlichkeit ebenso aus wie die Fluchtwege in die revolutionäre Aktion. Gesellschaftliche und soziale Problemstellungen werden vom Ansatz der exzentrischen

---

14 absconditus = verborgen.
15 Plessner verweist an dieser Stelle auch auf Cassirers Auffassung vom Menschen als Funktionswesen (vgl. 242).

Positionalität durchaus miterfaßt. Sie gehören in das Zentrum der Conditio humana. In der menschlichen Lebensform liegt der Zwang zur Kultivierung.[16] Die Exzentrizität verweist auf den Anderen und konstituiert damit Institutionen (194). Die gewachsene Mitwelt umfaßt Großformen von Staat, Wirtschaft und Gesellschaft in gleicher Weise wie das Geflecht von Individuum und Sache. Im sozialen Gefüge erhält jedes Individuum seinen Namen; es findet seinen sozialen Ort, seine Rolle und Darstellung (197). Die Gesellschaft als ein Geflecht von Rollen im Gleichgewichtszustand sehen zu können, setzt voraus, daß man dieses Verhältnis reflektiert. Die Rolle gewährt jedem einerseits eine Privatexistenz und Intimsphäre, hebt aber sein Selbst zugleich dialektisch auf, das es konstituiert. So lebt der Mensch in der Struktur eines Doppelgängertums von Rollenträger und Rollenfigur (203).

Aus dem sozialen Status ergeben sich Verpflichtungen: «Mensch sein heißt, von Normen gehemmt, Verdränger sein» (192). Intelligenz, Sprache und Abstraktion sind virtuellen Kompensationen unterworfen, die das Mängelwesen Mensch zum Gesellschaftswesen machen. In diesem Zusammenhang lehnt Plessner wiederholt das marxistische Theorem der Selbstentfremdung ab. Er stellt der Entfremdungstheorie eben dieses Doppelgängertum des Menschen entgegen: als «Wesen, das sich nie einholt, weil es sich verkörpern muß». Entäußerung ist keine Entfremdung, sondern Chance, ganz er selbst zu sein. «Selbstentfremdung suggeriert Heimkehr aus der Fremde» (365). Aber weil er nur das ist, wozu er sich verstehend immer wieder macht, findet er Ruhe allein in der Selbstpreisgabe.

Die Entfaltung der verschiedenen Ausformungen der Verkörperung prägt zahlreiche Untersuchungen auch in der *Spätphilosophie*. Vor allem die Phänomene des Lachens und Weinens verdeutlichen Plessners Lehre. Plessner deutet Lachen und Weinen als Reaktionen auf Verhaltensgrenzen, also als Äußerungen eines Unvermögens (205), und diese passen schlecht in das Bild eines autonomen und von Vernunft beherrschten Wesens. Sie sind genau genommen aber keine Äußerungen, sondern «an ihnen wird die Distanziertheit der Person als Bruch im Verlust ihrer auf Ordnung der Verhältnisse bezogenen und gestützten Selbstbeherrschung sichtbar. Einem Wesen ohne Distanz, ohne Exzentrum kann das nie passieren» (208). Im Lachen und Weinen handelt der Mensch nicht als souveränes Wesen; er ist das Opfer seiner exzentrischen Höhe. Solche Antworten an der Grenze der Selbstbeherrschung zeigen die existentielle Rolle des Körpers für den Menschen (X, 333).

Plessner betont die existentielle Komponente seines Exzentrizitäts-Konzepts auch in dem Aufsatz «Der Aussagewert einer philosophischen Anthropologie» aus dem Jahre 1973, in dem er sich explizit mit *Heidegger* auseinandersetzt. Er wendet sich dort gegen «Heideggers Sperrklausel», die den Bezugspunkt aller philosophischen Fragestellungen auf das (menschliche) Dasein einengt und die Entwicklung einer philosophischen Anthropologie erst nach der Beantwortung der Grundfrage nach dem Sinn von Sein zuläßt. Plessner stellt sich dem mit seiner These «Leben birgt Existenz» entgegen. Eine philosophische Anthropologie muß nicht gleich als biologische und empirische Disziplin verdächtigt werden, wenn sie die Reduzierung auf Dasein und Existenz im Heideggerschen Sinne nicht nachvollzieht. Denn «existieren kann nur, wer lebt, auf welchem Niveau immer» (133). Plessner fragt, welche Bedingungen erfüllt sein müssen, «damit die Dimension der Existenz von der des Lebens fundiert wird» (134). Er ist überzeugt, daß die entscheidenden Einsichten bereits in seiner Phänomenologie der Exzentrizität zu finden sind. Die exzentrische Positionalität erfülle den Heideggerschen Begriff des Daseins (142). Deshalb fordert er, die Heideggersche Seinsverhaftung wieder rückgängig zu machen, um die volle Erfahrung in Natur und Geschichte zu ermöglichen (209). So verankert Plessner seine Philosophie in biologische und kulturelle Phänomene, die durch sorgfältige Deskription und Interpretation

---

16 So weist Plessner beispielsweise auf die wichtige Rolle des extra-uterinen Frühjahrs im Sinne A. Portmanns hin (191).

allgemeine Verbindlichkeit beanspruchen[17]. Das zeigt sich insbesondere in den soziologischen und politischen Untersuchungen. In ihnen wird deutlich, daß die tiefe Skepsis Plessners auf diesem Gebiet ihre Grenzen hat und einem real-politischen Humanismus verpflichtet ist, der sich aus den Erfahrungen mit dem radikal Bösen der utopischen Ideologien herleitet.

So stellt die Abhandlung «Grenzen der Gemeinschaft. Eine Kritik des sozialen Radikalismus» von 1924 auf eindringliche Weise die Errungenschaften der gesellschaftlichen Kultur der westlichen Demokratien angesichts einer in den Radikalismus abdriftenden Gemeinschaft dar. Die Arbeit ist zugleich eine der klarsten Utopiekritiken und ein Beispiel, welchen positiven Beitrag eine wissenschaftliche Anthropologie zum gesellschaftstheoretischen und realpolitischen Denken beitragen kann. Plessners Überlegungen gehen vom Gegensatz von *Gemeinschaft* und *Gesellschaft* aus. Der Triumph eines radikalen gemeinschaftlichen Sympathiegefühls über tradierte gesellschaftliche Lebensordnungen bringt Gefahren mit sich, die im Überschwang der Begeisterung für das Neue übersehen werden. Die Utopie der Beseitigung nicht nur des physischen Krieges, sondern auch des geistigen Wettstreits baut die für das verletzliche Wesen Mensch so wichtigen Vorsichtsmaßregeln der Öffentlichkeit und Diplomatie ab (GG 12). Solche Sentimentalisierungen der «Dialektik des Herzens» seien weit gefährlicher als die Folgen der «Dialektik der Vernunft» (12).

Plessner beginnt seine Untersuchungen mit der Charakterisierung von Wesen und Methoden des Radikalismus. Sowohl für den rationalen wie für den irrationalen Radikalismus gilt die Überzeugung, «daß wahrhaft Großes und Gutes nur aus bewußtem Rückgang auf die Wurzeln der Existenz entsteht... Seine These ist Rückhaltlosigkeit, seine Perspektive Unendlichkeit, sein Pathos Enthusiasmus, sein Temperament Glut. Er ist die geborene Weltanschauung der Ungeduldigen, soziologisch: der unteren Klassen, biologisch: der Jugend» (14). Jedes Volk hat seinen Radikalismus; der deutsche versteht sich in seiner Gemüthaftigkeit als Gewissen der Welt und verliert dabei den Sinn für die Wirklichkeit. Diese Gefahr erklärt Plessner aus den religiösen Wurzeln und aus der politischen Sonderstellung der Deutschen in der Geschichte.

Gefahren folgen auch aus Rousseaus Illusion, durch Rückgang auf die Quellen der Natur und auf ein «entkompliziertes Urleben» den Gemeinschaftsfrieden gewinnen zu können; denn nur die gesellschaftliche Kultur der Distanz zur natürlichen Unmittelbarkeit schützt die Würde des Menschen. Jedes Recht einer Gemeinschaft des Blutes oder der Sache hat seine Grenzen in der Unaufhebbarkeit der *Öffentlichkeit* (55). Der Mensch steht als Natur- und Kulturwesen in der Ursprünglichkeit *und* in der Bewußtheit und Selbstbeherrschung. Der menschliche Geist bedarf der *«Bekleidung mit Form»* (72), um den Nöten zu entkommen, denen er durch die Verinnerlichung ausgesetzt ist. So verweist Plessner auf zahlreiche Grenzen, die der Rückhaltlosigkeit der radikalen Gemeinschaftsgesinnung entgegenstehen und ein Maximum an Schutz gewähren. Höfliches Benehmen, Takt, das Spiel, die Konventionen, das Zeremoniell und die Diplomatie sind solche Schutzformen eines Ethos der Grazie: «Die erzwungene Ferne von Mensch zu Mensch wird zur Distanz gewandelt, die beleidigende Indifferenz, Kälte und Roheit des Aneinandervorbeilebens durch Formen der Höflichkeit, Ehrerbietung und Aufmerksamkeit unwirksam gemacht und einer zu großen Nähe durch Reserviertheit entgegengewirkt» (80). Diese Formen machen das Individuum am Kampfplatz der Öffentlichkeit unangreifbar. Der Mensch braucht eine Maske, hinter der er seine Verletzlichkeit verbergen kann, ohne als Person ganz dahinter zu verschwinden (82).[18]

---

17 Plessners Kritik an den großen anthropologischen Traditionen von den Griechen über Kant bis hin zu Scheler, sein Insistieren auf das von Nietzsche gelehrte Nicht-Festgestellt-Sein und die Beschränkung auf die perspektivische Endlichkeit und Immanenz bei gleichzeitiger Hochschätzung von Leiblichkeit und Kultur erinnern an Tendenzen der Gegenwartsphilosophie, die man heute mit dem Modewort «Postmoderne» bezeichnet. Doch im Gegensatz zur völligen Auflösung der Gedanken in ein diffuses Netz von Beliebigkeiten einer transversalen Akrobatik steht Plessner auf dem festen Boden allgemeiner Verbindlichkeiten.

18 Plessners Rollenbegriff spielt in der gegenwärtigen Soziologie eine wichtige Rolle. Direkte Berufungen auf Plessner gibt es allerdings wenige, so z.B. bei R. Dahrendorf (Pfade aus Utopia. München 1967).

Auch die politischen Regeln unterliegen diesen Zwängen, ist doch der Staat nichts anderes als systematisierte Öffentlichkeit (113) und die Politik eine besondere Form von Diplomatie (124). Der Utopie der Gewaltlosigkeit und der bedingungslosen Brüderlichkeit stellt Plessner die *Pflicht zur Macht* entgegen. Menschliche Freiheit bedingt den Zwang zur Politik; die Verletzlichkeit des Menschen verlangt nach Takt und Diplomatie. Die Psyche braucht Gewaltmittel als Schutzmittel der Distanz, weil sie durch restlose Aufrichtigkeit leidet und Schaden nimmt (132). Nicht die utopische Welt ohne Gewalt, die von Vernunft, Liebe und Aufrichtigkeit alles erwartet, kann das Ziel menschlicher Strebungen sein, sondern die Welt der in ihren Mitteln kultivierten Auseinandersetzungen jenseits aller pharisäischen Pathetik.

In der späteren Schrift «Die verspätete Nation» hat sich Plessner einem speziellen Problem zugewandt und einen Beitrag zur Geistesgeschichte des *deutschen Nationalismus* geliefert. An diesem Phänomen demonstriert er die deutsche Schwäche im Verhältnis zur gesellschaftlichen Öffentlichkeit, wie sie in GG als allgemeines Fehlverhalten beschrieben worden ist. Die Deutschen sind ihm die Zuspätgekommenen; denn die entscheidende Phase der allgemeinen bürgerlich-aristokratischen Aufklärung ist in Deutschland in eine Zeit der konfessionellen Auseinandersetzungen und des damit verbundenen wirtschaftlichen Niedergangs gefallen. Aufklärung ist nahezu synonym mit politischer Ohnmacht und Armut. In der Analyse der Situation der Zwischenkriegszeit gibt Plessner sich nicht mit den üblichen Hinweisen auf die Folgen von Versailles, auf die Inflation, auf das parteipolitische Verhältnis der kleinbürgerlichen Schicht zu den großen Parteien und auf die fatalen Folgen des Börsenkrachs von 1929 zufrieden. Die Wurzeln reichen tief in die Vergangenheit zurück. Er spricht von Lähmungen des Einflusses der Aufklärung durch das Luthertum und durch die Gegenreformation. Deutschland ist ein Opfer des Heiligen Römischen Reiches[19]. Der «römische Komplex», das heißt das Gegeneinander der Fürsten und der Kaisermacht in ihrer Verwicklung mit Glaubenskämpfen und päpstlichen Ansprüchen, hat Deutschland von der Möglichkeit der Bildung eines modernen Staatsbewußtseins seit dem 17. Jahrhundert ausgeschlossen. Den Deutschen fehlt – ähnlich wie den Spaniern und Italienern – das goldene Zeitalter, an dem sie sich orientieren könnten, heißt es in dem Aufsatz «Analyse des deutschen Selbstbewußtseins» aus dem Jahre 1960 (254). Denn «nationales Selbstbewußtsein stützt sich im Normalfalle auf Tradition und Mythe» (253). Diese Traditionslosigkeit, die Selbstunsicherheit und die Individualisiertheit des deutschen Lebens fördert den Zug ins Problematische und Innerliche, aus dem sich dann die bürgerliche Gesellschaft des 19. Jahrhunderts herausbildet. Das 19. Jahrhundert ist das eigentliche Zeitalter Deutschlands. Das Land ist dazu berufen, die Stimme des Jahrhunderts zu werden (92), denn kein anderes europäisches Land hat sich den treibenden Mächten dieses Jahrhunderts so hemmungslos verschrieben wie das Deutschland nach 1871 (105). Doch die ökonomisch-industriellen Umbildungsprozesse und vor allem die bald hereinbrechenden Krisen treffen deshalb das Land umso heftiger. Nun rächt es sich, daß die Gesellschaft den großen Ideen der französischen Revolution reserviert gegenübersteht, weil diese aus dem Lande des Erbfeindes stammen. Die Identifikations-Mythen der lutherischen Weltfrömmigkeit und des Deutschen Idealismus verblassen. Nach Plessner muß ein Land ohne politische Tradition und Bindung am wirtschaftlichen Niedergang viel mehr leiden als andere westliche Völker (101). Die Erschütterung der überweltlichen Autorität Gottes und der innerweltlichen Autorität der Vernunft zeigte katastrophale Folgen. Den Deutschen blieb als einzige Rechtfertigungsquelle ihrer Existenz für die fehlende Staatsidee allein die Idee des Volkes (166). Der «volksbiologische Aufbruch» wird als Konsequenz des Autoritätsverfalls gesehen. Die andere Möglichkeit, nämlich die Philosophie als wissenschaftliche Weltanschauung und als Basis der politischen Argumentation zu begreifen, ist durch die revolutionären Wirkungen von Marx, Kierkegaard und Nietzsche ausgeschlossen.

Plessner verficht diese Thesen auch in seinen letzten soziologischen Aufsätzen. Er verweist

---

19 Man beachte die völlig andersartige Bewertung bei Ziegler in 13.22.

auf eine von der Humanität getragene Innerlichkeit, die unseren Kultur- und Bildungsbegriff zur Entfaltung und den deutschen Dichtern, Denkern und Musikern Weltruhm gebracht hat. Kultur als Gottesdienst ohne Gott (259). Aber diese Zeiten sind vorbei[20]. Wir sollten begreifen, daß der Absturz zugleich Chance ist (260). Warnend schreibt er: «Täuschen wir uns nicht: Niederlage und Spaltung des Landes haben der Volkstumsidee nichts von ihrer Kraft nehmen können, auch wenn viele Menschen bei uns ihren politischen Mißbrauch heute verurteilen». Weil den Deutschen die nationale Staatsidee fremd ist, werden sie dieser Versuchung für lange Zeit nicht entgehen können (258).[21]

23.13 «Die Stufen des Organischen und der Mensch»

Das Werk setzt die mit der Abhandlung «Einheit der Sinne» eingeleiteten sinnesphilosophischen Untersuchungen fort und dient als Einleitung in die philosophische Biologie und Anthropologie. Die wichtigsten Anregungen dazu erhielt Plessner von den Zoologen Bütschli und Herbst, sowie von den Philosophen Windelband, Troeltsch, Driesch und Lask. Besondere Verdienste schreibt er ferner der Lebensphilosophie Diltheys und Mischs zu; den entscheidenden Impuls zur Verwendung des zentralen Terminus der Exzentrizität erhielt Plessner aus Josef Königs Abhandlung «Der Begriff der Intuition»[22].

Im *ersten Kapitel «Ziel und Gegenstand»* beschreibt Plessner die lebensphilosophische Problemlage, die durch die Leistungen von Bergson, Spengler, Dilthey und Misch geprägt ist. Für Plessner ist Leben das erlösende Wort des 20. Jahrhunderts, wie Vernunft beziehungsweise Entwicklung die Leitbegriffe des 18. und 19. Jahrhunderts gewesen sind. Der Lebensbegriff entfaltet sich in der Gesamtproblematik der geisteswissenschaftlichen Lebenserfahrung. Aber diese setzt eine Philosophie des Menschen voraus, die wiederum nicht ohne Philosophie der Natur möglich ist. Eine solche Philosophie der Natur muß sich aber von der reinen Naturwissenschaft abheben; sie braucht ein nicht-empirisches Fundament, auf das sich die geistige Welt aufbaut (63). Das Thema der anthropologischen Analyse, für die ein eigener Begriffsapparat geschaffen wird, ist die Reflexion des Menschen, der «naturgebunden und frei, gewachsen und gemacht, ursprünglich und künstlich zugleich» ist; es geht letztlich um die Versinnlichung des Geistes und um die Vergeistigung der Sinne (71).

Im *zweiten Kapitel «Der Cartesianische Einwand und die Problemstellung»* geht Plessner auf die plausible und allgemein anerkannte Unterscheidung von «physisch» und «psychisch» ein. Es war Descartes, der diesen Unterschied von res extensa und res cogitans als Ausdehnung und Innerlichkeit zum Fundament gemacht hat. Aber diese Aufteilung bleibt bei Descartes unbegriffen stehen. Deshalb fordert Plessner ein «los von Descartes» (82), das heißt Widerstand gegen «die Identifizierung von Körperlichkeit und Ausdehnung, physischem Dasein und Meßbarkeit, die es verschuldet hat, daß wir für die meßfremden Eigenschaften der körperlichen Natur blind geworden sind» (83) und diese subjektivieren. Plessner faßt die folgenschwere Verwandlung des *Vorgelagertseins* der res cogitans zur *Vorgegebenheit* derselben im «*Satz der Immanenz*» zusammen (87). Die Folge ist die Unfähigkeit des Subjekts, seine Sphären zu transzendieren (90); wird zum Konstituens der verschiedenartigsten Immanenzphilosophien, zur «Selbstabsperrung gegen die physische Welt» (92), ganz im Widerspruch zum natürlichen Realismus der alltäglichen Einstellung. Zur Klärung dieses Widerspruchs bedarf es einer adäquaten Deutung der «Hierstellung» meiner selbst und meines Körpers. Ein Körper erfüllt eine beliebige Raumstelle,

---

20 Hier wird die Modernität Plessners gegenüber Ziegler deutlich.
21 In der Beurteilung des Status des Nachkriegs-Deutschlands ist Plessner z.B. in «Wie muß der deutsche National-Begriff heute aussehen?» (1967) über die geläufige und heute falsifizierte These von der Notwendigkeit der Zweistaatlichkeit nicht hinausgekommen; ein Beispiel mehr, welchen Wert Großprognosen, selbst von einem Skeptiker, in der Geschichte haben.
22 Halle 1926.

aber als Ichsubjekt bin ich stets wesensmäßig ein singuläres Hier (95). Nicht ein beliebiger Körper, sondern nur *mein* Körper ist immer hier. Das reine Ich und der Körper müssen unterschieden werden. Mißachtet man im Banne des cartesianischen Alternativprinzips diesen Unterschied, so ergeben sich zahlreiche Thesen des Sensualismus und des anthropozentrischen Idealismus, insbesondere die Lehre von der Lokalisation des Ich im eigenen Körper, die zweifelhafte Rolle der Vorstellungen, die Unzulänglichkeiten einer alter-ego-Erfahrung und anderes. Solche Schwierigkeiten führen zur Forderung nach einer Revision des cartesianischen Ansatzes (107).

Im *dritten Kapitel «Die These»* werden die begrifflichen Grundlagen für Plessners Lehre vom Organischen bereitgestellt; in ihr soll die Einheit des menschlichen Wesens wiederhergestellt und in die Gesamtstruktur des Organischen eingeordnet werden. Ausgangspunkt ist die Entdeckung des eigenartigen Verhältnisses des Körpers zu seiner Grenze.

«Das Thema» betrifft die Frage, ob und unter welchen Bedingungen sich der Dualismus mit der anschaulichen Einheit eines Gegenstandes verträgt (127). Die Analyse beginnt bei der Erscheinungsweise der Wahrnehmungsdinge, in denen auch vom Außen (Eigenschaften) und Innen (Träger der Eigenschaften) die Rede ist. Jedes Ding erscheint in bezug auf seine räumliche Begrenzung als geordnete Einheit von Eigenschaften (128). Plessner umschreibt Husserls Abschattungstheorie mit den Worten: «Das reelle (belegbare) Phänomen weist auf dieses tragende Ganze von sich aus hin, es überschreitet gewissermaßen seinen eigenen Rahmen, in dem es als Durchbruch, Aspekt, Er-Scheinung, Manifestation des Dinges selbst sich darbietet». Die empirisch nicht belegbare Zugehörigkeit des Phänomens zum Dingganzen nennt Plessner Transgredienz des Erscheinungsgehalts, die sich auf zweifache Weise zeigt: «vom Phänomen ‹in› das Ding ‹hinein› und ‹um› das Ding ‹herum›» (130). In der Transgredienz liegt die Aspektivität, die nicht mit Subjektivität verwechselt werden darf. Die Transgredienz zwischen Phänomen und Kerngehalt, zwischen Eigenschaft und Substanzkern gilt auch für die seelische Realität. Denn auch Gedanken, Gefühle und Wille sind mehr als das, was dem betrachteten Bewußtsein erscheint (132).

Plessner sucht nun Gegenstände ausfindig zu machen, die in dem aufgewiesenen Doppelaspekt des Innen- und Außenverhältnisses erscheinen, und gelangt so zum Phänomen des Lebens: «Körperliche Dinge der Anschauung, an welche eine prinzipiell divergente Außen-Innenbeziehung als zu ihrem Sein gehörig gegenständlich auftritt, heißen *lebendig*». (138). Der Versuch, dieses Ganze auf die «Gestalt» der psychologischen Gestalttheorien (etwa Köhlers) zurückzuführen, scheitert. Das Ganze kann nur mit Hilfe der prinzipiell divergenten Außen-Innenbeziehung verstanden werden. Um die Richtung nach Innen und Außen unterscheiden zu können, stößt man auf die richtungsneutrale Zone der Grenze. Lebendige Körper haben eine anschauliche Grenze. «Die Grenze des Dings ist sein Rand, mit dem es an etwas Anderes, als es selbst ist, stößt» (151). Beim unbelebten Körper ist die Grenze «nie das virtuelle Zwischen dem Körper und den anstoßenden Medien, das Worin er anfängt (aufhört), insofern ein Anderes in ihm aufhört (anfängt)». Die Grenze gehört dem Körper und dem Medium an. Beim belebten Körper dagegen gehört die Grenze reell dem Körper selbst an. Die Grenze wird hier seiend und nicht mehr zum «Insofern der wechselweisen Bestimmtheit» (154). Dieses *Gesetz der Grenze* ist allerdings nicht direkt erfahrungsmäßig nachweisbar, sondern zählt zu den unmittelbar erschaubaren Inhalten, wie wir sie von der Phänomenologie des materialen Apriori her kennen. Plessner versucht nun, die Grundfunktionen des beseelten Körpers und die Wesensmerkmale des Organischen auf diese Grenzbeziehung zurückzuführen. Er deutet diese Aufgabe als apriorische Theorie der organischen Wesensmerkmale und nennt sie eine Theorie der organischen Modale, wobei Modale nicht-reduzierbare Letztheiten sind wie Vererbung, Wachstum, Ernährung, Entwicklung usw. (158). Der Leitfaden der Untersuchung ist die Überzeugung, daß das Phänomen der Lebendigkeit ausschließlich auf das besondere Verhältnis eines Körpers zu seiner Grenze zurückführbar ist (175).

Das *vierte Kapitel «Die Daseinsweisen der Lebendigkeit»* enthält die Deduktion der Wesensmerkmale aus dem Gesetz der Grenze. Entscheidend ist, daß das Lebendige eine bestimmte Schärfe der Begrenzung oder Plastizität zeigt (178). Die Irrationalität und Spontaneität des Lebendigen, seine Entscheidung zum Unwahrscheinlichen bedeutet in der Anschauung «Freiheit gegen die Form unter der Form» (180).

Das genaue Verhältnis von Körper (K) und Medium (M) beschreibt Plessner für den *unbelebten* Körper durch das Schema

$K \leftarrow Z \rightarrow M$ Z: zwischen; zugleich Grenze.

Die Richtunsgegensätze nach Innen und Außen sind hier nicht ineinander überführbar. Für den *belebten* Körper gilt dagegen:

$K \leftarrow K \rightarrow M$.

«Der Körper ist die Grenze seiner selbst und des Anderen und insofern sowohl ihm als dem Anderen entgegen» (181); er ist über sich hinaus. Das Lebewesen transzendiert das phänomenale Ding also in doppelte Richtung, es *setzt* sich: es hat *positionalen Charakter* oder *Positionalität*. Der lebendige Körper ist außerhalb und innerhalb seiner; der unbelebte Körper ist, soweit er reicht. Im Ausdruck des Setzens und der Positionalität soll «das Moment des Angehobenseins, In-Schwebe-Seins anklingen, ohne darum das andere Moment des Aufruhens und Festseins zu verlieren» (184).

Positionalität hat dynamischen Charakter; denn Leben ist Bewegung. Es bedarf zur Selbsterhaltung des prozessualen Austauschs mit der Umgebung. Leben muß sich mit dem Positionsfeld vermitteln; dazu braucht es Organe. Mit deren Hilfe geht das Lebewesen aus sich heraus und in sich zurück; es entsteht ein Funktionskreis. Der lebendige Körper muß zugleich als *System* verstanden werden, das heißt, «der Körper ist auf einen in ihm liegenden Zentralpunkt bezogen, der keine räumliche Stelle hat, wohl aber als Zentrum des umgrenzten Körpergebiets fungiert» (216). So ist der lebendige Körper ein Selbst, das den Körper hat. Im System erfolgt die Selbstregulation der positionalen Einzeldinge. Raum und Zeit gehen in den Einzelwesen eine absolute Union ein.

Das *fünfte* und *sechste Kapitel* umschreiben die Organisationsweisen bei Pflanze und Tier.

Pflanze, Tier und auch Mensch sind nur verschiedene Organisationsweisen des lebendigen Dings. Je nach der Höhe der positionalen Ausformung von Geschlossenheit und Zentralisation ergeben sich die «Stufen des Organischen». Pflanzen sind offene, Tiere geschlossene Formen. Pflanzen sind *unmittelbar* in die Umgebung und damit in den Lebenskreis eingegliedert (219). Das Selbst der Pflanze ist vom Körper nicht abtrennbar, es bleibt *unselbständig*. Das Tier dagegen ist als geschlossene Form *mittelbar* in die Umgebung eingegliedert und *selbständig* (226). Plessner spricht vom Kreis des Lebens, dessen eine Hälfte vom Organismus und dessen andere Hälfte vom Positionsfeld gebildet wird (253). Da der Organismus nur die Hälfte des Lebens ist, ist für Plessner die Idee der *Kompensation* für alles Leben fundamental[23]: der Organismus ist das absolut Bedürftige, das ohne Ergänzung zugrundegeht (255). Die Eingliederung in den Lebenskreis ist die unmittelbare Manifestation der primären Unerfülltheit des Lebewesens (299).

Beim Tier treten ein Zentrum und damit zentrale Repräsentationsorgane auf (319). Das Umfeld wird zum Signal- und Aktionsfeld. Das Tier ist sein Körper und hat ihn zugleich; durch diese Distanz wird es zum selbständigen Selbst. Es hat Bewußtsein, aber nicht Selbstbewußtsein. Dieses Selbst ist die Mitte seiner Existenz: die Organisationsform des Tieres ist damit die *zen-*

---

23 Zur Rolle der Kompensation bei Plessner, Gehlen und Scheler siehe U. P. Lattmann / K. Wuchterl: Der Topos der Kompensation bei Adler – Anmerkungen aus der Sicht der philosophischen Anthropologie. In: Zeitschrift für Individualpsychologie17/1992. S. 3ff.

trale Position. «Die Position ist eine doppelte: das der Körper selber Sein und das im Körper Sein, und doch Eines, da die Distanz zu seinem Körper nur auf Grund völligen Einsseins mit ihm allein möglich ist» (303). Das Tier gelangt jedoch noch nicht zur sachlichen Distanz zum Gegenstand. Es geht im Hier und Jetzt auf, hat aber Bewußtsein; es bemerkt ihm Entgegenstehendes, reagiert aber spontan und unreflektiert vom Zentrum aus. Trotz Gedächtnis und der Möglichkeit, Bewegungsreaktionen zu korrigieren, fehlt ihm der Sinn für das Negative und damit die Reflexion, die aus der zentralen Position herausführt. Die Totalrepräsentation des eigenen Körpers ist das Äußerste, was ein nicht-menschliches Lebewesen an Realisierung erreichen kann (318).

Das siebente Kapitel «Die Sphäre des Menschen» stellt den Höhepunkt der Untersuchung dar. Plessner fragt eingangs nach den Bedingungen, unter denen ein Lebewesen nicht in der zentralen Position verharrt, sondern das Zentrum seiner Personalität ihm selbst gegeben ist. Die Antwort darauf lautet, daß in diesem Fall das Zentrum der Positionalität zu sich selbst auf Distanz gehen muß. Das Zentrum ist also dann gegeben, wenn es einem *Ich* gegeben ist. Dann weiß es sich selbst (363). Diese Aufspaltung in Außenfeld, Innenfeld und Selbstbewußtsein finden wir nur beim *Menschen*. In ihm erscheint die Positionalität in *exzentrischer* Form und konstituiert damit die Personalität als Exzentrizität.[24] Sein tierisches Leben aus der Mitte wird von einem Punkt außerhalb des Zentrums zum Objekt seines Bewußtseins, es wird *exzentrische Positionalität*. (365)

Dieser Umschlag ist für Plessner ein wirklicher Bruch seiner Natur; denn das Sein im eigenen Leib wird zugleich Sein außerhalb des Leibes (365). Aber dadurch, daß er diesseits und jenseits des Bruches *lebt*, steht er im Stufenbau des Organischen. Nicht ein neues Urprinzip Geist wie bei Scheler, nicht spezifische Akte im Bewußtsein, auch nicht der nur den Menschen betreffende Mangel an bestimmten Fähigkeiten (Gehlen[25]) macht den Menschen zum Menschen. Die exzentrische Positionalität konstituiert zur Außen- und Innenwelt zugleich die Mitwelt und damit die menschlichen Kulturleistungen. Denn die «Mitwelt ist die vom Menschen als Sphäre anderer Menschen erfaßte Form der eigenen Position» (375). Von den Ausformungen zum sozialen Wesen haben wir schon ausführlich gesprochen[26].

Die folgende Übersicht verdeutlicht nochmals schematisch Plessners Deutung der Stufen des Organischen aus dem Gesetz der Grenze:

Grenze zwischen Körper und Medium	UNBELEBTES	ASPEKTDIVERGENZ VON INNEN UND AUßEN

Grenze seiner selbst und des Anderen	BELEBTES in offener Form in geschlossener Form:	Positionalität PFLANZE
		als zentrale
		   Positionalität TIER
		als exzentrische
		   Positionalität MENSCH

Das Buch schließt mit Ausführungen zu den *drei anthropologischen Grundgesetzen*.

I. Das Gesetz der natürlichen Künstlichkeit:
Der Mensch ist wegen seiner konstitutiven Gleichgewichtslosigkeit von Natur aus künstlich. Die

---

24 Der Begriff der Exzentrizität taucht auch schon bei L. Ziegler auf (vgl. 13.22) und wurde später z.B. in der Wissenssoziologie T. Luckmanns und P. L. Bergers verwendet.
25 Vgl. unten 23.2.
26 Vgl. 23.12.

damit gegebene Ergänzungsbedürftigkeit bedingt die Kultur (385). Exzentrizität bedeutet genauer wesensmäßige Heimatlosigkeit, Gebrochenheit, Angewiesensein auf eine Idee vom Paradies (383). Der Mensch lebt in einer Antinomie, in einer Querlage; er weiß um die unerreichbare Natürlichkeit der anderen Lebewesen (384). «Als exzentrisches Wesen nicht im Gleichgewicht, ortlos, zeitlos im Nichts stehend, konstitutiv heimatlos, muß es ‹etwas werden› und sich das Gleichgewicht – schaffen» (385). Die kulturelle Künstlichkeit des Menschen ist ein zweites Vaterland. Er bedarf dabei der Sitten und irrealen Normen. Der Mensch als Apostat der Natur, als Unruhestifter und Leistungswesen muß handeln, um zu leben; er ist Freiheit. Er war nie im Gleichgewicht oder im Naturparadies Rousseaus und strebt stets nach Neuem (395). Die Künstlichkeit bildet das Mittel, um mit sich und der Welt ins Gleichgewicht zu kommen; so ist die Kultur eine ontologische Notwendigkeit (396).

II. Das Gesetz der vermittelten Unmittelbarkeit
«Der Mensch lebt in einem Umfeld von Weltcharakter» (403). Die Dinge sind ihm gegenständlich gegeben und zwar in der Weise der *Unmittelbarkeit*. Aber diese ist durch die Reflexion vermittelt. Denn «seine Situation ist die Bewußtseinsimmanenz. Alles, was er erfährt, erfährt er als Bewußtseinsinhalt ... » (404). Doch durch seine exzentrische Position sieht er die Bewußtseinsinhalte zugleich als ein *außerhalb* des Bewußtseins Seiendes. Die Immanenz des intendierenden Bewußtseins steht gegen die Transzendenz des reflektierenden Bewußtseins (406).

Das zweite anthropologische Grundgesetz hängt mit dem ersten zusammen. Der Mensch kann in der Kultur nur erfinden, «was es ‹schon› an sich gibt» (397). Die real gesetzten Grenzen bedeuten für den Menschen *Immanenz*, die einen Zwang zum Ausdruck, zum Sich-aussprechen-müssen bedingt. Dieses Mitteilungs- und Gestaltungsbedürfnis entfaltet sich in der Mitweltlichkeit und Sozialität (399). Die Distanz des Personzentrums zum Leib bedarf zugleich der *Expressivität* (409), der Objektivierung des Geistes. «In der Expressivität liegt der Grund für den historischen Charakter der Existenz» (416). Sie liefert die historische Dynamik der menschlichen Existenz. Expressivität ist ein Oberbegriff zur *Sprache*, die «das Ausdrucks*verhältnis* des Menschen, in dem er mit der Welt lebt, zum Gegenstand von Ausdrücken» macht (417).

III. Das Gesetz des utopischen Standortes
Die konstitutive Wurzellosigkeit gibt den Menschen «das Bewußtsein der eigenen Nichtigkeit und korrelativ dazu die Nichtigkeit der Welt» (419). Das Bewußtsein der absoluten Zufälligkeit des Daseins führt ihn zur Idee des Absoluten. «Weil die Existenz des Menschen für ihn einen realisierten Widersinn birgt, ein durchsichtiges Paradoxon, eine verstandene Unverständlichkeit, braucht er einen Halt, der ihn aus dieser Wirklichkeitslage befreit» (421). Diese letzte utopische Bindung und Heimat schenkt nur die Religion. Anderseits verbietet der Ursprung der Kultur aus der exzentrischen Position diesen Schritt. So bleibt zwischen Religion und Kultur eine «absolute Feindschaft». Solange der Mensch glaubt, geht er «immer nach Hause». «Wer es aber mit dem Geist hält, kehrt nicht zurück» (420). In dieser Leugnung des Absoluten hilft die Idee der Utopie. Der Mensch hat das unverlierbare Recht auf Revolution (423). Aber sein utopischer Standort zwingt ihn zugleich, «den Zweifel gegen die göttliche Existenz, gegen den Grund für diese Welt und damit gegen die Einheit der Welt zu richten» (424). «Nur für den Glauben gibt es die ‹gute› kreishafte Unendlichkeit, die Rückkehr der Dinge aus ihrem absoluten Anderssein. Der Geist aber weist Mensch und Dinge von sich fort und über sich hinaus» (425).

23.2 Arnold Gehlen: Anthropologe und Philosoph der Institutionen

Arnold Gehlen gilt im allgemeinen als der dritte Hauptvertreter der philosophischen Anthropologie nach Max Scheler und Helmuth Plessner. Der für seine Lehre vom Menschen zentrale Handlungsbegriff taucht schon in der Frühphilosophie auf und erhält dort seine folgenreiche Ausgestaltung. Dieser Handlungsbegriff wiederum ermöglicht es Gehlen, die spätere soziologische Ausweitung der Anthropologie zur Institutionenlehre durchzuführen.

23.21 Biographie und Bibliographie

a. Lebenslauf

Geboren am 29.1.1904 in Leipzig. Studium der Philosophie, Kunstgeschichte und Germanistik in Köln und Leipzig. 1925 Promotion in Leipzig. Dort 1930 Habilitation und 1934 Ordinarius für Philosophie. 1938 Professor in Königsberg und 1940 in Wien. Nach Heeresdienst übernimmt er 1947 den Lehrstuhl für Soziologie an der Hochschule für Verwaltungswissenschaften in Speyer. 1962 Ordinarius für Soziologie an der TH Aachen. Gehlen stirbt am 30.1.1976 in Hamburg.

Gehlens Laufbahn ist eng mit seiner Heimatstadt verbunden. Als Sohn eines Verlagsbuchhändlers in Leipzig geboren, absolvierte er dort seine Schulausbildung und (bis auf das Wintersemester 1925/26 in Köln) auch die gesamte Universitätsausbildung. Er promovierte bei Driesch über dessen Setzungsbegriff, distanzierte sich aber schon in seiner Habilitationsschrift von den meisten Ideen Drieschs. Bereits 1933 trat er in die NSDAP ein, übernahm eine Assistentenstelle am Soziologischen Seminar bei Hans Freyer und machte dann schnell Karriere. Zwei Jahre lang sympathisierte er mit dem nationalsozialistischen Gedankengut, entwarf eine nie erschienene Philosophie des Nationalsozialismus und versah seine Arbeiten mit NS-ideologischen Bemerkungen. Später verschwanden diese Äußerungen, wenn man von zwei Ausnahmen absieht: in der «Rede über Fichte» sind Parallelen zwischen Fichte und Hitler zwar nicht explizit erwähnt, aber doch deutlich erkennbar[27], und im Hauptwerk bieten rassenideologische und andere Formulierungen vor allem am Schluß der ersten Auflage Anknüpfungspunkte an die NS-Ideologie. Mit der Ablehnung der Werke Gehlens von seiten der Nazis ging auch er auf Distanz zur Parteidoktrin[28]. Während des Krieges mußte Gehlen seine Lehrtätigkeit unterbrechen und Heeresdienst leisten. Nach dem Zusammenbruch des Dritten Reiches blieben ihm alle bedeutenden Universitätslehrstühle verschlossen. Die französische Besatzungsmacht berief ihn 1947 auf den soziologischen Lehrstuhl an der Verwaltungshochschule in Speyer, wo er bis zu seiner Berufung nach Aachen tätig war.

Zu Beginn des Krieges hatte Gehlen sein anthropologisches Hauptwerk «Der Mensch» veröffentlicht, das er für die vierte Auflage 1950 wesentlich umarbeitete, indem er einerseits die zwielichtigen und fatalen Abschnitte zur Rassentheorie und NS-Ideologie wegließ, eine Reihe neuer wissenschaftlicher Resultate berücksichtigte, die Darstellung straffte und andererseits die Rolle der Institutionen ausführte, die in den späteren Arbeiten in den Vordergrund rückte[29]. Das Werk brachte ihm weltweite Anerkennung ein, und er wurde zum bedeutendsten Vertreter der philosophischen Anthropologie. Durch seine weiteren Veröffentlichungen und durch eine um-

---

27 Fichte wird als «Führer des Volkes» bezeichnet (II 392) und als Urheber des «Mythos vom Zwingherrn» hingestellt (393), in dem der Zwingherr als die Rechtsquelle aller politischen und geistigen Handlungen erscheint.
28 Der Hauptvorwurf der politischen Gehlen-Kritik betrifft vor allem den Opportunismus, der seine schnelle Karriere ermöglichte. Für einige Kritiker sind allerdings diese Vorwürfe hinreichend, um eine Auseinandersetzung mit seinen Lehren als überflüssig zu erachten, alle Verdienste abzustreiten, den Gehlenschen «Biologismus» mit Nationalsozialismus zusammenzuwerfen und jede abweichende These in ein faschistoides Zwielicht zu stellen. Charakteristisch ist die nur ad personam orientierte Darstellung Gehlens von Werner Brede in: Metzlers Philosophen-Lexikon, hg. von B. Lutz. Stuttgart 1989. S. 280.
29 Zu den Einzelheiten der Umarbeitung siehe den Anhang von Hagemann-White in (1973).

fangreiche Vortragstätigkeit galt er bald als einer der einflußreichsten und meist diskutierten nicht-marxistischen Nachkriegssoziologen und Kulturkritiker. Er baute seine Anthropologie zu einer allgemeinen Institutionenlehre aus und stellte dieser eine Ästhetik und eine Moraltheorie zur Seite, in welcher die Institutionen nur noch *einen* Aspekt für die Konstitution von Moral lieferten.[30] In diesem Zusammenhang konzipierte Gehlen eine pluralistische Ethik. Zugleich beschrieb er die Verwandlung der Gesellschaft in eine instabile und sich selbst zerstörende «Parasiten-Kolonie», die durch die in der Moderne freigesetzte Subjektivität heraufbeschworen worden ist. In den soziologischen Untersuchungen der sechziger Jahre befaßte er sich auch ausführlich mit dem brisanten Thema der Posthistorie.[31]

b. Auswahl aus der Primärliteratur Gehlens

1927 Zur Theorie der Setzung und des setzungshaften Wissens bei Driesch. Leipzig. In GA I.
1931 Wirklicher und unwirklicher Geist. Eine philosophische Untersuchung in der Methode absoluter Phänomenologie. Leipzig. In GA I. **WUG**
1933 Theorie der Willensfreiheit. Berlin. In GA I.
1935 Der Staat und die Philosophie. Leipzig. In GA II.
1940 Der Mensch. Seine Natur und seine Stellung in der Welt. Berlin. Zitiert nach 6. Aufl. Bonn 1958. In GA 3. 13. Aufl. Wiesbaden 1986 (in SA). **DM**
1956 Urmensch und Spätkultur. Bonn. Zitiert nach 2. neu bearbeitete Auflage 1964. In GA 5. 5. Aufl. Wiesbaden 1986 (in SA) **USK**
1957 Die Seele im technischen Zeitalter. Reinbek. 7. A ufl. 1964. In GA 6.
1960 Zeit-Bilder. Frankfurt / Bonn. In GA 9.
1961 Anthropologische Forschung. Reinbek. 2. Aufl. 1963.
1963 Studien zur Anthropologie und Soziologie. Neuwied.
1965 Theorie der Willensfreiheit und frühe philosophische Schriften. Neuwied / Berlin 1965.
1969 Moral und Hypermoral. Eine pluralistische Ethik. Bonn. In GA 8. 6. Aufl. Wiesbaden 1986 (in SA).
Gesamtausgabe in 10 Bänden. Frankfurt ab 1978. **GA**
Band 1: Philosophische Schriften I (1925–1933). Hg. v. L. Samson. 1978. **I**
Band 2: Philosophische Schriften II (1933–1938). Hg. v. L. Samson. 1980. **II**
Band 3: Der Mensch. Seine Natur und seine Stellung in der Welt. Textkritische Edition unter Einbeziehung des gesamten Textes der 1. Auflage von 1940. Hg. von K.-S. Rehberg 1993.
Band 4: Philosophische Anthropologie und Handlungslehre. Hg. von K.-S. Rehberg. 1983.
Studienausgabe der Hauptwerke Gehlens. Hg. von K.-S. Rehberg. Wiesbaden 1986. **SA**

c. Bibliographien

Forsthoff, E. / Hörstel, R. (Hg.): Standorte im Zeitstrom. Festschrift für Arnold Gehlen zum 70. Geburtstag. Frankfurt 1974. S. 413 ff.
Schischkoff, G.: Die Schriften von Arnold Gehlen. In ZPHF 6/1952. S. 589 und 18/1964. S. 333 ff.

23.22 Von der Frühphilosophie zur Institutionenlehre

In Gehlens Frühphilosophie läßt sich eine *phänomenologische* von einer *idealistischen* Periode unterscheiden. Gehlen geht im Wintersemester 1925/26 eigens wegen Scheler nach Köln und erhält von diesem nicht nur Impulse für die Anthropologie, sondern auch für sein *methodisches Vorgehen*. Während die Dissertation noch stark von Driesch bestimmt ist, findet Gehlen bereits in der Habilitationsschrift WUG seinen eigenen Standpunkt. Schopenhauer, Nietzsche und Scheler bestimmen nun sein Denken. Der Untertitel von WUG lautet «Eine philosophische Untersuchung in der Methode absoluter Phänomenologie». Unter Phänomenologie versteht Gehlen ganz

---

30 Dies geschah in «Moral und Hypermoral», wo sich Gehlen der Instinktlehre von Konrad Lorenz annäherte, indem er eine instinktartige Sozialregulation annahm.
31 Vgl. dazu die Arbeiten «Tradition und Fortschritt» 1959, «Über kulturelle Kristallisation» 1961, «Die gesellschaftliche Kristallisation und die Möglichkeit des Fortschritts» 1967 und «Ende der Geschichte» 1976.

vage das Ausgehen von unmittelbar Erfahrbarem (I 94) und die Ablehnung jeglicher Annahmen von Hypothesen (I 122f). Obwohl in unserem Zusammenhang nur von der eidetischen Phänomenologie die Rede sein kann und der transzendentale Gedanke ganz außerhalb jeder Diskussion steht, ist die Verwendung des Begriffs «Phänomenologie» trotzdem eher irreführend als hilfreich[32]. Denn Gehlen interessiert weder die Analyse von Wesenszusammenhängen – hier ist er viel zu sehr von der Idee des Handelns bestimmt, – noch akzeptiert er den Epoché- und Reduktionsbegriff. Die Ausschaltung des Realitätsmoments lehnt er ausdrücklich ab (I 327). Denn das Thema Gehlens ist gerade die Realität im Sinne von Inhalten der konkreten Lebenssituationen (I 131): «Für mich handelt es sich um nichts anderes als um die Realität der betrachteten Dinge, und jede Erkenntnis, die nicht zuletzt über ein bloßes Wissen zu einem Darstellen und Erreichen dieser Realität führen will, halte ich für leer und falsch» (I 327). Auch den Schelerschen Realitätsbegriff als Widerständigkeit weist er zurück. Er glaubt, ohne jede ontologische Hypothese auskommen (I 233) und vom lebensphilosophischen Begriff der konkreten Gegenwart ausgehen zu können. Trotzdem erscheinen alle diese Überlegungen unter dem Titel einer «absoluten Phänomenologie».

Für die *inhaltliche* Seite des Gesamtwerkes Gehlens ist der *Handlungsbegriff* von zentraler Bedeutung. Dieser erhält seine eigentliche Fülle erst durch die *Hinwendung zum Idealismus,* die sich zwischen 1928 und 1935 vollzieht. Handlung muß korrelativ zum Ordnungsbegriff gesehen werden, weil die Handlung bei Gehlen immer auf die Schaffung von Ordnungen, später im Sinne von «Führungssystemen»[33] und Institutionen, abzielt. Gehlen übernimmt den Ordnungsbegriff schon von Driesch. Bei diesem bedeutet Ordnung die lebensnotwendige Setzung des ichhaften Willens[34]. Dieser voluntaristische Zug wird auch durch Schelers Einfluß nicht gemildert, dessen Phänomenologie des Emotionalen und Praktischen stets irrationale Gewißheiten als Bedingungen von erfaßbarer Ordnung voraussetzt. Entsprechend finden wir bei Gehlen zwei Kategorien der Handlung: die *Kausalität* und die *Produktivität*. Zur äußeren Seite der Handlung, die durch Kausalität beschreibbar ist, tritt die innere hinzu, welche Gehlen mit der inneren Produktivität des Lebens identifiziert und die letztlich irrationalen Charakter hat. Wir müssen deshalb rational und richtig denken, «weil die Rückwirkung unserer Reflexionen unabsichtlich und hinter dem Rücken unseres Bewußtseins den stärkenden Kräften des Lebens die Bahnen öffnet, ja sie eigentlich erst zu schaffen scheint ... » (I 255). Der Rekurs auf die Reflexion zeigt den Einfluß der idealistischen Philosophie.

Handlung und Reflexion setzen ferner die *Freiheit* voraus. «Die Handlung ist der ‹Ursprung›, das nicht Ableitbare, *nicht Vorstellbare,* der ‹Weltknoten›». Und weil die Handlung nicht ableitbar ist, ist sie frei (II 164). Sie ist, – ganz im Sinne Fichtes, – zugleich Bedingung der Realität. Die Notwendigkeiten der Handlung reichen weiter als die Einsichten des Bewußtseins; das Absolute ist nur in den Handlungen darstellbar. Daher steht Gehlen Fichte näher als Hegel, für den das Absolute auch erkennbar ist. So distanziert sich Gehlen von der Logizität des Absoluten und darüber hinaus auch von der Ableitbarkeit der Person. Subjekte sind für Gehlen unlösbar mit der Objektwelt verbunden, sie bilden ein Sein durch anderes (I 233).

1935 erfolgt die Neuorientierung der Philosophie Gehlens. Er wendet sich dem Problem der Selbstbehauptung des Menschen in einer zutiefst verunsicherten Welt zu, dem von Scheler definierten Grundproblem einer philosophischen Anthropologie[35]. Obwohl Gehlen die Abwendung

---

32 Die Sympathien zur Phänomenologie bestehen vor allem am Anfang der Überlegungen. So heißt es in der Dissertation: «Unsere sehr positive Einstellung zur Phänomenologie, besonders Schelers und Litts (!), wird der Kenner herauslesen» (I 31). In der Habilitationsschrift bedeutet absolute Phänomenologie im wesentlichen Hypothesenfreiheit und Unmittelbarkeit (I 122, 124, 136, 171, 327).
33 Gehlen nennt in DM auf S. 414 z.B. das puritanische Christentum ein Führungssystem; wir würden heute hierfür Lebensform oder Paradigma sagen.
34 Gehlen zitiert aus der Ordnungslehre von Driesch S. 27: «Setzung bedeutet das bewußte Aussondern, Festhalten und Benennen irgendeines beliebigen Erlebten als eines ausdrücklich zu einer Ordnung gehörenden Etwas» (I 32).
35 Vergleiche 14.23.

von seiner idealistischen Vergangenheit als radikalen Bruch deutet, darf die Kontinuität in der Auffassung vom Wesen der Handlung, des Bewußtseins und der Realität nicht übersehen werden[36].

Das Hauptwerk DM ist aus empirischem Geist geschrieben, der sich wieder als eine Form der Phänomenologie repräsentiert. Schopenhauer, Nietzsche und Scheler, die Gehlen in die Philosophie einführten, kommen nach dem idealistischen Intermezzo wieder zu ihrem Recht. Lothar Samson schreibt im Nachwort zu den «Philosophischen Schriften I», man könne «die Schrift durchgängig als eine produktive Auseinandersetzung mit Schopenhauer lesen» (I 418), allerdings mit der keineswegs verwirklichten Absicht, die Ungeschichtlichkeit des Denkens bei Schopenhauer zu überwinden. Aber auch der Einfluß Nietzsches wirkt weiter; die Tat und der zur Selbststeigerung des Menschen führende Wille bilden angemessene Reaktionen auf die verzweifelte Situation des Menschen in der Welt. Gehlen übernimmt von beiden die Abwertung des Bewußtseins und die Aufwertung des Lebenstriebes. So wirkt die Lebensphilosophie weiter, auch wenn sie unter dem überwältigenden Einfluß Schelers zahlreiche Modifikationen erfährt.

Wie bei Scheler kreist *Gehlens Anthropologie* um den konstitutionellen Unterschied zwischen Tier und Mensch. Sie setzt mit der Sommersemester-Vorlesung 1935 ein und findet in der Abhandlung «Vom Wesen der Erfahrung»[37] ihren ersten Niederschlag. Gehlen stellt die Frage, wie ein Wesen von der Konstitution des Menschen überhaupt überleben kann. Denn nach Gehlen ist der Mensch kein Kompositum aus Natur und Geist, sondern ein *Mängelwesen*, eine Bestimmung, die Gehlen von Herder übernimmt und die schon in der Antike bei Protagoras und Plinius[38] auftaucht. Aber dieses Mängelwesen hat die Fähigkeit zum Handeln: «Der Mensch ist das handelnde Wesen. Er ist ... nicht ‹festgestellt›, d. h. er ist sich selbst noch Aufgabe – er ist, kann man auch sagen: das stellungnehmende Wesen. Die Akte seines Stellungnehmens nach außen nennen wir Handlungen» (DM 33). Gehlen spricht an derselben Stelle vom Menschen als Wesen der Zucht. Wenn er die Selbstzucht als In-Form-Kommen und In-Form-Bleiben beschreibt, so ist dieser Begriff eine Ausformung des ursprünglichen Ordnungsbegriffs, des Korrelates von Handlungen. Schelers Weltoffenheit erscheint bei Gehlen als Nicht-festgestellt-Sein; Schelers Ablösemöglichkeit vom Druck des Lebens und die interessefreie Distanznahme zum Objekt geschieht bei Gehlen im autonomen und freien Handlungsakt. Die damit gegebene Sonderstellung des Menschen bedarf daher keines natur-transzendenten Prinzips und keiner ontologischen Stufenhypothese, wie bei Plessner und Hartmann; denn der Mensch ist schon in seiner Physis und auch in den «unteren Schichten» von Handlungen bestimmt. Der Mensch ist vielmehr «ein ganz einmaliger, sonst nicht versuchter Gesamtentwurf der Natur» (15) und die generellen Kategorien des Menschseins, wie Handlung, Entlastung, Verfügung, Kommunikation usw. durchlaufen quer alle Schichten des Organischen.

Die Mängel sind im biologischen Sinne Unangepaßtheiten, Unspezialisiertheiten und Primitivismen; sie begründen die «morphologische Sonderstellung des Menschen» (91). Die Ursachen dieser Besonderheiten deutet Gehlen nicht als Folge eines äußerlichen Darwinistischen Ausleseprozesses, etwa im Sinne einer allmählichen Zunahme des Hirnvolumens und der Hirnleistung im Kampf ums Dasein, sondern er macht eine innere Ursache verantwortlich. Im Anschluß an L. Bolk, A. Portmann[39] und anderen verweist er auf eine Hemmung (Retardation) der Entwick-

---

36 Die Gedanken der idealistischen Periode sind in den Augen Gehlens weder «zu ihrer Zeit besonders beachtet worden, noch haben sie an anderer Stelle gedankliche Nachfolge gefunden» (II 416). Trotzdem hinterließen sie bei seinen Assistenten Gotthard Günther und Helmut Schelsky ihre Spuren. Gehlen weist aber an der gleichen Stelle darauf hin, daß von ihm mit innerer Logik «der aus Fichte herausentwickelte Leitfaden des Handlungsthemas ... weitergesponnen wurde» (II 417).
37 GA Band 4.
38 Vgl. Platon: Protagoras 320 c/d und C. Plinius Secundus: Naturalis historiae, liber VII.
39 Zur Anthropologie Portmanns siehe: Müller, H.: Philosophische Grundlagen der Anthropologie Adolf Portmanns. Berlin 1988.

lung beim Menschen, die auch als Fötalisierung, Embryonalisierung oder Verjugendlichung bezeichnet wird. Die damit gegebene Umorganisation ist nach Gehlen so radikal, daß sie den Menschen «aus allen ‹natürlichen› Lebensbedingungen hinauswarf und auf eine sonst nicht vorhandene und neuartige Lebensführung hinwies» (121). Damit bedarf es zur Daseinsstabilisierung weder der Religion (Scheler) noch der Kultur (Plessner); für Gehlen ist der Mensch weder Geschöpf Gottes, noch «arrivierter Affe». Seine Anthropologie bleibt philosophisch[40].

Das Mängelwesen Mensch ist in diesem Zustand einer Reizüberflutung ausgesetzt, die den durch die Instinkte in ihre Umwelt eingepaßten Tieren nicht zugemutet wird. Der Mensch muß sich daher in seiner Welt, einem gefährlichen Überraschungsfeld, «entlasten», «d.h. die *Mängelbedingungen seiner Existenz eigentätig in Chancen seiner Lebensfristung umarbeiten*» (38). Mängelwesen bedeutet ein Wesen unter der Bedingung der Instinktreduktion. Diese meint die Abkoppelung der elementaren biologischen Bedürfnisformen von der physischen Motorik (USK 21) und damit eine reizoffene maximale Variabilität des Handelns. So wird der beim Tier allein mit den Aufgaben der Umweltreaktion betreute Funktionskreis frei, das heißt, die Sinnesorgane werden zur eigenwilligen Betätigung «entlastet». Dieses *Entlastungsprinzip* bildet den Schlüssel zum Verständnis des Strukturgesetzes im Aufbau der menschlichen Leistungen. Im zweiten Teil des Buches, dem Hauptteil, versucht Gehlen den Nachweis für die Gültigkeit dieses Prinzips zu führen und zwar in Bezug auf alle den Menschen betreffenden Funktionszusammenhänge. Dabei werden der Reihe nach die menschlichen Sonderleistungen in Wahrnehmung, Bewegung und Sprache behandelt. Gehlen zeigt, wie unsere Wahrnehmungen mit den Bewegungen zusammenarbeiten und wie aus diesem Prozeß die Sprache und das Denken herauswachsen und wieder auf Wahrnehmungen und Bewegungen zurückführen. Hand, Auge und Sprache bilden einen «Handlungskreis» (360). Schon die Sehwelt wird in eigentätigem Aufbau *praktisch* erschlossen. Noch deutlicher wird der Entlastungsprozeß in den Bewegungen, die zugleich die Sprache ermöglichen.[41]

Das Phänomen der *Sprache* wird nach Gehlen nur dann ganz erfaßt, wenn es aus der Motorik und Kommunikationsfunktion heraus erklärt wird. Erkennen, Ausdeuten und die Symbolfunktion allein reichen nicht aus, sondern die Sprache gehört in das ursprüngliche Auge-Hand-System. Gehlen unterscheidet fünf Sprachwurzeln als vorintellektuelle spezifische Entlastungsleistungen, in denen der Mensch einerseits eine «griffsichere motorische Beweglichkeit gewinnt» und andererseits die Welt in ihrer bekannten Neutralität dahingestellt sein läßt.

- Die erste Wurzel ist das noch gedankenlose offene «*Leben des Lautes*», in dem der Laut zurückgegeben wird und zugleich zur Eigentätigkeit anregt. Die rein sinnliche Kommunikation im Lautleben umfaßt vor allem die Erwartung des Wiederhörens sowie Erfüllung und Enttäuschungen solcher Erwartungen (257).
- Die zweite Wurzel betrifft den *Lautausdruck auf Seheindrücke*, ein rein menschliches Phänomen. In ihm zeigt sich der Drang, sich im freudigen Interesse am Gesehenen auszusprechen.
- Der *Ruf* ist die dritte Sprachwurzel. Die auf den Schrei erfolgende Befriedigung wird im Ruf erwartet. Es stellt sich so ein Zusammenhang von Bedürfnis, Laut und Erfüllung her. Aus dem

---

40 Diese Neutralität bleibt nicht unwidersprochen. So kritisiert z. B. T. Litt die Gehlensche Lehre als biologisch (Die Sonderstellung des Menschen im Reich des Lebendigen, Wiesbaden 1948, S. 49); Gehlens «Umkehrung» soll wieder rückgängig gemacht werden: Anthropologie muß «von oben», beim Geist, Ich oder in der Sprache beginnen. Umgekehrt bringen Evolutionstheoretiker Einwände aus biologischer Sicht. Trotzdem wird von letzteren der Grundgedanke Gehlens akzeptiert. So spricht z. B. Konrad Lorenz von der «schönen Menschheitsdefinition, die wir den Pragmatisten verdanken und die wohl in klarster Formulierung in Gehlens Buch ‹Der Mensch› gegeben ist ...» (Kants Lehre vom Apriorischen im Lichte gegenwärtiger Biologie. In: Die Evolution des Denkens. Hg. von K. Lorenz und F. M. Wuketits. München / Zürich. 2. Aufl. 1984. S. 108).
41 Die herausragende Bedeutung der Sprache in allen Untersuchungen Gehlens zeigt, daß der biologistische Vorwurf, alle anthropologischen und institutionsphilosophischen Überlegungen würden allein auf soziale Nützlichkeit hinauslaufen, zu kurz greift. Bei Gehlen werden die geistigen Charakteristika durchaus ernst genommen. Vergleiche dazu P. Jansen (1975), S. 12, wo auch auf die Verteidigung durch N. Hartmann hingewiesen wird.

«Anplappern der Dinge» erwächst ein Wiedererkennen, eine im Sprachlaut auf ein Ding hin verlaufende Intention. Die Bedürfnisse und Antriebe werden im Ruf zielbewußt und sprachmäßig gedeutet (258).
- Die nächste Wurzel erscheint als *Lautgeste*. Die blinde Lautmotorik arbeitet bestimmte Bewegungsfiguren heraus. In bestimmten Lauten wird eine präzise Aktionsfolge intendiert und eingesetzt.
- Den Abschluß bildet der *wiedererkennende Laut*, wie ihn Herder beschrieben hat. Wiederholte Eindrücke werden in Lautbewegungen beantwortet, die auch Reize der Ferne verarbeiten. «Es präzisieren sich bestimmte Lautantworten gegenüber wiederholten Eindrucksfolgen mit ‹Entlastungserfolg›» (259).

Diese Wurzeln werfen Licht auf die Elemente und Aufbaugesetze der Sprache. Gehlen zeigt, wie in der Sprache Erinnerungen zu Vorstellungen werden und wie diese durch deren Verfügbarkeit an der Intention des Gedankens teilhaben. Das Denken selbst hat zwar die Möglichkeit, bei sich selbst zu bleiben, doch erhält es seine eigentliche Bedeutung nur in den Entlastungsvorgängen. Das führt Gehlen zu einem genetischen Erkenntnisbegriff, der stark von den amerikanischen Pragmatisten geprägt ist. Denn der Pragmatismus ist die einzige Philosophie, die den Menschen als handelndes Wesen betrachtet hat. Andererseits übersieht dieser, daß nicht alles in kontrollierbares Verhalten überführbar ist. Es gibt eine irrationale Erfahrungsgewißheit, weil die Notwendigkeit zu handeln weiter reicht als die Möglichkeit zu erkennen. Ihre Quelle sind Tradition, Gewohnheit und Überzeugung. Wir müssen uns immer wieder an Seinsannahmen und Sollensregeln orientieren, die selbst nicht mehr in Frage gestellt werden können. Von V. Pareto übernimmt Gehlen die These, daß der Mensch sich überwiegend in nicht-logischen Aktionen verhält und sehr oft etwas glaubt, weil er entsprechend handelt (310). Zudem ist im Vollzug jeder Handlung die Reflexion völlig ausgeschaltet; «man kann nicht gleichzeitig handeln und reflektieren, sondern nur sein Handeln anschauen» (USK 27).

Die folgenden pragmatischen Überlegungen zur Wahrheit, zur Phantasie und zum Geist sind von diesen Überzeugungen getragen und verdeutlichen, wie sich auch hier der Mensch durch den Aufbau von Innenleistungen von der einströmenden Reizfülle entlastet. Um die Weltoffenheit der Antriebe im einzelnen nachzuweisen, greift Gehlen zunächst die verbreiteten Triebtheorien an: «Wir handeln nicht so oder so, weil wir bestimmte Bedürfnisse haben, sondern wir haben diese, weil wir selbst und die Menschen um uns so oder so handeln» (357). Weltoffenheit ist möglich aufgrund zweier gegenläufiger Antriebsgesetze. Die Antriebe müssen einerseits dem Wechsel der Situation angepaßt und den zugeordneten Handlungen situationsentsprechend sein. Sie sind entwicklungsfähig, formbar und unabhängig voneinander einsetzbar; es besteht die Chance des Führungswechsels der Funktionen. Dies wiederum ist andererseits nur möglich, weil der Handlungskreis von Antrieben (Bedürfnissen und Interessen) unabhängig ist. Gehlen verweist auf Fichte: «Wenn wir also einen Antrieb, ein Bedürfnis fühlen, so liegt, es zu fühlen, nicht in unserer Macht. Aber zu befriedigen oder nicht, das liegt in unserer Macht – ... » (362). Die Handlungen müssen von den Antrieben «abhängbar» sein; es liegt ein «Hiatus» vor zwischen Antrieb und Handlung, weil Handlungen Zeit brauchen, sich anzupassen und sich zu verbessern. In diesem Hiatus liegt ein Urquell der Kultur. Er macht den Menschen zum «Zuchtwesen» (391), das in der Erziehung und in der Selbstzucht die Aufgabe der Formierung des Antriebslebens vollendet.

Im umgearbeiteten Schlußkapitel (§ 44) taucht das *Problem der Institution* auf, das Zentralthema der weiteren Veröffentlichungen. Gehlen ist überzeugt, daß die für die Kulturentwicklung so bedeutsamen «Führungssysteme», wie das puritanische Christentum oder die konfuzianische Ethik, nur in bezug auf gesellschaftliche Institutionen verstanden werden können (414). Damit wird nochmals das *Problem des Geistes* diskutiert, das er in Opposition zu Scheler dem metaphysischen Umfeld entreißt und in den allgemeinen Handlungszusammenhang des Mängelwesens Mensch stellt. Die Manifestation des objektiven Geistes im Sinne Hegels, also Phänomene wie Sprache, Recht, Religion, Sitte und Kunst, können aus dem bisher angewandten Schema des einzelnen handelnden Menschen nicht erklärt werden, sondern müssen als gesellschaftliche Institutionen verstanden werden. Am Beispiel der Beurteilung der *Religion* verdeutlicht Gehlen seinen eigenen Gesinnungswandel von der Deutung der Religion als aus der Phantasie begründete Einzelleistung hin zur institutionalisierten Gesellschaftsleistung. Hatte Gehlen mit Scheler, Bergson und vielen anderen die Religion bis zur dritten Auflage des Werkes auch als Kompensationsleistung aufgefaßt, die aus der Tiefe des Vitalen heraus die Überlebenschancen des gefährdeten Menschen erhöht, so erkennt er jetzt die Unmöglichkeit, diese historisch-psychologische Sichtweise mit den notwendigen faktischen Überzeugungen in Führungssystemen zu versöhnen. Am Beispiel des Totemismus demonstriert er, wie dessen Forderungen das Verhalten der Menschen erst dann stabilisierten, sobald dies zur realen Institution geworden war und nicht mehr nur als Phantasiegebilde in den Köpfen einzelner existierte.

23.23 Die Institutionenlehre in «Urmensch und Spätkultur»

Gehlen nennt sein zweites Hauptwerk USK eine «Philosophie der Institutionen» (9). Er gewann die Überzeugung von der Bedeutung der Institutionen im Laufe seiner Beschäftigung mit der philosophischen Anthropologie, weshalb USK auch als zweiter Band seiner philosophischen Anthropologie betrachtet werden kann. Andererseits läßt sich das neue Werk wegen der Verlagerung des Schwerpunkts auf die Institutionen-Problematik auch als Beitrag zur Soziologie deuten. Gerade als soziologischer Beitrag hat die Konzeption nicht nur Zustimmung, sondern auch scharfe Kritik hervorgerufen[42]. Denn Gehlen sieht die Sonderausstattung des Menschen nicht wie Herder als Ursprung von Freiheit und Autonomie, sondern er überträgt die Struktur der archaischen Institutionen-Kultur auch auf die Moderne. Gehlen fehlt der Optimismus der Emanzipationssoziologen, die historische Faktizität des Zwangs zur Zufälligkeit zu bagatellisieren; er sieht in ihr einen perennierenden Wesenszug des Menschen. Die Stabilisationswirkung der Institutionen betrifft den gleichen menschlichen Kern, nämlich das Mängelwesen, das im Wissen keine zusätzliche Stabilität erlangt, sondern durch dieses umgekehrt noch größeren Gefährdungen ausgesetzt ist[43].

Gehlens Thematik geht von der *philosophischen Anthropologie* aus, führt über die Institutionenlehre auf *sozialphilosophische Fragen* und greift wegen der Geschichtlichkeit des Menschen auf das *Ursprungsproblem* des Menschen zurück. *Im ersten Teil* von USK stellt Gehlen seinen fundamentalen Grundsatz vom Menschen als handelndes Wesen nochmals vor und bezeichnet die zugehörige kulturanthropologische Forschung als «Handlungslehre» (8)[44]. Als zweiter alles bestimmender Grundsatz erscheint die Bedeutung der Institutionen. Die Rechtfertigung beider

---

42 Charakteristisch ist die Kritik von Hagemann-White in (1973), wo Gehlens Lehre als Ausdruck eines spezifischen Klassenbewußtseins dargestellt wird (S. 22).
43 Radikale Kritik übt z. B. J. Habermas in (1958). Sein Hauptargument richtet sich gegen den Anspruch der philosophischen Anthropologie, als Fundamentaldisziplin zu wirken: « Soziologie kann sich nicht ... durch Anthropologie als eine Art Grundlagenwissenschaft die Maßstäbe vorgeben lassen» (110). Die Einzelkritik betrifft das Grundkonzept von USK: « *Gehlens* anthropologische Invariantenlehre erhebt die Zucht und Härte archaischer Institutionen, die Strenge der auferlegten Versagungen, die Gewalt des erzwungenen Triebverzichts über den historischen Befund hinaus zum Rang des Natürlichen und darum Wünschbaren.» «Unversehens wird das, was für primitive Kulturen sehr wohl gelten mag, der menschlichen Natur schlechthin zugerechnet; so entsteht der Anschein, als sei der Mensch auf Repression angewiesen, ein für allemal; aus der Natur des Menschen entspringt die Notwendigkeit einer autoritär verfaßten Gesellschaft heraus» (108).
44 Die Übertragung des bereits in der idealistischen Periode verwendeten Handlungsbegriffs von der Anthropologie auch auf die Institutionenlehre berechtigt dazu, das Gesamtwerk Gehlens als eine Philosophie der Theorie des Handelns zu deuten. Dies geschieht bei D. Böhler in (1981) S. 231 ff. Dabei wirft Böhler Gehlen vor, nicht genügend «dialektisch» argumentiert und seine gesamte Sicht einseitig an das Telos der Lebenserhaltung fixiert zu haben (S. 273).

Prinzipien führt im *zweiten Teil* auf die Analyse der archaischen Kultur, deren Ergebnisse den gängigen Vorstellungen häufig widersprechen. Bei der Beschreibung der Kategorien des archaischen Verhaltens wird deutlich, daß sich der moderne Mensch mit seiner Subjektivität und dem damit verbundenen Institutionen-Abbau größten Gefahren aussetzt. *Im dritten Teil* faßt Gehlen seine Überlegungen in drei Handlungsarten zusammen, nämlich in die natürlich-praktische, die rituell-darstellende und in die zur Umkehr der Antriebsrichtung führende Handlung. Ihnen entsprechen drei Weltansichten, zwischen denen sich der stets gefährdete Mensch bewegt: Materialismus, Metaphysik und Religion.

a. Institutionen

Diese ermöglichen die Stabilisierung des Mängelwesens Mensch und bestimmen die gesamte Konstitution desselben. Der Weg geht also nicht über das *Bewußtsein* und dessen Möglichkeiten, durch Lehre, Bildung und Propaganda auf andere einzuwirken. In der *Instinktreduktion* ist die selbstverständliche Regelmäßigkeit des Verhaltens verloren gegangen; eben dieser Automatismus wird durch Institutionen wieder garantiert: «Alles gesellschaftliche Handeln wird nur durch Institutionen hindurch effektiv, auf Dauer gestellt, normierbar, quasi-automatisch und voraussehbar» (42). Reine Gesinnungen können höchstens zwei bis drei Generationen tradiert werden, ehe sie wieder verschwinden; institutionelles Verhalten dagegen wirkt auch dann noch weiter, wenn Inhalte abgenützt und vom ursprünglichen Sinn entleert sind. Die Selbständigkeit und Autonomie der Institutionen folgt demnach nicht aus der Macht des Geistes oder aus der «Poesie der ‹Archetypen›» (9), sondern ist aus der Natur des Menschen ableitbar. Denn auch alle Ideen unterscheiden sich nur dann von bloßen Meinungen, wenn sie auf Institutionen bezogen sind. Andererseits werden die Leitideen, welche die Institutionen repräsentieren, in einen Rückkoppelungsprozeß erst durch sie präzisiert, zur Geltung gebracht und über die Zeit hinweg gerettet.

Eine entscheidende Rolle für die Menschwerdung durch Institutionen spielt die *gesellschaftliche Arbeit*, in der die menschlichen Bedürfnisse erfüllt werden. In ihr bedient sich der Handelnde der *Werkzeuge,* die Gehlen «steinerne Begriffe» nennt, weil sie die Bedürfnisse und Gedanken der Menschen mit den Sachbedingungen zusammenschließen (12). So ist die Handlung als ein Werkzeug des Bewußtseins und umgekehrt das Bewußtsein als ein Werkzeug des Handelns anzusehen (22). Dieser Kreisprozeß wirkt aber erst dann, wenn das Handeln als Selbstzweck erscheint und damit die Arbeitsteilung notwendig wird. Einige Spezialisten produzieren für alle und werden von jenen ernährt, so daß eine gegenseitige Bedürfnisentlastung entsteht. Die so entstandenen Institutionen sind demnach Systeme verteilter Gewohnheiten (23). Dabei verselbständigen und habitualisieren sich die Handlungsvollzüge; zum direkten Zweck der Handlung treten weitere Zwecke in der Gemeinschaft, aus dem primären Bedürfnis des ursprünglichen *Motivs* wird ein kommunikativer *Zweck*, der Appell- und Sollansprüche erhebt. Damit sind die wichtigsten Kategorien der Institutionalisierung des von einem Einzelmenschen hergestellten einsamen Werkstücks beschrieben (35). Ein anderes Beispiel einer nichtökonomischen Institution, an der man die gleichen Kategorien ablesen kann, ist das Gruppenspiel. Hier läßt sich die *Eigengesetzlichkeit* der Institutionen deutlich machen, die in allen Fällen zum Vorschein kommt. Diese weist weit über die ursprünglichen Einstellungsmotive hinaus. Sie ist mit der Herausbildung der Institution als Selbstzweck verbunden und an der Trennung von Motiv und Zweck erkennbar. Im Spiel, um bei unserem Beispiel zu bleiben, überdeckt der Zweck der Regelbefolgung die Motive wie Bewegungsfreude, Prestigeinteresse oder Geselligkeit. Das Transzendieren zum Selbstzweck (15) ermöglicht zugleich Zwecktransformationen, wie nationale Selbstdarstellungen oder kommerzielle Unternehmungen. Bei der Verwandlung des Werkstücks zum Kunstwerk geschieht übrigens Ähnliches.

Institutionen werden dadurch formalisierbar und transportabel, «so wie der Formalismus der politischen Demokratie über die halbe Welt gewandert ist, mit jedoch jeweils sehr verschiedener Inhaltsbesetzung» (40). Die Ideen wirken, weil sie institutionalisiert sind. Deshalb ist auch die Kirche der Religion nichts Äußeres; ohne diese würde sich die Religion subjektivistisch zerleben und, – wie die Künste, – sich in Einzelerlebnissen verbrauchen (41). Gehlen nennt die weitverbreitete Überzeugung, daß Ideen und Meinungen kraft ihres Wesens- und Wahrheitsgehalts wirken, einen magischen Bestand der Intellektuellenkultur. Denn «aller Geist, der nur individualistisch wirkt, verflattert; sobald der Geist als Organisationsgeist auftritt, wird er konstruktiv» (44).

b. Kategorien

Im Zentrum der Gehlenschen Arbeit steht die Darstellung der anthropologischen Kategorien der Institutionen. Unter Kategorien versteht Gehlen nicht weiter zurückführbare Wesenseigenschaften des Menschen, wobei der Mensch unter kulturellem, gesellschaftlichem und historischem Aspekt betrachtet wird (7). Die sich in Institutionen konkretisierenden Kategorien stehen vor allem im Dienst der Primärbedürfnisse des instinktreduzierten Mängelwesens, ergeben sich aber auch aus der zum Zweck der Erhaltung und Eigenforderung entwickelten Dynamik der verselbständigten Institutionen. Kategorien sind keine Invarianten, sondern als Ausdruck der Änderung der menschlichen Bewußtseinsstrukturen im Laufe der Geschichte veränderliche Größen (10); Gehlen spricht von einem «erworbenen Apriori» (101). Kulturen basieren damit auf kategorialfixierten Systemen stereotypisierter und stabilisierter Gewohnheiten (19). Die institutionalisierten Interessen-Komplexe und Verhaltensweisen bändigen den Strom des Subjektiven der zahllosen individuellen Kulturträger (77). Die Liste der Kategorien weicht bei Gehlen wesentlich von der traditioneller Kategorientafeln ab, die aus der Spätform der Kultur des selbstverhafteten Seins abgeleitet worden sind. Sie transzendiert auch gängige Unterscheidungen wie physisch – psychisch, Güter – Werte oder Subjekt – Objekt[45] und lehnt psychologische Hilfskonstruktionen wie die Archetypenlehre C.G. Jungs ausdrücklich ab (73).

Die wichtigsten Kategorien sind neben den schon behandelten Phänomenen wie Entlastung und Motiv-Zweck-Trennung vor allem Daseinswert, Selbstwert im Dasein, Verselbständigung, Innen- und Außenstabilisierung, Gegenseitigkeit, Hintergrunderfüllung, Darstellung, Triebversachlichung, Bedürfnisorientierung, stabilisierte Spannung und Subjektivierung. Die Entfaltung dieser Wesensformen und deren Zusammenspiel führt auf den gesamten anthropologischen und sozialphilosophischen Kosmos. Wir können nur einige charakteristische Beispiele erläutern[46].

– Die Kategorie der *Gegenseitigkeit* oder Reziprozität läßt sich aus der Sprachstruktur ablesen. Wir haben schon in DM die besondere Rolle der Sprache in Gehlens Anthropologie hervorgehoben. Sprache ist eine besondere, aber zugleich ausgezeichnete Handlungsart. Denn zwischen Sprache und Antrieben besteht eine Strukturgleichheit; jedes sich in Handlungen äußernde Bedürfnis ist schon eine Mitteilung (91). Der abstrakte Gehalt der Institutionen ist die Grammatik ihrer Bedürfnisse (78). Diese Sprachmäßigkeit als Antriebsleben wirkt als Stabilisator. Deshalb läßt sich aus der Gegenseitigkeit im Sprachgebrauch die Reziprozität als anthropologische Kategorie ableiten. Ein Wort erhält dann seine Bedeutung, wenn es als mögliches Wort des Sprachpartners mitgedacht und im Hinblick auf die vorweggenommene Antwort geäußert wird: «Man versetzt sich im Symbolgebrauch in die Reaktion des Anderen und handelt von ihr her » (46). Mit G.H. Mead sieht Gehlen in dieser Ausfaltung des Ich zu einem Teil dieses Ich den Ursprung des Selbstbewußtseins und die Bedingung für Identifika-

---

45 Gehlen ersetzt die Subjekt-Objekt-Beziehung durch den «Tatsachenverhalt», das heißt durch den Komplex der «Beziehung eindeutiger Handlungen zu eindeutigen Gegenständen» (25).
46 Es sei nochmals darauf hingewiesen, daß im vorliegenden Band die soziologischen Phänomene und Kontroversen weitgehend ausgespart bleiben. Wir betrachten Gehlen hauptsächlich als Anthropologen, nicht als Soziologen.

tionen⁴⁷. Sobald sich diese Strukturen verselbständigen, wirkt die Gegenseitigkeit auch in das soziale Beziehungsgefüge hinein. Beispielsweise bilden gewisse Daseinswertdinge die Basis des Warentausches; diese meinen aber auch ein Sich-in-Beziehung-setzen der Menschen zu den Göttern, wobei die Antwort der Götter vorausgesetzt wird. Die Idee des Opfers baut auf den Gedanken der Gegenseitigkeit der Gaben auf. Die Kategorie wirkt ferner in der Gleichheitsidee; diese stellt den von allem Inhalt entleerten und auf die gesamte Gesellschaft extrapolierten Gegenseitigkeitsanspruch dar (48). Wie fundamental die Kategorie ist, zeigt die Entzugserscheinung in der Einsamkeit, die sich als Bedürfnis nach «Gemeinschaft» artikuliert, die nach Gehlen wegen der in ihr mitgedachten Einebnung von Institutionen den Leerlauf eines sozialen Instinkts verrät.

— Die *Hintergrunderfüllung* (§ 12) erklärt Gehlen am Beispiel des Kindes, das liebkost wird und in der Tendenz, die Situation zu verlängern, schließlich mit der bloßen Gegenwart der Bezugsperson zufrieden ist. Das Bedürfnis wird im Bewußtsein, jederzeit befriedigt werden zu können, aus dem Vordergrund der Affektivität in den Hintergrund geschoben; es erfolgt eine Hintergrunderfüllung. Es liegt also keine Sublimierung vor, sondern eine Situation, in der sich die Erfüllungslage selbst stabilisiert hat, was wegen der chronischen Bedürftigkeit des Menschen von größter Bedeutung ist (50). Aus der Hintergrunderfüllung sind die zahlreichen Formen der Vorsorge für Ernährung, Kleidung und Wohnung ableitbar. Mit H. Schelsky spricht Gehlen vom «Beisichbehalten» (51), das in der aktuellen Belastung die Bedürfnisbefriedigung ermöglicht. Diese Ablösung der Mittel von der ursprünglichen Erfahrungssituation bildet die Basis für die Tradierung von Wissen und Können, sie ermöglicht Ehe- und Familiengründungen und legt den Grundstein für die Eigentumsbildung. Hier wird deutlich, wie die durch die Hintergrunderfüllung gewährleistete Sicherheit notwendigerweise zur Herausbildung der wichtigsten Institutionen führt (53).

— Eine weitere Kategorie ist die Außenwelt-Stabilisierung in der *Darstellung* (§ 13). Betrifft das Beisichbehalten ein praktisches Handeln in Einzelsituationen, so zielt die Darstellung, die ebenfalls eine Überführung in die Dauer bezweckt, auf die nur im Bewußtsein gegebene Welt als Ganze. In ihr kommt das Daseinsgefühl zum Ausdruck, «man könne nicht aus der Welt fallen und diese erlebbare Welt gebe selbst die dauernde Hintergrundserfüllung für ihr vereinsamtestes Geschöpf her» (55). Im Archaischen drückt sich dieses im «großen Tier» aus. Damit gelingt ein Transzendieren ins Diesseits; das Göttliche erscheint als Lebendiges unserer Umwelt und erhält seinen Selbstwert im Dasein. Innerhalb der Kunst erfolgt die Überführung in die Dauer «in materia» als Malerei oder Plastik. «Die *Außenwelt-Stabilisierung* war die erste große Kulturtat der Menschheit, die Götter und Dämonen waren also zunächst und für Jahrtausende daseiende, bildhaft-anschauliche ... » (58). Das charakteristische rituell-darstellende Verhalten ist für die gesamte archaische Kultur zentral und wird daher von Gehlen im zweiten Teil des USK ausführlich behandelt.

Bei der Entstehung des *Monotheismus* mit seinem unsichtbaren und bildlosen Gott ändert sich aber diese darstellende Verlebendigung schlagartig. Der Ritus wird minimiert, die Magie abgebaut; heilige Tiere, Haine und Berge und die Götter verschwinden. Mit dem unsichtbaren Gott wird auch die Außenwelt neutralisiert, der sich die rationale Theorie und Praxis bemächtigt. Die Evidenz des Religiösen verlagert sich von der stabilen Außenwelt in die unsichere Seele. An darstellenden Institutionen verbleibt vor allem die Kirche (57). Die Institutionen des Urmenschen waren «Transzendenzen ins Diesseits», sie werden jetzt zu «Transzendenzen ins Jenseits». Gehlen nimmt für die Menschheitsgeschichte zwei entscheidende Kulturschwellen an, in denen echte Änderungen

---

47 Man beachte den Unterschied dieser vom handelnden Ich ausgehenden Interpretation von der Konstitution des Ich aus dem Du in der Dialogik (Siehe unten 25.). L. Samson weist mit Recht auf die idealistische Quelle dieses «Sein durch anderes» hin (I 420).

der Bewußtseinsstrukturen stattgefunden haben, nämlich die Verbreitung der monotheistischen Religion und zweitausend Jahre später die Ausbildung der technisch-industriell-naturwissenschaftlichen Weltauffassung (97). Vor der ersten Kulturschwelle befindet sich die Menschheit rund 500000 Jahre in einem stabilen, fast stationären Kulturzustand ohne ausgebildete Sprache, nur mit einer pantomimischen, Globalsituationen nachahmenden Gestik ausgestattet (59). Nach der ersten Schwelle verselbständigen sich die Handlungen zu überpersönlichen Ordnungen. Die reine Hingabe an die Sache bedingt die Ausbildung zahlloser Institutionen wie Beruf, Verkehr, Staat, die ihrerseits Forderungen an uns stellen (63). Am Ende der Entwicklung schließlich steht die Kultur als reiner Selbstzweck und die Gefahr des Institutionsverfalls durch säkularistische, utilitaristische und funktionalistische Subjektivierung. Die Bedürfnisse der Menschen werden zum direkten Zweck seiner Handlungen. Philosophie und Kunst haben nach Gehlens Meinung diesen Endzustand nahezu erreicht (65).

– Eine weitere Kategorie, die *Triebversachlichung,* dient der Entlastung von einer Reihe von Antrieben, die sich im Mechanismus der Verselbständigung von Institutionen herausbilden; es sind dies Verhaltensweisen, die beispielsweise durch den Macht- oder Geltungstrieb erklärt werden. Gehlen lehnt einen Machttrieb im eigentlichen Sinn ab. Dieser ist für ihn nur ein psychologischer Vorfeld-Begriff (68). Das Verhalten der Machtträger läßt sich aus dem Gefüge des Institutionensystems verstehen. Viele Institutionen setzen Leitungsfunktionen voraus, die eben besetzt werden müssen. Macht als Element des Instrumentengefüges hat in sich einen stabilisierenden Sinn, der durch die Annahme eines Machttriebs verdunkelt wird. Deshalb kritisiert Gehlen die Tabuisierung der Macht in der modernen Gesellschaft als Verharmlosung der Lebensprobleme. Dabei hat er vor allem das Ressentiment gegen die Macht des Staates im Auge. Aber gerade diese Macht setzt der Hemmungslosigkeit privater Lebensansprüche Grenzen und richtet sich gegen die Ichbetontheit des Durchschnittsmenschen. Der Machtanspruch wirkt als Störfaktor für die Schlaraffenland-Phantasie, positiv als Initiator für Handlungsbereitschaft, Risikowachheit, Sensibilität für Verantwortung in der Gemeinschaft und als Behelfswort für Unbekanntes (69). Gehlen sieht auch in den Predigten der Gewaltlosigkeit nur eine verborgene Form der Machtausübung, die in jedem Falle notwendig ist. So wird im Wirken der Triebversachlichung der Machttrieb zur institutionsbedingten Sache.

– Am Ende von fast allen Beschreibungen der kategorischen Verhaltensmuster steht die Kategorie der *Subjektivierung*, die eng mit dem Vorgang des Abbaus von Institutionen verbunden ist.

Subjektivierung ist für Gehlen die Hauptkategorie des neuzeitlichen Erlebens und Verhaltens, das heißt der «Spätkultur». Sie tritt vor allem in der Pflege des neutralisierten *Innenlebens* in Erscheinung. Nach dem Verlust der Unmittelbarkeit im Umgang mit Natur und Gesellschaft sucht man diese im eigenen Innern; «dort steht sie sich selbst nahe und hält mit Macht an ihr fest» (110). Subjektivität ist chronische Ichbewußtheit, in der das ablaufende Seelenleben vom vorgestellten ununterscheidbar wird und von diesem jederzeit zurückgenommen werden kann. Die Abstützung von Vorgestelltheit und Zurücknehmbarkeit führt auf die subjektive Überzeugung.

Im *Bereich der Fakten* führt die Subjektivierung zur «Erfahrung aus zweiter Hand», die zum Beispiel in industriell-bürokratischen Zwängen oder auch in der mechanischen Medieninformation gar nicht mehr zur eigentlichen Lebenserfahrung reifen kann (111); sie «verdeckt gleichzeitig eine Unendlichkeit unverstandener Kausalitäten, ungeahnter Eindrücke und ungelebter Gesundheiten» (112). Sie bewirkt eine Deformation des Innenlebens als Sichvorweglebens, das durch die Überfüllung des Vorstellungsraumes, durch die Verarmung des Handlungsumkreises und durch die Unverbindlichkeit des inneren Wegs bestimmt ist.

In der *Ästhetik* führt diese Entwicklung zum Selbstgenuß der Subjektivität. «Wenn nichts

Sehenswertes mehr überdauert oder das Sichtbare das Wesentliche abdeckt, bleibt dem Künstler wohl nichts anderes übrig, als ‹*sich* auszudrücken›». Die Lostrennung von der Außenwelt ermöglicht es, mit der Verinnerlichung den Anspruch des Unbedingten zu verbinden und die Innenzustände zu Chiffren zu erklären, «die notwendig flüssig und labil bleiben, wie die Inventionen unserer Künstler und Denker» (65). Das Hauptinteresse gilt nicht mehr der reellen oder fiktiven Wirklichkeit, sondern nur noch dem Erlebnisreflex im Subjekt: «Dichtung als Hellseherei und Hellfühlerei» (113). So kennt zum Beispiel die gefühlsmäßige Entblößung der Romantik in ihren Äußerungen des gestaltlosen Lebens keine festen Formen, ihr fehlt die Monotonie, das Abweisende und Verschlossene großer Kunststile, die noch etwas kannten, was der Nachahmung wert war und die Kräfte des Künstlers herausforderten. In der Subjektivität wird «Leben aus zweiter Hand» als Lebensersatz geboten, heute vor allem in der Vervielfältigungskultur, in Film und Druck, «ein folgenloses Hervorrufen und Sichselbstgenießen von Affekten, Emotionen, Vorstellungen und sonstigen ‹Erlebnissen›» (114).

Eine von der Subjektivität geprägte Kultur ist nicht stabilisierbar (23); die *Institutionen verfallen*. Damit geht jede Verhaltenssicherheit verloren. «Man wird mit Entscheidungszumutungen gerade da überlastet, wo alles selbstverständlich sein sollte» (43). Es setzt ein Abbau von Gegenseitigkeiten ein, der auch durch die Sehnsucht nach Gemeinschaft nicht verhindert wird. Ebenso versagt die Hintergrunderfüllung. Mit dem Verlust des habitualisierten Handelns tritt vielmehr die vage, unbeantwortbare Sinnfrage in den Vordergrund, ein Symptom dafür, daß man sich verlaufen hat (61).

Mit der Herrschaft der Subjektivität entartet die Kultur von innen heraus, jede auf seine Weise. Im Verfall der Gegenwartskultur, im «Louis-Philippinismus der Zeit» (106), erfolgt eine «Verkleinerung» des Menschenbildes und eine Vereinfachung der Idee des Menschen. Das heißt, daß sich der neue Mensch in der Welt neutraler Zweck- und Mittelsetzungen in berechenbarer Weise entwickelt, «ohne wirkliche innere Kämpfe oder eine ständige Vorstellung eines begehrenswerten neuen Lebens oder ein persönliches Streben nach dessen Verwirklichung» (108). Andererseits verliert der Mensch ohne Institutionen seine Verhaltenssicherheit und wird reizbar und aggressiv. Die Kultur als schützender Damm des Menschen gegen die eigene Natur zerbricht (116).

c. Ausblick

Die hier entwickelten Strukturbeschreibungen des in der Geschichte stehenden Menschen werden umso überzeugender, je deutlicher sie auch in den archaischen Kulturen nachgewiesen werden können. Gehlen versucht daher, so wichtige Erscheinungen wie Ritus, Magie, Mythos[48] usw. abzuleiten, das heißt aus ihren Voraussetzungen im Menschen jener Zeit einsichtig zu machen, nicht aber sie zu verstehen (10). Das Verstehen im Diltheyschen Sinne hält er für einen Selbstbetrug, weil die eigene Antriebs- und Gefühlsorientierung viel zu wenig bewußt ist, um ihr Eingehen in die Interpretationen kontrollieren zu können (86). «Solange die Selbstverständlichkeiten der eigenen Kultur gelten, besteht gar kein Bedürfnis nach dem Verständnis einer fremden» (87); erst wenn diese verschwinden, taucht die Selbsttäuschung des Verstehenkönnens auf. Entschieden zurückgewiesen wird Diltheys Zentralthese, wonach das Erleben des eigenen Zustands und das Nachbilden des fremden identisch seien[49]. Obwohl ein Verstehen also nicht möglich ist, kann wegen der Manifestation durch Institutionen das Kulturgeschehen doch zugänglich gemacht werden. Dabei spielt die Beschreibung des rituell-darstellenden Handelns eine zentrale Rolle. Im darstellenden Ritus liegt ein zweckfreies Verhalten vor, das *direkt* einen obligatori-

---

48 Der Begriff des Numinosen wird von Gehlen in diesem Zusammenhang abgelehnt. Dies sei ein Begriff der bloßen Innerlichkeit und aus bloßen Erlebnissen folgt nichts (19).
49 Vergleiche Dilthey V 277 und die Darstellung in 7.32.

schen Charakter und *indirekt* eine unvorhersehbare, sekundäre objektive Zweckmäßigkeit aufweist und deshalb Institutionen wie Tierhege und Blutverbands-Ordnungen als Instinktersatz schaffen kann. Dabei übernimmt der Totemismus eine entscheidende Sicherheitsfunktion. Die ritusgeborenen Wesenheiten verselbständigen sich zwar; aber der Mensch versteht sich, seine Herkunft und seine Umwelt in der beseelten Natur. Der Mensch identifiziert sich mit etwas, was er nicht selbst ist. Dies bezeichnet Gehlen als anthropologische Konstante, die sich in der *Umkehr der Antriebsrichtung* realisiert. Weil sich das rituell-darstellende Handeln wesentlich vom instrumentellen Handeln, das auf Weltveränderung aus ist, unterscheidet, wird uns der immense Abstand der Gegenwartskultur von der archaischen Kultur bewußt.

Als Aufgabe der Philosophie bleibt die Beschreibung der Kulturentwicklung, in der die Metaphysik der Lebensmächte vom Monotheismus und dieser vom wissenschaftlich-technischen Mechanismus abgelöst wurde. «Gott und die Maschine haben die archaische Welt überlebt und begegnen sich nun allein» (254). Aber die Theorien dieser inneren Mechanismen sind handlungs- und folgenlos. «Überall schießen die ‹Ideen› empor, mit denen sich nichts anderes anfangen läßt, als sie zu diskutieren ...» (256). Den Philosophen bleibt nur noch die Aufgabe, asketisch auf das Zweideutige der Wahrheit und auf das Normative zu verweisen, das den Wert als Daseinswert meint, nicht als Stellvertreter für alles Nichtgehabte. So verharrt Gehlens Philosophie «zwischen Melancholie und pathetischem Dennoch»[50]. Das philosophische Unternehmen einer Anthropologie «von unten» durchschaut sich in seiner eigenen Fragwürdigkeit.

---

50 H. Ottmann: Arnold Gehlen. In: Philosophie der Gegenwart in Einzeldarstellungen von Adorno bis von Wright. Hg. von J. Nida-Rümelin. Stuttgart 1991. S. 181.

H. Mensch und Transzendenz

Sowohl die Phänomenologie als auch die Lebensphilosophie und der Neukantianismus sind in ihrer ursprünglichen Intention strenge Immanenzphilosophien. Husserls Bestimmung der Philosophie als strenge Wissenschaft sowie seine transzendentale Deutung des Bewußtseins als absoluten Seinsboden handeln nur von solchen Konstitutionsleistungen, die eine *noematische* Transzendenz, nicht aber eine Transzendenz im eigentlichen, *metaphysisch-religiösen* Sinne meinen. Erst die Auflösung des theoretischen Wissenschaftsideals durch den Primat der Praxis und durch die den Transzendentalismus überwindende Öffnung der Wesenssphäre auch für das Göttliche durch *Rudolf Otto* und *Max Scheler* ermöglichen eine Phänomenologie der Religion und damit eine Thematisierung der Transzendenz in unserem hier gemeinten Sinne. Auch in der Lebensphilosophie ist nur die Rede vom immanenten Lebensstrom. Metaphysik bleibt tabu; ganz zu schweigen von den Grundlegungen der Soziologie bei Weber und Simmel. Selbst die Religionssoziologie von Ernst Troeltsch fungiert als Beschreibung eines *immanenten* historischen Phänomens und ist alles andere als ein Instrument zur Begegnung mit Transzendenz. Auch die nachfolgenden Lebensweltanalysen verharren in dieser Immanenz. Erst durch die Einbeziehung des existentiellen Moments und jüdischer Erfahrungen (*Rosenzweig, Buber*) ergibt sich die Möglichkeit, über diese Wurzeln auch auf transzendente Bezüge zurückzugreifen. Wie in Phänomenologie und Lebensphilosophie ist auch im Neukantianismus diesbezüglich nicht viel zu erhoffen[1]. Die Vereinnahmung der Religion als höchste Kulturleistung und damit als höchstes Produkt der Bewußtseinstätigkeit verbaut jeden Blick auf die Transzendenz. Die große Ausnahme stellt *Hermann Cohen* dar, der allerdings so entschieden auf jüdische Fundamente aufbaut, daß seine Öffnung zur Transzendenz zugleich einen Bruch mit dem Neukantianismus bedeutet.

Die Reflexion auf die Transzendenz erfolgt seit eh und je auch auf dem Boden der etablierten Religionen. Damit ergeben sich Berührungen und Überschneidungen der sogenannten religiösen Philosophie mit der Theologie. Da wir uns auf deutschsprachige Philosophen beschränken, betrifft die religiöse Philosophie vor allem die *christliche* und die *jüdische* Philosophie. Nachdem sich die jüdischen Beiträge von *Franz Rosenzweig* und *Martin Buber* gut in die *dialogische Philosophie* (zusammen mit *Ferdinand Ebner*) einordnen lassen, verbleibt das Problem der *christlichen Philosophie*. Der Streit um die Möglichkeit einer Synthese aus Vernunft und Glaube in solch einer christlichen Philosophie ist dabei stark von den großen Konfessionen bestimmt. Während das protestantische Christentum schon seit Luther der Philosophie äußerst reserviert gegenübersteht und in der dialektischen Theologie diese Distanz zur unüberwindbaren Schranke wird, sind im Katholizismus die Grenzen zwischen Vernunft und Glaube durchlässiger. Daher entstehen besonders in der *Neuscholastik*, aber auch in den dem Augustinismus näher stehenden Lehren, wie z.B. bei *Peter Wust*, konfessionell gebundene philosophische Konzeptionen, in denen *die religiösen Grundlagen der Philosophie vorgeordnet werden*. Im Selbstverständnis jener Philosophen wird diese Abhängigkeit allerdings insofern relativiert, als die Bindungen aus natürlichen Vermögen hergeleitet werden. Eine bewußte Anknüpfung an die geistige Situation

---

1 Als Ausnahmen wären hier einzig Volkelt, Reinach und Simmel zu erwähnen, bei denen gewisse Tendenzen zu einer dialogischen Tanszendenz feststellbar sind. Der Neukantianer Volkelt spricht in «Das ästhetische Bewußtsein» (München 1920. S. 117) vom Erlebnis der Unmittelbarkeit des Du. – Simmel unterscheidet zwischen der Zweierbindung und der gesellschaftlichen Gruppe; erstere sprengt seine Konzeption der gesellschaftlichen Grundlegung. – Zu Reinach siehe 12.24. - Daß Husserls Spätphänomenologie, in der Geschichtlichkeit, Individualität und Faktizität thematisiert und in einer Intersubjektivitätstheorie auch dem alter ego zugesprochen werden, ein Schritt zur Dialogik sei, bestreitet ausführlich M. Theunissen. Durch den Konstitutionsgedanken wird der Andere degradiert: «Mag ich auch den Anderen nur insofern konstituieren, als er sich in mir seinem Seinssinn nach auszuweisen hat, so bin doch ich es, der dem Anderen wesenhaft *vorangeht* » (Der Andere. S. 152). Anders B. Waldenfels in: Das Zwischenreich des Dialogs. Sozialphilosophische Untersuchungen im Anschluß an Edmund Husserl. Den Haag 1971.

der Neuzeit erfolgt dagegen bei *Paul Tillich* und *Romano Guardini*. Bei beiden wird der neuzeitliche Sinnverlust zum Angelpunkt einer die existentiellen Anliegen berücksichtigenden christlichen Philosophie. Die radikale Ablösung vom religiösen Umfeld in der Auseinandersetzung mit der Transzendenz erfolgt schließlich bei *Karl Jaspers*. Nachdem für diesen sowohl die Religionen als auch die Wissenschaften ihre Sinnvermittlungsrolle verloren haben, versucht Jaspers, durch eine Neuorientierung der Philosophie deren Leitfunktionen für diese Aufgabe wiederzugewinnen. Als «Existenzphilosophie» und später als «Philosophie der Vernunft» erlangt die Philosophie ihre Legitimation und Kraft aus der Transzendenz, die zum Leitbegriff der Jaspersschen Philosophie wird.

24. Konfessionelle christliche Philosophie

24.1 Zur Problematik einer christlichen Philosophie

Der Terminus «christliche Philosophie» ist nicht unumstritten. War seit den Kirchenvätern und im Mittelalter «philosophia christiana» nur eine andere Bezeichnung für die Nachfolge Christi oder für die Theologie, versteht sich diese seit dem 17. Jahrhundert als echte Philosophie, gleichberechtigt neben jeder anderen philosophischen Lehre. «Christliche Philosophie» ist hier nur eine andere Bezeichnung für «mittelalterliche Philosophie», die zwar unter dem unleugbaren Einfluß des Christentums steht, aber sich unter Umständen, wie etwa bei Thomas, durchaus als natürliche Wissenschaft einschätzt, die von Offenbarungsprämissen unabhängig bleibt. Doch das von der Autonomie der menschlichen Vernunft ausgehende neuzeitliche Philosophie-Verständnis stellt eine solche natürliche christliche Philosophie seit jeher prinzipiell in Frage. Schon Hegels «Aufhebung» der Religion und Theologie in Philosophie oder Comtes Ablösung der Religion durch die Metaphysik sind eindeutige Antworten, – aber eben nur unter der Voraussetzung der Wahrheit des Hegelianismus beziehungsweise Positivismus. Die Konfrontation verschärft sich wieder zu Beginn des Jahrhunderts, nicht zuletzt durch die von uns aufgezeigten Entwicklungen in Phänomenologie, Lebensphilosophie und Neukantianismus. Will man den Zusatz «christlich» nicht völlig entleeren, scheinen die Autonomie der Vernunft und ihre Emanzipation von allen Autoritäten die christliche Philosophie auch hier ad absurdum zu führen.

Nach 1920 beginnt erneut eine fast zwanzig Jahre andauernde hitzige Diskussion über die Möglichkeit einer christlichen Philosophie[2]. Anlaß sind zwei Bücher von E. Gilson über Thomas von Aquin (1919) und über Bonaventura (1924), in denen Gilson nachzuweisen sucht, daß eine ganze Reihe zentraler Begriffe, die jahrhundertelang als spezifisch philosophisch galten, nur aus dem Faktum der christlichen Offenbarung verstanden werden können. Er denkt dabei vor allem an die abendländische Freiheitsidee und an die Schöpfung aus dem Nichts.

Betrachtet man Reflexionen über die christlich erfahrene Welt mit Heidegger als Theologie, dann ist «christliche Philosophie» ein «hölzernes Eisen»[3]; sieht man dagegen hinter *jeder Philosophie* eine Grundentscheidung für oder gegen Gott und die Religion, dann gibt es prinzipiell religiöse und nicht-religiöse Philosophien[4], letztere im Sinne einer autonomen Philosophie, oder im Sinne «als ob es Gott nicht gäbe» (Bonhoeffer). Christliche Philosophie ist dann ein Spezialfall der religiösen Philosophie. *Faktisch* wird einer Reihe von Theologien beziehungsweise religiösen Philosophien ein Platz in der Philosophiegeschichte eingeräumt. Dazu gehören neben den Thomisten, den Dialogikern und den christlichen Existentialisten auch Paul Tillich, Romano Guardini, Peter Wust und andere. In Tillich und Guardini finden wir zwei Religionsphilosophen, die den Dialog mit der Welt der Sinnlosigkeit wagen. Tillichs Verwandlung des Nihilismus in gelebte Existenz, in der das protestantische Prinzip bewahrt und der Bruch der dialektischen Theologie vermieden werden soll, führt notwendig zum inhaltsleeren «absoluten Glauben». Guardini dagegen glaubt, unter der Voraussetzung der Offenbarung die Wirklichkeit in ihrer ganzen Fülle erfassen zu können. Allein der kompromißlose Gehorsam des Geschöpflichen kann die Gefahren des Autonomiedenkens der Neuzeit meistern.

---

2 Genaueres siehe in E. Coreth / W.M. Neidl / G. Pfligersdorffer (Hg.): Christliche Philosophie im Katholischen Denken des 19. und 20. Jahrhunderts. Band 3. Graz / Wien / Köln 1990. S. 23 ff. (Im weiteren abgekürzt mit Coreth u.a. Band ...).
3 Vgl. Heidegger Gesamtwerk. Band 8. 1983. S. 9.
4 Zur Begründung dieser Konzeption siehe z.B. K. Wuchterl in: Analyse und Kritik der religiösen Vernunft. Bern 1989. S. 174 / 175.

24.2 Die neuscholastische Philosophie in der Auseinandersetzung mit der Moderne

Nach dem Zusammenbruch der idealistischen Philosophie und der Ausbreitung positivistischer und materialistischer Forschungsrichtungen hat sich in der Mitte des 19. Jahrhunderts abseits von den Universitäten an den katholischen Akademien, den Ausbildungsstätten der Orden, an Lyceen und Gymnasien in Italien, Spanien, Frankreich und Deutschland eine philosophische Gegenströmung entwickelt, die heute als *Neuscholastik*[5] zusammengefaßt wird. Wissenschaftlich durch eine schon länger gepflegte Schultradition und durch historische Forschungen zum Mittelalter vorbereitet, in Deutschland politisch gefestigt durch das gestiegene Selbstbewußtsein der Katholiken, kann sich eine bestimmte theologisch-philosophische Tradition auch institutionell entfalten. Dabei geht es der *ersten Form* der Neuscholastik ausschließlich um die *Überwindung* der anderen zeitgenössischen philosophischen und theologischen Lehren durch den Rückgriff auf die Scholastik. Im Zentrum steht unangefochten die Lehre des *Thomas von Aquin*. Unterschiedliche Interpretationen des Aquinaten führen zur Konkurrenz dreier Schulen. Man unterscheidet den sich am engsten an Thomas anschließenden *Thomismus* der Dominikaner («Neothomismus»), den durch Francisco Suarez und die jesuitische Tradition geprägten *Suarezianismus* und den von den Franziskanern vertretenen *Scotismus*, in dem der Augustinismus und die Lehre von Duns Scotus zum Tragen kommen. Das offizielle Lehramt stellt sich auf die Seite des Thomismus und versucht, diesen Standpunkt im sogenannten *Modernismusstreit* zu verabsolutieren.

Der wissenschaftliche Fortschritt der historisch-kritischen Methode, ferner die subjektivistischen und psychologistischen Elemente der neueren philosophischen und theologischen Lehren führen einerseits zur völligen Verhärtung in den fundamentalistischen Tendenzen des Fideismus und Traditionalismus[6], drängen aber andererseits auch viele Theologen zur Annäherung an die Moderne. In der Enzyklika «Pascendi dominici gregis» definiert und verurteilt Papst Pius X im Jahre 1907 einen Kanon von Irrtümern, der als «Modernismus» bezeichnet wird. Die Hauptstreitpunkte waren der *Agnostizismus*, also die Lehre, daß eine philosophische Erkenntnis der Existenz und des Wesens Gottes nicht möglich sei, sowie die Lehre von der *vitalen Immanenz*, wonach nicht der transzendente Gott, sondern eine im Gefühl erfahrbare religiöse Sehnsucht des Menschen der eigentliche Ursprung von Religion und Kirche mit ihren Sakramenten und Dogmen sei. In dieser Auseinandersetzung vollzieht sich das letzte Aufbäumen der alten Lehren gegenüber den Errungenschaften in Theologie und Philosophie. Allmählich ist die Zeit reif für die längst fällige Öffnung hin zur Moderne.

Die *zweite Phase* der Neuscholastik ist durch die Versuche zu einer Synthese mit modernen philosophischen Richtungen bestimmt. Den ersten und wirkungsvollsten Schritt wagt der belgische Jesuit *Joseph Maréchal* mit seiner Verbindung von Thomas und Kant. In Deutschland führt dies zur Begründung der thomistischen Metaphysik durch transzendentalphilosophische Reflexionen, wie sie von *Karl Rahner* und *Johannes Baptist Lotz*, später auch von *Walter Brugger* und *Emerich Coreth* durchgeführt werden. Von *Schelers* folgenreicher Synthese aus Augustinismus und Phänomenologie war schon ausführlich die Rede[7]. Eine analoge Verbindung mit der Phänomenologie, aber diesmal mit dem Thomismus, strebt *Edith Stein* an. Eine Öffnung des Thomismus zu den wichtigsten Formen der Metaphysik findet man bei *Erich Przywara*. Spätere Arbei-

---

5 Über die Begriffe Scholastik und Neuscholastik siehe H. M. Schmidinger: «‹Scholastik› und ‹Neuscholastik› – Geschichte zweier Begriffe». In: Coreth u. a. Band 1. S. 23 ff. Zur Scholastik als Methode siehe die umfangreichen Forschungen von Martin Grabmann, v. a. «Die Geschichte der scholastischen Methode», 2 Bände. Freiburg 1909 und 1911.

6 Fideismus: Schlichtes Festhalten an den Offenbarungsglauben, ohne die kritische Vernunft zu berücksichtigen. – Traditionalismus: Starres Festhalten an der Tradition, auch wenn sich die historische Situation wesentlich verändert hat.

7 Vgl. 14.23

ten gelten Brückenschlägen zu Hegel (B. Lakebrink), zu Ebner (T. Steinbüchel) zu Jaspers (B. Welte) und vor allem zu Heidegger (nochmals Rahner; Lotz und Przywara, ferner G. Siewerth, H. Müller)[8]. In der deutschsprachigen Maréchal-Schule gewinnt *Karl Rahner* den größten Einfluß. Wir beschränken uns auf eine Darstellung Przywaras, Rahners und Steins, um die Vielfalt der versuchten Synthesen adäquat zu repräsentieren. Dabei ist zu beachten, daß Przywaras und Rahners Philosophien voll in die Theologie integriert sind. Die folgenden Ausführungen beanspruchen daher keine Gesamtcharakterisierung der beiden Denker, sondern konzentrieren sich vor allem auf die für die *Philosophie* bedeutsamen Überlegungen.

24.21 Erich Przywaras Deutung der Metaphysik als Lehre von der Analogia entis

a. Biographie und Bibliographie

Lebenslauf

Geboren am 12.10. 1883 in Kattowitz. 1908 Eintritt in den Jesuitenorden. Studium der Philosophie und Theologie in Valkenburg / Niederlande. 1920 Priesterweihe. 1922 Redaktion der «Stimmen der Zeit». Vortragstätigkeit. 1941 Altakademiker-Seelsorge in München, Wien und Berlin. Przywara stirbt am 28. 9. 1972 in Murnau.

Auswahl aus der Primärliteratur

1922   Religionsbegründung. Max Scheler – John Henry Newman. Freiburg.
1927   Religionsphilosophie katholischer Theologie. O.O. 2. Aufl. 1962.
1929   Geheimnis Kierkegaards. München / Berlin.
1929   Ringen der Gegenwart. Gesammelte Aufsätze 1922–1927. 2 Bände. Augsburg.
1930   Kant heute. Eine Sichtung. München / Berlin.
1932   Analogia entis. Band 1. Einsiedeln. 2. Auflage 1962. **AE**
1950   Krise des Abendlandes. In PHJB 60/1950. S. 385 ff.
1952   Humanitas. Der Mensch gestern und morgen. Nürnberg.
1955   In und Gegen. Stellungnahmen zur Zeit. Nürnberg.
1959   Mensch. Typologische Anthropologie. Nürnberg. **M**
1964   Logos. Düsseldorf.

Bibliographie

Zimmny, L./ H. U. von Balthasar: Erich Przywara. Sein Schrifttum 1912–1962. Einsiedeln 1963.

Przywara erhält als Sohn einer Kaufmannsfamilie eine gut katholische Erziehung. Seine Ausbildung im Jesuitenorden fällt in die Zeit des Modernismusstreits. Schon als Student lernt er in einer Ontologie-Vorlesung 1910/11 von J. Fröbes den im damals vorherrschenden Neothomismus wenig beachteten Begriff der Analogia entis kennen, der zum Zentrum seiner Philosophie und Katholizismus-Auffassung wird. Mit Hilfe dieses Begriffs versucht er, die Ideen der tradierten Philosophie (Platon, Aristoteles, Augustinus, Mystik) und der Moderne (Nietzsche, Scheler, Newman, Heidegger) so umzudeuten, daß sie als Elemente der durch die mittelalterliche Tradition und durch Konzilsbeschlüsse begründeten katholischen Gesamtansicht erscheinen. Dies betrifft zuerst die verschiedenen Formen der *Metaphysik*, die er durch den Gedanken des Seins als «Analogie je-über-Hinaus» zu erfassen sucht.

Das zweite große Thema ist der *Mensch*. Nach dem Erscheinen von Heideggers «Sein und Zeit» ist der Mensch zur Chiffre des Seins geworden und damit aus der Tradition herausgelöst. Przywara bemüht sich im Gegenzug um die Rettung der Anthropologie durch eine Anthropo-Metaphysik der Polaritäten, die den Menschen als Zwischen von Natur und Geist, von Mann und Frau und von Kosmos und Gott sieht. Vorarbeiten erfolgen bereits in der Exerzitien-Theologie des «Deus semper maior», wo der Mensch der *Offenbarung* gezeichnet wird; nach dem Kriege

---

[8] Über spätere Entwicklungen vergleiche die Abhandlung von A. Keller: Neuere Veröffentlichungen aus dem Umkreis der neuscholastischen Philosophie. In PHRS 21/1975. S. 95 ff.

entwirft Przywara das Bild des Menschen aus den Traditionen des Humanismus Humboldts, Nietzsches und Bakunins mit ihren Auswirkungen in einem «dialektischen Humanismus». Die Endform, im umfangreichen Werk «Mensch» als «typologische Anthropologie» dargestellt, beansprucht «streng methodische Philosophie» zu sein, welche die essayistische Behandlung des Themas in der Lebensphilosophie ergänzen soll (M S.V). Przywara will durch die Denksysteme hindurchschauen und das zugrundeliegende Menschenbild erkennen. Dabei bezieht er sich auf das «Eidos Mensch» bei Platon, die «Morphé Mensch» bei Aristoteles, die «Idee des Menschen» in der Phänomenologie, auf die Form des Menschen in Ethnologie, Psychologie und Soziologie, sowie auf die Entwürfe von Dilthey und Simmel (M S.VI). In seiner Gesamtschau glaubt Przywara, nicht nur das Wesen des Menschen zu erfassen, sondern zugleich zu zeigen, daß in den großen Denksystemen der Vergangenheit eben diese Anthropologie verborgen ist[9]. Da für Przywara alles Sein Analogie ist, fällt die in der Anthropologie vollzogene Wesensbestimmung mit der Ausarbeitung der «homo analogia» zusammen, die er in voller Übereinstimmung mit der in der Genesis gelehrten Gottesebenbildlichkeit des Menschen sieht.

Wegen der zentralen Stellung des Analogiebegriffs in der gesamten Theologie und Philosophie Przywaras ist die 1932 erschienene «Analogia entis» sein Hauptwerk. Von den beiden geplanten Bänden zum Thema ist nur der erste erschienen. Der zweite Band ging in seine weiteren Arbeiten ein, wurde aber nie als Buch realisiert. In der Neuausgabe von 1962 hat Przywara der «Analogia entis I» den Titel «Ur-Struktur» gegeben und einen Teil II «All-Rhythmus» hinzugefügt, der dreizehn Aufsätze zur gleichen Thematik aus der Zeit von 1939 bis 1959 enthält.

b. Die Analogie-Lehre

Der Analogiebegriff hat seine Wurzeln in der aristotelischen Ontologie und erhält durch die Integration des Aristotelismus in die mittelalterliche katholische Lehre besonders bei Thomas von Aquin seine religiöse Brisanz. Das zugehörige Problem betrifft die Polarität der *ontologischen* Gegensätze wie Allgemeinheit-Besonderheit, Sein-Bewußtsein oder Realität-Idealität, sowie die Polarität der *religiösen* Gegensätze von Gott-Geschöpf, Unendliches-Endliches, Unbedingtes-Bedingtes.

Zunächst müssen zwei Formen von Analogie unterschieden werden, nämlich die Proportions- und die Attributionsanalogie. Aristoteles verwendet den Begriff nur für die *Proportions*analogie. Sie betrifft Begriffe, die zu den univoken (eindeutigen) und äquivoken (mehrdeutigen) Begriffen als dritte Klasse hinzutreten. Die analogen Begriffe gründen in der Ähnlichkeit eines Verhältnisses, genauer geht es um ein ähnliches Verhältnis zweier Verhältnisse (Vater/Kind, Gott/Schöpfung), das mathematisch korrekt als Isomorphie bestimmt werden kann[10]. Die Scholastiker lesen aber aus der aristotelischen Metaphysik noch eine zweite, mindestens ebenso wichtige Analogie oder Ähnlichkeit heraus: die *Attributions*analogie. Aristoteles behauptet, daß das Sein in vielfacher Weise ausgesagt wird, aber stets in bezug auf ein Erstes, die ousia, von der allein das «ist» eigentlich ausgesagt werden kann; von allen anderen geschieht dies nur in Bezug auf das Erste[11]. Diese Bezogenheit auf das Eine oder das Erste (pros hen) ist der zweite Analogietyp[12].

---

9 Hier wird die grundsätzliche Differenz zu Heidegger deutlich, der die alten Schulen der Seinsvergessenheit bezichtigt und, – nach der Verbindung des Seinsverständnisses mit dem Dasein – ihnen damit indirekt das Verständnis für den Menschen abspricht.

10 Vergleiche hierzu die Ausführungen von J. M. Bochenski in: Logik der Religion. Köln 1968. 10. Analyse der Analogie, insbesondere S. 136.

11 Metaphysik 1003 b 5 f.

12 Genauer gehört das Beispiel zur *inneren* Attributionsanalogie, weil auch der *Inhalt* des Gemeinsamen auf beide Analogata übertragen wird; ist es nur der *Name*, wie etwa bei der «gesunden» Nahrung, dann handelt es sich um die äußere Form dieses Typs. Nach Bochenski ist die Attributionsanalogie nach strengen logischen Maßstäben für religiöse Untersuchungen unbrauchbar. Die einzige Möglichkeit, das Mysteriöse zu treffen, wäre nach seiner Meinung eine Ausweitung der Betrachtung auf Homöomorphien, nicht auf Inhalte innerhalb des Attributionsschemas, wie bei Przywara. (Vgl. a.a.O. S. 137).

Für Metaphysik und Religion wird der Begriff der «Analogia entis» als «Ähnlichkeit des Seins» dadurch bedeutsam, daß er das Verhältnis des Absoluten zum Endlichen, beziehungsweise Gottes zum vergänglichen Sein der Schöpfung erfassen soll. In solchen Gegensätzen oder Polaritäten muß einerseits etwas Gemeinsames sein, das tertium comparationis, das gerade diese Phänomene oder Analogata zu Polaritäten macht; andererseits müssen sie sich in etwas unterscheiden, das die Polarität bestimmt. In der Analogie vereinigt sich also Ähnliches und Verschiedenes.

In der Philosophie Kants, die Erkenntnis jenseits der Erscheinungswelt prinzipiell ausschließt, sowie in der protestantischen Theologie Karl Barths, die der analogia *entis* die analogia *fidei* entgegenstellt[13], wird die analogia entis als Erkenntnis- und Strukturprinzip abgelehnt. Das zeigt sich vor allem in den Gottesbeweisen, die im Thomismus aus der analogia entis gefolgert wurden, bei Kant und Barth aber radikal verworfen werden.

Bei Thomas treten beide Analogietypen auf. Je nach der Beurteilung, welche Analogie für die religiösen Gegensätze fruchtbarer eingesetzt werden kann, unterscheiden sich die verschiedenen scholastischen Schulen. Hier setzt nun Przywaras Analogie-Lehre ein.

Die eigentliche Anregung zur Beschäftigung mit der Analogie bei Przywara geht von der Herausforderung aus, die durch die aristotelische Lösung des Ur-Gegensatzes vom *Sein als Idee* bei Parmenides und vom *Sein als Widerspruch* bei Heraklit vorgegeben und bei Thomas als Analogie zwischen dem univoken und dem äquivoken Sein wieder aufgenommen worden ist. Der Analogie-Begriff selbst taucht bei Przywara erst 1922 in der Auseinandersetzung mit Scheler auf. Vorher war er latent gegeben in Formeln wie «Gott in uns und Gott über uns», in der «dynamischen Polarität» und in der «Spannungseinheit». In allen Formulierungen steht das Vermittelte in einem bestimmten Spannungsverhältnis. Es wird eine Einheit gedacht, obwohl die synthetisierten Elemente in wesentlicher Hinsicht zueinander im Widerspruch stehen, so wie das volle Menschsein erst erfaßt ist, wenn die Einheit aus Mann und Frau gebildet wird. Przywaras Analogie-Begriff ist die Synthese aus der Mesotes-Lehre des Aristoteles und des Analogiedogmas des 4. Laterankonzils 1215, das durch folgende Formulierung fixiert ist: «Denn vom Schöpfer und Geschöpf kann keine Ähnlichkeit ausgesagt werden, ohne daß sie eine größere Unähnlichkeit zwischen Beiden einschlösse»[14]. Der Analogie-Begriff ist als fundamentales Strukturprinzip jeder Metaphysik und Theologie gedacht.

In der konkreten Explikation seines Hauptwerkes geht Przywara im *ersten Abschnitt «Metaphysik überhaupt»* von der Polarität Sein-Bewußtsein aus, genauer vom Wissensakt auf der einen und vom Sein als Wissensgegenstand auf der anderen Seite. Die Metaphysik stellt die Frage, welcher Standpunkt zum Primat erklärt werden kann. Eine Metaphysik, die primär mit der Reflexion des Wissensakts einsetzt, ist «Metanoetik von Wissen als Wissen»; geht ihre Intention dagegen unmittelbar auf den Wissensgegenstand, so liegt eine «Metaontik von Sein als Sein» vor (AE 24). Przywara zeigt, wie die reine Metanoetik des Bewußtseins-Idealismus und die reine Metaontik der Frühphänomenologie in ihrer Gegensätzlichkeit überwunden werden können und sich im Sinne einer positiven Spannungseinheit gegenseitig durchdringen. Dabei ist Przywaras Vorgehen in allen folgenden Einzeluntersuchungen gleich: er demonstriert zuerst die Widersprüchlichkeit der einzelnen Standpunkte in ihrer Isolation und fordert dann die Anerkennung *beider* Analogata in einer «Spannungs-Schwebe des Zueinander» (28). Diese neue Einheit stellt die Grundstruktur der von Przywara entfalteten «kreatürlichen Metaphysik» dar.

In unserem Beispiel zeigt er zuerst die Schwächen der Metanoetik auf. Die Begründung des

---

13 Darunter versteht man die Entscheidung für den Primat des Glaubens und der Gnade gegenüber der natürlichen Erkenntnis und der Natur im Widerstreit der Begriffe. Barth lehnt damit ausdrücklich einen gemeinsamen Seinsbegriff für Schöpfer und Geschöpf ab. Die Analogia entis ist für Barth « *die* Erfindung des Antichrist»! (Kirchliche Dogmatik Band I / 1. 8. Aufl. Zürich 1964. S. VIII.).

14 J. Neuner / H. Roos: Der Glaube der Kirche in den Urkunden der Lehrverkündigung. 4. Aufl. Regensburg 1954. Abschnitt 156 (= Denziger: Enchiridion symbolorum, 432).

Wissensaktes führt auf einen Regreß ad infinitum und verwendet im Rechtfertigungsprozeß implizite *Seins*kategorien. Denn im *Bestehen* von Geltung klingt das Da eines Daseins mit, in der Idealität der Geltung das So eines Soseins; das heißt, die Metanoetik verstrickt sich in der Metaontik. Andererseits verlangt Metaphysik als Wissenschaft die kritische Prüfung, das heißt, das Sein der Metaontik muß als ausgesagtes Sein durchschaut werden und führt so wieder auf die Metanoetik. Also ist das Zueinander und das Zusammenfließen der beiden Strukturen das eigentliche Gefüge der Welt und das Zentralproblem der Metaphysik, die Form des «Neu-Einsetzens bei gleichzeitigem Rückweisen auf und Neugewinnen des Vorausliegenden» (27). Damit hat Przywara die grundlegende formale Struktur der kreatürlichen Metaphysik gefunden.

Przywaras Stil pflegt, über die übliche scholastische Abstraktheit hinaus, noch die Vorliebe für künstlich verknüpfte Präpositionen, die das Lesen erschwert. Beispielsweise besagt die Formel des «So in-über Da», die zur Charakterisierung der Grundstruktur der kreatürlichen Metaphysik verwendet wird (28), ausführlicher zunächst «Sosein *in-über* Dasein», und dies ist die Abkürzung für das Zueinander von «Sosein ist *im* Dasein» und «Sosein ist *über* dem Dasein»; die letzten beiden Sätze beschreiben die metaphysische Beziehung von Bewußtsein und Sein.

Weder der Ausdruck «metanoetisch» noch der Ausdruck «metaontisch» bezeichnen je nur eines; in beiden Fällen differenziert sich der Bezug zu den drei Transzendentalien Wahr-Gut-Schön. In der Antike ist dieser Bezug metaontisch, bei Kant aber metanoetisch gemeint; denn «wahr» ist die Aktform der reinen Vernunft, «gut» die der praktischen Vernunft und «schön» die der synthetisierenden Urteilskraft. Przywara zeigt wieder die Spannung auf zwischen dem antiken *metaphysischen Transzendentalismus* und der Kantischen *transzendentalen Metaphysik*. Im metaphysischen Transzendentalismus zielt das Wahr-Gut-Schön-Erfassen letztlich auf das Erfassen vom Sein in seiner Einheit (unum als Begriff der reinen Mathematik wie bei Kant); die transzendentale Metaphysik wiederum setzt umgekehrt ein vor-transzendentales reines Seins-Erfassen voraus (34). Dieser Widerstreit löst sich wieder auf, wenn man das unum auf System *und* Stringenz bezieht, die in der konstituierenden Grundformel «Sosein in-über Dasein» mitgemeint sind (35).

Ähnliche Überlegungen stellt Przywara für eine *apriorische und aposteriorische Metaphysik* an. Dabei sind deduktiv-eidetische und induktiv-morphologische Aspekte mitgemeint, die sich in der Aktproblematik noch verschärfen. Denn aus dem Apriori des Denkens entsteht die Konfrontation mit dem konkret-geschichtlichen Denken, das heißt, es entsteht der Konflikt zwischen übergeschichtlicher *Wahrheit* und endlicher *Geschichte*. Eine apriorische Aktmetaphysik hat die Form des übergeschichtlichen Systems. Das Denken des Systematikers ist damit aus dem geschichtlichen Fluß der Kreatürlichkeit herausgenommen, es ist letztlich göttliches Denken. Realisierungen findet man im Deutschen Idealismus, nämlich im absoluten Geist Hegels und im transzendentalen Subjekt Kants (48). Hegel versucht, das individuelle Nebeneinander und das geschichtliche Nacheinander mit Hilfe der reinen Dialektik zu verstehen, deren innere Form aber als In-sich-zurück-Laufen des Kreises wieder göttliche Qualität erhält. Przywara verweist auf die Möglichkeit, an die Stelle der kreishaften Wiederkehr die Progression zu setzen: «Kreatürlichem Sein ist es eigen, werdehaft nach vorwärts zu sein, nicht sein So schlechthin zu sein, sondern es zu werden» (49). Das Werden berücksichtigt die Kreatürlichkeit, die logische Geradlinigkeit der steten Progression garantiert die Apriorität unabhängig vom Auf und Ab der Geschichte und erhält dadurch wieder göttlichen Charakter. Doch letztlich ist kreatürliches Werden mit ewiger absoluter Wahrheit unverträglich.

Dieser Widerspruch scheint auf die Lösung durch eine akt-aposteriorische Metaphysik zu verweisen. In ihr konvergiert die Innergeschichtlichkeit des vieldeutigen Denkens zur übergeschichtlichen Wahrheit. Aber auch hier treten Widersprüche auf. Wer mit der Geschichtlichkeit ernst macht, dem ist das Übergeschichtliche eine reine Grenzidee, und es bleibt offen, wie sich der geschichtliche Ablauf konkret zur übergeschichtlichen Idee verhält; oder aber man macht Geschichte zur Philosophie und Philosophie zur Geschichte, womit die Unterscheidung von

Wahrheit und Faktizität verschwindet. Diese Geschichts-Aporie stellt sich im Konkreten als Historismus der Wahrheit und als Logizismus der Geschichte dar.

Wendet man wieder die Formel «Sosein-in-über Dasein» an, so wird daraus «Wahrheit in-über Geschichte». Dieses «letzte Unrückführbare der Kreatur» bedeutet das Zueinanderspannen von Wahrheit und Geschichte, Ideativem und Realem (58), aber auch von apriorischer und aposteriorischer Metaphysik, sowie von Akt und Gegenstand.

Die Diskussion des Apriori-Aposteriori führt nach Przywara zu einem auf die *theologische* Metaphysik abzielenden Gegensatz von Absolut und Relativ. In der reinen apriorischen Metaphysik ist das Gott-Geschöpf-Verhältnis der Devolution, in der reinen aposteriorischen Metaphysik dagegen das der Evolution verborgen (62). Es erscheint der «absteigende Gott» beziehungsweise der «werdende Gott». Deshalb führt das reine Formalproblem der Metaphysik notwendigerweise auf die Frage nach dem Verhältnis von *Gott* und *Geschöpf* und zugleich über das bisherige Frageniveau hinaus. «Gott über Geschöpf» (als Theopanismus) und «Gott im Geschöpf» (als Pantheismus) werden in die Spannungseinheit des «Gott in-über Geschöpf» zusammengeführt. Diese neue Richtung durchschneidet die «Sosein in-über-Dasein»-Richtung senkrecht (65). Die beiden verschiedenen Achsen repräsentieren zugleich den Gegensatz «philosophische Metaphysik – theologische Metaphysik», die in die Einheit des «Theologie in-über Philosophie» verschmelzen.

Das formale Grundverhältnis im Prinzip der Metaphysik zeigt sich als das «in-über», in dem fünf Eigenschaften enthalten sind: Verhältnis-Schwebe, Je-über-sich-hinaus Weisen, Steigerung, dynamische Antithetik, Positiv-Negativ. Dieses Prinzip bestimmt nun Przywara genauer als Analogie (97).

Im *zweiten Abschnitt «Analogia Entis»* übernimmt die Analogie die Funktion des in-über-Prinzips. Die Analogie wird eingeführt als Aufhebung des Gegensatzes von *reiner Logik,* die wie Gott sein will, und von *Dialektik,* der Lehre «des leidenschaftlichen Verschmelzen-Wollens zum liebenden Sich-über-geben»; sie ist also weder «logische Dialektik» des Göttlichen, wie bei Hegel, noch «dialektische Logik», die mit Heidegger nur die Bewegtheit der autonomen Kreatur kennt (103), sondern innerer Ausgleich solcher Verirrungen. Die weiteren Überlegungen Przywaras betreffen die Begründung der Analogia entis aus dem Satz des Widerspruchs. Mit Aristoteles versteht Przywara die Analogie als die Mitte im Widerspruchssatz, als «Ausgleich im Maß». Zugleich zeigt er deren Anwendbarkeit auf die konkrete Geschichte. Die Analogia entis konstruiert nicht etwa die geschichtlichen Systeme aus sich heraus, «sondern die analogia entis zeigt(e) sich als Rhythmus ihrer inneren Bewegung» (204). Das heißt, die Urelemente der Vorsokratiker, das Objektive des Geistes bei Platon, das Subjektiv-Akthafte desselben Geistes bei Aristoteles, die Geschlossenheit des cogito bei Descartes, das Transzendentale bei Kant, die Dynamis der Aktform bei Hegel und die Noema-Noesisform der transzendentalen Subjektivität bei Husserl, – all dieses Ursprüngliche *hat* nicht die Analogie als Eigenschaft, «sondern Analogie *ist* Sein» (210), das in dieser Ur-Tradition manifest wurde.

Przywara hat in dem Aufsatz «Um die analogia entis»[15] und in seinem zweiten Hauptwerk «Mensch» eine verbesserte Form der Darstellung der Analogia entis entfaltet, auf die abschließend hingewiesen sei. Dort wird vor allem der Doppelcharakter der Analogiestruktur veranschaulicht, von dem schon oben die Rede war (AE 65). In M 73 gibt Przywara folgendes «Koordinatenkreuz der Rhythmus-Richtung» an:

$$\text{Ana} \leftarrow \overset{\text{Ano}}{\underset{\text{Kato}}{\updownarrow}} \rightarrow \text{Ana}$$

---

15 In: In und Gegen. S. 277 ff.

Die Waagrechte repräsentiert die Einheit der Gegensätze in der Polarität. Die Analogata stehen auf gleicher Stufe nebeneinander: ana. In Zusammensetzungen verwandelt sich das «ana» häufig in «ano» und erhält die zweite Bedeutung des «oben» und «hinauf». Daraus konstruiert Przywara die zweite Achse des ano-kato. Die zwei Analogien werden schließlich zur «Analogie in der Analogie» des «ano-kato in-über ana-ana» (M 75) zusammengeschlossen.

Der eigentliche Sinn dieses Formalismus ist die Verdeutlichung, daß die *säkulare* Betrachtung der Gegensätze stets scheitert und mit einem Torso endet, das in seiner Offenheit auf eine *religiöse* Dimension verweist. Entscheidend ist, daß diese zweite Richtung bei Przywara aus der lateranensischen Analogie herausgelesen wurde und nicht etwa das Deduktionsergebnis einer neu entdeckten natürlichen Theologie darstellt. Umgekehrt wird damit deutlich, daß sich Przywara mit seiner Analogielehre zwar der modernen Philosophie zuwendet, aber durch die Übernahme dieser Offenbarungswahrheit dem rein philosophischen Dialog ausweicht. Die Analogie ist nicht nur philosophisches, sondern auch und zuerst theologisches Prinzip.

So steht Przywara als ein Denker vor uns, der das zerrüttete Geistesleben nicht durch reine Philosophie, sondern durch einen neu durchdachten und mittels der Analogie eindeutig charakterisierten Katholizismus zu heilen versucht. Die einzelnen Ausführungen sind jedoch an den entscheidenden Stellen nur dann nachvollziehbar, wenn man in ihnen zugleich die Rückführung in das Geheimnis einer theologia negativa mit ihrer coincidentia oppositorum sieht[16]. Przywara zählt als Voraussetzungen für die Entfaltung des Analogiegedankens[17] neben der Polaritätenlehre Goethes, der Philosophie der Romantiker, dem dynamischen Heroizismus Nietzsches, der Aporetik Simmels und dem ethischen Dynamismus Troeltschs die Studien zu Augustinus, Dionysios Areopagita und zur deutschen Mystik auf. Dadurch erhalten die Grundgedanken der von Thomas bestimmten philosophischen Strömungen eine zusätzliche Tiefendimension, die nicht jedem Philosophen zugänglich sein dürfte.

24.22 Karl Rahners Umdeutung der Transzendentalphilosophie

Rahner zählt zu den bedeutendsten katholischen Theologen des 20. Jahrhunderts. Sieht man von seiner frühen Thomas-Interpretation ab, stammen aus seiner Feder hauptsächlich Beiträge zur theologischen und zur allgemeinen religiösen Thematik. In ihnen geht Rahner zudem bewußt von der Faktizität und Geltung der christlichen Offenbarung aus. Wenn Rahner trotzdem in einer Geschichte der *Philosophie* zur Sprache kommt, dann wegen seiner herausfordernden Grundthese von der notwendigen Offenheit des Menschen für die Offenbarung; denn diese hat eminent *philosophischen* Charakter.

a. Biographie und Bibliographie

Lebenslauf

Geboren am 5. 3. 1904 in Freiburg. 1922 Eintritt in den Jesuitenorden. Studium der Philosophie und Theologie in Feldkirch, Pullach und Valkenburg/Holland. 1932 Priesterweihe. 1934 Studium der Philosophiegeschichte in Freiburg. 1936 theologische Promotion in Innsbruck. 1937 dort Habilitation in katholischer Dogmatik. 1939 Seelsorge. 1945 Dozent in Pullach. 1949 Professor für Dogmatik in Innsbruck. 1962 Experitus beim II. Vatikanum. 1964 Professor für christliche Weltanschauung und Religionsphilosophie in München. 1967 Lehrstuhl für Dogmatik und Dogmengeschichte in Münster. Rahner stirbt am 30. 3. 1984 in Innsbruck.

---

16 Diese enge Beziehung zwischen theologia negativa und Analogiebetrachtung scheint der eigentliche Grund zu sein, weshalb man die Analogie bei Przywara nicht logisch fassen kann. Andrerseits geht mit dieser Tendenz die Grundabsicht der Analogielehre verloren; denn für diese gilt: wenn immer ein profaner Ausdruck (wie Sein) in der religiösen Sprache verwendet wird, dann ist seine religiöse Bedeutung *teilweise* mit der profanen Bedeutung identisch, während in der negativen Theologie *immer* eine Negation mitgedacht wird. Für Przywara muß daher letztlich alles Profane mysteriös sein.

17 Vergleiche das Vorwort zur ersten Auflage von AE.

Auswahl aus der Primärliteratur

1939　Geist in Welt. Zur Metaphysik der endlichen Erkenntnis bei Thomas von Aquin. München. Neu bearbeitet von J. B. Metz. 3. Aufl. 1964. Zitiert nach der 1. Auflage. **GW**

1941　Hörer des Worts. Zur Grundlegung der Religionsphilosophie. München. Neu bearbeitet von J.B. Metz. 2. Aufl. 1969. Als TB Freiburg 1971. Zitiert nach 2. Aufl. **H**

1976　Grundkurs des Glaubens. Einführung in den Begriff des Christentums. Freiburg. 10. Aufl. 1978. Zitiert nach der 1. Auflage. **GG**

1979　Was sollen wir glauben? Ein Theologe stellt sich den Glaubensfragen einer neuen Generation. Zusammen mit K.-H. Weger. Freiburg.

Schriften zur Theologie in mehreren Bänden. Einsiedeln / Zürich ab 1954. **ST**

Theologische und philosophische Zeitfragen im katholischen deutschen Raum (1943). Hg. von H. Wolf. Stuttgart 1994.

Im Gespräch. 2 Bände. Hg. von P. Imhof und H. Biallowons. München 1982 / 1983.

Karl Rahner. Bilder eines Lebens. Hg. von P. Imhoff und H. Biallowons. Zürich / Freiburg 1985.

Bibliographien

Bleistein, R./ Imhof, P./ Klinger, E./ Raffelt, A./ Treziak, H. (Hg.): Bibliographie Karl Rahner 1924–1979. Freiburg 1979.

Imhof, P./ Meuser, E.: Bibliographie Karl Rahner 1979–1984. In: Klinger, E./ Wittstedt, K. (Hg.): Glaube im Prozeß. Christsein nach dem II. Vatikanum. Für Karl Rahner. Freiburg 1984.

Rahner wächst als Sohn eines Gymnasialprofessors in Freiburg auf. In der gut katholischen Familie fühlen sich Hugo und Karl Rahner früh zum geistlichen Beruf bestimmt. Nach dem Scheitern einer philosophiegeschichtlichen Promotion Karl Rahners in Freiburg wendet dieser sich ganz der Theologie zu. Die Ausbildung und die spätere Lehrtätigkeit im Jesuitenorden bestimmen seine Denkweise so sehr, daß er sich ganz als «Schultheologe» fühlt, der selbst in seinen kritischen und revolutionären Schriften immer von der Tradition ausgeht und von dort in das Neuland vorstößt. Sein Arbeitsgebiet wird die Dogmatik, die er aus ihren engen Fesseln zu lösen und an die ursprünglichen Quellen anzubinden sucht. Er entwickelt sich zu einem jener Theologen, welche die neuthomistische Schultradition sprengen und den Katholizismus mit der neuzeitlichen Philosophie konfrontieren. Die Lehrtätigkeit in Innsbruck, zahlreiche Vorträge, umfangreiche Herausgebertätigkeit bei bedeutenden Lexika, Handbüchern und Reihen[18] und die – trotz schwieriger Diktion – weite Verbreitung seiner Bücher machen ihn zum gefragten und einflußreichen Dogmatiker, der sogar im II. Vatikanischen Konzil als Experte («Peritus») tätig wird. Aber seine Bemühungen um Neuerungen stoßen gerade in der nachkonziliaren Zeit immer wieder auf Widerstände, die ihn an die Grenze der Verurteilung bringen. Besonders im letzten Lebensjahrzehnt häufen sich reaktionäre und kritische Stimmen[19]. Sie sind von der Sorge bestimmt, daß in solchen Synthesen mit der Moderne das spezifisch Christliche aufgegeben und die Kirche der allgemeinen Richtungslosigkeit ausgeliefert wird. Der «postmodernistische» Thomismus ist schließlich angetreten, um die neuzeitliche Philosophie durch den Thomismus zu befruchten, nicht aber um diesen in das neue Denken hinein *aufzulösen*. Ob man bei solchen Befürchtungen auch Rahners «transzendentale Christologie» einbeziehen muß, bleibt allerdings umstritten; jedenfalls hat die innere Dynamik in Rahners Reformversuchen der Schultheologie den Dialog mit der Moderne ermöglicht, der nicht mehr einfach rückgängig gemacht werden kann.

18　So bei der zweiten Auflage des «Lexikons für Theologie und Kirche», der Reihe «Quaestiones disputatae», ferner des «Handbuchs der Pastoraltheologie».

19　H. M. Schmidinger verweist auf Przywara, Siewert und von Balthasar, die selbst an der Öffnung des Dialogs beteiligt waren; analoge Bedenken werden bei den Franzosen laut; hier sind Gilson und Maritain zu nennen (Vgl. Coreth u. a. (1988) Band 2. S. 569).

b. Die Öffnung zur Moderne

Rahners *Öffnung des Thomismus* zur Moderne erfolgt durch die Einbeziehung von *transzendentalphilosophischen* und *existential-phänomenologischen* Einsichten, die einerseits durch die Vorarbeiten Maréchals, andererseits durch die Ausbreitung von Heideggers «Sein und Zeit» auf Rahner Einfluß gewonnen haben. Rahner hat zwei Jahre lang in Freiburg Philosophie studiert, wo Heideggers Philosophie ihre Kreise zog. Dabei steht Heidegger für Rahner noch ganz in der phänomenologischen Tradition. Er versteht die Fundamentalontologie als Lehre vom menschlichen Subjekt und als Anwendung des Transzendentalismus und der Phänomenologie auf die menschliche Existenz.

Schon die erste Arbeit «Geist in Welt» zeigt, daß nach Rahners Auffassung die entscheidenden Aussagen über das Verhältnis des Menschen zur Transzendenz bereits in der thomistischen Metaphysik verborgen sind. Das ist nicht selbstverständlich; denn bei dem Aristoteliker Thomas bezieht sich die menschliche Erkenntnis zuerst auf die in Raum und Zeit materiell gegebene Welt[20]. Dann kann man aber fragen, wie hier Metaphysik möglich sein soll, wenn eben diese Welt nach Kant nur Erscheinung, nach Heidegger nur ein in Zeitlichkeit und Geschichtlichkeit Eingebundenes ist. Rahner übernimmt voll die bei Kant vorausgesetzte *Wende zum Subjekt*. Doch das metaphysische Problem der Erkenntnis besteht bei Rahner nicht in dem Überstieg vom Subjekt in ein Transzendentes, etwa in die Welt der Noumena und der Dinge an sich oder gar in eine realistische Überwelt. Der transzendentale Gedanke, der von den apriorischen Bedingungen für die Erkenntnis ausgeht, verlagert die Metaphysik vielmehr in den *Ursprung* des Erkenntnisvorgangs. Das bedeutet, daß in der Erfahrungserkenntnis immer schon ein metaphysisches Seinsverständnis als notwendige Bedingung ihrer Möglichkeit mitgesetzt ist. Durch dieses Seinsverständnis wird das Verständnis des geschichtlichen Menschen in seinem Verhältnis zum überzeitlichen Absoluten mitgegeben. Denn Endlichkeit und Geschichtlichkeit sind nur denkbar, wenn eine Grenze existiert, zu der es ein Außerhalb, ein Transzendentes gibt. Dieses wird in der thomistischen Metaphysik als Grund gedacht und bei Rahner als transzendentale Bedingung verstanden. Somit ist Metaphysik «nur die reflexe Auslegung des eigenen Grundes jeder menschlichen Erkenntnis, der immer schon als solcher in ihr von vornherein mitgesetzt ist» (GW 283). In der Metaphysik entdeckt der an die Grenze stoßende Mensch das, was er immer schon kannte und als offenes Wesen der Freiheit immer schon war. So wird in der Metaphysik keine jenseitige (transzendente) Welt enträtselt, sondern das erkannt, was immer schon als Bedingung, also transzendental, mitgegeben und daher letztlich auch erschlossen war.

Für unser Generalthema «Mensch und Transzendenz» interessant wird dieser Gedanke der Transposition der Metaphysik vom Transzendenten auf das Transzendentale durch seine Anwendung auf das Gottesproblem. Dies geschieht erstmals ausführlich in Rahners Buch *«Hörer des Worts»*.

Dort verwandelt sich die Metaphysik zur theologischen Anthropologie und Religionsphilosophie, genauer zur Lehre vom *Menschen vor Gott*. Die Ausweitung zur Fundamentalontologie vollzieht sich schließlich im dritten Werk «*Grundkurs des Glaubens*».

Die über die Metaphysik hinausgehende These, daß die Bedingung der Möglichkeit von Erkennen ein Wesen erschließt, das nicht nur *offen*, sondern *auf Gott und sein Wort hin offen* ist, und damit einen Gotteserweis impliziert, stellt sich zu Kants Kritik der Gottesbeweise quer. Rahner versucht, trotz des transzendentalen Ansatzes eine Versöhnung mit dem Gedanken der objektiven Erkenntnis eines transzendenten Gottes herbeizuführen. Er übernimmt zwar Kants Einsicht, daß Gott nicht Gegenstand der nur auf Erscheinungen bezogenen Erfahrung werden kann. Aber während Kant die transzendentale Subjektivität in ihrer geradezu göttlichen Autonomie einfach stehen läßt, reflektiert Rahner die in ihr verborgene Freiheit und fragende Offenheit.

---

20 Vgl. Thomas: Summa contra gentes II, 96. Leipzig 1935.

Als Kant-Interpret weiß er, daß sich die Erfassung dieser letzten Bedingungselemente nicht direkt im Bewußtsein abspielen kann, sondern nur in der *nachträglichen* Reflexion dessen, was im Bewußtsein ist. Rahner nennt dieses unthematische Wissen ein «mystagogisches» Gottfinden in den Dingen (ST VII, 22)

Rahners Rede von Gott ist keine analoge Rede; denn die klassische Analogie-Lehre betrachtet analoge Begriffe als Zwischenbegriffe zwischen Univokation und Äquivokation[21]. Für Rahner liegt das Gemeinte aber eine Schicht tiefer: «Die Transzendenz ist das Ursprünglichere gegenüber den kategorialen, univoken Einzelbegriffen» (GG 80). Wenn Rahner von Analogie spricht, dann nur von «Analogie in einem tieferen Sinn». So heißt es in GG auf S. 81: «Wir selber – so könnte man sagen – existieren analog durch unsere Gründe im heiligen Geheimnis, das sich uns immer entzieht, indem es uns selber immer konstituiert ...»

In GG setzt Rahner bei der Erfahrung der radikalen Fraglichkeit des Menschen ein. Der entscheidende Gedanke ist, daß in dieser Erfahrung der Mensch bereits über seine ihn bedrängende Endlichkeit hinausweist. «Indem er die Möglichkeit eines bloß *endlichen* Fragehorizontes setzt, ist diese Möglichkeit schon wieder überholt, erweist sich der Mensch als das Wesen eines *unendlichen* Horizontes. Indem er seine Endlichkeit radikal erfährt, greift er über diese Endlichkeit hinaus, erfährt er sich als Wesen der Transzendenz, als Geist» (42/43). So wird schon im staunenden oder auch im verzweifelten Fragen, das die Erfahrung der Grenze voraussetzt, ein Wissen um die jenseits der Grenze liegende Unendlichkeit mitgedacht: *die Transzendenz ist die Bedingung der Möglichkeit, die eigene Endlichkeit zu denken*. Weil das Nichts nicht begründet, kann diese Bedingung keine Täuschung sein. Außerdem ist für Rahner die Transzendenz nicht leer, sondern in ihrem Wesen Verantwortung und Freiheit: «Wenn der Mensch wirklich Subjekt ist – Wesen der Transzendenz, Verantwortung und Freiheit, das als sich selbst anvertrautes Subjekt sich auch schon immer in Unverfügbarkeit hinein entzogen ist, – dann war damit im Grunde schon gesagt, daß der Mensch das auf Gott verwiesene Wesen ist, dessen Verwiesenheit auf das absolute Geheimnis ihm dauernd als Grund und Inhalt seines Wesens von diesem Geheimnis zugesagt ist» (54). Die transzendentale Erfahrung des Subjekts enthält als ein anonymes Wissen von Gott alle Bedingungen des personalen Seins. Der Mensch hebt sich als geistige Person von der Welt der Gegenstände und biologischen Zentren ab und «bejaht implizit in jeder Erkenntnis und jeder Tat als realen Grund das absolute Sein und dieses als Geheimnis» oder Gott (85). Zugleich steht das Subjekt in der Geschichte. Geschichtlichkeit wird ausdrücklich als Existential des Subjekts betrachtet (52). So ist der Mensch ein Zueinander von Transzendenz und Geschichte, das in der Selbstreflexion über die bloße Natur hinausweist und die Möglichkeit einer Offenbarung Gottes zuläßt.

Rahners große Entdeckung ist die in jeder Religion, in jeder Weltanschauung, ja in jedem tiefer dringenden Erkenntnisakt und vor allem in jeder existentiellen Erfahrung von Leid, Ungerechtigkeit und Tod verborgene Offenheit für Transzendenz. Weil jeder Mensch als Wesen der Freiheit an die Grenzen seines Daseins stößt, gibt es keine *wesensmäßige* Indifferenz sondern nur vorübergehende Blindheit und theoretische Bagatellisierungen der Herausforderungen als unerklärbare Tatsachen oder «bruta facta». Insofern könnte man hier von einer «anonymen *Transzendenzerfahrung*» sprechen, die im Wesen der Endlichkeit liegt[22]. Bei Rahner aber ist die Rede vom «anonymen Christentum» und vom Menschen «als die Chiffre Gottes» (GG 222). Damit ist die Offenheit des Menschen für die *Offenbarung gezeigt*, insbesondere auch für die Offenbarung im Sinne der christlichen Verkündigung. Rahner schließt also die Heideggersche Lösung aus, wonach das Transzendente das Nichts bedeutet, das allein die Endlichkeit im Voll-

---

21 Vergleiche die Darstellung bei Przywara in 24.21.
22 Diese Erfahrung kann auch als Kontingenzerfahrung aufgefaßt werden. Der Mensch ist das Wesen, das Kontingenz erfahren kann. Der von dem transzendentalen Ansatz unabhängige Kontingenz-Begriff umfaßt alle wichtigen Wesenszüge, die sich aus der Fragwürdigkeit eines aus Freiheit lebenden Wesens ergeben. Vergleiche dazu: K. Wuchterl: Analyse und Kritik der religiösen Vernunft. Bern 1989, S. 71; zur Indifferenz siehe S. 121.

sinn des Wortes ermöglicht. Die Erfahrung von Sinn ist für Rahner hinreichend, um von einem undurchschaubaren Geheimnis, vom Unsagbaren, Namenlosen, Schweigenden und vom erblindeten Antlitz zu sprechen (56) und dies als *Gottes*erfahrung zu deuten, die dann in der historischen Offenbarung in Jesus Christus ihre inhaltliche Fülle erhält.

In Rahners These von der unthematischen Seins- und Gotteserfahrung sind also *zwei* Momente enthalten: das Bewußtsein der Offenheit und Freiheit des menschlichen Geistes *und* die Überzeugung von der fundamentalen historischen Wahrheit dieses Bewußtseins als eines Stehens vor Gott, das Projektions- und Illusionsthesen ausschließt. Rahner glaubt, daß beides wesentlich zusammengehört[23]. Denn jedes Weltbild setzt Strukturen in dem Sinne voraus, «daß Sinn, Zusammenhang, gegenseitige Bezogenheit zwischen der Vielfalt der Weltdinge obwaltet, die zu einem Gebilde für uns zusammengefügt werden und so eine der Vielfalt vorausliegende *ursprüngliche* sinnhafte Einheit mitbejaht» (ST III,458f). Mit diesem folgenschweren zweiten Schritt wurde der *Philosoph* Rahner bereits zum *Theologen*, dessen Haupttätigkeit sich dann in der Analyse der faktischen Offenbarung fortsetzt.

24.23   Edith Steins Weg von der Frühphänomenologie zur Fülle des thomistischen Seins

Edith Stein gilt als Phänomenologin und Thomas-Interpretin. Ihre Konversion zum Katholizismus verschiebt die Gewichte jedoch eindeutig auf die Glaubenswelt. Zwar kann man im Sinne von Peter Wust[24] das Wesen der Frühphänomenologie, der Stein, die «Philosophin der Wesensschau»[25], letztlich verhaftet bleibt, als metaphysische Hinwendung zum Sein deuten, doch erfaßt die Phänomenologie noch nicht die religiöse Fülle des Seins, die bei Thomas und Stein zur Entfaltung kommt. Steins Vorgehen ist also weniger ein Fruchtbarmachen der phänomenologischen Methode für die Neuscholastik[26], als eher das Ergreifen der Möglichkeit, aufgrund der neuen phänomenologischen Offenheit den Sprung in den christlichen Glauben zu wagen. Insofern steht Stein Wust näher als Scheler.

a. Biographie und Bibliographie

Lebenslauf

Geboren am 12.10.1891 in Breslau. Studium der Psychologie, Philosophie, Geschichte und Germanistik in Breslau, Göttingen und Freiburg. 1915 Staatsexamen für das Höhere Lehramt. 1916 philosophische Promotion in Freiburg und Privatassistentin bei Husserl. Ab 1918 Vorlesungstätigkeit in Breslau. 1922 Konversion zum Katholizismus. 1923 Lehrerin in Speyer. 1932 im Karmel von Echt/Holland. 1942 Verhaftung und am 9.8. Tod in Auschwitz. 1987 Seligsprechung.

Auswahl aus der Primärliteratur

1917   Zum Problem der Einfühlung. Halle. Nachdruck München 1980.
1922   Psychische Kausalität. Individuum und Gemeinschaft. In JPPF Band 5. Nachdruck Tübingen 1970.
1925   Eine Untersuchung über den Staat. In JPPF Band 7. Zusammen mit (1922) Nachdruck Tübingen 1970.
1931   Das Ethos der Frauenberufe. Augsburg.
1932   Des heiligen Thomas von Aquino Untersuchungen über die Wahrheit. 2 Bände (Herausgeberin). Breslau. In GW 3/4.
Gesamtwerk in 14 Bänden hg. von L. Gelber und R. Lenzen. Löwen / Freiburg ab 1950. **GW**
Band 2: Endliches und Ewiges Sein. Versuch eines Aufstiegs zum Sinn des Seins. 1950. Neuauflage 1986. **EES**

---

23 Zur Kritik siehe z.B. K.-H. Weger: Rahner. In: Argumente für Gott. Freiburg 1987, S.299f. Außerdem dürften Wissenschaftler im Zeitalter der Lehre von der Selbstorganisation Schwierigkeiten mit dem bei Rahner und vielen anderen als selbstverständlich vorausgesetzten Freiheitsbegriff haben.
24 Vergleiche unten 24.33.
25 So Przywara in «Die Frage Edith Stein», in: Herbstrith (1983) S.186.
26 Wie bei Herbstrith behauptet; vergleiche (1988) S.664.

Band 6: Welt und Person. Beiträge zum christlichen Wahrheitsstreben. 1962.
Band 7: Aus dem Leben einer jüdischen Familie. 1985.
Band 8: Selbstbildnis in Briefen. 1.Teil 1916–1934. 1976.
Band 9: Selbstbildnis in Briefen. 2.Teil 1934–1942. 1977.
Band 18: Einführung in die Philosophie. 1991.
Husserls Phänomenologie und die Philosophie des heiligen Thomas von Aquino. In: Festschrift Edmund Husserl. Zum 70. Geburtstag. Tübingen 1929. 2. Aufl. 1974. **HUT**
Wege der Gotteserkenntnis. In: Tijdschrift voor Philosophie 8/1946.

Bibliographien

Bejas, A.: Edith Stein – Von der Phänomenologie zur Mystik. Frankfurt / Berlin / New York 1987. S. 149 ff.
Hauke, J. / Dick, G.: Edith-Stein-Forschung. In: Archiv für schlesische Kirchengeschichte 42/1984. S. 215 ff.

In ihren Erinnerungen «Aus dem Leben einer jüdischen Familie» berichtet Edith Stein von ihrer Kindheit und Jugend in einer typisch jüdischen, glaubensverbundenen Familie in Oberschlesien und Breslau. Ihr Vater betrieb ein Holzgeschäft und starb bereits in ihrem zweiten Lebensjahr. Edith, die jüngste der sieben Geschwister, entwickelte einen zu Extremen neigenden, äußerst kritischen Charakter. Sie liebte die Einsamkeit, blieb aber trotzdem der Familie innerlich stets verbunden. Während des Studiums in der Kleinstadt Breslau wandte sie sich vor allem der Psychologie zu[27], die auch in ihren späteren philosophischen Studien lange Zeit das Hauptthema blieb. Für ihre philosophische Entwicklung wurde der Wechsel an die Universität Göttingen ausschlaggebend, wo sie Husserl und Reinach in die Phänomenologie einführten. Von Bedeutung, besonders für ihren religiösen Weg, war der Einfluß Schelers, der damals in Göttingen zahlreiche Studenten in seinen Bann schlug und religiös beeinflußte[28]. Staatsexamen und Promotion waren von Lazarettdienst und Aushilfe an einer Schule in Breslau begleitet. Während der zweiten Kriegshälfte arbeitete Stein in Freiburg bei Husserl als Privatassistentin. Sie transkribierte stenographische Manuskripte und bearbeitete die Vorlesungen über das Zeitbewußtsein, Vorstufen zu «Erfahrung und Urteil» und die Ausführungen für die IDEEN II. Als Frucht dieser Tätigkeit entstanden drei phänomenologisch geprägte Abhandlungen: «Psychische Kausalität», «Individuum und Gemeinschaft» und «Eine Untersuchung über den Staat», die als Fortsetzung der Arbeit über die Einfühlung, dem Thema der Dissertation, verstanden werden können. Trotz der engen Kontakte zu Husserl erhielt sie von diesem während ihrer Freiburger Zeit keine nennenswerte Unterstützung für ihre Habilitation.[29]

Inzwischen hatte sich im Inneren der Atheistin Stein ein Wandel vollzogen, der sie allmählich zum «so gut wie ausschließlich religiös bestimmten Menschen»[30] werden ließ. Hedwig Conrad-Martius, enge Freundin und Taufpatin Steins, in deren Umgebung von Bergzabern sich 1922 die Konversion Steins zum Katholizismus vollzog und die selbst eine ähnliche Konversion zum Protestantismus durchlebt hat, sieht mit Peter Wust die Wende als Konsequenz aus der phänomenologischen Hingabe an die Sache selbst. Nach Wust soll «in der Intention jener neuen philosophischen Richtung etwas ganz Geheimnisvolles verborgen gewesen sein, eine Sehnsucht zurück zum Objektiven, zur Heiligkeit des Seins, der Reinheit und Keuschheit der Dinge, der Sache selbst»[31]. Stein gab nach der Konversion die wissenschaftliche Laufbahn auf und übernahm eine Stelle als Deutschlehrerin bei den Dominikanerinnen in Speyer. Die Bekanntschaft mit Erich Przywara führte sie wieder zur wissenschaftlichen Tätigkeit zurück, allerdings vollzog sich diese in eine völlig neue Richtung. Sie übersetzte J. H. Newmans Briefe und Tagebücher

---

27 Sie hörte u. a. bei Hönigswald (vgl. 11.34).
28 Vergleiche 14.1, wo von den zahlreichen Konversionen die Rede ist.
29 Siehe H. Ott: Edith Stein und Freiburg. In: Fetz (1993) S. 107 ff.
30 So Conrad-Martius in: Herbstrith (1983) S. 82.
31 Herbstrith a.a.O. S. 83.

und wandte sich schließlich Thomas von Aquins «Untersuchungen über die Wahrheit» zu. Stein verstand ihre Übersetzung nicht als historisch-philologische Arbeit, sondern als Hilfsmittel zur Verbreitung des thomistischen Gedankenguts für Menschen der Neuzeit. Daher enthält die Übersetzung viel Interpretatorisches, paßt sich der damals üblichen philosophischen Begrifflichkeit an und verzichtet auf die Darstellung von Varianten und Meinungen der Sekundärliteratur. Es handelt sich um die erste Übersetzung des Werkes ins Deutsche und sie wurde von zahlreichen Thomas-Kennern hoch gelobt. M. Grabmann schreibt im «Geleitwort»: «Sie hat, ohne die Eigenart der Thomistischen Terminologie zu verwischen, der Philosophie des heiligen Thomas ein modernes Sprachgewand verliehen und die Gedankengänge des Aquinaten in einem fließenden Deutsch wiedergegeben» (S. 6). Zwischen- und Schlußbemerkungen zu den einzelnen Quaestiones bieten eine weitere Hilfe zum Verständnis des Textes. Diese Arbeit regte Stein zugleich zu einem eigenen Werk «Akt und Potenz» an, das vor dem Eintritt in den Karmel 1933 entstanden sein muß, später von Stein wesentlich umgestaltet und als «Endliches und Ewiges Sein» neu konzipiert wurde. Das Werk sollte in Breslau erscheinen, wo bereits die Thomas-Übersetzung publiziert worden war. Doch die Drucklegung, die schon 1936 begonnen hatte, mußte 1939 eingestellt werden, weil die Autorin nichtarisch war. Die Veröffentlichung erfolgte erst 1950 posthum unter dem Titel «Endliches und Ewiges Sein. Versuch eines Aufstiegs zum Sinn des Seins». Inzwischen war Stein in das Karmeliterkloster in Köln eingetreten. Ihre beiden letzten Arbeiten betrafen Themen der mystischen Theologie um Dionysios Areopagita und Johannes vom Kreuz.

Mit der Herrschaft des Nationalsozialismus begann der Leidensweg der Philosophin: 1933 mußte sie ihre erst neu angetretene Dozentenstelle in Münster aufgeben. Ihr Versuch, sich in Freiburg zu habilitieren, scheiterte im gleichen Jahr. 1938 ging sie nach der «Kristallnacht» aus Sicherheitsgründen in den holländischen Karmel van Echt. Dort erfolgte 1942 die Verhaftung durch die Gestapo und der Abtransport ins Vernichtungslager Auschwitz, wo sie zusammen mit ihrer Schwester Rose den Tod fand. Schon als Ordensschwester entwickelte sich in ihr eine problemlose und aufrichtige Frömmigkeit von stark mystischer Prägung. Es ist die Rede von einer kindlichen, künstlerischen und heiligen Sachlichkeit[32], die in geistigen Kontroversen sehr bestimmt werden konnte. Von Augenzeugen wissen wir, daß sie in den schlimmsten Tagen vor dem Tod vielen ein Vorbild war. Ihre selbstlose Aufopferung und ihr vorbildhaftes Leben führten schließlich 1987 zur Seligsprechung durch Papst Johannes Paul II.

b. Die Phänomenologin

Edith Stein geht in ihrem Studium ganz im Göttinger Phänomenologen-Kreis auf. Ihre Dissertation über *Einfühlung* ist *methodisch* der eidetischen Phänomenologie verpflichtet, *inhaltlich* zielt sie aber auf die Grundlegung einer neben der Transzendentalphänomenologie stehenden *verstehenden* Psychologie im Sinne Diltheys. Der von Stein verwendete Konstitutionsbegriff hat nichts mit der *transzendentalen* Konstitution der IDEEN zu tun, sondern meint schlicht die Entdeckung des Menschen als Leib-Seele-Wesen im Verlaufe der phänomenologischen Gegenstandsbetrachtung[33]. Der Einfühlungsakt wird bei Stein von anderen Bewußtseinsakten abgegrenzt und dabei den Einfühlungstheorien von Theodor Lipps, Dilthey und Scheler gegenübergestellt. Durch die im Bewußtsein vollzogene Objekt-Konstitution löst sich der Mensch aus dem blinden, allein durch Kausalität bestimmten Naturzusammenhang und tritt der Natur als *Geist* gegenüber. Zur Konstitution der *Person* zählt Stein jedoch noch eine zusätzliche, über die Objektsetzung hinausgehende Möglichkeit der Verknüpfung von geistigen Akten, die durch die

---

32 Nach Conrad-Martius. Siehe Selbstrith a.a.O. S. 93.
33 Insofern ist R. Ingarden zu widersprechen, der behauptet, Steins Abhandlung stehe den IDEEN nahe. Vergleiche das Zitat bei Herbstrith (1988) S. 654.

«*Motivation*» bewirkt wird. Diese ist nicht auf Einzelsubjekte bezogen, sondern betrifft das erlebbare Sinnganze auch für andere Subjekte. So nimmt Stein hier einige Überlegungen Husserls zur Intersubjektivität[34] und zur intentionalen Psychologie[35] vorweg, ohne diese allerdings zu einer befriedigenden Gesamtlösung ausbauen zu können. Stein stellt der Ontologie der *Natur* eine Ontologie des *Geistes* entgegen, in der die Grundzüge und Ordnungen jener geistigen Gesetzlichkeiten dargestellt werden. Die psychische Kausalität ist der ersten, die Einfühlung als Verstehen geistiger Ordnungen der zweiten zuzuordnen. Einfühlung ist so ein spezifischer Akt der Erkenntnis und alles andere als gemütsgebunden. Sie garantiert den Zugang zum menschlichen geistigen Sein. Sinn dieser Analysen und Unterscheidungen ist die Ausarbeitung einer Lehre vom Aufbau der menschlichen Person[36], ein Thema, das auch die folgenden phänomenologischen Abhandlungen und vor allem auch die Beschäftigung mit den Lehren von Thomas bestimmt.

In den phänomenologischen Abhandlungen von 1922 und 1925 ist weiterhin ausschließlich von der phänomenologischen Intuition die Rede, in der die Objekte sich dem Bewußtsein in ihrer Selbstgegebenheit präsentieren; die transzendentale oder gar genetische Rechtfertigung, die in Husserls Denken damals bereits ein fortgeschrittenes Stadium erreicht hat, fehlt vollständig. Andererseits bietet die Ausarbeitung der grenzenlosen Eidetik von Bewußtseinsregionen eine einfache Möglichkeit, über das Einzelindividuum zu den Phänomenen der Gemeinschaft und schließlich des Staates fortzuschreiten. Sowohl die naturhafte organische Verbindung von Individuen mit der *Gemeinschaft*, – im Gegensatz zur Gesellschaft als rationaler mechanischer Zusammenschluß der einzelnen, – als auch der Staat tragen eine «ontische Struktur», die es zu beschreiben gilt. Damit ist für Stein ein Kosmos von ontischen Ordnungen vorgegeben, der schließlich auch in der thomistischen Seinsordnung wiederentdeckt werden kann.

c. Die Thomistin

Der Übergang zum Thomismus Steins läßt sich nicht mehr rein phänomenologisch nachvollziehen.[37] Zwar verweist Stein in ihrem Beitrag zur Festschrift, in der Husserl anläßlich des 70. Geburtstages geehrt wird, auf gewisse Übereinstimmungen im Denken von Thomas und Husserl. Sie zählt die Sicht der Philosophie als strenge Wissenschaft auf[38], ferner die «Methode der Einzelanalysen» (HUT 328), die verwandten Wahrheitsbegriffe (320) und den intuitiven Charakter der Wesenserkenntnis (331), die Anerkennung von Prinzipien und Wesenheiten (333). Aber trotz allem besteht ein Kontrast. Mit Recht sieht Przywara in Steins Untersuchung den Versuch, «die Phänomenologie Edmund Husserls und die Philosophie und Theologie Thomas von Aquins Aug' in Aug' zueinander zu stellen».[39] Es liegt eher eine *Konfrontation* der klassischen Scholastik mit der phänomenologischen Bewegung vor, keine Synthese. Stein nennt mehr *Differenzen* als Gemeinsamkeiten:

---

34 Siehe oben 6.13. Nach A.C. Fidalgo (Edith Stein, Theodor Lipps und die Einfühlungsproblematik, in Fetz (1993) S. 90ff) enthält die Art, wie Stein die Einfühlung für die Intersubjektivitätsproblematik einsetzt, bereits den Keim zum Bruch mit Husserl. In der Tat ergeben sich auch bei dieser Schwierigkeiten mit der Kohärenz seines Denkens, sobald er das alter ego thematisiert.
35 Vgl. Abschnitt B des III. Teils der KRISIS Husserls; siehe dazu 6.22.
36 Vergleiche die Selbsteinschätzung in «Aus dem Leben einer jüdischen Familie». S. 279.
37 Dagegen bezweifelt P. Schulz (in dem Beitrag «Die Schrift ‹Einführung in die Philosophie›» in: Fetz(1993) S. 228ff) eine Zäsur zwischen der phänomenologischen und der scholastischen Arbeitsperiode.
38 Vgl. HUT 315. Hier sind allerdings Zweifel angebracht, ob bei Thomas der neuzeitliche Begriff der «strengen» Wissenschaft überhaupt anwendbar ist. Dieser Terminus bedeutet für Stein nur, «daß Philosophie keine Sache des Gefühls und der Phantasie, der hochfliegenden Schwärmerei oder auch der persönlichen Ansicht, sozusagen Geschmacksache ist, sondern eine Sache der ernst und nüchtern forschenden Vernunft» (316).
39 Die Frage Edith Stein. In: Herbstrith (1983) S. 178. – Bei Fetz (1993) wird dagegen wieder der «Vermittlungsversuch» in den Vordergrund gestellt. Vergleiche Einleitung, S. 10.

- Für Husserl ist ratio nur natürliche Vernunft, während Thomas auch die übernatürliche Vernunft kennt.
- In Husserls transzendentaler Kritik wird der naive Realitätsbegriff von Thomas außer Kraft gesetzt.
- «Die Phänomenologie geht so vor, als gäbe es für unsere Vernunft prinzipiell keine Grenzen» (317). Für Thomas dagegen ist das nie zum Ziel Kommen der endlichen Vernunft Indiz für den Bruchstückcharakter der Philosophie.
- Für Husserl ist der Glaube zuständige Instanz nur auf religiösem Gebiet. Das phänomenologische Verfahren als philosophische Methode schließt daher den Glauben aus. Für Thomas ist der Glaube dagegen auch ein Weg zur Wahrheit, nämlich zu den Wahrheiten, die den Menschen sonst verschlossen sind. Thomas lehrt daher eine materiale und formale Abhängigkeit der Philosophie vom Glauben (320).
- Die Phänomenologie ist egozentrische, die thomistische Philosophie theozentrische Orientierung (326). Für Husserl ist das Subjekt Ausgangs- und Mittelpunkt der philosophischen Forschung. Die in Akten aufgebaute Welt ist eine Welt für das *Subjekt*. Für Thomas ist dagegen *Gott* Prinzip und Kriterium aller Wahrheit (325). Deshalb muß zuerst die Gottesidee entwickelt und dann erst das abgeleitete Sein betrachtet werden.
- Husserl geht es in den Wesensanalysen um formale und materiale Ontologie, nicht um die Wissenschaft von *dieser* Welt. Diese Welt ist nur eine der möglichen, wesensmäßig erschlossenen Welten. Thomas dagegen betreibt Metaphysik im Sinne einer Wissenschaft von eben *dieser* Welt. Die traditionelle Metaphysik kennt die strenge Trennung zwischen Wesen und Faktum nicht.[40]

Bei Husserl und Stein geht es um die *Wesensschau*, bei Thomas um *das reale Sein*. Daß dies keine nur akademische Differenzierung betrifft, zeigt sich z. B. bei der Behandlung des Bösen, das für die Phänomenologie eine bestimmte Wesenheit darstellt, von Thomas dagegen als Seinsberaubung oder privatio gedeutet wird. Eine gewissen Nähe zwischen Husserl und Thomas entsteht erst in der Gegenüberstellung zu Heidegger. Nach der damals üblichen Heidegger-Deutung argumentiert dieser auf anthropologischem Boden, während Husserl und Thomas eine Ontologie beziehungsweise Metaphysik des Kosmos geben. Steins eigenes philosophisches Bemühen läßt sich als Vermittlung von Kosmos und Mensch verstehen: durch die Handlung Gottes als *Ewiges Sein* gelingt das Zueinander des *endlichen Seins* von Kosmos und Mensch.

Die Thematik «endliches und ewiges Sein» entfaltet Stein in ihrem gleichnamigen Hauptwerk. Im Vorwort beschreibt sie ihren Sprung in den Glauben unabhängig von phänomenologischen Gedankenentwicklungen. Sie hatte aufgehört, philosophisch zu arbeiten und inzwischen «den Weg zu Christus und Seiner Kirche gefunden und war damit beschäftigt, die praktischen Folgerungen daraus zu ziehen» (EES VIII). In ihr erwachte der Wunsch, die gedanklichen Grundlagen dieser neuen Welt kennen zu lernen. Auf diese Weise stieß sie, unter Anregungen von Przywara und des Ordens, auf Thomas von Aquin.

Im Mittelpunkt des Werkes EES stehen die *Frage nach dem Sein* und das «Bemühen um eine Verschmelzung von mittelalterlichem Denken mit dem lebendigen Denken der Gegenwart ...» (IX).[41] Stein geht von der thomistisch-aristotelischen *Akt-Potenz-Lehre* aus, wendet diese aber

---

40 Hier wird deutlich, wie problematisch die großzügige Identifizierung von eidetischer Phänomenologie und Metaphysik bei Peter Wust ist. (Vgl. 24.33).
41 Stein verteidigt die Möglichkeit einer christlichen Philosophie (I. §4) unter Berufung auf J. Maritains Unterscheidung von Natur und Zustand der Philosophie. Für Stein betreibt Thomas von Aquin Philosophie als eine natürliche Wissenschaft. Er ist überzeugt, daß sich dessen Aussagen über Gott auch «rein philosophisch» fassen lassen, «obwohl dieser Sinn sich erst den Denkern erschlossen hat, die durch die Offenbarung Gott als Schöpfer kennen gelernt hatten» (2). Bedeutsam ist die Aussage: «Wenn der Philosoph seinem Ziel, das Seiende aus dem letzten Seienden zu verstehen, nicht untreu werden will, so wird er durch seinen Glauben genötigt, seine Betrachtungen über den Bereich dessen hinaus, was ihm natürlicherweise zugänglich ist, auszudehnen» (23).

sogleich auf das Gottesproblem an und stößt so auf den Analogie-Gedanken: «Nichts kann im gleichen Sinne von Gott und Geschöpfen gesagt werden» (1). Dieses spezifische Verhältnis nennt Stein mit Przywara analogia entis (2), versteht diese aber vor allem als analogia personae, das heißt als Analogie des personalen Gottes, die sich im biblischen «Ich bin der ich bin» ausdrückt.[42] EES ist zur gleichen Zeit entstanden wie Przywaras Werk «Analogia entis». Stein hatte zu Vorarbeiten des Buches Zugang und stand mit Przywara in engem Gedankenaustausch. Sie deutet ihr Buch als Explikation von Bewußtsein – Sein – Welt, wozu Przywaras Werk die Vorerwägungen durchgeführt hat. In der Realisierung beschränkt sie sich auf die beiden letzten Phänomene, weil die Wechselbezogenheit von Bewußtsein und gegenständlicher Welt in der transzendentalen Phänomenologie Husserls schon ausführlich analysiert worden ist.

Die Grundunterscheidung von aktuellem und potentialem Sein führt auf das *zeitliche* Sein, weil der Übergang beider der Zeit bedarf. Das Seiende, das zeitlich ist, «*besitzt* sein Sein nicht, sondern wird immer aufs Neue beschenkt». Das *Endliche* ist das, «was sein Sein nicht besitzt, sondern der Zeit bedarf, um zum Sein zu gelangen» (60). Wahrhaft unendliches Sein, das nicht enden kann, weil es Herr des Seins oder das Sein selbst ist, nennt Stein *ewiges* Sein.

Die zentrale Frage nach dem Sein wird in dieser Tradition ganz verschiedenartig beantwortet. Stein verfolgt in ihren Betrachtungen zwei Wege: den augustinischen, der beim Ich ansetzt, und den aristotelischen, der die Welt der sinnfälligen Dinge an den Anfang stellt. Es ist dabei notwendig, nicht nur zwischen endlichem und ewigem (unendlichem) Sein, sondern auch zwischen *Sein* und *Seiendem* zu unterscheiden. Das Seiende unterteilt sich seinem Inhalt nach in verschiedene Gattungen, denen verschiedene Seinsweisen entsprechen. Im Sein und im Seiendem entdeckt man wieder die Scheidung in Möglichkeit und Wirklichkeit. Fruchtbar erweist sich die Analyse der aristotelischen Begriffe on und ousia, die nach Stein bei Aristoteles zusammenfallen, von ihr aber weiter differenziert werden, wie sich aus folgender Übersicht ergibt (147):

SEIENDES (on)
I. Existierendes (ousia)
　　Einzelding (tode ti, prote ousia)
　　Wesensbestimmtheit　　als Wasbestimmtheit (Gattungs- und Artbestimmtheit; ti einai)
　　　　　　　　　　　　　als Sobestimmtheit (deutera ousia; poion einai)

II. Gedankliches Seiendes (logos noetos)

III. Wesenhaft Seiendes als Seinsgrund für Existierendes und Gedankliches (eidos; ontos on).
　　Wesenheiten (Seinselemente)
　　Washeiten (zusammengesetzte Sinngebilde)
　　　Logos (prote ousia, proton on)
　　　Sinn (Erstes Seiendes)

Die Unterscheidungen veranlassen Stein, die Frage zu stellen, ob es nicht gelingen könnte, «den Sinn des Seins und des Seienden als solchem herauszustellen» (257). Nach umfangreichen Analysen kommt sie zum Ergebnis: «Endliches Sein ist Entfaltung eines Sinnes; wesenhaftes Sein ist zeitlose Entfaltung jenseits des Gegensatzes von Potenz und Akt[43]; wirkliches Sein Entfaltung aus einer Wesensform heraus, von der Potenz zum Akt, in Zeit und Raum» (307). Im gedanklichen Sein schließlich ist die Möglichkeit einer neuen Denkbewegung begründet oder aber, wenn dem Gedankengebilde kein erfüllender sachlicher Sinn entspricht, bloßes Gedacht-Sein. Der gefundene Sinn des *Seins als Entfaltung* ist zugleich Offenbarsein und Offenbarwerden für einen

---

42　Siehe dazu K. Hedwig: Edith Stein und die analogia entis, in: Fetz (1993) S. 320 ff.
43　Auf diese Entfaltung beziehen sich offensichtlich die zahlreichen phänomenologischen Untersuchungen der Frühphänomenologen.

erkennenden Geist. Im vollen Sinn des Seins liegt die Fülle des Seienden, und zum Seinsbestand selbst gehören die Transzendentalien Einheit, Wahrheit, Gutheit und Schönheit. »Wir *meinen* diese ganze Fülle, wenn wir vom *Sein* sprechen« (308). Aber die Menschen sind als endliche Wesen unfähig, diese Fülle in ihrer Gesamtheit zu erfassen. Dies ist Gott vorbehalten. Er erscheint bei Stein als actus purus. Neben dem zeitlich begrenzten Sein muß das *reine* Sein gedacht werden, in dem nichts vom Nichtsein ist. Dies ist zugleich der reine Akt, weil hier die Gegensätze Potenz – Akt und Möglichkeit – Wirklichkeit wegfallen. Im Ewigen oder im ersten Seienden, das heißt im Sinne der analogia entis in Gott, fallen auch die Unterschiede von Sein und Seiendem sowie von Sein und Wesen zusammen. Die letzten Teile des Werkes sind einer Betrachtung dieses ewigen Seins gewidmet, die in der Explikation der Abbildung der Trinität in der Schöpfung und in der Behandlung der menschlichen Personalität kulminiert.

24.3 Peter Wusts christliche Anthropologie

Während die meisten katholischen Beiträge zur christlichen Philosophie stark von neothomistischen Einflüssen geprägt sind, bildet Peter Wust eine Ausnahme; er weiß sich in seinem stark existentiellen Anliegen eher der augustinisch-franziskanischen Tradition verpflichtet. Hier ist *Schelers* Einfluß offenkundig; doch übernimmt Wust nicht dessen phänomenologische Methode, sondern bleibt auf streng ontologischem Boden. Auf diesem errichtet er seine *christliche* Anthropologie.

24.31 Biographie und Bibliographie

a. Lebenslauf

Geboren am 28.8. 1884 in Rissenthal/Saarland. Studium der Anglistik, Germanistik und Philosophie in Berlin und Straßburg. 1908 Studienaufenthalt in England. 1910 Philologisches Staatsexamen. Höherer Schuldienst in Berlin, Neuß, Trier und Köln. Dazwischen 1914 philosophische Promotion in Bonn. 1930 Lehrstuhl für Philosophie in Münster. 1939 Aufgabe der Lehrtätigkeit wegen Krankheit. Wust stirbt am 3.4. 1940 in Münster.

Wust wuchs in ärmlichen Verhältnissen auf dem Land auf. Der Vater war Siebmacher. Durch Unterstützung des Dorfpfarrers gelang der Sprung auf das Gymnasium. Bitterste Not zwang ihn, trotz seines grenzenlosen Wissensdurstes und der Liebe zur Philosophie, sein «Brotstudium» schnellstens zu absolvieren. Die Tätigkeit als Studienrat gab ihm zwanzig Jahre lang die finanzielle Absicherung seiner Doppelbeschäftigung als Lehrer und philosophischer Schriftsteller. Zwar gelang ihm nebenher die Promotion bei Oswald Külpe über «John Stuart Mills logische Grundlegung der Geisteswissenschaften», doch scheiterten alle späteren Versuche zur Habilitation.

Die Ideen des Neukantianismus und seine schwärmerische Goethe-Verehrung[44] verdrängten früh seine anerzogene christliche Frömmigkeit und stürzten ihn in eine Glaubenskrise. Bei Kriegsausbruch erlag er, wie die vielen anderen, dem wilhelminischen Patriotismus, wurde aber aus Gesundheitsgründen nicht eingezogen. Erste Aufmerksamkeit erlangte er 1917 durch seine pädagogische Abhandlung «Die Oberrealschule und der moderne Geist», von deren Grundthese, daß diese Schulform die einzig wesensmäßige Schule des heutigen Menschen sei, er sich bald wieder distanzierte (GW V, 245). Das drei Jahre später erschienene Buch «Die Auferstehung der Metaphysik», das er krank und überarbeitet unter schlimmsten Bedingungen geschrieben hatte, machte ihn mit einem Schlag bekannt. Weitere Veröffentlichungen in Aufsatzform vor allem in der Zeitschrift «Hochland», ein umfangreicher Briefwechsel und seine Vorlesungstätigkeit stell-

---

44 Wust verweist darauf, daß sein Geburtstag mit Goethes Geburtstag und dem Todestag von Augustinus zusammenfällt. Er hat dies als besondere Fügung betrachtet, weil beide Denker im Zentrum seiner Gesamtschau stehen.

ten Verbindungen zu zahlreichen bedeutenden Zeitgenossen her: er korrespondierte mit Husserl und Keyserling, er lernte Scheler persönlich kennen, von dem er fasziniert und später wegen seines Glaubensabfalls bitter enttäuscht wurde. Er pflegte Freundschaft mit Edith Stein und knüpfte während eines Aufenthalts in Paris Beziehungen zu Charles Du Bos, Gabriel Marcel[45], Maurice Blondel und Jaques Maritain. Wust war längst zum Katholizismus zurückgekehrt, nicht zuletzt durch die Einflüsse von Scheler und dem «Hochland»-Herausgeber Karl Muth, die beide für die «Rückkehr des deutschen Katholizismus aus dem Exil» standen[46].

1930 wurde Wust Professor für Philosophie in Münster; ein lang ersehnter Wunsch ging endlich in Erfüllung. Seine Hauptaufgabe war die Einführung der Theologie-Studenten in die Philosophie. Bald zogen seine engagierten Vorlesungen Massen an, besonders nach der Verschärfung der politischen Lage. Wust hatte inzwischen die Verärgerung über die schwache Weimarer Demokratie überwunden und übernahm Schelers Überzeugung, daß nur ein vereinigtes Europa eine Zukunft habe. Unter diesen Bedingungen wurde er zum erbitterten Gegner des Nationalsozialismus. Nur seine Stellung als Ausbilder von Theologiestudenten und der Schutz durch Bischof von Galen bewahrten ihn vor Verfolgungen. Sein 1937 einsetzendes Krebsleiden war 1939 so weit fortgeschritten, daß er auch ohne politischen Druck die Vorlesungen einstellen mußte. Erst nach monatelangem Siechtum mit furchtbaren Schmerzen, die er in seinem christlichen Glauben standhaft ertrug, wurde er im April 1940 von den Leiden erlöst.

b. Auswahl aus der Primärliteratur Wusts

1914 John Stuart Mills Grundlegung der Geisteswissenschaften. Bonn.
1920 Die Auferstehung der Metaphysik. Leipzig. Neuauflage Hamburg 1963. In GW I. **AM**
1925 Naivität und Pietät. Tübingen. In GW II.
1927 Die Krisis des abendländischen Menschentums. Innsbruck/Wien/München.
1928 Die Dialektik des Geistes. Augsburg. In GW III.
1937 Ungewißheit und Wagnis. Salzburg/Leipzig. 7. Aufl. München 1962. In GW IV. **UW**
1940 Gestalten und Gedanken. Rückblick auf mein Leben. München 5. Aufl. 1961. In GW V
Der Mensch und die Philosophie. Einführung in die Hauptfragen der Existenzphilosophie. Hg. von A. Borgolte. Münster/Regensburg 1946. 2. Aufl. 1947. In GW IV. **MP**
Wege einer Freundschaft. Briefwechsel Peter Wust – Marianne Weber 1927 bis 1939. Hg. von W. T. Cleve. Heidelberg 1951.
Im Sinnkreis des Ewigen. Hg. von Herman Westhoff. Graz/Wien/Köln 1954. Neuauflage als «Existenz vor Gott». Berlin 1971.
Am Tor aller Geheimnisse. Aphorismen aus den Werken Wusts. Münster 1978. 2. Aufl. 1983.
Gesammelte Werke Münster/Regensburg ab 1963. Hg. von W. Vernekohl. **GW**

c. Bibliographie

Langenfeld, L.: Peter-Wust-Bibliographie. In GW VIII S. 463 ff.

24.32 Die Insecuritas humana als Wesenszug einer christlichen Metaphysik

Peter Wust vertritt eine Philosophie, die bewußt auf christlichem Fundament steht[47]. Ihr Wesen ist *Metaphysik*. Unter diesen Titel stellt Wust in seinem ersten philosophischen Werk «Die Auferstehung der Metaphysik»[48] alle Einwände gegen den Neukantianismus und Positivismus, um einer lebensphilosophischen Grundeinstellung den Weg zu bereiten. Später wird Metaphysik mehr oder

---

45 Beachtlich ist die Bemerkung von Marcel, daß ihn von den deutschen Philosophen nur Jaspers und Wust beeinflußt hätten (Geheimnis des Seins. Wien 1952. Vorwort an die Leser in deutscher Sprache).
46 Vergleiche den Titel von GS V.
47 Vergleiche z.B. Die Krisis des abendländischen Menschentums (In: Im Sinnkreis des Ewigen), S. 326, wo vom Händefalten an der ersten und vom Spekulieren erst an der zweiten Stelle die Rede ist.
48 Siehe unten 24.33.

weniger mit echter Philosophie identifiziert, wobei sich die lebensphilosophischen Motive einer durch existenzphilosophische Aspekte bereicherten christlichen Grundposition annähern. Das «naturhafte ‹metaphysische Denken›» wird zum «tiefsten Sinnfragen des Geistes» (MP IV 372), das uns die Natur aufgezwungen hat; es führt den Menschen an die Seinsabgründe heran (365). Aber eben diese Sinnfragen entfalten sich nicht im Angesicht des Nichts, sondern vor dem Hintergrund eines alles tragenden philosophischen Platonismus. Denn für Wust ist der Geist der christlichen Offenbarung identisch mit dem Geist der Metaphysik[49]. Und in diesem herrscht der Primat des Seins vor dem Bewußtsein. Das Ganze des Seins aber umfaßt mit letzter Gewißheit auch das absolute Sein, die Existenz Gottes. Wust weiß zwar, daß die *rationale* Begründung dieser Grunderfahrung stets unsicher bleibt. Seine gesamte spätere Philosophie seit der «Dialektik des Geistes» kreist um diese Ungewißheit und um die Versuche, sich trotzdem dem Absoluten anzunähern. Zur Begründung greift Wust aber nicht auf die thomistische Seinslehre zurück, sondern er argumentiert *anthropologisch* und entwickelt so eine christliche Anthropologie.

Am Anfang seines Spätwerkes «Ungewißheit und Wagnis» illustriert Wust an der Parabel des verlorenen Sohnes[50] seine Grundthese, daß die von allen Menschen erfahrene Ungesichertheit (insecuritas) Voraussetzung ist für jene besondere Art von Gesichertheit, die den Menschen über sich selbst hinausdrängt und für das Absolute öffnet (30). Dem elementaren, nie zu befriedigenden Drang nach Sicherheit entspricht auf der geistigen Ebene das Verlangen nach Gewißheit und im religiösen Bereich das Verlangen nach Heils- und Gottesgewißheit (41). Aber auch die schmerzlich erfahrene faktische Ungewißheit erhält einen positiven Sinn. Denn erst in der Unsicherheit wird die Totalität des Lebens sichtbar, «die ganze Dialektik des Lebens in seinem Wechselverhältnis von Gesichertheit und Ungesichertheit» (43).

Im Rückgriff auf Schelersche und Pascalsche Gedanken skizziert Wust so den Menschen als *animal insecurum*, das dem seinsbehüteten Tier als *animal securum* gegenübersteht. Der unaufhebbare Widerstreit zwischen Bios und Logos führt nicht nur zur Demütigung des Menschen, wie bei Ludwig Klages, sondern hebt ihn zugleich über sich hinaus: die Ungewißheit vor dem letzten Weltgeheimnis macht ihn frei für die übernatürliche Glaubensgewißheit (63). Weil der Mensch nicht nur Wesen der Ratio, sondern auch Wesen der Freiheit ist, entspricht der einfachen Form der die Gewißheit suchenden Ratio die einfache Form der Freiheit, nämlich der Wahlfreiheit. Doch dem Schicksal der in die insecuritas einmündenden Ratio steht die Notwendigkeit der Wahlfreiheit zur Seite, sich dem *Wagnis* hinzugeben. Dieses Wagnis der Freiheit wird bei Wust deutlich von den existentialistischen Entscheidungen Heideggers und Jaspers abgegrenzt (70), bei denen Wust einen absoluten Entscheidungsirrationalismus feststellt. Bei Wust steht das Sein weiter unter dem Prinzip der universellen Intelligibilität. Und weil er zugleich mit Scheler den Primat der Liebe vor den der Erkenntnis setzt, ist dieser Intelligibilität eine Liebeszuwendung vorgeordnet. Deshalb erhält der Abgrund der Bejahung und Liebe Vorrang vor dem Zweifel und dem Abgrund der Finsternis und Selbstsucht. So kann Wust von dem «geheimnisvollen Urbezug zwischen Verstocktheit und Verblendung auf der einen, zwischen liebender Willensgeöffnetheit und heiterer Klarheit des Geistes auf der anderen Seite» sprechen (73). Für Wust ist die urvertrauende Grundgesinnung der reinen Güte die conditio sine qua non für die Klarheit der Erkenntnis (77). Die zahlreichen Einzelbetrachtungen in UW zeigen immer wieder, daß die Metaphysik der Insecuritas humana die Möglichkeit der Heilsgewißheit nicht ausschließt und diese erst auf einer höheren Stufe der Unsicherheitserfahrung erlangt werden kann.

In «Der Mensch und die Philosophie» wird deutlich, daß die Charakterisierung Wusts als Existenzphilosoph nicht ganz in seinem Sinne ist[51]. Bei Heidegger und Jaspers sieht er «die

---

49 Vergleiche den Brief an Graf Hermann Keyserling (VIII 34).
50 Lukas 15,11–32.
51 Man beachte, daß Wust mit Existenzphilosophie vor allem die Lehren Heideggers und Jaspers' meint. Max Weber bezeichnet er als Vorläufer (!), Kierkegaard als Wegbereiter der Existenzphilosophie (IV 313 bzw. 315).

ernste Problematik der Existenzphilosophie geradezu erschüttert» (GW IV, 323), bei *Heidegger* wegen der Säkularisierung des wesentlich existierenden Menschen und wegen der einseitigen Auslieferung an Daseinsangst und Daseinsnot (322), bei *Jaspers* wegen seines radikalen Indifferentismus, der sich zwischen der radikalen Skepsis und dem radikalen philosophischen Glauben ausbreitet (323). Wust ist überzeugt, daß sich in der Alternative zwischen Nihilismus und Ewigkeitsglauben doch immer wieder der Unendlichkeitsanspruch im Innern des Menschen bemerkbar macht (GW IV, 57). Selbst bei Kierkegaard, dem er neben Jaspers[52] die größte Sympathie entgegenbringt, konstatiert Wust einen verderblichen Vernunftpessimismus und Entscheidungsirrationalismus, die der Ratio in keiner Weise gerecht werden (321).

24.33 «Die Auferstehung der Metaphysik»

Um die Jahrhundertwende schien die Metaphysik ihre Rolle als Königin der philosophischen Disziplinen ausgespielt zu haben. Im Neukantianismus lebte Kants Destruktion der Metaphysik fort; in der Lebensphilosophie stellt Metaphysik den Inbegriff der abstrakten und sterilen Lebensfeindlichkeit dar; in der früheren und mittleren Phänomenologie schließlich war Metaphysik geradezu zum überflüssigen Wort geworden. Nur die Denker in der thomistischen Tradition räumten der Metaphysik noch einen zentralen Platz in der Philosophie ein. Die radikalste Kritik kam vom Positivismus, für den seit Comtes Drei-Stadien-Lehre Metaphysik endgültig zum antiquierten Begriff geworden ist. Sieht man von wenigen Ausnahmen ab, die wie Hans Driesch auch in der naturwissenschaftlichen Domäne noch metaphysische Prinzipien zuließen, so lebte das Gros der Naturwissenschaftler in der Überzeugung, daß sich die metaphysischen Streitfragen entweder in wissenschaftlich beantwortbare Sachverhalte verwandeln oder aber als Scheinprobleme aufgelöst haben. Besonders im Neopositivismus der zwanziger Jahre entwickelt sich der Ausdruck «Metaphysik» zum reinen Schimpfwort[53].

In dieser Situation verkündet Peter Wust 1920 mit schwärmerischem und mitreißendem Pathos die «Auferstehung der Metaphysik». Dieser diagnostisch und programmatisch gemeinte Kampfruf ist symptomatisch für die gesamte Metaphysik-Kontroverse mit ihren emotionsgeladenen und verworrenen Begleitumständen. Seit jeher sind im Wort «Metaphysik» zwei häufig verwechselte Aspekte enthalten: Metaphysik als Lehre vom Seienden als Seiendem, also von den allgemeinsten ontologischen Struktur- und Wesensbestimmungen, und Metaphysik als Lehre von den letzten Gründen, vom Ganzen und Absoluten. Aus der zweiten Bedeutung entstand der verwaschene Metaphysik-Begriff der Alltagssprache, der ein diffuses Wissen vom Jenseitigen ohne argumentative Stütze und ohne wissenschaftliche Kontrolle meint. Die genannten Aversionen gegen die Metaphysik waren häufig von diesem unphilosophischen Begriff bestimmt. Der in AM verwendete Metaphysik-Begriff Wusts schillert in einer analogen Vieldeutigkeit und Unbestimmtheit. Zwei Wesenszüge sind für Wusts Metaphysik-Auffassung entscheidend: die *Wende zum Objekt* und das *Gesetz der Besonderung allen Seins* (346). Während im Objektbezug die Metaphysik im erstgenannten Sinne angesprochen wird, verbirgt sich hinter dem Besonderungsgesetz die Reaktion auf die weitverbreitete Metaphysikfeindlichkeit. Für Wust bedeutet hier Metaphysik die Vertiefung und Verinnerlichung auf allen Kulturgebieten, die Entdeckung der Größe und Reichhaltigkeit des Seins, die zugleich mit der Erfahrung der Kleinheit unserer eigenen Existenz verbunden ist (348), und schließlich die Annäherung an Gott, an die Urmonade «die alle Besonderungen in Liebe umspannt, ohne sich selber aufzugeben» (364).

Mit der Unschärfe des Metaphysik-Begriffs verliert auch die Stoßrichtung der Kritik ihre

---

52 Siehe dazu das Vorwort zu UW, wo Wust neben den Religionsphilosophen Bernhard Rosenmöller und neben Josef Pieper Jaspers als den Verfasser nennt, dem er sich am meisten verpflichtet fühlt.
53 Repräsentativ ist der «Wiener Kreis», insbesondere Rudolf Carnap: Scheinprobleme der Philosophie. Frankfurt 1966.

Eindeutigkeit. Wust versteht seine Metaphysik als Absage an die «triumphierende Vernunft», die sich in der Aufklärung bis hin zu Feuerbach und im Positivismus der exakten Wissenschaften, aber auch im Phänomenalismus und Funktionalismus Kants und im Historismus entfaltet hat. Wust fordert dem gegenüber eine beschauende und demütig verehrende Vernunft (21), die sich aus der Wende zum Objekt von selbst ergibt; denn mit dieser neuen Blickrichtung verbindet sich eine Kritik an der Allmacht des Subjekts, das nach Kant die objektive Welt konstituiert, aber nicht als Gegebenes empfängt.

Für Wust ist die Wiederentdeckung der Metaphysik zugleich eine Rückkehr zum Glauben seiner Kindheit. Hinter der Vielfalt der Erscheinungen und Meinungen steht ein Festes, eine Urnorm und die sie entfaltenden Urformen des Geistes der philosophia perennis. Aber als geschichtliche Erscheinung ist jede Philosophie Umformungen unterworfen, die jene Ursprünge verhüllen. Dies ist unser Schicksal; es gelingt kein endgültiger Wurf. Denn die Geschichte ist durch die Dialektik bestimmt, die vom Gesetz der Besonderung des Seins regiert wird. Wahre Metaphysik durchschaut diese Dialektik[54] und erträgt die vielfältigen Spannungen zwischen dem Allgemeinen und dem Besonderen, dem fundamentalen Widerstreit[55] oder dem «metaphysischen Weltriß» (27). Der Widerstreit besteht zwischen den *erlebten* absoluten Werten und ihrer unvollkommenen Gestaltung in der Zeit (25), zwischen Ding an sich und Erscheinung, zwischen Leben und Denken, zwischen Wesensfrage und Verhältnisfrage (51). Das größte Rätsel aber stellt der Widerstreit von Sein und Sollen dar, der sich als Gegensatz zwischen Innen und Außen, Tiefe und Oberfläche, Lebenslauf und absoluter Form, Unendlichkeit und Endlichkeit (214) sowie Gebundenheit und Freiheit (216) darstellt.

Wust durchschreitet in seinem Werk die letzten Etappen der Philosophiegeschichte und versucht, sowohl die Tendenzen zur Objektivierung als auch die Dialektik der Besonderung aus den wichtigsten philosophischen Strömungen herauszulesen. Besonders vielfältig sind die Hinweise auf Husserl. So hebt Wust die Bedeutung der Methode der Intuition in der Göttinger Schule hervor (38) und läßt mit Husserls LU eine ganz neue philosophische Epoche anbrechen (169); er lobt Husserls Weg in das Reich der Wahrheiten an sich (196) und bewertet die Phänomenologie trotz ihrer Verhaftung in der formalen Philosophie als Durchbruch zur Metaphysik (200). Wust betrachtet die Frühphänomenologie als Bindeglied zwischen der Philosophie als «Wissensanschauung» und der Philosophie als «Weltanschauung», zwischen Transzendentalismus und Metaphysik des Lebens (205). Husserls Wesensanalytik wertet in Wusts Augen den mittelalterlichen Realismus der Scholastik und damit letztlich Platons philosophia perennis auf (208). Umgekehrt liegt auch eine positive Stellungnahme Husserls zu Wusts AM vor. In einem Brief an Wust[56] kritisiert Husserl zwar, daß er sich an dem «unausgereiften Durchbruchswerk» der LU und nicht an den IDEEN orientiert habe, das keineswegs als kantianisches Werk gedeutet werden darf. Er lädt ihn zu einem Gespräch nach Freiburg ein, wo er ihn überzeugen könnte, daß seine «Phänomenologie von vornherein nie etwas anderes war und sein sollte, als der Weg zu einer radikal echten, ehrlich begründeten, strengen wissenschaftlichen Metaphysik» (GW VIII, 30).

Starke Affinitäten bestehen ferner zum Scheler der katholischen Epoche[57]. Die Öffnung für

---

54 In dem zweiten größeren Werk «Dialektik des Geistes» wird die Dialektik eingeschränkt auf die geschichtsphilosophische Dimension, in der sich der menschliche Geist als geschaffener und ruheloser vor der ewig gleichen Geistruhe Gottes vorfindet. Dabei verwendet Wust für den endlichen Geist die Terminologie von «Ich» und «Es» und hebt diese vom göttlichen Du ab.

55 Die Fundamentalkategorie des Widerstreits, die auch bei Francois Lyotard auftaucht, hat anders als bei Wust in der Postmoderne keine Tiefendimension. Sie betrifft bei Lyotard autonome Sprachspiele auf gleicher Basis, während bei Wust die Quelle des Widerstreits mitgedacht wird. Vergleiche Lyotard: Der Widerstreit. Paris 1983, dt. München 1987.

56 Brief vom 30.6. 1920.

57 Vergleiche K. Delahaye: «Will man Wust geistesgeschichtlich einordnen, muß man ihn der *(katholischen) ontologischen Richtung der Phänomenologie* zuordnen, besonders in der Nachfolge des frühen Max Scheler» (1976). S. 188.

das Sein interpretiert Wust bewußt *religiös*. Dadurch werden Äußerungen verständlich, die einen inneren Zusammenhang zwischen Phänomenologie und Christentum annehmen. Die «katholische Epoche» der Phänomenologie zur Zeit von Schelers Lehrtätigkeit in Göttingen[58] erhält damit eine gewisse Plausibilität. Conrad-Martius schreibt dazu: «Es ist schon viel darüber gesprochen worden, daß so gut wie alle Phänomenologien in irgendeinem persönlichen Sinn in den Bereich des konkret Christlichen vorstießen»[59]. Und im Leben Edith Steins konkretisiert sich diese Affinität in drastischer Form.

Aber Wust registriert auch eine Sensibilität für das Problem des Seins in der Kant-Nachfolge[60]. Doch die wichtigste philosophische Strömung, in der die metaphysischen Tendenzen zur vollen Entfaltung gelangen, ist für Wust die Lebensphilosophie. Schon bei Schopenhauer, Eduard von Hartmann, Bergson, vor allem aber bei Nietzsche und Simmel entdeckt Wust die Strukturen einer *Lebensmetaphysik*. Bei Dilthey stört Wust die Rückführung der Metaphysik auf seelische Funktionen, womit dem *formalen* Apriori des Neukantianismus nur ein *psychologisches* Apriori entgegengestellt, aber nicht zum *metaphysischen* Apriori vorgestoßen wird. Dieses Apriori lebt von der inneren Schau, die in der Lebensmetaphysik nicht mehr auf konstante Formen eingeschränkt bleibt, sondern auf den ewigen Fluß der Dinge gerichtet ist (207). Besondere Hochachtung erfährt *Nietzsche* als Verkünder der Selbstbefreiung und des Wunders der Persönlichkeit (222). Die Bejahungen Nietzsches werden in Wusts Augen zum Ausdruck eines «tieferen Gottesglaubens» (223), die sogar seinen Kampf gegen das in Dogmen erstarrte Christentum rechtfertigen[61]. Wust kritisiert zwar die Blindheit für die apollinische Formklarheit und die Auslieferung an die Anarchie des Dionysischen (237), erliegt aber in seiner Grundbewertung dem Pathos Nietzsches. Dessen übersteigerter Individualismus werde bei *Bergson* gebändigt. Diesem stellt Wust Husserl als zweitem Meister der Intuition an die Seite, zwar nicht im Reich der reinen Formen, aber im Reich des Lebens (259). Über Dilthey führt schließlich der Weg zu *Troeltsch* und *Simmel,* die Wust als die eigentlichen «Bahnbereiter der neuen Synthese» bezeichnet (275). Bei ihnen wird die enge Verwandtschaft der Metaphysik mit der Religion und Kunst deutlich. Ihnen gelingt die Vermittlung von Formdenken mit Lebensdenken (277). Troeltsch überwindet mit seinen Kategorien der individuellen Totalität und der metaphysischen Originalität (Ursprünglichkeit und Einmaligkeit[62]) die neukantianische Geschichtslogik (282). Während Troeltsch noch von der undurchschaubaren göttlichen Prädestination beherrscht wird, stellt sich Simmels Denken auf eine «immanente, fast blinde Notwendigkeit»ein[63] (300). Simmel erfaßt die Form in ihrer universellen Bedeutung, aber stets bezogen auf die endliche Gestalt, nicht dagegen auf das absolute Wesen (311). Besonders in Simmels Lehren wird deutlich, was durch das Gesetz der Besonderung alles geleistet werden kann.

Die Gedankengänge der AM bestehen häufig nur aus Andeutungen und skizzenhaften Charakterisierungen. Das hängt mit dem programmatischen Charakter der Metaphysik-Überlegungen zusammen, der sich aus dem Bekenntnischarakter von AM ergibt. In dem Werk manifestiert sich die Rückkehr Wusts zum christlichen Glaubensfundament und die Abkehr vom Idealismus mit seiner hybriden Kopernikanischen Wende. Der äußere Anlaß zur Entstehung der Arbeit war ein Gespräch mit Troeltsch am 4.Oktober 1918. In diesen Tagen des Kriegszusammenbruchs soll Troeltsch zu Wust gesagt haben: «Wenn Sie noch etwas für die Kräfteerneuerung unseres Volkes

---

58 Vergleiche oben 14.1.
59 Meine Freundin Edith Stein. In Herbstrith (1983) S. 84.
60 Wust erwähnt zahlreiche Neukantianer, vor allem aus der Südwestdeutschen Schule; so Windelband S. 71,117,160, Rickert S. 38, 71, 168, ferner Liebert S. 144, Lask S. 191 u. a.
61 Daß diese Affirmationen ein Ja zu *Endlichkeit* und eine radikale Absage an jede Metaphysik der Unendlichkeit bedeuten könnten, wird nicht diskutiert. In diese Richtung hat jedenfalls Nietzsche wirkungsgeschichtlich seine Spuren hinterlassen.
62 Siehe dazu Troeltschs schöpferische Synthese in 8.32.
63 Vergleiche Simmels Lehre von der Eigendynamik des Kulturgeschehens in 8.42.

tun wollen, dann kehren Sie zurück zum uralten Glauben der Väter und setzen Sie sich in der Philosophie ein für die Wiederkehr der Metaphysik gegen alle müde Skepsis einer in sich unfruchtbaren Erkenntnistheorie» (AM 9). Bei Wust wird aus der *«Wiederkehr»* oder «Ehrenrettung»[64] der Metaphysik eine *«Auferstehung»*, das heißt, es geht Wust nicht nur um eine theoretische «Achsendrehung» oder um metaphysische Gesetzmäßigkeiten. In der neuen Haltung zur Objektivität erscheint ein *existenzbezogener Akzent* im Metaphysik-Verständnis, der sich im Spätwerk immer mehr in den Vordergrund schiebt. Nicht *Konstruktion* des Objektiven wie im Neukantianismus, nicht *Verfügungsgewalt* über das wissenschaftlich durchschaute Objektive in der triumphierenden Vernunft, sondern die *Widerfahrnis* des Seins in der demütig verehrenden Vernunft ist ausschlaggebend. Wust verwendet Formulierungen einer Seinsfrömmigkeit, die bei Marcel einen vertieften und schließlich bei Heidegger einen fundamental neuen Sinn erhalten.

---

64 Bei W. Vernekohl erscheint das Zitat in anderer Form; dort ist die Rede von der «Ehrenrettung» der Metaphysik (VIII 29), ferner wird dort Wusts Selbsteinschätzung zitiert: «Der 4. Oktober 1918 war das Damaskus meines bisherigen Liberalismus und meiner Kantianischen Metaphysikscheu».

25. Dialogische Philosophie

Während religiöses Denken häufig um das *Individuum* und seine Stellung zu Gott kreist, finden die Dialogiker den Weg zu Gott über den *Mitmenschen*. Für *Ferdinand Ebner, Franz Rosenzweig* oder *Martin Buber* ist der Mensch nicht diese Einzelseele vor Gott, die das offenbarte Wort annimmt oder ablehnt, sondern er ist Mensch erst in der Begegnung des Anderen, und durch das Ja zum Du erfolgt das Ja zu Gott. Das Verhältnis zwischen Mensch, Mitmensch und Gott entfaltet sich theoretisch als dialogische *Sprache* und praktisch als personale *Liebe*. Beide überwinden die Einsamkeit und Hoffnungslosigkeit des eigenständigen Ego und konstituieren das intersubjektive Zusammen der Menschen in dem allgemeinen Sinngefüge des göttlichen Du.

Anstöße zum neuen dialogischen Denken findet man bereits im Umkreis des Deutschen Idealismus und dessen Kritiker. Wesentliche Impulse gehen vom späten Schelling aus. Dieser sprengt das in sich kreisende Denken des absoluten Geistes, – eine entscheidende Voraussetzung für die Öffnung zum aller Subjektivität vorausliegenden Du. Aber auch Einflüsse von Feuerbach, Kierkegaard, Schopenhauer und Nietzsche werden wirksam. Dazu kommen Gedanken von Hamann, Herder und Wilhelm von Humboldt, die die Bedeutsamkeit und Tragweite der Sprache im allgemeinen für den Menschen entdeckt haben. Feuerbach formuliert bereits wesentliche Gedanken der Dialogik, insbesondere die Rolle des Gesprächs und der Liebe[1]. Auch Anregungen aus Romantik und Mystik und Tendenzen der Lebensphilosophie begünstigen die Ausbreitung des dialogischen Denkens, das als «neues Denken» (R. Rosenzweig) und als «kopernikanische Entdeckung» (M. Buber) betrachtet wird. Deshalb kann man die Dialogik auch als eine «Polarisierung der Lebensphilosophie» (F. Kaufmann[2]) auffassen, in der die dem gesamten Leben immanente Dialektik bis zur begrifflichen Selbstauflösung vorangetrieben wird. Von entscheidender Bedeutung für die Ausbildung der eigentlichen dialogischen Philosophie wird die Begegnung Rosenzweigs mit *Hermann Cohen* im Jahre 1913, der gerade an seinem Alterswerk «Religion der Vernunft aus den Quellen des Judentums» arbeitet. Cohen entdeckt dort den Menschen als *Mitmenschen*. Damit meint Cohen nicht einfach den anderen Menschen, den «Nebenmenschen», wie er auch bei Hegel oder im Neukantianismus und in der Lebensphilosophie vorkommt, sondern das durch die Gottesbeziehung bestimmte Individuum. An das «alles ‹Marburg› weit hinter sich lassende Kapitel, das die ‹erzeugende› Vernunft des Idealismus durch die gottgeschaffene, die Vernunft der Kreatur, ersetzt»[3], knüpft Rosenzweig an und so wird er zum religiösen Philosophen der Existenz. Das isolierte Ego des autonomen transzendentalen Subjekts weicht dem kreatürlichen Mitmenschen vor Gott. Das Schlüsselwort ist nicht mehr die Konstitution, sondern die Korrelation.

Gleichzeitig und weitgehend voneinander unabhängig stoßen Ebner und Buber zur selben Einsicht vor. Deren Veröffentlichungen nach dem Kriege begründen die *Dialogik* als eigenständige philosophische Konzeption. Ebner bleibt dem christlichen Denken eng verbunden. Seine Entdeckung des Du gebührt eine gewisse zeitliche Priorität. Doch am engsten verbunden ist die Dialogik mit dem Namen Martin Buber, nicht zuletzt wegen seiner intensiven Öffentlichkeitsarbeit auch nach dem Holocaust. Die zentrale Stellung innerhalb des dialogischen Denkens kommt trotz allem zweifellos Franz Rosenzweig zu, der mit seinem «Stern der Erlösung» nicht nur ein systematisches Werk zur Dialogik schuf, sondern zugleich die fundamentale Rolle des jüdischen Denkens für das christliche und abendländische Selbstverständnis herausarbeitet und damit einen höchst aktuellen Beitrag zur philosophischen Aufarbeitung des Verhältnisses von Christentum und Judentum liefert. Allen Dialogikern gemeinsam ist eine gewisse Nähe zur

---

1 Vorläufige Thesen zur Reform der Philosophie, 1842, und Grundsätze der Philosophie der Zukunft, 1846.
2 Martin Bubers Religionsphilosophie. In: Schilpp (1963) S. 181. Buber lehnt diese Einordnung allerdings ab, versteht dabei aber unter Lebensphilosophie nur eine bestimmte metaphysische Geschichtstheorie (AF S.IV).
3 Vertauschte Fronten. In: Kleinere Schriften, S. 356.

religiösen Welt, die Skepsis gegenüber den Fortschritten der Wissenschaft und eine bewußte Abhebung von der Wesensphilosophie. Sie schöpfen aus den Intuitionen ihrer persönlichen Lebenserfahrungen und verkünden das «neue Denken» mit prophetischem Elan. Sie finden daher meist in religiös geprägten Kreisen Gehör und verlieren an Einfluß, sobald das religiöse Leben an Intensität nachläßt.[4]

25.1 Ferdinand Ebner und die Entdeckung des Dialogischen

25.11 Biographie und Bibliographie

a. Lebenslauf

Geboren am 31. 1. 1882 in Wiener Neustadt. Ausbildung zum Volksschullehrer im Lehrerseminar der Stadt. Ab 1902 Volksschullehrer und Schriftsteller in Waldegg bei Wien und ab 1912 in Gablitz. Dort stirbt er am 17. 10. 1931.

b. Auswahl aus der Primärliteratur Ebners

1921   Das Wort und die geistigen Realitäten – Pneumatologische Fragmente. Innsbruck. 3. Aufl. Frankfurt 1980. **PF**
1928   Zum Problem der Sprache und des Wortes. In: Brenner XII /1928. In Schriften 1.
Wort und Liebe. Hg. von H. Jone. Regensburg 1935.
Das Wort ist der Weg. Hg. von H. Jone. Wien 1949. 2. Aufl. 1983, hg. von P. Kampits.
Schriften. Hg. von F. Seyer. München 1963. **S**
   1. Band: Fragmente, Aufsätze, Aphorismen. Zu einer Pneumatologie des Wortes.
   2. Band: Notizen, Tagebücher, Lebenserinnerungen. **TB**
   3. Band: Briefe.

c. Bibliographie

Schriften Band 2. S. 1176 ff.

Ebner lebte abseits der großen Welt in dörflicher Umgebung und unterrichtete an der Volksschule. Häufig krank, litt er sowohl seelisch als auch körperlich an dieser Isolierung. Er betätigte sich früh literarisch und veröffentlichte in Zeitschriften Gedichte, Lieder, Sagen und ähnliches. Philosophische Anregungen erhielt er vor allem durch Weininger, Bergson und Kierkegaard. Seine philosophischen Gedanken formulierte er in Aufsätzen und Fragmenten. Schon sehr früh (1912) tauchten in seinen philosophischen Notizen Gedanken auf, die das dialogische Prinzip andeuteten. Ebner gilt daher als der erste Denker, der die Bedeutung des Du für die Konstitution des Selbstbewußtseins formuliert und damit den Anstoß zur Dialogik als philosophische Konzeption gegeben hat.

In der ersten Phase seines Denkens überwog die ethische Fragestellung mit pantheistischen und lebensphilosophischen Tendenzen. Er schrieb an einem Werk «Ethik und Leben – Fragmente einer Metaphysik der individuellen Existenz». In diesem lassen sich neben Bezüge zu Kierkegaard und Bergson vor allem solche zu Kant feststellen. Ebner bringt Kants Gesetze der Freiheit, durch die das autonome Subjekt bestimmt wird, mit Kierkegaards Deutung des Selbst als Verhältnis in Zusammenhang[5]. Denn im transzendentalen Subjekt Kants zeigt sich nach Ebner das Sein als Seinsollendes und zugleich als eine Beziehung zum Göttlichen.

Um 1916 begann eine neue Phase im Leben Ebners. Er erkannte, daß sein ethischer Ansatz

---

4   Allgemeines zur Dialogik in B. Casper (1967), W. Goldschmidt (1964) und J. Böckenhoff: Die Begegnungsphilosophie. Ihre Geschichte; ihre Aspekte. Freiburg/ München 1990. Ab 1932 muß mit dem Erscheinen der «Philosophie» auch Jaspers zum Thema Kommunikation berücksichtigt werden (vgl. 27.22).
5   Vgl. Casper (1967). S. 207 f.

unbefriedigend war und brach das schon weit gediehene Werk ab. So kam zu seinem katastrophalen körperlichen Zustand noch die geistige Frustration hinzu. Aber die Depressionen und Selbstmordgedanken wurden durch die Hinwendung zum Christentum gemildert. Die Bekehrung geschah zögernd und voller Aversionen gegen kirchliche Institutionen und Kleriker. Ebner lehnte deren Kulturoptimismus und politische Aktivitäten strikt ab. Das entscheidende Ereignis des Glaubens wurde für Ebner die Begegnung mit dem Wort. Angeregt von Hamann, – Ebner sagt selbst: «Ich habe nur einen Vorgänger: Hamann» (S II, 960), – werden das Wort und die sich im Wort ereignende Begegnung mit dem Du und mit Gott zum Angelpunkt des geistigen Lebens erklärt. Es entstanden die «Pneumatologischen Fragmente» und mehrere Tausend Seiten Tagebuch-Notizen. Im «Brenner» erfolgte die Veröffentlichung des Hauptwerkes unter dem Titel «Das Wort und die geistigen Realitäten. Pneumatologische Fragmente» in einzelnen Teilen. Seitdem verband ihn eine tiefe Freundschaft mit dem «Brenner»-Herausgeber Ludwig von Fikker, der auch seine Mitarbeit am «Brenner» ermöglichte. Nach der Heirat mit der Lehrerkollegin Maria Mizera 1923 fand er einen ruhigen Pol in dem von Krankheiten und Depressionen belasteten Leben. Im gleichen Jahr wurde der inzwischen als provisorischer Schulleiter tätige Ebner wegen Krankheit in den Ruhestand versetzt. Trotz der schlechten Gesundheit schrieb er noch eine Reihe kürzerer Abhandlungen. Die Begegnung mit der Malerin und Dichterin Hildegard Jone beeinflußte seine kritische Einstellung zur Kunst zum Positiven. Während er früher Ästhetisches wegen des pneumatischen Wesens des Menschen gering geschätzt hatte, entdeckte er nun, daß auch die Kunst worthaft ist und damit Realitäten erschließt. Auch der Philosophie gegenüber, der er im Hauptwerk den Selbstmord empfahl (PF 1), wurde er toleranter. Selbst mit der Kirche versöhnte er sich auf dem Totenbett.

25.12 «Pneumatologische Fragmente»

Die pneumatologischen Fragmente stellen Ebners einzige umfangreichere Publikation dar. In ihnen sind Bruchstücke *eines* großen Themas aneinandergereiht, das immer wiederkehrt[6]: Der Mensch ist nicht nur Naturwesen oder Gesellschaftswesen, sondern geistiges, *pneumatisches Wesen*; das bedeutet, daß er auf ein Verhältnis zu etwas Geistigem außer ihm angelegt ist, das als Du erscheint, durch das und in dem das Ich existiert (81). Als solches Verhältnis ist der Mensch ein sprechendes Wesen, welches das Wort hat. Nur durch das Wort ist die Innerlichkeit des Ich und Du gegeben. In der Aktualität des Wortes offenbart sich geistige Realität.

Ebner versteht sich nicht als Philosoph. Für ihn ist Philosophie identisch mit systematischer und idealistischer Philosophie: vom Idealismus «lebt alle Philosophie, ob sie sich nun zu ihm bekennt oder ihn bekämpft» (85). Der Philosophie ist das pneumatische Wesen des Menschen verschlossen[7]. Alles Niedergeschriebene ist nur ein Abklatsch der lebendigen Geistigkeit, die sich im «Zwischen» von Ich und Du verwirklicht. Ebner weiß von der Unzulänglichkeit seiner eigenen Darstellung. In einem Brief[8] gesteht er: «Ich halte überhaupt die ‹Pneumatologie›, eine abstrakte Lehre vom Geist, – die eben in ihrer Abstraktheit mit dem Realen, dem Wirklichen des

---

6 In dem Gutachten von Prof. A. Stöhr, das zur Ablehnung des Werkes im Braunmüller-Verlag führte, heißt es; « Es ist für einen Leser ... direkt eine Qual, sich in ewigen Wiederholungen eines einzigen Gedankens und gleicher Redensarten durch 300 Seiten hindurchzuwinden und dabei das Gefühl zu haben, sich immer um denselben Punkt zu drehen.» Stöhr beschließt das Gutachten mit dem Satz: «Wissenschaftlich-psychologisch und wissenschaftlich-philosophisch ist das Werk glattweg *unmöglich*.» Ebner hat das Gutachten in seinem Vorwort mitveröffentlicht! (79/80).
7 Das heißt nicht, daß sich nicht umgekehrt Philosophen auf Ebner beziehen. So sucht z.B. der Thomist Theodor Steinbüchel in seiner Sozialphilosophie den Dialog mit Ebner.(Der Umbruch des Denkens. Die Frage nach der christlichen Existenz, erläutert an Ferdinand Ebners Menschendeutung. Regensburg 1936. 2. Aufl. 1966). Siehe dazu R. Scheuchenegger: Theodor Steinbüchel (1888–1949). In Coreth u.a. (1990), Band 2.
8 An die Freundin Luise Karpischek vom 20.12.1917.

geistigen Lebens gar nichts zu tun hat – für durchaus unnütz, für schädlich sogar»[9]. Ebner strebt keine Philosophie im traditionellen Sinne an, sondern es geht ihm um Hinweise, wie der Mensch im anderen Menschen und in Gott sein Heil finden kann. Er will die Philosophie in ihrer Selbstsicherheit irremachen (82). Nach dem «neuen Denken» in der Existenzphilosophie läßt sich das Anliegen Ebners auch von dieser her verstehen. Denn die Existenzphilosophie von Jaspers bis Heidegger steht vor dem gleichen Problem; sie muß sich fragen, wie ihr allgemeines Sprechen über die individuelle Existenz überhaupt möglich ist. Nicht das Gesagte ist offensichtlich ausschlaggebend, sondern der Nachvollzug im gesprochenen Wort[10].

Nach Ebner verfügt der Mensch über eine «pneumatische Intuition», in der die geistige Realität im Zwischen von Ich und Du erfaßt wird. Weil diese Wirklichkeit sich im subjektiven Bereich konkretisiert, kann sie nur im gesprochenen Wort objektiv zur Gegebenheit kommen. So ist der Gegenstand der pneumatischen Intuition die Sprache und das Wort (II, 276), aber das Wort als gesprochenes, nicht als geschriebenes.

Unter diesen Voraussetzungen ist es sinnlos, bei Ebner eine ausgearbeitete Philosophie finden zu wollen. Es ist kein Zufall, daß er nur fragmentarisch denkt. Die Notizen können nur Anstöße zu einem neuen Denken geben und sich polemisch von bestimmten Gemeinplätzen abheben. Sie sind als Hinweise auf bestimmte entscheidende Grunderfahrungen gedacht, die aber erst im eigenen Nachvollzug zur pneumatischen Wirkung kommen. In diesem Sinne thematisieren wir drei Komplexe aus den «Fragmenten»:
– die Entdeckung des Du im Wortgeschehen;
– den Zusammenhang des menschlichen Du mit dem göttlichen Du;
– die Abgrenzung von dem «Traum des Geistes».

a. Die Entdeckung des Du im Wortgeschehen

Im Vorwort zu den «Fragmenten» formuliert Ebner den Grundgedanken seines Werkes: «Vorausgesetzt, daß die menschliche Existenz in ihrem Kern überhaupt eine geistige ist, …: so ist dieses wesentlich dadurch bestimmt, daß es von Grund aus angelegt ist auf ein Verhältnis zu etwas Geistigem *außer* ihm, *durch* das es und *in* dem es existiert». Daraus folgt, «daß der Mensch ein *sprechendes* Wesen ist, daß es das ‹Wort hat›» (81). Das Geistige im Menschen nennt Ebner Ich, das Geistige außer ihm Du. Das Wort «redupliziert» im Ausgesprochenwerden seinen Inhalt und ermöglicht damit Realität als ein Zwischen von Ich und Du. Descartes und mit ihm viele Denker der Neuzeit sehen im Subjekt den archimedischen Punkt, von dem her der andere Mensch und die Welt der Dinge verstanden werden müssen. Für Ebner gibt es kein solches absolutes Ich; es existiert nur relativ zum Du und erfaßt die Welt erst durch diese dialogische Beziehung. Alles, – Ich, Du und die Welt, – wird als dialogisches Geschehen gedeutet. «Erst wenn das Ich sein Du gefunden hat … dann erst kommt in das Verhältnis des Menschen zur Welt die wahre und rechte ‹Sachlichkeit›» (TB I 33). Icheinsamkeit, sei es als cartesisches cogito sum, als idealistisches Selbstbewußtsein oder als wissenschaftlicher Beobachter der meßbaren Natur, ist «Abschließung vor dem Du» (PF 84). Vor allem ist Selbstbewußtsein nie Selbstsetzung des

---

9 Vergleiche die ungefähre Gleichzeitigkeit dieser Bemerkung mit den Schlußsätzen in Wittgensteins «Tractatus logico-philosophicus», wo dieser ebenfalls seine Ausführungen eigentlich als sinnlos hinstellt (T 6.54). Beides sind Zeugnisse der damals in Wien weit verbreiteten Diskussion über das Problem der Sprache und deren Darstellungsmöglichkeit.

10 Ähnlich bei F. Seyr im «Biographischen Nachwort», SII, S. 1143: «… in seinem Ich-Du-Denken, in seiner Pneumatologie wollte er gewiß keine Existenzphilosophie, keine ‹dialogische Philosophie› und auch keine ‹Philosophie des Wortes› begründen.» An der gleichen Stelle spricht er von einer nicht nach der orthodox phänomenologischen Methode vollzogenen Schau der geistigen Realitäten und zeigt damit erneut, wie weitläufig der Phänomenologie-Begriff verwendet wird. Daß damit keineswegs an Husserl, sondern eher an Scheler gedacht ist, wird durch den Verweis auf das Denken für die Praxis deutlich.

Ich, «sondern die durch das ‹Wort› ins Bewußtsein gelegte ... Möglichkeit im Menschen, seine persönlich gemeinte Existenz in dem Satz ‹Ich bin› aussagend zu behaupten – aussagend, das heißt eben die Beziehung zum Du, zur angesprochenen Person, voraussetzend» (105). Die alles erklärende Rolle des Selbstbewußtseins übernimmt in der Pneumatologie das Wortgeschehen: sowohl die Gegenständlichkeit des Seins als auch dessen Erschließung erfolgen allein im zum Du gesprochenen Wort.

b. Das göttliche Du

«Der Weg zur Religion ... führt vom Ethos der menschlichen Existenz zu Gott» (TB I 54)[11]. Ebners Ausführungen wechseln häufig sehr schnell von der sachlich-philosophischen Ebene hinüber in eine seherisch-religiöse Dimension. Man muß sich im Klaren sein, daß das «Wort» im Titel des Hauptwerkes auf das Wort des johanneischen Prologs und das «Pneuma» im Untertitel auf den Geist der paulinischen Briefe verweisen. Weil das Verhältnis zwischen Ich und Du auf religiöser Ebene fundamental ist, «ist Gott das wahre Du des wahren Ich im Menschen» (86). «Das Wort, im letzten Grunde seines Dem-Menschen-Gegebenseins verstanden, ist von Gott» (90). Damit ist der Weg frei zur Identifizierung dieses Worts mit Jesus Christus: das Wort ist «in der Göttlichkeit seines Ursprungs ‹historisch› geworden – im Leben und Worte Jesu» (93). So wie das Du, das zuerst als menschliches Gegenüber gemeint ist, in einer tieferen Betrachtung zum göttlichen Du wird, so darf auch das Ich nicht als empirisches Ich gedeutet werden, sondern als das Ich in den verschiedenen Menschen: «Dieses Ich ist ... in mir selber, und in dir, der du vielleicht einmal diese Zeilen liest ... Es gibt aber auch nur ein einziges Du und das eben ist Gott» (94)[12]. Auch die Sprache erfährt diese pneumatische Aufwertung; ihre Aktualität ist im Grunde nichts anderes als das Verhältnis des Menschen vor Gott (94), wobei dieser Mensch nicht, wie bei Kierkegaard, der Einzelne vor Gott ist, sondern das durch das Wort in die Gemeinschaft eingebundene Wesen bedeutet.

Wenn die Erschaffung des Menschen nichts anderes ist als das Angesprochenwerden des Menschen durch Gott, dann läßt sich die Aktualität des Angesprochenwerdens als Liebe verstehen, «so daß also das Wort und die Liebe in ihrem geistigen Grunde zusammengehören» (96). Das Wort ist die objektive, die Liebe die subjektive Seite des pneumatischen Verhältnisses (124), das heißt genauer des Verhältnisses von Mensch zu Gott (153). So steht das Ich als Metapher für den Menschen, das Du als Metapher für Gott. «Das wahre Du des Ich ist Gott» (TB I 39). Man kann daher behaupten, daß alle entscheidenden Leitbegriffe einer christlichen Weltsicht Prämissen der Ebnerschen Pneumatologie sind. Deshalb kann dieser behaupten, daß nur der zur Wirklichkeit des geistigen Lebens erwachen kann, der seine Existenz mit der Tatsache des Lebens und des Wortes Jesu konfrontiert (131).

Alle Überlegungen zur Sprache sind nur auf diesem religiösen Hintergrund verständlich. So ist für Ebner beispielsweise das Urwort der Sprache ein Satz in der ersten Person: ein Wehschrei nach dem Abfall des Menschen von Gott. Aus diesem Wehschrei geht das einsame Ich des sündigen Menschen hervor. «Im Leiden seiner von Gott abgefallenen Existenz wurde der Mensch seiner selbst bewußt ... » (164). Der ursprüngliche Aufschrei im «Ich bin und ich leide» verweist auf den Ursprung der Sprache in einem Urwort, das als Einheit von Pronomen und Verb gedacht werden muß, weil das Klagen als Handlung zu verstehen ist. Aber der Aufschrei

---

11 Solche Formulierungen zeigen, daß Karl Barth, der ja eigentlich bei Ebner eine Reihe von Anknüpfungspunkten zumindest in der Kritik hätte finden können, sich zu Recht von der spekulativen Ich-Du-Philosophie distanziert und sie zu den «anthropologischen Theologien» jenseits der dialektischen Theologie zählt. (Vergleiche den Brief an Eduard Thurneysen vom 7. 10. 1922). Anders Friedrich Gogarten, der bewußt auf die philosophischen Kategorien Ebners zurückgreift und in seine Theologie einbaut.

12 Dialogiker wie Buber und Marcel haben diese Identifizierung als Abwertung des menschlichen Du kritisiert: Buber «Zur Geschichte des dialogischen Prinzips», Werke I, München 1962. S. 269ff. Marcel (1969) S. 106ff.

ist zugleich ein Hilfeschrei an ein Du, so daß die Bewußtwerdung des Menschen nur im Gegenüber zu einer anderen Person erfolgt. Dieses Verhältnis zum Du bedingt auch die Differenzierung der Sprache in die einzelnen Kasus. Besonders der Vokativ, in dem der Name im Anruf genannt wird, aber auch der Genetiv des Erzeugens und Habens sowie der Dativ des Begehrens und Empfangens bringen das personale Verhältnis zum Ausdruck. In der Icheinsamkeit, – der Krankheit des Geistes bei Kierkegaard, – geht dem Ich zugleich der wahre Sinn des Du auf; indem er das Wort hat, entdeckt er schließlich Gott. So sieht Ebner den ganzen Sinn der menschlichen Sprache und aller menschlicher Vernunft darin, daß sie das Wort Gottes in sich aufnehmen (161).

c. Abgrenzungen vom «Traum des Geistes»

Die radikale Einbeziehung des Christlichen in die Prämissen des Ebnerschen Denkens führen notwendig zur Konfrontation mit der Philosophie, deren Denken vom Prinzip der Autonomie beherrscht ist. Für Ebner ist alle Philosophie nur ein «Traum des Geistes», der mit der geistigen Realität im Sinne seiner Pneumatologie nichts zu tun hat. Wie bei Rosenzweig lesen wir bei Ebner schon in den Tagebüchern «Das Leben im Geiste ist ein ‹Leben› im Tode» (TB I 47). Daraus resultiert eine Verachtung nicht nur philosophischer und theologischer Systeme, sondern auch ästhetischer und allgemeiner kultureller Wertwelten. Die Wortvergessenheit bedingt eine Entzeitlichung der geistigen Wirklichkeit. Ich bedarf nicht nur des Anderen, sondern auch der *Zeit*, um wirklich zu sein.

Sowohl in der Deutung des Seins als zeitlose Wesenheit und Substanz als auch im Willen zur Macht wird das Sein aus dem zeitlichen Ereignis des Gesprächs herausgelöst; durch eben diese Zeitlosigkeit wird es verfügbar und willentlich manipulierbar. Ebner verurteilt die gesamte Metaphysik-Tradition von Aristoteles bis hin zu Nietzsche[13]: «Die Metaphysik – und das ist keine rechte Philosophie, die nicht zu ihr hinstrebt – retten wollen, ist Hoffart des menschlichen Geistes …» (191).

Da Ebners Pneumatologie nicht als inhaltlich bestimmtes Aussagesystem auftreten kann, herrschen fragmentarische Abgrenzungen und Polemiken gegen das etablierte Denken vor. Sein neues Denken wendet sich

- gegen Objektivationen in Philosophie, Theologie, Kunst und Kultur, insbesondere auch gegen Varianten in der sogenannten christlichen und personalen Philosophie; streng wissenschaftliche Theologie ist für Ebner atheistisch; für ihn gibt es nur eine gebetete Theologie;
- gegen soziologische und gesellschaftstheoretische oder evolutionstheoretische Ableitungen des Menschen; weder der Sozialismus und Kommunismus noch der «Amerikanismus» werden ausgenommen;
- ganz allgemein gegen begriffliches Denken als «Entleerung des Wortsinns», die durch die Herabbewegung des Wortes vom Sinn zum Begriff erfolgt;
- gegen sprachphilosophische, sprachpsychologische und logische Erörterungen, ja gegen den Zeichen- und Repräsentationscharakter der Sprache überhaupt.

Ebners Kulturkritik artikuliert einerseits Aspekte der im Wien der Jahrhundertwende allgemein diskutierten Frage nach der Möglichkeit einer sprachlichen Repräsentation (H. von Hoffmannsthal, F. Mauthner, K. Kraus), andererseits weisen zahlreiche Kritiken in eine Richtung, die erst nach Heidegger ins allgemeine Bewußtsein gelangt sind. Dazu gehören die Ablehnung der klassischen Konzepte des Transzendentalismus, Intentionalismus und Konstruktivismus sowie die Betonung des Seins als eines Geschehens, das sich jenseits unserer Verfügungsgewalt vollzieht.

---

13 Eine der vielen Parallelen zu Heidegger. Eine andere ist z. B. in TB I 35 zu finden: «Immer wieder mißbraucht der Mensch die Gabe des Wortes zum Gerede».

Auch die kompromißlose Ablehnung des logisch-wissenschaftlichen Denkens[14] hat in der späteren Zeit zahlreiche Anhänger gefunden.

Die enge Verquickung des Denkens mit dem Religiösen und die Ablehnung der Philosophie erklären die geringe Wirksamkeit Ebners innerhalb der Philosophie. Durch die Betonung der Rolle des Du für die geistige Wirklichkeit des Ich sowie durch die Reklamierung der Sprache als Fundament des Denkens wird er zum Vorläufer und Anreger des dialogischen Denkens, das sich bei Rosenzweig und Buber als dialogische Philosophie oder «Dialogik» konkretisiert. Für Ebner bleibt die Idee einer dialogischen Philosophie ein Widerspruch in sich selbst. Trotzdem enthalten die «Fragmente» zahlreiche Gedanken, die aus erstarrten Denkformen herausführen und in einer Philosophie und Theologie der Begegnung wirksam werden können.[15]

25.2 Franz Rosenzweig: Der jüdische Denker religiöser Existenz

25.21 Biographie und Bibliographie

a. Lebenslauf

Geboren am 25.12. 1886 in Kassel. Studium der Medizin, Geschichte und Philosophie in Göttingen, München und Freiburg. 1913 philosophische Promotion. Ab 1914 Kriegsdienst. 1919 Gründung des «Freien jüdischen Lehrhauses» in Frankfurt. Forschungs- und Lehrtätigkeit. Er stirbt am 10.12. 1929 in Frankfurt.

b. Auswahl aus der Primärliteratur Rosenzweigs

1920 Hegel und der Staat. München/Berlin. 2. Aufl. Aalen 1962. **HS**
1921 Der Stern der Erlösung. Frankfurt. 4. Aufl. 1976. Mit Gedenkreden von R. Mayer und G. Scholem. Frankfurt 1988. **SE**
1923 Das neue Denken. Einige nachträgliche Bemerkungen zum ‹Stern der Erlösung›. In KS. **DND**.
Briefe. Hg. von Edith Rosenzweig. Berlin 1935.
Kleinere Schriften. Berlin 1937. **KS**
Das Büchlein vom gesunden und kranken Menschenverstand. Hg. von N.N. Glatzer. Köln 1964. Neuauflage Frankfurt 1991.

Rosenzweig entstammt einer aufgeschlossenen wohlhabenden jüdischen Bürgerfamilie. Er studierte bis zum Physikum Medizin, wechselte dann in Freiburg zur philosophischen Fakultät über. Dort lehrten zwei hervorragende Vertreter der damaligen geistigen Hauptströmungen, der Historiker Friedrich Meinecke und der Neukantianer Heinrich Rickert. Unter dem starken Einfluß Meineckes wandte sich Rosenzweig zuerst dem Studium der Geschichte zu. Die Geschichtswissenschaft jener Zeit erhob den Anspruch, die volle lebendige menschliche Wirklichkeit zu erfassen. Deshalb konnte der Zugang zur Philosophie für Rosenzweig nur über die Geschichte und damit über Hegel erfolgen. Anfangs war Rosenzweig so sehr von der Dialektik Hegels gebannt, daß er auf einer Tagung in Baden-Baden die letzten drei Jahrhunderte gleichsam als Thesis, Antithesis und Synthesis der allgemeinen Geistesentwicklung interpretierte. Diese Zusammenkünfte in Baden-Baden sollten eigentlich zu einer festen Institution werden, an denen Dozenten und Doktoranden der Geschichte und Philosophie von den Universitäten Freiburg, Straßburg und Heidelberg in sechswöchigem Abstand regelmäßig ihre Ideen zu einer zukünftigen Philosophie nach Hegel entwickeln konnten. Aber es trat bereits in einer der ersten Sitzungen, in der Rosenzweig sprach, die Krise, ja «die Katastrophe» ein, wie Viktor von Weizsäcker, ein

---

14 «Die mathematische Erkenntnis in ihrer letzten Konsequenz ist Aufhebung des Wortes und Tod der Liebe» (224).
15 Als Beispiel sei das Werk von A.K. Wucherer-Huldenfeld ganannt, in dem die Reflexion über das personale Sein zu einer neuen personalen Ontologie führt. Vgl. (1985).

Freund Rosenzweigs, berichtet[16]. Offensichtlich scheiterte das Unternehmen aufgrund antisemitischer Stimmungen, die sich vor allem gegen Rosenzweig und dessen Vetter Hans Ehrenberg richteten. Für beide erwies sich diese Problematik als Schlüsselerfahrung für den gesamten Lebensweg.

Rosenzweig arbeitete weiter über Hegel. Es entstand die Dissertation «Hegel und der Staat». Wie Hegel einst seinen philosophischen Staatsgedanken in der Praxis mit dem preußischen Staat in Verbindung gebracht hat, so strebte Rosenzweig eine philosophische Erneuerung des deutschen Staates seiner Zeit an, der aus der Enge des Bismarckschen Reichsgedankens in ein freies und weltoffenes Gebilde übergeführt werden sollte. Er hatte die «Hoffnung, daß die innere wie äußere atemzersetzende Engigkeit des Bismarckschen Staates sich ausweiten werde zu einem freien welthaft atmenden Reich» (HS XII). Die Arbeit erschien erst 1920, also nach der politischen Katastrophe. Im Vorwort bekennt er vorbehaltlos: «Es ist anders gekommen. Ein Trümmerfeld bezeichnet den Ort, wo vormals das Reich stand.» Inzwischen hatte sich auch in Rosenzweigs Denken vieles geändert. Die aufwühlenden Erfahrungen mit dem Judentum führten ihn zu einer existentiellen Philosophie jenseits von Hegel.

Rosenzweigs Freunde waren meist Juden, die sich weitgehend an das Christentum assimiliert hatten, weil es im Lebenskampf ziemlich aussichtslos war, als Jude gleichberechtigt behandelt zu werden. Sein engster Vertrauter Hans Ehrenberg hat sich auch innerlich dem Christentum angenähert und ließ sich taufen. So steigerte sich bei Rosenzweig die Spannung zwischen dem Judentum, dem er äußerlich längst entsagt hatte, und dem Christentum, zu dem noch die letzte innere Bindung fehlte. In einem «Nachtgespräch» am 7.Juli 1913 mit dem Freund Eugen Rosenstock, einem Juden, der bereits bei der Geburt christlich getauft wurde und inzwischen zum Dozenten avancierte, rang er sich zum Entschluß durch, sich taufen zu lassen. Allerdings stellte er sich eine Bedingung. Weil das Christentum nach damaliger theologischer Auffassung sich folgerichtig und notwendig aus dem Judentum entwickelt hatte, wollte er als echter Hegelschüler diesen Entwicklungsgang auch individuell nachvollziehen, also aus der Fülle des Jüdischen in die notwendige Welt des messianischen Christentums fortschreiten. Die mehrmonatige intensive Beschäftigung mit dem jüdischen Glauben führte allerdings zu einem völlig unerwarteten Entschluß. Nach dem «letzten» Besuch der Synagoge am Versöhnungstag (11. 1. 1913), dem höchsten Festtag der Juden, entschied er sich für den Glauben seiner Väter! Er kehrte zum Judentum zurück und wurde einer der entschiedensten Verfechter des jüdischen weltzugewandten Denkens.

Ab 1914 warf Rosenzweig wiederholt die Zentralfrage seiner Philosophie und Theologie auf, nämlich die Frage nach der Denkbarkeit von Offenbarung. Im Brief an Rudolf Ehrenberg vom 18.11. 1917, der «Urzelle» des SE, nannte er die Offenbarung den «philosophischen Archimedespunkt» und verwies auf die gemeinsame Harztour 1914, wo er seinem Freund ein «pragmatisches Bekenntnis» zum Offenbarungsbegriff aus dem Aufsatz «Atheistische Theologie» vorgelesen hatte (357). Bisher war Offenbarung im Denken des absoluten Geistes als aufgehobenes Moment der Entwicklung oder im Neukantianismus als Teil eines Kulturganzen untergegangen. Rosenzweig verstand, – Jahre vor Heidegger, – die Frage ganz radikal als Frage nach dem Sinn von Sein. Sie sollte Antwort geben auf das Relativismus-Problem des Historismus und auf das Verhältnis der menschlichen Existenz zum Hegelschen Allgemeinen. Rosenzweig erwartete von der Offenbarung einen festen Bezugspunkt, eine grundsätzliche «Orientierung»[17]. Der Einsicht, daß das Allgemeine die aus der Offenbarung lebende menschliche Existenz nicht erfaßt und damit letztlich Schein bleibt, begegnete er in Schellings positiver Philosophie der Offenbarung. In ihr entdeckt die Vernunft ihre eigene Kontingenz. Schelling kritisierte die «negative Philoso-

---

16 Natur und Geist. Erinnerungen eines Arztes. Göttingen 1955. 2. Aufl. S. 26.
17 Den Gedanken der Offenbarung als Orientierung übernimmt Rosenzweig von Rosenstock, der mit ihm in regem Briefverkehr steht. Vergleiche seine Hinweise in KS 358.

phie», die seit Thales das Allgemeine denken will, ohne zu beachten, daß das Sein ein unvordenkliches Gegebenes ist. Die Offenbarung, die jenes begrifflich unzugängliche Sein voraussetzt, geschieht in der Sprache. – Nur weil wir in der Offenbarung angesprochen werden, konstituiert sich Selbstbewußtsein und menschliche Existenz. Rosenzweig übernahm von Rosenstock die Überzeugung, daß das «cogito ergo sum» des Descartes durch ein «Gott hat mich gerufen, also bin ich» ersetzt werden muß. Diese Sprache ist zugleich Dialog. So erwies sich das Dialogische als Grundprinzip der Philosophie, die über das Allgemeine Hegels zur Existenz des Menschen vordringen will.

Während des Krieges, den er als Freiwilliger miterlebte, vertieften sich die Gedanken. Den Höhepunkt erreichten die Überlegungen 1917 im «Stern der Erlösung», der weitgehend auf Feldpostkarten von der makedonischen Front geschrieben ist, die an Rosenzweigs Heimatanschrift beziehungsweise an seine Mutter gesandt wurden. Gleichzeitig entwickelte sich ein intimer Dialog über den SE mit seiner Freundin Margrit Rosenstock-Hussy, der Frau seines Freundes[18]. So entstand ein philosophisches System, das den Dialog zum Grundprinzip erklärte, selbst aus einem dialogischen Prozeß.

Nach dem Krieg hielt Rosenzweig 1919 in Kassel Vorträge über das Judentum. Zugleich gründete er 1920 zusammen mit N. A. Nobel das «freie jüdische Lehrhaus» in Frankfurt und übernahm dessen Leitung. In diesen Jahren lernte er Martin Buber kennen und schätzen. Rosenzweig lehrte dort eine aus dem neuen Selbstbewußtsein gestärkte spezifisch jüdische Pädagogik. Er mußte jedoch schon 1922 die Leitung abgeben und seine Lehrtätigkeit beenden. Eine schwere unheilbare Krankheit fesselte ihn ans Krankenzimmer. Es begannen sieben Jahre körperlichen Siechtums bei höchster geistiger Lebendigkeit. Briefe, Übersetzungen von Cohens Spätwerk und vor allem die Übersetzung des Alten Testaments zusammen mit Martin Buber füllten sein Leben aus. Angeregt durch das Studium über den mittelalterlichen jüdisch-spanischen Dichter Jehuda Halevi versuchte er in dieser Arbeit, eine Erneuerung der eigenen Sprache aus dem fremden biblischen Sprachgeist zu vollziehen. Durch Rückgriff auf das Deutsche in alt- und mittelhochdeutschen Wurzeln, in Mundart und Standesdialekten, durch Verwendung von Anspielungen, Paraphrasen und Selbstkommentaren, durch Rücknahme der lutherischen Glättungen der Sprache sollten die Wörter von dem positivistisch-philologischen, philosophischen und theologischen Beiwerk befreit werden und durch ihre Archaik wieder das Geheimnis der Offenbarung spürbar machen. Mit der Bibelübersetzung wurde gleichzeitig die Rückkehr zu den natürlichen Wurzeln des Judentums jenseits von Zionismus und Assimilation an die kulturelle Doppelbindung angestrebt.

Rosenzweig starb als Zweiundvierzigjähriger mitten in den Übersetzungsarbeiten, nachdem er den Tod jahrelang unmittelbar vor Augen hatte. So umstritten er zeit seines Lebens war, – den Orthodoxen ein Liberaler, den Liberalen ein Orthodoxer (R. Mayer) – so eindeutig war die Hochachtung seiner Umgebung. Gershom Scholem bekennt in der Gedächtnisrede, daß Rosenzweig Großes gewirkt hat. Neben der Verkündigung eines neuen Dialogs, dessen Tragweite nach Rosenzweigs Ahnung erst in siebzig Jahren verstanden werden kann, ist für die Philosophie sein «neues Denken» in der Nähe Heideggers bedeutsam geworden, wenn auch die Wirkung bisher nur gering geblieben ist.

25.22 Die philosophische Explikation jüdischer Existenz

Rosenzweig ist kein Religionsphilosoph. Er verweist auf die Tatsache, daß das Wort «Religion» in seinem SE nicht weiter thematisiert wird. Rosenzweig versteht sich auch nicht als Theologe, sondern schlicht als Philosoph. Doch weil die alte Philosophie als Lehre von der Macht des Logos durch das «neue Denken» aus der Erfahrung der dialogischen Existenz ersetzt werden

---

18 Die etwa tausend Briefe von Rosenzweig an Margrit befinden sich in Amerika noch unter Verschluß.

soll, erhält in dieser Philosophie das wiederentdeckte Judentum einen zentralen Stellenwert für die Person Franz Rosenzweig. Seine Lehre muß als *philosophische Explikation jüdischer Existenz* interpretiert werden. Sie gipfelt in der Frage: Wie kann ein Jude Schöpfung, Offenbarung und Erlösung philosophisch denken?

Voraussetzung für Rosenzweigs Philosophie ist die Rückkehr zu seinem jüdischen Ursprung. Im Briefwechsel mit seinen Freunden, in Vorträgen und kleinen Aufsätzen rechtfertigt und verteidigt er seinen Entschluß, dem Judentum treu zu bleiben. Eigentlich ist es gar keine Verteidigung, sondern eher eine Offensive gegen die seit zwei Jahrtausenden gelehrte Abwertung des Judentums. Gerade durch die völlige kulturelle Isolation der Juden haben diese ihre *Ursprünglichkeit* bewahrt. Eben weil das Judentum im Gegensatz zum Christentum keine Kultursynthese eingegangen ist, erweist es sich als die reine Wahrheit. Rosenzweig fordert selbstbewußt die volle Anerkennung des Judentums, auch nach dem Kommen Christi. Er kämpft vehement gegen die von Kirchenvätern, Theologen und Philosophen bis hin zu Hegel verbreitete These, daß das jüdische Erbe auf das Christentum übergegangen sei. Er verweist auf den Ursprung des Christentums aus dem Judentum; letzteres ist eine absolut notwendige Bedingung für die Christen. Beide, Kirche und Synagoge, sind in einer Welt des Unglaubens aber auch aufeinander angewiesen. Trotz der Verwandtschaft bleiben sie jedoch zwei getrennte Welten: hier die Juden, die als auserwählte Gemeinde Gottes schon am Ziel sind; dort die Christen, die noch auf dem Wege sind. Rosenzweig begründet so als erster Jude ein gleichberechtigtes Zwiegespräch mit den Christen und erinnert an die Dialoge unter Brüdern des Frühchristentums.

Auch seine jüdische *Pädagogik* ist von diesem neuen Selbstbewußtsein geprägt. Die beiden wichtigsten Leitlinien sind, daß man Jüdisches nur in der Synagoge und in der hebräischen Sprache erlernen kann. Im Gegensatz zu Buber, der dem Institutionellen reserviert gegenübersteht, spielt sich bei Rosenzweig alles in der konkreten Liebesgemeinschaft ab. Das Ich kann sich nicht selbst begründen und finden, sondern nur durch die Ansprache und Forderung des Anderen. Der Mensch wird Mensch erst in einer Gemeinschaft, die ihrerseits durch das Gesetz vom Sinai ermöglicht ist. Schon das Kind findet sein Selbstbewußtsein nur im Hören auf das Gesetz. Durch dieses findet nicht nur das Individuum, sondern auch das Volk Israel als Ganzes seine Identität; es ist die Voraussetzung für das Überleben der Juden in einer feindlichen Welt. Die Bibelübersetzung, an der er vier Jahre lang trotz stärkster körperlicher Behinderung mitarbeitet, ist ein Beitrag zur Identitätsfindung der Juden in Deutschland. Der Briefwechsel zeigt, wie er unter diesem Gesichtspunkt mit den Texten und den Schlüsselwörtern ringt. Wenn beispielsweise, wie in Genesis 15,6, nicht mehr von der Gerechtigkeit im Glauben, sondern von der Bewährung oder vom Vertrauen im Glauben die Rede ist, dann läßt sich daraus ein ganzes Programm ablesen, das mit dem alten Verständnis von Gesetzlichkeit aufräumen und den Weg für das Verständnis der Freiheit aus dem Gesetz eröffnen will.

Für die philosophische Aufarbeitung der Offenbarungsproblematik verwendet Rosenzweig neben Einsichten Schellings und Feuerbachs vor allem Anregungen von Kierkegaard, Schopenhauer und Nietzsche. Auch der Versuch Cohens, eine rein philosophische jüdische Religiosität zu begründen, wird beachtet. Der eigentliche Ausgangspunkt der Betrachtung ist jedoch das Jahr 1800, also die Zeit, in der Kant die Frage nach dem eigentlichen Sein im Sinne der Transzendentalphilosophie stellt. Dessen Kritik an den großen metaphysischen Themen Welt, Seele und Gott haben nur noch Trümmer hinterlassen. Die Rettung erfolgt bei Kant durch den Primat der Ethik und deren Bedingung, nämlich durch die Idee der Freiheit. Bei Ebner und Rosenzweig ist es das Selbst jenseits der Naturnotwendigkeiten und der metaphysischen Wesensaussagen. Am Anfang steht hier die durch das Du vermittelte eigene Existenz mit ihrem Wissen vom individuellen Tod und mit dem Wissen von ihrer Freiheit. Diese Existenz kann philosophisch nicht eingeholt werden und lebt letztlich aus dem Glauben.

Die Antwort auf die Grundfrage nach der Möglichkeit, Schöpfung, Offenbarung und Erlösung philosophisch zu reflektieren, enthält der SE. Die philosophische Reflexion geht dort zwar von der jüdischen Existenz aus, betrifft aber auch die Christen, weil diese durch das Judentum wesentlich bestimmt sind. Insofern entwirft Rosenzweig einen Dialog mit den Menschen des Abendlandes im allgemeinen, soweit diese sich ihrer Wurzeln bewußt sind und ihnen treu bleiben[19].

25.23 «Der Stern der Erlösung»

Im systematischen Hauptwerk «Der Stern der Erlösung» stellt Rosenzweig sein «neues Denken» als fundamentalen Neuansatz der Philosophie dem Hegelschen Identitätsdenken entgegen. Nicht nur die äußere Katastrophe des Ersten Weltkrieges, sondern auch die inneren Grenzerfahrungen der philosophischen und theologischen Reflexion fordern zur Neubesinnung heraus. Mit Hegels Selbsterhellung der Vernunft ist die Philosophie des Allgemeinen am Ende angelangt; was bleibt, ist die Weltanschauung, «der Gedanke, mit dem ein individueller Geist auf den Eindruck, den die Welt auf ihn macht, reagiert» (SE 116); Philosophie löst sich in eine Sammlung von Meinungen und Aphorismen auf. Auch die Theologie steht nach dem Desaster der historischen Aufklärung vor dem Nichts. Prophetie und Wunder haben ihre Glaubwürdigkeit verloren; alles richtet sich in einer vagen Hoffnung auf ein zukünftiges Reich der Sittlichkeit. Rosenzweig versucht, die philosophische und theologische Krise dadurch zu überwinden, daß er eine Philosophie der Differenz fordert, die zwischen dem nur Denkbaren und dem Unvordenklichen unterscheidet. Die Annahme dieser zweiten Dimension steht nicht in unserer Beliebigkeit; denn der Empfänger der Offenbarung ist für Rosenzweig «wissenschaftlich der einzig mögliche Philosophierende der neuen Philosophie» (118). Diese Begründung der These, daß ein differentes Sein als unvordenkliche Tatsache aller Philosophie zugrundeliegt, erfolgt streng systematisch in drei Teilen von je drei «Büchern»; den Teilen geht jeweils eine Einleitung in die Thematik voraus.

Der erste Teil «Die Elemente oder die immerwährende Vorwelt» reflektiert die *negative Philosophie*. Daher spricht Rosenzweig in der Einleitung «Über die Möglichkeit, das All zu erkennen»; die Ausführungen sind gegen die Philosophen gerichtet: «In philosophos!»

Das Werk beginnt mit einer existentiellen Erfahrung, die der stets intendierten Vereinnahmung in das All des Gedachten widersteht. Da heißt es: «Vom Tode, von der Furcht des Todes, hebt alles Erkennen des Alls an». Die Philosophie sollte eigentlich die Angst des Irdischen vom Menschen nehmen; «aber die Philosophie leugnet diese Ängste der Erde» (3), indem sie den Allgedanken faßt und dabei den persönlichen Tod ignoriert. Sterben kann nur der Einzelne. So erlangt die Philosophie den Schein der Voraussetzungslosigkeit, was aber eigentlich bedeutet, daß alles Erkennen des Alles das *Nichts* zur Voraussetzung hat (5); denn auch «der Tod sei – Nichts» (4). Aber das Nichts ist nicht Nichts, wie jeder konkrete Tod, wie tausend Tode beweisen. Die Vielheit des Nichts macht das allgemeine Erkennen des Alls zur Lüge. Die Philosophie vergißt die Kontingenz der Welt, ihr «Nuneinmalsosein» (13), ihre eigentliche Aufgabe, denn sie verwandelt das Zufällige ins Notwendige, den Tod ins abstrakte Nichts. Daher entwickelt Rosenzweig mit Hilfe der Cohenschen Theorie des Differentials einen «neuen Begriff des Nichts», der den Weg zum Etwas ermöglicht. «Das Differential verbindet in sich die Eigenschaften des Nichts und des Etwas» (23). Das Denken tritt dem Nichts gegenüber, wenn es sein Wissen rein erzeugen will; dabei wird das Nichts dreifach bestimmt. Die

---

19 Der Islam, die dritte große Offenbarungsreligion, die sich zudem als direkte Fortsetzung der beiden anderen Offenbarungen versteht, steht offensichtlich außerhalb des existentiellen Interesses Rosenzweigs. Der Islam wird sogar häufig als Zerrbild der Wahrheit dargestellt, um das Eigentliche im Judentum und Christentum zu verdeutlichen. Daran lassen sich kritische Fragen anschließen, insbesondere auch über das Fehlen eines Dialogs mit den anderen Weltreligionen.

Elemente des Alls werden seit jeher in der klassischen Metaphysik als Gott, Welt und Selbst (Seele) dargestellt. Der Entfaltung genau dieser drei irreduziblen Urphänomene dienen die drei Bücher des 1.Teils:

– Gott und sein Sein oder Metaphysik;
– Die Welt und ihr Sinn oder Metalogik;
– Der Mensch und sein Selbst oder Metaethik.

Die Urphänomene werden in der negativen, das heißt bisherigen Philosophie durch das Denken zu a-zeitlichen Objekten. Rosenzweigs Anliegen ist es zu zeigen, wie diese dadurch zum «Nichts» werden; um diese drei «Nichtse» kreist das Denken immerfort, ohne sich dabei selbst begründen zu können. Die negative Philosophie scheitert in jedem der drei Fälle. Und trotzdem werden im neuen Denken in diesem Scheitern Urworte erfaßt, die nicht nur auf die Unvordenklichkeit von Gott, Welt und Selbst verweisen, sondern zugleich Möglichkeiten eines neuen Ansatzes aufzeigen: «Von Gott wissen wir nichts. Aber dieses Nichtwissen ist Nichtwissen von Gott. Als solches ist es der Anfang unseres Wissens von ihm. Der Anfang, nicht das Ende» (25); letzteres läßt sich von der «negativen Theologie» behaupten, deren Überlegungen im gelehrten Nichtwissen enden. Dieses Nichts ist nicht nur Verneinung des Etwas, das selbst wieder vom Denken eingefangen wird. Rosenzweig ringt mit der Sprache, um das Andere vor dem Denken auszudrücken; er spricht vom «Ichts», durch dessen Verneinung jenes urphänomenale, vom Denken nicht einholbares Nichts verstanden oder erahnt werden soll.

Die negative Philosophie ist eine Geschichte des *Scheiterns.* Die Unmöglichkeit, *Gott* zu denken, demonstrierte die scholastische Philosophie. Gott ist das dem Denken Unerreichbare, fern vom Menschen und jenseits der Welt: «... Gott aber läßt sich nicht zu ihnen herab; er schenkt sich nicht, er liebt nicht, er muß nicht lieben. Denn er behält seine Physis für sich. Und bleibt also, was er ist: das Metaphysische» (43). Die Unmöglichkeit, über den Begriff der *Welt* zur Existenz zu finden, zeigte Hegels Versuch: «Überall und immer ist aber das Sein der Welt nur im Denken. Der Logos ist das Wesen der Welt» (46). Aber «das Besondere ist Überraschung; nicht Gegebenes, sondern immer neue Gabe» (50). Und die Vergeblichkeit, das *Selbst* im Bewußtsein zu fassen, prägt die gesamte Neuzeit. Die Autonomie des Selbstbewußtseins scheitert an der Faktizität des einsamen Selbst: «Das Selbst ist der einsame Mensch im härtesten Sinn des Wortes» (77). «Es gibt kaum größere Einsamkeit als in den Augen eines Sterbenden ...» (78).

Die negative Philosophie ist aber auch eine Geschichte des *Zerstückelns:* «Wir haben wahrhaft das All zerschlagen» (90). Die Folge sind die zahlreichen monistischen Verabsolutierungen eines der drei Elemente: in der religiösen Philosophie verkümmern Welt und Selbst, in der materialistischen Gott und Selbst und in der idealistischen schließlich Gott und die Welt. In der Abhandlung «Das neue Denken», dem Nachtrag zu SE, nennt Rosenzweig dies die Pointe des ersten Teiles: «Er will weiter nichts lehren, als daß keiner dieser drei großen Grundbegriffe des philosophischen Denkens auf den anderen zurückgeführt werden kann» (379).

Der zweite Teil «Die Bahn oder die allzeiterneuerte Welt» enthält die positive Philosophie des Zeit und Geschichte erfahrenden Denkens. Es soll «die erfahrene Wirklichkeit selbst dargestellt werden » (DND 383). Erfahrungen sind Brückenschläge, Beziehungen zwischen Gott, Welt, Selbst. Die Stoßrichtung «In theologos!» wird deutlich in der These der zugehörigen Einleitung: «Über die Möglichkeit, das Wunder zu erleben». Die theologischen Entmythologisierungen, die ohne Wunder auszukommen glauben, leiden alle am gleichen Fehler. Sie übernehmen den engen Zusammenhang zwischen Wunder und Prophetie und verstehen Wunder nur als Aufhebung der allgemeinen Naturgesetzlichkeit. Rosenzweig stellt seinen Wunderbegriff dieser Auffassung entgegen: «Daß ein Mensch den Schleier, der gemeinhin über der Zukunft liegt, zu heben vermag, das, nicht daß er die vorausgegangenen Bestimmungen aufhebt, ist das Wunder.» Wunder und Prophetie gehören zusammen. Deshalb kann Rosenzweig Schöpfung, Offenbarung und Erlösung als Wunder aus dem Willen Gottes und in Anerkennung der universalen Gesetzlichkeit zu Grundkategorien erklären[20]. Die drei Bücher des zweiten Teils behandeln daher die drei Wunder, jene Beziehungen zwischen Gott, Welt und Selbst, die alle Wirklichkeit ausmachen:

– Schöpfung oder immerwährender Grund der Dinge;
– Offenbarung oder die allzeiterneuerte Geburt;
– Erlösung oder die ewige Zukunft des Reiches.

Rosenzweig versteht seine neue Philosophie als «erzählende Philosophie» (383). Nachdem die Themen der Wirklichkeit genannt sind, «wird dies große Weltgedicht in drei Zeiten nacherzählt» (386). Der zweite Teil gilt sowohl Rosenzweig als auch seinen Interpreten als das Zentrum des SE. In ihm wird zugleich die Zeitlichkeit konstituiert, wobei die Kreatürlichkeit durch die Vergangenheit, die Offenbarung durch die sprachliche Gegenwart und die erlösende Liebestat durch die Zukunft ermöglicht werden. Das zweite Buch über die Sprache wiederum ist die absolute Mitte, der eigentliche Kern des Gesamtwerkes.

Das erste Wunder ist, daß «Gott schuf» (124), das heißt, daß überhaupt etwas und nicht vielmehr nichts ist.[21] Die Erfahrung von Wirklichkeit, das Wissen, daß wir schon in das Dasein gestellt sind, steht am Anfang. Dabei distanziert sich Rosenzweig vom überlieferten Begriff der Schöpfung aus dem Nichts. Er will das Schaffen der Welt als wesentliche Notwendigkeit verstanden wissen, die nicht als Bedürfnislosigkeit Gottes mißverstanden werden sollte (127). «Als ‹offenbarer› Gott kann er nicht anders als schaffen» (128).

Der Zentralbegriff ist jedoch die Offenbarung, das Wunder schlechthin. Der Kern der Offenbarung umfaßt bei Rosenzweig das Aussichhervorgehen, Zueinandergehören und Zueinanderkommen der irreduziblen Urphänomene Gott, Welt und Selbst (127). In der Offenbarung wird die «Bahn» der Elemente sichtbar, das bedeutet die Verzeitlichung und Vergeschichtlichung des Urgeschaffenen, das nur als Abstraktion der zeitlichen Wirklichkeit aufgefaßt werden kann. Neben der Schöpfung als Offenbarwerden Gottes (177) kennt Rosenzweig eine zweite Offenbarung im engeren Sinne als «das Sichauftun eines Verschlossenen» (179), als Liebe des Liebenden.

Offenbarung ist stets mit Umkehr verbunden. Daher nennt Rosenzweig das Nein das Urwort der Offenbarung (193), während das Ja das Urwort der Schöpfung ist. Doch das «lautgewordene Nein» ist das Ich (194). So wie das Nein ein Anderes fordert, so kann sich das Ich nur dadurch realisieren, daß es ein Du außer sich kennt und anerkennt. Das Selbstgespräch geht in den echten Dialog über (195). Offenbarung erhält so seine tiefste anthropologische Bedeutung, «das unter der Liebe Gottes geschehende Mündigwerden des stummen Selbst zur redenden Seele» (221). Liebe bedeutet hier Übergang von der Schöpfung in die Offenbarung (225). Am Beispiel des «Hohen Liedes» verdeutlicht Rosenzweig, wie das Ich und Du der menschlichen Sprache zugleich als Ich und Du zwischen Gott und Menschen verstanden werden muß (222). Offenbarung ist das Hineingestelltsein in Sprache, Sinnzusammenhang und Liebesbeziehung. Das Sprachereignis ist so elementar wie das Faktum, daß etwas ist. So wie wir schon immer etwas vorfinden, erfahren wir uns auch immer schon sprachlich. Und auch das liebende Zusammenfinden ist ohne Sprache undenkbar.

Die fundamentale *Rolle der Sprache* als Basis der dialogischen Philosophie wird im zweiten Teil ausführlich entfaltet. Alle Wirklichkeit ist zeitlich und Zeitlichkeit ist durch Sprache erfahr-

---

20 Es wird immer wieder darauf hingewiesen, daß Rosenzweig der einzige Dialogiker ist, der den Naturwissenschaften ihre Existenzberechtigung beläßt. Aufgrund seines Medizinstudiums ist er den exakten Wissenschaften gegenüber stets aufgeschlossen. Diese Sonderrolle wird auch deutlich in der Diskussion mit Martin Buber. Rosenzweig kritisiert dessen Unterbewertung des Es in seinen Grundworten. Vergleiche dazu den Brief Rosenzweigs an Buber, den dieser im September 1922 nach Einsicht in die ersten Fahnen von «Ich und Du» schrieb. B. Casper analysiert diesen Brief in «Franz Rosenzweigs Kritik an Bubers ‹Ich und Du›» in PHJB 86 / 1979. S. 224 ff.

21 Dieser Leibnizsche Gedanke erhielt erst durch Heidegger seinen Stellenwert. Eine Vorwegnahme erfolgt nicht nur hier bei Rosenzweig, sondern fast gleichzeitig auch z. B. bei Wittgenstein im Vortrag über Ethik (1929/30). Frankfurt 1989. S. 14.

bar. Nur im gesprochenen Wort ereignet sich Wirklichkeit; in der Sprache geschieht Zeit. Die Zeitlichkeit der Sprache realisiert sich grammatisch auf drei Stufen:

– in den *Wortformen*, die im erzählenden Sagen vom Vorhandenen zum Satz verbunden werden. In dieser Verbindung, die zugleich zeitliche Bewegung bedeutet, konstituieren sich Numerus, Kasus, Personalpronomina und andere grammatische Formen. Das Sprechen des Satzes wird durch das Ur-Ja eines elementaren «Eigenschaftswortes» ermöglicht: «Die Welt ist lauter Eigenschaft, sie ist es von Anfang» (192). Die dem Ur-Ja gemäße grammatische Form ist der Indikativ und die dritte Person, ihre zugehörige Zeit das Perfekt.
– Sprechen ist zweitens *Dialog*, Gespräch, Wechselrede zwischen Wort und Ant-wort. Im Gespräch geschieht stets Neues. Das verschlossene Selbst der Metaethik tritt aus sich heraus und ermöglicht im Dialog Gegenwart, Wirklichkeit, reales Sein. Im Gespräch liegt der Ursprung der Sprache, in ihm wird Wirklichkeit offenbar; das Ich und Du erleben sich als gegenwärtig. Die grammatische Form des Dialogs ist der Imperativ, die Forderung und Ansprache des Anderen, das Gebet und das Gesetz.
– Die höchste Form der Sprache ist für Rosenzweig der *Zwiegesang,* der über die Gegenwart in die gemeinsame Zukunft verweist. Seine grammatische Form ist der Kohortativ, in dem die beiden Beteiligten im wertenden «Ja, so ist es» und im «Es ist gut» ihre Hoffnung ausdrücken.

Im 3. Buch des zweiten Teils über die Erlösung grenzt sich Rosenzweig zunächst von der Mystik ab, deren Anhänger sich in ihrer einseitigen Fixierung auf Gott in einem «grundunsittlichen Verhalten» (232) der Welt und dem Du verschließen. Erlösung bedeutet geschichtliches Eingewobensein und Mitverantwortung für die gemeinsame Zukunft. War das erste Buch der a-zeitlichen *Vorwelt*, das zweite der sich offenbarenden *Umwelt* gewidmet, so handelt das dritte von der erlösten *Überwelt*. Es bildet zugleich die «Schwelle» zum *letzten Teil*, in dem diese Überwelt als überzeitliche Glaubensgemeinschaft von Juden und Christen entfaltet wird. Wie unmittelbar diese Überwelt in den Alltag hineingreift, wird an der Losung der Einleitung «In tyrannos!» deutlich. Sie bewährt sich allein in der «Möglichkeit, das Reich zu erbeten». Rosenzweig schildert, «wie der jüdische oder der christliche Gott, die jüdische oder die christliche Welt, der jüdische oder der christliche Mensch aussehen» (392) und meint, daß diese Abschnitte in sich verständlich seien (393). Diese Ausführungen über Juden, Christen und Gottes Antlitz überschreiten jedoch zweifellos den eigentlichen philosophischen Diskurs. Sie stellen eher ein religiöses Programm dar, lassen die Philosophie in eine Vision von Judentum und Christentum aufgehen, die in der Emphase des Predigers und Propheten zum Lobgesang wird.

Das System des SE ist in Triaden konstruiert: der erste Teil ein gleichseitiges Dreieck mit den Ecken Gott – Welt – Selbst; der zweite Teil ein zweites, um 60 Grad gedrehtes Dreieck mit den Ecken Schöpfung – Offenbarung – Erlösung. Der dritte Teil schließlich wird durch den Davidstern symbolisiert, der durch das Übereinanderlegen der beiden gleichseitigen Dreiecke entsteht. Aus der Vereinigung der Elemente und deren Zeitigung entsteht die ewige Überwelt. Diese Konstruktion hat nichts mit der Hegelschen Dialektik zu tun, weil sie nichts aufhebt, sondern alles in seiner Ursprünglichkeit und Fülle beziehungsvoll stehen läßt. Die Ecken gehen nicht auseinander hervor und nicht ineinander über, sondern sie bilden das «vieldimensionale» Gewebe der erfahrenden Philosophie des neuen Denkens.

25.24 Rosenzweig zwischen Husserl und Heidegger

Rosenzweigs Denkmethode wird gelegentlich auch als *phänomenologische* Methode bezeichnet.[22] Die Beschreibung der Urphänomene in SE steht neben dem Aufweis der absoluten Selbstgegebenheiten in Husserls IDEEN, dessen phänomenologische Reduktion neben der Überwin-

---

22 Casper (1967). S. 94ff.

dung der Vorurteile und unbedachten Voraussetzungen im «neuen Denken» der Dialogik. Denken als fragendes Hinschauen und als voraussetzungsloses Ansichtigwerden eines wesentlich Anderen erscheinen als Analogon zu phänomenologischen Vorgehensweisen. Selbst die Unterscheidung von Noesis und Noema wird im differenzierten Umgang mit dem Nichts wiedererkannt.[23]

Man muß sich darüber im Klaren sein, daß hier das Wort «Phänomenologie» in einer sehr unbestimmten und weiten Bedeutung verwendet wird. Nicht ganz zufällig kann auch Hegels Philosophie unter dem Gesichtspunkt einer «Phänomenologie des Geistes» gedeutet werden. So ist festzuhalten, daß Rosenzweigs Denken bei Hegel beginnt und zuerst dem Neuhegelianismus verpflichtet ist. Die kritische Überwindung des Idealismus erfolgt durch Einflüsse von Kierkegaard, Schopenhauer und Nietzsche. Der Stein des Anstoßes ist dreifach: das existierende Selbst in der Opposition zum Allgemeinen bei Kierkegaard, die Verwandlung der Frage nach dem *Wesen* der Welt in die Frage nach dem *Wert* der Welt bei Schopenhauer und der radikale Bruch mit allen vorausgegangenen Philosophie-Traditionen bei Nietzsche. Während diese Linie im allgemeinen im Nihilismus und in der Endlichkeit des Einzelnen zu Ende gezeichnet wird, steht bei Rosenzweig am Ende der Anfang im Judentum. Sind also die phänomenologischen Bezüge sehr vage, so kann auch trotz der Begegnung mit Cohen von neukantianischen Quellen kaum gesprochen werden. Denn Cohens Ursprungsdenken und Korrelationsbegriff, die beide bei Rosenzweig vertieft wiederkehren, sind alles andere als genuin neukantianische Elemente. Die Ideen von der «neuen Philosophie» wie auch vom jüdischen Ursprungsdenken gründen in einer fundamentalen *existentiellen* Erfahrung. Insofern ist Rosenzweigs Lehre auch Existenzphilosophie. Rosenzweig begrüßt in seinem Aufsatz «Vertauschte Fronten» Heidegger und die Existenzphilosophen als die wahren Sachwalter des späten Cohen. In der Kontroverse zwischen Heidegger und Cassirer während der Davoser Disputation[24] nimmt Rosenzweig eindeutig Partei für Heidegger. Die Fronten sind in der Tat durcheinandergeraten: Cassirer, der Jude und bedeutende Cohen-Schüler, repräsentiert das *alte* Denken des idealistischen Neukantianismus; der «Aristotelesscholastiker»[25] (und spätere Nationalsozialist) Heidegger dagegen vertritt das *neue* Denken, das den Menschen nicht mehr als «quantité négligeable» beiseiteschiebt, sondern im Begriff der Existenz alles zusammenfaßt, was an Härte des Schicksals, als Angst des Daseins und als Sein zum Tode auszumachen ist[26].

Während die Beziehungen Rosenzweigs zur Phänomenologie und damit zu *Husserl* nur peripher sind, finden wir eine Reihe von Gedanken Rosenzweigs in überraschender Nähe zu *Heidegger*. Karl Löwith hat in (1958) Gemeinsamkeiten und Differenzen beider in deren Hauptwerken «Stern der Erlösung» und «Sein und Zeit» herausgearbeitet.Beide treten als Verkünder eines «neuen Denkens» auf, wobei allerdings nur Heideggers Verkündigung allgemeines Gehör gefunden hat. Rosenzweig erkannte seine Nähe zu Heidegger, während umgekehrt Heidegger zu Rosenzweig und zur Dialogik nicht in eine direkte Auseinandersetzung getreten ist.

Löwiths Ausführungen über *Gemeinsamkeiten* umfassen zahlreiche Aspekte:

— Es erfolgt beiderseits eine Hinwendung zum Individuum in seiner nackten *Existenz*; diese geschieht in der Abhebung vom etablierten Kulturbetrieb und von der wissenschaftlichen Gelehrsamkeit.
— Beide sehen den Menschen als *konkret existierenden* in der Welt und nicht als Betrachtungsobjekt in Philosophie und Theologie; nicht sein Wesensbegriff, sondern seine individuelle Existenz ist Thema des Denkens.

---

23 Casper a.a.O. S.97/98.
24 Siehe Cassirer 22. Einleitung.
25 So nennt Rosenzweig Heidegger in «Vertauschte Fronten».
26 Die Vertauschung der Fronten legitimierte in den Augen Rosenzweigs den Anspruch Heideggers auf die Nachfolge auf Cohens Marburger Lehrstuhl, obwohl Cassirer das Denken der Marburger Neukantianer vertrat.

- Das von Heidegger als Höhepunkt der Daseinsanalyse beschriebene «*Sein zum Tode*» beherrscht bei Rosenzweig schon den Anfang des «Sterns»: «Vom Tode, von der Furcht des Todes, hebt alles Erkennen des Alls an». Die alte Philosophie verleugnet dieses fundamentale Phänomen, indem sie nur dem Körper den Tod erleiden läßt, Seele und Geist aber von ihm freibleiben.
- Beide kennen die *Faktizität* oder Tatsächlichkeit des Daseins und wenden sich gegen das cartesische cogito, das von aller empirischen Realität entleert weder Jemeinigkeit noch Einmaligkeit kennt.
- Für beide steht die *Zeit* im Zentrum des Denkens; «das Geschehen geschieht nicht in der Zeit, sondern die Zeit selbst geschieht» (Löwith, 165).
- Sowohl für Rosenzweig wie für Heidegger bedarf das «neue Denken» eines erneuerten sprachlichen Ausdrucks. Denken wird zum «*Sprachdenken*», das auf uns zutiefst angehende Fragen radikale Antworten gibt.
- Auch die Begründung der *Geschichtlichkeit* wird von beiden aus der Endlichkeit und dem Sein zum Tode her verstanden. Geschichtlichkeit gehört zum Eigentlichen des Existierens.

Trotz dieser Gemeinsamkeiten *trennen* den Fundamentalontologen Welten von dem Dialogiker, der die gemeinsam beschriebenen Phänomene ganz anders interpretiert und aus ihnen oft diametral entgegengesetzte Folgerungen zieht.

- Die entscheidende Differenz drücken bereits die Titel der Hauptwerke aus: Rosenzweig kennt einen «Stern», «eine ewige Wahrheit», die den Anfang der Schöpfung und die Mitte der Offenbarung durch das Ende der Erlösung vollendet; Heidegger dagegen kennt kein zeitloses Ewiges, sondern nur *zeitliche* oder existenziale Wahrheiten.
- Deshalb ist Rosenzweigs Denken eine *Rück*kehr zum Judentum, während Heideggers neues Denken eine *Ab*kehr vom Christentum (164) und von der Ontotheologie im allgemeinen ist.
- Heidegger entleert den von Rosenzweig wiederentdeckten Sinn der göttlichen Offenbarung, «indem er ihn, gemäß seinem Begriff von der Wahrheit als a-letheia, zur ‹Aufdeckung› von Verdeckungen formalisiert» (166).
- Allen Differenzen liegt die radikale Verwerfung des Ewigen durch Heidegger zugrunde. Obwohl Rosenzweig im Gegensatz zu Cohen die Individualität vom religiösen Idealismus befreit, bleibt ihm die Eitelkeit des Irdischen nur auf dem Hintergrund des Ewigen auslegbar, an dessen Stelle Heidegger das aus der Zeit verstandene Sein setzt.
- Die zweite kardinale Differenz betrifft den *Kern des Dialogischen*: «Die Wege trennen sich mit dem Bezug auf die zweite Person, wodurch aber auch das Sein der ersten Person eine andere Bedeutung gewinnt» (169). Der Andere ist nicht Partner, Du, sondern nur der nivellierte Andere; das Mitsein ist kein Miteinandersein und es fehlt die gegenseitige Anerkennung Hegels.
- Das dialogische Defizit wirkt sich insbesondere im *Verhältnis zu Gott* aus, das auf die wichtigsten Themen zurückwirkt (173):

In SuZ:	im «Stern»:
der geworfene Entwurf;	Schöpfung und Erlösung;
die Freiheit zum Tode;	die Gewißheit des ewigen Lebens;
das Augenblicklichsein für seine Zeit;	das Bereitsein für das Kommen des Reiches;
das «ich selber bin die Zeit»;	die Zeit Gottes von Ewigkeit zu Ewigkeit;
die Wahrheit der zeitlichen Existenz;	die ewige Wahrheit des «Sterns»;
Sinn des Seins als endliche Zeit;	Sinn des Seins als Ewigkeit;
Freiheit als Bedingung der Wahrheit;	Wahrheit als Bedingung der Freiheit (185).

Die Gegenüberstellung Löwiths zeigt, daß Rosenzweig trotz der Vorwegnahme der großen Themen von Sein und Zeit nicht nur als Wegbereiter der Existenzphilosophie angesehen werden kann. Rosenzweig ist zu allererst *Dialogiker*, und das heißt, ein Denker des Vertrauens und der

Erlösung. Zunächst bleiben Angst und Tod in aller Härte gegenwärtig. Das Individuum steht nach wie vor in einer undurchschauten Erfahrung und in der offenen Zeit der Gefährdung. Aber im Vertrauen werden Angst und Nichts in der zukünftigen Erhörung überwunden. In SE steht am Ende die «ewige Überwelt». Heideggers Endlichkeit wird im Vorgriff auf die Unendlichkeit des gelebten Glaubens aufgehoben.

25.3 Martin Buber und die Vollendung der Dialog-Philosophie

23.31 Biographie und Bibliographie

a. Lebenslauf

Geboren am 8. 2. 1878 in Wien. Jugend in Lemberg. Studium der Philosophie, Kunstgeschichte, Philologie, Literaturgeschichte, Psychiatrie und Nationalökonomie in Wien, Leipzig, Berlin und Zürich. 1902 Gründung eines Verlages in Wien. Herausgebertätigkeit. 1904 philosophische Promotion. Schriftsteller, sozialwissenschaftliche und pädagogische Tätigkeit. 1923 Lehrauftrag, ab 1930 Honorarprofessor für Religionswissenschaft und jüdische Ethik in Frankfurt. 1933 Verzicht auf Lehrbefugnis. 1938 Emigration nach Jerusalem. Dort Lehrstuhl für Sozialphilosophie. Er stirbt am 13. 6. 1965 in Jerusalem.

Nach der Scheidung der Eltern wuchs der dreijährige Buber im Hause seines Großvaters, des aufgeklärten Großgrundbesitzers und Midrasch-Gelehrten Salomon Buber, in Lemberg auf. Hier begegnet er nicht nur dem gelebten Judentum, das ihn später zum Gelehrten des Chassidismus, zum Übersetzer der hebräischen Bibel und zum Verkünder von Frieden und Gerechtigkeit aus der jüdischen Offenbarung werden läßt, sondern er durchlitt in der Trennung von der Mutter zugleich das Mißlingen menschlicher Begegnung[27] und erahnte dabei die Bedeutung der Beziehung von Ich und Du, des Grundthemas seiner Philosophie. Nach dem Studium bei Jodl, Mach, Wundt, Stumpf und vor allem bei Simmel, der ihn in Berlin in die Gedankenwelt Diltheys und Bergsons einführte, fand er im Engagement für den Zionismus zu den jüdischen Quellen zurück. Den Zionismus betrachtete er im Gegensatz zu Theodor Herzl nicht als nationale Bewegung, sondern aus der Idee des Gottesvolkes, das zu seiner inneren Bestimmung zurückgeführt werden mußte. Die Entdeckung der Mystik bot ihm das Rüstzeug zum Widerstand gegen den «Überfall und die Freiheitsberaubung» durch Nietzsches Gedankenwelt (AF 10).

In der journalistischen Tätigkeit und Herausgeberarbeit im neubegründeten jüdischen Verlag wirkte Buber nach außen. Es folgten wissenschaftliche Studien zum Chassidismus, einer volkstümlichen jüdischen Erweckungsbewegung, die im 18. Jahrhundert das osteuropäische Judentum beherrscht hatte. Hier fand Buber sich selbst und wurde zum homo religiosus. Seine Studien waren von einer ursprünglichen Religiosität getragen, die im Urjüdischen das Urmenschliche und die Idee des vollkommenen Menschen sah (GW III, 967). Buber entwickelte sich zugleich zum großen Erzähler und Interpreten des Chassidismus. Vorübergehend schwärmte er von den ekstatischen Einheitserlebnissen der Mystiker. Doch bald erkannte er, daß sich die religiöse Offenbarung in ihrer Verschränkung von Transzendenz und Immanenz, die auf den Menschen als Mitmenschen und als Gemeinschaftswesen zielt, dem ekstatischen Erleben entzieht.

Erster Niederschlag dieser von Buber als «Bekehrung» (AF Nr.15) bezeichneten Abkehr von der Mystik im Jahre 1913 war die Dichtung «Daniel». Die neue Blickrichtung, wonach sich Gott in der weltlichen Begegnung mit dem menschlichen Geschöpf offenbart, ist Voraussetzung für das dialogische Denken, das sich aber erst allmählich als solches herausbildete. Im Jahre 1923, also zwei Jahre nach der Erscheinung von Ebners «Pneumatologischen Fragmenten» und Rosenzweigs «Stern der Erlösung» erschien sein Hauptwerk «Ich und Du», in dem das dialogische

---

[27] Buber spricht in AF Nr.1 von der «Vergegnung», die er hier erfahren habe.

Prinzip auf den Begriff gebracht wurde[28]. Seine weiteren religionsphilosophischen Studien waren letztlich nur noch Erläuterungen und Vertiefungen dieses einen Gedankens einer alles tragenden Grundbeziehung.

Buber fand sehr früh große Resonanz. Schon vor dem Ersten Weltkrieg galt er als große Verheißung. Als geistiger Führer des osteuropäischen Judentums war er bald «zur Legende geworden» (Albrecht Goes[29]). Mit «Ich und Du» erlangte er schließlich Weltruhm.

Da dieses dialogische Prinzip für Buber in allen zwischenmenschlichen Bereichen leitend war, versuchte er, es auch in der Politik und in der Pädagogik zu realisieren. Sein utopischer religiöser Sozialismus, der auch Gemeinschaft und Gesellschaft dialogisch begründete, grenzte sich deutlich vom mechanistisch-atheistischen Marxismus ab. In der Pädagogik widmete er sich der jüdischen Erwachsenenbildung und der Erziehungsarbeit im allgemeinen. Er wurde Mitarbeiter im Jüdischen Lehrhaus in Frankfurt. Hier konnte er sein dialogisches Prinzip zur Richtschnur machen und in die Wirklichkeit umsetzen. Er wurde zum großen jüdischen Erzieher. Buber begegnete in dieser Zeit Franz Rosenzweig und dessen Freunden. Ab 1925 arbeiteten beide an der Übersetzung der hebräischen Bibel. Das Werk konnte erst 1961 von Buber abgeschlossen werden.

Die Machtergreifung des Nationalsozialismus zwang Buber zur Aufgabe seiner Lehrtätigkeit an der Universität Frankfurt. Bis 1935 konnte er noch Bibelkreise leiten und seiner Übersetzungstätigkeit nachgehen; von seiner Wohnung in Heppenheim aus versuchte er, Ratsuchenden zu helfen. 1938 verließ der Sechzigjährige Deutschland und fand in Jerusalem eine neue Heimat und an der dortigen Universität eine neue Wirkungsstätte. 1949 begründete er ein Seminar für Erwachsenenbildner. Es erfolgten zahlreiche Europa- und Amerika-Reisen, die ihm öffentliche Ehrungen einbrachten. Doch sein Einfluß in Israel war gering.[30] Bubers Denkweise hatte sich zu stark vom nationalen Selbstverständnis des neugegründeten Staates und von der Orthodoxie entfernt. Zur Synagogengemeinde bestanden keine nennenswerten Beziehungen, und bei seinem Tode trauerten die arabischen Studenten mindestens so sehr wie deren jüdische Widersacher.

b. Auswahl aus der Primärliteratur Bubers

1913 Daniel. Gespräche von der Verwirklichung. Leipzig. In GW I.
1916 Die jüdische Bewegung. Gesammelte Aufsätze und Ansprachen. Berlin. I.Folge 1900–1914. II. Folge 1916–1920. Berlin 1921.
1923 Ich und Du. Leipzig. In GW I. Neuauflage hg. von B. Casper. Ditzingen 1995.
1930 Zwiesprache. In: Die Kreatur. 3/1930. In GW I.
1936 Die Schrift und ihre Verdeutschung. Zus. mit F. Rosenzweig, Berlin. Als selbständiges Werk München 1964. In GW II.
1947 Dialogisches Leben. Gesammelte philosophische und pädagogische Schriften. Zürich.
1947 Das Problem des Menschen. Zürich. Hebräisch 1943. In GW I. Als TB 5. Aufl. 1982.
1948 Der Weg des Menschen nach der chassidischen Lehre. Den Haag. 10. Aufl. Gerlingen 1994.
1952 Die chassidische Botschaft. Heidelberg. In GW III.
1954 Elemente des Zwischenmenschlichen. In: Merkur 8. Jg./1954. In GW I.
1954 Schriften über das dialogische Prinzip. Gesammelte Aufsätze. Heidelberg. Ab 1962 als «Das Dialogische Prinzip». Als TB 5. Aufl.1984. 6. Aufl. Gerlingen 1992.
1960 Begegnung. Autobiographische Fragmente. Stuttgart. 4. Aufl. 1986. **AF**

---

28 Buber hat das dialogische Prinzip unabhängig von beiden schon in frühen Jahren entdeckt; im Herbst 1907 wird es erstmals in den «Legenden des Baalschem» angedeutet. Während der ersten Niederschrift zu «Ich und Du» im Herbst 1919 hat sich Buber jeder wissenschaftlichen Lektüre enthalten und daher Cohen, Rosenzweig und Ebner erst später kennengelernt (AF Anhang). Bemerkenswert ist die Gleichzeitigkeit der Entdeckung des Du auch in Gabriel Marcels «Metaphysischen Tagebüchern». Darauf weist Marcel hin in: Ich und Du bei Martin Buber. In: Schilpp (1963).
29 Einzelheiten bei Wehr (1968) S. 367.
30 Wehr spricht von einer «niederschmetternden Lebensbilanz der öffentlichen Wirkungslosigkeit und des faktischen Isoliertseins Bubers». Wehr (1991) S. 290.

1962 Gesammelte Werke. München/Heidelberg. **GW** 1.Band: Schriften zur Philosophie.
   2.Band: Schriften zur Bibel. 1964.
   3.Band: Schriften zum Chassidismus. 1963.
Hinweise. Gesammelte Essays. Zürich 1953.
Der Jude und sein Judentum. Gesammelte Reden und Aufsätze. Hg. von R. Weltsch. Köln 1963.
Nachlese. Hamburg 1965 (posthum).
Briefwechsel aus sieben Jahrzehnten. 3 Bände. Hg. von G. Schaeder. Heidelberg 1972–75.
Gottesfinsternis. Betrachtungen zur Beziehung zwischen Religion und Philosophie. Zürich 1953. Als TB 2. Aufl. 1987.
   Neuausgabe mit einer Entgegnung «Religion und Psychologie». Gerlingen 1994.
Auf die Stimme hören: Ein Lesebuch. Hg. von L. Wachinger. München 1993.
Ich führe ein Gespräch. Ein Martin Buber-Lesebuch. Hg. von E. Beck und G. Miller. Hildesheim 1993.

c. Bibliographien

Catanne, M.: A Bibliography of Martin Bubers Works (1895–1957). Jerusalem 1961.
Cohn, M./Buber, R.: Martin Buber. Eine Bibliographie seiner Schriften 1897–1978. Jerusalem/München 1980.
Friedman, M.: Bibliographie in: Schilpp (1963). S. 640 ff.

25.32   Bubers Synthese von Judentum und Humanität

Wie bei den anderen Dialogikern ist bei Buber die Zuordnung zur Philosophie nicht ganz problemlos. Buber kann ebenso als Religionswissenschaftler, wie als jüdischer Theologe, ja als religiöser Erzieher und Dichter[31] betrachtet werden. Sein Denken lebt jedenfalls vom Anfang an aus der jüdischen Tradition. Im Gegensatz zu Rosenzweig ist Buber schon in der Kindheit dem «Urjüdischen» begegnet. Dieses tritt ihm in der Gestalt des ostjüdischen Chassidismus entgegen und bestimmt damit seinen geistigen Weg in der Distanz zur orthodoxen Gesetzesreligion. Denn Bubers eigenwillige und oft kritische Chassidismus-Interpretation sieht im Kern dieser esoterischen Frömmigkeitsbewegung keine neue Lehre, sondern entdeckt vielmehr im Chassidismus eine immer gültige Lebenspraxis. Die Erzählungen der Chassidim enthalten nach Buber in ihrer Verbindung von kabbalistischen und volkstümlichen Traditionen die Botschaft des anredbaren und anredenden Gottes, der zum Handeln in der Welt aufruft (GW III 743). Nicht der Einzelne vor Gott, dem sich das Sein als Heiliges und Profanes aufspaltet, – wie bei Augustinus und Kierkegaard, – sondern das in der Mensch-Gott-Beziehung stehende Wesen, dem sich Gott *in* der Welt offenbart, wird im Ethos des Chassidismus angesprochen: Glaube als Eintritt in die Wirklichkeit (AF Nr.16). Dahinter steht die fundamentale Ich-Du-Beziehung: der Mensch kann nur als angeredetes Wesen durch das Du zum Ich werden. Damit vermeidet Buber einen Pantheismus des Gott-in-der-Welt-Seins. Er stellt sich ausdrücklich gegen Spinoza, der sowohl im Denken als auch im Glauben im Monolog verharrt. Für Buber ist der fast zeitgleiche Chassidismus eine geistesgeschichtliche Antwort auf das verfehlte deus *sive* natura. Das Leben eines jeden Geschöpfes ist Zwiegespräch und die Welt ist Wort (III 743). «Mensch sein heißt, das gegenüber seiende Wesen sein» (AF Anhang). Dieses Gegenüber darf aber nicht das eigene Ich sein, wie es zum Beispiel in der Tiefenpsychologie C.G. Jungs der Fall ist[32]. Auch Nietzsches «Gott ist tot» drückt in Bubers Augen letztlich die Unfähigkeit des modernen Menschen aus, sich einem Gegenüber zu öffnen (I 517).

Trotz der Deutung des Kerns des Chassidismus als dialogisches Prinzip ist Buber kein Chasside. Das stark mystische und kabbalistische Element, – der Chassidismus gilt als letzte Ausgestaltung der jüdischen Mystik, – bleibt in seiner ekstatischen Bestimmtheit auf das geistige Erlebnis fixiert und vernachlässigt im geheimnisvollen Einsgefühl den Anderen als Du und als

---

31 So bezeichnet R.G. Smith, der Übersetzer von «Ich und Du» ins Englische, das Werk als ein «philosophisch-religiöses Gedicht». Buber selbst meint, daß er sich als atypischer Mensch nicht für diese Kategorien interessiere (AF Nr. I).
32 Sborowitz (1955) S. 13.

Transzendenz. «Ich kenne keine Fülle mehr als die jeder sterblichen Stunde in Anspruch und Verantwortung ... Viel mehr weiß ich nicht. Wenn das Religion ist, so ist sie einfach *alles*, das schlichte gelebte Alles in seiner Möglichkeit der Zwiesprache», bemerkt der Agnostiker Buber (AF Nr.15). Er erweitert das Jüdische zum allein Wirklichen: das im Chassidim und in ostasiatischen Denkformen entdeckte und später philosophisch reflektierte Transzendieren zum Du wird zugleich zur Annäherung an die Idee des vollkommenen Menschen (III 967). Auch der Zaddik, das heiligmäßige Vorbild im Chassidismus, ist nichts anderes als der vollkommene Mensch (AF Nr. 12); und die Legende, der sich Buber immer wieder dichterisch bemächtigt, wird zum Ausdruck einer von allen erfahrbaren Botschaft von Frieden und Gerechtigkeit. So vertritt Buber einen hebräischen Humanismus (G. Schaeder[33]), der zugleich mit einer besonderen Form des vergeistigten Zionismus verbunden ist, in dem das Volk Israel daran erinnert werden soll, daß es ein heiliges Volk ist und der Welt zum Vorbild dient. Beide Elemente enthalten Sprengstoff für die Orthodoxie und belasten den letzten Lebensabschnitt Bubers in Jerusalem. Die Distanz zum strenggläubigen Judentum bedeutet aber andererseits eine Öffnung zum geistigen und politischen Ausgleich. Sein biblischer Humanismus auf der Seite der Rebellen steht ganz in der Welt und bleibt trotzdem in der Transzendenz verankert. Als Zionist bekennt er sich zum Anspruch des Volkes Israel auf sein Ursprungsland, fordert aber gleichzeitig menschliches Zusammenleben und Verständigung mit den arabischen Brüdern.

Bubers Verkündigung darf nicht als *philosophischer* Humanismus mißverstanden werden. Das trifft eher für Cohens Versuch zu, den Glauben an Gott als Glauben an die Gültigkeit der Idee umzudeuten und die ethischen Konsequenzen aus der Idee des jüdischen Gottes zur Grundlage eines universalen Judentums zu machen. Buber jedenfalls grenzt sich immer wieder anarchistisch von aller Philosophie ab, die nach seiner Auffassung nur der allgemeinen und zeitlos gültigen Wahrheit nachjage.[34] Der prophetische Geist, wie ihn Buber aus dem Ich-Du-Prinzip versteht, kennt nur Botschaften für konkrete geschichtliche Situationen; «aber gerade deshalb redet sein Wort noch nach Jahrtausenden zu den wechselnden Situationen der Volksgeschichte» (I 1068). So steht der scheiternde *Jesaia*, der Volk und König den Willen Gottes vor Augen hält, als Repräsentant des prophetischen Geistes gegen den selbstherrlichen *Platon*, dem Philosophen der abendländischen Kultur und Wegbereiter von Wissenschaft und Technik. Also weder Philosophie noch Wissenschaft und Technik können den Menschen das geben, was dem Juden durch göttliche Botschaft vermittelt wurde. Deshalb wendet Buber seine ganze Energie auf diese eine Botschaft. Seine Schriften, Vorträge und Dialoge, aber auch die Dichtungen und insbesondere die Übersetzung der hebräischen Bibel ins Deutsche dienen alle dem einen Ziel der Begegnung des Menschen mit dem Wort der nie abgeschlossenen jüdischen Offenbarung. So wird der religiöse Existentialist und Erzieher Buber zum Verkünder Gottes in einer Du-vergessenen Welt.

Die Abhandlung «Das Problem des Menschen» enthält auch eine Auseinandersetzung mit *Heidegger*. Buber betrachtet die Fundamentalontologie als Beitrag zur philosophischen Anthropologie (I 360) und damit als Antwort auf die Frage nach dem Humanum. Nach Buber ersetzt Huma-

---

33 Vergleiche den Titel seiner Publikation, Göttingen 1966. Dieser Terminus grenzt vom kulturellen, atheistischen Zionismus Achmed Harams genau so ab wie vom nationalen Zionismus Theodor Herzls.
34 Vor allem das Schlußkapitel von «Das Problem des Menschen» (I 307ff) enthält eine vernichtende Kritik der Philosophie als Wegbereiter der westlichen Zivilisation. Andrerseits ist Bubers Beziehungsbegriff von Seiten der Philosophen nicht unwidersprochen hingenommen worden. Nicht nur Vertreter der klaren Begrifflichkeit und des Allgemeinen, sondern auch Denker, die Buber nahestehen, haben auf die Schwächen dieses Prinzips hingewiesen. Für G. Marcel drückt «Beziehung» gerade die notwendige Objektivierung zum Ding aus und sollte durch «Begegnung» ersetzt werden (Schilpp (1963) S. 38). E. Lévinas dagegen kritisiert die Gegenseitigkeit des Ich-Du (a.a.O. S. 131), die den Anderen in seiner Fremdheit und ethischen Forderung nicht ernst genug nimmt. Außerdem wirft er Buber vor, die unvergleichbare Haltung des Philosophen durch ein unmittelbares «vivere» ersetzen zu wollen (S. 132). Jaspers verdächtigt die Innigkeit der Zuwendung zum ewigen Du als Degradierung der Transzendenz, die zudem die echte Mitmenschlichkeit infragestellt. Selbst Rosenzweig grenzt sich ab. Nach seiner Meinung wird Buber dem Es nicht gerecht (Vergleiche E. Simon: Martin Buber, der Erziehr. In: Schilpp S. 503).

nismus die Konkretheit des Menschenlebens durch die Verhaltensweisen eines bestimmten Seienden zu seinem eigenen Sein. Buber bezweifelt, ob das Verhalten, in dem das Dasein zu sich selbst kommt, beziehungsweise dieses verfehlt, noch etwas mit der beziehungsreichen Wirklichkeit des Menschen zu tun hat. Denn der Mensch kann nur durch ein Verhältnis zu einem anderen Selbst eigentlich werden. Dagegen ist Heideggers Dasein ein monologisches.[35] Der Monolog kann sich zwar als Dialog verkleiden, «aber die Stunde der nackten, letzten Einsamkeit kommt» (I 365). Heidegger verabsolutiert die Einsamkeit des modernen Menschen, der die Botschaft Nietzsches vom Tode Gottes erhört hat. Das Dasein endet im Selbstsein; das Selbst steht als geschlossenes System in seiner Angst und Sorge vor nichts als sich selbst. In der Gegenüberstellung von Heidegger und Kierkegaard macht Buber deutlich, wie sich Heidegger dem Abgrund des Nichts, der nach der Leugnung der Ich-Du-Beziehung als letztes verbleibt, einen Schritt weiter genähert hat.

25.33 «Ich und Du»

Die Hauptschrift zerfällt in drei Teile. Zuerst führt Buber die «Grundworte» ein und demonstriert an der vergegenständlichenden Betrachtungsweise deren Bedeutsamkeit. Im zweiten Teil wendet er sich dem Problem des Geistes und im dritten schließlich der Frage nach dem «ewigen Du» zu. Die Themen sind nicht streng getrennt, sondern überkreuzen sich und umkreisen in immer neuen Sichtweisen das Grundthema der Ich-Du-Beziehung. Der Stil erinnert in seiner formelhaften Verdichtung eher an eine prophetische Schrift als an eine philosophische Abhandlung. Selbstbewußte Verkündigung und dichterische Gestaltung des Bibelübersetzers ersetzen Argumentation und Begründung. Bubers Gründe liegen in der Bibel und in verwandten ostasiatischen Traditionen.

Erster Teil. Der Mensch tritt mit der Welt in zwei Grundhaltungen in Beziehung. Diese sind durch die beiden Grundworte *Ich-Du* und *Ich-Es* bestimmt. Beide erhalten verschiedenes Gewicht: Während Ich-Du *nur* mit dem ganzen Wesen gesprochen werden kann, kann Ich-Es *nie* mit dem ganzen Wesen gesprochen werden (GW I 79), weil dieses den Menschen der Intentionalitäten beschreibt (80), der alles, auch den Mitmenschen, zum erfahrbaren Gegenständlichen macht, dabei auf das Allgemeine zielt und damit distanzierend aus der Beziehung heraustritt. Die Ich-Es-Haltung herrscht im Umgang mit leblosen Dingen vor, betrifft aber auch die Verständigung und den Informationsaustausch der Menschen untereinander sowie die Objektivation in der Welt des Geistes. Auch die Philosophie muß ihre Aussagen in ein Es verwandeln. Es wirkt auch überall dort, wo der Mensch sich nur mit sich selbst befaßt, und es enthält ein Element des Abstandhaltens.

Ein anderes Gewicht erhält die Grundhaltung im Ich-Du: Wo wie in Treue und Liebe Du gesprochen wird, ist kein Etwas, keine Grenze, sondern reine Beziehung. Während die versachlichende Erfahrung an der Welt vorbeigeht, ermöglicht die Beziehung Begegnung und Verpflichtung. Das Ich im Grundwort Ich-Du nennt Buber Person; es steht mit anderen Personen in Beziehung und naturhafter Verbundenheit. Ich-Du betrifft nicht nur die Begegnung des Mitmenschen, sowenig das Ich-Es auf die toten Dinge beschränkt ist. Das Ich-Du überschreitet die Raum-Zeit-Welt; während das Ich-Es diese in ihrer Gegenständlichkeit und in ihrem Zusammenhang erfaßt.

---

35 Daß das Mit-Sein Heideggers einen Zugang zum Anderen ermöglicht, dagegen argumentiert ausführlich Theunissen in (1965), V.Kapitel. Trotz der Betonung der Gleichursprünglichkeit von Ich und dem Anderen sieht Theunissen Heidegger als Vollender der phänomenologischen Intersubjektivitätstheorie Husserls, die in ihrer transzendentalen Grundstruktur den Anderen stets degradiert. Er stellt sich damit gegen Ableitungsmöglichkeiten der Ich-Du-Begegnung aus «Sein und Zeit», wie sie z. B. von D. von Uslar oder H. Knittermeyer versucht werden. Siehe hierzu Theunissen a.a.O. S. 163. Der eigentliche Durchbruch vom Ich zum Du ist nach Theunissen nur Buber gelungen. Erst in der Spätphilosophie Heideggers ist der Brückenschlag möglich, weil der Transzendentalismus aufgegeben worden ist.

Buber unterscheidet drei Sphären, in denen sich die Ich-Es und die Ich-Du-Beziehung realisieren können: das Leben mit der Natur an der Schwelle der Sprache, das Leben mit Menschen in der Sprachgestaltung und das Verweilen in geistigen Wesenheiten im Außersprachlichen. «In jeder Sphäre ... blicken wir an den Saum des ewigen Du hin ..., in jedem Du reden wir das ewige an, in jeder Sphäre nach ihrer Weise» (81). Im Du-Sagen wird das gesamte Sein des Anderen beziehungsmäßig eingefangen und der Abstand des Ich-Es vermindert. Buber demonstriert die Ich-Du-Begegnung an einem Baum (82). In ihr wird «die Ausschließlichkeit des Gegenüber» erfaßt (84). Denn «alles wirkliche Leben ist Begegnung». Deshalb gibt es kein isoliertes Ich: «Ich werde am Du» (85), ohne begriffliche oder anschauliche Vermittlung, einfach unmittelbar und voll gegenwärtig. Deshalb sieht Buber die eigentliche Grenze zwischen Du und Es in Gegenwart und Gegenstand. Die Gegenwart ist im Bergsonschen Sinne die wirkliche und erfüllte Zeit des Währens; Dinge dagegen erfährt man in der Vergangenheit (86).

Unmittelbarkeit bedeutet zugleich Wirken. In der menschlichen Beziehung heißt dieses Wirken Liebe. «Liebe ist Verantwortung eines Ich für ein Du» (88). Sie lebt in der Gegenseitigkeit[36] und wechselt schnell von Aktualität in Latenz. Denn jedes Du muß wieder zum Es werden (89). Wir leben alltäglich im Es, aber jedes Ding der Welt kann einem Ich zum Du werden. Trotzdem stellt Buber die Beziehung an den Anfang (90). Das Statische in Person und Ding hat sich aus Beziehungsvorgängen entwickelt. Buber demonstriert diese Ablösung an der Sprach- und Mythenbildung der Primitiven; am Anfang stand das Paradies. Auch die Entwicklung des Kindes verweist in diese Richtung: von der ungeschiedenen Urwelt im Schoß der Mutter zur Begegnung der Person und schließlich zum Ichbewußtsein mit seinen Möglichkeiten von gegenständlichen Erfahrungen. Im erwachsenen Menschen erscheinen die Du-Momente nur noch wie «wunderliche lyrisch-dramatische Episoden», die uns verunsichern und den gewohnten Lebensgang bedrohen. Mit dem Es dagegen läßt sich leben, und noch mehr: «ohne Es kann der Mensch nicht leben. Aber wer mit ihm allein lebt, ist nicht der Mensch» (101). Im übrigen heißt das nicht, daß der Mensch ständig in der Aktualisierung der Urworte lebt. Buber spricht ausdrücklich von der «Diskontinuität von Eigentlichkeit und Uneigentlichkeit» (AF X); denn wir stehen zwar im Angesicht des Seienden, aber wir können darin nicht verharren.

Zweiter Teil. Die Geschichte der Menschheit kennt den Fortschritt in der Ausbildung der Es-Welt. Mit dieser geht eine Minderung der menschlichen Beziehungswelt einher. Die Antwort des Menschen an sein Du nennt Buber den sich kundgebenden Geist (103). Um eben diesen Geist jenseits aller Psychologie geht es Buber im zweiten Teil der Abhandlung.

Der Geist ist Wort. Aus der Ermächtigung des Seins durch den Geist ist die Sprache hervorgegangen. Die Ich-Du Beziehung ist Träger allen Sinnes. Aber der Mensch *spricht* nicht die Sprache, sondern er *steht* in der Sprache. Deshalb finden wir den Geist im Zwischen von Ich und Du und nicht im Einzel- oder Allgemeinbewußtsein. Aber den ausdrückenden Geist ereilt das gleiche Schicksal der Es-Macht: «Alle Antwort bindet das Du in die Eswelt ein». Selbst der Künstler ist nicht ausgeschlossen. Er bannt die Gestalt zum fertigen Gebilde. «Nur das Schweigen zum Du, das Schweigen *aller* Zeugen ... läßt das Du frei, steht mit ihm in der Verhaltenheit, wo der Geist sich nicht kundgibt, sondern ist» (104). Das Ich-Es, das sich immer wieder auch des Geistigen bemächtigt, soll nicht verteufelt werden, sondern Buber weist nur die Anmaßung zurück, daß das Ich-Es das *gesamte* Seiende sei (108). Der Mensch lebt in der Spannung zwischen Freiheit des Du und Schicksal des Es (113). Diese Einsichten werden von Buber auch auf das Verhältnis zu Staat, Wirtschaft und allgemeiner Kulturentwicklung übertragen.

Ausschlaggebend für den Erfolg solcher Übertragungen ist das Verhalten des Ich als Person. Buber stellt dem es-haften *Eigenwesen* oder *Subjekt* des Erfahrens und Gebrauchens die du-hafte

---

36 Das Problem der Gegenseitigkeit der Ich-Du-Beziehung im allgemeinen ist ein vieldiskutierter Streitpunkt. Vergleiche dazu z.B. M. L. Diamond: Dialog und Theologie. In: Schilpp (1963) S.210. Auf die «Frage nach der Mutualität» geht Buber in seiner Antwort auf S. 609/610 von AF ausführlich ein.

Person oder *Subjektivität* (ohne abhängigen Genetiv) gegenüber. Eigenwesen setzen sich von anderen Eigenwesen ab, um Erfahrungen zu machen und Mittel gebrauchend das *endliche Leben* zu erhalten. Personen dagegen treten mit Personen in Beziehung, wobei der Zweck ihr eigenes Wesen, also die Berührung des Du ist, die zugleich auf das ewige Leben verweist (120). Die personhafte Teilnahme stiftet echte Wirklichkeit, wohingegen das Eigenwesen in seiner Ichzentriertheit die Wirklichkeit verfehlt. Der konkrete Mensch pendelt zwischen beiden Polen der Wirklichkeitserfahrung und der -verfehlung ständig hin und her (122); nur bei wenigen, wie bei Sokrates oder Goethe, überwiegt das Du-Element. Bei Napoleon wurde das omnipotente Eigenwesen zum dämonischen Du der Massen. Aber viel häufiger finden wir die Selbstberuhigung des Subjekts durch konstruierte Weltbilder. Es glaubt an die Nichtigkeit des Ich im unermeßlichen Weltraum und beruhigt sich, – bis es «in einem Blitz» schauend die Du-Wirklichkeit erahnt (127); denn «die verlängerten Linien der Beziehungen schneiden sich im ewigen Du» (128), dem Urgrund aller Ich-Du-Beziehungen, Bubers Thema im letzten Teil.

Dritter Teil. Bubers Anthropologie des einzelnen Du ist zugleich Theologie des ewigen Du; denn das Du vollendet sich erst in der Beziehung zu dem Du, das nie Es werden kann (127). Dieses erhielt im Laufe der Geschichte viele Namen, in alten Zeiten im beziehungsreichen Lobgesang, später im Es gewordenen Menschenwort. Buber vermeidet das Wort Gott und glaubt mit seiner Umschreibung das am besten auszudrücken, wovon seit Jahrtausenden Menschen in der Religion unterschiedlich sprechen.

Bubers Theologie grenzt sich von reiner Immanenz genau so ab wie von beziehungsloser Transzendenz oder von einer Hinwendung zur Welt der Ideen und Werte (129). Buber distanziert sich von der Mystik (130) und von Extrapolationen des Gegebenen (132), er kritisiert Versenkungen in Abhängigkeits- und Kreaturgefühle und die «überhebliche Rede» vom werdenden Gott.[37] Introspektionen und anderes mehr werden mit dem Maßstab der Beziehungslehre beurteilt. Buber hält an der Ausschließlichkeit fest, die in Gott zur *unbedingten* Ausschließlichkeit wird: «Wer in die absolute Beziehung tritt, den geht nichts Einzelnes mehr an, nicht Dinge und nicht Wesen, nicht Erde und nicht Himmel; aber alles ist in der Beziehung eingeschlossen» (130). Auch Gott läßt sich weder erkennen noch von einem verinnerlichten oder höheren Standpunkt aus erfahren; es gibt nur «Hinweise»; in der Dialogik muß die Apodeixis (Beweis) der bloßen Deixis weichen.

Für Buber ist die Einsicht leitend, daß sich aus der Enttäuschung des einzelnen Du, immer wieder Es zu werden, ein Streben über das vereinzelte Du hinaus zum ewigen Du einstellt (131). Dies führt auf Antinomien und Paradoxien, insbesondere auf den Widerstreit zwischen Notwendigkeit und Freiheit, die gelebt, eins werden (143). So ist Gott paradoxerweise der ganz Andere und zugleich der ganz Gegenwärtige. Auch die Zwiefalt der Grundhaltung ist ein Geheimnis: das Ich-Es als «Abwendung vom Urgrund, vermöge deren sich das All im Werden erhält», – das Ich-Du als «Hinwendung zum Urgrund, vermöge deren sich das All im Sein erlöst» (146). Wir leben letztlich immer aus dem Geheimnis, das nur in der Offenbarung zu uns in Beziehung tritt (154). Diese ist Berufung oder Sendung zur Bewährung in der Welt jenseits des Begehrens, über Gott als Kultobjekt zu verfügen.

Bubers Beziehungsgedanke, der zwischen Individualismus und Kollektivismus steht, greift auf Einsichten Feuerbachs und Kierkegaards zurück. Während der Aufklärer Feuerbach den Dialog zwischen den Menschen entdeckte und dabei Gott vergaß, erfuhr der glaubende Kierkegaard das Angesicht Gottes im Paradoxon, blieb aber unter den Menschen der Einzelne und Einsame. Bubers Versuch dagegen eröffnet den Dialog mit dem Du im Menschen und in Gott.

Gegen die klassische Philosophie stellt Buber den Primat der Beziehung. «Ich habe keine

---

37 Hier erwartet man Namen wie Schleiermacher, Otto und Scheler; aber Buber läßt alle ungenannt. Auf Scheler bezieht sich auch die Bemerkung zum «Götzen»-Zitat auf S. 149.

Lehre. Ich zeige nur etwas. Ich zeige Wirklichkeit …» (AF II.) Nicht Absolutheit, sondern Bedingtheit durch das Andere im Grundwort steht am Anfang der Philosophie. Urworte sind Wegweiser zum Leben, nicht Kategorien der Seinsordnung. Der Mensch ist weder Substanz noch Prozeß, sondern Verhältnis, genauer Beziehung, Dialog. Im dialogischen Leben wurzelt zugleich sittliche Verantwortung. Es erfolgt keine Einordnung in einen geordneten Kosmos, sondern Öffnung für eine verantwortete Zukunft. In der Beziehung zum ewigen Du wird die Bedingtheit zur unbedingten Forderung. Hier fallen Dialogik, Ethik und Offenbarung zusammen. Ratio und Logik sind machtlos: «Der in drei Jahrtausenden geschmiedeten Logik unterwirft sich die gelebte Wirklichkeit der Begegnung nicht; wo die complexio oppositorum waltet, verstummt der Satz vom Widerspruch» (AF IV).

26. Christliche Philosophie und Neuzeit

26.1 Paul Tillich: Religionsphilosophie am Abgrund der Sinnlosigkeit

26.11 Biographie und Bibliographie

a. Lebenslauf

Geboren am 20.8. 1886 in Starzeddel / Brandenburg. Studium der Theologie und Philosophie in Berlin, Tübingen und Halle. 1909 theologisches Examen. 1910 philosophische Promotion. 1911 Vikariat. Lizentiat. 1912 Pfarrer und Hilfsprediger in Berlin. 1914 Militärpfarrer. 1916 Habilitation in Halle. 1919 Privatdozent in Berlin. 1924 außerplanmäßiger Professor für Religionswissenschaft an der TH Dresden. Ab 1927 gleichzeitig für systematische Theologie in Leipzig. 1929 Professor für Philosophie und Soziologie in Frankfurt. 1933 Entzug der Lehrerlaubnis und Emigration in die USA. 1940 Lehrstuhl für philosophische Theologie in New York. US-Staatsbürgerschaft. Nach Emeritierung Lehre in Harvard und in Chicago. Er stirbt dort am 22.10. 1965.

Tillich entstammt einem evangelisch-lutherischen Pfarrhaus. Das damit vorgezeichnete theologische Interesse wurde noch vom Wissensdurst nach Philosophie übertroffen. Schon der Jugendliche konnte mit seinem Vater, der als Konsistorialrat philosophische Prüfungen abnahm, intensive philosophische Gespräche führen. Den entscheidenden theologischen Einfluß auf Tillich übte der «Vermittlungstheologe» Martin Köhler in Halle aus, der Brücken selbst zwischen der paulinischen Rechtfertigungslehre und dem ästhetischen Humanismus Goethes zu schlagen versuchte. Köhler lehrte ihn die Offenheit für die Naturmystik, deren Quellen er über Schelling, Oetinger und Böhme bis Luther zurückverfolgte. Damit stand Tillich bald in Opposition zur einflußreichsten theologischen Strömung seiner Zeit, zur liberalen Theologie. Obwohl er deren Verdienste auf dem Gebiet der historisch-kritischen Bibelwissenschaft durchaus anerkannte und von Ernst Troeltsch wichtige kirchen- und sozialgeschichtliche Anregungen erhielt, stand er dieser Strömung äußerst kritisch gegenüber. Er vermißte in ihr jegliches Verständnis für den dämonischen Charakter der menschlichen Existenz und für die Paradoxien der Rechtfertigungslehre, die nicht einfach durch moralische Kategorien aufgelöst werden können.

Nach dem Studium erfolgte die Doppelpromotion in Philosophie und Theologie, die sich in beiden Fällen auf die Religionsphilosophie Schellings bezog. Schon als Hilfsprediger, also vor dem Ersten Weltkrieg, der großen Zäsur seines Lebens, spürte er die große Kluft zwischen Kirche und Welt, und er machte die Grunderfahrungen, die ihn später zum Theologen der ganzheitlichen Wirklichkeitserfassung werden ließen. Zu Kriegsbeginn wurde er von der Welle der nationalen Kriegsbegeisterung mitgerissen. Die Erlebnisse an der Westfront, insbesondere bei Verdun, brachten ihn schnell wieder auf den Boden der grausamen Realität. Nach einem Nervenzusammenbruch im letzten Kriegsjahr kehrte er nach Berlin zurück und geriet dort in die revolutionären Wirren der Nachkriegszeit. Hier begegnete der feinfühlige, auf Vermittlung angelegte Denker dem Sozialismus. Die Aufbruchstimmung im Sozialen und Kulturellen, in Politik und Kunst ergriff ihn in vollem Ausmaß. Für Tillich war dieses Chaos zugleich schöpferisch, die Zeit wurde zum Kairos, zum Gebot, mit voller Kraft an der religiösen und kulturellen Neugestaltung mitzuarbeiten.

Für Tillich wurde das Dämonische in all seinen Variationen zum Zentralthema. Er stand als zerrissene Persönlichkeit zwischen den Extremen: «Klassische Ausgeglichenheit und Harmonie waren nicht mein Erbteil» (GW XII, 14). In seinem biographischen Rückblick «Auf der Grenze» (XII) schreibt er die extremen Charakterfärbungen seiner Persönlichkeit den elterlichen Charakteren zu. Vom Vater habe er das autoritäre Pflicht- und Schuldbewußtsein, die Sympathie für das Feudale, sowie die spekulative Veranlagung; von der rheinländischen Mutter dagegen den leichten Sinn für Lebensfreude und Anschaulichkeit, doch auch rationale Vorbehalte und Aufgeschlossenheit für Demokratisches. Zwischen Stadt und Land stehend wurde er vor der romantisierenden Feindschaft gegen die Technik genau so bewahrt wie vor der Loslösung von den ländlichen Wurzeln. Als Kind der «oberen Klasse» entwickelte er ein soziales Schuldbewußtsein und begründete aus diesem allseitigen Verständnis seinen religiösen Sozialismus. Zum Protest gegen das Bürgerliche verkehrte er mit Künstlern, Schauspielern, Journalisten und fühlte sich in seiner intellektuellen Bohéme[1] «den kommunistischen Arbeitern verwandter als den Angehörigen der eigenen Klasse» (XII 18).

Tillich erkannte die Bedeutung der Wirtschaft für die soziale und geistige Entwicklung. Die verworrenen Zustände nach dem Krieg bedeuteten für ihn eine Chance; das «schöpferische Chaos» sollte auch hier Ausgangspunkt und Neubeginn sein. Er strebte eine Verkündigung an, die in einer ganzheitlichen Wirklichkeitserfassung den aufgeklärten und wissenschaftlich Gebildeten erreicht. Der Sozialismus bildete zusammen mit der Religion das Fundament von Einzelexistenz und Gesamtgesellschaft. Die Grundthesen Tillichs lauten: Ablehnung eines nur innerlichen Christentums, Offenheit für die Anliegen des Sozialismus und dessen Vereinbarkeit mit dem Christlichen. Sozialismus kann zwar nicht das Reich Gottes herbeiführen; aber uns sind in bestimmten Zeiten bestimmte Aufgaben als Forderungen gestellt, die sozialistisch gelöst werden können und einen Aspekt des Reiches Gottes betreffen. In einem Arbeitskreis versuchte er vergebens, zusammen mit Berliner Freunden durch Gespräche und Publikationen größeren Einfluß zu gewinnen. Auch sein Beitritt zur SPD im Jahre 1929 änderte nichts an der Tatsache, daß Tillich ein Mann des Wortes und nicht der politischen Praxis blieb. In der Abhandlung «Die sozialistische Entscheidung» bekannte er sich in kritischer Zeit (1932/33) eindeutig zum Sozialismus. Kein Wunder, daß er bald zur Emigration gezwungen wurde und in Deutschland jeden direkten Einfluß verlor.

Tillichs Vita war zugleich ein Leben der Begegnungen. In Marburg lernte er Rudolf Otto kennen, dessen Werk «Das Heilige» ihn schon an der Front begeistert und darin bestärkt hatte, das Heilige im religiösen Akt als Erfahrung des Unbedingten zu deuten. Seine Konzentration auf das Existentielle wurde durch die Begegnung mit seinem Kollegen Heidegger bestätigt und verstärkt. In Dresden verkehrte er in Künstlerkreisen des Expressionismus und des Bauhauses. Auf einer Tagung in der Schweiz traf er auf Max Scheler, dessen Frankfurter Lehrstuhl er nach Schelers plötzlichem Tod übernahm. In der Mainmetropole lernte er den Soziologen Karl Mannheim und die Dozenten des Instituts für Sozialforschung kennen. Adorno habilitierte sich bei ihm über Kierkegaard und Horkheimer wurde von Tillich gefördert. Mit Buber, der an der Universität jüdische Religionswissenschaft lehrte, diskutierte er Fragen des religiösen Sozialismus. Über diese fachbezogenen Kontakte hinaus pflegte er Umgang mit Psychologen, Neurologen, Historikern, Literaten und Künstlern. Auch nach der Emigration fand Tillich schnell wieder Anschluß. Zahlreiche alte Freunde und Bekannte tauchten als Emigranten auf. Es gelang ihm innerhalb weniger Jahre, eine bedeutende Vermittlerrolle zwischen dem religiös-philosophischen Erbe des alten Kontinents und der neuen Welt Amerikas zu übernehmen. Sein umfassendes Wissen, sein persönlicher Charme und seine fast charismatische Fähigkeit, Menschen zu faszinieren, ließen ihn bald zum bekanntesten protestantischen Theologen und Religionsphilosophen Amerikas werden. Auszeichnungen und Ehrungen häuften sich. Nach Beendigung des Krieges konnte er seine vermittelnden Ideen von der Umkehr und Erneuerung Deutschlands nicht durchsetzen; seine Missionen in der «Stimme Amerikas» und im «Rat für ein demokratisches Deutschland» scheiterten. Der «Kalte Krieg» der Konfrontation setzte sich gegen die Vision des sich vollendenden Kairos durch.

---

1 Über die daraus entstehenden Konflikte im engeren Familienkreis informiert Tillichs zweite Frau Hannah in: H. Tillich: «Ich allein bin». Mein Leben. Gütersloh 1993.

b. Auswahl aus der Primärliteratur Tillichs

1910 Die Religionsgeschichtliche Konstruktion in Schellings positiver Philosophie, ihre Voraussetzungen und Prinzipien. Breslau.
1912 Mystik und Schuldbewußtsein in Schellings philosophischer Entwicklung. Gütersloh. In GW I.
1923 Das System der Wissenschaften nach Gegenständen und Methoden. Ein Entwurf. Göttingen. In GW I.
1925 Religionsphilosophie. In: Lehrbuch der Philosophie Band 2. Hg. von M.Dessoir. Berlin. Als TB Stuttgart 1962. In GW I.
1926 Die religiöse Lage der Gegenwart. Berlin. In GW X.
1930 Religiöse Verwirklichung. Berlin. In GW XII.
1931 Protestantisches Prinzip und proletarische Situation. Bonn. In GW VII.
1936 The Interpretation of History. New York / London.
1950 Der Protestantismus. Prinzip und Wirklichkeit. Stuttgart. Original 1948.
1953 Mut zum Sein. Stuttgart. Original 1952. In GW XI.
1955 Systematische Theologie Band 1. Stuttgart. 2. Aufl. 1957. 2. Band 1958. 3. Band 1966. Original 1951 bzw. 1957 bis 1963. **ST**
1955 Liebe, Macht, Gerechtigkeit. Tübingen. Original 1954. In GW XI.
1961 Philosophie und Schicksal. Schriften zur Erkenntnislehre und Existenzphilosophie. Hg. von R. Albrecht. Stuttgart. In GW IV.
1962 Auf der Grenze. Aus dem Lebenswerk Paul Tillichs. Stuttgart. TB München / Hamburg 1965.
1962 Symbol und Wirklichkeit. Stuttgart. 2. Aufl. Göttingen 1966.
1964 Die Frage nach dem Unbedingten. Schriften zur Religionsphilosophie. Hg. von R. Albrecht. Stuttgart.
Gesammelte Werke in 14 Bänden. Hg. von R. Albrecht u.a. Stuttgart. **GW**
    Band I: Frühe Hauptwerke. 1959.
    Band XI: Sein und Sinn. 1969. 3. Auflage 1982.
    Band XII: Begegnungen. 1971.
    Band XIV: Register und Bibliographie 1975.
Dazu sechs Ergänzungsbände über die Geschichte des christlichen Denkens und andere Themen. Stuttgart 1971–1983.
Hauptwerke in sechs Bänden. Hg. von J. Clayton u.a. Stuttgart ab 1986.
Der Mensch zwischen Bedrohung und Geborgenheit. Ein Tillich-Brevier. Hg. von E. Seeberger und G. Lasson. Stuttgart 1969.

c. Bibliographie

Albrecht, R./John, P. H./Stöber, G.: Bibliographie in GW XIV.

26.12 Der Denker «auf der Grenze»

Für Tillich ist der Begriff der Grenze Symbol für seine gesamte persönliche und geistige Entwicklung (GW XII, 13). Unter dieses Thema stellt er seine autobiographische Abhandlung, als er dazu aufgefordert wird, die Entwicklung seiner Gedanken aus dem Leben heraus darzustellen. Er skizziert seinen Grenzgang in zwölf Stationen.

Die entscheidenden Grenzverläufe betreffen Heteronomie und Autonomie, Theologie und Philosophie sowie Religion und Kultur. Tillich macht früh die Erfahrung, daß autonome Erkenntnis nur durch Brechung autoritativer, das heißt heteronomer, Tabus möglich ist. Deshalb ist dem in streng autoritativen Strukturen erzogenen Pfarrerssohn das Pochen auf reine Autonomie verdächtig. In Vorlesungen über mittelalterliche Geschichte und über den Protestantismus sowie in der Abhandlung «Die religiöse Lage der Gegenwart» zeigt er die Unfähigkeit des autonomen Denkens, zu einer sinnvollen Weltdeutung vorzudringen. Andererseits ringt sich Tillich im Protest gegen die protestantische Orthodoxie und gegen andere heteronome Denkformen, wie die dialektische Theologie oder den Katholizismus, zur Autonomie der liberalen Moderne durch. Dabei bleibt er vom Glauben durchdrungen, daß der Mensch nur einem einzigen unbedingten, das heißt göttlichen, Anspruch verpflichtet ist. So stößt Tillich im Gottesgedanken sowie in der Erfahrung der Geschichtlichkeit auf die Grenze zwischen Absolutem und Relativem. Tillichs Antwort ist eine Theonomie als geschichtliches Zwischen von *Autonomie und Heteronomie*; in ihr wird die rationale Kritik zum prophetischen Gericht. Theonomie bedeutet hier die Einsicht, daß alle philosophischen und theologischen Wahrheiten zwar als geschichtliche Phänomene begriffen werden müssen, daß sie aber zugleich vom Unbedingten bestimmt sind. Sie werden daher nur von dem erfaßt, der sie existentiell erfährt. Der Logos muß in das Schicksal der Existenz aufgenommen werden.

Auf der Grenze von *Theologie und Philosophie* knüpft Tillich zunächst an die Spätphilosophie Schellings an, in der eine mystische Integration von Gott und Nichts vollzogen und so eine theonome Philosophie (33) ermöglicht wird. Doch die Katastrophe des Ersten Weltkrieges bedeutet für Tillich einen radikalen Bruch in Lebensstil, Kulturverständnis und Weltgeschehen. Die Erlebnisse sind so tiefgreifend, daß er seitdem den Menschen als Wesen am «Abgrund der Sinnlosigkeit» versteht: «Er hat das Nichtsein erlebt, das wie ein drohender Ozean alles Seiende umspült» (III 183). Tillich bezieht auch Schelling in die Katastrophe des idealistischen Denkens (XII 34) ein. Die Abgrunderfahrung im Blick auf das Unbedingte wird zum Grundmotiv seiner Religionsphilosophie; sie ist in Schellings Philosophie zwar ansatzweise gedacht, aber nicht entfaltet. Aber auch die religionsphilosophischen Entwürfe seiner Zeit erfüllen diese Grundforderung nicht: der neukantianische Panlogismus übersieht dieses existentielle Paradoxon genau so wie die verschiedenen Wertphilosophien, die das Religiöse als Wertphänomen fixieren. Auch gegenüber der Phänomenologie ist Tillich reserviert. Zwar lobt er die «monumentale Überwindung des Psychologismus in Husserls Logischen Untersuchungen» (34), vermißt in ihr aber das kritisch-dynamische Element und unterstellt ihr katholisch-konservative Tendenzen, analog zum «jüdischen Prinzip» im Neukantianismus. Tillich fühlt sich selbst am stärksten von der Lebensphilosophie angezogen, weil diese durch Nietzsches Einfluß das Abgrunderlebnis am deutlichsten zum Ausdruck gebracht hat und die größte Affinität zu Schelling aufweist. Deshalb setzt sich Tillich auch an verschiedenen Stellen mit Troeltsch auseinander, der ihn in die Geschichtsphilosophie eingeführt hat. Tillich glaubt, die von Troeltsch angestrebte, aber nie erreichte Überwindung des Historismus in seiner eigenen «Geschichtsphilosophie des religiösen Sozialismus» vollzogen zu haben.

In seinem frühen Werk «System der Wissenschaft» definiert Tillich die Theologie als theonome Metaphysik. Theonomie bedeutet hier «das Verwurzeltsein des Denkens in dem Unbedingten als Sinn-Grund und Abgrund» (XII 36). In der Theologie wird all das thematisiert, was in der Philosophie und in allen anderen Erkenntnisarten unausdrücklich vorausgesetzt wird. Durch Heideggers Marburger Vorlesungen gelangt Tillich später zu einem neuen Verständnis des Verhältnisses von Theologie und Philosophie, in dem die Grenze schärfere Konturen erhält und die Theonomie durch die Methode der Korrelation ergänzt wird. Tillich preist «Sein und Zeit» als das bedeutendste Werk seit den «Logischen Untersuchungen». Seine Affinität zu Heidegger sieht er durch die Schätzung von Schelling und Kierkegaard sowie durch seine Nähe zur Lebensphilosophie begründet. Er versteht die Existentialphilosophie trotz des betonten Atheismus Heideggers als theonome Philosophie, die der christlichen Interpretation der menschlichen Existenz sehr nahe steht. Das hängt auch damit zusammen, daß er den Begriff des Existentiellen sehr weit faßt. Dieser umfaßt mystische Erfahrungen in gleichem Maße wie das Dämonische in Schellings erster Potenz und betrifft eine in allen Jahrhunderten gemachte Erfahrung, die nur sehr oft von Wesenslehren und Rationalismen überdeckt war. Es ist die philosophisch beschriebene Idee vom Sündenfall: «die Anschauung der Angst und Schwermut in allem kreatürlichen Leben, die Entfremdung von Mensch und Natur sowie des Menschen von sich selbst, die Vision von der Einheit des Schöpferischen und Zerstörerischen in allem Seienden» (IV 141).

Tillichs Diskussionsthemen scheinen oft weit vom eigentlich Religiösen wegzuführen. Das liegt daran, daß das Politische und Soziale das Religiöse aufsaugt. Der Unterschied zwischen religiösen und politisch-sozialen Idealen verschwimmt mehr und mehr. Trotzdem bleibt sich Tillich bei aller Sympathie für den Sozialismus und den Marxismus, den er als enthüllende und ideologiezerstörende Kraft preist (53), der Unmöglichkeit des Utopischen bewußt. Diese Unmöglichkeit ist durch die protestantische Grundüberzeugung von der Verfallenheit der Existenz und dem Zweifel an der Fortschrittsmetaphysik vorbestimmt. Philosophische Verwirklichungen können höchstens in der Mystik, beispielsweise eines Jakob Böhme, erreicht werden. Hier führt Tillich den neutestamentlichen Begriff der Zeitenfülle oder des Kairos ein, der zum Ausdruck bringt, daß in jeder Zeit bestimmte Aufgaben gestellt sind, die als Aspekte des Reiches Gottes betrachtet werden können, daß aber nie eine soziale Ordnung die Erfüllung dieser Erwartungen bringen kann. Auch im sozialen Bereich vermittelt das Theonomische zwischen der profanen Autonomie und der heteronomen Dämonie.

Tillichs Theonomiegedanke[2] ist aus der Grenzerfahrung des Stehens am Abgrund der Sinnlosigkeit hervorgegangen. Er ist die Antwort eines Menschen, der den Zusammenbruch der europäischen Kultur im Ersten Weltkrieg in Grenzsituationen persönlich erlitten hat und die Krise der Moderne als Krise der vom Urgrund losgelösten Autonomie bestimmt. Aber die eigentliche Tragweite dieser Katastrophe wird erst durch die Analysen der nachfolgenden Existenzphilosophie offenkundig. Noch kein Jahrhundert erlitt die universelle Sinnlosigkeit intensiver als das zwanzigste. Deshalb begrüßt Tillich die Verbreitung existenzphilosophischer Untersuchungen geradezu als «Glücksfall für die Theologie» (V 161). Keine philosophische Strömung hat die nihilistische Grundbefindlichkeit in Angst, Sorge, Faktizität, Sein zum Tode usw. besser beschrieben.[3] Aber Existenzphilosophie und Psychoanalyse verweisen nur auf die Fakten und stellen nur die Fragen; die Antwort dagegen muß die philosophische Theologie geben. Deshalb bleibt Tillich trotz der erwähnten Affinität zur Idee des Existentiellen zu Heidegger auf Distanz. Er verwendet Fundamentalontologisches nur zur Beschreibung der scheiternden Autonomie, nicht dagegen zur Erhöhung des endlichen Seins zum Sein-Selbst.

Tillichs religionsphilosophische Reflexionen im Spätwerk erfahren deshalb in mehreren Hinsichten Radikalisierungen des ursprünglichen Vermittlungsansatzes. Die Sinnlosigkeit wird noch abgrundtiefer gesehen und es bedarf daher einer noch größeren Anstrengung, das alles tragende Sein-Selbst zu erahnen. Das gelingt nur durch den «Mut zum Sein», der zugleich Mut zur Selbstbejahung aus dem Unbedingten ist (VIII 69). Die letzte Ausgestaltung der Religionsphilosophie erhält damit einen noch stärkeren theologischen Charakter. So war die Nichtigkeit der Autonomie schon immer der Kerngedanke des protestantischen Prinzips, und die Rechtfertigung läßt sich nur an einem Menschen realisieren, der die Nichtigkeit in allen Tiefen erlebt hat. Das Theonomieprinzip wird dabei durch ein Korrelationsprinzip erweitert, das die Beziehung zwischen Gott und Mensch, Offenbarung und Wirklichkeit, Logos und Kairos beschreibt.

Die *Methode der Korrelation*, die Tillichs letzte Denkphase prägt, betrifft die Beziehung des zeitlos erscheinenden theologischen Inhalts zur jeweiligen Situation des Menschen, den die Botschaft erreichen soll. Die Aufgabe der Theologie und der religiösen Philosophie besteht darin, die existentiellen Fragen des von der Nichtigkeitserfahrung erschütterten Menschen in Zusammenhang zu bringen mit den Antworten der göttlichen Selbstbekundung (ST I, 75), die als religiöse Symbole erst zu entschlüsseln sind. Deshalb bildet die Tiefenpsychologie, insbesondere die Lehre C.G. Jungs, Hilfe zur Selbsterkenntnis, die dann durch die Korrelationsmethode zur Gotteserkenntnis werden kann. So wird aus der Bedrohung des Menschen durch das Nichtsein der Glaube an Gott als die unendliche Macht des Seins, aus der «Angst als das Gewahrwerden der Endlichkeit» der Mut zum unbedingten Sein und aus dem Rätsel unserer geschichtlichen Existenz die Einheit der Geschichte in der Erfüllung des «Reiches Gottes» (76).

Das Korrelat zur Erfahrung der absoluten Sinnlosigkeit in allen Bereichen ist der «absolute Glaube» als realisierte Liebe, ein inhaltsloser Akt des Muts zum Sein. Wo die Nichtigkeit «zum absoluten, radikalen Nein geführt hat, da schlägt sie um in eine ebenso absolute Erfahrung der Realität, in ein radikales Ja» (XI 18). Der Akt des Mutes wird selbst zur Offenbarung eines «Gott

---

2 Vergleiche dazu die Ausführungen über Religionsphilosophie unten in 26.13.
3 Siehe dazu Tillichs ausführliche Deskriptionen in «Der Mut zum Sein», GW XI 13 ff.

über Gott», der transtheistisch gemeint ist[4], also die Ebene des Personseins Gottes übersteigt. Damit wird der lebendige Gott der Bibel, den Buber als ewiges Du bestimmt, zum Sinnbild degradiert. Das Selbstsein dagegen weist nicht über sich hinaus, sondern ist das, was es sagt. Es ist der ontologische Halt in der Dimension des existenziell Bedrängenden und ermöglicht Theo-Logie, sogar «systematische Theologie», und Begriffsdenken. Hier zeigt sich die Reichweite des Tillichschen Ansatzes, der jeden Menschen, auch den Nichtgläubigen, erreichen will, während konfessionelle Theologie oder dialogisches Denken, das sich nur noch im paradoxen Bibelwort artikuliert, sich an den schon Gläubigen wendet und dessen Glauben in zeitgenössische Sprache umzusetzen versucht.

25.13 Religionsphilosophie als Lehre der Theonomie

Tillichs «Religionsphilosophie»[5] konkretisiert den Grenzgang sowohl zwischen Theologie und Philosophie als auch zwischen Religion und Kultur. Für einen Theologen der Zwanzigerjahre bedeutet die Ausarbeitung einer Religionsphilosophie ein gewagtes Unternehmen, wenn er sich zum lutherischen Protestantismus bekennt. Eine solche Religionsphilosophie kann nur in Opposition zu den beiden bedeutendsten theologischen Strömungen der damaligen Zeit stehen, nämlich zur dialektischen Theologie Karl Barths und zu der sich in Kritik auflösenden liberalen Theologie. Mehr «philosophische Theologie» als Religionsphilosophie, – versteht sie sich daher gelegentlich auch als dritter Weg innerhalb der Theologie oder als *Vermittlungstheologie*. Tillich definiert im genannten Werk in der Einleitung Gegenstand und Methode der Religionsphilosophie neu, bevor er aus diesem veränderten Verständnis das Wesen der Religion und deren Kategorien bestimmt.

Einleitung. Tillich formuliert gleich am Anfang das paradoxe Anliegen der Religionsphilosophie. Als Philosophie der Religion scheint sich diese am falschen Objekt zu versuchen: «In der Religion tritt der Philosophie ein Objekt entgegen, das sich dagegen sträubt, Objekt der Philosophie zu werden» (GW I, 297). Wenn Religionsphilosophie ihren Gegenstand adäquat als *Offenbarung* erfaßt, muß sie ihre Ohnmacht und Überflüssigkeit erkennen; wenn sie sich dagegen behaupten will, muß sie ihr Objekt mehr oder weniger auflösen oder wenigstens relativieren. So scheint der Gegensatz von Religionsphilosophie und Offenbarungslehre unaufhebbar. Trotzdem sucht Tillich den Weg der Synthese (299). Dies ist möglich, weil beiden etwas gemeinsam ist, das es zu entfalten gilt.

In Anlehnung an sein Frühwerk «System der Wissenschaften» beschreibt Tillich zunächst die Stellung der Religionsphilosophie in diesem System. Für Tillich gibt es eine normative Geisteswissenschaft von der Religion, die sich in Religionsphilosophie und in Theologie aufspaltet: «Religionsphilosophie ist Lehre von der religiösen Funktion und ihren Kategorien. Theologie ist normative und systematische Darstellung der konkreten Erfüllung des Religionsbegriffs» (301). Die Frage nach der Stellung der Metaphysik, die sich auf das Unbedingte in dem Bereich theoretischer Geistesfunktionen richtet (302), muß die gesuchte Religionsphilosophie und nicht etwa die Theologie beantworten.

Die adäquate *Methode* der Religionsphilosophie nennt Tillich *metalogisch*. Ihr Wesen gründet in den Elementen von drei einseitig auftretenden, aber trotzdem relevanten Methoden, nämlich der kritisch-dialektischen, der phänomenologischen und der pragmatischen Methode. Völlig undiskutabel für die Religionsphilosophie sind *Fremd*methoden, wie die empirische, supranaturale und spekulative Methode, die in der Religionswissenschaft, in der orthodoxen Theologie und in der Metaphysik isolierte Anwendungen finden. Ebenso verfehlen psychologische, soziologische und entwicklungsgeschichtliche Verfahrensweisen den Kern des Religiösen (304).

---

4 Über die Problematik einer solchen Zuspitzung siehe Steinacker (1984) S. 181 f.
5 Erschienen 1925 im 2. Band des Lehrbuchs von Max Dessoir.

Wenn Philosophie die allgemeine Wissenschaft von den Sinnfunktionen und ihren Kategorien ist, dann vollzieht sich ihre Tätigkeit in zwei Formen: in der Abstraktion der Sinnprinzipien aus der Sinnwirklichkeit und in der Zusammenfassung dieser Prinzipien zu einem Ganzen. Ersteres nennt Tillich ein kritisches, letzteres ein dialektisches Vorgehen (307). Die daraus resultierende *kritisch-dialektische* Methode setzt allerdings die Autonomie des Geistigen voraus und übersieht dessen Gründung im Unbedingten. Sie ist deshalb unfähig, religiöse Begriffe wie Gnade, Offenbarung oder Dämonie zu erfassen. Denn Religion ist mehr als Synthesis von Geistfunktionen.

Deshalb muß die kritisch-dialektische Methode durch intuitive beziehungsweise dynamische Elemente ergänzt werden, die in der Phänomenologie und im Pragmatismus von Bedeutung sind. Trotzdem setzt sich Tillich deutlich von der Phänomenologie ab. Seine Kritik betrifft allerdings ausschließlich die Frühphänomenologie. An ihr bemängelt er die einseitige Betonung des Wesens im Verhältnis von Wesen und Existenz. Die Existenz wird zum zufälligen Träger von Essenzen abgewertet, wobei die «innere Unendlichkeit und ewige Bedeutsamkeit des Individuellen» ausgelöscht werden (310). Damit verliert die Phänomenologie jegliches Verständnis für die schöpferische Geschichtlichkeit. Daher münden phänomenologische Religionsphilosophien entweder im Supranaturalismus oder sie verlassen in ihrer prophetisch-religiösen Schau die methodologische Basis der Phänomenologie. Das vermißte Individuell-Schöpferische entdeckt Tillich in der *pragmatischen* Methode, die sich auch als «Philosophie des Als-Ob» (Vaihinger) präsentiert. Verstehen der religiösen Wirklichkeit wird dort mit dem Aufweis des lebensfördernden Sinnes der religiösen Funktionen identifiziert (311). Im Pragmatismus wird «der Ort im Lebensprozeß» gezeigt und damit die Flucht in die Sphäre ewiger Wesenheiten vermieden.

Die metalogische Methode der richtig verstandenen Religionsphilosophie gewinnt, wie die Philosophie im allgemeinen, ihre Sinnfunktionen und Sinnkategorien aus der Sinnwirklichkeit und faßt diese zu einer Einheit zusammen. Während die kritisch-dialektische Methode hier scheitert, weil sie in der leeren rationalen Formwelt verharrt, umfaßt die metalogische Methode durch ihren Bezug auf das Unbedingte sowohl Inhalt als auch lebendige Dynamik, indem sie den Reichtum der Erfahrungen der abendländischen Mystik in ihre Tätigkeit einbezieht.

«Erster Teil: Das Wesen der Religion»
«Jeder geistige Akt ist ein Sinnakt», Geist ist Sinnvollzug und das im Geist Gemeinte ist Sinnzusammenhang (318). Das philosophische Bewußtsein zielt auf den Sinn von Sinn. Es enthält genauer

– das Bewußtsein des Sinnzusammenhangs,
– «das Bewußtsein um einen unbedingten Sinn, der in allem Einzelsinn gegenwärtig ist»;
– das Bewußtsein der Forderung, den unbedingten Sinn zu erfüllen.

Die Unbedingtheit des Sinnes ist zugleich Sinngrund. Die Besonderung des Einzelsinns im universellen Sinnzusammenhang heißt Sinn*form*, dagegen ist das Verhältnis des Einzelsinns zum unbedingten Sinn der Sinn*gehalt;* er gibt dem Einzelsinn Realität, Bedeutung und Wesenhaftigkeit (319). Das Bewußtsein von Sinnform und ihrer Einheit heißt *Kultur*, das Bewußtsein von Sinngehalt heißt *Religion*: «Religion ist Richtung auf das Unbedingte. Kultur ist Richtung auf die bedingten Formen und ihre Einheit» (320).

Zwischen Religion und Kultur sieht Tillich eine enge Verbindung. Jeder kulturelle Akt ist faktisch substantiell religiös, wenn auch nicht der Intention nach[6]; umgekehrt muß sich der religiöse Akt durch Vermittlung von kulturellen Sinnformen auf das Unbedingte beziehen, er ist «formell». Die Kultur macht bei den Sinnformen halt, die Religion geht durch sie hindurch auf das Unbedingte. Kulturdenken erkennt nicht, «daß jede einzelne Sinnform unter dem Nein des

---

6 Damit stellt sich Tillich gegen die Säkularisierungsthese, wie sie z.B. von Friedrich Gogarten formuliert wird. (Vergleiche: Was ist Christentum? Göttingen 1956. S. 73.)

unbedingten Sinnes steht und nur durch dieses Nein zugleich ein Ja der Sinnhaftigkeit erhalten kann»; alle Kulturphilosophien, sei es bei Hegel oder im Neukantianismus, verharren am Abgrund der Sinnlosigkeit. Trotzdem darf Religion nicht der Kultur übergeordnet werden, weil Religion «Grund und Abgrund alles Sinnes meint» (321).

Dieses durch die Metalogik von Sinngrund und Sinneinheit bestimmte Religiöse erscheint in allen theoretischen und praktischen Geistesfunktionen, in den erkenntnislogischen und ästhetischen genau so wie in den rechtlichen und gemeinschaftsbezogenen Funktionen. «Das Verhältnis des Persönlichen zu allem unmittelbar Seienden ... ist aber das der Freiheit» (325); diese gründet im Unbedingt-Persönlichen. Die sinnerfüllende Form der unmittelbaren Gemeinschaft ist die Liebe (326), die als unbedingte Liebe die religiöse Tiefe offenbart. Die Ableitung des Religiösen aus dem Wesen des Sinnes zeigt zugleich die Immanenz der Religion in allen Sinnfunktionen.

Tillich ist überzeugt, daß dieser metalogische Ansatz den Dualismus von Wesen und Wahrheit im religiösen Streit überwindet (327). Denn die Gewißheit des Unbedingten ist die fundamentale Gewißheit, die nicht selbst bezweifelt werden kann; also ist die Frage nach der Wahrheit mit der Einsicht in das Unbedingte von selbst beantwortet, ja die Wahrheitsfrage ist an sich nur im religiösen Kontext überhaupt sinnvoll. Religion ist «Voraussetzung aller Realitätssetzung» (328). Setzung von Sein, Bedeutung, Persönlichkeit und Liebe führen nur dann zur gelingenden Sinnerfüllung, wenn sie im Unbedingten gründen.

So wird der Kulturbegriff als Teil einer philosophischen Theologie völlig ent-säkularisiert: «Die Kultur ist Ausdrucksform der Religion, und die Religion ist Inhalt der Kultur» (329). Dieses System aus Religion und Kultur als Einheit unbedingten Sinn-Gehalts beziehungsweise bedingter Sinn-Form nennt Tillich *Theonomie* (330). Aus ihr lassen sich der Glaube als Richtung auf das Unbedingte, Gott als das im Glauben gemeinte symbolische Objekt, das Heilige als Träger des unbedingten Sinnes, das Göttliche als das Sinnabgründige mit ekstatischem Charakter verstehen und den bedingten Korrelaten des Unglaubens, nämlich der Welt des Profanen beziehungsweise des Dämonischen, gegenüberstellen.

Aus dem im Heiligen enthaltenem Gegensatz zwischen Göttlichem und Dämonischem folgert Tillich die *religiöse Grundrichtung* der Religionsgeschichte. Es ist der Kampf des Göttlichen gegen das Dämonische, der die Entwicklung zum idealen Ziel der Einheit von Form und Gehalt bestimmt. Dabei unterscheidet Tillich die *sakramentale* Haltung, die von der Kritik der Form erfaßt ist und *bestimmte* Wirklichkeiten als Träger des heiligen Gehalts auswählt, von der *theokratischen* Haltung, die Gehorsam gegen die unbedingte Form verlangt, das heißt, die Herrschaft Gottes errichten will. Während das Sakramentale die Basis des religiösen Lebens schafft, führt die Theokratie zu den großen Reformbewegungen der jüdischen Propheten, des Urchristentums, des Islams und des Protestantismus (342). Die Auflösung des Sakramentalen führt zur *Mystik*, dem Streben nach der Einswerdung mit dem unbedingten Sinngehalt. Sie «ist die radikale Ekstatik, die jenseits aller Form den Gehalt selbst zu fassen sucht» (341). Die Entartung der Theokratie führt zur autonomen Kultur.

Das eigentliche Ziel der religiösen Bewegung ist die Synthese aus Theokratie und Mystik mit der sakramentalen Heiligung eines einzigen Konkreten. Die Einheit wird dabei als Durchbruch erfahren; deshalb spricht Tillich von der Religion der Gnade oder von der *Religion des Paradox* (344), die geschichtlich aus Polytheismus, mystischem Monotheismus, mythischem Dualismus und exklusivem Monotheismus des Vermittlertums hervorgegangen ist. Den *religiösen* Grundrichtungen entsprechen *kulturelle* Parallelen, der religiösen Ekstase entspricht der weltliche Enthusiasmus, der zum idealistischen Pantheismus führt, dem Sakramentalen der kritische oder ethische Rationalismus mit seiner unendlichen Forderung zur Formfindung. Aber beide Ausgestaltungen sind nicht lebensfähig und repräsentieren die Tragödie der autonomen Form der losgelösten Kultur.

«*Zweiter Teil: Die Kategorien des Religiösen*»
Die Kategorien konstituieren die religiösen Gegenstände. Tillich nennt zwei *theoretische* religiöse Kategorien, den Mythos und die Offenbarung, und zwei *praktische*, den Kultus und die Kultgemeinde. Es sind dieses Kategorien der *religiösen* Metaphysik beziehungsweise des *religiösen* Ethos; «denn Metaphysik ist theoretische, Ethos ist praktische Richtung auf das Unbedingte» (350).

Zur religiösen Metaphysik. Mythos ist logische und ästhetische Erfassung des Unbedingten, Ausdruck des Wahren und Wirklichen sowie Anschauung des Gehalts. In der autonomen Kultur wird der Mythos zur Metaphysik, die dann nicht mehr echter Mythos, aber auch nicht echte Wissenschaft oder Kunst ist und daher vor der rationalen Kritik zerbricht. Diese Erfahrung erzeugt die Sehnsucht nach der theonomen Metaphysik (352). Sie handelt vom Mythos des Seins, der Geschichte und der absoluten Idee; in ihnen wird alles Wirkliche als ideale Einheit vom Unbedingten her erfaßt: «das unmittelbar Seiende, der sinnerfüllende Geist und die vollendete Einheit von Sein und Geist» (353).

Offenbarung ist der Durchbruch des unbedingten Sinngehalts durch die Sinnform. Die Autonomie ermöglicht nur Formschöpfung, keine Offenbarung. Die Offenbarung hat demnach paradox-symbolischen Charakter, weil sie die Einheit aus heteronomer Deutung und autonomer Verneinung von Offenbarung ist. Wunder, Inspiration und Offenbarungsträger sind möglich durch Ekstatik und Symbolkraft in Natur, Geist und Persönlichkeit (355). Die dort gegebene Glaubensgewißheit ist als absolute für alle andere Gewißheit fundierend (356).

Zum religiösen Ethos. Seine erste religiöse Kategorie, der *Kultus*, ist «der Inbegriff derjenigen Handlungen, durch die das Unbedingte im Praktischen realisiert werden soll» (356). Von größter Bedeutung ist das enge Verhältnis des Kultus zum Mythos: jeder kultische Akt hat einen mythischen Inhalt und umgekehrt ist jedes mythische Objekt in einer kultischen Handlung verwirklicht. Akte ohne symbolischen Gehalt verharren im subjektiven Gefühl[7], Symbole ohne Kultakt betreffen nur die Objektivität von Gegenständen (356). Am Anfang der Entwicklung ist der kultische Akt vom profanen noch ungeschieden. Kulturmythen, Opfer und Reinigungsriten lassen das Priestertum entstehen. Später gewinnen personale und soziale Kategorien das Übergewicht. Der Einigungsvorgang wird als persönliches Verhältnis zu Gott verstanden, das Opfer als persönliche Hingabe und die Ekstase als Gotteserfülltheit. Aber erst in der Religion des Paradox wird in der Gnade die Gegenwärtigkeit des Unbedingten sichtbar. Der Kultus gipfelt, – Sakramentales und Theokratisches vereinigend, – in Gebet und Opfer. Diese Einheit wird unter dem paradoxen Begriff der «Rechtfertigung aus Glauben» Zentrum der paulinischen und protestantischen Gnadenlehre (359). Wie sich die Offenbarungsgeschichte durch Autonomisierung in Kulturgeschichte auflösen kann, so verwandelt sich der Kultus in das autonome Ethos, das durch bedingte Formen das Unbedingte verwirklichen will (360). Die kultische Ekstatik wird zur Bildung, das Opfer zur sachlichen Hingabe, die Andacht zur ästhetischen Intuition, das Gebet zur Sammlung.

Die zweite Kategorie ist die *Kultgemeinde*, der Träger des Kultes (362). Hier verschafft sich Recht und Sitte unbedingte Geltung gegen Individualismus, Naturalismus und Rationalismus. Auch hier ist am Anfang der Entwicklung noch keine Trennung der Kultgemeinde von den profanen Sozial- und Rechtsgemeinschaften. Erst später wird daraus die losgelöste heilige Gemeinde. In der Theokratie entstehen der religiöse Personalismus und schließlich die missionierenden Weltkirchen und eschatologischen Bewegungen. In der Religion des Paradox wird die heilige Gemeinde und die heilige Persönlichkeit in ihrem symbolischen Charakter erfaßt. Damit endet der Kampf zwischen «Kirche und Staat, kanonischem und profanem Recht, religiösem und humanem Gemeinschaftsleben, kultischer und kultureller Persönlichkeit» (364).

---

7 Damit wird die Unmöglichkeit von nicht-kognitiven Religionskonzeptionen behauptet, wie sie die Analytische Philosophie immer wieder vorgeschlagen hat. Vergleiche z. B. evokative, expressive und performative Varianten in: H. Schrödter: Analytische Religionsphilosophie. Freiburg / München 1979. 4.32.

26.2 Romano Guardini: Christlicher Glaube am Ende der Neuzeit.

26.21 Biographie und Bibliographie

a. Lebenslauf

Geboren am 17. 2. 1885 in Verona. Studium der Chemie, Nationalökonomie, Theologie und Philosophie in Tübingen, München, Berlin, Freiburg und Mainz. 1910 in Mainz Priesterweihe. 1911 deutsche Staatsbürgerschaft. 1915 theologische Promotion. Kaplan. 1922 theologische Habilitation in Bonn. 1923 Professor für Religionsphilosophie und katholische Weltanschauung in Breslau und Berlin. Jugendbildungsarbeit. 1939 Zwangsemeritierung. 1945 Lehrauftrag in Tübingen. 1948 Professor für Religionsphilosophie und christliche Weltanschauung in München. Guardini stirbt dort am 1.10. 1968.

Guardini stammt aus einer italienischen Familie; aber schon ein Jahr nach seiner Geburt verschlugen die Geschäfte des Vaters die Familie nach Deutschland, die seitdem in Mainz lebte. Der Weg des in sozialer Isolation aufgewachsenen Romano zur Theologie erfolgte auf Umwegen; erst nach fünf Semestern gewann er Klarheit über seine Berufung. 1910 trat er in das Mainzer Priesterseminar ein. Sein wissenschaftliches Thema fand er nach längerem Suchen in Bonaventuras Lehre. Nach der Promotion war Guardini fünf Jahre Kaplan in Mainz. In dieser Zeit (1917) entstand die Vorstufe[8] zu seinem bedeutenden Werk «Der Gegensatz», in dem Guardini einen Beitrag zum «neuen Denken» leistete. Durch seine viel beachtete zweite Publikation «Vom Geist der Liturgie» (1918) erregte er Aufmerksamkeit bei den Anhängern der liturgischen Erneuerung und der katholischen Jugendbewegung «Quickborn». Auf Burg Rothenfels am Main wirkte Guardini seitdem jahrelang in der Bildungsarbeit, veröffentlichte in der Zeitschrift «Die Schildgenossen» und realisierte sein pädagogisches Programm, das Wege gegen die Bedrohung der Person durch moderne Technik und Totalitarismen suchte.

Ein Jahr nach der Habilitation in Bonn ging Guardini nach Berlin. Dort hatte der nach dem Ersten Weltkrieg aufstrebende Katholizismus nach längeren Querelen mit der protestantischen Fakultät einen eigenen katholischen theologischen Lehrstuhl einrichten können. Als Guardini den Ruf an diesen Lehrstuhl für « katholische Religionsphilosophie und Weltanschauung» angenommen hatte, mußte er bald die Komplikationen dieser Sonderinstitution am eigenen Leib erfahren. «Für die Universität war ich», so schreibt Guardini in seinem «Bericht über mein Leben», «der vom Zentrum aufgezwungene Propagandist der katholischen Kirche, welcher an der ‹Hochburg des deutschen Protestantismus› nichts zu suchen hatte» (40/41). Von der Professorenschaft weitgehend abgelehnt, aber von einem großen Hörerkreis akzeptiert, konnte Guardini sein Wirken entfalten, bis er 1939 zwangsemeritiert wurde. Während des Krieges führte er seine wissenschaftlichen Arbeiten fort; er lebte von 1943 bis 1945 in Mooshausen im Allgäu.

1945 wurde Guardini nach Tübingen berufen. Hier entstanden die ersten kulturkritischen Arbeiten, die später in der Monographie «Das Ende der Neuzeit» kulminierten. Die Übernahme des Heidegger-Lehrstuhls in Freiburg, die ihm in dieser Zeit angeboten wurde, lehnte er ab. Ab 1948 las er bis zur Emeritierung 1962 an der Universität München, wo er einen Lehrstuhl für Religionsphilosophie und christliche Weltanschauung innehatte. In den letzten Jahren häuften sich die Ehrungen. Er wirkte als Consultor am II. Vaticanum und wurde zu einem der wichtigsten Repräsentanten des modernen Katholizismus.[9]

---

[8] Die nicht weiter beachtete Erstveröffentlichung erfolgte unter dem Titel «Gegensatz und Gegensätze». Die überarbeitete Fassung erschien erst 1925.

[9] Als solcher gilt er auch heute noch, nachdem aufgrund der Aktivität verschiedener Kreise geradezu eine Guardini-Renaissance entstanden ist. (Freundeskreis R. Guardini auf Burg Rothenfels, Guardini-Stiftung in Berlin, R. Guardini-Preis der katholischen Akademie in München.) Direkte Einflüsse sind bei dem Dogmatiker M. Schmaus, bei H.U. von Balthasar und auch bei Karl Rahner feststellbar.

b. Auswahl aus der Primärliteratur Guardinis

1917   Gegensatz und Gegensätze. 1925 überarbeitet zu: «Der Gegensatz. Versuche zu einer Philosophie des Lebendig-Konkreten». München. 3. Aufl. Mainz 1985. **GGS**
1918   Vom Geist der Liturgie. Freiburg. Neudruck 1957.
1927   Briefe vom Comer See. Neudruck Mainz 1981.
1930   Vom lebendigen Gott. Mainz. 3. Aufl. 1991.
1933   Wille und Wahrheit. Mainz. Neuauflage 1991 in GW 6.
1935   Die Bekehrung des Aurelius Augustinus. Würzburg. Neuauflage 1989 in GW 52.
1935   Christliches Bewußtsein. Versuche über Pascal. Leipzig. Neuauflage 1991 in GW 6.
1938   Das Wesen des Christentums. Würzburg. Neuauflage 1991 in GW 3.
1939   Welt und Person. Würzburg. Neuauflage 1988 in GW 5. **WP**
1943   Der Tod des Sokrates. Berlin. TB Reinbek 1956. Neuauflage 1988 in GW 4.
1948   Freiheit, Gnade, Schicksal. München. 6. Aufl. 1979.
1950   Das Ende der Neuzeit. Würzburg. 9. Aufl. 1965. Neuauflage 1989 in GW 5. **EN**
1951   Die Macht. Würzburg. 6. Aufl. 1965.
1953   Vom Wesen der katholischen Weltanschauung. Basel.
1953   Grundlegung der Bildungslehre. Würzburg. Neudruck 1965.
1958   Religion und Offenbarung. Würzburg. Neuauflage 1990 in GW 3. **RO**
1962   Sorge um den Menschen. 1. Band. 2. Band 1966. Würzburg.

Guardini-Werkausgabe in acht Sachbereichen. Herausgegeben von der katholischen Akademie in Bayern. Mainz / Paderborn ab 1986. Sachbereich 3: Christus und Christen; 5: Anthropologie und Kulturkritik; 8: Autobiographisches. **GW**

Berichte über mein Leben. Autobiographische Aufzeichnungen. Hg. von F. Henrich. Aus dem Nachlaß. Düsseldorf 1984. **BL**

Wahrheit des Denkens und Wahrheit des Tuns. Notizen und Texte 1942 bis 1964. Aus dem Nachlaß hg. von F. Messerschmid. Paderborn. 3. Aufl. 1980.

Unterscheidung des Christlichen. Gesammelte Studien 1923–1963. Hg. von H. Waltmann. Mainz 1963. **UC**

Ethik. Vorlesungen an der Universität München. Hg. von M. Merker. 2 Bände. Mainz 1993.

c. Bibliographie

Bibliographie Romano Guardini. Guardinis Werke, Veröffentlichungen über Guardini, Rezensionen. Hg. von H. Mercker im Auftrag der katholischen Akademie in Bayern. Paderborn 1978.

26.22 Christliche Philosophie als katholische Weltanschauungslehre

Guardini versteht sich in erster Linie als Religionsphilosoph, später auch als Kulturkritiker, dagegen nie als strenger Fachmann für Theologie[10]. Schon im Studium, in dem er die Positionen des Modernismusstreits kennengelernt hat, bezieht er Stellung gegen das enge Traditionsdenken, das die moderne Welt ignorieren zu können glaubt. Guardini stellt sich die Aufgabe, in voller Solidarität mit der Kirche und unter uneingeschränkter Anerkennung der Offenbarung die moderne Wirklichkeit zu interpretieren, um so die orientierungslose Welt mit dem christlichen Glauben zu versöhnen. Der in Berlin eingerichtete katholische Lehrstuhl ist gleichsam ad personam geschaffen; aber es sind für Guardini mühsame Jahre, in denen er den vorgegebenen, zunächst unbesetzten Begriff der «katholischen Weltanschauung» mit Inhalt füllt und zum Fundament einer einflußreichen Weltanschauungslehre ausbaut.

Am Anfang steht ein Werk, das in der Folge oft zum Hauptwerk hochstilisiert wurde[11], von Guardini selbst aber nur als «Entwurf» (BL 186) und «Versuch» (8), im Rückblick gar nur als

---

10 Vergleiche dazu die Ausführungen in BL S. 36 / 37.
11 Siehe die Auswahl im «Lexikon der philosophischen Werke», herausgegeben von F. Volpi und J. Nida-Rümelin, Stuttgart 1988. S. 299. Der Anspruch des Jugendwerks, der Kantischen Kritik eine «Kritik der konkreten Vernunft» gegenüberzustellen, weist in diese Richtung. J.F. Schmucker-von Koch schränkt die Bewertung auf die Dialogik ein und nennt das Buch «den wohl bedeutendsten deutschkatholischen Beitrag zur Bewegung des ‹neuen Denkens› (F. Rosenzweig)». Beachte demgegenüber die Distanzierung Guardinis vom «Pneumatischen Personalismus» auf S. 151.

«Skizze einer Idee» (9) bezeichnet wird. Es ist das Buch «Der Gegensatz. Versuche zu einer Philosophie des lebendig Konkreten», das nach Berliner Vorlesungen über das Thema aus der ersten Veröffentlichung «Gegensatz und Gegensätze» hervorgegangen ist. Die Bedeutung des Werkes liegt darin, daß in ihm Grundgedanken formuliert sind, die Guardini später in anderen Publikationen weiter ausbaut und die ihm «nach wie vor richtig scheinen» (a.a.O.)

Die Arbeit geht von der Problematik der Lebensphilosophie aus, die in der Spannung zwischen exakten, technikorientierten Wissenschaften und konkreter Lebensfülle nach neuen Erkenntnismöglichkeiten sucht. Das Auseinanderfallen von rational-begrifflicher und intuitiv-lebendiger Erfassung ist nach Guardini auf eine Deformation der Neuzeit zurückführbar, in welcher der frühere «lebendige Begriff» durch den an der Mathematik orientierten «begrifflichen Begriff» ersetzt wird (GGS 23). Weder im griechischen noch im mittelalterlichen Denken war der Begriff vom anschaulichen Element abgetrennt. Mystisches Erleben und symbolische Anschauungen bildeten in Griechenland mit dem aktiven Intellekt eine Einheit (21); ebenso war im Mittelalter die Begriffsarbeit der Scholastiker mit der Schau der Mystiker verbunden (22). Mit dem «Entweder-Oder» der Neuzeit dagegen setzt die Kulturkrise ein: aus der ganzheitsbezogenen Autonomie, die noch Bild und Schau bejaht, wird der absolute «Autonomismus», in dem die Konstruktion und Setzung das intuitive Element verdrängt. Aus dieser Situation heraus versucht Guardini, eine philosophische Methodologie des Über-Rationalen und der Über-Intuition zu entwickeln, die sich auf ein «Schauen» bezieht, das jene Einheit des konkret Lebendigen aus der Vielfalt der faktischen Gegensätze oder Polaritäten wiederherstellt.

Die neue Erkenntnisweise enthält Elemente des Intuitionismus, Pragmatismus und Symbolismus (169), macht aber auch Anleihen beim Entelechie-Begriff von Hans Driesch (58), erinnert an die praktisch orientierte Ideenschau bei Scheler und beruft sich auf alte Traditionen von Platon über Neuplatonismus und Mystik bis hin zu Goethe und zur Romantik (25). Sie umfaßt ein Höchstmaß an Intuition und ein Höchstmaß an Begriffskraft (174). An anderer Stelle sieht Guardini seine Lehre als eine Philosophie und Theologie des Herzens im Sinne der Pascalschen «Logik des Herzens», in welcher der lebendige Geist zur anschaulichen Klarheit vordringt.[12]

Der Hauptteil des Buches GGS dient der Ausgestaltung der Lehre dieser letztlich *verbundenen Gegensätze* (30), die das menschliche Leben entscheidend strukturieren und bestimmen. Solche Gegensätze sind nicht nur Akzidentien des Lebens, sondern machen das Leben selbst aus. «Die Gegensätze verwirklichen sich am Leben; sie sind die Weise, wie das Leben lebendig ist ... » (145). Guardini unterscheidet im einzelnen kategoriale Gegensätze von transzendentalen. Zur Gruppe der «Kategorien» gehören die intraempirischen Gegensätze Dynamik / Statik, Form / Formlosigkeit, Integration / Differenzierung, sowie die transempirischen Produktion / Disposition, Ursprünglichkeit / Regel, Innewohnen / Darüberstehen; die zweite Gruppe umfaßt Verwandtschaft / Besonderung und Einheit / Mannigfaltigkeit. Diese Gegensatzpaare und gewisse Reihungen und Kreuzungen derselben konstituieren die Fülle des *menschlichen Lebens* (146). Guardini schließt hier bewußt die physische, biologische, aber auch die geistige und personale Sphäre samt Gott als isolierte Bereiche aus seiner Untersuchung aus: «Nur von dem Leben ist die Rede, das ich in mir und meinesgleichen vorfinde» (150). Der Gegensatz als Weise menschlichen Lebens umfaßt die geistige Seele im Sinne einer forma corporis oder Entelechie des Leibes genau so wie die geist-leibliche Totalität (149) und kennt keine getrennten Regionen. Diese Synthese der Gegensätze bleibt bei Guardini letztlich «das natürliche Mysterium des Lebendigen» (200). Damit hält er sich den Weg frei für die Möglichkeit einer Offenbarung, deren Bedeutsamkeit in seiner *Weltanschauungslehre* beschrieben wird.

Guardini ringt in seiner ersten Vorlesung auf dem Lehrstuhl für katholische Weltanschauung um eben diesen Begriff, der zu einem Charakteristikum für das Guardinische Denken überhaupt werden sollte. Er versteht unter Weltanschauung eine Erkenntnisbewegung, die sich auf das Ganze,

---

12 Christliches Bewußtsein. S. 185.

auf das Welthafte in seiner konkreten Einmaligkeit und Geschichtlichkeit bezieht sowie auf die daraus fließende Aufgabe, als Anschauender dieser Welt in Wertungen zu ihr Stellung zu nehmen (UC 14[13]). Weltanschauung ist so die schauende Komponente der Begegnung zwischen Welt und Mensch (19), wobei hier «Welt» über das physische und menschliche Sein hinausweist und auch Gott als absoluten Grund und Ursprung des Physischen und Menschlichen umfaßt (20). Dieser Akt, der die lebendige Ich-Du-Beziehung, die zum Sein offene Liebe, die Freiheit und die Bejahung des Seins umfaßt, ist kein wissenschaftlicher Prozeß, sondern jenes in GGS analysierte Leben. Erst die methodische Behandlung der Weltanschauung, die Weltanschauungs*lehre*, ist Wissenschaft.

Guardini versteht unter Weltanschauung einen Blick, der ohne Offenbarung und Kirche Christi nicht zur Wirklichkeit vordringen kann. «Christus hat den vollen Blick der Weltanschauung, der weltanschauende Blick ist der Blick Christi» (24). Damit stellt Guardini bewußt die christliche Lehre an den Anfang seines Denkens (27). Es geht ihm weder um ein induktives Vordringen zum Göttlichen noch um die moralische Rechtfertigung von Glaubensinhalten oder um Plausibilitätsbetrachtungen offenbarter Wahrheiten. Sein Ziel ist vielmehr die Beschreibung der Fülle der Welt, die der auf den christlichen Glauben Vertrauende erfährt und die als «Phänomenologie des ewigen Lebens» bezeichnet werden könnte[14]. Wie bei Kierkegaard oder Barth ist dieser Glaube einmalig und jenseits aller Typologie des Religiösen (30)[15]. Er ist zugleich Ärgernis und Provokation der Philosophie, der Psychologie und der Geschichtswissenschaft. So tritt für den Menschen aber das Un-Denkliche, Mehr-als-Seelische und Ewige in den Blickpunkt.

Guardinis *Religionsphilosophie* im Sinne dieser Weltanschauungslehre steht der Theologie näher als der Philosophie. Sie geht vom Phänomen der Geschöpflichkeit und dem Geschenk der Offenbarung aus[16]. Durch die Fülle der Offenbarung wird die Endlichkeit vollendet und jenseits von Verzweiflung lebbar. Daß dieser Weg auch in der Gegenwart möglich ist, zeigt die Diagnose der Zeit in Guardinis Abhandlung «Das Ende der Neuzeit». Diese Neuzeit darf allerdings nicht nur als negatives Phänomen interpretiert werden. Guardini versucht, gerade aus dem Scheitern des neuzeitlichen Autonomie-Konzepts eine unverzichtbare Wahrheit abzuleiten, die den Blick frei macht für die ganze Wirklichkeit von Welt und Gott. Dabei stellt er die These auf, daß Wissenschaft und Technik erst durch das Christentum überhaupt möglich geworden seien[17]. Doch dieser Gang zur autonomen Wissenschaft und Technik war mit dem Verlust von Sinn-Dimensionen verbunden, die nur durch ein positives Verhältnis zur Transzendenz wiederhergestellt werden können. Die Rückgewinnung des Wirklichen vollzieht sich durch die in der Weltanschauungslehre ausgearbeitete Umorientierung der Begriffe und vor allem durch die Rehabilitierung der Intuition. Wie die Ausarbeitung der Religionsphilosophie in «Religion und Offenbarung» zeigt, ist die Erfahrung des Heiligen Basis für alle Ausgestaltungen des Religiösen und Fundament für eine theoretische Auseinandersetzung mit der Religion[18].

---

13 Siehe «Vom Wesen der katholischen Weltanschauung» in UC. Was die Wertungen betrifft, übernimmt Guardini vieles von Scheler und Hartmann. Vgl. WP 43.

14 Vgl. WP 51.

15 Religion «meint jenes allgemein-menschliche Phänomen der Beziehung zum Göttlichen, dessen Untersuchung einen Teil der Kulturwissenschaft bildet»; *Offenbarung* dagegen ist «jene Kundwerdung Gottes, von welcher die Heilige Schrift des Alten und Neuen Testaments redet und die Antwort, zu der sie den Hörenden befähigt» (RO 11).

16 Zur Religionsphilosophie siehe RO. Sie geht davon aus, «daß es die Offenbarung als schlechthin gültige Bekundung göttlicher Wahrheit gibt ...» (12). Religiöse Erfahrung, als Erfahrung der Grenze (78), eröffnet den Blick auf die andere Seite, auf das Numinose. (Auf S. 22 und S. 107 erfolgt eine betonte Distanzierung von Otto. Die Irrationalität und Apriorität läßt echte und unechte Religiosität ungeschieden und stellt den Gott der Offenbarung an das Ende einer Stufenfolge vom Gespenst bis zum christlichen Gott.) Für Guardini erhält das Numinose seinen Sinn nur als Anknüpfungspunkt für die Begegnung mit der Offenbarung.

17 Briefe vom Comer See S. 87.

18 Einzelheiten über die positive Bewertung der Erfahrungen am «Ende der Neuzeit» findet man bei Schmucker-von Koch (1984), S. 189 ff.

26.23 «Das Ende der Neuzeit»[19]

Die Abhandlung ging aus Arbeiten Guardinis über Pascal hervor. Reflexionen über die Zeit unmittelbar vor und nach Pascal führten zur Ausarbeitung der mittelalterlichen Weltsicht und der neuzeitlichen Anschauungs- und Denkformen. Guardini ist davon überzeugt, daß die Neuzeit im Entscheidenden zu Ende gegangen ist (EN 9) und gerade deshalb glaubt er, eine historische Skizze wagen zu können, «ohne weder in Bewunderung noch in Ablehnung ... zu verfallen» (10). Die Arbeit behielt durch ihren rein diagnostischen Charakter ihre philosophische Aktualität. Trotzdem steht diese Schrift im Dienste der Guardini eigentlich am Herzen liegenden Therapie. Die Einordnung des diagnostischen Materials erfolgt vor allem in WP und RO, die wichtigsten Heilmittel für die Therapie dagegen stammen aus GGS.

«Daseinsgefühl und Weltbild des Mittelalters» sind entscheidend geprägt von der Vorstellung der Welt als begrenztes Gebilde und geformte Gestalt (13). Das Gleiche gilt zwar auch für die Antike; aber trotzdem sind Antike und Mittelalter durch Welten getrennt. Daher beschreibt Guardini die Grundzüge der mittelalterlichen Weltordnung in Gegenüberstellung zur *antiken Weltsicht*. Weil dem antiken Menschen ein fester Punkt außerhalb der Welt fehlt, geht sein Blick nicht über die in sich geschlossene Welt hinaus. Auch Götter sind keine transzendenten Wesen, sondern gehören zu dieser Welt. Ebenso bleibt das von den Philosophen reflektierte Absolute immanent, selbst das Über-Eine Plotins ist mit dem weltlichen Einen unzertrennlich verbunden (15). Die Ablösung vom mythischen Boden durch die Philosophie ermöglicht schließlich eine fruchtbare Freizügigkeit des antiken Menschen, die sich in der geistigen wissenschaftlichen Beweglichkeit und in der schöpferischen Entfaltung von Kulturwerten zeigt.

Die Haltung und Weltsicht des *mittelalterlichen* Menschen dagegen bauen auf eine transzendente, durch biblische Offenbarung vermittelte Gotteswirklichkeit auf (19), die der geschlossenen irdischen Wirklichkeit gegenübersteht. Die Transzendenz Gottes bedeutet mehr als Absolutheit, sie impliziert reine Personalität und Souveränität in Bezug auf die erschaffene Welt. Durch Glauben, das heißt durch Vertrauen und Gehorsam gegenüber der Selbstoffenbarung Gottes (20), eröffnet sich eine neue Freiheit, ein neuer Abstand von der Welt aus der Sichtweise des Glaubens. Zu diesem ersten Charakteristikum kommt ein zweites hinzu, nämlich die Annahme eines Triebes in das Unbegrenzte (21), den Guardini den Einflüssen nordischer germanischer Mythologien zuschreibt und der in den germanischen Wanderungen seinen äußeren Ausdruck gefunden hat. Mit diesem Trieb verbindet sich der Wille, die gesamte Welt zu umspannen. «So versteht man, wie die Konstruktion des Mittelalters, das System seiner kosmischen und existentiellen Ordnungen entstehen konnte» (22). Guardini beschreibt diese konstruierten Ordnungen ausführlich, die in Staat und Gesellschaft von den beiden großen Ideen der Kirche und des Reiches bestimmt sind, aber selbst von den himmlischen Ordnungen überhöht werden. Die Architektonik dieser Ordnung betrifft sowohl die zeitliche Abfolge, – von der Schöpfung zur Menschwerdung und schließlich zum Weltgericht – als auch die Fülle des Geschaffenen, sei es im Bau von Kathedralen, in Plastik und Malerei, sei es in den Festen und Riten, die das ganze Jahr und das gesamte Einzelleben umfassen.

Bezüglich des *Daseinsverständnisses* fragt Guardini, wie sich menschliche Erkenntnis in Philosophie und Wissenschaft entfalten kann, wenn alles der Offenbarung verpflichtet und von der Autorität der Kirche geleitet ist. Zunächst korrigiert Guardini die Verzeichnungen des Mittelalters durch Renaissance und Aufklärung, die von Primitivität, Phantastik, Zwang und Unselbständigkeit sprechen (34). Das entscheidende Moment für den Glaubenden ist der «Aufstieg über die Welt und das eigene Selbst in eine nur so sich öffnende Freiheit des Schauens» (25), wie sie dem

---

[19] Das Erscheinen des Werkes hat eine allgemeine Diskussion ausgelöst, in der Walter Dirks führend war. In den Siebzigerjahren setzten sich M. Theunissen und H. R. Schlette und neuerdings vor allem E. Bieser mit den Guardinischen Thesen auseinander. (Vgl. «R. Guardini. Wegweiser in eine neue Epoche». In: Seidel (1985) S.210ff.)

antiken Menschen ganz und gar verwehrt war. Natürlich kann dabei von keiner wissenschaftlichen Erforschung der Welt im modernen Sinne die Rede sein; dafür sind im Mittelalter die wissenschaftlichen Autoritäten der Antike zu mächtig. Aber «die mittelalterliche Anthropologie ist, im Grundlegenden wie im Ganzen gesehen, der neuzeitlichen überlegen» (28). Das betrifft einmal Lehre, Sitte und Alltag, die im Bewußtsein der göttlichen Ursprungsordnung letzte Sicherheiten gewähren; zum anderen enthält die mittelalterliche Anthropologie aber auch noch weitere Elemente, welche diese Zeit in ein positives Licht rücken. Da ist erstens die starke religiöse Prägung zu nennen, die sich in der Bedeutung der Klöster und in der Vielzahl von Mystikern, Betern und Büßern manifestiert (35); zweitens zeigt die einmalige Stellung des Gelehrten, daß die damalige Welt stark vom Verlangen nach Wahrheit durchdrungen ist. Forschung meint hier nicht Enträtselung von Natur und Geschichte, sondern geistige Konstruktion jener Ordnungen und ihre meditative Einverleibung. Ferner verweist Guardini auf die große Sensibilität für den Symbolgehalt des Daseins (36). Dies alles verbietet es, den mittelalterlichen Menschen unfrei oder versklavt zu nennen, solange die tragenden Ordnungen intakt waren. Erst nach der Zerstörung des mittelalterlichen Kosmos durch ein neues Lebensgefühl kann rückwirkend von Einengung durch Autorität die Rede sein (39).

«Die *Entstehung des neuzeitlichen Weltbildes*» gründet im kosmischen Unendlichkeitserlebnis, das heißt in der Erfahrung der Endlosigkeit der Weltgestalt, in der Gott und Mensch ihren Ort verlieren. Entscheidenden Anteil an diesem Wandel von Dasein, Weltgefühl und Selbstverständnis hat die entstehende neuzeitliche Wissenschaft. Der selbstbewußte Forscherdrang gibt sich nicht mit der Wahrheit in Autorität und tradierter Ordnung zufrieden, sondern sucht *unmittelbare* Einsicht in die Wirklichkeit der Dinge. Damit wird die religiöse Ordnung des Seins gesprengt. Alle Kulturbereiche sind betroffen: Wirtschaft und Politik, Kosmologie und die Lehre vom Menschen.

Guardini arbeitet *drei Grundelemente des neuen Daseinsbildes* heraus: «die in sich ruhende Natur, das autonome Persönlichkeits-Subjekt und die aus eigenen Normen schaffende Kultur» (65). Die drei Phänomene Natur, Subjekt und Kultur werden völlig neu gesehen und neu bewertet.

Natur ist nicht nur das unmittelbar Gegebene, die Gesamtheit der vom Menschen unabhängigen Dinge, der Inbegriff von Energie und Stoffen, Wesenheiten und Gesetzlichkeiten (49). Sie ist vor allem auch ein Wertbegriff, die Norm des Richtigen, Gesunden und Vollkommenen (50). Natürliche Lebensweise und Erziehung, natürliche Gesellschaft und Staatsform sind Ideale, in denen sich der natürliche Mensch verwirklicht. Als «Mutter Natur» wird sie zur «Gott-Natur», die als weise und gütig gepriesen wird und wie der christliche Gott Urgrund und Endziel, Geheimnis und Heiliges verbirgt. Der Begriff des Klassischen meint letztlich diese Gott-Natur, wie sie von Giordano Bruno, Spinoza, Hölderlin und Schelling verehrt und von Goethe in dichterischer Vollkommenheit beschrieben wird (51/52).

Das *menschliche Subjekt* gehört zwar wegen seiner Leiblichkeit auch zu dieser Natur; es kann ihr aber als Erkennendes zugleich gegenübertreten und sie beherrschen. «Der Mensch wird sich selbst wichtig; das Ich, vor allem das ungewöhnliche, geniale, wird zum Maßstab für den Wert des Lebens» (53).[20] Der Mensch ist die sich aus dem innersten Wesen entfaltende Persönlichkeit. In der Philosophie erscheint er als logisches, ethisches und ästhetisches Subjekt, als Ursprung aller Norm und Begründung; *das Subjekt wird autonom*.

Das dritte Grundelement des neuen Daseinsbildes ist die *Kultur*, die Welt der Menschentat, der aber, – wie Natur und Subjekt, – eine besondere Selbständigkeit zukommt. War im Mittelalter

---

20 Über die Bedeutung des Individuums im Mittelalter hat die neuere Mediävistik eine Reihe von Korrekturen angebracht. Danach verweist z.B. das Fehlen expliziter Hinweise auf die Individualität auf ein Schweigen, das als Reaktion auf ihre Überbewertung im frühen Mittelalter anzusehen ist. Zur Aufwertung des mittelalterlichen Individuums siehe v.a. A. J. Gurjewitsch: Das Individuum im europäischen Mittelalter. München 1994. – Zur moderneren *philosophischen* Neubewertung des Mittelalters siehe vor allem K. Flasch: Das philosophische Denken im Mittelalter, Stuttgart 1986, und H.-U. Wöhler: Geschichte dere mittelalterlichen Philosophie. Berlin 1990.

Kultur Dienst an der Schöpfung *Gottes*, ist sie jetzt eigenständiges *Menschen*werk. Guardini sieht durchaus auch das Positive in dieser Entwicklung[21]. In ihrer extremsten Form erhält sie ebenfalls religiösen Charakter, wenn der Mensch durch sie den Daseinssinn bestimmt sieht oder wenn durch sie der Weltgeist zum Bewußtsein seiner selbst kommt (57).

In der Autonomie von Natur, Subjekt und Kultur konstituiert sich eine rein weltliche Wertordnung. Sie stellt sich als säkulare Macht gegen die Religionen und drängt den christlichen Glauben in eine Verteidigungsstellung[22]. Einerseits wird der neuzeitliche Mensch zu Gott erhöht, andererseits zum ohnmächtigen Teil der Natur entwürdigt. In dieser Spannung erleidet der Mensch tiefe Erschütterungen, die schließlich zur *Auflösung des neuzeitlichen Weltbildes* führen.

Diese Auflösung äußert sich im Verblassen der drei autonomen Ideen. Dabei vollzieht sich eine Hinordnung zur *Endlichkeit der Welt*. Trotz der schwindelerregenden Größenordnungen im Makro- und Mikrokosmos geht die moderne Wissenschaft von der Endlichkeit der *Natur* aus. Natur ist aber nicht «Mutter Natur»; aus der harmonisch Umfangenden und Bergenden wird eine unvertraute und gefährliche Macht. Das Verschwinden der Ehrfurcht ebnet den Weg für ein *technisches Verhalten* zur Natur. Der voraussetzungslose und sachlich zugreifende Mensch übt über sie seine Herrschaft aus und verwendet sie als Instrument seiner Macht.

Etwas Entsprechendes vollzieht sich beim *Subjekt*. Aus der schöpferischen Persönlichkeit wird der *Mensch der Masse*. Guardini meint damit die wertfreie menschliche Struktur, die unter den Bedingungen von Technik und rationaler Planung steht. Der neue Mensch kann sich keine eigene Umwelt und spezifische Originalität leisten. Er ist «dem Gesetz der Normierung, welches der Funktionsform der Maschine zugeordnet ist», unterworfen (74). Aus der Personalität wird die Person als Objekt in bürokratischen und statistischen Erfassungen, in politischen und gesellschaftlichen Manipulationen.

Auch im Verhältnis zur *Kultur* vollzieht sich ein Wandel (90) hin zur «nichtkulturellen Kultur» (109). Der Wandel betrifft nicht die Entdeckung neuer Gegenstände, Methoden und unbegrenzter Möglichkeiten, sondern den Verlust der einst überschwenglichen Zukunftshoffnungen. Zweifel am objektiven Geist und den Segnungen des Menschenwerks verdrängen den Fortschrittsglauben und das Vertrauen in die Einheit von Natur und Geist (94). Der Mensch erkennt: «Die Dinge sind einen falschen Weg gegangen» (95) und bergen für die Zukunft größte Gefahr.

Guardini versteht seine Diagnose stets als Voraussetzung zur Entscheidung über eigenes Tun und Sein (90). Deshalb erfolgt parallel zum Erkenntnisvorgang eine Beurteilung der Situation durch die Intuitionen der christlichen Weltanschauung. Guardini entdeckt im endlichen *Naturverständnis* ein religiöses Resterlebnis, nämlich das Gefühl, daß dieses Endliche selbst gefährdet, aber trotzdem kostbar und herrlich ist. «So richtet sich auf es ein Gefühl der Sorge, der Verantwortlichkeit, ja der Herzensbeteiligung, das gleichsam vom Geheimnis durchdrungen ist: als ob dieses Nur-Endliche uns riefe» (69). Diese Vorwegnahme einer metaphysischen Verankerung der Ökologie wird noch deutlicher in der Entlarvung der Technik als Instrument der Herrschaft. In der Neuzeit wurde vorgegeben, die Technik zur Wohlfahrt für den Menschen zu nutzen. «Damit deckte sie die Verwüstungen zu, welche ihre Skrupellosigkeit anrichtete» (71). Die Macht über das Seiende verführt zum Mißbrauch; man vergißt, daß Macht auch aufbauen kann. Dagegen wird die Neigung immer größer, Macht aus Notwendigkeiten des Nutzens und der Sicherheit zu deuten; die Macht objektiviert sich und entwickelt eine logische Eigendynamik. Sie wird zugleich dämonisiert (100). Der Mensch vergißt, daß er mit ihr auch verantwortungsvoll umgehen kann, wenn er sich als Geschöpf Gottes versteht.

---

21 Vergleiche z.B. WP 14: «Die neuzeitliche Wissenschaft mit ihrer Unerbittlichkeit; die Technik mit ihrer Genauigkeit und Kühnheit; der spezifisch neuzeitliche Geist der Welteroberung, Planung und Gestaltung sind echte Fortschritte».

22 In WP 28 sieht Guardini als letzte Ursache für die Autonomie-Vorherrschaft die Tatsache, daß aus Gott «der Andere» gemacht wurde, also zu einem Neben- oder Überwesen, das schließlich alle Beziehung zum Menschen verloren hat.

Das Bewußtsein, daß der Mensch von Gott angerufen ist, führt dagegen zur angemessenen Haltung der *Person unter den Bedingungen der Massengesellschaft* (78) oder des «‹nicht-humanen› Menschen» (85)[23]. Im Anruf durch Gott wird die Person einzig, obwohl sich die Einmaligkeit auch in anderen Personen ereignet. Der Verlust der Personalität darf nicht den Verlust der Person nach sich ziehen. Person bedeutet auch in der Masse Unverlierbarkeit der Würde, Unantastbarkeit in der Verantwortung und volle Mündigkeit (80)[24]. Dazu sind allerdings innere Freiheit und Askese, Solidarität in der Masse und die Wiedergewinnung von Werten wie Güte, Verstehen und Gerechtigkeit notwendig. (82).

Auch für die Kulturkritik ist der Bezug zur Offenbarung entscheidend (93). Dieser öffnet die Augen, daß weder Positivismus noch Materialismus, weder Idealismus noch Existentialismus[25] die Lösung sein können (96). Der Zukunft fehlt die Kultur im alten Sinne; dadurch wird sie fundamental gefährdet. «Der neuzeitliche Mensch ist auf den ungeheuren Aufstieg seiner Macht nicht vorbereitet» (107). Sachlichkeit, Freiheit und Stärkung des religiösen Organs sind gefordert. Doch von besonderer Wichtigkeit ist die richtige Einschätzung des religiösen Elements, das die nicht-christliche Gegenwartskultur wenigstens noch im ethischen Bereich getragen hat. Denn das Schwinden dieses letzten Einflusses wird eine radikale Unchristlichkeit offenbaren, wie sie schon Nietzsche beschrieben hat. «Dann wird sich zeigen, wie das in Wirklichkeit aussieht, wenn der Mensch sich von der Offenbarung gelöst hat, und die Nutznießungen aufhören» (124). Umgekehrt muß der christliche Glaube in seiner Absolutheit und Personalität, in seiner Unbedingtheit und Freiheit eine neue Entschiedenheit erlangen, um als Nicht-Selbstverständliches in der Welt zu bestehen (128).

---

23 Guardini meint damit einen strukturellen, keinen wertenden Begriff: «Das ‹Humane› als jene besondere Form des Menschlichen, die von der Antike bis hoch in die Neuzeit herauf maßgebend war ... » (105). Am Ende der Neuzeit erscheint deren Negation, das ‹In-Humane›.

24 Eine ausführliche Analyse des Personbegriffs erfolgt in WP 84ff. Dort ist die Rede einerseits von der Person als Gestalt, Individuum, Persönlichkeit (nicht Personalität) und andererseits als Person im eigentlichen Sinn, die Selbstzweck ist und dabei Gerechtigkeit und Liebe verwirklicht. (In EN wird die Trennlinie zwischen Personalität und Persönlichkeit noch nicht so scharf gezogen. Vgl. 54.)

25 Charakteristisch für den Existentialismus der Endlichkeit ist die Bedrohung durch Angst und Sinnlosigkeit. «Das Nichts ist die Stelle, welche durch die Leugnung des Göttlichen leer wird: das ‹Gespenst Gottes›; jene Angst aber ist das Grauen vor diesem Gespenst» (RO 80).

27. Karl Jaspers und die Philosophie der Transzendenz

Mit Jaspers stellen wir einen Philosophen vor, der zu den letzten Markierungspunkten auf dem Weg von Husserl zu Heidegger zählt. In seiner Philosophie wird der Wissenschaft als solcher noch ein Existenzrecht zuerkannt, doch deren philosophischer Anspruch im Sinne einer wissenschaftlichen Philosophie, sei es der Auffassung Husserls, der philosophischen Anthropologie oder der positivistischen Philosophie, in die Schranken verwiesen. Durch die Berufung auf die Existenzerhellung und auf den existentiellen Nachvollzug aus streng philosophischem Glauben erfährt das lebensphilosophische Element die letzte Steigerung und leitet damit den Bruch mit der abendländischen Tradition ein, der sich schon bei den Dialogikern angekündigt hat, dort aber noch ganz in den Glaubensüberlieferungen verfangen bleibt. Erst Heidegger beansprucht, die Existenzerfahrung aus der Tradition der abendländischen Metaphysik und Theologie herauszulösen, auch aus der Abhängigkeit von Kant, die bei Jaspers noch ganz offenkundig ist. In dieser Destruktion deutet Heidegger dann die Existenz als Öffnung oder «Lichtung» des Seins.

Das Thema Transzendenz, dem sich christliche und dialogische Philosophen anzunähern versuchten, steht auch im Mittelpunkt der Philosophie von Karl Jaspers; er gilt geradezu als *Philosoph der Transzendenz*. Zugleich repräsentiert Jaspers zusammen mit Martin Heidegger die sogenannte *Existenzphilosophie*, die sich in den dreißiger Jahren ausgebreitet hat. Die Weiterentwicklung beider Denker und der Einfluß des französischen Existentialismus Sartres und Camus' nach dem Zweiten Weltkrieg zeigten bald die Fragwürdigkeit dieser Zuordnung von Jaspers und Heidegger zu einer bestimmten philosophischen Zeitströmung. Existenzphilosophie bezeichnet seitdem eher eine bestimmte Komponente engagierter Philosophie im allgemeinen als eine spezielle philosophische Doktrin. So lassen sich existenzphilosophische Elemente etwa auch bei Scheler, Tillich oder Guardini, bei den Dialogikern, bei Przywara oder Wust und vielen anderen entdecken. Wenn sich Jaspers auf der Höhe seines Ruhmes ausdrücklich zur Existenzphilosophie bekannt hat, so bedeutet das nicht, daß seine Philosophie ein Prototyp der Existenzphilosophie ist; denn auch Jaspers geht sowohl in seiner Philosophie der Transzendenz als auch in seiner späteren Philosophie der Kommunikation weit über den existenzphilosophischen Ansatz hinaus und lehrt eine völlig eigenständige Philosophie, die so universal ist, daß die meisten wesentlichen philosophischen Themen ausführlich zur Sprache kommen.

27.1 Jaspers und die Existenzphilosophie

27.11 Zur Existenzphilosophie im allgemeinen

Die Philosophie des 20. Jahrhunderts steht in der permanenten Auseinandersetzung mit den geistigen Verunsicherungen durch Relativismus, Skeptizismus und Nihilismus auf der einen Seite und mit den immer bedrohlicher werdenden äußerlich wirksamen Ansprüchen der wissenschaftlich-technisch durchdrungenen Welt auf der anderen Seite. Die daraus resultierenden Erschütterungen der gesellschaftlichen und politischen Ordnungen und ihr blutiges Konkretwerden in den beiden Weltkriegen verbreiten eine Grundstimmung, die alles Theoretische und Abstrakte, alles Ideale und Wohlgeordnete verdächtigt und sich als Angst und Verzweiflung in einer paradoxen Welt der Ungeborgenheit wiederfindet. Die unverbindlichen Spekulationen in Philosophie und Theologie und die alles Personale ausklammernde Objektivität der Wissenschaften verlieren ihre Attraktivität. Im Kampf um die nackte Existenz, die sich von allen Autoritäten und Ordnungsinstanzen verlassen fühlt, interessiert nur noch das Eigenste, das eigentliche Selbst in seiner unverstellten Verfassung. Dieses nur in Angst und Verzweiflung voll erfahrbare eigentliche Selbst hat einst Sören Kierkegaard[1] als «Existenz» beschrieben. Ihre Kriterien stellte Kierkegaard im «existierenden Denker» dem «abstrakten Denker» Hegels und anderer Idealisten gegenüber. Sie handeln von der persönlichen Aneignung der Wahrheit und heben die Existenz von jedem Etwas-überhaupt ab; existieren bedeutet leidenschaftliches Interessenehmen am eigenen Selbst; weil nur das Sich-selbst-wählen von Bedeutung ist, bleibt alle Wahrheit ein Risiko und fordert sogar den paradoxen Sprung in den Glauben.

Was Kierkegaard durch seine besondere, psychologisch belastete Biographie als einzelner erfuhr, wurde durch die Leiden der Weltkriege, durch den Einsturz der Gesellschaftsordnungen und religiösen Absicherungen und durch die Verunsicherung der Wertwelten rund sechzig Jahre später zum allgemein Erfahrbaren. Der Name «Existenzphilosophie» als Bezeichnung für die philosophische Reflexion dieser völlig neuen Situation wurde 1929 erstmals von Fritz Heinemann verwendet[2], setzte sich aber erst im Laufe der Jahre durch. In der deutschen Philosophie ist es heute üblich, alle Reflexionen über die Existenz im Kierkegaardschen Sinne als «*Existenzphilosophie*» zu bezeichnen. Ihre Themen reichen von der Umschreibung des existentiellen Erlebnisses oder des Bedenkens des Nichts und der Grenzsituationen bis hin zum Aufweis der Unheimlichkeit des In-der-Welt-seins, der Deskription des endlichen Seins als ein Sein zum Tode und der Erfahrung eines transzendenten Umgreifenden, das aber nicht näher faßbar und daher eher als bedrohende denn als bergende Macht wirksam ist. Vieles, was Existenzphilosophen zu umschreiben suchen, haben Dichter ähnlich gefühlt und poetisch ausgedrückt, so Kafka, Rilke, Malraux oder Saint-Exupéry.

Sowohl Gabriel Marcel als auch Karl Jaspers haben ihre existenzphilosophischen Überlegungen unabhängig von Kierkegaard entwickelt. Marcel, der als erster Existenzphilosoph im engeren Sinne gilt, reflektiert schon in seinen «Metaphysischen Tagebüchern» aus den Jahren 1914 bis 1923[3] die existentielle Verbundenheit des Menschen mit dem ihn je konkret umgebenden Sein. Als *metaphysische* Tagebücher stellen sie aber keine «Katastrophenphilosophie» dar, wie die Existenzphilosophie wegen ihrer Abhängigkeit von den beiden Weltkriegen schon genannt wurde, sondern sie zeugen von religiösen und zeitunabhängigen Impulsen und enthalten Anregungen aus den metaphysischen Traditionen Pascals, Maine de Birans und Maurice Blondels.

Auch Jaspers stößt erst nach gewissen persönlichen Erlebnissen auf Kierkegaard, dem er sich dann eng verbunden fühlt und von dem er den Existenzbegriff übernimmt. Dabei löst er allerdings sein Existenzverständnis von den religiösen Voraussetzungen und bleibt in einem zwiespältigen Verhältnis zur Religion[4]. Seine Existenzerfahrung darf auch nicht als Reaktion auf die Weltkriegskatastrophe interpretiert werden, sondern steht in engem Zusammenhang mit seinem gesundheitlichen Leidensweg. Jaspers erlebte wegen einer schweren unheilbaren Krankheit seit seiner frühesten Jugend die ständig drohende Gegenwart des Todes und schöpfte aus eben dieser Situation seinen philosophischen Ernst.

Die Lehre von Grenzsituationen und der damit erfahrenen Transzendenz stellt Jaspers bewußt unter den Titel einer Existenzphilosophie, die allerdings schon durch die Ausweitung zu einer Lehre von der Kommunikation eine völlig neue Dimension erhält und in den letzten Entwürfen einer Weltgeschichte der «Philosophie der Vernunft» eine völlig unzeitgemäße Universalität und

---

1 Vergleiche die Einführung (1.3). Die wichtigste Quelle für Kierkegaard ist die «Abschließende unwissenschaftliche Nachschrift. Eine existentielle Stellungnahme. 2. Teil». In: Gesammelte Werke. 16. Abt. Düsseldorf 1958.
2 In «Neue Wege der Philosophie». Leipzig 1929. S. 400 ff. Heinemann schreibt im Rückblick (in: Existenzphilosophie lebendig oder tot? Stuttgart 1959. S. 11): «Ich verstand unter Existenzphilosophie eine neue Richtung, die darauf abzielt, die Einseitigkeit sowohl der rationalistischen wie auch der irrationalistischen Philosophie zu überwinden».
3 Journal métaphysique. Paris 1927.
4 Die ursprünglich sehr reservierte Haltung gegenüber dem Christentum weicht später einer toleranten Einstellung zur Religion, die sogar eine fruchtbare Wechselwirkung zwischen Philosophie und Religion einbezieht. Zum ersten Stadium vergleiche die Briefstelle vom 22.8.1904, in der die Rede ist vom «traumhaften Choralgröhlen», von schematischer Predigt «mit dem abgeschmackten Unsinn wie sonst». Weitere Beispiele bei Saner (1970), S.119 / 120. Zum späteren Verhältnis siehe unten die Ausführungen über den philosophischen Glauben am Ende von 27.22.

Weite erfährt, die in ihrer programmatischen Kühnheit an Hegel erinnert[5]. Wegen der Thematisierung der Kommunikation und der Spätphilosophie wird Jaspers gelegentlich zu den Dialogikern gezählt[6]. Doch Theunissen stellt mit Recht fest, daß zwar eine Nähe zur dialogischen Philosophie besteht, aber die Existenzerhellung stets von einem säkularen «anderen Selbst» und nicht von einem Du ausgeht, das auch göttliche Eigenschaften haben kann[7]; deshalb fehlt der Jasperschen Konzeption die Radikalität des Du der Dialogiker.

27.12 Biographie und Bibliographie

a. Lebenslauf

Geboren am 23. 2. 1883 in Oldenburg. Studium der Rechtswissenschaften, Kunstgeschichte, Philosophie und Medizin in Heidelberg, München, Berlin und Göttingen. 1908 Promotion zum Doktor der Medizin. 1909–1915 Volontärassistenz an der Psychiatrischen Klinik in Heidelberg. 1913 dort Habilitation für Psychologie. 1916 Extraordinarius für Psychologie und 1920 für Philosophie in Heidelberg. 1937 Ämterentbindung und 1938 Publikationsverbot. 1945 Wiedereinsetzung in die Universitätsämter. 1947 Ordinarius für Philosophie in Basel. Jaspers stirbt dort am 26. 2. 1969.

Jaspers wuchs in einer wohlhabenden liberalen Familie auf. Der Vater war Jurist, Amtshauptmann und Bankdirektor. Jaspers begann mit dem Studium der Jurisprudenz, brach dieses aber schon nach drei Semestern ab und wechselte zur Medizin über. Das medizinische Studium schloß er 1908 ab. In seiner «Philosophischen Autobiographie» weist er (PA 25) darauf hin, daß alle Entschlüsse seines Lebens durch «eine Grundtatsache» seines Daseins mitbedingt waren, nämlich durch eine unheilbare schwere Lungen- und Herzkrankheit, die erst in seinem 18.Lebensjahr richtig diagnostiziert worden war und nach dem damaligen Stand der Medizin ihm nur noch eine Lebenserwartung von 15–20 Jahren einräumte. Allein eine spartanische, streng geregelte Tages- und Arbeitseinteilung und konsequente Schonung ermöglichten ein erträgliches Dasein am Rande der Gesellschaft. Die Krankheit bestimmte nicht nur seinen Beruf als Mediziner und später als Psychologen und Philosophen, sondern auch den Ernst und die existentielle Betroffenheit in allen seinen Lehren. Der in Jaspers' Philosophie zentrale Begriff der Grenzsituation war kein theoretisches Konstrukt, sondern entsprang der jeden Tag neu erfahrenen Grenzerfahrung in der Krankheit. Ein weiteres entscheidendes Ereignis im Leben Jaspers' war die Begegnung mit seiner zukünftigen Frau Gertrud Mayer, einer jüdischen Philosophie-Studentin, die selbst durch den Tod mehrerer Verwandter und Freunde tief gezeichnet war und Jaspers durch ihr Verständnis aus Einsamkeit und Schwermut riß. Beide begründeten eine Ehe, die auch in den schlimmen Zeiten der nationalsozialistischen Verfolgung alle Bewährungsproben bestand.

Nach seiner Dissertation über «Heimweh und Verbrechen» arbeitete Jaspers sechs Jahre lang wissenschaftlich in der Psychiatrie. Seine völlige Freiheit in der Forschung und seine Aufgeschlossenheit für neue Fragestellungen trugen reiche Früchte. Er veröffentlichte eine Reihe von Aufsätzen über Psychologie, Psychopathologie und Schizophrenie. Den Höhepunkt bildete das Lehrbuch «Allgemeine Psychopathologie», das ihm Ruhm und größte Wertschätzung einbrach-

---

5 Saner weist für diese Weiterbildung der Jasperschen Philosophie auf die Bedeutung des Nachlasses hin (vgl. (1970), S. 82). Was die begriffliche Ausarbeitung und Strenge des Gedankens dieses Entwurfs betrifft, dürfte der Verweis auf Hegel nicht ganz gerechtfertigt sein. Kurt Salamun erwähnt in seiner kritischen Darstellung (1985) auf S. 42 Martin Buber, der zur Jasperschen Immunität gegen Kritik und damit zum Nachvollzug seines Denkens bemerkt: «Jede Auseinandersetzung setzt nämlich voraus, daß sich der Gegner überhaupt stellt. Mit dem Rückzug auf die Nichtfixierbarkeit jeder einzelnen Aussage ist dagegen eine so gesicherte Position bezogen, daß damit jegliche Möglichkeit einer wirklichen Auseinandersetzung, ja die Möglichkeit eines sinnvollen Gesprächs überhaupt genommen wird.»

6 So nennt Hans Urs von Balthasar Buber und Jaspers «die beiden großen Dialogisten unserer Zeit» (Einsame Zwiegespräche. Koln / Olten 1958, S. 15).

7 M. Theunissen: Der Andere (1965), Exkurs III: Die Kommunikationserhellung von Karl Jaspers zwischen Transzendentalphilosophie und Philosophie des Dialogs.

te. Jaspers konfrontierte erstmals die psychologische medizinische Praxis, insbesondere die der Psychopathologie mit den neuesten Methodendiskussionen. Seine Antworten und Grenzziehungen wurden als Beitrag zur wissenschaftlichen Grundlegung der Psychopathologie verstanden. Die Fachleute waren beeindruckt; das Buch erhielt die besten Rezensionen, und Jaspers wurde ein Ruf als Professor für Psychiatrie angeboten, den er wegen seiner Krankheit ablehnen mußte. Noch viele Jahre später wurden ihm auf Grund dieses Werkes Ehrenmitgliedschaften in psychiatrischen Gesellschaften aus aller Welt verliehen.

Die zweite Etappe auf seinem Weg zur Philosophie stellen die psychologischen Vorlesungen dar, die unter dem Titel «Psychologie der Weltanschauungen» erschienen sind. Jaspers wirkte inzwischen in Heidelberg als Extraordinarius für Psychologie. Doch die Arbeit enthält bereits entscheidende Zentralbegriffe seiner späteren Philosophie, wie Grenzsituation, Existenz, Selbst oder das Unendliche. Jaspers charakterisiert die Weltanschauungen in subjektiver und in objektiver Hinsicht. Bei den subjektiven Elementen unterscheidet er gegenständliche, selbstreflektierte und enthusiastische Verhaltensweisen; die zugehörigen Objektivationen betreffen sinnlich-räumliche, seelisch-kulturelle und metaphysische Weltbilder. Der vereinheitlichende Bewegungsprozeß des geistigen Lebens wird bestimmt durch Wertungen und vor allem durch Grenzsituationen[8], in denen die Erstarrungen der Denk- und Lebenshaltungen aufgelöst und die Menschen zu einer neuen Entscheidung herausgefordert werden. Dabei sieht Jaspers zwei Alternativen: entweder die Rückkehr in das feste Gehäuse von Vergegenständlichungen und Sicherheiten oder die geistige Offenheit für das Unendliche, die das Innerste des Menschen zur Entfaltung bringt. Jaspers nennt diese Arbeit die erste existenzphilosophische Schrift (PA 19).

Eine Rezension des Buches durch *Martin Heidegger*, der zu dieser Zeit noch Privatdozent in Freiburg war, bringt beide Denker persönlich näher. Jaspers hatte den Kollegen 1920 bei einer Geburtstagsfeier Husserls in Freiburg kennengelernt und ihm 1921 seine Kritik zugeschickt. Trotz grundsätzlicher Methoden- und Sachdifferenzen empfand Jaspers, hier «wenigstens mit einem einzigen in der Philosophenzunft überhaupt ernsthaft reden zu können»[9]. Beide verstanden sich als Protagonisten einer neuen Philosophie. Zwischen ihnen entwickelte sich eine Freundschaft, die spätestens mit dem Erscheinen von Jaspers «Philosophie» abkühlte und wegen der politischen Ereignisse ab 1933 schwer belastet wurde[10].

Inzwischen erfolgte trotz des massiven Widerstandes Rickerts, der in Jaspers Philosophie nur psychologische Meditationen sah, die Ernennung zum Extraordinarius für Philosophie. Jaspers hatte keine speziellen philosophischen Studien absolviert und außer bei Lask keinerlei regelmäßige philosophische Veranstaltungen besucht. Er kannte zwar Spinoza, Kant, Max Weber, Husserl, Scheler, Simmel und andere und bewunderte anfangs Husserl als Begründer einer neuen Methode und wegen dessen strenger Denkdisziplin, vermißte bei ihm aber das Gespür für Existentielles. Dieses Thema rückte allmählich in den Mittelpunkt seiner Interessen. Es erfährt seine systematische Behandlung in dem dreibändigen Werk «Philosophie». Das Opus stellt erstmals seine Philosophie in einem von der Psychologie unabhängigen Gesamtentwurf dar und gilt neben den Vorlesungssammlungen «Vernunft und Existenz» und «Existenzphilosophie» als Hauptquelle für die existenzphilosophischen Überlegungen im engeren Sinne. Auch das zweite große Thema neben der Existenz, die *Kommunikation*, wurde bereits in diesem seinem Hauptwerk entfaltet. Die positive Aufnahme des Werkes begründete seine Stellung als Hauptrepräsentanten der deutschen Existenzphilosophie[11].

---

8 Die erste ausführliche Behandlung der Grenzsituationen erfolgt in der Einleitung zum III. Kapitel, Nr. 2.
9 Aus dem Nachlaß. Zitiert nach Saner (1970). S. 39.
10 Siehe unten 30.16 und den Briefwechsel mit Heidegger.
11 Meistens wird Jaspers neben Heidegger gestellt. Doch Heidegger hat sich schon sehr früh von der Einordnung in die Existenzphilosophie distanziert. Vergleiche den Brief an Jean Wahl in: Bulletin de la Société Francaise de Philosophie, 37/1937. S. 193.

Die größte Publizität erlangte Jaspers durch seine politischen Schriften. Während das Buch «Die geistige Situation der Zeit» aus dem Jahre 1931 die realpolitischen Verhältnisse noch ganz außer acht ließ und auch keine Auseinandersetzung mit dem damals erstarkenden Nationalismus in Deutschland enthielt[12], sind zahlreiche Schriften nach dem Zweiten Weltkrieg voller realpolitischer Bezüge. In der Zwischenzeit hatte Jaspers schlimme Erfahrungen machen müssen. Er wurde schon 1933 wegen seiner jüdischen Frau zum Staatsfeind erklärt und aus der Universitätsverwaltung ausgeschlossen, 1937 zwangspensioniert und schließlich mit dem Publikationsverbot belegt. Jaspers hatte in seinem politischen Desinteresse lange Zeit die Gefahren unterschätzt und mußte sein Zögern auszuwandern schwer büßen. Der bevorstehende Abtransport in ein Konzentrationslager wurde nur durch den Einmarsch der Amerikaner in Heidelberg in letzter Minute verhindert. Diese Erfahrungen veranlaßten ihn zur aktiven Mitgestaltung am Aufbau der Universität, zu zahlreichen öffentlichen Stellungnahmen zur Politik und zu scharfer Kritik an verpaßten Chancen eines moralischen Neubeginns. Seine politischen Forderungen waren von einer *philosophischen* Grundhaltung geprägt; er forderte in der politischen Krise die existentielle Umkehr[13] und die Absage an die Strukturen, die die Nazi-Herrschaft ermöglicht haben. Doch sein Einfluß blieb beschränkt und veranlaßte ihn 1948 zur Auswanderung in die Schweiz. Diese Entscheidung wurde meist negativ interpretiert; die Presse sprach sogar von der Flucht aus der Verantwortung und von einer Kapitulation vor den Nachkriegsproblemen.

Parallel zur speziellen Thematik des Gegenwartsgeschehens versuchte Jaspers, die Zeitereignisse in einer umfassenden Geschichtskonzeption zu vertiefen. So wie er die NS-Herrschaft als Grenzsituation empfunden hatte, so sah er nun auch die Bedrohung der Menschheit durch die Atombombe als universelle Grenzsituation. Aber wie schon in der Schrift «Vom Ursprung und Ziel der Geschichte» die Gemeinsamkeit der Weltvernunft durch den Aufweis einer «Achsenzeit» als Ausgangspunkt einer menschlichen Gesamtkultur begründet wurde, so versuchte Jaspers auch in den späteren geschichtsphilosophischen Arbeiten, das eigentliche Sein als ein *Umgreifendes* für alle Menschen und alle Kulturen, als Ursprung und Ziel allen Geschehens darzustellen. Besonders in «Von der Wahrheit», dem ersten Band seiner auf vier Bände konzipierten, aber nicht vollendeten philosophischen Logik, entwickelte er diesen für die Spätphilosophie so zentralen Begriff, der auch die Voraussetzung für die Auseinandersetzung mit der Religion darstellt.

Jaspers letzte Lebensjahre fielen in die turbulenten Sechzigerjahre, in denen sich das politische Klima radikalisiert hatte und vernünftige Auseinandersetzungen immer seltener wurden. Seine moralische Kritik an den politischen Zuständen trug gelegentlich romantische Züge. Dabei lieferte er Argumente für Fortschrittliche wie für Konservative: seine Aversionen gegen Institutionen und etablierte Parteien, der Vorwurf einer mangelhaften Bewältigung der NS-Vergangenheit, die Forderung nach der Anerkennung zweier deutscher Staaten gab den fortschrittlichen Kräften Zündstoff; seine Totalitarismus-Kritik, die den Kommunismus miteinbezog, und die Notwendigkeit, gegen eine drohende kommunistische Terrorherrschaft auch die Atombombe einzusetzen, bestätigte dagegen konservative Meinungen. Diese Diskussionen überdeckten allmählich die philosophischen Aussagen und führten zusammen mit Jaspers Weggang nach Basel in Deutschland zu einer nur diffusen Aufnahme seiner Philosophie, die auch durch keine Schule verbreitet und fortentwickelt wurde. Dagegen fand Jaspers im Ausland, wo die deutsche Tagespolitik nicht diese Rolle spielte, große Resonanz. Seine Werke werden in Italien, Frankreich,

---

12 In PA bemerkt er, daß er bei der Fertigstellung des Buches «einiges vom Faschismus, sehr wenig vom Nationalismus» kannte und dessen Wahnsinn «noch für unmöglich hielt» (47).
13 In seiner Schrift «Die Schuldfrage» lehnt er ein pauschales Kollektivschuld-Urteil ab. Er unterscheidet zwischen der kriminellen Schuld der aktiven Mittäter, die vom Gericht zu verfolgen sind, und der moralischen Schuld der Passiven, welche die Terror-Maschine in Gang hielten und keinen Widerstand leisteten; diese metaphysische Schuld ist nicht justiziabel und nur durch innere Wandlung und durch bewußte Verantwortung abtragbar.

USA, Japan und anderen Ländern nicht nur übersetzt, sondern auch zur Kenntnis genommen und diskutiert[14].

b. Auswahl aus den Schriften Jaspers

1913 Allgemeine Psychopathologie. Ein Leitfaden für Studierende, Ärzte und Psychologen. Berlin. 4. neu bearbeitete Aufl. Berlin/Heidelberg 1964. 9. Aufl. 1973. **AP**
1919 Psychologie der Weltanschauungen. Berlin. 6. Aufl. Berlin/Heidelberg/New York 1989.
1931 Die geistige Situation der Zeit. Berlin. Nachdruck der 6. Aufl. von 1971 als 13. Aufl. 1990.
1932 Philosophie. 1. Band: Philosophische Weltorientierung. 2. Band Existenzerhellung. 3. Band Metaphysik. Berlin. Zitiert nach der 3. Aufl. Basel/Göttingen/Berlin 1956. **PI, PII, PIII**
1935 Vernunft und Existenz. Fünf Vorlesungen. Groningen. 5. Auflage und Neuausgabe 1973. 4. Auflage der Neuausgabe 1987.
1936 Nietzsche. Einführung in das Verständnis seines Philosophierens. Berlin. 4. Aufl. Berlin/New York 1974.
1937 Descartes und die Philosophie. Berlin. (bzw. Paris 1937/38). 4. Aufl. 1966.
1938 Existenzphilosophie. Drei Vorlesungen. Berlin/Leipzig. 4. Aufl. Berlin/New York 1974.
1946 Die Schuldfrage. Heidelberg/Zürich. Neuauflage München 1987.
1947 Von der Wahrheit. Philosophische Logik. Erster Band. München 3. Aufl. 1983. **VW**
1948 Der philosophische Glaube. Zürich und München. 6. Aufl. 1988. **PG**
1949 Vom Ursprung und Ziel der Geschichte. Zürich; München 1950. 8. Aufl.1983.
1950 Einführung in die Philosophie. Zwölf Radiovorträge. Zürich/München 1953. 14. Aufl. 1972.
1951 Rechenschaft und Ausblick. Reden und Aufsätze. München.
1955 Schelling. Größe und Verhängnis. München. Neuausgabe 1986.
1957 Die Atombombe und die Zukunft des Menschen. Politisches Bewußtsein in unserer Zeit. München. 7. Aufl. 1983.
1957 Philosophische Autobiographie. In: P. A. Schilpp: Karl Jaspers. Stuttgart. Erweiterte Ausgabe (mit einem Kapitel über Heidegger) München 1977, 2. Aufl. 1984. **PA**
1957 Die großen Philosophen. München. Neuausgabe (10. Aufl.) 1988. Davon 6. Aufl. 1991. **GP**
1958 Philosophie und Welt. Reden und Aufsätze. München. 2. Aufl. 1963.
1962 Der philosophische Glaube angesichts der Offenbarung. München. 3. Aufl. 1984.
1963 Gesammelte Schriften zur Psychopathologie. Berlin/Göttingen/Heidelberg. Nachdruck 1990. **GSP**
1965 Kleine Schule des philosophischen Denkens. München. 7. Aufl. 1988.
1966 Wohin treibt die Bundesrepublik? Tatsachen – Gefahren – Chancen. München. 8. Aufl. 1967.
1967 Schicksal und Wille. Autobiographische Schriften. München.
1967 Philosophische Aufsätze. Frankfurt/Hamburg.
1968 Aneignung und Polemik. Gesammelte Reden und Aufsätze zur Geschichte der Philosophie. München.
Provokationen, Gespräche und Interviews. Hg. von H. Saner, München 1969.
Chiffren der Transzendenz. Hg. von H. Saner. München 1970. 3. Aufl. 1977.
Notizen zu Martin Heidegger. Hg. von H. Saner. München/Zürich 1978. 3. Aufl. München 1989.
Zusammen mit R. Bultmann: Die Frage der Entmythologisierung. München 1981.
Weltgeschichte der Philosophie. Einleitung. Hg. von H. Saner. München/Zürich 1982.
Wahrheit und Bewährung. Philosophieren für die Praxis. München 1983.
Was ist Philosophie? Ein Lesebuch. München 1991.
Briefverkehr Martin Heidegger – Karl Jaspers. 1920–1963. Hg. von W. Biemel und H. Saner. München 1992.
Aneignung und Polemik. Reden und Aufsätze zur Geschichte der Philosophie. Hg. von H. Saner. München 1994.

c. Bibliographien

Gefken, G./ Kunert, K.: Karl Jaspers. Eine Bibliographie. Band 1: Primärbibliographie. Oldenburg 1978.
Saner, H.: Karl Jaspers in Selbstzeugnissen und Bilddokumenten. Hamburg 1970. S. 169 ff.
Saner, H.: Bibliographie der Werke und Schriften. In: Werk und Wirkung. Hg. von K. Piper. München 1963. S. 173 ff.
Totok, W.: Handbuch der Geschichte der Philosophie. Band VI. Frankfurt 1990. S. 257 ff.

14 Zur Wirkung Jaspers' siehe Salamun (1985). S. 152 ff. Von Jaspers ist besonders der Existentialismus in Italien geprägt (N. Abbagnano, E. Paci). Vgl. L. Quattrocchi: Karl Jaspers und die italienische Philosophie. In: Piper (1963). S. 152. In Frankreich gilt J. Hersch als Jaspers-Anhängerin, aber auch G. Marcel und später P. Ricoeur, J. Wahl, R. Aron haben bestimmte Aspekte von Jaspers übernommen. Vgl. «Jaspers in Frankreich» in: Piper S. 147 ff. Zur USA siehe z. B. C. F. Wallraff: Karl Jaspers. An Introduction to His Philosophy. Princeton 1970. In Japan wurde schon 1950 eine «Japan-Gesellschaft» gegründet. Vgl. F. Hashimoto: Die Philosophie von Karl Jaspers in Japan. In: Piper S. 165 ff.

27.2 Das philosophische Werk von Karl Jaspers

27.21 Von der wissenschaftlichen Methodenreflexion zur Wahrheit als Chiffre der Transzendenz

Obwohl bei Jaspers viel vom Überstieg über die wissenschaftliche Weltbetrachtung die Rede ist, spielt die *Wissenschaft* zum Verständnis seiner Philosophie eine fundamentale Rolle. Der empirische Mensch muß mit den Wissenschaften leben und sie ernst nehmen. Aber die Wissenschaften können nicht das Letzte sein; die Erfahrung ihrer Grenzen ist eine erste Möglichkeit, sich den eigentlichen Themen der Philosophie zu öffnen.

Jaspers hat selbst als Wissenschaftler gearbeitet und stets von seinen Studenten gefordert, sich über einer Wissenschaft der Philosophie zu nähern. Die «Allgemeine Psychopathologie» gilt als ein Werk, in dem eine Grundlegung der Psychopathologie als Wissenschaft erfolgt. Die Veröffentlichung fällt genau in die Zeit, in der die Geisteswissenschaften durch Dilthey ihren Wissenschaftsstatus erlangt haben, ferner die Soziologie durch Weber und die Pädagogik durch Spranger wissenschaftlich fundiert worden sind. Max Weber ist für Jaspers der maßgebende Philosoph seiner Zeit[15].

Jaspers verschafft sich in AP zuerst Klarheit über den Gegenstand einer wissenschaftlichen Psychologie. Weil dieser aus einer Mannigfaltigkeit individueller Äußerungen einer Seele besteht, muß als erstes eine *Phänomenologie* psychischer Phänomene entwickelt werden. Jaspers übernimmt schon in dem Aufsatz «Die phänomenologische Forschungsrichtung in der Psychopathologie» 1912 von Husserl den Ausdruck «Phänomenologie», meint damit aber eine rein deskriptive Psychologie, die weder zur Wesensanalyse noch zur transzendentalen Begründung weiterschreitet: «Die Phänomenologie Husserls ... übernahm ich als Methode und behielt sie bei unter Abwehr ihrer weiteren Entwicklung zur Wesensschau» (PA 12)[16]. Phänomenologie bezeichnet für Jaspers die Vorgehensweise in der Psychologie, die «zu einem mittelbaren, nachprüfbaren, diskutierbaren Wissen» führt (GSP 317), aber zugleich subjektiv-verstehend vorgeht. Die Psychologie baut auf Selbstschilderungen und Befragungen des betreffenden Individuums auf, schreitet zum Verstehen und Vergegenwärtigen der Erlebnisse fort, wobei die entsprechenden psychischen Phänomene begrifflich eindeutig bezeichnet werden, und endet in einer Typologie des Erfaßten. Jaspers' Begriff der Phänomenologie vereinigt damit Diltheys und Sprangers Verstehensbegriff und die methodologischen Typisierungsüberlegungen Webers mit dem ursprünglichen Deskriptionsgedanken des frühen Husserl. Übrigens fällt dieser weitgehend mit dem von Jaspers vertretenen Wissenschaftbegriff überhaupt zusammen. In AP 642 heißt es: «Die Wissenschaft ist für jeden Weg bereit und verlangt nur jene allgemeinen Kriterien der Wissenschaft: Allgemeingültigkeit, zwingende Einsicht (Beweisbarkeit), methodische Klarheit, sinnvolle Diskutierbarkeit.»

Die klaren Unterscheidungen zwischen Erklären und Verstehen, zwischen rationalem Zweck-Mittel-Erkennen und genetischem Verstehen, zwischen empirischer Gehirnforschung und dem auf das eigentliche Seelenleben eingehenden Vorgehen haben für die Entwicklung in Psychologie und Psychopathologie erste methodische Klärungen gebracht. Für Jaspers selbst allerdings war die Methodenfrage damit noch keineswegs durchschaut. In PA 45 schreibt er dazu: «Die Methoden, die ich gebrauchte, habe ich ... obgleich ich in meiner psychopathologischen Arbeit so intensiv auf methodische Klärung gedrungen hatte, damals nicht wirklich durchschaut»[17].

Auf der Suche nach der adäquaten philosophischen Methode steht für Jaspers fest, daß sich

---

15 Siehe «Rechenschaft und Ausblick». S. 9 und 329.
16 Wenn Saner (1970), S. 71, hier von einer «phänomenologischen Psychologie» spricht, dann legt er diesen deskriptiven Begriff zugrunde, der mit der eigentlichen Phänomenologie sehr wenig zu tun hat.
17 Zur allgemeinen Beurteilung der psychopathologischen Grundlagendiskussion siehe W. Janzarik (Hg.): Psychopathologische Konzepte der Gegenwart. Stuttgart 1982.

diese nicht aus der Wissenschaft ergibt. Schon bei seiner Übernahme des Philosophie-Lehrstuhles war er, wie er im Rückblick (PA 24) schreibt, davon überzeugt, daß die Professorenphilosophie keine eigentliche Philosophie sei, weil sie mit ihren objektivierenden und rationalistischen Impulsen die Grundfragen des Daseins verfehlt.

Der Kampf gegen die Wissenschaftlichkeit der Philosophie bestimmt auch seine *Beurteilung Husserls*. Obwohl sich dieser lobend über Jaspers' phänomenologisches Vorgehen geäußert hat, distanziert sich Jaspers nach der Lektüre des Logos-Aufsatzes über Philosophie als strenge Wissenschaft von dieser Art von Philosophie. Er habe den Aufsatz «mit Widerwillen» gelesen und bemerkt scharf: «Sofern *Husserl* Philosophieprofessor war, schien mir aufs naivste und anspruchsvollste der Verrat an der Philosophie vollzogen»[18]. Für Jaspers ging in dem überall gleich Gültigen dieses Denkens das Wesentliche verloren: Husserl «vollzog die Gebärde des Sehens, was dann gesehen wurde, war meist gleichgültig»[19]. Für die Philosophie fordert er ein «anderes Niveau des Denkens» (PA 54), ein Durchstoßen von Wissenschaft und alltäglicher Sicherheit, ja das «Träumen». Philosophisches Denken ist für Jaspers «ein Denken, das nicht im Sinne der Wissenschaft zwingend und allgemeingültig ist, das daher keine Ergebnisse hat, die als solche in Formen der Wißbarkeit Bestand haben» (57). Eine gewisse methodische Hilfestellung in allen Streitfragen, in denen sich Polaritäten entfalten, bildet die Idee der Dialektik. Darunter versteht Jaspers «eine Gedankenbewegung, durch die hindurch das Wahre spricht, das einer direkten Aussage nicht zugänglich ist» (PG 81). In der Begegnung mit Kierkegaards «Existenz» findet er die lange gesuchte Begrifflichkeit: Philosophie lebt von der existentiellen Seinsvergewisserung, vom Engagement, vom persönlichen Betroffensein und von der Abstoßung vom «unumgänglichen Moment» der wissenschaftlichen Erkenntnis. Diese Abstoßung hat in ihrer *Grundabsicht* einige entscheidende philosophische Vorzüge, in ihrer *Übertreibung* aber katastrophale Folgerungen[20].

Weil Philosophie für Jaspers eine existentielle Praxis mit sittlichen Zielvorstellungen ist, die die Wahrheit nie besitzt, sondern immer auf dem Wege ist, geht es in ihr vornehmlich um eine neue Lebenseinstellung. Der Einzelne muß sich in eigenverantworteter Freiheit zum eigentlichen Selbstsein, das heißt zur Selbstverwirklichung in einmaliger Existenz aufschwingen. Später deutet Jaspers diese Freiheit auch politisch-öffentlich, so daß sich die Verantwortung in der Kommunikationsgemeinschaft konkretisieren muß. In ihr soll die Vernunft in der Welt gefördert werden. Dies gelingt nur in einem undogmatischen Denken, im Durchbrechen alter Gewohnheiten und im Transzendieren verfestigter Weltbilder[21].

Methodologisch ergeben sich aus dieser Philosophie-Auffassung eine Reihe von Problemen. Das Ziel des Transzendierens ist bei Jaspers begrifflich nicht fixierbar und bleibt daher stets in der Schwebe. Philosophie kann das Transzendente und das jeweilige Selbst nicht positiv beschreiben, sondern muß sich, – wie jede reine Existenzphilosophie, – auf eine indirekte Vermittlung beschränken, die den Praxisbezug im einzelnen herbeiführt und sich in der direkten Kommunikation von Person zu Person verwirklichen muß. Diese Vermittlung lebt von der Negation, von der Problematisierung, vom Appell, vom in Unruhe Versetzen und schließlich von einer bestimmten antirationalistischen Grundhaltung. Die Attacken gegen begriffliche Fixierung, Ob-

---

18 Nachwort zur «Philosophie» aus dem Jahre 1955, enthalten in PI, S. XVII.
19 Rechenschaft und Ausblick. S. 327.
20 Zu den Vorzügen siehe Salamun (1985), S. 22–29, zu den negativen Auswirkungen W. Stegmüller (1960), S. 238. Dieser fragt, ob es eine Gewähr dafür gibt, « daß jenes transzendent Eine tatsächlich eine an sich seiende Wirklichkeit ist oder nicht nur ein subjektives Phänomen …» Die für jede Methodologie katastrophale Abwertung der Logik bei Jaspers wird in Stegmüllers Darstellung ganz ausgeklammert, weil sie «geeignet wäre, die Gesamtheit der Jaspers'schen Philosophie zu beeinträchtigen; denn zweifellos handelt es sich hierbei um den weitaus schwächsten Teil seiner Philosophie» (235). Übrigens weist Salamun mit Recht auf zahlreiche kritische Formen des Rationalismus, die eine Letztbegründung und absolute Wahrheiten wie Jaspers ablehnen und sich trotzdem nicht dem Irrationalismus ausliefern (a.a.O. S. 28).
21 Einzelheiten in 27.22, wo die «Philosophie» entfaltet wird.

jektivierung, Logizität in Jaspers' Philosophie der Schwebe[22] gefährden die Möglichkeit eines verstehenden Nachvollzugs in den entscheidenden Fragen. Die Aussagen über Selbstsein, Freiheit, Eigentlichkeit und Transzendenz müssen daher in einem vorläufigen Sinn mit *traditionellen* Bedeutungsinhalten gefüllt werden, um überhaupt verständlich zu sein und um dann von Fall zu Fall persönlich verarbeitet zu werden. Aufschlußreich ist die Aufforderung Jaspers' in PG 16: «Ich bitte Sie, einen Augenblick mit mir das scheinbar Unmögliche zu versuchen, in dem für uns allein möglichen gegenständlichen Denken dieses Denken selber zu transzendieren, mit den Mitteln des gegenständlichen Denkens über die Gegenständlichkeit hinauszukommen, etwas zu tun, ohne das in der Tat keine Philosophie ist ...»

In diesem Zusammenhang ist der Hinweis von Bedeutung, daß sich Jaspers an der *Philosophie Kants* orientiert, die hinter den Objektivitäten der Erscheinungswelt in gleicher Weise eine zweite, eigentliche Welt der Noumena und des sittlichen Bewußtseins ansiedelt. Auch die Ausarbeitung der Philosophie als Weltorientierung, Existenzerhellung und Metaphysik geschieht in Analogie zur Dreiteilung der Vernunftlehre bei Kant in rationale Kosmologie, rationale Psychologie und rationale Theologie. Das Existenzproblem ist demnach nur *ein* Gesichtspunkt in Jaspers Lehre. Deshalb verwundert es kaum, wenn Jaspers seine Philosophie der Existenz später zu einer allgemeinen Lehre vom Umgreifenden ausweitet. Das geschieht bereits in den der «Philosophie» folgenden Veröffentlichungen «Vernunft und Existenz» und «Existenzphilosophie» und steht ganz im Mittelpunkt des zweiten Hauptwerkes «Von der Wahrheit», sowie in den zahlreichen Nachlaß-Entwürfen zur auf drei Bände konzipierten Geschichte der Philosophie[23].

Der Begriff des *Umgreifenden* ist einerseits eine neue Bezeichnung dessen, was Jaspers früher eigentliches Sein genannt hat und das dem menschlichen Erkennen prinzipiell unzugänglich bleibt. Es ist das metaphysisch-ontologisch umgedeutete Ding an sich bei Kant. Obwohl den Menschen verborgen, liegt es der Erscheinungswelt als Ursprung und Einheit zugrunde. In Anlehnung an Schelling spricht Jaspers in der Reflexion über das Umgreifende von der Idee eines Urzustandes, in dem die Subjekt-Objekt-Spaltung noch nicht vollzogen, das Bewußtsein noch nicht vom Gegenstand getrennt war und der Einzelmensch mit Welt und Mitmenschen in harmonischer Einheit lebte. In den existentiellen Extremsituationen ahnt der Mensch dieses verlorengegangene Gut und sehnt sich in die Geborgenheit zurück, die jedoch für immer verloren ist. Weil wir uns dem Umgreifenden nicht diskursiv annähern können, muß dieses in einer Art Gegenbewegung dem existentiellen Denken oder dem philosophischen Glauben offenbar werden.[24] Das Umgreifende enthält aber andererseits auch alle Bedingungen der Möglichkeit von Gegenstands- und Menschenwelt, ja sogar aller Transzendenzerfahrungen. Es ist also das Transzendentale schlechthin und erscheint unter zahlreichen Spezialbegriffen. Insbesondere die *Kunst* erhält eine eigene Würde; sie wird zu einem ästhetischen Analogon zur Offenbarung. Wie früher Künstler den Mythos durch die Darstellung von Göttern zu vermitteln suchten, wird in der modernen Kunst etwa eines van Goghs die gesamte profane Wirklichkeit mythisch verwandelt und damit Chiffre der Transzendenz . Ebenso erfahren die verschiedenen Formen von Spekulationen eine Aufwertung. Traditionelle Bemühungen um Gottesbeweise, eschatologische und geschichtsphilosophische Entwürfe vor allem in den Systemen des Deutschen Idealismus verwandeln sich im philosophischen Glauben zu höchsten Formen von Chiffren oder zu spekulativen Zeichen der Transzendenz.

Jaspers differenziert im ersten Teil von VW sowie in PG das Umgreifende auf verschiedene Weise. Weil der Begriff als allgemeine Bedingung gedacht ist, umfaßt er alle zentralen Themen

---

22 Heinemann nennt Jaspers in (1954), S. 65, den «schwebenden Philosophen». Es ist bekannt, daß Einstein vom «Gefasel eines Trunkenen» gesprochen haben soll, als Jaspers im Krieg nach den USA einreisen wollte und Einstein um eine Empfehlung gebeten wurde (Saner (1970), S. 46).
23 Siehe dazu die Darstellung in Saner (1990), S. 81/82.
24 Der beim späten Heidegger ins Zentrum seiner Philosophie gerückte Gedanke einer «Schickung» des Seins hat hier eine gewisse Parallele.

der Jaspers'schen Philosophie. Die Gliederung erfolgt einerseits nach dem Gesichtspunkt des Immanenten und Transzendenten, andererseits nach dem Sein, das wir sind, und dem Sein, das uns umfaßt.

Daraus ergibt sich das folgende Schema (VW 50):

	DAS UMGREIFENDE,	
	das wir sind	das das Sein selbst ist
Das Immanente	DASEIN BEWUSSTSEIN überhaupt GEIST	WELT
Das Transzendente	EXISTENZ	TRANSZENDENZ
	VERNUNFT	

Das Umgreifende oder Sein, das wir sind, betrifft zuerst die immanente Seinsweise des *Daseins*, das heißt die Urwelt, das Lebendige, die Raum-Zeit-Welt der Erscheinungen. Das *menschliche* Dasein zeichnet sich dadurch aus, daß in ihm zusätzlich das Umgreifende erscheinen kann. Im *Bewußtsein überhaupt* vollzieht sich die Subjekt-Objekt-Spaltung und entsteht die Polarität von Bewußtsein und Gegenstand. Mit *Geist* bezeichnet Jaspers das «Leben der Ideen» und deren unendliche Aufgaben in der Realisierung von Sinntotalitäten.

Zu den drei immanenten Seinsweisen tritt als transzendente die *Existenz*. Sie gibt sich auf verschiedene Weise kund (PG 18/19):

— im Ungenügen der Daseins-, Wissens- und Geisteswelt;
— im Unbedingten als Quelle des eigentlichen Selbstseins und des Verstehbaren und Gültigen;
— im Drang zur Einheit im Grunde;
— in der Erinnerung, «als ob er (der Mensch) eine Mitwisserschaft mit der Schöpfung (Schelling) habe, oder als ob er sich erinnern könnte an Geschautes vor allem Weltsein (Plato)»;
— im Bewußtsein der Unsterblichkeit als unabhängiges Fortwirken in der Zeit und als «zeittilgendes Geborgensein in der Ewigkeit».

Das Umgreifende, das das Sein selbst ist, ist ein solches, das auch dann ist, wenn wir nicht sind. Für Jaspers gibt es zwei Erscheinungsweisen: Die *Welt* kann im Sinne der Kantischen Idee gemeint sein; das bedeutet, daß wir nicht die Welt erkennen, sondern nur *in* der Welt leben. Zum anderen betrachtet er Transzendenz als Gegenbegriff zur immanenten Welt, also «das Sein, das niemals Welt wird, aber durch das Sein in der Welt gleichsam spricht».

Von besonderer Bedeutung ist in VW die *Vernunft*, die in Jaspers Spätphilosophie immer mehr in den Vordergrund rückt. Sie stellt das Band dar, das die Zersplitterungen der Weisen des Umgreifenden zusammenschließt. So zerfällt ohne Berücksichtigung der Vernunft das Weltsein in die Mannigfaltigkeit seiner Aspekte, die Transzendenz «in die Vielfachheit ihrer geschichtlichen Erscheinungen für die sie hörenden Existenzen» (VW 113). Zwar gelingt auch der Existenz Einheitsstiftung, aber diese selbst muß wieder mit anderer Existenz in Kommunikation treten, die nur durch Vernunft möglich ist. Sie ist universelles Mitleben und totaler Kommunikationswille, Bedingung für Freiheit, Wahrheit und Reinheit der Liebe (115). Sie erweckt die Ursprünge und bewirkt das Wirklich- und Wahrwerden aller Weisen des Umgreifenden (116). Vernunft wird wirklich durch den Sprung in die Transzendenz. In ihr liegt die Quelle der philosophischen Logik, deren Ausgestaltung sich Jaspers für spätere Bände vorgenommen, diese aber nicht vollendet hat. Die Vernunft realisiert sich vor allem in den gegenseitigen Bezügen der Weisen des Umgreifenden; sie ist die allumfassende Instanz, in die sich Welt, Dasein, Bewußtsein und Geist durch Existenz und Transzendenz zusammenschließen (VW 142).

Der Vernunftbegriff ermöglicht eine Neufassung des *Wahrheitsbegriffs*. Jaspers ordnet jeder Weise des Umgreifenden, das wir sind, einen bestimmten Sinn von Wahrsein zu:

– dem *Dasein* die Unmittelbarkeit des gegenständlich Gegebenen, ferner die vitale Nützlichkeit, das Instinktive, Praktische und Opportune;
– dem *Bewußtsein überhaupt* die Widerspruchslosigkeit des gegenständlichen Denkens;
– dem *Geist* die Überzeugung von Ideen;
– der *Existenz* den eigentlichen Glauben: «Glaube heißt das Bewußtsein der Existenz in bezug von Transzendenz» (PG 28).

In der letzten Bedeutung meint Wahrheit einen Erziehungsprozeß des ganzen Menschen, der weit über Wahrheit als bloße Geltung von Aussagen hinausgeht. Weil Wahrheit «das Sein selbst in seinem Offenbargewordensein» ist (458), bedeutet sie zugleich das «schlechthin Umgreifende» (460). Im Willen zur Wahrheit suchen wir die Befreiung von Angst und Elend, wissen aber zugleich, daß wir dieses Ziel der eigentlichen Wirklichkeit nie erreichen; trotzdem kann uns die Wahrheit leiten.

Die universellen Tendenzen der Vernunft sind Ausdruck eines *philosophischen Glaubens*, des Gegenwärtigseins der Weisen des Umgreifenden und dessen Polaritäten (PG 19). Als Glaube tritt dieser in Konkurrenz zur Religion. Deshalb veröffentlicht Jaspers gleichzeitig mit den Arbeiten am Hauptwerk zwei Schriften zum Verhältnis von Philosophie und Religion: 1948 das Buch «Der philosophische Glaube» und 1962 das umfangreiche Werk «Der philosophische Glaube angesichts der Offenbarung». Zusammen mit den Ausführungen in «Philosophie» geben diese Auskunft über das ambivalente Verhältnis Jaspers zur Religion.

Jaspers hat von Kindheit und Jugend her wenig Beziehung zur kirchlichen Religion (PA 105) und erwägt sogar den Kirchenaustritt. Erst die philosophiegeschichtlichen Vorlesungen bringen ihn mit theologischen Fragen in Berührung (107). Die Begegnung mit seiner zukünftigen Frau, die den orthodoxen jüdischen Glauben in ein biblisch gegründetes Philosophieren verwandelt, bringt ihm zu Bewußtsein, «was unter dem Schleier des Verstandes zwar wirksam, aber verborgen geblieben war» (109). Von dieser Zeit an versteht Jaspers mehr und mehr seine philosophische Lehre als «philosophischen Glauben» und intensiviert die Auseinandersetzung mit der Religion.

Die Ambivalenz in Jaspers Urteil über die Religion wird in den beiden folgenden Standpunkten deutlich: einerseits erwecken zahlreiche Äußerungen den Eindruck, als ob Jaspers ganz hinter der These stehe, daß ein Philosoph nicht religiös und ein Religionsanhänger kein Philosoph sein könne[25]; andererseits scheinen Vorwürfe gegen die Religion nicht diese selbst zu treffen, sondern nur deren «Ableitungen» (PG 68). So heißt es ausdrücklich: «Für Philosophie ist Religion nicht der Feind, sondern etwas, das sie wesentlich angeht und in Unruhe hält» (60), und speziell für die christliche Lehre: «Wir philosophieren aus der biblischen Religion und erfassen hier unersetzliche Wahrheit» (69).

Die Klärung des Verhältnisses ergibt sich aus der Unterscheidung einer spezifischen von einer allgemeinen Religion[26]. Die *spezifische* Religion kennt neben Gott und dessen unbedingter Forderung den Kultus, die mit Gott verbundene Gemeinde, den Mythos, das vom Profanen abgetrennte Heilige (62); im Christentum tritt noch der Ausschließlichkeitsanspruch mit seinen unheilvollen Folgen hinzu. Im *philosophischen Glauben* dagegen werden alle aufgezählten Merkmale außer der Annahme Gottes als Transzendenz abgelehnt. In ihm zersetzt die Verbindlichkeit der existentiellen Freiheit alle Sicherheiten und jede Kommunikation bleibt horizontal, das heißt zwischen Existenz und Existenz. Betrachtet man aber in einem *allgemeinen Sinn* Religion als Korrelat des philosophischen Glaubens, so ergeben sich zahlreiche Berührungspunkte zwischen Philosophie und Religion, und die Ablehnungen betreffen vorwiegend Deformationen des ur-

---

25 Vergleiche z. B. PI 294, PG 60, PGO 8, 37, 536.
26 Antwort, in: Schilpp (1957). S. 777.

sprünglichen religiösen Anliegens. Der philosophische Glaube muß vor allem auf jede Absicherung verzichten; er beruft sich allein auf das, «was er aus eigenem Ursprung als wahr begreift» (25). Er erhellt das Nichtbestimmte, sei es als Ursprung des Selbstseins, der gespaltenen Gemeinschaft, der möglichen Sittlichkeit, sei es als Sinn und Grenze von Wissenschaft, Rationalität und Autorität. Der philosophische Glaube lebt aus der Freiheit und tritt in Kommunikation mit den großen Geistern der philosophischen Überlieferung. Jedes seiner Werke kann die Aufgeschlossenheit der Existenz für die Transzendenz wecken und als Chiffre wirken.

Jaspers zählt die philosophischen «Glaubensgehalte» im einzelnen auf, nämlich:

1. Gott ist.
2. Es gibt die unbedingte Forderung.
3. Die Welt hat ein verschwindendes Dasein zwischen Gott und Existenz (29).

Die Überzeugung von der Existenz Gottes erlangt man nicht durch Gottesbeweise. Jaspers übernimmt Kants Argumentation gegen den Beweischarakter der Gottesbeweise, anerkennt aber trotzdem deren Bedeutung als Glaubensvergewisserung im Sinne eines tiefgreifenden Ereignisses (30). Die Existenz Gottes stellt eine letzte Gewißheit dar, die keines Beweises bedarf; denn «ein bewiesener Gott ist kein Gott. Daher: Nur wer von Gott ausgeht, kann ihn suchen. Eine Gewißheit vom Sein Gottes ... ist Voraussetzung, nicht Ergebnis des Philosophierens» (30/31). Ebensowenig ist die Überzeugung vom Unbedingten als Grund unseres Handelns eine Folge philosophischen Räsonierens, sondern Voraussetzung verantwortlicher Philosophie. Der dritte Glaubensgehalt betrifft die Überzeugung, daß unser zeitliches geschaffenes Sein Begegnung von Existenz und Transzendenz ist; «in der Welt trifft sich, was ewig ist und zeitlich erscheint» (33).

Für Jaspers ist die Bibel der Niederschlag subtilster menschlicher Wirklichkeit und das «Depositum eines Jahrtausends menschlicher Grenzerfahrungen» (79). Deshalb fordert er eine Rücknahme der im Laufe der Geschichte verfestigten Religionsformen und ein Zurückgewinnen der polaren Spannungen des philosophischen Glaubens, die zugleich eine Öffnung der Vernunft auch für die Wahrheiten der Upanishaden, des Buddhismus und des Konfuzianismus ermöglichen.

Trotz der scharfen Kritik am kirchlichen Christentum und an der Deutung des Menschen Jesus als göttlichen Christus betrachtet Jaspers Jesus von Nazareth als einen der vier gottgesandten «maßgeblichen Menschen» der Geschichte. Er ist für Jaspers ein Gipfel des Leidenkönnens im Angesicht von Grenzsituationen: «Im Kreuz wird die Grundwirklichkeit des Ewigen in der Zeit angeschaut. In dieser vorgebildeten Gestalt, im Kreuz, geschieht die Vergewisserung des Eigentlichen im Scheitern alles dessen, was Welt ist» (GP 207). Auch Buddha, Konfuzius und Sokrates sind deshalb «maßgebende Menschen», weil in ihnen die Bedeutsamkeit des Leidens als Grundtatbestand des Menschendaseins konkretisiert wurde.

Die in diesen Auffassungen enthaltene Säkularisierung des Numinosen steht im Mittelpunkt der theologischen Kritik *an* Jaspers. Die katholische Seite vermißt die vermittelnde Funktion der analogia entis, die protestantische reibt sich an der Relativierung der Heiligen Schrift als Offenbarungsquelle. Für Karl Barth ist die Jaspers'sche Chiffre der Transzendenz inhaltslos, unfruchtbar, im Grunde tief langweilig und nichts anderes als ein «illusionärer Reflex der menschlichen Freiheit» und «deren Projektion in einen leeren Raum der Gegenstandslosigkeit»[27]. Auch die religionsphilosophischen Stellungnahmen sind kontrovers. Paul Ricoeur wirft Jaspers gnostische Tendenzen und eine radikale Säkularisierung christlicher Symbole vor. Sören Holm dagegen zählt ihn zu den «führenden Religionsphilosophen unserer Zeit» und sieht in seiner Philosophie den Prototyp echter Religionsphilosophie, die eine philosophische Rechtfertigung der ganzheitlichen

---

27 Dogmatik III / 4. S. 548 (2. Auflage, Zillikon / Zürich 1959). Zur katholischen Theologie siehe z. B. H. Fries: «Ärgernis und Widerspruch», Würzburg 1965, sowie «Existenz und Transzendenz», in: Festschrift T. Steinbüchel, Düsseldorf 1948, S. 303 ff. Ferner B. Welte: Der philosophische Glaube bei Karl Jaspers und die Möglichkeit seiner Deutung durch die thomistische Philosophie. In: Symposion 2 / 1949, S. 1 ff.

Stellung des Menschen im Leben leistet.[28] Jaspers jedenfalls verstand sich weder als Religionsphilosoph noch als religiöser Mensch, sondern als Philosoph im Angesicht der Transzendenz.

27.22 Das Hauptwerk «Philosophie»

Jaspers eröffnet das Gesamtwerk mit einer *«Einleitung in die Philosophie»* im allgemeinen. Sie beginnt mit dem «Suchen des Seins», in dem der Mensch sich selbst als Existenz finden muß. Im Scheitern dieses Versuches vollzieht sich das Philosophieren. Philosophie bleibt «das denkende Vergewissern eigentlichen Seins» (37).

Die Frage nach dem Sein führt in der Daseinsanalyse auf drei Seinsweisen: zum *Objektsein*, in dem das Sein als bestimmtes Sein erfaßt wird, zum *Ichsein* als Selbstbezüglichkeit und zum *Ansichsein* als Grenzgedanken, dem Sein an sich, wie es unabhängig vom Subjekt gedacht wird. Dieses Sein an sich oder das Ganze des Seins bleibt jedoch unfaßbar. Weil die Daseinsanalyse nur als Bewußtseinsanalyse möglich ist, entsprechen den *Seins*weisen Weisen des *Bewußt*seins: es erscheint als Gegenstandsbewußtsein, als Selbstbewußtsein und als daseiendes Bewußtsein; auch hier ist das letztere nur als Grenze möglich. Diesen Möglichkeiten der Bewußtseinsanalyse entsprechen spezifische Wissenschaften:

– Das Bewußtsein als empirische Daseinswirklichkeit in der Zeit, das von seinem Ende im Tod weiß, das Lust sucht und Unlust vermeidet, das Lebenswille und Machtinstinkte kennt, ist Gegenstand der *Psychologie*.
– Das formale Bewußtsein überhaupt, das sowohl die Identität in der Zeit als auch die konstituierenden Kategorien umfaßt, ist Gegenstand der *Logik*.
– Das historisch sich verändernde Bewußtsein schließlich, das über den Naturprozeß hinaus auch die Aktivitäten des freien Menschen und deren Rückwirkungen erfaßt, wird in der «Weltorientierung» als *Anthropologie, verstehende Psychologie* und *historische Geisteswissenschaft* entfaltet.

Entscheidend ist die Erfahrung der Grenze. «Das Sein bleibt in der Schwebe durch das unfaßliche Ansichsein» (PI 13). Psychologie, Logik oder Geisteswissenschaften sind noch keine Philosophie. Weltorientierung betrifft nur ein bestimmtes Weltsein, nicht die Welt als Ganzes. «*In keiner Form bewußt gemachten Daseins* bin ich *am Grunde*» (12). Denn das Bewußtsein selbst ist Grenze. Alle Weltorientierung greift zu kurz. Ihre Konstruktionen führen nicht zum Sein; der Weg dorthin gelingt nur «durch einen Sprung», der sich in der «Existenzerhellung» vollzieht. Die Suche nach dem Sein wird zur Frage nach dem Suchenden. Weil sich diese Existenzerhellung im je eigenen Ich konkretisiert, müssen auch im Ichsein drei Weisen unterschieden werden: Ichsein als empirisches Dasein, als Bewußtsein überhaupt, das die Möglichkeit der gegenseitigen Vertauschbarkeit zuläßt, und als mögliche Existenz, in der die Freiheit des Wissens und Handelns gründet (13). Indem das Ich sich zu seinen verschiedenen Möglichkeiten verhält, ist es nicht mehr nur Bewußtsein überhaupt, sondern es durchbricht den Seinskreis von Objektsein und Ichsein (14). Damit läßt sich der an Kierkegaard orientierte Begriff der *Existenz* zwar nicht definieren, aber umschreiben: «Existenz ist, was nie Objekt wird, *Ursprung*, aus dem ich denke und handle, worüber ich spreche in Gedankenfolgen, die nichts erkennen; Existenz ist, was sich *zu sich selbst und darin zu seiner Transzendenz* verhält» (15). Diese Existenz ist zwar zusammen mit anderer Existenz in der Welt, bleibt aber, – genau wie die andere Existenz, – nicht als Weltsinn erkennbar. Nach Jaspers kann man nie von einer Vielfachheit der Existenz reden. «Wir sind ein jeweils schlechthin Unvertretbares, nicht Fälle des Gattungsbegriffs ‹Existenz›» (19); denn Existenz ist kein Begriff, «sondern Zeiger, der auf ein ‹jenseits aller Gegenständlichkeit› weist» (26).

---

28 Ricoeur: Philosophie und Religion bei Jaspers. In: Schilpp (1957) S. 614. – Holm: Jaspers' Religionsphilosophie – Ist Jaspers Religionsphilosoph ? A.a.O. S. 637/638.

Weil die Seinsfrage keine Antwort gefunden hat und das Sein an sich nur im Transzendieren möglicher Existenz über alles Objektivsein hinaus in den Blick kommt, ist für Jaspers das Dasein *Erscheinung*, «nicht das Sein, und doch nicht nichts» (19). Das ursprüngliche Ansichsein heißt Transzendenz und steht in «unüberwindbarer Doppeltheit» neben der Existenz. Beide sind der Forschung unzugänglich. Die Wissenschaft entdeckt innerhalb der Erscheinungswelt nur ein Zugrundeliegendes; die Philosophie dagegen ergreift «durch die Erscheinung das Sein im Deuten der *Chiffren* der Transzendenz und im *an Existenz appellierenden Denken*» (20). Das eigentliche Sein läßt sich nicht wissend erkunden, sondern nur in seiner Transzendenz suchen. *Ontologie* verharrt in der Vermittlung des bestimmten Seins und bleibt Kategorienlehre. Dagegen ist Existenzphilosophie im Wesen «*Metaphysik*» (27). Existenz entzieht sich jeder Verabsolutierung. «Daß sich Existenz nicht in sich schließt, wird daher der Prüfstein aller Existenzphilosophie» (27).

Aus diesen prinzipiellen Gedanken zur Philosophie ergibt sich die Gliederung der Bände des Gesamtwerkes in weltorientierendes, existenzerhellendes und metaphysisches Denken. In allen drei Formen erfolgt ein Transzendieren (52)

— in der Philosophischen Weltorientierung als in die Schwebe bringen unendlicher Möglichkeiten des Seinsbewußtseins;
— in der Existenzerhellung als Appell an die Freiheit des Selbstseins;
— in der Metaphysik als Beschwörung des Seins durch Existenz.

Ohne Transzendenz verlieren die Weltorientierungen ihre Tiefe und die Existenz das eigentliche Selbstsein. Deshalb gehören Sachlichkeit, Selbstsein und Chiffrenlesen zusammen; sie bilden den Gegenstand der Philosophie.

a. Philosophische Weltorientierung

Wissenschaftliche Weltorientierung bedeutet Beschäftigung mit den Wissenschaften des bestimmten Seins; sie stellt dessen Allgemeingültigkeit und ihre Bedeutsamkeit für unser Leben heraus. *Philosophische* Weltorientierung dagegen zeigt, daß dieses Denken nicht das Sein an sich betrifft. Sie demonstriert in der Relativität des Zwingenden, in der unüberwundenen Endlosigkeit, in der Unerreichbarkeit der Einheit des Weltbildes und in den begrenzten Möglichkeiten des zweckhaften Handelns in der Welt die ganze Fragwürdigkeit objektivierenden Denkens. Alle Sicherheit beruht auf Axiomen und methodisch fixierten Begriffen und Regeln, die selbst nicht abgesichert und damit relativ sind; wissenschaftliches Erkennen verläuft in einem unabschließbaren Prozeß, liefert nie das Ganze und auch die wissenschaftliche Praxis bleibt in Bezug auf Ziel und Zweck unterbestimmt. Die Hauptrepräsentanten der wissenschaftlichen Weltorientierung, Positivismus und Idealismus, ordnen alles dem Ganzen oder Allgemeinen unter und betrachten das Individuum wie einen objektiven Gegenstand. Individuelles wird nur als Privates zugelassen und ist meist das Störende und Böse. Beide Lehren haben ihren Ursprung verlassen und ihre Grenzen vergessen und müssen durch wahres Philosophieren ergänzt werden. Dies vermeidet ein Zurück zu Autorität und Offenbarung und stößt vom Positiven zur Idee, durch diese zur Existenz und von da aus schließlich zur Transzendenz vor.

Solche Philosophie im Ursprung hebt sich deutlich von Religion, Wissenschaft und Kunst ab.

— *Religion* lebt von Gebet, Kultur und Offenbarung und konstituiert auf diesen Grundlagen die Gemeinschaft der Gemeinde. Für die Philosophie ist die dogmatisch fixierte Glaubenswelt mit ihrem Anspruch auf Allgemeingültigkeit und ihre historische Verwirklichung nur Chiffre in einer Sprache von Transzendenz (297).[29]

---

29 Zum Thema Religion siehe die Ausführungen zum philosophischen Glauben in 27.21.

- *Wissenschaft* handelt vom bestimmten Sein und hat ihren festen Gegenstand. Ihre Konstruktion setzt ein auswechselbares Subjekt voraus und stellt sich als bewiesene Weltanschauung dar. Philosophie dagegen ist das immer unvollendete «Innewerden der Wahrheit auf dem Wege der Wissenschaft im eigenen Leben» (326); sie ist also nie *gegen,* sondern durchaus *für* Wissenschaft; sie ist im Kampf gegen alle Glaubensmächte mit der echten Wissenschaft verbündet (329).
- Kunst steht am Anfang unserer Kultur in starker Abhängigkeit von der Religion. Der Künstler ist von einem allgemeinen transzendenten Bewußtsein getragen und schafft höchste Werke (330). Aber Kunst ist in ihrem Ursprung «die Erhellung der Existenz durch eine Vergewisserung, welche das Sein im Dasein *anschauend* zur Gegenwart bringt» (331). Sie zielt auf Erfüllung, während es für das Philosophieren keine Befriedigung gibt. Das Tragische der Kunst ist nur eine angeschaute Grenzsituation, kein im Selbst vollzogenes Scheitern (332). Auch das Schöpferische und die Bemühung um das Ganze sind in der Kunst eher gehaltloses Spiel und letztlich Unverbindliches. Aber auch hier steht die Philosophie, wie in der Wissenschaft, nicht gegen die Kunst; sie hat mit ihr viel Gemeinsames. Doch das Entscheidende, das der philosophischen Aneignung Vorbehaltene, fehlt: «das durch die Reflexion hindurchgehende, am existentiellen Bewußtsein prüfende, bewußte Erfassen des Wahrheitsgehalts» (339). Nur im Lesen der Chiffrenschrift finden wir ein tiefes Analogon zur Kunst; und im «metaphysischen Ergrübeln» eines Plotin, Kant, Hegel oder Schelling entdeckt Jaspers eine «philosophische Musik», in der sich Kunst und Philosophie berühren (340).

b. Existenzerhellung

Im zweiten Band wird gezeigt, wie jenseits wissenschaftlichen und objektivierenden Sachwissens trotzdem auch heute noch philosophiert werden kann. Dies gelingt nur im transzendierenden Denken, das von der Existenz geleitetet wird. Jaspers stellt sich die Aufgabe, dem Menschen seine Existenz je als sein mögliches Selbstsein in Grenzsituationen bewußt zu machen. Über dieses Thema einer existenzphilosophischen Anthropologie hinaus appelliert er an jeden einzelnen, sein freies Selbstsein auch zu *verwirklichen.* Dies kann nur in der Geschichte erfolgen und setzt existentielle Kommunikation mit anderen Menschen voraus. So vereinigt der zweite Band der «Philosophie» Anthropologisches mit ethischen, soziologischen und geschichtsphilosophischen Elementen, und dies alles unter dem Aspekt einer existentiellen Praxis.

In einer erneuten Existenzreflexion fragt Jaspers nach dem, was dem in der philosophischen Weltorientierung gefundenen gesamten Weltsein gegenübersteht. Es ist «das Sein, das – in der Erscheinung des Daseins – *nicht ist,* sondern *sein kann und sein soll»* (PII 1), oder die Existenz als *Freiheit* und *Unbedingtes.* Dies aber ist kein allgemeines Prinzip, sondern ein «Ich selbst der Kommunikation und Geschichtlichkeit». Dabei drückt das «ich bin» kein Wissen aus, sondern ist Signum für Entscheidung und Innewerden absoluten Bewußtseins (46). Der darin enthaltene Zirkel von Selbstsein und überwindende Selbstreflexion kann nur angesichts der Transzendenz durchbrochen werden: isoliertes Ichsein wird zur *Kommunikation,* reiner Verstand zur *geschichtlichen Einmaligkeit* und empirisches Sosein zur *Freiheit* (49).

Die *Kommunikation* spielt in der gesamten Philosophie Jaspers eine zentrale Rolle. Dies ist umso erstaunlicher, weil Existenz nur vom je Einzelnen vollzogen und als Existenzphilosophisches nicht begrifflich vermittelt werden kann, sondern an individuelle Bewußtseinsakte und innere Haltungen appelliert[30]. Auch im Sinne der liberalen Selbstverwirklichungsidee steht die Apotheose des Selbst dem Kommunikationsgedanken eher antagonistisch gegenüber. Trotzdem

---

30 Für Fritz Kaufmann spiegelt Jaspers' Philosophie der Kommunikation die Sehnsucht nach den Anderen wieder, die schon den kranken Studenten Jaspers in seiner Einsamkeit gequält hat. Vgl. Karl Jaspers und die Philosophie der Kommunikation. In: Schilpp (1957). S. 194.

ist Kommunikation ein Grundwort der Jasperschen Philosophie[31] und ein häufig erwähntes Bindeglied zwischen der Existenzphilosophie und der bereits in den zwanziger Jahren entstandenen Dialog-Philosophie[32].

Jaspers stellt in seinen Ausführungen über Kommunikation zuerst den objektiven Seinsweisen des Einzelmenschen, – also bloßes Dasein, Bewußtsein überhaupt und Geist,- entsprechende Weisen der Kommunikation gegenüber. In der Daseinskommunikation beschreibt er das naive Dasein des Menschen in der Gemeinschaft, in der sich der Einzelne noch nicht seiner selbst bewußt ist (51).[33] Hier ist die Rede von Interessengemeinschaften mit gleicher Zwecksetzung. In ihnen werden gemeinsame Bedürfnisse befriedigt, ohne daß sittliche Reflexionen ausschlaggebend sind. Auf der zweiten Stufe kann diese Gemeinschaftsform unter Voraussetzung eines Bewußtseins überhaupt zur rational durchdachten Zweckgemeinschaft werden, die Einheitlichkeit durch Anwendung allgemeiner Logik- und Diskursregeln erzeugt, aber weiterhin unpersönlich bleibt (52). Den Höhepunkt bildet die «gehaltvolle Kommunikation», in der die Gemeinschaft durch die Idee eines geistigen Ganzen zusammengehalten wird, als Staat, Universität, Familie usw. (53). In dieser Gemeinschaft verstehen sich die Kommunizierenden «durch Einfügung in einen Sinn» (53), indem sie an einer gemeinsamen Idee teilnehmen. Aber auch hier vermißt Jaspers noch das persönliche Engagement. Dazu bedarf es der Existenzerhellung, des Vorstoßes zur *existentiellen Kommunikation* (60).

Nach Jaspers wird im echten Philosophieren aus dem Ich an das Ich appelliert, sich offenzuhalten und Kommunikation jenseits von Solipsismus und Universalismus unbedingt zu nehmen. Dies setzt Verschiedenes voraus:

– zu allererst *schöpferische Einsamkeit*. «Ich kann nicht selbst werden, ohne in Kommunikation zu treten und nicht in Kommunikation treten, ohne einsam zu sein» (61). Die Polarität von Hingabe und Ansichhalten in der Einsamkeit nennt Jaspers «existentiell unaufhebbar». Um der Entpersönlichung in der Massengesellschaft zu entgehen, bedarf es der inneren Sammlung, die erst zu echter Kommunikation befähigt.
– Zweitens setzt Kommunikation *Offenbarwerden* voraus. Die auf den Anderen zugehende Selbstöffnung ist Vorbedingung, um das Selbst zu gewinnen und als Selbst wirklich zu werden.[34] Sie akzeptiert den Anderen als gleichwertigen Partner, auf gleichem Niveau.
– Drittens ist Liebe eine Quelle der Kommunikation. Liebe ist «das in der Welt unbegreifliche *Ineinsschlagen des Zusammengehörens*», in dem ein Unbedingtes fühlbar wird (71).
– Restlose Offenheit gipfelt schließlich im «liebenden Kampf», in dem das Selbstseiende des Anderen jenseits von Macht- und Überlegenheitsgefühlen voll als Selbstzweck angenommen, aber auch im Äußersten der eigenen Infragestellung ernst genommen wird (65). Kämpfendes Sichhingeben bedeutet im einzelnen Ausschaltung von Vorurteilen und Gewöhnungen, Sicherungen und Egoismen.

---

31 Ob man es als *das* Grundwort überhaupt bezeichnen sollte, wie es bei Saner (1970) S.101 geschieht, bleibt problematisch, zumal sowohl Existenz als auch Kommunikation keine Begriffe im strengen Sinne sind, die argumentativ in Beziehung oder Kontradiktion gesetzt werden könnten. Jaspers hat offensichtlich nicht nur die religiöse «Seele» durch «Existenz» ersetzt, sondern auch die zweite zentrale religiöse Kategorie der «Gemeinde» als säkularisierte Kommunikationsidee der Reflexion auf dem Boden des «philosophischen Glaubens» unterworfen.

32 Man zählt Jaspers zusammen mit Gabriel Marcel zu den Dialogikern im weiteren Sinne, die andere Schwerpunkte setzen und daher über die Dialogiker im engeren Sinne (Ebner, Rosenzweig, Buber) hinausgehen. Man beachte aber, daß bei Jaspers die Kommunikation horizontal zwischen den Menschen, nicht vertikal zum göttlichen Du verläuft.

33 Zu den «Eigenschaften der Masse» siehe «Die geistige Situation der Zeit», S.33ff. Hier besteht eine Analogie zu Heideggers Darstellung des «Man» (SuZ, Kap.5.B).

34 Analoges findet man in Schelers Personbegriff, in dem der Primat der Liebe konstituierend wirkt (vgl. 14.21). Auch Guardinis Begegnungsbegriff setzt das Wagnis des sich auf den Anderen Hinorientierens als Bedingung des Selbstseins voraus (siehe «Die Begegnung» in. Guardini /Bollnow (1960)). Litt spricht von der «Rundung zum Selbst», die sich durch die Öffnung der Welt und zum Anderen ergibt (Mensch und Welt. S.96).

Natürlich ist diese Kommunikation ständig gefährdet: durch hochgemutes Warten in der Distanz (73), durch das sich sichtbar machende Schweigen, das seine Ausdrucksarmut verbirgt (74), durch die Würdelosigkeit innerer Unfestigkeit und Mißverständnisse (77), durch gewaltsamen Abbruch der Kommunikation und durch erzwungene oder durch die Erfahrung des Nichts bedingte Einsamkeit. Letztere, die sich beispielsweise im Alleinsein nach dem Tode aller Nahestehenden einstellt, kann durch Transzendenz zwar nicht aufgehoben, aber im leidenden Selbstsein des Sichöffnens vollendet werden (81).

Einzelexistenz und kommunikative Existenz vollziehen sich in der Geschichte, sie sind geschichtlich. Deshalb schließt sich an die Analyse der Kommunikation die Darstellung der *Geschichtlichkeit*, der Einheit des Selbst mit dessen Dasein als Erscheinung (121). Diese Einheit enthält genauer dreierlei: Einheit von Dasein und Existenz, von Notwendigkeit und Freiheit, sowie von Zeit und Ewigkeit. Auch hier gibt es ein existentielles Verhalten, das sich vom Irrationalen und Individuellen genau so abhebt wie vom Gliedsein in einem Ganzen, und es gibt Verfehlungen, «Abgleitungen» in die Ruhe der Autorität und des positiven Wissens, in Selbstvergötterung und Unverbindlichkeit.

Im *zweiten Hauptteil* behandelt Jaspers nach dem Selbstsein als Kommunikation und Geschichtlichkeit das Selbstsein *als Freiheit,* im *dritten Teil* als Unbedingtheit in Situation, Bewußtsein und Handlung. In diesem Abschnitt taucht ein weiterer zentraler Begriff der Jaspers'schen Philosophie auf, der Begriff der *Grenzsituation*.

Situation ist kein *naturgesetzlicher*, sondern ein durch ein interessiertes Subjekt vermittelter *sinnbezogener* Wirklichkeitsausschnitt mit Einmaligkeitscharakter. Das Dasein ist ein Sein in Situationen, aus denen es nicht heraustreten kann. Nun gibt es Situationen, die sich nur in der Erscheinung, nicht aber in ihrer existentiellen Bedeutsamkeit wandeln; es sind die *Grenzsituationen*: «Situationen wie die, daß ich immer in Situationen bin, daß ich nicht ohne Kampf und ohne Leid leben kann, daß ich unvermeidliche Schuld auf mich nehme, daß ich sterben muß ...» (203). Sie gleichen einer unüberschaubaren, nicht zu beseitigenden Wand, an der wir scheitern. Sie sind mit dem Dasein vorgegeben und gehören zur Existenz. Weil sie nicht beseitigt werden können, bleibt nur die Reaktion durch «das Werden der in uns möglichen Existenz»; «wir werden wir selbst, indem wir in die Grenzsituationen offenen Auges eintreten» (204).

Die Erhellung der Grenzsituation ist zunächst nur erhellende Betrachtung möglicher Existenz, noch nicht existentielle Verwirklichung; es fehlt der einzigartige umsetzende Vollzug im eigenen Dasein, der «unbegreiflich und unvertretbar» ist (206). In der endlichen Sorge des Daseins sind die Grenzsituationen Zufälle, von denen sich der Mensch durch den Gedanken der Notwendigkeit oder der Chance zu befreien sucht. Mythisierend wird von Glück, Unglück und vom amor fati gesprochen. Im Existenzvollzug wird die Grenzsituation zur Erscheinung des Seins, die jenseits des Verstandes bleibt.

Die sich in den Grenzsituationen artikulierende antinomische Struktur des Daseins erfassen wir in der Seinsgewißheit der philosophischen Existenz. Das absolute Bewußtsein ist sich der Gefahr, sich zu verlieren, bewußt und muß sich mit dem Nichtwissen, dem Schwindligwerden und mit der Angst auseinandersetzen. *Angst* ist das Schwindligwerden und Schaudern der vor die Wahl gestellten Freiheit (265). In der Erscheinungswelt hat alle Angst ihren Ursprung in der Todesangst. Dieser *Daseinsangst,* der ich in Vitalität und naiver Angstlosigkeit vorübergehend entrinnen kann, steht die dazu wesensverschiedene *«existentielle Angst* vor der Möglichkeit des Nichts» gegenüber (266). Sie ist die vernichtende Angst, schuldig sich selbst zu verlieren; an ihr zerschellen Vorsorge und Berechnung. *Philosophisches* Leben bedeutet Überwindung der Angst im absoluten Bewußtsein aus eigenem Ursprung und eigenem Gewissen; wer dagegen in der Gewißheit objektiver Garantien Angst bewältigt, lebt *religiös* (268). Das Gewissen ist die höchste Instanz, aus der in der Bewegung vom Nichtwissen zur Angst Unterscheidungen und Entscheidungen folgen; sie ist aber noch nicht Erfüllung des absoluten Bewußtseins, die erst in der Liebe, im Glauben und in der Phantasie erreicht wird.

c. Die «Metaphysik»

Der dritte Band der «Philosophie» umkreist vier Themen: Transzendenz, das Verhalten zur Transzendenz, die Einführung der Chiffren und das Scheitern als Chiffre der Transzendenz. Wie der zweite Band das traditionelle Thema «Seele» unter dem Titel «Existenz» aufgegriffen hat, so behandelt der letzte Band das Thema «Gott» unter dem Titel «Transzendenz». *Transzendenz* ist Ursprung allen Seins und übergreifendes Sein in einem, bleibt als Unbestimmbares und Absolutes jenseits aller Kategorien und ist Quelle auch der Existenz.

Der Philosoph geht *Wege zur Transzendenz*; die Erhellung dieses Weges ist philosophische *Metaphysik*. Die Annäherung erfolgt im Transzendieren vom Denkbaren zum Undenkbaren, von den Kategorien des Bestimmten weg zum Gestaltlosen der Chiffren. Wir stoßen auf den Gedanken: «Es ist denkbar, daß es gibt, was nicht denkbar ist» (38). In dieser Dialektik verschwinden nicht nur die Kategorien, sondern auch die Subjekt-Objekt-Spaltung; Sein wird zu Nichts, Einheit vereinnahmt Dualität, Allgemeinheit und Individualität verschwimmen. Alle Verabsolutierungen im Gegenständlichen, im Natürlichen und im Bereich der Freiheit verfehlen die Transzendenz, die nur in ihren Spuren sichtbar ist.

Die Bezüge zur Transzendenz können auch existentiellen Charakter tragen. Die Grenzsituationen, in denen Existenz verwirklicht wird, erzeugen *Trotz* oder *Hingabe*; der Trotz richtet sich gegen die Wurzel des Daseins, die Hingabe stellt sich in das Vertrauen auf das Unbegreifliche (69). In der Empörung und im Sichselbstwollen wird deutlich, daß der Mensch im Wissenwollen schuldig wird, wie es die Mythologie im Sündenfall beschreibt. Die Hingabe dagegen ergreift die Möglichkeit der Umkehr und konstruiert die spekulative Theodizee der Rechtfertigung, sei es als Karmanlehre, als manichäischer Dualismus oder als christliche Prädestinationslehre. Aber weder Trotz noch Hingabe lösen den Sprung: «*Hadern* mit Gott ist ein Suchen Gottes» und alle Hingabe stammt aus überwundenem Trotz (79).

Das Verhalten zur Transzendenz vollzieht sich prozeßhaft als *Aufstieg* oder *Abfall*, die eng zueinander gehören und auf die Möglichkeit des Selbstwerdens oder des Selbstverlustes hinweisen (83). Mit dem Prozeß des Fallens und Steigens verbindet sich das Werten, als Abgleiten in objektive Wertrangordnungen oder als Aufstieg in Bewährung und Treue (86). In diesem Prozeß, der ich selbst im Zeitdasein bin, transzendiere ich zum Sein als Ganzheit. In der Grenzsituation entscheidet sich, ob ich ein Ganzes oder am Ende bin (89). Ich muß auf die Bedrohung des Nichts aus reinem Entschluß antworten. Der Schmerz des unaufhebbaren Todes kann nur im existentiellen Aufschwung überstrahlt werden, «im Wagnis des Handelns, im Heroismus des Einsatzes, im hochgemuten Schwanengesang des Abschieds – und in der schlichten Treue» (94).

Jaspers unterscheidet auf dem Wege zu den Chiffren *drei Sprachen* der Transzendenz:

– Die erste Sprache ist die *unmittelbare* Sprache des Seins, in der sich die einfühlende Vergewisserung von der Transzendenz vollzieht. In der metaphysischen Erfahrung wird die erfüllende Gegenwart transparent und damit zur leibhaftigen Chiffre. Das Lesen dieser Chiffre erfolgt weder im Verstehen noch im Erschließen, sondern im wirklichen Selbst-dabei-Sein (130). Die Sprache ist ohne Methode, ohne Plan, wie ein Geschenk aus dem Ursprung des Seins (137).
– Die zweite Sprache wird durch *Mitteilung* von Bildern und Gedanken allgemein und ist die Sprache der Menschen. Die objektiv gewordenen Gestalten dieser Sprache treten als sprechende Symbole im sondergestalteten Mythos auf, als Offenbarung eines Jenseits der anderen Welt und als mythische Wirklichkeit, die ganz gegenwärtig, wirklich und transzendent zugleich ist (133).
– Die dritte Sprache ist die *spekulative* und vollzieht analogisches Denken in der Chiffre von Denksymbolen. In der Spekulation versucht das Denken, kontemplativ bei der Transzendenz zu sein, nicht als Gottesdienst, sondern als Analogon des Kultus in der Philosophie

(195). Sie stößt zur immanenten Transzendenz vor (136) und überwindet den Verstand, der die Welt der jenseitigen Transzendenz gegenüberstellt oder im Pantheismus die Dualität ganz leugnet.

Chiffren sind mehrdeutig und lassen eine Trennung von Symbol und Symbolisiertem nicht zu. Sie unterscheiden sich von Zeichen, von Metaphern, Vergleichen, Repräsentationen und Modellen, sind nicht deutbare, sondern genauer schaubare Symbole, die kein Letztes kennen und so das Denken selbst zum Symbol machen (147). Chiffrenlesen erfolgt durch Selbstsein und durch Selbsteinsatz möglicher Existenz (150); es ist «Erfahrung des Seins im Schweben», nicht Ontologie, die das Sein verfestigt (161). Die wichtigsten Chiffren sind Natur, Geschichtlichkeit, Freiheit, Kunst; aber «es gibt nichts, was nicht Chiffre sein könnte» (168).[35]

Die Überlegungen zu den *Chiffren der Transzendenz* ab Seite 129 enthalten Entscheidendes zur Jaspers'schen Religionsphilosophie[36]. Dabei geht es Jaspers nicht um Freiheit und Gnade oder Prädestination, sondern um die Entdeckung der wesenhaft metaphysischen Dimension der Realität. Diese metaphysisch transparente Gegenständlichkeit selbst heißt Chiffre (129). Die Existenz ist der Ort, von dem aus die Dechiffrierung durchgeführt wird. Die Religionsphilosophie als Chiffrenlesen betrifft dabei nicht die Objektivierungen im Jenseits, sondern die Erscheinungen dieser Welt.[37]

Die Unbestimmtheit der Aussagen zeigt, daß auch das Chiffrenlesen der Existenzphilosophie nichts Endgültiges ist. Alles Bemühen endet faktisch im *Scheitern*. Transzendenz ist Sein im Scheitern. Das echte Scheitern ist «erfüllte Chiffre des Seins», wenn dieses rückhaltlos übernommen wird (225). Auch das Transzendieren als Haltsuchen bleibt «Irrwahn»; trotzdem kann das Sein der Transzendenz aus der Finsternis leuchten (233), indem es erduldet wird: «Dulden hält noch am Sein trotz des Scheiterns, wo ihm die Chiffre durch Scheitern ausbleibt». «Es ist genug, daß Sein ist». Das heißt, am Ende verklärt sich das Scheitern zum Ort der Wahrheit, zur «Weltoffenheit der Existenz»: «Jetzt ... wird die Welt unsäglich schön in ihrem transzendent gegründeten Reichtum; – aber sie bleibt auch dann in ihrer Furchtbarkeit noch Frage, auf die im Zeitdasein nie letzte Antwort für alle und für immer wird, wenn der Einzelne hellsichtig zu erdulden vermag und seine Ruhe findet» (236).

---

35 Weitere Ausführungen über dieses Thema findet man in der Schrift «Chiffren der Transzendenz», die den Text von Jaspers' letzter Vorlesung im Sommersemester 1961 enthält und gewissermaßen als das Vermächtnis Jaspers' für die Nachwelt gilt. Dort differenziert er genauer zwischen drei Begriffen: «Ich unterscheide: Phänomene der Realität, Signa der Existenz und Chiffern der Transzendenz» (28). Erstere beziehen sich auf psychologische und soziologische Aussagen; die Signa betreffen Entschluß, Wahl und Kommunikation, die Jaspers nicht zu den Kategorien zählt, weil sie keiner psychologischen Selbstbeobachtung zugänglich sind; Chiffern lassen etwas von Hingabe und Sichbescheiden wirksam werden und sind mächtiger als alle Leibhaftigkeiten (S. 32 bzw. 30).
36 Religionsphilosophie ist hier nicht als analytische Metatheorie der ganzheitlichen Einstellungen des Menschen zum Leben gemeint, sondern als rechtfertigende Instanz dieser Einstellungen (so etwa bei S. Holm in: Schilpp (1957), S. 638) beziehungsweise als Ursprung solcher Einstellungen in der Metaphysik.
37 Ricoeur bemerkt dazu: «Es ist *diese* Welt, die die Synthese der ‹Ap-parenz› mit der ‹Trans-zendenz› bildet, und zwar in der ‹Transparenz›, die Jaspers die ‹immanente Transzendenz› nennt.» In: Schilpp (1957), S. 614. Siehe PIII 137.

I. Die Transformation der Phänomenologie durch Martin Heidegger

Unser Weg durch die philosophische Landschaft der ersten Jahrhunderthälfte «von Husserl zu Heidegger» nähert sich seinem Ende. Husserls Philosophie begann mit einer methodologischen Neubesinnung. Die daraus entstandene Phänomenologie entfaltete ein breites Spektrum von Problemen, in denen die großen Fragen der Lebensphilosophie und des Neukantianismus ihre weiterführende Behandlung fanden. Die reiche Verzweigung in geisteswissenschaftliche, soziologische, kulturphilosophische, religionsphilosophische, anthropologische und ontologische Themen zeigte einerseits die Fruchtbarkeit des neuen Ansatzes; andererseits vermischte sich das Phänomenologische so stark mit anderen Denktraditionen, daß die Phänomenologie weder als Methode noch als spezifische Lehre ihre Identität bewahren konnte. In der Philosophie Heideggers laufen die Fäden der Phänomenologie, der Lebensphilosophie und des Neukantianismus wieder zusammen, bilden aber durch die Verwebung mit neuen Gedanken einen eigenen Entwurf, der sowohl Ende eines Weges als auch Anfang in einer Zeit der philosophischen Wenden geworden ist.

Mit Martin Heidegger ist für viele ein neuer Stern am Himmel der Philosophie aufgegangen.[1] Schon in den ersten Nachkriegsjahren umgibt den Privatdozenten ein Nimbus vielversprechender Genialität und zukunftsweisender Tiefe, der sich im Laufe seines Lebens zum Weltruhm ausweitet und ihn heute als Philosophen ersten Ranges erscheinen läßt. Wie alles Neue an Altes anknüpft, so ist auch das neue Denken Heideggers nicht ohne bestimmte Voraussetzungen faßbar. Eine entscheidende Rolle spielt hierfür die *Phänomenologie*. Heidegger wird als Assistent Husserls schon früh mit der Phänomenologie konfrontiert und seine Philosophie entsteht in der ständigen Auseinandersetzung mit dieser neuen «Richtung innerhalb der europäischen Philosophie» (WP 85). Heideggers Denken sucht eine eigene Antwort auf die Frage nach dem Wesen der Phänomenalität, die in dem phänomenologischen Grundsatz «Zu den Sachen selbst!» verborgen ist. In der Bemühung um die «Sache» gelangt er zur Frage nach der Geschichtlichkeit und nach dem *Sinn von Sein*, die er am Dasein des Menschen konkretisiert. Was den Zeitgenossen zunächst nur als neue Variante einer Phänomenologie der menschlichen Seinsweise oder als *Existenzialanalytik* erscheint, erweist sich bald als Ausgangsbasis für eine radikale Umkehrung des phänomenologischen Ansatzes in Richtung eines völlig neuen Denkweges, der die Philosophie des 20. Jahrhunderts entscheidend beeinflußt. Die Transformation der Phänomenologie durch Heidegger führt daher nicht auf eine neue Form von Phänomenologie, sondern ist letztlich Verwandlung in etwas Neues, in dem am Ende einer langen Entwicklung der Auseinandersetzung mit dem Sein im Rahmen der abendländischen Metaphysik die subjektorientierte Vernunft überwunden wird, indem Sein nicht mehr einem fundamentalen Bewußtsein *erscheint,* sondern sich im Da eines autonomen «Seinsgeschickes» *offenlegt* und als «Seyn» *Ereignis* wird. Zugleich begründet Heidegger eine am Leitfaden der Zeit-

---

1 Als neueres Beispiel R. Safranski: «Der Name Martin Heidegger steht für das erregendste Kapitel der Geschichte des deutschen Geistes in diesem Jahrhundert» (Ein Meister aus Deutschland (1994) S. 14). Dem großen Chor positiver Stimmen stehen nicht wenige radikal negative gegenüber, die aber um so seltener werden, je mehr der Name Heidegger für Technik- und Wissenschaftskritik vereinnahmt wird. Die Kritik richtet sich heute viel weniger gegen die in unserer Darstellung im Vordergrund stehende SuZ-Philosophie, die allgemein als großer Wurf anerkannt wird, sondern eher gegen die extreme Esoterik der Ereignis-Philosophie, die sich schwer mit dem traditionellen Philosophie-Verständnis vereinbaren läßt. – Zur älteren SuZ-Kritik siehe z. B. Kraft (1932), der von Heideggers «Sprung in die Metaphysik» spricht (S. 91); die allgemeine Heidegger-Kritik ist häufig politisch motiviert, so z. B. bei Ott (1992). Zur heutigen Stellungnahme kann nur auf die längst unübersichtlich gewordene umfangreiche Sekundärliteratur verwiesen werden.

lichkeit orientierte Ursprungsphilosophie, die in der letzten Phase mehr und mehr messianische Züge annimmt.

Die Darstellung der Philosophie Heideggers innerhalb unseres historischen Konzeptes wird durch eine Reihe von *Komplikationen* erschwert.

– *Erstens* sind die entscheidenden Gedanken Heideggers zwar in dem von uns behandelten Zeitraum entstanden, doch erlangt die Wirkungsgeschichte erst in der zweiten Jahrhunderthälfte ihren Höhepunkt. Das hängt vor allem mit der noch nicht abgeschlossenen Publikation der Gesamtausgabe zusammen, hat aber wegen des Wandels im Heideggerschen Denken auch inhaltliche Gründe. Wir werden daher im folgenden den Schwerpunkt auf die Veröffentlichungen bis 1933 legen und das neue Denken, das eine ausführliche Behandlung im Zusammenhang mit der Gegenwartsphilosophie verdient, nur in der Form eines *Ausblicks* andeuten und würdigen.

– *Zweitens* sehen die Zeitgenossen Heideggers dessen Frühphilosophie, die in nur wenigen Publikationen zugänglich war, meistens in der phänomenologischen und anthropologischen Tradition. Das führt dazu, daß zahlreiche kritische Stellungnahmen der von uns behandelten Philosophen gar nicht die eigentlichen Intentionen Heideggers treffen, sondern diese in einen der Heideggerschen Philosophie fremden Zusammenhang stellen. Insofern darf das Niveau der Auseinandersetzung in der Vorkriegszeit nicht mit späteren Kontroversen verglichen werden, die alle die damals unzugänglichen Vorlesungsnachschriften und späteren Stellungnahmen Heideggers verwenden können. In vielen Fällen wird das Neue in Heideggers Sichtweise überhaupt nicht zur Kenntnis genommen.

– *Drittens* sind auch positive Einflüsse Heideggers auf andere Philosophen oft mit diesem Mangel behaftet. Die Zustimmung betrifft wieder nur spezielle, oft modisch bestimmte Sichtweisen und läßt Wesentliches außer acht. Insbesondere die Kritik an Logik, Wissenschaft und Technik, die Zuwendung zur geheimnisvollen Lebenstiefe und der Religionsersatz durch Existenzerfahrung werden überbewertet und oft aus dem Heideggerschen Sinnzusammenhang gerissen.

– *Viertens* schließlich bereitet die Sprache Heideggers Schwierigkeiten. Heidegger ist überzeugt, daß ein völlig neues Denken völlig neuer Ausdrucksmittel bedarf.[2] Deshalb besteht die Gefahr, daß man Wesentliches verliert, wenn man seine Gedanken in der Bildungssprache und im philosophischen Fachjargon zu umschreiben versucht. Andererseits unterstützt man durch die endlose Wiederholung der Neuschöpfungen von Ausdruck und Redeweise die Etablierung eines «Sprachspiels», das sich mehr und mehr verselbständigt und trotz des perfekten Ablaufs den Verdacht des Geredes über prinzipiell Unverstehbares nicht beseitigen kann. Erschwerend kommt hinzu, daß die immanente Logik- und Argumentationskritik zur vollständigen Immunisierung gegen rationale Einwände führt und Philosophie sich als Dichtung oder mystische Prophetie darzustellen scheint.

---

2 Gadamer erhofft sich in Heideggers actus exercitus seiner eigenwilligen Sprache, «in dem Wirklichkeit ganz unreflektiert erfahren wird», eine «Befreiung aus dem unentrinnbaren Zirkel der Reflexion, Wiedergewinnung der evokativen Macht des begrifflichen Denkens und der philosophischen Sprache, welche neben der Sprache des Dichters dem Denker seinen Rang zu sichern» vermag (Martin Heidegger und die Marburger Theologie. In: Pöggeler (1984) S. 173). Weitere Arbeiten Gadamers über Heidegger finden sich in Gesammelte Werke, Band 3, Neuere Philosophie: Hegel – Husserl – Heidegger. Insbesondere Die phänomenologische Bewegung (1963), Die Wissenschaft von der Lebenswelt (1972), Zur Aktualität der Heideggerschen Phänomenologie (1974), Der Weg in die Kehre (1979).

28. Heidegger und die Phänomenologie

Das zentrale Thema der Heideggerschen Frühphilosophie ist die Explikation der Frage nach dem Sinn von Sein. Dabei steht zunächst dasjenige Seiende im Vordergrund, das diese Frage stellt und jenen Sinn versteht, also der Mensch oder – wie Heidegger dieses besondere Seiende nennt, – das *Dasein*. Die Analyse des Daseins erfolgt im unvollendeten Hauptwerk «Sein und Zeit» und wird von Heidegger als Fundamentalontologie bezeichnet, zur Unterscheidung von den ontologischen und metaphysischen Untersuchungen Platons und Aristoteles, in denen die Dimension des Fragenden außer acht gelassen worden sei. Der Weg Heideggers zur Fundamentalontologie geht über die Phänomenologie und läßt sich in den einzelnen Stadien biographisch nachzeichnen. Wir beginnen daher zuerst mit der *Biographie*, verfolgen diese in ihrer Verflechtung mit der Phänomenologie und wenden uns erst dann (in Kap.29) der *Fundamentalontologie* zu.

28.1 Biographie[3] und Bibliographie

a. Lebenslauf

Geboren am 26. 9. 1889 in Meßkirch. Studium der katholischen Theologie, der Philosophie, Mathematik, Natur- und Geisteswissenschaften in Freiburg. 1913 philosophische Promotion. 1915 Habilitation in Freiburg. 1920 Assistent Husserls. 1923 Extraordinarius, 1927 Ordinarius in Marburg. 1928 Ordinarius in Freiburg. Dort 1933–1934 Rektor der Universität. 1945 Lehrverbot bis 1951. Heidegger stirbt am 26.5. 1976 in Meßkirch.

Martin Heidegger wuchs im badischen Meßkirch als Sohn des Mesners und Küfermeisters Friedrich Heidegger und dessen Frau Johanna in der Geborgenheit des katholischen Glaubens auf. Nach dem Besuch der Bürgerschule am Heimatort konnte der begabte und aufgeweckte Vierzehnjährige aufgrund eines Stipendiums nach Konstanz überwechseln und dort als Zögling des erzbischöflichen Konviktes das städtische Gymnasium besuchen. Trotz enger Verbundenheit mit Schule, Stadt und Mitschülern mußte er nach drei Jahren seine Ausbildung am Bertoldgymnasium und Konvikt in Freiburg fortsetzen; ein höher dotiertes Stipendium mit dem Studienziel der theologischen Doktorwürde war vom Besuch eines Freiburger Gymnasiums und der dortigen Universität abhängig. Damit war die theologische Laufbahn als Bedingung einer höheren Ausbildung von Anfang an vorgegeben und für den mittellosen Heidegger zugleich Quelle zukünftiger Konflikte. Im Anschluß an das Abitur wollte er als Novize bei den Jesuiten in Tisis bei Feldkirch eintreten, bestand aber aus gesundheitlichen Gründen die Probezeit nicht. Asthmatische Herzbeschwerden, die hier erstmals diagnostiziert wurden, belasteten Heidegger auch in den späteren Jahren. So wurde das Theologiestudium, das er nun in Freiburg absolvieren wollte, nach zwei Jahren abgebrochen, nachdem ihm «eine spätere Verwendung im kirchlichen Dienst als äußerst fraglich hingestellt wurde».[4]

In dieser schlimmen Situation, in der alle Zukunftspläne zerstört waren und er völlig mittellos

---

3 Die Hauptquelle für biographische Daten ist auch nach dem Erscheinen von Safranskis ausführlicher Lebensbeschreibung aus dem Jahre 1994 nach wie vor Ott (1992). Safranski beschränkt sich allerdings nicht nur auf das politische Umfeld wie Ott und Farías (1989). Seine Darstellung wird dadurch wesentlich wohlwollender und versöhnlicher als bei den beiden Genannten. Zwar kommen alle politischen Fehlleistungen und Taktlosigkeiten Heideggers zur Sprache, doch erfolgt sehr schnell eine Relativierung der «Irrtümer» und eine verständnisvolle Erklärung aus der besonderen Situation des in extremen Tiefen schürfenden Genies. Vergleiche z.B. S. 338: «Aus dem Scheitern des Rektorats macht Heidegger das Beste: Er schreibt sich in seine Seinsgeschichte ein als Herold, der zu früh gekommen ist und deshalb in die Gefahr gerät, von seiner Zeit zerrieben und verworfen zu werden. Ein Bruder Hölderlins.» Siehe auch S. 317, 320f, 328 und 341.
4 So Heidegger in seinem Lebenslauf, den er 1915 im Zusammenhang mit seinem Habilitationsverfahren verfaßt hat. Vgl. Ott (1992) S. 85–87.

dastand, entschied sich Heidegger zum Studium der Mathematik mit dem Ziel des Staatsexamens. Er belegte an der naturwissenschaftlichen Fakultät Vorlesungen und Übungen. Doch schon während des Theologie-Studiums hatte er der Philosophie besonderes Interesse entgegengebracht und sich in Aristoteles und in die Scholastik eingearbeitet. Dieses Interesse verstärkte sich, und er besuchte daher zusätzlich Vorlesungen und Seminare bei Arthur Schneider am zweiten philosophischen Lehrstuhl (für christliche Philosophie), sowie bei Heinrich Rickert, dem Inhaber des ersten philosophischen Lehrstuhls. Obwohl Heidegger immer wieder als Schüler Rickerts bezeichnet wird, muß festgehalten werden, daß er dessen neukantianischen Lehre distanziert gegenüberstand und ebenso auch Rickert, der später Hauptberichterstatter im Habilitationsverfahren war, auf Heideggers Gedanken kaum Einfluß nahm.

Die Fortsetzung des Studiums des hochbegabten Studenten war durch weitere Stipendien bald gesichert. So konnte er bei Schneider promovieren und schließlich habilitieren. Das Thema der Dissertation lautet «Die Lehre vom Urteil im Psychologismus», das der Habilitation «Die Kategorien- und Bedeutungslehre des Duns Scotus». Obwohl sich Heidegger sehr für logische und mathematische Fragen interessierte und er über den Zahlbegriff habilitieren wollte[5], mußte er das Habilitationsthema auf die Scholastik beziehen; denn das entscheidende langjährige Stipendium war im Vertrauen darauf, daß Heidegger «dem Geiste der thomistischen Philosophie treu bleiben werde», bewilligt worden.[6] Dieser Umstand und die Tatsache, daß die meisten Theologen und katholischen Professoren inzwischen den Modernisteneid abgelegt hatten, verschärften die Spannungen zwischen freier philosophischer Forschung und katholischer Doktrin.[7] Alle Bemühungen Heideggers um eine schnelle Berufung auf einen Lehrstuhl scheiterten. Er war vor allem von der geringen Unterstützung von katholischer Seite enttäuscht. Damit begann die Entfremdung vom Katholizismus, die bald eine Hinwendung zu Luther und schließlich zu einer antiklerikalen Einstellung führte.[8] Aufschlußreich ist die Charakteristik von Karl Löwith, einem Schüler Heideggers aus der Marburger und Freiburger Zeit: «Jesuit durch Erziehung, wurde er zum Protestanten aus Empörung, scholastischer Dogmatiker durch Schulung und existenzieller Pragmatist aus Erfahrung, Theologe durch Tradition und Atheist als Forscher, Renegat seiner Tradition im Gewande ihres Historikers».[9]

1916 übernahm Husserl den Lehrstuhl Rickerts, der in Heidelberg Windelbands Nachfolger

---

5 Schon 1912 hatte Heidegger den Aufsatz «Neuere Forschungen über Logik» veröffentlicht (GA1, 17ff). Zusammen mit obigen Absichtserklärungen und dem Versprechen einer «Inangriffnahme der weitverzweigten Untersuchungen der mathematischen Logik» (vgl. den eben genannten Artikel betreffenden Brief an Professor Josef Sauer vom 17. 3. 1912, veröffentlicht von Ott (1992) S. 73) gibt der Aufsatz Anlaß zu der Behauptung, Heidegger habe damit eine Verbindung der aristotelischen und der modernen Logik diskutiert. Was aber Heidegger wirklich behandelte, war die Logik im Sinne der LU von Husserl, von Lask u. a., also die «Logik als Wissenschaftslehre» (GA1,23), nicht die eigentliche moderne mathematische Logik. Die Bermerkungen hierzu sind marginal, umfassen knapp zwei Seiten reine Berichterstattung und lassen keine genaueren Kenntnisse der angesprochenen Problematik erkennen. So heißt es z. B., «daß die Logistik überhaupt nicht aus der Mathematik herauskommt und zu den eigentlichen logischen Problemen nicht vorzudringen vermag» (GA 1,42). Auch in die Mathematik hat sich Heidegger nicht systematisch vertieft. Seine damalige Sympathie für Mathematisches ist religiös motiviert. Mathematik gilt als Vorbild für die strenge Form ewiger Wahrheiten. Siehe dazu Safranski (1994) S. 39, der dort vom «Gottesdienst» spricht, dabei aber trotzdem mehr als mathematische Propädeutik suggeriert.
6 Vgl. Ott (1992) S. 80.
7 Siehe wieder Ott (1992) S. 80ff und «Der Bruch mit dem ‹System des Katholizismus› », S. 106ff. Ott verweist auf die Formulierung im Antrag vom 13.12. 1915, «daß er seine wissenschaftliche Lebensarbeit einstellt auf die Flüssigmachung des in der Scholastik niedergelegten Gedankenguts für den geistigen Kampf der Zukunft im christlich-katholischen Lebensideal» (S. 80) und auf die gleichzeitig feststellbare Entfremdung vom Katholizismus. Ott deutet dies als «Opportunismus» (S. 91) und sieht Zusammenhänge zum Verhalten im Jahre 1933. – Über die starke Verwurzelung Heideggers im antimodernistischen Katholizismus (z. B. Carl Braigs) zu Beginn des Studiums siehe Safranski (1994) S. 37ff.
8 Vgl. z. B. Ott (1992) S. 95. Bei Safranski heißt es: «Die metaphysische Vertikale beginnt in die historisch-phänomenologische Horizontale umzukippen.» (1994). S. 88.
9 Mein Leben in Deutschland vor und nach 1933. Stuttgart 1986. S. 45.

geworden war. Es dauerte lange, bis sich zwischen Heidegger und Husserl eine enge Beziehung knüpfte, was zum Teil auch mit den universitären Umständen zusammenhing. Die Dozententätigkeit Heideggers blieb durch die Kriegsereignisse nicht unberührt. Heidegger war bei Kriegsausbruch als Theologe vom Felddienst befreit worden, wurde aber fast während des ganzen Krieges zur Freiburger Postzensur herangezogen. 1918 kam er an der Westfront zu einem kurzen Fronteinsatz beim Wetterdienst. 1923 erhielt Heidegger in Marburg endlich eine außerplanmäßige Professur mit Stellung und Rechten eines Ordinariats, 1927 erfolgte dann die Ernennung zum Ordinarius. Die Berufung war vor allem Paul Natorp zu verdanken. Heidegger hatte zur Bewerbung in Marburg und Göttingen die Skizze eines geplanten Aristoteles-Buches verschickt. Natorp war von dieser Arbeit so beeindruckt, daß er sich seitdem voll und ganz für Heidegger einsetzte und später auch persönlichen Kontakt zu ihm aufnahm.

Die Marburger Zeit war äußerst fruchtbar, wenn Heidegger auch Stadt und Universität nicht sehr schätzte.[10] Die Freundschaft mit Bultmann, der später Heideggers Begrifflichkeit für die «existentiale Interpretation» der Bibel fruchtbar machte, entschädigte ihn für vieles.[11] In Vorlesungen und Seminaren kündigten sich die neuen Gedanken von «Sein und Zeit» an. Heideggers intensiver Lehrstil, sein tiefer Ernst in der Suche nach neuen Wegen, seine Sympathie für die phänomenologische Bewegung mit ihrer Rebellion gegen die alten philosophischen Schulen und die Freundschaft mit Karl Jaspers, der ebenfalls gegen die akademische Philosophie argumentierte und ein existentiell nachvollzogenes Philosophieren forderte, all dieses förderte das Ansehen Heideggers weit über die Grenzen Marburgs hinaus. Hannah Arendt, der Heidegger in Marburg persönlich sehr nahe stand, schreibt, daß schon der Marburger Heidegger als der «heimliche König» im Reich des Denkens galt und seine Gedanken einen einmaligen Einfluß ausgeübt hätten.[12] In den Zwanziger Jahren hat sich Heidegger in Todtnauberg in der Nähe des Feldberges eine «Hütte» bauen lassen, in der er die meiste vorlesungsfreie Zeit verbrachte und wo die wichtigsten Arbeiten, insbesondere «Sein und Zeit», entstanden sind. Gerade in der Marburger Zeit gewährte ihm diese Stätte Naturverbundenheit und Kontakt zu den Menschen seiner Heimat.

War bisher die Bedeutung Heideggers für die Allgemeinheit kaum greifbar, – es lag keine bedeutende Publikation aus seiner Hand vor[13], und nur wenige Studenten und Professoren hatten mit dem Philosophen persönlichen Kontakt, – so änderte sich dies schlagartig mit der Veröffentlichung von «Sein und Zeit» im Jahre 1927. Das Werk schlug wie ein Blitz ein und rief «eine ungewöhnliche philosophische Erregung» hervor.[14] Für viele wurde Heidegger mit diesem Buch zum neuen führenden Kopf der phänomenologischen Bewegung. Eine Vortragsreise nach Riga 1928, die Davoser Hochschulkurse im Frühjahr 1929 mit der berühmten Heidegger-Cassirer-Kontroverse und eine Reise nach Amsterdam 1930 verbreiteten seinen Ruhm. Doch sehr bald zeigten sich die Differenzen zwischen «Sein und Zeit», das die Widmung «Edmund Husserl in Verehrung und Freundschaft zugeeignet» trug, und dem Selbstverständnis der Phänomenologen. Heidegger verwendete das Wort «Phänomenologie» seltener. Husserl seinerseits deutete Heideg-

---

10 Vgl. Brief an Jaspers vom 18.6.1924.
11 Bultmann transformiert den philosophischen Begriff des Verfallens in den theologischen des Sichverstehens aus der Verfügbarkeit, und Eigentlichkeit bedeutet ihm Scheitern in eben dieser Selbstverfügbarkeit. – Zu Heidegger und Bultmann siehe z.B. E. Fuchs: Theologische Exegese und philosophisches Seinsverständnis. Zum ‹Gespräch› zwischen Bultmann und Heidegger. In: Zeitschrift für Theologie und Kirche 13/1932. S. 307ff.
12 Heidegger zum 80.Geburtstag. In: Merkur 10/1969. S.893ff. Zum Verhältnis Arendt-Heidegger siehe Safranski (1994) S.166ff und das Kapitel 22, sowie Ettinger, E.: Hannah Arendt – Martin Heidegger. – Eine Geschichte. München 1994.
13 Daß dies nicht beabsichtigt war, zeigt z.B. die siebzig Seiten umfassende Rezension «Der Begriff Zeit» über Dilthey und dessen Briefwechsel mit Graf Yorck von Wartenburg, die von Rothacker als Herausgeber der «Deutschen Vierteljahrsschrift für Literatur und Geistesgeschichte» wegen der Länge nicht angenommen wurde. Außerdem waren die Kriegs- und Nachkriegsjahre allgemein eine schwierige Zeit für Veröffentlichungen von Arbeiten junger Forscher.
14 So G. Misch in «Lebensphilosophie und Phänomenologie», S. 1. Vgl. 17.22.

gers Lehre als Abfall seines Schülers, obwohl man Heidegger schwerlich als Schüler Husserls im eigentlichen Sinne bezeichnen kann. Parallel zur Distanzierung zu Husserl auf *fachlicher* Ebene[15] vollzog sich eine Entfremdung auch auf *persönlicher* Ebene. Seit dem letzten Kriegsjahr hatte zwischen beiden Familien eine enge Freundschaft bestanden. Husserl setzte sich in allen Belangen fast wie ein Vater für Heidegger ein, insbesondere war die Berufung nach Freiburg sein Werk, und er schätzte ihn auch in fachlicher Hinsicht ohne Einschränkung. Doch bereits nach der Berufung Heideggers nach Freiburg kühlten sich die familiären Beziehungen merklich ab, so daß ab 1930 keine Kontakte mehr zwischen den Familien bestanden. Die letzten Bindungen zwischen Husserl und Heidegger selbst zerbrachen schließlich an den Ereignissen von 1933. Heidegger übernahm im April ein Jahr lang das Rektorat der Universität und trat am 1. Mai in die NSDAP ein[16] Nach dem Scheitern des Rektorats fühlte sich Heidegger einsam und verlassen. Es war eine Zeit ohne Veröffentlichungen, in der nur tagebuchartige Aufzeichnungen[17] und Vorlesungsniederschriften entstanden. – Der Forscheralltag wurde nur selten unterbrochen, so etwa 1936 durch eine Vortragsreise nach Rom. Bei Kriegsausbruch war Heidegger schon fünfzig Jahre alt und wurde daher nur im November 1944 für einige Tage zum Volkssturm eingezogen. Er überstand die Kriegswirren ohne Schaden.

Heidegger litt nach dem Kriege stark unter den politischen Vorwürfen und dem von den Besatzungsmächten verhängten Lehrverbot, das erst 1951 aufgehoben wurde. In den folgenden Jahren erregte er aufgrund seiner umfangreichen Vortragstätigkeit (in Berlin, Bremen, auf der Bühlerhöhe) und seiner Auslandsreisen (vor allem nach Frankreich) nochmals größte Aufmerksamkeit. Obwohl 1952 emeritiert, hielt er in Freiburg weiter Lehrveranstaltungen, die allerdings ab 1958 nur noch privatissime erfolgten. 1969 gab er dem ZDF ein kurzes Interviev und am 31.5. 1976, sechs Tage nach seinem Tod, erschien das Spiegel-Gespräch «Nur noch ein Gott kann uns retten», das schon 1966 geführt worden war, aber erst posthum veröffentlicht werden durfte. Heidegger blieb bis zu seinem Lebensende politisch umstritten, aber als Philosoph ist er inzwischen vollständig rehabilitiert und weltweit anerkannt.

b. Auswahl aus der Primärliteratur Heideggers

1916   Die Kategorien- und Bedeutungslehre des Duns Scotus. Tübingen. In GA 1.
1927   Sein und Zeit. In JPPF Band 8 und als Sonderdruck, Halle. Später Tübingen. 17. Auflage 1993. In GA 2. **SuZ**
1929   Was ist Metaphysik? Bonn. 14. Auflage Frankfurt 1992.
1929   Kant und das Problem der Metaphysik. Bonn. 5. Auflage Frankfurt 1991. In GA 3. **KM**
1929   Vom Wesen des Grundes. In: Festschrift, Edmund Husserl zum 70. Geburtstag gewidmet. In JPPF Band 10. 7. Auflage Frankfurt 1983.
1933   Die Selbstbehauptung der deutschen Universität. Rektoratsrede. Breslau.
1936   Hölderlin und das Wesen der Dichtung. In: Das Innere Reich 3/1936.
1942   Platons Lehre von der Wahrheit. In: Geistige Überlieferung 2/1942. 3. Auflage Frankfurt 1975.
1943   Vom Wesen der Wahrheit. Frankfurt. (Vortrag aus dem Jahre 1930). 7. Auflage 1986.
1947   Platons Lehre von der Wahrheit. Mit einem Brief über den Humanismus. Bern.
1950   Holzwege. Frankfurt. 7. Auflage 1994.
1952   Was heißt Denken. In: Merkur 6/1952. 4. Auflage Tübingen 1984.
1953   Einführung in die Metaphysik. Tübingen. 5. Auflage 1987.
1954   Die Frage nach der Technik. In: Gestalt und Gedanke 3.
1954   Vorträge und Aufsätze. Pfullingen.
1956   Was ist das – die Philosophie? Pfullingen. 9. Auflage 1988.
1957   Der Satz vom Grund. Pfullingen. 6. Auflage 1986.
1957   Identität und Differenz. Pfullingen. 9. Auflage 1990.

---

15 Siehe unten 28.3.
16 Einzelheiten zur politischen Aktivität Heideggers siehe Ott (1992) ab S. 131. Zu Husserl vgl. S. 125. Über Heideggers abfällige Beurteilung Husserls siehe den Brief Heideggers an Jaspers vom 14. 7. 1923.
17 Heute gelten diese als das zweite Hauptwerk Heideggers. Sie sind als «Beiträge zur Philosophie» in GA 65, 1989 erschienen.

1959 Gelassenheit. Pfullingen.
1959 Unterwegs zur Sprache. Pfullingen. 9. Auflage 1990.
1960 Der Ursprung des Kunstwerkes. Stuttgart.
1961 Nietzsche. 2 Bände. Pfullingen. 5. Auflage 1989.
1962 Die Frage nach dem Ding. Tübingen. 3. Auflage 1987.
1962 Die Technik und die Kehre. Pfullingen. 7. Auflage 1988.
1963 Mein Weg in die Phänomenologie. Veröffentlicht erst 1965 in: Zur Sache des Denkens. **WP**
1966 «Nur noch ein Gott kann uns retten». Spiegel-Gespräch mit M. Heidegger. In: Spiegel 23/1976.
1967 Wegmarken. Frankfurt. 2. Auflage 1978.
1969 Zur Sache des Denkens. Tübingen. 3. Auflage 1988. **SD**
Phänomenologische Interpretationen zu Aristoteles. Hg. von H.-U. Lessing. In: Dilthey – Jahrbuch für Philosophie und Geisteswissenschaften. Hg. von F. Rodi. Göttingen 1989. **PA**
Briefverkehr Martin Heidegger – Karl Jaspers. 1920–1963. Hg. von W. Biemel und H. Saner. München 1992.
Zillikoner Seminare. Hg. von M. Boss. Frankfurt 1987. 2. Aufl. 1994.
Martin Heidegger: Gesamtausgabe, noch nicht abgeschlossen. Frankfurt ab 1975. **GA**
    I. Abteilung: Veröffentliche Schriften 1910–1976. Band 1–16.
    II. Abteilung: Vorlesungen 1919–1944. Band 17–63.
    III. Abteilung: Unveröffentlichte Abhandlungen. Vorträge – Gedachtes. Band 64–81.
    IV. Abteilung: Hinweise und Aufzeichnungen.
Auswahl:
    Band 17: Einführung in die phänomenologische Forschung (WS 1923/24).
    Band 18: Grundbegriffe der aristotelischen Philosophie (SS 1924).
    Band 24: Die Grundprobleme der Phänomenologie (SS 1927).
    Band 25: Phänomenologische Interpretationen von Kants Kritik der reinen Vernunft (WS 27/28).
    Band 65: Beiträge zur Philosophie (Vom Ereignis).

c. Bibliographien

Sass, H.-M.: Heidegger-Bibliographie. Meisenheim 1968. (2201 Titel).
Sass, H.-M: Materialien zur Heidegger-Bibliographie 1917–1972. Meisenheim 1975.
Totok, W.: Handbuch der Geschichte der Philosophie. Band VI. Frankfurt 1990. S. 286 ff.

28.2 Von den «Sachen selbst» zur «Sache des Denkens»

Heidegger erhält als Achtzehnjähriger von seinem väterlichen Freund Conrad Gröber, dem späteren Erzbischof von Freiburg, die Dissertation von Franz Brentano mit dem Titel «Von den mannigfachen Bedeutungen des Seienden nach Aristoteles» (1862) zum Geschenk. Diese Arbeit bestimmt Heideggers erste «unbeholfene(n) Versuche, in die Philosophie einzudringen» (WP 81). Dort kritisiert schon Brentano die von Aristoteles behauptete Unmöglichkeit, von einem Seienden als solchem jenseits der kategorialen Bestimmtheit zu sprechen. Für Brentano wie für Heidegger ist klar, daß hinter den mannigfachen Bedeutungen des Seienden eine letzte Grundbedeutung stehen muß. Und so bedrängt Heidegger vom Anfang seines Denkweges an die Frage nach dem *einen* Sein. Zunächst fragt er in unbestimmter Form: «Wenn das Seiende in mannigfacher Bedeutung gesagt wird, welches ist dann die leitende Grundbedeutung? Was heißt Sein?» (WP 81). Heidegger stellt die Bedeutung dieses Gedankens für seine gesamte Frühphilosophie heraus: «Die damals nur dunkel und schwankend und hilflos sich regende Frage nach dem Einfachen des Mannigfachen im Sein blieb durch viele Umkippungen, Irrgänge und Ratlosigkeiten hindurch der unabläßige Anlaß für die zwei Jahrzehnte später erscheinende Abhandlung ‹Sein und Zeit›».[18] Mit Hilfe von Carl Braigs Werk «Vom Sein. Abriß der Ontologie» (1896) eignet er sich die wichtigsten Antworten zu diesem Thema aus der Geschichte der Philosophie an und vertieft dabei seine Aristoteles-Kenntnisse.

---

18 Sitzungsberichte der Heidelberger Akademie der Wissenschaften 1957/58. S. 21. Selbstdarstellung anläßlich der Aufnahme in die Akademie.

Eine Hilfe zur Klärung seiner Grundfrage erhofft sich Heidegger durch die von Brentano beeinflußten «Logischen Untersuchungen» Husserls, die er schon im ersten Studiensemester 1909 liest, aber erst aufgrund der von Husserl beeinflußten Arbeiten von Emil Lask über Kategorien- und Urteilslehre wieder zur Hand nimmt. Später, nach der Berufung Husserls nach Freiburg, wird die Beschäftigung mit der Phänomenologie im allgemeinen intensiviert, und Heidegger hält wiederholt Seminare über die LU, insbesondere über den Unterschied zwischen sinnlicher und kategorialer Anschauung und seine Tragweite für die Bestimmung der mannigfachen Bedeutung des Seienden (WP 86).

In der Auseinandersetzung mit der Phänomenologie konkretisiert Heidegger sein Grundanliegen, indem er nach dem Sinn von «Phänomenalität» fragt, die im Schlagwort «Zu den Sachen selbst!» von Gegenständlichkeiten spricht, die weder logisch noch psychologisch sein sollen. Inzwischen hat Husserl in den IDEEN deren transzendentalen Charakter herausgearbeitet. Heidegger sieht in dieser Wende ein Einschwenken in die Überlieferung der neuzeitlichen Philosophie (WP 84), während er in den LU eine neutrale Position erkennt, in der zu den Anfängen der Philosophie zurückgefragt wird, unabhängig von der Autorität großer Denker und von der Kenntnis fachphilosophischer Erstarrungen. In diesem Erstlingswerk, mit dem sich Husserl selbst damals nicht mehr recht anfreunden kann, hat er die für Heidegger so wichtige Idee einer kategorialen Anschauung zugrundegelegt und sich in das phänomenologische Sehen eingeübt.

Während der Beschäftigung mit den LU vollzieht sich Heideggers entscheidende Einsicht, in der die *Transformation der Phänomenologie* ihren Ausgang nimmt. In «Mein Weg in die Phänomenologie» beschreibt Heidegger diese mit den Worten: «Was sich für die Phänomenologie der Bewußtseinsakte als das sich-selbst-Bekunden der Phänomene vollzieht, wird ursprünglicher noch von Aristoteles und im ganzen griechischen Denken und Dasein als Aletheia gedacht, als die Unverborgenheit des Anwesenden, dessen Entbergung, sein sich-Zeigen» (87).[19] Aus der Husserlschen Einheit von Bewußtsein und Gegenständlichkeit wird das Sein des Seienden in seiner Unverborgenheit und Verbergung; das Schauen der Phänomene wird zur aletheia, zur Unverborgenheit des Anwesenden; aus der «Sache selbst» wird das Sein des Seienden oder die «Sache des Denkens». Dieses neue phänomenologische Denken betrachtet Heidegger als «Grundzug des griechischen Denkens, wenn nicht gar der Philosophie als solcher» (a.a.O.)

Die Verwandlung des Husserlschen Ansatzes geht weiter, als hier aufgrund dieser Bemerkungen vermutet werden kann. In der Habilitationsschrift spricht Heidegger davon, daß «im scholastischen Denktypus Momente phänomenologischer Betrachtung verborgen» seien (GA1, 202) und deshalb die Kategorienlehre sein besonderes Interesse errege. In der Einleitung fordert er zur «phänomenologischen Durcharbeitung des mystischen, moraltheologischen und asketischen Schrifttums der mittelalterlichen Scholastik» auf (205). Phänomenologie bedeutet hier Lehre von der Intentionalität und von der kategorialen Anschauung im Ganzen einer noematisch-gegenständlichen Grundorientierung. Aber im Résumé des Schlußwortes hebt Heidegger Aspekte einer *lebensweltlichen* und *historischen* Umdeutung des Phänomenbegriffs hervor. Der Einfluß der LU ist deutlich; denn die Kategorien als «allgemeinste Gegenstandsbestimmtheit» haben für Heidegger nur Sinn als Bestimmungen *für ein Subjekt* (GA 1, 403), das heißt, die intentionale Struktur des Bewußtseins steht außer Frage. Doch eben dieses Subjekt wird nicht mehr nur als erkenntnistheoretisches oder gar als biologisches gedacht. Denn im Bewußtsein und damit im Subjekt «lebt ureigentlich schon das Werthafte, insofern es sinnvoll und sinnverwirklichende Tat ist» (406). Heidegger spricht als Rickert-Hörer noch von Werten und als Dilthey- und Schelling-Kenner vom lebendigen Geist und seinen ewigen Bejahungen, um zur wahren Wirklichkeit und

---

19 Die eigenwillige Wahrheitsdeutung Heideggers, die auch die Weiterentwicklung seines Denkens beherrscht, hat zahlreiche Widersprüche hervorgerufen. Vergleiche z.B. W. Kamlah / P. Lorenzen: Logische Propädeutik. Mannheim 1967. Anmerkung zu «Aletheia» auf S. 128.

Gegenständlichkeit zu gelangen.[20] Aber er stellt neben den logischen und werthaften Sinn bereits den ontischen, der für Heidegger immer zugleich geschichtlich ist: die «eigentliche Tiefendimension» erhält das daraus resultierende Kategorienproblem erst dann, wenn «der lebendige Geist ... als solcher wesensmäßig historischer Geist im weitesten Sinne des Wortes» ist (407). Damit will sich Heidegger keineswegs mit Hegel identifizieren. Er betont die Einzigkeit und Individualität, die in ihrer Anschauungsfähigkeit auch eine Aufwertung der Mystik innerhalb der Kategorienlehre enthält. So heißt es gegen Ende der Abhandlung: «Philosophie als vom Leben abgelöstes, rationalistisches Gebilde ist *machtlos*, Mystik als irrationalistisches Erleben ist *ziellos*» (410). Im Lebenslauf von 1915 schreibt Heidegger rückblickend: «Das Studium von Fichte und Hegel, die eingehende Beschäftigung mit Rickerts ‹Grenzen der naturwissenschaftlichen Begriffsbildung› und den Untersuchungen Diltheys, nicht zuletzt Vorlesungen und Seminarübungen bei Herrn Geheimrat (Heinrich) Finke, hatten zur Folge, daß die bei mir durch die Vorliebe für Mathematik genährte Abneigung gegen die Geschichte gründlich zerstört wurde». An der gleichen Stelle erwähnt er «den Plan einer umfassenden Darstellung der mittelalterlichen Logik und Psychologie im Lichte der modernen Phänomenologie mit gleichzeitiger Berücksichtigung der historischen Stellung der einzelnen mittelalterlichen Denker», ein Plan, der nie verwirklicht oder auch nur partiell weiterverfolgt worden ist.

Die zweite Phase der Transformation findet in den «Phänomenologischen Interpretationen zu Aristoteles» (PA) ihre zusammenfassende Ausprägung. Weil diese erst 1989 erscheinen, bleiben sie für die allgemeine Wirkungsgeschichte zunächst folgenlos. Durch Vorlesungen und Seminare wirken ihre Grundgedanken jedoch auf die Hörer ein. Die einzige objektive Manifestation des von Heidegger Gedachten aber bleibt das Werk «Sein und Zeit». An ihm müssen die Aussagen der Zeitgenossen vorwiegend gemessen werden. Die Interpretation wird durch den Umstand erschwert, daß sich in PA mehrere Denkstränge herausarbeiten lassen, die sich zum Teil widersprechen, und nur *ein* solcher Strang zu SuZ führt. Unsere Darstellung erfolgt daher im folgenden auf drei Ebenen:

– *erstens* soll hier (§ 28) die innere Entwicklung Heideggers nachgezeichnet werden, sofern sie in PA seine Stellung zur Phänomenologie betrifft, eine Entwicklung, die für den Außenstehenden beim Erscheinen des Werkes nicht ohne weiteres identifizierbar war und daher bei den Zeitgenossen kaum Beachtung finden konnte;

– *zweitens* muß SuZ selbst als eine «Phänomenologie der Faktizität» verstanden werden; die Klärung, inwiefern die Fundamentalontologie eine *Phänomenologie* des Daseins ist, wird bei der allgemeinen Darstellung der Gedanken von SuZ erfolgen (§ 29); eine Genese von SuZ wird also nur im Zusammenhang mit der Phänomenologie, nicht um ihrer selbst willen geleistet. Denn uns geht es um die historische Wirkung des SuZ-Heidegger, nicht um das Selbstverständnis Heideggers oder um die spätere Einordnung von SuZ in das Gesamtwerk, wie sie heute zwei Generationen später von Heidegger-Anhängern aufgrund der Kenntnis des zweiten Hauptwerkes «Beiträge zur Philosophie» und der zahlreichen Vorlesungen vorgenommen wird;

– *drittens* schließlich trägt die Beurteilung der Phänomenologie zur Klärung bei, ob sich in Heideggers Denken ein Bruch, eine «Kehre», Krise oder «Verunglückung» feststellen läßt oder ob Heidegger einen geradlinigen Weg geht in der Suche nach einer Antwort auf die eine Grundfrage nach dem Sinn von Sein in der Gestalt einer «Wesung» des Seyns (§ 30).

Der Weg zu PA, der Keimzelle von SuZ, erfolgt in den Nachkriegs-Vorlesungen bis 1923 in

---

20 In der 1928 erschienen Auflage des Lexikons «Religion in Geschichte und Gegenwart» (Tübingen) zählt Heidegger die Philosophen auf, denen er sich verpflichtet fühlt; es werden Aristoteles, Augustinus, Luther, Kierkegaard, Dilthey, Husserl, Rickert und Lask genannt.

ständiger Auseinandersetzung mit der Phänomenologie. Die «Sache selbst» Husserls wird aus der transzendentalphilosophischen Umklammerung befreit und zunächst als vorweltliches Leben verstanden. Aus der kategorialen Anschauung und dem «Prinzip aller Prinzipien» wird die Diltheysche hermeneutische Intuition, aus der Intentionalität die Selbstauslegung eben dieses faktischen Lebens. Das eigentliche Ziel Heideggers in diesen Jahren ist ein Werk über Aristoteles, in dem die «Phänomenologie des Lebens» konkrete Form annimmt.

Im SS 1919 liest Heidegger über «Die Idee der Philosophie und das Weltanschauungsproblem». Hier stellt er sich gegen den in Husserls Phänomenologie gelehrten Primat des Theoretischen und fordert die Hinwendung zum ursprünglichen Leben in seiner Geschichtlichkeit jenseits bloßer Wesensbestimmungen, wie wir sie in Schelers Phänomenologie der Praxis kennenlernen konnten. In den nächsten Semestern taucht «Phänomenologie» im Titel der Vorlesungen selbst auf. Im Kolleg «Grundprobleme der Phänomenologie» (WS 1919/20) analysiert Heidegger die Geschichtlichkeit des faktischen Lebens, wobei nicht nur noematische Bestände registriert werden, sondern im historischen Begreifen das Leben zu sich selbst kommt. In der Vorlesung «Einleitung in die Phänomenologie der Religion» im WS 1920/21 spricht Heidegger bereits von einer völligen Umwandlung der Philosophie und von einer *neuen phänomenologischen Methode* zur Beschreibung der faktischen Lebenserfahrung. Diese erscheint als Alltagserfahrung und gehört seitdem zum Themenkreis der Heideggerschen Philosophie. Auch die Vorlesung über Aristoteles im WS 1921/22 dient dem gleichen Anliegen: Beschreibung der kategorialen Grundbestimmungen der Faktizität, die sich in der Alltäglichkeit ständig mißversteht und deshalb einer *Hermeneutik* der Faktizität bedarf. Die neue Methode versteht sich als Anzeige der hermeneutischen Situation, die bereits die wichtigsten Elemente der Daseinsanalyse in SuZ enthält. Gleichzeitig entsteht der Grundriß des geplanten Aristoteles-Werkes (PA), in dem uns die neuen Ideen programmatisch vorgestellt werden.

Inzwischen sind die wichtigsten Begriffe von SuZ als Ergebnisse einer phänomenologischen Betrachtung angesprochen, wenn auch gelegentlich noch im abgewandelten sprachlichen Ausdruck: Faktizität, Selbstwelt (Dasein), Mitwelt, Alltäglichkeit, Verfallenheit, Existenz, Sorgenbewegtheit (Sorge) u. a. Unmittelbar nach PA entstehen die charakteristischen Sprachprägungen der Heideggerschen Terminologie. Heidegger unterzieht parallel zur Propagierung der neuen Methode die traditionelle Begrifflichkeit einer Revision (1923). Sie wird SuZ ihren unverwechselbaren Sprachcharakter geben, der vielfältige Nachahmung, aber auch radikale Ablehnung findet. Der neue Sprachstil umgibt das Heideggersche Werk mit einem geheimnisvollen Nimbus letzter Tiefe, bedeutet für andere aber eine Flucht in die Unverbindlichkeit dunkler Esoterik; auch für Husserl trägt diese Entwicklung einiges zur Entfremdung von Heidegger bei.

Mit der neuen Begrifflichkeit erhalten auch die Inhalte festere Konturen. Im SS 1925 trägt Heidegger in der Vorlesung «Prolegomena zur Geschichte des Zeitbegriffs» Gedanken vor, die ihre Entfaltung in den ersten beiden Abschnitten von SuZ erfahren. Das Thema «Zeit» tritt nun deutlich in den Vordergrund. Schon im «Aufriß der Vorlesung» wird deren grundsätzliche Bedeutung klar: «Die Grundfrage nach der Wirklichkeit von Geschichte und Natur ist die Grundfrage nach der eines bestimmten Sachgebietes. Für die Frage nach dem Sein ist der Begriff der Zeit der Leitfaden» (GA 20, 10). Die hier angesprochene Untersuchung der Wirklichkeit in Geschichte und Natur leisten nicht die Geistes- und Naturwissenschaften, sondern eben die Analyse der Phänomenologie. Diese erhält die Bedeutung einer vor-wissenschaftlichen Untersuchungsart, aus deren Perspektive deutlich wird, daß die Bereichswissenschaften wegen ihres festgelegten Vorverständnisses von Gegenständlichkeit die Wirklichkeit eher verdecken als erschließen (14,15). Das von Heidegger in § 8 entwickelte *Prinzip* der Phänomenologie baut auf drei große Entdeckungen auf: auf die Intentionalität, auf die kategoriale Anschauung und auf den ursprünglichen Sinn von Apriori. A priori hängt, – wie schon die wörtliche Übersetzung zeigt, – mit der Zeit zusammen. Das Wort umfaßt mehrere Bestimmungen: die universelle Reichweite, die Indifferenz gegenüber der Subjektivität, die Möglichkeit seines schlichten Erfaßtwerdens und vor allem den Charakter des Seins des Seienden (102). Damit liegt eine bedeutsame Weiterentwicklung des Apriori gegenüber Husserl und erst recht gegenüber Kant vor. Nach dem Nachweis einer Reihe von «Versäumnissen», die das Sein des Intentionalen (§ 12), den Sinn von Sein selbst und den Sinn des Menschen (§ 13) betreffen, geht Heidegger zur Explikation des Daseins über, die dann in SuZ ihre Vollendung und die Rückführung des Sinns von Sein auf die Zeit erfährt.[21] Am Ende der Zeitanalysen steht die Überwindung des als Vorhandenheit und Anwesenheit interpretierten griechischen Logosbegriffs.

Darauf erfolgt die dritte Phase der Phänomenologie-Transformation: die Fixierung auf die Analyse des faktischen Lebens im Sinne der fundamentalontologischen Daseinsanalyse und die vorübergehende Verdrängung der Allmacht der Geschichtlichkeit.

Die Auseinandersetzung mit der Phänomenologie und ihre Weiterentwicklung weist demnach zwei unvermittelte Argumentationsstränge auf: den eher *deskriptiven* einer Philosophie als universale phänomenologische Ontologie oder *Phänomenologie des Daseins* als hermeneutische Phänomenologie, die umschreibt, wie das Dasein in der Welt lebt und wie dieses den Sinn von Sein versteht, – und einen vorwiegend *kritischen*, der das philosophische Selbstverständnis aus dem geschichtlichen Anfang erklären will und in einer *Phänomenologie des Historischen* methodisch auf die Destruktion der gesamten philosophischen Tradition hinausläuft. Der zweite Gesichtspunkt ist die Frucht der Beschäftigung mit Aristoteles und Duns Scotus. Für Heidegger hat nicht nur das mittelalterliche, sondern erst recht auch das neuzeitliche und gegenwärtige Denken seine Lebendigkeit eingebüßt, weil es die erstarrte und verselbständigte Begrifflichkeit der Tradition kritiklos verwendet. Eine Analyse des faktischen Lebens kann also nur dann zum Erfolg führen, wenn zu den Anfängen der griechischen Begrifflichkeit, – und das heißt zu Aristoteles, – zurückgegangen wird.

In SuZ rückt eindeutig der erste Gedankenkomplex in den Vordergrund; die Destruktion der Tradition ist dem zweiten, nicht erschienen Teil des Werkes vorbehalten. Die Tatsache, daß das Werk unvollendet bleibt, verweist auf die latente Bedeutsamkeit der zweiten Perspektive, die dann schließlich in der Weiterentwicklung der Heideggerschen Philosophie *jenseits der Phänomenologie* eine Vorrangstellung erhält.

Am Ende von WP äußert sich Heidegger (1963) zusammenfassend und definitiv über die Phänomenologie. Obwohl die Phänomenologie «alsbald den Geist des Zeitalters in den verschiedensten Bereichen – meist unausgesprochen – bestimmte» (89), gilt sie ihm doch schon als etwas Vergangenes: «Die Zeit der phänomenologischen Philosophie scheint vorbei zu sein». Dabei beurteilt er die Phänomenologie nicht als Richtung, also nicht als eine bestimmte inhaltliche Philosophie, sondern «sie ist die zu Zeiten sich wandelnde und nur dadurch bleibende Möglichkeit des Denkens, dem Anspruch des zu Denkenden zu entsprechen» (90). In dieser letzten Transformationsphase glaubt Heidegger, den Terminus «Phänomenologie» zugunsten der «Sache des Denkens, deren Offenbarkeit ein Geheimnis bleibt», ganz aufgeben zu können. Damit ist das letzte Wort gesprochen: an die Stelle der «Sache selbst» der Phänomenologen tritt ereignishaft die «Sache des Denkens» in Heideggers Seynsphilosophie.

28.3 Heidegger und Husserl

Die überragende Bedeutung Husserls für Heideggers Denkweg ist evident. Über die persönlichen Beziehungen und Konflikte zwischen beiden Denkern wurde im vorausgegangenen Abschnitt Wichtiges gesagt; im folgenden geht es um Gemeinsamkeiten und Differenzen inner-

---

[21] Eine ausführliche Diskussion des Vorlesungstextes findet man bei W. Biemel: «Heideggers Stellung zur Phänomenologie in der Marburger Zeit.» In: Orth u. a. (Hg.): Husserl, Scheler, Heidegger in der Sicht neuer Quellen. Freiburg/ München 1978. S. 141 ff. Biemel bezieht sich auf den damals noch nicht edierten stenographierten Text.

halb des *philosophischen Denkens* und um gegenseitige Beurteilungen der jeweiligen Lehren.

Vor der Ankunft Husserls in Freiburg beantwortet Heidegger die Frage seines Freundes Laslowski, «wie Husserl wohl sein mag» mit den Worten, es fehle ihm die nötige Weite.[22] Diese Feststellung charakterisiert zwei Denktypen: auf der einen Seite *Husserl,* der in zahllosen Einzelanalysen wissenschaftlich streng und stets jeden Schritt argumentativ kontrollierend verantwortungsbewußt seine Untersuchungen vorantreibt, auf der anderen Seite *Heidegger,* der in großen Entwürfen und Missionen denkt, umfangreiche, nie realisierte Pläne zur Geschichte, Logik, Psychologie und Aristoteles-Gesamtdarstellung entwirft und seine missionarische Phantasie sogar in der politischen Aufbruchsbewegung engagiert, eine Verfehlung, die ihn zeitlebens belastet.

Auch Husserls Urteil über Heidegger ist zunächst oberflächlich. Heidegger bleibt für Husserl bis zum Winter 1917/18 ein Privatdozent unter anderen, der «konfessionell angebunden» und noch «zu wenig ausgereift» sei, und dies, obwohl Husserl weiß, daß sich Heidegger «mit großem Einsatz der Phänomenologie von einem inneren Ansatz her genähert» hat und geistige Beweglichkeit und erhebliche Begabung zeigt.[23]

Nach der Aufnahme des persönlichen Kontakts ändert sich die Beurteilung beider schlagartig. Heidegger schätzt die LU als Anregungselement seines Denkens. Aber von Anfang an will er über Husserl hinausgehen und dessen Ansatz radikalisieren, «da ihm die Frage nach der geschichtlichen Bestimmtheit, der Gegebenheit der Gegenstände und des Zugangs zu ihnen wesentlich sei»[24]. Die Radikalisierung betrifft die Überwindung des theoretischen Ansatzes der Husserlschen Phänomenologie und die Tieferlegung der Fundamente durch die Hinwendung zu den konkreten Formen des Daseins, in denen sich Gegenständliches konstituiert. Husserls Beurteilung von Heideggers Qualitäten enthält umgekehrt geradezu schwärmerische Töne. Er sei prädestiniert, «ein Philosoph großen Stils zu werden, ein Führer über die Verworrenheiten und Schwächlichkeiten der Gegenwart hinaus». Auch die Wirkung als Lehrer und die «allen weltlichen Interessen entrückte Hingabe an die Philosophie» wurde gelobt.[25] Husserl sieht in Heidegger seinen Schüler, der die Phänomenologie zur Vollendung bringen könnte, und selbstverständlich seinen Nachfolger in Freiburg. Es ist ausgeschlossen, daß sich Husserl in dieser Phase eingehend mit der Philosophie Heideggers auseinandergesetzt haben kann, denn dessen Denkstil widerspricht von Anfang an der phänomenologischen Präzision, die für Husserl von größter Bedeutung ist. Erst nach dem Bruch zwischen beiden spricht Husserl diese Diskrepanz aus: «Ich kam zum betrüblichen Ergebnis, daß ich philosophisch mit diesem Heideggerschen Tiefsinn nichts zu schaffen habe, mit dieser genialen Unwissenschaftlichkeit, daß Heideggers offene und verdeckte Kritik auf grobem Mißverständnis beruhe, daß er in der Ausbildung einer Systemphilosophie begriffen sei von jener Art, die für immer unmöglich zu machen ich zu meiner Lebensaufgabe stets gemacht habe.»[26] Die «geniale Unwissenschaftlichkeit» betrifft nicht nur die eigenwillige Sprache, sondern auch die Unschärfe der eingeführten Begriffe, deren Bedeutung sich von Veröffentlichung zu Veröffentlichung verändern kann, ferner die eigenwillige Textinterpretation, die von anderen Gesagtes nur zum Anlaß nimmt, Eigenes darzustellen, und schließlich die Disparatheit letzter Aussagen, die unvermittelt stehen bleiben und sich in den Flair des Geheimnisvollen flüchten.

---

22 Quelle Ott (1992) S. 90.
23 Vergleiche den Brief an Natorp vom Oktober 1917 (Husserl-Archiv Löwen).
24 Tagebuchnotiz von Bernhard Welte (1957), Quelle Ott (1992) S. 103.
25 Brief vom 30. 6. 1925 an Natorp. Ott (1992) S. 125.
26 Pfänder-Studien. Hg. von H. Spiegelberg und E. Avé-Lallemant. Den Haag 1982. S. 342. – Später hat v. a. Fink die Unvereinbarkeit beider Positionen deutlich herausgestellt: «Husserl beginnt mit der Analyse der ontischen Erkenntnis, Heidegger mit der ontologischen. Husserl ist blind für die Transzendenz, Heidegger für die Konstitution» (Zitiert nach R.C. Bruzina in: «Gegensätzlicher Einfluß – Integrierter Einfluß: Die Stellung Heideggers in der Entwicklung der Phänomenologie». In: Papenfuss / Pöggeler, II, (1990) S. 142).

Die positive Beurteilung Heideggers der LU als Ausgangspunkt und Quelle aller phänomenologischen Überlegungen zeigt zunächst eine partielle Übereinstimmung beider Denker. Aber der Keim der Entfremdung liegt schon in der transzendentalen Abwertung des Werkes durch den Freiburger Husserl. Heidegger liest aus den LU etwas heraus, das zu völlig neuen Perspektiven führt. Die *entscheidende Differenz* zwischen beiden entsteht durch die Ersetzung der Bewußtseins- und Aktanalysen Husserls durch die Daseinsanalysen Heideggers in SuZ. Für Husserl steht im Zentrum der *Bewußtseinsanalysen* die Epoché als phänomenologische Reduktion. In seinem Rückgriff auf die LU versucht Heidegger, die Epoché aus der transzendentalphilosophischen Interpretation herauszulösen. Zunächst ist auch Heidegger klar, daß der phänomenologische Aufweis bei Husserl nicht auf ein unmittelbares Schauen hinauslaufen kann, wie zum Beispiel sein Lehrer Rickert in seiner Verdammung der Phänomenologie behauptet.[27] Zu den «Sachen» gelangt man nur durch ein bestimmtes methodisches Vorgehen, das von Husserl als Einklammerung gedeutet wird. Heidegger versteht diese aber weder als Rückbesinnung auf die Bewußtseinskonstitution noch als die Freilegung des Eidetischen jenseits der natürlichen Einstellung. Einklammerung heißt vielmehr, gegenwärtig Machen des Wie des Vermeinens und das heißt Offenlegen des Seinscharakters des Seienden. Husserls Gedanken zur Bewußtseinsanalyse sind geleitet von der Idee der absoluten Wissenschaft und damit von der cartesischen Tradition. Deshalb kann Heidegger zusammenfassen: «Die Herausarbeitung des reinen Bewußtseins als thematisches Feld der Phänomenologie ist *nicht phänomenologisch im Rückgang auf die Sache selbst* gewonnen, sondern im Rückgang auf eine traditionelle Idee der Philosophie» (GW 20,147).

Ebenso mangelhaft ist in den Augen Heideggers die *Aktanalyse*. Wenn Husserl behauptet, daß die Erlebnisse reale Weltvorkommnisse sind und als Gegebenheiten einer natürlichen Einstellung verstanden werden müssen, dann übersieht er wieder das darin eingeschlossene theoretische Vorverständnis. Selbst bei Zugrundelegung des nicht-naturalistischen Personbegriffs als Aktzentrum bleibt die Grundhaltung bestehen, die auf Konstitution und Objektivität abzielt, die ferner immanente Reflexionen auf die Erlebnisse durchführt und in der «Vorbestimmung der Einheit des Erlebniszusammenhangs als Geist und Person die traditionelle Definition des Menschen - homo animal rationale – als Leitfaden beibehält». Mit anderen Worten: «Das Sein der Person wird nicht als solches primär erfahren» (172).

Auch Schelers Versuch, die Person als Aktvollzieher zu deuten und damit die vernunfttheoretische Orientierung Husserls zu überwinden, bleibt trotz Annäherung an Bergson und Dilthey den gleichen traditionellen Denkschemata verbunden (175). Denn «über die Seinsart des Aktvollzuges und die Seinsart des Aktvollziehens herrscht Schweigen» (177).

Heideggers kritischer Bezug auf die Phänomenologie mündet in die Explikation der Seinsfrage in ihrem Bezug zur Zeit. Das Versäumnis der Frage nach dem Sein gründet in der Ausblendung der konkreten Seinsweise des Daseins und in der Verfallenheit des Daseins (178). Das phänomenologische Apriori verwandelt sich in die Idee des Existenzials als Grundbestimmung des Daseins. Zugleich ist damit gezeigt, daß Heideggers Daseinsanalyse weder in die wissenschaftliche Psychologie noch in die philosophische Anthropologie eingeordnet werden kann.

Eine weitere wichtige Differenz zwischen Husserl und Heidegger betrifft den Stellenwert der *Zeit*. Husserl hat die Erkenntnisakte stets ohne Bezug zur Zeit untersucht und diese nach Heidegger zu den «zuunterstliegenden intellektiven Akten» in Bezug gesetzt[28]. Heidegger dagegen versteht unter Leben stets etwas Faktisch-Historisches und damit in die Zeit Eingebundenes. Das *transzendentale Ich* Husserls verwandelt sich in das *endliche Dasein* Heideggers in der Zeit. Die sich ahistorisch verstehende, auf ewige Ideen gerichtete Phänomenologie Husserls wird in ihren geschichtlichen Zusammenhang zurückversetzt; aus dem sachhaltigen Was der Gegenstände entsteht ihr Wie in der Zeit. Die fundamentale Rolle der Zeit entdeckt Heidegger schon früh vor

---

27 Die Methode der Philosophie und das Unmittelbare. In: Logos XII / 1923. S. 265.
28 Vgl. Einleitung in Husserls Zeitanalysen (JPPF 9/1928).

allem im religiösen Bereich[29], der bei Husserl wissenschaftlich nie eine Rolle gespielt hat. Sowohl in der Lebenserfahrung des Apostels Paulus als auch bei Augustinus, beim jungen Luther und schließlich bei Kierkegaard wird deutlich, daß für diese die Zeit keinen objektiven, vom Selbst losgelösten Charakter hat, sondern als *Kairos und Geschichtlichkeit* den faktischen Lebensvollzug verendlicht. Den Höhepunkt erreicht diese Reflexion später in ihrer Bedeutung für Rudolf Bultmann, der die gesamte Heilsgeschichte in die Geschichtlichkeit der menschlichen Existenz verlegt.[30] Heidegger entdeckt die Quelle der Kairos-Vorstellung im 6. Buch der Nikomachischen Ethik von Aristoteles, also in einem nicht-religiösen Text. Allerdings wurde diese durch die Ontologisierung der Zeit in der aristotelischen «Physik» verschüttet und erst in den genannten religiösen Erfahrungen wieder zugänglich.

Das Zeitproblem beschäftigt beide Philosophen, Husserl wie Heidegger, über weite Strecken ihrer philosophischen Tätigkeit. Eine Darstellung aller Differenzen in dieser Frage liefe auf eine Darstellung weiter Teile ihrer Philosophie hinaus. Auffälligster Unterschied ist die Degradierung der bei Husserl maßgebenden Gegenwart zugunsten der Zukunft bei Heidegger. Zwar würdigt Heidegger Husserls Entdeckung der Retentionen und Protentionen und die Einsicht, daß mit diesen Intentionalitäten entscheidende anonyme Leistungen zur Konstruktion des Bewußtseinsstromes im inneren Zeitbewußtsein erfolgen; doch zugleich kritisiert er, daß Husserl Zeit letztlich als Jetztfolge denkt, in der im gegenwärtigen Vorhandensein des Jetzt das Vergehen gleichsam angehalten wird und Zukünftiges heranrollt. Denn in der Erfahrung der Geschichte zeigt sich für Heidegger die Macht der Zukunft, die mit uns schon immer etwas geschehen läßt, ehe wir es im Jetzt erfassen.

Die Transformation der Phänomenologie durch Heidegger bedeutet ein schrittweises Abrücken von der Husserlschen Ausgangsposition. Aus dem absoluten, selbstsicheren und unendlichen transzendentalen Bewußtsein wird dabei das geschichtliche, bedürftige und endliche Dasein; Husserl gelangt erst durch Reduktion dorthin, wo die Erschlossenheit des In-der-Welt-seins schon immer steht. Während bei Husserl im phänomenologischen Prozeß die natürliche Einstellung überwunden und durch endgültige Erkenntnis ersetzt wird, bleibt bei Heidegger die Eigentlichkeit ein Element des bewegten Lebens, das zwar den Zustand der durch die Seinsvergessenheit bedingten Täuschung hinter sich lassen kann, aber vom Sinn des Seins nie in der Art eines endgültig Ergriffenen Besitz erlangt. Heideggers Phänomenologie ist weder Wissenschaft noch ontologische Lehre, sondern Methode im Sinne des auf dem Weg Bleibens, vor allem im Spätstadium, wo die fundamentalontologische hermeneutische Phänomenologie in eine «Phänomenologie des Unscheinbaren» zerfließt.[31]

---

29 Vergleiche die schon erwähnte Vorlesung «Einführung in die Phänomenologie der Religion» im WS 1920/21.
30 Zur Bultmann Diskussion siehe beispielsweise G.W. Ittel: Der Einfluß der Philosophie Martin Heideggers auf die Theologie Rudolf Bultmanns. In: Kerygma und Mythos 2 / 1956. S. 90 ff. Oder H.-J. Theune: Vom eigentlichen Verstehen. Eine Interpretation der hermeneutischen Fragestellung Rudolf Bultmanns auf dem Hintergrund der Existenzanalysen Martin Heideggers. In: Evangelische Theologie 13/1953. S. 171 ff.
31 Vgl. unten 30.3.

29. «Sein und Zeit»

Wir wenden uns im folgenden dem Heideggerschen Hauptwerk «Sein und Zeit» zu und betrachten dessen Daseinsanalysen losgelöst von den biographischen Daten und von den in Vorlesungen entwickelten Vorstufen und Hinführungen.

Heute erscheint SuZ als Station eines langen Weges in der «Auseinandersetzung mit dem Glauben der Herkunft»[1], der im Katholizismus des Elternhauses beginnt, im Neukantianismus erste Gegenpositionen bezieht, von der Phänomenologie Husserls methodische und von der Geschichtsphilosophie Diltheys lebenspraktische Anregungen für eine existenzbezogene Fragestellung aufnimmt und daraus unter Übernahme Kierkegaardscher Elemente eine erste Gesamtsicht entwirft.[2] Dabei sehen einige in der Ausarbeitung von SuZ eine «Verunglückung» (G. Figal) oder einen Irrweg (T. Kisiel[3]), auf dem Heidegger erst nach der «Kehre» wieder in die ursprüngliche Richtung zurückfindet. Aber eben diese Zusammenhänge sind den Zeitgenossen prima facie nicht erkennbar; das Werk erscheint als geniale Neuerung ohne Vorbereitung und Geschichte. Wenn Walter Biemel schreibt, daß SuZ «zum aufregendsten Text unserer Zeit» geworden ist[4], so formuliert er zwar die Wertschätzung Heideggers aus der Perspektive der Generation nach dem Zweiten Weltkrieg, trifft aber gleichzeitig die Grundstimmung der Zeitzeugen der Publikation des Werkes. SuZ galt in der damaligen Zeit für die Allgemeinheit als großer Wurf einer revolutionären Philosophie und innerhalb der phänomenologischen Fachwelt als weiterführende Alternative zur Transzendentalphänomenologie Husserls auf der einen und zur ontologischen Richtung der Münchner Schule auf der anderen Seite.

29.1 Einleitung

29.11 Thematik

Die Einleitung «Die Exposition der Frage nach dem Sinn von Sein» nennt das Thema der Abhandlung, nämlich *die Seinsfrage*. Der Titel des Buches wie auch die Bemerkungen zum Motto zeigen, daß die Seinsfrage bei Heidegger mit dem *Zeitproblem* verbunden wird. Sein Ziel ist «die Interpretation der *Zeit* als des möglichen Horizontes eines jeden Seinsverständnisses überhaupt» (1).

Die Frage nach dem Sein scheint zunächst sinnlos zu sein, weil Sein erstens der allgemeinste Begriff, zweitens undefinierbar und drittens selbstverständlich sei (§ 1). Aber dies alles schließt nicht aus, daß ein durchschnittliches Seinsverständnis vorausgesetzt werden kann, das sich auch in der Frage: «Was *ist* Sein?» artikuliert. Das Sein ist das, «was Seiendes als Seiendes bestimmt, das, woraufhin Seiendes, mag es wie immer erörtert werden, je schon verstanden ist» (6).

Entscheidend ist nun, daß diese Frage von einem bestimmten Seienden gestellt wird. Die Seinsfrage kann demnach nur beantwortet werden, wenn dieses Seiende in seinem Sein durchsichtig gemacht wird. Seiendes, das die Seinsmöglichkeit des Fragens hat, nennt Heidegger

---

[1] Dies und das «Mißlingen des Rektorats» nennt Heidegger in dem Brief an Jaspers vom 1.7. 1935 die beiden «Pfähle», die ihm Schmerz bereiten.

[2] F.-W. von Herrmann nennt im Nachwort von GA 65 die «Beiträge zur Philosophie» den *zweiten* umfassenden Versuch «der seynsgeschichtlichen und zugleich ‹ursprünglicheren› Ansetzung und Ausarbeitung derselben Frage, in der nach dem Sinn als der Wahrheit und dem Wesen, d. h. der Wesung des Seins, gefragt und diese als das Ereignis gedacht wird» (511).

[3] Figal (1992) S.51. Der Ausdruck wird von Heidegger übernommen, der 1942 in einem Brief an Max Kommerell SuZ selbst so nennt. (Kommerell: Briefe und Aufzeichnungen 1919–1944. Hg. von I. Jens. Olten/Hamburg 1967. S.405). Kisiel fällt sein Urteil in der umfangreichen Studie zur Vorgeschichte von SuZ «The Genesis of Heidegger's ‹Being and Time›». Berkeley/Los Angeles 1993.

[4] Biemel (1973) S.37.

Dasein (7). Es ist dadurch ausgezeichnet, «daß es diesem Seienden in seinem Sein *um* dieses Sein selbst geht». Weil Dasein durch Seinsverständnis definiert ist, kann es sich zum Sein so oder so verhalten. «Das Sein selbst, zu dem das Dasein sich so oder so verhalten kann und immer irgendwie verhält», nennt Heidegger *Existenz*. Weil das Dasein sich immer aus seiner Existenz versteht, das heißt aus der «Möglichkeit seiner selbst, es selbst oder nicht es selbst zu sein», kann es nicht durch Wesenszuschreibungen (animal rationale, Vernunftwesen, homo faber usw.) charakterisiert werden, sondern sein Wesen liegt darin, «daß es je sein Sein als seiniges zu sein hat» (12).[5] Die Seinsverfassung dieses existierenden Seienden heißt Existenzialität. Die existentiale Analytik des Daseins kann nicht die Ontologie leisten, die von der ontischen Verfassung des Daseins abhängt, sondern nur eine tiefer liegende, auf die «ontologische Differenz» von Seiendem und Sein aufbauende Instanz, die sogenannte *Fundamentalontologie* (13).

So führt die Seinsfrage notwendig auf die Frage nach der Seinsart des Fragenden oder auf die Daseinsanalytik. In dieser wird nachgewiesen, daß der Sinn des Seins des Seienden, das wir Dasein nennen, die *Zeitlichkeit* ist.[6] Die Zeitlichkeit als Sein des seinsverstehenden Daseins ermöglicht die «*Explikation der Zeit als Horizont des Seinsverständnisses*» (17). Heidegger versucht, das Sein aus der Zeit heraus zu begreifen. Die Zeit ist demnach der transzendentale Horizont der Frage nach dem Sein (39). Die ursprüngliche Sinnbestimmtheit des Seins aus der Zeit ist die «Temporalität» des Seins (19).

29.12   Die Gesamtkonzeption

Damit sind die Aufgaben umrissen, die Heidegger im vorliegenden Werk zu beantworten sucht. Doch zugleich glaubt er, daß diesem ersten Schritt notwendig ein zweiter folgen muß, nämlich die *Destruktion der Geschichte der Ontologie*. Denn wenn Dasein von zeitlichem Charakter ist, muß diese Zeitlichkeit auch Bedingung der Möglichkeit von Geschichtlichkeit sein. «Geschichtlichkeit meint die Seinsverfassung des ‹Geschehens› des Daseins als solchem, auf dessen Grunde allererst so etwas möglich ist wie ‹Weltgeschichte› und geschichtlich zur Weltgeschichte gehören» (20). So wie die Seinsfrage in der Geschichte der Metaphysik in Vergessenheit geraten ist, so blieb auch die elementare Geschichtlichkeit des Daseins in der traditionellen Ontologie verborgen. Die griechische Ontologie wirkt durch die Jahrhunderte verhüllt bis in die Gegenwart. Die Beseitigung dieser Verdeckungen und den Rückgang auf die ursprünglichen Erfahrungen nennt Heidegger «*Destruktion*». Die Destruktion der ontologischen Überlieferung soll in der Auseinandersetzung mit Kant, Descartes und Aristoteles erfolgen.

So ergibt sich folgender *Aufriß der Gesamtkonzeption*:

«*Erster Teil:* Die Interpretation des Daseins auf die Zeitlichkeit und die Explikation der Zeit als des transzendentalen Horizontes der Frage nach dem Sein.

1. Die vorbereitende Fundamentalanalyse des Daseins (S. 41–230).
2. Dasein und Zeitlichkeit (S. 231–437).
3. Zeit und Sein (GA 24, § 19).

---

5 Diese revolutionäre These, die Heidegger auf Seite 42 im Satz «Das Wesen des Daseins liegt in seiner Existenz» zusammenfaßt, wurde vor allem von J. P. Sartre aufgegriffen und in «Ist der Existentialismus ein Humanismus?» (1946; deutsch in «Drei Essays», Frankfurt / Berlin 1961) auf die Formel gebracht, daß die Essenz der Existenz vorausgeht und daß der Mensch nichts anderes ist als das, wozu er sich macht (S. 11), also absolute Freiheit.

6 Beachte die radikalen Implikationen dieser These, die den Menschen (Dasein) eben doch essentiell beschreibt, nämlich als zeitliches, endliches Wesen; aber nicht nur dies, damit ist *alles* Sein endlich, nachdem es, – von der Zeitlichkeit des Daseins bedingt, – ebenfalls von der Zeit her verstanden werden muß.

Zweiter Teil: Grundzüge einer phänomenologischen Destruktion der Geschichte der Ontologie am Leitfaden der Problematik der Temporalität.

1. *Kants* Lehre vom Schematismus und der Zeit als Vorstufe einer Problematik der Temporalität.
2. Das ontologische Fundament des ‹cogito sum› *Descartes'* und die Übernahme der mittelalterlichen Ontologie in die Problematik der ‹res cogitans›.
3. Die Abhandlung des *Aristoteles* über die Zeit als Diskrimen der phänomenalen Basis und der Grenze der antiken Ontologie» (39/40).

29.13 Die Methode

Die Einleitung gibt auch Auskunft über die angewandte Methode. Heidegger spricht von der *phänomenologischen* Methode und skizziert aufgrund der Analysen der Wortbestandteile «Phänomen» und «Logos» einen Vorbegriff von *Phänomenologie.* Phänomenologie ist weder Standpunkt noch Richtung und schon gar nicht im Sinne der traditionellen Ontologie faßbar (27). Als Methodenbegriff charakterisiert sie das Wie der Gegenstände philosophischer Forschung und versucht, «zu den Sachen selbst» vorzudringen.

Der erste Bestandteil des Begriffs ist das *Phänomen* als «das Sich-an-ihm-selbst-zeigende, das Offene», das Seiende der Griechen, das ans Licht gebracht werden kann. Phänomen kann jedoch auch Schein, Erscheinung, «bloße Erscheinung» (Kant) sein. Diese zweite Bedeutung ist aber durch die erste fundiert. Was sich in jenen Formen vorgängig und unthematisch zeigt, kann in der Phänomenologie zum Sichzeigen gebracht werden (31).[7] – Der andere Bestandteil des Worts Phänomenologie ist *Logos,* Rede. Rede wird meistens als Vernunft, Urteil, Begriff, Definition, Grund und Verhältnis interpretiert. Allen diesen Deutungen aber liegt eine einzige Bedeutung zugrunde: Rede als offenbar machen dessen, wovon die Rede ist. Der Logos läßt etwas sehen, er ist apophantische Rede, «aufweisendes Sehenlassen von etwas». Deshalb kann er wahr oder falsch sein, ohne daß an Übereinstimmung gedacht werden muß.[8] Wahrsein heißt Seiendes aus seiner Verborgenheit herausnehmen und als Unverborgenes *ent*decken; Falschsein bedeutet analog etwas *ver*decken.[9] Wahr ist «das schlicht hinsehende Vernehmen der einfachsten Seinsbestimmungen des Seienden als solchen» (33). – *Phänomenologie* als Logos der Phänomene ist demnach keine Lehre von Phänomenen im Sinne eines bestimmten Gegenstandsbereichs, wie Theologie Lehre von Gott bedeutet, sondern Lehre von einem bestimmten *Erfassen* von etwas, das «sich zunächst und zumeist gerade *nicht* zeigt, was gegenüber dem, was sich zunächst und zumeist zeigt, *verborgen* ist, aber zugleich etwas ist, was wesenhaft zu dem, was sich zunächst und zumeist zeigt, gehört, so zwar, daß es seinen Sinn und Grund ausmacht» (35). Die Rede ist hier vom Sein des Seienden. Also ist die Phänomenologie die Wissenschaft vom Sein des Seienden (37). Weil aber der Sinn des Seins des Seienden vom Dasein bestimmt ist, wird die Phänomenologie zugleich zur *Hermeneutik,* zur Theorie der Auslegung dessen, was zum Dasein gehört.

Mit diesen methodischen Klärungen läßt sich Philosophie auffassen als universale phänomenologische Ontologie, ausgehend von der Hermeneutik des Daseins und einmündend in die Analytik der Existenz (38).

---

7 Phänomenologie darf also nicht mit Phänomenalismus verwechselt werden, der sich als Lehre von den bloßen Erscheinungen versteht.
8 Man beachte die radikale Umdeutung des Wahrheitsbegriffs, der traditionell auf Übereinstimmung (adaequatio) zwischen Sachverhalt und Gedanken aufbaut (Isaak Israeli, Thomas von Aquin).
9 Zur Problematik dieses Ansatzes, insbesondere bezüglich der Unterscheidungsmöglichkeit von Wahrheit und Falschheit, siehe v.a. Tugendhat (1967) S.335.

29.2 Das In-der-Welt-sein als Grundverfassung des Daseins

29.21 Vorbetrachtungen

Ehe sich Heidegger dem ersten Hauptthema der Untersuchung zuwendet, führt er in einem Vorblick den Begriff des Existenzials ein und grenzt damit die nachfolgende Existenzialanalytik von Anthropologie, Psychologie, Biologie und Ethnologie ab.

Existenzialien sind zusammen mit den Kategorien die beiden «Grundmöglichkeiten von Seinscharakteren» (45). Existenzialien sind die Seinscharaktere des *Daseins* und der Existenz, Kategorien die der *Vorhandenheit* im weitesten Sinne, des Seienden in seinem Sein für alle. Heidegger verwendet diesen neuen Begriff des Existenzials, um die jeweiligen Seinscharaktere des Daseins von den tradierten Vorstellung abzuheben, die im allgemeinen auf ein Vorhandensein hinauslaufen. Existenzialien sind zum Beispiel der Vorrang der Existenz vor dem Wesen, die Jemeinigkeit und die Durchschnittlichkeit. Dabei bedeutet Jemeinigkeit, daß es dem Dasein in seinem Sein je um sein eigenes geht (42), Durchschnittlichkeit dagegen die alltägliche Indifferenz des Daseins in seinem Zunächst und Zumeist (43). Beide sind Bedingungen der Möglichkeit von Eigentlichkeit und Uneigentlichkeit.

In der Abgrenzung von den genannten Disziplinen finden wir exemplarisch eine explizite Scheler-Kritik. Zunächst wirft Heidegger Scheler vor, nirgendwo die Seinsart der Person bestimmt zu haben; denn bei der Charakterisierung der Person als Aktvollzieher, die zwar schon als Fortschritt gegenüber älteren Substanz-Auffassungen gewertet werden kann, fehle die Klärung, was denn «vollziehen» heißen soll. Der eigentliche Grund dieser Versäumnisse hängt mit Schelers Orientierung an der antik-christlichen Anthropologie zusammen. Diese versteht die Seinsart des Lebewesens im Sinne der Vorhandenheit und der theologischen Gottebenbildlichkeit, die gleichfalls die Seinsfrage auf falsche Wege führt (48). Heidegger verwendet diese Argumentationsstrategie auch an zahlreichen anderen Stellen gegenüber anderen Denkern und Repräsentanten der philosophischen Tradition.

Die bisher nur isoliert und in Andeutungen gegebene Charakteristik der verschiedenen Existenzialien deutet Heidegger im folgenden als gemeinsame apriorische Seinsbestimmung des Daseins im Sinne eines *einheitlichen* Phänomens und nennt dieses das *In-der-Welt-sein* (53).[10] Zu dessen Klärung müssen drei Fragen beantwortet werden, welche die Gliederung der weiteren Ausführungen bestimmen:
– Wie ist das «in-der-*Welt*» näher zu bestimmen? (Weltlichkeit; Zeug-Analyse; vgl. 29.22).
– *Wer* ist das Seiende, das in der Weise des In-der-Welt-seins ist? (Mit- u. Selbstsein; vgl. 29.23).
– Was heißt *In-Sein* als solches? (Erschlossenheit und Sorge; vgl. 29.24 und 29.25).

Weil in der letzten Frage die entscheidenden Elemente einer Revolution des Denkens verborgen sind, erläutert Heidegger deren Reichweite in einer «orientierenden Charakteristik», ehe er auf die ausführlichen Einzelanalysen eingeht.

In-Sein hat nichts mit dem räumlichen Zueinander des Vorhandenen zu tun, sondern ist ein Existenzial, also eine Seinsverfassung des Daseins, die solchen räumlichen Vorstellungen zugrundeliegt. Als Existenzial bedeutet es wohnen bei ..., vertraut sein mit ... (54). In-Sein in der Welt bezeichnet ferner auch keine geistige Eigenschaft, der die Räumlichkeit des Menschen in seiner Leiblichkeit gegenübersteht, weil diese Deutung die existenziale Räumlichkeit voraussetzt, die ihrerseits aus der Seinsart des Besorgens verstanden werden muß. Auch die Redensart von der Umwelt, die der Mensch habe, führt nicht weiter, so lange das «Haben» unbestimmt bleibt (57). Die Biologie schließlich setzt die Daseinsstruktur des In-Seins schon voraus und kann sie deshalb nicht selbst bestimmen.

---

10 Als Fundamentalstruktur des Menschen entspricht dies dem Begriff der Subjektivität oder des Lebens in anderen philosophischen Konzeptionen.

Der Einwand, daß in allen Fällen immer nur gesagt wird, was In-Sein *nicht* ist, zeigt nach Heidegger die Eigentümlichkeit des Phänomens: «Der phänomenologische Aufweis des In-der-Welt-seins hat den Charakter der Zurückweisung von Verstellungen und Verdeckungen, *weil* dieses Phänomen immer schon in jedem Dasein in gewisser Weise selbst ‹gesehen› wird. Und das ist so, *weil* es eine Grundverfassung des Daseins ausmacht, mit seinem Sein für sein Seinsverständnis je schon erschlossen ist» (58). Trotzdem bleibt das ontisch immer schon erfahrene Phänomen nicht total verborgen. Das wird deutlich bei der *Rolle des Erkennens* in der Diskussion des In-der-Welt-seins.

Erkennen wird im allgemeinen als Beziehung zwischen Subjekt und Objekt gedeutet. Subjekt und Objekt dürfen hier nicht mit Dasein und Welt gleichgesetzt werden (60)[11]. Denn Subjekt betrifft ein Innen, Objekt ein Außen, ohne daß die Frage nach der Seinsart von Innen und Außen gestellt wird. Deshalb resultiert daraus das unlösbare Problem, vom inneren Subjekt zum transzendenten Gegenstand zu gelangen[12]. Die Aussichtslosigkeit, mit dem Subjekt-Objekt-Schema die anstehenden Fragen des Erkenntnisvorgangs zu lösen, liegt in der Verkennung des Erkennens als Seinsmodus des Denkens: «Erkennen ist eine Seinsart des In-der-Welt-seins» (61). Erkennen gründet in einem schon Vertraut-Sein mit der Welt und darf nicht zur Bedingung des Umgangs mit der Welt erklärt werden.[13] Erkennen, in dem Vorhandenes bestimmt wird, ist ein defizienter Modus des Vertrautseins mit der Welt. Das Dasein transzendiert im Erfassen von Etwas nicht von einer isolierten Innensphäre nach außen, sondern hat die Welt im In-der-Welt-sein schon immer vorgängig entdeckt.

29.22 Die Idee der Weltlichkeit und die Zeug-Analyse

Eine Beschreibung der Welt beginnt üblicherweise bei den natürlichen oder künstlichen Dingen, wie Berge, Gestirne, Menschen oder Häuser, Werkzeuge, und bezieht eventuell noch werthafte Dinge ein. Solche ontischen Beschreibungen, die am *Seienden* haften bleiben, geben aber keine Auskunft über das *Sein*. Ebensowenig geschieht dies bei der Ontologie, welche die Dinglichkeit der Natur- und Wertdinge als Substanzialität und Funktionalität bestimmt. Phänomen aber war das, was sich als Sein und Seinsstruktur zeigt. Beide Versuche stoßen nicht zum Phänomen Welt vor und verfehlen Weltlichkeit als Existenzial. Heidegger unterscheidet hier vier Weltbegriffe (64):

– ontisch und vom Dasein unabhängig: Welt als All des Seienden, das vorhanden ist;
– ontologisch und vom Dasein unabhängig: Welt als Sein des vorhanden Seienden (als Substanzialität, Materialität, Ausgedehntheit, beispielsweise als Welt der Mathematik usw.);
– ontisch-existenziell: Welt als das, worin ein Dasein faktisch lebt, und
– ontologisch-existenzial: Welt als Weltlichkeit, als Apriori der Daseinsbestimmungen.

---

11 Die neue Terminologie Heideggers soll gerade die wesentliche Verschiedenheit zu den traditionellen Vorstellungen ausdrücken.
12 Die Unlösbarkeit liegt nach Heidegger bereits im Ansatz der cartesischen Bewußtseinsphilosophie. Der Zweifelsweg Descartes' ist ungangbar. Bei ihm gelingt der Übergang vom cogito sum zur Welt nur unter Zuhilfenahme der Gottesvorstellung. Alle späteren Versuche, dem Solipsismus zu entrinnen, scheitern; selbst Husserl verstrickt sich in seiner Konstitutionslehre und Intersubjektivitätstheorie in Aporien (vgl. 6.13).
13 Damit ist eine radikale Absage an den weitverbreiteten Primat der Theorie formuliert, wie wir ihn auch bei Husserl finden. Erste Andeutungen einer Entwicklung in diese Richtung findet man bei den südwestdeutschen Neukantianern (vergleiche den Einfluß Rickerts) und vor allem bei Scheler (siehe 14.21), auf den sich Heidegger gelegentlich bezieht (z.B. in WP 85). Doch die entscheidenden Anregungen zur Neubestimmung des menschlichen Weltbezugs findet Heidegger im «unruhigen Herzen» des Augustinus und in der praktischen Philosophie der Nikomachischen Ethik, insbesondere in der Phronesis-Lehre (vergleiche dazu Figal (1992) S. 61 ff.). Denn die Phronesis hat schon bei Aristoteles ihre Grenzen; ihr Wissen entläßt das Werk in einem unverfügbaren Gebrauch und desavouiert damit die theoretische Gewißheit.

Welt in der ersten und zweiten Bedeutung setzt Heidegger in Anführungszeichen; *weltlich* meint die Seinsart des Daseins, Vorhandenes dagegen heißt *weltzugehörig* oder *innerweltlich*. Das Ziel der Untersuchung ist die Explikation der Weltlichkeit und der Nachweis der Fundierung von «Welt» in der Weltlichkeit.

Wenn es dem Dasein in seinem Sein wesenhaft um dieses Sein geht, muß die Aufmerksamkeit sich auf das «Sein des in solchem Besorgen begegnenden Seienden» richten (67). Heidegger setzt beim griechischen Terminus für Dinge an: pragmata als dasjenige, «womit man es in besorgendem Umgang (praxis) zu tun hat» (68). Er nennt Seiendes, das uns im Besorgen begegnet *Zeug* und bezeichnet die zugehörige Seinsart mit der Kategorie der *Zuhandenheit* (69). Zeug begegnet uns nie isoliert, sondern in einer Zeugganzheit und in einem Verweisungszusammenhang. Ein Hammer ist also nicht zunächst vorhanden und wird dann noch gebraucht, sondern umgekehrt: er begegnet uns in seiner Zuhandenheit und das Nur-noch-vorhandensein drückt einen defizienten Modus des Besorgens aus (73). Objektivität wird aus der ursprünglicheren Zuhandenheit abgeleitet. Das An-sich-sein ist das Sich-nicht-melden der Welt in seiner Unauffälligkeit, Unaufdringlichkeit und Unaufsässigkeit (75). Aus der Vielzahl der Möglichkeiten greift Heidegger das *Zeichen* als charakteristisches Beispiel für den Zeugcharakter heraus und zeigt, daß das Zeichen als ontisch Zuhandenes die ontologische Struktur der Zuhandenheit, Verweisungsganzheit und Weltlichkeit aufweist (82).

Das Sein des Zuhandenen wurde als *Verweisung* bestimmt; darin sind Dienlichkeit, Abträglichkeit, Verwendbarkeit und ähnliches umfaßt. Diese Begriffe bezeichnen aber keine Eigenschaften von Seiendem, sondern Bedingungen der Möglichkeit für Seiendes als Zuhandenes. Das besagt, das Sein des Zuhandenen ist selbst Verwiesenheit. Diese ontologische Bestimmung des Seins von Zuhandenem bezeichnet Heidegger auch als *Bewandtnis*; denn «Seiendes ist daraufhin entdeckt, daß es als dieses Seiende, das es ist, auf etwas verwiesen ist. Es hat *mit* ihm *bei* etwas sein Bewenden» (84). Damit ist zugleich eine «vorgängige Freigabe des Seienden auf seine innerumweltliche Zuhandenheit» gegeben (85). Dies wiederum setzt ein *Verstehen* von In-der-Welt-sein bereits voraus. – Mit diesen Existenzialien kann Heidegger das Ergebnis der Analyse des Phänomens Welt folgendermaßen zusammenfassen: «Das Worin des sichverweisenden Verstehens als Woraufhin des Begegnenlassens von Seiendem in der Seinsart der Bewandtnis ist das Phänomen der Welt» (86).

Als *Zwischenergebnis* zur Frage nach dem Sinn von Sein ergeben sich drei Bestimmungen (88):

– in der Kategorie der *Zuhandenheit* wird «das Sein des zunächst begegnenden innerweltlichen Seienden» erfaßt;
– in der Kategorie der *Vorhandenheit* liegt ein defizienter Modus der Zuhandenheit vor und
– in dem Existenzial der *Weltlichkeit* erscheint Sein als «ontische Bedingung der Möglichkeit der Entdeckbarkeit von innerweltlichem Seienden überhaupt».

Die wegen der neuen Terminologie und der komplizierten Sprache nicht immer sogleich überschaubaren Konsequenzen der Heideggerschen Thesen werden am Beispiel der Welt-Interpretation von *Descartes* ausführlich erläutert. Die Defizite der cartesischen Deutung springen ins Auge, wenn Welt mit extensio gleichgesetzt und die Methode auf die mathematische Zugangsart reduziert wird (95). Sein bedeutet bei Descartes letztlich ständige Vorhandenheit (96) und Dasein wird als res cogitans zum Spezialfall der allgemeinen Substanz (98). Der ausführlichen Raumdiskussion in der Descartes-Kritik läßt Heidegger eine Analyse der Räumlichkeit im Sinne des Umhaften der Umwelt folgen (101). In ihr wird dem Dasein durchaus auch Räumlichkeit zugesprochen, aber nicht im Sinne der res extensa, sondern als Bedingung des alltäglichen Umgangs mit Zuhandenem, insofern Zeug Seiendes «in der Nähe» ist (102). Das Zeug hat seinen Platz, gehört hierhin oder dorthin usw. «Im Dasein liegt eine wesenhafte Tendenz auf Nähe» (105). Die Gegend charakterisiert den Raum der Begegnung, in dem Ent-fernung und Ausrichtung, nicht Homogenität und eine reine Metrik eine Rolle spielen.

29.23 Mitsein und Selbstsein

Für Heidegger darf die Frage nach dem *Wer des Daseins* nicht von der Jemeinigkeit kurzschlüssig auf ein abstraktes Subjekt, Selbst oder Ich schließen, das sich in den Erlebnissen als Identisches durchhält und zu dem sich dann andere vorhandene Subjekte gesellen. In-der-Welt-sein ist zwar weltverstehendes Eingebundensein des Daseins. Aber dieses bedeutet kein isoliertes Subjekt. Denn Zuhandensein und Besorgen verweisen auch auf den *Anderen*. Der Andere ist weder vorhanden noch zuhanden, sondern einfach auch und mit da: «Die Welt des Daseins ist *Mitwelt*. Das In-Sein ist *Mitsein* mit Anderen. Das innerweltliche Ansichsein dieser ist *Mitdasein*» (118). Der Einzelne kann erst aufgrund des Mitseins gedacht werden. «Das Alleinsein ist ein defizienter Modus des Mitseins, seine Möglichkeit ist der Beweis für dieses» (120). Zum Sein des Daseins gehört wesentlich das Mitsein des Anderen. Wenn früher vom Seinsverständnis des Daseins die Rede war, so heißt das jetzt genauer Verständnis Anderer.

Den Umgang mit innerweltlich Zuhandenem kennzeichnet Heidegger später ausführlich als *Besorgen* (6.Kapitel). Der Umgang mit Seiendem, zu dem sich das Dasein als Mitsein verhält, heißt *Fürsorge*. Heidegger beschreibt zwei extreme positive Modi, zwischen denen Übergänge bestehen: die einspringend-beherrschende Fürsorge, in der der Andere aus seiner Stelle geworfen und zum Abhängigen wird, und die vorausspringend-befreiende Fürsorge, welche die Existenz des Anderen respektiert und ihm dazu verhilft, in seiner Sorge frei zu leben (122). Das Existenzial Fürsorge fundiert alle anderen Modi des Besorgens, «das Für-, Wider-, Ohne-einandersein, das Aneinander-vorbeigehen, das Einander-nichts-angehen» usw. (121).

Auch die Einfühlung muß aus dem Mitsein heraus gedeutet werden. Sie ist, – wie das Erkennen auch, – kein existenziales Phänomen; denn sie geschieht auf der Ebene von isolierten Subjekten und projiziert das eigene Selbst auf den Anderen, der so zur «Dublette des Selbst» wird (124).

Wenn das Seinsverständnis des Daseins stets auch schon den Anderen mitumfaßt, dann muß das Dasein, um es selbst sein zu können, zu diesem Anderen auch Abstand halten. Das Miteinandersein hat demnach den Charakter der *Abständigkeit*. Andererseits steht das Dasein in der *Botmäßigkeit* der Anderen, weil ihm diese das Sein abnehmen. So entsteht eine unauffällige Herrschaft der Anderen: «Man selbst gehört zu den Anderen und verfestigt ihre Macht» (126). Die Anderen sind da, aber nicht als bestimmte Existenzen, sondern das «Wer» der Anderen ist das Neutrum, das *Man* (129). Damit sind wir auf ein weiteres Existenzial gestoßen, das als ursprüngliches Phänomen durchaus als positive Verfassung des Daseins anzusehen ist.[14] Das Existenzial läßt sich nicht nur durch Abständigkeit und Botmäßigkeit charakterisieren, sondern auch durch Einebnung, Durchschnittlichkeit, Öffentlichkeit, Seinsentlastung und Entgegenkommen (128), wodurch der positive Charakter noch deutlicher wird. Aber wer im Man lebt, lebt uneigentlich und ist *Man-selbst* im Gegensatz zum eigens ergriffenen *eigentlichen Selbst*. Es ist festzuhalten, daß man zunächst und alltäglich Man-selbst und nicht eigentliches Selbst ist (129). Das eigentliche Selbstsein ist «eine existenzielle Modifikation des Man als eines wesenhaften Existenzials» (130).

Damit sind die wichtigsten Bezüge, die das In-der-Welt-sein konstituieren, herausgestellt. Sein bei der Welt als Besorgen, Mitsein als Fürsorge und schließlich Selbstsein als Wer des Daseins. Alle diese Bezüge sind im Dasein gleichursprünglich verknüpft. Deshalb bleibt als letzte und wichtigste Aufgabe, diese Einheit im Dasein herauszuarbeiten und aus dem In-Sein als solchem die Konstituentien für das Dasein zu entfalten.

---

14 Die Man-Analyse ist also keine Kulturkritik, wie eine isolierte Betrachtung der Einzelaussagen suggerieren könnte und wie sie von vielen Zeitgenossen verstanden worden ist.

29.24 Das In-Sein als solches

Die nächste Frage lautet, wie das Vertrautsein des Daseins mit der Welt im einzelnen zu verstehen ist. Das Da im Da-sein verweist auf das Hier und Dort eines innerweltlichen Begegneten, das in eben diesem Da als schon erschlossen mitgedacht wird. Da impliziert also *Erschlossenheit:* «Das Dasein ist seine Erschlossenheit» (133). Das Vertrautsein ist kein einfaches Vorkommen in einer erkannten Welt, sondern ein vor allem Wissen vorgängiges Erschlossensein der Welt. Die weitere Untersuchung versucht daher, die konstitutiven Momente der *Erschlossenheit des Daseins* aufzuweisen. Heidegger stellt drei Existenzialien heraus: Befindlichkeit – Verstehen – Rede.[15]

a. Dasein als Befindlichkeit

Befindlichkeit ist die existenziale Bedingung für Gefühle und Stimmungen. In ihr wird «das Dasein vor sein Sein als Da gebracht» (134); in Stimmungen erfahren wir das Sein als Last oder wir werden der Last enthoben. Dabei weicht das Dasein dem in der Stimmung erschlossenen Sein meistens aus und überantwortet sich dem Gefühl. Deshalb wird das Woher und Wohin der Stimmung gar nicht erkannt, sondern bleibt verhüllt. Das in der Befindlichkeit des Daseins erschlossene «Daß es ist» nennt Heidegger *Geworfenheit* in das Da, in der zugleich die Faktizität der Überantwortung enthalten ist (135). In der Befindlichkeit vollzieht sich nicht nur die Erschließung der Geworfenheit, sondern auch das In-der-Welt-sein als Ganzes. Die Stimmung überfällt zwar das Dasein, aber sie drückt zugleich das Hingegebensein an die besorgte Welt aus. Das heißt, die primäre Entdeckung der Welt erfolgt in den Stimmungen. So wird in der Befindlichkeit nicht nur die Existenz, sondern auch Welt und Mitsein erschlossen. Aus dem Bedrohlichen, Undienlichen und Widerständigen des befindlich Zuhandenen konstituiert sich zugleich das Dasein in seiner *Weltoffenheit* (137).[16]

b. Dasein als Verstehen

Die Erschließung in ihrem Worum-willen und in ihrer Bedeutsamkeit führt auf das zweite Strukturmoment, auf das *Verstehen*. In ihm vollendet sich die Hermeneutik als Selbstauslegung des Daseins. Das Verstehen ist mit der Befindlichkeit gleichursprünglich, das heißt, Befindlichkeit enthält (zwar niedergehaltenes) Verstehen, und Verstehen ist gestimmt (142): «Worum-willen *und* Bedeutsamkeit sind im Dasein erschlossen, besagt: Dasein ist Seiendes, dem es als In-der-Welt-sein um es selbst geht» (143). Im Verstehen ist auch *Sein-können* vorausgesetzt, das primäre Möglichsein als Bedingung für logische Möglichkeit und für Kontingenz. Die Möglichkeit des Freiseins für das Sein-können läßt den Zusammenhang der Welt zum Freiraum des Handelns werden. Der damit gegebene Freiheitsbegriff bedeutet keine Gleichgültigkeit der Willkür, in der stets Noch-nicht-vorhandenes zu Vorhandenem wird (144), sondern er hat die existenziale Struktur des *Entwurfs* und macht damit den aristotelischen Begriff von Handlungsfreiheit und den kantischen Begriff von Willensfreiheit erst möglich. «Das

---

15 Mit diesem Aufweis beantwortet Heidegger die Frage nach der Möglichkeit sowohl der Erkenntnis der Außenwelt als auch der Intersubjektivität, die als ungelöste Frage der tradierten Erkenntnistheorie Generationen von Philosophen beschäftigt hat.
16 Heidegger vollzieht hier die radikale Umkehr des Verhältnisses von Erkennen und Fühlen, von theoria und pathos. Affekte sind nicht mehr Begleitphänomene, das Dritte nach Denken und Wollen, sondern Ursprung aller Erschließung. Heidegger verweist hier auf das Verdienst der Schelerschen Phänomenologie, die an Augustinus und Pascal anschließt. Die eigentliche Grundlegung der Affektenlehre sieht er aber in der Rhetorik des Aristoteles (2. Buch); diese habe seitdem «kaum einen nennenswerten Schritt vorwärts» getan (139).

Verstehen ist, als Entwerfen, die Seinsart des Daseins, in der es seine Möglichkeit als Möglichkeit *ist*» (145).[17]

Wie in der Umsicht das Zeug, in der Rücksicht das Mitsein erfaßt wird, so läßt sich dem Verstehen die Sicht auf das Sein als solches zuweisen. Die *Sicht,* die sich auf die Existenz bezieht und sonst Selbsterkenntnis heißt, erscheint bei Heidegger als *Durchsichtigkeit* (146). In ihr drückt sich die Gelichtetheit der Erschlossenheit des Da aus; sie begegnet Unverdecktes als Sein. Mit diesem Existenzial läßt sich auch die phänomenologische Wesensschau begreifen, die nie pures Anschauen von Vorhandenem meint, sondern in der Sicht des Verstehens gründet. Das Weltverstehen erfolgt genauer in drei Momenten: in Vorhabe, Vorsicht und Vorgriff (150), die zugleich die Auslegung fundieren. Damit läßt sich der Sinnbegriff artikulieren: «Sinn ist das durch Vorhabe, Vorsicht und Vorgriff strukturierte Woraufhin des Entwurfs, aus dem her etwas als etwas verständlich wird» (151). Da Sinn ein Existenzial und keine Eigenschaft von Vorhandenem ist, kann nur Dasein sinnvoll oder sinnlos sein.

Wenn Auslegung das Auszulegende schon verstanden haben muß, verfängt sich die Beschreibung in einen *Zirkel.* Aber dieser gehört zur existenzialen Vor-Struktur des Sinnes und wer diese als Fehler interpretiert, mißversteht das Verstehen. Nur in den Wissenschaften, die begründende Ausweisungen fordern, ist der Zirkel «vitiosus». Deshalb dürfen sich die historischen und philologischen Argumentationen nicht an den exakten Wissenschaften orientieren. «Der ‹Zirkel› im Verstehen gehört zur Struktur des Sinnes»; daher hat Dasein eine ontologische Zirkelstruktur (153)[18]. Aussagen, die auch Sinn haben, sind abkünftige Modi der Auslegung. Denn dem apophantischen «Als» der Aussage liegt ein ursprünglicheres «Als» der umsichtig verstehenden Auslegung (hermeneia) zugrunde, das existenzial-hermeneutischen Charakter hat (158). Die dritte Bedeutung der Aussage nach Aufzeigung und Prädikation ist die Mitteilung oder Heraussage (155), die zum letzten gleichursprünglichen Existenzial der Befindlichkeit führt, nämlich zur Rede.

c. Dasein als Rede

«Rede ist die Artikulation der Verständlichkeit» (161) und hat einen Sinn. «Die Hinausgesprochenheit der Rede ist die Sprache», zu der aber auch die Möglichkeiten des Hörens und Schweigens gehören, weil Rede weniger als Vollzug des Sprechens, sondern eher als Spielraum des Miteinanderseins in der Welt gemeint ist. In der Rede erfolgt die bedeutungsmäßige Gliederung der Verständlichkeit. Als Konstituentien zählt Heidegger auf: das Worüber der Rede, das Geredete als solches, Mitteilung und Bekundung (162). Der Fehler aller Versuche, das Wesen der Sprache anzugeben, liege in der Beschränkung auf eines dieser Momente, zum Beispiel daß die Mitteilung als Aussage oder die Bekundung als Kundgabe von Erlebnissen aufgefaßt wird (163). Das Dasein hat als redendes In-Sein sich schon immer ausgesprochen (165). Heidegger verweist auf die griechische Definition des Menschen als zoon logon echon. Spätere Definitionen betrachten den Menschen als Seiendes, das redet, und orientieren die Rede am Logos, der schließlich zur Logik der Ontologie des Vorhanden wird. Deshalb fordert Heidegger die Befreiung der Grammatik von der Logik, um wieder zum positiven Verständnis der apriorischen Grundstruktur der Rede vorzudringen.

---

17 Hier ist wieder auf Abgrenzendes hinzuweisen: Es handelt sich nicht um das Verstehen der Geisteswissenschaften, das sich gleichberechtigt neben das Erklären der Naturwissenschaften stellt; als Existenzial ist es beiden vorgeordnet. Ebensowenig hat das Entwerfen im Verstehen etwas mit Konstruktion zu tun, das auf völlig neue Kombinationen von Vorhandenem hinausläuft. Auffällig ist in diesem Zusammenhang die Umkehr des aristotelischen Verhältnisses von Möglichkeit und Wirklichkeit; Heidegger vertritt den Primat des Möglichen. Damit ist ein erster Keim zur Destruktion auch der aristotelischen Philosophie gegeben, die in SuZ noch als Anfang und Ursprung einer revidierten Metaphysik gedacht wird.

18 Auf die positive Bedeutung des hermeneutischen Zirkels baut Gadamer in «Wahrheit und Methode» (Tübingen 1960) seine Hermeneutik auf. Vgl. 2. Teil, Abschnitt II. 1a.

Am Ende der Explikation des In-Seins entwickelt Heidegger seine *Lehre vom Verfallensein*, in der das Existenzial der Alltäglichkeit seine Rechte fordert. Verfallensein ist die alltägliche Seinsart der Erschlossenheit; seine wichtigsten Weisen sind Gerede, Neugier und Zweideutigkeit (§ 38). Obwohl sich hier das Dasein im Modus der Uneigentlichkeit zeigt, darf das Verfallensein keineswegs als «Nachtseite» des Daseins gedeutet werden, da dies allemal zur Seinsart des In-Seins gehört.

29.25   Sorge als Sein des Daseins (6. Kap.)

Nach dem phänomenologischen Aufweis der Einzelstrukturen des Daseins kehrt Heidegger zurück zur Grundfrage nach der *existenzial-ontologischen* Bestimmung dieses Strukturganzen. Den phänomenologischen Boden für die ursprüngliche Seinsganzheit des Dasein stellt die *Angst* bereit; das Sein jener Ganzheit aber enthüllt sich als *Sorge*.

Angst muß von *Furcht* unterschieden werden. Schon bei der Analyse der Befindlichkeit ist Heidegger in § 30 auf die Furcht gestoßen[19]. Furcht meint dort einen bestimmten Modus der Befindlichkeit, in dem Zuhandenes, Vorhandenes oder Mitseiendes als «Wovor» der Furcht begegnet wird. Anders bei der Angst: «Das Wovor der Angst ist das In-der-Welt-sein als solches» (186), es ist also kein innerweltliches Seiendes, wie bei der Furcht, und bleibt völlig unbestimmt; es ist nirgends und Nichts (186). Aber zugleich bringt die Angst das Dasein vor sein Freisein als vereinzeltes «solus ipse» (existenzialer Solipsismus, 188). Verfallenheit und Öffentlichkeit überdecken die Unheimlichkeit der Angst, die faktisch nur selten durchbricht.

Wenn das Phänomen der Angst das Dasein in seiner Ganzheit umfaßt, dann müssen in dieser Einheit *Existenzialität*, *Faktizität* und *Verfallensein* integriert sein. Nun zeigt sich in der Angst tatsächlich im Freisein für das eigenste Seinkönnen die Möglichkeit von Eigentlich- und Uneigentlichkeit (191). Weil Dasein so schon immer über sich hinaus ist, hat es die Struktur des Sich-vorweg-seins (Existenzialität). Dieses ereignet sich aber in der Welt (Faktizität als Schonsein-in) und in der Alltäglichkeit (Verfallensein als Sein-bei). So kommt Heidegger zu der folgenden existenzial-ontologischen Beschreibung der *Sorge-Struktur*: Das Sein des Daseins ist «Sich-vorweg-schon-sein-in (der-Welt-) als Sein-bei (innerweltlich begegnendem Seienden)» (192). In der Sorge hat Heidegger den Titel gefunden, in dem sich die existenziale Interpretation des Daseins vollendet.

Es folgen wieder Abgrenzungen des Existenzials von oberflächlichen Deutungen wie Bekümmertsein oder Niedergedrücktsein und zahlreiche Beispiele, an denen sich die existenziale Interpretation bewähren soll. Den Abschluß bildet eine ausführliche Wahrheits-Diskussion (§ 44), in der der Zusammenhang von Sein und Wahrheit hergestellt wird[20]. An die Stelle der traditionellen Wahrheits-Definition tritt die Formel von der Unverborgenheit (aletheia). Weil die Aussagen eines Daseins mit der angegebenen Verfaßtheit des In-der-Welt-seins ein entdeckendes Verhalten aufweisen, wird Wahrsein zum Entdecktsein. «Das Seiende wird der Verborgenheit entrissen». Wahrheit ist ein Existenzial und gehört letztlich zur Grundverfassung des Dasein (226); sie ist die Erschlossenheit des Daseins selbst.

---

19 Im allgemeinen Sprachgebrauch und auch in der philosophischen und theologischen Terminologie bis hin zu Heidegger wurde die folgende Unterscheidung nicht gemacht. Hauptanregungen für seinen Angstbegriff hat Heidegger von Augustinus, Luther und vor allem von Kierkegaard erhalten (vgl. SuZ 190).

20 Da sich die Entwicklung Heideggers auch auf die Wahrheits-Auffassung ausgewirkt hat, wird hier auf eine ausführliche Darstellung des Wahrheitsbegriffs verzichtet. Vergleiche dazu 28.2.

29.3 Das Zeitproblem

Sein und Zeit enthält zwei Abschnitte: Die Daseins-Analyse und Überlegungen zum Zusammenhang von Dasein und Zeitlichkeit. Das Grundthema ist die Frage nach dem Sinn von Sein. Die bisherigen Untersuchungen geben Aufschluß über die Grundstruktur des Daseins, die in der Einheit von Existenz, Faktizität und Verfallen als Sorge begriffen wird. Wenn im folgenden die Ganzheit des Daseins als Zeitlichkeit enthüllt wird, dann ist damit auch eine Antwort auf die allgemeine Frage nach dem Sinn von Sein gegeben; denn die Freilegung des Horizonts von Sein überhaupt ist gleichbedeutend mit der Aufklärung des Seinsverständnisses von Dasein (231). Mit der Sorge wurde die Ganzheit des Daseins erfaßt. Aber um diese Ganzheit nicht nur in ihrer Struktur, sondern auch in ihrem existenziellen Sinn recht zu begreifen, müssen das Phänomen des *Todes* als Ende des Daseins und das Phänomen des *Gewissens* als die zum eigensten Sein aufrufende Stimme in die Analyse einbezogen werden. Die Erschlossenheit erweist sich in diesem Zusammenhang genauer als Entschlossenheit. Mit diesen neuen Existenzialien ist die Basis für die *Rückführung des Seins auf Zeitlichkeit* gegeben. «Zeitlichkeit enthüllt sich als Sinn der eigentlichen Sorge» (326). Zu diesem Ergebnis gelangt Heidegger, indem er die einzelnen Existenzialien, die das In-der-Welt-sein und die Sorge konstituieren, zeitlich interpretiert.

29.31 Das Sein zum Tode

Dasein erscheint im Seinkönnen wesentlich unabgeschlossen; denn hat das Dasein seine Ganzheit erreicht, wird es nicht mehr erfahrbar (236). Umso wichtiger scheint das Phänomen des Todes *anderer* zu sein, in dem der Tod wenigstens «objektiv» erfahrbar wird. Doch solche Überlegungen verlieren ihren Sinn, wenn man die Nicht-Vertretbarkeit des Daseins berücksichtigt. Als existenziales Phänomen muß der Tod im Dasein auf sich selbst genommen werden. Das Zu-Ende-sein des Daseins verwandelt sich in ein *Sein zum Ende* dieses Daseins oder in ein *Sein zum Tode*. «Der Tod ist eine Weise zu sein, die das Dasein übernimmt, sobald es ist» (245). Andernfalls spricht man vom Verenden des Lebendigen oder vom Ableben des nur physiologisch betrachteten Daseins. Erst aus dem Sein zum Tode lassen sich die verschiedenen Fragen nach dem Sterben in Biologie, Psychologie, Theodizee und Theologie verstehen.

Sein zum Tode besagt genauer, daß sich am Phänomen des Todes die Momente der Sorge als Ganzheitsstruktur von Existenz, Faktizität und Verfallen enthüllen lassen. Heidegger weist die drei Existenzialien als Bestimmungen des sogenannten *Bevorstandes* nach: Das Ende steht dem Dasein bevor, das heißt, der Tod ist zunächst Bevorstand im allgemeinen. Bezüglich der Existenz zeigt sich der «Tod als die eigenste, unbezügliche, unüberholbare Möglichkeit» (250). Zugleich zeugt die Befindlichkeit der Angst von der Geworfenheit in den Tod (Faktizität). Andererseits verdeckt das Dasein im Verfallen zunächst und zumeist das eigenste Sein zum Tode, indem es aus der Unheimlichkeit flieht und sich in der Alltäglichkeit beruhigt. Damit ist gezeigt, daß das Sterben ontologisch in der Sorge gründet und das Sein zum Tode wesenhaft zum Sein des Daseins gehört (252). «Der Tod als Ende des Daseins ist die eigenste, unbezügliche, gewisse und als solche unbestimmte, unüberholbare Möglichkeit des Daseins» (258).

Das Vorlaufen zum gewissen Tode wirkt bedrohlich. «Das Sein zum Tode ist wesenhaft Angst». Aber eben dieses Vorlaufen bringt das Dasein vor die Möglichkeit «in der leidenschaftlichen, von den Illusionen des Man gelösten, faktischen, ihrer selbst gewissen und sich ängstigenden *Freiheit zum Tode*», es selbst zu sein (266). Die Frage, wer das Dasein aus den Verstrikkungen des Man zu dieser Freiheit aufruft, führt auf das Problem des Gewissens.

29.32 Das Gewissen als Ruf der Sorge

Die Stimme des Gewissens ruft das Dasein auf, sich aus dem Man zu lösen und sich selbst zu finden. Der Ruf des Gewissens ist Anrufung des Selbst zu seinem Selbstseinkönnen und zugleich zum eigensten Schuldigsein (269). Dabei ist der Rufer das Dasein selbst, das sich in der Geworfenheit um sein Seinkönnen ängstigt. So zeigt sich das Gewissen als Ruf der Sorge (§ 57). Der Ruf erfolgt aus der Unheimlichkeit des In-der-Welt-seins und spricht das Dasein schuldig. Dabei gibt es keinerlei Hinweise auf Inhalte oder Begebenheiten, auf die sich der Ruf beziehen könnte. Die Lösung dieser Apori liegt in der Einsicht, daß sich das Dasein selbst als schuldig ansprechen muß (281) und in der Idee von «schuldig» die Nichtigkeit enthalten ist. Schuldig besagt «Grundsein für ein durch ein Nicht bestimmtes Sein – das heißt *Grundsein einer Nichtigkeit*» (283). Damit enthüllt sich ein ganz neuer Charakter der Sorge. Da das Dasein nicht selbst der Grund seines Seins ist, erweist sich sein Entwurf als wesenhaft nichtig. Gleiches läßt sich von der Geworfenheit sagen, denn Dasein kommt existierend «nie hinter seine Geworfenheit zurück» (284), das heißt, es lassen sich keine Gründe der Faktizität angeben. Und weil die Nichtigkeit beider auch die Möglichkeit des uneigentlichen Daseins als verfallenes verständlich macht, ist die Nichtigkeit auch in der Verfallenheit offenkundig. So kommt Heidegger zu dem Ergebnis: «Die Sorge selbst ist in ihrem Wesen durch und durch von Nichtigkeit durchsetzt» (295). Die Unheimlichkeit der Schuldigkeit bringt das Dasein vor seine unverstellte Nichtigkeit (287). Dieses Schuldigsein ist zugleich die existenziale Bedingung der Möglichkeit von Gut und Böse und damit von Moralität[21]. Aber im Rufverstehen als Gewissen-haben-wollen liegt zugleich eine vertiefte Weise der Erschlossenheit des Daseins. Zunächst zeigt es «das eigene Dasein in der Unheimlichkeit seiner Vereinzelung» und entdeckt so die Gewissensangst (295). Als Wesensmoment der Rede ruft es das Dasein aus dem Gerede des Man in die Verschwiegenheit zurück (296). So kommt Heidegger zur «ursprünglichsten, weil *eigentlichen* Wahrheit des Daseins», zur *Entschlossenheit* als «das verschwiegene, angstbereite Sichentwerfen auf das eigenste Schuldigsein» (297). Die Charakterisierung des Daseins als vorlaufende Entschlossenheit leitet später über zur Zeitlichkeit als ontologischen Sinn der Sorge.

29.33 Die Zeitlichkeit als Sinn des Daseins

Aus früheren Überlegungen (§ 32) folgt, daß Sinn «das Woraufhin des primären Entwurfs des Verstehens von Sein» bedeutet (324). Das Entworfene wurde als vorlaufende Entschlossenheit bestimmt. *Entwurf* «ist nur so möglich, daß das Dasein *überhaupt* in seiner eigensten Möglichkeit auf sich zukommen *kann* und die Möglichkeit in diesem Sich-auf-sich-zukommen-lassen als Möglichkeit aushält, das heißt existiert». Dieses auf sich Zukommen-lassen ist für Heidegger das Phänomen der *Zukunft*. Die Übernahme der Geworfenheit im Schuldigsein bedeutet «das Dasein in dem, *wie es je schon war,* eigentlich *sein*» (325). Das «wie es je schon war» ist das Gewesen oder *Gewesenheit* (später auch Gewesendheit) im Gegensatz zur Vergangenheit, die Heidegger zum «vulgären» Zeitbegriff des Vorhandenen zählt (326). Das Sein beim Zuhandenen schließlich ist nur im Gegenwärtigen des Seienden möglich (*Gegenwart*). Die Einheit der «gewesend-gegenwärtigenden Zukunft» nennt Heidegger *Zeitlichkeit*. Wenn das Dasein so letztlich als Zeitlichkeit bestimmt wird, dann ist das «Da» kein dauerndes Gegenwärtigsein, sondern wir

---

[21] Sowohl aus der universellen Nichtigkeit des Daseins als auch aus der grundlosen Schuld derselben ergeben sich tiefgreifende Konsequenzen für weltanschauliche und ethische Auffassungen. Der Entwurf aus der Nichtigkeit, die Geworfenheit in die Nichtigkeit und die Nichtigkeit des Verfallens geben die Basis für eine existenzial-ontologische Nihilismus-Diskussion (vergleiche die Nietzsche-Vorlesungen Heideggers). Zugleich erweist sich die formale Schuldigkeit als jenseits von Gut und Böse und erklärt, warum bei Heidegger keine ausgearbeitete Ethik zu finden ist. Ebenso wird auch das Verhalten Heideggers in der Politik-Debatte verständlicher, in der er sich nie als schuldig bezeichnete oder Entscheidungen widerrief (vgl. 30.2).

sind im Da, indem wir zukünftig, gewesen und gegenwärtig in einem sind. Dabei erkennt man die Sonderrolle der Zukunft; denn Gewesenheit entspringt aus der Zukunft (326). An die Stelle der Modi des vulgären Zeitbegriffs «Vergangenheit – *Gegenwart* – Zukunft» treten bei Heidegger die Ekstasen der Zeitlichkeit «*Zukunft* - Gewesenheit – Gegenwart». Der Begriff Ekstase wird vom aristotelischen ekstatikon übernommen und bedeutet dort etwas, was sich von einem anderen abtrennen läßt. Bei Heidegger soll er verdeutlichen, daß Zeitlichkeit nicht ist, sondern sich zeitigt, das heißt «das ursprüngliche ‹Außer-sich› an und für sich selbst» (329) oder «Entrückung» (GA 24, 377) ist.

Nachdem auch die drei Existenzialien der Sorge Existenz, Faktizität und Verfallen in ausführlichen Analysen (§ 68) auf die genannten Ekstasen zurückgeführt wurden, lassen sich die Bezüge zwischen Sein und Zeit wie folgt schematisch vereinfacht darstellen:

EXISTENZIALIEN der Sorge	der Erschlossenheit	EKSTASEN der Zeitlichkeit
EXISTENZ – Entwurf	Verstehen	(primär) ZUKUNFT
FAKTIZITÄT – Geworfenheit	Befindlichkeit	(primär) GEWESENHEIT
VERFALLEN – Artikulation	Rede	(primär) GEGENWART

Bei der Verdeutlichung des zeitlichen Ursprungs der Existenzialien verweist Heidegger auf den Unterschied von eigentlicher und uneigentlicher Zeitigung. Eigentliche Zeitigung ist Geschichtlichkeit, uneigentliche Innerzeitlichkeit das alltägliche Sichvorfinden in der Zeit. Diesen zwei gleichursprünglichen Zeitarten ordnet er je drei Weisen der Zeitigung zu:

GESCHICHTLICHKEIT als *eigentliche* Zeitigung	INNERZEITIGKEIT als *uneigentliche* Zeitigung	EKSTASEN der Zeitlichkeit
Vorlaufen	Gewärtigen – Ungewärtigen	Zukunft
Augenblick	Gegenwärtigen – Ungegenwärtigen	Gegenwart
Wiederholung	Behalten – Vergessen	Gewesenheit

Wichtige Anwendung findet diese Explikation in der Analyse der Geschichtlichkeit (5.Kapitel). Zunächst stellt Heidegger fest, daß die Sorge eigentlich ein «Zwischen» von Geburt und Tod ist. Diese Erstreckung des Daseins ist nur möglich durch seine Bewegtheit. Die Freilegung der Geschehensstruktur des Daseins führt auf deren *Geschichtlichkeit* (375), die von der vulgären Auslegung der Geschichte des Daseins unterschieden werden muß. Die Analyse zeigt, daß das Dasein nicht deshalb zeitlich ist, weil es in der (vulgären) Geschichte steht, sondern umgekehrt: das Dasein existiert geschichtlich, weil es im Grunde zeitlich, also zukünftig, gewesend und augenblicklich ist (376; 385). Deshalb läuft die Deutung des Daseins als Geschichtlichkeit praktisch auf die Ausarbeitung der Zeitlichkeit hinaus. Dabei erweist sich die Endlichkeit der Zeitlichkeit, die sich aus dem Sein zum Tode ergibt, als der verborgene Grund der Geschichtlichkeit (386). Heidegger übernimmt hier Forschungen Diltheys und gewisse Ideen des Grafen Paul Yorck von Wartenburg[22]. Als fundamentales Ziel der Lebensphilosophie fordert er die Herausarbeitung der Differenz zwischen Ontischem und Historischem. Weil die Heideggersche Idee des Seins Ontisches und Historisches umgreift, kann er so einen Zusammenhang mit den Daseinsanalysen herstellen. Dabei bleibt das Problem aber ungelöst (403). Das Werk bricht inmitten der Überlegungen zur Geschichtlichkeit und Innerzeitigkeit ab und wurde nie direkt, das heißt in der geplanten Form, zu Ende geführt.

---

22 Vergleiche den Briefwechsel der beiden Genannten. Halle 1923.

30. Heidegger in der Diskussion

Zum Abschluß unserer Betrachtungen «von Husserl zu Heidegger» werfen wir noch einen kurzen Blick auf die Weiterentwicklung der Heideggerschen Philosophie. Nach der Darstellung der Wirkung von SuZ auf die zeitgenössische Philosophie (30.1) gehen wir der Frage nach, ob sich in Heideggers Denken nach SuZ eine Wende vollzogen hat oder ob er in der Spätphilosophie nur die ursprüngliche Zielsetzung realisiert, die durch SuZ aus den Augen verloren war (30.2). Dann soll noch ein kurzer Ausblick auf die Spätphilosophie Heideggers erfolgen, in der eine neue Philosophie vom Seyn und von der Destruktion der abendländischen Metaphysik vorgelegt wird (30.3). Heidegger wurde zwar durch SuZ berühmt; seine Hochschätzung in den letzten Jahrzehnten ist aber wesentlich der Spätphilosophie zuzuschreiben, in der auf dem Hintergrund der Technik-Kritik die Geschichtlichkeit des Menschen als letzter Inhalt der philosophischen Verkündigung verbleibt und in der die Gedanken einer standortlosen Zeit auf den Begriff gebracht werden.

30.1 «Sein und Zeit» im zeitgenössischen Urteil

SuZ wird in der Öffentlichkeit zunächst als isoliertes Werk aufgenommen und als solches unabhängig von Heideggers Vorlesungen bewertet. Schon kurz nach der Veröffentlichung befindet sich Heidegger auf dem ersten Höhepunkt seines Ruhmes. Es sind nicht so sehr die differenzierten und oft schwer nachvollziebaren philosophischen Einzelgedanken, sondern die vermittelten Grundtöne des Gesamtwerkes, die einen günstigen Resonanzbogen finden und überall begeistert aufgenommen werden. Die vielgestaltigen geistigen Verunsicherungen zeigen ihre Wirkung. Es verbreiten sich skeptische, relativistische und nihilistische Thesen; die Auflösung moralischer und religiöser Ordnungen schreitet fort. In der Philosophie gewinnen die Ideen Nietzsches und Kierkegaards an Einfluß. Geistes- und zeitgeschichtliche Phänomene wie der Expressionismus oder die Radikalität der dialektischen Theologie sind Ausdruck der gesellschaftlichen und politischen Erschütterungen der krisengeschüttelten Nachkriegszeit. Sie alle erzeugen eine Grundstimmung existentieller Befindlichkeit, in der Angst, Ungeborgenheit, Sorge, Verzweiflung und Nichtigkeitserfahrungen die Szene beherrschen und akademische Streitigkeiten und hehre Systemgedanken zur Farce werden lassen. Der Mensch fühlt sich auf die nackte Existenz zurückgeworfen; sein einziger Anker im Meer der Sinnlosigkeit ist die eigene Freiheit, aus der im heroischen Trotz die Gegenwart in ihrer Endlichkeit und Vergänglichkeit angenommen wird. All diese Stimmungen drücken sich in den verschiedenen Formen von Existenzphilosophie[1] und – zumindest in den Augen vieler SuZ-Leser, – auch im Werk Heideggers aus. In dem berühmten Streitgespräch der Davoser Hochschulwochen von 1929[2] personalisiert sich der Aufbruch der existenzbezogenen Philosophie in *Heidegger. Cassirer*, der Repräsentant der idealistischen Kulturphilosophie des akademischen Betriebs und des in der Weimarer Zeit so verhaßten demokratischen Humanismus, steht in den Augen der jüngeren Generation auf verlorenem Posten. Das Heideggersche Pathos der Frage nach dem Sinn von Sein, seine universellen Zweifel am bisher Gedachten und das radikale Zurückfragen nach den letzten Fundamenten verbunden mit der geheimnisvollen Undurchsichtigkeit einer esoterischen Sprache faszinierten viele Anhänger und überdecken die Trostlosigkeit der ausstehenden Antworten. Denn die existentielle Entschlossenheit zur eigensten Freiheit vollzieht sich bei Heidegger auf dem Boden des Nichts. Doch diese eigentliche Botschaft der geschichtlichen Endlichkeit wird erst in der späteren Entwicklung transparent; zunächst wirkt das Neue und Unerhörte dieses Einzelwerks.

---
1 Vgl. Jaspers, Wust und 27.11.
2 Siehe oben Cassirer: 22. Einleitung.

In der *philosophischen Fachwelt* steht das Werk in einer Vielfalt von Perspektiven zur Diskussion. Die verschiedenen Analysen werden als Beiträge zu philosophischen Einzeldisziplinen gedeutet. Die Frage nach dem Sinn von Sein und die eigenwillige Aristoteles-Deutung erregen die Aufmerksamkeit der Ontologen, Metaphysiker und Logiker[3]. Der Primat der Praxis im Zuhandenen erzeugt Widerspruch bei den Neukantianern (Cassirer) und bei Husserl; die Entfaltung der Existenzialien und die Beschreibung des Seins zum Tode bereichern die philosophische Anthropologie, und die Diskussionen um das Man und die Alltäglichkeit erscheinen als Alternativen zu gesellschaftsphilosophischen und kulturkritischen Vorstellungen. Bezüge zur Naturphilosophie sind durch die Diskussion von Raum und Zeit, zur Ethik durch die Gewissens-Analysen gegeben. Vor allem die Geschichtsphilosophen erkennen die Herausforderung der Heideggerschen Thesen[4]. Zugleich erfahren auch philosophische Konzeptionen wie die Phänomenologie, die Transzendental-, Lebens- und Existenzphilosophie durch die Umdeutungen und Kritiken Heideggers neue Aufmerksamkeit. Die Versicherung Heideggers, daß sein Werk die Bedingungen der Möglichkeit solcher traditioneller Disziplinen und Konzeptionen bereitstellt oder auch infragestellt, wird von der SuZ-Generation im allgemeinen im Sinne einer Radikalisierung und Erweiterung der verschiedenen in der Tradition behandelten Themen umgedeutet. So hörten wir, daß Landgrebe SuZ als Radikalisierung sowohl der Transzendentalphilosophie als auch der Diltheyschen Lebensphilosophie betrachtet[5]. Heidegger geht in § 77 von SuZ auf diese Problematik ein und läßt dabei Diltheys Standpunkt weit hinter sich zurück. Am häufigsten wird die Fundamentalontologie als Beitrag zur *philosophischen Anthropologie* betrachtet. Schon Plessner klagt, daß seine Anthropologie im Schatten von Schelers «Stellung des Menschen im Kosmos» und Heideggers SuZ steht[6]. Die umfangreichen subtilen Deskriptionen innerhalb der Daseinsanalytik finden bei den Anthropologen höchste Anerkennung und Nachahmung[7]. Offensichtlich hat Heidegger die Grundstimmungen des modernen Menschen treffend beschrieben, wenn er von Angst und Sorge, von Endlichkeit und Verfallenheit, von existentieller Freiheit und Selbstsein, von Geschichtlichkeit und vom Sein zum Tode spricht. Die Fundamentalontologie wird in den Augen ihrer Interpreten zum Selbstzweck und man vergißt, daß die Daseinsanalytik nur vorläufigen und vorbereitenden Charakter hat. Deutlich wird diese Tendenz bei Fink, wenn er «Sein und Zeit» durch «Sein und Welt» ersetzt und damit eine ausgearbeitete existentialistische Anthropologie vorlegt. Über die Beziehung zur Phänomenologie und deren schließliche Transformation in eine Methode, die mit der ursprünglichen Intention Husserls nur noch wenig gemein hat, wurde ausführlich berichtet[8].

Als Beispiel einer unmittelbar nach dem Erscheinen von SuZ veröffentlichten Rezension des Werkes lassen wir *Maximilian Beck* zu Wort kommen[9]. Heideggers Anspruch, mit seiner Philosophie eine völlige Umwälzung einer über zweitausend Jahre alten philosophischen Tradition zu bewirken, wird zurückgewiesen. Im Gegenteil sei das Buch als «Synthese aller heute lebendigen Tendenzen der Philosophie» und als «ein konsequentes Zu-Ende-Denken gegebener Voraussetzungen» aufzufassen (5) . Nach Beck werden von Heidegger bestimmte Voraussetzungen von Bergson, Kierkegaard, Nietzsche, Marx, Husserl und Dilthey kritiklos als Selbstverständlichkeiten übernommen. Er zieht enge Verbindungen zwischen dem Heideggerschen Existenzbegriff

---

3 Siche die Seins-Diskussion bei Przywara in 24.21, die neue Deutung der Transzendentalphilosophie bei Rahner in 24.22, die Ontologie-Diskussion bei Conrad-Martius (12.22) und bei Edith Stein (24.23).
4 Da einzelne Literaturangaben hier auf eine fast endlose Liste führen würden, sei auf die differenzierte Literatur in Franzen (1976) verwiesen.
5 Vgl. 20.22.
6 Vgl. 23.11.
7 Vergleiche die Literaturangaben in 23. Einleitung.
8 So v.a. in 12.1, 22.22 und 28.3.
9 Referat und Kritik von Martin Heideggers «Sein und Zeit». In: Philosophische Hefte. Berlin-Wannsee, Band 1, 1928/29, S. 5 ff.

und Kierkegaards Aktualisierung der eigensten Möglichkeit und des «Sich-unendlich-um-sich-selbst-kümmerns»[10], ferner zwischen der Seinsweise des Man und Kierkegaards Phänomenologie des «Publikums» (7) beziehungsweise Nietzsches Darstellung des Herdenbewußtseins des minderwertigen Menschen (8). Die Einsicht, daß der Mensch zunächst in der Gesellschaft und nicht als Einzelsubjekt existiert, sei seit Marx wohlbekannt; das Man und das Mitsein würden die Rolle der Klasse übernehmen, die Polemik gegen die Substantialität im Sinne der Dingvorhandenheit ersetze die Dialektik, in der längst die Degradierung der Kontemplation als defizienter Modus des Handelns vollzogen worden sei (9). Von Husserl habe Heidegger das transzendentale gereinigte Bewußtsein entlehnt und mit der Bezeichnung «Dasein» versehen (11). Zusammenfassend heißt es: «In alledem hat Husserl in Heidegger nicht nur den konsequenten Zuendedenker gefunden, sondern diesem die allerentschiedenste Voraussetzung seiner Philosophie geliefert» (13). Was *Husserl* für Heidegger auf dem Gebiet der *natürlichen* Welt vorstelle, das bedeute *Dilthey* für Heidegger im Bereich der *geschichtlichen* Welt. Die gesamte Hermeneutik habe Heidegger von Dilthey «getreulich und bewußt übernommen» (17). In der Sorge-Analyse werden für Beck die Beiträge Kierkegaards ausschlaggebend. Für die Metaphysik des Todes verweist er auf Georg Simmel als Vorgänger[11]. Die gesamte Zeitlichkeit schließlich führt Beck auf ein von der zeitlich-extensiven Mißdeutung befreites aristotelisches Potenz-Akt-Verhältnis zurück (43), so daß sich alle Originalitäten Heideggers in Nichts auflösen. –

Wir wählen im folgenden aus den zahlreichen Stellungnahmen zur Heideggerschen Philosophie eine *lebensphilosophische* (Misch), eine *ontologische* (Conrad-Martius), eine *thomistische* (Stein) und eine *kulturphilosophische* (Cassirer) aus. Außerdem lassen wir H. Reiner als Vertreter der *Wertethik* zu Wort kommen, der zwar seine Stellungnahme wesentlich später verfaßt und auch die Spätphilosophie zitiert, sich in seiner Kritik jedoch auf die Kerngedanken von SuZ beschränkt[12]. Zum Schluß wird auf die Beziehung von Heidegger und *Jaspers* eingegangen.[13]

30.11   Georg Misch und Heidegger

Wir haben schon in 17.22[14] die von Misch herausgearbeitete Beziehung Diltheys zur Spätphänomenologie erläutert und dabei die Bedeutung Heideggers herausgestellt. Hier ergänzen wir die Überlegungen zum Verhältnis Dilthey-Heidegger aus der Perspektive Mischs unter Ausblendung der phänomenologischen Gesichtspunkte.

Nach Misch übernimmt Heidegger die Lebensphilosophie Diltheys und versucht, auf deren Basis seine Ontologie zu entwickeln. Genau diese Verbindung aus Lebensphilosophie und ontologischer Metaphysik, die den Kern der Fundamentalontologie ausmacht, ist aber nach Misch nicht möglich. Er gesteht zwar zu, daß Heidegger Diltheys Lebensbegriff positiv bewertet und dieser, – nach Einführung der ontologischen Differenz, – im Daseinsbegriff erhalten bleibt. Dasein ist für Misch Leben unter dem Gesichtspunkt der ontologischen Differenz. Denn immerhin entdeckt Heidegger bei Dilthey «die elementare Unruhe zu dem einen Ziel: das ‹Leben› zum philosophischen Verständnis zu bringen, und diesem Verstehen aus dem ‹Leben selbst› ein hermeneutisches Fundament zu suchen» (SuZ 398). Sogar die Bedeutung der Zeitlichkeit für die Konstitution der Kategorien des Lebens läßt sich bei Dilthey nachweisen (VII,192). Aber den-

---

10 Man beachte, wie selbst bei den *Kritikern* die sprachlichen Eigenarten Heideggers ihre Spuren hinterlassen. Daß solche Einflüsse bei wohlwollenderen Denkern, wie etwa bei Przywara, feststellbar sind, kann dagegen kaum überraschen.
11 Logos Band 1, 1910/11.
12 Auf eine Darstellung der Kritiken von E. Fink und anderen, die sich vorwiegend auf die Heideggersche *Spät*philosophie beziehen, verzichten wir im folgenden.
13 Weitere Stellungnahmen zu Heidegger sind bereits in den früheren Kapiteln zu finden. So v.a. von Rosenzweig in 25.24, von Buber in 25.32 und von Tillich in 26.12. Siehe ferner den Hinweis bei Cohen auf S.116.
14 Die Phänomenologie-Interpretation aus dem Geist der «Diltheyschen Richtung».

noch: Heidegger verfehlt in der Theorie des Seins die im Diltheyschen Lebensbegriff enthaltene Existentialität. Die Frage nach dem Sein ist *sekundär* und hat trotz des pathetischen Klangs nichts mit der existenziellen Frage des Lebens zu tun. Deshalb tendiert Heidegger auch zur *Fundamental*-Ontologie, also zur Fundamentierung der Philosophie. Doch nach Misch darf Philosophie «nicht auf festen Grund bauen wollen» (LP 224), sonst verliert die Selbstauslegung des Lebens ihren Prozeßcharakter und endet in der diskursiven Logik des Statischen. Gerade aus der Macht des unbestimmten Lebens können konkrete Gestalten geschöpft werden, die aber einer apriorischen Daseinsanalyse mit Hilfe von Existenzialien unzugänglich bleiben. Misch wendet sich gegen die Tendenz Heideggers, die Welt «wie ein großes Kristall» durchsichtig zu machen. Es ist also gerade die von Heidegger kritisierte ontologische *In*differenz Diltheys, die für Misch den dynamischen Charakter des sich selbst auslegenden Lebens garantiert[15].

30.12 Hedwig Conrad-Martius und Heidegger

In 12.22 wurde die phänomenologische Ontologie von Conrad-Martius dargestellt. Obwohl das Spätwerk «Das Sein» lange nach SuZ erschienen ist, enthält es keine explizite Auseinandersetzung mit Heidegger und setzt den wesensphänomenologischen Ansatz der «Realontologie» fort. Conrad-Martius gesteht, «öfters von den äußerst glücklichen und ontologisch nicht mehr entbehrlichen existenzial-analytischen Fassungen Heideggers Gebrauch zu machen», betont aber, daß diese Begriffe dann eine «*allgemein*-ontologische Bedeutung» annehmen (94). In der Seinsfrage orientiert sie sich an Aristoteles, läßt also das Sprechen von Sein nur in verschiedenen Bedeutungen zu; trotzdem bedeutet für sie Sein die höchste Gattung. In einigen *Anmerkungen* nimmt sie direkt Bezug auf Heidegger:

– Gegen das Grundkonzept der Existenzphilosophie wird der Sinn von Sein als substanzielle Gegenstandshaftigkeit bestimmt, die in der Bedeutung des Auf-sich-selber-Stehens nicht nur Objektivität meint, sondern ebenso menschlichen Personen zugeschrieben werden muß (DS 84). Auch «sich selbst ins Sein setzen ist: im Sein Stand gewinnen» (129).
– Anders als bei Heidegger umfaßt in ihrer Konzeption das Seiende, das in einem Seinsverhältnis zu seinem eigenen Sein steht, nicht nur das Dasein im Heideggerschen Sinne; für Conrad-Martius ist dies «das wesenhafte Charakteristikum *alles* real Seienden überhaupt» (94).
– In Heideggers In-der-Welt-sein wird durch das Dasein «Welt nicht in ihrem substanziellen Eigenstand begriffen, sondern nur in ihrer gegenständlichen ‹Vorhandenheit für› ». Auch bei Conrad-Martius ist ichhaftes Sein immer zugleich «über sich hinaus» und sich selbst jenseitig; aber die pneumatische Substanz ist auch reale Substanz. Mit der «transzendentalen Hinausversetztheit hat das geistig personale ‹Ich› eine ontische Handhabe zur Selbstverwurzelung im Sein» gefunden (139).
– Der Sinnbegriff bedarf keines Subjekts, keines Bewußtseins und keines Gottes (III 347), also auch keines Daseins im Heideggerschen Sinne; Sinn ist seinsmäßig das Erste.

Es ist offenkundig, daß von Conrad-Martius nur die Philosophie Heideggers vor der Kehre zur Kenntnis genommen wird, weil für sie Seinsphilosophie mit ontologischer Phänomenologie zusammenfällt und so nur die Fundamentalontologie in den Blick kommen kann.

30.13 Edith Stein und Heidegger

Steins Auseinandersetzung mit Heidegger hat – wie bei Conrad-Martius – keinen Einfluß auf ihre eigene Philosophie und bleibt daher äußerlich. Sie behandelt die Problematik im zweiten Anhang

---

15 Einzelheiten zu dieser Verteidigung der Hermeneutik durch Misch findet man in dem Aufsatz von E. Paczkowska-Lagowska: Ontologie oder Hermeneutik ? In: Papenfuss / Pöggeler, II (1990). S. 189 ff.

von EES unter dem Titel «Martin Heideggers Existenzphilosophie».[16] Stein übernimmt die mit «Sein und Zeit» zur allgemeinen Aktualität gelangte Frage Heideggers nach dem Sinn des Seins. Doch betrachtet sie das Vorgehen Heideggers, diesen Sinn aus dem Seinsverständnis des *Menschen* und damit aus dem Faktum der *Endlichkeit* zu gewinnen, als unzulässige Einschränkung; denn «es geht in der Metaphysik um den Sinn des Seins als solchen, nicht nur des menschlichen Seins» (21). Sie sieht die Geschöpflichkeit des Menschen auch durch die Faktizität bestätigt (52). Gegen Heideggers These, daß nach dem Sinn des Seins nur ein Seiendes fragen kann, zu dessen Sein ein Seinsverständnis gehört, stellt sie die Gegenthese: eben «weil der Mensch nicht nur für sein eigenes Sein, sondern auch für andersartiges Verständnis hat, darum ist er nicht auf sein eigenes Sein als den einzigen Weg zum Sinn des Seins angewiesen» (141). Ganz allgemein wirft Stein Heidegger einen «antichristlichen Affekt» vor, der ihn auf die Interpretation des Seins aus der Zeit fixiert. Bei Aristoteles gebe es keinerlei Hinweis, daß ousia als Anwesenheit und ti en einai als *ständige* Anwesenheit gedeutet werden könne, um damit die allgemeine Ableitung des Seins aus der Zeit zu begründen (134). Stein sieht umgekehrt das Seinsverständnis als Grundlage für das Zeitverstehen und beruft sich dabei ganz auf die Zeitanalysen von Conrad-Martius (40), deren ontologische Lehre sie als Gegenentwurf zu Heideggers «Sein und Zeit» versteht. Nach Conrad-Martius ist, wie oben angeführt, Zeit eine aus der Grundstruktur des Akt-Potenz-Seins ableitbare Größe, die dann auch die Möglichkeit von Ewigkeit zuläßt.

Die ausführliche Stellungnahme zu Heidegger im Anhang von EES bezieht sich vor allem auf SuZ, schließt aber auch die ersten Folgeschriften ein. Nach der Wiedergabe des Gedankengangs von SuZ erfolgt eine Stellungnahme, die auf drei Fragen eine Antwort sucht:

– «1. Was ist das Dasein?» Die entscheidende Aussage betrifft nach Stein das «Zusammenfallen von Wesen und Sein» im Menschen, eine Identifizierung die in der philosophia perennis nur auf Gott zutrifft; «insofern ist der Mensch ... als kleiner Gott aufgefaßt ...» (91). Sie kritisiert, daß Heidegger diese Gleichsetzung nicht durchhält und einerseits das Dasein als Selbst, andererseits im Sinne des menschlichen Seins betrachtet («Sein des Daseins»).

– «2. Ist die Analyse des Daseins getreu?» Stein billigt zwar Heidegger in seiner Herausarbeitung der menschlichen Grundverfassung Meisterschaft und Tiefgang zu (93). Trotzdem bringt sie auch hier Kritik an. Diese bezieht sich vor allem auf die Rolle des Man und des Todes. Dort zeigt sich, daß die Beschränkung auf das endliche Sein unserem Wesen nicht gerecht wird; so fehlen vor allem Untersuchungen der Phänomene wie Freude, Glück und Liebe, die dem menschlichen Sein erst ihre Fülle geben (110).

– 3. Gibt die Analyse eine angemessene Antwort auf die Frage nach dem Sinn von Sein? Auch diese Frage wird verneint. Für Stein beherrscht Heideggers Denken das Vorurteil der Endlichkeit, das alle Gewichte verschiebt: «Es ist von vornherein alles darauf angelegt, die Zeitlichkeit des Seins zu beweisen. Dann wird überall ein Riegel vorgeschoben, wo sich ein Ausblick zum Ewigen öffnet» (114).

Stein erkennt, daß Heidegger nicht nur als Vollender traditioneller Gedanken Kierkegaards, Nitzsches, Marxens, Bergsons, Diltheys, Simmels, Husserls und Schelers gedeutet werden kann; sie betont die Bedeutung des Einflusses Kants und vor allem der Griechen. Aber auch bei deren Berücksichtigung handelt es sich letztlich um eine Rückführung alles Seinsverstehens auf das durch den Menschen bestimmte Dasein, die in den späteren Arbeiten allerdings immer mehr infragegestellt wird. Stein deutet die Problemverschiebung aber nicht als neue Problemlage, die sich im Kehre-Denken manifestiert hat, sondern allgemein als Versagen des Heideggerschen Ansatzes einer radikalen Endlichkeitsphilosophie.

---

16 Vgl. oben 24.23 c. Veröffentlicht wurde der Aufsatz erstmals in «Welt und Person», S. 69 ff.

30.14   Ernst Cassirer und Heidegger

Die Heidegger-Kritik Cassirers entzündet sich am Kant-Buch Heideggers und ist zentrales Thema des Davoser Streitgesprächs.[17] Oberflächlich betrachtet vertreten dort beide nur verschiedene Kant-Interpretationen. Cassirer verwahrt sich gegen den im Kant-Buch erhobenen pauschalen Vorwurf der neukantianischen Fehlinterpretationen Kants. Genau genommen aber geht es in dieser Disputation um die «alte» und die «neue» Philosophie. Heidegger verweist zu Recht auf die Logifizierungen der Marburger Schule und auf die Vernachlässigung der durch die Phänomenologie rehabilitierten Anschauung und damit auf die Sonderrolle der transzendentalen Einbildungskunst in Kants «Kritik». Cassirers Antwort konzentriert sich auf die von Heidegger behauptete Endlichkeit der menschlichen Erkenntniskraft und auf die damit gegebene Unmöglichkeit ewiger Wahrheiten. Für Cassirer hat Kant nicht die Endlichkeit der Vernunft gelehrt, sondern die Frage gestellt, wie ein endliches Wesen zur Bestimmung unendlicher Gegenstände gelangen könne (278), die aus den Funktionen der Formen des gestaltenden Bewußtseins als «immanente Unendlichkeit» konstituiert werden (286). Daß Kant solche Formen der Absolutheit im Theoretischen und vor allem in der Ethik anerkannt hat, steht für Cassirer außer Frage. Wenn also Heidegger die Endlichkeit der Vernunft behauptet, kann er das nicht aus Kants «Kritiken» herauslesen, sondern nur der eigenen Konzeption zuschreiben. In der Tat rekurriert Heidegger in der Debatte immer wieder auf die Thesen von SuZ, insbesondere auf die Forderung, den Sinn der Subjektivität fundamentalontologisch zu klären und damit das Sein als Zeitlichkeit zu enthüllen (283). Die Beziehungen beider beschränken sich nicht auf den Davoser Disput. Heidegger hat schon vorher in der Rezension zu PSF II (in GA 3, S. 255 ff.) Cassirer gewürdigt. Die spätere Wende Heideggers zur Sprache könnte auch auf Anregungen durch Cassirer zurückgehen. Umgekehrt hat auch Heidegger auf Cassirer eingewirkt. Nach der Fußnote auf S. 51 in SuZ unterstützt Cassirer die Forderung einer existenziellen Analytik. Außerdem existieren nach Krois (1992, S. 280 f.) in unveröffentlichten Texten Cassirers Überlegungen zu «Basisphänomenen», die an Heidegger erinnern; ferner findet man dort eine kritische Beschäftigung mit der Geschichte der abendländischen Metaphysik.

30.15   Hans Reiner und Heidegger

Reiner unterzieht in seinem Werk «Grundlagen der Sittlichkeit» Heideggers Theorie des Gewissens (§ 17) und dessen Wertkritik (§ 21) einer ausführlichen Analyse. In bezug auf das *Gewissen* wirft Reiner Heidegger vor, «das Phänomen des Gewissens manchmal fast bis zur Unkenntlichkeit entstellt» zu haben. Denn es werde der entscheidende Phänomenbestand übersprungen, wenn weder nach dem Ursprung der sittlichen Forderungen noch nach den Zielen und Wirkungen des Gewissens gefragt wird. Indem Heidegger in seiner Seinsfrage solche Fragestellungen der «vulgären» Auffassung zuordnet, die einer unzulänglichen Ontologie entstammen, erweckt er den Eindruck, ein neues Fundament der Ethik bereitzustellen, «während in Wahrheit von deren wirklichen Grundlagen ein absolut entscheidendes Bestandstück ausgeschaltet und eine etwa hierauf dennoch aufgebaute Ethik der Bodenlosigkeit preisgegeben ist» (114).

Zur *Verteidigung der Wertethik* richtet Reiner seine Kritik gegen drei Behauptungen Heideggers (148):

– erstens, daß Werten einer Setzung der menschlichen Subjektivität, also einem *Tun*, entspringe,
– zweitens, daß diese Setzung eine Vergegenständlichung und eine Vorstellung der menschlichen Bedürfnissuche bedeute und

---

17 Vgl. den Bericht von Bollnow/Ritter in Heidegger GA 3, S. 315. Siehe auch die «Dokumentation: Philosophie und Politik. Die Davoser Disputation zwischen Ernst Cassirer und Martin Heidegger in der Retrospektive». In: Internationale Zeitschrift für Philosophie 1/1992. S. 290 ff.

– drittens, daß die Vergegenständlichung den Blick auf das Sein in seiner Wahrheit verdecke und damit diesem seine Würde raube.

Gegen die erste These stellt Reiner den phänomenologischen Bestand, der auf ein *Hinnehmen* verweist und in diesem Sinne seit Brentano von Philosophen wie Husserl, Scheler, Hartmann oder Hildebrand beschrieben worden ist. Werten als Tun betrifft nur die Analyse komplexer Wertphänomene und die dort auftretenden Werturteile; aber auch deren Elemente setzen passive Werterfahrungen voraus. Heidegger gebe für seine These keinerlei Begründung; er berufe sich einzig auf Nietzsche (149). Was die Vergegenständlichung der Bedürfnissuche betrifft, zeigt Reiner, daß sich Heideggers These nur aufrechterhalten läßt, wenn man den Wertbegriff mit dem bonum (to agathon) als Gegenstand eines *Willens* identifiziert, der dann allerdings relativ bleibt. Dabei wird aber außer Acht gelassen, daß der Wertbegriff auch und vor allem eine *Seinsvollkommenheit* (agathon als Idee des Guten) darstellt, das Ziel eines Strebens sein kann (150). Reiner betont den Unterschied zwischen dem Guten als Strebensziel und dem Guten als Seinsbestimmtheit. Die ehrfürchtige teilnehmende Schau auf eben diese Seinsvollkommenheit, wie sie vor allem in der Behandlung Gottes als summum bonum zum Ausdruck kommt, gehört wesentlich zum echten Wertbegriff und ist ein von Heidegger vergessenes Existenzial (152). Beim Wert handelt es sich demnach um ein «Urphänomen», das keineswegs auf die Bedürfnisbefriedigung des Menschen zurückgeführt werden kann, sondern «eine Erweiterung seines Erlebnis- und Gesichtsbereichs» bedeutet (154). Auch die dritte Behauptung, der Wert verdecke das Sein und stelle ein Ersatzverlangen dar, das der Wille zur Macht befriedigt, wird zurückgewiesen. Reiner wirft Heidegger vor, er vernachlässige den «Gehaltsinn» und beschränke sich vollkommen auf den Bezugs- und Vollzugssin. Damit liegt wieder ein «Überspringen des phänomenal gegebenen, von allen ‹Interessen› des Menschen unabhängigen Eigengewichts der Werte» vor (158), das seine Argumente gegen die Wertethik auch in diesem Fall entkräftet.

30.16 Karl Jaspers und Heidegger

Es ist kein Zufall, daß Jaspers und Heidegger in der frühen deutschen Existenzphilosophie oft in einem Atemzug genannt werden. Die Beziehungen zwischen beiden sind vielfältig und betreffen sowohl die persönliche Sphäre als auch den fachlichen Bereich. In den Zwanzigerjahren sind sie in enger Freundschaft verbunden. Jaspers ist anfangs überzeugt, mit Heidegger zusammen «aus derselben Grundsituation an der Neubelebung der Philosophie» zu arbeiten und sich mit ihm in einer «Kampfgemeinschaft» zu erproben[18]. Ihr gemeinsames existentielles Anliegen führt zur Konfrontation mit der gesamten akademischen Philosophie, insbesondere mit dem Neukantianismus. So schreibt Jaspers an Heidegger: «Ich habe nur den Impuls zu einer großen Gesamtabrechnung – was haben die Philosophieprofessoren auf dem Gewissen !» Jaspers schwärmt von gemeinsam publizierten «Kritischen Heften». Auch Heidegger sieht Möglichkeiten der Gemeinsamkeit. Er stellt, wie Jaspers, die gleiche Stoßrichtung ihrer verschiedenen Ansätze in den Vordergrund und meint, «von den Seiten her auf ganz verschiedenen Wegen eine Verständigung» vorbereiten zu können[19]. Eine philosophische Auseinandersetzung in Einzelfragen findet jedoch nicht statt. Beide loben zwar gegenseitig die Hauptwerke «Sein und Zeit» beziehungsweise die dreibändige «Philosophie», geben aber auch zu, nicht tief in die Materie eingedrungen zu sein[20].

Während Heideggers Engagement für den Nationalsozialismus findet man noch erstaunlich neutrale und die philosophische Grundintention lobende Worte Jaspers' zur Rektoratsrede[21] und

---

18 Siehe den Briefwechsel zwischen Jaspers und Heidegger, insbesondere die Briefe vom 21. 4. 1920 bzw. vom 6. 9. 1922.
19 Vgl. die Briefe vom 2. 7. 1922 bzw. 24. 11. 1922 und 3. 4. 1933.
20 Briefe vom 24. 12. 1931 bzw. 24. 7. 1952.

den späteren Schriften Heideggers. Daß in den Briefen jener Jahre vieles aus Höflichkeit und äußerlicher intellektueller Hochachtung formuliert wird[22], zeigt auf der einen Seite Heideggers Bemerkung, «daß für Jaspers ... überhaupt eine Philosophie unmöglich ist. Im Grunde ist sie eine ‹Illusion› zu Zwecken der sittlichen Erhellung der menschlichen Persönlichkeit. Die eigene oder gar die eigentliche Wahrheitskraft des wesentlichen Wissens fehlt den philosophischen Begriffen. Weil Jaspers im innersten Grund das philosophische Wissen nicht mehr ernst nimmt, gibt es kein wirkliches Fragen mehr. Philosophie wird zur moralisierenden Psychologie der Existenz des Menschen»[23]. Auf der anderen Seite äußert Jaspers immer wieder, daß er Heidegger letztlich nicht verstehe und seine SuZ-Interpretation nach der Kehre nicht nachzuvollziehen vermag. Er werde von Heideggers Aussagen verwirrt: «So wirkt das Ganze[24] auf mich als eine ständige Spannung ohne Lösung und wie ein Versprechen, das am Ende enttäuscht wird. Fast könnte ich sagen, ich fühle mich am Ende der Lektüre betrogen ... »[25]. Die Entfremdung ist später, insbesondere nach dem Kriege, radikal: «Inzwischen haben wir seit 1933 ohne Berührung in verschiedenen Welten gelebt» (Jaspers am 1.3.1948), und der Lösungsprozeß betrifft nach der Heideggerschen Umdeutung von SuZ als Vorstufe der Seinsphilosophie letztlich auch die früheren Jahre, in denen noch so viel von Gemeinsamkeiten die Rede war.

30.2 Das Problem der Kehre

Wie viele andere Denker hat auch Heidegger eine nicht immer kontinuierliche Entwicklung in seinen philosophischen Auffassungen durchlaufen. Um 1930 befindet er sich offensichtlich in einer Krise[26]. Die in der Öffentlichkeit vollzogene Identifizierung seiner Person mit SuZ und dessen Umdeutung als Beitrag zur philosophischen Anthropologie bereitet ihm zunehmend Unbehagen, weil er überzeugt ist, daß er das Eigentliche noch nicht gefunden und gesagt hat. Er bekennt, daß sein bisher eingeschlagener Weg nicht gangbar sei. So weist im Hinblick auf SuZ das Denken Heideggers offensichtlich einen Bruch auf, der gelegentlich als Heideggers *Kehre* bezeichnet wird. Dieser Begriff umfaßt aber auch noch andere Bedeutungen, die zum Teil mit dem Charakter von SuZ, zum Teil mit Äußerungen Heideggers zu seiner Entwicklung zusammenhängen. Bevor wir den Charakter dieser anders verstandenen Kehre (in 30.22) näher beschreiben, sei noch kurz auf die Fortführung der SuZ-Thematik bei Heidegger hingewiesen (30.21).

30.21 Die Fortführung der SuZ-Thematik

Weil SuZ ein Torso bleibt, spielen gewisse weiterführende Versuche in Vorlesungen und selbständigen Publikationen eine ergänzende Rolle. Die Vorlesung «*Die Grundprobleme der Phänomenologie*» des Sommer-Semesters 1927 fällt genau in die Zeit der Veröffentlichung von SuZ,

---

21 Offensichtlich war dem revolutionär gesinnten Jaspers Heideggers Idee vom Führerprinzip im Universitätsbereich durchaus sympathisch. Vergleiche dazu Safranski (1994) S.293ff.
22 Rückblickend spricht Jaspers von einem Mißtrauen gegenüber Heideggers Charakter, das bereits 1923/24 auftauchte, 1933 verstärkt wurde und nach dem verweigerten Schuldbekenntnis nach dem Kriege sich zur endgültigen Verurteilung seines Verhaltens verfestigte. Vergleiche dazu die Notiz zu Brief 155, sowie die letzten Briefe zwischen beiden, inbesondere vom 24.7.1952.
23 GA 43,26.
24 Gemeint sind die Platon- und Hölderlin-Interpretationen.
25 Brief vom 12.10.1942.
26 Diese Krise wurde damals auch von der Fachwelt registriert und bei der Entscheidung für eine Berufung nach Berlin als Gegenargument vorgebracht. Hier hat besonders Spranger gegen Heidegger agiert, weil er überzeugt war, daß weniger die *Philosophie* als vielmehr die *Persönlichkeit* Heideggers dessen Ruhm begründet hat. (Vgl. Farías (1989). S.123ff)

setzt dessen Gedankengang also fort, ohne allerdings direkt an die Ausführungen des Buches anzuschließen. Daß auch Heidegger selbst die Vorlesung als Ersatz für den dritten Abschnitt des ersten Teils von SuZ betrachtet, geht aus einer Fußnote in GA 24 (S. 1) hervor. Eine zweite Quelle für Hinweise auf die Gesamtkonzeption stellt das 1929 erschienene Buch «*Kant und das Problem der Metaphysik*» dar, in dem Heidegger die «Kritik der reinen Vernunft» auf dem Boden der Daseinsanalytik interpretiert und kritisch umdeutet. Wir gehen auf diese beiden Fortführungen kurz ein. In beiden Fällen bleibt die daseinsanalytische Grundeinstellung weiterhin maßgebend. Aber die Tatsache, daß auch diese Vorlesungen in ihrer eigentlichen Thematik nie zu einem Ende führen, verweist auf die allmählich aufkommende Überzeugung Heideggers, daß der geplante Weg in dieser Form nicht gangbar ist.

a. «Die Grundprobleme der Phänomenologie»

Für unsere Problematik ist der zweite Vorlesungsteil von Interesse, der sich an den geschichtlichen Abriß der klassischen und neuzeitlichen Ontologie und Logik anschließt. Er enthält nur das einzige Kapitel «Das Problem der ontologischen Differenz». Wir erinnern uns, daß der dritte Abschnitt in SuZ den Titel «Zeit und Sein» tragen sollte[27]. Es geht deshalb hier darum, die Zeit so zu beschreiben, daß wir daraus «dergleichen wie Sein verstehen». «Die Zeitlichkeit übernimmt die Ermöglichung des Seinsverständnisses und damit ... die Ermöglichung der Ontologie» (323); das Thema lautet nicht mehr «*Sein* und Zeit», sondern «*Zeit* und Sein». Diese fundamentale Zeit, die nicht «ist», sondern sich als Bedingung der Möglichkeit des Seinsverständnisses enthüllt, bezeichnet Heidegger als Temporalität (324). Zeit als Temporalität ist der transzendentale Horizont für die Unterscheidung der verschiedenen Seinsbereiche. Die Konstitution des Zeugs aus der Zeit folgt beispielsweise aus unserem Umgang mit der Zeit: «Die Zeit, die uns immer schon *gegeben* ist, sofern wir uns Zeit *nehmen* und der Zeit Rechnung tragen, hat den Charakter der ‹Zeit, um zu› » (365). Im unreflektierten auf-die-Uhr-Schauen konkretisiert sich das Jetzt. Aber dieses ist kein «nacktes, pures Jetzt», sondern hat den Charakter des «Jetzt ist Zeit zu ... » Das Vorhandene entspringt aus dem Jetzt der Zeit. Heidegger charakterisiert die drei aristotelischen Bestimmungen des Jetzt, des Damals als Jetzt-nicht-mehr und des Dann als Jetzt-noch-nicht als Gewärtigen, Behalten und Gegenwärtigen (367)[28]. So versucht er, die Verhaltungen des Daseins zum Sein aus einer ursprünglicher gedachten Zeitauffassung zu enthüllen. Die Temporalität läßt das Sein des Zuhandenen primär aus der «Praesenz» verstehen, einer Praesenz, welche «als unbegrifflich verständliche schon enthüllt ist im Selbstentwurf der Zeitlichkeit, durch deren Zeitigung so etwas möglich wird wie der existierende Umgang mit Zuhandenem und Vorhandenem» (439). «Die Möglichkeit des Seinsverständnisses liegt darin, daß die Gegenwart als die Ermöglichung des Umgangs mit Seiendem *als* Gegenwart, *als* Ekstase, den Horizont des Praesenz hat» (444).

Horizont-Betrachtungen zu den beiden anderen Ekstasen fehlen. Möglicherweise hat Heidegger in diesem Zusammenhang die Schwierigkeiten entdeckt, die ihn von einer weiteren Ausarbeitung des eingeschlagenen Weges abhielten. Das Ergebnis der letzten Überlegungen bedeutet ja, daß die Heideggersche Philosophie sich in ihrer Beschreibung der Strukturen des Daseins aus der Zeitlichkeit der drei Ekstasen herausbegeben hat. Indem sie die Zeit-Struktur des Daseins zeitlos artikuliert, steht sie in einer umfassenden Praesenz und nur in dieser. Damit ist die Geschichtlichkeit ad absurdum geführt.

Die Vorlesung verfolgt im ersten Kapitel des 2. Teils noch eine andere Zielrichtung. Es wird gezeigt, daß die Entfaltung des Seins des verschiedenartigen Seienden aus der Zeitlichkeit nur

---

27 Vgl. 29.12.
28 Vergleiche das obige Schema in 29.33, wo deutlich wird, daß es hier um ein Verstehen der Innerzeitigkeit geht, die auch bei Aristoteles vorliegt.

unter der wesentlichen Voraussetzung der «ontologischen Differenz» möglich ist. Die ausdrückliche Unterscheidung von Sein und Seiendem, das heißt die ontologische Differenz (454), begründet die Existenz des Daseins und in ihr konstituiert sich die Philosophie als Wissenschaft oder als Ontologie (455)[29]. Die Methode der Ontologie nennt Heidegger *Phänomenologie* (466), transformiert diesen Begriff also vollständig in ein spezifisch Heideggersches Methodenverständnis. Weil die phänomenologisch arbeitende Ontologie temporalen Charakter hat, ist sie die eigentliche Transzendentalphilosophie, die sich von den anderen Formen (Kant, Husserl) dadurch unterscheidet, daß sie die Zeit nicht nur als sekundäres Thema mitbehandelt. Da die Explikation dieses Programms wieder nur in einem ersten Schritt versucht wird, nämlich in der Ausarbeitung eines «präsenzialen Sinnes von Sein» und dann abbricht, verzichten wir auf weitere Ausführungen.

b. Heideggers Kant-Interpretation

Im Vorwort zur ersten Auflage von «Kant und das Problem der Metaphysik» weist Heidegger darauf hin, daß seine Interpretation der «Kritik der reinen Vernunft» im Zusammenhang einer ersten Ausarbeitung des zweiten Teils von SuZ erfolge und auf Vorlesungen der Wintersemester 1925/26 und 1927/28 sowie auf Vorträge aus den Jahren 1928 und 1929 (in Davos) zurückgehe. Auffällig ist die eigenwillige Umdeutung der Lehre Kants, die bei Fachleuten massiven Widerspruch hervorruft[30] und Heidegger im Vorwort zur zweiten Auflage zum Eingeständnis der «Gewaltsamkeit» seiner Auslegungen veranlaßt. Heidegger verzichtet auf eine Umarbeitung, da ihm «das Verfehlte und Fehlende des vorliegenden Versuchs» deutlich geworden ist.

Heidegger verfolgt in seinem Kant-Buch zweierlei: einmal soll sich die Fundamentalontolgie bewähren, – die Überlegungen verlaufen ja noch ganz im Horizont von SuZ, – zum anderen legt Heidegger einen Beitrag zur Destruktion der Ontologie am Beispiel Kants vor, die im zweiten Teil von SuZ beabsichtigt war. Aber beide Ziele lassen sich gleichzeitig offensichtlich nur durch gewaltsame Umdeutungen verwirklichen.

Die destruktive Tendenz wird deutlich in der Kritik der neukantianischen Kant-Deutungen. Kants «Kritik der reinen Vernunft» ist für Heidegger weder eine Erkenntnistheorie, noch eine Grundlegung der Naturwissenschaften oder eine Wissenschaftstheorie, sondern eine Grundlegung der Metaphysik, in der die Möglichkeit der Ontologie enthüllt werden soll. Eben dies sei der eigentliche Sinn der Kopernikanischen Wendung Kants (KM 21). Warum gerade Kant herangezogen wird, hat seinen Grund in der Überzeugung Heideggers, daß Kant der erste und einzige ist, dessen Untersuchung sich «in der Richtung auf die Dimension der Temporalität bewegte» (SuZ 23).

Heidegger liest aus der «Kritik» zwei wichtige Entdeckungen heraus, die sein daseinsanalytisches Konzept bestätigen und bewähren:

– erstens habe Kant die Sonderrolle der transzendentalen Einbildungskraft und deren Bezug zur Zeit entdeckt und
– zweitens enthülle sich aufgrund eines Primats der Anschauung die Endlichkeit von Vernunft und Erkenntnis, also die Endlichkeit des Menschen.

Kant geht es um die Möglichkeit von Erfahrung. Erfahrung aber heißt: «endliche, anschauend hinnehmende Erkenntnis von Seiendem» (KM 109). Bei Kant stehen die beiden Vermögen An-

---

29 Die ontisch-ontologische Differenz zwischen Seiendem und Sein ersetzt gewissermaßen die onto-theologische Differenz zwischen endlichem Geschöpf und ewigem Schöpfer.
30 Vgl. z. B. E. Cassirer: Kant und das Problem der Metaphysik. In KSTU 36/1931, S. 1 ff. – E. Grisebach: Interpretation oder Destruktion? Zum kritischen Verständnis von Martin Heideggers «Kant und das Problem der Metaphysik». In: Deutsche Vierteljahrsschrift für Literaturwissenschaft und Geistesgeschichte, 8/1930, S. 199 ff. – H. Levy: Heideggers Kant-Interpretation. In: Logos 21/1932, S. 1 ff. – H. Mörschen: Die Einbildungskraft bei Kant. 1930.

schauung und Verstand unvermittelt nebeneinander. Die transzendentale Einbildungskraft vollzieht mit Hilfe des Schematismus die Synthesis beider. Heidegger aber deutet die Einbildungskraft selbst als Zeitlichkeit und damit als Wurzel von Anschauung *und* Denken (Verstand). Genau genommen liegt nach Heidegger ein Primat der Anschauung *vor* dem Denken vor: «Für alles Verständnis der Kritik der reinen Vernunft muß man sich gleichsam einhämmern: Erkennen ist primär Anschauen» (29). Weil die Kategorien mit Hilfe der Einbildungskraft wesenhaft auf die Zeit bezogen sind (83), betrachtet Heidegger den Schematismus als Kernstück der «Kritik». «Die Zeit ist als ‹reines Bild› das Schema-Bild und nicht etwa nur die den reinen Verstandesbegriffen gegenüberstehende Anschauungsform» (98). Daher erklärt der Schematismus auch die Transzendenz (99).

Die solchermaßen im Kant-Buch vollzogene *Destruktion* der Ontologie bedeutet letztlich Rückführung auf die daseinsanalytischen Thesen, die den letzten Ursprung aller Einsicht bereitstellen. Weil aber die gefundenen Existenzialien zeitlos sind, tritt damit der Leitgedanke der *Geschichtlichkeit*, wie er *nach* der Kehre deutlich wird, völlig in den Hintergrund. Wir stehen noch vor der Kehre. Im gleichen daseinsanalytischen Horizont verbleiben auch die kleineren frühen Schriften, wie die Abhandlung «Vom Wesen des Grundes» und die Freiburger Antrittsvorlesung «Was ist Metaphysik?» Letztere enthält deutliche wissenschaftsfeindliche Äußerungen und wurde daher vor allem von der Analytischen Philosophie angegriffen (Carnap[31]).

30.22 Die Charakterisierung der Kehre

Der Begriff der Kehre im Denken Heideggers ist mehrdeutig[32]:

- Erstens versteht man darunter die fundamentalontologische Änderung der Blickrichtung von Sein und Zeit zu Zeit und Sein, wie sie für den dritten Abschnitt des ersten Teils von SuZ geplant war und im Übergang von der Existenz zum Sinn von Sein auf transzendentalem Boden realisiert werden sollte. Heidegger hatte geplant, das Sein aus der Zeit als Urform der Freiheit zu erklären und damit die Zeitlichkeit als Entbergen zu deuten, das den unverborgenen Seinshorizont enthüllt.
- Zweitens bedeutet Kehre aber auch die von Heidegger faktisch vollzogene Wendung von der Fundamentalontologie der Daseinsanalytik hin zur seinsgeschichtlichen Philosophie der Spätzeit, in der die zentrale Rolle des Daseins als Bedingung der Wahrheit des Seins zugunsten des Ereignisses von Sein zurückgenommen worden ist. Sie ist bedeutsam, weil die in SuZ beabsichtigte Kehre offensichtlich gescheitert ist.
- Drittens verwendet Heidegger das Wort auch zur prophetischen Ankündigung eines «seynsgeschicklichen» Geschehens, das vom Gestell der Technik zur Wahrheit des Seyns führt[33].

Die Kehre im zuerst genannten Sinn berührt die Frage, inwieweit das fundamentalontologische Programm in der geplanten Form überhaupt durchführbar ist. Darüber haben wir schon die verschiedenen, zum Teil auf Heidegger zurückgehenden Zweifel geäußert. Die dritte Bedeutung handelt von einer inhaltlichen Problematik der Spätphilosophie, die nicht zu unserem Themenkreis zählt. Die hier interessierende Bedeutung betrifft den Übergang von der Fundamentalontologie zur Seinsphilosophie, wie er von Heidegger biographisch vollzogen wurde. An dessen Kohärenz beziehungsweise Inkohärenz entzünden sich die Gemüter der Interpreten. Bei der

---

31 R. Carnap: Die Überwindung der Metaphysik durch logische Analyse der Sprache. In: Erkenntnis 2/1932, S. 219 ff. Eine neopositivistische Kritik der gesamten Phänomenologie, vor allem Husserls, Schelers und Heideggers, findet man in J. Kraft: Von Husserl zu Heidegger. Kritik der phänomenologischen Philosophie. Leipzig 1932.

32 Siehe dazu A. Rosales: Heideggers Kehre im Lichte ihrer Interpretationen. In: Papenfuss/Pöggeler, I (1991), S. 118 ff. Dort findet man auch weitere Literatur zum Thema.

33 Die erste Andeutung erfolgt im Humanismusbrief S. 17. Ausführliche Darstellung später in «Die Technik und die Kehre».

Beurteilung der Antworten spielt die Ausgangsbasis eine entscheidende Rolle: ein Kritiker, der nur SuZ und die darauffolgenden publizierten Schriften kennt, muß zu anderen Ergebnissen kommen als einer, der Einsicht in die Gesamtheit der Quellen hat. Wir werden daher im ersten Teil zunächst in Anknüpfung an das Wahrheits-Problem das Neue des seinsgeschichtlichen Ansatzes andeuten, dann Karl Löwith als Repräsentanten der Zeitzeugen zu Wort kommen lassen und zum Abschluß dann auf die Interpretationen der späteren Generation zu verweisen.

a. Die Anknüpfung an das Wahrheits-Problem

Der erste deutliche Hinweis auf die Sichtänderung nach SuZ läßt sich in der Interpretation der Wahrheit erkennen[34], die am platonischen Höhlengleichnis entwickelt wird. Die Kehre in unserem hier gemeinten Sinn vollzog sich demnach nicht erst während der Ereignisse von 1933, sondern schon um 1930 unmittelbar nach dem Erscheinen des Kant-Buchs.

Im Vortrag «Das Wesen der Wahrheit» weist Heidegger zu Beginn die Adäquationstheorie der Wahrheit zurück, weil der Charakter der Übereinstimmung von Ding und vorstellender Aussage nicht geklärt und verständlich gemacht werden kann. Zugleich greift er die Selbstverständlichkeit an, mit der im vulgären Verständnis ein Gegenteil von Wahrheit angenommen wird.[35] Heidegger fragt als nächstes, was eigentlich vor sich geht, wenn der Mensch in der Vorstellung das «Entgegenstehenlassen des Dings als Gegenstand» meint, anders ausgedrückt: wie läßt sich das Begegnen von Seiendem verstehen? Entscheidend ist offensichtlich, daß das Ding in einen Bereich gelangt, den Heidegger das Unverborgene nennt. Das so Gestellte muß «ein offenes Entgegen durchmessen und dabei doch in sich als das Ding stehen bleiben und als Ständiges sich zeigen». Man beachte, daß damit alle Intentionalitäts- und Konstruktionstheorien der Subjektivität vermieden werden. Menschliches Verhalten besteht darin, «daß es, im Offenen stehend, je an ein Offenbares als ein solches sich hält» (11). Dieses offenständige Verhalten erklärt das Wesen der Wahrheit. Die Offenständigkeit wiederum gründet in der Freiheit. Deshalb kann nun Heidegger formulieren: «Das Wesen der Wahrheit ist die Freiheit» (12) und «Freiheit enthüllt sich jetzt als das Seinlassen von Seiendem» (14). Aus dem Dasein der Daseinsanalytik wird das Wesen der Ek-sistenz, «die Aussetzung in die Entborgenheit des Seienden» (15), aus der Korrespondenz von Ding und Aussage «das Wesen der Wahrheit im Sinne der Entbergung von Seiendem» (16). Heidegger hält weiter an der Übersetzung von aletheia durch Unverborgenheit fest, auch wenn er «dies nicht der Etymologie zuliebe tut» (SD 76), sondern der Sache entsprechend. Denn Unverborgenheit «müssen wir als die Lichtung denken, die Sein und Denken, deren Anwesen zu und für einander erst gewährt» (SD 75).

Welchen Eindruck müssen Leser dieser und ähnlicher Schriften gewonnen haben, wenn sie vorher Heidegger mit SuZ identifizierten oder im Davoser Disput Heidegger folgende Sätze formulieren hörten: «Wahrheit kann überhaupt als Wahrheit nur sein und hat als Wahrheit überhaupt nur einen Sinn, wenn Dasein existiert. Wenn Dasein nicht existiert, gibt es keine Wahrheit, dann gibt es überhaupt nichts»? (GA 3,281). Ein Beispiel einer Antwort finden wir bei *Karl Löwith*.

---

[34] Maßgebend ist der Vortrag «Vom Wesen der Wahrheit» von 1930, der aber erst 1943 veröffentlicht wurde. Weiterhin müssen die Vorlesungen des WS 1931/32 und die Abhandlung «Platos Lehre von der Wahrheit» herangezogen werden.

[35] Russell hat für die Adäquationstheorie drei unabdingbare Forderungen aufgestellt, deren erste eben die Notwendigkeit dieses Gegenteils betrifft (Vgl. Probleme der Philosophie. 2. Aufl. Frankfurt 1967. S. 107). Daß in Heideggers Alternative der Wahrheitsbegriff jegliche kritische Funktion verliert, hat ausführlich E. Tugendhat dargelegt (vgl. (1970)). Zur Kritik Tugendhats wiederum siehe C.F. Gethmann: Heideggers Wahrheitskonzeption in seinen Marburger Vorlesungen. Zur Vorgeschichte von «Sein und Zeit». In: Blasche (1989) S. 191 ff.

b. Löwiths Beschreibung der Kehre als Bruch

Karl Löwith beurteilt 1953 in seiner Abhandlung «Heidegger. Denker in dürftiger Zeit» die Kehre aus der Perspektive der Spätschriften «Brief über den Humanismus» (1947) und «Holzwege» (1950). Er mißt die Kehre an der «Frage nach der Begründung des menschlichen Daseins» (7), also aus der Perspektive von SuZ. Die von Löwith herausgearbeiteten Umdeutungen umfassen sowohl Grundsätzliches als auch zahlreiche wichtige Begriffe von SuZ.

Die Kehre im *Grundsätzlichen* betrifft vor allem das Verhältnis von Dasein und Sein. Das Schwergewicht verlagert sich vom Dasein auf das Sein: War vorher das Dasein das Fundament, aufgrund dessen es Sein gibt, ist später das Sein das Fundament des Daseins. Aus der «Analytik des seienden Daseins» wird eine «Topologie des nicht-seienden Seins» (39). Die Verschiebung zum Sein bedingt zugleich eine Überbetonung: der Unterschied zwischen Sein und Menschenwesen wird unaufhebbar und der Vorrang des Seins immer gewichtiger. Damit rücken auch Natur und Geschichte, die in SuZ noch streng getrennt sind, näher zusammen; Physis und Seinsgeschehen fallen nahezu in eins, wenn von der Natur als Ankunft des Seins die Rede ist (64). Aus der *existenzialen* Geschichtlichkeit, in der das geschichtliche Dasein die Möglichkeit des Historischseins darstellt, wird die *seinsgeschichtliche*, in der die Geschichte nur ein anderes Wort für «Geschick einer Schickung» ist (67).

Die Kehre betrifft in gleicher Weise *Einzelbegriffe*. Wir geben vier Beispiele:

– *Existenz* ist in SuZ durch die Erfahrung der Last bestimmt, nach der Kehre ist das Da des Seins «durch die Stimmung des Dankes für dessen ‹Gunst› und ‹Huld› gestimmt» (23).
– Aus der *Geworfenheit* des Daseins wird ein solches, das «im ‹Wurf des Seins› als des ‹schickend Geschicklichen› west» (24).
– *Angst* ist in SuZ die das Nichts enthüllende Stimmung; sie verwandelt sich nun in eine religiöse ‹Scheu› vor dem Geheimnis des Seins (25).
– Die *Wahrheit* des Seins ist nach der Kehre nicht mehr im seienden Dasein des Menschen beheimatet, sondern «im Sein selbst, das als ‹Lichtung› die ursprüngliche Wahrheit selbst als Unverborgenheit ist»(28). Nicht wir entscheiden in unserem Gesamtentwurf über Wahrsein, sondern das Sein selbst ereignet «aus seiner ihm eigenen Wahrheit einen Bezug zum Wesen des Menschen» (29).

Löwith will mit der Beschreibung der zahlreichen Sinnverschiebungen und Verwerfungen die Inkonsequenz des Heideggerschen Denkweges nachweisen. Die Spätphilosophie darf nach Löwith nicht als konsequente Weiterentwicklung der Ausgangsfragen aufgefaßt werden, sondern sie stellt einen Bruch dar, der durch zahlreiche Unverträglichkeiten und Widersprüche das Denken Heideggers insgesamt belastet. In einer Anmerkung zur dritten Auflage (S. 19) betont er, daß seine Kritik sich nicht gegen die Kehre als solche richtet, sondern gegen Heideggers Versuch, SuZ so umzudeuten, als ob die Aussagen des Frühwerkes in nuce schon das Seinsdenken enthalten würden und nur noch nicht deutlich genug entfaltet worden seien[36].

c. Spätere Deutungen

Aus der Sicht späterer Jahre, die über Einblicke in Vorlesungen, Vorträge, Briefe, Handschriften und bekanntgewordene Selbsteinschätzungen Heideggers verfügt, ist auch die Gegenposition eines *bruchlosen* Denkens vertreten worden. Von anderen Interpreten wird der Bruch der Kehre dadurch relativiert, daß SuZ als Abschweifung und kurzer Irrweg in eine falsche Richtung bagatellisiert wird, weil man davon überzeugt ist, daß Heideggers ursprüngliche Absichten von

---

36 Persönlich fühlt sich Löwith außerstande, den Weg nach der Kehre mitzugehen. Heideggers bohrender Ernst kreise «um die Sprache als nutzloses Selbstgespräch.» Prinzipiell fragt sich Löwith, «ob man dieses denkerische Spiel mit Worten tödlich ernst nehmen kann, ohne vor sich selber komisch zu werden» (42).

Anfang an in eine Richtung weisen, die folgerichtig zur Spätphilosophie geführt hat. Im ersten Fall wird die Kehre auf die Verlagerung der Gewichte von «Sein» und «Zeit» reduziert und die Spätphilosophie als Realisierung von «Zeit *und* Sein» gedeutet[37]. Die zweite Möglichkeit geht von der historischen Ursprungsthematik aus und verfolgt deren Entfaltung in der Spätphilosophie[38]. In beiden Fällen muß man sich darüber im klaren sein, daß eine solche Deutung die enorme Wirkung von SuZ auf die Philosophiegeschichte ausblendet und zudem dem Selbstverständnis Heideggers in den Dreißigerjahren nicht ganz gerecht wird, in dem das zwar erst später formulierte Eingeständnis zu finden ist, daß «der Verfasser ... damals einer zureichenden Ausarbeitung des im Titel ‹Zeit und Sein› genannten Themas nicht gewachsen» war (SD 91)[39].

Die Kehre wird verschiedentlich auch mit dem Verhalten Heideggers zum Nationalsozialismus in Zusammenhang gebracht. Es taucht die Frage auf, inwieweit die Hinwendung zum Nationalsozialismus aus der Philosophie von SuZ oder aus der daran anschließenden Seinsphilosophie verstanden werden kann. Die Sympathie zum Nationalsozialismus erscheint dann als Symptom der Kehre, die nationalsozialistische Bewegung gleichsam als Geschick des Seins.

Die Auseinandersetzung über Heideggers *politisches Verhalten* hat zu umfangreichen kontroversen Darstellungen und Stellungnahmen geführt[40]. Leider sind viele Publikationen voller Polemik und ideologischer Vorurteile[41]. Überzeugte Heidegger-Anhänger fordern die strikte Trennung von Person und Werk; dabei habe nur das Werk zu zählen[42]. Zudem stehe Heidegger jenseits der vordergründigen politischen Kategorien[43]. Die Gegenseite wiederum verweist auf das Pathos von Eigentlichkeit und Wahrheit in Heideggers Werk, das sich gerade durch den Rückgang auf die Praxis und auf die lebensweltliche Eingebundenheit von der tradierten Metaphysik unterscheiden will; in einer solchen Einheit von Existenz und Denken, Lebensführung und Philosophie müßte das persönliche Handeln auch von den philosophischen Motiven geleitet sein, so daß aufgrund der Lehre ein anderes politisches Verhalten zu erwarten gewesen wäre[44].

Nachdem sich die Kehre im Sinne einer Hinwendung zur Seinsphilosophie schon um 1930 vollzogen hat, haben sich zweifellos einige Elemente der neuen Philosophie, wie die Aufbruchstimmung in ein neues Zeitalter, das Ursprungsdenken aus der Bodenständigkeit, sowie vor allem der Schickungs- und Ereignischarakter des Seins, in einer Form herausgebildet, die eine philosophische Interpretation des politischen Zeitgeschehens nahelegen konnte. In diesem Sinne läßt sich Franzens Urteil verstehen: «Insgesamt kann man vielleicht sagen, daß Heideggers

---

37 Erstmals wurde diese Kontinuitäts-These von dem thomistisch geprägten Freiburger Heidegger-Schüler Max Müller vertreten (in: Existenzphilosophie im geistigen Leben der Gegenwart. 3. Auflage Heidelberg 1964) und zugleich von O. Pugliese in (1965) übernommen. Eine Weiterentwicklung der These findet man bei Breitschneider in «Sein und Wahrheit», München 1985.
38 Vergleiche Kisiel (1993) und vor allem Figal (1988) und (1992). Bei Figal wird auf die große Bedeutung der «Phänomenologischen Interpretationen zu Aristoteles» hingewiesen, die sowohl als Keimzelle von SuZ ((1992), S. 24) als auch als Quelle für das Verständnis des leitenden Destrukionsgedankens gelten können.
39 Wichtig ist die Bemerkung im Humanismusbrief, S. 17: «Der fragliche Abschnitt (gemeint ist »Zeit und Sein«) wurde zurückgehalten, weil das Denken im zureichenden Sagen dieser Kehre versagte und mit Hilfe der Sprache der Metaphysik nicht durchkam.» Es ist also durchaus möglich, diese Worte so zu deuten, daß die spätere Sprache der Seinsphilosophie dies nachgeholt hat. Übrigens findet man an der gleichen Stelle den Hinweis, daß der Vortrag «Vom Wesen der Wahrheit» das Kehre-Denken einleitet.
40 Siehe Habermas (1971), Schneeberger (1962), Schwan (1965), Löwith (1986), Farías (1987), Haug (1989), Ott (1992), Nolte (1992), Gebert (1992), Safranski (1994), Losurdo (1995) und viele andere.
41 Das trifft besonders auf Farías (1987) und auf die nicht weniger affektgeladene Gegendarstellung von J. Aler zu: «Auto-da-fé». Victor Farías schichtet einen Scheiterhaufen«. In: Papenfuss/Pöggeler, I (1991), S. 261 ff.
42 So beispielsweise Biemel (1973), S. 7.
43 Diesen Eindruck erhält man z.B. bei der Lektüre von Safranski (1994), insbesondere im 16. Kapitel.
44 Vgl. v.a. Ott (1992) und Löwith, der davon überzeugt ist, daß Heideggers Engagement sich konsequent sogar aus SuZ verstehen läßt: «Dieser politische ‹Einsatz› für das faktische Geschehen der Zeit, dem neuerdings die beständige Bezugnahme auf das ‹Atomzeitalter› entspricht, war nicht, wie Harmlose meinen, ein Abweg von ‹Sein und Zeit›, sondern eine Konsequenz aus dem Begriff des menschlichen Daseins als einer zeitlichen und geschichtlichen Existenz, die nur Wahrheiten kennt, relativ auf das je eigene Dasein und dessen Sein-Können.» (158) S. 184.

politisches Verhalten sich zwar keineswegs zwangsläufig, aber doch zwanglos aus seiner Philosophie ergab, und zwar aus der bereits in Richtung aufs seinsgeschichtliche Denken gekehrten Philosophie»[45]. Daß Heidegger, der sich in der Philosophie als Prophet eines neuen Denkens feiern ließ, der Versuchung erlag, eine solche Führungsfunktion auch in der Universitätspolitik zu übernehmen[46], wurde vor allem dadurch zur Katastrophe, weil er diese Funktion in einer politischen Bewegung realisieren wollte, deren abgrundtiefe Bösartigkeit er nicht durchschaute[47] und möglicherweise infolge eines philosophisch bedingten Realitätsverlustes gar nicht durchschauen konnte.

30.3 Ausblick

Unsere Darstellung orientiert sich am Leitfaden «von Husserl zu Heidegger». Weil sich Heideggers Philosophie nach der Kehre als völlig neues Unternehmen versteht, stellt diese den Endpunkt der Ausführungen dar. Die Transformation der Phänomenologie von einer methodischen Theorie der Denk- und Erkenntnislehre in eine Praxis des seinsverstehenden Daseins endet in der Kehre. Dort zerreißt endgültig das Band zur phänomenologischen Tradition. Übrig bleibt eine gegenwartskritische Prophetie und der Rückzug auf das Nichtverstandenwerdenkönnen im Sinne Nietzsches[48]. Daran ändert auch der letzte Rekurs Heideggers auf den Phänomenologie-Begriff nichts, den er in den Zillikoner Seminaren vollzieht. Heidegger charakterisiert dort seine letzte Denkphase als «Phänomenologie des Unscheinbaren». Wenn Phänomenologie «das Bewahren und Retten der unangetastet, unversehrt gelassenen Phänomene, die sich zeigen», ist[49], dann scheint die ursprüngliche Grundintention des Rufes «zu den Sachen selbst» gewahrt zu sein. Doch der Rettungsversuch erfolgt nicht mehr mit den Mitteln, die seit Husserls Begründung der Phänomenologie dem philosophischen Denken den Weg wiesen. Heidegger selbst zieht im Begriff der Seinsvergessenheit den Trennungsstrich: hier das Denken des Seyns[50] als Ereignis, dort die seinsvergessene Metaphysik; hier das Sein überhaupt, dort das traditions- und subjektverstrickte Dasein; hier das ursprüngliche Denken, dort das traditionsverfallene Philosophieren. Der Rückgang zum Ursprung entfaltet sich als Destruktion der gesamten philosophischen Tradition einschließlich der Phänomenologie und sogar einschließlich der aristotelischen Lehre, die anfangs den eigentlichen Fixpunkt aller Rückwendungen darstellte. In der Spätphilosophie Heideggers treten neue Themen in den Vordergrund, die sich nur aus der Kritik an der von uns

---

45 Franzen (1976) S. 81. Ähnlich Figal (1992): «Heideggers Faszination durch den nationalsozialistischen ‹Aufbruch› liegt in der revolutionären Logik seiner Philosophie und speziell seiner Philosophie nach ‹Sein und Zeit› »(122). Figal gibt zahlreiche Beispiele, in denen deutlich wird, daß vieles vordergründig Politisches philosophisch gemeint war. Z.B.: «Heideggers Rektoratsrede ist keine politische Verlautbarung, sondern ein philosophischer Text – ein philosophischer Text, der darum bemüht ist, die Philosophie in ein Verhältnis zur Politik zu stellen» (123). – Seine Analysen zur Zweideutigkeit des Man hätten aber die Wirkungen einer solchen Rede im öffentlich-politischen Rahmen, der nicht mit einem philosophischen Seminar zu verwechseln ist, voraussehen können.

46 In der Verteidigung vor dem Bereinigungsausschuß bekennt Heidegger 1945: «Es war nie meine Absicht, die Universität an die Parteidoktrin auszuliefern, sonden umgekehrt zu versuchen, innerhalb des Nationalsozialismus und in Bezug auf diesen eine geistige Wandlung in Gang zu bringen» (Ott (1992) S. 188). Eine ausgesprochen versöhnliche Interpretation dieser Zusammenhänge findet man wieder bei Safranski (1994) S. 393f.

47 Daß hier Heidegger nicht schuldlos ist, zeigt u. a. die Tatsache, daß er Hitlers «Mein Kampf» «aus Widerstreben gegen seinen Inhalt» nur teilweise gelesen habe (vgl. Ott (1992) S. 159).

48 Vergleiche Pöggeler (1963) S. 8: Heidegger will in der Spätphilosophie « ‹nicht ein vollendetes Begreifen erwirken, sondern einen Wandel der Grundstimmung anbahnen›, einen Wandel der Grundstimmung, aus dem heraus das zu Sagende allmählich faßbar wird. Das eigentlich zu Denkende ist in diesen Veröffentlichungen ‹verschwigen› ».

49 Zillikoner Seminare. S. 143.

50 Heidegger schreibt in der Spätphilosophie öfter «Seyn» statt «Sein», um den Ereignischarakter hervorzuheben und dieses dem Sein der traditionellen Ontologie *und* der Fundamentalontologie im ursprünglichen Sinne gegenüberzustellen.

dargestellten Tradition oder allgemeiner als Antwort auf eine seinsvergessene Metaphysik verstehen lassen. So kreist die neue geschichtliche Philosophie um das *Wesen der Kunst,* in dem sich «die Wahrheit des Seienden ins Werk setzt»[51], wodurch dem Menschen erst das Wirklichseiende sichtbar wird. Sie nimmt Bezug auf die großen Dichtungen, in denen sich Sein enthüllt, indem es zur Sprache kommt (Hölderlin-Interpretationen). Die Entdeckung der Wirklichkeit geschieht nicht durch Wissenschaft oder gar durch Technik, sondern in der Ursprungsphilosophie und in den großen Dichtungen (GA 34, 64). Das Höhlengleichnis wird nicht nur zum Anknüpfungspunkt der Kehre, sondern liefert auch wichtige Metaphern der Spätphilosophie. Das Licht als Metapher für Offenheit und Freiheit enthält den Grundgedanken des seinsgeschichtlichen Denkens: «Eigentliches Frei-werden ist ein entwerfendes Sich-binden» (GA 34, 59) und ebnet den Weg für die denkende «Vorbereitung des ‹Zukünftigen›, ‹des letzten Gottes›»[52].

Die Rede von den Göttern erhält ihren Sinn aus den *Hölderlin-Interpretationen.* Hölderlin steht für Heidegger als Zeichen für eine «dürftige Zeit», die ihre alten Götter verloren hat und vergebens auf den neuen Gott wartet. Weil die Philosophie in ihrem Sagen versagt, – «wir wissen nicht, wer wir sind, wenn wir nach unserem Sein, dem eigentlich zeitlichen, fragen» (GA 39, 50), – muß sie sich der Stimme der Dichter anvertrauen; denn sie allein wagt den Tagesbedürfnissen zum Trotz einen Seinsentwurf gegen die Zeit. Götter sind für Heidegger Chiffren der Gewesenheit, und der vorenthaltene Gott ist die Chiffre für die Zukunft. Beide enthüllen auf neue Weise die Bodenlosigkeit der menschlichen Selbstbehauptung als geschichtliche Existenz. In der Ereignis-Philosophie verliert jede Art von Aufbruch ihren Sinn, sei es in der politischen, sei es in der fundamentalontologischen Bedeutung der Entschlossenheit. Sie bleibt anspruchsloses und unscheinbares Verweisen und überläßt der Dichtung das Sagen.

Aber diese Zurückhaltung ist mit einer radikalen Kritik uneigentlicher Seinsentwürfe verbunden, die in der technischen Verfügungsgewalt und in den «Machenschaften» des «Gestells» den Ereignischarakter des Seyns verdecken. Genau dieses Strafgericht gegen die Überheblichkeit des alles beherrschenden Menschengeistes gibt dem Namen Heideggers einen neuen Glanz, der die Trostlosigkeit seiner eigentlichen Verkündigung überstrahlt, die darauf hinausläuft, alles Geschehen als Verfall und Übergang ohne Ziel und Sinn zu deuten. So kehrt Heidegger Hegels optimistische Geschichtsauffassung[53], in der sich das Absolute im freiheitlichen Selbstbewußtsein wiederfand, um in Verteidigungsaktionen und zeichnet demgegenüber in mystischem Pathos das Schreckensbild einer Geschichte des steten Verfalls sich ereignender Sinnlosigkeit. «Nicht verdeutlichen soll das Bild, sondern verhüllen, ... nicht näherbringen, sondern in die Ferne stellen» (GA 39,116). Vorwürfe, im Spätwerk herrschten antimodernistische, zivilisationsfeindliche, hoffnungslos pessimistische, antidemokratische und gegenaufklärerische Tendenzen vor, treten in Widerstreit zu den Stimmen, die Heideggers Denken des schonungsvollen und gelassenen Umgangs mit der Welt als einziges zeitgemäßes Verhalten bewerten und so eine hinreichende Thematik für weitere Auseinandersetzungen bereitstellen.

---

51 Holzwege S. 25.
52 Herrmann, GA 65, 511.
53 Figal spricht auch von der «Umkehrung von Hegels Modell» in Bezug auf die Blickrichtung: «Die Vergangenheit kann nicht mehr auf das in sich durchsichtige Selbstbewußtsein der Gegenwart bezogen werden, sondern die Gegenwart kann eine Aufhellung der ihr eigentümlichen Dunkelheit nur noch vom Blick in die Vergangenheit erhoffen» (1992) S. 30.

Auswahl aus der Sekundärliteratur

Die mit * gekennzeichneten Bücher sind als Einführung geeignet.
Werke mit ** verdienen besondere Aufmerksamkeit.

Bauch, Bruno   SL **11.32**[1]

Bommersheim, P.: Die Philosophie Bruno Bauchs in ihrer pädagogischen Bedeutung. In: Philosophie und Schule IV/1932.
Fäh, R.: Begriff der Konkreszens bei B. Bauch. Sarnen 1940.
Keller, E.: Zusammenfassender Bericht über B. Bauchs unveröffentlichtes Nachlaßwerk «Natur und Geist». In: Wirklichkeit und Wahrheit 2/1965. S. 9 ff.
Kuntze, F.: Wahrheit, Wert und Wirklichkeit. In KSTU 33/1928. S. 137 ff.
Metz, R.: Bruno Bauchs Hauptwerk. In: Der Türmer 1925.
Peschke, R.: Das Problem der wirklichkeitserfüllten Geltung bei B. Bauch, N. Hartmann und H. Schwarz. 1930.
Ritzel, W.: Studien zum Wandel der Kantauffassung. Meisenheim 1952.
Rohner, A.: Besprechung von «Wahrheit, Wert und Wirklichkeit». In: Divus Thomas. Fribourg 1926.
Strasser, J.: Die Bedeutung des hypothetischen Imperativs in der Ethik B. Bauchs. Bonn 1967.
Varga, A.v.: Bruno Bauch zum Gedächtnis. In: Die Tatwelt 1942. S. 4.
–: Bruno Bauch. In: Neue Deutsche Biographie. Band 1. Berlin 1953. S. 630/631.

Buber, Martin   SL **25.3**

Anzenbacher, A.: Die Philosophie Martin Bubers. Wien 1965.
Balogh, Z.: Buber und die Welt des Es. Meisenheim 1969.
Balthasar, H.U. von: Einsame Zwiesprache. Martin Buber und das Christentum. Köln/Opladen 1958.
Bloch, J.: Die Aporie des Du. Probleme der Dialogik Martin Bubers. Heidelberg 1977.
Bloch, J./ Gordon, H.: Martin Buber. Bilanz seines Denkens. Freiburg 1983.
Bökenhoff, J.: Die Begegnungsphilosophie. Freiburg 1969.
Casper, B.: Das dialogische Denken. Eine Untersuchung der religionsphilosophischen Bedeutung F. Rosenzweigs, F. Ebners und M. Bubers. Freiburg 1967.
Chorin, Ben S.: Zwiesprache mit Buber. München 1966.
Cullberg, H.: Das Du und die Wirklichkeit. Uppsala 1933.
Faber, W.: Das dialogische Prinzip Martin Bubers und das erzieherische Verhältnis. Ratingen 1962.
Gerner, B. (Hg.): M. Buber. Pädagogische Interpretationen zu seinem Werk. München 1974.
Goldschmidt, H.L.: Hermann Cohen und Martin Buber. Genf 1946.
Goldstein, W.: Die Botschaft Martin Bubers. Jerusalem 1956.
Grünfeld, W.: Der Begegnungscharakter der Wirklichkeit in Philosophie und Pädagogik Martin Bubers. Ratingen 1965.
Kohn, H.: Martin Buber. Sein Werk und seine Zeit. Hellerau 1930. Neuausgabe Köln 1961.
Kraft, W.: Gespräche mit Martin Buber. München 1966.
Lieth, W.: Martin Buber. Konstanz 1994.
Maringer, S.: Martin Bubers Metaphysik der Dialogik im Zusammenhang neuerer philosophischer und theologischer Strömungen. Darstellung und Kritik. Köln 1936.
Peyerl, W.: Das anthropologische Problem in der Gedankenwelt Martin Bubers: Voraussetzungen, Anknüpfungspunkte und religionsphilosophische Relevanz. Wien 1960.
Reichert, K.: Zeit ist's. Die Bibelübersetzung von Franz Rosenzweig und Martin Buber im Kontext. Stuttgart 1993.
Sborowitz, A: Beziehung und Bestimmung. Die Lehren von Martin Buber und C. G. Jung in ihrem Verhältnis zueinander. Darmstadt 1955.
Reichert, T.: Die Beziehung zwischen den Begriffen des Menschen und der Wahrheit bei Martin Buber. Frankfurt 1991.
Schaeder, G.: Martin Buber – hebräischer Humanismus. Göttingen 1966.
** *Schilpp P.A./ Friedman M. (Hg.):* Martin Buber. Stuttgart 1963. Enthält auch eine Antwort Bubers auf die Aufsätze der Sammlung.
Schrey, H.-H.: Dialogisches Denken. Darmstadt 1970.
Schütz, C.: Verborgenheit Gottes. M. Bubers Werk – Eine Gesamtdarstellung. Zürich 1975.
Simon, E.: Martin Bubers lebendiges Erbe. Heidelberg 1980.
Speck, J.: Martin Buber. Die Aporetik des Dialogischen. In GGPH Gegenwart IV. Göttingen 1981. S. 48 ff.

---

[1] Bezeichnet die Sekundärliteratur zum Abschnitt 11.32 u.s.w.

Theunissen, M.: Der Andere. Studien zur Sozialontologie der Gegenwart. Berlin/New York 1965. 2. Aufl. 1977.
* *Wehr, G.:* Martin Buber mit Selbstzeugnissen und Bilddokumenten. Reinbek 1968.
–: Martin Buber. Leben. Werk. Wirkung. München 1977. Überarbeitete Auflage Zürich 1991.
Werner, H.-J.: Martin Buber. Frankfurt 1994.
* *Wolf, S.:* Martin Buber zur Einführung. Hamburg 1992.

Cassirer, Ernst   SL 22

** *Braun, H.-J./ Holzhey, H./ Orth, E.W.* (Hg.): Über Ernst Cassirers Philosophie der symbolischen Formen. Mit Beiträgen von den Herausgebern und M. Ferrari, R. L. Fetz, V. Gerhardt, F. Göller, K. Gründer, I. Kajon, J.M. Krois, W. Marx, A. Poma, J.M. Werle. Frankfurt 1988.
Cassirer, T.: Mein Leben mit Ernst Cassirer. Hildesheim 1981.
Cersovsky, H.: Cassirers Philosophie der Kultur. Regensburg 1976.
Flitner, W.: Rede auf Ernst Cassirer. Hamburg 1955.
Graeser, A.: Ernst Cassirer. München 1994.
Göller, T.: Ernst Cassirers kritische Sprachphilosophie. Darstellung, Kritik, Aktualität. Würzburg 1986.
Hamburg, C. H.: Symbol and Reality. Studies in the Philosophy of Ernst Cassirer. Den Haag 1956.
Kalbeck, F.: Die philosophische Systematik Ernst Cassirers. Wien 1951.
Klibansky, R./Paton H. J.: Philosophy and History. The Ernst Cassirer Festschrift. New York 1963.
Knoppe, T.: Die theoretische Philosophie Ernst Cassirers. Zu den Grundlagen der transzendentalen Wissenschafts- und Kulturtheorie. Hamburg 1992.
Krois, J. M.: Cassirer. Symbolic Forms and History. New Haven 1987.
–: Aufklärung und Metaphysik. Zur Philosophie Cassirers und die Davoser Debatte über Heidegger. In: Internationale Zeitschrift für Philosophie 1/1992. S. 273 ff.
Krois, J. M./Schwemmer, O.: Ernst Cassirers nachgelassene Manuskripte und Texte. Ein Editionsbericht. In: Information Philosophie 2/1995. S. 46 ff.
Lübbe, H.: Cassirer und die Mythen des 20. Jahrhunderts. Göttingen 1975.
Meyer, F. E.: Ernst Cassirer. Hannover 1969.
Neumann, K.: Ernst Cassirer: Das Symbol. In GGPH Gegenwart II. 2. Aufl. Göttingen 1981. S. 102 ff.
Orth, E.W.: Ernst Cassirers Philosophie der symbolischen Formen und ihre Bedeutung für die Gegenwart. In: Deutsche Zeitschrift für Philosophie. 1–2/1991.
* *Paetzoldt, H.:* Ernst Cassirer zur Einführung. Hamburg 1993.
–: Die Realität der symbolischen Formen. Die Kulturphilosophie Ernst Cassirers im Kontext. Darmstadt 1994.
–: Ernst Cassirer. Von Marburg nach New York. Eine philosophische Biographie. Darmstadt 1995.
Peters, J.-P.: Cassirer, Kant und die Sprache. Frankfurt/Bern/New York 1983.
** *Schilpp, P. A.* (Hg.): Ernst Cassirer. Stuttgart 1966. Mit Beiträgen von D. Bidney, D. Gawronsky, K. Gilbert, J. Gutmann, C. H. Hamburg, R. S. Hartmann, Felix Kaufmann, Fritz Kaufmann, H. Kuhn, S. K. Langer, F. Leander, K. Lewin, M.F. A. Montague, J. H. Randell, H. Slochower, H. R. Smart, W. M. Solmitz, I. K. Stephens, W. C. Swabey, W. M. Urban, W. H. Werkmeister.
Seidengast, J. (Hg.): Ernst Cassirer. Paris 1990. Mit Bibliographie von Werken über Cassirer, besorgt von R. Nadeau. S. 325 ff. Stand 1988.
Smart, H.R.: Cassirer versus Russell. In: Philosophy of Science 10/1943. S. 167 ff.
Wolandt, G.: Cassirers Symbolbegriff und die Grundlagenproblematik der Geisteswissenschaften. In ZPHF 18/1964. S. 614 ff.

Cohen, Hermann   SL 10.1

Adelmann, D: Die Einheit des Bewußtseins als Grundproblem der Philosophie H. Cohens. Heidelberg 1968.
Brandt, R./Orlik, F. (Hg.): Philosophisches Denken – Politisches Wirken. Hermann Cohen-Kolloquium. Marburg 1992. Hildesheim 1993.
Dreyer, M.: Die Idee Gottes im Werk H.Cohens. Königstein 1985.
Ebbinghaus, J.: Deutschtum und Judentum bei Hermann Cohen. In KSTU 60/1969. S. 84 ff.
Edel, G.: Von der Vernunftkritik zur Erkenntnislogik. Freiburg 1988.
Flach, W.: Die Prinzipien der Infinitesimalmethode und ihre Geschichte. Frankfurt 1968.
Flach, W./Holzhey, H.: (Hg.): Erkenntnistheorie und Logik im Neukantianismus. Hildesheim 1980.
Fritzsche, R. A.: Hermann Cohen aus persönlicher Erinnerung. Berlin 1922.
Goldschmidt, H. L.: Hermann Cohen und Martin Buber. Genf 1946.
Grünewald, P. P.: Hermann Cohen. Hannover 1968.
Günther, H.: Philosophie des Fortschritts. Hermann Cohens Rechtfertigung der bürgerlichen Gesellschaft. München 1972.
Holzhey, H.: Das Hermann-Cohen-Archiv in Zürich. In ZPHF 31/1977. S. 443 ff.

**–:Cohen und Natorp. Band 1: Ursprung und Einheit. Mit einer Bibliographie der Werke von H. Cohen und P. Natorp.- Band 2: Der Marburger Neukantianismus in Quellen. Basel/Stuttgart 1986.
– (Hg.): Hermann Cohen. Mit Beiträgen von N. Hartmann, E. Cassirer, P. Natorp, F. Rosenzweig und vielen anderen. Frankfurt 1994.
Kaplan, S.: Das Geschichtsproblem in der Philosophie H. Cohens. Berlin 1930.
Kinkel, W.: Hermann Cohen. Eine Einführung in sein Werk. Stuttgart 1924.
Klatzkin, J.: Hermann Cohen. Berlin 1919. Neuausgabe 1971.
Klein, J.: Die Grundlegung der Ethik in der Philosophie H. Cohens und P. Natorps. Göttingen 1975.
Liebeschütz, H.: Von Georg Simmel zu Franz Rosenzweig. Studien zum jüdischen Denken im deutschen Kulturbereich. Tübingen 1970.
Löwith, K.: Philosophie der Vernunft und Religion der Offenbarung in Cohens Religionsphilosophie. Heidelberg 1968.
Marx, W.: Transzendentale Logik als Wissenschaftstheorie. System-kritische Untersuchungen zur philosophischen Grundlegungsproblematik in Cohens «Logik der reinen Erkenntis». Frankfurt 1977.
* *Natorp, P.:* H. Cohen als Mensch, Lehrer und Forscher. Marburg 1918.
Ollig, H.-L.: Aporetische Freiheitsphilosophie. Zu Hermann Cohens philosophischem Ansatz. In PHJB 85/1978. S. 359 ff.
–: Religion und Freiheitsglaube. Zur Problematik von Hermann Cohens später Religionsphilosophie. Königstein 1979.
Schmid, P.A.: Das Naturrecht in der Rechtsethik Hermann Cohens. In ZPHF 47/1993. S. 408.
–: Ethik als Hermeneutik. Systematische Untersuchungen zu Hermann Cohens Rechts- und Tugendlehre. Würzburg 1995.
Wiedebach, H. v.: Hermann Cohen. Frankfurt 1989.

Cohn, Jonas   SL **11.33**

Kempski, J. von: Nachwort zu J. Cohn: Wirklichkeit als Aufgabe. Stuttgart 1955. S. 353 ff.
Külpe, O.: Einleitung in die Philosophie. Leipzig 1885. 11. Aufl. 1917. Insbes. §§ 5, 6, 10, 12.
Levy, H.: Die Hegelrenaissance in der deutschen Philosophie. Charlottenburg 1927.
Litt, T.: Jonas Cohn. Geist der Erziehung. In KSTU 25/1920. S. 254 ff.
Löwisch, D.-J.: Jonas Cohns System der Pädagogik. In: J. Cohn: Vom Sinn der Erziehung. Paderborn 1970.
–: Über die Errichtung des Jonas Cohn-Archivs. In ZPHF 34/1980. S. 454 ff.
Marck, S.: Die Dialektik in der Philosophie der Gegenwart. 2 Bände. Tübingen 1929, 1931. Siehe v.a. Band 2.
–: Am Ausgang des jüngeren Neukantianismus. Gedenkblatt für Hönigswald und Cohn. Archiv für Philosophie 3/1949.

Conrad-Martius, Hedwig   SL **12.22**

Festschrift Hedwig Conrad-Martius. In PHJB 66/ 1958.
Halder, A.: Rezension zu H. Conrad-Martius: Schriften zur Philosophie. Hg. von E. Avé-Lallemant. In PHJB 73/1966. S. 403 ff.
Kuhn, H.: H. Conrad-Martius. Die Zeit. In PHRS 2/1954, 1955. S. 16 ff.
Sedlmayr, H.: Farben. Zur Realontologie von Hedwig Conrad-Martius. In PHJB 66/1958. S. 323 ff.

Dilthey, Wilhelm   SL **7**

Birus, H. (Hg.): Hermeneutische Positionen. Schleiermacher, Dilthey, Heidegger, Gadamer. Göttingen 1982.
* *Bollnow, O.F.:* Dilthey. Eine Einführung in seine Philosophie. Stuttgart 1955. 4. Auflage Schaffhausen 1980.
Diwald, H.: Wilhelm Diltheys Erkenntnistheorie und Philosophie der Geschichte. Göttingen 1963.
Fütterer, G.: Historische Phantasie und praktische Vernunft: Eine kritische Auseinandersetzung mit Diltheys Theorie historischer Rationalität. Würzburg 1985.
** *Gadamer, H.-G.:* Wahrheit und Methode. Grundzüge einer philosophischen Hermeneutik. Tübingen 1960. 6. Auflage 1990.
Gander, H. H.: Positivismus und Metaphysik. Voraussetzungen und Grundstruktur von Diltheys Grundlegung der Geisteswissenschaften. Freiburg 1988.
Helle, H.: Dilthey, Simmel und Verstehen. Vorlesungen zur Geschichte der Soziologie. Frankfurt 1986.
Herfurth, T.: Diltheys Schriften zur Ethik. Würzburg 1992.
Herzberg, G.: Wilhelm Dilthey und das Problem des Historismus. Berlin 1976.
Homann, A.: Diltheys Bruch mit der Metaphysik. Die Aufhebung der Hegelschen Philosophie im geschichtlichen Bewußtsein. Freiburg u.a. 1995.
Ineichen, H.: Erkenntnistheorie und geschichtlich-gesellschaftliche Welt. Diltheys Logik der Geisteswissenschaften. Frankfurt 1975.

–: Von der ontologischen Dilthey-Interpretation zur Wissenschaftstheorie in praktischer Absicht. Neue Dilthey-Literatur. In: PHRS 22/1976. S. 208 ff.
Jochach, H.: Handelnder Mensch und objektiver Geist. Zur Theorie der Geistes- und Sozialwissenschaften bei Wilhelm Dilthey. Meisenheim 1974.
–: Wilhelm Dilthey: Die Struktur der geschichtlichen Erfahrung. In GGPH Neuzeit IV. Göttingen 1986. S. 52 ff.
Krausser, P.: Kritik der endlichen Vernunft. Diltheys Revolution der allgemeinen Wissenschafts- und Handlungstheorie. Frankfurt 1968.
Lessing, H.-W.: Die Idee einer Kritik der historischen Vernunft. Wilhelm Diltheys erkenntnistheoretisch-logisch-methodologische Grundlegung der Geisteswissenschaften. Freiburg/München 1984.
Mager, K.: Philosophie als Funktion. Studien zu Diltheys Schrift «Das Wesen der Philosophie». Würzburg/Amsterdam 1982.
Makkreel, R. A.: Dilthey – Philosoph der Geisteswissenschaften. Frankfurt 1991.
Messner, C.: Die Tauglichkeit des Endlichen. Zur Konvergenz von Freuds Psychoanalyse und Diltheys Hermeneutik. St. Ingbert 1985.
Misch, G.: Vom Lebens- und Gedankenkreis Wilhelm Diltheys. Frankfurt 1947.
–: Lebensphilosophie und Phänomenologie. Eine Auseinandersetzung der Diltheyschen Richtung mit Heidegger und Husserl. Darmstadt. 3. Auflage 1967.
Orth, E. W. u. a.: Dilthey und der Wandel des Philosophiebegriffs seit dem 19. Jahrhundert. Freiburg/München 1984.
** *Orth, E.W.* (Hg.): Dilthey und die Philosophie der Gegenwart. Freiburg 1985.
Pöggeler, O.: Dilthey und die Phänomenologie. In: Dilthey-Jahrbuch 3/1985. S. 105 ff.
Rodi, F.: Zum gegenwärtigen Stand der Dilthey-Forschung. In: Dilthey-Jahrbuch 1/1983. S. 260 ff.
Rodi, F./Lessing, H.-U.: Materialien zur Philosophie Wilhelm Diltheys. Frankfurt 1984.
Schurz, G. (Hg.): Erklären und Verstehen in der Wissenschaft. München 1988.
Stegmaier, W.: Philosophie und Fluktuanz. Dilthey und Nietzsche. Göttingen 1992.
Zöckler, C.: Dilthey und die Hermeneutik. Diltheys Begründung der Hermeneutik und die Geschichte ihrer Rezeption. Stuttgart 1975.

Ebner, Ferdinand SL 25.1

Angerer, E.: Das Problem der Wirklichkeit des Geistes bei Ferdinand Ebner. Wien 1960.
** *Casper, B.:* Das dialogische Denken. Eine Untersuchung zur religionsphilosophischen Bedeutung Rosenzweigs, Ebners und Bubers. Freiburg 1967.
Cullberg, J.: Das Du und die Wirklichkeit. Uppsala 1933.
Evers, G.D.: Sittlichkeit im Wortfeld der Begegnung. Regensburg 1979.
Fheodoroff, N.: Wort und Geisteswirklichkeit. Zur Problematik des Denkens Ferdinand Ebners. Wien 1962.
Ficker, L. von: Erinnerungen an Ferdinand Ebner. In: Brenner 18/1954.
Franzen, F.: Ferdinand Ebners Philosophie der Sprache in ihrer theologischen Bedeutung. Münster 1963.
Heintel, E.: Das Totalexperiment des Glaubens. Zu Ferdinand Ebners Philosophie und Theologie. In: Der Philosoph Ferdinand Ebner. Festschrift des Niederösterreichischen Kulturforums. 1982.
Heller, E.: Ferdinand Ebner. Gedanken zum Werk. In: Gabriel, L./ Mader, J. (Hg.): Philosophie in Österreich. Wien 1968.
Hohmann, W.L.: Ferdinand Ebner. Bedenker und Ebner des Wortes in der Situation der «geistigen Wende». Essen 1995.
Jone, H.: Für Ferdinand Ebner – Stimmen der Freunde. Regensburg 1935.
Kampits, P.: Ferdinand Ebner (1882–1931). In: Christliche Philosophie im katholischen Denken des 19. und 20. Jahrhunderts. Hg. von Coreth, E./ Neidl, W.M./ Pfligersdorffer, G. Band 3. Wien 1990.
Leuenberger, R.: Ferdinand Ebner und das religiöse Problem der Sprache. 1952.
Marcel, G.: Die geistige Entwicklung Ferdinand Ebners. In: Dialog und Erfahrung. Frankfurt 1969.
Methlagl, W. u.a. (Hg.): Gegen den Traum vom Geist. Ferdinand Ebner. Beiträge zum Symposium in Gablitz 1981. Salzburg 1985.
Müller, O.: Der Mensch und das Wort in der Philosophie Ferdinand Ebners. Bottrop i.W. 1938.
Sandmann, P.: Das Weltproblem bei Ferdinand Ebner. München 1962.
Steinbüchel, T.: Der Umbruch des Denkens. Die Frage nach der christlichen Existenz erläutert an Ferdinand Ebners Menschdeutung. Regensburg 1936.
Theunissen, M.: Der Andere. Studien zur Sozialontologie der Gegenwart. Berlin/New York 1965. 2. Auflage 1977.
Tichy, H.: Das dialogische Sprach- und Seinsverständnis bei Ferdinand Ebner. Salzburg 1969.
* *Wucherer-Huldenfeld, K.:* Personales Sein und Wort: Einführung in den Grundgedanken Ferdinand Ebners. Wien 1985.

Fink, Eugen SL 20.3

Landgrebe, L.: Beispiele. Festschrift für Eugen Fink zum 60. Geburtstag. Den Haag 1965.
–: Nachruf auf Eugen Fink. In: Philosophy and Phenomenological Research 36/1974.
Schlageter, P.: Kosmo-Sophia. Das Weltproblem bei Eugen Fink. Heidelberg 1963. Mit Bibliographie.

Gehlen, Arnold SL 23.2

Apel, K.-O.: A. Gehlens Philosophie der Institutionen. In PHRS 10/1962. Ferner in: Transformation der Philosophie, Band 1. Frankfurt 1973. S. 197 f.
Böhler, D.: Arnold Gehlen: Handlung und Institution. In GGPH Gegenwart II. Göttingen 1981. 2. Aufl. S. 231 ff.
Fonk, P.: Transformation der Dialektik. Grundzüge der philosophischen Anthropologie Arnold Gehlens. Würzburg 1983.
Forsthoff, E./ Hörstel, R. (Hg.): Standorte im Zeitstrom. Festschrift für Arnold Gehlen zum 70. Geburtstag. Frankfurt 1974.
Glaser, W. R.: Soziales und instrumentelles Handeln. Probleme der Technologie bei Arnold Gehlen und Jürgen Habermas. Stuttgart 1972.
Habermas, J.: Philosophische Anthropologie. Lexikon-Artikel von 1958. In: Kultur und Kritik. Frankfurt 1973.
Hagemann-White, C.: Legitimation als Anthropologie. Eine Kritik der Philosophie Arnold Gehlens. Stuttgart u. a. 1973.
Jansen, P.: Arnold Gehlen. Die anthropologische Kategorienlehre. Bonn 1975.
** *Jonas, F.:* Die Institutionenlehre Arnold Gehlens. Tübingen 1966.
Klages, H./ Quaritsch, H.: Zur geisteswissenschaftlichen Bedeutung Arnold Gehlens (Mit einem Vortrag Gehlens über Post-histoire). Berlin 1994.
Lepenius, W.: Handlung und Reflexion. Aspekte der Anthropologie A. Gehlens. In: Soziale Welt 18/1967. S. 41 ff.
Lepenius, W./ Nolte, H.: Anthropologie und Gesellschaftskritik. In: Kritik der Anthropologie. München 1971. S. 77 ff.
Litt, T.: Mensch und Welt. München 1948.
Mahr, A.: Der Mensch im Spiegel des Biologismus. Tübingen 1948.
Ottmann, H.: Der Mensch als Phantasiewesen. A. Gehlens Theorie der Phantasie. In: A. Schöpf (Hg.): Phantasie als anthropologisches Problem. Würzburg 1981.
–: Arnold Gehlen in der Literatur. In PHJB 86/1979.
Pagel, G.: Narziß und Prometheus. Die Theorie der Phantasie bei Freud und Gehlen. Würzburg 1984.
Prechtl, P.: Bedürfnisstruktur und Gesellschaft. Würzburg 1983.
Rehberg, K.-S.: Arnold Gehlens Beitrag zur «Philosophischen Anthropologie». Einleitung zur Studienausgabe seiner Hauptwerke. Wiesbaden 1986.
Samson, L.: Naturteleologie und Freiheit bei Arnold Gehlen. Freiburg u. a. 1976.
Walter-Raymund-Stiftung (Hg.): Führung in einer freiheitlichen Gesellschaft. Zu Gehlens 65. Geburtstag. Köln/Opladen 1969.
Weiss, J.: Weltverlust und Subjektivität. Zur Kritik der Institutionenlehre Arnold Gehlens. Freiburg 1971.

Geiger, Moritz SL 12.23

Beck, M.: Die neue Problemlage der Ästhetik. In: Zeitschrift für Ästhetik und allgemeine Kunstwissenschaft 23/1929. S. 305 ff.
Henckmann, W.: Moritz Geigers Konzeption einer phänomenologischen Ästhetik. In: M. Geiger: Die Bedeutung der Kunst. München 1976. S. 549 ff.
Kreis, F.: Rezension zu Geigers «Zugänge». In: Zeitschrift für Ästhetik und allgemeine Kunstwissenschaft 14/1960. S. 464 ff.
Métraux, A.: Zur phänomenologischen Ästhetik M. Geigers. In: Studia Philosophica 28/1968. S. 68 ff.
Perry, R.B.: Moritz Geiger. Vassar College 1937.
Spiegelberg, H.: Moritz Geiger: From Phenomenological Aesthetics toward Metaphysics. In: The Phenomenological Movement. Den Haag 1960. S. 206 ff.
* *Zeltner, H.:* Moritz Geiger. In: Neue deutsche Biographie. Band 6. Berlin 1954.
–: Moritz Geiger zum Gedächtnis. In ZPHF 14/1960. S. 452 ff.
Ziegenfuß, W.: Die phänomenologische Ästhetik. Leipzig 1928.

Guardini, Romano SL 26.2

Balthasar, H. U. von: Romano Guardini. Reform aus dem Ursprung. München 1970.
Berning-Baldeaux, U.: Person und Bildung im Denken Romano Guardinis. Würzburg 1968.
Bilo, C.: Romano Guardini. Den Haag 1965.
Biser, E.: Interpretation und Veränderung. Werk und Wirkung Romano Guardinis. Paderborn 1979.
Börsig-Hover, L.: Das personale Antlitz des Menschen. Eine Untersuchung zum Personbegriff bei Romano Guardini. Mainz 1987.
–: Zeit der Entscheidung. Zu R. Guardinis Deutung der Gegenwart. Fridingen 1990.
Faber, W. (Hg.): Das Problem der Begegnung. Guardinis Bildungslehre, Dialektik und Pädagogik. München 1969.
Gadamer, H.-G.: Romano Guardini, Rilkes Deutung des Daseins. In PHRS 2/1954, 1955. S. 82 ff.
** *Gerl, H.-B.:* Romano Guardini (1885–1968). Leben und Werk. Mainz 1985. 3. Auflage 1987.

Guardini, R./ Bollnow, F.O. (Hg.): Begegnung und Bildung. Würzburg 1960.
Heist, W. (Hg.): Romano Guardini. Mainz 1979.
Hover, W: Romano Guardinis Pascal-Forschungen und «Das Ende der Neuzeit». In: Jahrbuch für Philosophie, Kultur und Gesellschaft 1/1994.
Johannsen, F.: (Hg.). Glaubensdenker des 20. Jahrhunderts. Zum 100. Geburtstag von K. Barth, R. Guardini, F. Rosenzweig und P. Tillich. Hannover 1988.
Kleiber, H.: Glaube und religiöse Erfahrung bei Romano Guardini. Freiburg 1985.
Klimmer, I.: (Hg.): Angefochtene Zuversicht. Romano Guardini-Lesebuch. Mainz 1985.
Knoll, A.: Glaube und Kultur bei Romano Guardini. Paderborn 1994.
Kuhn, H.: Romano Guardini. München 1970.
Kuhn, H./ Kahlfeld, H./ Forster, K. (Hg.): Interpretation der Welt. Festschrift für Romano Guardini zum 80. Geburtstag. Würzburg 1965.
Kumpf, A.: Romano Guardini. München 1970.
Mahr, G.: Romano Guardini. Berlin 1976.
Messerschmid, F. u. a.: Person und Bildung. Gibt es ein Erbe Romano Guardinis? Rothenfels 1978.
Ratzinger, J.: Wege zur Wahrheit. Die bleibende Bedeutung von Romano Guardini. Düsseldorf 1985.
Schilson, A.: Perspektiven theologischer Erneuerung. Studien zum Werk Romano Guardinis. Düsseldorf 1986.
Schlette, H. R.: Romano Guardini. – Versuch einer Würdigung. In: Aporie und Glaube. München 1970.
–: Romano Guardini. Werk und Wirkung. Bonn 1973. 2. Auflage 1985.
Schmidt, P.: Die pädagogische Relevanz einer anthropologischen Ethik. Eine Untersuchung zum Werk Romano Guardinis. Düsseldorf 1973.
Schmidthüs, K.: Christliche Verwirklichung. Romano Guardini zum 50. Geburtstag dargebracht von seinen Freunden und Schülern. Rothenfels 1935.
*Schmucker-von Koch, J.: Romano Guardini: Christlicher Realismus und menschliche Selbstbestimmung. In GGPH Gegenwart VI. Göttingen 1984. S. 189 ff.
–: Autonomie und Transzendenz. Untersuchungen zur Religionsphilosophie Romano Guardinis. Mainz 1985.
Schreijäck, T.: Bildung als Inexistenz. Elemente einer theologisch-anthropologischen Propädeutik zu einer religionspädagogischen Bildungstheorie im Denken Romano Guardinis.Freiburg/Basel/Wien 1989.
Schuster, H.J. (Hg.): Guardini weiterdenken. Berlin 1993.
Seidel, W. (Hg.): Christliche Weltanschauung. Wiederbegegnung mit Romano Guardini. Würzburg 1985.
Watzal, L.: Das Politische bei Romano Guardini. Percha 1987.
Wucherer-Huldenfeld, K.: Die Gegensatzphilosophie Romano Guardinis in ihren Grundlagen und Folgerungen. Wien 1968.

Häberlin, Paul SL **15.21**

Francke Verlag: Im Dienste der Wahrheit. Paul Häberlin zum 80. Geburtstag. Bern 1958.
Gauss, H.: Paul Häberlins Stellung innerhalb der deutschen Philosophie des 20. Jahrhunderts. In: Im Dienste der Wahrheit. Bern 1958.
Hager, F.-P.: Zwei Grundprobleme des Menschseins bei Paul Häberlin im Vergleich zu Platon. In ZPHF 29/1975.
Kamm, P.: Philosophie und Pädagogik Paul Häberlins in ihren Wandlungen. München/Zürich 1938.
–: Paul Häberlin. In: Schweizerische Lehrerzeitung 1959. S. 1065 ff.
Priss, R.: Darstellung und Würdigung der philosophischen, psychologischen und pädagogischen Hauptprobleme Paul Häberlins. Hannover 1932.
* Stegmüller, W.: Die Ontologie und Anthropologie von Paul Häberlin. ZPHF 2/1948.
–: Aristotelischer Seinsmonismus: Paul Häberlin. In: Hauptströmungen der Gegenwartsphilosophie. 2. erw. Auflage Stuttgart 1960. S. 316 ff.
Wyder, X.: Die Schau des Menschen bei Paul Häberlin. Die philosophischen Ansatzpunkte seiner Pädagogik. Wenthenstein 1955.
Zantop, H.: Der archimedische Punkt in der Philosophie Paul Häberlins. In: Studia Philosophica 21/1961.
–: Die philosophische Bedeutung der Frage im Werk Paul Häberlins. In ZPHF 7/1953.

Hartmann, Nicolai SL **15.1**

Aragó, J.: Die antimetaphysische Seinslehre Nicolai Hartmanns. In PHJB 67/1959.
Baumanns, P.: Der kritische Weg in die Philosophie Nicolai Hartmanns. In KSTU 57/1966.
Beck, H.: Möglichkeit und Notwendigkeit. Pullach 1961.
Becker, S.: Geschichtlicher Geist und politisches Individuum bei Nicolai Hartmann. Bonn 1990.
Buch, A. J. (Hg.): Nicolai Hartmann 1882–1982. Bonn 1982.
Dahlberg, W.: Sein und Zeit bei N. Hartmann. Frankfurt 1983.
Feucht, R.H.: Die Noontologie Nicolai Hartmanns im Lichte der evolutionären Erkenntnistheorie. Regensburg 1992.

Flach, W.: Die Gegenstands- und Apriritätsproblematik bei H. Rickert, B. Bauch und N. Hartmann. Würzburg 1955.
Flach, W.: Zur Kritik des Nicolai Hartmannschen Geistbegriffs. In PHJB 78/1971. S. 66 ff.
Grötz, A.: Nicolai Hartmanns Lehre vom Menschen. Bern 1989.
* *Heimsoeth, H./ Heiss, R.:* Nicolai Hartmann. Der Denker und sein Werk. 5. Auflage Göttingen 1952.
Hossfeld, P.: Die Voraussetzungen zu Nicolai Hartmanns Begriff der Realmöglichkeit. In PHJB 67/ 1959.
Kanthack, K.: Nicolai Hartmann und das Ende der Ontologie. Berlin 1962.
Morgenstern, M.: Nicolai Hartmann. Grundlinien einer wissenschaftlich orientierten Philosophie. Tübingen/Basel 1992.
Plessner, H.: Geistiges Sein. Über ein Buch Nicolai Hartmanns. In KSTU 38/1933, S. 406 ff.
Sakeersader, A.: Immanenz und Transzendenz als ungelöste Problematik in der Philosophie Nicolai Hartmanns. Hamburg 1994.
Schottlaender, R.: Nicolai Hartmann – Der Denker und sein Werk. In PHRS 1/1953, 1954. S. 167 ff.
Seel, G.: Nicolai Hartmanns generelle Modaltheorie. In: Die aristotelische Modaltheorie. Berlin/New York 1982.
Stellmach, J.: Nicolai Hartmann. 1882–1982. In ZPHF 36/1982. S. 614 ff.
–: Ansichsein und Seinsverstehen. Neue Wege der Ontologie bei Nicolai Hartmann und Martin Heidegger. Bonn 1987.
Vossenberg, E.T. van der: Die letzten Gründe der Innerweltlichkeit in Nicolai Hartmanns Philosophie. Rom 1963.
Wolandt, G.: Nicolai Hartmann: Ontologie als Grundlehre. In GGPH Gegenwart VI. Göttingen 1984. S. 113 ff.

Die Gedenkschriften 1952 und 1982 (vgl. Heimsoeth/Heiss (1952) und Buch (1982)) enthalten zahlreiche Aufsätze u. a. von H.M. Baumgartner, O.F. Bollnow, A.J. Buch, H.-G. Gadamer, M. Hartmann, J. Heidemann, H. Heimsoeth, J. Klein, J.B. Lotz, G. Martin, E. Mey, H. Pichler, H. Plessner, E. Schadel, J. Stellmach, G. Wolandt.

Heidegger, Martin   SL 28

Auswahl aus älteren Arbeiten bis 1945

Buber, M.: Die Verwirklichung des Menschen. Zur Anthropologie Martin Heideggers. In: Philosophia. Belgrad 1938.
Delp, A.: Tragische Existenz. Zur Philosophie Martin Heideggers. Freiburg 1935.
Hofmann, P.: Metaphysik oder verstehende Sinn-Wissenschaft? Gedanken zur Neugründung der Philosophie im Hinblick auf Heideggers «Sein und Zeit». In KSTU 64/1929.
Köchler, H.: Der innere Bezug von Anthropologie und Ontologie. Das Problem der Anthropologie Martin Heideggers. In ZPHF 30/1974.
Kraft, J.: Von Husserl zu Heidegger. Kritik der phänomenologischen Philosophie. Leipzig 1932. 2. Aufl. 1957.
Sternberger, A.: Der verstandene Tod. Eine Untersuchung zu Heideggers Existenzial-Ontologie. 1934. In: Schriften Band 1. Über den Tod. Frankfurt 1977.

Auswahl aus Arbeiten von 1946 bis 1986

Adorno, T. W.: Jargon der Eigentlichkeit. Zur deutschen Ideologie. Frankfurt 1964. 4. Auflage 1969.
**Biemel, W.:* Martin Heidegger mit Selbstzeugnissen und Bilddokumenten. Reinbek 1973.
Bast, R.A.: Der Wissenschaftsbegriff bei Martin Heidegger im Zusammenhang seiner Philosophie. Stuttgart/Bad Cannstatt 1986.
Faden, G.: Der Schein der Kunst. Zu Heideggers Kritik der Ästhetik. Würzburg 1986.
Franzen, W.: Von der Existenzialontologie zur Seinsgeschichte. Eine Untersuchung über die Entwicklung der Philosophie Martin Heideggers. Meisenheim 1975.
–: Martin Heidegger. Stuttgart 1976.
Gadamer, H.-G.: Die Frage Martin Heideggers. Kolloquium mit Heidegger zum 80. Geburtstag. Heidelberg 1969.
–: Heideggers Wege. Studien zum Spätwerk. Tübingen 1983. Erweiterte Fassung: Gesammelte Werke Band 3. Tübingen 1987.
Gethmann, C. F.: Verstehen und Auslegung. Das Methodenproblem in der Philosophie Martin Heideggers. Bonn 1974.
Habermas, J.: Philosophisch-politische Profile. Frankfurt 1971.
Herrmann, F.-W. von: Subjekt und Dasein. Interpretationen zu «Sein und Zeit». Frankfurt 1974.
Jaspers, K.: Notizen zu Martin Heidegger. Hg. von H. Saner. München/Zürich 1978.
Jäger, A.: Gott. Nochmals Martin Heidegger. Tübingen 1978.
Kraft, P. B.: Das anfängliche Wesen der Kunst. Zur Bedeutung von Kunstwerk, Dichtung und Sprache im Denken Martin Heideggers. Frankfurt u. a. 1984.
Löwith, K.: Heidegger. Denker in dürftiger Zeit. Göttingen 1953. 2. erweiterte Auflage 1960.
–: Mein Leben in Deutschland vor und nach 1933. Stuttgart 1986.
Marx, W.: Heidegger und die Tradition. Stuttgart 1961.
Müller, M.: Existenzphilosophie im geistigen Leben der Gegenwart. Heidelberg 1949. 3. Auflage 1964.
Orth, E. W./ Brand, G./ Frings, M.S./ Biemel, W.: Husserl, Scheler, Heidegger aus der Sicht neuerer Quellen. Freiburg/München 1978.

Petzet, H. W.: Auf einen Stern zugehen. Begegnungen und Gespräche mit Martin Heidegger. 1929 bis 1976. Frankfurt 1983.
**Pöggeler, O.:* Der Denkweg Martin Heideggers. Pfullingen 1983. 3. erw. Auflage 1990.
–: Philosophie und Politik bei Heidegger. Freiburg/München 1972.
Pöggeler, O./ Hogemann, F.: M. Heideggers «Sein und Zeit». In GGPH Gegenwart V. Göttingen 1982. S. 48 ff.
Prauss, G.: Erkennen und Handeln in Heideggers «Sein und Zeit». Freiburg/München 1977.
Pugliese, O.: Vermittlung und Kehre. Grundzüge des Geschichtsdenkens bei Martin Heidegger. Freiburg 1965.
Rothacker, E.: Gedanken über Martin Heidegger. Bonn 1973.
Schneeberger, G.: Nachlese zu Heidegger. Dokumente zu seinem Leben und Denken. Bern 1962.
Schwan, A.: Politische Philosophie im Denken Heideggers. Opladen 1965.
Seubold, G.: Heideggers Analyse der neuzeitlichen Technik. Freiburg/München 1986.
Stegmüller, W.: Existenzialontologie: Martin Heidegger. In: Hauptströmungen der Gegenwartsphilosophie. 1. Band. 2. erweiterte Auflage. Stuttgart 1960.
Schuhmann, K.: Zu Heideggers Spiegelgespräch über Husserl. In ZPHF 32/1978.
Vietta, E.: Die Seinsfrage bei Martin Heidegger. Stuttgart 1950.
Willms, B.: Martin Heidegger. Fragen an sein Werk. Stuttgart 1977.
Wisser, R.: Martin Heidegger im Gespräch. Freiburg/München 1970.

Auswahl aus neueren Arbeiten ab 1987

Altwegg, J. (Hg.): Die Heidegger-Kontroverse. Frankfurt 1988.
Beelmann, A.: Heideggers hermeneutischer Lebensbegriff. Eine Analyse seiner Vorlesung «Die Grundbegriffe der Metaphysik». Welt – Endlichkeit – Einsamkeit. Frankfurt u. a. 1994.
Blasche, S. u. a. (Hg.): Martin Heidegger. Innen- und Außenansichten. Frankfurt 1989.
Bohlen, S.: Die Übermacht des Seins. Heideggers Auslegung des Bezugs von Mensch und Natur und Hölderlins Dichtung des Heiligen. Berlin 1994.
Brandner, R.: Heidegger. Sein und Wissen. Eine Einführung in sein Denken. Wien 1993.
Brkic, P.: Martin Heidegger und die Theologie. Mainz 1994.
–: Heideggers Begriff der Geschichte und das neuzeitliche Geschichtsdenken. Wien 1994.
Cardorff, P.: Martin Heidegger. Frankfurt 1991.
Caysa, V.: Das Seyn entwerfen. Die negative Metaphysik Martin Heideggers. Frankfurt u. a. 1994.
Dahlstrom, D. O.: Das logische Vorurteil. Untersuchungen zur Wahrheitstheorie des frühen Heidegger. Wien 1994.
Derrida, J.: Vom Geist. Heidegger und die Frage. Frankfurt 1988. (Französisches Original 1987).
Ebeling, H.: Geschichte einer Täuschung. Würzburg 1991.
Farías, V.: Heidegger und der Nationalsozialismus. Frankfurt 1989. (Französisches Original 1987).
Federmair, L.: Die Gefahr des Rettenden. Wien 1992.
Fehér, I. M. (Hg.): Wege und Irrwege des neuen Umgangs mit Heideggers Werk. Deutsch-ungarisches Symposium. Berlin 1991.
Figal, G.: Martin Heidegger. – Phänomenologie der Freiheit. Frankfurt 1988.
–: Heidegger zur Einführung. Hamburg 1992.
Fraentzki, E.: Die Kehre. Heideggers Schrift «Vom Wesen der Wahrheit». Urfassung und Druckfassungen. Pfaffenweiler 1987.
Fresco, M. F. (Hg.): Heideggers These vom Ende der Philosophie. Leidener Heidegger-Symposium 1984. Bonn 1989.
Gander, H.-H. (Hg.): Von Heidegger her. Wirkungen in Philosophie – Kunst – Medizin. Meßkircher Vorträge 1989. Frankfurt 1991.
– (Hg.): «Verwechselt mich vor allem nicht!» Heidegger und Nietzsche. Frankfurt 1994.
Gebert, S.: Negative Politik. Zur Grundlegung der Politischen Philosophie aus der Daseinsanalytik und ihre Bewährung in den Politischen Schriften Martin Heideggers von 1933/34. Berlin 1992.
Gethmann-Siefert, A./ Poeggeler, O. (Hg.): Heidegger und die praktische Philosophie. Frankfurt 1987. 2. Auflage 1989.
Graeser, A.: Philosophie in *Sein und Zeit*. Kritische Erwägungen zu Heidegger. St. Augustin 1994.
Guzzoni, U.: Wege im Denken. Versuche mit und ohne Heidegger. Freiburg 1990.
Haug, W. F. (Hg.): Deutsche Philosophen 1933. Hamburg 1989.
Hempel, H.-P.: Heideggers Weg aus der Gefahr. Meßkirch 1993.
Herrmann, F.-W. von: Hermeneutische Phänomenologie des Daseins. Eine Erläuterung von «Sein und Zeit». Frankfurt 1987.
–: Heideggers «Grundprobleme der Phänomenologie». Zur «Zweiten Hälfte» von «Sein und Zeit». Frankfurt 1990.
–: Wege ins Ereignis. Zu Heideggers «Beiträge zur Philosophie». Frankfurt 1994.
**Jamme, C.:* Martin Heidegger: Sein und Zeit (1927). In: Hauptwerke der Philosophen des 20. Jahrhunderts. Hg. von Reclam. Stuttgart 1992.
Jung, M.: Das Denken des Seins und der Glaube an Gott. Zum Verhältnis von Philosophie und Theologie bei Martin Heidegger. Würzburg 1990.
Kettering, E.: Nähe. Das Denken Martin Heideggers. Pfullingen 1987.

Kisiel, T.: The Genesis of Heidegger's «Being and Time». Berkeley/ Los Angeles/ London 1993.
Köhler, D.: Martin Heidegger. Die Schematisierung des Seinssinnes als Thematik des Dritten Abschnitts von «Sein und Zeit». Bonn 1993.
Lafont, C.: Sprache und Welterschließung. Zur linguistischen Wende der Hermeneutik Heideggers. Frankfurt 1994.
Landolt, E.: Systematischer Index zu Werken Heideggers. Was ist das – die Philosophie? Identität und Differenz. Gelassenheit. Heidelberg 1992.
–: «Der einzige Heidegger». Eine Deutung nach dem systematischen Index. Heidelberg 1992.
Losurdo, D.: Die Gemeinschaft, der Tod, das Abendland. Heidegger und die Kriegsideologie. Aus dem Italienischen. Stuttgart 1995.
Lyotard, J.-F.: Heidegger und «die Juden». Wien 1988.
Margreiter, R. / Leidlmair K. (Hg.): Heidegger. Technik – Ethik – Politik. Würzburg 1991.
Martin, B. (Hg.): Martin Heidegger und das «Dritte Reich». Ein Kompendium. Darmstadt 1989.
Martin, B./Schramm, G. (Hg.): Martin Heidegger. Ein Philosoph und die Politik. Freiburg 1995.
Murguia, A.: Zweideutige Radikalität. Analyse der Heideggerschen Philosophie-Auffassung. Essen 1994.
Neske, G.: / Kettering, E. (Hg.): Antwort. Martin Heidegger im Gespräch. Pfullingen 1988.
Nolte, E.: Martin Heidegger. Politik und Geschichte im Leben und Denken. Berlin 1992.
***Ott, H.:* Martin Heidegger. Unterwegs zu seiner Biographie. Frankfurt 1992.
Papenfuss, D. / Poeggeler, O. (Hg.): Zur philosophischen Aktualität Heideggers. Frankfurt. Band 1: Philosophie und Politik. 1991. Band 2: Im Gespräch der Zeit. 1990. Band 3: Im Spiegel der Welt. 1992.
Pöggeler, O.: Neue Wege mit Heidegger. Freiburg 1992.
Rentsch, T.: Martin Heidegger. Das Sein und der Tod. Eine kritische Einführung. München 1989.
Richter, E.: Heideggers Frage nach dem Gewährenden und die exakten Wissenschaften. Berlin 1992.
Safranski, R.: Ein Meister aus Deutschland. Heidegger und seine Zeit. München/Wien 1994.
Schirrmacher, W. (Hg.): Zeitkritik nach Heidegger. Essen 1989.
Schubert, R.: Das Problem der Zuhandenheit in Heideggers «Sein und Zeit». Bern 1995.
Schwan, A.: Politische Philosophie im Denken Heideggers. Opladen 1989.
Spaude, E. (Hg.): Große Themen Martin Heideggers. Eine Einführung in sein Denken. Freiburg 1994.
Strube, C.: Das Mysterium der Moderne. Heideggers Stellung zur gewandelten Seins- und Gottesfrage. München 1994.
Thomä, D.: Die Zeit des Selbst und die Zeit danach. Zur Kritik der Text-Geschichte Martin Heideggers 1910–1976. Frankfurt 1990.
Vetsch, F.: Martin Heideggers Angang der intellektuellen Auseinandersetzung. Würzburg 1992.
Vietta, S.: Heideggers Kritik des Nationalsozialismus und der Technik. Pfullingen 1989.
Vorlaufer, J.: Das Sein-Lassen als Grundvollzug des Denkens. Eine Annäherung an Heideggers Begriff der Gelassenheit. Wien 1994.
Vukicevik, V.: Logik und Zeit in der phänomenologischen Philosophie Martin Heideggers. Hildesheim 1988.
Youm, J.-C.: Heideggers Verwandlung des Denkens. Würzburg 1995.

Fest- und Gedenkschriften

Astrada, C. u.a. (Hg.): Martin Heideggers Einfluß auf die Wissenschaften. Aus Anlaß seines 60. Geburtstages. Bern 1949.
Herrmann, F.-W. von/ Biemel, W. (Hg.): Kunst und Technik. Gedächtnisschrift zum 100. Geburtstag von Martin Heidegger. Frankfurt 1989.
Klostermann, V.: Durchblicke. Martin Heidegger zum 80. Geburtstag. Frankfurt 1970.
Meßkirch: Martin Heidegger zum 80. Geburtstag von seiner Heimatstadt Meßkirch. Frankfurt 1969.
Neske, G. (Hg.): Martin Heidegger zum 70. Geburtstag. Pfullingen 1959.
Pöggeler, O. (Hg.): Heidegger. Perspektiven zur Deutung seines Werks. Martin Heidegger, dem Achtzigjährigen. Königstein 1984.
Wisser, R. (Hg.): Martin Heidegger. Unterwegs im Denken. Symposium im 10. Todesjahr. Freiburg 1987.

Auswahl zur Diskussion mit anderen Philosophen.

ADORNO – *Mörchen, H.:* Adorno und Heidegger. Untersuchung einer philosophischen Kommunikationsverweigerung. Stuttgart 1981.
BUBER – *Smith, P.C.:* Das Sein des Du. Bubers Philosophie im Lichte des Heideggerschen Denkens an das Sein. Heidelberg 1966.
COHEN – *Klublack, W.:* Hermann Cohen und Martin Heidegger: Meinungsverschiedenheiten oder Entstellung? ZPHF 40/1986. S. 283ff.
CONRAD-MARTIUS – *Behler, W.:* Realität und Ek-sistenz. Auseinandersetzung mit der Konzeption M. Heideggers in Konfrontation mit den ontologischen Schriften von H. Conrad-Martius. München 1956.
DILTHEY – *Belder, H.:* Dilthey und Heidegger. Zur Geschichtlichkeit des Menschen. In: Phänomenologische Forschungen 16/1984. S. 161ff.
Grzesik, J.: Die Geschichtlichkeit als Wesenserfassung des Menschen. Eine Untersuchung zur Anthropologie W. Diltheys und M. Heideggers. Bonn 1960.

Misch, G.: Lebensphilosophie und Phänomenologie. Eine Auseinandersetzung der Diltheyschen Richtung mit Heidegger und Husserl. In: Philosophischer Anzeiger 1929/30. 3. Auflage Darmstadt 1975.
GEHLEN – *Beier, B.:* Die Frage nach der Technik bei Arnold Gehlen und Martin Heidegger. Aachen 1978.
HARTMANN, N. – *Klein, J.:* Das Sein und das Seiende. Das Grundproblem der Ontologie N. Hartmanns und M. Heideggers. Köln 1949.
Lotz, J. B.: Zwei Wege der Ontologie. N. Hartmann und M. Heidegger. In: N. Hartmann 1882–1982, hg. von A.J. Buch. Bonn 1982. S. 208 ff.
Stellmach, J.: Ansichsein und Seinsverstehen. Neue Wege der Ontologie bei N. Hartmann und M. Heidegger. Bonn 1987.
HUSSERL – *Folwart, H.:* Kant, Husserl, Heidegger. Kritizismus, Phänomenologie, Existentialontologie. Ohlau/Breslau 1936.
Clam, J.-J.: Sache und Logik der Phänomenologie Heideggers und Husserls. Beitrag zur Klärung der Idee von Phänomenologie. Altenberge 1985.
Herrmann, F.-W. von: Der Begriff der Phänomenologie bei Husserl und Heidegger. Frankfurt 1981.
Merker, B.: Selbsttäuschung und Selbsterkenntnis. Zu Heideggers Transformation der Phänomenologie Husserls. Frankfurt 1988.
Muth, F.: E. Husserl und M. Heidegger in ihrer Phänomenologie und Weltanschauung. Temeswar 1931.
Orth, E. W. (Hg.): Logik, Anschaulichkeit und Transparenz. Studien zu Husserl, Heidegger und der französischen Phänomenologie. Freiburg 1990.
Passweg, S.: Phänomenologie und Ontologie. Husserl – Scheler – Heidegger. Zürich 1939.
Tugendhat, E.: Der Wahrheitsbegriff bei Husserl und Heidegger. Berlin 1967. 2. Auflage 1970.
Waelhens, A. De: Zeit und Zeitlichkeit bei Husserl und Heidegger. Freiburg 1983.
JASPERS – *Brecht, F.J.:* Heidegger und Jaspers. Die beiden Grundformen der Existenzphilosophie. Wuppertal 1948.
Bussmann, L.: Der Gewissensbegriff bei M. Heidegger und K. Jaspers. Würzburg 1951.
Gerlach, H.M.: Von der Existenz zum Sein. Die Entwicklungswege der Existenzphilosophie von Karl Jaspers und Martin Heidegger. Halle 1975.
Pfeiffer, J.: Existenzphilosophie. Eine Einführung in Heidegger und Jaspers. 3. Auflage Hamburg 1952. Neuauflage als «Existenz und Offenbarung». 5. Auflage Berlin 1966.
KLAGES – *Kunz, H.:* M. Heidegger und L. Klages. Daseinsanalytik und Metaphysik. München 1976.
RAHNER - *Masson, R.:* Rahner and Heidegger. Being, hearing and God. In: Thomist 37/1973. S. 455 ff.
ROSENZWEIG – *Löwith, K.:* M. Heidegger und F. Rosenzweig. Ein Nachtrag zu «Sein und Zeit». In ZPHF 12/1958 S. 161 ff.
SCHELER - *Frings, M.:* Heidegger und Scheler. In: Philosohpy to-day 12/1968. S. 21 ff.
SIMMEL – *Grossheim, M.:* Von G. Simmel zu M. Heidegger. Philosophie zwischen Leben und Existenz. Bonn 1991.
TILLICH – *Goeze-Wegner, J.:* P. Tillich – M. Heidegger. Philosophie und Theologie im Horizont neuzeitlicher Metaphysik. Tübingen 1974.

Hildebrand, Dietrich von   SL **12.31**

Ettelt, W.: Die Sachlichkeit des Denkens. Eine phänomenologische Untersuchung im Anschluß an Edmund Husserl und Dietrich von Hildebrand. München 1955.
Fedoryka, D.: Dietrich von Hildebrands Philosophie der Person. Salzburg 1970.
Hillebrand, C.: Die Wertethik bei Dietrich von Hildebrand. Köln 1959.
Parner, V.: Bedeutsamkeit und Sachlichkeit. Darstellung und Konfrontation der ethischen Gedanken Dietrich von Hildebrands und Hans Eduard Hengstenbergs. Salzburg 1971.
Plack, A.: Die Stellung der Liebe in der materialen Wertethik. Eine systematische Auseinandersetzung im Anschluß an M. Scheler, N. Hartmann und D. von Hildebrand. Münster 1957.
Reuter, O.: «Sittlichkeit und ethische Werterkenntnis» nach Dietrich von Hildebrand im Zusammenhang mit der Tugend der Klugheit. Münster 1965.
Schuhmacher, M.: Grundstrukturen einer christlichen Ethik bei Dietrich von Hildebrand. Band I. 1987.
Schwarz, B.: The human person and the world of values. Festschrift. Dietrich von Hildebrand zum 70. Geburtstag. New York 1960.
–: Wahrheit, Wert und Sein. Festschrift. Dietrich von Hildebrand zum 80. Geburtstag. Regensburg 1970.
Seifert, J.: Dietrich von Hildebrand und die Philosophie der Gegenwart. Stuttgart 1990.
–: Dietrich von Hildebrand (1889–1977) und seine Schule. In: E.Coreth u. a. (Hg.): Christliche Philosophie im katholischen Denken des 19. und 20. Jahrhunderts. Band 3. Graz/Wien/Köln 1990.
–: :Die verschiedenen Bedeutungen von «Sein». – Dietrich von Hildebrand als Metaphysiker und Martin Heideggers Vorwurf der Seinsvergessenheit. In: Schwarz (1970). S. 301 ff.
Wenisch, B.: Der Wert. Eine an Dietrich von Hildebrand orientierte Auseinandersetzung mit Max Scheler. Salzburg 1969.

Hönigswald, Richard   SL 11.34

Brelage, M.: Studien zur Transzendentalphilosophie. Berlin 1965.
Hoffmann, R.: Zur Analytik des Gemeinschaftsbegriffs (auf der Grundlage der Intersubjektivitätstheorie Hönigswalds). Würzburg 1961.
Hufnagel, E.: Richard Hönigswalds Pädagogikbegriff. Bonn 1979.
Marck, S.: Die Dialektik in der Philosophie der Gegenwart. 2. Halbband. Tübingen 1931.
–: Am Ausgang des jüngeren Neukantianismus. Gedenkblatt für Hönigswald und Cohn. Archiv für Philosophie 3/1949.
Meder, N.: Prinzip und Faktum. Bonn 1975.
Oberer, H.: Transzendentalsphäre und konkrete Subjektivität. In ZPHF 23/1969. S. 578 ff.
Orth, E. W.: Bedeutung, Sinn und Gegenstand. Studien zur Sprachphilosophie E. Husserls und R. Hönigswalds. Bonn 1967.
Schneider, M.: Das Urteil und die Sinne: transzendentalphilosophische und ästhesiologische Untersuchungen im Anschluß an Richard Hönigswald und Helmuth Plessner. Köln 1989.
Wolandt, G.: Problemgeschichte, Weltentstehungsmythos und Glaube in der Philosophie Richard Hönigswalds. In ZPHF 12/1958. S. 188 ff.
–: Gegenständlichkeit und Gliederung. Köln 1964.
–: Richard Hönigswald: Philosophie als Theorie der Bestimmtheit. In GGPH Gegenwart II, 2. Auflage Göttingen 1981. S. 43 ff.

Husserl, Edmund   SL 5/6

Ältere Literatur bis 1985

Adorno, T.W.: Zur Philosophie Husserls. Archiv für Philosophie. 3/1949, 1950. S. 339 ff.
–: Zur Metakritik der Erkenntnistheorie. Studien über Husserl und die phänomenologischen Antinomien. Stuttgart 1956.
Aquirre, A.: Genetische Phänomenologie und Reduktion. Zur Letztbegründung der Wissenschaft aus der radikalen Skepsis im Denken E. Husserls. Den Haag 1970.
Almeida, G.A. de: Sinn und Gehalt der genetischen Phänomenologie E. Husserls. Den Haag 1972.
Asemissen, H. U.: Strukturanalytische Probleme der Wahrnehmung in der Phänomenologie Husserls. KSTU 73/1957
Boehm, R.: Vom Gesichtspunkt der Phänomenologie. Husserl-Studien. Den Haag 1968.
Brand, G.: Welt, Ich und Zeit. Den Haag 1955.
Breda, H.L.van / Taminiaux, J. (Hg.): Husserl und das Denken der Neuzeit. Den Haag 1959.
Claesges, U.: Edmund Husserls Theorie der Raumkonstitution. Den Haag 1964.
Claesges, U. / Held K. (Hg.): Perspektiven transphänomenologischer Forschung. Den Haag 1972.
Diemer, A.: Edmund Husserl. Versuch einer systematischen Darstellung seiner Phänomenologie. Meisenheim 1959.
Drüe, H.: Edmund Husserls System der phänomenologischen Psychologie. Berlin 1963.
Eigler, G.: Metaphysische Voraussetzungen in Husserls Zeitanalysen. Meisenheim 1961.
Eley, L.: Die Krise des Apriori in der transzendentalen Phänomenologie Edmund Husserls. Den Haag 1962.
Fellmann, F.: Gelebte Philosophie in Deutschland. Denkformen der Lebensweltphänomenologie und die kritischen Theorien. Freiburg/München 1983.
Fink, E. (Hg.): Studien zur Phänomenologie 1930–39. Den Haag 1966.
Held, K.: Lebendige Gegenwart. Die Frage der Seinsweise des transzendentalen Ich bei Edmund Husserl; entwickelt am Leitfaden der Zeitproblematik. Den Haag 1966.
Holenstein, E.: Phänomenologie der Assoziation. Zu Struktur und Funktion eines Grundprinzips der passiven Genesis bei E. Husserl. Den Haag 1972.
Jannsen, P.: Geschichte und Lebenswelt. Ein Beitrag zur Diskussion von Husserls Spätwerk. Den Haag 1970.
–: Edmund Husserl. Einführung in seine Phänomenologie. Freiburg/München 1976.
Landgrebe, L.: Der Weg der Phänomenologie. Gütersloh 1963.
Marbach, E.: Das Problem des Ich in der Phänomenologie Husserls. Den Haag 1974.
Müller, W. H.: Die Phänomenologie E. Husserls nach den Grundzügen ihrer Entstehung und ihrem systematischen Gehalt. Bonn 1956.
**Noack, H.* (Hg.): Husserl. Darmstadt 1973.
Patocka, J.: Der Subjektivismus der Husserlschen und die Möglichkeit einer «asubjektiven» Phänomenologie. In: Philosophische Perspektiven 2/1970. S. 317 ff.
Pazanin, A.: Wissenschaft und Geschichte in der Phänomenologie Edmund Husserls. Den Haag 1972.
Robberechts, L.: Edmund Husserl. Hamburg 1970 (aus dem Französischen).
Roth, A.: Edmund Husserls ethische Untersuchungen. Den Haag 1960.
Schuhmann, K.: Die Fundamentalbetrachtung der Phänomenologie. Zum Weltproblem der Philosophie Edmund Husserls. Den Haag 1971.

Seebohm, T.: Die Bedingungen der Möglichkeit der Transzendentalphilosophie. Edmund Husserls transzendentalphänomenologischer Ansatz, dargestellt im Anschluß an seine Kant-Kritik. Bonn 1962.
Spiegelberg, H.: The Pure Phenomenology of Edmund Husserl. In: The Phenomenological Movement. S. 73 ff.
Ströker, E. (Hg.): Lebenswelt und Wissenschaft in der Philosophie E. Husserls. Frankfurt 1979.
Szilasi, W.: Einführung in die Phänomenologie Edmund Husserls. Tübingen 1959.
Theunissen, M.: Der Andere. Studien zur Sozialontologie der Gegenwart. Berlin/New York 1965. 2. Auflage 1977.
Waldenfels, B.: Das Zwischenreich des Dialogs. Sozialphilosophische Untersuchungen im Anschluß an Edmund Husserl. Den Haag 1971.

Arbeiten ab 1986

Belussi, F.: Die modaltheoretischen Grundlagen der Husserlschen Phänomenologie. Freiburg 1990.
Bernet, R. /Kern, I. / Marbach, E.: Edmund Husserl. Darstellung seines Denkens. Hamburg 1989.
Dross, H.: Zwischenmenschliche Beziehung und Phänomenologie in Husserls Transzendentalphilosophie. Würzburg 1989.
Fellmann, F.: Phänomenologie als ästhetische Theorie. Freiburg 1989.
Funke, G. (Hg.): Husserl-Symposion (1988 in Mainz). Stuttgart 1989.
Gerlach, H.-M. / Sepp, H. R. (Hg.): Husserl in Halle. Spurensuche am Anfang der Phänomenologie. Frankfurt u. a. 1994.
Gethmann, C. F. (Hg.): Lebenswelt und Wissenschaft. Studien zum Verhältnis von Phänomenologie und konstruktiver Wissenschaftstheorie. Bonn 1987.
Heffermann, G.: Am Anfang war die Logik. Hermeneutische Abhandlungen zum Ansatz der «Formalen und Transzendentalen Logik» Husserls. Amsterdam 1988.
Heuer, J.-S.: Die Struktur der Wahrheitserlebnisse und die Wahrheitsauffassungen in Edmund Husserls «Logische Untersuchungen». Ammersbek 1989.
Iribarne, J. V.: Husserls Theorie der Intersubjektivität. Freiburg 1994.
Künne, W.: E. Husserl: Intentionalität. In GGPH Neuzeit IV. Göttingen 1986. S. 165 ff.
Lembeck, K.-H.: Einführung in die phänomenologische Philosophie. Darmstadt 1994.
*Marx, W.: Die Phänomenologie Edmund Husserls. Eine Einführung. München 1987. 2. Auflage 1989.
Mertens, K.: Zwischen Letztbegründung und Skepsis. Kritische Untersuchungen zum Selbstverständnis der transzendentalen Phänomenologie Edmund Husserls. Freiburg u. a. 1995.
*Prechtl, P.: Husserl zur Einführung. Hamburg 1991.
Rang, B.: Husserls Phänomenologie der materiellen Natur. Frankfurt 1990.
Römpp, G.: Husserls Phänomenologie der Intersubjektivität und ihre Bedeutung für eine Theorie intersubjektiver Objektivität und die Konzeption einer phänomenologischen Philosophie. Dordrecht 1992.
Schuhmann, K.: Husserls Staatsphilosophie. Freiburg/München 1988.
Sepp, H. R. (Hg.): Edmund Husserl und die phänomenologische Bewegung. Zeugnisse in Text und Bild. Freiburg 2. Auflage 1988.
Ströker, E.: Phänomenologische Studien. Frankfurt 1987.
–: Husserls transzendentale Phänomenologie. Frankfurt 1987.
–: Einführung in die Phänomenologie. München 1992.
Ströker, E./Janssen, P.: Phänomenologische Philosophie. Freiburg/München 1989.
Süßbauer, A.: Intentionalität, Sachverhalt, Noema. Eine Studie zu Edmund Husserl. Freiburg u. a. 1995.
Yi, Nam-in: Edmund Husserls Phänomenologie der Instinkte. Dordrecht 1993

Husserl-Gedenkschriften

Farber, M. (Hg.): Philosophical Essays in Memory of Edmund Husserl. Cambridge 1940.
Festschrift Edmund Husserl zum 70. Geburtstag gewidmet. Ergänzungsband zu JPPF Band 10 (1929). 2. Auflage Tübingen 1974.
Gehring, H. (Hg.): Phänomenologie – lebendig oder tot ? Zum 30. Todesjahr Edmund Husserls. Karlsruhe 1969.
Ingarden, R.: Edmund Husserl zum 100. Geburtstag. In ZPHF 13/1959. S. 459 ff.
Jamme, C. / Pöggeler, O. (Hg.): Phänomenologie im Widerstreit. Zum 50. Todestag Edmund Husserls. Frankfurt 1989.

Auswahl zur Diskussion mit anderen Philosophen

DERRIDA – *Höflinger, J.-C.:* Jacques Derridas Husserl-Lektüre. Würzburg 1995.
DILTHEY – *Gorsen, P.:* Zur Phänomenologie des Bewußtseinsstroms. Bergson, Dilthey, Husserl, Simmel und die lebensphilosphischen Antinomien. Bonn 1966.
GEIGER – *Métraux, A.:* E. Husserl und M. Geiger. In: Die Münchner Phänomenologen, hg. von H. Kuhn u. a. Den Haag 1975, S. 139 ff.
HARTMANN – *Gervink, B.:* Die phänomenologischen Grundzüge der Erkenntnis des Allgemeinen bei E. Husserl und N. Hartmann. Köln 1955.
Keber, E.: Die Auffassung vom Wesen der Erkenntnis bei E. Husserl und N. Hartmann. Ein systematischer Vergleich. Hamburg 1951.

Lee, K.-W.: Subjektivität und Intersubjektivität. Untersuchung zur Theorie des geistigen Seins bei E. Husserl und N. Hartmann. Bonn 1984.

HEIDEGGER – Siehe die Sekundärliteratur zu Heidegger (ebenfalls bei «Auswahl zur Diskussion mit anderen Philosophen»).

HILDEBRAND – *Ettelt, E.:* Die Sachlichkeit des Denkens. Eine phänomenologische Untersuchung im Anschluß an Edmund Husserl und Dietrich von Hildebrand. München 1955.

HÖNIGSWALD – *Orth, E.W.:* Bedeutung, Sinn, Gegenstand. Studien zur Sprachphilosophie Edmund Husserls und Richard Hönigswalds. Bonn 1967.

KANT UND NEUKANTIANISMUS - *Kern, I.:* Husserl und Kant. Eine Untersuchung über Husserls Verhältnis zu Kant und zum Neukantianismus. Den Haag 1964.

MACH – *Düsing, K.:* Das Problem der Denkökonomie bei Husserl und Mach. In: Claesges, U./ Held, K. (Hg.): Perspektiven transzendentalphänomenologischer Forschung. Den Haag 1972.

Lübbe, H.: Positivismus und Phänomenologie (Mach und Husserl). In: Beiträge zur Philosophie und Wissenschaft. W. Szilasi zum 70. Geburtstag. München 1960. S. 161 ff.

MÜNCHNER PHÄNOMENOLOGIE – *Kuhn, H. / Avé-Lallemant, E. / Gladiator, R.* (Hg.): Die Münchner Phänomenologie. Den Haag 1975.

NATORP – *Arlt, G.:* Subjektivität und Wissenschaft. Zur Psychologie des Subjekts bei Natorp und Husserl. Würzburg 1985.

Kim, Y.-H.: Husserl und Natorp. Zur Problematik der Letztbegründung der Philosophie bei Husserls Phänomenologie und Natorps neukantianischer Theorie. Heidelberg 1974.

PFÄNDER – *Spiegelberg, H.:* Epoché und Reduktion bei Pfänder und Husserl. In Pfänder-Studien, hg. von H. Spiegelberg und E. Avé-Lallemant. Den Haag 1982. S. 3 ff.

QUINE – *Sukale, M.:* Denken, Sprechen und Wissen. Logische Untersuchungen zu Husserl und Quine. Tübingen 1988.

SCHELER – *Pöll, M.:* Wesen und Wesenserkenntnis. Untersuchungen mit besonderer Berücksichtigung der Phänomenologie Husserls und Schelers. München 1946.

Schümmer, M.: Die Wahrnehmungs- und Erkenntnismetaphysik M. Schelers in den Stadien ihrer Entwicklung. Unter besonderer Berücksichtigung der Beziehungen Schelers zu Husserl. Bonn 1954.

Stüttgen, A.: Der Gegenstandscharakter der Werte bei Scheler im Hinblick auf Husserl. Bonn 1957.

Temuralp, T.: Über die Grenzen der Erkennbarkeit bei Husserl und Scheler. Berlin 1937.

SCHUPPE – *Zocher, R.:* Husserls Phänomenologie und Schuppes Logik. München 1932.

SIMMEL – *Gorsen, P.:* Zur Phänomenologie des Bewußtseinsstroms. Bergson, Dilthey, Husserl, Simmel und die lebensphilosophischen Antinomien. Bonn 1966.

Jacoby, Günther   SL 15.22

Freytag-Löringhoff, B. Baron von: Günther Jacoby 80 Jahre alt. In ZPHF 15/1961.
Hessen, H.: Die Geistesströmungen der Gegenwart. Freiburg 1937. 2. Aufl. 1940. S. 149 ff.
Lehmann, G.: Die Deutsche Philosophie der Gegenwart. Stuttgart 1943. S. 426 ff.

Jaspers, Karl   SL 27

Armbruster, L.: Objekt und Transzendenz bei Jaspers. Sein Gegenstandsbegriff und die Möglichkeit der Metaphysik. Innsbruck 1957.
Bielefeldt, H.: Kampf und Entscheidung. Politischer Existentialismus bei Carl Schmitt, Helmuth Plessner und Karl Jaspers. Würzburg 1994.
Böckelmann, F.: Die Problematik existentieller Freiheit bei Karl Jaspers. München 1972.
Böversen, F. (Hg.): Philosophie der Politik. Ein Symposion zum 100. Geburtstag von Karl Jaspers. Wuppertal 1984.
Burkard, F.-P.: Ethische Existenz bei Karl Jaspers. Würzburg 1982.
–: Karl Jaspers. Einführung in sein Denken. Würzburg 1985.
Diaz, D.G.: Begriff und Problem der Situation. Eine Untersuchung im Rahmen des Jaspersschen Denkens. Freiburg 1961.
Fahrenbach, H.: Philosophische Existenzerhellung und theologische Existenzmitteilung. Zur Auseinandersetzung zwischen Karl Jaspers und Rudolf Bultmann. In: Theologische Rundschau 24/1957, 1958.
Gabriel, L.: Existenzphilosophie. Kierkegaard – Heidegger – Jaspers – Sartre. Dialog der Positionen. 2. überarbeitete Auflage. Wien 1968.
Hager-Schneider, H.: Die Bedeutung des Politischen bei Karl Jaspers. Freiburg 1967.
Harth, D. (Hg.): Karl Jaspers. Denker zwischen Wissenschaft, Politik und Philosophie. Stuttgart 1989.
Heinemann, F.: Das Abenteuer radikaler Offenheit: Karl Jaspers. In: Existenzphilosophie lebendig oder tot? Stuttgart 1954.
Hersch, J.: Karl Jaspers. Eine Einführung in sein Werk. Fr. Original 1978, dt. München 1980.
–: Karl Jaspers: Philosoph, Arzt, politischer Denker. Symposium zum 100. Geburtstag in Basel und Heidelberg. München/Zürich 1986.

Hertel, W.: Existentieller Glaube. Eine Studie über den Glaubensbegriff von Karl Jaspers und Paul Tillich. Meisenheim 1971.
Hofmann, G.: Politik und Ethos bei Karl Jaspers. Heidelberg 1969.
Hommel, C. U.: Chiffre und Dogma. Zum Verhältnis der Philosophie zur Religion bei Karl Jaspers. Zürich 1968.
Hybasek, E.: Das Menschenbild bei Karl Jaspers. Graz 1984.
Jahrbuch der Österreichischen Karl-Jaspers-Gesellschaft. Wien ab 1988.
Kiel, A.: Bevölkerungswachstum und die politischen Antinomien. Ein Beitrag zur Sozialphilosophie Karl Jaspers'. Konstanz 1990.
Klein, O. E.: Bewußtsein und Umgreifendes. Frankfurt 1990.
Koprek, I.: Ethos und Methodos des Philosophierens. Die moderne Orientierungskrise und ihre Therapie im Denken von Karl Jaspers. St. Ottilien 1988.
Lengert, R. (Hg.): Philosophie der Freiheit. Karl Jaspers 23.2.1883–26.2.1969. Symposium zum 100.Geburtstag. Oldenburg 1983.
Neuenschwander, U.: Denker des Glaubens. Gütersloh 1985.
Örnek, Y.M.: Existentielle Freiheit: Ihre Bedeutung im philosophischen und politischen Werk von Karl Jaspers. Mainz 1983.
–: Karl Jaspers: Philosophie der Freiheit. Freiburg/München 1986.
Pieper, H.: Selbstsein und Politik: Jaspers' Entwicklung vom esoterischen zum politischen Denker. Meisenheim 1973.
Piper, K./Saner, H.: Erinnerungen an Karl Jaspers. München/Zürich 1974.
Piper, K. (Hg.): Offener Horizont. Festschrift für Karl Jaspers. München 1953. Mit Arbeiten von O. Hammelsbeck, E. Mayer u.a.
– (Hg.): Karl Jaspers. Werk und Wirkung. München 1963. (Mit «Philosophische Autobiographie» und mit einer Bibliographie von H. Saner).
Richli, U.: Transzendentale Reflexion und sittliche Entscheidung. Zum Problem der Selbsterkenntnis der Metaphysik bei Kant und Jaspers. Bonn 1967.
Rigali, N.: Die Selbstkonstitution der Geschichte im Denken von Karl Jaspers. Meisenheim 1968.
Salamun, K.: Karl Jaspers.: Existenzverwirklichung in der Kommunikation. In GGPH Gegenwart V. Göttingen 1982. S.9ff.
*–:Karl Jaspers. München 1985.
– (Hg.): Karl Jaspers. Zur Aktualität seines Denkens. München/Zürich 1991.
Saner, H.: Karl Jaspers mit Selbstzeugnissen und Bilddokumenten. Reinbek 1970.
– (Hg.): Karl Jaspers in der Diskussion. München 1973. Mit Arbeiten von F.O. Bollnow, G. Marcel, H. Rickert, K. Sontheimer.
**Schilpp, P. A.* (Hg.): The Philosophy of Karl Jaspers. New York 1957. Unter dem Titel «Karl Jaspers» dt. Stuttgart ebenfalls 1957. Mit Arbeiten von J.D. Collins, W. Earle, K. Hoffmann, S. Holm, F. Kaufmann, G. Knauss, H. Kunz, E. Latzel, G. Mann, P. Ricoeur, J. Thyssen.
Schmitt, W.: Die Psychopathologie von Karl Jaspers in der Modernen Psychiatrie. In: Die Psychologie des 20. Jahrhunders. Band X. Hg. von U.H. Peters. München 1980.
Schneiders, W.: Karl Jaspers in der Kritik. Bonn 1965.
Schultheiss, J.: Philosophieren als Kommunikation. Versuch zu Karl Jaspers' Apologie des kritischen Philosophierens. Königstein 1981.
Sonderfeld, U.: Philosophie als Gesamtorientierung denkender Existenz und als Aporienreflexion – im Anschluß an Karl Jaspers. Münster/New York 1989.
* *Stegmüller, W.:* Existenzphilosophie: Karl Jaspers. In: Hauptströmungen der Gegenwartsphilosophie. 1. Band. 2. verbesserte Auflage Stuttgart 1960.
Thiel, M.: Karl Jaspers. Deutschlands Weg in die Emanzipation. 2 Bände. Heidelberg 1986.
Veauthier, F. W. (Hg.): Karl Jaspers zu Ehren: Symposium aus Anlaß seines 100. Geburtstags. Heidelberg 1986.
Warsitz, R.-P.: Das zweifache Selbstmißverständnis der Psychoanalyse. Die Psychoanalysekritik Karl Jaspers' in immanenter Darstellung. Würzburg 1987.
Wisser, R.: Ein Philosoph denkt sich frei. Zum 80. Geburtstag von Karl Jaspers. In ZPHF 17/1963. S.284ff.

Klages, Ludwig   SL **21.2**

Chidani, S. (Hg.): Die Centenarfeiern für Ludwig Klages. Riso, Heft 10. Tokio 1972.
Eugster, K.: Die Befreiung vom anthropozentrischen Weltbild. Ludwig Klages' Lehre vom Vorrang der Natur. Bonn 1989.
Großheim, M.: Ludwig Klages und die Phänomenologie. Berlin 1993.
Haakh, T.: Ludwig Klages in unserer Zeit. In: Hestia 1972/1973.
Hönel, H. (Hg.): Festschrift zum 75. Geburtstag von Klages. O.O. 1947.
Kasdorff, H. (Hg.): Ludwig Klages zum hundertsten Geburtstag. Gesammelte Vorträge des Jahres 1972. In: Hestia 1972/1973. Bonn 1974. Im Anhang: Veröffentlichungen zum Centenarjahr 1972.

–: Zur Geschichte der Klages-Gesellschaft. In ZPHF 26/1972. S. 302 ff.
–: Ludwig Klages im Widerstreit der Meinungen. Eine Wirkungsgeschichte 1895–1975. Bonn 1978.
Müller, R.: Das verzwistete Ich. Ludwig Klages und sein philosophisches Hauptwerk «Der Geist als Widersacher der Seele». Frankfurt/Bern 1971.
–: Wie aktuell ist die Philosophie Ludwig Klages'? In: Hestia 1972/73.
Prinzhorn, H. (Hg.): Die Wissenschaft am Scheideweg von Leben und Geist. Ludwig Klages zum 60. Geburtstag. Leipzig 1932.
* *Schröder, H.E.:* Ludwig Klages. Die Geschichte seines Lebens. 2 Teile. Bonn 1972.
Vetter, A.: Das Lebenswerk von Ludwig Klages. Zum 100. Geburtstag. In: Zeitschrift für klinische Psychologie und Psychotherapie 20/1972.

Landgrebe, Ludwig   SL 20.2

Biemel, W. (Hg.): Phänomenologie heute. Festschrift für Landgrebe. Den Haag 1972.
Held, K. (Hg.): Perspektiven transzendental-phänomenologischer Forschung. L. Landgrebe zum 70. Geburtstag. Den Haag 1972.

Lask, Emil   SL 11.31

Altwicker, N.: Genesis und Geltung bei Lask und Hegel. Frankfurt 1971.
Dal, I.; Lasks Kategorienlehre im Verhältnis zu Kants Philosophie. Hamburg 1926.
Diwo, A.: Das Problem einer Logik der Philosophie. Im Anschluß an den Versuch von Emil Lask dargestellt und gewürdigt. Maschinenschriftliche Dissertation. Heidelberg 1923.
Herrigel, E.: Emil Lasks Wertsystem. Versuch einer Darstellung aus seinem Nachlaß. Logos 12/ 1923,1924 S. 100 ff.
**Hobe, K.:* Emil Lask. Heidelberg 1968.
Hobe, K.: Zwischen Rickert und Heidegger: Versuch über eine Perspektive des Denkens von Emil Lask. In PHJB 78/1971. S. 360 ff.
Kreis, F.: Zu Lasks Logik der Philosophie. In: Logos 10/1921. S. 227 ff.
Lukács, G.: Emil Lask. Ein Nachruf. In KSTU 22/1918. S. 349 ff.
Malter, R.: Heinrich Rickert und Emil Lask. In ZPHF 23/1969. S. 86 ff.
Pick, G.: Die Übergegensätzlichkeit der Werte. Gedanken über das religiöse Moment in Emil Lasks logischen Schriften vom Standpunkt des transzendentalen Idealismus. Tübingen 1921.
Rosshoff, H.: Zur Form des Gegenstandsbegriffs bei E. Lask und H. Rickert. Bonn 1975.
Sommerhäuser, H.-P.: Emil Lask in der Auseinandersetzung mit Heinrich Rickert. Zürich 1965.
–: Emil Lask 1875–1915. Zum 90. Geburtstag des Denkers. In ZPHF 21/1967 S. 136 ff.
Stepun, F.: Wie war es möglich? Briefe eines russischen Offiziers. München 1929.

Litt, Theodor   SL 18

Bracht, U.: Geschichtliches Verstehen und geschichtliche Bildung. Ihr Wesen und ihre Aufgabe nach der Auffassung Theodor Litts. Wuppertal/Ratingen 1968.
–: Zum Problem der Menschenbildung bei Theodor Litt. Heilbrunn 1973.
Derbolav, J./Nicolin, F. (Hg.): Geist und Erziehung. Kleine Bonner Festgabe für Theodor Litt. Bonn 1955.
– (Hg.): Erkenntnis und Verantwortung. Festschrift für Theodor Litt. Düsseldorf 1960.
**Derbolav, J./Nicolin, F./Menze, C.* (Hg.): Sinn und Geschichtlichkeit. Werk und Wirkungen Theodor Litts. Stuttgart 1980.
Funderburk, L.: Erlebnis – Verstehen – Erkenntnis. Theodor Litts System der Philosophie. Bonn 1971.
Gründer, K.: Theodor Litts Verständnis der Phänomenologie. In: Festschrift zum 65. Geburtstag von E. v. Lichtenstein. O.O. und o.J.
Huschke-Rhein, B.: Das Wissenschaftsverständnis in der geisteswissenschaftlichen Pädagogik. Dilthey – Litt – Nohl – Spranger. Stuttgart 1979.
Klafki, W.: Die Pädagogik Theodor Litts. Eine kritische Vergegenwärtigung. (Mit ausführlichen Literaturangaben). Königstein 1982.
Lasshahn, R.: Theodor Litt. Das Bildungsideal der deutschen Klassik und die moderne Arbeitswelt. In: J.Speck (Hg.): Interpretationen zur Anthropologie. Münster 1970.
Liebrucks, B.: Zur Theorie des Weltgeistes in Theodor Litts Hegelbuch. In KSTU 46/1954,1955. S. 230 ff.
**Reble, A.:* Theodor Litt. Stuttgart 1950.
Ritzel, W.: Theodor Litt. In: Philosophie und Pädagogik im 20. Jahrhundert. Darmstadt 1980. S. 113 ff.
Vanselow, M.: Kulturpädagogik und Sozialpädagogik bei Kerschensteiner, Spranger und Litt. Berlin 1927. 2. Auflage 1930.
Vogel, P.: Theodor Litt. Berlin 1955.

Misch, Georg   SL 17.2

Bollnow, O.F.: Studien zur Hermeneutik. Band 2: Zur Hermeneutik und Logik von Georg Misch und Hans Lipps. Freiburg 1982.
–: Lebensphilosophie und Logik. Georg Misch und der Göttinger Kreis. In ZPHF 34/1980. S. 423 ff.
König, J.: Georg Misch als Philosoph. Göttingen 1967. (Mit Werke-Verzeichnis).
Kümmel, F./ König, J.: Georg Misch. Versuch einer Würdigung des Werkes. In: Dilthey-Jahrbuch 7/1990, 1991. S. 166 ff.
Rodi, F.: Hermeneutische Logik im Umfeld der Phänomenologie: G. Misch, H. Lipp, G. Spat. In: Erkenntnis des Erkannten. Frankfurt 1990.

Natorp, Paul   SL 10.2

** *Holzhey, H.:* Cohen und Natorp. Band 1: Ursprung und Einheit. Mit einer Bibliographie der Werke H. Cohens und P. Natorps. – Band 2: Der Marburger Neukantianismus in Quellen. Basel/Stuttgart 1986.
Jegelka, N.: Paul Natorp. Philosophie. Pädagogik. Politik. Würzburg 1992.
Klein, J.: Die Grundlegung der Ethik in der Philosophie Hermann Cohens und Paul Natorps – Eine Kritik des Neukantianismus. Göttingen 1976.
Krebs, I.: Paul Natorps Ästhetik. Eine systemtheoretische Untersuchung. Berlin/New York 1976.
Krüger, P.: Zur Erinnerung an Paul Natorp. In KSTU 45/1953, 1954. S. 314 ff.
Ritzel, W.: Die Verpflichtung des Philosophierens gegenüber dem Gemeinwesen. In Paul Natorps Werk und Wirksamkeit. In KSTU 56/1966. S. 302 ff.
Schmidt, W. de: Psychologie und Transzendentalphilosophie. Zur Psychologie-Rezeption bei Hermann Cohen und Paul Natorp. Bonn 1976.
Wetz, F.J.: Die Überwindung des Marburger Neukantianismus in der Spätphilosophie Natorps. In ZPHF 47/1993. S. 75 ff.
Winterhager, E.: Das Problem des Individuellen. Ein Beitrag zur Entwicklungsgeschichte P. Natorps. Meisenheim 1975.
Wolzogen, C. von: Die autonome Relation. Zum Problem der Beziehung im Spätwerk Paul Natorps. Ein Beitrag zur Geschichte der Theorien der Relation. Würzburg/Amsterdam 1984.

Neukantianismus i.a.   SL 9

Brelage, M.: Studien zur Transzendentalphilosophie. Berlin 1965.
Flach, W./ Holzhey, H. (Hg.): Erkenntnistheorie und Logik im Neukantianismus. Hildesheim 1979.
Holzhey, H. (Hg.): Ethischer Sozialismus. Zur politischen Philosophie des Neukantianismus. Frankfurt 1992.
** *Köhnke, K. C.:* Entstehung und Aufstieg des Neukantianismus. Die deutsche Universitätsphilosophie zwischen Idealismus und Positivismus. Frankfurt 1986.
Lorenz, U.: Neukantianismus – Perspektiven und Probleme. Bericht über eine internationale Tagung in Trier 1991. In ZPHF 47/1993. S. 132 ff.
Maerker, P.: Die Ästhetik der Südwestdeutschen Schule. Bonn 1973.
Marck, S.: Die Dialektik in der Philosophie der Gegenwart. 2 Halbbände. Tübingen 1929 und 1931.
–: Am Ausgang des jüngeren Neukantianismus. In: Archiv für Philosophie 3/1949.
Oelkers, J./ Schulz, W.K./Tenorth,H.-E. (Hg.): Neukantianismus. Kulturtheorie, Pädagogik und Philosophie. Weinheim 1989.
* *Ollig, H.-L.:* Der Neukantianismus. Stuttgart 1979.
– (Hg.): Materialien zur Neukantianismus-Diskussion. Darmstadt 1987.
Orth, E.W./Holzhey, H. (Hg.): Neukantianismus. Band 1: Perspektiven und Probleme. Würzburg 1994.
Sandkühler, H.-J./Wega, R. de la (Hg.): Marxismus und Ethik. Texte zum neukantianischen Sozialismus. Frankfurt 1970.
Sieg, U.: Aufstieg und Niedergang des Marburger Neukantianismus. Würzburg 1994.
Tucker, B.: Ereignis. Wege durch die politische Philosophie des Marburger Neukantianismus. Frankfurt/Bern 1984.
Ueberweg, F.: Grundriß der Geschichte der Philosophie. 8. Auflage hg. von M.Heinze. Die Neuzeit. Teil 3: 1. Vorkantische und kantische Philosophie. 2. Nachkantische Systeme und Philosophie der Gegenwart. Berlin 1896–97.

Nohl, Herman   SL 17.1

Bartels, K.: Die Pädagogik Herman Nohls in ihrem Verhältnis zum Werk Diltheys und zur heutigen Erziehungswissenschaft. Weinheim/Berlin 1968.
Blochmann, E.: Herman Nohl zum 70. Geburtstag. In: Westermanns Pädagogische Beiträge 1/1949. S. 433 ff.
–: Herman Nohl zum 75. Geburtstag. In: Zeitschrift für Pädagogik. 1/1955. S. 4 ff.
–: Herman Nohl in der pädagogischen Bewegung seiner Zeit 1879–1960. Göttingen 1969.

Bollnow, O.F.: Herman Nohl zum Gedächtnis. In: Pädagogische Arbeitsblätter zur Fortbildung für Lehrer und Erzieher. 12/1960. S. 337 ff.
Finckh, H.J.: Der Begriff der «Deutschen Bewegung» und seine Bedeutung für die Pädagogik Herman Nohls. Frankfurt/Bern 1977.
* *Flitner, W.:* Persönlichkeit und Lebenswerk Herman Nohls (zum 70. Geburtstag). In: Pädagogische Rundschau 4/1949. S. 189 ff.
Geißler, G.: Bildnis eines akademischen Lehrers (H. Nohl zum 75. Geburtstag). In: Westermanns Pädagogische Beiträge 6/1954. S. 485 ff.
Hackewitz, W. von: Das Gesellschaftskonzept in der Theorie der «Pädagogischen Bewegung». Ein ideologiekritischer Versuch am Werk Herman Nohls. Berlin 1964.
Heimpel, H.: Gelebte Philosophie – Herman Nohl zum 80. Geburtstag.
Reble, A.: Zum 75. Geburtstag Herman Nohls. In: Pädagogische Rundschau 9/1954. S. 89 ff.
Thöny, G.: Philosophie und Pädagogik bei Wilhelm Dilthey und Herman Nohl. Bern 1992.

Otto, Rudolf   SL 13.1

Benz, E. (Hg.): Rudolf Ottos Bedeutung für die Religionswissenschaft und Theologie heute. Leiden 1971. (Enthält den Entwurf einer Biographie von R. Schinzer).
Davidson, R. F.: Rudolf Otto's Interpretation of Religion. Princetown 1947.
Feigel, F. K.: Das Heilige. Kritische Abhandlung über Rudolf Ottos gleichnamiges Buch. Haarlem 1929. 2. Auflage Tübingen 1948.
Gaede, E.: Die Lehre von dem Heiligen und der Divination bei Rudolf Otto. Oschersleben 1932.
Geyser, J.: Intellekt oder Gemüt? Eine philosophische Studie über Rudolf Ottos Buch «Das Heilige». Freiburg 1922.
Gibbons, A.: Religion und Sprache. Eine Untersuchung über Rudolf Ottos Buch «Das Heilige». Bern/München 1970.
Haubold, W.: Die Bedeutung der Religionsgeschichte für die Theologie Rudolf Ottos. Leipzig 1940.
Küssner, K.: Rudolf Otto. Verantwortliche Lebensgestaltung. Gespräche über Fragen der Ethik. Stuttgart 1941. 3. Auflage Lüneburg 1959.
Paus, A.: Religiöser Erkenntnisgrund. Herkunft und Wesen der Aprioritheorie Rudolf Ottos. Leiden 1966.
Schütte, H.-W.: Religion und Christentum in der Theologie Rudolf Ottos. Berlin 1969.
Seifert, P.: Die Religionsphilosophie bei Rudolf Otto. Düsseldorf 1936.
Siegfried, T.: Grundfragen der Theologie bei Rudolf Otto. Gotha 1931.

Pfänder, Alexander   SL 12.21

Büttner, H.: Die phänomenologische Psychologie Alexander Pfänders. In: Archiv für die gesamte Psychologie. 44/1935. S. 317 ff.
Geiger, M.: Alexander Pfänders methodische Stellung. In: Neue Münchner Philosophische Abhandlungen. Leipzig 1933. S. 1 ff.
Schuhmann, K.: Die Dialektik der Phänomenologie. Band I: Husserl über Pfänder. Den Haag 1973.
Spiegelberg, H.: Alexander Pfänders Phänomenologie, nebst einem Anhang: Texte zur phänomenologischen Philosophie aus dem Nachlaß. Den Haag 1963.
–: Alexander Pfänder: From Phenomenological Psychology to Phenomenological Philosophy. In: The Phenomenological Movement. S. 173 ff.
–: The Context of the Phenomenological Movement. Den Haag 1981.
Trillhaas, W.: Alexander Pfänder. In Memoriam. Erlangen 1942.
–: «Selbst Leibhaftig Gegeben». Reflexion einer phänomenologischen Formel nach Alexander Pfänder. In: Kuhn, H./Avé-Lallemant, E./ Gladiator, R. (Hg.): Die Münchner Phänomenologie. Den Haag 1975. S. 8 ff.

Phänomenologische Bewegung und Phänomenologie i.a.   SL 5

Biemel, W. (Hg.): Phänomenologie heute. Festschrift für L. Landgrebe. Den Haag 1972.
Gadamer, H.-G.: Die phänomenologische Bewegung. In PHRS 11/1963. S. 1 ff.
Großheim, M. (Hg.): Wege zu einer volleren Realität. Neue Phänomenologie in der Diskussion. Berlin 1994.
Kuhn, H./Avé-Lallemant, E./Gladiator, R. (Hg.): Die Münchner Phänomenologie. Den Haag 1975.
Sepp, H.R.: Edmund Husserl und die phänomenologische Bewegung. Zeugnisse in Text und Bild. Freiburg/München 1988.
Spiegelberg, H.: The Phenomenological Movement. 2 Bände. Den Haag 1960.
–: The Context of the Phenomenological Movement. Den Haag 1981.
Ströker, E./Janssen, P.: Phänomenologische Philosophie. Freiburg/München 1989.
Teichert, F.: Münchner Phänomenologie. Bericht über den internationalen Kongreß anläßlich des 100. Geburtstages von A. Pfänder im April 1971. In ZPHF 26/1972. S. 283 ff.

Tymieniecka, A.-T.: Dem Wendepunkt der Phänomenologie entgegen. In PHRS 14/1967. S. 182 ff.
Yoshihiro, N. (Hg.): Japanische Beiträge zur Phänomenologie. Freiburg/München 1984.

Plessner, Helmuth   SL 23.1

Asemissen, H. U.: Helmuth Plessner. Die exzentrische Position des Menschen. In GGPH Gegenwart II. Göttingen 1981. S. 146 ff.
Beer, R.: Plessners Philosophische Anthropologie. Eine Problemskizze. In: Philosophische Perspektiven 4/1972. S. 173 ff.
Benk, A.: Skeptische Anthropologie und Ethik. Die philosophische Anthropologie Helmuth Plessners und ihre Bedeutung für die theologische Ethik. Frankfurt 1987.
Bielefeldt, H.: Kampf und Entscheidung. Politischer Existentialismus bei Carl Schmitt, Helmuth Plessner und Karl Jaspers. Würzburg 1994.
Delfgaauw, B./Holz, H. H./Nauta, L. (Hg.): Philosophische Rede vom Menschen. Studien zur Anthropologie Helmuth Plessners. Frankfurt 1986.
Dux, G.: Helmuth Plessners philosophische Anthropologie im Prospekt. Nachwort zu Plessners «Philosophische Anthropologie». Frankfurt 1970.
Dux, G./Luckmann, T. (Hg.): Sachlichkeit. Festschrift zum 80. Geburtstag von Helmuth Plessner. Köln/Opladen 1974.
Habermas, J.: Helmuth Plessner. «Die verspätete Nation» und «Aus einem Brief». In: Philosophisch-politische Profile. Frankfurt 1971.
Hammer, F.: Die exzentrische Position des Menschen. Methoden und Grundlinien der philosophischen Anthropologie Helmuth Plessners. Bonn 1967.
Kramme, R.: Helmuth Plessner und Carl Schmitt. Eine historische Fallstudie zum Verhältnis von Anthropologie und Politik in der deutschen Philosophie der 20er Jahre. Berlin 1989.
Oesterreicher-Mollwo, M.: Reflexion und Rolle. Eine Entwicklung der beiden Begriffe aus der Philosophie Helmuth Plessners im Vergleich mit dem philosophischen Ansatz des frühen Gehlen. Tübingen 1972.
**Pietrowicz, S.:* Helmuth Plessner. Genese und System seines philosophisch-anthropologischen Denkens. Frankfurt/München 1991.
Redecker, H.: Helmuth Plessner oder die verkörperte Philosophie. Berlin 1993.
Rodi, F.: Conditio humana. In ZPHF 19/1965.
Schneider, M.: Das Urteil und die Sinne. Transzendentalphilosophie und ästhesiologische Untersuchungen im Anschluß an Richard Hönigswald und Helmuth Plessner. Köln 1989.
Ströker, E./Kamp, N. u. a.: In memoriam Helmuth Plessner. Gedenkfeier in Göttingen 1986.
Ziegler, K. (Hg.): Wesen und Wirklichkeit des Menschen. Festschrift für Helmuth Plessner. Göttingen 1957.

Przywara, Erich   SL 24.21

A. V.: Erich Przywara 1889–1969. Eine Festgabe. Düsseldorf o. J. (1969).
Balthasar, H. U. von: Erich Przywara. In: Tendenzen der Theologie im 20. Jahrhundert. 1966.
Behn, S. (Hg.): Der beständige Aufbruch. Festschrift Erich Przywara. Nürnberg 1959.
Gertz, B.: Glaubenswelt als Analogie. Die theologische Analogie-Lehre Erich Przywaras und ihr Ort in der Auseinandersetzung um die analogia fidei. Düsseldorf 1969.
–: Kreuz-Struktur. Zur theologischen Methode Erich Przywaras. In: Theologie und Philosophie 4/1970.
–: Erich Przywara (1889–1972). In: Coreth u. a.: Christliche Philosophie im katholischen Denken des 19. und 20. Jahrhunderts. Band 2. S. 572 ff.
Kaufmann, F.: Erich Przywara, Humanitas. In PHRS 1/1953, 1954. S. 242 ff.
Mechels, E.: Analogie bei Erich Przywara und Karl Barth. Neukirchen/Vluyn 1974.
Naab, E.: Zur Begründung der analogia entis bei E. Przywara. Eine Erörterung. Regensburg 1987.
Nieborak, S.: Homo analogia. Zur philosophisch-theologischen Bedeutung der «analogia entis» im Rahmen der existentiellen Frage bei Erich Przywara. Frankfurt/Berlin u. a. 1994.
Rahner, K.: Laudatio auf Erich Przywara. In: Gnade und Freiheit. Freiburg/Basel/Wien 1968 S. 266 ff.
Stertenbrink, R.: Ein Weg zum Denken. Die Analogia entis bei Erich Przywara. Salzburg 1971.
Turán-Dutari, J.: Die Geschichte des Terminus «Analogia entis» und das Werk Erich Przywaras. Dem Denker der «analogia entis» zum achtzigsten Geburtstag. In PHJB 77/1970. S. 163 ff.
–: Christentum und Metaphysik. Das Verhältnis beider nach der Analogielehre Erich Przywaras. München 1973.

Rahner, Karl   SL 24.22

Fischer, K. P.: Gotteserfahrung. Mystagogie in der Theologie Karl Rahners und in der Theologie der Befreiung. Mainz 1986.
Kraus, G.: Gotteserkenntnis ohne Offenbarung und Glaube? Natürliche Theologie als ökumenisches Problem. Paderborn 1987.
Lehmann, K./Raffelt, A. (Hg.): Rechenschaft des Glaubens. Karl Rahner-Lesebuch. Mit einem Portrait von K. Lehmann. Freiburg 1979.

Metz, J. B. u. a.: Gott und Welt. Festgabe für Karl Rahner. 2 Bände. Frankfurt u. a. 1964.
Neufeld, K. H.: Die Brüder Rahner. Freiburg/Basel/Wien 1994.
**Vorgrimler, H.*: Karl Rahner verstehen. Eine Einführung in sein Leben und Denken. Freiburg 1985.
Weger, V.-H.: Karl Rahner. Eine Einführung in sein theologisches Denken. Freiburg 1978.

Eine ausführliche Bibliographie zur Sekundärliteratur findet sich in
Raffelt, A.: Karl Rahner. Bibliographie der Sekundärliteratur 1948–1978. In: H. Vorgrimler (Hg.): Wagnis Theologie. Erfahrungen mit der Theologie Karl Rahners. Freiburg 1979.

Reinach, Adolf SL **12.24**

Husserl, E.: Adolf Reinach. In: KSTU 23/1919. S. 147f.
Oesterreicher, J. M.: Walls are Crumbling. New York 1952. S. 99ff.
Spiegelberg, H.: Adolf Reinach: The Phenomenology of Essence. In: The Phenomenological Movement. Den Haag. Band 1. 1960. S. 195.

Reiner, Hans SL **12.32**

Eberhard, I.: Das philosophische Werk Hans Reiners. In ZPHF 25/1971.
Graeser, A.: Schlußwort zur Diskussion mit Hans Reiner (Zum Begriff des Guten in der stoischen Ethik). In ZPHF 28/1974. S. 234ff.
Thamm, G.: Zu Reiners Wertekritik. In ZPHF 44/1990. S. 305ff.
Trillhaas, W.: Zur Frage der Extension der Ethik. – Erwiderung an Hans Reiner. In ZPHF 15/1961. S. 565ff.
Türk, H. J.: Rezension zu Hans Reiner: Die Grundlagen der Sittlichkeit. In ZPHF 31/1977. S. 323ff.

Rickert, Heinrich SL **11.2**

Flach, W.: Die Gegenstands- und Apriritätsproblematik bei H. Rickert, B. Bauch und N. Hartmann. Systematische Untersuchungen zur Grundlagenthematik der reinen Geltungslogik. Würzburg 1955.
Leingärtner, W.: Der Strukturwandel des Erfahrungsbegriffs im philosophischen Entwicklungsgang Heinrich Rickerts. Erlangen 1952.
Merz, P.-U.: Max Weber und Heinrich Rickert. Würzburg 1990.
Miller-Rostowska, A.: Das Problem der individualisierenden Begriffsbildung bei Rickert. Winterthur 1955.
Ramming, G.: Karl Jaspers und Heinrich Rickert. Existentialismus und Wertphilosophie. Bern 1948.
Rossberg, R.: Zustände und Gegenstände. Grundfragen aus Rickerts Theorie der Wirklichkeitserkenntnis. Bonn 1954.
Sauerwald, H.: Rickerts Begriffe des erkenntnistheoretischen Subjekts und der Realität im Unterschied zur Philosophie Kants. Köln 1950.
Seidel, H.: Wert und Wirklichkeit in der Philosophie Heinrich Rickerts. Bonn 1968.
Zocher, R.: Heinrich Rickert zum 100. Geburtstag. In ZPHF 17/1963. S. 457ff.

Rosenzweig, Franz SL **25.2**

Bauer, A. E.: Rosenzweigs Sprachdenken im «Stern der Erlösung» und in der Korrespondenz mit Martin Buber zur Verdeutschung der Schrift. Frankfurt u. a. 1992.
Baeck, L.: Von Moses Mendelssohn zu Franz Rosenzweig. Typen jüdischen Selbstverständnisses in den letzten beiden Jahrhunderten. Stuttgart 1958.
* *Casper, B.*: Das dialogische Denken. Eine Untersuchung der religionsphilosophischen Bedeutung Franz Rosenzweigs, Ferdinand Ebners und Martin Bubers. Freiburg/Basel/Wien 1967.
–: Sein und Offenbarung. Zum 80. Geburtstag von F. Rosenzweig. In PHJB 74/1967. S. 310ff.
Freund, E.: Die Existenzphilosophie Franz Rosenzweigs. Ein Beitrag zur Analyse seines Werkes «Stern der Erlösung». 1933. Hamburg 2. Auflage 1959. Engl. Übersetzung: Franz Rosenzweig's Philosophy of Existence. Den Haag 1979.
Fuchs, G./Henrix, H. H.: Zeitgewinn. Messianisches Denken nach Franz Rosenzweig. Frankfurt 1987.
Glatzer, N. N.: Franz Rosenzweig. His Life and Thought. New York 1953. 2. Auflage 1961. (Eine Biographie).
Görtz, H.-J.: Tod und Erfahrung. Rosenzweigs «erfahrende Philosophie» und Hegels «Wissenschaft der Erfahrung des Bewußtseins». Düsseldorf 1984.
Goldschmidt, H. L.: Dialogik. Philosophie auf dem Boden der Neuzeit. Frankfurt 1964.
Hufnagel, C.: Die kultische Gebärde. Kunst, Politik, Religion im Denken Franz Rosenzweigs. Freiburg 1994.
Johannsen, F. (Hg.): Glaubensdenker des 20. Jahrhunderts. Zum 100. Geburtstag von K. Barth, R. Guardini, F. Rosenzweig und P. Tillich. Hannover 1988.

Liebeschütz, H.: Von Georg Simmel zu Franz Rosenzweig. Tübingen 1970.
Löwith, K.: M. Heidegger und F. Rosenzweig. Ein Nachtrag zu «Sein und Zeit». In ZPHF 12/1958.
Mayer, R.: Franz Rosenzweig. Eine Philosophie der dialogischen Erfahrung. München 1973.
Mosès, S.: Der Engel der Geschichte. Franz Rosenzweig, Walter Benjamin, Gershom Scholem. Frankfurt 1994.
Reichert, K.: Zeit ist's. Die Bibelübersetzung von Franz Rosenzweig und Martin Buber im Kontext. Stuttgart 1993.
Schmied-Kowarzik, W.: Franz Rosenzweig. Existentielles Denken und gelebte Bewährung. Freiburg/München 1991.
**–(Hg.): Der Philosoph Franz Rosenzweig (1886–1929). Internationaler Kongreß Kassel 1986. 2 Bände. Freiburg/München 1988.
Schrey, H. H.: Dialogisches Denken. Darmstadt 1970.
Tewes, J.: Zum Existenzbegriff Franz Rosenzweigs. Meisenheim 1970.
Wiehl, R.: Die Erfahrung im neuen Denken von Franz Rosenzweig. In PHJB 89/1982. S. 269 ff.
Zack, A.: Vom reinen Denken zur Sprachvernunft. Über die Grundmotive der Offenbarungs-Philosophie Rosenzweigs. Stuttgart/Köln/Mainz 1987.

Rothacker, Erich SL 19

Bucher, A.: Anthropologie in Metaphysik-Distanz. Erich Rothacker zum 10. Todestag. In ZPHF 29/1975. S. 349 ff.
Funke, G. (Hg.): Konkrete Vernunft. Festschrift für E. Rothacker. Bonn 1958.
Perpeet, W.: Erich Rothacker. Philosoph des Geistes aus dem Geist der historischen Schule. Bonn 1968.

Scheler, Max SL 14

Dahm, H.: W. Solowjew und M. Scheler. Salzburg 1971.
Frings, M. S.: Max Scheler – A concise introduction into the world of a great thinker. Pittsburgh 1965.
–: Der Ordo Amoris bei Max Scheler. In ZPHF 20/1966. S. 57 ff.
–: Zur Phänomenologie der Lebensgemeinschaft. Ein Versuch mit Max Scheler. In: Beiträge zur philosophischen Forschung. Meisenheim 1971.
–: Bericht über die Sachlage am philosophischen Nachlaß Max Schelers. In ZPHF 25/2, 1971.
–: Drang und Geist. In GGPH Gegenwart II, Göttingen 1973. S. 9 ff.
–: Max Scheler – Zur 100. Wiederkehr seines Geburtstages. In ZPHF 28/1974. S. 236 ff.
–: Gott und Nichts. Dem Gedenken des 50. Todesjahres Max Schelers. In: Phänomenologische Forschung 6,7/1978. S. 118 ff.
Gabel, L.: Intentionalität des Geistes. Der phänomenologische Denkansatz bei Max Scheler. Leipzig 1991.
***Good, P. (Hg.):* Max Scheler im Gegenwartsgeschehen der Philosophie. Bern 1975.
Haffner, E.: Der «Humanitarismus» und die Versuche seiner Überwindung bei Nietzsche, Scheler und Gehlen. Würzburg 1988.
Häfner, H.: Grundlagen und Gegensätze des Menschenbildes bei M. Scheler und A. Gehlen. München 1951.
Hammer, F.: Theonome Anthropologie? Max Schelers Menschenbild und seine Grenzen. Den Haag 1972.
Hartmann, N.: Max Scheler. In KSTU 23/1928. S. IXff.
Hartmann, W.: Die Philosophie Max Schelers und ihre Beziehung zu Eduard von Hartmann. Düsseldorf 1956.
–: Max Scheler and the English-Speaking World. In: Philosophy Today 12/1968. S. 246 ff.
Hessen, J.: Max Scheler – Eine kritische Einführung in seine Philosophie. Essen 1948.
Lenc-Medoc, P.: Max Scheler und die französische Philosophie. In PHJB 61/1951. S. 297 ff.
Lenk, H.: Von der Ohnmacht des Geistes – Kritische Darstellung der Spätphilosophie Max Schelers. Tübingen 1959.
Leonardy, H.: Liebe und Person. Max Schelers Versuch eines «phänomenologischen» Personalismus. Den Haag 1976.
Lorscheid, B.: Das Leibphänomen. Eine systematische Darbietung der Schelerschen Wesensschau des Leiblichen in Gegenüberstellung zu leibontologischen Auffassungen der Gegenwartsphilosophie. Bonn 1962.
Lützeler, H.: Der Philosoph Max Scheler. Eine Einführung. Bonn 1947.
**Mader, W.:* Max Scheler in Selbstzeugnissen und Bilddokumenten. Reinbek 1980.
Molitor, J.: Max Schelers Kritik am Pragmatismus. Frankfurt 1971.
Orth, E. W./Pfafferott, G. (Hg.): Studien zur Philosophie von Max Scheler. Freiburg/München 1994.
Przywara, E.: Religionsbegründung. Max Scheler – John H. Newman. Freiburg 1923.
Rothacker, E.: Schelers Durchbruch zur Wirklichkeit. Bonn 1949.
Rutishauser, B.: Max Schelers Phänomenologie des Fühlens. Bern/München 1969.
Scheler, Marianne: Bericht über die Arbeit am philosophischen Nachlaß Max Schelers. In ZPHF 2,4/1947.
Uchiyama, M.: Das Wertwidrige in der Ethik Max Schelers. Bonn 1966.
Woityla, K. (Papst Johannes Paul II.): Primat des Geistes. Philosophische Schriften. Stuttgart 1980.

Simmel, Georg   SL 8.4

Bevers, A. M.: Die Dynamik der Formen bei Georg Simmel. Berlin 1985.
Christian, P.: Einheit und Zwiespalt. Zum hegelianisierenden Denken in der Philosophie und Soziologie Georg Simmels. Berlin 1978.
Dahme, H.-J.: Soziologie als exakte Wissenschaft. Georg Simmels Ansatz und seine Bedeutung in der gegenwärtigen Soziologie. 2 Teile. Stuttgart 1981.
Dahme, H.-J./Rammstedt, O. (Hg.): Georg Simmel und die Moderne. Neue Interpretationen und Materialien. Frankfurt 1984.
Dörr, F.: Die Kunst als Gegenstand der Kulturanalyse im Werk Georg Simmels. Berlin 1993.
Gassen, K./Landmann, M. (Hg.): Buch des Dankes an Georg Simmel. Briefe, Erinnerungen, Bibliographie. Berlin 1958. 2. Auflage 1993.
Geyer, C.-F.: Georg Simmel. Eine Religion der Immanenz. In ZPHF 45/1991. S. 186 ff.
Grossheim, M.: Von Simmel zu Heidegger. Bonn/Berlin 1991.
Helle, H. J.: Soziologie und Erkenntnistheorie bei Georg Simmel. Darmstadt 1988.
Hübner-Funk, S.: Georg Simmels Konzeption von Gesellschaft. Ein Beitrag zum Verhältnis von Soziologie, Ästhetik und Politik. Köln 1982.
**Jung, W.:* Georg Simmel zur Einführung. Hamburg 1993.
Landmann, M.: Georg Simmel als Prügelknabe. In PHRS 14/1967. S. 258 ff.
–: Georg Simmel. Konturen seines Denkens. In: Böhringer, H./Gründer, K. (Hg.): Ästhetik und Soziologie um die Jahrhundertwende. Georg Simmel. Frankfurt 1976. S. 3 ff.
Liebeschütz, H.: Von Georg Simmel zu Franz Rosenzweig. Studien zum jüdischen Denken im deutschen Kulturbereich. Tübingen 1970.
Lohmann, G.: Die zögernde Begrüßung der Moderne. Zu Georg Simmels Diagnose moderner Lebensstile. In: Lutz, B. (Hg.): Soziologie und gesellschaftliche Entwicklung. Frankfurt 1985. S. 543 ff.
Menzer, U.: Indifferenz und Selbstverlust. Georg Simmels Philosophie des Geldes und seine Theorie der Moderne. In PHJB 98/1991.
Pohlmann, E.: Das soziologisch-philosophische Werk Georg Simmels und sein geistesgeschichtliches Umfeld. Freiburg 1979.
Schmid, M.: G. Simmel: Die Dynamik des Lebens. In GGPH Neuzeit IV. Göttingen 1986. S. 216 ff.
Schnabel, P.E.: Die philosophische Gesamtkonzeption Georg Simmels. Eine wissenschaftshistorische und wissenschaftstheoretische Untersuchung. Stuttgart 1974.
Sendlinger, A.: Lebenspathos und Décadence um 1900. Studien zur Dialektik der Décadence und der Lebensphilosophie am Beispiel Eduard von Keyserlings und Georg Simmels. Frankfurt/Berlin u. a. 1994.
Simmel, H.: Auszüge aus den Lebenserinnerungen. In: Böhringer H./Gründer, K. (Hg.): Ästhetik und Soziologie um die Jahrhundertwende. Georg Simmel. Frankfurt 1976. S. 247 ff.
Ulrich, P. O.: Immanenz und Transzendenz. Georg Simmels Entwurf einer nachchristlichen Religionsphilosophie. Frankfurt 1981.
Wiesehöfer, W. P.: Der unmetaphysische Mensch. Untersuchungen zur Anthropologie im Frühwerk Georg Simmels. Tübingen 1975.

Spengler, Oswald   SL 21.1

Baltzer, A.: Untergang oder Vollendung. Spenglers bleibende Bedeutung. 2. erw. Auflage. Göttingen 1956.
–: Oswald Spenglers Bedeutung für die Gegenwart. Ein bisher unveröffentlichtes Vermächtnis. Neheim-Hüsten 1959.
–: Philosoph oder Prophet? Oswald Spenglers Vermächtnis und Voraussagen. Neheim-Hüsten 1962.
Demandt, A./Farrenkopf, J. (Hg.): Der Fall Spengler. Eine kritische Bilanz. Wien 1994.
Düren, W.: Meine Unterredung mit Spengler. Bonn 1940.
Eckermann, K. E.: Oswald Spengler und die moderne Kulturkritik. Bonn 1980.
Englert, L.: Eduard Spranger und Oswald Spengler. In: Spengler-Studien. Hg. von A. M. Koktanek. München 1965.
Felken, D.: Oswald Spengler: konservativer Denker zwischen Kaiserreich und Diktatur. München 1988.
Ferber, R.: Wittgenstein und Spengler. In: Archiv für Geschichte der Philosophie 2/1991.
Kaiserreiner, J.: Kunst und Weltgefühl. Die bildende Kunst in der Sicht Oswald Spenglers. Darstellung und Kritik. Frankfurt/Berlin u. a. 1994.
Koktanek, A.M.: O. Spengler in unserer Zeit. München 1968.
– (Hg.): Spengler-Studien. Festgabe für M. Schröter zum 85. Geburtstag. München 1965.
Leers, J. von: Spenglers weltpolitisches System und der Nationalsozialismus. Berlin 1934.
Lohberger, H.: Oswald Spenglers Untergang. Einiges über den Kult der Kultur. Graz/Wien 1955.
Ludz, P.C. (Hg.): Spengler heute. München 1980.
Martin, A. von: Geistige Wegbereiter des deutschen Zusammenbruchs. Hegel-Nietzsche-Spengler. Recklinghausen 1948.

Müller, G.: Oswald Spenglers Bedeutung für die Geisteswissenschaften. In ZPHF 17/1963. S. 483 ff.
Murjahn, G.: Romantik und Realismus in der Lehre Oswald Spenglers. Ein Versuch. Berlin 1964.
* *Naeher, J.:* Oswald Spengler mit Selbstzeugnissen und Bilddokumenten. Reinbek 1984.
Neurath, O.: Antispengler. München 1921. Neudruck in: Haller, R./Rutte, H. (Hg.): O. Neurath. Gesammelte Philosophische und Methodologische Schriften. Band 1. Wien 1981.
Rensch, P. (Hg.): Oswald Spengler zum Gedenken. Nördlingen 1937.
Schoeps, H.-J.: Vorläufer Spenglers. Studien zum Geschichtspessimismus im 19. Jahrhundert. Leiden 1953. 2. Auflage 1955.
Scholz, H.: Zum «Untergang des Abendlandes». Eine Auseinandersetzung mit Oswald Spengler. Berlin 1920. 2. erw. Auflage 1921.
Schrader, W. von: Einige Gedanken über Spengler und die Gegenwart. Osterode 1951.
Schröter, M.: Metaphysik des Untergangs. Eine kulturkritische Studie über Oswald Spengler. München 1949.
Stutz, E.: Oswald Spengler als politischer Denker. Bern 1958.
Thirring, H.: Anti-Nietzsche. Anti-Spengler. Gesammelte Aufsätze und Reden zur demokratischen Erziehung. Wien 1947.
Willms, H.: Die Grundanschauungen und Grundlagen der Philosophie Oswald Spenglers. Bonn 1955.
Zweininger, A.: Spengler im Dritten Reich. Eine Antwort auf Oswald Spenglers «Jahre der Entscheidung». Oldenburg 1933.

Spranger, Eduard   SL 16

Bähr, H. W./Litt, T./Louvaris, N./Wenke H. (Hg.): Erziehung zur Menschheit. Eduard Spranger zum 75. Geburtstag. Tübingen 1957.
**Bähr, H. W./Wenke, H.* (Hg.): Eduard Spranger – Sein Werk und sein Leben. Heidelberg 1964.
Bollnow, F.O.: Sprangers Alterswerk – Wege einer Alterserkenntnis. In: Universitas 17/1962.
–: Eduard Spranger zum hundertsten Geburtstag. In: Bräuer/Kehrer (1983) S. 37 ff.
Bräuer, G./Kehrer F. (Hg.): Eduard Spranger zum 100. Geburtstag. Ludwigsburg 1983.
Bräuer, G.: Eduard Spranger. In: J.Speck (Hg.): Geschichte der Pädagogik des 20. Jahrhunderts. Band II. Stuttgart 1978.
Eisermann, W./Meyer, H./Röhrs, H. (Hg.): Maßstäbe. Perspektiven des Denkens von Eduard Spranger. Düsseldorf 1983.
Englert, L.: Spranger-Studien. München 1962.
–: Eduard Spranger und Oswald Spengler. In: Spengler-Studien. Hg. von A.M. Koktanek. München 1965.
Folie, R.: Sprangers Kulturphilosophie. Beiträge zu einer Analyse. Salzburg 1968.
Han, Y.-Y.: Eduard Sprangers Pädagogik. Moralische Erziehung als Brennpunkt des Geisteslebens. Frankfurt u. a. 1994.
Henning, U./Leschinsky, A. (Hg.): Enttäuschung und Widerspruch. Die konservative Position Eduard Sprangers im Nationalsozialismus. Analysen – Texte – Dokumente. Weinheim 1991.
Keuth, H.: Wissenschaft und Werturteil. Zu Werturteilsdiskussion und Positivismusstreit. Tübingen 1989.
Louvaris, N.: Eduard Spranger. Sein Werk und sein Leben. Heidelberg 1964.
Löffelholz, M.: Philosophie, Politik und Pädagogik im Frühwerk Eduard Sprangers 1900–1918. Hamburg 1977.
***Sacher, W.:* Eduard Spranger. 1902–1933. Ein Erziehungsphilosoph zwischen Dilthey und Neukantianern. Bern 1988.
Strecker, D.: Religion und Metaphysik im Leben und Denken Eduard Sprangers unter besonderer Berücksichtigung seiner Pädagogik. Tübingen 1973.
Universitas: Eduard-Spranger-Heft. 17/1962. Heft 6.
Wenke, H. (Hg.): Geistige Gestalten und Probleme. Festschrift für Eduard Spranger zum 60. Geburtstag. Leipzig 1942.

Stein, Edith   SL 24.23

Bejas, A.: Edith Stein. Von der Phänomenologie zur Mystik. Eine Biographie der Gnade. Frankfurt 1987.
–: Vom Seienden als solchem zum Sinn des Seins. Die Transzendentalienlehre bei Edith Stein und Thomas von Aquin. Frankfurt u. a. 1994.
Börsig-Hover, L. (Hg.): Ein Leben für die Wahrheit. Zur geistigen Gestalt Edith Steins. Fridingen 1991.
Dempf, A.: Edith Stein – Endliches und ewiges Sein. In PHJB 62/1953. S. 201 ff.
Endres, E.: Edith Stein. Christliche Philosophin und jüdische Märtyrerin. München 1990.
***Fetz, R.L./ Rath, M./ Schulz, P.* (Hg.): Studien zur Philosophie von Edith Stein. Internationales Edith-Stein-Symposium. Eichstätt 1991. Freiburg/München 1993.
Fidalgo, A.C.: Der Übergang zur objektiven Welt. Eine kritische Erörterung zum Problem der Einfühlung bei Edith Stein. Würzburg 1987.
Gerl, H.-B.: Unerbittliches Licht. Edith Stein. Philosophie, Mystik, Leben. Mainz 1991.
Herbstrith, W.: Das wahre Gesicht Edith Steins. Aschaffenburg 1971. 6. Auflage 1987.
–: Edith Stein. Ein neues Lebensbild in Zeugnissen und Selbstzeugnissen. Freiburg/Basel/Wien 1983. 4. Auflage 1987.
–: Edith Stein – Eine große Glaubenszeugin. Leben, Neue Dokumente, Philosophie. Annweiler 1986.

Höfliger, A.: Das Universalienproblem in Edith Steins Werk «Endliches und Ewiges Sein». Freiburg 1968.
Hofmann, A.: Edith Steins philosophischer Zugang zu Gott in ihrem Werk «Endliches und Ewiges Sein». Würzburg 1977.
–: Edith Stein (1891–1942). In Coreth u. a. (Hg.): Christliche Philosophie im katholischen Denken des 19. und 20. Jahrhunderts. Band 2. Graz/Wien/Köln 1988. S. 650 ff.
Huning, A.: Edith Stein und Peter Wust. Von der Philosophie zum Glaubenszeugnis. Münster 1969.
* *Imhof, B.W.:* Edith Steins Philosophie. Einführung in Leben und Werk. Basel/Boston 1987.
Ingarden, R.: Über die philosophischen Forschungen Edith Steins. In: Freiburger Zeitschrift für Philosophie und Theologie 26/1979.
Leuven, R.: Heil im Unheil. Das Leben Edith Steins. Reife und Vollendung. Freiburg 1983. In GW 10.
Matzker, R.: Einfühlung. Edith Stein und die Phänomenologie. Bern 1991.
Möller, J.: Edith Stein – Persönlichkeit und Vermächtnis. Hg. von A. Hufnagel. Stuttgart 1967.
Müller, A. U.: Grundzüge der Religionsphilosophie Edith Steins. Freiburg/München 1993.
Nota, J. H. SJ: Edith Stein – Christliche Philosophie oder Fideismus? In: Jahrbuch für Philosophie, Kultur und Gesellschaft 1/1994.
Przywara, E.: Edith Stein und Simone Weil. Essentialismus, Existentialismus, Analogie. In: Herbstrith (1986).
Neyer, A. M.: Edith Stein. Ihr Leben in Dokumenten und Bildern. Würzburg 1987.
Schulz, P.: Edith Stein. Theorie der Person. Freiburg 1994.
Weibel, B.: Edith Stein. Gefangene der Liebe. Fribourg 1994.

Tillich, Paul   SL 26.1

Albrecht, R./ Schüßler, W.: Paul Tillich. 2. erw. Aufl. Berlin u. a. 1990.
Elsässer, H.: Paul Tillichs Lehre vom Menschen als Gespräch mit der Tiefenpsychologie. Marburg 1973.
Haendler, O.: Werk und Wirkung Paul Tillichs. Ein Gedenkbuch. Stuttgart 1967.
Hartmann, W.: Die Methode der Korrelation von philosophischen Fragen und theologischen Antworten bei Paul Tillich. Göttingen 1954.
Hennig, K. (Hg.): Der Spannungsbogen. Festgabe für Paul Tillich zum 75. Geburtstag. Stuttgart 1961.
Hertel, W.: Existentieller Glaube. Eine Studie über den Glaubensbegriff von Karl Jaspers und Paul Tillich. Meisenheim 1971.
Johannsen, F. (Hg.): Glaubensdenker des 20. Jahrhunderts. Zum 100. Geburtstag von K. Barth, R. Guardini, F. Rosenzweig, und P. Tillich. Hannover 1988.
Kriegstein, M. von: Paul Tillichs Methode der Korrelation und Symbolbegriff. Hildesheim 1975.
Lindner, R.: Grundlegung einer Theologie der Gesellschaft. Dargestellt an der Theologie Paul Tillichs. Hamburg 1960.
Moritz, H.: Sein, Sinn und Geschichte beim frühen Tillich. Leipzig 1960.
Nörenberg, K.D.: Analogia Imaginis. Der Symbolbegriff in der Theologie Paul Tillichs. Gütersloh 1966.
Pauck, W. und M.: Paul Tillich. His Life and Thought. Vol. I. New York 1976. Deutsch Stuttgart 1978.
Rhein, C.: Paul Tillich. Philosoph und Theologe. Eine Einführung in sein Denken. Stuttgart 1957.
Schmidt, W. (Hg.): Die Bedeutung Paul Tillichs für die kirchliche Praxis. Stuttgart 1976.
Schwerdtfeger, E.: Die politische Theorie in der Theologie Paul Tillichs. Marburg 1969.
Steinacker, P.: Paul Tillich. Der Mut zum Sein. In GGPH Gegenwart VI. Göttingen 1984.
Ulrich, T.: Ontologie, Theologie, gesellschaftliche Praxis. Studien zum religiösen Sozialismus Paul Tillichs und Carl Meineckes. Zürich 1971.
* *Wehr, G.:* Paul Tillich. Mit Selbstzeugnissen und Bilddokumenten. Reinbek 1979.

Troeltsch, Ernst   SL 8.3

Apfelbacher, K.-E.: Frömmigkeit und Wissenschaft. Ernst Troeltsch und sein theologisches Programm. München 1978.
Becker, G.: Neuzeitliche Subjektivität und Religiosität. Die religionsphilosophische Bedeutung von Heraufkunft und Wesen der Neuzeit im Denken von Ernst Troeltsch. Regensburg 1982.
Bodenstein, W.: Die Neige des Historismus. Ernst Troeltschs Entwicklungsgang. Gütersloh 1959.
Bosse, H.: Marx – Weber – Troeltsch. Religionssoziologie und marxistische Ideologiekritik. München/Mainz 1970.
**Drescher, H.-G.:* Ernst Troeltsch. Leben und Werk. Göttingen 1991.
Engelmann, H.: Spontaneität und Geschichte. Zum Historismusproblem bei Ernst Troeltsch. Frankfurt 1972.
Gabriel, H.-J.: Christlichkeit der Gesellschaft? Eine kritische Darstellung der Kulturphilosophie von Ernst Troeltsch. Berlin 1975.
Gerhard, W.: Ernst Troeltsch als Soziologe. Köln 1975.
Graf, F.W./ Ruddies, H.: Geschichtsphilosophie in praktischer Absicht. In GGPH Neuzeit IV. Göttingen 1986. S. 128 ff.
Groll, W.: Ernst Troeltsch und Karl Barth. Kontinuität im Widerspruch. München 1976.
Kasch, W.F.: Die Sozialphilosophie von Ernst Troeltsch. Tübingen 1963.
Lessing, E.: Die Geschichtsphilosophie Ernst Troeltschs. Hamburg 1965.

Mertineit, J.: Das Wertproblem in der Philosophie der Gegenwart unter besonderer Berücksichtigung von Ernst Troeltsch. Berlin 1934.
Renz, H./ Graf, F. W. (Hg.): Troeltsch-Studien. Gütersloh. 1. Band 1982, 3. Band 1984 und 4. Band 1987.
Schaaf, J. J.: Geschichte und Begriff. Eine kritische Studie zur Geschichtsmethodologie von Ernst Troeltsch und Max Weber. Tübingen 1946.
Spörri, H. M.: Ernst Troeltsch. Geschichtsphilosophie, Kulturphilosophie. Aktuelle Stellungnahme. Zürich 1973.
Stolz, E.: Die Interpretation der modernen Welt bei Ernst Troeltsch. Hamburg 1979.
Tillich, P.: Ernst Troeltsch. Versuch einer geistesgeschichtlichen Würdigung. In KSTU 29/1924.

Weber, Max   SL **8.2**

Adorno, T. W. u.a.(Hg.): Der Positivismusstreit in der deutschen Soziologie. Darmstadt/Neuwied 1969. 9. Auflage 1979.
Baier, H.: Von der Erkenntnistheorie zur Wirklichkeitswissenschaft. Eine Studie über die Begründung der Soziologie bei Max Weber. Münster 1969.
Baumgarten, E.: Max Weber. Werk und Person. Tübingen 1964.
Bendix, R.: Max Weber. – Das Werk. Darstellung und Analyse. München 1964.
Böckler, S./Weiss, J. (Hg.): Marx oder Weber?. Beiträge zur Aktualisierung einer Kontroverse. Opladen 1987.
Breuer, S.: Max Webers Herrschaftssoziologie. Frankfurt/New York 1991.
Breuer, S./Treiber, H.: Zur Rechtssoziologie Max Webers. Interpretation, Kritik, Weiterbildung. Opladen 1984.
Brugger, W.: Menschenrechtsethos und Verantwortungspolitik. Max Webers Beitrag zur Analyse und Begründung der Menschenrechte. Freiburg/München 1980.
Feix, N.: Werturteil, Politik und Wissenschaftstransfer bei Max Weber. Göttingen 1978.
* *Fügen, H. N.:* Max Weber mit Selbstzeugnissen und Bilddokumenten (Mit Bibliographie) Reinbek 1985.
Gabriel, K.: Analysen der Organisationsgesellschaft. Ein kritischer Vergleich der Gesellschaftstheorie M. Webers, N. Luhmanns und der phänomenologischen Soziologie. Frankfurt 1977.
Germer, A: Wissenschaft und Leben. Max Webers Antwort auf eine Frage Nietzsches. Göttingen 1994.
Gneuss, C./Kockta, J. (Hg.): Max Weber. Ein Symposium. München 1988.
* *Heins, V.:* Max Weber. – Zur Einführung. Hamburg 1990.
Hennis, W.: Max Webers Fragestellung. Studien zur Biographie des Werkes. Tübingen 1987.
Henrich, D.: Die Einheit der Wissenschaftslehre Max Webers. Tübingen 1952.
Hufnagel, G.: Kritik als Beruf. Der kritische Gehalt im Werk Max Webers. Frankfurt 1971.
Jaspers, K.: Max Weber. Rede zur Trauerfeier am 17. 7. 1920. Tübingen 1921.
–: Max Weber. Politiker, Forscher-Philosoph. 1932. Neudruck der 3. Auflage München 1988.
Käsler, D.: Einführung in das Studium Max Webers. München 1979.
*–:Max Weber. Eine Einführung in Leben, Werk und Wirkung. Frankfurt 1994.
***Keuth, H.:* Wissenschaft und Werturteil. Zu Werturteilsdiskussion und Positivismusstreit. Tübingen 1989.
Kocka, J.: Max Weber, der Historiker. Göttingen 1986.
Kuenzlen, G.: Die Religionssoziologie Max Webers. Eine Darstellung ihrer Entwicklung. Berlin/München 1981.
Lübbe, W.: Legitimität kraft Legalität. Sinnverstehen und Institutionenanalyse bei Max Weber und seinen Kritikern. Tübingen 1991.
Maier, F.: Zur Herrschaftslogik des sozialen Handelns: eine kritische Rekonstruktion von Max Webers Gesellschaftstheorie. Königstein 1982.
Möller, T.: Ethisch relevante Äußerungen von Max Weber. München 1983.
Mommsen, W. J.: Max Weber und die deutsche Politik 1890–1920. Tübingen 1959. 2. Auflage 1974.
–: Max Weber. Gesellschaft, Politik und Geschichte. Frankfurt 1974.
Mommsen. W. J./Schwentker, W. (Hg.): Max Weber und seine Zeitgenossen. Göttingen 1988.
Nusser, K.-H.: Verstehen und Erklären bei Max Weber. In PHJB 93/1986. S. 142ff.
Peukert, D. J. K.: Max Webers Diagnose der Moderne. Göttingen 1989.
Prewo, R.: Max Webers Wissenschaftsprogramm. Versuch einer methodischen Neuerschließung. Frankfurt 1979.
Rehbinder, M./Tieck, K.P. (Hg.): Max Weber als Rechtssoziologe. Berlin 1987.
Schluchter, W.: Die Entwicklung des okzidentalen Rationalismus. Eine Analyse von Max Webers Gesellschaftsgeschichte. Tübingen 1979.
–: Rationalismus der Weltbeherrschung. Studien zu Max Weber. Frankfurt 1980.
–: Religion und Lebensführung. Studien zu Max Webers Kultur- und Werttheorie. 2 Bände. Frankfurt 1988 bzw. 1991.
Schöllgen, G.: Max Webers Anliegen. Rationalisierung als Forderung und Hypothek. Darmstadt 1985.
Schwinn, T.: Max Webers Verstehensbegriff. In ZPHF 47/1993. S. 573ff.
Seyfarth, C./Sprondel, W.M. (Hg.): Max Weber und die Rationalisierung sozialen Handelns. Stuttgart 1981.
Speer, H.: Herrschaft und Legitimität. Zeitgebundene Aspekte in Max Webers Herrschaftssoziologie. Berlin 1978.
Sprondel, W. M./Seyfarth, C. (Hg.): Max Weber und die Dynamik der gesellschaftlichen Rationalisierung. Stuttgart 1981.

Steding, C.: Politik und Wissenschaft bei Max Weber. Breslau 1932.
Voegelin, E.: Die Größe Max Webers. München 1995.
Wagner, G./Zippriant, H. (Hg.): Max Webers Wissenschaftslehre. Interpretation und Kritik. 2 Bände. Frankfurt 1990.
Weber, Marianne: Max Weber. Ein Lebensbild. Tübingen 1926. 4. Auflage München 1989.
Weiss, J. (Hg.): Max Weber heute. Erträge und Probleme der Forschung. Frankfurt 1989.
* *Weiss, J.:* Max Webers Grundlegung der Soziologie. Eine Einführung. München 1975.
Winckelmann, J. (Hg.): Max Weber. Die protestantische Ethik II. Kritiken und Antikritiken. München/Hamburg 1954. 3. Auflage Gütersloh 1978. Mit drei Aufsätzen von Max Weber und einer ausführlichen «Bibliographie zur Kontrolversliteratur» S. 395 ff.
Zander, J.: Das Problem der Beziehung Max Webers zu Karl Marx. Frankfurt 1978.
Zängle, M.: Max Webers Staatstheorie im Kontext seines Werkes. Berlin 1988.
Zingerle, A.: Max Webers historische Soziologie. Aspekte und Materialien zur Wirkungsgeschichte. Darmstadt 1981.
Zodel, I.: Gesellschaftsanalyse, Erkenntnis- und Wissenschaftstheorie bei Karl Marx und Max Weber. Frankfurt 1990.

Bibliographie zur Sekundärliteratur:
Seyfarth, C./Schmidt, G.: Max Weber Bibliographie. Eine Dokumentation der Sekundärliteratur. Stuttgart 1977. 2. Auflage 1982.
Winckelmann, J. (Hg.): Max Weber. Siehe oben.

Windelband, Wilhelm   SL 11.1

Bauch, B.: Nachruf. In KSTU 20/1915. S. VIIff.
Daniels, G.: Das Geltungsproblem in Windelbands Philosophie. In: Philosophische Abhandlungen 7/1929.
Gronau, G.: Die Kultur- und Wertphilosophie Windelbands. In: Die Philosophie der Gegenwart. Langensalza 1922.
Jakowenko, B.: Wilhelm Windelband. In: Internationale Bibliothek für Philosophie 5/1941.
Kranfeld, A.: Über Windelbands Kritik am Phänomenalismus. In: Archiv für Psychologie 26/1913.
Lass, E.: Wilhelm Windelband. In: Vierteljahresschrift für Philosophie 8/1884. S. 1 ff.
Rickert, H.: Wilhelm Windelband. Tübingen 1915. 2. Aufl. 1929.
Ruge, A: Wilhelm Windelband. Leipzig 1917.
Schulz, W.K.: Wissenschaftsgeschichtliche Aspekte des historiographischen Ansatzes von Wilhelm Windelband. In ZPHF 45/1991. S. 571 ff.

Wust, Peter   SL 24.3

Blattmann, E.: Peter Wust als Denker und Leser des Bösen. Bern 1994.
Braig, F.: Peter Wust und seine Philosophie. In: Hochland 29/1931.
Christliche Erwachsenenbildung. Merzig-Wadern (Hg.): Begegnung mit Peter Wust. Saarbrücken 1984.
Cleve, W.T.: Peter Wust, ein christlicher Existenzphilosoph unserer Tage. Speyer 1950.
–: Peter Wust. Nachruf. In PHJB 60/1950. S. 335 ff.
–: Denken und Erkennen. Ein Weg in die Philosophie nach Peter Wust. Emsdetten 1952.
Delahaye, K.: Die Philosophie Peter Wusts als christliche Anthropologie. Eine Einführung in sein Denken. In: Gesammelte Werke. Band 8. Regensburg/Münster 1967.
Höfling, O.: Insecuritas als Existential. Eine Untersuchung zur philosophischen Anthropologie Peter Wusts. München 1963.
Huning, A.: Edith Stein und Peter Wust. Münster 1969.
Katholische Akademie Schwerte (Hg.): Ungewißheit und Wagnis. In memoriam Peter Wust. Schwerte 1985.
* *Lohner, A. F.:* Peter Wust. Gewißheit und Wagnis. Eine Gesamtdarstellung seiner Philosophie. Münster/Regensburg 1991. 2. erw. Auflage Paderborn 1994.
Leenhouwers, A.: Ungesichertheit und Wagnis. Die christliche Weisheitslehre Peter Wusts in ihrer philosophischen und existentiellen Bedeutung. Essen 1964.
Marcel, G.: Der Begriff der Pietät bei Peter Wust. In: Das große Erbe. Münster 1952.
Pfleger, K.: Dialog mit Peter Wust. Briefe und Aufsätze. Heidelberg 1949.
Scherer, B.: Ein moderner Mystiker. Begegnung mit Peter Wust. Würzburg 1973.
Schmidt, R. H.: Die Dialektik des Geistes bei Peter Wust. Mainz 1951.
Shioji, K.: Das Sein des Selbst. Eine Untersuchung im Anschluß an Peter Wust und Gabriel Marcel. Mainz 1983.
Vernekohl, W.: Der Philosoph von Münster. Peter Wust. Ein Lebensbild. Münster 1950.
– (Hg.): «Ich befinde mich in absoluter Sicherheit». Gedenkbuch der Freunde für Peter Wust. Münster/Regensburg 1950.
–: Biographische Notizen. In: Peter Wust. Gesammelte Werke. Band 8. Regensburg/Münster 1967.
* *Westhoff, H.:* Peter Wust: Christliches Existenzbewußtsein. In GGPH Gegenwart V. Göttingen 1982. S. 178 ff.

Ziegler, Leopold   SL **13.2**

Reichle-Verlag: Dienst an der Welt. Zur Einführung in die Philosophie Leopold Zieglers. Darmstadt 1925. (Enthält die Autobiographie und drei weitere Abhandlungen).
Kamper, D.: Die Anthropologie Leopold Zieglers. München 1964 (maschinenschriftliche Dissertation).
Köhler, O.: Mythos und Geschichte der Menschheit. In: Saeculum 2/1951. S. 517 ff.

Namenregister

Ohne Namen der Literaturübersichten.
Seitenangaben zu Autoren in den Anmerkungen *kursiv*.

Aaron, R. 409
Abbagnano, N. 409
Adenauer, K. 194
Adler, A. 320
Adorno, T.W. 82, 101, 186, 211, *241, 275,* 278, 295, 335, 387
Aischylos 188
Albrecht, E. 230
Aler, J. 463
Antonius, M. 284
Apel, K.-O. 167, 174
Arendt, H. 427
Aristipp 159, 169
Aristoteles 14, 20, 26, 28, 30, 119, 159, 169, 173, 184, 188, 200, 209, 214, 216, 220, 253, 290f, 297, 341ff, 345, 355, 368, 425f, 429–433, 436, 438f, 441, 444f, 449, 451–454, 458, 463f
Augustinus, A. 32, 80, 169, 171, 198, 204, 207, 270, 283, 303, 340–343, 346, 355f, 381, 431, 436, 441, 444, 446
Aurelian, L.D. 284
Austin, J.L. *163*
Avé-Lallemant, E. *149, 153, 434*
Avenarius, R. 130
Ayer, A.J. 167

Baader, F.X. 184
Bachofen, J.J. 285, 291f
Bähr, H.W. *239*
Bakunin, M.A. 342
Balthasar, H.U.von 347, 396, 406
Bartels, K. 246, 248
Barth, K. 21, 95, 150, 179, 184, 343, 367, 392, 399, 415
Bauch, B. 130, 137, **139f**, 144
Baumgarten, H. 83
Baumgartner, W. *30*
Bäumler, A. 136
Beck, M. 451
Becker, O. 38, 266
Benz, E. *180*
Berger, K. *158*
Berger, P.L. 321
Bergson, H. 95, 192, 249, 311, 313, 318, 329, 361, 364, 384, 435, 451, 454
Berkeley, G. 43, 61
Biemel, W. *120,* 433, *437, 463*
Bieser, E. 400
Binswanger, L. 310
Biran, M. de 405
Bismarck, O.von 83, 370
Blasche, S. *461*
Bloch, E. 101, 278, 311
Blondel, M. 178, 357, 405
Bloy, L. 170
Blumenfels, W. 136
Bochenski, J.M. 40, 110, 116, *230, 343*

Böckenhoff, J. *364*
Böhler, D. 329
Böhm, F. 136
Böhme, J. 387, 391
Bolk, L. 326
Bollnow, O.F. 66, *67, 237,* 247, *419, 455*
Bolzano, B. 288
Bonald, L.V. de 204
Bonaventura 339, 396
Bonhoeffer, D. 339
Boozer, J.S. *181f*
Bousset, W. 178
Braig, C. 426, 429
Brandenstein, B.von 310
Braun, H.-J. *293, 300*
Brecht, F.J.35, 266
Breda, H.L.van 39, 266
Brede, W. 323
Breitschneider 463
Brentano, F. 27–31, 34, 37, 44f, 53, 71, 430, 456
Breuer, S.82
Brod, M. 193
Brouwer, L.E.I. 25
Brugger, W. 340
Brüning, W. 310
Bruno, G. 303, 401
Brunstäd, F.178
Bruzina, R.C. *434*
Buber, M. 101, 193, 337, 364f, 367, 369, 371f, 375, **379–385**, 387, 391, 406, 419, 452
Buber, S.379
Bubnoff, N.von 136
Buchenau, A. 136
Büchner, L. 17
Buddha 187, 189, 191, 415
Bühler, K. 267
Bultmann, R. 210, 427, 436
Burckhardt, J. 94
Burkard, F.-P. *30*
Buytendijk, F.J. 310

Cairus, D. 149
Calvin, J. 99
Camus, A. 404
Caratheodory, K. 38
Carlyle, T. 265
Carnap, R. *359,* 460
Carus, C.G. 285
Casper, B. *364,* 375ff
Cassirer, E. 13, 108, 112, 137f, 152, 263, 276, **293–308**, 314, 377, 427, 450ff, 455, *459*
Celms, T. 34
Christiansen, B. 136
Claß, G. 94
Cohen, H. 108f, **112–119**, 123f, 128, 178, 184, 293f, 298, 337, 363, 371ff, 377f, 380, 382
Cohen, M. 113
Cohn, J. 130, 137, **141ff**, 293

493

Comte, A. 17, 81, 194, 301, 339, 359
Conrad, T. 34, 148, 154
Conrad-Martius, H.34, 148, 150, **153–158**, 162, 167, 193, 209, 246, 351f, 361, 451ff
Coreth, E. *158, 339f, 347, 365*
Cornelius, H. 19
Cramer, F. *223*
Cusanus, N. 296

Dahme, H.-J. *82*
Dahrendorf, R. *316*
Darwin, C. 101, 179, 197, 290, 309, 314, 326
Daubert, J. 38, 147f, 193
Davidson, D. 293
Delahaye, K. 360
Denzinger, H. *343*
Derbolav, J. 253f
Derrida, J. 35
Descartes, R. 14, 32, 50, 54f, 57, 60f, 63, 119, 168, 207, 220, 225, 262, 270, 281, 294, 318, 345, 366, 371, 438f, 441f
Dessoir, M. *293*
Diamond, M.L. *384*
Dilthey, W. 15, 20, **65–81**, 94, 96, 103, 108f, 119, 126f, 153, 192, 196, 199, 220, 225, 229, 235f, 238f, 244, 246–254, 257–261, 267f, 277, 279f, 294, 299, 311, 313, 318, 334, 352, 361, 410, 427, 430ff, 435, 437, 449, 451ff
Dionysios Areopagita 346, 352
Dirks, W. 254, 400
Domitian, T.F. 284
Dostojewskij, F. 170, 284
Drescher, H.-G. *82, 96*
Driesch, H. 311, 318, 323ff, 359, 398
Droysen, J.G. 18
Du Bos, C. 357
Dunkmann, K. 178
Duns Scotus, J. 139, 426, 433

Eberhard, I. 173
Ebner, F. 337, 341, **363–369**, 372, 379f, 419
Eckehart, Meister 180, 189
Ehrenberg, H. 136, 370
Ehrenberg, R. 370
Einstein, A. 24, 297, 412
Elias, N. 35
Englert, L. *279*
Ettinger, E. *427*
Eucken, R.133, 178, 184, 192
Euripides 188

Farías, V. 425, *457, 463*
Ferber, R. *279*
Fetz, R.L. *145, 351, 353, 355*
Feuerbach, L. 199, 305, 360, 363, 372, 385
Fichte, J.G. 17, 19, 126f, 137, 311, 323, 325f, 328, 431
Ficker, L.von 365
Fidalgo, A.C. 353
Figal, G. 437, 463ff
Findlay, J.N. 148
Fink, E. 35, 38, 235, 266, **270–274**, 434, 451f

Finke, H. 431
Fischer, K. 19, 67, 109, 112, 126, 184
Flach, W. *115*
Flasch, K. *401*
Flitner, W. 247
Fort, G.von le 170
Foucault, M. 35
Frankena, W. 173
Franz von Assissi 189, 198
Franzen, W. *451*, 463, *464*
Frege, G. 14, 25ff, 38, 42, 54, 110, 115, 150, 297
Freud, S.153, 199, 260, 262, 289, 303, 309, 311
Freyer, H. 82, 323
Freytag-Löringhoff, B.von 230
Friedrich, T. *254*
Fries, H. *415*
Fries, J.F. 179
Frischeisen-Köhler, M. *138*
Fröbel, F. 237
Fröbes, J. 341
Fuchs, E. *427*
Fuller, E. 66
Furtwängler, M. 193

Gadamer, H.-G. 14, 35, 66, *67*, 75f, 119, 211, 300, 424, 445
Galarowicz, J. *158*
Galen, Bischof von 357
Galilei, G. 60f, 119, 296
Gassen, K. *82*
Gawronsky, D. 136
Gebert, S.463
Gehlen, A. 82, 264, 276, 309f, 312, 320f, **323–335**
Gehrig, H. *270*
Geiger, M. 34, 148, **157–161**, 193
Genêt, J. 170
George, S.285
Gethmann, C.F. *461*
Gideon, A. 136
Gilson, E. 339, 347
Gladiator, R. *153*
Glockner, H. 119
Gobineau, J.A.von 81
Gödel, K. 25f
Goebbels, J. 278
Goes, A. 380
Goethe, J.W.von 68, 80, 101, 113, 133, 142, 174, 239, 259, 278f, 280f, 285, 293f, 346, 356, 385, 387, 398, 401
Gogarten, F. 367, 393
Gogh, V.van 412
Goldscheidt, R. 83
Goldschmidt, W. *364*
Görland, A. 136
Grabmann, M. 168, 340, 352
Graf, F.W. *82*
Greene, G. 170
Grimm, J. 67, 259,
Grimm, W. 259
Grisebach, E. *459*
Gröber, C. 429

Groethuysen, B. 75, 310
Gründer, K. 293
Guardini, R. 338f, **396–400**, 404, 419
Günther, G. 326
Gurjewitsch, A.J. 401
Gurwitsch, A. 35
Gutjahr-Löser, P. *254*

Haakh, T. *286*
Häberlin, P. 209, **223–228**, 244, 310
Habermas, J. 90, 167, 174, 203, 310, 329, *463*
Hadlich, K. 239
Haeckel, E. 17, *23*, 144, 179
Hagemann-White, C. *323, 329*
Hager, F.-P. *226*
Halevi, J. 371
Hamann, J.G. 19f, 365
Hamburger, S. 193
Haram, A. 382
Härle, W. *37*
Harnack, A. von 95
Hartmann, E. von 184f, 187, 198, 204, 361
Hartmann, N. 127, 136f, 154, 161, 166, 173, 175f, 179, 193, 200, **209–223**, 229f, 233, 246, 266, 285, 298, 312, 326f, 399, 456
Hashimoto, F. *409*
Hauer, W. 178
Haug, W.F. 210, *237, 254, 463*
Hedwig, K. *355*
Hegel, G.W.F. 17ff, 21, 23, 68, 70, 74, 77f, 108, 126, 133f, 142f, 178, 198, 209, 211, 219, 239f, 245f, 253ff, 257f, 259, 268, 270, 277, 298, 300, 302, 314, 325, 329, 339, 341, 344f, 363, 369f, 372ff, 376ff, 394, 405f, 418, 424, 431
Hegselmann, R. *167*
Heidegger, F. 425
Heidegger, J. 425
Heidegger, M. 13ff, 26f, 29f, 32, 34ff, 37ff, 61ff, 65ff, 75f, 79, *108*, 113, 116, 120, 130, 136–139, 147, 149, 151, 154, 167, 172f, 192, 209ff, 220, 227, 229, 235, 246, 250ff, 258, 260, 263–271, 275, 285, 293, 300, 302f, 310, 312, 314f, 339, 341f, 345, 348f, 354, 358f, 362, 366, 368, 370f, 375–379, 382f, 387, 390f, 404, 407, 412, 419, **423–465**
Heimsoeth, H. 136
Heinemann, F. 137, 405, 412
Heisenberg, W. 23, 296
Helle, H.J. *82*
Helmholtz, H. von 19, 109
Henckmann, W. *158*, 161
Hengstenberg, H.-E. 310
Henning, U. *237*
Heraklit 224, 227, 291, 343
Herbart, J.F. 112, 122, 247, 255
Herbstrith, W. *37, 350ff, 353, 361*
Herder, J.G. 19, 113, 229, 255, 259, 275, 309, 326, 328f, 363
Hering, J. 148, 150, 156
Herrmann, F.-W. von 437, *465*
Herrmann, W. 95
Hersch, J. 409

Herzl, T. 382
Hessen, J. 136, *143*, 166, 178, 181
Hilbert, D. 25, 38
Hildebrand, D. von 38, 148, 150, 161, **166–174**, 193, 217, 456
Hiob 116
Hitler, A. 237, 278f, 295, 323, *464*
Hobbes, T. 61, 290
Hobe, K. *139*
Hoffmannsthal, H. von 368
Hölderlin, F. 401, 465
Holm, S. 416, *422*
Holzhey, H. *108, 113*
Homer 187f
Hönigswald, R. 137, 140, **143ff**, 253, 293, 351
Horkheimer, M. 82, 186, 295, 387
Hübner, K. 302
Hugenberg, A. 279
Hügli, A. *108*
Humboldt, W. von 18, 67, 236, 247, 255, 259, 294, 298, 300, 342, 363
Hume, D. 27, 31, 43, 61, 144, 164
Husserl, E. 13ff, 26f, **30–67**, 70–73, *79*, 80, 95, 103, 107, 110f, 119, 123, 125, 127f, 130f, 133, 137, 142, 145–156, 158, 161ff, 166f, 172, 174, 181f, 184, 192f, 195f, 199f, 209, 211f, 229, 231, 233, 237, *244*, 246, 250f, 254, 257f, 265, 266–274, 277, 280, 287ff, 293, 299f, 305, 311, 319, 337, 345, 351, 353f, 357, 360f, 366, 376f, 390, 404, 407, 410f, 423, 426ff, 430–437, 441, 450ff, 456, 459, 464

Ihering, R. von 76
Ingarden, R. 34, 148f, 153, 158, 167f, 193, 352
Israeli, I. 439
Ittel, G.W. 436

Jacobi, F.H. 20
Jacoby, G. 209, 224, **229–234**
Jaffé, E. 83
James, W. 94, 229
Jansen, P. *327*
Janzarik, W. *410*
Jaspers, G., geb. Mayer 406
Jaspers, K. 174, 229, *244*, 291, 310, 338, 341, 357ff, 364, 366, 382, **404–422**, 427f, 437, 450, 452, 454, 456f
Jeanne d'Arc 176
Jens, I. *437*
Jesaia 382
Jesus Christus 98f, 118, 171, 187, 189, 198, 204, 227, 339, 350, 367, 372, 399, 415
Johach, H. 109
Johannes vom Kreuz 352
Jone, H. 365
Jung, C.G. 331, 381, 391

Kafka, F. 405
Kamlah, W. 430
Kant, I. 17f, 23, 25, 27, 29, 34, 48f, 51, 56, 61ff, 67, 72, 86, 94, 96, 101f, 104, 106–110, 112–115, 117, 119–125, 127f, 131ff, 137, 139ff, 144f, 148ff, 165, 168, 170–175, 178f, 181f, 186, 196, 200ff, 204, 209, 213,

215–218, 220f, 223, 229, 231, 239, 249, 251, 264f,272, 290, 293–299, 311f, 316, 327, 340, 343ff, 348f, 359ff, 364, 372, 404, 407, 412f, 415, 418, 433, 438f, 444, 454f, 459ff
Karpischek, L. 365
Kaufmann, F. 148, 150, 300, 363, 418
Keller, A. *341*
Kellermann, B. 136
Kern, I. 110
Keuth, H. *92f,* 243
Keyserling, Graf Hermann 184, 277, 357f
Kierkegaard, S. 20f, 184, 249, 277, 317, 358f, 363f, 367f, 372, 377, 381, 383, 385, 387, 390, 399, 405, 411, 416, 431, 436f, 446, 451f, 454
Kinkel, W. 136
Kisiel, T. 437, *463*
Klafki, W. *253f*
Klages, L. 174, 227, 260ff, 276f, **284–292**, 309, 358
Klemperer, O. 193
Knittermeyer, H. 136, 383
Köhler, M. 387
Köhler, W. 319
Köhnke, K.C. 18, *107f*
Kommerell, M. 437
Kondylis, P. *301*
Konfuzius 415
König, J. 318
Koyré, A. 35, 148, 193
Kraft, J. 423, *460*
Kraus, K. 368
Kreis, F. 136, 272
Krings, H. 300
Kripke, S.A. 162, 221
Krois, J.M. 293, 295f, 302, 455
Kronecker, L. 38
Krüger, G. 256
Kuhn, H. *153*
Kühn, L. 136
Külpe, O. 110, 144, 199, 356
Kutschera, F.von *166*
Kynast, R. 136

Laas, E. 130
Lacan, J. 35
Lakebrink, B. 341
Landgrebe, L. 35, *37,* 38, 58, 235, 266, **268ff**, 451
Landmann, M. *82,* 101, 266, 309
Landsberg, P.L. 310
Lange, F.A. 19, 109, 112
Langstien, T. *237*
Laplace, P.S. 23
Lask, E. 109, 130, **136–139**, 142f, 318, 361, 407, 426, 430f
Laslowski, E. 433
Laßwitz, K. 136
Lattmann, U.P. *320*
Lazarus, M. 112
Leibniz, G.W. 26, 61, 94, 107, 112, 145, 224f, 281, 294f, 375
Leisegang, H. *244*
Leschinsky, A. *237*

Lessing, G.E. 68, 113, 159
Lévinas, E. 29, 35, 266, 382
Levy, H. *459*
Levy-Strauss, C. 301
Liebert, A. 136, 361
Liebmann, O. 19, 109
Lindenberg, C. *280*
Lipps, H. 35, 310
Lipps, T. 147f, 151, 158, 160, 162, 164, 169, 289, 352f,
Litt, T. 235, 237, **253–257**, 310, 325, 327, 419
Locke, J. 43, 61
Löffelholz, M. *239*
Lorenz, K. 324, 327
Lorenzen, P. *26,* 167, *430*
Losurdo, D. *463*
Lotz, J.B. 340f
Lotze, R.H. 19, 68, 94, 126f, 201, 249
Löwisch, D.-J. *142*
Löwith, K. 108, 113, 256, 278, 300, 377f, 426, 461ff
Lübbe, H. *82*
Lübcke, P. *108*
Luchtenberg, P. 254
Luckmann, T. 321
Lukacs, G. 82, 101, 136, 285, 311
Luther, M. 99, 187, 207, 337, 387, 431, 436, 446
Lutz, B. *323*
Lyotard, J.-F. 35, 360

Mach, E. 38, 144, 205
Mader, W. *193*
Maistre, J.M.de 204
Malraux, A. 405
Mann, T. 279
Mannheim, K. 387
Marcel, G. 357, 362, 367, 380, 382, 405, 409, 419
Marck, S. 19, 136, 141, 293
Marcuse, L. *96*
Maréchal, J. 340f, 348
Maritain, J. 347, 354, 357
Marquardt, O. 309
Marty, A. 267
Marx, K. 20f, 81, 84f, 97, 101, 130, 265, 268, 276f, 303, 314, 317, 451f, 454
Masaryk, T.G. 37
Mauriac, F. 170
Mauthner, F. 368
Mayer, G. 406
Mayer, R. 371
Mead, G.H. 331
Meder, N. *145*
Mehlis, G. 136
Meinecke, F. 369
Meinong, A. 38, 133, 144, 156
Merleau-Ponty, M. 35, 266, 268
Meschkowski, H. *25*
Metzger, A. 38
Michelangelo, B. 101
Mill, J.S. 17, 27, 31, 41, 43, 81, 356
Misch, G. *67,* 235, 246, **249–252**, 318, *427,* 452f
Mittelstaedt, P. *24*
Mizera, M. 365

Montesquieu, C. 76
Moore, G.E. 166, 174
Morgenstern, M. *218*
Mörschen, H. *459*
Moses 117
Mühlmann, W.E. 309
Müller, A. 275
Müller, H. *326,* 341
Müller, M. (1876) 305
Müller, M. (1964) 463
Müller, R. *285*
Münch, F. 136
Münsterberg, H. 133, 136
Muth, K. 357

Naeher, J. *278*
Napoleon, B. 385
Natorp, P. *42,* 109, 111f, **119–125**, 128, 133, 210, 236, 253, 255, 293, 427, 434
Nawratil, K. *137*
Neidl, W.M. *339*
Neuner, J. *343*
Newman, J.H. 341, 351
Newton, I. 23 ff, *66*, 119, 292, 296
Nicolin, E. 253
Nida-Rümelin, J. *335, 397*
Nietzsche, F. 19–22, 81, 86, 88, 104, 106ff, 114, 140, 153, 170, 179, 184, 186ff, 192, 216f, 247, 249, 256, 276–280, 285, 290f, 303, 309, 311, 316f, 324, 326, 341f, 346, 361, 363, 368, 372, 377, 381, 383, 390, 403, 448, 450ff, 454, 456, 464
Nobel, N.A. 371
Nohl, H. 235, 237, **246ff**, 254
Nolte, E. *463*
Novalis, F. von Hardenberg 68

Oetinger, F.C. 387
Ollig, H.-L. *108, 113, 136,* 140
Ortega y Gasset, J. 101, 148
Orth, E.W. 145, *433*
Ostwald, W. 81
Ott, H. *351,* 423, 425, *426, 428, 434, 463f*
Ottmann, H. *335*
Otto, R. 34, 147, 172, **178–183**, 206, 210, 337, 385, 387, 399

Paci, E. 409
Paczkowska-Lagowska, E. *453*
Paetzold, H. *295*
Pannenberg, W. 293
Papen, F. von 237
Papenfuss, D. *434, 453, 460, 463*
Pareto, V. 328
Parmenides 224, 227, 343
Parsons, T. 253
Pascal, B. 20, 281, 303, 358, 398, 400, 405, 444
Paulsen, F. 229, 236
Paulus, Apostel 98, 189, 436
Peirce, C.S. 293
Perikles 244
Perpeet, W. 265

Pestalozzi, J.H. 122, 237, 255
Peter der Große, Zar von Rußland 284
Petzinger, J.M. 230
Pfänder, A. 34, **147–154**, 166, 172f, 193
Pfligersdorffer, G. *339*
Pieper, J. 359, 409
Pius X, Papst 340
Planck, M. 296
Platon 14, 27, 32, 60, 107, 115ff, 119–122, 135, 161, 167, 169, 184, 188, 223, 225f, 243, 248f, 281, 290f, 304, 341f, 360, 382, 413, 425, 461
Plessner, H. *66,* 73, 185, 211, 246, 265, 276, **309–323**, 326f, 451
Plinius, C. Secundus 326
Ploetz, A. 84
Plotin 291, 400, 418
Pöggeler, O. *211, 424, 434, 453, 460, 463,* 464
Poma, A. *300*
Popper, K.R. 142, 167, 254, 257, 279
Portmann, A. 310, 315, 326
Protagoras 326
Przywara, E. 37, 168, **340–346**, 350f, 353ff, 404, 451f
Pugliese, O. 463

Quattrocchi, L. 409

Radbruch, G. 136
Radin, P. 301
Rahner, K. 13, 170, 340f, **346–350**, 396, 451
Ralfs, G. 136
Rammstedt, O. *82,* 106
Ranke, L. 67, 77, 259
Rauh, H.-C. *230*
Reble, A. 253
Rehmke, J. 133
Reinach, A. 38, 148, 150, **162–167**, 178, 193, 337, 351
Reiner, H. 166, **172–177**, 217, 266, 452, 455f
Reininger, R. 137, 267
Rembrandt, R.H. van Rijn 101
Renz, H. *82*
Reuber, A. 311
Reventlow, Franziska zu 285
Rickert, H. 83, 86, 94, 109ff, 126, 128, **130–142**, 272, 361, 369, 407, 426, 430f, 435, 441
Ricoeur, P. 35, 266, 409, 416, 422
Riedel, M. 67
Riehl, A. 109, 144, 294
Rilke, R.M. 405
Ritschl, A. 95, 204, 206
Ritter, C. 67
Ritter, J. *309, 455*
Ritzel, W. *254*
Roos, H. *343*
Rosales, A. *460*
Rosenberg, A. 295
Rosenmöller, B. 359
Rosenstock, E. 370f
Rosenstock-Hussy, M. 371
Rosenzweig, F. 113, 116, 337, 363, **368–382**, 397, 419, 452
Ross, W.D. *166*

Roth, A. *166*
Rothacker, E. 235, **258–265**, 285, 310, 427
Rousseau, J.J. 19, 80, 171, 196, 240, 310, 316, 322
Ruge, A. 136
Russell, B. 25, 151, 156, 226, 297
Rutherford, E. 297

Sacher, W. *236f, 239*
Safranski, R. 423, 425f, *457, 463f*
Saint-Exupéry, A.de 405
Salamun, K. 406, *409, 411*
Samson, L. 326, 332
Saner, H. *405ff, 410, 412*, 419
Sartre, J.P. 35, 266, 314, 404, 438
Sauer, J. 426
Savigny, E.von *42*
Savigny, F.K. 67, 259
Sborowitz, A. *381*
Schaeder, G. 382
Schapp, W. 35, 148
Scheler, M. 30, 32, 34, 78, 127, 147–152, 161, 166, 168, 170, 173–176, 178f, 181f, **192–207**, 209, 216–219, 260, 262f, 265ff, 276, 303, 309f, 312ff, 316, 320f, 323–329, 337, 340f, 343, 350ff, 356ff, 360, 366, 385, 387, 398f, 404, 407, 419, 432f, 435, 440f, 444, 451, 454, 456, 460
Schelling, F.W. 17, 19f, 23, 119, 184, 300, 304f, 363, 370, 372, 387, 390, 401, 412f, 418, 430
Schelsky, H. 82, 326, 332
Scheuchenegger, R. *365*
Schiller, F. 68, 113, 159, 290, 294
Schilpp, P.A. *293, 300, 363, 380, 382, 384, 414f, 418, 422*
Schleiermacher, F. 67f, 70, 74, 76, 80, 94f, 125, 178f, 181ff, 205, 206, 245, 255, 385
Schlette, H.R. 400
Schlick, M. *167*, 224, 229
Schluchter, W. *82*
Schmaus, M. 396
Schmid, M. 110
Schmidinger, H.M. *340, 347*
Schmoller, G.von 83, 93, 240
Schmucker-von Koch, J.F. 397, 399
Schnädelbach, H. 14, 107, 167
Schneeberger, G. *463*
Schneider, A. 426
Scholem, G. 371
Scholz, H. 178
Schopenhauer, A. 19, 107, 109, 179, 184f, 187, 196, 198, 204, 277, 279, 289, 324, 326, 361, 363, 372, 377
Schrödter, H. *394*
Schröter, M. 279
Schuhmann, K. *151*
Schulz, P. 353
Schuppe, W. 164, 272
Schütz, A. 35, 266
Schwan, A. *463*
Schwarz, B. 167
Schwemmer, O. 167, *296*
Searle, J.R. *163*
Seeck, O. 278
Seidel, W. *400*

Seifert, J. 167f
Sepp, H.R. *35, 37*
Seyr, F. 366
Shakespeare, W. 68
Siebeck, P. 97
Siegmund, G. 310
Siewerth, G. 341, 347
Simmel, G. 13, 80, 82, **100–106**, 109f, 130, 133, 141f, 192, 207, 235, 293, 337, 346, 361, 407, 452, 454
Simon, E. *382*
Smith, R.G. 381
Sokrates 117, 121, 176, 188, 237, 243, 290, 303, 385, 415
Sombart, W. 83, 310
Sommerhäuser, H.-P. *139*
Sophokles 188
Speck, J. *109f*
Spencer, H. 43, 81, 101, 197
Spengler, O. 95, 184, **276–284**, 309, 318
Spiegelberg, H. 28, 147, 149–153, *162*, 266, *434*
Spinoza, B. 61, 201, 224–227, 303, 381, 401, 407
Spranger, E. 92, 199, **235–245**, 253, 279, 410, 457
Stadler, A. 136
Stammler, R. 136
Staudinger, F. 136
Stegmüller, W. *26, 137*, 411
Stein, E. 34, 37, 144f, 147–150, 153f, 173, 193, 209, 266, 340, **350–356**, 361, 451–454
Steinacker, P. *392*
Steinbüchel, T. 341, 365, 415
Steiner, R. 280
Steinthal, H. 112
Stepun, F. *138*
Sternberg, K. 136
Stinnes, H. 279
Stöhr, A. 365
Stumpf, C. 28, 31, 37, 71, 229
Sturmfels, W. 136
Suarez, F. 340
Sulla, L.C. 284

Taine, H. 303
Taylor, A.E. 307
Tenroth, H.-E. *237*
Thales von Milet 371
Theune, H.-J. *436*
Theunissen, M. 163, 269, 337, 367, 383, 400, 406
Thomas von Aquin 169, 173, 204, 339f, 342f, 346, 348, 352ff, 439
Tillich, H. *20*, 388
Tillich, P. 198, 338f, **387–395**, 404, 452
Tolstoj, L.N. 249
Topitsch, E. *142*
Toynbee, A.J. 279
Trajan, M.U. 284
Trendelenburg, F.A. 18, 67, 107
Trillhaas, W. 153
Troeltsch, E. 65, 80, 82, **93–100**, 109, 136, 180, 235, 311, 318, 337, 346, 361, 387, 390
Tugendhat, E. 439, *461*

Uexküll, J.von 314

Urban, W.M. *293*
Usener, S. 305
Uslar, D. von 383

Vaihinger, H. 294
Vernekohl, W. 362
Vico, G.B. 304
Volkelt, J. 19, 178, 337
Volpi, F. *397*
Vorländer, K. 136

Wagner, G. 82
Wahl, J. 407, 409
Waldenfels, B. *337*
Wallraff, C.F. 409
Walther von der Vogelweide 233
Warburg, A. 294
Wartenburg, Y. von 427, 449
Waugh, E. 170
Weber, C. *178*
Weber, M. 13, 20, 65, **80–94**, 96f, 99f, 109, 130, 136, 141, 174, 192, 235ff, 240–243, 245, 280, 311, 337, 358, 407, 410
Weger, K.-H. *350*
Wehr, G 380
Weierstraß, K. 38
Weininger, O. 364
Weizsäcker, V. von 369
Welte, B. 341, *415, 434*
Weniger, E. 247

Wenke, H. *239*
Werfel, F. 193
Wetz, F.J. *119*
Weyl, H. 25
Whitehead, A.N. 293
Wiedmann, F. *30*
Windelband, W. 21, 71, 94, 109ff, **126–130**, 132, 141, 184, 318, 361, 426
Wittgenstein, L. 14, 35, 42, 137, 226, 244, 279, 311, 366, *375*
Wittmann, M. *167*
Wobbermin, G. 178
Wöhler, H.-U. *401*
Wojtila, K. Papst Johannes Paul II *202*
Wolandt, G. 140, *144f*
Wölfel, E. *37*
Wolff, C. 294
Wright, H. von 335
Wucherer-Huldenfeld, A.K. 369
Wuketits, F.M. *327*
Wundt, W. 41, 158, 160
Wust, P. 193, 268, 337, 339, 350f, 354, **356–362**, 404, 450

Zeller, E. 109
Ziegler, L. 179, **184–191**, 317f, 321
Zippriant, H. 82
Zocher, R. 140, 272
Zodel, I. 82
Zweig, A. 193

Sachregister

Abendland 284
Abschattung 51
Absolutes 143, 270, 273, 291, 358
Ähnlichkeit 297
Akt 52
alter ego 56
analogia entis 345
    fidei 343
Analogie 342–345, 349, 355
Analytische Philosophie 26, 30
Angst 420, 446
Anschauung 31, 115, 264, 272, 459f
    ideale 29
    kategoriale 34, 40, 45f, 145
    mythische 307
Anthropologie 227f, 276, 303, 329
    christliche 356, 358
    Kultur- 260ff
    neue 221
    philosophische 194, 203, 309ff, 313ff, 318ff, 326ff
Apophantik, formale 58
Aporie der Erkenntnis 214
Aposteriori 213, 215
Appräsentation 57
Apriori 168f, 183, 213, 215f
    materiales 34, 108, 150, 200f, 217
    phänomenologisches 162
    religiöses 96
Arbeit 330
Ästhetik 118, 124, 158–161, 186
Aufklärung 317
Ausdruck 42
Autonomie 389f, 398, 401f

Bedeutung 42
Bedeutungsanalyse 161
    -erfüllung 42f, 45f
    -intention 42f, 45f
Befindlichkeit 444
Bestimmung (rechtliche) 165
Bewandtnis 442
Bewegung, phänomenologische 35, 38, 143, 266
Bewußtsein 28, 33f, 44, 231f, 261f, 288f, 416
    mythisches 306
    Satz des Bewußtseins 213, 233
    teleologisches 241f
    transzendentes 50
Beziehung 382, 385f
Bild 290f
Bios 203

Calvianismus 85f, 99
Chassidismus 379, 381
Chiffre 421f
cogitatio 50
cogitatum 50
cogito 49, 55

Dasein 315, 413f, 438, 444, 447f, 454
Daseinsanalytik 435, 438ff, 462
Dauer 287
Dekonstruktion 35
Demokratie 99
Denken
    neues 363ff, 373–378, 397
    reines 115
Dependenzgesetz 222
Destruktion
    der Ontologie 251, 438
    der Metaphysik 404, 433, 438, 459f, 464
Determinismus 290
    Laplacescher 23
Dialektik 141ff, 185, 253, 358–360
    negative 186
Dialektologie 143
Dialogik (Dialogische Phil., Du-Phil.) 113, 163, 265, 269, 337, 363ff, 375ff, 381f
Differenz, ontologische 138, 269, 438, 452, 459
Divination (divinatorisch) 74, 183
Doxa 58f

Eidos siehe Wesen
Eigensphäre, transzendentale 56
Einstellung, natürliche 49
Ek-sistenz 461
Ekstase 449f
Endlichkeit 22, 249, 349f, 354, 361, 402, 454f
Entlastung 327
Entschlossenheit 448
Entwurf 444, 448
Entzauberung 87
Epoché 49f
Ereignis 76, 464
    -Philosophie 465
Erfahrungswissen 86, 89f
Erkenntnis (Erkennen) 121, 132, 212f, 441
    -interesse 90f, 203
    -logik 115
    -metaphysik 212f
Erlebnis (Erleben) 72, 79, 288
    intentionales (= Akt) 42, 44, 50, 52
Erschlossenheit 444
Ethik 117f, 124, 169f, 200ff, 216ff
    christliche 170f
    Situations- 170f
    Sympathie- 197
Evidenz 20f, 46, 55, 145
    Glaubens- 205
Existenz 116, 129, 298, 315, 411, 413, 416, 438, 447
    -erhellung 418f
    -philosophie 21, 358f, 366, 377, 391, 404f
Existenzial 440
Exzentrizität siehe Position, exzentrische

Faktizität 444, 446f
Fehlschluß, naturalistischer 174

Form, kategoriale 139
　symbolische 293 ff
Formalismus 25
Freiheit 98, 106, 124, 218, 223, 226, 322, 349, 358, 372, 418, 444, 447, 461
Fremderfahrung 56
Führungssystem 325
Fülle, anschauliche 159
Fundamentalbetrachtung, phänomenolog. 49, 51
Fundamentalontologie 215, 250, 438
Funktion 296 f
Funktionalisierung 103

Gefühl 182, 297
Gegensatz 398
Gegenstand (Gegenständlichkeit) 46, 144 f, 156, 287
　immanenter 28
　intentionaler 44 f
　reiner 134
Gegenwart 448 f
Geist 76, 203, 218 f, 239 f, 254, 259 f, 286 ff, 302 f, 365, 384
　objektiver 74, 78, 239 f
Geisteswissenschaft 70 f, 72, 76–79, 256 f, 259
Geltung 128
Gemeinschaft 122, 316
Gemüt 127
Generalthesis 49
Genuß 159 f
Geschichte (Geschichtlichkeit) 56, 71, 77, 90, 96, 129, 203 f, 219, 249, 254, 279 ff, 304, 344, 438, 449
　Welt- 281
Geschick (Schickung) 462
Gesellschaft 81, 104 f, 316
Gesetz 289
　individuelles 103
Gewesenheit 448 f, 465
Gewissen 174, 176, 448
Glaube, philosophischer 414 f
Gott 51, 116 f, 170, 184–191, 206, 218, 270, 332, 348 f, 367 f, 374, 385, 414, 465
Grenze 319 f, 389 f
Grenzsituation 391, 406, 420
Grundgesetz, anthropologisches 321 f
Grundlagenkrise 25
Gutes 202, 456
　sittlich 176 f

Handeln (Handlung) 88, 325 f
Heiliges 181 f, 206, 307
Hermeneutik 20, 70 f, 74, 80, 444
　existentielle 76
　neue 76
　philosophische 74 f
　theologische 75
Heterothesis 134, 142
Historismus 14, 18, 20, 96 f, 256 f
homo absconditus 314
Horizont 55
Humanität (Humanitas, Humanismus) 186, 198, 316, 382, 403

Ich 55, 273 f, 289
　dialogisches 375
　reines 52
　Ur- 63
Idealismus, logischer 116
　transzendentaler 56, 115 f
　Wert- 127
Idealtypus 88, 91
Ideation siehe Wesensschau
Idee 156
Immanenz 51, 316, 318, 337
Imperativ, kategorischer 176
In-der-Welt-sein 264, 269, 440 f
Individualität (Individualisierung) 103 f, 220, 226 f, 245
Infinitesimalmethode 115
Innesein 262
Institution 329 ff
Intentionalität 28, 52, 269, 271, 273 f
　mittelbare 57
Intersubjektivität 56 f, 199 f, 269, 353
Intuition 49, 129, 150, 159, 182, 216, 272 f, 366, 398
Irrationales 213

Judentum 113, 116 ff, 363, 370 ff, 381 ff

Kantianismus 18 f
Kapitalismus 85
Kategorie 139, 215, 221
　Erkenntnis- 213
　Fundamental- 221
　geisteswissenschaftliche 244
　der Institutionen 331 f
　des Lebens 72
　mythische 306 f
　des Religiösen 395
　Seins- 213
Kehre 457–463
Kirche 98 ff, 189
Kommunikation 418 f
Kompensation 320
Konformitätssystem 205
Konstitution 55, 108, 273 f
Kontingenz 349
Körper 318 f, 321
Korrelation 117, 125, 363, 391
Korrelationsthese 42
Kosmos, noetós (intelligibilis) 154 f
　Wirklichkeits- 155
Kritische Theorie 276
Kritizismus 107 ff, 272 f
Kultur 57, 90, 103 f, 116 f, 186, 260 f, 265, 275 f, 281 ff, 316, 322, 334, 393, 402
　-kritik 275, 277 ff, 303 f
　philosophische 121, 128, 140, 275 ff, 293 ff, 299 f
　-schwelle 332 f
　-synthese 96
Kultus 395
Kunst 124, 161, 282, 302, 334, 418, 465

Leben 78, 259, 284, 286 f, 299, 315, 318 f
　geistiges 242 f, 398

kosmisches 285 f
Lebensform 244 f, 305
   mythische 306 ff
Lebensphilosophie 14, 19, 361
Lebenswelt 35, 58 f, 61 f, 73, 104, 173 f, 177, 262 ff, 452
Leib (Leiblichkeit) 57, 313 f
Letztbegründung 25, 32
Liebe 169, 196–199, 206, 367, 375
Logik 117, 123, 142, 230, 251
   organische 280 f
   phänomenologische 151 f
   reine 40 f
   tranzendentale 121
Logistik 230
Logizismus 116
Logos 108, 120, 127, 188, 439
   -immanenz 138 f

Macht 317
Man 443
Mana 306 ff
Mängelwesen 326 f
Marxismus 81
Materie, intentionale 45
Mathematik 281 f
Mathesis universalis 26
Mechanik, Newtonsche 23
Mensch, antiker 400
   mittelalterlicher 400
   neuzeitlicher 401
   vollkommener 382
Metanoetik 343 f
Metaontik 343 f
Metaphysik 117, 173, 204 f, 212 f, 251, 348, 359 ff, 368, 421 f
   kreatürliche 343 f
   phänomenologische 268 f
   religiöse 395
Methode 80, 119, 128 f
   historische 96
Mitgefühl 197
Mitsein 443
Modalität 214
Monade 56 f, 145
Morphologie 280 f
Mystik 180, 189, 198, 376, 379, 398
Mythos 292, 301 f, 304 ff, 395
   Atheos 190 f

Nachbildung 80
Nationalismus 38, 140, 144, 158, 168, 210, 230, 237, 278, 295, 310, 317, 353, 409, 429, 458
Natur 401
Naturwissenschaft 76
   moderne 60 f
Neukantianismus 14, 19, 103, 107–111, 136 f, 144, 272 ff, 296
Neuzeit 401 f
Nichtigkeit 448
Nichts 373 f
Noema 52

Noesis 52
Normalbewußtsein 127 f
Numinoses 182 f

Objektivität 89 f, 131, 169, 203
Offenbarung 205, 349, 370 f, 375 f, 395, 399
Ökonomie 90
Ontologie 54, 155, 157, 212 ff, 231 ff
   Immanenz- 231 f
   neue 214 f, 220 ff
   Transzendenz- 233
Organismus 282 f, 288

Pädagogik 121 f, 225, 380
   geisteswissenschaftl. (phil.) 237, 239
   jüdische 372
   Kultur- 254 f
   Reform- 246 f
   Sozial–122
Paradigma 14
Paradoxie der Phänomenologie 274
Pelasgertum 292
Person (Personalität) 199, 202, 218 f, 288, 321, 384 f, 403
   Tiefen- 261
Persönlichkeit 261
Phänomen 32 f, 439
   Ur- 374
Phänomenalität, Satz von der 71
Phänomenologie 14, 32, 48, 59, 159, 162, 195, 212, 250, 273, 300, 311, 325, 354, 377, 393, 410 f, 430, 433 ff, 439, 459
   eidetische 33 f, 166 ff, 195 ff
   existenziale 154
   Früh- 37 ff
   des Geistes 302 f
   genetische 35, 56, 59, 111
   kritische 301 f
   ontologische 154
   Spät- 34
   transzendentale 34, 144
   des Unscheinbaren 464
philosophia perennis 169 f, 228, 360
Philosophie 114, 186, 370, 382, 411, 416 f
   christliche 337, 339 ff, 354
   dialogische siehe Dialogik
   erste 32
   katholische 193
   negative 373 ff
   neuscholastische 340 ff
   personalistische 169 ff, 196, 200, 202
   Transzendental- 48, 62, 114, 273, 298, 348
   Wesens- 148
   wissenschaftliche 134
Physiognomik 282
Pluralismus 96 f
Pneumatologie 365–368
Position, exzentrische 185, 313 ff, 321 f
   zentrale 321
Positionalität 320
Positives, prävalentes 142
Positivismus 17, 60, 241

Postmoderne 22, 316
Prädestination 99
Präferenzregel 176
Pragmatik (Pragmatismus) 229, 264, 276f, 328, 393
Prinzip aller Prinzipien 49
    wissenschaftliches 242f
Privatsprache 42
Protention 52, 55
Psychologie 17, 27f, 62, 71, 125, 151, 284ff, 410
    assoziative 29
    Denk- 144
    deskriptive 29, 40, 71
    empirische 41, 71, 144
    erklärende (konstruierende) 71
    experimentelle 158
    genetische 29
    intentionale 63
    phänomenologische 152
    verstehende 151
    zergliedernde (analysierende) 71
Psychologismus 18, 27, 41, 151

Qualität, intentionale 45
Quantenphysik 23

Radikalismus 316
Rationalität 87f
Realismus 210ff
Realität 115, 155, 195
Recht 163–166
Reduktion 32
    eidetische 144
    phänomenologische 50f, 144, 268f, 273
    transzendentale 50, 144
Region 49
Relation 297
    psychophysische 232f
Relativitätstheorie 24
Religion 37, 96, 116ff, 124f, 150, 181, 185, 190, 204ff, 393, 399, 414
    Kultur- 186f, 322
    ohne Gott 179, 187ff
Religionsphilosophie 113, 178ff, 204, 392, 399, 415, 422
Religionsphänomenologie 179f, 204–207
Residuum, phänomenologisches 50
Retention 52, 55

Scheitern 422
Schichtenbau 221, 248
    der Persönlichkeit 260f
Schichtengesetz 222
Schule, Münchner 38, 143ff, 158, 193
    Göttinger 144, 154, 162
Seele 261, 286ff
Sein 30, 46, 51–53, 123, 128, 131, 134, 138, 154–157, 213, 220, 227, 271, 287, 299, 343, 349f, 355f, 368, 370, 412f, 416, 429, 437ff, 442, 453, 462
    absolutes 51
    ewiges 354f
    intentionales 51
    unvordenkliches 373

    zum Tode 378, 447f
Seinkönnen 444, 447
Seinsform, archonale 157
    hypokeimenale 157
Seinsphilosophie 156f
Selbst 374ff
    -organisation 223
    -sein 443
Seyn 464f
Sinn 155, 393, 445
Sinnlichkeit 318
Sittlichkeit 171, 175, 218
Sollen 124, 127f, 132
Sorge 446f
Sozialismus 99f
    religiöser 388
Soziologie 104, 329
    allgemeine 104
    formale (reine) 104
    Kultur- 100
    philosophische 104
    Religions- 82
    verstehende 20, 81, 86f, 91
Sprache 301ff, 327f, 331, 365–368, 376, 384, 421, 445
Staat 186, 317
Stufe des Organischen 320f
Subjekt (Subjektivität) 145, 333f, 401
Substanz 297
Symbol 298, 302
System 114ff, 133f, 140, 212, 298
Systematik 282

Technik 399
Teleologie 214
Temporalität 439, 458f
Theodizee 118
Theologie, negative 346, 374
    dialektische 21, 95
    Vermittlungs- 392f
Theonomie 389–394
Tod 447
Tragisches 184
Tragödie 188
Transzendenz 51, 125, 132, 213f, 337f, 348f, 404ff, 421f
    primordinale 57
Trieb (Drang) 203, 290f, 328, 333

Überschneidung 232
Übertragung 80
Umgreifendes 412
Unbedingtes 390, 393f
Urteil 29, 58f, 132, 138f, 142f
Urwort (Grundwort) 375, 383, 386
Utopie 322
Utopiekritik 316
Utraquismus 142f

Verfallensein 446f
Vernunft 53, 413
    historische 72, 75, 79, 249
    religiöse 206

Verstehen 75f, 78f, 88, 240, 244, 257, 334, 444f
Vorhandenheit 442
Vorstellung 45
Vorzugsprinzip 176

Wahrheit 45f, 53, 132, 215, 263, 394, 413f, 446, 461f
Wahrnehmung 50
Welt 263, 374ff, 441f
   -anschauung 86, 89, 203, 259, 398f, 407
   -anschauungstyp 73, 248
   -begriff 134
   -offenheit 203, 262, 328
   -orientierung 417f
Wert 89f, 103, 127ff, 131f, 134f, 140, 169f, 175, 196, 201, 216
   -antwort 170, 216f
   -ethik, materiale 30, 166ff, 172ff, 200ff, 216ff, 456
   -ordnung (-hierarchie) 170, 201f
   -philosophie 127f, 130, 141f, 161
   -stärke 217
   -urteil 89f
   -(urteils)freiheitsthese 92f
   -urteilsstreit (-diskussion) 87, 92f, 141, 240–243
Wertung 86
   Katheder- 92, 241
Wesen (Wesenheit, Eidos) 49, 129, 152, 154ff, 169f
   symbolisches 303f
Wesensanalyse 145, 212

   -gesetz 163f
   -schau (Ideation) 34, 49, 152
Wille (Wollen) 185, 200f, 218, 223, 289f
Wirklichkeit 53, 55, 91, 135, 231, 263, 287, 298, 375f, 445
Wirkungszusammenhang 78f
Wissenschaft 62, 133, 190, 251, 399, 410, 416
   empirische (Erfahrungs-) 91ff, 128f
   idiographische 129
   nomothetische 129
   rationale 128
   verstehende 87
   Wesens- 34, 158
Wissensform 203

Zeichen 42, 298
Zeit (Zeitlichkeit) 79, 220, 287, 368, 375f, 435f, 438, 447ff, 454, 458
   -bewußtsein 30
   phänomenologische 52
Zeug-Analyse 441f
Zirkel, hermeneutischer 79, 445
Zivilisation 186, 275, 281ff
Zuhandenheit 442
Zukunft 448f, 465
Zweck-Mittel-Relation 87
Zweckrationalität 88f